Código do
Direito Europeu
da
Alimentação

The Lascaux programme (2009-2014) is headed by François Collart Dutilleul, Professor at the University of Nantes and Member of the *Institut Universitaire de France.*

The research undertaken received funding from the European Research Council under the European Union's Seventh Framework Programme (FP7/2007-2013) / ERC grant agreement N° 230400.

This work merely represents the opinions of the authors. The Union is not responsible for the use that may be made of data contained therein.

Código do
Direito Europeu
da
Alimentação

- Atualizado ao 16 de Outubro de 2014 -

INIDA
INSTITUTO DE INVESTIGACIÓN EN DERECHO ALIMENTARIO

Instituto de Investigación en Derecho Alimentario (INIDA), 2014.

344.2
C319m

Collart Dutilleul, François; Muñoz Ureña, Hugo.
Código do Direito Europeu da Alimentação. – 1. ed. – San José, C.R.:
Casa editorial Instituto de Investigación en Derecho Alimentario Sociedad Anónima,
2015.
716 p.; 21.5 x14 cm

ISBN 978-9930-9528-0-1

1. DIREITO 2. LEGISLAÇÃO 3.DIREITO DA ALIMENTAÇÃO I. Título

INIDA
P.O. Box 161-2400 Desamparados,
San José, Costa Rica

contact@inida.eu

www.inida.eu

Código do Direito Europeu da Alimentação

INIDA, Série legislação, Vol. III

Primeira edição, 2014

Direção Científica

François COLLART DUTILLEUL
Professor da Universidade de Nantes, França
Diretor do Programa Lascaux (*European Research Council Advanced grant*)

Paul NIHOUL
Professor da Universidade Católica de Lovaina, Bélgica
Redator-chefe do *Journal de droit européen* (J.D.E.) e
da *Revue européenne de droit de la consommation* (R.E.D.C.)

Preparação da versão original em francês

Thomas BRÉGER
Ingénieur d'étude - Programa Lascaux
Doutor em Direito Público da Universidade de Nantes, França

Céline FERCOT
Maître de conférences em Direito Público,
Universidade Paris Ouest Nanterre La Défense, França

Fanny GARCIA
Maître de conférences em Direito Privado,
Universidade de Bretagne-Sud, França

Ellen VAN NIEUWENHUYZE
Doutoranda da Universidade Católica de Lovaina, Bélgica
Aspirante FNRS

Sylvestre YAMTHIEU
Doutor em Direito da Universidade de Nantes, França
Membro e colaborador – Programa Lascaux

Preparação da presente versão

Hugo A. MUÑOZ UREÑA
Professor da Universidade de Costa Rica, Costa Rica
Doutor em Direito da Universidade de Nantes, França
Diretor do INIDA

Marcela MUÑOZ MUÑOZ
Docente da Universidade de Costa Rica, Costa Rica
Master em Direito Público da Universidade de Toulouse 1 Capitol, França

Carlos E. PERALTA
Doutor em Direito da Universidade do Estado do Rio de Janeiro, Brasil
Pós-doutorado em Direito da Universidade do Estado do Rio de Janeiro, Brasil
Professor da Universidade de Costa Rica, Costa Rica

Prefácio

Em sua origem, o Direito Europeu da Alimentação relativo à segurança sanitária tinha principalmente por objeto a definição das condições para o intercâmbio comercial. A primeira diretiva sanitária (64/433/CEE do Conselho, de 26 de junho de 1964) estabelecia as condições para a aprovação comunitária dos matadouros de animais para açougue. No entanto, nesta época, não existia uma política sanitária integrada na Europa. Deu-se preferência às diretivas mais do que aos regulamentos, para manter as especificidades próprias de cada país. A harmonização abarcava os alimentos, sobretudo desde a óptica da livre circulação de mercadorias. Assim sobre a base do artigo 100.º do Tratado de Roma, diferentes diretivas foram adotadas sobre a composição dos alimentos, informação aos consumidores e a lealdade da concorrência (principalmente com diretivas que definiam diversos produtos alimentares como o chocolate, as geleias, os sucos de frutas...).

No entanto, a legislação alimentar permaneceu durante muito tempo "em suspenso". Essa foi a razão pela qual a jurisprudência deu um passo decisivo na construção de um direito alimentar de alcance comunitário com a sentença "Cassis de Dijon" (TJCE, 20 de fevereiro de 1979, As. 120/78),que estabeleceu o princípio da equivalência das regulamentações alimentares nacionais. Efetivamente, através desta sentença cada legislação nacional adquiriu um alcance comunitário, porquanto o cumprimento de uma legislação dada bastava para que um produto fosse admitido nos outros Estados da Comunidade.

Este enfoque parcelar e nacional do direito da alimentação conduzia, em realidade, a manter importantes diferenças entre os Estados, a preservar barreiras alfandegárias nos controles fronteiriços e obstáculos técnicos à livre circulação de produtos agrícolas e alimentares.

Por essa razão a Comissão propôs um "novo enfoque" em 1985, que conduziu a adotar a Ata Única Europeia de 1986 e a estabelecer um mercado único. Isto deu lugar a uma maior harmonização das regras relativas à produção de alimentos, a sua comercialização, aos controles, às condições de importação. Em particular, os controles alfandegários foram substituídos por controles no ponto de embarque e no ponto de destino. Deste modo, a saúde pública converteu-se em um campo de intervenção comunitária. O Tratado de Maastricht, vigente a partir de 1º de novembro de 1993 confirma-o, ao agregar dois novos títulos ao Tratado Fundador, denominados respectivamente "Saúde Pública" (Título X) e "Proteção dos Consumidores" (Título XI).

Mas, na realidade, este novo enfoque não resistiu o anúncio do Governo britânico, de março de 1996, sobre um possível vínculo entre a Encefalopatia Espongiforme Bovina –EEB- e a nova variante da doença de Creutzfeldt-Jakob. Efetivamente, esta crise (chamada da "vaca louca") gerou uma profunda desconfiança entre os consumidores europeus com respeito à segurança e à qualidade dos alimentos, e uma desconfiança ainda maior para as instituições europeias Para restabelecer a confiança na construção europeia, foi necessário dar um novo giro e reconfigurar radicalmente os mecanismos de elaboração do Direito Comunitário, depois, neste novo marco, começar a elaborar um renovado direito da alimentação.

Disso resultou uma nova perspectiva que conduziu à revisão de todo o direito existente.

No plano institucional, observa-se desde 1997 uma profunda reordenação da Comissão com o fim de separar as funções legislativas, científicas e de controle. Isso se traduziu no translado da função legislativa (elaboração de propostas de diretivas, regulamentos e decisões), da Direção de Agricultura àquela encarregada da proteção do consumidor e da saúde pública. Isso também deu lugar à criação de órgãos específicos encarregados da avaliação científica dos riscos, antecedentes da Autoridade Europeia de Segurança Alimentar que se criou no ano 2002. Finalmente, isso originou a criação do Escritório Alimentar e Veterinária (OAV), que supervisiona a correta aplicação das normas comunitárias nos âmbitos alimentar e veterinário.

No plano procedimental, o Tratado de Amsterdam ampliou o procedimento de codecisão (Conselho - Parlamento Europeu) aos âmbitos veterinário e fitossanitário que tenham como objetivo direto a proteção da saúde pública(Art. 4-b).

No plano substantivo, a União Europeia iniciou um processo de revisão completa da sua legislação alimentar.

Após um "livro verde" publicado em 1997, que estabelece os alinhamentos e objetivos de uma profunda reforma da legislação alimentar, a Comissão publicou em janeiro de 2000 um "livro branco", que especifica as orientações desta revisão.

A aplicação desta nova legislação iniciou-se ao adotar-se o Regulamento (CE) n.º 178/2002 do Parlamento Europeu e do Conselho de 28 de janeiro de 2002, que estabelece os princípios e os requisitos gerais da legislação alimentar, cria-se a Autoridade Europeia de Segurança Alimentar e fixam-se procedimentos relativos à segurança alimentar. Esta reforma, vigente desde janeiro de 2005, renova todo o dispositivo de regulação jurídica do setor econômico da alimentação: as instâncias e instituições encarregadas do gerenciamento das questões unidas com a segurança da alimentação, os procedimentos que devem ser seguidos em caso de crise ou de suspeita de crise, as normas substanciais aplicáveis aos Estados e às empresas do setor agroalimentar.

No plano institucional, o regulamento cria a Autoridade Europeia de Segurança Alimentar (AESA), encarregada da avaliação dos riscos e da expertise científica no seio da União Europeia (Arts. 22 a 49). A Autoridade deve atuar como órgão de referência científico independente na avaliação do risco e ajudar a assegurar o correto funcionamento do mercado interior (considerando nº 34).

No plano dos procedimentos de crises, o Regulamento nº 178/2002 cria um sistema de alerta rápida e organiza os procedimentos de gerenciamento das crises e das situações de emergência (Arts. 50 a 57).O Regulamento também cria um "Comitê Permanente da Cadeia Alimentar e de Sanidade Animal" encarregado de assistir à Comissão e organiza um procedimento especial chamado "de comitê" (Arts. 58 e 59).Igualmente, estabelece um "procedimento de mediação" quando um Estado-membro considere que uma medida adotada por outro Estado membro no âmbito da segurança alimentar é incompatível com o presente Regulamento, ou que é provável que essa medida afete ao funcionamento do mercado interior (Art. 60).

No entanto, é especialmente no plano das normas substantivas que as metamorfoses resultam evidentes.

Pela primeira vez, o mesmo texto aplica-se a todos os produtos, alimentos e componentes de alimentos, seja que se trate da alimentação destinada ao ser humano ou da alimentação animal.

O mesmo regulamento aplica-se também a todos os atores do setor: agricultor, comerciante do varejo, artesão, grupo industrial, hipermercado, transportador... Inclusive aplica-se às organizações não governamentais e às associações de beneficência, uma vez que são consideradas como empresas do setor alimentar, "qualquer empresa, com ou sem fins lucrativos, pública ou privada, que se dedique a uma actividade relacionada com qualquer das fases da produção, transformação e distribuição de géneros alimentícios." (Art. 3, inciso 2, R. 178/2002).

Quanto ao fundo, a União Europeia adotou um novo Direito Alimentar completo, global, estruturado e unificado. Este novo direito tem uma estrutura piramidal. Na cúspide da pirâmide encontra-se o Regulamento n.º 178/2002, que estabelece a sua própria hierarquia de normas, fixa princípios gerais (de maneira explícita: o princípio de precaução, o princípio da consulta aos cidadãos sobre a legislação alimentar, o princípio de informação dos cidadãos e dos consumidores sobre os riscos, o princípio da análise de riscos e o princípio de proteção dos interesses dos consumidores), obrigações gerais (relativas às importações e exportações, às normas internacionais) e prescrições gerais (relativas à segurança dos alimentos e dos pensos, ao delineamento, à apresentação dos alimentos, à responsabilidade dos operadores e dos Estados). Baixo esta cúspide, a União Europeia está adotando progressivamente um conjunto de regulamentos de aplicação.

De seguido, a União Europeia abandona, no essencial, o método de harmonização mediante diretivas, privilegiando uniformidade através dos regulamentos.

Se estas regras são gerais, não são por isso menos explícitas e algumas concernem diretamente a todas as empresas. Desta forma, a gestão diária terá tarefas específicas que serão integradas e realizadas em cada empresa, principalmente em relação com o delineamento (Art. 18, R. 178/2002).Também, deverá ter-se uma vigilância e uma capacidade de resposta muito maior às modificações regulamentares, às informações profissionais, às observações formuladas pelos consumidores, etc. A iniciativa tanto do controle como da ação volta agora à empresa. Cada empresa deverá autocontrolar-se, sem esperar os controles oficiais que realizará esporadicamente a Administração. Cada empresa deverá, de maneira constante, estar preparada para atuar, sem esperar uma decisão ou uma ordem da Administração. Efetivamente, em virtude do artigo 19, se um operador tem "motivos para pensar" que um alimento comercializado pode provocar um prejuízo à saúde, inclusive se não está totalmente seguro, deve atuar de imediato: informar às autoridades competentes, aos seus fornecedores ou clientes e, eventualmente, ao consumidor. Desta forma, a responsabilidade das empresas é muito maior. Em outras palavras, o Direito Alimentar coloca primeiramente a responsabilidade nos campos da precaução e da prevenção, a diferença do Direito Civil que, até o momento, a situa, pelo contrário, no campo da reparação.

No entanto, estritamente falando, não se trata de obrigações que até agora fossem totalmente desconhecidas. A mudança é sobre todo o contexto das obrigações. Algumas delas são evocadas simplesmente sem maior contribuição (obrigação de informar ao consumidor, obrigação de lealdade, por exemplo); outras são especificadas e reforçadas (controlar em cada etapa da atividade o cumprimento das regras e dos métodos, cooperar com as autoridades competentes, por exemplo); e outras têm sido profundamente renovadas (delineamento, por exemplo).Só a obrigação de acompanhamento dos produtos resulta ser verdadeiramente nova (Arts. 2-a e 5 §1, Diretiva 2001/95 de 3 de dezembro de 2001).

Esta base do Direito Europeu da Alimentação completa-se, em diferentes níveis, através de múltiplos regulamentos que concernem aos operadores, aos produtos e aos consumidores. No entanto, há que distinguir, dentro deste conjunto, dois tipos de textos: alguns são regulamentações mais científicas e técnicas destinadas principalmente a engenheiros e a farmacêuticos e não a juristas; outros têm um caráter jurídico em sentido estrito, são geradores de direitos e obrigações para os Estados, os operadores ou os consumidores. Na primeira categoria encontram-se, entre outros, a proibição ou as percentagens máximas de numerosos componentes químicos, os limites percentuais de presença de resíduos, os métodos de amostragem, de extração, de análise e de controle de diversos alimentos ou componentes, as condições de uso de diferentes materiais em contato com alimentos, os critérios microbiológicos aplicáveis, os critérios de pureza, as regras de etiquetagem específicas para os produtos que incluem componentes particulares, as condições especiais para a importação de certos alimentos, etc.

Se colocamos atenção na segunda categoria, referente aos textos geradores de direitos e obrigações para os Estados, as empresas e os consumidores, estamos na presença de um direito novo e original, conformado da seguinte maneira:

- Na base do edifício legislativo, um nível de **regras gerais**, sanitárias e comerciais, aplicáveis ao conjunto do setor agroalimentar, do sítio à mesa e que engloba aos Estados e aos operadores;
- Um nível que inclui as normas relativas às **obrigações sanitárias das empresas**: regras de higiene que devem seguir todos os operadores do setor, complementadas por um dispositivo de **controles oficiais**;
- Um nível de normas relativas à **qualidade sanitária dos produtos** considerados em si mesmos, a sua composição e às condições para sua elaboração, que concernem aos aditivos e aos auxiliares tecnológicos, mas também às condições de uso da biotecnologia. Este nível não está ainda completado em razão das dificuldades para chegar a um consenso sobre os OGM, a clonagem ou os procedimentos de autorização dos "novos alimentos";
- Um nível das normas relativas à **qualidade comercial dos produtos**, que inclui o conjunto do dispositivo relacionado com os "signos de qualidade", tais como as denominações de origem, as indicações geográficas, a agricultura orgânica...;
- Um nível dedicado aos **direitos dos consumidores**, que inclui textos relativos às menções, à publicidade e à etiquetagem dos produtos alimentares.
- Um nível destinado a ser progressivamente enriquecido, pelas normas relativas a alimentos específicos: bebidas, alimentos dietéticos e complementos alimentares, alimentos infantis, chocolate...

Este conjunto novo e original, dotado de uma coerência substancial, merecia encontrar sua respectiva coerência formal em uma apresentação raciocinada sob a forma de um Código. Essa é a aspiração e o propósito da presente obra.

François Collart Dutilleul
Professor da Universidade de Nantes, França
Diretor do Programa Lascaux (European Research
Council Advanced grant)
http://www.droit-aliments-terre.eu

X

Sumário

Capítulo 1.- Principais Normas

A.- Normas substantivas 1

B.- Normas de controle 177

- Seleção de documentos não reproduzidos 239

A.- Normas substantivas

Regulamento (CE) n.º 178/2002 do Parlamento Europeu e do Conselho, 28 de Janeiro de 2002, que determina os princípios e normas gerais da legislação alimentar, cria a Autoridade Europeia para a Segurança dos Alimentos e estabelece procedimentos em matéria de segurança dos géneros alimentícios.

Capítulo 1.- Principais Normas

A.- Normas substantivas   1

B.- Normas de controle   177

- Seleção de documentos não reproduzidos   239

A.- Normas substantivas

28 de Janeiro de 2002.- Regulamento (CE) n.º 178/2002
do Parlamento Europeu e do Conselho
que determina os princípios e normas gerais da legislação alimentar, cria a Autoridade
Europeia para a Segurança dos Alimentos e estabelece procedimentos em matéria de
segurança dos géneros alimentícios
(J.O. L 31, 01/02/2002)

(V.C.30/06/2014)

TJUE, 13 de Novembro de 2014. Processo C-443/13, Ute Reindl contra Bezirkshauptmannschaft Innsbruck [Interpretação do artigo 17].
TJUE, 18 de Julho de 2013. Processo C-520/11, Comissão Europeia contra Republique Française [Interpretação do artigo 54].
TJUE, 11 de Abril de 2013. Processo C-636/11, Karl Berger contra Freistaat Bayern [Interpretação dos artigos 10 e 17].
TJUE, 8 de Septembro de 2011. Processos apensos C-58/10 a C-68/10, Monsanto SAS e outros contra Ministre de l'Agriculture et de la Pêche [Interpretação dos artigos 53 e 54].
TJUE (Grande Secção), 6 de Septembro de 2011. Processo C-442/09, Karl Heinz Bablok e outros contra Freistaat Bayern [Interpretação do artigo 2].
TJUE, 8 de Novembro de 2007. Processo C-421/06, Fratelli Martini & C. SpA e Cargill Srl contra Ministero delle Politiche agricole e forestali e outros [Interpretação dos artigos 8 e 16].
TJUE, 9 de Junho de 2005. Processos apensos C-211/03, C-299/03 e C-316/03 a C-318/03, HLH Warenvertriebs GmbH (C-211/03) e Orthica BV (C-299/03 e C-316/03 a C-318/03) contra Bundesrepublik Deutschland [Interpretação dos artigo 2].

O PARLAMENTO EUROPEU E O CONSELHO DA UNIÃO EUROPEIA,
Tendo em conta o Tratado que institui a Comunidade Europeia e, nomeadamente, os seus artigos 37.º, 95.º e 133.º e o n.º 4, alínea b), do seu artigo 152.º,
Tendo em conta a proposta da Comissão,
Tendo em conta o parecer do Comité Económico e Social,
Tendo em conta o parecer do Comité das Regiões,
Deliberando nos termos do artigo 251.º do Tratado,
Considerando o seguinte:
(1) A livre circulação de géneros alimentícios seguros e sãos constitui um aspecto essencial do mercado interno, contribuindo significativamente para a saúde e o bem-estar dos cidadãos e para os seus interesses sociais e económicos.
(2) Deve ser assegurado um elevado nível de protecção da vida e da saúde humanas na realização das políticas comunitárias.
(3) A livre circulação de géneros alimentícios e de alimentos para animais na Comunidade só pode ser alcançada se os requisitos de segurança dos géneros alimentícios e dos alimentos para animais não diferirem de forma significativa entre os Estados-Membros.
(4) Existem diferenças importantes entre as legislações alimentares dos Estados-Membros no que diz respeito aos conceitos, princípios e procedimentos. Quando os Estados-Membros tomam medidas que regem os géneros alimentícios, tais diferenças podem impedir a sua livre circulação, criar condições de desigualdade da concorrência e afectar, assim, directamente o funcionamento do mercado interno.
(5) Consequentemente, é necessário aproximar esses conceitos, princípios e procedimentos, de modo a que constituam uma base comum para as medidas que regem os géneros alimentícios e os alimentos para animais tomadas a nível dos Estados-Membros e da Comunidade. Todavia, é preciso prever um prazo suficiente para a adaptação de quaisquer disposições que entrem em conflito na legislação vigente, a nível tanto nacional como comunitário, e estipular que, na pendência dessa adaptação, a legislação pertinente deverá ser aplicada à luz dos princípios estabelecidos no presente regulamento.
(6) A água é ingerida, directa ou indirectamente, como os outros géneros alimentícios, contribuindo assim para a exposição global do consumidor às substâncias ingeridas, incluindo contaminantes químicos e microbiológicos. Todavia, uma vez que a qualidade da água destinada ao consumo humano já se encontra regida pelas Directivas 80/778/CEE e 98/83/CE do Conselho, basta considerar a água do ponto de vista dos limiares de conformidade referidos no artigo 6.º dessa última directiva.

3

(7) No contexto da legislação alimentar, é conveniente incluir requisitos relativos aos alimentos para animais, incluindo à sua produção e utilização sempre que se destinem a animais produtores de géneros alimentícios, sem prejuízo dos requisitos semelhantes que têm sido aplicados até à data e que serão aplicados no futuro na legislação relativa aos alimentos para animais aplicável a todos eles, incluindo os animais de estimação.

(8) A Comunidade optou por um elevado nível de protecção da saúde como princípio para a elaboração da legislação alimentar, que aplica de forma não discriminatória, quer se trate de géneros alimentícios ou de alimentos para animais, comercializados no mercado interno ou internacionalmente.

(9) É necessário garantir que os consumidores, as outras partes interessadas e os parceiros comerciais tenham confiança nos processos de tomada de decisões subjacentes à legislação alimentar, na sua base científica e nas estruturas e independência das instituições que protegem a saúde e outros interesses.

(10) A experiência demonstrou a necessidade de serem tomadas medidas destinadas a garantir que não sejam colocados no mercado géneros alimentícios não seguros e que existam sistemas para identificar e resolver problemas de segurança dos géneros alimentícios, a fim de assegurar o funcionamento correcto do mercado interno e proteger a saúde humana. Deverão ser abordadas as mesmas questões no que se refere à segurança dos alimentos para animais.

(11) No intuito de se adoptar uma abordagem suficientemente abrangente e integrada da segurança dos géneros alimentícios, é necessário definir a legislação alimentar no sentido lato por forma a abranger um vasto leque de disposições com impacto directo ou indirecto na segurança dos géneros alimentícios e dos alimentos para animais, incluindo disposições sobre materiais e artigos em contacto com os géneros alimentícios, alimentos para animais e outros insumos agrícolas ao nível da produção primária.

(12) A fim de garantir a segurança dos géneros alimentícios, é necessário considerar todos os aspectos da cadeia alimentar na sua continuidade, desde a produção primária e a produção de alimentos para animais até à venda ou fornecimento de géneros alimentícios ao consumidor, uma vez que cada elemento pode ter um impacto potencial na segurança dos géneros alimentícios.

(13) A experiência demonstrou que, por este motivo, se torna necessário tomar em consideração a produção, o fabrico, o transporte e a distribuição dos alimentos destinados aos animais produtores de géneros alimentícios, incluindo a produção de animais susceptíveis de servir de alimentos em explorações piscícolas, uma vez que a contaminação involuntária ou deliberada de alimentos para animais, a sua adulteração e as práticas fraudulentas ou outras práticas incorrectas com eles relacionadas podem ter um impacto directo ou indirecto na segurança dos géneros alimentícios.

(14) Pelo mesmo motivo, torna-se necessário tomar em consideração outras práticas e insumos agrícolas ao nível da produção primária e os seus efeitos potenciais na segurança global dos géneros alimentícios.

(15) A conexão em rede de laboratórios de excelência, a nível regional e/ou interregional, com o objectivo de assegurar um controlo contínuo da segurança dos géneros alimentícios, poderá desempenhar um papel importante na prevenção de potenciais riscos para a saúde dos cidadãos.

(16) As medidas adoptadas pelos Estados-Membros e pela Comunidade para reger os géneros alimentícios e os alimentos para animais devem geralmente basear-se numa análise dos riscos, excepto quando tal não for adequado às circunstâncias ou à natureza da medida. O recurso à análise dos riscos antes da adopção de tais medidas deve ajudar a evitar os obstáculos injustificados à livre circulação dos géneros alimentícios.

(17) Sempre que a legislação alimentar se destine a reduzir, eliminar ou evitar um risco para a saúde, as três componentes interligadas da análise dos riscos — avaliação, gestão e comunicação dos riscos — constituem uma metodologia sistemática para a determinação de medidas eficazes, proporcionadas e orientadas ou de outras acções destinadas a proteger a saúde.

(18) Para que exista confiança na base científica da legislação alimentar, as avaliações dos riscos devem ser efectuadas de forma independente, objectiva e transparente e baseadas nas informações e nos dados científicos disponíveis.

(19) Reconhece-se que a avaliação científica dos riscos não pode, por si só, em alguns casos, fornecer todas as informações em que se deve basear uma decisão em matéria de gestão dos riscos e que devem legitimamente ser tidos em conta outros factores pertinentes, incluindo factores sociais, económicos, tradicionais, éticos e ambientais, assim como a viabilidade dos controlos.

4

(20) Tem sido invocado o princípio da precaução para assegurar a protecção da saúde na Comunidade, dando assim origem a obstáculos à livre circulação de géneros alimentícios ou de alimentos para animais. Torna-se, pois, necessário adoptar uma base uniforme em toda a Comunidade para o recurso a este princípio.

(21) Nas circunstâncias específicas em que exista um risco para a vida ou a saúde, mas persistam incertezas científicas, o princípio da precaução constitui um mecanismo que permite determinar medidas de gestão dos riscos ou outras acções, a fim de assegurar o elevado nível de protecção da saúde por que se optou na Comunidade.

(22) A segurança dos géneros alimentícios e a defesa dos interesses dos consumidores constituem uma preocupação crescente para os cidadãos, as organizações não governamentais, as associações profissionais, os parceiros comerciais internacionais e as organizações comerciais. É necessário assegurar a confiança dos consumidores e dos parceiros comerciais através de uma formulação aberta e transparente da legislação alimentar e da adopção, por parte das autoridades públicas, de medidas adequadas para informar a população, sempre que existam fundamentos legítimos de suspeita de que um género alimentício possa constituir um risco para a saúde.

(23) São de primordial importância a segurança e a confiança dos consumidores, tanto na Comunidade Europeia como nos países terceiros. A Comunidade é um actor de primeiro plano no comércio mundial no sector alimentar e no sector dos alimentos para animais e, neste contexto, celebrou acordos comerciais internacionais, contribui para o desenvolvimento de normas internacionais em apoio da legislação alimentar e defende os princípios do comércio livre de géneros alimentícios seguros e sãos e de alimentos para animais seguros, de forma não discriminatória, seguindo práticas comerciais éticas e leais.

(24) É necessário assegurar que os géneros alimentícios e os alimentos para animais exportados ou reexportados da Comunidade obedeçam à legislação comunitária ou aos requisitos estabelecidos pelo país importador. Noutras circunstâncias, os géneros alimentícios e os alimentos para animais só poderão ser exportados ou reexportados caso o país importador tenha dado o seu acordo expresso. Todavia, é necessário assegurar que, mesmo com o acordo do país importador, não sejam exportados nem reexportados géneros alimentícios prejudiciais para a saúde ou alimentos para animais que não sejam seguros.

(25) É necessário estabelecer os princípios gerais em que deve assentar o comércio de géneros alimentícios e de alimentos para animais, bem como os objectivos e princípios da contribuição da Comunidade para o desenvolvimento de normas internacionais e acordos comerciais.

(26) Alguns Estados-Membros adoptaram legislação horizontal em matéria de segurança dos géneros alimentícios, impondo, em especial, a obrigação geral de os operadores económicos comercializarem apenas géneros alimentícios seguros. No entanto, esses Estados-Membros aplicam diferentes critérios básicos para determinar se um género alimentício é seguro. Estas abordagens diversas e a ausência de legislação horizontal nos outros Estados-Membros são susceptíveis de criar obstáculos ao comércio de géneros alimentícios, podendo também surgir obstáculos ao comércio de alimentos para animais.

(27) É, pois, necessário estabelecer requisitos gerais para que apenas sejam colocados no mercado géneros alimentícios e alimentos para animais seguros, a fim de garantir que funcione eficazmente o mercado interno desses produtos.

(28) A experiência demonstrou que o funcionamento do mercado interno no sector alimentar ou no sector dos alimentos para animais pode ficar comprometido se for impossível detectar a origem dos géneros alimentícios e dos alimentos para animais. Por conseguinte, é necessário estabelecer um sistema exaustivo de rastreabilidade nas empresas do sector alimentar e do sector dos alimentos para animais, de modo a possibilitar retiradas do mercado de forma orientada e precisa, ou a informar os consumidores ou os funcionários responsáveis pelos controlos, evitando-se assim a eventualidade de perturbações desnecessárias mais importantes em caso de problemas com a segurança dos géneros alimentícios.

(29) É necessário assegurar que as empresas do sector alimentar e do sector dos alimentos para animais, incluindo os importadores, estejam em condições de identificar, pelo menos, a empresa que forneceu os géneros alimentícios, os alimentos para animais, os animais ou as substâncias que podem ser incorporadas num género alimentício ou num alimento para animais, a fim de garantir que, em caso de inquérito, a rastreabilidade possa ser assegurada em todas as fases.

5

(30) Os operadores das empresas do sector alimentar são os mais aptos a conceber um sistema seguro de fornecimento de géneros alimentícios e a garantir que os géneros alimentícios que fornecem são seguros. Assim, devem ter a principal responsabilidade jurídica por garantir a segurança dos géneros alimentícios. Embora exista este princípio em alguns Estados-Membros e em certos domínios da legislação alimentar, há outros domínios em que tal não está explícito ou em que a responsabilidade é assumida pelas autoridades competentes dos Estados-Membros, através das actividades de controlo que efectuam. Estas disparidades são susceptíveis de criar obstáculos ao comércio e distorções da concorrência entre os operadores do sector alimentar dos diferentes Estados-Membros.

(31) Devem aplicar-se requisitos semelhantes aos alimentos para animais e aos operadores do sector dos alimentos para animais.

(32) A base científica e técnica da legislação comunitária relativa à segurança dos géneros alimentícios e dos alimentos para animais deve contribuir para se alcançar um elevado nível de protecção da saúde na Comunidade. Esta deve poder dispor de apoio científico e técnico independente, eficiente e de elevada qualidade.

(33) Os aspectos científicos e técnicos relacionados com a segurança dos géneros alimentícios e dos alimentos para animais estão a tornar-se cada vez mais importantes e complexos. A criação de uma Autoridade Europeia para a Segurança dos Alimentos, a seguir designada por «Autoridade», deve reforçar o actual sistema de apoio científico e técnico, que já não se encontra em condições de responder às crescentes solicitações.

(34) Em conformidade com os princípios gerais da legislação alimentar, a Autoridade deve assumir o papel de referência científica independente na avaliação dos riscos e, ao fazê-lo, contribuir para assegurar o bom funcionamento do mercado interno. Pode ser chamada a formular pareceres sobre questões científicas contenciosas, permitindo, deste modo, que as instituições comunitárias e os Estados-Membros tomem decisões esclarecidas em matéria de gestão dos riscos a fim de garantir a segurança dos géneros alimentícios e dos alimentos para animais, evitando ao mesmo tempo a fragmentação do mercado interno através da adopção de medidas que criem obstáculos injustificados ou desnecessários à livre circulação dos géneros alimentícios e dos alimentos para animais.

(35) A fim de aumentar a confiança dos consumidores, a Autoridade deve ser uma fonte científica independente de parecer, informação e comunicação dos riscos. Todavia, para incrementar a coerência entre as funções de avaliação, gestão e comunicação dos riscos, é necessário reforçar a relação entre os avaliadores e os gestores dos riscos.

(36) A Autoridade deve fornecer um ponto de vista científico independente e abrangente sobre a segurança e outros aspectos da totalidade das cadeias alimentar e dos alimentos para animais, o que implica que lhe sejam atribuídas amplas responsabilidades. Nestas incluem-se questões com impacto directo ou indirecto na segurança das cadeias alimentar e dos alimentos para animais, a saúde e o bem-estar animal, assim como a fitossanidade. Todavia, é necessário assegurar que a Autoridade se concentre na segurança dos géneros alimentícios, devendo as suas atribuições no que diz respeito às questões no domínio da saúde e do bem-estar animal e da fitossanidade que não estejam relacionadas com a segurança da cadeia alimentar limitar-se ao fornecimento de pareceres científicos. As atribuições da Autoridade devem também incluir o fornecimento de pareceres científicos e de apoio científico e técnico em matéria de nutrição humana, em relação com a legislação comunitária, e assistência à Comissão, a seu pedido, no domínio da comunicação relacionada com programas comunitários de saúde.

(37) Uma vez que alguns produtos permitidos nos termos da legislação alimentar, como os pesticidas ou os aditivos nos alimentos para animais, podem envolver riscos para o ambiente ou a segurança dos trabalhadores, alguns aspectos ambientais e da protecção dos trabalhadores devem também ser avaliados pela Autoridade em conformidade com a legislação pertinente.

(38) A fim de evitar a duplicação de avaliações científicas e de pareceres científicos conexos sobre organismos geneticamente modificados, a Autoridade deve também fornecer pareceres científicos sobre produtos que não sejam géneros alimentícios nem alimentos para animais relacionados com OGM, como definidos na Directiva 2001/18/CE e sem prejuízo dos procedimentos aí estabelecidos.

(39) Através da prestação de apoio em questões científicas, a Autoridade deve contribuir para o papel da Comunidade e dos Estados-Membros na elaboração e no estabelecimento de normas internacionais em matéria de segurança dos géneros alimentícios, assim como de acordos comerciais.

(40) É essencial que as instituições comunitárias, os cidadãos e as partes interessadas confiem na Autoridade. Por este motivo, é fundamental garantir a sua independência, uma elevada qualidade científica, transparência e eficácia, sendo também indispensável a cooperação com os Estados-Membros.

(41) Para o efeito, o Conselho de Administração deve ser constituído de modo a assegurar o mais elevado nível de competência, um vasto leque de conhecimentos especializados, por exemplo, no domínio da gestão e da administração pública, e a mais ampla distribuição geográfica possível dentro da União. Tal deve ser facilitado através da rotação dos diferentes países de origem dos membros do Conselho de Administração, sem que nenhum lugar seja reservado a nacionais de um Estado-Membro específico.

(42) A Autoridade deve dispor de meios para levar a cabo todas as tarefas necessárias ao desempenho das suas atribuições.

(43) O Conselho de Administração deve dispor dos poderes necessários para estabelecer o orçamento, verificar a sua execução, elaborar o regulamento interno, aprovar a regulamentação financeira, designar membros para o Comité Científico e os painéis científicos e nomear o Director Executivo.

(44) Para poder funcionar eficazmente, a Autoridade deve cooperar estreitamente com os organismos competentes dos Estados-Membros. Deve ser criado um Fórum Consultivo para aconselhar o Director Executivo, constituir um mecanismo de intercâmbio de informações e assegurar uma estreita cooperação, em especial no que respeita ao sistema de criação de redes. A cooperação e uma troca de informações adequada devem também minimizar a eventualidade de pareceres científicos divergentes.

(45) A Autoridade deve passar a desempenhar o papel dos Comités Científicos da Comissão na formulação de pareceres científicos no respectivo domínio de competência. É necessária uma reorganização dos comités, por forma a garantir uma maior coerência científica em relação à cadeia alimentar e para lhes permitir trabalhar mais eficazmente. Devem, portanto, ser criados um Comité Científico e painéis científicos permanentes no âmbito da Autoridade para formularem tais pareceres.

(46) A fim de garantir a sua independência, os membros do Comité Científico e dos painéis científicos devem ser cientistas independentes, recrutados com base em concursos públicos.

(47) O papel da Autoridade enquanto referência científica independente implica que possam ser solicitados pareceres científicos não só pela Comissão, mas também pelo Parlamento Europeu e pelos Estados-Membros. A fim de assegurar a facilidade de gestão e a coerência do processo relativo aos pareceres científicos, a Autoridade deve poder recusar ou alterar um pedido, fornecendo as respectivas justificações e com base em critérios pré-determinados. Devem igualmente ser tomadas medidas que contribuam para evitar pareceres científicos divergentes mas, caso surjam, provenientes de diversos organismos científicos, devem existir processos que permitam resolver a divergência ou fornecer aos gestores de riscos uma base transparente de informação científica.

(48) A Autoridade deve também poder encomendar os estudos científicos necessários ao cumprimento das suas obrigações, assegurando ao mesmo tempo que as relações por ela estabelecidas com a Comissão e os Estados-Membros evitem a duplicação de esforços, o que deverá ser feito de forma aberta e transparente, devendo a Autoridade ter em conta os conhecimentos especializados e as estruturas existentes na Comunidade.

(49) A falta de um sistema eficaz de recolha e análise, a nível comunitário, de dados sobre a cadeia alimentar é reconhecida como uma falha fundamental. Deve, portanto, ser criado um sistema de recolha e análise dos dados pertinentes nos domínios cobertos pela Autoridade, sob a forma de uma rede por ela coordenada. É necessário reexaminar as redes comunitárias de recolha de dados já existentes nos domínios cobertos pela Autoridade.

(50) Uma melhor identificação dos riscos emergentes pode, a longo prazo, constituir um importante instrumento de prevenção à disposição dos Estados-Membros e da Comunidade no exercício das suas políticas. É, portanto, necessário atribuir à Autoridade uma tarefa de antecipação na recolha de informações, no exercício da vigilância e na prestação de avaliações e informações sobre os riscos emergentes, com vista à sua prevenção.

(51) A criação da Autoridade deve permitir aos Estados-Membros participarem mais estreitamente nos processos científicos. Para o efeito, é necessário que exista uma íntima cooperação entre a Autoridade e os Estados-Membros, podendo aquela, em especial, atribuir algumas tarefas a organismos competentes destes últimos.

(52) É preciso assegurar o equilíbrio entre a necessidade de recorrer a organismos nacionais para levar a cabo tarefas por conta da Autoridade e a exigência de garantir, para efeitos de coerência global, que essas tarefas sejam efectuadas em conformidade com os critérios para elas estabelecidos. Os procedimentos existentes para a atribuição de tarefas científicas aos Estados-Membros, em especial no que respeita à avaliação de processos apresentados pela indústria para a autorização de certas substâncias, produtos ou métodos, devem ser reexaminados no prazo de um ano, a fim de ter em conta a criação da Autoridade e as novas estruturas que proporciona, devendo os procedimentos de avaliação continuar a ser pelo menos tão rigorosos como anteriormente.

(53) A Comissão continua a ser plenamente responsável pela comunicação das medidas de gestão dos riscos, devendo, por conseguinte, existir um intercâmbio de informação adequado entre a Autoridade e a Comissão. É também necessária uma estreita cooperação entre a Autoridade, a Comissão e os Estados-Membros para assegurar a coerência do conjunto do processo de comunicação.

(54) A independência da Autoridade e o seu papel na informação dos cidadãos implicam que possa fazer comunicações autónomas nos domínios da sua competência, a fim de fornecer informações objectivas, fiáveis e facilmente compreensíveis.

(55) É necessária uma cooperação adequada com os Estados-Membros e outras partes interessadas no domínio específico das campanhas de informação pública para ter em conta eventuais parâmetros regionais e correlações com as políticas de saúde.

(56) Para além dos princípios de funcionamento baseados na independência e na transparência, a Autoridade deve ser uma organização aberta a contactos com os consumidores e outros grupos interessados.

(57) A Autoridade deve ser financiada pelo orçamento geral da União Europeia. No entanto, à luz da experiência adquirida, em especial no que respeita ao tratamento de processos de autorização apresentados pela indústria, no prazo de três anos após a entrada em vigor do presente regulamento, deve ser examinada a possibilidade de cobrar taxas. O processo orçamental da Comunidade permanece aplicável no que diz respeito a todas as subvenções a cargo do orçamento geral da União Europeia. Além disso, a auditoria das contas deve ser realizada pelo Tribunal de Contas.

(58) É necessário permitir a participação de países europeus não membros da União Europeia e que tenham celebrado acordos que os obriguem a transpor e a aplicar o acervo comunitário no domínio regido pelo presente regulamento.

(59) Existe já um sistema de alerta rápido no quadro da Directiva 92/59/CEE do Conselho, de 29 de Junho de 1992, relativa à segurança geral dos produtos. O âmbito de aplicação do sistema existente inclui géneros alimentícios e produtos industriais, mas não alimentos para animais. As recentes crises alimentares demonstraram a necessidade de criar um sistema de alerta rápido aperfeiçoado e alargado, que abranja os géneros alimentícios e os alimentos para animais. Este sistema revisto deve ser gerido pela Comissão e incluir como membros da rede os Estados-Membros, a Comissão e a Autoridade. O sistema em questão não deve abranger as regras comunitárias de troca rápida de informações em caso de emergência radiológica nos termos da Decisão 87/600/Euratom do Conselho.

(60) Os recentes incidentes relacionados com a segurança dos géneros alimentícios demonstraram a necessidade de estabelecer medidas apropriadas em situações de emergência que garantam que todos os géneros alimentícios, qualquer que seja o seu tipo ou origem, e todos os alimentos para animais sejam submetidos a medidas comuns, em caso de risco grave para a saúde humana, a saúde animal ou o ambiente. Este tipo de abordagem abrangente das medidas de emergência em matéria de segurança dos géneros alimentícios deve permitir que se tomem medidas eficazes e se evitem disparidades artificiais no tratamento de um risco grave relacionado com géneros alimentícios ou alimentos para animais.

(61) As recentes crises alimentares demonstraram ainda o interesse de a Comissão dispor de procedimentos mais rápidos e correctamente adaptados à gestão de crises. Esses procedimentos organizacionais devem permitir melhorar a coordenação de esforços e determinar as medidas mais eficazes com base nas melhores informações científicas. Por conseguinte, os procedimentos revistos devem ter em conta as responsabilidades da Autoridade e prever a sua assistência científica e técnica, sob forma de parecer, em caso de crise alimentar.

(62) A fim de assegurar uma abordagem mais eficaz e abrangente da cadeia alimentar, deve ser instituído um Comité da Cadeia Alimentar e da Saúde Animal, que substituirá o

Comité Veterinário Permanente, o Comité Permanente dos Géneros Alimentícios e o Comité Permanente dos Alimentos para Animais. Consequentemente, devem ser revogadas as Decisões 68/361/CEE , 69/414/CEE e 70/372/CEE do Conselho. Pelo mesmo motivo, o Comité da Cadeia Alimentar e da Saúde Animal substituirá também o Comité Fitossanitário Permanente no que diz respeito à sua competência (ao abrigo das Directivas 76/895/CEE , 86/362/CEE, 86/363/CEE, 90/642/CEE e 91/414/CEE em matéria de produtos fitossanitários e de fixação de limites máximos de resíduos.

(63) As medidas necessárias à execução do presente regulamento serão aprovadas nos termos da Decisão 1999/468/CE do Conselho, de 28 de Junho de 1999, que fixa as regras de exercício das competências de execução atribuídas à Comissão.

(64) É necessário que os operadores disponham de um prazo suficiente para se adaptarem a alguns dos requisitos estabelecidos no presente regulamento e que a Autoridade Europeia para a Segurança dos Alimentos inicie as suas actividades em 1 de Janeiro de 2002.

(65) É importante evitar confusões entre as atribuições da Autoridade e as da Agência Europeia de Avaliação dos Medicamentos (AEAM) criada pelo Regulamento (CEE) n.º 2309/93 do Conselho. Por conseguinte, torna-se necessário estabelecer que o presente regulamento não prejudica as competências da AEAM, incluindo as conferidas pelo Regulamento (CEE) n.º 2377/90 do Conselho, de 26 de Junho de 1990, que prevê um processo comunitário para o estabelecimento de limites máximos de resíduos de medicamentos veterinários nos géneros alimentícios de origem animal.

(66) Para a consecução dos objectivos fundamentais do presente regulamento, é necessário e conveniente prever a aproximação dos conceitos, princípios e procedimentos que constituem a base comum da legislação alimentar na Comunidade e criar uma Autoridade Europeia para a Segurança dos Alimentos. De acordo com o princípio da proporcionalidade previsto no artigo 5.º do Tratado, o presente regulamento não excede o necessário para atingir esses objectivos,
ADOPTARAM O PRESENTE REGULAMENTO:

CAPÍTULO I.- ÂMBITO DE APLICAÇÃO E DEFINIÇÕES

Artigo 1.º *Objectivo e âmbito de aplicação*
1. O presente regulamento prevê os fundamentos para garantir um elevado nível de protecção da saúde humana e dos interesses dos consumidores em relação aos géneros alimentícios, tendo nomeadamente em conta a diversidade da oferta de géneros alimentícios, incluindo produtos tradicionais, e assegurando, ao mesmo tempo, o funcionamento eficaz do mercado interno. Estabelece princípios e responsabilidades comuns, a maneira de assegurar uma sólida base científica e disposições e procedimentos organizacionais eficientes para servir de base à tomada de decisões em questões de segurança dos géneros alimentícios e dos alimentos para animais.
2. Para efeitos do n.º 1, o presente regulamento estabelece os princípios gerais que regem os géneros alimentícios e os alimentos para animais em geral e, em particular, a sua segurança a nível comunitário e nacional.
Institui a Autoridade Europeia para a Segurança dos Alimentos.
Estabelece procedimentos para questões com impacto directo ou indirecto na segurança dos géneros alimentícios e dos alimentos para animais.
3. O presente regulamento aplica-se a todas as fases da produção, transformação e distribuição de géneros alimentícios e de alimentos para animais. Não se aplica à produção primária destinada a uso doméstico, nem à preparação, manipulação e armazenagem domésticas de géneros alimentícios para consumo privado.

Artigo 2.º *Definição de «género alimentício»*
Para efeitos do presente regulamento, entende-se por «género alimentício» (ou «alimento para consumo humano»), qualquer substância ou produto, transformado, parcialmente transformado ou não transformado, destinado a ser ingerido pelo ser humano ou com razoáveis probabilidades de o ser.

Este termo abrange bebidas, pastilhas elásticas e todas as substâncias, incluindo a água, intencionalmente incorporadas nos géneros alimentícios durante o seu fabrico, preparação ou tratamento. A água está incluída dentro dos limiares de conformidade referidos no artigo 6.º da Directiva 98/83/CE, sem prejuízo dos requisitos das Directivas 80/778/CEE e 98/83/CE.

O termo não inclui:
a) alimentos para animais;
b) animais vivos, a menos que sejam preparados para colocação no mercado para consumo humano;
c) plantas, antes da colheita;
d) medicamentos, na acepção das Directivas 65/65/CEE e 92/73/CEE do Conselho;
e) produtos cosméticos, na acepção da Directiva 76/768/CEE do Conselho;
f) tabaco e produtos do tabaco, na acepção da Directiva 89/622/CEE do Conselho;
g) estupefacientes ou substâncias psicotrópicas, na acepção da Convenção das Nações Unidas sobre Estupefacientes, de 1961, e da Convenção das Nações Unidas sobre Substâncias Psicotrópicas, de 1971;
h) resíduos e contaminantes.

Artigo 3.º *Outras definições*
Para efeitos do presente regulamento, entende-se por:
1. «legislação alimentar», as disposições legislativas, regulamentares e administrativas que regem os géneros alimentícios em geral e a sua segurança em particular, a nível quer comunitário quer nacional; abrange todas as fases da produção, transformação e distribuição de géneros alimentícios, bem como de alimentos para animais produzidos para, ou dados a, animais produtores de géneros alimentícios;
2. «empresa do sector alimentar», qualquer empresa, com ou sem fins lucrativos, pública ou privada, que se dedique a uma actividade relacionada com qualquer das fases da produção, transformação e distribuição de géneros alimentícios;
3. «operador de uma empresa do sector alimentar», a pessoa singular ou colectiva responsável pelo cumprimento das normas da legislação alimentar na empresa do sector alimentar sob o seu controlo;
4. «alimento para animais», qualquer substância ou produto, incluindo os aditivos, transformado, parcialmente transformado ou não transformado, destinado a ser utilizado para a alimentação oral de animais;
5. «empresa do sector dos alimentos para animais», qualquer empresa, com ou sem fins lucrativos, pública ou privada, que se dedique a qualquer operação de produção, fabrico, transformação, armazenagem, transporte ou distribuição de alimentos para animais, incluindo qualquer operador que produza, transforme ou armazene alimentos destinados à alimentação de animais na sua própria exploração;
6. «operador de uma empresa do sector dos alimentos para animais», a pessoa singular ou colectiva responsável pelo cumprimento das normas da legislação alimentar na empresa do sector dos alimentos para animais sob o seu controlo;
7. «comércio retalhista», a manipulação e/ou a transformação de géneros alimentícios e a respectiva armazenagem no ponto de venda ou de entrega ao consumidor final, incluindo terminais de distribuição, operações de restauração, cantinas de empresas, restauração em instituições, restaurantes e outras operações similares de fornecimento de géneros alimentícios, estabelecimentos comerciais, centros de distribuição de supermercados e grossistas;
8. «colocação no mercado», a detenção de géneros alimentícios ou de alimentos para animais para efeitos de venda, incluindo a oferta para fins de venda ou qualquer outra forma de transferência, isenta de encargos ou não, bem como a venda, a distribuição e outras formas de transferência propriamente ditas;
9. «risco», uma função da probabilidade de um efeito nocivo para a saúde e da gravidade desse efeito, como consequência de um perigo;
10. «análise dos riscos», um processo constituído por três componentes interligadas: avaliação, gestão e comunicação dos riscos;

11. «avaliação dos riscos», um processo de base científica constituído por quatro etapas: identificação do perigo, caracterização do perigo, avaliação da exposição e caracterização do risco;

12. «gestão dos riscos», o processo, diferente da avaliação dos riscos, que consiste em ponderar alternativas políticas, em consulta com as partes interessadas, tendo em conta a avaliação dos riscos e outros factores legítimos e, se necessário, seleccionar opções apropriadas de prevenção e controlo;

13. «comunicação dos riscos», o intercâmbio interactivo, durante todo o processo de análise dos riscos, de informações e pareceres relativos a perigos e riscos, factores relacionados com riscos e percepção do risco, entre avaliadores e gestores dos riscos, consumidores, empresas do sector alimentar e do sector dos alimentos para animais, a comunidade universitária e outras partes interessadas, incluindo a explicação dos resultados da avaliação dos riscos e da base das decisões de gestão dos riscos;

14. «perigo», um agente biológico, químico ou físico presente nos géneros alimentícios ou nos alimentos para animais, ou uma condição dos mesmos, com potencialidades para provocar um efeito nocivo para a saúde;

15. «rastreabilidade», a capacidade de detectar a origem e de seguir o rasto de um género alimentício, de um alimento para animais, de um animal produtor de géneros alimentícios ou de uma substância, destinados a ser incorporados em géneros alimentícios ou em alimentos para animais, ou com probabilidades de o ser, ao longo de todas as fases da produção, transformação e distribuição;

16. «fases da produção, transformação e distribuição», qualquer fase, incluindo a importação, desde a produção primária de um género alimentício até à sua armazenagem, transporte, venda ou fornecimento ao consumidor final e, quando for o caso, a importação, produção, fabrico, armazenagem, transporte, distribuição, venda e fornecimento de alimentos para animais;

17. «produção primária», a produção, a criação ou o cultivo de produtos primários, incluindo a colheita e a ordenha e criação de animais antes do abate; abrange também a caça, a pesca e a colheita de produtos silvestres;

18. «consumidor final», o último consumidor de um género alimentício que não o utilize como parte de qualquer operação ou actividade de uma empresa do sector alimentar.

CAPÍTULO II.- LEGISLAÇÃO ALIMENTAR GERAL

Artigo 4.º *Âmbito de aplicação*
1. O presente capítulo refere-se a todas as fases da produção, transformação e distribuição de géneros alimentícios, bem como de alimentos para animais produzidos para, ou dados a, animais produtores de géneros alimentícios.
2. Os princípios estabelecidos nos artigos 5.º a 10.º constituem um quadro geral de carácter horizontal que deve ser respeitado aquando da adopção de quaisquer medidas.
3. A fim de obedecer ao disposto nos artigos 5.º a 10.º, os princípios e procedimentos da legislação alimentar vigente serão adaptados o mais rapidamente possível e, o mais tardar, até 1 de Janeiro de 2007.
4. Até essa data e em derrogação do n.º 2, a legislação vigente será implementada tendo em conta os princípios estabelecidos nos artigos 5.º a 10.º

SECÇÃO 1.- PRINCÍPIOS GERAIS DA LEGISLAÇÃO ALIMENTAR

Artigo 5.º *Objectivos gerais*
1. A legislação alimentar deve procurar alcançar um ou mais dos objectivos gerais de um elevado nível de protecção da vida e da saúde humanas, a protecção dos interesses dos consumidores, incluindo as boas práticas no comércio de géneros alimentícios, tendo em conta, sempre que adequado, a protecção da saúde e do bem-estar animal, a fitossanidade e o ambiente.
2. A legislação alimentar deve visar a realização da livre circulação na Comunidade de géneros alimentícios e de alimentos para animais, fabricados ou comercializados em conformidade com os princípios e os requisitos gerais constantes do presente capítulo.
3. Sempre que existam normas internacionais ou esteja eminente a sua aprovação, estas devem ser tidas em conta na formulação ou na adaptação da legislação alimentar, excepto quando as referidas normas ou os seus elementos pertinentes constituírem meios ineficazes ou inadequados para o cumprimento dos objectivos legítimos da legislação alimentar ou quando houver uma justificação científica ou ainda quando

puderem dar origem a um nível de protecção diferente do considerado adequado na Comunidade Europeia.

Artigo 6.º *Análise dos riscos*

1. A fim de alcançar o objectivo geral de um elevado nível de protecção da vida e da saúde humanas, a legislação alimentar basear-se-á na análise dos riscos, excepto quando tal não for adequado às circunstâncias ou à natureza da medida.

2. A avaliação dos riscos basear-se-á nas provas científicas disponíveis e será realizada de forma independente, objectiva e transparente.

3. A gestão dos riscos terá em conta os resultados da avaliação dos riscos, em especial os pareceres da Autoridade a que se refere o artigo 22.º, outros factores legítimos para a matéria em consideração e o princípio da precaução sempre que se verifiquem as condições previstas no n.º 1 do artigo 7.º, a fim de alcançar os objectivos gerais da legislação alimentar definidos no artigo 5.º

Artigo 7.º *Princípio da precaução*

1. Nos casos específicos em que, na sequência de uma avaliação das informações disponíveis, se identifique uma possibilidade de efeitos nocivos para a saúde, mas persistam incertezas a nível científico, podem ser adoptadas as medidas provisórias de gestão dos riscos necessárias para assegurar o elevado nível de protecção da saúde por que se optou na Comunidade, enquanto se aguardam outras informações científicas que permitam uma avaliação mais exaustiva dos riscos.

2. As medidas adoptadas com base no n.º 1 devem ser proporcionadas e não devem impor mais restrições ao comércio do que as necessárias para se alcançar o elevado nível de protecção por que se optou na Comunidade, tendo em conta a viabilidade técnica e económica e outros factores considerados legítimos na matéria em questão. Tais medidas devem ser reexaminadas dentro de um prazo razoável, consoante a natureza do risco para a vida ou a saúde e o tipo de informação científica necessária para clarificar a incerteza científica e proceder a uma avaliação mais exaustiva do risco.

Artigo 8.º *Protecção dos interesses dos consumidores*

1. A legislação alimentar tem como objectivo a protecção dos interesses dos consumidores e fornecer-lhes uma base para que façam escolhas com conhecimento de causa em relação aos géneros alimentícios que consomem. Visa prevenir:

a) práticas fraudulentas ou enganosas;
b) a adulteração de géneros alimentícios;
c) quaisquer outras práticas que possam induzir em erro o consumidor.

SECÇÃO 2.- PRINCÍPIOS DE TRANSPARÊNCIA

Artigo 9.º *Consulta pública*

Proceder-se-á a uma consulta pública aberta e transparente, directamente ou através de organismos representativos, durante a preparação, avaliação e revisão da legislação alimentar, a não ser que a urgência da questão não o permita.

Artigo 10.º *Informação dos cidadãos*

Sem prejuízo das disposições comunitárias e de direito nacional aplicáveis em matéria de acesso a documentos, sempre que existam motivos razoáveis para se suspeitar de que um género alimentício ou um alimento para animais pode apresentar um risco para a saúde humana ou animal, dependendo da natureza, da gravidade e da dimensão desse risco, as autoridades públicas tomarão medidas adequadas para informar a população da natureza do risco para a saúde, identificando em toda a medida do possível o género alimentício ou o alimento para animais ou o seu tipo, o risco que pode apresentar e as medidas tomadas ou que vão ser tomadas, para prevenir, reduzir ou eliminar esse risco.

SECÇÃO 3.- OBRIGAÇÕES GERAIS DO COMÉRCIO DE GÉNEROS ALIMENTÍCIOS

Artigo 11.º *Géneros alimentícios e alimentos para animais importados para a Comunidade*

Os géneros alimentícios e os alimentos para animais importados para a Comunidade para aí serem colocados no mercado devem cumprir os requisitos relevantes da legislação alimentar ou as condições reconhecidas pela Comunidade como sendo pelo menos equivalentes ou ainda, caso exista um acordo específico entre a Comunidade e o país exportador, os requisitos previstos nesse acordo.

12

Artigo 12.° *Géneros alimentícios e alimentos para animais exportados da Comunidade*
1. Os géneros alimentícios e os alimentos para animais exportados ou reexportados da Comunidade para serem colocados no mercado de um país terceiro devem cumprir os requisitos relevantes da legislação alimentar, salvo pedido em contrário das autoridades do país de importação ou disposição em contrário das leis, regulamentos, normas, códigos de práticas e outros procedimentos legais e administrativos que possam estar em vigor no país importador.

Noutras circunstâncias, excepto no caso de os géneros alimentícios serem prejudiciais para a saúde ou de os alimentos para animais não serem seguros, os géneros alimentícios e os alimentos para animais só podem ser exportados ou reexportados caso as autoridades competentes do país de destino tenham dado o seu acordo expresso, depois de devidamente informadas sobre os motivos e as circunstâncias que levaram a que os géneros alimentícios ou os alimentos para animais em causa não tivessem podido ser colocados no mercado da Comunidade.
2. Sempre que se apliquem as disposições de um acordo bilateral celebrado entre a Comunidade ou um dos seus Estados-Membros e um país terceiro, os géneros alimentícios e os alimentos para animais exportados pela Comunidade ou pelo Estado-Membro em causa para esse país terceiro devem cumprir as referidas disposições.

Artigo 13.° *Normas internacionais*
Sem prejuízo dos seus direitos e obrigações, a Comunidade e os seus Estados-Membros devem:
a) contribuir para a formulação de normas técnicas internacionais relativas aos géneros alimentícios e alimentos para animais e de normas sanitárias e fitossanitárias;
b) promover a coordenação dos trabalhos sobre normas relativas aos géneros alimentícios e aos alimentos para animais levados a cabo por organizações internacionais governamentais e não governamentais;
c) contribuir, sempre que relevante e adequado, para a elaboração de acordos sobre o reconhecimento da equivalência de medidas específicas relacionadas com os géneros alimentícios e os alimentos para animais;
d) prestar especial atenção às necessidades específicas de desenvolvimento, bem como às necessidades financeiras e comerciais dos países em desenvolvimento, tendo em vista garantir que as normas internacionais não criem obstáculos desnecessários às exportações a partir desses países;
e) promover a coerência entre as normas técnicas internacionais e a legislação alimentar, assegurando simultaneamente que o elevado nível de protecção adoptado na Comunidade não seja reduzido.

SECÇÃO 4.- REQUISITOS GERAIS DA LEGISLAÇÃO ALIMENTAR

Artigo 14.° *Requisitos de segurança dos géneros alimentícios*
1. Não serão colocados no mercado quaisquer géneros alimentícios que não sejam seguros.
2. Os géneros alimentícios não serão considerados seguros se se entender que são:
a) prejudiciais para a saúde;
b) impróprios para consumo humano.
3. Ao determinar se um género alimentício não é seguro, deve-se ter em conta:
a) as condições normais de utilização do género alimentício pelo consumidor e em todas as fases da produção, transformação e distribuição;
b) as informações fornecidas ao consumidor, incluindo as constantes do rótulo, ou outras informações geralmente à disposição do consumidor destinadas a evitar efeitos prejudiciais para a saúde decorrentes de um género alimentício específico ou de uma categoria específica de géneros alimentícios.
4. Ao determinar se um género alimentício é prejudicial para a saúde, deve-se ter em conta:
a) não só o provável efeito imediato e/ou a curto e/ou a longo prazo desse género alimentício sobre a saúde da pessoa que o consome, mas também sobre as gerações seguintes;
b) os potenciais efeitos tóxicos cumulativos;
c) as sensibilidades sanitárias específicas de uma determinada categoria de consumidores, quando o género alimentício lhe for destinado.
5. Ao determinar se um género alimentício é impróprio para consumo humano, deve-se ter em conta se é inaceitável para consumo humano de acordo com o uso a que se

13

destina, quer por motivos de contaminação, de origem externa ou outra, quer por putrefacção, deterioração ou decomposição.

6. Sempre que um género alimentício que não é seguro faça parte de um lote ou remessa de géneros alimentícios da mesma classe ou descrição, partir-se-á do princípio de que todos os géneros alimentícios desse lote ou remessa também não são seguros, a menos que, na sequência de uma avaliação pormenorizada, não haja provas de que o resto do lote ou da remessa não é seguro.

7. São considerados seguros os géneros alimentícios que estejam em conformidade com as disposições comunitárias específicas que regem a sua segurança, no que diz respeito aos aspectos cobertos por essas disposições.

8. A conformidade de um género alimentício com as disposições específicas que lhe são aplicáveis não impedirá as autoridades competentes de tomar as medidas adequadas para impor restrições à sua colocação no mercado ou para exigir a sua retirada do mercado sempre que existam motivos para se suspeitar que, apesar dessa conformidade, o género alimentício não é seguro.

9. Na ausência de disposições comunitárias específicas, os géneros alimentícios são considerados seguros quando estiverem em conformidade com as disposições específicas da legislação alimentar do Estado-Membro em cujo território são comercializados, desde que tais disposições sejam formuladas e aplicadas sem prejuízo do Tratado CE, nomeadamente dos artigos 28.º e 30.º

Artigo 15.º *Requisitos de segurança dos alimentos para animais*
1. Não serão colocados no mercado nem dados a animais produtores de géneros alimentícios quaisquer alimentos para animais que não sejam seguros.

2. Os alimentos para animais não serão considerados seguros para o uso a que se destinam se se entender que:
— têm um efeito nocivo na saúde humana ou animal;
— fazem com que não sejam seguros para consumo humano os géneros alimentícios provenientes de animais produtores de géneros alimentícios.

3. Sempre que um alimento para animais que tenha sido identificado como não respeitando o requisito de segurança dos alimentos para animais faça parte de um lote ou remessa de alimentos para animais da mesma classe ou descrição, partir-se-á do princípio de que todos os alimentos para animais desse lote ou remessa estão afectados de igual modo, a menos que, na sequência de uma avaliação pormenorizada, não haja provas de que o resto do lote ou da remessa não respeita o requisito de segurança dos alimentos para animais.

4. São considerados seguros os alimentos para animais que estejam em conformidade com as disposições comunitárias específicas que regem a sua segurança, no que diz respeito aos aspectos cobertos por essas disposições.

5. A conformidade de um alimento para animais com as disposições específicas que lhe são aplicáveis não impedirá as autoridades competentes de tomar as medidas adequadas para impor restrições à sua colocação no mercado ou para exigir a sua retirada do mercado sempre que existam motivos para se suspeitar que, apesar dessa conformidade, o alimento para animais não é seguro.

6. Na ausência de disposições comunitárias específicas, os alimentos para animais são considerados seguros quando estiverem em conformidade com as disposições específicas nacionais que regem a segurança dos alimentos para animais do Estado-Membro em cujo território circulam, desde que tais disposições sejam formuladas e aplicadas sem prejuízo do Tratado, nomeadamente dos artigos 28.º e 30.º

Artigo 16.º *Apresentação*
Sem prejuízo de disposições mais específicas da legislação alimentar, a rotulagem, a publicidade e a apresentação dos géneros alimentícios ou dos alimentos para animais, incluindo a sua forma, aparência ou embalagem, os materiais de embalagem utilizados, a maneira como estão dispostos e o local onde estão expostos, bem como a informação que é posta à disposição acerca deles através de quaisquer meios de comunicação, não devem induzir em erro o consumidor.

Artigo 17.º *Responsabilidades*
1. Os operadores das empresas do sector alimentar e do sector dos alimentos para animais devem assegurar, em todas as fases da produção, transformação e distribuição nas empresas sob o seu controlo, que os géneros alimentícios ou os alimentos para

animais preencham os requisitos da legislação alimentar aplicáveis às suas actividades e verificar o cumprimento desses requisitos.

2. Os Estados-Membros porão em vigor a legislação alimentar e procederão ao controlo e à verificação da observância dos requisitos relevantes dessa legislação pelos operadores das empresas do sector alimentar e do sector dos alimentos para animais em todas as fases da produção, transformação e distribuição.

Para o efeito, manterão um sistema de controlos oficiais e outras actividades, conforme adequado às circunstâncias, incluindo a comunicação pública sobre a segurança e os riscos dos géneros alimentícios e dos alimentos para animais, a vigilância da sua segurança e outras actividades de controlo que abranjam todas as fases da produção, transformação e distribuição.

Os Estados-Membros estabelecerão igualmente as regras relativas às medidas e sanções aplicáveis às infracções à legislação alimentar e em matéria de alimentos para animais. As medidas e sanções previstas devem ser eficazes, proporcionadas e dissuasivas.

Artigo 18.º *Rastreabilidade*
1. Será assegurada em todas as fases da produção, transformação e distribuição a rastreabilidade dos géneros alimentícios, dos alimentos para animais, dos animais produtores de géneros alimentícios e de qualquer outra substância destinada a ser incorporada num género alimentício ou num alimento para animais, ou com probabilidades de o ser.

2. Os operadores das empresas do sector alimentar e do sector dos alimentos para animais devem estar em condições de identificar o fornecedor de um género alimentício, de um alimento para animais, de um animal produtor de géneros alimentícios, ou de qualquer outra substância destinada a ser incorporada num género alimentício ou num alimento para animais, ou com probabilidades de o ser.

Para o efeito, devem dispor de sistemas e procedimentos que permitam que essa informação seja colocada à disposição das autoridades competentes, a seu pedido.

3. Os operadores das empresas do sector alimentar e do sector dos alimentos para animais devem dispor de sistemas e procedimentos para identificar outros operadores a quem tenham sido fornecidos os seus produtos. Essa informação será facultada às autoridades competentes, a seu pedido.

4. Os géneros alimentícios e os alimentos para animais que sejam colocados no mercado, ou susceptíveis de o ser, na Comunidade devem ser adequadamente rotulados ou identificados por forma a facilitar a sua rastreabilidade, através de documentação ou informação cabal de acordo com os requisitos pertinentes de disposições mais específicas.

5. Para efeitos da aplicação dos requisitos do presente artigo no que se refere a sectores específicos, poderão ser adoptadas disposições de acordo com o procedimento previsto no n.º 2 do artigo 58.º

Artigo 19.º *Responsabilidades em matéria de géneros alimentícios: operadores das empresas do sector alimentar*
1. Se um operador de uma empresa do sector alimentar considerar ou tiver razões para crer que um género alimentício por si importado, produzido, transformado, fabricado ou distribuído não está em conformidade com os requisitos de segurança dos géneros alimentícios, dará imediatamente início a procedimentos destinados a retirar do mercado o género alimentício em causa, se o mesmo tiver deixado de estar sob o controlo imediato desse mesmo operador inicial, e do facto informará as autoridades competentes. Se houver a possibilidade de o produto em questão ter chegado aos consumidores, o referido operador informá-los-á de forma eficaz e precisa do motivo da retirada e, se necessário, procederá à recolha dos produtos já fornecidos, quando não forem suficientes outras medidas para se alcançar um elevado nível de protecção da saúde.

2. Qualquer operador de uma empresa do sector alimentar responsável por actividades de comércio retalhista ou de distribuição que não afectem a embalagem, rotulagem, segurança ou integridade do género alimentício dará início, dentro dos limites das suas actividades, a procedimentos destinados a retirar do mercado os produtos não conformes com os requisitos de segurança dos géneros alimentícios e contribuirá para a sua segurança, transmitindo as informações relevantes necessárias para detectar o percurso do género alimentício e cooperando nas medidas tomadas pelos produtores, transformadores, fabricantes e/ou autoridades competentes.

3. Qualquer operador de uma empresa do sector alimentar informará imediatamente as autoridades competentes, caso considere ou tenha razões para crer que um género alimentício por si colocado no mercado pode ser prejudicial para a saúde humana. Os operadores informarão as autoridades competentes das medidas tomadas a fim de prevenir quaisquer riscos para o consumidor final e não impedirão nem dissuadirão ninguém de cooperar com as autoridades competentes, em conformidade com a legislação e a prática jurídica nacionais, sempre que tal possa impedir, reduzir ou eliminar um risco suscitado por um género alimentício.
4. Os operadores das empresas do sector alimentar colaborarão com as autoridades competentes nas medidas tomadas a fim de evitar ou reduzir os riscos apresentados por um género alimentício que forneçam ou tenham fornecido.

Artigo 20.º *Responsabilidades em matéria de alimentos para animais: operadores das empresas do sector dos alimentos para animais*
1. Se um operador de uma empresa do sector dos alimentos para animais considerar ou tiver razões para crer que um alimento por si importado, produzido, transformado, fabricado ou distribuído não está em conformidade com os requisitos de segurança dos alimentos para animais, dará imediatamente início a procedimentos destinados a retirar do mercado o alimento em causa e do facto informará as autoridades competentes. Nestas circunstâncias, ou no caso previsto no n.º 3 do artigo 15.º, sempre que um lote ou uma remessa de alimentos para animais não satisfaça os requisitos de segurança, o alimento em causa será destruído, a não ser que a autoridade competente entenda em contrário. O referido operador informará de forma eficaz e precisa os utilizadores desse alimento do motivo da retirada e, se necessário, procederá à recolha dos produtos já fornecidos, quando não forem suficientes outras medidas para se alcançar um elevado nível de protecção da saúde.
2. Qualquer operador de uma empresa do sector dos alimentos para animais responsável por actividades de comércio retalhista ou de distribuição que não afectem a embalagem, rotulagem, segurança ou integridade do alimento dará início, dentro dos limites das suas actividades, a procedimentos destinados a retirar do mercado os produtos não conformes com os requisitos de segurança dos alimentos para animais e contribuirá para a segurança dos géneros alimentícios, transmitindo as informações relevantes necessárias para detectar o percurso do alimento para animais e cooperando nas medidas tomadas pelos produtores, transformadores, fabricantes e/ou autoridades competentes.
3. Qualquer operador de uma empresa do sector dos alimentos para animais informará imediatamente as autoridades competentes, caso considere ou tenha razões para crer que um alimento por si colocado no mercado pode não respeitar os requisitos de segurança dos alimentos para animais e informará as autoridades competentes das medidas tomadas a fim de prevenir os riscos decorrentes da utilização desse alimento, não devendo impedir nem dissuadir ninguém de cooperar com as autoridades competentes, em conformidade com a legislação e a prática jurídica nacionais, sempre que tal possa impedir, reduzir ou eliminar um risco suscitado por um alimento para animais.
4. Os operadores das empresas do sector dos alimentos para animais colaborarão com as autoridades competentes nas medidas tomadas a fim de evitar os riscos apresentados por um alimento para animais que forneçam ou tenham fornecido.

Artigo 21.º *Responsabilidade*
As disposições do presente capítulo aplicam-se sem prejuízo do disposto na Directiva 85/374/CEE do Conselho, de 25 de Julho de 1985, relativa à aproximação das disposições legislativas, regulamentares e administrativas dos Estados-Membros em matéria de responsabilidade decorrente dos produtos defeituosos.

CAPÍTULO III.- AUTORIDADE EUROPEIA PARA A SEGURANÇA DOS ALIMENTOS

SECÇÃO 1.- ATRIBUIÇÕES E TAREFAS

Artigo 22.º *Atribuições da Autoridade*
1. É instituída uma Autoridade Europeia para a Segurança dos Alimentos, a seguir designada por «Autoridade».
2. A Autoridade deverá fornecer pareceres científicos e apoio técnico e científico à legislação e políticas comunitárias em todos os domínios que tenham impacto directo ou

indirecto na segurança dos géneros alimentícios ou dos alimentos para animais. Deverá fornecer informações independentes sobre todas as questões desses domínios e proceder à comunicação dos riscos.

3. A Autoridade deverá contribuir para assegurar um elevado nível de protecção da saúde e da vida humanas e, para o efeito, ter em conta a saúde e o bem-estar animal, a fitossanidade e a protecção do ambiente, no âmbito do funcionamento do mercado interno.

4. A Autoridade deverá recolher e analisar dados que permitam a caracterização e o controlo dos riscos que tenham impacto directo ou indirecto na segurança dos géneros alimentícios ou dos alimentos para animais.

5. As atribuições da Autoridade incluem ainda o fornecimento de:

a) pareceres científicos e apoio técnico e científico em matéria de nutrição humana, em relação com a legislação comunitária, e, a pedido da Comissão, assistência no domínio da comunicação sobre questões nutricionais, no âmbito do programa comunitário de saúde;

b) pareceres científicos sobre outras questões relacionadas com a saúde e o bem-estar animal, assim como a fitossanidade;

c) pareceres científicos sobre produtos que não sejam géneros alimentícios nem alimentos para animais relacionados com organismos geneticamente modificados, como definidos na Directiva 2001/18/CE e sem prejuízo dos procedimentos aí estabelecidos.

6. A Autoridade emitirá pareceres que constituirão a base científica para a elaboração e adopção de medidas comunitárias nos domínios da sua competência.

7. A Autoridade executará as suas tarefas em condições que lhe permitam servir de ponto de referência, em virtude da sua independência, da qualidade científica e técnica dos pareceres que emitir e das informações que divulgar, da transparência dos seus procedimentos e métodos de funcionamento e da diligência na realização das tarefas que lhe forem confiadas.

A Autoridade actuará em estreita cooperação com os organismos competentes dos Estados-Membros com atribuições idênticas às suas.

8. A Autoridade, a Comissão e os Estados-Membros deverão cooperar no sentido de promover uma coerência efectiva entre as funções de avaliação, gestão e comunicação dos riscos.

9. Os Estados-Membros colaborarão com a Autoridade a fim de assegurar o desempenho das suas atribuições.

Artigo 23.º *Tarefas da Autoridade*

A Autoridade deve:

a) fornecer às instituições comunitárias e aos Estados-Membros os melhores pareceres científicos possíveis em todos os casos previstos na legislação comunitária e sobre qualquer questão da sua competência;

b) promover e coordenar o desenvolvimento de metodologias uniformes de avaliação dos riscos nos domínios da sua competência;

c) prestar apoio científico e técnico à Comissão nos domínios da sua competência e, quando tal lhe for solicitado, na interpretação e estudo dos pareceres resultantes da avaliação dos riscos;

d) encomendar os estudos científicos que forem necessários para o desempenho das suas atribuições;

e) procurar, coligir, cotejar, analisar e sintetizar dados científicos e técnicos nos domínios da sua competência;

f) tomar medidas com vista a identificar e caracterizar os riscos emergentes, nos domínios da sua competência;

g) estabelecer um sistema de redes de organismos que trabalhem nos domínios da sua competência e ser responsável pelo seu funcionamento;

h) a pedido da Comissão, prestar assistência científica e técnica no âmbito dos procedimentos de gestão de crises aplicados pela Comissão em matéria de segurança dos géneros alimentícios e dos alimentos para animais;

i) a pedido da Comissão, prestar assistência científica e técnica a fim de melhorar a cooperação entre a Comunidade, os países candidatos à adesão, as organizações internacionais e os países terceiros, nos domínios da sua competência;

j) assegurar que o público e as partes interessadas recebam rapidamente informações fiáveis, objectivas e compreensíveis nos domínios da sua competência;

k) formular de forma independente as suas próprias conclusões e orientações sobre os assuntos da sua competência;

17

l) realizar quaisquer outras tarefas que lhe forem confiadas pela Comissão no âmbito da sua competência.

SECÇÃO 2.- ORGANIZAÇÃO

Artigo 24.° *Órgãos da Autoridade*
A Autoridade compreende:
a) um Conselho de Administração;
b) um Director Executivo e respectivo pessoal;
c) um Fórum Consultivo;
d) um Comité Científico e painéis científicos.

Artigo 25.° *Conselho de Administração*
1. O Conselho de Administração é constituído por 14 membros designados pelo Conselho, em consulta com o Parlamento Europeu, a partir de uma lista estabelecida pela Comissão que incluirá um número de candidatos substancialmente superior ao número de membros a designar, assim como por um representante da Comissão. Quatro dos membros devem possuir experiência em organizações que representem os consumidores e outros interesses na cadeia alimentar.
A lista estabelecida pela Comissão, acompanhada da documentação pertinente, será transmitida ao Parlamento Europeu. Com a maior brevidade possível, e no prazo de três meses a contar da data dessa transmissão, o Parlamento Europeu poderá submeter os seus pontos de vista à apreciação do Conselho, que seguidamente procederá à nomeação do Conselho de Administração.
O Conselho de Administração deve ser constituído de modo a assegurar o mais elevado nível de competência, um vasto leque de conhecimentos especializados e, tendo presentes estes critérios, a mais ampla distribuição geográfica possível dentro da União.
2. O mandato dos membros terá a duração de quatro anos e poderá ser renovado uma vez. Todavia, no que diz respeito ao primeiro mandato, este período será de seis anos para metade dos membros.
3. O Conselho de Administração aprovará o regulamento interno da Autoridade, com base numa proposta do Director Executivo. Este regulamento será tornado público.
4. O Conselho de Administração elegerá de entre os seus membros um presidente, por um período de dois anos, renovável.
5. O Conselho de Administração adoptará o seu regulamento interno.
Salvo disposição em contrário, o Conselho de Administração deliberará por maioria dos seus membros.
6. O Conselho de Administração reunir-se-á a convite do Presidente ou a pedido de, pelo menos, um terço dos seus membros.
7. O Conselho de Administração assegurará que a Autoridade desempenhe as suas atribuições e realize as tarefas que lhe forem confiadas nas condições previstas no presente regulamento.
8. Até 31 de Janeiro de cada ano, o Conselho de Administração aprovará o programa de trabalho da Autoridade para o ano seguinte, bem como um programa plurianual, passível de revisão. O Conselho de Administração assegurará a coerência destes programas com as prioridades políticas e legislativas da Comunidade no domínio da segurança dos géneros alimentícios.
Até 30 de Março de cada ano, o Conselho de Administração aprovará o relatório geral das actividades da Autoridade relativo ao ano anterior.
9. Após consulta à Comissão, o Conselho de Administração aprovará a regulamentação financeira aplicável à Autoridade. Esta regulamentação só poderá divergir do disposto no Regulamento (CE, Euratom) n.° 2343/2002 da Comissão, de 19 de Novembro de 2002, que institui o Regulamento Financeiro Quadro dos organismos referidos no artigo 185.° do Regulamento (CE, Euratom) n.°1605/2002 do Conselho, que institui o Regulamento Financeiro aplicável ao orçamento geral das Comunidades Europeias, se as exigências específicas do funcionamento da Autoridade o impuserem e desde que a Comissão dê previamente o seu acordo.
10. O Director Executivo participará nas reuniões do Conselho de Administração, sem direito a voto, e assegurará o respectivo secretariado. O Conselho de Administração convidará o Presidente do Comité Científico a participar nas suas reuniões, sem direito de voto.

Artigo 26.° *Director Executivo*

1. O Director Executivo será nomeado pelo Conselho de Administração, por um período de cinco anos, renovável, com base numa lista de candidatos proposta pela Comissão após um concurso geral, na sequência da publicação no *Jornal Oficial das Comunidades Europeias* e noutro meio de comunicação de um convite a manifestações de interesse.

Antes da sua nomeação, o candidato indigitado pelo Conselho de Administração será, sem demora, convidado a proferir uma declaração perante o Parlamento Europeu e a responder a perguntas formuladas pelos membros desta Instituição. O Director Executivo pode ser destituído pela maioria dos membros que compõem o Conselho de Administração.

2. O Director Executivo é o representante legal da Autoridade. Será responsável:

a) pela administração corrente da Autoridade;

b) pela elaboração de uma proposta de programa de trabalho da Autoridade, em consulta com a Comissão;

c) pela execução dos programas de trabalho e das decisões adoptadas pelo Conselho de Administração;

d) por assegurar a prestação de apoio científico, técnico e administrativo adequado ao Comité Científico e aos painéis científicos;

e) por assegurar que a Autoridade execute as suas tarefas em conformidade com as exigências dos seus utilizadores, designadamente em termos de adequação dos serviços prestados e de prazos;

f) Pela preparação do projecto de mapa previsional das receitas e despesas e pela execução do orçamento da Autoridade;

g) por todos os assuntos relacionados com o pessoal;

h) por desenvolver e manter contactos com o Parlamento Europeu e por assegurar um diálogo regular com as comissões parlamentares competentes.

3. O director executivo apresentará anualmente ao Conselho de Administração, para aprovação:

a) Um projecto de relatório geral de actividades que abranja o conjunto das tarefas da Autoridade no ano anterior;

b) Projectos de programas de trabalho.

Uma vez aprovados pelo Conselho de Administração, o director executivo transmitirá os programas de trabalho ao Parlamento Europeu, ao Conselho, à Comissão e aos Estados-Membros e assegurará a sua publicação.

Após a sua aprovação pelo Conselho de Administração, o director executivo transmitirá o relatório geral de actividades da Autoridade, até 15 de Junho, ao Parlamento Europeu, ao Conselho, à Comissão, ao Tribunal de Contas, ao Comité Económico e Social Europeu e ao Comité das Regiões, e assegurará a sua publicação.

O director executivo transmitirá anualmente à autoridade orçamental todas as informações pertinentes sobre os resultados dos processos de avaliação.

Artigo 27.° *Fórum Consultivo*

1. O Fórum Consultivo é constituído por representantes de organismos competentes dos Estados-Membros com atribuições idênticas às da Autoridade, tendo cada Estado-Membro o direito de designar um representante. Os representantes podem ser substituídos por suplentes, designados ao mesmo tempo.

2. Os membros do Fórum Consultivo não podem ser membros do Conselho de Administração.

3. O Fórum Consultivo aconselhará o Director Executivo no exercício das responsabilidades que lhe incumbem nos termos do presente regulamento, em especial na elaboração da proposta de programa de trabalho da Autoridade. O Director Executivo poderá também pedir o parecer do Fórum Consultivo no que diz respeito à atribuição de prioridade aos pedidos de parecer científico.

4. O Fórum Consultivo instituirá um mecanismo para o intercâmbio de informações sobre riscos potenciais e a utilização comum dos conhecimentos; assegurará uma estreita cooperação entre a Autoridade e os organismos competentes dos Estados-Membros, especialmente nos seguintes casos:

a) evitar a duplicação dos estudos científicos da Autoridade com os dos Estados-Membros, em conformidade com o artigo 32.°;

b) nas circunstâncias definidas no n.° 4 do artigo 30.°, em que a Autoridade e um organismo nacional sejam obrigados a cooperar;

c) na promoção da criação de redes europeias de organismos que trabalhem nos domínios da competência da Autoridade, em conformidade com o n.° 1 do artigo 36.°;

d) sempre que a Autoridade ou um Estado-Membro identifique um risco emergente.
5. O Fórum Consultivo será presidido pelo Director Executivo. Reunirá regularmente a convite do Presidente ou a pedido de, pelo menos, um terço dos seus membros e, no mínimo, quatro vezes por ano. As suas regras de funcionamento serão especificadas no regulamento interno da Autoridade e serão tornadas públicas.
6. A Autoridade prestará ao Fórum Consultivo o apoio técnico e logístico necessário e assegurará o secretariado das suas reuniões.
7. Podem participar nos trabalhos do Fórum Consultivo representantes dos serviços da Comissão. O Director Executivo pode convidar representantes do Parlamento Europeu e de outros órgãos interessados para participarem nos trabalhos.
Sempre que o Fórum Consultivo debata das questões a que se refere o n.º 5, alínea b), do artigo 22.º, podem participar nos seus trabalhos representantes de organismos competentes dos Estados-Membros que efectuem tarefas semelhantes, na base de um representante designado por cada Estado-Membro.

Artigo 28.º *Comité Científico e Painéis Científicos*
1. O Comité Científico e os painéis científicos permanentes serão responsáveis pela formulação dos pareceres científicos da Autoridade, dentro das respectivas esferas de competência.
2. O Comité Científico será responsável pela coordenação geral necessária para garantir a coerência do procedimento de formulação de pareceres científicos, em particular no que respeita à adopção de regras de funcionamento e à harmonização dos métodos de trabalho. Emitirá pareceres sobre questões multisectoriais que sejam da competência de vários painéis científicos, bem como sobre questões que não sejam da competência específica de nenhum dos painéis científicos.
Caso seja necessário, nomeadamente para questões que não se insiram na esfera de competência de nenhum dos painéis científicos, criará grupos de trabalho; nesses casos, apoiar-se-á na peritagem dos referidos grupos para elaborar os pareceres científicos.
3. O Comité Científico é constituído pelos presidentes dos painéis científicos e por seis cientistas independentes que não sejam membros de nenhum desses painéis.
4. Os painéis científicos serão constituídos por cientistas independentes. Quando a Autoridade for instituída, serão criados os seguintes painéis científicos:
a) o Painel dos aditivos alimentares e fontes de nutrientes adicionados a géneros alimentícios;
b) Painel dos aditivos e produtos ou substâncias utilizados nos alimentos para animais;
c) Painel dos produtos fitossanitários e respectivos resíduos;
d) Painel dos organismos geneticamente modificados;
e) Painel dos produtos dietéticos, nutrição e alergias;
f) Painel dos riscos biológicos;
g) Painel dos contaminantes da cadeia alimentar;
h) Painel da saúde e bem-estar animal;
i) Painel da fitossanidade;
j) o Painel dos materiais em contacto com géneros alimentícios e das enzimas, aromatizantes e auxiliares tecnológicos.
O número e as designações dos painéis científicos poderão ser adaptados pela Comissão em função da evolução científica e técnica, a pedido da Autoridade. As medidas, que têm por objecto alterar elementos não essenciais do presente regulamento, completando-o, são aprovadas pelo procedimento de regulamentação com controlo a que se refere o n.º 3 do artigo 58.º.
5. Os membros do Comité Científico que não pertençam a painéis científicos e os membros dos painéis científicos serão designados pelo Conselho de Administração, sob proposta do Director Executivo, para um mandato de três anos, renovável, no seguimento da publicação de um convite a manifestações de interesse no *Jornal Oficial das Comunidades Europeias*, nas publicações científicas mais importantes e no sítio Internet da Autoridade.
6. O Comité Científico e os painéis científicos elegerão cada um, de entre os seus membros, um presidente e dois vice-presidentes.
7. O Comité Científico e os painéis científicos deliberarão por maioria dos seus membros. Os pareceres minoritários ficarão registados.
8. Os representantes dos serviços da Comissão poderão estar presentes nas reuniões do Comité Científico, dos painéis científicos e dos respectivos grupos de trabalho; podem prestar assistência para fins de esclarecimento ou informação, se convidados a fazê-lo, mas não procurarão influenciar os debates.

9. As regras de funcionamento e de cooperação do Comité Científico e dos painéis científicos serão estabelecidas no regulamento interno da Autoridade.

Essas regras referir-se-ão, designadamente:

a) ao número de mandatos consecutivos possíveis dos membros do Comité Científico ou de um painel científico;

b) ao número de membros de cada painel científico;

c) ao procedimento de reembolso das despesas dos membros do Comité Científico e dos painéis científicos;

d) ao modo de atribuição das tarefas e dos pedidos de pareceres científicos ao Comité Científico e aos painéis científicos;

e) à criação e organização dos grupos de trabalho do Comité Científico e dos painéis científicos, bem como à possibilidade de fazer participar peritos externos nesses grupos;

f) à possibilidade de convidar observadores para reuniões do Comité Científico e dos painéis científicos;

g) à possibilidade de organizar audições públicas.

SECÇÃO 3.- FUNCIONAMENTO

Artigo 29.º *Pareceres científicos*

1. A Autoridade emitirá um parecer científico:

a) a pedido da Comissão, sobre qualquer questão do âmbito das suas atribuições, e sempre que a legislação comunitária preveja a consulta da Autoridade;

b) por iniciativa própria, relativamente a questões do âmbito das suas atribuições.

Tanto o Parlamento Europeu como qualquer Estado-Membro podem pedir à Autoridade que emita um parecer científico sobre questões do âmbito das suas atribuições.

2. Os pedidos a que se refere o n.º 1 serão acompanhados de informações sobre a questão científica a estudar e o interesse da Comunidade.

3. Sempre que a legislação comunitária não tenha previsto um prazo para a emissão de um parecer científico, a Autoridade emitirá os seus pareceres científicos dentro do prazo especificado nos pedidos de parecer, salvo em circunstâncias devidamente fundamentadas.

4. Sempre que tenham sido formulados vários pedidos sobre as mesmas questões ou que o pedido não cumpra o disposto no n.º 2 ou não seja claro, a Autoridade pode quer recusar, quer propor alterações a um pedido de parecer, em consulta com a instituição ou o(s) Estado(s)-Membro(s) que o formularam. Qualquer recusa deve ser justificada junto do(s) requerente(s).

5. Sempre que a Autoridade já tenha emitido um parecer científico sobre a questão específica alvo de um pedido, pode recusá-lo caso conclua que não existem novos elementos científicos que justifiquem que a questão seja reexaminada. Qualquer recusa deve ser justificada junto do(s) requerente(s).

6. As normas de execução do presente artigo serão estabelecidas pela Comissão, após consulta à Autoridade. Essas normas especificarão nomeadamente:

a) O procedimento a aplicar pela Autoridade aos pedidos que lhe forem apresentados;

b) As directrizes para a avaliação científica de substâncias, produtos ou métodos sujeitos, nos termos da legislação comunitária, a um sistema de autorização prévia ou de inscrição numa lista positiva, em particular nos casos em que a legislação comunitária preveja, ou permita, a apresentação pelo requerente de um processo para esse efeito.

A medida referida na alínea a), que tem por objecto alterar elementos não essenciais do presente regulamento, completando-o, é aprovada pelo procedimento de regulamentação com controlo a que se refere o n.º 3 do artigo 58.º.

As directrizes referidas na alínea b) são aprovadas pelo procedimento de regulamentação a que se refere o n.º 2 do artigo 58.º.

7. O regulamento interno da Autoridade especificará os requisitos em matéria de apresentação, fundamentação e publicação de pareceres científicos.

Artigo 30.º *Pareceres científicos divergentes*

1. A Autoridade manter-se-á vigilante a fim de assegurar a identificação precoce de potenciais fontes de divergência entre os seus pareceres científicos e os pareceres científicos emitidos por outros organismos que realizem tarefas idênticas.

2. Sempre que a Autoridade identifique uma potencial fonte de divergência, entrará em contacto com o organismo em questão a fim de assegurar que todas as informações científicas pertinentes sejam partilhadas e com vista a identificar questões científicas potencialmente contenciosas.

3. Sempre que seja identificada uma divergência significativa em relação a questões científicas e o organismo em questão seja uma agência comunitária ou um dos comités científicos da Comissão, a Autoridade e esse organismo serão obrigados a cooperar com vista a resolver a divergência ou a apresentar à Comissão um documento conjunto que clarifique as questões científicas contenciosas e identifique as incertezas relevantes nos dados. Esse documento será facultado ao público.

4. Sempre que seja identificada uma divergência significativa em relação a questões científicas e o organismo em questão seja um organismo de um Estado-Membro, a Autoridade e o organismo nacional serão obrigados a cooperar com vista a resolver a divergência ou a preparar um documento conjunto que clarifique as questões científicas contenciosas e identifique as incertezas relevantes nos dados. Esse documento será facultado ao público.

Artigo 31.º *Assistência científica e técnica*
1. A Comissão pode solicitar à Autoridade a prestação de assistência científica ou técnica em qualquer domínio das suas atribuições. As tarefas de assistência científica e técnica consistirão em trabalho de carácter científico ou técnico relacionado com a aplicação de princípios científicos ou técnicos consagrados, que não exija uma avaliação científica pelo Comité Científico ou por um painel científico. Essas tarefas poderão incluir, designadamente, a assistência à Comissão para a definição ou avaliação de critérios técnicos, bem como a assistência à Comissão na elaboração de directrizes técnicas.
2. Sempre que apresentar à Autoridade um pedido de assistência científica ou técnica, a Comissão deverá especificar, com o acordo da Autoridade, o prazo para a execução da tarefa em questão.

Artigo 32.º *Estudos científicos*
1. Utilizando os melhores recursos científicos independentes disponíveis, a Autoridade encomendará os estudos científicos que forem necessários para o desempenho das suas atribuições. A encomenda desses estudos será feita de forma aberta e transparente. A Autoridade procurará evitar qualquer duplicação com programas de investigação dos Estados-Membros ou da Comunidade e promoverá a cooperação através de uma coordenação adequada.
2. A Autoridade informará o Parlamento Europeu, a Comissão e os Estados-Membros dos resultados dos seus estudos científicos.

Artigo 33.º *Recolha de dados*
1. A Autoridade deve procurar, coligir, cotejar, analisar e sintetizar os dados científicos e técnicos pertinentes nos domínios da sua competência. Esta actividade implicará designadamente a recolha de dados relacionados com:
a) o consumo de géneros alimentícios e a exposição das pessoas a riscos relacionados com o consumo de géneros alimentícios;
b) a incidência e prevalência de riscos biológicos;
c) os contaminantes dos géneros alimentícios e dos alimentos para animais;
d) os resíduos.
2. Para efeitos do n.º 1, a Autoridade trabalhará em estreita cooperação com todas as organizações que operam no domínio da recolha de dados, inclusive as dos países candidatos à adesão e dos países terceiros, ou os organismos internacionais.
3. Os Estados-Membros tomarão as medidas necessárias para que os dados que recolham nos domínios mencionados nos n.ºˢ 1 e 2 sejam transmitidos à Autoridade.
4. A Autoridade enviará aos Estados-Membros e à Comissão recomendações adequadas com vista a melhorar a comparabilidade técnica dos dados que recebe e analisa, por forma a facilitar a sua consolidação a nível comunitário.
5. No prazo de um ano a contar da data de entrada em vigor do presente regulamento, a Comissão publicará um inventário dos sistemas de recolha de dados existentes a nível comunitário nos domínios da competência da Autoridade.
O relatório, que será acompanhado de propostas sempre que adequado, indicará designadamente:
a) para cada sistema, o papel que deve ser confiado à Autoridade, bem como quaisquer alterações ou melhorias eventualmente necessárias para permitir à Autoridade desempenhar as suas atribuições, em cooperação com os Estados-Membros;
b) as deficiências que devem ser colmatadas para permitir à Autoridade recolher e sintetizar, a nível comunitário, os dados científicos e técnicos pertinentes nos domínios da sua competência.

6. A Autoridade transmitirá os resultados do seu trabalho no domínio da recolha de dados ao Parlamento Europeu, à Comissão e aos Estados-Membros.

Artigo 34.º *Identificação de riscos emergentes*
1. A Autoridade deve estabelecer procedimentos de controlo para procurar, coligir, cotejar e analisar sistematicamente as informações e os dados tendo em vista a identificação de riscos emergentes nos domínios da sua competência.
2. Sempre que a Autoridade dispuser de informações que a levem a suspeitar que existe um risco emergente grave, solicitará informações adicionais aos Estados-Membros, aos outros organismos comunitários e à Comissão. Os Estados-Membros, os organismos comunitários em questão e a Comissão devem responder com urgência e transmitir todas as informações pertinentes de que disponham.
3. A Autoridade utilizará todas as informações que receba no desempenho das suas atribuições para identificar um risco emergente.
4. A Autoridade transmitirá a avaliação e as informações recolhidas sobre os riscos emergentes ao Parlamento Europeu, à Comissão e aos Estados-Membros.

Artigo 35.º *Sistema de alerta rápido*
A fim de desempenhar da melhor forma as suas atribuições de vigilância dos riscos sanitários e nutricionais dos géneros alimentícios, a Autoridade passa a ser destinatária das mensagens que circulem no sistema de alerta rápido. A Autoridade examinará o conteúdo dessas mensagens a fim de prestar à Comissão e aos Estados-Membros todas as informações necessárias à análise dos riscos.

Artigo 36.º *Criação de redes de organismos que trabalhem nos domínios da competência da Autoridade*
1. A Autoridade promoverá a criação de redes europeias de organismos que trabalhem nos domínios da sua competência. A criação dessas redes tem por objectivo, designadamente, facilitar um quadro de cooperação científica através da coordenação das actividades, do intercâmbio de informações, da elaboração e da execução de projectos comuns, bem como do intercâmbio de competências e boas práticas nos domínios da competência da Autoridade.
2. Sob proposta do Director Executivo, o Conselho de Administração elaborará uma lista, que será tornada pública, de organismos competentes designados pelos Estados-Membros que possam apoiar a Autoridade, quer individualmente quer em redes, no desempenho das suas atribuições. A Autoridade pode confiar a estes organismos determinadas tarefas, tais como trabalhos preparatórios para a formulação de pareceres científicos, assistência científica e técnica, recolha de dados e identificação de riscos emergentes. Algumas das tarefas referidas poderão beneficiar de apoio financeiro.
3. A Comissão, após ter consultado a Autoridade, estabelece normas que estabelecem os critérios para a inclusão de institutos na lista de organismos competentes designados pelos Estados-Membros, regras para a definição de requisitos de qualidade harmonizados e as regras financeiras aplicáveis a qualquer apoio financeiro. Estas medidas, que têm por objecto alterar elementos não essenciais do presente regulamento, nomeadamente completando-o, são aprovadas pelo procedimento de regulamentação com controlo a que se refere o n.º 3 do artigo 58.º.
As normas de execução dos n.ºs 1 e 2 serão estabelecidas pela Comissão, após consulta à Autoridade, pelo procedimento de regulamentação a que se refere o n.º 2 do artigo 58.º.
4. No prazo de um ano a contar da data de entrada em vigor do presente regulamento, a Comissão publicará um inventário dos sistemas comunitários existentes nos domínios da competência da Autoridade que prevejam a realização pelos Estados-Membros de determinadas tarefas no domínio da avaliação científica, em especial o exame de processos de autorização. O relatório, que será acompanhado de propostas sempre que adequado, indicará designadamente, para cada sistema, as alterações ou melhorias eventualmente necessárias para permitir à Autoridade desempenhar as suas atribuições, em cooperação com os Estados-Membros.

SECÇÃO 4.- INDEPENDÊNCIA, TRANSPARÊNCIA, CONFIDENCIALIDADE E COMUNICAÇÃO

Artigo 37.° *Independência*
1. Os membros do Conselho de Administração, os membros do Fórum Consultivo e o Director Executivo devem comprometer-se a actuar com independência, em prol do interesse público.
Para o efeito, prestarão uma declaração de compromisso e uma declaração de interesses, indicando quer a ausência de quaisquer interesses que possam ser considerados prejudiciais à sua independência, quer quaisquer interesses directos ou indirectos que possam ser considerados prejudiciais à sua independência. Estas declarações devem ser feitas anualmente e por escrito.
2. Os membros do Comité Científico e dos painéis científicos devem comprometer-se a actuar independentemente de quaisquer influências externas.
Para o efeito, prestarão uma declaração de compromisso e uma declaração de interesses indicando quer a ausência de quaisquer interesses que possam ser considerados prejudiciais à sua independência, quer quaisquer interesses directos ou indirectos que possam ser considerados prejudiciais à sua independência. Estas declarações devem ser feitas anualmente e por escrito.
3. Os membros do Conselho de Administração, o Director Executivo, os membros do Fórum Consultivo e os membros do Comité Científico e dos painéis científicos, assim como os peritos externos que participem nos seus grupos de trabalho, devem declarar em cada reunião os interesses que possam ser prejudiciais à sua independência relativamente aos pontos da ordem do dia.

Artigo 38.° *Transparência*
1. A Autoridade assegurará que as suas actividades sejam levadas a cabo com um elevado nível de transparência. Deve tornar públicos sem demora, nomeadamente:
a) as ordens do dia e as actas do Comité Científico e dos painéis científicos;
b) os pareceres do Comité Científico e dos painéis científicos, imediatamente após a sua aprovação, devendo sempre incluir os pareceres minoritários;
c) sem prejuízo dos artigos 39.° e 41.°, as informações em que se baseiam os seus pareceres;
d) as declarações anuais de interesses formuladas pelos membros do Conselho de Administração, pelo Director Executivo, pelos membros do Fórum Consultivo e pelos membros do Comité Científico e dos painéis científicos, bem como as declarações de interesses relativas aos pontos da ordem do dia das reuniões;
e) os resultados dos seus estudos científicos;
f) o relatório anual das suas actividades;
g) os pedidos do Parlamento Europeu, da Comissão ou de qualquer Estado-Membro relativos a pareceres científicos que tenham sido recusados ou alterados e as justificações dessa recusa ou alteração.
2. O Conselho de Administração realizará as suas reuniões em público, a não ser que, sob proposta do Director Executivo, decida em contrário em relação a pontos administrativos específicos da sua ordem do dia, e poderá autorizar representantes dos consumidores ou de outras partes interessadas a participar como observadores em algumas actividades da Autoridade.
3. A Autoridade estabelecerá no seu regulamento interno as disposições práticas para a aplicação das regras de transparência previstas nos n.°⁵ 1 e 2.

Artigo 39.° *Confidencialidade*
1. Em derrogação do artigo 38.°, a Autoridade não divulgará a terceiros informações confidenciais que receba e relativamente às quais tenha sido pedido, e justificado, um tratamento confidencial, excepto no caso de informações que devam ser tornadas públicas, se as circunstâncias assim o exigirem, a fim de proteger a saúde pública.
2. Os membros do Conselho de Administração, o Director Executivo, os membros do Comité Científico e dos painéis científicos, bem como os peritos externos que participem nos seus grupos de trabalho, os membros do Fórum Consultivo e os membros do pessoal da Autoridade estão sujeitos à obrigação de confidencialidade prevista no artigo 287.° do Tratado, mesmo após a cessação das suas funções.
3. As conclusões dos pareceres científicos emitidos pela Autoridade em relação a efeitos previsíveis sobre a saúde nunca podem ser confidenciais.
4. A Autoridade estabelecerá no seu regulamento interno as disposições práticas para a aplicação das regras de confidencialidade previstas nos n.°⁵ 1 e 2.

Artigo 40.º *Comunicações da Autoridade*
1. A Autoridade encarregar-se-á da comunicação, por iniciativa própria, nos domínios das suas atribuições, sem prejuízo da competência da Comissão em matéria de comunicação das suas decisões de gestão dos riscos.
2. A Autoridade assegurará que sejam rapidamente fornecidas aos cidadãos e a todas as partes interessadas informações objectivas, fiáveis e facilmente acessíveis, designadamente sobre os resultados do seu trabalho. A fim de alcançar estes objectivos, a Autoridade elaborará e divulgará material informativo destinado à população.
3. A Autoridade actuará em estreita colaboração com a Comissão e os Estados-Membros por forma a promover a necessária coerência no processo de comunicação dos riscos. Nos termos do artigo 38.º, a Autoridade publicará todos os pareceres por si emitidos.
4. A Autoridade assegurará uma cooperação adequada com os organismos competentes dos Estados-Membros e outras partes interessadas no tocante a campanhas de informação da população.

Artigo 41.º *Acesso aos documentos*
1. O Regulamento (CE) n.º 1049/2001 do Parlamento Europeu e do Conselho, de 30 de Maio de 2001, relativo ao acesso do público aos documentos do Parlamento Europeu, do Conselho e da Comissão, é aplicável aos documentos detidos pela Autoridade.
2. O Conselho de Administração aprovará as regras de execução do Regulamento (CE) n.º 1049/2001 no prazo de seis meses a contar da data de entrada em vigor do Regulamento (CE) n.º 1642/2003 do Parlamento Europeu e do Conselho, de 22 de Julho de 2003, que altera o Regulamento (CE) n.º 178/2002 que determina os princípios e normas gerais da legislação alimentar, cria a Autoridade Europeia para a Segurança dos Alimentos e estabelece procedimentos em matéria de segurança dos géneros alimentícios.
3. As decisões tomadas pela Autoridade ao abrigo do artigo 8.º do Regulamento (CE) n.º 1049/2001 podem dar lugar à apresentação de queixa junto do Provedor de Justiça Europeu ou ser impugnadas no Tribunal de Justiça, nas condições previstas, respectivamente, nos artigos 195.º e 230.º do Tratado.

Artigo 42.º *Consumidores, produtores e outras partes interessadas*
A Autoridade estabelecerá contactos efectivos com representantes dos consumidores e dos produtores, com responsáveis das indústrias de transformação e com quaisquer outras partes interessadas.

SECÇÃO 5.- DISPOSIÇÕES FINANCEIRAS

Artigo 43.º *Aprovação do orçamento da Autoridade*
1. As receitas da Autoridade consistirão em contribuições da Comunidade e de qualquer Estado com o qual a Comunidade tenha celebrado um acordo nos termos do artigo 49.º, bem como nos direitos resultantes de publicações, conferências, formação e quaisquer outras actividades similares executadas pela Autoridade.
2. As despesas da Autoridade incluirão a remuneração do pessoal, as despesas administrativas, de infra-estrutura e de funcionamento e as despesas decorrentes dos contratos celebrados com terceiros ou do apoio financeiro referido no artigo 36.º
3. Em tempo oportuno, antes da data referida no n.º 5, o director executivo elaborará um projecto de mapa previsional das receitas e despesas da Autoridade para o exercício orçamental seguinte e transmite-o ao Conselho de Administração, acompanhado de um projecto de quadro do pessoal.
4. As receitas e as despesas devem ser equilibradas.
5. O Conselho de Administração elaborará anualmente, com base num projecto de mapa previsional das receitas e despesas, o mapa previsional das receitas e despesas da Autoridade para o exercício seguinte. Este mapa previsional, que inclui um projecto de quadro de pessoal, acompanhado dos programas de trabalhos provisórios, será transmitido até 31 de Março pelo Conselho de Administração à Comissão, bem como aos Estados com os quais a Comunidade celebrou acordos nos termos do disposto no artigo 49.º
6. A Comissão transmitirá o mapa previsional ao Parlamento Europeu e ao Conselho (a seguir designados «autoridade orçamental») juntamente com o anteprojecto de orçamento geral da União Europeia.

25

7. Com base no mapa previsional, a Comissão procederá à inscrição, no anteprojecto de orçamento geral da União Europeia, das previsões que considere necessárias no que respeita ao quadro de pessoal e ao montante da subvenção a cargo do orçamento geral, que submeterá à apreciação da autoridade orçamental nos termos do disposto no artigo 272.º do Tratado.

8. A autoridade orçamental autorizará as dotações a título da subvenção destinada à Autoridade.

A autoridade orçamental aprovará o quadro de pessoal da Autoridade.

9. O orçamento será aprovado pelo Conselho de Administração, tornando-se definitivo após a aprovação definitiva do orçamento geral da União Europeia. O orçamento será adaptado em conformidade, se for caso disso.

10. O Conselho de Administração notificará, com a maior brevidade, a autoridade orçamental da sua intenção de realizar qualquer projecto susceptível de ter incidências financeiras significativas sobre o financiamento do orçamento, nomeadamente os projectos de natureza imobiliária, tais como o arrendamento ou a aquisição de imóveis. Do facto informará a Comissão.

Sempre que um ramo da autoridade orçamental tiver comunicado a sua intenção de emitir um parecer, transmiti-lo-á ao Conselho de Administração no prazo de seis semanas a contar da notificação do projecto.

Artigo 44.º *Execução do orçamento da Autoridade*

1. O director executivo executará o orçamento da Autoridade.

2. Até ao dia 1 de Março seguinte ao exercício encerrado, o contabilista da Autoridade comunicará ao contabilista da Comissão as contas provisórias acompanhadas do relatório sobre a gestão orçamental e financeira do exercício. O contabilista da Comissão consolidará as contas provisórias das instituições e dos organismos descentralizados nos termos do disposto no artigo 128.º do regulamento financeiro geral.

3. Até ao dia 31 de Março seguinte ao exercício encerrado, o contabilista da Comissão transmitirá ao Tribunal de Contas as contas provisórias da Autoridade, acompanhadas do relatório sobre a gestão orçamental e financeira do exercício. O relatório sobre a gestão orçamental e financeira do exercício será igualmente enviado ao Parlamento Europeu e ao Conselho.

4. Após recepção das observações formuladas pelo Tribunal de Contas relativamente às contas provisórias da Autoridade, nos termos do disposto no artigo 129.º do regulamento financeiro geral, o director executivo elaborará as contas definitivas da Autoridade sob sua própria responsabilidade e transmiti-las-á, para parecer, ao Conselho de Administração.

5. O Conselho de Administração emitirá um parecer sobre as contas definitivas da Autoridade.

6. O director executivo transmitirá ao Parlamento Europeu, ao Conselho, à Comissão e ao Tribunal de Contas as contas definitivas acompanhadas do parecer do Conselho de Administração, até ao dia 1 de Julho seguinte ao exercício encerrado.

7. As contas definitivas serão publicadas.

8. O director executivo enviará ao Tribunal de Contas uma resposta às observações deste último, até 30 de Setembro. Enviará igualmente esta resposta ao Conselho de Administração.

9. O director executivo submeterá à apreciação do Parlamento Europeu, a pedido deste último, tal como previsto no n.º 3 do artigo 146.º do regulamento financeiro geral, qualquer informação necessária ao bom desenrolar do processo de quitação relativamente ao exercício em causa.

10. Sob recomendação do Conselho, deliberando por maioria qualificada, o Parlamento Europeu dará ao director executivo, antes de 30 de Abril do ano N + 2, quitação da execução do orçamento do exercício N.

Artigo 45.º *Taxas cobradas pela Autoridade*

No prazo de três anos a contar da data de entrada em vigor do presente regulamento, a Comissão publicará, após consulta à Autoridade, aos Estados-Membros e às partes interessadas, um relatório sobre a viabilidade e a oportunidade de apresentar uma proposta legislativa, no âmbito do processo de co-decisão e em conformidade com o Tratado, para outros serviços prestados pela Autoridade.

SECÇÃO 6.- DISPOSIÇÕES GERAIS

Artigo 46.º *Personalidade jurídica e privilégios*
1. A Autoridade tem personalidade jurídica. Gozará, em todos os Estados-Membros, da mais ampla capacidade jurídica reconhecida por lei às pessoas colectivas, podendo, designadamente, adquirir ou alienar bens móveis e imóveis e estar em juízo.
2. O Protocolo relativo aos Privilégios e Imunidades das Comunidades Europeias é aplicável à Autoridade.

Artigo 47.º *Responsabilidade*
1. A responsabilidade contratual da Autoridade é regulada pela lei aplicável ao contrato em causa. O Tribunal de Justiça das Comunidades Europeias é competente para decidir com fundamento em cláusulas de arbitragem eventualmente constantes dos contratos celebrados pela Autoridade.
2. Em matéria de responsabilidade extracontratual, a Autoridade deve indemnizar, de acordo com os princípios gerais comuns às legislações dos Estados-Membros, os danos causados por si ou pelos seus agentes no exercício das suas funções. O Tribunal de Justiça das Comunidades Europeias é competente em qualquer litígio relativo à reparação desses danos.
3. A responsabilidade pessoal dos agentes da Autoridade perante esta é regulada pelas disposições pertinentes aplicáveis ao pessoal da Autoridade.

Artigo 48.º *Pessoal*
1. O pessoal da Autoridade fica sujeito às regras e regulamentações aplicáveis aos funcionários e outros agentes das Comunidades Europeias.
2. A Autoridade exerce, relativamente ao seu pessoal, os poderes atribuídos à autoridade investida do poder de nomeação.

Artigo 49.º *Participação de países terceiros*
A Autoridade estará aberta à participação de países terceiros que tenham celebrado acordos com a Comunidade Europeia nos termos dos quais tenham adoptado e apliquem a legislação comunitária no domínio abrangido pelo presente regulamento.
Ao abrigo das cláusulas pertinentes dos referidos acordos, serão estabelecidas disposições no que se refere, designadamente, à natureza, à dimensão e às modalidades de participação desses países nos trabalhos da Autoridade, incluindo disposições relativas à participação nas redes sob a responsabilidade da Autoridade, à inclusão na lista de organismos competentes a que a Autoridade pode confiar determinadas tarefas, às contribuições financeiras e ao pessoal.

CAPÍTULO IV.- SISTEMA DE ALERTA RÁPIDO, GESTÃO DE CRISES E SITUAÇÕES DE EMERGÊNCIA

SECÇÃO 1.- SISTEMA DE ALERTA RÁPIDO

Artigo 50.º *Sistema de alerta rápido*
1. É estabelecido um sistema de alerta rápido em rede para a notificação de riscos directos ou indirectos para a saúde humana, ligados a géneros alimentícios ou a alimentos para animais. Este sistema abrangerá os Estados-Membros, a Comissão e a Autoridade, que designarão, cada um, um ponto de contacto que será membro da rede. A Comissão será responsável pela gestão da rede.
2. Sempre que um membro da rede dispuser de informações relacionadas com a existência de um risco grave, directo ou indirecto, para a saúde humana, ligado a um género alimentício ou a um alimento para animais, essas informações serão imediatamente comunicadas à Comissão através do sistema de alerta rápido. A Comissão transmitirá imediatamente essas informações aos membros da rede.
A Autoridade pode ainda completar a notificação com quaisquer informações científicas ou técnicas que facilitem uma acção de gestão dos riscos rápida e adequada por parte dos Estados-Membros.
3. Sem prejuízo de outras disposições da legislação comunitária, os Estados-Membros notificarão imediatamente a Comissão, através do sistema de alerta rápido:
a) de qualquer medida que adoptem com vista a restringir a colocação no mercado ou a impor a retirada do mercado, ou a recolha, de géneros alimentícios ou de alimentos para animais, a fim de proteger a saúde humana, e que exija uma acção rápida;

b) de qualquer recomendação ou acordo com operadores profissionais que vise, numa base voluntária ou obrigatória, prevenir, limitar ou impor condições específicas à colocação no mercado ou eventual utilização de géneros alimentícios ou de alimentos para animais devido a um risco grave para a saúde humana que exija uma acção rápida; *c)* da rejeição, relacionada com um risco directo ou indirecto para a saúde humana, de qualquer lote, contentor ou carga de géneros alimentícios ou de alimentos para animais por parte de uma autoridade competente num posto fronteiriço da União Europeia.

A notificação será acompanhada de uma fundamentação circunstanciada das medidas tomadas pelas autoridades competentes do Estado-Membro em que a notificação foi emitida, devendo ser atempadamente seguida de informações complementares, designadamente quando as medidas em que a notificação se baseia foram alteradas ou revogadas.

A Comissão transmitirá imediatamente aos membros da rede a notificação e as informações complementares recebidas nos termos dos primeiro e segundo parágrafos.

Sempre que um lote, contentor ou carga seja rejeitado por uma autoridade competente num posto fronteiriço da União Europeia, a Comissão notificará imediatamente todos os postos fronteiriços da União Europeia, bem como o país terceiro de origem.

4. Sempre que um género alimentício ou um alimento para animais que tenha sido objecto de uma notificação através do sistema de alerta rápido tiver sido expedido para um país terceiro, a Comissão comunicará a este último as informações adequadas.

5. Os Estados-Membros informarão imediatamente a Comissão das acções implementadas ou das medidas tomadas após a recepção das notificações e informações complementares transmitidas através do sistema de alerta rápido. A Comissão transmitirá imediatamente essa informação aos membros da rede.

6. O sistema de alerta rápido poderá ser aberto à participação de países candidatos à adesão, de países terceiros ou de organizações internacionais, com base em acordos celebrados entre a Comunidade e esses países ou organizações, e em conformidade com os procedimentos definidos nesses acordos. Estes basear-se-ão no princípio da reciprocidade e incluirão medidas de confidencialidade equivalentes às aplicáveis na Comunidade.

Artigo 51.º *Normas de execução*
As normas de execução do artigo 50.º serão adoptadas pela Comissão, após debate com a Autoridade, de acordo com o procedimento previsto no n.º 2 do artigo 58.º Essas normas precisarão, designadamente, as condições e procedimentos específicos aplicáveis à transmissão de notificações e informações complementares.

Artigo 52.º *Regras de confidencialidade aplicáveis ao sistema de alerta rápido*
1. As informações de que disponham os membros da rede acerca de um risco para a saúde humana ligado a géneros alimentícios ou a alimentos para animais serão, de um modo geral, colocadas à disposição da população, de acordo com os princípios relativos à informação previstos no artigo 10.º Os cidadãos terão, em geral, acesso às informações sobre a identificação dos produtos, a natureza do risco e as medidas tomadas.

Todavia, os membros da rede tomarão as medidas necessárias para assegurar que os membros do seu pessoal não possam divulgar as informações obtidas para efeitos da presente secção que, pela sua natureza, sejam abrangidas pelo segredo profissional em casos devidamente justificados, excepto no que respeita às informações que devam ser tornadas públicas, se as circunstâncias o exigirem, a fim de proteger a saúde humana.

2. A protecção do segredo profissional não obstará à transmissão às autoridades competentes das informações necessárias para assegurar a eficácia da vigilância do mercado e das actividades de execução da legislação no domínio dos géneros alimentícios e dos alimentos para animais. As autoridades que recebam informações abrangidas pelo segredo profissional assegurarão a sua protecção em conformidade com o n.º 1.

SECÇÃO 2.- SITUAÇÕES DE EMERGÊNCIA

Artigo 53.º *Medidas de emergência aplicáveis aos géneros alimentícios e alimentos para animais de origem comunitária ou importados de países terceiros*
1. Sempre que for evidente que um género alimentício ou um alimento para animais originário da Comunidade ou importado de um país terceiro é susceptível de constituir um risco grave para a saúde humana, a saúde animal ou o ambiente, e que esse risco

não pode ser dominado de maneira satisfatória através das medidas tomadas pelo ou pelos Estados-Membros em causa, a Comissão, por sua própria iniciativa ou a pedido de um Estado-Membro, adoptará imediatamente, em função da gravidade da situação, uma ou mais das seguintes medidas, de acordo com o procedimento previsto no n.º 2 do artigo 58.º:

a) no caso de géneros alimentícios ou de alimentos para animais de origem comunitária:
i) suspensão da colocação no mercado ou da utilização do género alimentício em questão;
ii) suspensão da colocação no mercado do alimento para animais em questão;
iii) estabelecimento de condições especiais relativamente ao género alimentício ou ao alimento para animais em questão;
iv) qualquer outra medida provisória adequada.

b) no caso de géneros alimentícios ou de alimentos para animais importados de países terceiros:
i) suspensão das importações do género alimentício ou do alimento para animais em questão proveniente da totalidade ou parte do território do país terceiro em causa e, se for o caso, do país terceiro de trânsito;
ii) estabelecimento de condições especiais relativamente ao género alimentício ou ao alimento para animais em questão proveniente da totalidade ou parte do território do país terceiro em causa;
iii) qualquer outra medida provisória adequada.

2. Todavia, em caso de emergência, a Comissão pode adoptar, provisoriamente, as medidas previstas no n.º 1, após ter consultado o ou os Estados-Membros em causa e informado os restantes Estados-Membros.
Tão rapidamente quanto possível, e o mais tardar no prazo de 10 dias úteis, as medidas tomadas serão confirmadas, alteradas, revogadas ou prorrogadas, de acordo com o procedimento previsto no n.º 2 do artigo 58.º, e as razões da decisão da Comissão serão tornadas públicas sem demora.

Artigo 54.º *Outras medidas de emergência*
1. Sempre que um Estado-Membro tenha informado oficialmente a Comissão da necessidade de tomar medidas de emergência e esta não tenha actuado em conformidade com o artigo 53.º, esse Estado-Membro pode adoptar medidas de protecção provisórias. Nesse caso, informará imediatamente os outros Estados-Membros e a Comissão.
2. No prazo de 10 dias úteis, a Comissão submeterá a questão ao comité instituído pelo no n.º 1 do artigo 58.º, de acordo com o procedimento previsto no n.º 2 do mesmo artigo, com vista à prorrogação, alteração ou revogação das medidas de protecção provisórias nacionais.
3. O Estado-Membro pode manter as suas medidas de protecção provisórias até serem adoptadas medidas comunitárias.

SECÇÃO 3.- GESTÃO DE CRISES

Artigo 55.º *Plano geral de gestão de crises*
1. A Comissão elaborará, em estreita cooperação com a Autoridade e com os Estados-Membros, um plano geral de gestão de crises no domínio da segurança dos géneros alimentícios e dos alimentos para animais, a seguir designado por «plano geral».
2. O plano geral especificará os tipos de situações que implicam riscos directos ou indirectos para a saúde humana, ligados a géneros alimentícios ou a alimentos para animais, que não são susceptíveis de ser prevenidos, eliminados ou reduzidos para um nível aceitável pelas disposições em vigor ou que não podem ser devidamente geridos unicamente pela aplicação dos artigos 53.º e 54.º
O plano geral especificará também as modalidades práticas necessárias para a gestão de uma crise, incluindo os princípios de transparência a aplicar e uma estratégia de comunicação.

Artigo 56.º *Unidade de crise*
1. Sem prejuízo da sua obrigação de assegurar a aplicação da legislação comunitária, sempre que identifique uma situação que implique um risco grave, directo ou indirecto, para a saúde humana ligado a géneros alimentícios ou a alimentos para animais, e que esse risco não possa ser prevenido, eliminado ou reduzido pelas disposições em vigor,

nem devidamente gerido unicamente pela aplicação dos artigos 53.° e 54.°, a Comissão notificará imediatamente os Estados-Membros e a Autoridade.

2. A Comissão criará imediatamente uma unidade de crise, na qual a Autoridade participará e à qual prestará apoio técnico e científico, se necessário.

Artigo 57.° *Tarefas da unidade de crise*

1. A unidade de crise será responsável pela recolha e avaliação de todas as informações pertinentes, bem como pela identificação das possibilidades existentes de prevenir, eliminar ou reduzir para um nível aceitável o risco para a saúde humana, com a maior eficácia e rapidez possíveis.

2. A unidade de crise pode solicitar a assistência de qualquer entidade pública ou privada cujos conhecimentos e experiência considere necessários para a gestão eficaz da situação de crise.

3. A unidade de crise manterá a população informada dos riscos envolvidos e das medidas adoptadas.

CAPÍTULO V.- PROCEDIMENTOS E DISPOSIÇÕES FINAIS

SECÇÃO 1.- COMITOLOGIA E PROCESSO DE MEDIAÇÃO

Artigo 58.° *Comité*

1. A Comissão é assistida pelo Comité Permanente dos Vegetais, Animais e Alimentos para Consumo Humano e Animal, a seguir designado por «Comité». Esse Comité deve ser entendido como comité na aceção do Regulamento (UE) n.° 182/2011 do Parlamento Europeu e do Conselho. O Comité está organizado em secções, a fim de abordar todas as matérias em questão.

Todas as remissões na legislação da União para o Comité Permanente da Cadeia Alimentar e da Saúde Animal devem ser lidas como remissões para o Comité referido no primeiro parágrafo.

2. Sempre que se faça referência ao presente número, são aplicáveis os artigos 5.° e 7.° da Decisão 1999/468/CE, tendo-se em conta o disposto no artigo 8.°.

O prazo previsto no n.° 6 do artigo 5.° da Decisão 1999/468/CE é de três meses.

3. Sempre que se faça referência ao presente número, são aplicáveis os n.ºˢ 1 a 4 do artigo 5.°-A e o artigo 7.° da Decisão 1999/468/CE, tendo-se em conta o disposto no artigo 8.°.

Artigo 59.° *Atribuições do Comité*

O Comité exercerá as funções que lhe são conferidas pelo presente regulamento e por outras disposições comunitárias pertinentes, nos casos e condições nelas previstos; pode igualmente examinar qualquer questão abrangida por essas disposições, quer por iniciativa do presidente quer mediante pedido escrito de um dos seus membros.

Artigo 60.° *Processo de mediação*

1. Sem prejuízo da aplicação de outras disposições comunitárias, sempre que um Estado-Membro considere que uma medida tomada por outro Estado-Membro no domínio da segurança dos géneros alimentícios é incompatível com o presente regulamento ou susceptível de prejudicar o funcionamento do mercado interno, submeterá a questão à Comissão, que informará imediatamente o outro Estado-Membro em questão.

2. Os dois Estados-Membros e a Comissão envidarão todos os esforços para solucionar o problema. Caso não seja possível chegar a acordo, a Comissão pode pedir o parecer da Autoridade sobre qualquer questão científica pertinente. Os termos desse pedido e o prazo no qual a Autoridade deve emitir o seu parecer serão estabelecidos de comum acordo pela Comissão e pela Autoridade, após consulta aos dois Estados-Membros em causa.

SECÇÃO 2.- DISPOSIÇÕES FINAIS

Artigo 61.° *Cláusula de revisão*

1. Até 1 de Janeiro de 2005 e, posteriormente, de seis em seis anos, a Autoridade, em colaboração com a Comissão, encomendará uma avaliação externa independente dos resultados por si alcançados, com base no mandato atribuído pelo Conselho de Administração, em concertação com a Comissão. A avaliação incidirá sobre os métodos de trabalho da Autoridade e o seu impacto. A avaliação terá em conta os pontos de vista dos interessados, tanto a nível comunitário como nacional.

O Conselho de Administração da Autoridade examinará as conclusões da avaliação efectuada e, se necessário, formulará recomendações à Comissão com vista à introdução de alterações ao nível da Autoridade ou dos seus métodos de trabalho. A avaliação e as recomendações serão tornadas públicas.

2. Até 1 de Janeiro de 2005, a Comissão publicará um relatório sobre a experiência adquirida com a aplicação das secções 1 e 2 do capítulo IV.

3. Os relatórios e recomendações a que se referem os n.os 1 e 2 serão transmitidos ao Conselho e ao Parlamento Europeu.

Artigo 62.º *Referências à Autoridade Europeia para a Segurança dos Alimentos e ao Comité Permanente da Cadeia Alimentar e da Saúde Animal*

1. Todas as referências feitas na legislação comunitária ao Comité Científico da Alimentação Humana, ao Comité Científico da Alimentação Animal, ao Comité Científico Veterinário, ao Comité Científico dos Pesticidas, ao Comité Científico das Plantas e ao Comité Científico Director são substituídas por uma referência à Autoridade Europeia para a Segurança dos Alimentos.

2. Todas as referências feitas na legislação comunitária ao Comité Permanente dos Géneros Alimentícios, ao Comité Permanente dos Alimentos para Animais e ao Comité Veterinário Permanente são substituídas por uma referência ao Comité Permanente da Cadeia Alimentar e da Saúde Animal.

Todas as referências feitas ao Comité Fitossanitário Permanente na legislação comunitária baseada nas Directivas 76/895/CEE, 86/362/CEE, 86/363/CEE, 90/642/CEE e 91/414/CEE, relativas aos produtos fitofarmacêuticos e à fixação de teores máximos de resíduos, e inclusivamente nessas directivas, são substituídas por uma referência ao Comité Permanente da Cadeia Alimentar e da Saúde Animal.

3. Para efeitos dos n.os 1 e 2, entende-se por «legislação comunitária» o conjunto dos regulamentos, directivas e decisões da Comunidade.

4. São revogadas as Decisões 68/361/CEE, 69/414/CEE e 70/372/CEE.

Artigo 63.º *Competência da Agência Europeia de Avaliação dos Medicamentos*
O presente regulamento não prejudica a competência conferida à Agência Europeia de Avaliação dos Medicamentos pelo Regulamento (CEE) n.º 2309/93 do Conselho, pelo Regulamento (CEE) n.º2377/90 do Conselho, pela Directiva 75/319/CEE do Conselho e pela Directiva 81/851/CEE do Conselho.

Artigo 64.º *Início das actividades da Autoridade*
A Autoridade iniciará as suas actividades em 1 de Janeiro de 2002.

Artigo 65.º *Entrada em vigor*
O presente regulamento entra em vigor no vigésimo dia seguinte ao da sua publicação no Jornal Oficial das Comunidades Europeias.
Os artigos 11.º, 12.º e 14.º a 20.º são aplicáveis a partir de 1 de Janeiro de 2005.
Os artigos 29.º, 56.º, 57.º e 60.º e o n.º 1 do artigo 62.º são aplicáveis a partir da data da nomeação dos membros do Comité Científico e dos painéis científicos, que constará de um aviso publicado na série C do Jornal Oficial.
O presente regulamento é obrigatório em todos os seus elementos e directamente aplicável em todos os Estados-Membros.

21 de Dezembro 1988.- Directiva 89/108/CEE
do Conselho
relativa à aproximação das legislações dos Estados-membros respeitantes aos alimentos ultracongelados destinados à alimentação humana
(J.O. L 40, 11/02/1989)

(V.C. 01/07/2013)

O CONSELHO DAS COMUNIDADES EUROPEIAS,
Tendo em conta o Tratado que institui a Comunidade Económica Europeia e, nomeadamente, o seu artigo 100.oA,
Tendo em conta a proposta da Comissão,
Em cooperação com o Parlamento Europeu,
Tendo em conta o parecer do Comité Económico e Social,
(1) Considerando que o fabrico e o comércio de alimentos ultracongelados destinados à alimentação humana, adiante designados «alimentos ultracongelados», ocupam um lugar cada vez mais importante na Comunidade;
(2) Considerando que as diferenças existentes entre as legislações nacionais relativas aos alimentos ultracongelados entravam a sua livre circulação; que podem ocasionar condições de concorrência desiguais e que têm, por esse motivo, uma incidência directa na realização e no funcionamento do mercado comum;
(3) Considerando que é por isso necessário aproximar essas legislações;
(4) Considerando que, para esse efeito, é necessário atribuir à regulamentação comunitária um campo de aplicação tão vasto quanto possível, que abranja todos os géneros ultracongelados destinados à alimentação humana e incluindo não só os produtos destinados a serem entregues tal como se encontram ao consumidor final bem como aos restaurantes, hospitais, cantinas e outras colectividades similares mas também os produtos que devem ser objecto de transformações ou preparações posteriores;
(5) Considerando no entanto que essa regulamentação não se deve aplicar a produtos que não se apresentem no mercado como alimentos ultracongelados;
(6) Considerando que convém em todo o caso estabelecer os princípios gerais a que qualquer produto ultracongelado deve obedecer;
(7) Considerando que, posteriormente, se poderão adoptar, se necessário, disposições específicas em complemento dos princípios gerais para determinados grupos de alimentos ultracongelados, nos termos do procedimento aplicável a cada um desses grupos;
(8) Considerando que a ultracongelação tem por finalidade conservar as características intrínsecas dos alimentos mediante um processo de congelação rápida e que é necessário atingir em todos os pontos do produto uma temperatura igual ou inferior a -18° C;
(9) Considerando que a uma temperatura de -18° C cessa qualquer actividade microbiológica susceptível de alterar a qualidade dos géneros alimentícios e que desse facto advém a necessidade de essa temperatura ser mantida, pelo menos a esse nível, com uma certa tolerância tecnicamente inevitável, durante o armazenamento e a distribuição dos alimentos ultracongelados antes da venda ao consumidor final;
(10) Considerando que, por razões técnicas, são inevitáveis certas subidas de temperatura, que podem por isso ser toleradas desde que não prejudiquem a qualidade dos produtos, o que pode ser garantido pela observância das boas práticas de conservação e de distribuição, tendo em conta, em especial, o nível de rotação das existências;
(11) Considerando que as características de certos equipamentos técnicos actualmente utilizados na venda a retalho de alimentos ultracongelados não são de molde a garantir em todos os casos o respeito integral dos limites de temperatura impostos pela presente directiva e que convém por isso prever um regime transitório que permita amortizar normalmente o material existente;
(12) Considerando que a presente directiva pode limitar-se a enunciar os objectivos a atingir no que se refere ao equipamento utilizado para a operação de ultracongelação e às temperaturas a respeitar nas instalações e equipamento de armazenagem, manutenção, transporte e distribuição;

(13) Considerando que incumbe aos Estados-membros certificarem-se, através de controlos oficais, de que o material utilizado é de natureza a responder a estes objectivos;

(14) Considerando que esse controlo torna inútil qualquer sistema de certificação oficial a nível das trocas comerciais;

(15) Considerando que convém prever a possibilidade de utilização de fluidos frigorígenos, o que implica o seu contacto com os alimentos ultracongelados; que, por isso, esses fluidos devem ser suficientemente inertes para não deixar passar para os alimentos constituintes numa quantidade susceptível de representar um perigo para a saúde humana, provocar uma alteração inaceitável da composição dos alimentos ou alterar as suas características organolépticas;

(16) Considerando que, para atingir este objectivo, há que adoptar a lista das substâncias em causa e determinar os respectivos critérios de pureza e condições de utilização;

(17) Considerando que os alimentos ultracongelados destinados ao consumidor final bem como aos restaurantes, hospitais, cantinas e outras colectividades similares estão sujeitos, no que diz respeito à rotulagem, às normas estipuladas pela Directiva 79/112/CEE do Conselho, de 18 de Dezembro de 1978, relativa à aproximação das legislações dos Estados-membros respeitantes à rotulagem, apresentação e publicidade dos géneros alimentícios destinados ao consumidor final bem como à publicidade feita a seu respeito, com a última redacção que lhe foi dada pela Directiva 86/197/CEE; que a presente directiva pode por isso limitar-se a prever as referências específicas no caso de alimentos ultracongelados;

(18) Considerando que, a fim de facilitar as trocas comerciais, convém igualmente adoptar regras de rotulagem dos alimentos ultracongelados não destinados a serem entregues no estado em que se encontram ao consumidor final nem aos restaurantes, hospitais, cantinas e outras colectividades similares;

(19) Considerando que, para facilitar e acelerar o processo, a adopção dessas medidas técnicas de execução deve ser confiada à Comissão;

(20) Considerando que, em todos os casos em que o Conselho confere à Comissão competências para a execução de normas estipuladas no domínio dos géneros alimentícios, convém prever um processo que institua uma cooperação estreita entre os Estados-membros e a Comissão no seio do Comité Permanente dos Géneros Alimentícios instituído pela Decisão 69/414/CEE do Conselho,

ADOPTOU A PRESENTE DIRECTIVA:

Artigo 1.º
1. A presente directiva refere-se aos géneros ultracongelados destinados à alimentação humana, adiante designados «alimentos ultracongelados».
2. Para efeitos da presente directiva, entende-se por «alimentos ultracongelados» os géneros alimentícios:
— que foram submetidos a um processo adequado de congelação dito «ultracongelação», que permite ultrapassar tão rapidamente quanto necessário, consoante a natureza do produto, a zona de cristalização máxima, fazendo com que a temperatura do produto em todos os seus pontos - após estabilização térmica - se mantenha sem interrupção a níveis iguais ou inferiores a -18°C, e
— que são comercializados de modo a que seja indicado que possuem esta característica.
Os gelados alimentícios não são considerados alimentos ultracongelados na acepção da presente directiva.
3. A presente directiva aplica-se sem prejuízo das disposições comunitárias relativas:
a) À organização comum dos mercados nos domínios da agricultura e da pesca;
b) À higiene veterinária.

Artigo 2.º
Apenas os produtos definidos no n.º 2 do artigo 1.º podem utilizar as denominações previstas nos artigos 8.º e 9.º.

Artigo 3.º
1. As matérias-primas utilizadas no fabrico de alimentos ultracongelados devem ser de qualidade sã, íntegra e comercializável e apresentar o necessário grau de frescura.

33

2. A preparação dos produtos a tratar e a ultracongelação devem ser efectuadas o mais rapidamente possível, com o auxílio de um equipamento técnico adequado que permita reduzir ao mínimo as alterações químicas, bioquímicas e microbiológicas.

Artigo 4.º
Os únicos meios frigorígenos cuja utilização em contacto directo com os alimentos ultracongelados é autorizada são os seguintes:
— ar,
— azoto,
— anidrido carbónico.

Em derrogação do parágrafo anterior, os Estados-membros podem manter, até 31 de Dezembro de 1992, as legislações nacionais que autorizam a utilização do diclorodifluorometano (R 12) como meio frigorífico.

Os critérios de pureza a que estes meios frigorígenas devem obedecer são fixados, na medida do necessário, pela Comissão. Essas medidas, que têm por objecto alterar elementos não essenciais da presente directiva, completando-a, são aprovadas pelo procedimento de regulamentação com controlo a que se refere o n.º 2 do artigo 12.º.

Artigo 5.º
1. A temperatura dos alimentos ultracongelados deve ser estável e mantida, em todos os pontos do produto, a um nível igual ou inferior a -18 °C, eventualmente com breves flutuações até 3 °C, no máximo, durante o transporte.

2. No entanto, admitem-se tolerâncias quanto à temperatura do produto, em conformidade com as boas práticas de conservação e de distribuição, durante a distribuição local nos expositores de venda ao consumidor final nas seguintes condições:
a) Essas tolerâncias não devem ser superiores a 3 °C;
b) Todavia, poderão atingir 6 °C nos expositores de venda a retalho se e na medida em que os Estados-membros o decidirem. Neste caso, os Estados-membros escolherão a temperatura em função da rotação das existências ou dos produtos no comércio a retalho e informarão a Comissão das medidas tomadas e dos motivos que as justificam.

A Comissão voltará a analisar a tolerância prevista no presente número em função das evoluções técnicas e, se necessário, apresentará propostas ao Conselho antes de 1 de Janeiro de 1993.

3. Durante um prazo de oito anos a contar da data de notificação da presente directiva, os Estados-membros podem autorizar tolerâncias até 6 °C para a distribuição local.

Artigo 6.º
1. Os Estados-membros:
a) Certificar-se-ão de que os equipamentos utilizados na ultracongelação, armazenamento, transporte, distribuição local e nos expositores de venda garantem a observância das exigências previstas na presente directiva;
b) Efectuarão um controlo oficial, por amostragem, das temperaturas dos alimentos ultracongelados.

2. Os Estados-membros abster-se-ão de exigir que, quando se tem em vista ou quando se efectua a comercialização dos alimentos ultracongelados, a observância dos elementos referidos no n.º 1 seja comprovada por um certificado oficial.

Artigo 7.º
Os alimentos ultracongelados destinados ao consumidor final devem ser acondicionados pelo fabricante ou pelo acondicionador em préembalagens adequadas que os protejam contra contaminações externas microbianas ou outras e contra a dessecação.

Artigo 8.º
1. A Directiva 79/112/CEE aplica-se aos produtos abrangidos pela presente directiva e destinados a ser entregues no estado em que se encontram ao consumidor final e a restaurantes, hospitais, cantinas e outras colectividades similares sob reserva das condições seguintes:
a) A denominação de venda deve ser completada pela ou pelas menções seguintes:
em língua espanhola: «ultracongelado» ou «congelado rápidamente»;
em língua dinamarquesa: «dybfrossen»;
em língua alemã: «tiefgefroren», «Tiefkühlkost», «tiefgekühlt»ou «gefrostet»;
em língua grega: «βαθείας κατάψυξης» ou «ταχείας κατάψυξης» ou «υπερκατεψυγμένα»;

34

em língua inglesa: «quick-frozen»;
em língua francesa: «surgelé»;
em língua italiana: «surgelato»;
em língua neerlandesa: «diepvries»;
em língua portuguesa: «ultracongelado»;
em finlandês: «pakastettu»;
em sueco: «djupfryst»;
em língua checa: «hluboce zmrazené nebo hluboce zmrazená nebo hluboce zmrazený»;
em língua estónia: «sügavkülmutatud or külmutatud»;
em língua letã: «ãtri sasaldēts»;
em língua lituana: «greitai užšaldyti»;
em língua húngara: «gyorsfagyasztott»;
em língua maltesa: «iffriżat»;
em língua polaca: «produkt głęboko mrożony»;
em língua eslovena: «hitro zamrznjen»;
em língua eslovaca: «hlbokozmrazené»;
em língua búlgara: «бързо замразена»;
em língua romena: «congelare rapidă»;
em língua croata: «brzo smrznuto»;
b) A indicação da data de durabilidade mínima deve ser acompanhada da indicação do período durante o qual os produtos ultracongelados podem ser guardados pelo destinatário e da indicação da temperatura de conservação e/ou do equipamento de conservação necessários;
c) A rotulagem de qualquer alimento ultracongelado deve incluir uma referência que permita a identificação do lote;
d) O rótulo de qualquer alimento ultracongelado deve incluir uma advertência clara do tipo «não voltar a congelar após descongelação».

Artigo 9.º
1. A rotulagem dos produtos definidos no n.º 2 do artigo 1.º não destinados ao consumidor final nem a restaurantes, hospitais, cantinas e outras colectividades similares deverá apresentar unicamente as seguintes referências obrigatórias:
a) A denominação de venda completada nos termos do n l, alínea a), do artigo 8.º;
b) A quantidade líquida expressa em unidades de massa;
c) Uma referência que permita identificar o lote;
d) O nome ou firma e a morada do fabricante, do acondicionador ou de um vendedor estabelecido no interior da Comunidade.
2. As referências previstas no n.º 1 devem constar da embalagem, do recipiente ou do meio de acondicionamento ou de um rótulo ligado a estes.
3. O presente artigo não afecta as disposições comunitárias de carácter mais preciso ou mais lato existentes em matéria de metrologia.

Artigo 10.º
Os Estados-membros não podem proibir ou restringir a comercialização dos produtos definidos no n.º 2 do artigo 1.º e que estejam em conformidade com a presente directiva e com as medidas tomadas para a sua execução, por motivos relacionados com as suas características de fabrico, a sua forma de acondicionamento ou a sua rotulagem.

Artigo 11.º
As regras relativas à colheita de amostras, ao controlo das temperaturas dos alimentos ultracongelados e ao controlo das temperaturas nos meios de transporte e nas instalações de depósito e armazenagem serão determinadas pela Comissão. Essas medidas, que têm por objecto alterar elementos não essenciais da presente directiva, completando-a, são aprovadas pelo procedimento de regulamentação com controlo a que se refere o n.º 2 do artigo 12.º.

Artigo 12.º
1. A Comissão é assistida pelo Comité Permanente da Cadeia Alimentar e da Saúde Animal, instituído pelo artigo 58.º do Regulamento (CE) n.º 178/2002, a seguir designado por «Comité».
2. Sempre que se faça referência ao presente número, são aplicáveis os n.ºs 1 a 4 do artigo 5.º-A e o artigo 7.º da Decisão 1999/468/CE, tendo-se em conta o disposto no seu artigo 8.º.

35

Artigo 13.º

1. Os Estados-membros tomarão as medidas necessárias para dar cumprimento à presente directiva. Do facto informarão imediatamente a Comissão. Essas medidas devem:

— admitir, o mais tardar, dezoito meses após a notificação da presente directiva, a comercialização dos produtos em conformidade com a presente directiva,

— proibir, o mais tardar, vinte e quatro meses após a notificação da presente directiva o comércio dos produtos que não estejam em conformidade com a presente directiva.

2. No que se refere aos expositores de venda ao consumidor final, os Estados-membros podem, durante um prazo de oito anos a contar da data da notificação da presente directiva, manter as legislações existentes no momento da aplicação da presente directiva.

Neste caso, os Estados-membros informarão a Comissão desse facto e indicarão os motivos que justificam a respectiva decisão.

Artigo 14.º

Os Estados-membros são destinatários da presente directiva.

8 de Fevereiro de 1993.- Regulamento (CEE) n.º 315/93
do Conselho
que estabelece procedimentos comunitários para os contaminantes presentes nos
géneros alimentícios
(J.O. L 37, 13/02/1993)

(V.C.07/08/2009)

O CONSELHO DAS COMUNIDADES EUROPEIAS,
Tendo em conta o Tratado que institui a Comunidade Económica Europeia e,
nomeadamente, o seu artigo 100.ºA,
Tendo em conta a proposta da Comissão,
Em cooperação com o Parlamento Europeu,
Tendo em conta o parecer do Comité Económico e Social,
(1) Considerando a importância de serem tomadas medidas para o progressivo
estabelecimento do mercado interno num período que termina em 31 de Dezembro de
1992; que o mercado interno compreende um espaço sem fronteiras internas no qual a
livre circulação das mercadorias, das pessoas, dos serviços e dos capitais é assegurada;
(2) Considerando que as disparidades das normas adoptadas pelos Estados-membros
podem prejudicar o funcionamento do mercado comum e que é, assim, necessário
estabelecer um procedimento para a adopção de normas comunitárias harmonizadas;
(3) Considerando que os contaminantes podem penetrar nos géneros alimentícios em
qualquer estádio entre a produção e o consumo;
(4) Considerando que é essencial, no interesse da protecção da saúde pública, manter
estes contaminantes a níveis que sejam toxicologicamente aceitáveis;
(5) Considerando que deve ser efectuada uma eliminação mais rigorosa, sempre que
possível através de boas práticas profissionais; que a conformidade de tais boas práticas
pode ser eficazmente controlada pelas autoridades públicas, dadas a formação
profissional e a experiência dos seus agentes;
(6) Considerando que o presente regulamento deve ser aplicável sem prejuízo das
disposições adoptadas no âmbito de regulamentação comunitária mais específica;
(7) Considerando que, no plano da protecção da saúde, se deve privilegiar a procura de
uma solução global para o problema dos contaminantes na alimentação;
(8) Considerando que o Comité científico da alimentação humana, instituído pela
Decisão 74/234/CEE, deve ser consultado em todas as questões com incidência na
saúde pública,
ADOPTOU O PRESENTE REGULAMENTO:

Artigo 1.º
1. O presente regulamento diz respeito aos contaminantes contidos nos géneros
alimentícios.
Entende-se por «contaminante» qualquer substância que não seja intencionalmente
adicionada a um género alimentício mas nele esteja presente como resíduo da produção
(incluindo os tratamentos aplicados às culturas e ao gado e na prática da medicina
veterinária), fabrico, processamento, preparação, tratamento, acondicionamento,
embalagem, transporte ou armazenagem do referido alimento ou em resultado de
contaminação ambiental. As matérias estranhas tais como, por exemplo, fragmentos de
insectos, pêlos de animais e outras matérias não estão abrangidas por esta definição.
2. O presente regulamento não é aplicável aos contaminantes abrangidos por
regulamentações comunitárias mais específicas.
A partir da entrada em vigor do presente regulamento, a Comissão publicará, a título
informativo, na série C do Jornal Oficial das Comunidades Europeias uma lista das
regulamentações comunitárias acima referidas. A lista será actualizada pela Comissão
sempre que necessário.
3. As disposições relativas aos contaminantes serão adoptadas nos termos do
presente regulamento, com excepção das previstas nas regulamentações a que se refere
o n.º 2.

Artigo 2.º

1. É proibida a comercialização de géneros alimentícios que contenham um contaminante em quantidade toxicologicamente inaceitável do ponto de vista da saúde pública e em especial no plano toxicológico.

2. Além disso, os teores de contaminantes devem ser mantidos aos níveis mais baixos, razoavelmente permitidos pelas boas práticas, em todas as fases mencionadas no artigo 1.º

3. A fim de proteger a saúde pública, e em aplicação do n.º 1, a Comissão pode, se necessário, fixar as tolerâncias máximas eventualmente necessárias para certos contaminantes. Estas medidas, que têm por objecto alterar elementos não essenciais do presente regulamento, completando-o, são aprovadas pelo procedimento de regulamentação com controlo a que se refere o n.º 3 do artigo 8.º. Por imperativos de urgência, a Comissão pode recorrer ao procedimento de urgência a que se refere o n.º 4 do artigo 8.º.

Essas tolerâncias devem ser adoptadas sob a forma de uma lista comunitária não exaustiva e podem incluir:

— para um mesmo contaminante, os limites em diferentes géneros alimentícios,
— limites de detecção analítica,
— uma referência ao método de amostragem e análise a aplicar.

Artigo 3.º

As disposições que possam ter incidência na saúde pública serão adoptadas após consulta ao Comité científico para a alimentação humana.

Artigo 4.º

1. Um Estado-membro, que tenha, em consequência de novas informações ou de uma reavaliação das informações existentes, motivos para suspeitar que um contaminante presente num género alimentício, obedecendo embora ao presente regulamento ou aos regulamentos específicos adoptados por força do mesmo, constitui um risco para a saúde, poderá suspender ou restringir temporariamente a aplicação no respectivo território das disposições em questão. Desse facto deve informar imediatamente os restantes Estados-membros e a Comissão, justificando a sua decisão.

2. A Comissão examina com a maior brevidade, e no âmbito do Comité permanente dos géneros alimentícios, instituído pela Decisão 69/414/CEE da Comissão, as razões apontadas pelo Estado-Membro referido no n.º 1, emitindo de imediato o seu parecer e tomando as medidas que se revelarem adequadas destinadas a confirmar, alterar ou revogar a medida nacional segundo o procedimento previsto no n.º 2 do artigo 8.º.

Artigo 5.º

1. Os Estados-membros não podem, por razões relacionadas com o seu teor em contaminantes, proibir, restringir ou colocar entraves à comercialização de géneros alimentícios que obedeçam ao disposto no presente regulamento ou às disposições específicas adoptadas em aplicação do mesmo.

2. Enquanto não tiverem sido adoptadas as disposições comunitárias relativas às tolerâncias máximas a que se refere o n.º 3 do artigo 2.º, aplicam-se as disposições nacionais neste domínio, na observância do disposto no Tratado.

3.

a) Quando um Estado-membro mantiver as disposições da sua legislação nacional, deve informar desse facto a Comissão e os outros Estados-membros no prazo de seis meses a contar da adopção ao presente regulamento.

b) No caso de um Estado-membro considerar necessário adoptar nova legislação, deve comunicar à Comissão e aos outros Estados-membros as medidas previstas, especificando os motivos que as justificam. A Comissão consultará os Estados-membros no âmbito do Comité permanente dos géneros alimentícios, quando julgar útil tal consulta ou quando um Estado-membro o solicitar.

O Estado-membro só poderá adoptar as medidas prevista três meses após ter feito esta comunicação e sob condição de não ter recebido parecer contrário da Comissão.

Neste último caso e antes do termo do prazo referido no segundo parágrafo, a Comissão dará início ao procedimento previsto no n.º 2 do artigo 8 para decidir se as medidas propostas podem ser aplicadas, se for caso disso, mediante alterações adequadas.

Artigo 6.º

A Comissão apresentará anualmente ao Comité permanente dos géneros alimentícios um relatório acerca da evolução global da legislação comunitária em matéria de contaminantes.

Artigo 7.º

A Comissão enviará ao Conselho, quatro anos após a entrada em vigor do presente regulamento, um relatório sobre a experiência adquirida, acompanhado, se necessário, de propostas adequadas.

Artigo 8.º

1. A Comissão é assistida pelo Comité Permanente da Cadeia Alimentar e da Saúde Animal, instituído pelo artigo 58.º do Regulamento (CE) n.º 178/2002, a seguir designado por «Comité».

2. Sempre que se faça referência ao presente artigo, são aplicáveis os artigos 5.º e 7.º da Decisão 1999/468/CE, tendo-se em conta o disposto no seu artigo 8.º

O prazo previsto no n.º 6 do artigo 5.º da Decisão 1999/468/CE é de três meses.

3. Sempre que se faça referência ao presente número, são aplicáveis os n.ºˢ 1 a 4 do artigo 5.º-A e o artigo 7.º da Decisão 1999/468/CE do Conselho, tendo-se em conta o disposto no artigo 8.º.

4. Sempre que se faça referência ao presente número, são aplicáveis os n.ºˢ 1, 2, 4 e 6 do artigo 5.º-A e o artigo 7.º da Decisão 1999/468/CE, tendo-se em conta o disposto no artigo 8.º.

Artigo 9.º

O presente regulamento entra em vigor em 1 de Março de 1993.

O presente regulamento é obrigatório em todos os seus elementos e directamente aplicável em todos os Estados-Membros.

22 de Maio de 2001.- Regulamento (CE) n.º 999/2001
do Parlamento Europeu e do Conselho
que estabelece regras para a prevenção, o controlo e a erradicação de determinadas
encefalopatias espongiformes transmissíveis
(J.O. L 147, 31/05/2001)

(V.C. 01/07/2013)

TJUE, 25 de Fevereiro de 2010. Processo C-562/08, Müller Fleisch GmbH contra Land Baden-Württemberg [Interpretação do artigo 6 (1) e Anexo III].
TJUE, 12 de Janeiro de 2006. Processo C-504/04, Agrarproduktion Staebelow GmbH contra Landrat des Landkreises Bad Doberan [Interpretação artigo 13].

O PARLAMENTO EUROPEU E O CONSELHO DA UNIÃO EUROPEIA,
Tendo em conta o Tratado que institui a Comunidade Europeia e, nomeadamente, a alínea b) do n.º 4, do seu artigo 152.º,
Tendo em conta a proposta da Comissão,
Tendo em conta o parecer do Comité Económico e Social,
Após consulta do Comité das Regiões,
Deliberando nos termos do artigo 251.º do Tratado,
Considerando o seguinte:
(1) Sabe-se há já muitos anos que várias encefalopatias espongiformes transmissíveis (EET) distintas ocorrem separadamente no ser humano e nos animais. A encefalopatia espongiforme bovina (EEB) foi inicialmente identificada nos bovinos, em 1986 e nos anos seguintes verificou-se a sua ocorrência noutras espécies animais. Em 1996 foi descrita uma nova variante da doença de Creutzfeldt-Jakob (nv-DCJ) e continuam a acumular-se provas da semelhança do agente da EEB com o do responsável pela nova variante de Creutzfeldt-Jakob.
(2) A partir de 1990, a Comunidade adoptou uma série de medidas com vista à protecção da saúde humana e animal em relação ao risco de EEB. Tais medidas basearam-se nas disposições de salvaguarda das directivas relativas às medidas de polícia sanitária. Dada a dimensão do risco que determinadas EET representam para a saúde humana e animal, justifica-se adoptar regras específicas com vista à sua prevenção, controlo e erradicação.
(3) O presente regulamento diz directamente respeito à saúde pública e é relevante para o funcionamento do mercado interno; abrange os produtos incluídos no anexo I do Tratado, bem como produtos nele não incluídos. Por conseguinte, convém utilizar como fundamento jurídico a alínea b) do n.º 4 do artigo 152.º do Tratado.
(4) A Comissão obteve pareceres científicos sobre vários aspectos das EET, nomeadamente do Comité Científico Director e do Comité Científico das Medidas Veterinárias relacionadas com a Saúde Pública. Alguns desses pareceres referem-se às medidas de redução do risco potencial, para o ser humano e os animais, resultante da exposição a produtos provenientes de animais infectados.
(5) Estas regras devem aplicar-se à produção e à introdução no mercado de animais vivos e de produtos de origem animal. No entanto, essas regras não se devem necessariamente aplicar aos produtos cosméticos, produtos farmacêuticos e dispositivos médicos, nem aos respectivos produtos de base e produtos intermédios, a que se aplicam outras regras específicas, relativas, nomeadamente, à não utilização de matérias de risco especificadas. Estas regras também não se devem aplicar a produtos de origem animal que não envolvam risco para a saúde humana ou animal, em virtude de não se destinarem à alimentação humana ou animal, nem a fertilizantes. Devem ser previstas disposições que assegurem que os produtos de origem animal excluídos do âmbito do presente regulamento sejam mantidos separados dos por ele abrangidos, a menos que satisfaçam pelo menos as normas sanitárias aplicáveis a estes últimos.
(6) Deve ser prevista a possibilidade de adopção pela Comissão de medidas de salvaguarda, quando a autoridade competente de um Estado-Membro ou de um país terceiro não tenha dado resposta adequada aos riscos decorrentes de uma EET.
(7) Deve ser criado um processo de determinação do estatuto epidemiológico dos Estados-Membros, dos países terceiros ou de uma das suas regiões, adiante designados «países ou regiões», em relação à EEB, com base na avaliação do risco de introdução inicial, de propagação e de exposição do ser humano, através do recurso às informações

disponíveis. Os Estados-Membros e países terceiros que optem por não solicitar a determinação do respectivo estatuto serão classificados numa categoria pela Comissão, com base em todas as informações de que esta dispuser.

(8) Os Estados-Membros devem criar programas de formação das pessoas envolvidas na prevenção e controlo das EET, bem como de veterinários, exploradores agrícolas e pessoas que se dedicam ao transporte, comercialização e abate de animais de criação.

(8-A) Deverá ser permitida a alimentação de não ruminantes com certas proteínas animais transformadas provenientes de não ruminantes, tendo em conta a proibição da reciclagem intra-espécies, conforme estabelecido no Regulamento (CE) n.º 1774/2002 do Parlamento Europeu e do Conselho, de 3 de Outubro de 2002, que estabelece regras sanitárias relativas aos subprodutos animais não destinados ao consumo humano, e os aspectos de controlo relacionados sobretudo com a diferenciação das proteínas animais específicas de determinadas espécies, conforme estabelecido na Comunicação relativa ao Roteiro das EET, aprovada pela Comissão em 15 de Julho de 2005.

(9) Os Estados-Membros devem levar a cabo programas anuais de vigilância da EEB e do tremor epizoótico, e comunicar à Comissão e aos restantes Estados-Membros os resultados de tais programas, bem como a emergência de qualquer outra EET.

(10) Certos tecidos de ruminantes devem ser designados matérias de risco especificadas com base na patogénese das EET e no estatuto epidemiológico do país ou região de origem ou residência do animal em questão. As matérias de risco especificadas devem ser removidas e eliminadas por forma a evitar quaisquer riscos para a saúde humana e animal. Nomeadamente, não devem ser introduzidas no mercado para serem utilizadas na alimentação humana ou dos animais, nem como fertilizantes. No entanto, deve existir uma disposição que permita que se alcance um grau equivalente de protecção da saúde através de um teste de detecção de EET efectuado em animais específicos, logo que esteja plenamente validado. As técnicas de abate que devem envolvam um risco de contaminação dos outros tecidos com material cerebral só devem ser permitidas nos países ou regiões onde o risco de EEB é menos elevado.

(11) Devem ser tomadas medidas para evitar a transmissão de EET ao ser humano e aos animais através da proibição da alimentação de determinadas categorias de animais com certos tipos de proteínas animais e da proibição de utilização de certos materiais provenientes de ruminantes nos alimentos para consumo humano. Tais proibições devem ser proporcionais aos riscos envolvidos.

(11-A) Na sua Resolução de 28 de Outubro de 2004, o Parlamento Europeu manifestou a sua apreensão relativamente à alimentação de ruminantes com proteínas animais, uma vez que estas não fazem parte da alimentação natural dos animais adultos. Na sequência das crises da EEB e da epizootia de febre aftosa, é cada vez mais aceite que a melhor maneira de assegurar a saúde humana e animal consiste em criar e alimentar animais de um modo respeitador das particularidades de cada espécie. À luz do princípio da precaução e no respeito da alimentação natural e das condições de vida dos ruminantes, é por conseguinte necessário manter a proibição de alimentar ruminantes com proteínas animais de formas tão consonantes com a sua alimentação natural.

(11-B) A carne separada mecanicamente é obtida removendo a carne dos ossos de tal forma que as fibras musculares são destruídas ou alteradas. Pode conter partes dos ossos e do periósteo (tecido ósseo). A carne separada mecanicamente não é, pois, comparável à carne normal. Consequentemente, a sua utilização para consumo humano deverá ser reexaminada.

(12) A suspeita de EET em qualquer animal deve ser notificada à autoridade competente, a qual deve adoptar imediatamente todas as medidas adequadas, nomeadamente sujeitar o animal suspeito a restrições de deslocação enquanto se aguardam os resultados do exame, ou mandar abatê-lo sob supervisão oficial. Se a autoridade competente não puder excluir a possibilidade de EET, deve tomar medidas para que se efectuem os exames adequados, bem como conservar a carcaça sob supervisão oficial até que o diagnóstico tenha sido efectuado.

(13) Em caso de confirmação oficial da existência de uma EET, a autoridade competente deve adoptar todas as medidas necessárias, nomeadamente mandando proceder à destruição da carcaça, efectuando um inquérito a fim de identificar todos os animais de risco e sujeitando os animais e produtos de origem animal como tal identificados a restrições de deslocação. Os proprietários devem ser rapidamente indemnizados pela perda dos animais e produtos de origem animal destruídos ao abrigo do disposto no presente regulamento.

(14) Os Estados-Membros devem elaborar planos de emergência com as medidas nacionais a aplicar em caso de surto de EEB. Esses planos devem ser aprovados pela Comissão. Deve ser previsto o alargamento desta disposição a outras EET que não apenas a EEB.

(15) Devem ser estabelecidas disposições relativas à introdução no mercado de certos animais vivos, e produtos de origem animal. A actual regulamentação comunitária respeitante à identificação e ao registo de bovinos estabelece um sistema que permite a rastreabilidade dos animais até às respectivas mães e efectivos de origem, segundo as normas internacionais. Devem ser previstas garantias equivalentes em relação aos bovinos importados de países terceiros. Os animais e produtos de origem animal abrangidos pela regulamentação comunitária, em trânsito no âmbito do comércio intra-comunitário ou importados de países terceiros, devem ser acompanhados pelos certificados exigidos pela regulamentação comunitária, eventualmente completados nos termos do presente regulamento.

(16) Deve ser proibida a introdução no mercado de certos produtos de origem animal derivados de bovinos provenientes de regiões de alto risco. No entanto, esta proibição não se aplica a certos produtos de origem animal produzidos em condições controladas a partir de animais que se possa comprovar não apresentarem um elevado risco de EET.

(17) Para assegurar a observância da regulamentação relativa à prevenção, controlo e erradicação das EET é necessário colher amostras para testes laboratoriais com base num protocolo, pré-estabelecido que permita obter uma imagem epidemiológica completa em matéria de EET. Para assegurar a uniformidade dos métodos de detecção e dos resultados, devem prever-se laboratórios de referência nacionais e comunitários, bem como métodos científicos fidedignos, nomeadamente testes rápidos específicos das EET. Convém recorrer, tanto quanto possível, a testes rápidos.

(18) Devem ser efectuadas inspecções comunitárias nos Estados-Membros, por forma a assegurar a aplicação uniforme dos requisitos relativos à prevenção, controlo e erradicação das EET, incluindo igualmente a execução de auditorias. Para assegurar que países terceiros dêem garantias equivalentes às comunitárias aquando da importação na Comunidade de animais vivos e de produtos de origem animal, devem ser efectuadas inspecções e controlos comunitários, por forma a verificar que os países terceiros exportadores cumprem as condições de importação.

(19) As medidas comerciais relativas às EET devem basear-se em normas, directrizes ou recomendações internacionais, caso estas existam. No entanto, podem ser adoptadas medidas cientificamente fundadas que conduzam a um grau mais elevado de protecção sanitária, quando as medidas baseadas nas normas, directrizes e recomendações internacionais não bastem para que se alcance o grau de protecção sanitária adequado.

(20) O presente regulamento deve voltar a ser analisado em função das novas informações científicas disponíveis.

(21) Há que prever as medidas transitórias necessárias, nomeadamente, à regulamentação da utilização das matérias de risco especificadas no contexto do presente regulamento.

(22) As medidas necessárias à execução do presente regulamento serão aprovadas nos termos da Decisão 1999/468/CE, de 28 de Junho de 1999, que fixa as regras de exercício das competências de execução atribuídas à Comissão.

(23) Para a execução do presente regulamento, devem ser estabelecidos processos que prevejam a cooperação estreita e eficaz entre a Comissão e os Estados-Membros, no âmbito do Comité Veterinário Permanente, do Comité Permanente dos Alimentos para Animais e do Comité Permanente dos Géneros Alimentícios.

(24) As disposições de aplicação do presente regulamento devem ser aprovadas pelo procedimento de regulamentação previsto no artigo 5.º da Decisão 1999/468/CE, dado que constituem medidas de alcance geral na acepção do artigo 2.º da referida decisão,

ADOPTARAM O PRESENTE REGULAMENTO:

CAPÍTULO I.- DISPOSIÇÕES DE CARÁCTER GERAL

Artigo 1.º *Âmbito*

1. O presente regulamento estabelece as regras para a prevenção, o controlo e a erradicação das encefalopatias espongiformes transmissíveis (EET) nos animais e é aplicável à produção e introdução no mercado de animais vivos e de produtos de origem animal e, em certos casos específicos, à sua exportação.

2. O presente regulamento não é aplicável a:

a) Cosméticos, produtos farmacêuticos, dispositivos médicos e respectivos produtos de base e intermédios;

b) Produtos, e respectivos produtos de base e intermédios, não destinados a serem utilizados na alimentação humana ou animal ou em fertilizantes;

c) Produtos de origem animal destinados a exibição em público ou ao ensino, à investigação, a estudos especiais ou a análises, desde que esses produtos não se destinem ao consumo humano, ou a ser utilizados por seres humanos, nem ao consumo de animais que não estejam integrados no projecto de investigação em questão;

d) Animais vivos utilizados na investigação ou a ela destinados.

Artigo 2.° *Separação de animais vivos e de produtos de origem animal*

Para evitar a contaminação cruzada ou a substituição dos animais vivos ou dos produtos de origem animal referidos no n.° 1 do artigo 1.° pelos produtos referidos no n.° 2, alíneas a), b) e c) do artigo 1.°, ou pelos animais vivos referidos no n.° 2, alínea d), do artigo 1.°, os produtos e animais vivos devem estar sempre separados, a não ser que esses animais vivos ou produtos de origem animal sejam produzidos observando pelo menos as mesmas condições de protecção da saúde no que respeita às EET.

As regras de execução do presente artigo são adoptadas nos termos do n.° 2 do artigo 24.°

Artigo 3.° *Definições*

1. Na acepção do presente regulamento, entende-se por:

a) EET: todas as encefalopatias espongiformes transmissíveis, com excepção das que afectem o ser humano;

b) Introdução no mercado: qualquer operação cujo objectivo seja fornecer a terceiros, na Comunidade, animais vivos ou produtos de origem animal abrangidos pelo presente regulamento para efeitos de venda ou de qualquer outra forma de transferência para terceiros, a título gratuito ou oneroso, ou de armazenagem com vista ao fornecimento a terceiros;

c) Produtos de origem animal: qualquer produto derivado de um produto que por sua vez derive de um animal abrangido pelo disposto nas Directivas 89/662/CEE ou 90/425/CEE, ou que contenha tal produto derivado;

d) Produtos de base: matérias-primas e quaisquer outros produtos de origem animal a partir dos quais, ou através dos quais, são produzidos os produtos referidos no n.° 2, alíneas a) e b), do artigo 1.°;

e) Autoridade competente: a autoridade central de um Estado-Membro encarregada de assegurar a observância do presente regulamento, ou qualquer autoridade em quem aquela tenha delegado essa competência, nomeadamente no que se refere ao controlo dos alimentos para animais; inclui, se disso for caso, a autoridade correspondente de um país terceiro;

f) Categoria: uma das categorias de classificação constantes do anexo II, capítulo C;

g) Matérias de risco especificadas: os tecidos especificados no anexo V; salvo indicação em contrário, não estão incluídos na definição os produtos que contenham ou que sejam derivados desses tecidos;

h) Animal suspeito de infecção por EET: os animais vivos, abatidos ou mortos que manifestem ou tenham manifestado perturbações neurológicas ou comportamentais ou uma deterioração progressiva do seu estado geral associada a uma doença do sistema nervoso central e em relação aos quais as informações recolhidas com base num exame clínico, na resposta ao tratamento, no exame *post mortem* ou nos resultados de análises laboratoriais *ante* ou *post mortem* não permitam fazer outro diagnóstico. São igualmente suspeitos de infecção por encefalopatia espongiforme bovina (EEB) os bovinos que apresentem resultados positivos num teste rápido específico da EEB;

i) Exploração: qualquer local em que os animais abrangidos pelo presente regulamento sejam alojados, mantidos, criados, tratados, ou exibidos em público;

j) Amostragem: a colheita de amostras, garantindo uma representação estatística correcta, de animais ou do seu ambiente ou de produtos de origem animal, para efeitos de formulação de um diagnóstico da doença, de determinação do parentesco, de vigilância da saúde ou de controlo da ausência de agentes microbianos ou de determinadas matérias em produtos de origem animal;

k) Fertilizantes: substâncias que contenham produtos de origem animal, aplicadas nos solos para favorecer o crescimento da vegetação, incluindo eventualmente resíduos digestivos provenientes de instalações de produção de bio-gás ou de compostagem;

l) Testes rápidos: os métodos de despistagem enumerados no Anexo X, cujos resultados sejam conhecidos no prazo de 24 horas;

m) Testes alternativos: os testes referidos no n.º 2 do artigo 8.º, utilizados em substituição da retirada das matérias de risco especificadas;

n) Carne separada mecanicamente ou «CSM»: o produto obtido através da remoção da carne dos ossos carnudos depois da desmancha, utilizando meios mecânicos que provoquem a perda ou a alteração da estrutura das fibras musculares;

o) Vigilância passiva: a comunicação de todos os casos de animais suspeitos de estarem infectados com EET e, caso a EET não possa ser excluída por meio de investigação clínica, a realização de testes laboratoriais a todos esses animais;

p) Vigilância activa: a realização de testes a animais não referidos como suspeitos de estarem infectados com EET, tais como animais abatidos por motivo de emergência, animais aos quais tenham sido feitas observações aquando de inspecções *ante mortem*, animais encontrados mortos, animais saudáveis abatidos e animais abatidos no contexto de um caso de EEB, em particular para determinar a evolução e prevalência de EET num país ou numa região de um país.

2. As definições específicas previstas no anexo I são igualmente aplicáveis.

3. Quando os termos do presente regulamento não se encontrem definidos no n.º 1 ou no anexo I, são aplicáveis, na medida em que sejam referidas no presente texto, as definições do Regulamento (CE) n.º 1760/2000 e das Directivas 64/432/CEE, 89/662/CEE, 90/425/CEE e 91/68/CEE ou elaboradas nos termos destas.

Artigo 4.º *Medidas de salvaguarda*
1. Em relação à execução das medidas de salvaguarda, são aplicáveis os princípios e disposições dos artigos 9.º da Directiva 89/662/CEE, 10.º da Directiva 90/425/CEE, 18.º da Directiva 91/496/CEE e 22.º da Directiva 97/78/CE.
2. As medidas de salvaguarda são aprovadas nos termos do n.º 2 do artigo 24.º e simultaneamente comunicadas ao Parlamento Europeu, com a respectiva justificação.

CAPÍTULO II.- DETERMINAÇÃO DO ESTATUTO EM MATÉRIA DE EEB

Artigo 5.º *Classificação*
1. O estatuto dos Estados-Membros ou países terceiros ou das respectivas regiões (adiante designados «países ou regiões») em matéria de EEB é determinado em função da sua classificação numa das três categorias seguintes:
— risco negligenciável de EEB, tal como definido no Anexo II,
— risco controlado de EEB, tal como definido no Anexo II,
— risco indeterminado de EEB, tal como definido no Anexo II.
O estatuto dos países ou regiões em matéria de EEB só pode ser determinado com base nos critérios definidos no Capítulo A do Anexo II. Esses critérios incluem os resultados de uma análise de risco que identifique todos os factores potenciais de emergência de EEB, previstos no Capítulo B do Anexo II, e a respectiva evolução no tempo, bem como medidas gerais de vigilância activa e passiva, tendo em conta a categoria de risco do país ou região em causa.
Os Estados-Membros e os países terceiros que pretendam ser mantidos nas listas de países terceiros aprovados para a exportação para a Comunidade de animais vivos ou dos produtos abrangidos pelo presente regulamento, devem apresentar à Comissão um pedido de determinação do seu estatuto em matéria de EEB, acompanhado das informações pertinentes relativas aos critérios mencionados no Capítulo A do Anexo II, bem como aos potenciais factores de risco previstos no Capítulo B do Anexo II e à respectiva evolução no tempo.
2. Será adoptada uma decisão de deliberação sobre cada um dos pedidos, a fim de classificar o Estado-Membro ou o país terceiro que o tenha apresentado numa das categorias previstas no anexo II, capítulo C, tomando em consideração os critérios e potenciais factores de risco referidos no segundo parágrafo do n.º 1, nos termos do n.º 2 do artigo 24.º
A referida decisão será adoptada no prazo de seis meses a contar da data de apresentação do pedido e das informações pertinentes referidas no segundo parágrafo. Se a Comissão considerar que os elementos de prova não incluem as informações previstas no anexo II, capítulos A e B, solicitará informações complementares num prazo a determinar. A decisão final será então tomada no prazo de seis meses a contar da data de apresentação das informações completas.

Depois de o Instituto Internacional das Epizootias (OIE) ter estabelecido um procedimento para a classificação dos países por categorias, e quando tenha colocado o país requerente numa dessas categorias, pode ser eventualmente decidida, nos termos do n.º 2 do artigo 24.º, uma reavaliação da classificação comunitária, feita nos termos do primeiro parágrafo do presente número em relação ao país em questão.

3. Se a Comissão verificar que as informações transmitidas por um Estado-Membro ou por um país terceiro nos termos do anexo II, capítulos A e B, são insuficientes ou pouco claras, pode determinar, nos termos do n.º 2 do artigo 24.º, o estatuto em matéria de EEB do Estado-Membro ou do país terceiro em questão à luz de uma análise completa dos riscos.

Essa análise de risco incluirá um levantamento estatístico conclusivo da situação epidemiológica em matéria de EET no Estado-Membro ou no país terceiro requerente, recorrendo, através de um processo de despistagem, a testes rápidos. A Comissão terá em conta os critérios de classificação aceites pelo OIE.

Os testes rápidos são aprovados para o efeito pelo procedimento de regulamentação com controlo a que se refere o n.º 3 do artigo 24.º e inscritos numa lista estabelecida no anexo X, capítulo C, ponto 4.

Este processo de despistagem pode igualmente ser utilizado pelos Estados-Membros ou pelos países terceiros que, nos termos do n.º 2 do artigo 24.º, desejem fazer aprovar pela Comissão a classificação a que procederam nesta base.

Os custos dessas análises correm por conta do Estado-Membro ou do país terceiro interessado.

4. Os Estados-Membros e os países terceiros que não tenham apresentado um pedido nos termos do terceiro parágrafo do n.º 1 devem satisfazer, no que diz respeito à expedição de animais vivos e produtos de origem animal a partir do seu território, os requisitos de importação aplicáveis a países com um risco indeterminado de EET, até apresentarem esse pedido e ter sido tomada uma decisão definitiva sobre o seu estatuto em matéria de EEB.

5. Os Estados-Membros notificarão, sem demora, a Comissão de qualquer prova de natureza epidemiológica ou de outra informação que possa conduzir a uma alteração do seu estatuto em matéria de EEB, nomeadamente os resultados dos programas de vigilância previstos no artigo 6.º

6. Nos termos do n.º 2 do artigo 24.º, a manutenção de um país terceiro numa das listas previstas nos regulamentos comunitários para efeitos de autorização de exportação, para a Comunidade Europeia, de animais vivos e produtos de origem animal para os quais o presente regulamento prevê regras específicas depende, em função das informações disponíveis ou em caso de presunção de existência de EET, da prestação das informações previstas no n.º 1. Em caso de recusa de prestação dessas informações no prazo de três meses a contar da data de apresentação do pedido pela Comissão, é aplicável o disposto no n.º 4 do presente artigo enquanto essas informações não tiverem sido prestadas nem avaliadas nos termos dos n.ºˢ 2 ou 3.

A elegibilidade de países terceiros para exportar para a Comunidade animais vivos ou produtos de origem animal para os quais o presente regulamento prevê regras específicas, nas condições estabelecidas para a sua categoria definida pela Comissão, depende do seu compromisso de notificar esta última, por escrito e sem demora, de qualquer prova de natureza epidemiológica ou outra que possa conduzir a uma alteração do seu estatuto em matéria de EEB.

7. Pode ser adoptada uma decisão, nos termos do n.º 2 do artigo 24.º, a fim de alterar a classificação de um Estado-Membro ou país terceiro, ou de uma das suas regiões, em matéria de EEB, em função dos resultados dos controlos previstos no artigo 21.º

8. As decisões referidas nos n.ºˢ 2, 3, 4, 6 e 7 fundamentam-se numa avaliação do risco, tendo em conta os critérios enumerados no anexo II, capítulos A e B.

CAPÍTULO III.- PREVENÇÃO DAS EET

Artigo 6.º *Sistema de vigilância*
1. Cada Estado Membro deve criar um programa anual de vigilância da EEB baseado na vigilância activa e passiva, nos termos do Anexo III. Se estiver disponível para as espécies animais, o programa deve incluir um processo de despistagem mediante a utilização de testes rápidos.

Os testes rápidos são para esse efeito aprovados nos termos do n.º 3 do artigo 24.º e enumerados no Anexo X.

1-A. O programa anual de vigilância referido no n.º 1 abrange, no mínimo, as seguintes subpopulações:

a) Todos os bovinos com mais de 24 meses de idade enviados para abate de emergência ou com sintomas de doença aquando de inspecções *ante mortem*;

b) Todos os bovinos com mais de 30 meses de idade abatidos normalmente para consumo humano;

c) Todos os bovinos com mais de 24 meses de idade não abatidos para consumo humano, mortos ou abatidos na exploração agrícola, durante o transporte ou num matadouro (animais encontrados mortos).

Os Estados-Membros podem decidir derrogar a disposição prevista na alínea c) em zonas remotas com baixa densidade animal, onde não seja organizada qualquer recolha de animais mortos. Os Estados-Membros que façam uso desta possibilidade devem informar a Comissão e apresentar uma lista das zonas em causa, juntamente com uma justificação da derrogação. A derrogação não pode abranger mais de 10 % da população bovina de um Estado-Membro.

1-B. Após consulta ao comité científico competente, a idade estabelecida nas alíneas a) e c) do n.º 1-A pode ser adaptada de acordo com o progresso científico, nos termos do n.º 3 do artigo 24.º.

A pedido de um Estado-Membro capaz de demonstrar a melhoria da situação epidemiológica no seu território, de acordo com certos critérios a estabelecer nos termos do n.º 3 do artigo 24.º, os programas anuais de vigilância para esse Estado-Membro em particular podem ser revistos.

O Estado-Membro em causa deve apresentar prova da sua capacidade de determinar a eficácia das medidas adoptadas e de assegurar a protecção da saúde humana e animal, com base numa análise de risco global. Em particular, o Estado-Membro deve demonstrar:

a) Uma diminuição nítida ou uma prevalência de EEB invariavelmente baixa, com base em resultados actualizados de testes;

b) Ter aplicado e feito respeitar durante pelo menos seis anos um regime completo de testes de EEB (legislação comunitária sobre rastreabilidade e identificação de animais vivos, e vigilância de EEB);

c) Ter aplicado e feito respeitar durante pelo menos seis anos a legislação comunitária em matéria de proibição absoluta quanto à alimentação dos animais de criação.

2. Cada Estado-Membro deve, no âmbito do Comité Veterinário Permanente, informar a Comissão e os restantes Estados-Membros sobre a emergência de uma EET distinta da EEB.

3. Todos os inquéritos oficiais e análises laboratoriais devem ser registados nos termos do anexo III, capítulo B.

4. Os Estados-Membros apresentam um relatório anual à Comissão, que deve incluir pelo menos as informações referidas no anexo III, capítulo B, parte I. O relatório relativo a cada ano civil é apresentado o mais tardar até 31 de Março do ano seguinte. No prazo de três meses a contar da recepção dos relatórios nacionais, a Comissão apresenta ao Comité Veterinário Permanente um resumo destes, incluindo no mínimo, as informações referidas no anexo III, capítulo B, parte II.

5. As regras de execução do presente artigo são aprovadas nos termos do n.º 2 do artigo 24.º.

Artigo 6.º-A *Programas de criação*

1. Os Estados-Membros podem introduzir programas de criação destinados à selecção de resistência às EET dos respectivos efectivos ovinos. Esses programas incluem um enquadramento para o reconhecimento do estatuto de resistência às EET de certos efectivos e podem ser alargados de modo a incluir outras espécies animais, com base em dados científicos que corroborem a resistência às EET de genotipos particulares dessas espécies.

2. As regras específicas relativas aos programas previstos no n.º 1 do presente artigo são aprovadas nos termos do n.º 2 do artigo 24.º.

3. Os Estados-Membros que introduzirem programas de criação devem apresentar relatórios periódicos à Comissão para permitir que os programas sejam avaliados cientificamente, em particular no que respeita ao seu impacto sobre a incidência das EET, mas também sobre a variabilidade e a diversidade genética e sobre a manutenção de raças ovinas antigas ou raras, ou das que se tenham adaptado bem a uma região particular. Os resultados científicos e as consequências totais dos programas de criação animal são avaliados periodicamente e, sempre que necessário, esses programas são alterados em conformidade.

Artigo 7.º *Proibições relativas à alimentação dos animais*

1. É proibido alimentar ruminantes com proteínas provenientes de animais.

2. A proibição referida no n.º 1 é tornada extensiva a outros animais não ruminantes e restringida, no que diz respeito à alimentação desses animais com produtos de origem animal, nos termos do Anexo IV.

3. Os n.ºs 1 e 2 são aplicáveis sem prejuízo do disposto no Anexo IV que estabelece derrogações à proibição prevista nos mesmos.

A Comissão pode decidir, nos termos do n.º 3 do artigo 24.º, com base numa avaliação científica das necessidades dietéticas dos ruminantes jovens e de acordo com as normas aprovadas para a aplicação do presente artigo previstas no n.º 5 do presente artigo, e na sequência de uma avaliação dos aspectos relativos ao controlo desta derrogação, autorizar a alimentação de animais jovens de espécies ruminantes com proteínas provenientes de peixe.

4. Os Estados-Membros ou as regiões dos mesmos que apresentem um risco indeterminado de EEB não são autorizados a exportar ou armazenar alimentos destinados a animais de criação que contenham proteínas provenientes de mamíferos, nem alimentos destinados a mamíferos, com excepção de alimentos para cães, gatos e animais destinados à produção de peles com pêlo, que contenham proteínas animais transformadas provenientes de mamíferos.

Os países terceiros ou as regiões dos mesmos que apresentem um risco indeterminado de EEB não são autorizados a exportar para a Comunidade alimentos destinados a animais de criação que contenham proteínas provenientes de mamíferos, nem alimentos destinados a mamíferos, com excepção de alimentos para cães, gatos e animais destinados à produção de peles com pêlo, que contenham proteínas animais transformadas provenientes de mamíferos.

A pedido de um Estado-Membro ou de um país terceiro, pode ser tomada nos termos do n.º 2 do artigo 24.º uma decisão, na sequência da adopção nos termos do n.º 3 do artigo 24.º de critérios pormenorizados, concedendo isenções individuais às restrições estabelecidas no presente número. As isenções devem ter em conta as disposições estabelecidas no n.º 3 do presente artigo.

4-A. Com base numa avaliação de risco favorável que tenha em conta, pelo menos, a quantidade e a fonte possível de contaminação e o destino final da remessa, pode ser tomada uma decisão, nos termos do n.º 3 do artigo 24.º, de introduzir um nível de tolerância para quantidades insignificantes de proteínas animais presentes em alimentos para animais, na sequência de uma contaminação acidental e tecnicamente inevitável.

5. As regras de execução do presente artigo, incluindo as regras referentes à prevenção da contaminação cruzada ou a métodos de colheita e análise de amostras necessários para verificar o cumprimento do disposto no presente artigo, são aprovadas nos termos do n.º 2 do artigo 24.º. Essas regras têm por base um relatório da Comissão sobre a origem, a transformação, o controlo e a rastreabilidade dos alimentos para animais de origem animal.

Artigo 8.º *Matérias de risco especificadas*

1. As matérias de risco especificadas são removidas e eliminadas nos termos do Anexo V do presente regulamento e do Regulamento (CE) n.º 1774/2002. Não podem ser importadas para a Comunidade matérias de risco especificadas. A lista das matérias de risco especificadas indicadas no Anexo V inclui, pelo menos, o cérebro, a espinal-medula, os olhos e as amígdalas de bovinos com mais de 12 meses e a coluna vertebral a partir de uma idade a determinar nos termos do n.º 3 do artigo 24.º. Tendo em conta as diferentes categorias de risco estabelecidas no primeiro parágrafo do n.º 1 do artigo 5.º e os requisitos constantes do n.º 1-A e da alínea b) do n.º 1-B do artigo 6.º, a lista das matérias de risco especificadas que consta do Anexo V é alterada em conformidade.

2. O n.º 1 do presente artigo não é aplicável aos tecidos de animais em que tenha sido efectuado, com resultados negativos, um teste alternativo aprovado para esse fim específico nos termos do n.º 3 do artigo 24.º e inscrito na lista constante do Anexo X, aplicado nas condições previstas no Anexo V e cujos resultados sejam negativos.

Os Estados-Membros que autorizarem a utilização de um teste alternativo por força do presente número devem informar os restantes Estados-Membros e a Comissão desse facto.

3. Nos Estados-Membros ou nas regiões dos mesmos que apresentem um risco controlado ou indeterminado de EEB, a laceração, após atordoamento, do tecido nervoso central através de um instrumento comprido de forma cilíndrica introduzido na cavidade craniana ou através de uma injecção de gás na cavidade craniana relacionada com o atordoamento, não pode ser utilizada em bovinos, ovinos ou caprinos cuja carne se destine ao consumo humano ou animal.

4. Os dados relativos à idade estabelecida no Anexo V podem ser ajustados. Esses ajustamentos têm por base os mais recentes resultados científicos comprovados respeitantes à probabilidade estatística de ocorrência de EET nas faixas etárias pertinentes da população bovina, ovina e caprina da Comunidade.

5. Podem ser aprovadas, nos termos do n.° 3 do artigo 24.°, regras que prevejam isenções dos n.°s 1 a 4 do presente artigo, relativamente à data de aplicação efectiva da proibição relativa à alimentação estabelecida no n.° 1 do artigo 7.° ou, se apropriado para países terceiros ou regiões dos mesmos que apresentem um risco controlado de EEB, relativamente à data de aplicação efectiva da proibição relativa à alimentação de ruminantes com proteínas provenientes de mamíferos, a fim de limitar as exigências de remoção e destruição de matérias de risco especificadas aos animais nascidos antes dessa data, nos países ou regiões em causa.

6. As regras de execução do presente artigo são aprovadas nos termos do n.° 2 do artigo 24.°

Artigo 9.° *Produtos de origem animal derivados de matérias provenientes de ruminantes ou que as contenham*

1. Os produtos de origem animal enumerados no Anexo VI são produzidos com processos de produção aprovados nos termos do n.° 3 do artigo 24.°.

2. Os ossos de bovinos, ovinos e caprinos provenientes de países ou regiões que apresentem um risco controlado ou indeterminado de EEB não podem ser utilizados na produção de carne separada mecanicamente (CSM). Os Estados-Membros enviam à Comissão, antes de 1 de Julho de 2008, um relatório sobre a utilização e o método de produção de CSM no seu território. Esse relatório inclui uma declaração sobre se o Estado-Membro pretende continuar a produzir CSM.

Com base nesse relatório, a Comissão apresenta uma comunicação ao Parlamento Europeu e ao Conselho sobre a necessidade e a utilização de CSM na Comunidade no futuro, incluindo a política de informação dos consumidores.

3. De acordo com os critérios estabelecidos no ponto 5 do anexo V, as disposições dos n.°s 1 e 2 não são aplicáveis aos ruminantes em que tenha sido efectuado, com resultados negativos, um teste alternativo reconhecido pelo procedimento de regulamentação com controlo a que se refere o n.° 3 do artigo 24.°, desde que este teste conste da lista do anexo X.

4. As regras de execução do presente artigo são aprovadas nos termos do n.° 2 do artigo 24.°

Artigo 10.° *Programas de formação*

1. Os Estados-Membros asseguram que o pessoal da autoridade competente, dos laboratórios de diagnóstico e dos estabelecimentos de ensino de agronomia e de veterinária, os veterinários oficiais, os veterinários em geral, o pessoal dos matadouros e os criadores e tratadores sejam treinados em matéria de despiste de sinais clínicos, de epidemiologia e, no caso do pessoal encarregado dos controlos, de interpretação de dados laboratoriais relativos às EET.

2. Pode ser concedida assistência financeira comunitária destinada a uma execução efectiva dos programas de formação previstos no n.° 1. O montante dessa assistência financeira é determinado nos termos do n.° 2 do artigo 24.°

CAPÍTULO IV.- CONTROLO E ERRADICAÇÃO DAS EET

Artigo 11.º *Notificação*
Sem prejuízo do disposto na Directiva 82/894/CEE, os Estados-Membros asseguram que a suspeita de infecção de qualquer animal por EET, seja imediatamente notificada às autoridades competentes.
Os Estados-Membros informam regularmente os restantes Estados-Membros e a Comissão dos casos de EET notificados.
A autoridade competente tomará imediatamente as medidas previstas no artigo 12.º do presente regulamento, bem como quaisquer outras medidas necessárias.

Artigo 12.º *Medidas em relação a animais suspeitos*
1. Qualquer animal suspeito de infecção por EET deve ser objecto de uma restrição oficial de circulação até que sejam conhecidos os resultados de um exame clínico e epidemiológico efectuado pela autoridade competente, ou ser morto para exame laboratorial com supervisão oficial.
Se se suspeitar oficialmente da existência de EET num bovino presente numa exploração de um Estado-Membro, todos os outros bovinos dessa exploração são objecto de uma restrição oficial de circulação até que sejam conhecidos os resultados do exame. Se se suspeitar oficialmente da existência de EET num ovino ou caprino presente numa exploração de um Estado-Membro, todos os outros ovinos ou caprinos dessa exploração são objecto de uma restrição oficial de circulação até que sejam conhecidos os resultados.
Contudo, se houver elementos de prova que indiquem que a exploração em que o animal se encontrava quando se suspeitou da presença de EET poderá não ser a exploração em que o animal terá sido exposto à EET, a autoridade competente pode decidir que só o animal suspeito de infecção seja objecto de uma restrição oficial de circulação.
Se o considerar necessário, a autoridade competente pode também decidir que outras explorações ou só a exploração de exposição sejam colocadas sob controlo oficial, consoante as informações epidemiológicas disponíveis.
Nos termos do n.º 2 do artigo 24.º e em derrogação das restrições oficiais de circulação referidas no presente número, um Estado-Membro pode ser dispensado da aplicação das medidas em causa, se aplicar medidas que ofereçam garantias equivalentes baseadas numa avaliação adequada dos eventuais riscos para a saúde humana e animal.
2. Se a autoridade competente entender não ser possível excluir a infecção por EET, o animal, se ainda estiver vivo, deve ser morto. O seu cérebro e todos os outros tecidos indicados pela autoridade competente serão removidos e enviados para um laboratório oficialmente aprovado, para o laboratório nacional de referência previsto no n.º 1 do artigo 19.º ou para o laboratório comunitário de referência previsto no n.º 2 do artigo 19.º, para exame através dos métodos de análise referidos no artigo 20.º
3. Todas as partes do organismo do animal suspeito são mantidas sob controlo oficial até que seja feito um diagnóstico negativo ou são eliminadas em conformidade com o Regulamento (CE) n.º 1774/2002.
4. As regras de execução do presente artigo são aprovadas nos termos do n.º 2 do artigo 24.º

Artigo 13.º *Medidas subsequentes à confirmação de EET*
1. Quando a presença de uma EET é oficialmente confirmada, devem ser rapidamente aplicadas as seguintes medidas mínimas:
a) Todas as partes do organismo do animal são eliminadas em conformidade com o Regulamento (CE) n.º 1774/2002, com excepção do material conservado para os registos nos termos do Capítulo B do Anexo III do presente regulamento;
b) Deve-se efectuar um inquérito para identificar todos os animais de risco, nos termos do anexo VII, ponto 1;
c) Todos os animais e produtos de origem animal referidos no ponto 2 do Anexo VII do presente regulamento que tenham sido considerados de risco no inquérito referido na alínea b) do presente número são abatidos e eliminados em conformidade com o Regulamento (CE) n.º 1774/2002.
A pedido de um Estado-Membro e com base numa avaliação de risco favorável que tenha especialmente em conta as medidas de controlo nele aplicadas, pode ser tomada uma decisão nos termos do n.º 2 do artigo 24.º para permitir a utilização de bovinos, tal como referido no presente número, até ao fim da sua vida produtiva.

Não obstante o disposto no presente número, os Estados-Membros podem aplicar outras medidas que proporcionem um nível de protecção equivalente com base numa avaliação de risco favorável efectuada nos termos dos artigos 24.º-A e 25.º que tenha especialmente em conta as medidas de controlo aplicadas nos Estados-Membros em causa, se essas medidas aí tiverem sido aprovadas pelo procedimento de regulamentação a que se refere o n.º 2 do artigo 24.º.

2. Enquanto se aguarda a execução das medidas referidas nas alíneas b) e c) do n.º 1, a exploração em que o animal se encontrava quando se confirmou a presença de EET deve ser colocada sob controlo oficial, ficando a deslocação dos animais sensíveis às EET e dos respectivos produtos de origem animal, de e para a referida exploração sujeita à autorização da autoridade competente, por forma a assegurar a identificação e o rastreio imediatos dos animais e dos produtos de origem animal em questão.

Se houver elementos de prova que indiquem que a exploração em que o animal afectado se encontrava quando foi confirmada a EET não era a exploração em que o animal foi exposto à EET, a autoridade competente pode decidir que ambas as explorações ou só a exploração em que o animal esteve exposto sejam colocadas sob controlo oficial.

3. Os Estados-Membros que tiverem aplicado um regime alternativo que proporcione garantias equivalentes, tal como previsto no quinto parágrafo do n.º 1 do artigo 12.º podem, nos termos do n.º 2 do artigo 24.º e em derrogação dos requisitos das alíneas b) e c) do n.º 1, ser dispensados da obrigação de aplicar medidas oficiais de proibição de deslocação de animais, e de abate e destruição dos mesmos.

4. Os proprietários são rapidamente indemnizados pela perda dos animais mortos ou dos produtos de origem animal destruídos nos termos do n.º 2 do artigo 12.º e das alíneas a) e c) do n.º 1 do presente artigo.

5. Sem prejuízo do disposto na Directiva 82/894/CEE, a Comissão deve ser notificada numa base anual de qualquer confirmação da presença de uma EET distinta da EEB.

6. As regras de execução do presente artigo são aprovadas nos termos do n.º 2 do artigo 24.º

Artigo 14.º *Plano de contingência*
1. Os Estados-Membros elaboram, segundo os critérios gerais aplicáveis à regulamentação comunitária sobre o controlo de doenças veterinárias, directrizes que especifiquem as medidas nacionais a executar e que indiquem as competências e responsabilidades aquando da ocorrência de casos confirmados de EET.
2. Sempre que necessário e para permitir uma aplicação uniforme da legislação comunitária, essas directrizes podem ser harmonizadas nos termos do n.º 2 do artigo 24.º

CAPÍTULO V.- INTRODUÇÃO NO MERCADO E EXPORTAÇÃO

Artigo 15.º *Animais vivos, respectivo sémen, embriões e óvulos*
1. A introdução no mercado ou, eventualmente, as exportações de bovinos, ovinos ou caprinos, bem como do respectivo sémen, embriões e óvulos, está sujeita às condições do anexo VIII ou, por ocasião da importação, às condições do anexo IX. Os animais vivos e respectivos embriões e óvulos devem ser acompanhados dos certificados sanitários adequados previstos na legislação comunitária, nos termos do artigo 17.º ou, por ocasião da importação, nos termos do artigo 18.º
2. A introdução no mercado de descendentes da primeira geração, do sémen, dos embriões e dos óvulos de animais em que haja suspeita ou confirmação de EET será sujeita às condições do anexo VIII, capítulo B.
3. Nos termos do n.º 3 do artigo 24.º, o disposto nos n.os 1 e 2 pode ser alargado a outras espécies animais.
4. Podem ser aprovadas regras de execução relativamente ao presente artigo nos termos do n.º 2 do artigo 24.º.

Artigo 16.º *Introdução no mercado de produtos de origem animal*
1. Os seguintes produtos de origem animal provenientes de ruminantes saudáveis não estão sujeitos a restrições em matéria de introdução no mercado ou, eventualmente, de exportação, nos termos do presente artigo e do anexo VIII, capítulos C e D, e do anexo IX, capítulos A, C, F e G:
a) Produtos de origem animal abrangidos pelo artigo 15.º, nomeadamente sémen, embriões e óvulos;

b) Leite e produtos à base de leite, couros e peles, e gelatina e colagénio derivados de couros e peles.

2. Os produtos de origem animal importados de países terceiros que apresentem um risco controlado ou indeterminado de EEB devem provir de bovinos, ovinos e caprinos sãos que não tenham sido objecto da laceração do tecido nervoso central ou da injecção de gás na cavidade craniana referidas no n.º 3 do artigo 8.º.

3. Os produtos alimentares de origem animal que contenham matérias provenientes de bovinos originários de um país ou região que apresentem um risco indeterminado de EEB não são introduzidos no mercado, excepto se provierem de animais:

a) Nascidos oito anos após a data a partir da qual foi aplicada de forma efectiva a proibição de utilização de proteínas animais provenientes de mamíferos na alimentação de ruminantes; e

b) Nascidos, criados e que tenham permanecido em efectivos com um historial comprovadamente isento de EEB durante pelo menos sete anos.

Além disso, os produtos alimentares provenientes de ruminantes não devem ser expedidos de um Estado-Membro ou de uma região deste que apresentem um risco indeterminado de EEB para outro Estado-Membro, nem importados de um país terceiro que apresente um risco indeterminado de EEB.

Essa proibição não é aplicável aos produtos de origem animal enumerados no Capítulo C do Anexo VIII e que preencham os requisitos do Capítulo C do Anexo VIII.

Os referidos produtos devem ser acompanhados de um certificado sanitário emitido por um veterinário oficial, que ateste terem sido produzidos em conformidade com o presente regulamento.

4. Sempre que um animal seja transportado de um país ou região para um país ou região de categoria diferente, será classificado na categoria mais elevada das categorias dos países ou regiões em que tiver estado mais de vinte e quatro horas, a menos que possam ser dadas garantias adequadas de que o animal não recebeu alimentos desse país ou região classificada na mais elevada das categorias.

5. Os produtos de origem animal em relação aos quais o presente artigo prevê exigências especiais devem ser acompanhados dos certificados sanitários adequados ou dos documentos comerciais exigidos pela legislação comunitária nos termos dos artigos 17.º e 18.º ou, na falta de tal requisito na legislação comunitária, de um certificado sanitário ou de um documento comercial cujos modelos devem ser definidos nos termos do n.º 2 do artigo 24.º

6. Para efeitos de importação para a Comunidade, os produtos de origem animal devem cumprir as condições estipuladas no anexo IX, capítulos A, C, F e G.

7. Nos termos do procedimento de regulamentação com controlo a que se refere o n.º 3 do artigo 24.º, o disposto nos n.ºs 1 a 6 pode ser alargado a outros produtos de origem animal. As regras de execução do presente artigo são aprovadas pelo procedimento de regulamentação a que se refere o n.º 2 do artigo 24.º.

Artigo 17.º

Nos termos do n.º 2 do artigo 24.º, os certificados sanitários referidos no anexo F da Directiva 64/432/CEE do Conselho e nos modelos II e III do anexo E da Directiva 91/68/CEE do Conselho, bem como os certificados sanitários adequados previstos na regulamentação comunitária em matéria de comércio de sémen, óvulos e embriões de bovinos, ovinos ou caprinos devem, se necessário, ser completados por uma referência à categoria que especifique a classificação do Estado-Membro ou da região de origem atribuída nos termos do artigo 5.º

Os documentos comerciais adequados relativos ao comércio de produtos de origem animal devem, se necessário, ser completados por uma referência à categoria que especifique a classificação do Estado-Membro ou da região de origem atribuída pela Comissão, nos termos do artigo 5.º

Artigo 18.º

Os certificados sanitários adequados relativos à importação previstos na legislação comunitária são completados, nos termos do n.º 2 do artigo 24.º e em relação aos países terceiros classificados numa categoria ao abrigo do artigo 5.º, pelos requisitos específicos previstos no anexo IX, logo que seja adoptada essa decisão de classificação.

CAPÍTULO VI.- LABORATÓRIOS DE REFERÊNCIA, AMOSTRAGEM, DETECÇÃO E CONTROLO

Artigo 19.° *Laboratórios de referência*
1. Os laboratórios nacionais de referência em cada Estado-Membro, bem como as respectivas competências e funções, constam do anexo X, capítulo A.
2. O laboratório comunitário de referência, bem como as respectivas competências e funções, consta do anexo X, capítulo B.

Artigo 20.° *Amostragem e métodos laboratoriais de análise*
1. As colheitas e análises laboratoriais destinadas à detecção de EET são feitas segundo os métodos e protocolos previstos no anexo X, capítulo C.
2. Caso tal se revele necessário para assegurar a aplicação uniforme do presente artigo, são aprovadas regras de execução pelo procedimento de regulamentação a que se refere o n.° 2 do artigo 24.°. O método para confirmar a presença de EEB nos ovinos e caprinos é aprovado pelo procedimento de regulamentação com controlo a que se refere o n.° 3 do artigo 24.°.

Artigo 21.° *Controlos comunitários*
1. Na medida do necessário à aplicação uniforme do presente regulamento e em cooperação com as autoridades competentes dos Estados-Membros, os peritos da Comissão podem efectuar controlos no local. O Estado-Membro em cujo território é efectuado um controlo deve prestar toda a assistência necessária aos peritos no desempenho das suas funções. A Comissão informa a autoridade competente dos resultados dos controlos efectuados.
As regras de execução do presente artigo, nomeadamente as que se destinam a regulamentar o regime de colaboração com as autoridades nacionais, são aprovadas nos termos do n.° 2 do artigo 24.°
2. Os controlos comunitários em relação a países terceiros devem ser efectuados nos termos dos artigos 20.° e 21.° da Directiva 97/78/CE.

CAPÍTULO VII.- DISPOSIÇÕES TRANSITÓRIAS E FINAIS

Artigo 22.° *Medidas transitórias relativas às matérias de risco especificadas*
1. As disposições do anexo XI, capítulo A, são aplicáveis durante um prazo mínimo de 6 meses a contar de 1 de Julho de 2001m deixando de o ser a partir da data de adopção de uma decisão nos termos dos n.°s 2 ou 4 do artigo 5.°, data em que passa a ser aplicável o artigo 8.°
2. Para confirmar ou infirmar as conclusões da análise dos riscos prevista no n.° 1 do artigo 5.°, são utilizados os resultados de um estudo estatístico conclusivo realizado nos termos do n.° 3 do artigo 5.°durante o período transitório, tomando em consideração os critérios de classificação definidos pelo OIE.
3. As regras pormenorizadas relativas a esse estudo estatístico são aprovadas, após consulta do comité científico adequado, nos termos do n.° 2 do artigo 24.°
4. Os critérios mínimos para este estudo estatístico constam do anexo XI, capítulo B.

Artigo 23.° *Alteração dos anexos e medidas transitórias*
Após consulta do comité científico adequado sobre todas as questões susceptíveis de afectar a saúde pública, são alterados ou completados os anexos e tomadas as medidas transitórias adequadas pelo procedimento de regulamentação com controlo a que se refere o n.° 3 do artigo 24.°.
Nos mesmos termos, serão adoptadas medidas transitórias para um período que termina, o mais tardar, em 1 de Julho de 2007, a fim de permitir a passagem do actual regime para o regime estabelecido no presente regulamento.

Artigo 23.°-A
São aprovadas pelo procedimento de regulamentação com controlo a que se refere o n.° 3 do artigo 24.° as seguintes medidas, que se destinam a alterar elementos não essenciais do presente regulamento, designadamente completando-o:
a) Aprovação dos testes rápidos a que se referem o terceiro parágrafo do n.° 3 do artigo 5.°, o n.° 1 do artigo 6.°, o n.° 2 do artigo 8.° e o n.° 3 do artigo 9.°;
b) Adaptação da idade a que se refere o n.° 1-B do artigo 6.°;
c) Critérios para demonstrar a melhoria da situação epidemiológica a que se refere o n.° 1-B do artigo 6.°;

52

d) Decisão de autorizar a alimentação de animais jovens de espécie ruminante com proteínas provenientes de peixe a que se refere o n.º 3 do artigo 7.º;
e) Critérios de concessão de isenções às restrições a que se refere o n.º 4 do artigo 7.º;
f) Decisão de introduzir um nível de tolerância a que se refere o n.º 4-A do artigo 7.º;
g) Decisão sobre a idade a que se refere o n.º 1 do artigo 8.º;
h) Regras que prevejam isenções quanto às exigências de remoção e destruição de matérias de risco a que se refere o n.º 5 do artigo 8.º;
i) Aprovação dos processos de produção a que se refere o n.º 1 do artigo 9.º;
j) Decisão de alargar determinadas disposições a outras espécies animais a que se refere o n.º 3 do artigo 15.º;
k) Alargamento do âmbito de aplicação dos n.ºˢ 1 a 6 do artigo 16.º a outros produtos de origem animal;
l) Aprovação do método para confirmar a presença de EEB nos ovinos e caprinos referido no n.º 2 do artigo 20.º;
m) Alteração ou aditamento dos anexos e aprovação das medidas transitórias adequadas referidas no artigo 23.º.

Artigo 24.º *Comités*
1. A Comissão é assistida pelo Comité Permanente da Cadeia Alimentar e da Saúde Animal. Todavia, a Comissão consulta igualmente o Comité Zootécnico Permanente em relação ao artigo 6.º-A.
2. Sempre que se faça referência ao presente número, são aplicáveis os artigos 5.º e 7.º da Decisão 1999/468/CE, tendo-se em conta o disposto no seu artigo 8.º. O prazo previsto no n.º 6 do artigo 5.º da Decisão 1999/468/CE é de três meses e, no caso das medidas de salvaguarda referidas no n.º 2 do artigo 4.º do presente regulamento, de 15 dias.
3. Sempre que se faça referência ao presente número, são aplicáveis os n.ºs 1 a 4 do artigo 5.º-A e o artigo 7.º da Decisão 1999/468/CE, tendo-se em conta o disposto no seu artigo 8.º.

Artigo 24.º-A
As decisões a aprovar de acordo com um dos procedimentos a que se refere o artigo 24.º devem basear-se numa avaliação adequada dos eventuais riscos para a saúde humana e animal e devem, à luz das provas científicas existentes, manter ou aumentar, se tal se justificar do ponto de vista científico, o nível de protecção da saúde humana e animal garantido na Comunidade.

Artigo 25.º *Consulta dos comités científicos*
Os comités científicos adequados são consultados sobre qualquer questão do âmbito de aplicação do presente regulamento que seja susceptível de afectar a saúde pública.

Artigo 26.º *Entrada em vigor*
O presente regulamento entra em vigor no dia seguinte à sua publicação no Jornal Oficial das Comunidades Europeias.
O presente regulamento é aplicável a partir de 1 de Julho de 2001.
O presente regulamento é obrigatório em todos os seus elementos e directamente aplicável em todos os Estados-Membros.

ANEXO I.-
Definições específicas

[Anexo não reproduzido na presente publicação]

ANEXO II.-
Determinação do estatuto em matéria de EEB

[Anexo não reproduzido na presente publicação]

ANEXO III.-
Sistema de vigilância

[Anexo não reproduzido na presente publicação]

ANEXO IV.-
Alimentos para animais

[Anexo não reproduzido na presente publicação]

ANEXO V.-
Matérias de risco especificadas

[Anexo não reproduzido na presente publicação]

ANEXO VI.-
Produtos de origem animal derivados de matérias provenientes de ruminantes ou que as contenham, tal como referidos no n.º 1 do artigo 9.º

[Anexo não reproduzido na presente publicação]

ANEXO VII.-
Controlo e erradicação de encefalopatias espongiformes transmissíveis

[Anexo não reproduzido na presente publicação]

ANEXO VIII.-
Introdução no mercado e exportação

[Anexo não reproduzido na presente publicação]

ANEXO IX.-
Importação de animais vivos, embriões, óvulos e produtos de origem animal para a comunidade

[Anexo não reproduzido na presente publicação]

ANEXO X.-
Laboratórios de referência, amostragem e métodos laboratoriais

[Anexo não reproduzido na presente publicação]

3 de Dezembro de 2001.- Directiva 2001/95/CE
do Parlamento Europeu e do Conselho
relativa à segurança geral dos produtos
(J.O. L 11, 15/01/2002)

(V.C. 01/01/2010)

TJUE, 30 de Abril de 2009. Processo C-132/08, Lidl Magyarország Kereskedelmi bt contra Nemzeti Hírközlési Hatóság Tanácsa [Interpretação artigo 2].

O PARLAMENTO EUROPEU E O CONSELHO DA UNIÃO EUROPEIA,
Tendo em conta o Tratado que institui a Comunidade Europeia e, nomeadamente, o seu artigo 95.°,
Tendo em conta a proposta da Comissão,
Tendo em conta o parecer do Comité Económico e Social,
Deliberando nos termos do artigo 251.° do Tratado, à luz do projecto comum aprovado pelo Comité de Conciliação em 2 de Agosto de 2001,
Considerando o seguinte:
(1) Nos termos do artigo 16.° da Directiva 92/59/CEE do Conselho, de 29 de Junho de 1992, relativa à segurança geral dos produtos, o Conselho deve pronunciar-se sobre a eventual adaptação da dita directiva, quatro anos após a entrada em vigor da mesma, com base num relatório da Comissão sobre a experiência adquirida, acompanhado de propostas adequadas. É necessário introduzir várias alterações na presente directiva a fim de completar, reforçar ou clarificar algumas das suas disposições à luz da experiência e dos novos e relevantes desenvolvimentos no domínio da segurança dos produtos de consumo, assim como das alterações introduzidas no Tratado, em especial nos artigos 152.°, relativo à saúde pública, e 153.°, relativo à defesa dos consumidores, e à luz do princípio da precaução. Como tal, é conveniente, por razões de clareza, reformular a Directiva 92/59/CEE. Esta reformulação deixa a segurança dos serviços fora do âmbito de aplicação da presente directiva, uma vez que a Comissão tenciona identificar as necessidades, as possibilidades e as prioridades da acção comunitária em matéria de segurança dos serviços e de responsabilidade dos fornecedores de serviços, por forma a apresentar as propostas adequadas.
(2) Importa adoptar medidas tendentes a melhorar o funcionamento do mercado interno, que compreende um espaço sem fronteiras internas no qual é assegurada a livre circulação de mercadorias, pessoas, serviços e capitais.
(3) Na ausência de disposições comunitárias, a legislação horizontal em vigor nos Estados-Membros relativa à segurança dos produtos, que impõe nomeadamente aos agentes económicos a obrigação geral de comercializarem apenas produtos seguros, pode diferir quanto ao nível de protecção que garante aos consumidores. Tais disparidades e a ausência de legislação horizontal em alguns Estados-Membros são susceptíveis de criar obstáculos às trocas comerciais e distorções de concorrência no mercado interno.
(4) A fim de assegurar um elevado nível de protecção dos consumidores, é dever da Comunidade dar o seu contributo para a protecção da saúde e segurança dos mesmos. Tal contributo pode ser dado por meio de legislação comunitária horizontal que introduza uma obrigação geral de segurança dos produtos, que contenha disposições sobre os deveres gerais de produtores e distribuidores, sobre o controlo da aplicação das normas comunitárias em matéria de segurança dos produtos e sobre a troca rápida de informação e, em certos casos, a acção a nível comunitário.
(5) É muito difícil adoptar legislação comunitária para cada produto já existente ou susceptível de vir a ser concebido. É necessário um vasto quadro legislativo de carácter horizontal para abranger tais produtos e para colmatar as lacunas, em especial enquanto se aguarda a revisão da legislação específica existente, assim como para completar as disposições da legislação específica existente ou futura, nomeadamente a fim de garantir um elevado nível de protecção da segurança e da saúde dos consumidores, tal como previsto no artigo 95.° do Tratado.
(6) Torna-se, pois, necessário estabelecer, a nível comunitário, uma obrigação geral de segurança para todos os produtos colocados no mercado, ou postos à disposição dos consumidores de qualquer outro modo, destinados aos consumidores ou susceptíveis de serem por estes utilizados em circunstâncias razoavelmente previsíveis, mesmo quando não lhes sejam destinados. Em todos estes casos, os produtos considerados podem

55

apresentar riscos para a saúde e a segurança dos consumidores que têm de ser evitados. Há, no entanto, que excluir, pela sua própria natureza, certos bens em segunda mão.

(7) A presente directiva deverá ser aplicada aos produtos independentemente das técnicas de venda, incluindo as vendas à distância ou por via electrónica.

(8) A segurança dos produtos deve ser avaliada tendo em atenção todos os aspectos relevantes, em especial as categorias de consumidores que podem ser particularmente vulneráveis aos riscos decorrentes dos produtos considerados, em especial as crianças e os idosos.

(9) A presente directiva não abrange os serviços mas, a fim de assegurar a realização dos objectivos de protecção pretendidos, as suas disposições deverão também ser aplicadas aos produtos fornecidos ou postos à disposição dos consumidores no âmbito de uma prestação de serviços a fim de serem por eles utilizados. A segurança do equipamento utilizado pelos próprios prestadores de serviços para fornecer um serviço aos consumidores não é da alçada da presente directiva, visto que deverá ser considerada em ligação com a segurança do serviço fornecido. Nomeadamente, os equipamentos em que os consumidores circulam ou viajam que são manobrados por um prestador de serviços estão excluídos do âmbito de aplicação da presente directiva.

(10) Os produtos destinados exclusivamente a uma utilização profissional, mas que posteriormente transitaram para o mercado de consumo, devem estar sujeitos às exigências da presente directiva, dado que podem apresentar riscos para a saúde e a segurança dos consumidores quando utilizados em circunstâncias razoavelmente previsíveis.

(11) Na ausência de disposições mais específicas no quadro da legislação comunitária relativa à segurança dos produtos em questão, o disposto na presente directiva é aplicável para efeitos de protecção da saúde e segurança dos consumidores.

(12) Se uma legislação comunitária específica fixar obrigações de segurança que abranjam apenas certos riscos ou certas categorias de riscos no que respeita aos produtos em questão, as obrigações dos agentes económicos quanto a esses riscos são as determinadas pelas disposições da legislação específica, sendo aplicável aos demais riscos a exigência geral de segurança prevista pela presente directiva.

(13) As disposições da presente directiva relativas às outras obrigações de produtores e distribuidores, aos poderes e obrigações dos Estados-Membros, às trocas de informação e às situações de intervenção rápida, bem como à divulgação das informações e à confidencialidade, são aplicáveis nos casos de produtos abrangidos por regulamentações comunitárias específicas, se essas regulamentações não incluírem já tais obrigações.

(14) A fim de facilitar a aplicação eficaz e coerente da obrigação geral de segurança da presente directiva, importa estabelecer normas europeias não obrigatórias que abranjam determinados produtos e riscos, por forma a que um produto que esteja em conformidade com uma norma nacional que transponha uma norma europeia seja considerado como estando em conformidade com a dita obrigação.

(15) No que respeita aos objectivos da presente directiva, os organismos europeus de normalização devem estabelecer normas europeias, nos termos de mandatos conferidos pela Comissão, assistida por comités apropriados. Para garantir que os produtos conformes com as normas cumpram a obrigação geral de segurança, a Comissão, assistida por um comité composto por representantes dos Estados-Membros, deverá fixar as exigências que as normas devem satisfazer. Essas exigências deverão ser incluídas nos mandatos conferidos aos organismos de normalização.

(16) Na ausência de regulamentação específica e sempre que não estejam disponíveis normas europeias fixadas nos termos de um mandato conferido pela Comissão ou não se faça uso dessas normas, a segurança dos produtos deve ser avaliada por referência, nomeadamente, a normas nacionais que transponham quaisquer outras normas europeias ou internacionais relevantes, a recomendações da Comissão ou normas nacionais, a normas internacionais, a códigos de boa conduta, ao estado dos conhecimentos técnicos e ao nível de segurança com que os consumidores possam razoavelmente contar. Neste contexto, as recomendações da Comissão podem facilitar a aplicação coerente e eficaz da presente directiva, na pendência de normas europeias para os riscos e/ou produtos para os quais se considere que essas normas não são possíveis ou não são adequadas.

(17) Uma certificação independente apropriada, reconhecida pelas autoridades competentes, poderá facilitar a prova de cumprimento dos critérios aplicáveis em matéria de segurança do produto.

(18) É conveniente juntar à obrigação geral de segurança outros deveres dos agentes económicos, porquanto é necessário que estes actuem no sentido de prevenir os riscos para os consumidores em determinadas circunstâncias.

(19) Os deveres adicionais impostos aos produtores devem incluir a obrigação de tomar medidas, em função das características dos produtos, que lhes permitam informar-se dos riscos que esses produtos podem representar, fornecer aos consumidores informação que os habilite a avaliar e prevenir riscos, advertir os consumidores dos riscos inerentes aos produtos perigosos que já lhes tenham sido fornecidos, retirar tais produtos do mercado e, como último recurso, recolhê-los sempre que necessário, o que pode comportar, segundo as disposições aplicáveis nos Estados-Membros, uma forma adequada de compensação, por exemplo a troca ou o reembolso desses produtos.

(20) É dever dos distribuidores contribuir para assegurar a observância das exigências de segurança aplicáveis. As obrigações impostas aos distribuidores aplicam-se proporcionalmente às respectivas responsabilidades. Em particular, poderá ser impossível, no âmbito de actividades caritativas, fornecer às autoridades competentes informações e documentação sobre os eventuais riscos e sobre a origem do produto no caso de objectos em segunda mão isolados fornecidos por pessoas privadas.

(21) Os produtores e os distribuidores deverão cooperar com as autoridades competentes nas acções de prevenção dos riscos e informá-las sempre que cheguem à conclusão de que certos produtos fornecidos são perigosos. As condições de tal informação devem ser estabelecidas na presente directiva para facilitar a sua aplicação eficaz, evitando simultaneamente um encargo excessivo para os agentes económicos e para as autoridades.

(22) A fim de assegurar um controlo eficaz do cumprimento das obrigações que impendem sobre produtores e distribuidores, os Estados-Membros devem criar ou designar as autoridades a quem caberá controlar a segurança dos produtos, dotadas de poderes para tomar as medidas adequadas, incluindo o poder de aplicar sanções eficazes, proporcionadas e dissuasivas, e assegurar a necessária coordenação entre as várias autoridades designadas.

(23) É necessário que, entre as medidas adequadas, figure a possibilidade de os Estados-Membros ordenarem ou organizarem, imediata e eficazmente, a retirada de produtos perigosos já colocados no mercado e, como último recurso, ordenarem, coordenarem ou procederem à recolha, junto dos consumidores, de produtos perigosos já fornecidos. Tal competência deve ser exercida sempre que os produtores e os distribuidores não consigam prevenir os riscos para os consumidores em conformidade com as suas obrigações. Sempre que necessário, as autoridades devem dispor dos poderes e procedimentos adequados para decidirem e aplicarem rapidamente quaisquer medidas que sejam necessárias.

(24) A segurança dos consumidores depende em grande medida de uma fiscalização activa do cumprimento das disposições comunitárias em matéria de segurança dos produtos. Por conseguinte, os Estados-Membros devem delinear estratégias sistemáticas que permitam assegurar a eficácia da vigilância do mercado e outras medidas de fiscalização, assegurando a sua transparência face ao público e às partes interessadas.

(25) É necessária a colaboração entre as autoridades de fiscalização competentes dos Estados-Membros para a realização dos objectivos de protecção da presente directiva. É, pois, conveniente promover o funcionamento em rede europeia das autoridades de fiscalização competentes dos Estados-Membros, a fim de facilitar, de uma forma coordenada com outros procedimentos comunitários, nomeadamente o sistema de troca rápida de informação (RAPEX), uma maior colaboração a nível operacional no domínio da vigilância do mercado e de outras actividades de fiscalização, nomeadamente a avaliação de riscos, os ensaios de produtos, o intercâmbio de conhecimentos técnicos e científicos, a execução de projectos conjuntos na área da vigilância e localização, a retirada ou a recolha de produtos perigosos.

(26) Para assegurar um nível uniforme e elevado de protecção da saúde e da segurança dos consumidores para preservar a unidade do mercado interno, é necessário informar a Comissão de quaisquer medidas que restrinjam a colocação no mercado de um produto ou que exijam a sua retirada ou recolha do mercado. Tais medidas devem ser tomadas em conformidade com o Tratado, nomeadamente com os artigos 28.º, 29.º e 30.º

(27) O controlo eficaz da segurança dos produtos exige a criação, a nível nacional e comunitário, de um sistema de troca rápida de informação em situações de risco grave que exijam uma intervenção rápida por motivos da segurança de um produto. É igualmente conveniente que a presente directiva descreva procedimentos circunstanciados para o funcionamento do sistema e confira à Comissão, assistida por um comité, poderes para os adaptar.

(28) A presente directiva prevê o estabelecimento de orientações não vinculativas, destinadas a indicar critérios simples e claros e regras práticas susceptíveis de evolução, para permitir nomeadamente uma notificação eficaz de medidas de restrição da comercialização dos produtos nos casos previstos na presente directiva, tendo em conta a diversidade das situações tratadas pelos Estados-Membros e pelos operadores económicos. Tais orientações devem incluir, em especial, critérios para a aplicação da definição de riscos graves, a fim de facilitar uma aplicação coerente das disposições pertinentes, em caso de ocorrência desses riscos.

(29) Compete em primeiro lugar aos Estados-Membros, na observância das disposições do Tratado, nomeadamente dos artigos 28.º, 29.º e 30.º, tomar as medidas apropriadas em relação aos produtos perigosos que se encontrem no seu território.

(30) Todavia, se os Estados-Membros divergirem quanto à estratégia a seguir para fazer face ao risco apresentado por determinados produtos, tais divergências podem acarretar disparidades inaceitáveis no tocante à defesa dos consumidores e constituir um obstáculo ao comércio intracomunitário.

(31) Pode ser necessário resolver problemas graves de segurança de um produto que requeiram intervenção rápida e afectem ou possam afectar, no futuro imediato, a totalidade ou uma parte importante da Comunidade e que, tendo em conta a natureza do problema de segurança levantado pelo produto, não possam ser tratados, de modo eficaz e consentâneo com o seu grau de urgência, no âmbito dos procedimentos previstos nas regulamentações comunitárias específicas aplicáveis ao produto ou à categoria de produtos em questão.

(32) É, pois, necessário prever um mecanismo adequado que permita, como último recurso, a adopção de medidas aplicáveis em toda a Comunidade, sob a forma de decisão dirigida aos Estados-Membros, para fazer face a situações criadas por produtos que apresentem um risco grave. Tal decisão deverá implicar a proibição de exportar os produtos em questão, a menos que, no caso em apreço, circunstâncias excepcionais permitam uma decisão de proibição parcial ou de não proibição, nomeadamente sempre que esteja instituído um sistema de prévio consentimento. Além disso, a proibição de exportar deverá ser analisada com vista a prevenir os riscos para a saúde e a segurança dos consumidores. Não sendo tal decisão directamente aplicável aos agentes económicos, os Estados-Membros deverão tomar as medidas necessárias à sua execução. As medidas aprovadas ao abrigo de tal procedimento terão carácter provisório, excepto quando se aplicarem a produtos ou a lotes de produtos designados individualmente. Para garantir uma avaliação adequada da necessidade de tais medidas e a sua melhor preparação, as mesmas devem ser tomadas pela Comissão, assistida por um comité, após consultas com os Estados-Membros e, se se colocarem questões científicas da competência de um comité científico comunitário, com o comité científico competente para o risco em causa.

(33) As medidas necessárias à execução da presente directiva serão aprovadas nos termos da Decisão 1999/468/CE do Conselho, de 28 de Junho de 1999, que fixa as regras de exercício das competências de execução atribuídas à Comissão.

(34) Para facilitar uma aplicação eficaz e coerente da presente directiva, os vários aspectos da sua aplicação devem poder ser analisados no âmbito de um comité.

(35) Deve ser assegurado o acesso do público às informações de que dispõem as autoridades competentes em matéria de segurança dos produtos. Todavia, o segredo profissional a que se refere o artigo 287.º do Tratado deve ser protegido de uma forma compatível com a necessidade de assegurar a eficácia da acção de vigilância do mercado e das medidas de protecção.

(36) A presente directiva não prejudica os direitos das vítimas na acepção da Directiva 85/374/CEE do Conselho, de 25 de Julho de 1985, relativa à aproximação das disposições legislativas, regulamentares e administrativas dos Estados-Membros em matéria de responsabilidade decorrente de produtos defeituosos.

(37) É necessário que os Estados-Membros prevejam as vias de recurso adequadas para os tribunais competentes contra quaisquer medidas tomadas pelas autoridades

competentes que restrinjam a colocação no mercado ou imponham a retirada ou a recolha de um produto.

(38) Por outro lado, quaisquer medidas relativas a produtos importados, como as relativas à proibição de exportar, que se destinem a prevenir riscos para a saúde e segurança dos consumidores, devem ser aprovadas em conformidade com as obrigações internacionais da Comunidade.

(39) A Comissão deve examinar periodicamente o modo como a presente directiva está a ser aplicada e os resultados obtidos, nomeadamente no atinente ao funcionamento dos sistemas de vigilância do mercado, ao sistema de troca rápida de informação e às medidas adoptadas a nível comunitário, para além de outras questões pertinentes para a segurança dos produtos de consumo na Comunidade, e apresentar regularmente relatórios ao Parlamento Europeu e ao Conselho sobre o assunto.

(40) A presente directiva não afecta as obrigações dos Estados-Membros no que se refere aos prazos de transposição e de início da aplicação da Directiva 92/59/CEE,

ADOPTARAM A PRESENTE DIRECTIVA:

CAPÍTULO I.- OBJECTIVOS, ÂMBITO DE APLICAÇÃO E DEFINIÇÕES

Artigo 1.º
1. A presente directiva visa garantir a segurança dos produtos colocados no mercado.
2. A presente directiva é aplicável a todos os produtos definidos na alínea a) do artigo 2.º Cada uma das suas disposições é aplicável na medida em que, no âmbito da regulamentação comunitária, não existam disposições específicas que regulem a segurança dos referidos produtos e que visem o mesmo objectivo.

No caso de produtos abrangidos por legislação comunitária que contemple exigências de segurança específicas, a presente directiva é aplicável apenas aos aspectos e riscos ou categorias de riscos não abrangidos por essas exigências. Nessa conformidade:

a) As alíneas b) e c) do artigo 2.º e os artigos 3.º e 4.º não são aplicáveis a esses produtos, no que respeita aos riscos ou categorias de riscos abrangidos pela legislação específica;

b) Os artigos 5.º a 18.º são aplicáveis salvo se existirem disposições específicas que regulem os aspectos abrangidos pelos mesmos artigos e que visem o mesmo objectivo.

Artigo 2.º
Para efeitos da presente directiva, entende-se por:

a) «Produto», qualquer produto – inclusive se utilizado numa prestação de serviços — destinado aos consumidores ou susceptível, em circunstâncias razoavelmente previsíveis, de ser utilizado pelos consumidores mesmo que não lhes seja destinado, que tenha sido fornecido ou disponibilizado a título oneroso ou gratuito no âmbito de uma actividade comercial, seja ele novo, usado ou recuperado.

Nesta definição não estão incluídos produtos usados, fornecidos como antiguidades ou como produtos que necessitam de ser reparados ou recuperados antes de serem utilizados, desde que o fornecedor disso informe claramente a pessoa a quem fornece o produto;

b) «Produto seguro», qualquer produto que, em circunstâncias de utilização normais ou razoavelmente previsíveis, nomeadamente de duração e, se aplicável, de entrada em serviço, de instalação e de necessidades de conservação, não apresente quaisquer riscos ou apresente apenas riscos reduzidos compatíveis com a sua utilização e considerados aceitáveis e conciliáveis com um elevado nível de protecção da saúde e segurança das pessoas, tendo especialmente em conta:

i) as características do produto, designadamente a sua composição, embalagem, instruções de montagem, e, se aplicável, de instalação e de conservação,

ii) os efeitos sobre outros produtos quando for razoavelmente previsível a utilização do primeiro com os segundos,

iii) a apresentação do produto, a sua rotulagem, as eventuais advertências e instruções de utilização e eliminação, bem como qualquer outra indicação ou informação relativa ao produto,

iv) as categorias de consumidores que se encontrem em condições de risco ao utilizar o produto, especialmente as crianças e os idosos.

A possibilidade de se obter um nível superior de segurança ou outros produtos que apresentem um risco menor não constitui razão suficiente para que um produto seja considerado perigoso;

59

c) «Produto perigoso», um produto que não corresponda à definição de «produto seguro» na acepção da alínea b);

d) «Risco grave», qualquer risco grave, incluindo os riscos cujos efeitos não sejam imediatos, que exija uma intervenção rápida das autoridades públicas;

e) Produtor:

i) o fabricante de um produto, quando se encontre estabelecido na Comunidade, ou qualquer pessoa que se apresente como tal ao apor no produto o seu nome, marca ou outro sinal distintivo, ou a pessoa que proceda à recuperação do produto,

ii) o representante do fabricante, quando este não se encontre estabelecido na Comunidade ou, na ausência de representante estabelecido na Comunidade, o importador do produto,

iii) os outros profissionais da cadeia de comercialização, na medida em que as respectivas actividades possam afectar as características de segurança de um produto;

f) «Distribuidor», qualquer profissional da cadeia de comercialização cuja actividade não afecte as características de segurança do produto;

g) «Recolha», qualquer medida destinada a obter o retorno de um produto perigoso que já tenha sido fornecido ou disponibilizado aos consumidores pelo respectivo produtor ou distribuidor;

h) «Retirada», qualquer medida destinada a impedir a distribuição e a exposição de um produto perigoso bem como a sua oferta ao consumidor.

CAPÍTULO II.- OBRIGAÇÃO GERAL DE SEGURANÇA, CRITÉRIOS DE AVALIAÇÃO DA CONFORMIDADE E NORMAS EUROPEIAS

Artigo 3.º

1. Os produtores só podem colocar no mercado produtos seguros.

2. Um produto é considerado seguro, relativamente aos aspectos contemplados pela regulamentação nacional aplicável, quando, não existindo disposições comunitárias específicas que regulem a segurança do produto em causa, estiver em conformidade com as normas de saúde e segurança a que devem obedecer os produtos para poderem ser comercializados, fixadas na regulamentação nacional específica do Estado-Membro em cujo território é comercializado, estabelecida de harmonia com o Tratado, nomeadamente com os artigos 28.º e 30.º

Presume-se que um produto é seguro, no que respeita aos riscos e categorias de riscos abrangidos pelas normas nacionais em causa, quando estiver em conformidade com as normas nacionais não obrigatórias que transponham normas europeias cujas referências tenham sido publicadas pela Comissão no *Jornal Oficial das Comunidades Europeias*, nos termos do artigo 4.º Os Estados-Membros devem publicar as referências de tais normas nacionais.

3. Nas circunstâncias não contempladas no n.º 2, a conformidade de um produto com a obrigação geral de segurança é avaliada tendo em conta, nomeadamente, os seguintes elementos, sempre que existam:

a) As normas nacionais não obrigatórias que transponham normas europeias pertinentes não contempladas no n.º 2;

b) As normas em vigor no Estado-Membro em que o produto é comercializado;

c) As recomendações da Comissão que dão orientações em matéria de avaliação de segurança dos produtos;

d) Os códigos de boa conduta em matéria de segurança dos produtos em vigor no sector em causa;

e) O estado actual dos conhecimentos e da técnica;

f) O nível de segurança com que os consumidores podem razoavelmente contar.

4. A conformidade de um produto com os critérios que visam garantir a obrigação geral de segurança, em especial com as normas referidas nos n.ºs 2 ou 3, não impede as autoridades competentes dos Estados-Membros de tomarem as medidas que se afigurem necessárias para impor restrições à sua comercialização ou ordenar a sua retirada do mercado ou a sua recolha se, não obstante essa conformidade, o produto se revelar perigoso.

Artigo 4.º
1. Para efeitos da presente directiva, as normas europeias a que se refere o n.º 2, segundo parágrafo, do artigo 3.º são elaboradas da seguinte forma:

a) Os requisitos destinados a garantir que os produtos que cumprem essas normas satisfaçam a obrigação geral de segurança são fixados pela Comissão; estas medidas, que têm por objecto alterar elementos não essenciais da presente directiva, completando-a, são aprovadas pelo procedimento de regulamentação com controlo a que se refere o n.º 4 do artigo 15.º;

b) Com base nesses requisitos, e em conformidade com a Directiva 98/34/CE do Parlamento Europeu e do Conselho, de 22 de Junho de 1998, relativa a um procedimento de informação no domínio das normas e regulamentações técnicas e das regras relativas aos serviços da sociedade da informação, a Comissão solicita aos organismos europeus de normalização que elaborem normas que satisfaçam esses requisitos.

c) Com base nesses mandatos, os organismos europeus de normalização adoptarão tais normas em conformidade com os princípios enunciados nas orientações gerais para a cooperação entre a Comissão e esses organismos;

d) A Comissão deve apresentar, de três em três anos, ao Parlamento Europeu e ao Conselho, no âmbito do relatório a que se refere o n.º 2 do artigo 19.º, um relatório sobre os seus programas para a definição dos requisitos e os mandatos de normalização previstos nas alíneas a) e b). O relatório deve incluir, designadamente, uma análise das decisões tomadas em matéria de requisitos e de mandatos de normalização referidos na alínea a) e em matéria de normas referidas na alínea c). O relatório deve incluir igualmente informações sobre os produtos relativamente aos quais a Comissão tenciona definir os requisitos e os mandatos em questão, sobre os riscos dos produtos a considerar e sobre os resultados dos trabalhos preparatórios encetados no domínio.

2. A Comissão publicará no Jornal Oficial das Comunidades Europeias as referências das normas europeias assim adoptadas e elaboradas de acordo como os requisitos previstos no n.º 1.

Caso uma norma adoptada pelos organismos europeus de normalização antes da entrada em vigor da presente directiva garanta a observância da obrigação geral de segurança, a Comissão determinará a publicação das respectivas referências no Jornal Oficial das Comunidades Europeias.

Caso uma norma não garanta a observância da obrigação geral de segurança, a Comissão retirará das publicações, no todo ou em parte, a referência dessa norma.

Nos casos a que se referem o segundo e terceiro parágrafos do presente número, a Comissão, por sua iniciativa ou a pedido de um Estado-Membro, decidirá, nos termos do n.º 2 do artigo 15.º, se a norma em apreço se coaduna com a obrigação geral de segurança e determinará a respectiva publicação ou retirada após ter consultado o comité criado pelo artigo 5.ºda Directiva 98/34/CE. A Comissão informará os Estados-Membros da decisão tomada.

CAPÍTULO III.- OUTRAS OBRIGAÇÕES DOS PRODUTORES E DOS DISTRIBUIDORES

Artigo 5.º
1. Nos limites das respectivas actividades, os produtores devem fornecer aos consumidores as informações pertinentes que lhes permitam avaliar os riscos inerentes a um produto durante a sua vida útil normal ou razoavelmente previsível, sempre que tais riscos não sejam imediatamente perceptíveis sem a devida advertência, e precaver-se contra esses riscos.

A presença da referida advertência não isenta do cumprimento das outras obrigações previstas na presente directiva.

Nos limites das respectivas actividades, os produtores devem adoptar medidas proporcionadas às características dos produtos que fornecem, que lhes permitam:

a) Manter-se informados sobre os riscos que esses produtos possam apresentar; e

b) Poder desencadear as acções que se revelarem adequadas, incluindo, se tal for necessário para evitar tais riscos, a retirada do mercado, a advertência dos consumidores em termos adequados e eficazes, ou a recolha dos produtos junto dos consumidores.

As medidas referidas no terceiro parágrafo devem incluir, por exemplo:

a) A indicação, no produto ou na respectiva embalagem, da identidade e do endereço do produtor, assim como as referências do produto ou, eventualmente, do lote de

61

produtos a que pertence, excepto nos casos em que a omissão de tal indicação seja justificada; e

b) Em todos os casos em que seja apropriado, a realização de testes por amostragem dos produtos comercializados, a análise das reclamações e, eventualmente, a manutenção de um registo das reclamações, bem como a informação dos distribuidores pelo produtor sobre o controlo desses produtos.

As acções referidas na alínea b) do terceiro parágrafo são empreendidas numa base voluntária ou a pedido das autoridades competentes nos termos do n.º 1, alínea f), do artigo 8.º A recolha dos produtos constitui o último recurso, quando outras acções não forem suficientes para prevenir os riscos incorridos, no caso de os produtores o considerarem necessário ou se a tal se virem obrigados na sequência de uma medida tomada pela autoridade competente. A recolha dos produtos pode ser executada no âmbito dos códigos de boa conduta nesta matéria, no Estado-Membro em causa, quando estes existam.

2. Os distribuidores devem agir com diligência, por forma a contribuírem para o cumprimento das obrigações de segurança aplicáveis, designadamente não fornecendo produtos quando sabem ou deveriam ter presumido, com base nas informações de que dispunham e enquanto profissionais, que não satisfazem essas obrigações. Além disso, nos limites das respectivas actividades, devem participar no controlo da segurança dos produtos colocados no mercado, nomeadamente divulgando informações sobre os riscos dos produtos, mantendo e fornecendo a documentação necessária para rastrear a origem dos produtos e cooperando nas acções desenvolvidas pelos produtores e autoridades competentes tendentes a evitar esses riscos. Nos limites das respectivas actividades, devem tomar medidas que lhes permitam efectuar uma colaboração eficaz.

3. Sempre que os produtores e os distribuidores saibam ou devam saber, com base nas informações de que dispõem enquanto profissionais, que um produto que colocaram no mercado apresenta riscos para o consumidor incompatíveis com a obrigação geral de segurança, devem de imediato informar desse facto as autoridades competentes dos Estados-Membros nas condições estabelecidas no anexo I, precisando nomeadamente as medidas que tomaram para prevenir os riscos para os consumidores.

As exigências específicas relativas a esta obrigação de informação, que constam do anexo I, serão adaptadas pela Comissão. Estas medidas, que têm por objecto alterar elementos não essenciais da presente directiva, completando-a, são aprovadas pelo procedimento de regulamentação com controlo a que se refere o n.º 5 do artigo 15.º.

4. Os produtores e os distribuidores devem, nos limites das respectivas actividades, colaborar com as autoridades competentes, a pedido destas, nas acções empreendidas com vista a evitar os riscos inerentes aos produtos que fornecem ou forneceram. As autoridades competentes definem os procedimentos a seguir nessa colaboração, nomeadamente em matéria de diálogo com os produtores e distribuidores em causa sobre questões relacionadas com a segurança dos produtos.

CAPÍTULO IV.- DEVERES ESPECÍFICOS E PODERES DOS ESTADOS-MEMBROS

Artigo 6.º
1. Os Estados-Membros devem garantir que os produtores e os distribuidores cumpram as obrigações que lhes incumbem em aplicação da presente directiva, de modo a que os produtos colocados no mercado sejam seguros.
2. Os Estados-Membros deverão criar ou designar as autoridades competentes para a verificação da conformidade dos produtos com a obrigação geral de segurança, providenciando no sentido de que as referidas autoridades detenham e exerçam os poderes necessários para tomarem as medidas adequadas que lhes incumbem em aplicação da presente directiva.
3. Os Estados-Membros deverão definir as atribuições, as competências, a organização e as regras de cooperação das autoridades competentes. Do facto manterão informada a Comissão, que transmitirá essa informação aos demais Estados-Membros.

Artigo 7.º
Os Estados-Membros fixam as normas relativas às sanções aplicáveis em casos de infracção às disposições nacionais adoptadas em aplicação da presente directiva e tomam quaisquer medidas necessárias para garantir a sua execução. As sanções previstas serão eficazes, proporcionadas e dissuasivas. Os Estados-Membros devem notificar essas disposições à Comissão o mais tardar em 15 de Janeiro de 2004 devendo também informá-la de imediato de qualquer modificação eventual.

Artigo 8.°
1. Para efeitos da presente directiva, em especial do artigo 6, as autoridades competentes dos Estados-Membros dispõem dos poderes necessários para tomar, designadamente, as medidas constantes da alínea a) e das alíneas b) a f) do presente número sempre que necessário:
a) Em relação a qualquer produto:
i) organizar as verificações que se impuserem quanto às características de segurança de um produto, a uma escala adequada e até à última fase de utilização ou de consumo, mesmo que determinado produto tenha sido comercializado como seguro,
ii) exigir às partes interessadas a prestação das informações necessárias,
iii) recolher amostras de produtos a fim de as submeter a testes de segurança;
b) Em relação a qualquer produto susceptível de apresentar riscos em determinadas condições:
i) exigir que o produto seja acompanhado das advertências adequadas, redigidas de forma clara e facilmente compreensível, sobre os riscos que possa apresentar, nas línguas oficiais do Estado-Membro em que for comercializado,
ii) sujeitar a colocação do produto no mercado a condições prévias destinadas a garantir a segurança desse produto;
c) Em relação a qualquer produto susceptível de apresentar riscos para determinadas pessoas:
ordenar que essas pessoas sejam advertidas desse risco oportuna e correctamente, nomeadamente através da publicação de advertências especiais;
d) Em relação a qualquer produto susceptível de ser perigoso:
proibir temporariamente, durante o período necessário para efectuar os diferentes controlos, verificações ou avaliações de segurança, o fornecimento, a proposta de fornecimento ou a exposição do produto;
e) Em relação a qualquer produto perigoso:
proibir a sua colocação no mercado e definir as medidas de acompanhamento necessárias para garantir a observância dessa proibição;
f) Em relação a qualquer produto perigoso já colocado no mercado:
i) ordenar ou organizar a sua retirada efectiva e imediata e a advertência dos consumidores quanto aos riscos que comporta,
ii) ordenar ou coordenar ou, se necessário, organizar com os produtores e com os distribuidores a sua recolha junto dos consumidores e a sua destruição em condições adequadas.
2. Quando as autoridades competentes dos Estados-Membros tomarem medidas do tipo das previstas no n.° 1, em especial as referidas nas alíneas d) a f), deverão agir, na observância do Tratado, designadamente dos artigos 28.° e 30.°, por forma a dar execução às medidas de forma proporcional à gravidade do risco e tendo em consideração o princípio da precaução.
No contexto dessas medidas, deverão incentivar e favorecer as iniciativas voluntárias dos produtores e distribuidores, em cumprimento da obrigação que lhes incumbe por força da presente directiva, em especial do seu capítulo III, inclusive através do eventual desenvolvimento de códigos de boa conduta.
Se necessário, organizarão ou ordenarão as medidas previstas na alínea f) do n.° 1, caso a acção empreendida pelos produtores e distribuidores a título das respectivas obrigações seja insatisfatória ou insuficiente. A recolha constitui o último recurso. Poderá ser efectuada no âmbito dos códigos de boa conduta na matéria no Estado-Membro em questão, quando existam.
3. No caso de os produtos apresentarem um risco grave, as autoridades competentes devem tomar com a devida rapidez as medidas adequadas mencionadas nas alíneas b) a f) do n.° 1. A existência de um risco grave é determinada e ponderada casuística e individualmente pelos Estados-Membros, tendo em conta as orientações a que se refere o ponto 8 do anexo II.
4. As medidas a tomar pelas autoridades competentes por força do presente artigo dirigem-se, consoante os casos:
a) Ao produtor;
b) Nos limites das respectivas actividades, aos distribuidores, e, em especial, ao responsável pela distribuição inicial no mercado nacional;
c) Se necessário, a qualquer outra pessoa, tendo em vista a colaboração nas acções empreendidas para evitar os riscos derivados de um produto.

63

Artigo 9.º
1. A fim de garantir uma vigilância eficaz do mercado, destinada a assegurar um nível elevado de protecção da saúde e da segurança dos consumidores, o que implica uma cooperação entre as respectivas autoridades competentes, os Estados-Membros zelam por que sejam lançadas estratégias que comportem meios e medidas adequados, nas quais se podem, nomeadamente, incluir:
a) O estabelecimento, a actualização periódica e a execução de programas de vigilância sectoriais por categorias de produtos ou de riscos, bem como o acompanhamento das actividades de vigilância, das observações e dos resultados;
b) O acompanhamento e a actualização dos conhecimentos científicos e técnicos relativos à segurança dos produtos;
c) O exame e as avaliações periódicas do funcionamento das actividades de controlo e da respectiva eficácia e, se necessário, a revisão da estratégia de vigilância e da organização postas em prática.
2. Os Estados-Membros deverão zelar por que seja dada aos consumidores e às demais partes interessadas a possibilidade de apresentarem às autoridades competentes reclamações relativas à segurança dos produtos e às actividades de vigilância e de controlo e por que seja dado um seguimento adequado a essas reclamações. Deverão, por todos os meios, informar os consumidores e as demais partes interessadas dos procedimentos estabelecidos para esse efeito.

Artigo 10.º
1. A Comissão deverá promover e participar no funcionamento em rede europeia das autoridades dos Estados-Membros competentes em matéria de segurança dos produtos, designadamente sob a forma de uma cooperação administrativa.
2. Esse funcionamento em rede deverá desenvolver-se de forma coordenada com os outros procedimentos comunitários existentes, nomeadamente o RAPEX, e tem por objectivo, nomeadamente, facilitar:
a) A troca de informações sobre a avaliação dos riscos, os produtos perigosos, as metodologias de testes e os resultados, a evolução recente dos conhecimentos científicos e outros aspectos pertinentes para as actividades de controlo;
b) A elaboração e a execução de projectos conjuntos de vigilância e de testes;
c) O intercâmbio de competências e de boas práticas e a colaboração em actividades de formação;
d) A melhoria da colaboração a nível comunitário em matéria de rastreio, de retirada e de recolha de produtos perigosos.

CAPÍTULO V.- TROCAS DE INFORMAÇÃO E SITUAÇÕES DE INTERVENÇÃO RÁPIDA

Artigo 11.º
1. Sempre que um Estado-Membro adopte medidas que restrinjam a colocação no mercado de produtos ou imponham a sua retirada ou recolha do mercado, como as previstas no n.º1, alíneas b) a f), do artigo 8.º, deverá notificar a Comissão dessas medidas, na medida em que tal notificação não esteja prevista no artigo 12.º ou em legislação comunitária específica, expondo as razões da sua adopção. Deverá ainda informar a Comissão da modificação ou levantamento de qualquer dessas medidas.
Se o Estado-Membro notificante considerar que os efeitos do risco não transpõem ou não podem transpor o seu território, deverá proceder à notificação das medidas referidas no presente número na medida em que estas incluam informações susceptíveis de interessar os Estados-Membros do ponto de vista da segurança dos produtos, nomeadamente se constituírem uma resposta a um novo risco ainda não assinalado noutras notificações.
Nos termos do n.º 3 do artigo 15.º, a Comissão deverá elaborar as orientações a que se refere o ponto 8 do anexo II, procurando garantir a eficácia e o bom funcionamento do sistema. Essas orientações deverão propor o teor e o formulário-tipo para as notificações previstas no presente artigo, e, nomeadamente, critérios precisos para determinar as circunstâncias particulares em relação às quais a notificação é pertinente para efeitos do segundo parágrafo.
2. A Comissão deverá transmitir a notificação aos outros Estados-Membros, a menos que conclua, após análise baseada nas informações contidas na notificação, que a medida não é compatível com o direito comunitário. Nesse caso, informará imediatamente o Estado-Membro que desencadeou a acção.

64

Artigo 12.º
1. Sempre que um Estado-Membro adopte ou decida adoptar, recomendar ou acordar com produtores e distribuidores, a título voluntário ou compulsivo, medidas ou acções destinadas a impedir, limitar ou sujeitar a condições específicas a eventual comercialização ou utilização de produtos, no seu território, por motivo de risco grave, deverá notificar imediatamente a Comissão desse facto através do RAPEX. O Estado-Membro deverá igualmente informar a Comissão de qualquer modificação ou levantamento das medidas ou acções em questão.

Se o Estado-Membro notificante considerar que os efeitos do risco não transpõem ou não podem transpor o seu território, deverá proceder em conformidade com as regras definidas no artigo 11.º, de acordo com os critérios pertinentes enunciados nas orientações a que se refere o ponto 8 do anexo II.

Sem prejuízo do primeiro parágrafo, os Estados-Membros podem, antes de decidirem tomar tais medidas ou empreender tais acções, comunicar à Comissão as informações de que disponham sobre a existência de um risco grave.

Caso exista um risco grave, deverão comunicar à Comissão as medidas voluntárias, previstas no artigo 5.º da presente directiva, que tenham sido tomadas pelos produtores e distribuidores.

2. Após recepção dessas notificações, a Comissão deverá verificar a sua conformidade com o presente artigo e com os requisitos aplicáveis ao funcionamento do RAPEX e transmiti-las-á aos outros Estados-Membros, que, por sua vez, comunicarão de imediato à Comissão as medidas que adoptarem.

3. O anexo II descreve os procedimentos relativos ao RAPEX. Esses procedimentos serão adaptados pela Comissão. Estas medidas, que têm por objecto alterar elementos não essenciais da presente directiva, completando-a, são aprovadas pelo procedimento de regulamentação com controlo a que se refere o n.º 5 do artigo 15.º.

4. O acesso ao RAPEX é alargado aos países candidatos, a países terceiros ou a organizações internacionais, no contexto de acordos celebrados entre a Comunidade e esses países ou organizações internacionais, segundo regras definidas nesses mesmos acordos. Esses acordos devem sempre assentar no princípio da reciprocidade e incluir disposições em matéria de confidencialidade que sejam correspondentes às aplicáveis na Comunidade.

Artigo 13.º
1. Se a Comissão tiver conhecimento de que certos produtos comportam um risco grave para a saúde e a segurança dos consumidores em vários Estados-Membros, pode, depois de consultados os Estados-Membros e, caso surjam questões científicas que sejam da competência de um comité científico comunitário, o comité científico competente para o risco em questão, adoptar, à luz dos resultados dessas consultas, uma decisão nos termos do procedimento previsto no n.º 2 do artigo 15.º que imponha aos Estados-Membros a obrigação de tomarem medidas de entre as mencionadas no n.º 1, alíneas b) a f), do artigo 8.º, se simultaneamente:

a) Se concluir das consultas prévias com os Estados-Membros que existe uma divergência manifesta entre os Estados-Membros quanto à estratégia adoptada ou a adoptar para enfrentar o risco em questão; e

b) Atendendo ao tipo de problema de segurança levantado pelo produto, o risco não puder ser tratado de maneira consentânea com o grau de urgência do caso, no quadro de outros procedimentos previstos na regulamentação comunitária específica aplicável aos produtos em questão; e

c) O risco só puder ser eficazmente eliminado pela adopção de medidas adequadas aplicáveis a nível comunitário, por forma a assegurar um grau elevado e uniforme de protecção da saúde e segurança dos consumidores e o bom funcionamento do mercado interno.

2. As decisões a que se refere o n.º 1 são válidas por um período não superior a um ano, podendo ser confirmadas, segundo o mesmo procedimento, por períodos adicionais nenhum dos quais poderá ser superior a um ano.

Porém, as decisões respeitantes a produtos ou a lotes de produtos específicos, designados individualmente, serão válidas por um período indeterminado.

3. É proibida a exportação da Comunidade de produtos perigosos que tenham sido objecto da decisão a que se refere o n.º 1, salvo se a decisão dispuser noutro sentido.

4. Os Estados-Membros tomarão as medidas necessárias para dar execução às decisões referidas no n.º 1 num prazo inferior a 20 dias, a menos que as referidas decisões fixem um prazo diferente.

5. As autoridades competentes encarregadas de aplicar as medidas referidas no n.° 1 darão às partes interessadas a possibilidade de apresentarem as suas observações no prazo de um mês, informando desse facto a Comissão.

CAPÍTULO VI.- PROCEDIMENTOS DE COMITÉ

Artigo 14.°
1. As medidas necessárias à execução da presente directiva relativas às matérias adiante indicadas são aprovadas pelo procedimento de regulamentação previsto no n.° 2 do artigo 15.°:
a) As medidas referidas no artigo 4.° relativas às normas adoptadas pelos organismos europeus de normalização;
b) As decisões referidas no artigo 13.°, que impõem aos Estados-Membros a obrigação de tomar as medidas referidas no n.° 1, alíneas b) a f), do artigo 8.°
2. As medidas necessárias à execução da presente directiva relativas a quaisquer outras matérias serão aprovadas pelo procedimento consultivo previsto no n.° 3 do artigo 15.°

Artigo 15.°
1. A Comissão é assistida por um comité.
2. Sempre que se faça referência ao presente número, são aplicáveis os artigos 5.° e 7.° da Decisão 1999/468/CE, tendo-se em conta o disposto no artigo 8.°.
O prazo previsto no n.° 6 do artigo 5.° da Decisão 1999/468/CE é de 15 dias.
3. Sempre que se faça referência ao presente número, são aplicáveis os artigos 3.° e 7.° da Decisão 1999/468/CE, tendo-se em conta o disposto no artigo 8.°.
4. Sempre que se faça referência ao presente número, são aplicáveis os n.°s 1 a 4 do artigo 5.°-A e o artigo 7.° da Decisão 1999/468/CE, tendo-se em conta o disposto no artigo 8.°.
5. Sempre que se faça referência ao presente número, são aplicáveis os n.°s 1 a 4 e a alínea b) do n.° 5 do artigo 5.°-A e o artigo 7.° da Decisão 1999/468/CE, tendo-se em conta o disposto no artigo 8.°.
Os prazos previstos na alínea c) do n.° 3 e nas alíneas b) e e) do n.° 4 do artigo 5.°-A da Decisão 1999/468/CE são de dois meses, um mês e dois meses, respectivamente.

CAPÍTULO VII.- DISPOSIÇÕES FINAIS

Artigo 16.°
1. As informações de que disponham as autoridades dos Estados-Membros ou a Comissão sobre os riscos que determinados produtos representam para a saúde e segurança dos consumidores deverão, em princípio, ser facultadas ao público, em conformidade com as exigências de transparência, sem prejuízo das restrições necessárias às actividades de fiscalização e de inquérito. O público deverá ter acesso, em especial, às informações relativas à identificação dos produtos, à natureza do risco e às medidas tomadas.
Todavia, os Estados-Membros e a Comissão deverão tomar as providências necessárias para impor aos seus funcionários e agentes a obrigação de não divulgarem as informações colhidas para efeitos da aplicação da presente directiva que, pela sua natureza, estejam abrangidas pelo segredo profissional em casos devidamente justificados, com excepção das informações relativas a características de segurança de um determinado produto cuja divulgação se imponha, se as circunstâncias assim o exigirem, para a protecção da saúde e segurança dos consumidores.
2. A protecção do segredo profissional não impede a divulgação às autoridades competentes de informações pertinentes para assegurar a eficácia das actividades de fiscalização e vigilância do mercado. As autoridades que receberem as informações sujeitas ao segredo profissional encarregar-se-ão da respectiva protecção.

Artigo 17.°
A presente directiva não prejudica a aplicação da Directiva 85/374/CEE.

Artigo 18.°
1. Qualquer decisão adoptada ao abrigo da presente directiva e que envolva restrições à colocação de um determinado produto no mercado, ou imponha a sua retirada ou a sua recolha, deverá ser devidamente fundamentada. Será notificada, logo que possível, ao

66

interessado, com a indicação das vias de recurso previstas nas disposições em vigor no Estado-Membro em causa e dos prazos para a sua interposição.

Na medida do possível, as partes interessadas terão oportunidade de se pronunciar antes da adopção de qualquer medida. Se não tiver sido efectuada previamente, devido à urgência das medidas a tomar, a consulta será efectuada em devido tempo, após a aplicação da referida medida.

Todas as medidas que imponham a retirada ou a recolha de um produto deverão tomar em consideração o propósito de incentivar os distribuidores, utilizadores e consumidores a contribuir para o seu cumprimento.

2. Os Estados-Membros deverão assegurar que qualquer medida tomada pelas autoridades competentes que envolva restrições à colocação de um produto no mercado ou imponha a sua retirada ou a sua recolha possa ser objecto de recurso para os tribunais competentes.

3. As decisões tomadas ao abrigo da presente directiva que restrinjam a colocação de um produto no mercado ou imponham a sua retirada ou a sua recolha não prejudicam de modo algum a apreciação da responsabilidade da parte a que se destinam, à luz do direito penal nacional aplicável nessa matéria.

Artigo 19.º
1. A Comissão pode submeter à apreciação do comité previsto no artigo 15.º qualquer questão relativa à aplicação da presente directiva, em especial questões que digam respeito às actividades de fiscalização e vigilância do mercado.

2. De três em três anos a partir de 15 de Janeiro de 2004, a Comissão apresentará ao Parlamento Europeu e ao Conselho um relatório sobre a aplicação da presente directiva.

O relatório comportará em especial informações sobre a segurança dos produtos de consumo, nomeadamente sobre a melhoria da rastreabilidade dos produtos, o funcionamento da vigilância do mercado, os trabalhos de normalização, o funcionamento do RAPEX e as medidas comunitárias tomadas com base no artigo 13.º Para o efeito, a Comissão procederá à avaliação das questões pertinentes, em especial das estratégias, sistemas e práticas em vigor nos Estados-Membros, tendo em conta as exigências da presente directiva e das outras disposições da legislação comunitária relativas à segurança dos produtos. Os Estados-Membros prestarão à Comissão toda a assistência e todas as informações necessárias para a condução dessas avaliações e elaboração dos relatórios.

Artigo 20.º
A Comissão deve identificar as necessidades, as possibilidades e as prioridades da acção da Comunidade relativamente à segurança dos serviços e apresentar ao Parlamento Europeu e ao Conselho, antes de 1 de Janeiro de 2003, um relatório acompanhado de eventuais propostas sobre a matéria.

Artigo 21.º
1. Os Estados-Membros porão em vigor as disposições legislativas, regulamentares e administrativas necessárias para dar cumprimento à presente directiva com efeitos desde 15 de Janeiro de 2004 e informarão imediatamente a Comissão desse facto.

Quando os Estados-Membros aprovarem essas disposições, estas devem incluir uma referência à presente directiva ou ser acompanhadas dessa referência aquando da sua publicação oficial. As modalidades dessa referência serão aprovadas pelos Estados-Membros.

2. Os Estados-Membros comunicarão à Comissão o texto das disposições de direito interno que adoptem no domínio abrangido pela presente directiva.

Artigo 22.º
A Directiva 92/59/CEE é revogada com efeitos desde 15 de Janeiro de 2004, sem prejuízo das obrigações dos Estados--Membros no que respeita ao prazo de transposição e de início da aplicação da referida directiva, indicado no anexo III.

As remissões para a Directiva 92/59/CEE deverão ser entendidas como remissões para a presente directiva e ser lidas de acordo com a tabela de correspondência do anexo IV.

Artigo 23.º
A presente directiva entra em vigor na data da sua publicação no Jornal Oficial das Comunidades Europeias.

Artigo 24.º
Os Estados-Membros são os destinatários da presente directiva.

Obrigações relativas às informações a fornecer às autoridades competentes por produtores e distribuidores sobre produtos não conformes com a obrigação geral de segurança

1. As informações previstas no n.º 3 do artigo 5.º ou, se for caso disso, em preceitos específicos da regulamentação comunitária relativa ao produto em causa serão comunicadas às autoridades competentes designadas para esse efeito nos Estados-Membros em que os produtos em causa estejam ou tenham sido colocados no mercado ou de qualquer outra forma fornecidos aos consumidores.

2. A Comissão, assistida pelo comité a que refere o artigo 15.º, deverá definir o conteúdo e elaborar o formulário-tipo das notificações previstas no presente anexo, procurando garantir a eficácia e o bom funcionamento do sistema. Deverá concretamente propor, eventualmente sob a forma de um guia, critérios simples e claros para determinar as condições específicas, designadamente as que se prendem com produtos ou circunstâncias isolados, em relação às quais a notificação não é pertinente à luz do presente anexo.

3. Quando se trate de riscos graves, as informações a prestar compreenderão, no mínimo, os seguintes elementos:
a) Dados que permitam uma identificação precisa do produto ou do lote de produtos em questão;
b) Uma descrição completa do risco que esses produtos comportem;
c) Todas as informações disponíveis que sejam pertinentes para rastrear o produto;
d) Uma descrição da acção empreendida a fim de prevenir riscos para os consumidores.

Procedimentos para a aplicação do RAPEX e das orientações relativas às notificações

1. O sistema RAPEX abrange os produtos definidos na alínea a) do artigo 2.º da presente directiva que apresentem um risco grave para a saúde e a segurança dos consumidores.
Estão excluídos do âmbito de aplicação do RAPEX os produtos farmacêuticos abrangidos pelas Directivas 75/319/CEE e 81/851/CEE.

2. O RAPEX tem essencialmente por objectivo uma troca rápida de informações em caso de existência de um risco grave. As orientações referidas no ponto 8 definem critérios específicos para a identificação dos riscos graves.

3. Os Estados-Membros notificantes a título do artigo 12.º comunicarão todas as informações disponíveis. Em especial, a notificação deverá conter as informações mencionadas nas orientações referidas no ponto 8, e, no mínimo:
a) Informações que possibilitem a identificação do produto;
b) Uma descrição do risco em causa, incluindo um resumo dos resultados de quaisquer ensaios ou análises efectuados e das respectivas conclusões que permitam avaliar a importância do risco;
c) A natureza e a duração das medidas tomadas ou das acções empreendidas ou das medidas ou acções decididas, se aplicável;
d) Informações sobre as cadeias de comercialização e sobre a distribuição do produto, em especial sobre os países destinatários.
Essas informações devem ser transmitidas por meio do formulário-tipo de notificação previsto para o efeito e segundo as regras especificadas nas orientações referidas no ponto 8.
Quando a medida notificada nos termos dos artigos 11.º ou 12.º se destine a restringir a comercialização ou a utilização de uma substância ou preparação química, os Estados-Membros deverão fornecer logo que possível um resumo ou as referências dos dados pertinentes relativos a essa substância ou preparação e aos produtos de substituição disponíveis, se essas informações estiverem disponíveis. Os Estados-Membros comunicarão igualmente os efeitos que se prevê que a medida venha a ter para a saúde e a segurança dos consumidores, bem como a avaliação do risco efectuada de acordo com os princípios gerais de avaliação dos riscos das substâncias químicas previstos no n.º 4 do artigo 10.º do Regulamento (CEE) n.º 793/93 no caso de uma substância existente, ou no n.º 2 do artigo 3.º da Directiva 67/548/CEE caso se trate de uma nova

substância. As orientações referidas no ponto 8 definirão os pormenores e os procedimentos para a prestação das informações exigidas a este respeito.

4. Quando um Estado-Membro tiver informado a Comissão, em conformidade com o n.° 1, terceiro parágrafo, do artigo 12.°, da existência de um risco grave, antes de tomar a decisão de adoptar medidas, deverá indicar à Comissão, no prazo de 45 dias, se confirma ou se altera essas informações.

5. A Comissão verificará, com a maior brevidade possível, a conformidade das disposições da directiva com as informações recebidas pelo RAPEX e poderá proceder a um inquérito por sua própria iniciativa se entender que tal é necessário para fins de avaliação da segurança do produto. Caso seja realizado um inquérito dessa natureza, os Estados-Membros deverão, na medida do possível, fornecer à Comissão todas as informações solicitadas.

6. Após a recepção de uma notificação nos termos do artigo 12.°, os Estados-Membros devem prestar à Comissão, o mais tardar no prazo fixado nas orientações referidas no ponto 8, as seguintes informações:

a) Se o produto está a ser comercializado no seu território;

b) Que medidas serão eventualmente adoptadas em relação ao produto em questão, tendo em conta a sua situação específica, comunicando as razões, nomeadamente a diferente apreciação do risco ou quaisquer outras circunstâncias particulares que justifiquem a sua decisão, em particular a ausência de medidas ou de acompanhamento;

c) Quaisquer informações complementares pertinentes que tenham obtido sobre o risco em causa, incluindo os resultados de ensaios ou de análises.

As orientações referidas no ponto 8 propõem critérios precisos de notificação das medidas cujo alcance se limite ao território nacional e o tratamento a dar a essas notificações relativas aos riscos que o Estado-Membro notificante considera que não transpõem o seu território.

7. Os Estados-Membros informarão imediatamente a Comissão de qualquer modificação ou do levantamento da ou das medidas ou acções em questão.

8. As orientações relativas à gestão do RAPEX pela Comissão e pelos Estados-Membros serão elaboradas e regularmente actualizadas pela Comissão, nos termos do procedimento previsto no n.° 3 do artigo 15.°

9. A Comissão pode informar os pontos de contacto nacionais sobre os produtos que comportam riscos graves, importados para a Comunidade e para o Espaço Económico Europeu ou deles exportados.

10. O Estado-Membro notificante é responsável pelas informações fornecidas.

11. Cabe à Comissão assegurar o bom funcionamento do sistema, procedendo nomeadamente a uma classificação e indexação das notificações consoante o grau de urgência. As regras deste procedimento serão estabelecidas nas orientações referidas no ponto 8.

ANEXO III

[Anexo não reproduzido na presente publicação]

ANEXO IV

[Anexo não reproduzido na presente publicação]

16 de Dezembro de 2002.- Directiva 2002/99/CE
do Conselho
que estabelece as regras de polícia sanitária aplicáveis à produção, transformação,
distribuição e introdução de produtos de origem animal destinados ao consumo humano
(J.O. L 18, 23/01/2003)

(V.C. 02/08/2013)

O CONSELHO DA UNIÃO EUROPEIA,
Tendo em conta o Tratado que institui a Comunidade Europeia e, nomeadamente, o seu artigo 37.º,
Tendo em conta a proposta da Comissão,
Tendo em conta o parecer do Parlamento Europeu,
Tendo em conta o parecer do Comité Económico e Social Europeu,
Considerando o seguinte:
(1) No âmbito do mercado único, foram estabelecidas regras sanitárias específicas para reger o comércio intracomunitário na produção, transformação, distribuição e introdução a partir de países terceiros, de produtos de origem animal destinados ao consumo humano referidos no anexo I do Tratado.
(2) Essas regras asseguraram a supressão das barreiras ao comércio dos produtos em questão, contribuindo, assim, para a criação do mercado interno e assegurando simultaneamente um elevado nível de protecção sanitária.
(3) Essas regras têm ainda por objectivo evitar a introdução ou a propagação de doenças animais resultantes da comercialização de produtos de origem animal. Contêm igualmente disposições comuns, tais como as que restringem a comercialização de produtos provenientes de uma exploração ou zona infectada por doenças epizoóticas e as que exigem que os produtos de zonas abrangidas por restrições sejam submetidos a um tratamento concebido para destruir o agente da doença.
(4) Essas disposições comuns devem ser harmonizadas, suprimindo, assim, possíveis incoerências introduzidas aquando da adopção de regras específicas de polícia sanitária. A harmonização assegurará também a aplicação uniforme das regras de política sanitária em toda a Comunidade e uma maior transparência da estrutura da legislação comunitária.
(5) Os controlos veterinários dos produtos de origem animal destinados ao comércio devem ser efectuados em conformidade com a Directiva 89/662/CEE do Conselho, de 11 de Dezembro de 1989, relativa aos controlos veterinários aplicáveis ao comércio intracomunitário, na perspectiva da realização do mercado interno. A Directiva 89/662/CEE contém medidas de salvaguarda que podem ser aplicadas caso se verifique um risco grave para a saúde animal.
(6) Os produtos importados de países terceiros não devem representar qualquer risco sanitário para os efectivos pecuários da Comunidade.
(7) Para esse efeito, devem ser definidos processos para evitar a introdução de doenças epizoóticas. Esses processos devem incluir uma avaliação regular da situação sanitária nos países terceiros em questão.
(8) Devem também ser definidos processos para estabelecer regras ou critérios gerais ou específicos a aplicar às importações de produtos de origem animal.
(9) As disposições em matéria de importação de carne de ungulados domésticos e de produtos à base dessa carne ou preparados com essa carne constam já da Directiva 72/462/CEE do Conselho, de 12 de Dezembro de 1972, relativa aos problemas sanitários e de polícia sanitária na importação de animais das espécies bovina e suína e de carnes frescas provenientes de países terceiros.
(10) Os processos aplicáveis à importação de carne e de produtos à base de carne podem ser utilizados como modelo para a importação de outros produtos de origem animal.
(11) Os controlos veterinários dos produtos de origem animal importados de países terceiros para a Comunidade devem ser efectuados em conformidade com a Directiva 97/78/CE do Conselho, de 18 de Dezembro de 1997, que fixa os princípios relativos à organização dos controlos veterinários dos produtos provenientes de países terceiros introduzidos na Comunidade. A Directiva 97/78/CE contém medidas de salvaguarda que podem ser aplicadas caso se verifique um risco grave para a saúde animal.

70

(12) Devem ser tidas em conta as directrizes estabelecidas pelo Instituto Internacional das Epizootias (OIE) aquando da adopção de regras para o comércio internacional.

(13) Devem ser organizadas auditorias e inspecções comunitárias com vista a assegurar a aplicação uniforme das disposições de polícia sanitária.

(14) Os produtos abrangidos pela presente directiva são enumerados no anexo I do Tratado.

(15) As medidas necessárias à execução da presente directiva serão aprovadas nos termos da Decisão 1999/468/CE do Conselho, de 28 de Junho de 1999, que fixa as regras de exercício das competências de execução atribuídas à Comissão, ADOPTOU A PRESENTE DIRECTIVA:

Artigo 1.º *Âmbito de aplicação*
A presente directiva estabelece as regras gerais de polícia sanitária aplicáveis a todas as fases de produção, transformação e distribuição no interior da Comunidade, e de introdução a partir de países terceiros, de produtos de origem animal e seus derivados destinados ao consumo humano.

Estas regras não afectam as disposições previstas nas Directivas 89/662/CE e 97/78/CE, nem nas directivas enumeradas no anexo I.

Artigo 2.º *Definições*
Para efeitos da presente directiva, são aplicáveis, sempre que necessário, as definições do Regulamento (CE) n.º 178/2002 do Parlamento Europeu e do Conselho, de 28 de Janeiro de 2002, que determina os princípios e normas gerais da legislação alimentar, cria a Autoridade Europeia para a Segurança dos Alimentos e estabelece procedimentos em matéria de segurança dos géneros alimentícios, e da Directiva 97/78/CE. São ainda aplicáveis as seguintes definições:

1. «Todas as fases de produção, transformação e distribuição»: todas as fases desde a produção primária de géneros alimentícios de origem animal, inclusive, até à sua armazenagem, transporte, venda ou fornecimento ao consumidor final, inclusive;

2. «Introdução»: a entrada de mercadorias num dos territórios mencionados no anexo I da Directiva 97/78/CE tendo por finalidade a sua colocação de acordo com os procedimentos aduaneiros mencionados nas alíneas a) a f) do n.º 16 do artigo 4.º do Regulamento (CEE) n.º 2913/92 do Conselho, de 12 de Outubro de 1992, que estabelece o Código Aduaneiro Comunitário;

3. «Veterinário oficial»: um veterinário habilitado a actuar nessa qualidade e nomeado pela autoridade competente;

4. «Produtos de origem animal»: produtos derivados de animais, bem como os produtos provenientes destes, destinados ao consumo humano, incluindo os animais vivos quando são preparados para tal.

CAPÍTULO I.- CONDIÇÕES DE POLÍCIA SANITÁRIA APLICÁVEIS A TODAS AS FASES DE PRODUÇÃO, TRANSFORMAÇÃO E DISTRIBUIÇÃO DE PRODUTOS DE ORIGEM ANIMAL NA COMUNIDADE

Artigo 3.º *Requisitos gerais de polícia sanitária*
1. Os Estados-Membros tomam medidas para assegurar que os operadores das empresas do sector alimentar, em todas as fases da produção, transformação e distribuição de produtos de origem animal na Comunidade, não provoquem a propagação de doenças transmissíveis aos animais, em conformidade com as seguintes disposições.

2. Os produtos de origem animal têm de ser obtidos de animais que satisfaçam as condições de polícia sanitária estabelecidas pela legislação comunitária pertinente.

3. Os produtos de origem animal devem ser obtidos de animais:
a) Que não provenham de uma exploração, de um estabelecimento, de um território ou parte de território sujeitos a restrições de polícia sanitária aplicáveis a esses animais e produtos, decorrentes das regras referidas no anexo I;
b) Que, no caso da carne e dos produtos à base de carne, não tenham sido abatidos num estabelecimento em que estivessem presentes, no momento do abate ou do processo de produção, animais infectados ou animais suspeitos de estarem infectados com uma das doenças abrangidas pelas regras referidas na alínea a), nem carcaças ou partes de carcaças dos referidos animais, a menos que a suspeita tenha sido eliminada;
c) Que, no caso dos animais e produtos da aquicultura, satisfaçam os requisitos da Directiva 91/67/CEE.

Artigo 4.º *Derrogações*
1. Não obstante o artigo 3.º e no respeito das medidas de controlo das doenças referidas no Anexo I, os Estados-Membros podem autorizar a produção, transformação e distribuição de produtos de origem animal provenientes de um território ou de parte de território sujeito a restrições de polícia sanitária mas que não provenham de uma exploração infectada nem suspeita de estar infectada, desde que:
i) os produtos, antes de serem submetidos ao tratamento a seguir referido, tenham sido obtidos, manuseados, transportados e armazenados separadamente ou em momentos diferentes de produtos que satisfazem todas as condições de polícia sanitária, e as condições de transporte fora do território sujeito a restrições de polícia sanitária tenham sido aprovadas pela autoridade competente,
ii) os produtos que devem ser submetidos a tratamento estejam adequadamente identificados,
iii) os produtos sejam submetidos a um tratamento suficiente para eliminar o problema sanitário em questão, e
iv) esse tratamento seja aplicado num estabelecimento aprovado para esse efeito pelo Estado-Membro onde o problema sanitário tenha ocorrido.
O primeiro parágrafo será aplicado em conformidade com o anexo II e com o ponto 1 do anexo III ou com regras pormenorizadas a adoptar nos termos do n.º 2 do artigo 12.º
2. A produção, transformação e distribuição de produtos da aquicultura que não respeitem as condições estabelecidas no artigo 3.º, são autorizadas nas condições estabelecidas na Directiva 91/67/CE e, sempre que necessário, em conformidade com outras condições a estabelecer nos termos do n.º 2 do artigo 12.º
3. Além disso, sempre que a situação sanitária o permitir, podem ser concedidas derrogações ao artigo 3.º em situações específicas, nos termos do n.º 2 do artigo 12.º Nesses casos, devem ter-se especialmente em conta:
a) As características específicas da doença na espécie em questão;
b) Quaisquer medidas a aplicar ou testes a efectuar nos animais.
Sempre que forem concedidas derrogações, deve garantir-se que o grau de protecção das doenças animais não seja de nenhum modo diminuído. Devem ser adoptadas, nos mesmos termos, todas as medidas necessárias para assegurar a protecção da saúde animal na Comunidade.

Artigo 5.º *Certificados veterinários*
1. Os Estados-Membros asseguram que os produtos de origem animal destinados ao consumo humano sejam sujeitos a certificação veterinária, sempre que:
— as disposições aprovadas por razões de polícia sanitária nos termos do artigo 9.º da Directiva 89/662/CEE exijam que os produtos de origem animal de um Estado-Membro sejam acompanhados de um certificado de salubridade, ou
— tenha sido concedida uma derrogação nos termos do n.º 3 do artigo 4.º
2. Nos termos do n.º 2 do artigo 12.º, podem ser estabelecidas regras de aplicação, nomeadamente um modelo para tais certificados, tendo em conta os princípios gerais definidos no anexo IV. Os certificados podem incluir pormenores exigidos em conformidade com outra legislação comunitária em matéria de saúde pública e animal.

Artigo 6.º *Controlos veterinários oficiais*
1. Na pendência da aprovação dos regulamentos do Parlamento Europeu e do Conselho que estabelecem regras específicas de higiene aplicáveis aos géneros alimentícios de origem animal e regras sobre os controlos aplicáveis aos alimentos destinados à alimentação humana e do gado, os Estados-Membros providenciam para que as respectivas autoridades competentes efectuem controlos sanitários oficiais com vista a garantir o cumprimento da presente directiva, das suas regras de execução e de eventuais medidas de salvaguarda aplicáveis a produtos de origem animal. Regra geral, as inspecções devem ser efectuadas sem aviso prévio e os controlos devem ser realizados de acordo com o disposto na Directiva 89/662/CEE.
2. Na pendência da aprovação dos regulamentos do Parlamento Europeu e do Conselho que estabelecem regras específicas de higiene aplicáveis aos géneros alimentícios de origem animal e regras sobre os controlos aplicáveis aos alimentos destinados à alimentação humana e do gado, sempre que forem constatadas infracções às regras sanitárias, os Estados-Membros tomam as medidas necessárias para pôr cobro a essas situações, de acordo com o disposto na Directiva 89/662/CEE.
3. Na medida do necessário à aplicação uniforme da presente directiva e em cooperação com as autoridades competentes dos Estados-Membros, os peritos da

Comissão podem efectuar controlos no local, incluindo auditorias. Os Estados-Membros em cujo território sejam efectuados controlos devem prestar toda a assistência necessária aos peritos para o desempenho das suas funções. A Comissão deve informar a autoridade competente dos resultados dos controlos efectuados.

Se, durante uma auditoria ou inspecção da Comissão, for identificado um risco grave em termos de saúde animal, o Estado-Membro em questão deve tomar imediatamente todas as medidas necessárias para salvaguardar a saúde animal. Se não forem tomadas medidas, ou caso sejam consideradas insuficientes, a Comissão, nos termos do n.º 2 do artigo 12.º, tomará as medidas necessárias para salvaguardar a saúde animal e informará desse facto os Estados-Membros.

4. As regras de execução do presente artigo, nomeadamente as que se destinam a regulamentar o regime de colaboração com as autoridades nacionais, serão aprovadas nos termos do n.º 2 do artigo 12.º

CAPÍTULO II.- INTRODUÇÃO A PARTIR DE PAÍSES TERCEIROS

Artigo 7.º *Disposições gerais*
Os Estados-Membros tomam medidas para assegurar que os produtos de origem animal destinados ao consumo humano só sejam introduzidos a partir de países terceiros se satisfizerem os requisitos do Capítulo I aplicáveis a todas as fases da produção, transformação e distribuição dos referidos produtos na Comunidade ou oferecerem garantias equivalentes de saúde animal.

Artigo 8.º *Cumprimento das regras comunitárias*
A fim de assegurar o cumprimento da obrigação geral prevista no artigo 7.º, são estabelecidas nos termos do n.º 2 do artigo 12.º:
1. Listas dos países terceiros ou partes de países terceiros dos quais são permitidas importações de produtos de origem animal especificados. Um país terceiro só será inserido nessas listas se tiver sido feita a esse país uma auditoria comunitária que comprove que as autoridades veterinárias competentes fornecem garantias adequadas quanto ao cumprimento ou da legislação comunitária.
Ao elaborar ou actualizar essas listas, deve tomar-se nomeadamente em consideração:
a) A legislação do país terceiro;
b) A organização da autoridade veterinária competente e dos seus serviços de inspecção no país terceiro, as competências desses serviços, a supervisão a que estão sujeitos, a autoridade de que dispõem e o pessoal suplementar necessário para aplicar eficazmente a respectiva legislação;
c) As condições sanitárias efectivas de produção, fabrico, manuseamento, armazenagem e expedição aplicáveis aos produtos de origem animal destinados à Comunidade;
d) As garantias que a autoridade veterinária competente do país terceiro pode dar quanto ao cumprimento ou equivalência das condições de política sanitária pertinentes;
e) A experiência em matéria de comercialização do produto do país terceiro e os resultados dos controlos à importação efectuados;
f) Os resultados das inspecções comunitárias e/ou das auditorias efectuadas no país terceiro, nomeadamente os resultados da avaliação das autoridades competentes ou, quando a Comissão o solicitar, o relatório enviado pelas autoridades competentes do país terceiro sobre as inspecções que tenham efectuado;
g) O estatuto sanitário dos efectivos pecuários, dos animais domésticos e da fauna selvagem do país terceiro, atendendo sobretudo às doenças animais exóticas e a quaisquer aspectos relativos à situação sanitária geral do país, passíveis de constituir um risco para a saúde pública ou a saúde animal na Comunidade;
h) A regularidade e rapidez com que o país terceiro fornece informações, e a exactidão das mesmas, sobre a existência de doenças animais infecciosas ou contagiosas no seu território, nomeadamente as que constam das listas de notificação obrigatória do Instituto Internacional das Epizootias (OIE) ou, no caso das doenças dos animais de aquicultura, as doenças de notificação obrigatória enumeradas no Código Sanitário Aquático do OIE;
i) As regras de prevenção e controlo de doenças animais infecciosas ou contagiosas em vigor no país terceiro e a respectiva aplicação, incluindo as regras aplicáveis às importações de outros países.
2. A Comissão aprova as disposições necessárias para que sejam facultadas ao público versões regulares actualizadas de todas as listas estabelecidas ou actualizadas em conformidade com o presente artigo. As listas estabelecidas em conformidade com o

presente artigo podem ser combinadas com outras listas estabelecidas para fins de saúde animal e pública, e podem também incluir modelos de certificados sanitários.

3. As regras de origem para os produtos de origem animal e para os animais a partir dos quais estes produtos são obtidos são estabelecidas nos termos do n.º 2 do artigo 12.º

4. As condições especiais de importação para cada país terceiro ou grupo de países terceiros, atendendo à situação de saúde animal do país ou países terceiros em questão, são estabelecidas nos termos do n.º 2 do artigo 12.º

5. Sempre que necessário:
— as regras de execução do presente artigo,
— os critérios de classificação dos países terceiros e regiões de países terceiros, no que diz respeito às doenças animais,
— as regras específicas relativas a tipos de introdução ou a produtos específicos, tais como a introdução por viajantes ou a introdução de amostras comerciais,
podem ser estabelecidos nos termos do n.º 2 do artigo 12.º

Artigo 9.º *Documentação*
1. Aquando da sua entrada na Comunidade, as remessas de produtos de origem animal devem ser acompanhadas por um certificado veterinário que satisfaça os requisitos constantes do anexo IV.
2. O certificado veterinário deve atestar que os produtos satisfazem:
a) Os requisitos para eles fixados pela presente directiva e pela legislação CE relativa aos requisitos em matéria de saúde animal ou disposições equivalentes a esses requisitos; e
b) Todas as condições especiais de importação estabelecidas nos termos do n.º 2 do artigo 12.º
3. Essa documentação pode incluir dados exigidos em conformidade com outra legislação comunitária em matéria de saúde pública e animal.
4. Nos termos do n.º 2 do artigo 12.º:
a) Podem ser previstos documentos electrónicos;
b) Podem ser previstos modelos de documentos; e
c) Podem ser previstas regras e certificados para efeitos de trânsito.

Artigo 10.º *Inspecções e auditorias comunitárias*
1. A fim de verificar a conformidade ou a equivalência com as regras comunitárias de polícia sanitária, podem ser efectuadas inspecções e/ou auditorias comunitárias por peritos da Comissão, em países terceiros, em todas as fases abrangidas pela presente directiva. Os peritos da Comissão podem fazer-se acompanhar por peritos dos Estados-Membros habilitados pela Comissão para levar a cabo tais inspecções e/ou auditorias.
2. As inspecções e/ou auditorias em países terceiros mencionadas no n.º 1 são realizadas em nome da Comunidade e a Comissão pagará as respectivas despesas.
3. O procedimento para a realização das inspecções e/ou auditorias em países terceiros referidos no n.º 1 pode ser estabelecido ou alterado nos termos do n.º 2 do artigo 12.º
4. Sempre que uma inspecção ou auditoria comunitária puser em evidência um risco importante para a saúde animal, a Comissão deve tomar imediatamente as medidas que se impõem para proteger a saúde animal, em conformidade com o artigo 22.º da Directiva 97/78/CE e informar os Estados-Membros desse facto.

CAPÍTULO III.- DISPOSIÇÕES FINAIS

Artigo 11.º *Actualização dos anexos técnicos*
Os anexos podem ser alterados nos termos do n.º 2 do artigo 12.º, a fim de ter em conta, em particular:
i) os pareceres científicos e o conhecimento científico, em especial no que se refere a novas avaliações de risco,
ii) a evolução técnica, e
iii) a fixação de objectivos de segurança para a saúde animal.

Artigo 12.º *Procedimento do comité*
1. A Comissão é assistida pelo Comité Permanente da Cadeia Alimentar e da Saúde Animal instituído pelo artigo 58.º do Regulamento (CE) n.º 178/2002.

2. Sempre que se faça referência ao presente número, são aplicáveis os artigos 5.º e 7.º da Decisão 1999/468/CE.
O prazo previsto no n.º 6 do artigo 5.º da Decisão 1999/468/CE é de três meses.
3. O comité aprovará o seu regulamento interno.

Artigo 13.º Disposições transitórias
1. As regras de polícia sanitária previstas nas directivas enumeradas no anexo V cessam de se aplicar a partir da data referida no n.º 1 do artigo 14.º
2. As regras de execução aprovadas com base nas referidas disposições permanecerão em vigor até serem substituídas por regras com os mesmos efeitos, aprovadas com base na presente directiva.
3. Podem ser estabelecidas medidas transitórias nos termos do n.º 2 do artigo 12.º

Artigo 14.º
1. Os Estados-Membros devem aprovar e publicar as disposições legislativas, regulamentares e administrativas necessárias para dar cumprimento à presente directiva, até 1 de Janeiro de 2005, e informar imediatamente a Comissão desse facto.
Quando os Estados-Membros aprovarem essas disposições, estas devem incluir uma referência à presente directiva ou ser acompanhadas dessa referência aquando da sua publicação oficial. As modalidades dessa referência serão aprovadas pelos Estados-Membros.
2. Os Estados-Membros devem comunicar à Comissão o texto das principais disposições de direito interno que aprovarem nas matérias reguladas pela presente directiva.

Artigo 15.º
A presente directiva entra em vigor 20 dias após o dia da sua publicação no Jornal Oficial das Comunidades Europeias.

Artigo 16.º
Os Estados-Membros são os destinatários da presente directiva.

ANEXO I.-
Doenças com implicações no comércio de produtos de origem animal, para as quais foram introduzidas medidas de controlo pela legislação comunitária

[Anexo não reproduzido na presente publicação]

ANEXO II.-
Marca especial de identificação para a carne proveniente de um território ou parte de território que não satisfaz todas as condições de polícia sanitária pertinentes

[Anexo não reproduzido na presente publicação]

ANEXO III.-
Tratamentos para eliminar riscos sanitários especificados provenientes da carne e do leite

[Anexo não reproduzido na presente publicação]

ANEXO IV.-
Princípios gerais da certificação

[Anexo não reproduzido na presente publicação]

ANEXO V

[Anexo não reproduzido na presente publicação]

17 de Novembro de 2003.- Regulamento (CE) n.º 2160/2003
do Parlamento Europeu e do Conselho
relativo ao controlo de salmonelas e outros agentes zoonóticos específicos de origem
alimentar
(J.O. L 325, 12/12/2003)

(V.C. 01/07/2013)

TJUE, 13 de Novembro de 2014. Processo C-443/13, Ute Reindl contra Bezirkshauptmannschaft Innsbruck [Interpretação Anexo I e II].

O PARLAMENTO EUROPEU E O CONSELHO DA UNIÃO EUROPEIA,
Tendo em conta o Tratado que institui a Comunidade Europeia e, nomeadamente, o n.º 4, alínea b), do seu artigo 152.º,
Tendo em conta a proposta da Comissão,
Tendo em conta o parecer do Comité Económico e Social Europeu,
Após consulta ao Comité das Regiões,
Deliberando nos termos do artigo 251.º do Tratado,
Considerando o seguinte:
(1) Os animais vivos e os alimentos de origem animal constam da lista do anexo I ao Tratado. A produção animal e a colocação no mercado de alimentos de origem animal constituem uma importante fonte de rendimentos para os agricultores. A implementação de medidas veterinárias destinadas a aumentar o nível da saúde pública e da saúde animal na Comunidade vem apoiar o desenvolvimento racional do sector agrícola.
(2) A protecção da saúde humana contra doenças e infecções directa ou indirectamente transmissíveis entre os animais e o homem (zoonoses) é de importância primordial.
(3) As zoonoses transmissíveis através dos alimentos podem causar não só sofrimento humano, como também perdas económicas nos sectores da produção alimentar e da indústria alimentar.
(4) As zoonoses transmitidas por vias diferentes dos alimentos, sobretudo através das populações de animais selvagens e de animais de companhia, constituem também motivo de preocupação.
(5) As zoonoses presentes a nível da produção primária devem ser adequadamente controladas para garantir a consecução dos objectivos do presente regulamento. Todavia, em caso de produção primária que resulte no abastecimento directo do consumidor final, ou de lojas locais, em pequenas quantidades de produtos primários pelo operador da empresa do sector alimentar que os produz, convém proteger a saúde pública através da legislação nacional. Nesse caso, existe uma relação estreita entre o produtor e o consumidor. Essa produção não deve contribuir significativamente para a prevalência média de zoonoses nas populações animais da Comunidade no seu conjunto. Os requisitos gerais de amostragem e análise poderão não ser praticáveis nem adequados a produtores com um pequeno número de animais que estejam localizados em regiões com condicionalismos geográficos especiais.
(6) A Directiva 92/117/CEE do Conselho, de 17 de Dezembro de 1992, relativa às medidas de protecção contra zoonoses e certos agentes zoonóticos em animais e produtos de origem animal a fim de evitar focos de infecção e de intoxicação de origem alimentar estabelece sistemas de vigilância de certas zoonoses e de controlo das salmonelas em determinados bandos de aves de capoeira.
(7) A mesma directiva requeria que os Estados-Membros apresentassem à Comissão as medidas nacionais por eles tomadas para atingir os objectivos da directiva e que elaborassem planos de vigilância das salmonelas nas aves de capoeira. No entanto, a Directiva 97/22/CE do Conselho, que altera a Directiva 92/117/CEE suspendeu essa exigência, na pendência da revisão prevista no artigo 15.ºA da Directiva 92/117/CEE.
(8) Vários Estados-Membros apresentaram já os seus planos de vigilância das salmonelas, que a Comissão aprovou. Além disso, foi exigido aos Estados-Membros que pusessem em prática, com efeitos a partir de 1 de Janeiro de 1998, as medidas mínimas previstas para as salmonelas na secção I do anexo III da Directiva 92/117/CEE e que estabelecessem regras que especifiquem as medidas a tomar para evitar a introdução de salmonelas numa exploração.
(9) As medidas mínimas referidas são aplicáveis à vigilância e ao controlo da salmonela nos efectivos de reprodução da espécie *Gallus gallus*. A Directiva 92/117/CEE exigia a

76

tomada de medidas específicas a fim de controlar a infecção sempre que fossem detectados e confirmados serotipos de *Salmonella enteritidis* ou de *Salmonella typhimurium* nas amostras colhidas.

(10) Outra legislação comunitária prevê a vigilância e o controlo de determinadas zoonoses em populações animais. Designadamente, a Directiva 64/432/CEE do Conselho, de 26 de Junho de 1964, relativa a problemas de fiscalização sanitária em matéria de comércio intracomunitário de animais das espécies bovina e suína, trata da tuberculose e da brucelose bovinas. A Directiva 91/68/CEE do Conselho, de 28 de Janeiro de 1991, relativa às condições de polícia sanitária que regem as trocas comerciais intracomunitárias de ovinos e caprinos, trata da brucelose ovina e caprina. O presente regulamento não deverá criar qualquer duplicação desnecessária dos requisitos existentes.

(11) Além disso, um futuro regulamento do Parlamento Europeu e do Conselho relativo à higiene dos géneros alimentícios abrangerá os elementos específicos necessários à prevenção, ao controlo e à vigilância das zoonoses e dos agentes zoonóticos e incluirá requisitos específicos em matéria de qualidade microbiológica dos géneros alimentícios.

(12) A Directiva 92/117/CEE previa a recolha de dados sobre a ocorrência de zoonoses e agentes zoonóticos nos alimentos para animais, nos animais, nos géneros alimentícios e no homem. Esse sistema de recolha de dados, embora não esteja harmonizado e não permita, pois, a comparação entre Estados-Membros, fornece uma base para a avaliação da situação actual em matéria de zoonoses e agentes zoonóticos.

(13) Os resultados do sistema de recolha de dados mostram que certos agentes zoonóticos, nomeadamente a *Salmonella* spp. e a *Campylobacter* spp., estão na origem da maior parte dos casos de zoonoses no homem. Parece verificar-se uma tendência decrescente relativamente aos casos de salmoneloses no homem, sobretudo os provocados por *Salmonella enteritidis* e *Salmonella typhimurium*, o que reflecte o sucesso das medidas de controlo tomadas na Comunidade. No entanto, presume-se que muitos casos não sejam comunicados, pelo que os dados recolhidos não proporcionam necessariamente um quadro completo da situação.

(14) No seu parecer sobre as zoonoses, aprovado em 12 de Abril de 2000, o Comité Científico das Medidas Veterinárias relacionadas com a Saúde Pública considerou que as medidas de controlo das infecções zoonóticas de origem alimentar então vigentes eram insuficientes. Considerou ainda que os dados epidemiológicos recolhidos pelos Estados-Membros estavam incompletos e não eram inteiramente comparáveis. Consequentemente, o comité recomendou medidas de vigilância melhoradas e identificou opções de gestão dos riscos.

(15) É, pois, necessário melhorar os sistemas de controlo actualmente aplicáveis a agentes zoonóticos específicos. Simultaneamente, as normas estabelecidas na Directiva 2003/99/CE do Parlamento Europeu e do Conselho, de 17 de Novembro de 2003 relativa à vigilância de zoonoses e agentes zoonóticos, que altera a Decisão 90/424/CEE do Conselho e revoga a Directiva 92/117/CEE do Conselho, substituirão a vigilância e os sistemas de recolha de dados estabelecidos pela Directiva 92/117/CEE.

(16) Em princípio, os controlos deverão abranger toda a cadeia alimentar, desde a exploração agrícola até à mesa.

(17) As regras que regem esses controlos devem, em geral, ser as estabelecidas no âmbito da legislação comunitária sobre alimentos para animais, sanidade animal e higiene dos géneros alimentícios.

(18) No entanto, para certas zoonoses e agentes zoonóticos, é necessário estabelecer requisitos específicos aplicáveis aos controlos.

(19) Esses requisitos específicos devem basear-se em objectivos de redução da prevalência de zoonoses e de agentes zoonóticos.

(20) Ao fixar os objectivos respeitantes às zoonoses e aos agentes zoonóticos na população animal, haverá que considerar em particular a sua frequência e tendência epidemiológica nas populações humana e animal, na alimentação animal e humana, a sua gravidade para o homem, as suas potenciais consequências económicas, os pareceres científicos e a existência de medidas adequadas para reduzir a sua prevalência. Se necessário, poderão ser estabelecidos objectivos relativamente a outras partes da cadeia alimentar.

(21) A fim de assegurar o cumprimento desses objectivos em tempo útil, os Estados-Membros deverão elaborar programas de controlo específicos, que a Comunidade deverá aprovar.

(22) A principal responsabilidade pela segurança dos géneros alimentícios deve incumbir aos operadores económicos do sector de alimentação humana e animal. Os Estados-Membros devem, pois, incentivar a criação de programas de controlo a nível das empresas.

(23) No âmbito dos seus programas de controlo, os Estados-Membros e os operadores económicos do sector de alimentação humana e animal podem querer utilizar métodos específicos. No entanto, certos métodos podem não ser aceitáveis, nomeadamente, se impedirem o cumprimento geral do objectivo, interferirem especificamente com os sistemas de teste necessários ou derem origem a ameaças potenciais à saúde pública. Devem, pois, ser instituídos processos adequados que permitam à Comunidade decidir que certos métodos de controlo não sejam utilizados como parte de programas de controlo.

(24) Podem igualmente existir ou ser criados métodos de controlo que não sejam abrangidos por qualquer legislação comunitária específica sobre aprovação de produtos, mas que possam contribuir para alcançar os objectivos de redução da prevalência de determinadas zoonoses e agentes zoonóticos; deverá, pois, ser possível aprovar a utilização desses métodos a nível comunitário.

(25) Será essencial assegurar que o repovoamento seja efectuado com animais provenientes de bandos ou efectivos que tenham sido submetidos a controlos que obedeçam aos requisitos do presente regulamento. Quando estiver em curso um programa específico de controlo, os resultados dos testes devem ser enviados aos compradores dos animais. Para esse efeito, devem ser incluídos na legislação comunitária requisitos específicos sobre o comércio intracomunitário e as importações de países terceiros, nomeadamente no que se refere a remessas de animais vivos e de ovos para incubação. A Directiva 64/432/CEE, a Directiva 72/462/CEE do Conselho, de 12 de Dezembro de 1972, relativa aos problemas sanitários e de polícia sanitária na importação de animais das espécies bovina e suína e de carnes frescas provenientes de países terceiros e a Directiva 90/539/CEE do Conselho, de 15 de Outubro de 1990, relativa às condições de polícia sanitária que regem o comércio intracomunitário e as importações de aves de capoeira e de ovos para incubação provenientes de países terceiros devem ser alteradas nesse sentido.

(26) A aprovação do presente regulamento não deve afectar as garantias adicionais acordadas para a Finlândia e para a Suécia aquando da sua adesão à Comunidade, confirmadas nas Decisões 94/968/CE, 95/50/CE, 95/160/CE, 95/161/CE, 95/168/CE da Comissão e nas Decisões, 95/409/CE, 95/410/CE e 95/411/CE do Conselho. O presente regulamento deverá fornecer um procedimento para a concessão, durante um período de transição, de garantias a qualquer Estado-Membro que possua um programa nacional de controlo aprovado que exceda os requisitos comunitários mínimos relativamente à salmonela. Os resultados de testes feitos a animais vivos e a ovos de incubação que sejam objecto de trocas comerciais com esse Estado-Membro devem satisfazer os critérios estabelecidos no seu programa nacional de controlo. Futura legislação comunitária de normas de higiene aplicáveis aos géneros alimentícios de origem animal deverá prever um procedimento semelhante no que respeita à carne e aos ovos para consumo directo.

(27) Paralelamente às medidas aplicadas na Comunidade, devem igualmente ser implementadas nos países terceiros que exportam para a Comunidade medidas análogas de controlo das zoonoses.

(28) No que se refere ao controlo das salmonelas, a informação disponível indica que os produtos com origem nas aves de capoeira constituem uma das principais fontes de salmonelose humana. Devem, por isso, ser aplicadas medidas de controlo à produção desses produtos, alargando, deste modo, as medidas iniciadas com a Directiva 92/117/CEE. Com respeito à produção de ovos para consumo directo, é importante estabelecer medidas específicas referentes à colocação no mercado de produtos originários de bandos que não tenham sido considerados indemnes de salmonelas na sequência de testes. Relativamente à carne de aves de capoeira, o objectivo é colocar no mercado carne com níveis de segurança razoáveis, que comprovem que se encontra livre das salmonelas em questão. É necessário um período transitório para os operadores de empresas do sector alimentar se adaptarem às medidas previstas, que podem ser alteradas com base nomeadamente na avaliação científica de risco.

(29) É oportuno designar laboratórios de referência nacionais e comunitários para fornecerem orientação e auxílio em questões relacionadas com o âmbito do presente regulamento.

78

(30) Para assegurar a aplicação uniforme das disposições do presente regulamento, deve providenciar-se a organização de verificações e inspecções comunitárias em conformidade com a restante legislação comunitária neste domínio.

(31) Devem ser estabelecidos procedimentos adequados que permitam a alteração de certas disposições do presente regulamento a fim de ter em conta a evolução científica e técnica e a adopção de medidas de aplicação e de transição.

(32) A fim de ter em conta os progressos técnicos e científicos, deverá assegurar-se uma estreita e efectiva cooperação entre a Comissão e os Estados-Membros no Comité Permanente criado pelo Regulamento (CE) n.º178/2002 do Parlamento Europeu e do Conselho, de 28 de Janeiro de 2002, que determina os princípios e normas gerais da legislação alimentar, cria a Autoridade Alimentar Europeia para a Segurança dos Alimentos e estabelece procedimentos em matéria de segurança dos alimentos.

(33) As medidas necessárias à execução do presente regulamento serão aprovadas nos termos da Decisão 1999/468/CE do Conselho, de 28 de Junho de 1999, que fixa as regras de exercício das competências de execução atribuídas à Comissão,

ADOPTARAM O PRESENTE REGULAMENTO:

CAPÍTULO I.- DISPOSIÇÕES INTRODUTÓRIAS

Artigo 1.º *Objecto e âmbito de aplicação*
1. O objecto do presente regulamento consiste em assegurar que sejam tomadas medidas adequadas e eficazes para detectar e controlar as salmonelas e outros agentes zoonóticos em todas as fases importantes da produção, transformação e distribuição, especialmente ao nível da produção primária, incluindo na alimentação para animais, a fim de reduzir a sua prevalência e o risco que constituem para a saúde pública.
2. O presente regulamento abrange:
a) A adopção de objectivos de redução da prevalência de zoonoses específicas em populações animais:
i) a nível da produção primária, e
ii) sempre que adequado, em função da zoonose ou do agente zoonótico em causa, noutras fases da cadeia alimentar, incluindo os géneros alimentícios e os alimentos para animais;
b) A aprovação de programas específicos de controlo estabelecidos pelos Estados-Membros e pelos operadores do sector alimentar e do sector dos alimentos para animais;
c) A adopção de regras específicas respeitantes a certos métodos de controlo aplicáveis à redução da prevalência de zoonoses e agentes zoonóticos;
d) A adopção de regras respeitantes ao comércio intracomunitário e às importações de certos animais e respectivos produtos de países terceiros.
3. O presente regulamento não se aplica à produção primária:
a) Para uso doméstico privado; ou
b) Que resulta no abastecimento directo, pelo produtor, em pequenas quantidades de produtos primários, do consumidor final ou dos estabelecimentos retalhistas locais que abastecem directamente o consumidor final em produtos primários.
4. Os Estados-Membros estabelecerão, ao abrigo da legislação nacional, normas que regulamentem as actividades referidas na alínea b) do n.º 3. Tais normas nacionais deverão assegurar a consecução dos objectivos do presente regulamento.
5. O presente regulamento é aplicável sem prejuízo de disposições comunitárias mais específicas em matéria de saúde animal, nutrição animal, higiene dos géneros alimentícios, doenças transmissíveis dos seres humanos, saúde e segurança no trabalho, engenharia genética e encefalopatias espongiformes transmissíveis.

Artigo 2.º *Definições*
Para efeitos do presente regulamento aplicam-se:
1. As definições constantes do Regulamento (CE) n.º 178/2002.
2. As definições constantes da Directiva 2003/99/CE; e
3. As seguintes definições:
a) «Efectivo» : animal ou conjunto de animais mantidos numa exploração como unidade epidemiológica; e
b) «Bando» : conjunto de aves de capoeira com o mesmo estatuto sanitário, mantidas no mesmo local ou no mesmo recinto e que constituem uma única unidade epidemiológica; no caso de aves de capoeira mantidas em baterias, o bando inclui o conjunto das aves que partilham o mesmo volume de ar.

Artigo 3.º *Autoridades competentes*
1. Cada Estado-Membro designará a autoridade competente ou as autoridades competentes para efeitos do presente regulamento e informará do facto a Comissão.

Caso um Estado-Membro designe mais do que uma autoridade competente, deverá:
a) Notificar à Comissão a autoridade competente que actuará como ponto de contacto nas relações com a Comissão; e
b) Assegurar que as autoridades competentes cooperem por forma a garantir a correcta implementação dos requisitos do presente regulamento.
2. A ou as autoridades competentes são nomeadamente responsáveis pela:
a) Elaboração dos programas previstos no n.º 1 do artigo 5.º e pela preparação de alterações a esses programas que venham a ser necessárias, nomeadamente à luz dos dados e resultados obtidos;
b) Recolha dos dados necessários para avaliar os meios utilizados e os resultados obtidos com a realização dos programas nacionais de controlo previstos no artigo 5.º e pela apresentação anual desses dados e resultados, incluindo os resultados de inquéritos, à Comissão, tendo em conta as disposições do n.º 1 do artigo 9.º da Directiva 2003/99/CE, incluindo os prazos;
c) Realização de controlos regulares das instalações das empresas do sector alimentar e, se necessário, do sector dos alimentos para animais para verificar a observância do presente regulamento.

CAPÍTULO II.- OBJECTIVOS COMUNITÁRIOS

Artigo 4.º *Objectivos comunitários para a redução da prevalência de zoonoses e agentes zoonóticos*
1. Serão estabelecidos objectivos comunitários para a redução da prevalência das zoonoses e dos agentes zoonóticos enumerados na coluna 1 do anexo I nas populações animais enumeradas na coluna 2 do anexo I, tendo especialmente em consideração:
a) A experiência adquirida com as medidas nacionais em vigor; e
b) As informações transmitidas à Comissão ou à Autoridade Europeia para a Segurança dos Alimentos ao abrigo das exigências comunitárias existentes, nomeadamente no âmbito da informação prevista na Directiva 2003/99/CE, especialmente do seu artigo 5.º
Os objectivos, e quaisquer alterações dos mesmos, são estabelecidos pela Comissão. Estas medidas, que têm por objecto alterar elementos não essenciais do presente regulamento, nomeadamente completando-o, são aprovadas pelo procedimento de regulamentação com controlo a que se refere o n.º 3 do artigo 14.º.
2. Os objectivos referidos no n.º 1 serão, pelo menos, constituídos pelos seguintes elementos:
a) Uma expressão numérica:
i) da percentagem máxima de unidades epidemiológicas que permanecem positivas, e/ou
ii) da percentagem mínima de redução do número de unidades epidemiológicas que permanecem positivas;
b) O prazo máximo durante o qual o objectivo deverá ser alcançado;
c) A definição das unidades epidemiológicas referidas na alínea a);
d) A definição dos regimes de teste necessários para verificar a consecução do objectivo; e
e) A definição, sempre que aplicável, de serotipos significativos em matéria de saúde pública ou de outros subtipos de zoonoses ou de agentes zoonóticos enumerados na coluna 1 do anexo I, tendo em consideração os critérios gerais enumerados na alínea c) do n.º 6 e quaisquer critérios específicos estabelecidos no anexo III.
3. Os objectivos comunitários serão estabelecidos pela primeira vez antes das datas indicadas na coluna 4 do anexo I.

4.

a) Ao definir cada um dos objectivos comunitários, a Comissão fornecerá uma análise dos custos e benefícios esperados. Esta análise tomará especialmente em consideração os critérios constantes da alínea c) do n.° 6. Os Estados-Membros fornecerão à Comissão, quando lhes for pedida, toda a assistência necessária à elaboração dessa análise.

b) Antes de propor cada objectivo comunitário, a Comissão consultará os Estados-Membros, no comité a que se refere o n.° 1 do artigo 14.°, sobre os resultados da sua análise.

c) À luz dos resultados desta análise e da consulta aos Estados-Membros, a Comissão proporá objectivos comunitários, se for caso disso.

5. Todavia, por derrogação da alínea e) do n.° 2 e do n.° 4, aplicar-se-ão as seguintes regras às aves de capoeira durante um período transitório:

O objectivo comunitário estabelecido para esse período transitório no que se refere aos bandos de criação de *Gallus gallus* abrangerá os cinco serotipos mais frequentes de salmonela nas salmoneloses humanas, identificados com base nos dados recolhidos através de sistemas de vigilância da Comunidade. Os objectivos comunitários estabelecidos para o período transitório no que se refere às galinhas poedeiras, aos frangos e aos perus abrangerão a *Salmonella enteritidis* e a *Salmonella typhimurium*. Todavia, é necessário que esses objectivos possam ser alargados a outros serotipos, com base nos resultados da análise efectuada nos termos do n.° 4.

O período transitório aplicar-se-á a cada um dos objectivos comunitários para a redução da prevalência de salmonelas nas aves de capoeira. Terá uma duração de três anos em cada caso, a contar da data referida na coluna 5 do quadro constante do anexo I.

6.

a) O anexo I pode ser alterado pela Comissão para os fins enumerados na alínea b), depois de se terem tomado em consideração, principalmente, os critérios constantes da alínea c). Estas medidas, que têm por objecto alterar elementos não essenciais do presente regulamento, são aprovadas pelo procedimento de regulamentação com controlo a que se refere o n.° 3 do artigo 14.°.

b) As alterações ao anexo I podem modificar o âmbito dos requisitos relativos ao estabelecimento de objectivos comunitários aditando, restringindo ou modificando:

i) as zoonoses ou os agentes zoonóticos,

ii) as fases da cadeia alimentar, e/ou

iii) as populações animais em causa;

c) No tocante às zoonoses ou aos agentes zoonóticos em causa, os critérios a tomar em consideração antes de alterar o anexo I incluem:

i) a sua frequência em populações humanas e animais, nos géneros alimentícios e nos alimentos para animais;

ii) a sua gravidade nos seres humanos;

iii) as suas consequências económicas para os serviços de saúde humana e animal e para as empresas do sector alimentar e do sector dos alimentos para animais;

iv) as tendências epidemiológicas nas populações humana e animal, nos alimentos para animais e nos géneros alimentícios;

v) os pareceres científicos;

vi) os progressos tecnológicos, nomeadamente no que se refere à exequibilidade prática das opções de controlo disponíveis; e

vii) os requisitos e tendências em matéria de sistemas de criação e de métodos de produção.

7. O anexo III pode ser alterado ou complementado pela Comissão. Estas medidas, que têm por objecto alterar elementos não essenciais do presente regulamento, são aprovadas pelo procedimento de regulamentação com controlo a que se refere o n.° 3 do artigo 14.°.

8. Ao propor novas metas, a Comissão deverá rever a implementação das metas comunitárias e tomar em consideração esta revisão.

9. As medidas destinadas a reduzir a prevalência das zoonoses e dos agentes zoonóticos constantes do anexo I serão aprovadas de acordo com o disposto no presente regulamento e em quaisquer outras disposições dele decorrentes.

CAPÍTULO III.- PROGRAMAS DE CONTROLO

Artigo 5.º *Programas nacionais de controlo*
1. A fim de se alcançarem os objectivos comunitários referidos no artigo 4.º, os Estados-Membros estabelecerão programas nacionais de controlo para cada zoonose e agente zoonótico enumerado no anexo I. Os programas de controlo nacional terão em consideração a distribuição geográfica das zoonoses em cada Estado-Membro e as implicações financeiras do estabelecimento de controlos efectivos para os produtores primários e operadores do sector alimentar e do sector dos alimentos para animais.
2. Os programas nacionais de controlo serão contínuos e abrangerão um período de, pelo menos, três anos consecutivos.
3. Os programas nacionais de controlo deverão:
a) Ter como objectivo a detecção de zoonoses e agentes zoonóticos em conformidade com os requisitos e as regras mínimas de amostragem constantes do anexo II;
b) Definir as responsabilidades respectivas das autoridades competentes e dos operadores do sector alimentar e do sector dos alimentos para animais;
c) Especificar as medidas de controlo a tomar na sequência da detecção de zoonoses e de agentes zoonóticos para proteger, nomeadamente, a saúde pública, incluindo a aplicação das medidas específicas definidas no anexo II;
d) Permitir que se proceda à avaliação dos progressos realizados ao abrigo das suas disposições e à sua revisão, nomeadamente à luz dos resultados obtidos com a detecção de zoonoses e agentes zoonóticos.
4. Os programas nacionais de controlo abrangerão, pelo menos, as seguintes fases da cadeia alimentar:
a) Produção de alimentos para animais;
b) Produção primária de animais;
c) Transformação e preparação de géneros alimentícios de origem animal.
5. Os programas nacionais de controlo deverão conter, sempre que necessário, as disposições em vigor em relação a métodos de teste e critérios de avaliação dos respectivos resultados para os exames efectuados em remessas de animais e ovos para incubação, expedidas de qualquer ponto do território nacional, no âmbito dos controlos oficiais previstos na parte A do anexo II.
6. Os requisitos e as regras mínimas de amostragem constantes do anexo II podem ser alterados, adaptados ou completados pela Comissão, depois de terem sido tomados em consideração, principalmente, os critérios constantes da alínea c) do n.º 6 do artigo 4.º. Estas medidas, que têm por objecto alterar elementos não essenciais do presente regulamento, são aprovadas pelo procedimento de regulamentação com controlo a que se refere o n.º 3 do artigo 14.º.
7. No prazo de seis meses a contar do estabelecimento dos objectivos comunitários previstos no artigo 4.º, os Estados-Membros apresentarão à Comissão os respectivos programas nacionais de controlo e definirão as medidas a aplicar.
No que se refere à Bulgária e à Roménia, caso já tenha passado a data fixada para a apresentação dos programas nacionais de controlo pelos outros Estados-Membros, a data de apresentação será a data de adesão.
No que se refere à Croácia, cuja data de adesão é posterior à data fixada para a apresentação dos programas nacionais de controlo pelos outros Estados-Membros, a data de apresentação será a data de adesão.

Artigo 6.º *Aprovação dos programas nacionais de controlo*
1. Depois de um Estado-Membro apresentar um programa nacional de controlo em conformidade com o artigo 5.º, a Comissão disporá de dois meses para solicitar a esse Estado-Membro quaisquer informações complementares que se afigurem necessárias. O Estado-Membro em questão fornecerá as informações solicitadas no prazo de dois meses após a recepção do pedido. No prazo de dois meses a contar da recepção das informações solicitadas, ou, caso não tenha solicitado quaisquer informações complementares, no prazo de seis meses a contar da data da apresentação dos programas de controlo, a Comissão avaliará a respectiva conformidade com as disposições aplicáveis, em especial com o presente regulamento.
2. Quando a Comissão tiver apurado a conformidade de um programa nacional de controlo, ou a pedido do Estado-Membro que o apresentou, o programa será analisado sem demora a fim de ser aprovado de acordo com o procedimento previsto no n.º 2 do artigo 14.º

3. As alterações a um programa previamente aprovado nos termos do n.º 2 poderão ser aprovadas de acordo com o procedimento previsto no n.º 2 do artigo 14.º, a fim de ter em conta a evolução da situação num determinado Estado-Membro à luz dos resultados referidos no n.º 3, alínea d), do artigo 5.º

Artigo 7.º *Programas de controlo dos operadores do sector alimentar e do sector dos alimentos para animais*
  1. Os operadores do sector alimentar e do sector dos alimentos para animais, ou as organizações que representam esses operadores, poderão estabelecer programas de controlo, que abrangerão, na medida do possível, todas as fases da produção, transformação e distribuição.
  2. Se desejarem que os seus programas de controlo sejam parte integrante de um programa nacional de controlo, os operadores do sector alimentar e do sector dos alimentos para animais, ou as organizações que os representam, apresentarão, para aprovação, os seus programas de controlo e quaisquer alterações aos mesmos à autoridade competente do Estado-Membro em que estão situadas as empresas. Se as operações em questão tiverem lugar em diferentes Estados-Membros, os programas serão aprovados separadamente para cada um deles.
  3. A autoridade competente só poderá aprovar os programas de controlo apresentados em cumprimento do n.º 2 se verificar que os mesmos respeitam os requisitos correspondentes estabelecidos no anexo II e os objectivos do programa nacional de controlo em questão.
  4. Os Estados-Membros conservarão listas actualizadas dos programas de controlo aprovados dos operadores do sector alimentar e do sector dos alimentos para animais ou das organizações que os representam. Essas listas serão postas à disposição da Comissão a pedido desta.
  5. Os operadores do sector alimentar e do sector dos alimentos para animais ou as organizações que os representam comunicarão regularmente os resultados dos seus programas de controlo às autoridades competentes.

CAPÍTULO IV.- MÉTODOS DE CONTROLO

Artigo 8.º *Métodos específicos de controlo*
  1. Por iniciativa da Comissão ou a pedido de um Estado-Membro:
  a) Poderá ser decidido que possam ou devam ser aplicados métodos específicos de controlo para a redução da prevalência de zoonoses e de agentes zoonóticos na fase de produção primária de animais e noutras fases da cadeia alimentar;
  b) Poderão ser aprovadas normas respeitantes às condições de utilização dos métodos referidos na alínea a);
  c) Poderão ser aprovadas regras de execução pormenorizadas respeitantes aos documentos e procedimentos necessários, bem como os requisitos mínimos relativos aos métodos referidos na alínea a); e
  d) Poderá ser decidido que certos métodos específicos de controlo não sejam usados como parte de programas de controlo.
  Estas medidas, que têm por objecto alterar elementos não essenciais do presente regulamento, completando-o, são aprovadas pelo procedimento de regulamentação com controlo a que se refere o n.º 3 do artigo 14.º.
  2. As disposições referidas nas alíneas a), b) e c) do n.º 1 não se aplicam aos métodos que utilizem substâncias ou técnicas abrangidas pela legislação comunitária sobre nutrição animal, aditivos alimentares ou produtos medicinais veterinários.

CAPÍTULO V.- COMÉRCIO

Artigo 9.º *Comércio intracomunitário*
  1. A partir das datas mencionadas na coluna 5 do anexo I, o mais tardar, os bandos e efectivos de origem das espécies mencionadas na coluna 2 deverão ser sujeitos a ensaio para pesquisa das zoonoses e dos agentes zoonóticos enumerados na coluna 1, antes de qualquer expedição dos animais vivos ou ovos para incubação da empresa do sector alimentar de origem. A data e os resultados dos ensaios deverão ser incluídos nos certificados sanitários previstos na legislação comunitária.

2. Nos termos do procedimento referido no n.º 2 do artigo 14.º e durante um período de transição, o Estado-Membro de destino poderá ser autorizado a exigir que os resultados dos ensaios a mencionar nos certificados sanitários para as remessas de animais e de ovos para incubação, sujeitos a ensaios no Estado-Membro de origem, cumpram critérios idênticos, no que respeita às salmonelas, aos estabelecidos ao abrigo do seu programa nacional aprovado, de acordo com o n.º 5 do artigo 5.º, para remessas expedidas a partir do seu território.

A autorização poderá ser retirada em conformidade com o mesmo procedimento.

3. As medidas especiais relativas às salmonelas que eram aplicáveis aos animais vivos expedidos para a Finlândia e a Suécia antes da entrada em vigor do presente regulamento continuarão a ser aplicadas como se tivessem sido autorizadas nos termos do n.º 2.

4. Sem prejuízo do disposto no n.º 6 do artigo 5.º, as disposições específicas relativas ao estabelecimento pelos Estados-Membros dos critérios referidos no n.º 5 do artigo 5.º e no n.º 2 do presente artigo podem ser definidas pela Comissão. Estas medidas, que têm por objecto alterar elementos não essenciais do presente regulamento, completando-o, são aprovadas pelo procedimento de regulamentação com controlo a que se refere o n.º 3 do artigo 14.º.

Artigo 10.º *Importações provenientes de países terceiros*
1. A partir das datas mencionadas na coluna 5 do anexo I, a admissão ou manutenção nas listas de países terceiros previstas na legislação comunitária, para as espécies ou categorias relevantes, dos quais os Estados-Membros estão autorizados a importar os animais ou os ovos para incubação abrangidos pelo presente regulamento, deverá ser sujeita à apresentação à Comissão por parte do país terceiro referido, de um programa equivalente ao previsto no artigo 5.º e à sua aprovação em conformidade com o mesmo artigo. O programa deverá fornecer pormenores relativos às garantias oferecidas por esse país com respeito a inspecções e controlos de zoonoses e de agentes zoonóticos. Essas garantias devem ser, pelo menos, equivalentes às garantias previstas pelo presente regulamento. O Serviço Alimentar e Veterinário da Comissão estará envolvido de perto no acompanhamento da existência de programas de controlo equivalentes em países terceiros.

2. Esses programas deverão ser aprovados de acordo com os procedimentos referidos no n.º 2 do artigo 14.º desde que fique objectivamente demonstrada a equivalência das medidas descritas no programa com os requisitos aplicáveis ao abrigo das normas comunitárias. Podem ser aceites garantias alternativas às previstas no presente regulamento de acordo com o mesmo processo, desde que não sejam mais favoráveis do que as aplicáveis ao comércio intracomunitário.

3. As disposições do n.º 7 do artigo 5.º e do n.º 1 do artigo 6.º referentes aos prazos para a apresentação e aprovação dos programas aplicar-se-ão aos países terceiros com os quais exista um fluxo comercial regular. Para países terceiros que estejam a estabelecer ou a retomar um fluxo comercial, aplicar-se-ão os prazos previstos no artigo 6.º

4. Os bandos e efectivos de origem das espécies mencionadas na coluna 2 do anexo I deverão ser sujeitos a ensaio antes de qualquer expedição dos animais vivos ou dos ovos para incubação da empresa do sector alimentar de origem. Os bandos e efectivos deverão ser sujeitos a ensaio para pesquisa das zoonoses e dos agentes zoonóticos enumerados na coluna 1 do anexo I, ou, se necessário para alcançar os objectivos das garantias equivalentes estabelecidas no n.º 1, das zoonoses e agentes zoonóticos que possam ser especificados em conformidade com o procedimento referido no n.º 2 do artigo 14.º A data e os resultados dos ensaios deverão ser incluídos nos certificados de importação correspondentes, para os quais os modelos estabelecidos na legislação comunitária deverão ser alterados em conformidade.

5. Durante um período de transição, o Estado-Membro de destino final pode ser autorizado a exigir, pelo procedimento de regulamentação a que se refere o n.º 2 do artigo 14.º, que os resultados dos ensaios referidos no n.º 4 satisfaçam os mesmos critérios que os estabelecidos ao abrigo do seu programa nacional, de acordo com o n.º 5 do artigo 5.º. A autorização pode ser retirada e, sem prejuízo do disposto no n.º 6 do artigo 5.º, podem ser estabelecidas pela Comissão normas específicas aplicáveis a esses critérios. Estas medidas, que têm por objecto alterar elementos não essenciais do presente regulamento, completando-o, são aprovadas pelo procedimento de regulamentação com controlo a que se refere o n.º 3 do artigo 14.º.

6. A admissão ou manutenção nas listas de países terceiros previstas na legislação comunitária das espécies ou categorias pertinentes, dos quais os Estados-Membros estão autorizados a importar os produtos abrangidos pelo presente regulamento, deverá ser sujeita à apresentação à Comissão, por parte do país terceiro em causa, de garantias equivalentes às previstas no presente regulamento.

CAPÍTULO VI.- LABORATÓRIOS

Artigo 11.º *Laboratórios de referência*
1. Nos termos do procedimento previsto no n.º 2 do artigo 14.º, serão designados laboratórios comunitários de referência para a análise e o ensaio das zoonoses e dos agentes zoonóticos constantes da coluna 1 do anexo I.
2. As responsabilidades e tarefas dos laboratórios comunitários de referência, nomeadamente no que se refere à coordenação das suas actividades com as dos laboratórios nacionais de referência, são estabelecidas pela Comissão. Estas medidas, que têm por objecto alterar elementos não essenciais do presente regulamento, completando-o, são aprovadas pelo procedimento de regulamentação com controlo a que se refere o n.º 3 do artigo 14.º.
3. Os Estados-Membros designarão laboratórios nacionais de referência para a análise e o ensaio das zoonoses e dos agentes zoonóticos constantes da coluna 1 do anexo I. Os nomes e endereços dos laboratórios serão comunicados à Comissão.
4. Algumas das responsabilidades e tarefas dos laboratórios nacionais de referência, nomeadamente no que se refere à coordenação das suas actividades com as dos laboratórios competentes dos Estados-Membros designados nos termos do artigo 12.º, n.º 1, alínea a), podem ser definidas pela Comissão. Estas medidas, que têm por objecto alterar elementos não essenciais do presente regulamento, completando-o, são aprovadas pelo procedimento de regulamentação com controlo a que se refere o n.º 3 do artigo 14.º.

Artigo 12.º *Aprovação de laboratórios, requisitos de qualidade e métodos de teste aprovados*
1. Para efeitos da análise das amostras para pesquisa da presença das zoonoses e agentes zoonóticos constantes da coluna 1 do anexo I, os laboratórios que participam nos programas de controlo nos termos dos artigos 5.º e 7.ºdeverão:
a) Ser designados pela autoridade competente; e
b) Aplicar sistemas de garantia de qualidade que estejam em conformidade com os requisitos da actual norma EN/ISO no prazo máximo de 24 meses após a entrada em vigor do presente regulamento, ou no prazo de 24 meses após o aditamento de novas zoonoses ou agentes zoonóticos à coluna 1 do anexo I.
2. Os laboratórios devem participar regularmente nos ensaios conjuntos organizados ou coordenados pelo laboratório nacional de referência.
3. Os ensaios para pesquisa das zoonoses e dos agentes zoonóticos constantes da coluna 1 do anexo I deverão ser efectuados segundo os métodos e protocolos recomendados pelas organizações internacionais de normalização, como métodos de referência.
Poderão ser utilizados métodos alternativos, caso tenham sido validados de acordo com normas reconhecidas internacionalmente e ofereçam resultados equivalentes aos obtidos pelo método de referência aplicável.
Sempre que necessário, podem ser aprovados outros métodos de ensaio pela Comissão. Estas medidas, que têm por objecto alterar elementos não essenciais do presente regulamento, completando-o, são aprovadas pelo procedimento de regulamentação com controlo a que se refere o n.º 3 do artigo 14.º.

CAPÍTULO VII.- EXECUÇÃO

Artigo 13.º *Medidas de execução e de transição*
Podem ser aprovadas pela Comissão medidas de transição ou de execução adequadas, incluindo as alterações necessárias aos certificados sanitários. As medidas transitórias de alcance geral que têm por objecto alterar elementos não essenciais do presente regulamento, incluindo os elementos que o complementem com novos elementos não essenciais, nomeadamente especificações complementares dos

requisitos estabelecidos nas disposições do presente regulamento, são aprovadas pelo procedimento de regulamentação com controlo a que se refere o n.º 3 do artigo 14.º.
Podem ser aprovadas outras medidas de aplicação ou de transição pelo procedimento de regulamentação a que se refere o n.º 2 do artigo 14.º.

Artigo 14.º *Comité*
1. A Comissão é assistida pelo Comité Permanente da Cadeia Alimentar e da Saúde Animal instituído pelo Regulamento (CE) n.º 178/2002 (a seguir designado «Comité»).
2. Sempre que se faça referência ao presente número, são aplicáveis os artigos 5.º e 7.º da Decisão 1999/468/CE do Conselho, tendo-se em conta o disposto no seu artigo 8.º
O prazo previsto no n.º 6 do artigo 5.º da Decisão 1999/468/CE é de três meses.
3. Sempre que se faça referência ao presente número, são aplicáveis os n.ºs 1 a 4 do artigo 5.º-A e o artigo 7.º da Decisão 1999/468/CE, tendo-se em conta o disposto no artigo 8.º.

Artigo 15.º *Consulta da Autoridade Europeia para a Segurança dos Alimentos*
A Comissão consultará a Autoridade Europeia para a Segurança dos Alimentos sobre qualquer questão do âmbito do presente regulamento que possa ter um impacto significativo na saúde pública, especialmente antes de propor objectivos comunitários nos termos do artigo 4.º ou métodos específicos de controlo nos termos do artigo 8.º

Artigo 16.º *Relatório sobre acordos financeiros*
1. No prazo de três anos a contar da entrada em vigor do presente regulamento, a Comissão apresentará um relatório ao Parlamento Europeu e ao Conselho.
2. O relatório incidirá nos:
a) Acordos existentes, a nível comunitário e nacional, para financiar as medidas tomadas para controlar as zoonoses e os agentes zoonóticos; e
b) Efeitos desses acordos sobre a eficácia das referidas medidas.
3. Se necessário, a Comissão fará acompanhar o seu relatório das propostas adequadas.
4. Quando lhes seja solicitado, os Estados-Membros prestarão à Comissão toda a ajuda necessária para a elaboração do seu relatório.

CAPÍTULO VIII.- DISPOSIÇÕES GERAIS E FINAIS

Artigo 17.º *Controlos comunitários*
1. Peritos da Comissão efectuarão controlos no local, em cooperação com as autoridades competentes dos Estados-Membros, a fim de assegurar a aplicação uniforme das disposições do presente regulamento, de disposições dele decorrentes e de eventuais medidas de salvaguarda. O Estado-Membro em cujo território seja efectuado um controlo prestará toda a assistência necessária aos peritos para o cumprimento das suas funções. A Comissão informará a autoridade competente dos resultados dos controlos efectuados.
2. As regras práticas para a implementação do presente artigo, em particular as que regem o procedimento de cooperação com as autoridades nacionais competentes, são estabelecidas pelo procedimento de regulamentação a que se refere o n.º 2 do artigo 14.º.

Artigo 18.º *Entrada em vigor*
O presente regulamento entra em vigor na data da sua publicação no Jornal Oficial da União Europeia.
É aplicável seis meses após a data da sua entrada em vigor.
O presente regulamento é obrigatório em todos os seus elementos e directamente aplicável em todos os Estados-Membros.

ANEXO I.-
Zoonoses e agentes zoonóticos para os quais serão estabelecidos objectivos comunitários
com vista à diminuição da prevalência nos termos do artigo 4.º

[Anexo não reproduzido na presente publicação]

ANEXO II.-
Controlo das zoonoses e dos agentes zoonóticos constantes do anexo I

[Anexo não reproduzido na presente publicação]

ANEXO III
Critérios específicos para determinar os serotipos de salmonela significativos em matéria de saúde pública

[Anexo não reproduzido na presente publicação]

29 de Abril de 2004.- Regulamento (CE) n.º 852/2004
do Parlamento Europeu e do Conselho
relativo à higiene dos géneros alimentícios
(J.O. L 139, 30/04/2004)

(V.C. 20/04/2009)
TJUE, 6 de Outubro de 2011. Processo C-382/10, Erich Albrecht e outros contra Landeshauptmann von Wien [Interpretação do Anexo II, c.9].
TJUE, 6 de Outubro de 2011. Processo C-381/10, Astrid Preissl KEG contra Landeshauptmann von Wien [Interpretação do Anexo II, c.9].

O PARLAMENTO EUROPEU E O CONSELHO DA UNIÃO EUROPEIA,
Tendo em conta o Tratado que institui a Comunidade Europeia e, nomeadamente, o seu artigo 95.º e a alínea b) do n.º 4 do seu artigo 152.º,
Tendo em conta a proposta da Comissão,
Tendo em conta o parecer do Comité Económico e Social Europeu,
Após consulta ao Comité das Regiões,
Deliberando nos termos do artigo 251.º do Tratado,
Considerando o seguinte:
(1) A procura de um elevado nível de protecção da vida e da saúde humanas é um dos objectivos fundamentais da legislação alimentar, tal como se encontra estabelecida no Regulamento (CE) n.º 178/2002. Este regulamento estabelece igualmente os princípios e definições comuns para a legislação alimentar nacional e comunitária, incluindo o objectivo de alcançar a livre circulação dos alimentos na Comunidade.
(2) A Directiva 93/43/CEE do Conselho, de 14 de Junho de 1993, relativa à higiene dos géneros alimentícios, estabelece as regras gerais de higiene aplicáveis aos alimentos e os processos de controlo do cumprimento dessas regras.
(3) A experiência indicou que estas regras e estes processos constituem uma base sólida para garantir a segurança alimentar. No âmbito da política agrícola comum, foram aprovadas muitas directivas destinadas a estabelecer regras sanitárias específicas para a produção e a colocação no mercado dos produtos enumerados no anexo I do Tratado. Essas regras sanitárias reduziram os entraves comerciais aos produtos em questão, contribuindo para a criação do mercado interno enquanto asseguravam simultaneamente um elevado nível de protecção da saúde pública.
(4) Essas regras e esses processos contêm princípios comuns em matéria de saúde pública, em especial em relação às responsabilidades dos fabricantes e das autoridades competentes, aos requisitos estruturais, operacionais e em matéria de higiene para os estabelecimentos, aos processos para a aprovação de estabelecimentos, aos requisitos de armazenagem e transporte e à marcação de salubridade.
(5) Esses princípios constituem uma base comum para a produção higiénica de todos os géneros alimentícios, incluindo os produtos de origem animal enumerados no anexo I do Tratado.
(6) Além desta base comum são necessárias regras específicas de higiene para certos géneros alimentícios. Essas regras estão previstas no Regulamento (CE) n.º 853/2004 do Parlamento Europeu e do Conselho, de 29 de Abril de 2004, que estabelece regras específicas de higiene aplicáveis aos géneros alimentícios de origem animal.
(7) As novas regras gerais e específicas de higiene têm por principal objectivo garantir um elevado nível de protecção do consumidor em matéria de segurança dos géneros alimentícios.
(8) É necessária uma abordagem integrada para garantir a segurança alimentar desde o local da produção primária até à colocação no mercado ou à exportação, inclusive. Todos os operadores de empresas do sector alimentar ao longo da cadeia de produção devem garantir que a segurança dos géneros alimentícios não seja comprometida.
(9) As regras comunitárias não se deverão aplicar nem à produção primária para consumo doméstico, nem à preparação, manuseamento ou armazenagem domésticos de géneros alimentícios para consumo doméstico privado. Além disso, aplicar-se-ão unicamente às empresas, o que implica uma certa continuidade nas actividades e um certo grau de organização.
(10) Os riscos alimentares presentes a nível da produção primária devem ser identificados e controlados adequadamente, a fim de assegurar a consecução dos objectivos do presente regulamento. Todavia, em caso de fornecimento directo de pequenas quantidades de produtos da produção primária pelo operador da empresa do

sector alimentar que os produz ao consumidor final ou a um estabelecimento local de venda a retalho, é adequado proteger a saúde pública através da legislação nacional, em especial devido à relação estreita entre o produtor e o consumidor.

(11) A aplicação dos princípios da análise dos perigos e do controlo dos pontos críticos (HACCP) à produção primária não é ainda exequível de um modo geral. No entanto, os códigos de boas práticas deverão incentivar a utilização das práticas higiénicas adequadas nas explorações agrícolas. Sempre que necessário, tais códigos serão complementados por regras específicas de higiene para a produção primária. É apropriado que os requisitos de higiene aplicáveis à produção primária e às operações associadas sejam diversos dos requisitos aplicáveis a outras operações.

(12) A segurança dos géneros alimentícios é resultado de vários factores: a legislação deve determinar os requisitos mínimos de higiene, deverão ser instaurados controlos oficiais para verificar a sua observância por parte dos operadores de empresas do sector alimentar e os operadores de empresas do sector alimentar deverão ainda criar e aplicar programas de segurança dos géneros alimentícios e processos baseados nos princípios HACCP.

(13) A implementação bem sucedida dos processos baseados nos princípios HACCP requer a plena cooperação e o empenhamento do pessoal das empresas do sector alimentar. Para tanto, esse pessoal deverá receber formação. O sistema HACCP é um instrumento que auxilia os operadores de empresas do sector alimentar a alcançar padrões mais elevados de segurança dos géneros alimentícios. O sistema HACCP não deve ser encarado como um método de auto-regulação e não substitui os controlos oficiais.

(14) Os requisitos para estabelecer processos baseados nos princípios HACCP não deverão inicialmente aplicar-se à produção primária, porém a viabilidade da sua extensão será um dos elementos da revisão que a Comunidade levará a cabo na sequência da implementação do presente regulamento. Todavia, convém que os Estados-Membros encorajem os operadores a nível da produção primária a aplicar esses princípios na medida do possível.

(15) Os requisitos do sistema HACCP deverão tomar em consideração os princípios constantes do *Codex Alimentarius*. Deverão ter a flexibilidade suficiente para ser aplicáveis em todas as situações, incluindo em pequenas empresas. Em especial, é necessário reconhecer que, em certas empresas do sector alimentar, não é possível identificar pontos críticos de controlo e que, em certos casos, as boas práticas de higiene podem substituir a monitorização dos pontos críticos de controlo. Do mesmo modo, o requisito que estabelece «limites críticos» não implica que é necessário fixar um limite numérico em cada caso. Além disso, o requisito de conservar documentos tem de ser flexível para evitar uma sobrecarga desnecessária para as empresas muito pequenas.

(16) A flexibilidade é também apropriada para permitir a continuação da utilização de métodos tradicionais em qualquer das fases de produção e em relação aos requisitos estruturais para os estabelecimentos. A flexibilidade é particularmente importante para as regiões sujeitas a condicionalismos geográficos especiais, incluindo as regiões ultraperiféricas a que se refere o artigo 299.º do Tratado. No entanto, a flexibilidade não deve comprometer os objectivos de higiene dos géneros alimentícios. Além do mais, uma vez que todos os géneros alimentícios produzidos de acordo com as regras de higiene estarão em livre circulação em toda a Comunidade, o processo que permite aos Estados-Membros darem mostras de flexibilidade deverá ser plenamente transparente. O processo deverá prever, sempre que necessário, para resolver qualquer diferendo, a possibilidade de discussão a nível do Comité Permanente da Cadeia Alimentar e da Saúde Animal, instituído pelo Regulamento (CE) n.º 178/2002.

(17) O estabelecimento de objectivos, tais como a redução dos organismos patogénicos ou a definição de níveis de desempenho deverá orientar a implementação de regras de higiene. É por conseguinte necessário prever os processos necessários para esse efeito. Estes objectivos complementarão a legislação alimentar existente, tal como o Regulamento (CEE) n.º 315/93 do Conselho, de 8 de Fevereiro de 1993, que estabelece procedimentos comunitários para os contaminantes presentes nos géneros alimentícios, que prevê o estabelecimento de tolerâncias máximas para contaminantes específicos, e o Regulamento (CE) n.º 178/2002, que proíbe a colocação no mercado de géneros alimentícios não seguros e prevê uma base uniforme para a aplicação do princípio de precaução.

(18) Para tomar em consideração o progresso científico e técnico, deve assegurar-se uma cooperação estreita e eficaz entre a Comissão e os Estados-Membros no âmbito do

Comité Permanente da Cadeia Alimentar e da Saúde Animal. O presente regulamento tem em conta as obrigações internacionais estabelecidas no Acordo Sanitário e Fitossanitário da OMC e as normas internacionais de segurança dos alimentos constantes do *Codex Alimentarius.*

(19) O registo dos estabelecimentos e a cooperação dos operadores das empresas do sector alimentar são necessários para permitir que as autoridades competentes levem a cabo com eficácia os controlos oficiais.

(20) A rastreabilidade dos géneros alimentícios e respectivos ingredientes ao longo da cadeia alimentar constitui um elemento essencial para garantir a segurança dos mesmos. Constam do Regulamento (CE) n.° 178/2002 regras em matéria de rastreabilidade dos géneros alimentícios e dos seus ingredientes, bem como o procedimento para a adopção das regras de execução a aplicar a esses princípios no que se refere a sectores específicos.

(21) Os géneros alimentícios importados na Comunidade devem respeitar as disposições gerais do Regulamento (CE) n.° 178/2002 ou disposições equivalentes às disposições comunitárias. O presente regulamento define certos requisitos de higiene específicos para os géneros alimentícios importados na Comunidade.

(22) Os géneros alimentícios exportados da Comunidade para países terceiros devem respeitar as disposições gerais do Regulamento (CE) n.° 178/2002. O presente regulamento define certos requisitos de higiene específicos para os géneros alimentícios exportados da Comunidade.

(23) A legislação comunitária sobre higiene alimentar deve ser sustentada por pareceres científicos. Para tanto, a Autoridade Europeia para a Segurança dos Alimentos deve ser consultada sempre que necessário.

(24) Uma vez que o presente regulamento substitui a Directiva 93/43/CEE, esta deve ser revogada.

(25) Os requisitos do presente regulamento só deverão aplicar-se quando todas as partes da nova legislação em matéria de higiene alimentar tiverem entrado em vigor. É também adequado prever um período de tempo de, pelo menos, 18 meses entre a entrada em vigor e a aplicação das novas regras, de forma a dar tempo as indústrias afectadas para se adaptarem.

(26) As medidas necessárias à execução do presente regulamento serão aprovadas nos termos da Decisão 1999/468/CE do Conselho, de 28 de Junho de 1999, que estabelece os procedimentos necessários para o exercício das competências de execução atribuídas à Comissão,
ADOPTARAM O PRESENTE REGULAMENTO:

CAPÍTULO I.- DISPOSIÇÕES GERAIS

Artigo 1.° *Âmbito de aplicação*
1. O presente regulamento estabelece as regras gerais destinadas aos operadores das empresas do sector alimentar no que se refere à higiene dos géneros alimentícios, tendo em particular consideração os seguintes princípios:
a) Os operadores do sector alimentar são os principais responsáveis pela segurança dos géneros alimentícios;
b) A necessidade de garantir a segurança dos géneros alimentícios ao longo da cadeia alimentar, com início na produção primária;
c) No caso dos géneros alimentícios que não possam ser armazenados com segurança à temperatura ambiente, a importância da manutenção da cadeia do frio, em especialmente para os alimentos congelados;
d) A aplicação geral dos procedimentos baseados nos princípios HACCP, associadas à observância de boas práticas de higiene, deve reforçar a responsabilidade dos operadores das empresas do sector alimentar;
e) Os códigos de boas práticas constituem um instrumento valioso para auxiliar os operadores das empresas do sector alimentar, a todos os níveis da cadeia alimentar, na observância das regras de higiene e dos princípios HACCP;
f) A necessidade de serem estabelecidos critérios microbiológicos e requisitos de controlo da temperatura baseados numa avaliação científica do risco;
g) A necessidade de assegurar que os géneros alimentícios importados respeitem, pelo menos, os mesmos padrões em termos de higiene que os géneros alimentícios produzidos na Comunidade ou padrões equivalentes.

O presente regulamento aplica-se em todas as fases da produção, transformação e distribuição de alimentos, sem prejuízo de requisitos mais específicos em matéria de higiene dos géneros alimentícios.
2. O presente regulamento não se aplica:
a) À produção primária destinada a uso doméstico privado;
b) À preparação, manipulação e armazenagem doméstica de alimentos para consumo doméstico privado;
c) Ao fornecimento directo, pelo produtor, de pequenas quantidades de produtos de produção primária ao consumidor final ou ao comércio a retalho local que fornece directamente o consumidor final;
d) Aos centros de recolha e fábricas de curtumes abrangidos pela definição de empresa do sector alimentar apenas por tratarem materiais crus para a produção de gelatina ou colagéneo.
3. Ao abrigo da legislação nacional, os Estados-Membros estabelecem regras que regulamentem as actividades referidas na alínea c) do n.º 2. Essas regras nacionais devem assegurar a realização dos objectivos do presente regulamento.

Artigo 2.º Definições
1. Para efeitos do presente regulamento, entende-se por:
a) «Higiene dos géneros alimentícios», a seguir designada por «higiene», as medidas e condições necessárias para controlar os riscos e assegurar que os géneros alimentícios sejam próprios para consumo humano tendo em conta a sua utilização;
b) «Produtos primários»: produtos da produção primária, incluindo os produtos da agricultura, da pecuária, da caça e da pesca;
c) «Estabelecimento», qualquer unidade de uma empresa do sector alimentar;
d) «Autoridade competente», a autoridade central de um Estado-Membro competente para assegurar o respeito dos requisitos do presente regulamento ou qualquer outra autoridade em que essa autoridade central tenha delegado essa competência; inclui, se for caso disso, a autoridade correspondente de um país terceiro;
e) «Equivalente», em relação a diferentes sistemas, capaz de alcançar os mesmos objectivos;
f) «Contaminação», a presença ou introdução de um risco;
g) «Água potável», água que cumpre os requisitos estabelecidos na Directiva 98/83/CE do Conselho, de 3 de Novembro de 1998, para a água destinada ao consumo humano;
h) «Água do mar limpa», água do mar ou salobre, natural, artificial ou depurada, que não contenha microrganismos, substâncias nocivas nem plâncton marinho tóxico em quantidades susceptíveis de terem uma incidência directa ou indirecta sobre a qualidade sanitária dos géneros alimentícios;
i) «Água limpa», água do mar limpa e água doce limpa, de qualidade semelhante;
j) «Acondicionamento», colocação de um produto num invólucro inicial ou recipiente inicial em contacto directo com o produto em questão, bem como o próprio invólucro ou recipiente inicial;
k) «Embalagem», colocação de um ou mais géneros alimentícios acondicionados num segundo recipiente, bem como o próprio recipiente;
l) «Recipiente hermeticamente fechado», um recipiente concebido para impedir a entrada de substâncias ou organismos perigosos;
m) «Transformação», acção que assegura uma modificação substancial do produto inicial por aquecimento, fumagem, cura, maturação, secagem, marinagem, extracção, extrusão ou uma combinação destes processos;
n) «Produtos não transformados», géneros alimentícios que não tenham sofrido transformação, incluindo produtos que tenham sido divididos, separados, seccionados, desossados, picados, esfolados, moídos, cortados, limpos, aparados, descascados, triturados, refrigerados, congelados ou ultracongelados;
o) «Produtos transformados», géneros alimentícios resultantes da transformação de produtos não transformados. Estes produtos podem conter ingredientes que sejam necessários ao seu fabrico, por forma a dar-lhes características específicas.
2. São aplicáveis igualmente as definições estabelecidas no Regulamento (CE) n.º 178/2002.
3. Nos anexos, as expressões «sempre que necessário», «sempre que adequado» «apropriado» e «suficiente» significam, respectivamente, sempre que necessário, sempre que adequado, apropriado ou suficiente para alcançar os objectivos do presente regulamento.

CAPÍTULO II.- OBRIGAÇÕES DOS OPERADORES DAS EMPRESAS DO SECTOR ALIMENTAR

Artigo 3.° *Obrigação geral*
Os operadores das empresas do sector alimentar asseguram que todas as fases da produção, transformação e distribuição de géneros alimentícios sob o seu controlo satisfaçam os requisitos pertinentes em matéria de higiene estabelecidos no presente regulamento.

Artigo 4.° *Requisitos gerais e específicos de higiene*
1. Os operadores das empresas do sector alimentar que se dediquem à produção primária e a determinadas actividades conexas enumeradas no anexo I cumprem as disposições gerais de higiene previstas na parte A do anexo I e em quaisquer outras disposições específicas previstas no Regulamento (CE) n.° 853/2004.
2. Os operadores das empresas do sector alimentar que se dediquem a qualquer fase da produção, transformação e distribuição de géneros alimentícios a seguir às fases a que se aplica o n.° 1, cumprem os requisitos gerais de higiene previstos no anexo II e em quaisquer outras disposições específicas previstas no Regulamento (CE) n.° 853/2004.
3. Os operadores das empresas do sector alimentar, tomarão, se for caso disso, as seguintes medidas específicas de higiene:
a) Respeito dos critérios microbiológicos aplicáveis aos géneros alimentícios;
b) Os processos necessários para respeitar os alvos estabelecidos para cumprir os objectivos do presente regulamento;
c) Respeito dos critérios de temperatura aplicáveis aos géneros alimentícios;
d) Manutenção da cadeia de frio;
e) Recolha de amostras e análises.
4. Os critérios, requisitos e alvos a que se refere o n.° 3 assim como os métodos de amostragem e análise que lhes estão associados são estabelecidos pela Comissão. Essas medidas, que têm por objecto alterar elementos não essenciais do presente regulamento, completando-o, são aprovadas pelo procedimento de regulamentação com controlo a que se refere o n.° 3 do artigo 14.°.
5. Quando o presente regulamento, o Regulamento (CE) n.° 853/2004, e as suas medidas de execução não especificarem os métodos de amostragem ou de análise, os operadores das empresas do sector alimentar podem utilizar métodos adequados estabelecidos noutras regulamentações comunitárias ou nacionais ou, à falta destes, métodos que atinjam resultados equivalentes aos obtidos com o método de referência, caso sejam cientificamente validados em conformidade com regras ou protocolos internacionalmente reconhecidos.
6. Os operadores das empresas do sector alimentar podem utilizar os códigos previstos nos artigos 7.°, 8.° e 9.° para os auxiliar no cumprimento das suas obrigações a título do presente regulamento.

Artigo 5.° *Análise dos perigos e controlo dos pontos críticos*
1. Os operadores das empresas do sector alimentar criam, aplicam e mantêm um processo ou processos permanentes baseados nos princípios HACCP.
2. Os princípios HACCP referidos no n.° 1 são os seguintes:
a) Identificação de quaisquer perigos que devam ser evitados, eliminados ou reduzidos para níveis aceitáveis;
b) Identificação dos pontos críticos de controlo na fase ou fases em que o controlo é essencial para evitar ou eliminar um risco ou para o reduzir para níveis aceitáveis;
c) Estabelecimento de limites críticos em pontos críticos de controlo, que separem a aceitabilidade da não aceitabilidade com vista à prevenção, eliminação ou redução dos riscos identificados;
d) Estabelecimento e aplicação de processos eficazes de vigilância em pontos críticos de controlo;
e) Estabelecimento de medidas correctivas quando a vigilância indicar que um ponto crítico de controlo não se encontra sob controlo;
f) Estabelecimento de processos, a efectuar regularmente, para verificar que as medidas referidas nas alíneas a) a e) funcionam eficazmente; e
g) Elaboração de documentos e registos adequados à natureza e dimensão das empresas, a fim de demonstrar a aplicação eficaz das medidas referidas nas alíneas a) a f).

Sempre que seja efectuada qualquer alteração nos produtos, no processo, ou em qualquer fase da produção, os operadores das empresas do sector alimentar procedem a uma revisão do processo e introduzem as alterações necessárias.

3. O n.º 1 apenas se aplica aos operadores das empresas do sector alimentar que efectuem qualquer fase de produção, transformação e distribuição dos géneros alimentícios a seguir à produção primária e às operações conexas enumeradas no anexo I.

4. Os operadores das empresas do sector alimentar:
a) Fornecem à autoridade competente as provas da sua observância do requisito estabelecido no n.º 1, sob a forma exigida pela autoridade competente, tendo em conta a natureza e a dimensão da empresa do sector alimentar;
b) Asseguram que todos os documentos que descrevem os processos desenvolvidos em conformidade com o presente artigo se encontram sempre actualizados;
c) Conservam quaisquer outros documentos e registos durante um período adequado.

5. Podem ser aprovadas nos termos do n.º 2 do artigo 14.º regras de execução do presente artigo. Tais regras podem facilitar a execução do presente artigo por certos operadores de empresas do sector alimentar, em especial estabelecendo a utilização de processos estabelecidos nos códigos para a aplicação dos princípios HACCP para dar cumprimento ao n.º 1. Essas regras podem igualmente especificar o período durante o qual os operadores das empresas do sector alimentar devem conservar os documentos e registos em conformidade com a alínea c) do n.º 4.

Artigo 6.º *Controlos oficiais, registo e aprovação dos estabelecimentos*
1. Os operadores das empresas do sector alimentar cooperam com as autoridades competentes em conformidade com a demais legislação comunitária aplicável ou, caso esta não exista, com a legislação nacional.
2. Em particular, os operadores das empresas do sector alimentar notificam a autoridade competente, sob a forma por esta requerida, de todos os estabelecimentos sob o seu controlo que se dedicam a qualquer das fases de produção, transformação e distribuição de géneros alimentícios, tendo em vista o registo de cada estabelecimento.
Os operadores das empresas do sector alimentar asseguram igualmente que a autoridade competente disponha em permanência de informações actualizadas sobre os estabelecimentos, incluindo mediante a notificação de qualquer alteração significativa das actividades e do eventual encerramento de um estabelecimento existente.
3. Todavia, os operadores das empresas do sector alimentar asseguram que os estabelecimentos são aprovados pela autoridade competente, na sequência de pelo menos uma visita *in loco*, sempre que a aprovação seja exigida:
a) Pela legislação nacional dos Estados-Membros em que o estabelecimento está situado;
b) Pelo Regulamento (CE) n.º 853/2004; ou
c) Por uma decisão da Comissão; essa medida, que tem por objecto alterar elementos não essenciais do presente regulamento, é aprovada pelo procedimento de regulamentação com controlo a que se refere o n.º 3 do artigo 14.º.
Os Estados-Membros que, nos termos da sua legislação nacional, obrigarem à aprovação de determinados estabelecimentos situados no seu território, como previsto na alínea a), informam a Comissão e os restantes Estados-Membros das regras nacionais relevantes.

CAPÍTULO III.- CÓDIGOS DE BOAS PRÁTICAS

Artigo 7.º *Elaboração, divulgação e utilização dos códigos*
Os Estados-Membros incentivam a elaboração de códigos nacionais de boas práticas para a higiene e aplicação dos princípios HACCP em conformidade com o artigo 8.º Os códigos comunitários serão elaborados em conformidade com o artigo 9.º
A divulgação e utilização dos códigos nacionais e comunitários são incentivadas. Todavia, estes códigos podem ser utilizados voluntariamente pelos operadores das empresas do sector alimentar.

Artigo 8.º *Códigos nacionais*
1. Sempre que forem preparados códigos nacionais de boas práticas, estes são elaborados e divulgados por empresas dos sectores alimentares:

a) Consultando representantes de partes cujos interesses possam ser substancialmente afectados, tais como as autoridades competentes e as associações de consumidores;

b) Tendo em conta os códigos de práticas pertinentes do *Codex Alimentarius*;

c) Sempre que digam respeito à produção primária e às operações conexas enumeradas no anexo I, tomando em consideração as recomendações estabelecidas na parte B do anexo I.

2. Os códigos nacionais podem ser elaborados sob a égide de um dos organismos nacionais de normalização referidos no anexo II da Directiva 98/34/CE.

3. Os Estados-Membros avaliam os códigos nacionais para se assegurarem de que:

a) Foram elaborados em conformidade com o n.º1;

b) O seu teor permite que sejam aplicados na prática pelos sectores a que se destinam; e

c) São adequados enquanto códigos para o cumprimento dos artigos 3.º, 4.ºe 5.ºnos sectores e para os géneros alimentícios abrangidos.

4. Os Estados-Membros enviam à Comissão os códigos nacionais que estejam em conformidade com os requisitos estabelecidos no n.º 3. A Comissão cria e mantém um sistema de registo desses códigos, que põe à disposição dos Estados-Membros.

5. Os códigos de boas práticas elaborados em conformidade com as disposições da Directiva 93/43/CEE continuam a ser aplicáveis após a entrada em vigor do presente regulamento, desde que sejam compatíveis com os seus objectivos.

Artigo 9.º *Códigos comunitários*

1. Antes de serem elaborados códigos comunitários de boas práticas em matéria de higiene ou de aplicação dos princípios HACCP, a Comissão consultará o comité a que se refere o artigo 14.º Essa consulta terá por objectivo determinar o interesse desses códigos e os respectivos âmbito e teor.

2. Sempre que forem preparados códigos comunitários, a Comissão assegura que estes sejam elaborados e divulgados:

a) Por, ou em consulta com, representantes adequados das empresas dos sectores alimentares europeus, incluindo PME, e de outras partes interessadas, tais como associações de consumidores;

b) Em colaboração com partes cujos interesses possam ser substancialmente afectados, incluindo as autoridades competentes;

c) Tendo em conta os códigos de práticas pertinentes do *Codex Alimentarius*;

d) Sempre que digam respeito à produção primária e às operações conexas enumeradas no anexo I, tomando em consideração as recomendações estabelecidas na parte B do anexo I.

3. O comité a que se refere o artigo 14.º avalia os projectos de códigos comunitários para se assegurar de que:

a) Foram elaborados em conformidade com o n.º 2;

b) O seu teor permite que sejam aplicados na prática, em toda a Comunidade, pelos sectores a que se destinam; e

c) São adequados enquanto códigos para o cumprimento dos artigos 3.º, 4.º e 5.º nos sectores e para os géneros alimentícios abrangidos.

4. A Comissão convidará o comité a que se refere o artigo 14.ºa rever periodicamente quaisquer códigos comunitários preparados em conformidade com o presente artigo, em cooperação com os organismos mencionados no n.º 2.

O objectivo desta revisão é assegurar que os códigos continuam a ser aplicados na prática e a tomar em consideração os desenvolvimentos científicos e tecnológicos.

5. Os títulos e as referências dos códigos comunitários preparados de acordo com o presente artigo serão publicados na série C do Jornal Oficial da União Europeia.

CAPÍTULO IV.- IMPORTAÇÕES E EXPORTAÇÕES

Artigo 10.º *Importações*

No que se refere à higiene dos géneros alimentícios importados, os requisitos pertinentes da legislação alimentar referidos no artigo 11.º do Regulamento (CE) n.º 178/2002 incluem os requisitos estabelecidos nos artigos 3.º a 6.º do presente regulamento.

Artigo 11.º *Exportações*

No que se refere à higiene dos géneros alimentícios destinados à exportação ou à reexportação, os requisitos pertinentes da legislação alimentar referidos no artigo 12.º do Regulamento (CE) n.º 178/2002 incluem os requisitos estabelecidos nos artigos 3.º a 6.º do presente regulamento.

CAPÍTULO V.- DISPOSIÇÕES FINAIS

Artigo 12.º

As medidas transitórias de alcance geral, que têm por objecto alterar elementos não essenciais do presente regulamento, nomeadamente completando-o mediante o aditamento de novos elementos não essenciais, designadamente especificações complementares dos requisitos previstos no presente regulamento, são aprovadas pelo procedimento de regulamentação com controlo a que se refere o n.º 3 do artigo 14.º.

Podem ser aprovadas outras medidas de execução ou transitórias pelo procedimento de regulamentação a que se refere o n.º 2 do artigo 14.º.

Artigo 13.º *Alteração e adaptação dos anexos I e II*

1. A Comissão pode adaptar ou actualizar as disposições dos anexos I e II, tomando em consideração:

a) A necessidade de rever as recomendações do n.º 2 da parte B do anexo I;

b) A experiência adquirida com a implementação de sistemas baseados no sistema HACCP nos termos do artigo 5.º;

c) O desenvolvimento tecnológico e as suas consequências práticas, bem como as expectativas dos consumidores relativamente à composição dos alimentos;

d) Pareceres científicos, nomeadamente novas avaliações de risco; e

e) Os critérios microbiológicos e de temperatura relativos aos géneros alimentícios.

Essas medidas, que têm por objecto alterar elementos não essenciais do presente regulamento, nomeadamente completando-o, são aprovadas pelo procedimento de regulamentação com controlo a que se refere o n.º 3 do artigo 14.º.

2. A Comissão pode conceder derrogações ao disposto nos anexos I e II, especialmente para facilitar a aplicação do artigo 5.º às pequenas empresas, tendo em conta os factores de risco relevantes, desde que essas derrogações não afectem a concretização dos objectivos do presente regulamento. Essas medidas, que têm por objecto alterar elementos não essenciais do presente regulamento, completando-o, são aprovadas pelo procedimento de regulamentação com controlo a que se refere o n.º 3 do artigo 14.º.

3. Desde que não comprometam a concretização dos objectivos do presente regulamento, os Estados-Membros podem adoptar medidas nacionais para adaptar os requisitos previstos no anexo II, nos termos dos n.º 4 a 7 do presente artigo.

4.

a) As medidas nacionais a que se refere o n.º 3 devem ter por objectivo:

i) Permitir a continuação da utilização dos métodos tradicionais em qualquer das fases da produção, transformação ou distribuição dos géneros alimentícios; ou

ii) Satisfazer as necessidades das empresas do sector alimentar situadas em regiões sujeitas a condicionalismos geográficos especiais.

b) Noutras circunstâncias, estas medidas nacionais apenas se aplicam à construção, concepção e equipamento dos estabelecimentos.

5. Qualquer Estado-Membro que pretenda adoptar medidas nacionais para adaptar os requisitos estabelecidos no anexo II, tal como referido no n.º 4, notifica do facto a Comissão e os restantes Estados-Membros. Da notificação consta:

a) A descrição pormenorizada dos requisitos que o Estado-Membro considere que devem ser adaptados e a natureza da adaptação pretendida;

b) A descrição dos géneros alimentícios e dos estabelecimentos em causa;

c) A explicação das razões da adaptação, incluindo, se relevante, um resumo da análise dos perigos efectuada e quaisquer medidas a tomar para garantir que a adaptação não comprometa os objectivos do presente regulamento;

d) Qualquer outra informação pertinente.

6. Os outros Estados-Membros dispõem do prazo de três meses a contar da recepção da notificação referida no n.º 5 para enviar os seus comentários por escrito à Comissão. No caso das adaptações referidas na alínea b) do n.º 4, o prazo é aumentado para quatro meses a pedido de qualquer Estado-Membro. A Comissão pode consultar os Estados-Membros no âmbito do comité a que se refere o n.º 1 do artigo 14.º, devendo efectuar

essa consulta ao receber comentários por escrito de um ou mais Estados-Membros. A Comissão pode decidir, nos termos do n.º 2 do artigo 14.º, se as medidas previstas podem ser postas em prática, se necessário, após as devidas alterações. Se for adequado, a Comissão pode propor medidas de aplicação geral em conformidade com os n.º 1 ou 2 do presente artigo.

7. Um Estado-Membro só pode adoptar medidas nacionais para adaptar os requisitos do anexo II:

a) Para dar cumprimento a uma decisão aprovada nos termos do n.º 6;

b) Se, um mês após o termo do prazo referido no n.º 6, a Comissão não tiver informado os Estados-Membros de que recebeu quaisquer comentários por escrito ou de que tenciona propor a aprovação de uma decisão, nos termos do n.º 6.

Artigo 14.º *Comité*

1. A Comissão é assistida pelo Comité Permanente da Cadeia Alimentar e da Saúde Animal.

2. Sempre que se faça referência ao presente número, são aplicáveis os artigos 5.º e 7.º da Decisão 1999/468/CE, tendo-se em conta o seu artigo 8.º

O prazo previsto no n.º 6 do artigo 5.º da Decisão 1999/468/CE é de três meses.

3. Sempre que se faça referência ao presente número, são aplicáveis os n.ºs 1 a 4 do artigo 5.º-A e o artigo 7.º da Decisão 1999/468/CE, tendo-se em conta o disposto no seu artigo 8.º.

Artigo 15.º *Consulta da Autoridade Europeia da Segurança dos Alimentos*

A Comissão consulta a Autoridade Europeia para a Segurança dos Alimentos sobre qualquer questão do âmbito do presente regulamento que possa ter um impacto significativo na saúde pública, especialmente antes de propor critérios, requisitos ou alvos em conformidade com o n.º 4 do artigo 4.º

Artigo 16.º *Relatório ao Parlamento Europeu e ao Conselho*

1. A Comissão apresentará um relatório ao Parlamento Europeu e ao Conselho, até 20 de Maio de 2009.

2. O relatório analisará, em especial, a experiência adquirida com a aplicação do presente regulamento e ponderará se é desejável e viável prever o alargamento dos requisitos do artigo 5.º aos operadores das empresas do sector alimentar que se dedicam à produção primária e às operações conexas enumeradas no anexo I.

3. Se adequado, a Comissão pode fazer acompanhar o relatório de propostas pertinentes.

Artigo 17.º *Revogação*

1. A Directiva 93/43/CEE é revogada com efeitos à data de aplicação do presente regulamento.

2. As remissões feitas para a directiva revogada entendem-se feitas para o presente regulamento.

3. Todavia, as decisões aprovadas nos termos do n.º 3 do artigo 3.º e do artigo 10.º da Directiva 93/43/CEE continuarão em vigor até serem substituídas por decisões aprovadas em conformidade com o presente regulamento ou com o Regulamento (CE) n.º 178/2002. Na pendência da fixação dos critérios ou requisitos a que se referem as alíneas a) a e) do n.º 3 do artigo 4.º do presente regulamento, os Estados-Membros podem manter quaisquer regras nacionais para a fixação de tais critérios ou requisitos que tenham aprovado em conformidade com a Directiva 93/43/CEE.

4. Até à aplicação da nova legislação comunitária que estabelece regras para os controlos oficiais de géneros alimentícios, os Estados-Membros tomam as medidas adequadas para assegurar o cumprimento das obrigações estabelecidas no presente regulamento ou por força do mesmo.

Artigo 18.º *Entrada em vigor*

O presente regulamento entra em vigor no vigésimo dia seguinte ao da sua publicação no Jornal Oficial da União Europeia.

É aplicável 18 meses após a data de entrada em vigor dos seguintes actos:

a) Regulamento (CE) n.º 853/2004;

b) Regulamento (CE) n.º 854/2004 do Parlamento Europeu e do Conselho, de 29 de Abril de 2004, que estabelece as regras específicas de execução dos controlos oficiais de produtos de origem animal destinados ao consumo humano; e *c)* Directiva 2004/41/CE do Parlamento Europeu e do Conselho, de 21 de Abril de 2004, que revoga certas directivas relativas à higiene dos géneros alimentícios e às regras sanitárias aplicáveis à produção e à comercialização de determinados produtos de origem animal destinados ao consumo humano.

No entanto, o presente regulamento não é aplicável antes de 1 de Janeiro de 2006.

O presente regulamento é obrigatório em todos os seus elementos e directamente aplicável em todos os Estados-Membros.

ANEXO I.-
Produção primária

PARTE A: DISPOSIÇÕES GERAIS DE HIGIENE APLICÁVEIS À PRODUÇÃO PRIMÁRIA E OPERAÇÕES CONEXAS

I. Âmbito

1. O disposto na presente parte aplica-se à produção primária e às seguintes operações conexas:

a) Transporte, armazenagem e manuseamento de produtos de produção primária produzidos no local de produção, desde que tal não altere substancialmente a sua natureza;

b) Transporte de animais vivos, sempre que tal seja necessário para alcançar os objectivos do presente regulamento; e

c) No caso dos produtos de origem vegetal, dos produtos da pesca e da caça selvagem, operações de transporte para entrega de produtos da produção primária cuja natureza não foi substancialmente alterada, desde o local de produção até ao estabelecimento.

II. Disposições relativas à higiene

2. Os operadores das empresas do sector alimentar devem assegurar, tanto quanto possível, que os produtos da produção primária sejam protegidos de contaminações, atendendo a qualquer transformação que esses produtos sofram posteriormente.

3. Não obstante a obrigação geral prevista no ponto anterior, os operadores das empresas do sector alimentar devem respeitar as disposições legislativas, comunitárias e nacionais, aplicáveis ao controlo dos riscos na produção primária e operações conexas, incluindo:

a) Medidas para controlar a contaminação pelo ar, pelos solos, pela água, pelos alimentos para animais, pelos fertilizantes, pelos medicamentos veterinários, pelos produtos fitossanitários e biocidas, pela armazenagem, manuseamento e eliminação de resíduos; e

b) Medidas ligadas à saúde e ao bem-estar dos animais e à fitossanidade que tenham implicações para a saúde humana, incluindo programas de vigilância e controlo das zoonoses e agentes zoonóticos.

4. Os operadores das empresas do sector alimentar que criem, explorem ou cacem animais, ou produzam produtos da produção primária de origem animal, devem tomar as medidas adequadas a fim de:

a) Manter limpas todas as instalações utilizadas na produção primária e operações conexas, incluindo instalações utilizadas na armazenagem e no manuseamento de alimentos para animais, se necessário, depois de limpas, desinfectá-las devidamente;

b) Manter limpos e, se necessário, depois de limpos, desinfectar devidamente os equipamentos, contentores, grades, veículos e navios;

c) Assegurar, tanto quanto possível, a higiene dos animais que vão ser abatidos e, se necessário, dos animais de rendimento;

d) Utilizar água potável, ou água limpa, sempre que necessário para prevenir qualquer contaminação;

e) Assegurar que o pessoal que vai manusear os géneros alimentícios está de boa saúde e recebe formação em matéria de riscos sanitários;

f) Prevenir, tanto quanto possível, a contaminação causada por animais e parasitas;

g) Manusear os resíduos e as substâncias perigosas de modo a prevenir qualquer contaminação;

h) Evitar a introdução e a propagação de doenças contagiosas transmissíveis ao homem através dos alimentos, incluindo pela tomada de medidas de precaução aquando da introdução de novos animais e dando a conhecer qualquer surto suspeito dessas doenças às autoridades competentes;

i) Ter em conta os resultados de quaisquer análises pertinentes efectuadas em amostras colhidas dos animais ou outras amostras que se possam revestir de importância para a saúde humana; e

j) Utilizar correctamente aditivos nos alimentos para animais e medicamentos veterinários, tal como exigido pela legislação pertinente.

5. Os operadores das empresas do sector alimentar que produzam ou colham produtos vegetais devem tomar as medidas adequadas para:

a) Manter limpos e, se necessário, depois de limpos, desinfectar devidamente as instalações, equipamentos, contentores, grades, veículos e embarcações;

b) Assegurar, se necessário, a higiene da produção, do transporte e das condições de armazenagem dos produtos vegetais, e biolimpeza desses produtos;

c) Utilizar água potável, ou água limpa, sempre que necessário para prevenir qualquer contaminação;

d) Assegurar que o pessoal que vai manusear os géneros alimentícios está de boa saúde e recebe formação em matéria de riscos sanitários;

e) Prevenir, tanto quanto possível, a contaminação causada por animais e parasitas;

f) Manusear os resíduos e as substâncias perigosas de modo a prevenir qualquer contaminação;

g) Ter em conta os resultados de quaisquer análises pertinentes efectuadas em amostras colhidas das plantas ou outras amostras que se possam revestir de importância para a saúde humana; e

h) Utilizar correctamente os produtos fitossanitários e biocidas, tal como exigido pela legislação pertinente.

6. Os operadores das empresas do sector alimentar devem tomar medidas de reparação adequadas quando sejam informados dos problemas identificados durante os controlos oficiais.

III. Manutenção de registos

7. Os operadores das empresas do sector alimentar devem manter e conservar registos das medidas tomadas para controlar os riscos de forma adequada e durante um período apropriado, compatível com a natureza e dimensão da empresa do sector alimentar. Os operadores das empresas do sector alimentar devem disponibilizar quaisquer informações relevantes contidas nesses registos à autoridade competente e aos operadores das empresas do sector alimentar receptoras, a seu pedido.

8. Os operadores das empresas do sector alimentar que criem animais ou produzam produtos da produção primária de origem animal devem, em especial, manter registos sobre:

a) A natureza e origem dos alimentos com que os animais são alimentados;

b) Os medicamentos veterinários ou outros tratamentos administrados aos animais, data(s) de administração e intervalo(s) de segurança;

c) A ocorrência de doenças que possam afectar a segurança dos produtos de origem animal;

d) Os resultados de quaisquer análises de amostras colhidas dos animais ou de outras amostras para efeitos de diagnóstico que se possam revestir de importância para a saúde humana; e

e) Quaisquer relatórios sobre os controlos efectuados nos animais ou nos produtos de origem animal.

9. Os operadores do sector alimentar que produzam ou colham produtos vegetais devem, em especial, manter registos sobre:

a) Qualquer utilização de produtos fitossanitários e biocidas;

b) Qualquer ocorrência de parasitas ou doenças que possam afectar a segurança dos produtos de origem vegetal; e

c) Os resultados de quaisquer análises pertinentes efectuadas em amostras colhidas das plantas ou outras amostras que se possam revestir de importância para a saúde humana.

10. Os operadores das empresas do sector alimentar podem ser auxiliados por outras pessoas, tais como veterinários, agrónomos e técnicos agrícolas.

PARTE B: RECOMENDAÇÕES PARA OS CÓDIGOS DE BOAS PRÁTICAS DE HIGIENE

1. Os códigos nacionais e comunitários a que se referem os artigos 7.º a 9.º do presente regulamento deverão conter orientações sobre as boas práticas de higiene para o controlo dos riscos na produção primária e operações conexas.

2. Os códigos de boas práticas de higiene deverão conter informações adequadas sobre os riscos que possam resultar da produção primária e operações conexas e sobre as acções para controlar os referidos riscos, incluindo as medidas relevantes estabelecidas na legislação nacional e comunitária ou nos programas nacionais e comunitários. Entre esses riscos e medidas podem incluir-se:

a) O controlo da contaminação por produtos tais como micotoxinas, metais pesados e materiais radioactivos;

b) A utilização da água, de resíduos orgânicos e de fertilizantes;

c) O uso correcto e adequado de produtos fitossanitários e biocidas e a sua rastreabilidade;

d) O uso correcto e adequado de medicamentos veterinários e de aditivos de alimentos para animais e a sua rastreabilidade;

e) A preparação, armazenagem e rastreabilidade dos alimentos para animais;

f) A eliminação adequada de animais mortos, resíduos e camas;

g) As medidas de protecção para evitar a introdução de doenças contagiosas transmissíveis ao homem através dos alimentos, assim como qualquer obrigação de notificar as autoridades competentes;

h) Os processos, práticas e métodos para assegurar que os géneros alimentícios são produzidos, manuseados, embalados, armazenados e transportados em condições de higiene adequadas, incluindo uma limpeza eficaz e o controlo de parasitas;

i) Medidas relativas à higiene dos animais para abate e de rendimento; e

j) Medidas relativas à manutenção de registos.

ANEXO II.-

Requisitos gerais de higiene aplicáveis a todos os operadores das empresas do sector alimentar (excepto quando se aplica o Anexo I)

INTRODUÇÃO

Os capítulos V a XII aplicam-se a todas as fases da produção, transformação e distribuição de géneros alimentícios e os restantes capítulos aplicam-se do seguinte modo:

— o capítulo I aplica-se a todas as instalações do sector alimentar, excepto as abrangidas pelo capítulo III,

— o capítulo II aplica-se a todos os locais onde se procede à preparação, tratamento ou transformação dos alimentos, excepto as salas de refeições e as instalações a que se aplica o capítulo III,

— o capítulo III aplica-se às instalações enumeradas no cabeçalho do capítulo,

— o capítulo IV aplica-se a todos os meios de transporte.

CAPÍTULO I.- Requisitos gerais aplicáveis às instalações do sector alimentar (com excepção das especificadas no capítulo III)

1. As instalações do sector alimentar devem ser mantidas limpas e em boas condições.

2. Pela sua disposição relativa, concepção, construção, localização e dimensões, as instalações do sector alimentar devem:

a) Permitir a manutenção e a limpeza e/ou desinfecção adequadas, evitar ou minimizar a contaminação por via atmosférica e facultar um espaço de trabalho adequado para permitir a execução higiénica de todas as operações;

b) Permitir evitar a acumulação de sujidade, o contacto com materiais tóxicos, a queda de partículas nos géneros alimentícios e a formação de condensação e de bolores indesejáveis nas superfícies;

c) Possibilitar a aplicação de boas práticas de higiene e evitar nomeadamente a contaminação e, em especial, o controlo dos parasitas;

d) Sempre que necessário, proporcionar condições adequadas de manuseamento e armazenagem a temperatura controlada, com uma capacidade suficiente para manter os géneros alimentícios a temperaturas adequadas e ser concebidas de forma a permitir que essas temperaturas sejam controladas e, se necessário, registadas.

3. Devem existir instalações sanitárias em número suficiente, munidas de autoclismo e ligadas a um sistema de esgoto eficaz. As instalações sanitárias não devem dar directamente para os locais onde se manuseiam os alimentos.

4. Deve existir um número adequado de lavatórios devidamente localizados e indicados para a lavagem das mãos. Os lavatórios para a lavagem das mãos devem estar equipados com água corrente quente e fria, materiais de limpeza das mãos e dispositivos de secagem higiénica. Sempre que necessário, as instalações de lavagem dos alimentos devem ser separadas das que se destinam à lavagem das mãos.

5. Deve ser prevista uma ventilação natural ou mecânica adequada e suficiente. Deve ser evitado o fluxo mecânico de ar de zonas contaminadas para zonas limpas. Os sistemas de ventilação devem ser construídos de forma a proporcionar um acesso fácil aos filtros e a outras partes que necessitem de limpeza ou de substituição.

6. As instalações sanitárias devem ter ventilação adequada, natural ou mecânica.

7. As instalações do sector alimentar devem dispor de luz natural e/ou artificial adequada.

8. Os sistemas de esgoto devem ser adequados ao fim a que se destinam. Devem ser projectados e construídos de forma a evitar o risco de contaminação. Se os canais de evacuação forem total ou parcialmente abertos, devem ser concebidos de forma a assegurar que não haja fluxos de resíduos de zonas contaminadas para zonas limpas, em especial para zonas onde sejam manuseados alimentos susceptíveis de apresentarem um elevado risco para o consumidor final.

9. Sempre que necessário, o pessoal deverá dispor de vestiários adequados.

10. Os produtos de limpeza e os desinfectantes não devem ser armazenados em áreas onde são manuseados géneros alimentícios.

CAPÍTULO II.- Requisitos específicos aplicáveis aos locais em que os géneros alimentícios são preparados, tratados ou transformados (excepto as salas de refeições e as instalações especificadas no capítulo III)

1. A disposição relativa e a concepção dos locais em que os géneros alimentícios são preparados, tratados ou transformados (excepto as salas de refeições e as instalações especificadas no capítulo III, mas incluindo os locais que fazem parte de meios de transporte) devem permitir a aplicação de boas práticas de higiene, incluindo a protecção contra a contaminação entre e durante as operações, devendo nomeadamente ser cumpridos seguintes requisitos:

a) As superfícies do solo devem ser mantidas em boas condições e poder ser facilmente limpas e, sempre que necessário, desinfectadas. Para o efeito, deverão ser utilizados materiais impermeáveis, não absorventes, laváveis e não tóxicos, a não ser que os operadores das empresas do sector alimentar possam provar à autoridade competente que os outros materiais utilizados são adequados. Se for caso disso, a superfície dos solos deve permitir um escoamento adequado;

b) As superfícies das paredes devem ser mantidas em boas condições e poder ser facilmente limpas e, sempre que necessário, desinfectadas. Para o efeito, deverão ser utilizados materiais impermeáveis, não absorventes, laváveis e não tóxicos, devendo as superfícies ser lisas até uma altura adequada às operações, a não ser que os operadores das empresas do sector alimentar possam provar à autoridade competente que os outros materiais utilizados são adequados;

c) Os tectos (ou caso não haja tectos, a superfície interna do telhado) e equipamentos neles montados devem ser construídos e preparados por forma a evitar a acumulação de sujidade e reduzir a condensação, o desenvolvimento de bolores indesejáveis e o desprendimento de partículas;

d) As janelas e outras aberturas devem ser construídas de modo a evitar a acumulação de sujidade. As que puderem abrir para o exterior devem estar equipadas, sempre que necessário, com redes de protecção contra insectos, facilmente removíveis para limpeza. Se da sua abertura puder resultar qualquer contaminação, as janelas devem ficar fechadas com ferrolho durante a produção;

e) As portas devem poder ser facilmente limpas e, sempre que necessário, desinfectadas. Para o efeito, deverão ser utilizadas superfícies lisas e não absorventes, a menos que os operadores das empresas do sector alimentar possam provar à autoridade competente que os outros materiais utilizados são adequados; e

f) As superfícies (incluindo as dos equipamentos) das zonas em que os géneros alimentícios são manuseados, nomeadamente as que entram em contacto com os géneros alimentícios, devem ser mantidas em boas condições e devem poder ser facilmente limpas e, sempre que necessário, desinfectadas. Para o efeito, deverão ser utilizados materiais lisos, laváveis, resistentes à corrosão e não tóxicos, a não ser que os operadores das empresas do sector alimentar possam provar à autoridade competente que os outros materiais utilizados são adequados.

2. Sempre que necessário, devem existir instalações adequadas para a limpeza, desinfecção e armazenagem dos utensílios e equipamento de trabalho. Essas instalações devem ser constituídas por materiais resistentes à corrosão, ser fáceis de limpar e dispor de um abastecimento adequado de água quente e fria.

3. Sempre que necessário, devem ser previstos meios adequados para a lavagem dos alimentos. Todos os lavatórios ou outros equipamentos do mesmo tipo destinados à lavagem de alimentos devem dispor de um abastecimento adequado de água potável quente e/ou fria conforme com os requisitos do capítulo VII e devem estar limpos e, sempre que necessário, desinfectados.

CAPÍTULO III.- Requisitos aplicáveis às instalações amovíveis e/ou temporárias (tais como marquises, tendas de mercado, veículos para venda ambulante), às instalações utilizadas essencialmente como habitação privada mas nas quais os géneros alimentícios são regularmente preparados para a colocação no mercado e às máquinas de venda automática

1. As instalações e as máquinas de venda automática devem, na medida em que for razoavelmente praticável, estar localizadas e ser concebidas, construídas, e mantidas limpas e em boas condições, de forma a evitar o risco de contaminação, nomeadamente através de animais e parasitas.

2. Mais particularmente, sempre que necessário:

a) Devem existir instalações adequadas que permitam a manutenção de uma higiene pessoal adequada (incluindo instalações de lavagem e secagem higiénica das mãos, instalações sanitárias em boas condições de higiene e vestiários);

b) As superfícies em contacto com os alimentos devem ser mantidas em boas condições e devem poder ser facilmente limpas e, sempre que necessário, desinfectadas. Para o efeito, deverão ser utilizados materiais lisos, laváveis, resistentes à corrosão e não tóxicos, a menos que os operadores das empresas do sector alimentar possam provar à autoridade competente que os outros materiais utilizados são adequados;

c) Devem existir meios adequados para a lavagem e, sempre que necessário, desinfecção dos utensílios e equipamentos de trabalho;

d) Sempre que a limpeza dos géneros alimentícios for realizada pela empresa do sector alimentar, devem existir meios adequados para que essa operação possa decorrer de forma higiénica;

e) Deve existir um abastecimento adequado de água potável quente e/ou fria;

f) Devem existir instalações e/ou equipamentos adequados de armazenagem e eliminação higiénicas de substâncias perigosas e/ou não comestíveis, bem como de resíduos (líquidos ou sólidos);

g) Devem existir equipamentos e/ou instalações que permitam a manutenção dos alimentos a temperatura adequada, bem como o controlo dessa temperatura;

h) Os géneros alimentícios devem ser colocados em locais que impeçam, na medida em que for razoavelmente praticável, o risco de contaminação.

CAPÍTULO IV.- Transporte

1. Os veículos de transporte e/ou os contentores utilizados para o transporte de géneros alimentícios devem ser mantidos limpos e em boas condições, a fim proteger os géneros alimentícios da contaminação, devendo, sempre que necessário, ser concebidos e construídos de forma a permitir uma limpeza e/ou desinfecção adequada.

2. As caixas de carga dos veículos e/ou contentores não devem transportar senão géneros alimentícios se desse transporte puder resultar qualquer contaminação.

3. Sempre que os veículos e/ou os contentores forem utilizados para o transporte de outros produtos para além do de géneros alimentícios ou para o transporte simultâneo de diferentes géneros alimentícios, deverá existir, sempre que necessário, uma efectiva separação dos produtos.

4. Os géneros alimentícios a granel no estado líquido, em grânulos ou em pó devem ser transportados em caixas de carga e/ou contentores/cisternas reservados ao transporte de géneros alimentícios. Os contentores devem ostentar uma referência claramente visível e indelével, numa ou mais línguas da Comunidade, indicativa de que se destinam ao transporte de géneros alimentícios, ou a menção «destinado exclusivamente a géneros alimentícios».

5. Sempre que os veículos e/ou os contentores tiverem sido utilizados para o transporte de produtos que não sejam géneros alimentícios ou para o transporte de géneros alimentícios diferentes, dever-se-á proceder a uma limpeza adequada entre os carregamentos, para evitar o risco de contaminação.

6. A colocação e a protecção dos géneros alimentícios dentro dos veículos e/ou contentores devem ser de molde a minimizar o risco de contaminação.

7. Sempre que necessário, os veículos e/ou os contentores utilizados para o transporte de géneros alimentícios devem ser capazes de manter os géneros alimentícios a temperaturas adequadas e permitir que essas temperaturas sejam controladas.

CAPÍTULO V.- Requisitos aplicáveis ao equipamento

1. Todos os utensílios, aparelhos e equipamento que entrem em contacto com os alimentos devem:

a) Estar efectivamente limpos e, sempre que necessário, desinfectados. Deverão ser limpos e desinfectados com uma frequência suficiente para evitar qualquer risco de contaminação;

b) Ser fabricados com materiais adequados e mantidos em boas condições de arrumação e bom estado de conservação, de modo a minimizar qualquer risco de contaminação;

c) Exceptuando os recipientes e embalagens não recuperáveis, ser fabricados com materiais adequados e mantidos em boas condições de arrumação e bom estado de conservação, de modo a permitir a sua limpeza e, sempre que necessário, a sua desinfecção; e

d) Ser instalados de forma a permitir a limpeza adequada do equipamento e da área circundante.

2. Sempre que necessário, o equipamento deve conter dispositivos de controlo capazes de assegurar o cumprimento dos objectivos do presente regulamento.

3. Sempre que devam ser utilizados aditivos químicos para prevenir a corrosão de equipamento e de contentores, deverão ser seguidas as boas práticas de aplicação.

CAPÍTULO VI.- Resíduos alimentares

1. Os resíduos alimentares, os subprodutos não comestíveis e os outros resíduos deverão ser retirados das salas em que se encontrem alimentos, o mais depressa possível de forma a evitar a sua acumulação.

2. Os resíduos alimentares, os subprodutos não comestíveis e os demais resíduos devem ser depositados em contentores que se possam fechar, a menos que os operadores das empresas do sector alimentar possam provar à autoridade competente que outros tipos de contentores ou de sistemas de evacuação utilizados são adequados. Esses contentores devem ser de fabrico conveniente, ser mantidos em boas condições e ser fáceis de limpar e, sempre que necessário, de desinfectar.

3. Devem ser tomadas as medidas adequadas para a recolha e a eliminação dos resíduos alimentares, dos subprodutos não comestíveis e dos outros resíduos. Os locais de recolha dos resíduos devem ser concebidos e utilizados de modo a que possam ser mantidos limpos e, sempre que necessário, livres de animais e parasitas.

4. Todas as águas residuais devem ser eliminadas de um modo higiénico e respeitador do ambiente, em conformidade com a legislação comunitária aplicável para o efeito, e não devem constituir uma fonte directa ou indirecta de contaminação.

CAPÍTULO VII.- Abastecimento de água

1. *a)* Deve ser providenciado um abastecimento adequado de água potável, a qual deve ser utilizada sempre que necessário para garantir a não contaminação dos géneros alimentícios.

b) Pode ser utilizada água limpa nos produtos da pesca inteiros.

Pode ser utilizada água do mar limpa nos moluscos bivalves, equinodermes, tunicados e gastrópodes marinhos vivos; pode igualmente ser utilizada água limpa para a lavagem externa.

Nos casos em que essa água seja utilizada, deverão existir instalações e procedimentos adequados para o seu fornecimento, de modo a garantir que a sua utilização não constitua fonte de contaminação dos géneros alimentícios.

2. Quando for utilizada água não potável para, por exemplo, o combate a incêndios, a produção de vapor, a refrigeração ou outros objectivos similares, a água deve circular em sistemas separados, devidamente identificados. A água não potável não poderá ter qualquer ligação com os sistemas de água potável, nem possibilidade de refluxo para esses sistemas.

3. A água reciclada utilizada na transformação, ou como ingrediente, não deve acarretar um risco de contaminação. Deve obedecer aos mesmos padrões que a água potável, a não ser que a autoridade competente tenha garantias de que a qualidade da água não pode afectar a integridade do género alimentício na sua forma final.

4. O gelo que entre em contacto com alimentos ou que possa contaminar os alimentos deve ser fabricado com água potável ou, quando utilizado para refrigerar produtos da pesca inteiros, com água limpa. Esse gelo deve ser fabricado, manuseado e armazenado em condições que o protejam de qualquer contaminação.

5. O vapor utilizado em contacto directo com os alimentos não deve conter substâncias que representem um risco para a saúde ou que possam contaminar os alimentos.

6. Quando o tratamento térmico for aplicado a géneros alimentícios em recipientes hermeticamente fechados, deve assegurar-se que a água utilizada para o arrefecimento dos recipientes após o tratamento térmico não constitui uma fonte de contaminação para o género alimentício.

CAPÍTULO VIII.- Higiene pessoal

1. Qualquer pessoa que trabalhe num local em que sejam manuseados alimentos deve manter um elevado grau de higiene pessoal e deverá usar vestuário adequado, limpo e, sempre que necessário, que confira protecção.

2. Qualquer pessoa que sofra ou seja portadora de uma doença facilmente transmissível através dos alimentos ou que esteja afectada, por exemplo, por feridas infectadas, infecções cutâneas, inflamações ou diarreia será proibida de manipular géneros alimentícios e entrar em locais onde se manuseiem alimentos, seja a que título for, se houver probabilidades de contaminação directa ou indirecta. Qualquer pessoa afectada deste modo e empregada no sector alimentar e que possa entrar em contacto com géneros alimentícios deverá informar imediatamente o operador do sector alimentar de tal doença ou sintomas e, se possível, das suas causas.

CAPÍTULO IX.- Disposições aplicáveis aos géneros alimentícios

1. Um operador do sector alimentar não deve aceitar matérias-primas nem ingredientes para além de animais vivos, nem quaisquer outras matérias utilizadas para a transformação dos produtos que apresentem ou que se possa razoavelmente esperar que apresentem contaminação por parasitas, microrganismos patogénicos ou substâncias tóxicas, substâncias em decomposição ou substâncias estranhas na medida em que, mesmo depois de ter aplicado higienicamente os processos normais de triagem e/ou preparação ou transformação, o produto final esteja impróprio para consumo humano.

2. As matérias-primas e todos os ingredientes armazenados nas empresas do sector alimentar devem ser conservados em condições adequadas que evitem a sua deterioração e os protejam de qualquer contaminação.

3. Em todas as fases da produção, transformação e distribuição, os alimentos devem ser protegidos de qualquer contaminação que os possa tornar impróprios para consumo humano, perigosos para a saúde ou contaminados de tal forma que não seja razoável esperar que sejam consumidos nesse estado.

4. Devem ser instituídos procedimentos adequados para controlar os parasitas. Devem ser igualmente instituídos procedimentos adequados para prevenir que animais domésticos tenham acesso a locais onde os alimentos são preparados, manuseados ou armazenados (ou, sempre que a autoridade competente o permita em casos especiais, para prevenir que esse acesso possa ser fonte de contaminação).

5. As matérias-primas, os ingredientes e os produtos intermédios e acabados susceptíveis de permitirem a reprodução de microrganismos patogénicos ou a formação de toxinas não devem ser conservados a temperaturas de que possam resultar riscos para a saúde. A cadeia de frio não deve ser interrompida. No entanto, desde que daí não resulte um risco para a saúde, são permitidos períodos limitados sem controlo da temperatura, sempre que tal seja necessário para permitir o manuseamento durante a preparação, o transporte, a armazenagem, a exposição e a apresentação dos alimentos ao consumidor. As empresas do sector alimentar que fabriquem, manuseiem e acondicionem géneros alimentícios transformados devem dispor de salas com dimensões suficientes para a armazenagem separada de matérias-primas e matérias transformadas e de armazenagem refrigerada separada suficiente.

6. Quando se destinarem a ser conservados ou servidos frios, os géneros alimentícios devem ser arrefecidos o mais rapidamente possível após a fase de transformação pelo calor, ou após a fase final de preparação se a transformação pelo calor não for utilizada, até atingirem uma temperatura de que não resultem riscos para a saúde.

7. A descongelação dos géneros alimentícios deve ser efectuada de forma a minimizar o risco de desenvolvimento de microrganismos patogénicos ou a formação de toxinas nos alimentos. Durante a descongelação, os alimentos devem ser submetidos a temperaturas das quais não resulte um risco para a saúde. Os líquidos de escorrimento resultantes da descongelação devem ser adequadamente drenados caso apresentem um risco para a saúde. Depois da descongelação, os alimentos devem ser manuseados de forma a minimizar o risco de desenvolvimento de microrganismos patogénicos ou a formação de toxinas.

8. As substâncias perigosas e/ou não comestíveis, incluindo os alimentos para animais, devem ser adequadamente rotuladas e armazenadas em contentores separados e seguros.

CAPÍTULO X.- Disposições aplicáveis ao acondicionamento e embalagem dos géneros alimentícios

1. Os materiais de acondicionamento e embalagem não devem constituir fonte de contaminação.

2. Todo o material de acondicionamento deve ser armazenado por forma a não ficar exposto a risco de contaminação.

3. As operações de acondicionamento e embalagem devem ser executadas de forma a evitar a contaminação dos produtos. Sempre que necessário, como nomeadamente no caso de os recipientes serem caixas metálicas ou frascos de vidro, a sua integridade e limpeza têm de ser verificadas antes do enchimento.

4. Os materiais de acondicionamento e embalagem reutilizados para os géneros alimentícios devem ser fáceis de limpar e, sempre que necessário, fáceis de desinfectar.

CAPÍTULO XI.- Tratamento térmico

Os requisitos a seguir indicados aplicam-se apenas aos alimentos colocados no mercado em recipientes hermeticamente fechados.

1. Qualquer processo de tratamento térmico utilizado para transformar um produto não transformado ou para outra transformação de um produto transformado deve:

a) Fazer subir a temperatura de todas as partes do produto tratado até uma determinada temperatura durante um determinado período de tempo; e

b) Impedir o produto de ser contaminado durante o processo.

2. A fim de assegurar que o processo utilizado atinja os objectivos pretendidos, os operadores das empresas do sector alimentar devem controlar regularmente os principais parâmetros pertinentes (em especial, a temperatura, a pressão, a hermeticidade e a microbiologia), nomeadamente através da utilização de dispositivos automáticos.

3. O processo utilizado deve obedecer a uma norma internacionalmente reconhecida (por exemplo, pasteurização, ultra-pasteurização ou esterilização).

CAPÍTULO XII.- Formação

Os operadores das empresas do sector alimentar devem assegurar que:

1. O pessoal que manuseia os alimentos seja supervisado e disponha, em matéria de higiene dos géneros alimentícios, de instrução e/ou formação adequadas para o desempenho das sua funções;

2. Os responsáveis pelo desenvolvimento e manutenção do processo referido no n.º 1 do artigo 5.º do presente regulamento ou pela aplicação das orientações pertinentes tenham recebido formação adequada na aplicação dos princípios HACCP; e

3. Todos os requisitos da legislação nacional relacionados com programas de formação de pessoas que trabalhem em determinados sectores alimentares sejam respeitados.

29 de Abril de 2004.- Regulamento (CE) n.º 853/2004
do Parlamento Europeu e do Conselho
que estabelece regras específicas de higiene aplicáveis aos géneros alimentícios de origem animal
(J.O. L 139, 30/04/2004)

(V.C. 01/06/2014)

TJUE,16 de Outubro de 2014. Processo C-453/13, The Queen, a pedido de Newby Foods Ltd contra Food Standards Agency [Interpretação do Anexo I].
TJUE, de 29 de Outubro de 2009. Processo C-140/08, Rakvere Lihakombinaat AS contra Põllumajandusministeerium e Maksu- ja Tolliameti Ida maksu- ja tollikeskus [Fundamento Anexo I].

O PARLAMENTO EUROPEU E O CONSELHO DA UNIÃO EUROPEIA,
Tendo em conta o Tratado que institui a Comunidade Europeia e, nomeadamente, a alínea b) do n.º 4 do seu artigo 152.º,
Tendo em conta a proposta da Comissão,
Tendo em conta o parecer do Comité Económico e Social Europeu,
Após consulta ao Comité das Regiões,
Deliberando nos termos do artigo 251.º do Tratado,
Considerando o seguinte:
(1) Com o Regulamento (CE) n.º 852/2004, o Parlamento Europeu e o Conselho estabeleceram as regras básicas de higiene a respeitar pelos operadores do sector alimentar.
(2) Certos géneros alimentícios podem apresentar riscos específicos para a saúde humana que tornem necessário o estabelecimento de regras específicas de higiene. É esse nomeadamente o caso dos géneros alimentícios de origem animal, nos quais se têm frequentemente constatado riscos microbiológicos e químicos.
(3) No âmbito da política agrícola comum, foram aprovadas muitas directivas destinadas a estabelecer regras sanitárias específicas para a produção e a colocação no mercado dos produtos enumerados no anexo I do Tratado. Essas regras sanitárias reduziram os entraves ao comércio dos produtos em questão, contribuindo para a criação do mercado interno e assegurando simultaneamente um elevado nível de protecção da saúde pública.
(4) Em matéria de saúde pública, essas regras contêm princípios comuns, relacionados em particular com as responsabilidades dos fabricantes e das autoridades competentes, com os requisitos estruturais, operacionais e de higiene que devem ser cumpridos nos estabelecimentos, com os processos de aprovação dos estabelecimentos, e com as condições de armazenagem e transporte e a marcação de salubridade dos produtos.
(5) Esses princípios constituem uma base comum para a produção higiénica de géneros alimentícios de origem animal e permitem simplificar as directivas existentes.
(6) É desejável que as regras em questão sejam ainda simplificadas através da aplicação, sempre que adequado, das mesmas regras a todos os produtos de origem animal.
(7) O requisito do Regulamento (CE) n.º 852/2004, pelo qual os operadores do sector alimentar que realizem qualquer fase da produção, transformação e distribuição de alimentos depois da produção primária e das operações associadas devem criar, aplicar e manter processos baseados nos princípios da análise dos perigos e do controlo dos pontos críticos (HACCP) também permite a simplificação.
(8) Em conjunto, estes elementos justificam a reformulação das regras específicas de higiene que constam das actuais directivas.
(9) A reformulação das referidas regras tem essencialmente por objectivo assegurar um elevado nível de protecção do consumidor nomeadamente em matéria de segurança dos géneros alimentícios sujeitando todas as empresas do sector alimentar da União Europeia às mesmas regras, e garantir o correcto funcionamento do mercado interno dos produtos de origem animal, contribuindo desta forma para atingir os objectivos da política agrícola comum.
(10) Há que manter e, se necessário para garantir a protecção do consumidor, reforçar as regras pormenorizadas de higiene aplicáveis aos produtos de origem animal.
(11) As regras comunitárias não deverão aplicar-se à produção primária para uso doméstico privado, nem à preparação, manuseamento ou armazenagem de géneros

alimentícios para consumo doméstico privado. Todavia, no caso do fornecimento directo de pequenas quantidades de produtos da produção primária ou de certos tipos de carne pelo operador da empresa do sector alimentar que os produz ao consumidor final ou a um estabelecimento local de comércio retalhista, é adequado proteger a saúde pública através da legislação nacional, em especial devido à relação estreita entre o produtor e o consumidor.

(12) Os requisitos do Regulamento (CE) n.° 852/2004, em geral, bastam para garantir a segurança dos géneros alimentícios nos estabelecimentos de comércio retalhista que implicam a venda ou o fornecimento de géneros alimentícios de origem animal directamente ao consumidor final. O presente regulamento deve aplicar-se, de um modo geral, ao comércio retalhista (isto é, quando um estabelecimento retalhista executa operações tendo em vista o fornecimento de géneros alimentícios de origem animal a outro estabelecimento). Todavia, com excepção dos requisitos específicos em matéria de temperatura fixados no presente regulamento, os requisitos do Regulamento (CE) n.° 852/2004 devem bastar para as actividades grossistas que consistem exclusivamente na armazenagem ou no transporte.

(13) Os Estados-Membros devem dispor de poder discricionário para alargar ou limitar a aplicação dos requisitos do presente regulamento ao comércio retalhista, no âmbito da legislação nacional. No entanto, a aplicação destes requisitos só poderá ser limitada se os Estados-Membros considerarem que os requisitos do Regulamento (CE) n.° 852/2004 são suficientes para alcançar os objectivos de higiene dos géneros alimentícios e quando o fornecimento de géneros alimentícios de origem animal de um estabelecimento de comércio retalhista a outro estabelecimento constituir uma actividade marginal, localizada e restrita. Esse fornecimento deve, portanto, representar apenas uma pequena parte da actividade do estabelecimento; os estabelecimentos por ele fornecidos devem situar-se na sua proximidade imediata; e o fornecimento deve dizer respeito apenas a certos tipos de produtos ou estabelecimentos.

(14) Nos termos do artigo 10.° do Tratado, os Estados-Membros devem tomar todas as medidas adequadas para garantir que os operadores das empresas do sector alimentar cumpram as obrigações previstas no presente regulamento.

(15) A rastreabilidade dos géneros alimentícios constitui um elemento essencial para garantir a segurança dos alimentos. Além de cumprirem as regras gerais previstas no Regulamento (CE) n.° 178/2002, os operadores das empresas do sector alimentar responsáveis por estabelecimentos sujeitos a aprovação nos termos do presente regulamento devem assegurar que todos os produtos de origem animal por si colocados no mercado ostentem uma marca de salubridade ou uma marca de identificação.

(16) Os géneros alimentícios importados na Comunidade devem satisfazer os requisitos gerais previstos no Regulamento (CE) n.° 178/2002 ou cumprir regras equivalentes às regras comunitárias. O presente regulamento define regras específicas de higiene para os géneros alimentícios de origem animal importados na Comunidade.

(17) A aprovação do presente regulamento não deverá reduzir o nível de protecção proporcionado pelas garantias adicionais acordadas para a Finlândia e para a Suécia aquando da sua adesão à Comunidade e confirmadas nas Decisões 94/968/CE, 95/50/CE, 95/160/CE , 95/161/CE , 95/168/CE , 95/409/CE , 95/410/CE e 95/411/CE da Comissão. Deverá proporcionar um procedimento para a concessão de garantias, durante um período transitório, a qualquer Estado-Membro que possua, para o género alimentício de origem animal em questão, um programa de controlo nacional aprovado equivalente aos aprovados para a Finlândia e para a Suécia. O Regulamento (CE) n.° 2160/2003 do Parlamento Europeu e do Conselho, de 17 de Novembro de 2003, relativo ao controlo de salmonelas e outros agentes zoonóticos específicos de origem alimentar prevê um procedimento semelhante no que respeita aos animais vivos e aos ovos para incubação.

(18) É adequado que os requisitos estruturais e de higiene estabelecidos no presente regulamento sejam aplicáveis a todos os tipos de estabelecimentos, incluindo as pequenas empresas e os matadouros móveis.

(19) É conveniente usar de flexibilidade para permitir a continuação da utilização de métodos tradicionais nas diferentes fases da produção, transformação ou distribuição dos géneros alimentícios, e em relação aos requisitos estruturais aplicáveis aos estabelecimentos. A flexibilidade é particularmente importante para as regiões sujeitas a condicionalismos geográficos especiais, incluindo as regiões ultraperiféricas a que se refere o n.° 2 do artigo 299.° do Tratado. A flexibilidade não deve, no entanto, comprometer os objectivos de higiene dos géneros alimentícios. Além disso, uma vez

que todos os géneros alimentícios produzidos de acordo com as regras de higiene poderão, regra geral, circular livremente em toda a Comunidade, o processo que permite aos Estados-Membros exercer essa flexibilidade deve ser totalmente transparente, devendo, sempre que necessário para resolver qualquer diferendo, prever a possibilidade de discussão a nível do Comité Permanente da Cadeia Alimentar e da Saúde Animal, instituído pelo Regulamento (CE) n.º 178/2002, bem como de coordenação e adopção de medidas adequadas por parte da Comissão.

(20) A definição de «carne separada mecanicamente» deve ser uma definição genérica que abranja todos os métodos de separação mecânica. A rápida evolução tecnológica neste domínio aconselha uma definição flexível. Os requisitos técnicos aplicáveis à carne separada mecanicamente devem, todavia, diferir em função de uma análise de risco dos produtos resultante de métodos diferentes.

(21) Existem interacções entre os operadores das empresas do sector alimentar, incluindo os do sector dos alimentos para animais, e ligações entre as preocupações em matéria de saúde animal, bem-estar dos animais e saúde pública em todas as fases da produção, transformação e distribuição, o que exige uma comunicação adequada entre os diversos intervenientes ao longo da cadeia alimentar, desde a produção primária até à comercialização.

(22) A fim de assegurar uma inspecção adequada da caça selvagem colocada no mercado da Comunidade, os cadáveres de animais caçados e as suas vísceras devem ser apresentados para inspecção oficial *post mortem* num estabelecimento de manipulação de caça. Contudo, para preservar certas tradições cinegéticas sem prejudicar a segurança dos alimentos, convém prever a formação dos caçadores que colocam caça selvagem no mercado para consumo humano, por forma a permitir-lhes proceder a um exame inicial da caça selvagem *in loco*. Nestas circunstâncias, não é necessário exigir aos caçadores com essa formação que entreguem todas as vísceras ao estabelecimento de manuseamento de caça para exame *post mortem*, se aqueles, tendo procedido ao exame inicial, não tiverem detectado anomalias ou riscos. Deverá, porém, ser possível fixar regras mais rigorosas nos Estados-Membros, para atender a riscos específicos.

(23) O presente regulamento deve estabelecer critérios para o leite cru enquanto não forem adoptados novos requisitos para a sua colocação no mercado. Esses critérios devem corresponder a valores de desencadeamento, o que implica que, se esses valores forem excedidos, os operadores das empresas do sector alimentar deverão tomar medidas correctivas e notificar as autoridades competentes. Os critérios em questão não devem traduzir-se em valores máximos acima dos quais o leite cru não possa ser colocado no mercado. Tal implica que, em determinadas circunstâncias, o leite cru que não satisfaça plenamente os critérios poderá ser utilizado em segurança para o consumo humano, se forem tomadas medidas apropriadas. No que se refere ao leite cru ou nata crua destinados ao consumo humano directo, dever-se-á permitir que cada Estado-Membro mantenha ou estabeleça medidas sanitárias apropriadas para assegurar a consecução dos objectivos do presente regulamento no seu território.

(24) É adequado que o critério para o leite cru utilizado para o fabrico de produtos lácteos seja três vezes superior ao critério para o leite cru recolhido na exploração. O critério para o leite utilizado no fabrico de produtos lácteos transformados é um valor absoluto, ao passo que o critério para o leite cru recolhido na exploração é uma média. A conformidade com os requisitos de temperatura estabelecidos no presente regulamento não impede a proliferação bacteriana durante o transporte e a armazenagem.

(25) A presente reformulação permite revogar as regras de higiene em vigor. É esse o objectivo da Directiva 2004/41/CE do Parlamento Europeu e do Conselho, de 21 de Abril de 2004, que revoga certas directivas relativas à higiene dos géneros alimentícios e às regras sanitárias aplicáveis à produção e à comercialização de determinados produtos de origem animal destinados ao consumo humano.

(26) Por outro lado, as regras do presente regulamento relativas aos ovos substituem as da Decisão 94/371/CE do Conselho, de 20 de Junho de 1994, que estabelece condições específicas de saúde pública para a comercialização de certos tipos de ovos que, com a revogação do anexo II da Directiva 92/118/CEE, deixam de se justificar.

(27) A legislação comunitária sobre higiene dos géneros alimentícios deve basear-se em pareceres científicos. Para tanto e sempre que necessário, deve ser consultada a Autoridade Europeia para a Segurança dos Alimentos.

(28) Para tomar em consideração o progresso científico e técnico, deve-se assegurar uma cooperação estreita e eficaz entre a Comissão e os Estados-Membros no âmbito do Comité Permanente da Cadeia Alimentar e da Saúde Animal.

(29) Os requisitos do presente regulamento não serão aplicáveis enquanto todas as partes da nova legislação sobre a higiene dos géneros alimentícios não tenham entrado em vigor. Convém igualmente prever que decorra, pelo menos, 18 meses entre a entrada em vigor e a aplicação da nova regulamentação, a fim de dar tempo às indústrias afectadas para se adaptarem.

(30) As medidas necessárias à execução do presente regulamento serão aprovadas nos termos da Decisão 1999/468/CE do Conselho, de 28 de Junho de 1999, que fixa as regras de exercício das competências de execução atribuídas à Comissão,

ADOPTARAM O PRESENTE REGULAMENTO:

CAPÍTULO I.- DISPOSIÇÕES GERAIS

Artigo 1.º *Âmbito de aplicação*
1. O presente regulamento estabelece regras específicas para os operadores das empresas do sector alimentar no que se refere à higiene dos géneros alimentícios de origem animal. Estas regras complementam as previstas no Regulamento (CE) n.º 852/2004 e são aplicáveis aos produtos de origem animal transformados e não transformados.
2. Salvo indicação expressa em contrário, o presente regulamento não é aplicável aos géneros alimentícios que contenham simultaneamente produtos transformados de origem animal e vegetal. Todavia, os produtos transformados de origem animal utilizados na preparação desses géneros alimentícios devem ser obtidos e manipulados de acordo com os requisitos do presente regulamento.
3. O presente regulamento não é aplicável:
a) À produção primária destinada a uso doméstico privado;
b) À preparação, manipulação e armazenagem domésticas de géneros alimentícios para consumo privado;
c) Ao fornecimento directo, pelo produtor, de pequenas quantidades de produtos primários ao consumidor final ou a estabelecimentos de comércio retalhista que abasteçam directamente o consumidor final;
d) Ao fornecimento directo, pelo produtor, de pequenas quantidades de carne de aves de capoeira e de lagomorfos abatidos na exploração, ao consumidor final ou a estabelecimentos de comércio retalhista que abasteçam directamente o consumidor final com esta carne fresca;
e) A caçadores que forneçam pequenas quantidades de caça ou de carne de caça selvagem directamente ao consumidor final ou a estabelecimentos de comércio retalhista que abasteçam directamente o consumidor final.
4. Os Estados-Membros devem estabelecer, ao abrigo do direito nacional, regras que regulem as actividades e as pessoas referidas nas alíneas c), d) e e) do n.º 3. Essas regras nacionais devem assegurar o cumprimento dos objectivos do presente regulamento.
5.
a) Salvo indicação expressa em contrário, o presente regulamento não é aplicável ao comércio retalhista.
b) Todavia, o presente regulamento é aplicável ao comércio retalhista quando as operações se destinarem ao fornecimento de géneros alimentícios de origem animal a outro estabelecimento, excepto se:
i) essas operações consistirem exclusivamente na armazenagem ou no transporte, aplicando-se neste caso, os requisitos específicos de temperatura referidos no anexo III, ou
ii) o fornecimento de géneros alimentícios de origem animal a partir de um estabelecimento de comércio retalhista se fizer apenas a outro estabelecimento de comércio retalhista e, segundo a legislação nacional, consistir numa actividade marginal, localizada e restrita.
c) Os Estados-Membros podem adoptar medidas nacionais para aplicar os requisitos do presente regulamento a estabelecimentos de comércio retalhista situados no seu território, aos quais o regulamento não seria aplicável nos termos das alíneas a) ou b).
6. O presente regulamento é aplicável sem prejuízo:

a) Das regras de saúde pública e animal aplicáveis, incluindo regras mais rigorosas relativas à prevenção, controlo e erradicação de certas encefalopatias espongiformes transmissíveis;

b) Das normas relativas ao bem-estar dos animais; e

c) Dos requisitos relativos à identificação dos animais e à rastreabilidade dos produtos de origem animal.

Artigo 2.° *Definições*
Para efeitos do presente regulamento são aplicáveis as seguintes definições:
1. As definições previstas no Regulamento (CE) n.° 178/2002;
2. As definições previstas no Regulamento (CE) n.° 852/2004;
3. As definições previstas no anexo I; e
4. As definições técnicas previstas nos anexos II e III.

CAPÍTULO II.- OBRIGAÇÕES DOS OPERADORES DAS EMPRESAS DO SECTOR ALIMENTAR

Artigo 3.° *Obrigações gerais*
1. Os operadores das empresas do sector alimentar devem dar cumprimento às disposições pertinentes dos anexos II e III.

2. Os operadores das empresas do sector alimentar não podem utilizar nenhuma substância além de água potável — ou, quando o Regulamento (CE) n.° 852/2004 ou o presente regulamento permitam a sua utilização, água limpa — para removerem qualquer eventual contaminação da superfície dos produtos de origem animal, excepto se a utilização dessa substância tiver sido aprovada pela Comissão. Essas medidas, que têm por objecto alterar elementos não essenciais do presente regulamento, completando-o, são aprovadas pelo procedimento de regulamentação com controlo a que se refere o n.° 3 do artigo 12.° Os operadores do sector alimentar devem igualmente observar todas as condições de utilização que possam ser aprovadas segundo o mesmo procedimento. A utilização de uma substância aprovada não afecta a obrigação de o operador do sector alimentar cumprir os requisitos do presente regulamento.

Artigo 4.° *Registo e aprovação de estabelecimentos*
1. Os operadores das empresas do sector alimentar só podem colocar no mercado produtos de origem animal fabricados na Comunidade que tenham sido preparados e manipulados exclusivamente em estabelecimentos que:
a) Cumpram os requisitos aplicáveis do Regulamento (CE) n.° 852/2004, dos anexos II e III do presente regulamento e outros requisitos pertinentes da legislação relativa aos géneros alimentícios;
b) Tenham sido registados pela autoridade competente ou por ela aprovados, quando requerido nos termos do n.° 2.
2. Sem prejuízo do n.° 3 do artigo 6.° do Regulamento (CE) n.° 852/2004, os estabelecimentos que manipulam os produtos de origem animal para os quais o anexo III estabelece requisitos, só poderão operar se a autoridade competente os tiver aprovado nos termos do n.° 3, com excepção dos estabelecimentos que efectuem apenas:
a) Produção primária;
b) Operações de transporte;
c) Armazenamento de produtos que não exijam condições de armazenagem a temperatura controlada; ou
d) Operações de comércio retalhista diferentes daquelas a que se aplica o presente regulamento nos termos da alínea b) do n.° 5 do artigo 1.°
3. Um estabelecimento sujeito à aprovação nos termos do n.° 2 só pode funcionar se, nos termos do Regulamento (CE) n.° 854/2004 do Parlamento Europeu e do Conselho, de 29 de Abril de 2004, que estabelece as regras de execução dos controlos oficiais de produtos de origem animal destinados ao consumo humano, a autoridade competente tiver concedido ao estabelecimento:
a) Autorização de funcionamento, após uma visita ao local; ou
b) Uma autorização condicional.
4. Os operadores das empresas do sector alimentar devem cooperar com as autoridades competentes nos termos do Regulamento (CE) n.° 854/2004. Em especial, os operadores do sector alimentar devem garantir que um estabelecimento deixe de operar se a autoridade competente retirar a sua autorização, ou, em caso de autorização condicional, se a não prorrogar ou não conceder a autorização definitiva.

5. O presente artigo não impede um estabelecimento de colocar géneros alimentícios no mercado entre a data de aplicação do presente regulamento e a da primeira inspecção pela entidade competente, se o estabelecimento:

a) Estiver sujeito a aprovação nos termos do n.º 2 e, imediatamente antes da aplicação do presente regulamento, já estiver a colocar no mercado géneros alimentícios de origem animal nos termos da legislação comunitária; ou

b) Pertencer à categoria de estabelecimentos que não se encontravam sujeitos a exigências de aprovação antes da entrada em aplicação do presente regulamento.

Artigo 5.º *Marca de salubridade e de identificação*
1. Os operadores das empresas do sector alimentar não podem colocar no mercado produtos de origem animal manipulados num estabelecimento sujeito a aprovação nos termos do n.º 2 do artigo 4.º a menos que estes detenham:

a) Uma marca de salubridade aplicada nos termos do Regulamento (CE) n.º 854/2004; ou

b) Uma marca de identificação aplicada nos termos da secção I, do anexo II do presente regulamento, quando aquele regulamento não preveja a aplicação de uma marca de salubridade.

2. Os operadores das empresas do sector alimentar só podem aplicar marcas de identificação a produtos de origem animal se estes tiverem sido fabricados nos termos do presente regulamento em estabelecimentos que cumpram os requisitos do artigo 4.º

3. Os operadores das empresas do sector alimentar não podem remover da carne uma marca de salubridade aplicada nos termos do Regulamento (CE) n.º 854/2004, excepto se a cortarem ou processarem de outra forma.

Artigo 6.º *Produtos de origem animal de fora da Comunidade*
1. Os operadores das empresas do sector alimentar que importem produtos de origem animal provenientes de países terceiros devem assegurar que a importação só se realizará se:

a) O país terceiro de expedição constar de uma lista, elaborada nos termos do artigo 11.º do Regulamento (CE) n.º 854/2004, dos países terceiros a partir dos quais é autorizada a importação dos produtos em causa;

b)
i) O estabelecimento de expedição, no qual esses produtos tenham sido obtidos ou preparados, constar de uma lista, elaborada nos termos do artigo 12.º do Regulamento (CE) n.º 854/2004, dos estabelecimentos a partir dos quais é autorizada a importação dos produtos em causa, se aplicável;

ii) No caso da carne fresca, da carne picada, dos preparados de carne e dos produtos cárneos e da carne separada mecanicamente, os produtos tiverem sido fabricados a partir de carne obtida em matadouros e instalações de desmancha que constem de listas elaboradas e actualizadas nos termos do artigo 12.º do Regulamento (CE) n.º 854/2004 ou em estabelecimentos comunitários aprovados; e

iii) No caso dos moluscos bivalves equinodermes, tunicados e gastrópodes marinhos vivos, a área de produção constar de uma lista elaborada nos termos do artigo 13.º do referido regulamento, se aplicável;

c) Os produtos cumprirem:
i) Os requisitos do presente regulamento, incluindo os requisitos do artigo 5.º sobre marcas de salubridade e identificação;

ii) Os requisitos do Regulamento (CE) n.º 852/2004; e

iii) Quaisquer condições em matéria de importação previstas na legislação comunitária que regula os controlos da importação de produtos de origem animal; e

d) Forem cumpridos os requisitos do artigo14.º do Regulamento (CE) n.º 854/2004 em matéria de certificados e de documentação, se aplicável.

2. Em derrogação do n.º 1, a importação de produtos da pesca pode igualmente efectuar-se de acordo com os procedimentos especiais estabelecidos no artigo 15.º do Regulamento (CE) n.º 854/2004.

3. Os operadores das empresas do sector alimentar que importem produtos de origem animal devem assegurar que:

a) Os produtos estejam disponíveis para controlo aquando da importação nos termos da Directiva 97/78/CE;

b) A importação cumpra os requisitos da Directiva 2002/99/CE; e

c) As operações sob o seu controlo, após a importação, sejam efectuadas segundo os requisitos do anexo III.

4. Os operadores das empresas do sector alimentar que importem produtos de origem vegetal e produtos transformados de origem animal devem assegurar que os produtos transformados de origem animal incluídos nesses géneros alimentícios cumprem os requisitos dos n.ᵒˢ 1 a 3. Devem poder demonstrar que o fizeram [designadamente, através de documentação ou certificação adequadas, não necessariamente no formato especificado na alínea d) do n.º 1].

CAPÍTULO III.- COMÉRCIO

Artigo 7.º *Documentação*
1. Sempre que tal lhes seja solicitado nos termos dos anexos II ou III, os operadores das empresas do sector alimentar devem assegurar que as remessas de produtos de origem animal sejam acompanhadas por certificados ou outros documentos.
2. Segundo o procedimento previsto no n.º 2 do artigo 12.º:
a) Podem ser criados modelos de documentos; e
b) Pode ser prevista a utilização de documentos electrónicos.

Artigo 8.º *Garantias especiais*
1. As regras previstas no n.º 2 em relação às salmonelas devem ser aplicadas pelos operadores das empresas do sector alimentar que pretendam colocar os seguintes géneros alimentícios de origem animal nos mercados da Suécia e da Finlândia:
a) Carne de bovino e de suíno, incluindo a carne picada mas excluindo os preparados de carne e a carne separada mecanicamente;
b) Carne de aves de capoeira das seguintes espécies: galinha, peru, pintada, pato e ganso, incluindo a carne picada mas excluindo os preparados de carne e a carne separada mecanicamente; e
c) Ovos.
2.
a) No caso da carne de bovino e de suíno e da carne de aves de capoeira, as amostras de remessas devem ter sido colhidas no estabelecimento de envio e sujeitas a análises microbiológicas com resultados negativos, nos termos da legislação comunitária.
b) No caso dos ovos, os centros de embalagem devem dar garantias de que as remessas são originárias de bandos que tenham sido sujeitos a análises microbiológicas com resultados negativos, nos termos da legislação comunitária.
c) No caso da carne de bovino e de suíno, não têm de ser efectuadas as análises previstas na alínea a) para as remessas destinadas a um estabelecimento para efeitos de pasteurização, esterilização, ou outro tratamento com efeitos semelhantes. No caso dos ovos, não têm de ser efectuadas as análises previstas na alínea b) para as remessas destinadas ao fabrico de produtos transformados através de um processo que garanta a eliminação da salmonela.
d) Não têm de ser efectuadas as análises referidas nas alíneas a) e b) para os géneros alimentícios provenientes de um estabelecimento que esteja sujeito a um programa de controlo reconhecido, relativamente aos géneros alimentícios de origem animal em causa e segundo o procedimento previsto no n.º 2 do artigo 12.º, como sendo equivalente ao aprovado para a Suécia e para a Finlândia.
e) No caso das carnes de bovino, de suíno e de aves de capoeira, os géneros alimentícios devem ser acompanhados por um documento comercial ou um certificado conforme com um modelo previsto na legislação comunitária, que declare que:
i) Os controlos previstos na alínea a) foram realizados com resultados negativos; ou
ii) A carne se destina a um dos tratamentos mencionados na alínea c); ou
iii) A carne provém de um estabelecimento abrangido pela alínea d).
f) No caso dos ovos, as remessas devem ser acompanhadas por um certificado que declare que as análises mencionadas na alínea b) foram realizadas com resultados negativos, ou que os ovos se destinam a ser utilizados da forma referida na alínea c).
3.
a) A Comissão pode actualizar os requisitos previstos nos n.ᵒˢ 1 e 2 para ter em conta, designadamente as alterações nos programas de controlo dos Estados-Membros ou a definição de critérios microbiológicos nos termos do Regulamento (CE) n.º 852/2004. Essas medidas, que têm por objecto alterar elementos não essenciais do presente regulamento, nomeadamente completando-o, são aprovadas pelo procedimento de regulamentação com controlo a que se refere o n.º 3 do artigo 12.º;
b) Pelo procedimento de regulamentação a que se refere o n.º 2 do artigo 12.º, as regras previstas no n.º 2 do presente artigo em relação a qualquer dos géneros

alimentícios mencionados no n.º 1 do presente artigo podem ser total ou parcialmente estendidas a qualquer Estado-Membro ou a qualquer região de um Estado-Membro que possua um programa de controlo reconhecido como equivalente ao aprovado para a Suécia e para a Finlândia relativamente aos géneros alimentícios de origem animal em causa.

4. Para efeitos do presente artigo, entende-se por «programa de controlo», um programa de controlo aprovado nos termos do Regulamento (CE) n.º 2160/2003.

CAPÍTULO IV.- DISPOSIÇÕES FINAIS

Artigo 9.º
As medidas transitórias de alcance geral, que têm por objecto alterar elementos não essenciais do presente regulamento, nomeadamente completando-o mediante o aditamento de novos elementos não essenciais, designadamente especificações complementares dos requisitos previstos no presente regulamento, são aprovadas pelo procedimento de regulamentação com controlo a que se refere o n.º 3 do artigo 12.º.

Podem ser aprovadas outras medidas de execução ou transitórias pelo procedimento de regulamentação a que se refere o n.º 2 do artigo 12.º.

Artigo 10.º *Alteração e adaptação dos anexos II e III*
1. A Comissão pode adaptar ou actualizar as disposições dos anexos II e III, tendo em conta:
a) A elaboração de códigos de boas práticas;
b) A experiência adquirida com a aplicação de sistemas baseados nos princípios HACCP, nos termos do artigo 5.º do Regulamento (CE) n.º 852/2004;
c) A evolução tecnológica e as suas consequências práticas, bem como as expectativas do consumidor relativamente à composição dos alimentos;
d) Os pareceres científicos, em especial novas avaliações dos riscos;
e) Os critérios microbiológicos e de temperatua relativos aos géneros alimentícios;
f) As alterações dos padrões de consumo.
Essas medidas, que têm por objecto alterar elementos não essenciais do presente regulamento, completando-o, são aprovadas pelo procedimento de regulamentação com controlo a que se refere o n.º 3 do artigo 12.º.
2. A Comissão pode conceder derrogações ao disposto nos anexos II e III, desde que não afectem o cumprimento dos objectivos do presente regulamento. Essas medidas, que têm por objecto alterar elementos não essenciais do presente regulamento, são aprovadas pelo procedimento de regulamentação com controlo a que se refere o n.º 3 do artigo 12.º.
3. Desde que não comprometam a concretização dos objectivos do presente regulamento, os Estados-Membros podem adoptar medidas nacionais para adaptar os requisitos previstos no anexo III, nos termos dos n.º s 4 a 8 do presente artigo.
4.
a) As medidas nacionais a que se refere o n.º 3 devem ter por objecto:
i) Permitir que continuem a ser utilizados métodos tradicionais em qualquer das fases da produção, transformação ou distribuição dos géneros alimentícios; ou
ii) Dar resposta às necessidades das empresas do sector alimentar situadas em regiões sujeitas a condicionalismos geográficos especiais.
b) Noutras circunstâncias, serão aplicáveis apenas à construção, concepção e equipamento dos estabelecimentos.
5. Qualquer Estado-Membro que pretenda adoptar medidas nacionais, tal como referido no n.º 4, deve notificar do facto a Comissão e os restantes Estados-Membros. Da notificação deve constar:
a) Uma descrição pormenorizada dos requisitos que o Estado-Membro considere que devem ser adaptados e a natureza da adaptação pretendida;
b) Uma descrição dos géneros alimentícios e dos estabelecimentos em causa;
c) A explicação das razões da adaptação, incluindo, se pertinente, um resumo da análise de riscos efectuada e quaisquer medidas a tomar para garantir que a adaptação não comprometa os objectivos do presente regulamento;
d) Qualquer outra informação pertinente.
6. Os restantes Estados-Membros dispõem de um prazo de três meses a contar da recepção da notificação referida no n.º 5 para enviar comentários escritos à Comissão. No caso das adaptações referidas na alínea b) do n.º 4, esse prazo será aumentado para quatro meses, a pedido de qualquer Estado-Membro. A Comissão pode consultar os

Estados-Membros no âmbito do comité previsto no n.º 1 do artigo 12.º, devendo fazê-lo sempre que receba comentários de um ou vários Estados-Membros. A Comissão pode decidir, segundo o procedimento referido no n.º 2 do artigo 12.º, se as medidas previstas podem ser postas em prática, se necessário após as devidas alterações. Quando adequado, a Comissão pode propor medidas gerais de acordo com os n.ºs 1 ou 2 do presente artigo.

7. Um Estado-Membro só pode adoptar medidas nacionais de adaptação dos requisitos do anexo III:
a) Em cumprimento de uma decisão adoptada nos termos do n.º 6;
b) Se, um mês após o termo do prazo previsto no n.º 6, a Comissão não tiver informado os Estados-Membros de que recebeu quaisquer comentários escritos ou de que tenciona propor a adopção de uma decisão nos termos do n.º 6; ou
c) Nos termos do n.º 8.

8. Um Estado-Membro pode, por sua própria iniciativa e no respeito das disposições gerais do Tratado, manter ou estabelecer regras nacionais que:
a) Proíbam ou restrinjam a colocação no mercado, no seu território, de leite cru ou nata crua destinados ao consumo humano directo; ou
b) Permitam a utilização, com a autorização da autoridade competente, do leite cru que não satisfaça os critérios previstos na secção IX do anexo III, no que diz respeito à contagem em placas e contagem de células somáticas, para o fabrico de queijos com um período de maturação de pelo menos 60 dias, e de produtos lácteos obtidos em relação com a produção desses queijos, desde que tal não prejudique a realização dos objectivos do presente regulamento.

Artigo 11.º *Decisões específicas*
Sem prejuízo da aplicabilidade geral do artigo 9.º e do n.º 1 do artigo 10.º, podem ser aprovadas medidas de execução pelo procedimento de regulamentação a que se refere o n.º 2 do artigo 12.º e alterações dos anexos II ou III, que consistam em medidas que tenham por objecto alterar elementos não essenciais do presente regulamento, pelo procedimento de regulamentação com controlo a que se refere o n.º 3 do artigo 12.º, no sentido de:
1. Prever regras para o transporte de carne não refrigerada;
2. Especificar, a respeito de carne separada mecanicamente, o teor de cálcio que não é significativamente superior ao da carne picada;
3. Estabelecer outros tratamentos que possam ser aplicados, num estabelecimento de transformação, a moluscos bivalves vivos de áreas de produção de classe B ou C que não tenham sido sujeitos a depuração ou afinação;
4. Especificar métodos de teste reconhecidos para as biotoxinas marinhas;
5. Estabelecer normas sanitárias adicionais para moluscos bivalves vivos, em cooperação com o laboratório comunitário de referência competente, incluindo:
a) Os valores-limite e os métodos de análise para outras biotoxinas marinhas;
b) As técnicas para a pesquisa de vírus e normas virológicas; e
c) Os planos de amostragem e os métodos e tolerâncias analíticas a aplicar para verificação da observância das normas sanitárias;
6. Estabelecer normas ou controlos sanitários, sempre que existam dados científicos que indiquem a sua necessidade a protecção da saúde pública;
7. Tornar o âmbito do capítulo IX da secção VII do anexo III extensivo a outros moluscos bivalves vivos para além dos pectinídeos;
8. Especificar critérios para determinar quando os dados epidemiológicos indicam que um pesqueiro não representa um risco sanitário quanto à presença de parasitas e, por conseguinte, quando a autoridade competente poderá autorizar os operadores das empresas do sector alimentar a não congelar produtos da pesca nos termos da parte D do capítulo III da secção VIII do anexo III;
9. Estabelecer critérios de frescura e limites em relação à histamina e ao azoto básico volátil total para os produtos da pesca;
10. Permitir a utilização de leite cru que não satisfaça os critérios previstos na secção IX do anexo III, em relação à contagem em placas e à contagem de células somáticas, para o fabrico de certos produtos lácteos;
11. Sem prejuízo da Directiva 96/23/CE, fixar um valor máximo permitido para o total combinado dos resíduos de todas as substâncias antibióticas no leite cru; e
12. Aprovar processos equivalentes para a produção de gelatina ou de colagénio.

Artigo 12.º *Comité*

1. A Comissão é assistida pelo Comité Permanente da Cadeia Alimentar e da Saúde Animal.

2. Sempre que se faça referência ao presente número, são aplicáveis os artigos 5.º e 7.º da Decisão 1999/468/CE, tendo-se em conta o disposto no seu artigo 8.º O prazo previsto no n.º 6 do artigo 5.º da Decisão 1999/468/CE é de três meses.

3. Sempre que se faça referência ao presente número, são aplicáveis os n.ᵒˢ 1 a 4 do artigo 5.º-A e o artigo 7.º da Decisão 1999/468/CE, tendo-se em conta o disposto no seu artigo 8.º.

Artigo 13.º *Consulta à Autoridade Europeia para a Segurança dos Alimentos*

A Comissão deve consultar a Autoridade Europeia para a Segurança dos Alimentos sobre qualquer questão que se enquadre no âmbito do presente regulamento e que possa ter efeitos significativos no domínio da saúde pública e, em especial, antes de tornar a secção III do anexo III extensiva a outras espécies animais.

Artigo 14.º *Relatório ao Parlamento Europeu e ao Conselho*

1. A Comissão deve apresentar ao Parlamento Europeu e ao Conselho um relatório sobre a experiência adquirida com a aplicação do presente regulamento, até 20 de Maio de 2009.

2. Se for caso disso, a Comissão acompanhará o relatório de propostas adequadas.

Artigo 15.º

O presente regulamento entra em vigor no vigésimo dia seguinte ao da sua publicação no Jornal Oficial da União Europeia.

O presente regulamento é aplicável 18 meses após a data de entrada em vigor dos seguintes actos:
a) Regulamento (CE) n.º 852/2004;
b) Regulamento (CE) n.º 854/2004; e
c) Directiva 2004/41/CE.

No entanto, o regulamento não é aplicável antes de 1 de Janeiro de 2006.

O presente regulamento é obrigatório em todos os seus elementos e directamente aplicável em todos os Estados-Membros.

ANEXO I.-
Definições

Para efeitos do presente regulamento, entende-se por:

1. CARNE

1.1. Carne: as partes comestíveis dos animais referidos nos pontos 1.2 a 1.8, incluindo o sangue.

1.2. Ungulados domésticos: bovinos (incluindo as espécies *Bubalus* e *Bison*), suínos, ovinos e caprinos domésticos, e solípedes domésticos.

1.3. Aves de capoeira: aves de criação, incluindo as aves que não são consideradas domésticas mas que são criadas como tal, com excepção das ratites.

1.4. Lagomorfos: coelhos, lebres e roedores.

1.5. Caça selvagem:
— ungulados e lagomorfos selvagens, bem como outros mamíferos terrestres selvagens que são caçados para consumo humano e são considerados caça selvagem ao abrigo da lei aplicável no Estado-Membro em causa, incluindo os mamíferos que vivem em território vedado em condições de liberdade semelhantes às da caça selvagem, e
— aves selvagens que são caçadas para consumo humano.

1.6. Caça de criação: ratites de criação e outros mamíferos terrestres de criação, para além dos referidos no ponto 1.2.

1.7. Caça miúda selvagem: aves de caça selvagens e lagomorfos que vivam em liberdade.

1.8. Caça grossa selvagem: mamíferos selvagens terrestres que vivam em liberdade e que não se encontrem abrangidos pela definição de caça miúda selvagem.

1.9. Carcaça: corpo de um animal depois do abate e da preparação.

1.10. Carne fresca: carne não submetida a qualquer processo de preservação que não a refrigeração, a congelação ou a ultracongelação, incluindo carne embalada em vácuo ou em atmosfera controlada.

1.11. Miudezas: carne fresca que não a da carcaça, incluindo vísceras e sangue.

1.12. Vísceras: órgãos das cavidades torácica, abdominal e pélvica, bem como a traqueia e o esófago e, no caso das aves, o papo.

1.13. Carne picada: carne desossada que foi picada e que contém menos de 1 % de sal.

1.14. Carne separada mecanicamente ou «CSM»: produto obtido pela remoção da carne dos ossos carnudos depois da desmancha ou de carcaças de aves de capoeira, utilizando meios mecânicos que provoquem a perda ou a alteração da estrutura das fibras musculares.

1.15. Preparados de carne: carne fresca, incluindo carne que tenha sido reduzida a fragmentos, a que foram adicionados outros géneros alimentícios, condimentos ou aditivos ou que foi submetida a um processamento insuficiente para alterar a estrutura das suas fibras musculares e eliminar assim as características de carne fresca.

1.16. Matadouro: estabelecimento para abate e preparação de animais cuja carne se destina ao consumo humano.

1.17. Sala de desmancha: estabelecimento utilizado para desossar e/ou desmanchar carne.

1.18. Estabelecimento de manuseamento de caça: qualquer estabelecimento em que a caça e a carne obtida após a caça são preparadas com vista à sua colocação no mercado.

2. MOLUSCOS BIVALVES VIVOS

2.1. Moluscos bivalves: moluscos lamelibrânquios que se alimentam por filtração.

2.2. Biotoxinas marinhas: substâncias tóxicas acumuladas pelos moluscos bivalves, em especial por se alimentarem de plâncton que contém toxinas.

2.3. Acabamento: armazenagem de moluscos bivalves vivos provenientes de zonas da classe A em áreas de produção, centros de depuração ou centros de expedição em tanques ou quaisquer outras instalações que contêm água do mar limpa ou em áreas naturais, com vista a remover areia, lama ou lodo, a preservar ou melhorar as características organolépticas, e a garantir as boas condições de vitalidade antes do acondicionamento ou da embalagem.

2.4. Produtor: qualquer pessoa singular ou colectiva que apanha, por quaisquer meios, moluscos bivalves vivos numa zona de colheita, para efeitos de manuseamento e colocação no mercado.

2.5. Zona de produção: qualquer parte de território marinho, lagunar ou estuarino que contém bancos naturais de moluscos bivalves ou áreas utilizadas para a cultura de moluscos bivalves, em que os moluscos bivalves vivos são colhidos.

2.6. Zona de afinação: qualquer parte de território marinho, lagunar ou estuarino, claramente delimitada por bóias, postes ou quaisquer outros meios fixos e utilizada exclusivamente para a depuração natural de moluscos bivalves vivos.

2.7. Centro de expedição: estabelecimento terrestre ou flutuante reservado à recepção, ao acabamento, à lavagem, à limpeza, à calibragem, ao acondicionamento e à embalagem de moluscos bivalves vivos próprios para consumo humano.

2.8. Centro de depuração: estabelecimento que dispõe de tanques alimentados por água do mar limpa, nos quais os moluscos bivalves vivos são colocados durante o tempo necessário para reduzir a contaminação de forma a torná-los próprios para consumo humano.

2.9. Afinação: transferência de moluscos bivalves vivos para zonas marinhas, lagunares ou estuarinas durante o tempo necessário para a eliminação dos contaminantes. Esta operação não inclui a operação específica de transferência dos moluscos bivalves para zonas mais adequadas para o seu posterior crescimento ou engorda.

3. PRODUTOS DA PESCA

3.1. Produtos da pesca: todos os animais marinhos ou de água doce (com excepção dos moluscos bivalves, equinodermes, tunicados e gastrópodes marinhos vivos e de todos os mamíferos, répteis e rãs), selvagens ou de cultura, incluindo todas as formas, partes e produtos comestíveis desses animais.

3.2. Navio-fábrica: navio a bordo do qual os produtos da pesca são submetidos a uma ou mais das seguintes operações, seguidas de acondicionamento ou de embalagem e, se necessário, refrigeração ou congelação: filetagem, corte, esfola, descasque, picagem ou transformação.

3.3. Navio congelador: navio a bordo do qual é efectuada a congelação dos produtos da pesca, se for caso disso após uma preparação como a sangria, o descabeçamento, a evisceração e a remoção das barbatanas, sendo essas operações seguidas de acondicionamento ou de embalagem sempre que necessário.

3.4. Produto da pesca separado mecanicamente: qualquer produto obtido por remoção da carne dos produtos da pesca por meios mecânicos que provoquem a perda ou a alteração da sua estrutura.

3.5. Produtos da pesca frescos: produtos da pesca não transformados, inteiros ou preparados, incluindo os produtos embalados no vácuo ou em atmosfera alterada, que não tenham sofrido qualquer tratamento destinado à sua conservação, excepto a refrigeração.

3.6. Produtos da pesca preparados: produtos da pesca não transformados que foram submetidos a uma operação que alterou a sua integridade anatómica, tal como a evisceração, o descabeçamento, o corte, a filetagem ou a picagem.

4. LEITE

4.1. Leite cru: o leite produzido pela secreção da glândula mamária de animais de criação, não aquecido a uma temperatura superior a 40 °C nem submetido a um tratamento de efeito equivalente.

4.2. Exploração de produção de leite: o estabelecimento onde são mantidos um ou mais animais de criação tendo em vista a produção de leite destinado à colocação no mercado como género alimentício.

5. OVOS

5.1. Ovos: os ovos com a sua casca – com excepção dos partidos, incubados ou cozinhados – provenientes de aves de criação e próprios para consumo humano directo ou para a preparação de ovoprodutos.

5.2. Ovos líquidos: o conteúdo não transformado dos ovos após remoção da casca.

5.3. Ovos fendidos: os ovos com a casca danificada, e com as membranas intactas.

5.4. Centro de embalagem: o estabelecimento em que os ovos são calibrados por qualidade e peso.

6. COXAS DE RÃ E CARACÓIS

6.1. Coxas de rã: partes posteriores do corpo seccionado transversalmente por trás dos membros anteriores, evisceradas e esfoladas, de animais da espécie *Rana* (família *Ranidae*).

6.2. Caracóis: gastrópodes terrestres das espécies *Helix pomatia Linné, Helix aspersa Muller, Helix lucorum* e espécies da família *Achatinidae*.

7. PRODUTOS TRANSFORMADOS

7.1. Produtos à base de carne: produtos transformados resultantes da transformação da carne ou da ulterior transformação desses produtos transformados, de tal modo que a superfície de corte à vista permita constatar o desaparecimento das características da carne fresca.

7.2. Produtos lácteos: os produtos transformados resultantes da transformação de leite cru ou de outra transformação desses mesmos produtos.

7.3. Ovoprodutos: os produtos transformados resultantes da transformação dos ovos ou de vários componentes ou misturas de ovos ou ainda de outra transformação desses mesmos produtos.

7.4. Produtos da pesca transformados: os produtos transformados resultantes da transformação de produtos da pesca ou da subsequente transformação desses produtos transformados.

7.5. Gorduras animais fundidas: gorduras obtidas por fusão da carne, incluindo os ossos, destinadas ao consumo humano.

7.6. Torresmos: resíduos proteicos da fusão, após separação parcial da gordura e da água.

7.7. Gelatina: proteínas naturais solúveis, coaguladas ou não, obtidas pela hidrólise parcial do colagénio produzido a partir de ossos, couros e peles e tendões e nervos de animais.

7.8. Colagénio: o produto à base de proteínas produzido a partir de ossos, couros e peles e tendões de animais e fabricado em conformidade com os requisitos pertinentes do presente regulamento.

7.9. Estômagos, bexigas e intestinos tratados: estômagos, bexigas e intestinos submetidos a um tratamento como a salga, o aquecimento ou a secagem após a sua extracção e limpeza.

8. OUTRAS DEFINIÇÕES

8.1. Produtos de origem animal:
— géneros alimentícios de origem animal, incluindo o mel e o sangue,
— moluscos bivalves vivos, equinodermes vivos, tunicados vivos e gastrópodes marinhos vivos destinados ao consumo humano, e
— outros animais destinados a serem preparados para serem entregues vivos ao consumidor final.

8.2. Mercado grossista: uma empresa do sector alimentar que inclui várias unidades separadas que partilham secções e instalações comuns onde são vendidos géneros alimentícios a operadores das empresas do sector alimentar.

ANEXO II.-
Requisitos aplicáveis a vários produtos de origem animal

SECÇÃO I: MARCA DE IDENTIFICAÇÃO

Sempre que exigido em conformidade com os artigos 5.º ou 6.º, e sem prejuízo do disposto no anexo III, os operadores das empresas do sector alimentar devem assegurar que os produtos de origem animal possuem uma marca de identificação aposta em conformidade com as disposições seguintes.

A. APOSIÇÃO DA MARCA DE IDENTIFICAÇÃO
1. A marca de identificação deve ser aposta antes de o produto deixar o estabelecimento de produção.
2. Todavia, quando a embalagem e/ou o acondicionamento do produto tiverem sido removidos ou quando este tiver sido sujeito a subsequente transformação noutro estabelecimento, uma nova marca terá de lhe ser aposta. Nesses casos, a nova marca deverá indicar o número de aprovação do estabelecimento em que sejam efectuadas essas operações.
3. Não é necessária uma marca de identificação para as embalagens de ovos se for aplicado um código do centro de embalagem em conformidade com a parte A do anexo XIV do Regulamento (CE) n.º 1234/2007.
4. Em conformidade com o disposto no artigo 18.º do Regulamento (CE) n.º 178/2002, os operadores das empresas do sector alimentar devem dispor de sistemas e de procedimentos para identificar os operadores das empresas do sector alimentar de que receberam ou a quem entregaram produtos de origem animal.

B. FORMA DA MARCA DE IDENTIFICAÇÃO
5. A marca deve ser legível e indelével e ostentar caracteres facilmente decifráveis; deve ser claramente visível para as autoridades competentes.
6. A marca deve indicar o nome do país em que se situa o estabelecimento, por extenso ou sob a forma de um código de duas letras em conformidade com a norma ISO relevante.
Todavia, no caso dos Estados-Membros, estes códigos são BE, BG, CZ, DK, DE, EE, GR, ES, FR, HR, IE, IT, CY, LV, LT, LU, HU, MT, NL, AT, PL, PT, SI, SK, FI, RO, SE e UK.
7. A marca deve indicar o número de aprovação do estabelecimento. Se um estabelecimento produzir tanto alimentos aos quais se aplique o presente regulamento,

como alimentos aos quais o mesmo não seja aplicável, o operador da empresa do sector alimentar poderá aplicar a mesma marca de identificação a ambos os tipos de alimentos.

8. Quando aplicada num estabelecimento situado na Comunidade, a marca deve ser de forma oval e incluir a abreviatura CE, EC, EF, EG, EK, EO, EY, ES, EÜ, EK, EB, EZ ou WE.

Essas abreviaturas não devem ser incluídas nas marcas aplicadas em produtos importados para a Comunidade de estabelecimentos situados fora da Comunidade.

C. MÉTODO DE MARCAÇÃO

9. A marca pode, em função da apresentação dos diferentes produtos de origem animal, ser aposta directamente no produto, no invólucro ou na embalagem, ou ser impressa num rótulo aposto no produto, no invólucro ou na embalagem. A marca pode também ser constituída por uma etiqueta não amovível feita de um material resistente.

10. No caso das embalagens que contenham carne cortada ou miudezas, a marca deve ser aposta num rótulo fixado ou impresso na embalagem de forma a que seja destruído aquando da sua abertura. Todavia, este requisito não é necessário se o processo de abertura destruir a embalagem. Sempre que o acondicionamento conferir a mesma protecção do que a embalagem, o rótulo pode ser aposto no acondicionamento.

11. Para os produtos de origem animal colocados em contentores de transporte ou em grandes embalagens e destinados a subsequente manuseamento, transformação, acondicionamento ou embalagem noutro estabelecimento, a marca pode ser aposta na superfície externa do contentor ou da embalagem.

12. No caso de produtos líquidos, granulados ou em pó de origem animal transportados a granel ou dos produtos da pesca transportados a granel, não é necessária nenhuma marca de identificação se os documentos de acompanhamento contiverem as informações previstas nos pontos 6, 7 e, se necessário, no ponto 8.

13. Sempre que os produtos de origem animal sejam colocados numa embalagem destinada ao fornecimento directo ao consumidor, bastará que a marca seja aposta unicamente no exterior da embalagem.

14. Quando a marca for directamente aposta nos produtos de origem animal, as cores utilizadas devem ser autorizadas em conformidade com as regras comunitárias sobre a utilização de substâncias corantes nos géneros alimentícios.

SECÇÃO II: OBJECTIVOS DOS PROCEDIMENTOS BASEADOS NOS PRINCÍPIOS HACCP

1. Os operadores das empresas do sector alimentar responsáveis por matadouros devem assegurar que os procedimentos que adoptaram de acordo com os requisitos gerais do artigo 5.º do Regulamento (CE) n.º 852/2004 obedecem aos requisitos que se revelem necessários com base na análise de risco e aos requisitos específicos enumerados no ponto 2.

2. Os procedimentos devem garantir que cada animal ou, se for caso disso, cada lote de animais aceites no matadouro:

a) Se encontra devidamente identificado;

b) É acompanhado das informações pertinentes fornecidas pela exploração de proveniência a que é feita referência na secção III;

c) Não provém de uma exploração ou de uma zona sujeita a uma proibição de circulação ou a outra restrição motivada por razões de saúde animal ou pública, salvo autorização da autoridade competente;

d) Está limpo;

e) É saudável, tanto quanto o operador da empresa do sector alimentar possa apreciar; e

f) Se encontra num estado satisfatório, à chegada ao matadouro, em matéria de bem-estar dos animais.

3. Em caso de não cumprimento dos requisitos enumerados no ponto 2, o operador da empresa do sector alimentar deve notificar o veterinário oficial e tomar as medidas adequadas.

SECÇÃO III: INFORMAÇÕES RELATIVAS À CADEIA ALIMENTAR

Os operadores das empresas do sector alimentar responsáveis por matadouros devem, se for caso disso, solicitar, receber, verificar e actuar em função das informações sobre a cadeia alimentar enumeradas na presente secção em relação a todos os animais, que não sejam de caça selvagem, enviados ou destinados ao matadouro.

1. Os operadores dos matadouros não devem aceitar animais nas suas instalações a menos que tenham solicitado e recebido as informações pertinentes sobre a cadeia alimentar contida nos registos mantidos na exploração de proveniência de acordo com o Regulamento (CE) n.º 852/2004.

2. Os operadores de matadouros devem receber as informações pelo menos 24 horas antes da chegada dos animais ao matadouro, com excepção das circunstâncias referidas no ponto 7.

3. As informações pertinentes sobre a cadeia alimentar referidas no ponto 1 devem incluir, em especial:

a) O estatuto da exploração de proveniência ou o estatuto sanitário regional e se a exploração está oficialmente reconhecida para aplicar condições de habitação controladas em relação às triquinas, em conformidade com o anexo IV, capítulo I, ponto A, do Regulamento (CE) n.º 2075/2005 da Comissão;

b) O estatuto sanitário dos animais;

c) Os produtos veterinários ou outros tratamentos administrados aos animais nos últimos seis meses, juntamente com as datas de administração e os intervalos de segurança, sempre que o intervalo de segurança não seja zero ou o produto veterinário possa influir na detecção de doenças dos animais;

d) A ocorrência de doenças que possam afectar a segurança da carne;

e) Os resultados, se forem relevantes para a protecção da saúde pública, de quaisquer análises feitas sobre amostras colhidas de animais, ou outras amostras colhidas para diagnóstico de doenças que possam afectar a segurança da carne, incluindo amostras colhidas no âmbito da vigilância e controlo de zoonoses e resíduos;

f) Relatórios relevantes de inspecções *ante mortem* e *post mortem* em animais provenientes da mesma exploração incluindo, nomeadamente, relatórios do veterinário oficial;

g) Dados relevantes em matéria de produção, sempre que tal possa indicar a presença de doenças; e

h) O nome e o endereço do veterinário privado que normalmente assiste o operador da exploração de proveniência.

4.

a) Todavia, não é necessário que sejam fornecidas ao operador do matadouro:

i) As informações referidas nas alíneas a), b), f) e h) do ponto 3 se o operador já tiver conhecimento dessas informações (por exemplo, através de um acordo existente ou de um sistema de controlo de qualidade); ou

ii) As informações referidas nas alíneas a), b), f) e g) do ponto 3 se o produtor declarar não haver nada de relevante a assinalar.

b) As informações não precisam de ser fornecidas como excerto integral dos registos da exploração de proveniência. Podem ser fornecidas por via electrónica ou sob a forma de declaração normalizada assinada pelo produtor.

5. Os operadores das empresas do sector alimentar que decidam receber animais nas instalações de matadouro após terem avaliado as informações sobre a cadeia alimentar pertinentes devem comunicar imediatamente essa informação ao veterinário oficial e, salvo nas circunstâncias referidas no ponto 7, o mais tardar 24 horas antes da chegada do animal ou do lote de animais. Os operadores das empresas do sector alimentar devem notificar o veterinário oficial de todas as informações que levantem suspeitas de problemas sanitários antes da inspecção *ante mortem* do animal em causa.

6. A chegada ao matadouro de qualquer animal sem informações sobre a cadeia alimentar deve ser imediatamente notificada ao veterinário oficial. O animal só pode ser abatido depois de o veterinário oficial ter dado a sua autorização.

7. Se a autoridade competente o permitir e desde que não sejam postos em risco os objectivos do presente regulamento, as informações sobre a cadeia alimentar podem chegar ao matadouro num prazo inferior a 24 horas antes da chegada dos animais de todas as espécies a que se referem ou acompanhar os animais aquando da sua chegada ao matadouro.

Todavia, qualquer elemento das informações sobre a cadeia alimentar cujo conhecimento possa dar origem a uma grave perturbação da actividade do matadouro deve ser colocado à disposição do operador responsável pelo matadouro em tempo devido, antes da chegada dos animais ao matadouro, de modo a que aquele operador possa planear a actividade do matadouro em conformidade.

O operador de uma empresa do sector alimentar responsável pelo matadouro deve avaliar as informações pertinentes e comunicar as informações sobre a cadeia alimentar que receber ao veterinário oficial. O abate ou a preparação dos animais só serão efectuados depois de o veterinário oficial ter dado a sua autorização.

8. Os operadores das empresas do sector alimentar devem verificar os passaportes que acompanham os solípedes domésticos para assegurar que o animal se destina ao abate para o consumo humano. Se aceitarem o animal para o abate, devem entregar o passaporte ao veterinário oficial.

SECÇÃO IV: REQUISITOS APLICÁVEIS A GÉNEROS ALIMENTÍCIOS CONGELADOS DE ORIGEM ANIMAL

1. Para efeitos da presente secção, por «data de produção» entende-se:
a) a data de abate no caso de carcaças, meias-carcaças ou quartos de carcaças;
b) a data de occisão no caso de caça selvagem;
c) a data de apanha ou captura, no caso de produtos da pesca;
d) a data de transformação, corte, picadura ou preparação, consoante o caso, para quaisquer outros géneros alimentícios de origem animal.
2. Até à fase em que os géneros alimentícios são rotulados em conformidade com a Diretiva 2000/13/CE ou utilizados para transformação ulterior, os operadores de empresas do setor alimentar devem assegurar que, no caso de géneros alimentícios congelados de origem animal destinados ao consumo humano, as informações seguintes são postas à disposição do operador de empresa do setor alimentar ao qual são fornecidos os géneros alimentícios, bem como, a pedido, da autoridade competente:
a) a data de produção, e
b) a data de congelação, se for diferente da data de produção.
Sempre que os géneros alimentícios forem fabricados a partir de um lote de matérias-primas com diferentes datas de produção e congelação, devem ser disponibilizadas as datas mais antigas de produção e/ou congelação, consoante o caso.
3. O formulário apropriado em que as informações devem ser facultadas fica ao critério do fornecedor dos géneros alimentícios congelados, desde que as informações requeridas no n.º 2 sejam disponibilizadas de forma clara e inequívoca e sejam acessíveis ao operador de empresa do setor alimentar ao qual os géneros alimentícios são fornecidos.

ANEXO III.-

Requisitos específicos

[Anexo não reproduzido na presente publicação]

12 de Janeiro de 2005.- Regulamento (CE) n.º 37/2005
da Comissão
relativo ao controlo das temperaturas nos meios de transporte e nas instalações de depósito e armazenagem de alimentos ultracongelados destinados à alimentação humana
(J.O. L 10, 13/01/2005)

(V.C.02/02/2005)

A COMISSÃO DAS COMUNIDADES EUROPEIAS,
Tendo em conta o Tratado que institui a Comunidade Europeia,
Tendo em conta a Directiva 89/108/CEE do Conselho, de 21 de Dezembro de 1988, relativa à aproximação das legislações dos Estados-Membros respeitantes aos alimentos ultracongelados destinados à alimentação humana, nomeadamente o artigo 11.º;
Considerando o seguinte:
(1) A Directiva 92/1/CEE da Comissão, de 13 de Janeiro de 1992, relativa ao controlo das temperaturas nos meios de transporte e nas instalações de depósito e armazenagem de alimentos ultracongelados destinados à alimentação human, estabelece requisitos para garantir que as temperaturas exigidas pela Directiva 89/108/CEE são rigorosamente mantidas.
(2) Quando foi adoptada a Directiva 92/1/CEE, não foram fixadas quaisquer normas europeias a aplicar aos instrumentos para medir as temperaturas nos meios de transporte e nas instalações de depósito e armazenagem de alimentos ultracongelados.
(3) O Comité Europeu de Normalização fixou normas relativamente aos instrumentos de registo das temperaturas do ar e aos termómetros em 1999 e 2001. A utilização destas normas uniformes garantiria a conformidade do equipamento utilizado para controlar as temperaturas dos alimentos com um conjunto harmonizado de requisitos técnicos.
(4) A fim de facilitar uma aplicação gradual destas medidas pelos operadores, a utilização de instrumentos de medição já instalados de acordo com a legislação em vigor antes da adopção do presente regulamento deveria ser permitida durante um período de transição.
(5) A Directiva 92/1/CEE da Comissão prevê uma derrogação para o transporte por via férrea de alimentos ultracongelados. Esta derrogação já não se justifica e deveria ser revogada após um período de transição.
(6) A imposição de requisitos de registo de temperatura para os equipamentos pequenos utilizados no comércio a retalho seria excessiva, pelo que se deveriam manter as derrogações em vigor para os expositores e as câmaras frias de pequena dimensão utilizadas para armazenar existências nos estabelecimentos comerciais de venda a retalho.
(7) É aconselhável garantir a aplicabilidade directa das novas normas para os equipamentos de medição e das disposições técnicas contidas na Directiva 92/1/CEE. A bem da coerência e da uniformidade da legislação comunitária, é oportuno revogar a Directiva 92/1/CEE e substituí-la pelo presente regulamento.
(8) As medidas previstas no presente regulamento estão em conformidade com o parecer emitido pelo Comité Permanente da Cadeia Alimentar e da Saúde Animal,
ADOPTOU O PRESENTE REGULAMENTO:

Artigo 1.º *Objecto e âmbito de aplicação*
O presente regulamento refere-se ao controlo das temperaturas nos meios de transporte e nas instalações de depósito e armazenagem de alimentos ultracongelados.

Artigo 2.º *Controlo e registo da temperatura*
1. Os meios de transporte e as instalações de depósito e armazenagem de alimentos ultracongelados serão dotados de instrumentos de registo adequados para controlar, com intervalos frequentes e regulares, a temperatura do ar a que estão sujeitos os alimentos ultracongelados.
2. A partir de 1 de Janeiro de 2006 todos os instrumentos de medição utilizados para controlar a temperatura, nos termos do disposto no n.º 1, deverão cumprir as normas EN 12830, EN 13485 e EN 13486. Os operadores das empresas do sector alimentar

deverão conservar todos os documentos que permitam verificar a conformidade dos instrumentos referidos supra com a norma EN relevante.

Todavia, os instrumentos de medição instalados até 31 de Dezembro de 2005 de acordo com a legislação em vigor antes da adopção do presente regulamento poderão continuar a ser utilizados até 31 de Dezembro de 2009.

3. O registo da temperatura será datado e conservado pelo operador da empresa do sector alimentar por um período mínimo de um ano ou por um período superior tendo em conta a natureza e o prazo de validade dos alimentos ultracongelados.

Artigo 3.° *Derrogações ao artigo 2°*
1. Em derrogação ao disposto no artigo 2.°, a temperatura do ar durante a armazenagem em expositores de venda a retalho e no decurso da distribuição local será medida por pelo menos um termómetro facilmente visível.
Para os expositores abertos:
a) A linha de carga máxima do expositor deverá estar devidamente evidenciada;
O termómetro deverá estar colocado à altura dessa linha.**2.** A autoridade competente pode derrogar ao disposto no artigo 2.° no caso entrepostos frigoríficos com menos de 10 metros cúbicos destinados a armazenar existências em estabelecimentos de venda a retalho, autorizando a medição da temperatura do ar por meio de um termómetro facilmente visível.

Artigo 4.° *Revogação*
É revogada a Directiva 92/1/CEE da Comissão.

Artigo 5.° *Entrada em vigor e aplicabilidade*
O presente regulamento entra em vigor no vigésimo dia seguinte ao da sua publicação no Jornal Oficial da União Europeia.
Todavia, para os transportes ferroviários, entrará em vigor em 1 de Janeiro de 2006.
O presente regulamento é obrigatório em todos os seus elementos e directamente aplicável em todos os Estados-Membros.

12 de Janeiro de 2005.- Regulamento (CE) n.º 183/2005
do Parlamento Europeu e do Conselho
que estabelece requisitos de higiene dos alimentos para animais
(J.O. L 35, 08/02/2005)

(V.C.16/09/2012)

TJUE, 8 de Novembro de 2007. Processo C-421/06, Fratelli Martini & C. SpA e Cargill Srl contra Ministero delle Politiche agricole e forestali e outros [Menção dos artigos 1 e 32. Hierarquia e importância do Regulamento].

O PARLAMENTO EUROPEU E O CONSELHO DA UNIÃO EUROPEIA,
Tendo em conta o Tratado que institui a Comunidade Europeia, nomeadamente o n.º 2 do artigo 37.º e a alínea b) do n.º 4 do artigo 152.º,
Tendo em conta a proposta da Comissão,
Tendo em conta o parecer do Comité Económico e Social Europeu,
Após consulta ao Comité das Regiões,
Deliberando nos termos do artigo 251.º do Tratado,
Considerando o seguinte:
(1) A produção animal ocupa um lugar de destaque no sector agrícola da Comunidade. A obtenção de resultados satisfatórios nesta actividade depende, em grande medida, da utilização de alimentos para animais seguros e de boa qualidade.
(2) A busca de um elevado nível de protecção da saúde humana e animal é um dos objectivos fundamentais da legislação alimentar, definidos no Regulamento (CE) n.º 178/2002 do Parlamento Europeu e do Conselho, de 28 Janeiro de 2002, que determina os princípios e normas gerais da legislação alimentar, cria a Autoridade Europeia para a Segurança dos Alimentos e estabelece procedimentos em matéria de segurança dos géneros alimentícios. Este regulamento estabelece também outros princípios e definições comuns da legislação alimentar nacional e comunitária, incluindo o objectivo de se alcançar a livre circulação de alimentos para animais na Comunidade.
(3) A Directiva 95/69/CE do Conselho estabeleceu as condições e as regras aplicáveis a certas categorias de estabelecimentos e intermediários no sector da alimentação animal para poderem exercer as suas actividades. A experiência demonstrou que estas condições e regras constituem uma base sólida para garantir a segurança dos alimentos para animais. Esta directiva também estabeleceu as condições aplicáveis à aprovação de estabelecimentos que produzem determinadas substâncias constantes da Directiva 82/471/CEE do Conselho, de 30 de Junho de 1982, relativa a certos produtos utilizados na alimentação dos animais.
(4) A Directiva 98/51/CE da Comissão, de 9 Julho 1998, que estabelece determinadas normas de execução da Directiva 95/69/CE do Conselho que estabelece as condições e regras aplicáveis à aprovação e ao registo de certos estabelecimentos e intermediários no sector da alimentação animal, estabeleceu determinadas normas, incluindo regras respeitantes a importações de países terceiros.
(5) A experiência revelou ainda que importa garantir que todas as empresas do sector dos alimentos para animais, incluindo a aquicultura, funcionem de acordo com requisitos de segurança harmonizados, e que importa também efectuar uma revisão geral fim de ter em consideração a necessidade de garantir um nível mais elevado de protecção da saúde humana e animal, e do ambiente.
(6) O objectivo principal das novas normas de higiene previstas no presente regulamento é garantir um elevado nível de protecção do consumidor em matéria de segurança dos alimentos para animais e para consumo humano, tendo nomeadamente em conta os seguintes princípios:
a) A principal responsabilidade pela segurança dos alimentos para animais cabe aos operadores das empresas do sector dos alimentos para animais;
b) É necessário garantir a segurança dos alimentos para animais ao longo da cadeia alimentar, desde a sua produção primária até à alimentação de animais produtores de géneros alimentícios;
c) A aplicação geral de procedimentos baseados nos princípios do sistema de análise de perigos e pontos críticos de controlo (APPCC) que, associada à adopção de boas práticas de higiene, reforçará a responsabilidade dos operadores das empresas do sector dos alimentos para animais;

d) Os guias de boas práticas são um instrumento valioso para auxiliar os operadores das empresas do sector dos alimentos para animais, a todos os níveis da cadeia alimentar animal, a cumprir as normas de higiene dos alimentos para animais e a aplicar os princípios APPCC;

e) A necessidade de definir critérios microbiológicos baseados em critérios científicos de risco;

f) A necessidade de garantir que os alimentos para animais importados apresentem um padrão pelo menos equivalente ao dos produzidos na Comunidade.

(7) A fim de assegurar a plena aplicação do sistema de registo e aprovação a todos os operadores de empresas do sector dos alimentos para animais, garantindo deste modo a rastreabilidade integral, convém assegurar que os referidos operadores só forneçam e utilizem alimentos provenientes de estabelecimentos registados e/ou aprovados nos termos do presente regulamento.

(8) É necessária uma abordagem integrada para garantir a segurança dos alimentos para animais desde a sua produção primária até à sua colocação no mercado ou à sua exportação. A produção primária de alimentos para animais inclui os produtos que apenas são submetidos a um simples tratamento físico, como a limpeza, a embalagem, o armazenamento, a secagem natural ou a ensilagem.

(9) De acordo com os princípios da proporcionalidade e da subsidiariedade, as normas comunitárias não devem aplicar-se a determinados casos de produção doméstica privada de alimentos para animais e de alimentação de determinados animais, nem ao fornecimento directo de pequenas quantidades de produção primária de alimentos para animais a nível local, nem ao comércio a retalho de alimentos para animais de companhia.

(10) Os perigos dos alimentos para animais existentes ao nível da sua produção primária devem ser devidamente identificados e controlados, a fim de garantir o cumprimento dos objectivos do presente regulamento. Os princípios fundamentais do presente regulamento deverão, por isso, aplicar-se tanto às explorações agrícolas que produzam alimentos para animais apenas para as suas necessidades de produção, como às explorações que coloquem alimentos para animais no mercado. Deve ter-se em conta que o risco é menor no caso de os alimentos para animais serem produzidos e utilizados para animais exclusivamente destinados a consumo doméstico ou para animais não utilizados, de alguma forma, na produção de géneros alimentícios. O comércio local de pequenas quantidades de produtos para alimentação animal e a venda a retalho de alimentos para animais de companhia serão especificamente tratados no âmbito do presente regulamento.

(11) A aplicação dos princípios do sistema APPCC à produção primária de alimentos para animais constitui o objectivo a médio prazo da legislação europeia em matéria de higiene. No entanto, a utilização de requisitos de higiene adequados deverá ser desde já incentivada por meio de guias de boas práticas.

(12) A segurança dos alimentos para animais depende de um conjunto de factores. Cabe à legislação definir requisitos de higiene mínimos, devendo existir controlos oficiais para verificar o cumprimento da mesma pelos operadores de empresas do sector dos alimentos para animais. Além disso, os referidos operadores deverão tomar medidas, ou adoptar procedimentos, para alcançar um elevado nível de segurança dos alimentos para animais.

(13) O sistema APPCC pode auxiliar os operadores de empresas do sector dos alimentos para animais a alcançarem um padrão mais elevado de segurança desses alimentos. O sistema APPCC não deve ser considerado um mecanismo de auto-regulamentação e não substitui os controlos oficiais.

(14) A aplicação dos princípios do sistema APPCC requer a cooperação e o empenho totais dos trabalhadores das empresas do sector dos alimentos para animais.

(15) O sistema APPCC na produção de alimentos para animais deve ter em consideração os princípios contidos no *Codex Alimentarius*, mas deve permitir uma flexibilidade suficiente em todas as situações. Em algumas empresas do sector dos alimentos para animais não é possível identificar pontos críticos de controlo e, em certos casos, as boas práticas podem substituir a análise dos pontos críticos de controlo. De igual modo, o requisito de estabelecer os «limites críticos» previstos no *Codex Alimentarius* não obriga à definição de limites numéricos em todos os casos. O requisito de conservar documentos previsto no mesmo código deve ser flexível, a fim de evitar sobrecargas indevidas para empresas muito pequenas. Deve-se assegurar que as operações efectuadas por uma empresa do sector dos alimentos para animais ao nível

da produção primária destes alimentos, incluindo as operações associadas e a mistura dos mesmos alimentos com alimentos complementares para animais para a exclusiva satisfação das necessidades da sua exploração, não fiquem obrigatoriamente submetidas ao sistema APPCC.

(16) É também necessária uma certa flexibilidade para ter em conta as necessidades das empresas do sector dos alimentos para animais situadas em regiões afectadas por restrições geográficas especiais, ou relacionadas com requisitos estruturais. Mas essa flexibilidade não deve comprometer os objectivos de higiene dos alimentos para animais. Deve-se prever o debate, quando pertinente, no âmbito do Comité Permanente da Cadeia Alimentar e da Saúde Animal.

(17) A aplicação de um sistema de registo e aprovação de todas as empresas do sector dos alimentos para animais pelas autoridades competentes dos Estados-Membros é susceptível de assegurar a rastreabilidade, desde o produtor até ao utilizador final, e de facilitar a realização de controlos oficiais efectivos. As autoridades competentes dos Estados-Membros podem utilizar os actuais sistemas de recolha de dados sobre as empresas do sector dos alimentos para animais durante as fases de arranque e desenvolvimento do sistema previsto no presente regulamento.

(18) É adequado manter um sistema de aprovação de empresas do sector dos alimentos para animais para actividades que possam apresentar um risco mais elevado na produção de alimentos para animais. Devem prever-se procedimentos que permitam ampliar o actual âmbito de aplicação do sistema de aprovação previsto na Directiva 95/69/CE.

(19) Para serem registadas ou aprovadas, as empresas do sector dos alimentos para animais devem preencher várias condições, relevantes para as suas actividades, a nível de instalações, equipamento, pessoal, produção, controlo de qualidade, armazenamento e documentação, a fim de se garantir a segurança dos alimentos para animais e a rastreabilidade dos produtos. Importa prever que essas condições sejam diversificadas, para se adequarem aos diferentes tipos de empresas do sector dos alimentos para animais. Os Estados-Membros devem poder conceder uma aprovação condicional se a visita ao local revelar que o estabelecimento satisfaz todos os requisitos em matéria de infra-estruturas e equipamento. No entanto, convém igualmente estabelecer um prazo máximo para essa aprovação condicional.

(20) Devem prever-se disposições respeitantes à suspensão temporária, alteração ou cancelamento do registo ou da aprovação, quando os estabelecimentos mudem ou cessem as suas actividades ou deixem de cumprir as condições aplicáveis à sua actividade.

(21) A rastreabilidade dos alimentos para animais e dos seus ingredientes ao longo da cadeia alimentar animal constitui um elemento essencial para garantir a segurança dos referidos alimentos. O Regulamento (CE) n.º 178/2002 contém normas destinadas a garantir a rastreabilidade dos alimentos para animais e dos seus ingredientes e prevê um procedimento de adopção de normas de execução aplicáveis a sectores específicos.

(22) As sucessivas crises ligadas aos alimentos para animais demonstraram que as falhas em qualquer fase da cadeia deste sector podem ter consequências económicas importantes. As características da produção de alimentos para animais e a complexidade da cadeia de distribuição desses alimentos não facilitam a retirada de alimentos para animais do mercado. São frequentemente os recursos públicos que têm de suportar os custos da rectificação dos prejuízos económicos ao longo das cadeias alimentares humana e animal. A correcção desta consequência económica a baixos custos para a sociedade poderá ser melhorada se o operador cuja actividade provoque o prejuízo económico no sector dos alimentos para animais for financeiramente responsabilizado. No entanto, a instauração de um sistema geral vinculativo de responsabilização financeira e garantias financeiras, por exemplo mediante um seguro, aplicável a todos os operadores do sector dos alimentos para animais, pode afigurar-se inexequível, ou inadequado. Por conseguinte, a Comissão deve estudar esta questão de forma mais pormenorizada, tendo em conta as disposições da legislação em vigor no que respeita à responsabilidade noutros domínios, bem como os sistemas e as práticas existentes nos diversos Estados-Membros. Neste sentido, a Comissão deverá apresentar um relatório, eventualmente acompanhado de propostas legislativas.

(23) Os alimentos para animais importados para a Comunidade devem satisfazer os requisitos gerais estabelecidos no Regulamento (CE) n.º 178/2002 e os requisitos de importação estabelecidos no Regulamento (CE) n.º 882/2004 do Parlamento Europeu e do Conselho, de 29 de Abril de 2004, relativo aos controlos oficiais realizados para

assegurar a verificação do cumprimento da legislação relativa aos alimentos para animais e aos géneros alimentícios e das normas relativas à saúde e ao bem-estar dos animais. A fim de evitar perturbações do comércio, convém que, até serem estabelecidas medidas de aplicação, as importações continuem a ser autorizadas nas condições definidas pela Directiva 98/51/CE.

(24) Os produtos comunitários exportados para países terceiros devem satisfazer os requisitos gerais do Regulamento (CE) n.º 178/2002.

(25) Convém alargar o âmbito de aplicação do Sistema de Alerta Rápido para os Géneros Alimentícios e Alimentos para Animais, instituído pelo Regulamento (CE) n.º 178/2002, de modo a nele incluir os riscos para a saúde animal ou para o ambiente provenientes de alimentos para animais utilizados para animais não criados para a produção de géneros alimentícios.

(26) A legislação comunitária sobre a higiene dos alimentos para animais deve basear-se em pareceres científicos. Para o efeito, a Autoridade Europeia para a Segurança dos Alimentos deve ser consultada sempre que necessário.

(27) A fim de ter em conta o progresso técnico e científico, deve existir uma cooperação estreita e eficaz entre a Comissão e os Estados-Membros no âmbito do Comité Permanente da Cadeia Alimentar e da Saúde Animal.

(28) O presente regulamento tem em conta as obrigações internacionais estabelecidas pelo Acordo Sanitário e Fitossanitário da OMC e as normas internacionais de segurança alimentar contidas no Codex Alimentarius.

(29) Os Estados-Membros devem fixar normas relativas às sanções aplicáveis em caso de infracção ao presente regulamento, e assegurar a sua execução. As sanções devem ser eficazes, proporcionadas e dissuasivas.

(30) As medidas necessárias à execução do presente regulamento serão aprovadas nos termos da Decisão 1999/468/CE do Conselho, de 28 de Junho de 1999, que fixa as regras de exercício das competências de execução atribuídas à Comissão.

(31) Convém fixar uma data diferida para a aplicação do presente regulamento, de modo a que as empresas do sector dos alimentos para animais por ele afectadas disponham de tempo para se adaptarem.

(32) As Directivas 95/69/CE e 98/51/CE devem, por conseguinte, ser revogadas,
ADOPTARAM O PRESENTE REGULAMENTO:

CAPÍTULO I.- OBJECTO, ÂMBITO DE APLICAÇÃO E DEFINIÇÕES

Artigo 1.º *Objecto*
O presente regulamento estabelece:
a) Normas gerais de higiene dos alimentos para animais;
b) Condições e disposições para garantir a rastreabilidade dos alimentos para animais;
c) Condições e disposições para o registo e a aprovação dos estabelecimentos.

Artigo 2.º *Âmbito de aplicação*
1. O presente regulamento é aplicável:
a) Às actividades dos operadores das empresas do sector dos alimentos para animais, em todas as suas fases, desde a produção primária de alimentos para animais até à sua colocação no mercado;
b) À alimentação de animais produtores de géneros alimentícios;
c) Às importações e exportações de alimentos para animais de e para países terceiros.
2. O presente regulamento não é aplicável:
a) À produção privada e doméstica de alimentos para animais:
i) produtores de géneros alimentícios, a título privado e doméstico, e
ii) não criados para a produção de géneros alimentícios;
b) À alimentação de animais produtores de géneros alimentícios, a título privado e doméstico, nem às actividades a que se refere a alínea c) do n.º 2 do artigo 1.º do Regulamento (CE) n.º 852/2004 do Parlamento Europeu e do Conselho, de 29 de Abril de 2004, relativo à higiene dos géneros alimentícios;
c) À alimentação de animais não criados para a produção de géneros alimentícios;
d) Ao fornecimento directo, a nível local, de pequenas quantidades de produção primária de alimentos para animais pelo produtor a explorações agrícolas locais para utilização nessas explorações;
e) À venda a retalho de alimentos para animais de companhia.

126

3. Os Estados-Membros podem criar normas e orientações que regulem as actividades referidas no n.° 2. Essas normas e orientações nacionais devem garantir a prossecução dos objectivos do presente regulamento.

Artigo 3.° *Definições*
Para efeitos do presente regulamento, são aplicáveis as definições do Regulamento (CE) n.° 178/2002, desde que respeitem as seguintes definições específicas:

a) «Higiene dos alimentos para animais»: as medidas e condições necessárias para controlar os perigos e assegurar que os alimentos para animais sejam próprios para o consumo animal, tendo em conta a utilização pretendida;

b) «Operador de uma empresa do sector dos alimentos para animais»: a pessoa singular ou colectiva responsável pelo cumprimento dos requisitos definidos no presente regulamento na empresa do sector dos alimentos para animais sob seu controlo;

c) «Aditivos para alimentos para animais»: as substâncias ou microrganismos autorizados ao abrigo do Regulamento (CE) n.° 1831/2003 do Parlamento Europeu e do Conselho, de 22 de Setembro de 2003, relativo aos aditivos destinados à alimentação animal;

d) «Estabelecimento»: qualquer unidade de uma empresa do sector dos alimentos para animais;

e) «Autoridade competente»: a autoridade de um Estado-Membro ou de um país terceiro designada para proceder a controlos oficiais;

f) «Produção primária de alimentos para animais»: a produção de produtos agrícolas, incluindo nomeadamente o cultivo, a colheita, a ordenha, a criação de animais (antes do abate) ou a pesca, que resulte exclusivamente em produtos que, após a colheita, recolha ou captura, não sejam submetidos a nenhuma outra operação que não seja um simples tratamento físico.

CAPÍTULO II.- OBRIGAÇÕES

Artigo 4.° *Obrigações gerais*
1. Os operadores das empresas do sector dos alimentos para animais devem garantir que todas as fases de produção, transformação e distribuição sob seu controlo sejam executadas de acordo com a legislação comunitária, com a legislação nacional compatível e com as boas práticas. Estes operadores devem cumprir, nomeadamente, os requisitos de higiene relevantes definidos no presente regulamento.

2. Ao alimentarem animais produtores de géneros alimentícios, os criadores devem tomar medidas e adoptar procedimentos para manter o risco de contaminação biológica, química e física dos alimentos para animais, dos próprios animais e dos produtos de origem animal ao nível mais baixo que possa ser razoavelmente atingido.

Artigo 5.° *Obrigações específicas*
1. Em operações que se situem a nível da produção primária de alimentos para animais e no âmbito das seguintes operações associadas:

a) Transporte, armazenamento e manuseamento de produtos primários no local de produção;

b) Operações de transporte para entrega de produtos primários desde o local de produção até um estabelecimento;

c) Mistura de alimentos para animais, para a exclusiva satisfação das necessidades da sua própria exploração, sem uso de aditivos ou pré-misturas de aditivos, com excepção dos aditivos de silagem,

os operadores de empresas do sector dos alimentos para animais devem cumprir o disposto no anexo I, sempre que tal for pertinente no âmbito das operações realizadas.

2. Em operações não referidas no n.° 1, incluindo a mistura de alimentos para animais para a satisfação exclusiva das necessidades da sua própria exploração e quando utilizem aditivos ou pré-misturas de aditivos, com excepção de aditivos de silagem, os operadores das empresas do sector dos alimentos para animais devem cumprir o disposto no anexo II, sempre que tal for pertinente no âmbito das operações realizadas.

3. Os operadores das empresas do sector dos alimentos para animais devem:

a) Cumprir critérios microbiológicos específicos;

b) Tomar as medidas ou adoptar os procedimentos necessários para alcançar objectivos específicos.

127

A Comissão aprova os critérios e os objectivos referidos nas alíneas a) e b). Essas medidas, que têm por objecto alterar elementos não essenciais do presente regulamento, completando-o, são aprovadas pelo procedimento de regulamentação com controlo a que se refere o n.º 3 do artigo 31.º.

4. Os operadores das empresas do sector dos alimentos para animais podem utilizar os guias previstos no capítulo III para os auxiliar no cumprimento das obrigações decorrentes do presente regulamento.

5. Ao alimentarem animais produtores de géneros alimentícios, os agricultores devem cumprir o disposto no anexo III.

6. Os operadores das empresas do sector dos alimentos para animais e os agricultores só podem fornecer e utilizar alimentos que provenientes de estabelecimentos registados e/ou aprovados nos termos do presente regulamento.

Artigo 6.º *Sistema de análise de perigos e pontos críticos de controlo (APPCC)*
1. Os operadores das empresas do sector dos alimentos para animais que realizem operações não referidas no n.º 1 do artigo 5.º devem criar, aplicar e manter um ou mais procedimentos escritos permanentes, concebidos de acordo com os princípios do APPCC.
2. Os princípios a que se refere o n.º 1 são os seguintes:
a) Identificar todos os perigos a evitar, eliminar ou reduzir para níveis aceitáveis;
b) Identificar os pontos críticos de controlo na fase ou fases em que o controlo é essencial para evitar, eliminar ou reduzir o perigo para níveis aceitáveis;
c) Estabelecer limites críticos, nos pontos críticos de controlo, que separem a aceitabilidade da não aceitabilidade, com vista à prevenção, eliminação ou redução dos perigos identificados;
d) Criar e aplicar procedimentos de acompanhamento efectivos nos pontos críticos de controlo;
e) Estabelecer acções correctivas quando o acompanhamento indicar que um ponto crítico de controlo não se encontra sob controlo;
f) Estabelecer procedimentos destinados a verificar que as medidas destacadas nas alíneas a) a e) foram completadas e funcionam eficazmente; realizar regularmente procedimentos de verificação;
g) Criar documentos e registos proporcionais à natureza e às dimensões das empresas do sector dos alimentos para animais, a fim de demonstrar a aplicação eficaz das medidas previstas nas alíneas a) a f).
3. Sempre que se proceda a uma alteração num produto, num processo ou em qualquer fase de produção, transformação, armazenamento e distribuição, os operadores das empresas do sector dos alimentos para animais devem rever os seus procedimentos e introduzir as alterações necessárias.
4. No âmbito do sistema de procedimentos a que se refere o n.º 1, os operadores das empresas do sector dos alimentos para animais podem utilizar guias de boas práticas conjuntamente com guias de aplicação dos princípios APPCC, elaborados nos termos do artigo 20.º
5. Nos termos do n.º 2 do artigo 31.º, podem ser adoptadas medidas destinadas a facilitar a aplicação do presente artigo, inclusivamente às pequenas empresas.

Artigo 7.º *Documentos relativos ao sistema APPCC*
1. Os operadores das empresas do sector dos alimentos para animais devem:
a) Fornecer à autoridade competente provas de que cumpriram o disposto no artigo 6.º, sob a forma solicitada por essa autoridade;
b) Garantir que todos os documentos que descrevam os procedimentos elaborados nos termos do artigo 6.º se encontrem sempre actualizados.
2. Ao estabelecer os requisitos relativos à forma a que se refere a alínea a) do n.º 1, a autoridade competente deve ter em consideração a natureza e as dimensões das empresas do sector dos alimentos para animais.
3. As regras de execução do presente artigo podem ser adoptadas nos termos do n.º 2 do artigo 31.º Essas regras podem ajudar alguns operadores das empresas do sector dos alimentos para animais a aplicar os princípios APPCC elaborados nos termos do capítulo III, a fim de dar cumprimento aos requisitos do n.º 1 do artigo 6.º

Artigo 8.º *Garantias financeiras*
1. A fim de preparar um sistema efectivo de garantias financeiras para os operadores das empresas do sector dos alimentos para animais, a Comissão deve apresentar ao

Parlamento Europeu e ao Conselho, até 8 de Fevereiro de 2006, um relatório sobre garantias financeiras no sector dos alimentos para animais. Além de analisar as actuais disposições jurídicas, os sistemas e as práticas nacionais respeitantes à responsabilização no sector dos alimentos para animais e nos sectores afins, esse relatório deve ser eventualmente acompanhado de propostas legislativas tendentes à introdução de um sistema de garantias exequível e praticável ao nível da Comunidade.

Essas garantias devem cobrir os custos totais pelos quais os operadores possam ser responsabilizados em consequência directa da retirada do mercado, do tratamento e/ou da destruição de quaisquer alimentos para animais, de quaisquer animais e dos géneros alimentícios deles derivados.

2. Os operadores das empresas do sector dos alimentos para animais são responsáveis pelas infracções à legislação aplicável em matéria de segurança dos referidos alimentos; os operadores, na acepção do n.° 2 do artigo 5.°, devem apresentar provas de que se encontram cobertos pelas garantias financeiras exigidas pelas medidas legislativas comunitárias a que se refere o n.° 1.

Artigo 9.° *Controlos oficiais, notificação e registo*
1. Os operadores das empresas do sector dos alimentos para animais devem cooperar com as autoridades competentes, de acordo com a legislação comunitária aplicável e com a legislação nacional compatível.
2. Os operadores das empresas do sector dos alimentos para animais devem:
a) Notificar a autoridade competente adequada, sob a forma por esta exigida, de todos os estabelecimentos sob o seu controlo que intervenham em qualquer das fases de produção, transformação, armazenamento, transporte ou distribuição de alimentos para animais, com vista ao seu registo;
b) Facultar à autoridade competente informações actualizadas sobre todos os estabelecimentos sob o seu controlo indicados na alínea a), devendo notificá-la em particular de todas as alterações significativas das suas actividades e do encerramento de qualquer estabelecimento existente.
3. A autoridade competente deve conservar um ou mais registos dos estabelecimentos.

Artigo 10.° *Aprovação de estabelecimentos do sector dos alimentos para animais*
Os operadores das empresas do sector dos alimentos para animais devem garantir que os estabelecimentos sob o seu controlo abrangidos pelo presente regulamento sejam aprovados pela autoridade competente, quando:
1. Esses estabelecimentos realizarem uma das seguintes actividades:
a) Fabrico e/ou colocação no mercado de aditivos para alimentos para animais abrangidos pelo Regulamento (CE) n.° 1831/2003 ou de produtos abrangidos pela Directiva 82/471/CEE, na acepção do capítulo 1 do anexo IV do presente regulamento;
b) Fabrico e/ou colocação no mercado de pré-misturas preparadas com aditivos para alimentos para animais, na acepção do capítulo 2 do anexo IV do presente regulamento;
c) Fabrico para colocação no mercado, ou produção para as necessidades exclusivas da sua exploração agrícola, de alimentos compostos para animais que utilizem aditivos para alimentos para animais ou pré-misturas que contenham aditivos para alimentos para animais, na acepção do capítulo 3 do anexo IV do presente regulamento.
2. For exigida aprovação ao abrigo da legislação nacional do Estado-Membro em que o estabelecimento está situado; ou
3. For exigida aprovação por regulamento aprovado pela Comissão. Essa medida, que tem por objecto alterar elementos não essenciais do presente regulamento, completando-o, é aprovada pelo procedimento de regulamentação com controlo a que se refere o n.° 3 do artigo 31.°.

Artigo 11.° *Requisitos*
Os operadores das empresas do sector dos alimentos para animais não devem exercer a sua actividade:
a) Sem o registo a que se refere o artigo 9.°;
b) Sem a aprovação, quando exigida nos termos do artigo 10.°

Artigo 12.° *Informação sobre as normas nacionais de aprovação*
Os Estados-Membros que, ao abrigo do n.° 2 do artigo 10.°, exijam a aprovação de determinados estabelecimentos localizados no seu território, devem informar a Comissão e os restantes Estados-Membros das normas nacionais relevantes.

Artigo 13.º *Aprovação dos estabelecimentos*
1. A autoridade competente só pode aprovar os estabelecimentos quando, antes do início das suas actividades, uma visita ao local tiver demonstrado que esses estabelecimentos cumprem os requisitos aplicáveis do presente regulamento.
2. A autoridade competente pode conceder uma aprovação condicional, se a visita ao local revelar que o estabelecimento preenche todos os requisitos em matéria de infra-estruturas e equipamento. A aprovação final só pode ser concedida se uma nova visita ao local, realizada no prazo de três meses a contar da data de concessão da aprovação condicional, revelar que o estabelecimento satisfaz os demais requisitos referidos no número anterior. Se se tiverem verificado progressos nítidos mas o estabelecimento ainda não satisfizer todos os requisitos aplicáveis, a autoridade competente poderá prorrogar a aprovação condicional. Esta não deverá, todavia, exceder um total de seis meses.

Artigo 14.º *Suspensão do registo ou da aprovação*
A autoridade competente deve suspender temporariamente o registo ou a aprovação de um estabelecimento, relativamente a uma, a várias ou a todas as suas actividades, sempre que se verifique que o estabelecimento deixou de cumprir as condições aplicáveis a essas actividades.
A suspensão mantém-se até o estabelecimento voltar a cumprir essas condições. Se essas condições não forem cumpridas no prazo de um ano, será aplicável o disposto no artigo 15.º

Artigo 15.º *Cancelamento do registo ou da aprovação*
A autoridade competente deve cancelar o registo ou a aprovação de um estabelecimento, relativamente a uma ou mais actividades, quando:
a) O estabelecimento cessar uma ou mais das suas actividades;
b) Se demonstrar que o estabelecimento não cumpriu as condições aplicáveis às suas actividades durante um ano;
c) Detectar deficiências graves ou tiver tido que interromper repetidas vezes as actividades produtivas do estabelecimento, e o operador da empresa do sector dos alimentos para animais continuar a não poder prestar garantias adequadas quanto à futura produção.

Artigo 16.º *Alterações ao registo ou à aprovação de um estabelecimento*
A autoridade competente deve, mediante pedido, alterar o registo ou a aprovação de um estabelecimento quando este tiver demonstrado a sua capacidade para desenvolver actividades que acresçam àquelas para que foi registado ou aprovado pela primeira vez, ou que as substituam.

Artigo 17.º *Dispensa de visitas ao local*
1. Os Estados-Membros estão dispensados da obrigação de efectuarem as visitas ao local, previstas no artigo 13.º, a empresas do sector dos alimentos para animais que desempenhem apenas funções comerciais sem terem produtos nas suas instalações.
2. Essas empresas de alimentos para animais devem apresentar à autoridade competente uma declaração, num formulário estabelecido pela autoridade competente, segundo a qual os alimentos colocados no mercado satisfazem as condições do presente regulamento.

Artigo 18.º *Medidas transitórias*
1. Os estabelecimentos e intermediários aprovados e/ou registados ao abrigo da Directiva 95/69/CE podem continuar a exercer as suas actividades, desde que, até 1 de Janeiro de 2006, notifiquem para o efeito a autoridade competente da área onde as instalações se situam.
2. Os estabelecimentos e intermediários que não necessitem de registo nem de aprovação nos termos da Directiva 95/69/CE, mas que necessitem de registo nos termos do presente regulamento, podem continuar a exercer as suas actividades, desde que, até 1 de Janeiro de 2006, apresentem um pedido de registo à autoridade competente da área onde as instalações se situam.
3. Até 1 de Janeiro de 2008, o requerente deve declarar, num formulário estabelecido pela autoridade competente, que as condições do presente regulamento foram satisfeitas.
4. As autoridades competentes devem ter em conta os sistemas já existentes para recolha de dados e solicitar ao notificador ou ao requerente que forneçam apenas as

informações adicionais que garantam o cumprimento das condições do presente regulamento. Em particular, as autoridades competentes poderão considerar uma notificação nos termos do artigo 6.º do Regulamento (CE) n.º 852/2004 como um pedido nos termos do n.º 2 do presente regulamento.

Artigo 19.º *Lista de estabelecimentos registados e aprovados*
1. Para cada actividade, a autoridade competente deve inserir numa ou mais listas nacionais os dados relativos aos estabelecimentos que tenha registado nos termos do artigo 9.º
2. Os estabelecimentos aprovados pela autoridade competente nos termos do artigo 13.º devem ser inseridos numa lista nacional com um número de identificação individual.
3. Os Estados-Membros devem manter actualizados os dados relativos aos estabelecimentos constantes das listas referidas nos n.ºˢ 1 e 2, de acordo com as decisões de suspensão, cancelamento ou alteração do registo ou da aprovação a que se referem os artigos 14.º, 15.º e 16.º
4. A lista referida no n.º 2 deve ser elaborada segundo o modelo previsto no capítulo I do anexo V.
5. O número de identificação referido no n.º 2 deve ter a estrutura definida no capítulo II do anexo V.
6. A Comissão deve consolidar e tornar pública a parte das listas dos Estados-Membros que inclui os estabelecimentos a que se refere o n.º 2, pela primeira vez em Novembro de 2007 e, subsequentemente, todos os anos, o mais tardar até 30 de Novembro. Essa lista consolidada deve ter em conta as alterações efectuadas durante o ano.
7. Os Estados-Membros devem tornar públicas as listas dos estabelecimentos a que se refere o n.º 1.

CAPÍTULO III.- GUIAS DE BOAS PRÁTICAS

Artigo 20.º *Elaboração, divulgação e utilização dos guias*
1. A Comissão deve fomentar a elaboração de guias de boas práticas comunitários no sector dos alimentos para animais, bem como a aplicação dos princípios APPCC, nos termos do artigo 22.º
Os Estados-Membros devem, se necessário, fomentar a elaboração de guias nacionais nos termos do artigo 21.º
2. As autoridades competentes devem fomentar a divulgação e a utilização de guias comunitários e nacionais.
3. Contudo, a utilização desses guias pelos operadores das empresas do sector dos alimentos para animais terá carácter facultativo.

Artigo 21.º *Guias nacionais*
1. Ao serem elaborados, os guias nacionais de boas práticas devem ser desenvolvidos e divulgados pelo sector das empresas de alimentos para animais:
a) Em consulta com os representantes das partes cujos interesses possam ser substancialmente afectados, como as autoridades competentes e os grupos de utilizadores;
b) Tendo em conta os códigos de boas práticas relevantes do *Codex Alimentarius*;
c) Quando se refiram à produção primária de alimentos para animais, tendo em conta os requisitos definidos no anexo I.
2. Os Estados-Membros devem avaliar os guias nacionais para garantir que:
a) Foram elaborados nos termos do n.º 1;
b) O seu teor permite que sejam aplicados na prática pelos sectores a que se destinam; e
c) São adequados para assegurar o cumprimento dos artigos 4.º, 5.º e 6.º nos sectores e/ou alimentos para animais em causa.
3. Os Estados-Membros devem enviar os guias nacionais à Comissão.
4. A Comissão deve criar e gerir um sistema de registo desses guias e colocá-lo à disposição dos Estados-Membros.

Artigo 22.º *Guias comunitários*
1. A fim de determinar o seu interesse, âmbito e teor, a Comissão deve consultar o comité referido no n.º 1 do artigo 31.º antes da elaboração de guias comunitários de boas práticas de higiene ou para a aplicação dos princípios APPCC.

2. Sempre que se prepararem guias comunitários, a Comissão deve garantir que sejam elaborados e divulgados:
a) Por representantes adequados dos sectores europeus das empresas de alimentos para animais e outras partes interessadas, tais como grupos de consumidores, ou em consulta com eles;
b) Em colaboração com as partes cujos interesses possam ser substancialmente afectados, incluindo as autoridades competentes.

3. Os guias comunitários são elaborados e divulgados tendo em conta:
a) Os códigos de boas práticas pertinentes do *Codex Alimentarius*;
b) Quando se refiram à produção primária de alimentos para animais, os requisitos definidos no anexo I.

4. O comité referido no n.º 1 do artigo 31.º deve avaliar os projectos de guias comunitários para garantir que:
a) Foram elaborados nos termos dos n.ºˢ 2 e 3;
b) O seu teor permite que sejam aplicados na prática, em toda a Comunidade, pelos sectores a que se destinam;
c) São adequados para assegurar o cumprimento dos artigos 4.º, 5.º e 6.º nos sectores e/ou alimentos para animais em causa.

5. A Comissão deve convidar periodicamente o comité referido no n.º 1 do artigo 31.º a proceder à revisão dos guias comunitários preparados nos termos do presente artigo, em cooperação com as entidades mencionadas no n.º 2 do presente artigo. Esta revisão destina-se a garantir que os guias permaneçam aplicáveis e a ter em conta os progressos tecnológicos e científicos.

6. Os títulos e as referências dos guias comunitários preparados nos termos do presente artigo devem ser publicados na série C do *Jornal Oficial da União Europeia*.

CAPÍTULO IV.- IMPORTAÇÕES E EXPORTAÇÕES

Artigo 23.º *Importações*
1. Os operadores das empresas do sector dos alimentos para animais que importem este tipo de alimentos de países terceiros devem garantir que as importações se verifiquem apenas nas seguintes condições:
a) O país terceiro de expedição figura numa lista de países terceiros a partir dos quais são permitidas importações de alimentos para animais, elaborada nos termos do artigo 48.º do Regulamento (CE) n.º 882/2004;
b) O estabelecimento de expedição figura numa lista de estabelecimentos a partir dos quais são permitidas importações de alimentos para animais, elaborada e actualizada pelo país terceiro nos termos do artigo 48.º do Regulamento (CE) n.º 882/2004;
c) Os alimentos para animais foram produzidos pelo estabelecimento de expedição ou por outro estabelecimento incluído na lista mencionada na alínea b) ou na Comunidade;
d) Os alimentos para animais cumprem:
i) os requisitos definidos no presente regulamento e em toda a legislação comunitária que estabelece normas destinadas a alimentos para animais, ou
ii) as condições reconhecidas pela Comunidade como, pelo menos, equivalentes, ou
iii) quando existir um acordo específico entre a Comunidade e o país exportador, os requisitos contidos nesse acordo.

2. Pode ser adoptado um certificado-modelo de importação, nos termos do n.º 2 do artigo 31.º

Artigo 24.º *Medidas intercalares*
Em derrogação do artigo 33.º e enquanto não se elaborarem as listas previstas nas alíneas a) e b) do n.º 1 do artigo 23.º, as importações continuarão a ser autorizadas nas condições previstas no artigo 6.º da Directiva 98/51/CE.

Artigo 25.º *Exportações*
Os alimentos para animais, incluindo para animais não produtores de alimentos para consumo humano, produzidos na Comunidade para colocação nos mercados de países terceiros, devem cumprir o disposto no artigo 12.º do Regulamento (CE) n.º 178/2002.

CAPÍTULO V.- DISPOSIÇÕES FINAIS

Artigo 26.º *Regras de execução*
As regras de execução podem ser estabelecidas nos termos do n.º 2 do artigo 31.º

Artigo 27.º *Alteração dos anexos I, II e III*
Os anexos I, II e III podem ser alterados a fim de ter em conta:
a) A elaboração de códigos de boas práticas;
b) A experiência adquirida com a aplicação dos sistemas baseados no APPCC, nos termos do disposto no artigo 6.º;
c) Os progressos tecnológicos;
d) O aconselhamento científico, nomeadamente novas avaliações de riscos;
e) A definição de objectivos para a segurança dos alimentos para animais; e
f) O desenvolvimento de requisitos relativos a operações específicas.
Essas medidas, que têm por objecto alterar elementos não essenciais do presente regulamento, são aprovadas pelo procedimento de regulamentação com controlo a que se refere o n.º 3 do artigo 31.º.

Artigo 28.º *Derrogações aos anexos I, II e III*
Por razões específicas, a Comissão pode conceder derrogações ao disposto nos anexos I, II e III, desde que estas não afectem a concretização dos objectivos do presente regulamento. Essas medidas, que têm por objecto alterar elementos não essenciais do presente regulamento, completando-o, são aprovadas pelo procedimento de regulamentação com controlo a que se refere o n.º 3 do artigo 31.º.

Artigo 29.º *Sistema de Alerta Rápido*
Sempre que um determinado alimento específico para animais, incluindo para animais não produtores de alimentos para consumo humano, constitua um grave risco para o ambiente ou para a saúde humana ou animal, é aplicável,*mutatis mutandis*, o artigo 50.º do Regulamento (CE) n.º 178/2002.

Artigo 30.º *Sanções*
Os Estados-Membros devem fixar as normas relativas às sanções aplicáveis em caso de infracção ao presente regulamento e tomar as medidas necessárias para garantir a sua aplicação. As sanções previstas devem ser eficazes, proporcionadas e dissuasivas. Os Estados-Membros devem notificar a Comissão dessas disposições, até 8 de Fevereiro de 2007, devendo também notificá-la imediatamente de qualquer alteração posterior que as afecte.

Artigo 31.º *Comité Permanente*
1. A Comissão é assistida pelo Comité Permanente da Cadeia Alimentar e da Saúde Animal, instituído pelo Regulamento (CE) n.º 178/2002 (a seguir designado por «comité»).
2. Sempre que se faça referência ao presente número, são aplicáveis os artigos 5.º e 7.º da Decisão 1999/468/CE, tendo em conta o disposto no seu artigo 8.º
O prazo previsto no n.º 6 do artigo 5.º da Decisão 1999/468/CE é de três meses.
3. Sempre que se faça referência ao presente número, são aplicáveis os n.ºˢ 1 a 4 do artigo 5.º-A e o artigo 7.º da Decisão 1999/468/CE, tendo-se em conta o disposto no seu artigo 8.º.

Artigo 32.º *Consulta da Autoridade Europeia para a Segurança dos Alimentos*
A Comissão deve consultar a Autoridade Europeia para a Segurança dos Alimentos sobre qualquer matéria do âmbito de aplicação do presente regulamento que possa ter consequências significativas para a saúde pública e, em especial, antes de propor critérios ou objectivos nos termos do n.º 3 do artigo 5.º

Artigo 33.º *Revogação*
Sem prejuízo das obrigações dos Estados-Membros relativamente aos prazos de transposição, são revogadas as seguintes directivas, com efeitos a partir de 1 de Janeiro de 2006:
a) Directiva 95/69/CE do Conselho;
b) Directiva 98/51/CE da Comissão.

Artigo 34.º *Entrada em vigor*
O presente regulamento entra em vigor na data da sua publicação no Jornal Oficial da União Europeia.
O presente regulamento é aplicável a partir de 1 de Janeiro de 2006.
O presente regulamento é obrigatório em todos os seus elementos e directamente aplicável em todos os Estados-Membros.

ANEXO I.-
Produção primária

PARTE A.- Obrigações específicas das empresas a nível da produção primária de alimentos para animais a que se refere o n.º 1 do artigo 5.º

I. Disposições sobre higiene
1. Os operadores das empresas do sector dos alimentos para animais responsáveis pela produção primária de alimentos para animais deverão garantir que as operações sejam geridas e se desenrolem de molde a evitar, a eliminar ou a reduzir ao mínimo os perigos susceptíveis de comprometer a segurança dos alimentos para animais.
2. Na medida do possível, os operadores das empresas do sector dos alimentos para animais deverão garantir que os produtos primários produzidos, preparados, limpos, embalados, armazenados e transportados sob sua responsabilidade estejam protegidos contra a contaminação e a degradação.
3. Os operadores das empresas do sector dos alimentos para animais deverão cumprir as obrigações referidas nos pontos 1 e 2, nos termos das disposições legislativas comunitárias e nacionais pertinentes relativas ao controlo de perigos, nomeadamente:
i) medidas para controlar a contaminação por agentes perigosos, provenientes por exemplo do ar, do solo, das águas, dos fertilizantes, dos produtos fitofarmacêuticos, dos biocidas, dos medicamentos veterinários e do manuseamento e eliminação de resíduos, e
ii) medidas relacionadas com a fitossanidade, a saúde animal e o ambiente que tenham implicações na segurança dos alimentos para animais, nomeadamente programas de vigilância e controlo de zoonoses e de agentes zoonóticos.
4. Os operadores das empresas do sector dos alimentos para animais deverão, sempre que adequado, tomar medidas pertinentes, nomeadamente para:
a) Manter limpas e, se necessário após a limpeza, desinfectar adequadamente as instalações, o equipamento, os contentores, as grades e os veículos utilizados na produção, preparação, calibragem, embalagem, armazenamento e transporte de alimentos para animais;
b) Garantir, se necessário, as condições higiénicas da produção, do transporte e do armazenamento dos alimentos para animais, bem como a sua pureza;
c) Utilizar água limpa, sempre que necessário, para impedir a contaminação por agentes perigosos;
d) Impedir, na medida do possível, que os animais e as pragas provoquem contaminação por agentes perigosos;
e) Armazenar e manusear os resíduos e as substâncias perigosas, separadamente e de forma segura, a fim de evitar a contaminação por agentes perigosos;
f) Garantir que os materiais de embalagem não constituam uma fonte de contaminação dos alimentos para animais por agentes perigosos;
g) Ter em conta os resultados de todas as análises relevantes de amostras colhidas em produtos primários ou de outras amostras relevantes para a segurança dos alimentos para animais.

II. Conservação de registos
1. Os operadores das empresas do sector dos alimentos para animais deverão preencher e conservar registos das medidas adoptadas para controlar correctamente os perigos durante um período adequado, tendo em conta a natureza e as dimensões de cada empresa. Os operadores das empresas do sector dos alimentos para animais devem pôr as informações relevantes contidas nestes registos à disposição da autoridade competente.
2. Os operadores das empresas do sector dos alimentos para animais devem, em especial, conservar registos sobre:
a) A utilização de produtos fitofarmacêuticos e de biocidas;

b) A utilização de sementes geneticamente modificadas;
c) A presença de pragas ou doenças susceptíveis de afectar a segurança dos produtos primários;
d) Os resultados de todas as análises de amostras colhidas em produtos primários ou de outras amostras colhidas para efeitos de diagnóstico com importância para a segurança dos alimentos para animais;
e) A origem e a quantidade de cada entrada de alimentos para animais e o destino e a quantidade de cada saída de alimentos para animais.

3. Os operadores das empresas do sector dos alimentos para animais podem ser ajudados por outras pessoas, como veterinários, agrónomos e técnicos agrícolas na conservação dos registos relevantes para as actividades que realizam nas suas explorações.

PARTE B.- Recomendações para os guias de boas práticas

1. Ao serem elaborados, os guias nacionais e comunitários referidos no capítulo III do presente regulamento deverão conter orientações sobre boas práticas para o controlo de perigos na produção primária de alimentos para animais.

2. Os guias de boas práticas deverão incluir informações adequadas sobre os perigos susceptíveis de ocorrer na produção primária de alimentos para animais e sobre as acções susceptíveis de os controlar, nomeadamente medidas relevantes previstas na legislação comunitária e nacional ou em programas comunitários e nacionais, tais como:
a) O controlo da contaminação, por exemplo por micotoxinas, metais pesados e materiais radioactivos;
b) A utilização da água, dos resíduos orgânicos e dos fertilizantes;
c) A utilização correcta e adequada de produtos fitofarmacêuticos e de biocidas e a respectiva rastreabilidade;
d) A utilização correcta e adequada de medicamentos veterinários e de aditivos para alimentos para animais e a respectiva rastreabilidade;
e) A preparação, o armazenamento e a rastreabilidade das matérias-primas para a alimentação animal;
f) A eliminação adequada de animais mortos, de resíduos e de camas;
g) Medidas de protecção para evitar a introdução de doenças contagiosas transmissíveis aos animais através dos alimentos, bem como qualquer obrigação de notificar a autoridade competente;
h) Procedimentos, práticas e métodos para garantir que os alimentos para animais sejam produzidos, preparados, embalados, armazenados e transportados em condições de higiene adequadas, incluindo medidas eficazes de limpeza e de controlo de pragas;
i) Detalhes relativos à conservação de registos.

ANEXO II.-
Obrigações aplicáveis às empresas do sector de alimentos para animais que não intervenham na produção primária de alimentos para animais a que se refere o n.º 1 do artigo 5.º

DEFINIÇÕES

Para efeitos do presente anexo, entende-se por:
a) «Lote», a quantidade identificável de alimentos para animais entendida como tendo características comuns, tais como a origem, a variedade, o tipo de embalagem, o embalador, o remetente ou rotulagem; no caso de um processo de produção, unidade de produção, proveniente de uma única unidade fabril com parâmetros de produção uniformes, ou conjunto de tais unidades, quando produzidas em ordem sequencial e armazenadas em conjunto;
b) «Produto derivado de óleos vegetais», qualquer produto derivado de óleos vegetais brutos ou recuperados por transformação ou destilação oleoquímica ou de biodiesel, por refinação química ou física, à exceção do óleo refinado;
c) «Mistura de gorduras», a mistura de óleos brutos, óleos refinados, gorduras animais, óleos recuperados da indústria alimentar e/ou seus produtos derivados destinada a produzir um óleo ou gordura misturada, à exceção de apenas o armazenamento de lotes consecutivos.

1. As instalações, o equipamento, os contentores, as grades e os veículos utilizados na transformação e no armazenamento de alimentos para animais e as suas imediações mais próximas devem ser mantidos limpos; devem ser executados programas eficazes de controlo das pragas.

2. A disposição, a concepção, a construção e as dimensões das instalações e dos equipamentos devem:

a) Permitir uma limpeza e/ou desinfecção adequadas;

b) Ser concebidas de molde a reduzir ao mínimo o risco de erro e a evitar a contaminação, a contaminação cruzada e, de um modo geral, todos os efeitos adversos para a segurança e a qualidade dos produtos. A maquinaria que entre em contacto com os alimentos para animais deverá ser seca após todos os processos de limpeza com líquidos.

3. As instalações e o equipamento destinados a operações de mistura e/ou fabrico devem ser sujeitos a controlos periódicos adequados, em conformidade com os procedimentos escritos pré-estabelecidos pelo fabricante para os produtos.

a) Todas as balanças e equipamentos de medição utilizados no fabrico de alimentos para animais devem ser adequados à gama de pesos ou volumes a medir e testados regularmente para assegurar a sua exactidão.

b) Todos os misturadores utilizados no fabrico de alimentos para animais deverão ser adequados à gama de pesos ou volumes a misturar e capazes de produzir misturas homogéneas adequadas, bem como diluições homogéneas. Os operadores deverão demonstrar a eficácia dos misturadores no que se refere à homogeneidade.

4. As instalações devem dispor de luz natural e/ou artificial adequada.

5. Os sistemas de escoamento devem ser adequados ao fim a que se destinam; devem ser projectados e construídos de molde a evitar o risco de contaminação dos alimentos para animais.

6. A água utilizada no fabrico de alimentos para animais deve ser de qualidade adequada para os animais; as canalizações de água devem ser constituídas por materiais inertes.

7. As águas de esgoto, residuais e pluviais devem ser eliminadas de modo a garantir que o equipamento, a segurança e qualidade dos alimentos para animais não sejam afectados. A deterioração e a poeira devem ser controladas de molde a evitar as invasões de pragas.

8. As janelas e outras aberturas devem, sempre que necessário, ser resistentes às pragas. As portas devem ser bem reguladas e, quando fechadas, devem ser resistentes às pragas.

9. Sempre que necessário, os tectos e os equipamentos neles montados devem ser concebidos, construídos e acabados de molde a evitar a acumulação de sujidade e reduzir a condensação, o desenvolvimento de bolores indesejáveis e o desprendimento de partículas susceptíveis de afectar a segurança e a qualidade dos alimentos para animais.

10. Os estabelecimentos que exercem uma ou mais das seguintes atividades destinadas a colocar no mercado produtos para utilização em alimentos para animais devem ser sujeitos a aprovação, em conformidade com o artigo 10.°, n.° 3:

a) Transformação de óleo vegetal bruto, à exceção do abrangido pelo âmbito de aplicação do Regulamento (CE) n.° 852/2004;

b) Fabrico oleoquímico de ácidos gordos;

c) Fabrico de biodiesel;

d) Mistura de gorduras.

PESSOAL

As empresas do sector dos alimentos para animais devem dispor de pessoal suficiente com as competências e as qualificações requeridas para a produção dos produtos em causa. Deve ser elaborado e posto à disposição das autoridades fiscalizadoras competentes um organigrama que especifique as qualificações (por exemplo, diplomas, experiência profissional) e as responsabilidades do pessoal de supervisão. Todo o pessoal deve ser informado claramente por escrito das suas tarefas, responsabilidades e competências, nomeadamente sempre que houver alterações, a fim de se obter a qualidade desejada do produto.

PRODUÇÃO

1. Deve ser designada uma pessoa qualificada para responsável da produção.

2. Os operadores das empresas do sector dos alimentos para animais devem certificar-se de que as várias fases da produção são executadas de acordo com as instruções e os procedimentos escritos pré-estabelecidos destinados a definir, verificar e controlar os pontos críticos durante o processo de fabrico.

3. Devem ser tomadas medidas de carácter técnico ou organizativo a fim de evitar ou reduzir ao mínimo, conforme necessário, os erros e as contaminações cruzadas. Devem existir meios suficientes e adaptados para efectuar os controlos durante o fabrico.

4. Deverá ser vigiada a presença de alimentos proibidos para a alimentação animal, de substâncias indesejáveis e de outros contaminantes para a saúde humana e animal, e deverão estabelecer-se estratégias de controlo adequadas para minimizar os riscos.

5. Os resíduos e os materiais não adequados para a alimentação animal devem ser isolados e identificados. Todos os materiais deste tipo que contenham níveis perigosos de medicamentos veterinários, contaminantes ou outros factores de perigo, deverão ser destruídos de forma adequada e não utilizados como alimentos para animais.

6. Os operadores das empresas do sector dos alimentos para animais deverão tomar medidas adequadas para garantir o rastreio efectivo dos produtos.

7. Os estabelecimentos de mistura de gorduras que colocam no mercado produtos destinados a alimentos para animais devem manter todos estes produtos fisicamente separados dos produtos destinados a outros fins a menos que estes últimos cumpram:
— os requisitos do presente regulamento ou do artigo 4.°, n.° 2, do Regulamento (CE) n.° 852/2004 e
— o disposto no anexo I da Diretiva 2002/32/CE do Parlamento Europeu e do Conselho.

8. A rotulagem dos produtos deve indicar claramente se se destinam a alimentos para animais ou a outros fins. Caso o produtor declare que um determinado lote de um produto não se destina à utilização em alimentos para animais nem em géneros alimentícios, esta declaração não deve ser alterada posteriormente por um operador numa fase subsequente da cadeia alimentar.

CONTROLO DE QUALIDADE

1. Deverá, sempre que adequado, ser designada uma pessoa qualificada para responsável do controlo de qualidade.

2. No âmbito de um sistema de controlo de qualidade, as empresas do sector dos alimentos para animais deverão ter acesso a um laboratório com pessoal e equipamento adequados.

3. Deve ser elaborado por escrito e posto em prática um plano de controlo de qualidade que abranja nomeadamente o controlo dos pontos críticos durante o processo de fabrico, os processos e a frequência das amostragens, os métodos e a frequência das análises, o respeito das especificações, desde os materiais transformados até aos produtos finais, e o respectivo destino em caso de desrespeito.

4. A documentação relativa às matérias-primas utilizadas em produtos finais deve ser conservada pelo produtor a fim de garantir a rastreabilidade. Essa documentação deve estar à disposição das autoridades competentes durante um prazo adequado à utilização para a qual os produtos são colocados no mercado. Deverão, além disso, ser colhidas amostras de cada lote de produtos fabricados e colocados no mercado, ou de cada fracção definida da produção (em caso de fabrico contínuo), em quantidade suficiente e segundo um protocolo pré-estabelecido pelo fabricante, e conservadas a fim de garantir a rastreabilidade (estas colheitas devem ser periódicas, no caso de fabrico que satisfaça apenas as necessidades individuais do fabricante). Estas amostras serão seladas e rotuladas de molde a serem facilmente identificadas; serão conservadas em condições que impeçam alterações anormais da sua composição ou adulterações. Devem ser mantidas à disposição das autoridades competentes durante um período adequado à utilização para a qual os alimentos para animais são colocados no mercado. No caso de alimentos para animais não produtores de géneros alimentícios, o fabricante só deverá conservar amostras do produto acabado.

1. Os operadores de empresas do setor dos alimentos para animais que colocam no mercado gorduras, óleos ou produtos derivados destinados à utilização em alimentos para animais, incluindo alimentos compostos para animais, devem analisar aqueles produtos em laboratórios acreditados para deteção da soma das dioxinas e dos PCB sob a forma de dioxina, em conformidade com o Regulamento (CE) n.º 152/2009.

2. Para complementar o sistema HACCP dos operadores de empresas do setor dos alimentos para animais, as análises referidas no n.º 1 devem ser efetuadas, pelo menos, com as seguintes frequências:

a) Transformadores de óleos vegetais brutos:

i) devem ser analisados 100 % dos lotes de óleos de coco brutos. Um lote pode conter, no máximo, 1 000 toneladas destes produtos,

ii) devem ser analisados 100 % dos lotes de produtos derivados de óleos vegetais, à exceção do glicerol, da lecitina e gomas destinados à alimentação animal. Um lote pode conter, no máximo, 1 000 toneladas destes produtos;

b) Produtores de gorduras animais:

uma análise representativa por 2 000 toneladas de gordura animal e seus produtos derivados pertencentes à categoria 3, tal como definido no artigo 10.º do Regulamento (CE) n.º 1069/2009 do Parlamento Europeu e do Conselho;

c) Operadores de óleo de peixe:

i) devem ser analisados 100 % dos lotes de óleo de peixe se o mesmo for produzido a partir de:

— produtos derivados de óleo de peixe bruto, à exceção do óleo de peixe refinado,

— pesca sem histórico de monitorização, de origem não especificada ou do Mar Báltico,

— subprodutos de peixe provenientes de estabelecimentos que fabricam peixe para consumo humano que não estejam aprovados pela UE,

— verdinho ou *menhadem*.

Um lote pode conter, no máximo, 1 000 toneladas de óleo de peixe.

ii) devem ser analisados 100 % dos lotes de produtos derivados de óleo de peixe bruto que saem do estabelecimento, à exceção do óleo de peixe refinado. Um lote pode conter, no máximo, 1 000 toneladas destes produtos,

iii) deve ser efetuada uma análise representativa por 2 000 toneladas, no que se refere ao óleo de peixe não referido na subalínea i),

iv) o óleo de peixe descontaminado por um tratamento aprovado oficialmente deve ser analisado de acordo com os princípios HACCP em conformidade com o artigo 6.º;

d) Indústria oleoquímica e de biodiesel:

i) devem ser analisados 100 % dos lotes de óleos de coco brutos e seus produtos derivados que entram no estabelecimento, à exceção de glicerol, lecitina e gomas, gorduras animais não abrangidas pela alínea b), óleo de peixe não abrangido pela alínea c), óleos recuperados da indústria alimentar e gorduras misturadas destinadas à alimentação animal. Um lote pode conter, no máximo, 1 000 toneladas destes produtos,

ii) devem ser analisados 100 % dos lotes de produtos derivados da transformação dos produtos mencionados na subalínea i), à exceção de glicerol, lecitina e gomas;

e) Estabelecimentos de mistura de gorduras:

i) devem ser analisados 100 % dos lotes de óleos de coco brutos e seus produtos derivados que entram no estabelecimento, à exceção de glicerol, lecitina e gomas, gorduras animais não abrangidas pela alínea b), óleo de peixe não abrangido pela alínea c), óleos recuperados da indústria alimentar e gorduras misturadas destinadas à alimentação animal. Um lote pode conter, no máximo, 1 000 toneladas destes produtos, ou

ii) devem ser analisados 100 % dos lotes de gorduras misturadas destinadas à alimentação animal. Um lote pode conter, no máximo, 1 000 toneladas destes produtos;

O operador da empresa do setor dos alimentos para animais deve declarar à autoridade competente no contexto da sua avaliação dos riscos a alternativa por que opta.

f) Produtores de alimentos compostos para animais destinados a animais produtores de alimentos, à exceção dos mencionados na alínea e):

i) devem ser analisados 100 % dos lotes de óleos de coco brutos e seus produtos derivados que entram no estabelecimento, à exceção de glicerol, lecitina e gomas, gorduras animais não abrangidas pela alínea b), óleo de peixe não abrangido pela alínea c), óleos recuperados da indústria alimentar e gorduras misturadas destinadas à alimentação animal. Um lote pode conter, no máximo, 1 000 toneladas destes produtos, ii) deve ser efetuada uma amostragem com uma frequência de 1 % dos lotes relativamente aos alimentos compostos para animais que contenham produtos referidos na subalínea i).

3. Caso se possa demonstrar que uma remessa homogénea é maior do que o tamanho máximo do lote, em conformidade com o n.º 2 e que tenha sido amostrada de uma forma representativa, os resultados da análise da amostra adequadamente colhida e selada serão, então, considerados aceitáveis.

4. Sempre que um operador de uma empresa do setor dos alimentos para animais provar que um lote de um produto ou que todos os constituintes de um lote, tal como referido no n.º 2, que entram no seu processo operativo já foram analisados numa fase anterior de produção, transformação ou distribuição ou cumprem o disposto no n.º 2, alínea b), ou alínea c), subalínea iii), o operador da empresa do setor dos alimentos para animais deve ser isento da obrigação de analisar este lote e deve analisá-lo em conformidade com os princípios HACCP gerais, em conformidade com o artigo 6.º.

5. Qualquer entrega de produtos referidos no n.º 2, alínea d), subalínea i), alínea e), subalínea i) e alínea f), subalínea i), deve ser acompanhada por uma prova de que estes produtos ou todos os seus constituintes foram analisados ou cumprem os requisitos do n.º 2, alínea b) ou alínea c), subalínea iii).

6. Se todos os lotes de produtos mencionados no n.º 2, alínea d), subalínea i), alínea e), subalínea i), e alínea f), subalínea i), que entram num processo operativo já tiverem sido analisados em conformidade com o presente regulamento e se se puder assegurar que o processo de produção, manuseamento e armazenamento não aumenta a contaminação por dioxinas, o operador da empresa do setor dos alimentos para animais deve ser isento da obrigação de analisar o produto final e deve analisá-lo em conformidade com os princípios HACCP gerais, em conformidade com o artigo 6.º.

7. Sempre que um operador de uma empresa do setor dos alimentos para animais encarregue um laboratório da execução da análise, tal como referido no n.º 1, deve dar instruções ao laboratório para comunicar os resultados daquela análise à autoridade competente no caso de serem ultrapassados os limites para as dioxinas previstos no anexo I, secção V, pontos 1 e 2, da Diretiva 2002/32/CE.
Sempre que um operador de uma empresa do setor dos alimentos para animais encarregar um laboratório situado num Estado-Membro que não o do operador da empresa do setor dos alimentos para animais que solicita a análise, este deve dar instruções ao laboratório para notificar deste facto a respetiva autoridade competente que deve, por sua vez, informar a autoridade competente do Estado-Membro em que o operador da empresa do setor dos alimentos para animais está situado.
Os operadores de empresas do setor dos alimentos para animais devem informar a autoridade competente do Estado-Membro em que se situam caso encarreguem da realização das análises um laboratório localizado num país terceiro. Devem ser apresentadas provas de que o laboratório executa a análise em conformidade com o Regulamento (CE) n.º 152/2009.

8. Os requisitos de teste às dioxinas devem ser revistos em 16 de março de 2014.

ARMAZENAMENTO E TRANSPORTE

1. Os alimentos transformados para animais deverão ser separados das matérias-primas para a alimentação animal não transformadas e dos aditivos, a fim de evitar a contaminação cruzada dos alimentos transformados; deverão utilizar-se materiais de embalagem adequados.

2. Os alimentos para animais deverão ser armazenados e transportados em contentores adequados. Deverão ser armazenados em locais concebidos, adaptados e conservados de molde a garantir boas condições de armazenamento, e aos quais tenham acesso apenas as pessoas autorizadas pelos operadores das empresas do sector dos alimentos para animais.

3. Os alimentos para animais devem ser armazenados e transportados de modo a poderem ser facilmente identificados, a fim de evitar confusões, contaminações cruzadas e deteriorações.

4. Os contentores e o equipamento utilizados para o transporte, o armazenamento, a deslocação, o manuseamento e a pesagem deverão ser mantidos limpos. Deverão ser introduzidos programas de limpeza e minimizados os vestígios de detergentes e desinfectantes.

5. Deverão ser minimizadas e mantidas sob controlo todas as deteriorações, a fim de reduzir a invasão das pragas.

6. As temperaturas devem ser mantidas o mais baixo possível, sempre que adequado, para evitar a condensação e a deterioração.

7. Os contentores destinados ao armazenamento ou transporte de gorduras misturadas, óleos de origem vegetal ou seus produtos derivados destinados à utilização em alimentos para animais não devem ser utilizados para o transporte ou o armazenamento de outros produtos, exceto se estes produtos cumprirem os requisitos:
— do presente regulamento ou do artigo 4.º, n.º 2, do Regulamento (CE) n.º 852/2004 e
— do anexo I da Diretiva 2002/32/CE.

Devem ser mantidos separados de qualquer outra carga sempre que exista o risco de contaminação.

Sempre que esta utilização separada não seja possível, os contentores devem ser eficazmente limpos por forma a remover qualquer vestígio do produto, caso os mesmos tenham sido previamente utilizados para produtos que não cumprem os requisitos:
— do presente regulamento ou do artigo 4.º, n.º 2, do Regulamento (CE) n.º 852/2004 e
— do anexo I da Diretiva 2002/32/CE.

As gorduras animais de categoria 3, tal como definidas no artigo 10.º do Regulamento (CE) n.º 1069/2009, destinadas à utilização em alimentos para animais, devem ser armazenadas e transportadas em conformidade com aquele regulamento.

CONSERVAÇÃO DE REGISTOS

1. Todos os operadores das empresas do sector dos alimentos para animais, incluindo os que actuam apenas como comerciantes sem nunca deterem o produto nas suas instalações, deverão conservar num registo as informações relevantes, nomeadamente no que toca à aquisição, produção e vendas, para um rastreio eficaz de todo o processo, desde a recepção e entrega até à exportação para o destino final.

2. Os operadores das empresas do sector dos alimentos para animais, excepto os que actuam apenas como comerciantes sem nunca deterem o produto nas suas instalações, deverão manter num registo:

a) Documentos relativos ao processo e aos controlos de fabrico.

As empresas do sector dos alimentos para animais devem dispor de um sistema de documentação destinado a definir e controlar os pontos críticos durante o processo de fabrico e a estabelecer e aplicar um plano de controlo de qualidade. Devem conservar os resultados dos controlos relevantes. Este conjunto de documentos deve ser conservado por forma a permitir reconstituir o historial do fabrico de cada lote de produtos colocados em circulação e apurar responsabilidades em caso de reclamação.

b) Documentos relativos à rastreabilidade, nomeadamente:

i) aditivos para alimentos para animais:
— a natureza e a quantidade dos aditivos produzidos, as respectivas datas de fabrico e, eventualmente, o número do lote ou da fracção definida da produção, em caso de fabrico contínuo,
— os nomes e endereços dos estabelecimentos em que os aditivos foram entregues, a natureza e a quantidade dos aditivos fornecidos e, se for caso disso, o número do lote ou da fracção definida da produção, em caso de fabrico contínuo,

ii) produtos referidos na Directiva 82/471/CEE:
— a natureza dos produtos e a quantidade produzida, as respectivas datas de fabrico e, eventualmente, o número do lote ou da fracção definida da produção, em caso de fabrico contínuo,
— os nomes e endereços dos estabelecimentos ou dos utilizadores (estabelecimentos ou agricultores) a quem estes produtos foram fornecidos, com indicação pormenorizada da natureza e da quantidade dos produtos fornecidos e, se for caso disso, do número do lote ou da fracção definida da produção, em caso de fabrico contínuo,

iii) pré-misturas:
— os nomes e os endereços dos fabricantes ou dos fornecedores de aditivos, a natureza e a quantidade dos aditivos utilizados e, eventualmente, o número do lote ou da fracção definida da produção, em caso de fabrico contínuo,
— a data de fabrico da pré-mistura e, sempre que necessário, o número do lote,
— os nomes e os endereços dos estabelecimentos aos quais foi fornecida a pré-mistura, a data de fornecimento, a natureza e a quantidade da pré-mistura fornecida e, sempre que necessário, o número do lote,

iv) alimentos compostos/matérias-primas para a alimentação animal:

— os nomes e os endereços dos fabricantes ou dos fornecedores de aditivos/pré-misturas, a natureza e a quantidade da pré-mistura utilizada, com o número do lote, se for caso disso,

— os nomes e os endereços dos fornecedores de matérias-primas para a alimentação animal e de alimentos complementares para animais e a data de fornecimento,

— o tipo, a quantidade e a formulação dos alimentos compostos para animais,

— a natureza e a quantidade de matérias-primas para a alimentação animal ou dos alimentos compostos fabricados, juntamente com a data de fabrico, o nome e o endereço do comprador (por exemplo, um agricultor ou outro operador de empresas do sector dos alimentos para animais).

RECLAMAÇÕES E RETIRADA DE PRODUTOS DA CIRCULAÇÃO

1. Os operadores das empresas do sector dos alimentos para animais devem estabelecer um sistema de registo e de análise das reclamações.
2. Caso seja necessário, devem instalar um sistema para retirar rapidamente da circulação os produtos já colocados na rede de distribuição. Devem definir, mediante procedimento escrito, o destino dos produtos retirados, e antes de serem novamente postos em circulação, esses produtos devem ser objecto de novo controlo de qualidade.

ANEXO III.-
Boas práticas de alimentação de animais

PASTAGENS

O pastoreio em pastagens e terras agrícolas deverá ser gerido de forma a reduzir ao mínimo a contaminação de alimentos de origem animal por perigos físicos, biológicos ou químicos.
Sempre que adequado, deverá ser observado um período de repouso suficiente antes de permitir que os animais se alimentem em pastagens, culturas ou resíduos de culturas, e entre a rotação de pastagens, a fim de reduzir ao mínimo a contaminação cruzada biológica a partir de estrume, sempre que exista esse risco, e de garantir o cumprimento dos prazos de segurança fixados para a aplicação dos produtos químicos destinados à agricultura.

REQUISITOS RELATIVOS AOS EQUIPAMENTOS DOS ESTÁBULOS E DE ALIMENTAÇÃO

A unidade de produção animal deverá ser concebida por forma a poder ser adequadamente limpa. A unidade de produção animal e o equipamento de alimentação deverão ser metódica e regularmente limpos a fim de evitar a acumulação de factores de perigo. Os produtos químicos utilizados na limpeza e desinfecção deverão ser utilizados de acordo com as instruções e armazenados longe dos alimentos para animais e das áreas de alimentação dos animais.
Deverá ser estabelecido um sistema de controlo de pragas para impedir o acesso destas à unidade de produção animal, a fim de reduzir ao mínimo a possibilidade de contaminação dos alimentos para animais, dos materiais das camas e das zonas reservadas aos animais.
Os edifícios e o equipamento de alimentação dos animais deverão ser mantidos limpos.
Deverão ser postos em prática sistemas de remoção regular de estrumes, material residual e outras fontes possíveis de contaminação dos alimentos para animais.
Os alimentos para animais e o material das camas utilizados na unidade de produção animal deverão ser mudados frequentemente, para não ganharem bolor.

ALIMENTAÇÃO

1. Armazenamento
Os alimentos para animais deverão ser armazenados separadamente dos produtos químicos e de outros produtos proibidos para consumo animal. As áreas de armazenamento e os contentores deverão ser mantidos limpos e secos, aplicando-se, sempre que necessário, medidas adequadas de controlo das pragas. As áreas de armazenamento e os contentores deverão ser limpos regularmente, para evitar o mais possível a contaminação cruzada.

As sementes deverão ser correctamente armazenadas, por forma a não serem acessíveis aos animais.

Os alimentos medicamentosos e não medicamentosos para animais, destinados a categorias ou espécies diferentes, deverão ser armazenados por forma a reduzir o risco de alimentar animais aos quais não se destinam.

2. Distribuição

O sistema de distribuição de alimentos para animais na exploração agrícola deverá assegurar que os alimentos certos sejam enviados para os destinos certos. Durante a distribuição e a alimentação dos animais, os alimentos deverão ser manuseados por forma a evitar toda a contaminação proveniente de áreas de armazenamento e de equipamentos contaminados. Os alimentos não medicamentosos deverão ser manuseados separadamente dos alimentos medicamentosos, para evitar qualquer forma de contaminação.

Os veículos de transporte de alimentos nas explorações e o equipamento de alimentação deverão ser periodicamente limpos, nomeadamente quando utilizados para fornecer e distribuir alimentos medicamentosos.

ALIMENTAÇÃO E ABEBERAMENTO

A água destinada ao abeberamento e à aquicultura deverá ser de qualidade adequada aos animais criados. Sempre que houver motivo de preocupação devido a contaminações de animais ou de produtos de origem animal por causa da água, deverão ser tomadas medidas para avaliar e minimizar os riscos.

O equipamento de fornecimento de alimentação e água deve ser concebido, construído e instalado de modo a que seja reduzida ao mínimo a contaminação dos alimentos para animais e da água. Os sistemas de abeberamento deverão, sempre que possível, ser limpos e sujeitos a manutenção periódica.

PESSOAL

Os responsáveis pela alimentação e pelo manuseamento dos animais deverão possuir as aptidões, os conhecimentos e a competência requeridos.

ANEXO IV

CAPÍTULO 1

Aditivos autorizados ao abrigo do Regulamento (CE) n.º 1831/2003:
— Aditivos nutritivos: todos os aditivos do grupo;
— Aditivos zootécnicos: todos os aditivos do grupo;

—
— Aditivos tecnológicos:
— aditivos abrangidos pela alínea b) do n.º 1 do anexo I («antioxidantes» do Regulamento (CE) n.º 1831/2003: apenas os que têm um teor máximo fixado;
— Aditivos organolépticos: aditivos abrangidos pela alínea a) do n.º 2 do anexo I («corantes») do Regulamento (CE) n.º 1831/2003: carotenóides e xantofilas.
Produtos abrangidos pela Directiva 82/471/CEE:
— Proteínas obtidas a partir de microrganismos pertencentes ao grupo das bactérias, leveduras, algas e fungos inferiores: todos os produtos do grupo (excepto o subgrupo 1.2.1);
— Co-produtos do fabrico de aminoácidos por fermentação: todos os produtos do grupo.

CAPÍTULO 2

Aditivos autorizados ao abrigo do Regulamento (CE) n.º 1831/2003:
— Aditivos zootécnicos: aditivos abrangidos pela alínea d) do n.º 4 do anexo I («outros aditivos zootécnicos») do Regulamento (CE) n.º 1831/2003;
—
— antibióticos: todos os aditivos,
— coccidiostáticos e histomonostáticos: todos os aditivos,
— factores de crescimento: todos os aditivos;

142

— Aditivos nutritivos:

—

— aditivos abrangidos pela alínea a) do n.º 3 do anexo I (Vitaminas, pró-vitaminas e substâncias quimicamente bem definidas de efeito semelhante) do Regulamento (CE) n.º 1831/2003: A e D,

— aditivos abrangidos pela alínea b) do n.º 3 do anexo I («compostos de oligoelementos») do Regulamento (CE) n.º 1831/2003: Cu e Se.

CAPÍTULO 3

Aditivos autorizados ao abrigo do Regulamento (CE) n.º 1831/2003:
Aditivos zootécnicos: aditivos abrangidos pela alínea d) do n.º 4 do anexo I («outros aditivos zootécnicos») do Regulamento (CE) n.º 1831/2003;

— Antibióticos: todos os aditivos,

— Coccidiostáticos e histomonostáticos: todos os aditivos,

— Factores de crescimento: todos os aditivos.

ANEXO V

[Anexo não reproduzido na presente publicação]

22 de Dezembro de 2006.- Regulamento (CE) n.º 2023/2006
da Comissão
relativo às boas práticas de fabrico de materiais e objectos destinados a entrar em contacto com os alimentos
(J.O. L 384, 29/12/2006)

(V.C.17/04/2008)

A COMISSÃO DAS COMUNIDADES EUROPEIAS,
Tendo em conta o Tratado que institui a Comunidade Europeia,
Tendo em conta o Regulamento (CE) n.º 1935/2004 do Parlamento Europeu e do Conselho, de 27 de Outubro de 2004, relativo aos materiais e objectos destinados a entrar em contacto com os alimentos, nomeadamente o n.º 1 do artigo 5.º,
Considerando o seguinte:
(1) Os grupos de materiais e objectos que figuram no anexo I do Regulamento (CE) n.º 1935/2004 e as combinações destes materiais e objectos ou os materiais e objectos reciclados utilizados nesses materiais e objectos devem ser fabricados em conformidade com as regras gerais e específicas relativas às boas práticas de fabrico (BPF).
(2) Alguns sectores da indústria definiram orientações em matéria de BPF, outros não. Em consequência, é necessário garantir a uniformidade entre Estados-Membros no que respeita às BPF de materiais e objectos destinados a entrar em contacto com os alimentos.
(3) A fim de assegurar essa conformidade, é conveniente estabelecer certas obrigações para os operadores das empresas.
(4) Todos os operadores das empresas devem proceder a uma gestão eficaz da qualidade das respectivas operações de fabrico, que seja adaptada à sua posição na cadeia de aprovisionamento.
(5) As regras devem aplicar-se a materiais e objectos destinados a entrar em contacto com os alimentos ou que, em virtude do fim a que se destinam, estão já em contacto com os alimentos ou ainda a materiais e objectos que se possa razoavelmente prever virem a entrar em contacto com os alimentos ou a transferir os seus constituintes para os alimentos nas condições de utilização normais ou previsíveis.
(6) As regras em matéria de BPF devem ser aplicadas de forma proporcionada, de modo a evitar encargos excessivos para as pequenas empresas.
(7) Há que proceder à definição de regras específicas a aplicar aos processos que utilizem tintas de impressão, bem como a outros processos, se necessário. No caso de tintas de impressão aplicadas na parte de um material ou objecto que não entra em contacto com os alimentos, as BPF devem garantir, designadamente, que essas substâncias não sejam transferidas para os alimentos por maculagem (set-off) ou transferência através do suporte.
(8) As medidas previstas no presente regulamento estão em conformidade com o parecer do Comité Permanente da Cadeia Alimentar e da Saúde Animal,
ADOPTOU O PRESENTE REGULAMENTO:

Artigo 1.º *Objecto*
O presente regulamento define as regras em matéria de boas práticas de fabrico (BPF) dos grupos de materiais e objectos destinados a entrar em contacto com os alimentos (de seguida designados por «materiais e objectos») que figuram no anexo I do Regulamento (CE) n.º 1935/2004 e das combinações destes materiais e objectos ou dos materiais e objectos reciclados utilizados nesses materiais e objectos.

Artigo 2.º *Âmbito de aplicação*
O presente regulamento é aplicável em todos os sectores e em todas as fases de fabrico, processamento e distribuição de materiais e objectos até à produção de substâncias iniciadoras, sendo esta excluída.
As regras específicas que figuram no anexo aplicar-se-ão, se for caso disso, aos processos relevantes que aí são especificamente mencionados.

Artigo 3.º *Definições*
Para efeitos do disposto no presente regulamento, entende-se por:
a) «Boas práticas de fabrico (BPF)»: os aspectos do sistema de garantia da qualidade que asseguram que os materiais e objectos são produzidos e controlados de forma

coerente, a fim de estarem conformes com as regras que lhes são aplicáveis e com as normas de qualidade adequadas ao uso a que se destinam, não colocando em perigo a saúde humana ou causando alterações inaceitáveis à composição do alimento ou ainda uma deterioração das suas características organolépticas;

b) «Sistema de garantia da qualidade»: o conjunto de medidas de organização e documentação que visem garantir que os materiais e objectos têm a qualidade exigida para estarem conformes com as regras que lhes são aplicáveis e as normas de qualidade adequadas ao uso a que se destinam;

c) «Sistema de controlo da qualidade»: a aplicação sistemática de medidas definidas no âmbito do sistema de garantia da qualidade que asseguram a conformidade das substâncias iniciadoras e dos materiais e objectos intermédios e acabados com as especificações previstas no sistema de garantia da qualidade;

d) «Lado que não entra em contacto com os alimentos»: a superfície do material ou objecto que não está em contacto directo com os alimentos;

e) «Lado que entra em contacto com os alimentos»: a superfície do material ou objecto que está em contacto directo com os alimentos.

Artigo 4.° *Conformidade com as boas práticas de fabrico*
Os operadores das empresas garantem que as operações de fabrico são efectuadas em conformidade com:
a) as regras gerais em matéria de BPF, tal como estabelecidas nos artigos 5.°, 6.° e 7.°,
b) as regras específicas em matéria de BPF, tal como estabelecidas no anexo.

Artigo 5.° *Sistema de garantia da qualidade*
1. Os operadores das empresas estabelecem e aplicam um sistema de garantia da qualidade eficaz e documentado e asseguram o seu cumprimento. Este sistema deve:
a) ter em conta o número de efectivos, seus conhecimentos e competências, e a organização das instalações e equipamentos, de forma a garantir que os materiais e objectos acabados cumpram as regras que lhes são aplicáveis;
b) ser aplicado atendendo à dimensão da empresa em questão, de forma a não lhe impor encargos excessivos.
2. As substâncias iniciadoras são seleccionadas e satisfazem especificações préestabelecidas que garantem a conformidade do material ou objecto com as regras que lhe são aplicáveis.
3. As diferentes operações são realizadas segundo instruções e procedimentos préestabelecidos.

Artigo 6.° *Sistema de controlo da qualidade*
1. Os operadores das empresas estabelecem e mantêm um sistema eficaz de controlo da qualidade.
2. O sistema de controlo da qualidade assegura a monitorização da aplicação e do cumprimento das BPF e identifica medidas correctivas em caso de não cumprimento das mesmas. Estas medidas correctivas são aplicadas de imediato e disponibilizadas às autoridades de inspecção competentes.

Artigo 7.° *Documentação*
1. Os operadores das empresas elaboram e mantêm documentação adequada, em papel ou formato electrónico, com informações relativas a especificações, fórmulas de fabrico e processamento que sejam relevantes para a conformidade e a segurança do material ou objecto acabado.
2. Os operadores das empresas elaboram e mantêm documentação adequada, em papel ou formato electrónico, com registos das diferentes operações de fabrico que sejam relevantes para a conformidade e segurança do material ou objecto acabado e dos resultados do sistema de controlo da qualidade.
3. A documentação será disponibilizada pelos operadores das empresas às autoridades competentes a pedido destas últimas.

Artigo 8.° *Entrada em vigor*
O presente regulamento entra em vigor no vigésimo dia seguinte ao da sua publicação no Jornal Oficial da União Europeia.
É aplicável a partir de 1 de Agosto de 2008.
O presente regulamento é obrigatório em todos os seus elementos e directamente aplicável em todos os Estados-Membros.

ANEXO.-

Regras específicas em matéria de boas práticas de fabrico

[Anexo não reproduzido na presente publicação]

29 de Maio de 2009.- Regulamento (CE) n.º 450/2009
da Comissão
relativo aos materiais e objectos activos e inteligentes destinados a entrar em contacto
com os alimentos
(J.O. 135, 30/05/2009)

A COMISSÃO DAS COMUNIDADES EUROPEIAS,
Tendo em conta o Tratado que institui a Comunidade Europeia,
Tendo em conta o Regulamento (CE) n.º 1935/2004 do Parlamento Europeu e do Conselho, de 27 de Outubro de 2004, relativo aos materiais e objectos destinados a entrar em contacto com os alimentos e que revoga as Directivas 80/590/CEE e 89/109/CEE, nomeadamente o n.º 1, alíneas h), i), l), m) e n), do artigo 5.º,
Após consulta da Autoridade Europeia para a Segurança dos Alimentos,
Considerando o seguinte:
(1) O Regulamento (CE) n.º 1935/2004 estabelece que os materiais e objectos activos e inteligentes destinados a entrar em contacto com os alimentos (materiais e objectos activos e inteligentes) estão incluídos no seu âmbito de aplicação e, por conseguinte, todas as suas normas relativamente a qualquer tipo de materiais e objectos destinados a entrar em contacto com os alimentos (materiais em contacto com os alimentos) são igualmente aplicáveis a esses materiais e objectos. Outras normas comunitárias, como as previstas na Directiva 2001/95/CE do Parlamento Europeu e do Conselho, de 3 de Dezembro de 2001, relativa à segurança geral dos produtos e respectivas normas de execução e a Directiva 87/357/CEE do Conselho, de 25 de Junho de 1987, relativa à aproximação das legislações dos Estados-Membros respeitantes aos produtos que, não possuindo a aparência do que são, comprometem a saúde ou a segurança dos consumidores, são também aplicáveis, conforme adequado, a tais materiais e objectos.
(2) O Regulamento (CE) n.º 1935/2004 estabelece os princípios gerais para eliminar as diferenças entre as legislações dos Estados-Membros no que diz respeito aos materiais em contacto com os alimentos. Esse regulamento prevê, no n.º 1 do artigo 5.º, a adopção de medidas específicas para grupos de materiais e objectos e descreve em pormenor o procedimento de autorização de substâncias a nível comunitário quando uma medida específica inclui uma lista de substâncias autorizadas.
(3) O Regulamento (CE) n.º 1935/2004 estabelece certas regras aplicáveis aos materiais e objectos activos e inteligentes. Estas incluem regras relativas a substâncias activas libertadas que têm de cumprir as disposições comunitárias e nacionais aplicáveis aos alimentos e as regras de rotulagem. Devem ser estabelecidas regras específicas numa medida específica.
(4) O presente regulamento constitui uma medida específica na acepção do n.º 1, alínea b), do artigo 5.º do Regulamento (CE) n.º 1935/2004. O presente regulamento deve estabelecer as regras específicas para os materiais e objectos activos e inteligentes que devem ser aplicadas além dos requisitos gerais estabelecidos no Regulamento (CE) n.º 1935/2004 para a sua utilização segura.
(5) Existem muitos tipos diferentes de materiais e objectos activos e inteligentes. As substâncias responsáveis pela função activa e/ou inteligente podem estar incluídas numa embalagem separada, por exemplo numa saqueta de papel, ou podem ser directamente incorporadas no material de embalagem, por exemplo no plástico de uma garrafa de plástico. Essas substâncias, responsáveis por criar a função activa e/ou inteligente desses materiais e objectos (componentes) devem ser avaliadas de acordo com o presente regulamento. As partes passivas, como o recipiente, a embalagem que o envolve e o material de acondicionamento no qual a substância é incorporada, devem ser abrangidas pelas disposições comunitárias ou nacionais específicas aplicáveis a esses materiais e objectos.
(6) Os materiais e objectos activos e inteligentes podem ser compostos por uma ou mais camadas ou partes de tipos diferentes de materiais, tais como plástico, papel e cartão ou revestimentos e vernizes. Os requisitos para estes materiais podem estar completamente harmonizados, apenas parcialmente harmonizados ou ainda não harmonizados a nível comunitário. As regras estabelecidas no presente regulamento devem ser aplicáveis sem prejuízo das disposições comunitárias ou nacionais que regulam esses materiais.
(7) A substância individual ou, conforme o caso, a combinação de substâncias que constituem os componentes devem ser avaliadas para garantir que são seguras e

147

cumprem os requisitos fixados no Regulamento (CE) n.º 1935/2004. Nalguns casos, pode ser necessário avaliar e autorizar a combinação de substâncias quando a função activa ou inteligente implicar interacções entre substâncias diferentes que provoquem o reforço da função ou a geração de novas substâncias responsáveis pela função activa e inteligente.

(8) Nos termos do Regulamento (CE) n.º 1935/2004, caso as medidas específicas incluam uma lista de substâncias autorizadas na Comunidade para utilização no fabrico de materiais e objectos destinados a entrar em contacto com os alimentos, tais substâncias devem ser sujeitas a uma avaliação da respectiva segurança antes de serem autorizadas.

(9) É adequado que a pessoa interessada na colocação no mercado de materiais e objectos activos e inteligentes ou dos seus componentes, ou seja, o requerente, deva apresentar todas as informações necessárias para a avaliação da segurança da substância ou, se necessário, da combinação das substâncias que constituem o componente.

(10) A avaliação da segurança de uma substância ou de uma combinação de substâncias que constituem os componentes deve ser realizada pela Autoridade Europeia para a Segurança dos Alimentos (a Autoridade), após a apresentação de um pedido válido tal como previsto nos artigos 9.º e 10.º do Regulamento (CE) n.º 1935/2004. A Autoridade deve publicar orientações pormenorizadas relativas à preparação e à apresentação dos pedidos, a fim de informar os requerentes quanto aos dados a apresentar para a avaliação da segurança. A fim de permitir a aplicação de possíveis restrições, será necessário que o requerente apresente um método analítico adequado para detecção e quantificação da substância. A Autoridade deve avaliar se o método analítico é adequado para efeitos de aplicação da restrição proposta.

(11) A avaliação da segurança de uma substância específica ou de uma combinação de substâncias deve ser seguida de uma decisão de gestão dos riscos quanto à inclusão da substância na lista comunitária de substâncias permitidas que podem ser utilizadas em componentes activos e inteligentes (lista comunitária). Essa decisão deve ser adoptada em conformidade com o procedimento de regulamentação referido no n.º 2 do artigo 23.º do Regulamento (CE) n.º 1935/2004, assegurando uma estreita cooperação entre a Comissão e os Estados-Membros.

(12) A lista comunitária deve incluir a identidade, as condições de utilização, as restrições e/ou as especificações de utilização dessa substância ou de uma combinação de substâncias e, se for o caso, do componente ou do material ou objecto ao qual são acrescentadas ou incorporadas. A identidade de uma substância deve incluir, pelo menos, o nome e, se disponíveis e necessários, os números CAS, o tamanho das partículas, a composição ou outras especificações.

(13) Os materiais e objectos activos podem incorporar deliberadamente substâncias que se destinam a ser libertadas para os alimentos. Dado que estas substâncias são acrescentadas intencionalmente aos alimentos, devem ser utilizadas unicamente nas condições previstas nas disposições comunitárias ou nacionais pertinentes para a sua utilização nos alimentos. Caso as disposições comunitárias ou nacionais prevejam uma autorização da substância, a substância e a sua utilização devem respeitar os requisitos da autorização ao abrigo da legislação alimentar específica, por exemplo a legislação relativa aos aditivos alimentares. Os aditivos alimentares e as enzimas podem igualmente ser enxertados ou imobilizados no material e ter uma função tecnológica nos alimentos. Tais aplicações são abrangidas pela legislação relativa aos aditivos alimentares e enzimas e devem, por conseguinte, ser tratadas da mesma forma que as substâncias activas libertadas.

(14) Os sistemas de acondicionamento inteligentes dão ao utilizador informações sobre as condições dos alimentos e não devem libertar os seus constituintes para os alimentos. Os sistemas inteligentes podem ser posicionados na superfície exterior da embalagem e podem estar separados dos alimentos por uma barreira funcional, que é uma barreira dentro dos materiais ou objectos em contacto com os alimentos que impede a migração de substâncias através desta barreira para os alimentos. Podem utilizar-se substâncias não autorizadas atrás de uma barreira funcional, desde que cumpram certos critérios e a sua migração permaneça abaixo de um determinado limite de detecção. Tendo em conta os alimentos para lactentes e outras pessoas particularmente susceptíveis, bem como as dificuldades neste caso específico de tipo de análise, que se caracteriza por uma ampla tolerância analítica, deve estabelecer-se um nível máximo de 0,01 mg/kg nos alimentos para a migração de uma substância não autorizada através de uma barreira funcional. As novas tecnologias

148

que produzem substâncias com uma dimensão de partículas cujas propriedades químicas e físicas diferem significativamente das apresentadas pelas partículas de maior dimensão, por exemplo as nanopartículas, devem ser avaliadas caso a caso no que se refere ao seu risco até que haja mais informações sobre estas novas tecnologias. Por conseguinte, essas substâncias não devem ser abrangidas pelo conceito de barreira funcional.

(15) A medida comunitária específica que abrange a parte passiva do material activo ou inteligente pode estabelecer requisitos para a inércia do material, como, por exemplo, um limite de migração global aplicável a materiais de plástico. Se um componente activo de libertação for incorporado num material em contacto com os alimentos abrangido por uma medida comunitária específica, pode haver o risco de se exceder o limite de migração global devido à libertação da substância activa. Dado que a função activa não é uma característica inerente do material passivo, a quantidade de substância activa libertada não deve ser tomada em conta no valor de migração global.

(16) O n.º 5 do artigo 4.º do Regulamento (CE) n.º 1935/2004 prevê que os materiais e objectos activos e inteligentes já em contacto com os alimentos devem ser devidamente rotulados de modo a que o consumidor possa identificar as partes não comestíveis. A coerência de tal informação parece indispensável para evitar a confusão para os consumidores. Por conseguinte, os materiais e objectos activos e inteligentes devem ser rotulados com uma determinada menção e acompanhados, quando tecnicamente possível, por um símbolo, sempre que os materiais e objectos ou as suas partes possam parecer comestíveis.

(17) O artigo 16.º do Regulamento (CE) n.º 1935/2004 determina que os materiais e objectos devem ser acompanhados por uma declaração escrita que certifique a sua conformidade com as regras que lhes são aplicáveis. O n.º 1, alíneas h) e i), do artigo 5.º do referido regulamento determina que, a fim de reforçar a coordenação e a responsabilidade dos fornecedores, em cada fase do processo de fabrico, as pessoas responsáveis devem documentar a observância das normas relevantes numa declaração de conformidade que é disponibilizada aos seus clientes. Além disso, em cada fase de fabrico deve ser disponibilizada às autoridades competentes documentação de apoio que confirme a declaração de conformidade.

(18) Nos termos do n.º 1 do artigo 17.º do Regulamento (CE) n.º 178/2002 do Parlamento Europeu e do Conselho, os operadores das empresas do sector alimentar devem assegurar que os géneros alimentícios cumpram os requisitos que lhes são aplicáveis. O n.º 1, alínea e), do artigo 15.º do Regulamento (CE) n.º 1935/2004 determina que os materiais activos e objectos que ainda não estão em contacto com os alimentos quando colocados no mercado devem ser acompanhados de informações sobre a utilização ou utilizações permitidas e de outras informações pertinentes, tais como o nome e a quantidade máxima das substâncias libertadas pelo componente activo, de modo a que os operadores das empresas alimentares que utilizem esses materiais e objectos possam cumprir quaisquer outras disposições comunitárias pertinentes ou, na ausência destas, as disposições nacionais aplicáveis aos alimentos, incluindo as disposições em matéria de rotulagem dos alimentos. Para este efeito, e no respeito das condições de confidencialidade, os operadores devem ter acesso às informações pertinentes que lhes permitam garantir que a migração ou libertação intencional nos alimentos a partir dos materiais e objectos activos e inteligentes cumprem as especificações e restrições estabelecidas nas disposições comunitárias e nacionais aplicáveis aos géneros alimentícios.

(19) Uma vez que já se encontram no mercado dos Estados-Membros vários materiais e objectos activos e inteligentes, é necessário assegurar que a transição para um procedimento de autorização comunitário se processe sem suscitar problemas e não perturbe o mercado existente desses materiais e objectos. Deve ser concedido ao requerente tempo suficiente para disponibilizar as informações necessárias para a avaliação da segurança da substância ou da combinação de substâncias que constituem o componente. Por conseguinte, deve prever-se um período de 18 meses durante o qual a informação sobre materiais e objectos activos e inteligentes deve ser apresentada pelos requerentes. Deve ser igualmente possível apresentar pedidos de autorização de uma nova substância ou combinação de substâncias durante esse período de 18 meses.

(20) A Autoridade deve avaliar sem demora todos os pedidos relativos a substâncias existentes e novas que constituem os componentes para as quais foi apresentado um pedido válido em tempo útil e em conformidade com as orientações da Autoridade durante a fase inicial de apresentação do pedido.

(21) A Comissão deve redigir uma lista comunitária de substâncias permitidas, após a realização da avaliação de segurança de todas as substâncias relativamente às quais foi apresentado um pedido válido em conformidade com as orientações da Autoridade, durante o período inicial de 18 meses. A fim de garantir condições justas e equitativas a todos os requerentes, esta lista comunitária deverá estabelecer-se numa única etapa.

(22) A disposição relativa à declaração de cumprimento e a disposição específica de rotulagem só devem ser aplicáveis 6 meses após a entrada em vigor do presente regulamento, a fim de proporcionar aos operadores tempo suficiente para se adaptarem às novas regras.

(23) As medidas previstas no presente regulamento estão em conformidade com o parecer do Comité Permanente da Cadeia Alimentar e da Saúde Animal,

ADOPTOU O PRESENTE REGULAMENTO:

CAPÍTULO I.- DISPOSIÇÕES GERAIS

Artigo 1.º *Objecto*
O presente regulamento estabelece requisitos específicos para a comercialização de materiais e objectos activos e inteligentes destinados a entrar em contacto com os alimentos.

Os requisitos específicos não prejudicam disposições comunitárias ou nacionais aplicáveis aos materiais e objectos aos quais são acrescentados ou incorporados componentes activos ou inteligentes.

Artigo 2.º *Âmbito de aplicação*
O presente regulamento aplica-se a materiais e objectos activos e inteligentes que são colocados no mercado na Comunidade.

Artigo 3.º *Definições*
Para efeitos do presente regulamento, entende-se por:
a) «Materiais e objectos activos», materiais e objectos que se destinam a alargar o prazo de validade dos alimentos ou a manter ou melhorar o estado dos alimentos embalados. São concebidos de forma a incorporar deliberadamente componentes que libertem substâncias para os alimentos embalados ou o ambiente que os envolve ou que absorvam tais substâncias desses alimentos ou do ambiente que os envolve;
b) «Materiais e objectos inteligentes», materiais e objectos que monitorizam o estado dos alimentos embalados ou do ambiente que envolve os alimentos;
c) «Componente», uma substância individual ou uma combinação de substâncias individuais que conferem a função activa e/ou inteligente a um material ou objecto, incluindo os produtos da reacção *in situ* dessas substâncias. Não inclui as partes passivas, tais como o material a que são acrescentadas ou incorporadas;
d) «Barreira funcional», uma barreira constituída por uma ou mais camadas de matéria de contacto com os alimentos, que garante que o material ou o objecto acabado cumpre o disposto no artigo 3.º do Regulamento (CE) n.º 1935/2004 e no presente regulamento;
e) «Materiais e objectos activos de libertação», materiais e objectos activos concebidos para incorporarem deliberadamente componentes que libertem substâncias para os alimentos embalados ou para o ambiente que os envolve;
f) «Substâncias activas libertadas», substâncias destinadas a ser libertadas de materiais e objectos activos de libertação nos alimentos embalados ou no ambiente que os envolve e que cumprem uma função nos alimentos.

Artigo 4.º *Colocação no mercado de materiais e objectos activos e inteligentes*
Os materiais e objectos activos e inteligentes só podem ser colocados no mercado se:
a) Forem adequados e eficazes para a utilização pretendida;
b) Obedecerem aos requisitos gerais previstos no artigo 3.º do Regulamento (CE) n.º 1935/2004;
c) Obedecerem aos requisitos especiais previstos no artigo 4.º do Regulamento (CE) n.º 1935/2004;
d) Obedecerem aos requisitos de rotulagem previstos no n.º 1, alínea e), do artigo 15.º do Regulamento (CE) n.º 1935/2004;
e) Obedecerem aos requisitos de composição estabelecidos no capítulo II do presente regulamento;
f) Obedecerem aos requisitos de rotulagem e declaração estabelecidos nos capítulos III e IV do presente regulamento.

CAPÍTULO II.- COMPOSIÇÃO

SECÇÃO 1.- Lista comunitária de substâncias autorizadas

Artigo 5.° *Lista comunitária de substâncias que podem ser utilizadas em componentes activos e inteligentes*

1. Só podem ser utilizadas em componentes de materiais e objectos activos e inteligentes as substâncias que estiverem incluídas na lista comunitária de substâncias permitidas (a seguir designada «lista comunitária»).

2. Em derrogação do n.° 1, as seguintes substâncias podem ser utilizadas em componentes de materiais e objectos activos e inteligentes: sem constarem da lista comunitária:

a) Substâncias activas libertadas, desde que cumpram as condições previstas no artigo 9.° do presente regulamento;*b)* Substâncias abrangidas pelas disposições comunitárias ou nacionais aplicáveis aos géneros alimentícios, que são adicionadas ou incorporadas em materiais e objectos activos através de técnicas como o enxerto ou a imobilização a fim de produzir um efeito tecnológico nos alimentos, desde que cumpram as condições previstas no artigo 9.° do presente regulamento;

c) Substâncias utilizadas em componentes que não estão em contacto directo com os alimentos nem com o ambiente que os envolve e estão separadas dos alimentos por uma barreira funcional, desde que cumpram as condições previstas no artigo 10.° e que não sejam abrangidas por uma das seguintes categorias:

i) substâncias classificadas como «mutagénicas», «cancerígenas» ou «tóxicas para a reprodução», em conformidade com os critérios previstos nas secções 3.5, 3.6 e 3.7 do anexo I do Regulamento (CE) n.° 1272/2008 do Parlamento Europeu e do Conselho,

ii) substâncias deliberadamente manipuladas por forma a apresentar uma dimensão de partículas tal que as propriedades físicas e químicas funcionais sejam significativamente diferentes das apresentadas pelas partículas de maior dimensão.

Artigo 6.° *Condições para a inclusão de substâncias na lista comunitária*

A fim de serem incluídas na lista comunitária, as substâncias que constituem os componentes de materiais e objectos activos e inteligentes devem satisfazer os requisitos do artigo 3.° e, quando aplicável, do artigo 4.° do Regulamento (CE) n.° 1935/2004, nas condições de utilização pretendidas do material ou objecto activo e inteligente em que são incorporadas.

Artigo 7.° *Conteúdo da lista comunitária*

A lista comunitária especifica:

a) A identidade da(s) substância(s);

b) A função da(s) substância(s);

c) O número de referência;

d) Se necessário, as condições de utilização da(s) substância(s) ou do componente;

e) Se necessário, as restrições e/ou especificações de utilização da(s) substância(s);

f) Se necessário, as condições de utilização do material ou objecto aos quais a substância ou componente são acrescentados ou nos quais são incorporados.

Artigo 8.° *Condições para a elaboração da lista comunitária*

1. A lista comunitária é redigida com base nos pedidos apresentados nos termos do artigo 9.° do Regulamento (CE) n.° 1935/2004.

2. O prazo para a apresentação de pedidos é de 18 meses a contar da data de publicação das orientações da Autoridade Europeia para a Segurança dos Alimentos (a Autoridade) para a avaliação da segurança de substâncias utilizadas em materiais e objectos activos e inteligentes.

O mais tardar 6 meses após a data de publicação do presente regulamento, a Autoridade publicará as referidas orientações.

3. A Comissão deve colocar à disposição do público um registo que contenha todas as substâncias para as quais foi apresentado um pedido válido em conformidade com o disposto no n.° 2.

4. A lista comunitária é adoptada pela Comissão em conformidade com o procedimento previsto nos artigos 10.° e 11.° do Regulamento (CE) n.° 1935/2004.

5. Quando a Autoridade solicitar informações complementares e o candidato não fornecer os dados complementares no prazo fixado, a substância não será avaliada pela

Autoridade para inclusão na lista comunitária, uma vez que o pedido não pode ser considerado válido.

6. A Comissão adopta a lista comunitária depois de a Autoridade emitir o seu parecer sobre todas as substâncias incluídas no registo para as quais foi apresentado um pedido válido no termos dos n.os 2 e 5.

7. Para a adição de novas substâncias à lista comunitária, é aplicável o procedimento estabelecido nos artigos 9.º, 10.º e 11.º do Regulamento (CE) n.º 1935/2004.

SECÇÃO 2.- Condições de utilização das substâncias não incluídas na lista comunitária

Artigo 9.º *Substâncias referidas no n.º 2, alíneas a) e b), do artigo 5.º*
1. As substâncias activas libertadas referidas no n.º 2, alínea a) do artigo 5.º do presente regulamento e as substâncias adicionadas ou incorporadas através de técnicas como o enxerto ou a imobilização referidas no n.º 2 alínea b) do artigo 5.º do presente regulamento devem ser utilizadas no pleno respeito das disposições comunitárias e nacionais pertinentes aplicáveis aos géneros alimentícios e devem cumprir as disposições do Regulamento (CE) n.º 1935/2004 e respectivas medidas de execução, se for o caso.
2. A quantidade de uma substância activa libertada não é incluída no valor da migração global submetida a medição quando já tenha sido estabelecido um limite de migração global (LMG) numa medida comunitária específica relativamente ao material que entra em contacto com os alimentos no qual o componente é incorporado.
3. Sem prejuízo do disposto nos n.os 1 e 3 do artigo 4.º do Regulamento (CE) n.º 1935/2004, a quantidade de uma substância activa libertada pode exceder a restrição específica estabelecida para essa substância numa medida comunitária ou nacional específica relativa aos materiais que entram em contacto com os alimentos nos quais o componente é incorporado, desde que cumpra as disposições comunitárias aplicáveis aos géneros alimentícios, ou, se não existir nenhuma disposição comunitária, as disposições nacionais aplicáveis aos géneros alimentícios.

Artigo 10.º *Substâncias referidas no n.º 2, alínea c), do artigo 5.º*
1. A migração das substâncias para os alimentos a partir de componentes que não estão em contacto directo com os alimentos nem com o ambiente que os envolve, tal como referido no n.º 2, alínea c), do artigo 5.º do presente regulamento, não deve exceder 0,01 mg/kg, medidos com certeza estatística por um método de análise em conformidade com o artigo 11.º do Regulamento (CE) n.º 882/2004 do Parlamento Europeu e do Conselho.
2. O limite estabelecido no n.º 1 deve ser sempre expresso como concentração em géneros alimentícios. Aplicar-se-á a um grupo de substâncias, desde que estejam estrutural e toxicologicamente relacionadas, por exemplo isómeros ou substâncias com o mesmo grupo funcional relevante, e incluirá a eventual transferência por decalque (*set-off*).

CAPÍTULO III.- ROTULAGEM

Artigo 11.º *Regras adicionais em matéria de rotulagem*
1. Para permitir a identificação, pelo consumidor, das partes não comestíveis, os materiais e objectos activos e inteligentes ou as suas partes devem ser rotulados sempre que os materiais e objectos ou as suas partes possam parecer comestíveis:
a) com a menção «NÃO COMER»; e,
b) quando tecnicamente possível, com o símbolo reproduzido no anexo I,
2. As informações requeridas nos termos do n.º 1 devem ser bem visíveis, claramente legíveis e indeléveis. Devem ser impressas em caracteres de pelo menos 3 mm e cumprir os requisitos previstos no artigo 15.º do Regulamento (CE) n.º 1935/2004.
3. As substâncias activas libertadas são consideradas como ingredientes na acepção do n.º 4, alínea a), do artigo 6.º da Directiva 2000/13/CE do Parlamento Europeu e do Conselho e estão sujeitas às disposições dessa directiva.

CAPÍTULO IV.- DECLARAÇÃO DE CONFORMIDADE E DOCUMENTAÇÃO

Artigo 12.° *Declaração de conformidade*

1. Nas diversas fases de comercialização, excepto no ponto de venda ao consumidor final, os materiais e objectos activos e inteligentes, estejam ou não em contacto com os géneros alimentícios, ou os componentes destinados ao fabrico desses materiais e objectos, ou as substâncias destinadas ao fabrico dos componente, são acompanhados por uma declaração escrita em conformidade com o artigo 16.° do Regulamento (CE) n.° 1935/2004.

2. A declaração referida no n.° 1 é emitida pelo operador da empresa e contém as informações previstas no anexo II.

Artigo 13.° *Documentação de apoio*

Cada operador deve colocar à disposição das autoridades nacionais competentes, se estas o solicitarem, documentação adequada que demonstre que os materiais e objectos activos e inteligentes, bem como os componentes destinados ao fabrico dos mesmos, cumprem as exigências do presente regulamento.

Essa documentação deve incluir informações sobre a adequação e a eficácia dos materiais e objectos activos e inteligentes e as condições e os resultados dos ensaios, cálculos ou outras análises e provas respeitantes à segurança ou a fundamentação que demonstre a conformidade.

CAPÍTULO V.- DISPOSIÇÕES FINAIS

Artigo 14.° *Entrada em vigor e aplicação*

O presente regulamento entra em vigor no vigésimo dia seguinte ao da sua publicação no Jornal Oficial da União Europeia.

Os artigos 4.° alínea e) e 5.° são aplicáveis a partir da data de aplicação da lista comunitária. Até essa data e sem prejuízo do disposto no n.° 2 do artigo 4.° do Regulamento (CE) n.° 1935/2004 e nos artigos 9.° e 10.° do presente regulamento, continuam a aplicar-se as disposições nacionais em vigor relativas à composição de materiais e objectos activos e inteligentes.

O artigo 4.° alínea f), o artigo 11.° n.os 1 e 2 e o capítulo IV aplicam-se a partir de 19 de Dezembro de 2009. Até essa data e sem prejuízo do disposto no artigo 4.° n.os 5 e 6 do Regulamento (CE) n.° 1935/2004 e no artigo 11.°n.° 3 do presente regulamento, continuam a aplicar-se as disposições nacionais em vigor relativas à rotulagem de materiais e objectos activos e inteligentes e declaração de cumprimento.

A colocação no mercado de materiais e objectos rotulados em conformidade com as regras do n.° 5 do artigo 4.° do Regulamento (CE) n.° 1935/2004 antes da data de aplicação dos n.os 1 e 2 do artigo 11.° do presente regulamento é permitida até ao esgotamento das existências.

Até à data de aplicação da lista comunitária, as substâncias activas libertadas são permitidas e podem ser utilizadas de acordo com as normas comunitárias pertinentes aplicáveis a géneros alimentícios, devendo observar as normas do Regulamento (CE) n.° 1935/2004 e as suas normas de execução.

O presente regulamento é obrigatório em todos os seus elementos e directamente aplicável em todos os Estados-Membros.

ANEXO I.-
Símbolo

[Anexo não reproduzido na presente publicação]

ANEXO II.-
Declaração de conformidade

[Anexo não reproduzido na presente publicação]

10 de Janeiro de 2011.- Regulamento (UE) n.º 16/2011
da Comissão
que estabelece medidas de execução relativas ao Sistema de Alerta Rápido para os
Géneros Alimentícios e Alimentos para Animais
(J.O. L 6, 11/01/2011)

A COMISSÃO EUROPEIA,
Tendo em conta o Tratado sobre o Funcionamento da União Europeia,
Tendo em conta o Regulamento (CE) n.º 178/2002 do Parlamento Europeu e do Conselho, de 28 de Janeiro de 2002, que determina os princípios e normas gerais da legislação alimentar, cria a Autoridade Europeia para a Segurança dos Alimentos e estabelece procedimentos em matéria de segurança dos géneros alimentícios, nomeadamente o artigo 51.º,
Considerando o seguinte:
(1) O Regulamento (CE) n.º 178/2002 estabelece um Sistema de Alerta Rápido para os Géneros alimentícios e Alimentos para Animais (a seguir designado por «RASFF»), gerido pela Comissão e envolvendo os Estados-Membros, a Comissão e a Autoridade Europeia para a Segurança dos Alimentos, destinado a fornecer às autoridades de controlo um instrumento eficaz para a notificação de riscos para a saúde humana ligados a géneros alimentícios ou a alimentos para animais. O artigo 50.º do referido regulamento estabelece o âmbito e os requisitos de funcionamento do RASFF.
(2) O artigo 51.º do Regulamento (CE) n.º 178/2002 exige que a Comissão estabeleça normas de execução do artigo 50.º, em especial no que diz respeito às condições e procedimentos específicos aplicáveis à transmissão de notificações e informações complementares.
(3) Os Estados-Membros são os principais responsáveis pela aplicação da legislação da UE. Os Estados-Membros realizam controlos, cujas regras estão previstas no Regulamento (CE) n.º 882/2004 do Parlamento Europeu e do Conselho, de 29 de Abril de 2004, relativo aos controlos oficiais realizados para assegurar a verificação do cumprimento da legislação relativa aos alimentos para animais e aos géneros alimentícios e das normas relativas à saúde e ao bem-estar dos animais. O RASFF apoia as acções dos Estados-Membros, permitindo um intercâmbio rápido de informações sobre riscos constituídos por géneros alimentícios ou alimentos para animais e sobre medidas adoptadas ou a adoptar para evitar tais riscos.
(4) O artigo 29.º do Regulamento (CE) n.º 183/2005 do Parlamento Europeu e do Conselho, de 12 de Janeiro de 2005, que estabelece requisitos de higiene dos alimentos para animais, alarga o âmbito de aplicação do RASFF a riscos graves para a saúde animal ou para o ambiente. Por conseguinte, o termo «risco» utilizado neste regulamento deve ser entendido como um risco directo ou indirecto para a saúde humana ligado a géneros alimentícios, a materiais em contacto com os géneros alimentícios ou a alimentos para animais na acepção do Regulamento (CE) n.º 178/2002, ou como um risco grave para a saúde humana, a saúde animal ou o ambiente ligado a alimentos para animais na acepção do Regulamento (CE) n.º 183/2005.
(5) Devem ser estabelecidas regras que permitam que o RASFF funcione correctamente, tanto nos casos em que seja identificado um risco grave na acepção do artigo 50.º, n.º 2, do Regulamento (CE) n.º 178/2002, como nos casos em que, apesar de o risco identificado ser menos grave ou urgente, se revele necessário um intercâmbio de informações eficiente entre os membros da rede RASFF. As notificações são classificadas como notificações de alerta, de informação e de rejeição nos postos fronteiriços, de forma a serem tratadas mais eficientemente pelos membros da rede.
(6) Para que o RASFF funcione eficientemente, devem ser estabelecidos requisitos relativos ao procedimento de transmissão dos diversos tipos de notificações. As notificações de alerta devem ser transmitidas e tratadas de forma prioritária. As notificações de rejeição nos postos fronteiriços são particularmente importantes em relação aos controlos efectuados nos postos de inspecção fronteiriços e nos pontos de entrada designados ao longo da fronteira do Espaço Económico Europeu. A existência de modelos e dicionários de dados aumenta a legibilidade e compreensão das notificações. A sinalização de certas notificações aos membros da rede chama a sua atenção para determinadas notificações, o que permite garantir o seu tratamento rápido.
(7) Em conformidade com o Regulamento (CE) n.º 178/2002, a Comissão, os Estados-Membros e a AESA designaram pontos de contacto, que permitem aos membros da rede

beneficiar de uma comunicação correcta e rápida. Em aplicação do artigo 50.° do referido regulamento e a fim de evitar eventuais erros na transmissão das notificações, só deve existir um ponto de contacto designado para cada membro da rede. Este ponto de contacto deve facilitar a transmissão rápida a uma autoridade competente de um país membro.

(8) A fim de assegurar o funcionamento correcto e eficiente da rede entre os seus membros, devem ser estabelecidas regras comuns aplicáveis às funções dos pontos de contacto. As disposições referentes ao papel de coordenação da Comissão também devem ser estabelecidas, incluindo a verificação das notificações. A este respeito, a Comissão deve igualmente prestar assistência aos membros da rede relativamente à adopção de medidas adequadas, mediante a identificação de riscos e operadores recorrentes assinalados nas notificações.

(9) Se, apesar dos controlos realizados pelo membro notificante e pela Comissão, uma notificação transmitida se revelar errónea ou infundada, deve ser estabelecido um procedimento que preveja a sua alteração ou a sua retirada do sistema.

(10) De acordo com o artigo 50.°, n.°s 3 e 4, do Regulamento (CE) n.° 178/2002, a Comissão deve informar os países terceiros de certas notificações do RASFF. Por conseguinte, sem prejuízo de disposições específicas constantes em acordos celebrados nos termos do artigo 50.°, n.° 6, do Regulamento (CE) n.° 178/2002, a Comissão deve assegurar um contacto directo com as autoridades responsáveis em matéria de segurança dos alimentos dos países terceiros, a fim de enviar notificações a esses países terceiros e, em simultâneo, assegurar o intercâmbio de informações relevantes no que se refere a essas notificações e a qualquer risco directo ou indirecto para a saúde humana ligado a géneros alimentícios ou a alimentos para animais.

(11) O artigo 10.° do Regulamento (CE) n.° 178/2002 exige que as autoridades públicas informem o público, nomeadamente, sobre os riscos para a saúde humana. A Comissão deve facultar informações sumárias sobre as notificações RASFF transmitidas, bem como relatórios anuais destacando as tendências em questões de segurança dos alimentos notificadas através do RASFF e a evolução da própria rede, com vista a informar os membros, as partes interessadas e o grande público.

(12) O presente regulamento foi debatido com a Autoridade Europeia para a Segurança dos Alimentos.

(13) As medidas previstas no presente regulamento estão em conformidade com o parecer do Comité Permanente da Cadeia Alimentar e da Saúde Animal,

ADOPTOU O PRESENTE REGULAMENTO:

Artigo 1.° *Definições*
Para efeitos do presente regulamento, são aplicáveis, para além das previstas no Regulamento (CE) n.° 178/2002 e no Regulamento (CE) n.° 882/2004, as seguintes definições:

1. Por «rede», entende-se o sistema de alerta rápido para a notificação de um risco directo ou indirecto para a saúde humana, ligado a géneros alimentícios ou a alimentos para animais, em conformidade com o artigo 50.°do Regulamento (CE) n.° 178/2002;

2. Por «membro da rede», entende-se um Estado-Membro, a Comissão, a Autoridade Europeia para a Segurança dos Alimentos e qualquer país candidato, país terceiro ou organização internacional que tenha celebrado um acordo com a União Europeia, em conformidade com o artigo 50.°, n.° 6, do Regulamento (CE) n.° 178/2002;

3. Por «ponto de contacto», entende-se o ponto de contacto designado que representa o membro da rede;

4. Por «notificação de alerta», entende-se uma notificação de um risco que exige ou pode exigir uma acção rápida noutro país membro;

5. Por «notificação de informação», entende-se uma notificação de um risco que não exige uma acção rápida noutro país membro;

a) Por «notificação de informação para acompanhamento», entende-se uma notificação de informação relacionada com um produto que está ou pode estar colocado no mercado de outro país membro;

b) Por «notificação de informação para chamada de atenção», entende-se uma notificação de informação relacionada com um produto que:

i) está presente apenas no país membro notificante; ou

ii) não foi colocado no mercado; ou

iii) já não está presente no mercado;

6. Por «notificação de rejeição nos postos fronteiriços», entende-se uma notificação de rejeição de qualquer lote, contentor ou carga de géneros alimentícios ou de alimentos para animais, em conformidade com o artigo 50.°, n.° 3, alínea c), do Regulamento (CE) n.° 178/2002;

7. Por «notificação original», entende-se uma notificação de alerta, uma notificação de informação ou uma notificação de rejeição nos postos fronteiriços;

8. Por «notificação de acompanhamento», entende-se uma notificação que contém informações adicionais em relação à notificação original;

9. Por «operadores profissionais», entende-se os operadores do sector alimentar e os operadores do sector dos alimentos para animais, tal como definido no Regulamento (CE) n.° 178/2002, ou os operadores de empresas, tal como definido no Regulamento (CE) n.° 1935/2004 do Parlamento Europeu e do Conselho.

Artigo 2.° *Funções dos membros da rede*

1. Os membros da rede devem garantir o funcionamento eficiente da rede no âmbito das suas competências.

2. Cada membro da rede deve designar um ponto de contacto e comunicar essa designação ao ponto de contacto da Comissão, assim como as informações pormenorizadas relativas às pessoas responsáveis pelo seu funcionamento e as respectivas coordenadas. Para esse efeito, deve utilizar o modelo de informação de ponto de contacto, a fornecer pelo ponto de contacto da Comissão.

3. O ponto de contacto da Comissão deve manter e actualizar a lista de pontos de contacto. A lista deve ser disponibilizada a todos os membros da rede. Os membros da rede devem informar imediatamente o ponto de contacto da Comissão sobre quaisquer alterações dos seus pontos de contacto e respectivas coordenadas.

4. O ponto de contacto da Comissão deve fornecer aos membros da rede os modelos a utilizar para efeitos de notificação.

5. Os membros da rede devem assegurar a comunicação eficaz entre os seus pontos de contacto e as autoridades competentes no âmbito da sua jurisdição, por um lado, e entre os seus pontos de contacto e o ponto de contacto da Comissão, por outro, para efeitos da rede. Em especial, devem:

a) Criar uma rede de comunicação eficaz entre os seus pontos de contacto e todas as autoridades competentes no âmbito da sua jurisdição, que permita a transmissão imediata de uma notificação às autoridades competentes para acção adequada, e assegurar o seu bom funcionamento permanente;

b) Definir as funções e responsabilidades dos seus pontos de contacto e as das autoridades competentes no âmbito da sua jurisdição, no que diz respeito à preparação e transmissão de notificações enviadas ao ponto de contacto da Comissão, assim como a avaliação e distribuição de notificações recebidas do ponto de contacto da Comissão.

6. Todos os pontos de contacto devem assegurar a disponibilidade permanente, 24 horas por dia e sete dias por semana, de um funcionário contactável fora das horas de expediente em situações de comunicações de emergência.

Artigo 3.° *Notificações de alerta*

1. Os membros da rede devem enviar notificações de alerta ao ponto de contacto da Comissão o mais rapidamente possível e, em qualquer caso, no prazo de 48 horas a partir do momento em que o membro tomou conhecimento do risco. As notificações de alerta devem incluir toda a informação disponível sobre, em especial, o risco e o produto a que o risco está ligado. Contudo, o facto de não ter sido recolhida toda a informação pertinente não deve atrasar injustificadamente a transmissão das notificações de alerta.

2. O ponto de contacto da Comissão deve transmitir as notificações de alerta a todos os membros da rede no prazo de 24 horas a contar da sua recepção, após a verificação referida no artigo 8.°

3. Fora das horas de expediente, os membros da rede devem anunciar a transmissão de uma notificação de alerta ou de acompanhamento, por via telefónica, para um número de telefone de emergência do ponto de contacto da Comissão. O ponto de contacto da Comissão deve informar os membros da rede assinalados para acompanhamento por meio de uma chamada telefónica para os seus números de telefone de emergência.

Artigo 4.° *Notificações de informação*
1. Os membros da rede devem enviar as notificações de informação ao ponto de contacto da Comissão sem atraso injustificado. A notificação deve incluir toda a informação disponível sobre, em especial, o risco e o produto a que o risco está ligado.
2. O ponto de contacto da Comissão deve transmitir as notificações de informação a todos os membros da rede sem atraso injustificado, após a verificação referida no artigo 8.°

Artigo 5.° *Notificações de rejeição nos postos fronteiriços*
1. Os membros da rede devem enviar as notificações de rejeição ao ponto de contacto da Comissão sem atraso injustificado. A notificação deve incluir toda a informação disponível sobre, em especial, o risco e o produto a que o risco está ligado.
2. O ponto de contacto da Comissão deve transmitir as notificações de rejeição nos postos fronteiriços aos postos de inspecção fronteiriços, tal como definidos na Directiva 97/78/CE do Conselho, de 18 de Dezembro de 1997, que fixa os princípios relativos à organização dos controlos veterinários dos produtos provenientes de países terceiros introduzidos na Comunidade e aos pontos de entrada designados, tal como referidos no Regulamento (CE) n.° 882/2004.

Artigo 6.° *Notificações de acompanhamento*
1. Quando um membro da rede dispuser de qualquer informação adicional referente ao risco ou produto referido numa notificação original, deve transmitir imediatamente uma notificação de acompanhamento através do seu ponto de contacto ao ponto de contacto da Comissão.
2. Quando tiver sido solicitada informação de acompanhamento referente a uma notificação original por um membro da rede, essa informação deve ser facultada na medida do possível e sem atraso injustificado.
3. Quando for adoptada uma acção após a recepção de uma notificação original, tal como referido no artigo 50.°, n.° 5, do Regulamento (CE) n.° 178/2002, o membro que adoptou a acção deve transmitir imediatamente informações detalhadas sobre a mesma ao ponto de contacto da Comissão por meio de uma notificação de acompanhamento.
4. Se a acção referida no n.° 3 consistir num produto retido e devolvido a um expedidor residente noutro país membro:
a) O membro que adopta a acção deve facultar a informação pertinente sobre o produto devolvido por meio de uma notificação de acompanhamento, a menos que essa informação já esteja totalmente incluída na notificação original;
b) O país membro ao qual os produtos são devolvidos deve informar sobre as medidas adoptadas em relação aos produtos devolvidos, por meio de uma notificação de acompanhamento.
5. O ponto de contacto da Comissão deve transmitir as notificações de acompanhamento a todos os membros da rede sem atraso injustificado e no prazo de 24 horas no que se refere a notificações de acompanhamento e na sequência de alertas.

Artigo 7.° *Apresentação da notificação*
1. As notificações devem ser apresentadas utilizando os modelos previstos pelo ponto de contacto da Comissão.
2. Todos os campos pertinentes dos modelos devem ser completados, de forma a permitir uma identificação clara do(s) produto(s) e do(s) risco(s) envolvidos e a possibilitar a informação sobre a rastreabilidade. Os dicionários de dados fornecidos pelo ponto de contacto da Comissão devem ser o mais possível utilizados.
3. As notificações devem ser classificadas de acordo com as definições previstas no artigo 1.° numa das seguintes categorias:
a) Notificação original
i) Notificação de alerta;
ii) Notificação de informação para acompanhamento;
iii) Notificação de informação para atenção;
iv) Notificações de rejeição nos postos fronteiriços;
b) Notificação de acompanhamento
4. As notificações devem identificar os membros da rede que são solicitados para dar acompanhamento à notificação.
5. Devem ser anexados à notificação todos os documentos relevantes, devendo a referida notificação ser enviada ao ponto de contacto da Comissão sem atraso injustificado.

Artigo 8.º *Verificação da notificação*
Antes de transmitir uma notificação a todos os membros da rede, o ponto de contacto da Comissão deve:
a) Verificar a integralidade e a legibilidade da notificação, incluindo se foram seleccionados os dados adequados dos dicionários referidos no artigo 7.º, n.º 2;
b) Verificar a correcção da base jurídica considerada nos casos de incumprimento; contudo, uma base jurídica incorrecta não impede a transmissão da notificação se tiver sido identificado um risco;
c) Verificar se o objecto da notificação está abrangido pelo âmbito da rede, em conformidade com o artigo 50.º do Regulamento (CE) n.º 178/2002;
d) Assegurar que todas as informações essenciais da notificação são prestadas numa língua facilmente compreensível por todos os membros da rede;
e) Verificar o cumprimento dos requisitos previstos no presente regulamento;
f) Identificar repetições do mesmo operador profissional e/ou risco e/ou país de origem nas notificações.
A fim de respeitar o prazo de transmissão, a Comissão pode fazer pequenas alterações à notificação, desde que estas sejam acordadas com o membro notificante antes da transmissão.

Artigo 9.º *Notificação, retirada e alterações*
1. Qualquer membro da rede pode solicitar que uma notificação transmitida através da rede seja retirada pelo ponto de contacto da Comissão, após acordo do membro notificante, se a informação em que a acção a adoptar se baseia se afigurar infundada ou se a notificação tiver sido transmitida erroneamente.
2. Qualquer membro da rede pode solicitar alterações a uma notificação, após acordo do membro notificante. Uma notificação de acompanhamento não é considerada uma alteração a uma notificação, pelo que pode ser transmitida sem o acordo de nenhum outro membro da rede.

Artigo 10.º *Intercâmbio de informações com países terceiros*
1. Se o produto notificado tiver origem num país terceiro, ou for distribuído a esse país, a Comissão deve informar o país terceiro o mais rapidamente possível.
2. Sem prejuízo das disposições específicas constantes de acordos celebrados nos termos do artigo 50.º, n.º 6, do Regulamento (CE) n.º 178/2002, o ponto de contacto da Comissão deve estabelecer contacto com um único ponto de contacto designado no país terceiro, caso exista, com vista a melhorar a comunicação, incluindo através da utilização de tecnologias da informação. O ponto de contacto da Comissão deve enviar notificações a esse ponto de contacto no país terceiro para atenção ou para acompanhamento, com base na gravidade do risco.

Artigo 11.º *Publicações*
A Comissão pode publicar:
a) Um resumo de todas as notificações de alerta, de informação e de rejeição nos postos fronteiriços, facultando informações sobre a classificação e o estatuto da notificação, os produtos e riscos identificados, o país de origem, os países em que os produtos foram distribuídos, o membro notificante da rede, a base para a notificação e as medidas adoptadas;
b) Um relatório anual sobre as notificações transmitidas através da rede.

Artigo 12.º
O presente regulamento entra em vigor no vigésimo dia seguinte ao da sua publicação no Jornal Oficial da União Europeia.
O presente regulamento é obrigatório em todos os seus elementos e directamente aplicável em todos os Estados-Membros.

14 Janeiro de 2011.- Regulamento (UE) n.º 10/2011
da Comissão
relativo aos materiais e objectos de matéria plástica destinados a entrar em contacto com os alimentos
(J.O. L 12, 15/01/2011)

(V.C. 24/03/2014)

A COMISSÃO EUROPEIA,
Tendo em conta o Tratado sobre o Funcionamento da União Europeia,
Tendo em conta o Regulamento (CE) n.º 1935/2004 do Parlamento Europeu e do Conselho, de 27 de Outubro de 2004, relativo aos materiais e objectos destinados a entrar em contacto com os alimentos e que revoga as Directivas 80/590/CEE e 89/109/CEE), e, nomeadamente, o seu artigo 5.º, n.º 1, alíneas a), c), d), e), f), h), i) e j),
Após consulta da Autoridade Europeia para a Segurança dos Alimentos,
Considerando o seguinte:
(1) O Regulamento (CE) n.º 1935/2004 estabelece os princípios gerais para eliminar as diferenças entre as legislações dos Estados-Membros no que diz respeito aos materiais em contacto com os alimentos. O artigo 5.º, n.º 1, desse regulamento prevê a adopção de medidas específicas para grupos de materiais e objectos e descreve em pormenor o procedimento de autorização de substâncias a nível da UE quando uma medida específica inclui uma lista de substâncias autorizadas.
(2) O presente regulamento constitui uma medida específica na acepção do artigo 5.º, n.º 1, do Regulamento (CE) n.º 1935/2004. O presente regulamento deve estabelecer normas específicas a aplicar na utilização em segurança de materiais e objectos de matéria plástica e revogar a Directiva 2002/72/CE da Comissão, de 6 de Agosto de 2002, relativa aos materiais e objectos de matéria plástica destinados a entrar em contacto com os géneros alimentícios.
(3) A Directiva 2002/72/CE estabelece as normas de base para o fabrico de materiais e objectos de matéria plástica. Essa directiva foi substancialmente alterada por seis vezes. Por uma questão de clareza, o texto deveria ser consolidado, suprimindo-se as partes redundantes e obsoletas.
(4) No passado, a Directiva 2002/72/CE e as suas alterações foram transpostas para as legislações nacionais sem qualquer adaptação de relevo. Para a transposição para a legislação nacional, é geralmente necessário um prazo de 12 meses. Em caso de alteração das listas de monómeros e de aditivos a fim de autorizar novas substâncias, este prazo de transposição conduz a uma demora na autorização, retardando assim a inovação. Por conseguinte, afigura-se adequado adoptar normas relativas aos materiais e objectos de matéria plástica sob a forma de um regulamento, que é directamente aplicável em todos os Estados-Membros.
(5) A Directiva 2002/72/CE aplica-se aos materiais e objectos constituídos exclusivamente de matéria plástica e às juntas de plástico para tampas. No passado, eram estas as principais utilizações dos plásticos no mercado. No entanto, ao longo dos últimos anos, além de materiais e objectos exclusivamente em plástico, usam-se também plásticos em combinação com outros materiais, nos denominados multimateriais multicamadas. As regras relativas à utilização do cloreto de vinilo monómero estabelecidas na Directiva 78/142/CEE do Conselho, de 30 de Janeiro de 1978, relativa à aproximação das legislações dos Estados-Membros respeitantes aos materiais e objectos que contêm monómero de cloreto de vinilo, destinados a entrar em contacto com os géneros alimentícios, já se aplicam a todos os plásticos. Assim, afigura-se adequado alargar o âmbito de aplicação do presente regulamento às camadas em matéria plástica de multicamadas multimateriais.
(6) Os materiais e objectos de matéria plástica podem compor-se de diferentes camadas de plásticos unidas por adesivos. Os materiais e objectos de matéria plástica podem igualmente estar impressos ou revestidos por um revestimento orgânico ou inorgânico. Os materiais e objectos de matéria plástica impressos ou revestidos, bem como os que estão unidos por adesivos, devem estar abrangidos pelo âmbito do regulamento. Os adesivos, revestimentos e tintas de impressão não se compõem necessariamente das mesmas substâncias que os plásticos. O Regulamento (CE) n.º 1935/2004 prevê que podem ser adoptadas medidas específicas para os adesivos, os revestimentos e as tintas de impressão. Por conseguinte, deve permitir-se que os

materiais e objectos de matéria plástica que são impressos, revestidos ou unidos por adesivos contenham na impressão, no revestimento ou na camada adesiva substâncias diferentes das que estão autorizadas a nível da UE para os plásticos. Essas camadas podem estar sujeitas a outras regras da UE ou a regras nacionais.

(7) Os plásticos, assim como as resinas de permuta iónica, as borrachas e os silicones são substâncias macromoleculares obtidas por processos de polimerização. O Regulamento (CE) n.º 1935/2004 prevê que podem ser adoptadas medidas específicas para as resinas de permuta iónica, as borrachas e os silicones. Uma vez que esses materiais se compõem de substâncias que não são plásticos e têm propriedades físico-químicas diferentes, devem aplicar-se-lhes regras específicas e deve ficar claro que não são abrangidos pelo âmbito de aplicação do presente regulamento.

(8) Os plásticos compõem-se de monómeros e de outras substâncias iniciadoras que reagem quimicamente para formar uma estrutura macromolecular, o polímero, que constitui o principal componente estrutural dos plásticos. Ao polímero são acrescentados aditivos para alcançar efeitos tecnológicos específicos. O polímero enquanto tal é uma estrutura inerte de elevado peso molecular. Dado que as substâncias de peso molecular superior a 1 000 Da não podem geralmente ser absorvidas pelo organismo, o potencial risco para a saúde decorrente do próprio polímero é mínimo. Os potenciais riscos para a saúde podem advir dos monómeros ou das substâncias iniciadoras que não reagiram ou que reagiram incompletamente ou de aditivos de baixo peso molecular que são transferidos para os alimentos por migração a partir do material plástico em contacto com os alimentos. Por conseguinte, os monómeros, as outras substâncias iniciadoras e os aditivos devem ser submetidos a uma avaliação dos riscos e ser autorizados antes da sua utilização no fabrico dos materiais e objectos de matéria plástica.

(9) A avaliação dos riscos de uma substância, a realizar pela Autoridade Europeia para a Segurança dos Alimentos (a seguir «a Autoridade»), deve abranger a própria substância, as impurezas que sejam relevantes e os produtos previsíveis de reacção e degradação nas utilizações pretendidas. A avaliação dos riscos deve cobrir a migração potencial nas condições de utilização previsíveis mais desfavoráveis, bem como a toxicidade. Com base na avaliação dos riscos, a autorização deve, se necessário, estabelecer especificações para a substância e restrições de utilização, restrições quantitativas ou limites de migração a fim de assegurar a segurança do material ou objecto final.

(10) Ainda não foram definidas normas a nível da UE para a avaliação dos riscos e a utilização de corantes em plásticos. Por conseguinte, a sua utilização deve permanecer sujeita à legislação nacional. Esta situação deve ser reavaliada em fase posterior.

(11) Supõe-se que os solventes utilizados no fabrico de plásticos para criar um ambiente de reacção adequado sejam removidos durante o processo de fabrico dado que, geralmente, se trata de substâncias voláteis. Ainda não foram definidas normas a nível da UE para a avaliação dos riscos e a utilização de solventes no fabrico de plásticos. Por conseguinte, a sua utilização deve permanecer sujeita à legislação nacional. Esta situação deve ser reavaliada em fase posterior.

(12) Os plásticos podem igualmente ser fabricados a partir da reacção química entre estruturas macromoleculares naturais ou sintéticas e outras substâncias iniciadoras, criando uma macromolécula modificada. As macromoléculas sintéticas utilizadas são frequentemente estruturas intermédias que não polimerizaram completamente. A migração de outras substâncias iniciadoras utilizadas para modificar a macromolécula que não reagiram ou que reagiram incompletamente, ou ainda de uma macromolécula que não reagiu completamente, pode dar origem a potenciais riscos para a saúde. Por conseguinte, deveriam avaliar-se os riscos das demais substâncias iniciadoras assim como das macromoléculas utilizadas no fabrico de macromoléculas modificadas e esses produtos deveriam ser autorizados antes da sua utilização no fabrico de materiais e objectos de matéria plástica.

(13) Os plásticos podem também ser produzidos por microrganismos que criam estruturas macromoleculares a partir de substâncias iniciadoras através de processos de fermentação. A macromolécula é então libertada para um meio ou extraída. Podem surgir potenciais riscos para a saúde com a migração de substâncias iniciadoras que não reagiram ou reagiram incompletamente, produtos intermédios ou subprodutos do processo de fermentação. Neste caso, o produto final deve ser submetido a uma avaliação dos riscos e ser autorizado antes da sua utilização no fabrico dos materiais e objectos de matéria plástica.

(14) A Directiva 2002/72/CE comporta diferentes listas de monómeros e outras substâncias iniciadoras assim como de aditivos autorizados no fabrico de materiais e objectos de matéria plástica. No respeitante aos monómeros, outras substâncias iniciadoras e aditivos, a lista da União está agora completa, o que significa que apenas se podem usar as substâncias autorizadas ao nível da UE. Por conseguinte, deixou de ser necessária a separação dos monómeros e outras substâncias iniciadoras e dos aditivos em listas distintas em função do seu estatuto de autorização. Uma vez que certas substâncias podem ser utilizadas como monómeros, substâncias iniciadoras ou aditivos, por razões de clareza deveriam ser publicadas numa única lista de substâncias autorizadas, indicando a função permitida.

(15) Os polímeros podem não só ser utilizados como principais componentes estruturais dos plásticos mas também como aditivos para alcançar efeitos tecnológicos definidos no plástico. Se um aditivo polimérico deste tipo for idêntico a um polímero que pode constituir o principal componente estrutural de um material plástico, o risco do aditivo polimérico pode ser considerado avaliado se os monómeros já tiverem sido avaliados e autorizados. Em tal caso, não deveria ser necessário autorizar o aditivo polimérico, que podia ser usado com base na autorização dos seus monómeros e outras substâncias iniciadoras. Se um aditivo polimérico deste tipo não for idêntico a um polímero que pode constituir o principal componente estrutural de um material plástico, o risco do aditivo polimérico não pode ser considerado avaliado através da avaliação dos monómeros. Neste caso, devem avaliar-se os riscos do aditivo polimérico no que respeita à sua fracção de peso molecular inferior a 1 000 Da e o aditivo deve ser autorizado antes da sua utilização no fabrico de materiais e objectos de matéria plástica.

(16) No passado, não se fez uma diferenciação clara entre os aditivos que têm uma função no polímero final e os adjuvantes de polimerização (*polymerisation production aids* — PPA) que apenas exercem uma função no processo de fabrico e cuja presença no produto final não é pretendida. Algumas substâncias que actuam como PPA foram já incluídas na lista incompleta de aditivos. Estes PPA devem permanecer na lista da União de substâncias autorizadas. Todavia, deve ficar claro que continua a ser possível a utilização de outros PPA, sujeita à legislação nacional. Esta situação deve ser reavaliada em fase posterior.

(17) A lista da União contém substâncias autorizadas para utilização no fabrico de plásticos. Substâncias como ácidos, álcoois e fenóis podem igualmente ocorrer sob a forma de sais. Uma vez que, regra geral, os sais são transformados no estômago em ácidos, álcoois ou fenóis, a utilização de sais com catiões que foram submetidos a uma avaliação de segurança deveria, em princípio, ser autorizada juntamente com os respectivos ácidos, álcoois ou fenóis. Em determinados casos, quando a avaliação de segurança revelar a existência de uma preocupação na utilização dos ácidos livres, apenas os sais devem ser autorizados mediante a indicação, na lista, do nome como «ácido(s)..., sais».

(18) As substâncias utilizadas no fabrico dos materiais e objectos de matéria plástica podem conter impurezas decorrentes do seu processo de fabrico ou de extracção. Estas impurezas são adicionadas não intencionalmente, juntamente com a substância, no fabrico do material plástico (substância não intencionalmente adicionada – SNIA). Na medida em que forem relevantes para a avaliação dos riscos, as principais impurezas de uma substância devem ser tidas em conta e, se necessário, incluídas nas especificações de uma substância. Contudo, na autorização, não é possível enumerar e levar em linha de conta todas as impurezas. Por conseguinte, podem estar presentes no material ou objecto mas não constar da lista da União.

(19) No fabrico de polímeros, são usadas substâncias para iniciar a reacção de polimerização, por exemplo catalisadores, e para controlar a reacção de polimerização, tal como reagentes para a transferência de cadeias, o alargamento de cadeias ou a interrupção de cadeias. Estes auxiliares de polimerização são utilizados em quantidades ínfimas e não se pretende que permaneçam no polímero final. Assim, nesta fase, não deveriam ficar sujeitos ao procedimento de autorização a nível da UE. Qualquer potencial risco para a saúde do material ou objecto final que decorra da sua utilização deve ser avaliado pelo fabricante em conformidade com princípios científicos reconhecidos internacionalmente em matéria de avaliação dos riscos.

(20) No decurso do fabrico e da utilização dos materiais e objectos de matéria plástica, podem formar-se produtos de reacção e degradação. A presença destes produtos de reacção e degradação no material plástico é não intencional (SNIA). Na medida em que sejam relevantes para a avaliação dos riscos, os principais produtos de reacção e

161

degradação da aplicação pretendida de uma substância devem ser considerados e incluídos nas restrições da substância. Contudo, na autorização, não é possível enumerar e considerar todos os produtos de reacção e degradação. Por conseguinte, não devem constar como entradas individuais na lista da União. Qualquer potencial risco para a saúde do material ou objecto final que decorra dos produtos de reacção e degradação deve ser avaliado pelo fabricante em conformidade com princípios científicos reconhecidos internacionalmente em matéria de avaliação dos riscos.

(21) Antes do estabelecimento da lista de aditivos da União, podiam usar-se no fabrico de plásticos outros aditivos além dos autorizados a nível da UE. No que diz respeito aos aditivos que eram permitidos nos Estados-Membros, o prazo para a apresentação dos dados necessários para que a Autoridade pudesse realizar a avaliação da segurança com vista à sua inclusão na lista da União expirou em 31 de Dezembro de 2006. Os aditivos para os quais foi apresentado um pedido válido dentro deste prazo foram incluídos numa lista provisória. Relativamente a certos aditivos na lista provisória, ainda não se tomou uma decisão quanto à sua autorização a nível da UE. No tocante a esses aditivos, deve ser possível a continuação da sua utilização ao abrigo da legislação nacional, até que esteja concluída a respectiva avaliação e se decida quanto à sua inclusão na lista da União.

(22) Sempre que um aditivo incluído na lista provisória seja inserido na lista da União ou sempre que se decida não o incluir nessa lista, o aditivo deve ser retirado da lista provisória.

(23) As novas tecnologias permitem a manipulação das substâncias originando dimensões de partículas que apresentam propriedades químicas e físicas significativamente diferentes das partículas de maior granulometria, como é o caso das nanopartículas. Esta diferença nas propriedades pode resultar em propriedades toxicológicas diferentes, pelo que estas substâncias devem ser avaliadas caso a caso pela Autoridade no que respeita aos riscos, até que se obtenham mais informações acerca da nova tecnologia. Assim, deve ficar claro que as autorizações que têm por base a avaliação dos riscos de uma substância com uma granulometria convencional não abrangem as nanopartículas.

(24) Com base na avaliação dos riscos, a autorização deve, se necessário, estabelecer limites de migração específicos para assegurar a segurança do material ou objecto final. Se um aditivo que está autorizado para o fabrico dos materiais e objectos de matéria plástica estiver em simultâneo autorizado como aditivo alimentar ou substância aromatizante, deve assegurar-se que a libertação da substância não modifica a composição do alimento de uma forma inaceitável. Por conseguinte, a libertação de um aditivo ou aromatizante de utilização dupla desse tipo não deveria exercer uma função tecnológica no alimento a menos que tal função seja pretendida e o material em contacto com os alimentos obedeça aos requisitos aplicáveis aos materiais e objectos activos que entram em contacto com os alimentos previstos no Regulamento (CE) n.º 1935/2004 e no Regulamento (CE) n.º 450/2009 da Comissão, de 29 de Maio de 2009, relativo aos materiais e objectos activos e inteligentes destinados a entrar em contacto com os alimentos. Devem respeitar-se, quando aplicáveis, os requisitos do Regulamento (CE) n.º 1333/2008 do Parlamento Europeu e do Conselho, de 16 de Dezembro de 2008, relativo aos aditivos alimentares e do Regulamento (CE) n.º 1334/2008 do Parlamento Europeu e do Conselho, de 16 de Dezembro de 2008, relativo aos aromas e a determinados ingredientes alimentares com propriedades aromatizantes utilizados nos e sobre os géneros alimentícios e que altera o Regulamento (CEE) n.º 1601/91 do Conselho, os Regulamentos (CE) n.º 2232/96 e (CE) n.º 110/2008 a Directiva 2000/13/CE.

(25) Nos termos do artigo 3.º, n.º 1, alínea b), do Regulamento (CE) n.º 1935/2004, a libertação de substâncias a partir de materiais e objectos em contacto com os alimentos não deve provocar uma alteração inaceitável na composição dos alimentos. Seguindo boas práticas de fabrico, é possível fabricar materiais plásticos que não libertem mais de 10 mg de substâncias por 1 dm^2 de área superficial do material plástico. Se a avaliação dos riscos de uma determinada substância não indicar um nível inferior, este nível deve ser fixado como um limite genérico para a inércia de um material plástico, o limite de migração global. A fim de obter resultados comparáveis na verificação do cumprimento do limite de migração global, os ensaios devem ser realizados em condições normalizadas, incluindo o tempo de ensaio, a temperatura e o meio de ensaio (simulador alimentar) que representem as condições de utilização previsíveis mais desfavoráveis do material ou objecto de matéria plástica.

(26) Para uma embalagem cúbica contendo 1 kg de alimento, o limite de migração global de 10 mg por 1 dm^2 resulta numa migração de 60 mg por quilograma de alimento. No caso de embalagens pequenas em que o rácio superfície/volume é maior, a migração resultante para os alimentos é mais elevada. Devem ser estabelecidas disposições especiais no tocante aos lactentes e às crianças jovens, dado que o seu consumo de alimentos por quilograma de peso corporal é superior ao dos adultos e a sua alimentação não é muito diversificada, a fim de limitar a ingestão de substâncias que migram a partir dos materiais em contacto com os alimentos. A fim de conferir a mesma protecção às embalagens de pequeno e de grande volume, o limite de migração global para os materiais em contacto com os alimentos destinados a embalar alimentos para lactentes e crianças jovens deveria estar ligado ao limite nos alimentos e não à superfície da embalagem.

(27) Ao longo dos últimos anos, têm vindo a ser desenvolvidos materiais de matéria plástica destinados a entrar em contacto com os alimentos que não são constituídos de um só material mas que combinam até 15 camadas de plásticos diferentes a fim de optimizar a funcionalidade e a protecção dos alimentos, reduzindo em simultâneo os resíduos de embalagens. Neste tipo de materiais e objectos de matéria plástica multicamadas, as camadas podem estar separadas do alimento por uma barreira funcional. Esta barreira é uma camada dos materiais e objectos em contacto com os alimentos, impedindo a migração para os alimentos das substâncias que se encontram por detrás da barreira. Podem utilizar-se substâncias não autorizadas atrás de uma barreira funcional, desde que cumpram certos critérios e a sua migração permaneça abaixo de um determinado limite de detecção. Tendo em conta os alimentos para lactentes e para outras pessoas particularmente susceptíveis, bem como a ampla tolerância analítica da análise da migração, deve estabelecer-se um nível máximo de 0,01 mg/kg nos alimentos para a migração de uma substância não autorizada através de uma barreira funcional. As substâncias mutagénicas, cancerígenas ou tóxicas para a reprodução não devem ser usadas nos materiais ou objectos em contacto com os alimentos sem estarem previamente autorizadas e, por conseguinte, não devem ser abrangidas pelo conceito de barreira funcional. As novas tecnologias que produzem substâncias com uma dimensão de partículas cujas propriedades químicas e físicas diferem significativamente das apresentadas pelas partículas de maior dimensão, por exemplo as nanopartículas, devem ser avaliadas caso a caso no que se refere ao seu risco até que haja mais informações sobre estas novas tecnologias. Por conseguinte, não devem ser abrangidas pelo conceito de barreira funcional.

(28) Ao longo dos últimos anos, têm sido desenvolvidos materiais e objectos destinados a entrar em contacto com os alimentos que consistem numa combinação de diversos materiais a fim de optimizar a funcionalidade e a protecção dos alimentos, reduzindo em simultâneo os resíduos de embalagens. Nestes materiais e objectos multimateriais multicamadas, as camadas de plástico devem obedecer aos mesmos requisitos de composição que as camadas de plástico que não se encontram combinadas com outros materiais. No que se refere às camadas de plástico num multimaterial multicamadas que estão separadas dos alimentos por uma barreira funcional, deve aplicar-se o conceito de barreira funcional. Dado que, com estas camadas de plástico, estão combinados outros materiais para os quais ainda não foram adoptadas ao nível da UE medidas específicas, não é ainda possível estabelecer requisitos para os materiais e objectos multimateriais multicamadas finais. Assim, não se devem aplicar limites de migração específicos nem um limite de migração global, excepto no que se refere ao cloreto de vinilo monómero, para o qual já se encontra em vigor uma restrição deste tipo. Na ausência de uma medida específica a nível da UE que abranja a totalidade do material ou objecto multimateriais multicamadas, os Estados-Membros podem manter ou adoptar disposições nacionais para estes materiais e objectos, desde que cumpram as regras do Tratado.

(29) O artigo 16.º, n.º 1, do Regulamento (CE) n.º 1935/2004 determina que os materiais e objectos abrangidos por medidas específicas devem ser acompanhados por uma declaração escrita que certifique a sua conformidade com as regras que lhes são aplicáveis. A fim de reforçar a coordenação e a responsabilidade dos fornecedores, em cada fase de fabrico, incluindo o das substâncias iniciadoras, as pessoas responsáveis devem documentar a observância das normas relevantes numa declaração de conformidade que é disponibilizada aos seus clientes.

(30) Os revestimentos, as tintas de impressão e os adesivos ainda não se encontram abrangidos por legislação específica da UE, não estando, por conseguinte, sujeitos ao

requisito de uma declaração de conformidade. Todavia, no que se refere aos revestimentos, tintas de impressão e adesivos a utilizar nos materiais e objectos de matéria plástica, o fabricante do objecto em plástico final deve receber informação adequada que lhe permita garantir a conformidade das substâncias para as quais o presente regulamento estabelece limites de migração.

(31) O artigo 17.°, n.° 1, do Regulamento (CE) n.° 178/2002 do Parlamento Europeu e do Conselho, de 28 de Janeiro de 2002, que determina os princípios e normas gerais da legislação alimentar, cria a Autoridade Europeia para a Segurança dos Alimentos e estabelece procedimentos em matéria de segurança dos géneros alimentícios, determina que os operadores das empresas do sector alimentar devem assegurar que os géneros alimentícios cumprem os requisitos que lhes são aplicáveis. Para este efeito, e no respeito das condições de confidencialidade, os operadores das empresas do sector alimentar devem ter acesso às informações pertinentes que lhes permitam garantir que a migração para os alimentos a partir dos materiais e objectos cumpre as especificações e restrições estabelecidas na legislação aplicável aos géneros alimentícios.

(32) Em cada fase de fabrico deve ser disponibilizada às autoridades competentes documentação de apoio que confirme a declaração de conformidade. Essa demonstração de conformidade pode basear-se no ensaio de migração. Uma vez que os ensaios de migração são complexos, onerosos e demorados, convém admitir a demonstração da conformidade através de cálculos, incluindo a modelização, outras análises, bem como provas ou fundamentações científicas se os respectivos resultados forem pelo menos tão severos quanto o ensaio de migração. Os resultados dos ensaios devem ser considerados válidos enquanto as formulações e as condições de transformação permanecerem constantes, como elementos do sistema de garantia da qualidade.

(33) Ao efectuar ensaios em objectos que ainda não se encontram em contacto com os alimentos, relativamente a determinados objectos, como películas ou tampas, por vezes não é possível determinar a área superficial que está em contacto com um volume definido de alimentos. Devem estabelecer-se regras específicas para a verificação da conformidade destes objectos.

(34) A fixação de limites de migração parte de um pressuposto convencional segundo o qual uma pessoa com um peso corporal de 60 kg consome diariamente 1 kg de alimentos e que esses alimentos estão embalados num recipiente cúbico com 6 dm^2 de área superficial que liberta a substância. Para recipientes muito pequenos ou muito grandes, a razão real entre a área superficial e o volume de alimentos embalados diverge muito do pressuposto convencional. Assim, a respectiva área superficial deve ser normalizada antes de comparar os resultados dos ensaios com os limites de migração. Estas normas devem ser revistas quando estiverem disponíveis novos dados sobre as utilizações de embalagens para alimentos.

(35) O limite de migração específica é uma quantidade máxima permitida de uma substância nos alimentos que deve assegurar que o material em contacto com os alimentos não constitui um risco para saúde. O fabricante deve assegurar que os materiais e objectos que ainda não se encontram em contacto com os alimentos respeitarão estes limites quando postos em contacto com os alimentos nas condições de contacto previsíveis mais desfavoráveis. Consequentemente, deve avaliar-se a conformidade dos materiais e objectos que ainda não estão em contacto com os alimentos e devem estabelecer-se as regras aplicáveis a estes ensaios.

(36) Os alimentos são constituídos por uma matriz complexa e a análise das substâncias que migram para os alimentos pode colocar dificuldades analíticas. Assim, devem determinar-se meios de ensaio que simulem a transferência de substâncias do material de plástico para os alimentos. Estes meios devem representar as principais propriedades físico-químicas dos alimentos. Ao usar simuladores alimentares, as condições de ensaio padrão, no que se refere ao tempo e à temperatura de ensaio, devem reproduzir, na medida do possível, a migração que poderá ocorrer entre o objecto e o alimento.

(37) Para determinar o simulador alimentar adequado para um determinado alimento, devem ter-se em conta a composição química e as propriedades físicas desse alimento. Estão disponíveis resultados de investigação para certos alimentos representativos, comparando a migração para os alimentos com a migração para os simuladores alimentares. Os simuladores alimentares devem ser determinados com base nos resultados. Em especial, para os alimentos que contêm gordura, o resultado obtido com o simulador alimentar pode, nalguns casos, sobrestimar significativamente a migração para

os alimentos. Nestas situações, deve prever-se a correcção do resultado no simulador alimentar mediante a aplicação de um factor de redução.

(38) A exposição a substâncias que migram a partir dos materiais em contacto com os alimentos baseia-se no pressuposto convencional de que uma pessoa consome diariamente 1 kg de alimentos. No entanto, cada pessoa ingere no máximo 200 gramas de gordura por dia. Este facto deve ser tomado em consideração no que se refere às substâncias lipofílicas, que apenas migram para a gordura. Assim, deve prever-se a correcção da migração específica por um factor de correcção aplicável às substâncias lipofílicas, em conformidade com os pareceres do Comité Científico da Alimentação Humana (CCAH) e da Autoridade.

(39) As regras em matéria de controlo oficial devem prever estratégias de ensaio que permitam às autoridades responsáveis pelo controlo do cumprimento a realização dos controlos com eficácia, utilizando da melhor forma os recursos disponíveis. Por conseguinte, deve ser permitido o recurso a métodos de determinação por aproximação para efectuar a verificação da conformidade em determinadas condições. A não conformidade de um material ou objecto deve ser confirmada por um método de verificação.

(40) O presente regulamento deve estabelecer as regras de base para o ensaio de migração. Dado que o ensaio de migração constitui uma questão muito complexa, estas regras de base não podem, todavia, cobrir todos os casos previsíveis nem todos os pormenores necessários para a realização do ensaio. Por conseguinte, deve elaborar-se um documento de orientação da UE, onde se tratem os aspectos mais detalhados da aplicação das regras de base para o ensaio de migração.

(41) As regras actualizadas relativas aos simuladores alimentares e aos ensaios de migração previstas no presente regulamento substituirão as da Directiva 78/142/CEE e do anexo da Directiva 82/711/CEE do Conselho, de 18 de Outubro de 1982, que estabelece as regras de base necessárias à verificação da migração dos constituintes dos materiais e objectos em matéria plástica destinados a entrar em contacto com os géneros alimentícios.

(42) As substâncias presentes em plásticos mas que não constem do anexo I do presente regulamento não foram necessariamente submetidas a uma avaliação dos riscos, dado que não estão sujeitas a um procedimento de autorização. Para essas substâncias, o operador da empresa relevante deve avaliar o cumprimento do disposto no artigo 3.° do Regulamento (CE) n.° 1935/2004, em conformidade com princípios científicos reconhecidos internacionalmente, tendo em conta a exposição decorrente dos materiais em contacto com os alimentos assim como de outras fontes.

(43) A Autoridade emitiu recentemente pareceres científicos favoráveis acerca de novos monómeros, outras substâncias iniciadoras e aditivos, que devem agora ser acrescentados à lista da União.

(44) Uma vez que são aditadas novas substâncias à referida lista, o regulamento deve ser aplicável o mais depressa possível a fim de permitir que os fabricantes se adaptem ao progresso técnico e de favorecer a inovação.

(45) Determinadas regras para os ensaios de migração devem ser actualizadas em virtude dos novos conhecimentos científicos. As autoridades responsáveis pelo controlo do cumprimento e a indústria precisam de adaptar o seu actual regime de ensaios a estas regras actualizadas. A fim de permitir esta adaptação, afigura-se adequado que as regras actualizadas só se apliquem decorridos dois anos após a adopção do regulamento.

(46) Actualmente, os operadores das empresas baseiam a sua declaração de conformidade na documentação de apoio que segue os requisitos previstos na Directiva 2002/72/CE. Em princípio, a declaração de conformidade só deve ser actualizada quando se verifiquem alterações substanciais na produção que provoquem uma modificação da migração ou quando estejam disponíveis novos dados científicos. A fim de limitar os encargos que recaem sobre os operadores das empresas, os materiais que tenham sido colocados no mercado legalmente com base nos requisitos da Directiva 2002/72/CE devem poder ser colocados no mercado mediante uma declaração de conformidade baseada na documentação de apoio conforme à referida directiva durante um período que finda decorridos cinco anos após a adopção do presente regulamento.

(47) Estão ultrapassados os métodos analíticos para o ensaio de migração e de teor residual de cloreto de vinilo monómero, tal como descritos nas Directivas 80/766/CEE da Comissão, de 8 de Julho de 1980, que estabelece o método comunitário de análise para o controlo do teor de monómero de cloreto de vinilo nos materiais e objectos destinados

a entrar em contacto com os géneros alimentícios e 81/432/CEE da Comissão, de 29 de Abril de 1981, que estabelece o método comunitário de análise para o controlo oficial do cloreto de vinilo cedido pelos materiais e objectos aos géneros alimentícios. Os métodos analíticos devem cumprir os critérios previstos no artigo 11.º do Regulamento (CE) n.º 882/2004 do Parlamento Europeu e do Conselho, relativo aos controlos oficiais realizados para assegurar a verificação do cumprimento da legislação relativa aos alimentos para animais e aos géneros alimentícios e das normas relativas à saúde e ao bem-estar dos animais. Por conseguinte, as Directivas 80/766/CEE e 81/432/CEE devem ser revogadas.

(48) As medidas previstas no presente regulamento estão em conformidade com o parecer do Comité Permanente da Cadeia Alimentar e da Saúde Animal,
ADOPTOU O PRESENTE REGULAMENTO:

CAPÍTULO I.- DISPOSIÇÕES GERAIS

Artigo 1.º Objecto
1. O presente regulamento constitui uma medida específica, na acepção do artigo 5.º do Regulamento (CE) n.º 1935/2004.
2. O presente regulamento estabelece requisitos específicos aplicáveis ao fabrico e à comercialização de materiais e objectos de matéria plástica:
a) Destinados a entrar em contacto com os alimentos, ou
b) Que já estão em contacto com os alimentos, ou
c) Que se pode razoavelmente esperar que entrem em contacto com os alimentos.

Artigo 2.º Âmbito de aplicação
1. O presente regulamento aplica-se aos materiais e objectos que são colocados no mercado da UE, abrangidos pelas seguintes categorias:
a) Materiais e objectos, bem como as suas partes, constituídos exclusivamente de matéria plástica;
b) Materiais e objectos com várias camadas de plástico (multicamadas) unidas por adesivos ou por outros meios;
c) Materiais e objectos referidos na alínea a) ou b) impressos e/ou cobertos por um revestimento;
d) Camadas ou revestimentos de plástico, formando juntas em tampas ou rolhas, que, em conjunto com essas tampas ou rolhas, constituem um conjunto de duas ou mais camadas de diferentes tipos de materiais;
e) Camadas de plástico em materiais e objectos multimateriais multicamadas.
2. O presente regulamento não é aplicável aos seguintes materiais e objectos colocados no mercado da UE e que se destinam a ser abrangidos por outras medidas específicas:
a) Resinas de permuta iónica;
b) Borracha;
c) Silicones.
3. O presente regulamento é aplicável sem prejuízo das disposições da UE ou nacionais aplicáveis às tintas de impressão, aos adesivos ou aos revestimentos.

Artigo 3.º Definições
Para efeitos do presente regulamento, entende-se por:
1. «Materiais e objectos de matéria plástica»:
a) Os materiais e objectos referidos no artigo 2.º, n.º 1, alíneas a), b) e c); e
b) As camadas de plástico referidas no artigo 2.º, n.º 1, alíneas d) e e);
2. «Plástico» ou «matéria plástica», polímero ao qual podem ter sido adicionados aditivos ou outras substâncias, que pode constituir o componente estrutural principal de materiais e objectos finais;
3. «Polímero», qualquer substância macromolecular obtida através de:
a) Um processo de polimerização, como a poliadição, a policondensação ou qualquer outra transformação semelhante de monómeros e de outras substâncias iniciadoras; ou
b) Modificação química de macromoléculas naturais ou sintéticas; ou
c) Fermentação microbiana;
4. «Matéria plástica multicamadas», um material ou objecto composto por duas ou mais camadas de plástico;

5. «Multimaterial multicamadas», um material ou objecto composto por duas ou mais camadas de diferentes tipos de materiais, sendo pelo menos um deles uma camada de plástico;

6. «Monómero ou outra substância iniciadora»:

a) Uma substância submetida a qualquer tipo de processo de polimerização para a fabricação de polímeros; ou

b) Uma substância macromolecular natural ou sintética utilizada no fabrico de macromoléculas modificadas; ou

c) Uma substância utilizada para modificar macromoléculas existentes, naturais ou sintéticas;

7. «Aditivo», uma substância que é intencionalmente adicionada aos plásticos para atingir um efeito físico ou químico durante a transformação do plástico ou no material ou objecto final; destina-se a estar presente no material ou objecto final;

8. «Adjuvante de polimerização», qualquer substância utilizada para proporcionar um meio adequado para o fabrico de polímeros ou de plásticos; pode estar presente no material ou objecto final mas não se destina nem a estar presente nem a exercer qualquer efeito físico ou químico nesse material ou objecto;

9. «Substância não intencionalmente adicionada», uma impureza presente nas substâncias utilizadas ou um produto intermédio de reacção formado durante o processo de produção ou um produto de decomposição ou de reacção;

10. «Auxiliar de polimerização», uma substância que inicia a polimerização e/ou controla a formação da estrutura macromolecular;

11. «Limite de migração global» (LMG), a quantidade máxima permitida de substâncias não voláteis libertadas de um material ou objecto para os simuladores alimentares;

12. «Simulador alimentar», um meio de ensaio que representa os alimentos; no seu comportamento, o simulador alimentar reproduz a migração a partir dos materiais em contacto com os alimentos;

13. «Limite de migração específica» (LME), a quantidade máxima permitida de uma determinada substância libertada de um material ou objecto para os alimentos ou os simuladores alimentares;

14. «Limite de migração específica total» (LME(T)), o valor máximo permitido para a soma de determinadas substâncias libertadas para os alimentos ou os simuladores alimentares, expresso como total do grupo de substâncias indicadas;

15. «Barreira funcional», uma barreira constituída por uma ou mais camadas de qualquer tipo de material que garanta que o material ou objecto final cumpre o disposto no artigo 3.° do Regulamento (CE) n.° 1935/2004 e no presente regulamento;

16. «Alimento não gordo», um alimento relativamente ao qual, para os ensaios de migração, só estejam previstos, no quadro 2 do anexo V, simuladores alimentares que não os simuladores D1 ou D2;

17. «Restrição», limitação da utilização de uma substância, imposição de um limite de migração ou de um teor limite da substância no material ou no objecto;

18. «Especificação», composição de uma substância, critérios de pureza que se lhe aplicam, características físico-químicas da substância, pormenores relativos ao seu processo de fabrico ou informações complementares sobre a expressão dos limites de migração.

Artigo 4.° *Colocação no mercado dos materiais e objectos de matéria plástica*

Os materiais e objectos de matéria plástica só podem ser colocados no mercado se:

a) Cumprirem os requisitos relevantes previstos no artigo 3.° do Regulamento (CE) n.° 1935/2004, nas condições de utilização pretendidas e previsíveis; e

b) Cumprirem os requisitos de rotulagem previstos no artigo 15.° do Regulamento (CE) n.° 1935/2004; e

c) Cumprirem os requisitos de rastreabilidade previstos no artigo 17.° do Regulamento (CE) n.° 1935/2004; e

d) Forem fabricados de acordo com boas práticas de fabrico, tal como estabelecido no Regulamento (CE) n.° 2023/2006 da Comissão; e

e) Cumprirem os requisitos de composição e declaração previstos nos capítulos II, III e IV.

CAPÍTULO II.- REQUISITOS DE COMPOSIÇÃO

SECÇÃO 1.- Substâncias autorizadas

Artigo 5.° *Lista da União de substâncias autorizadas*
1. No fabrico de camadas de plástico em materiais e objectos de matéria plástica, só podem ser usadas intencionalmente as substâncias constantes da lista da União de substâncias autorizadas (doravante «lista da União») constante do anexo I.
2. A lista da União deve conter:
a) Monómeros e outras substâncias iniciadoras;
b) Aditivos com exclusão dos corantes;
c) Adjuvantes de polimerização com exclusão dos solventes;
d) Macromoléculas obtidas por fermentação microbiana.
3. A lista da União pode ser alterada em conformidade com o procedimento previsto nos artigos 8.° a 12.° do Regulamento (CE) n.° 1935/2004.

Artigo 6.° *Derrogações para substâncias não incluídas na lista da União*
1. Em derrogação ao disposto no artigo 5.°, podem usar-se como adjuvantes de polimerização substâncias que não constem da lista da União no fabrico de camadas de plástico em materiais e objectos de matéria plástica, nos termos das legislações nacionais.
2. Em derrogação ao disposto no artigo 5.°, podem usar-se corantes e solventes no fabrico de camadas de plástico em materiais e objectos de matéria plástica, nos termos das legislações nacionais.
3. As substâncias indicadas a seguir, não incluídas na lista da União, estão autorizadas, sob reserva das normas previstas nos artigos 8.°, 9.°, 10.°, 11.° e 12.°:
a) Sais (incluindo sais duplos e sais ácidos) de alumínio, amónio, bário, cálcio, cobalto, cobre, ferro, lítio, magnésio, manganês, potássio, sódio e zinco de ácidos, fenóis ou álcoois autorizados;
b) Misturas de substâncias autorizadas em que os componentes não tenham reagido quimicamente entre si;
c) Quando utilizadas como aditivos, substâncias poliméricas naturais ou sintéticas de peso molecular superior a 1 000 Da, excepto macromoléculas obtidas por fermentação microbiana, que cumpram os requisitos do presente regulamento, se puderem constituir o componente estrutural principal de materiais e objectos finais;
d) Quando utilizados como monómeros ou outras substâncias iniciadoras, pré-polímeros e substâncias macromoleculares naturais ou sintéticas, assim como as suas misturas, excepto macromoléculas obtidas por fermentação microbiana, se os monómeros ou as substâncias iniciadoras necessários para a sua síntese constarem da lista da União.
4. As substâncias indicadas a seguir, não incluídas na lista da União, podem estar presentes nas camadas de plástico dos materiais e objectos de matéria plástica:
a) Substâncias não intencionalmente adicionadas;
b) Auxiliares de polimerização.
5. Em derrogação ao disposto no artigo 5.°, os aditivos não incluídos na lista da União podem continuar a ser usados, nos termos das legislações nacionais, após 1 de Janeiro de 2010, até que seja tomada uma decisão para os incluir, ou não, na lista da União, desde que constem da lista provisória referida no artigo 7.°.

Artigo 7.° *Elaboração e gestão da lista provisória*
1. A lista provisória de aditivos que se encontram em curso de avaliação pela Autoridade Europeia para a Segurança dos Alimentos (doravante «a Autoridade»), publicada pela Comissão em 2008, deve ser regularmente actualizada.
2. Um aditivo será retirado da lista provisória:
a) Quando for incluído na lista da União constante do anexo I; ou
b) Quando a Comissão tomar a decisão de não o incluir na lista da União; ou
c) Se, durante o exame dos dados, a Autoridade solicitar informações suplementares e essas informações não forem apresentadas nos prazos especificados pela Autoridade.

SECÇÃO 2.- Requisitos gerais, restrições e especificações

Artigo 8.° *Requisitos gerais aplicáveis às substâncias*
As substâncias utilizadas no fabrico de camadas de plástico em materiais e objectos de matéria plástica devem ser de qualidade técnica e de grau de pureza adequados para a utilização pretendida e previsível dos materiais e objectos. O fabricante da substância deve conhecer a sua composição e disponibilizá-la às autoridades competentes, a pedido destas.

Artigo 9.° *Requisitos específicos aplicáveis às substâncias*
1. As substâncias utilizadas no fabrico de camadas de plástico em materiais e objectos de matéria plástica estão sujeitas às seguintes restrições e especificações:
a) Os limites de migração específica previstos no artigo 11.°;
b) Os limites de migração global previstos no artigo 12.°;
c) As restrições e especificações constantes do ponto 1, quadro 1, coluna 10, do anexo I;
d) As especificações pormenorizadas constantes do ponto 4 do anexo I.
2. As substâncias em nanoformas só podem ser usadas se tiverem sido expressamente autorizadas e tal for mencionado nas especificações no anexo I.

Artigo 10.° *Restrições gerais aplicáveis aos materiais e objectos de matéria plástica*
Do anexo II constam as restrições gerais aplicáveis aos materiais e objectos de matéria plástica.

Artigo 11.° *Limites de migração específica*
1. Os materiais e objectos de matéria plástica não devem transferir os seus constituintes para os alimentos em quantidades que ultrapassem os limites de migração específica (LME) constantes do anexo I. Esses limites de migração específica são expressos em miligramas de substância por quilograma de alimento (mg/kg).
2. Relativamente às substâncias para as quais o anexo I não determina qualquer limite de migração específica nem outras restrições, é aplicável um limite de migração específica genérico de 60 mg/kg.
3. Em derrogação ao disposto nos n.os 1 e 2, os aditivos que também estiverem autorizados como aditivos alimentares pelo Regulamento (CE) n.° 1333/2008 ou como aromas pelo Regulamento (CE) n.° 1334/2008 não devem migrar para os alimentos em quantidades que provoquem um efeito técnico no alimento final e não devem:
a) Exceder as restrições previstas no Regulamento (CE) n.° 1333/2008, no Regulamento (CE) n.° 1334/2008 ou no anexo I do presente regulamento nos alimentos para os quais estiverem autorizados como aditivo alimentar ou substância aromatizante; ou
b) Exceder as restrições previstas no anexo I do presente regulamento nos alimentos para os quais não estiverem autorizados como aditivo alimentar ou substância aromatizante.

Artigo 12.° *Limite de migração global*
1. Os materiais e objectos de matéria plástica não devem ceder os seus constituintes aos simuladores alimentares em quantidades superiores a 10 miligramas de constituintes totais por dm^2 de área superficial em contacto com os alimentos (mg/dm^2).
2. Em derrogação ao disposto no n.° 1, os materiais e objectos de matéria plástica destinados a entrar em contacto com alimentos para lactentes e crianças jovens, como definidos nas Directivas 2006/141/CE e 2006/125/CE da Comissão, não devem ceder os seus constituintes aos simuladores alimentares em quantidades superiores a 60 miligramas de constituintes totais por quilograma de simulador alimentar.

CAPÍTULO III.- DISPOSIÇÕES ESPECÍFICAS APLICÁVEIS A DETERMINADOS MATERIAIS E OBJECTOS

Artigo 13.° *Materiais e objectos de matéria plástica multicamadas*
1. Num material ou objecto de matéria plástica multicamadas, a composição de cada camada de matéria plástica deve estar em conformidade com o disposto no presente regulamento.
2. Em derrogação ao disposto no n.° 1, uma camada de plástico que não se encontre em contacto directo com os alimentos e esteja separada dos mesmos por uma barreira funcional pode:

a) Não respeitar as restrições e especificações previstas no presente regulamento, excepto no que se refere ao cloreto de vinilo monómero, tal como estabelecido no anexo I; e/ou
b) Ser fabricada com substâncias que não constem da lista da União nem da lista provisória.
3. A migração das substâncias referidas na alínea b) do n.° 2 para os alimentos ou os simuladores alimentares não deve ser detectável quando determinada com certeza estatística por um método de análise tal como estabelecido no artigo 11.° do Regulamento (CE) n.° 882/2004, com um limite de detecção de 0,01 mg/kg. Esse limite deve ser sempre expresso como uma concentração nos alimentos ou nos simuladores alimentares. Aplicar-se-á a um grupo de compostos, desde que estejam estrutural e toxicologicamente relacionados, em especial isómeros ou compostos com o mesmo grupo funcional relevante, e incluirá a eventual transferência proveniente das tintas de impressão ou dos revestimentos externos.
4. As substâncias que não constam da lista da União nem da lista provisória referidas na alínea b) do n.° 2 não devem pertencer a nenhuma das seguintes categorias:
a) Substâncias classificadas como «mutagénicas», «cancerígenas» ou «tóxicas para a reprodução», em conformidade com os critérios previstos nas secções 3.5, 3.6 e 3.7 do anexo I do Regulamento (CE) n.° 1272/2008 do Parlamento Europeu e do Conselho;
b) Substâncias em nanoformas.
5. O material ou objecto final de matéria plástica multicamadas deve cumprir os limites de migração específica estabelecidos no artigo 11.° bem como o limite de migração global estabelecido no artigo 12.°.

Artigo 14.° *Materiais e objectos multimateriais multicamadas*
1. Num material ou objecto multimateriais multicamadas, a composição de cada camada de matéria plástica deve estar em conformidade com o disposto no presente regulamento.
2. Em derrogação ao disposto no n.° 1, num material ou objecto multimateriais multicamadas, uma camada de plástico que não se encontre em contacto directo com os alimentos e esteja separada dos mesmos por uma barreira funcional pode ser fabricada com substâncias que não constem da lista da União nem da lista provisória.
3. As substâncias que não constam da lista da União nem da lista provisória referidas no n.° 2 não devem pertencer a nenhuma das seguintes categorias:
a) Substâncias classificadas como «mutagénicas», «cancerígenas» ou «tóxicas para a reprodução», em conformidade com os critérios previstos nas secções 3.5, 3.6 e 3.7 do anexo I do Regulamento (CE) n.° 1272/2008;
b) Substâncias em nanoformas.
4. Em derrogação ao disposto no n.° 1, os artigos 11.° e 12.° não se aplicam às camadas de plástico nos materiais e objectos multimateriais multicamadas.
5. As camadas de plástico nos materiais e objectos multimateriais multicamadas devem cumprir sempre as restrições aplicáveis ao cloreto de vinilo monómero estabelecidas no anexo I.
6. As legislações nacionais podem determinar limites de migração específica e global aplicáveis aos materiais ou objectos multimateriais multicamadas finais assim como às camadas de plástico que os constituem.

CAPÍTULO IV.- DECLARAÇÃO DE CONFORMIDADE E DOCUMENTAÇÃO

Artigo 15.° *Declaração de conformidade*
1. Nas fases de comercialização que não a da venda a retalho, deve estar disponível uma declaração escrita conforme ao disposto no artigo 16.° do Regulamento (CE) n.° 1935/2004 relativa aos materiais e objectos de matéria plástica, aos produtos das fases intermédias do seu fabrico assim como às substâncias destinadas ao fabrico desses materiais e objectos.
2. A declaração escrita referida no n.° 1 deve ser emitida pelo operador da empresa e deve conter as informações previstas no anexo IV.
3. A declaração escrita deve permitir a fácil identificação dos materiais, objectos, produtos das fases intermédias de fabrico ou substâncias a que se refere. Deve ser renovada sempre que ocorram alterações substanciais na composição ou na produção que provoquem uma modificação da migração a partir dos materiais ou objectos ou quando estejam disponíveis novos dados científicos.

Artigo 16.° *Documentos comprovativos*

1. O operador da empresa deve apresentar às autoridades nacionais competentes, a pedido destas, a documentação adequada para demonstrar que os materiais e objectos, os produtos das fases intermédias do seu fabrico assim como as substâncias destinadas ao fabrico desses materiais e objectos obedecem aos requisitos do presente regulamento.

2. Essa documentação deve incluir as condições e os resultados dos ensaios, cálculos, incluindo modelizações, outras análises e provas respeitantes à segurança, ou a fundamentação que demonstre a conformidade. As regras para a demonstração experimental da conformidade são estabelecidas no capítulo V.

CAPÍTULO V.- CONFORMIDADE

Artigo 17.° *Expressão dos resultados do ensaio de migração*

1. Para verificar a conformidade, os valores da migração específica são expressos em mg/kg, aplicando o rácio superfície/volume real na situação de utilização real ou previsível.

2. Em derrogação ao disposto no n.° 1, em relação a:

a) Recipientes e outros objectos, que contenham ou se destinem a conter menos de 500 mililitros ou 500 gramas ou mais de 10 litros;

b) Materiais e objectos para os quais, em virtude da sua forma, é impraticável estimar a relação entre a respectiva área superficial e a quantidade de alimentos que está em contacto com essa superfície;

c) Folhas e películas que ainda não se encontram em contacto com os alimentos;

d) Folhas e películas que contenham menos de 500 mililitros ou 500 gramas ou mais de 10 litros,

o valor da migração deve ser expresso em mg/kg aplicando-se um rácio superfície/volume correspondente a 6 dm^2 por quilograma de alimentos.

O presente número não se aplica aos materiais e objectos de matéria plástica destinados a entrar em contacto ou que já estão em contacto com alimentos para lactentes e crianças jovens, tal como definidos nas Directivas 2006/141/CE e 2006/125/CE.

3. Em derrogação ao disposto no n.° 1, no que se refere às tampas, juntas, rolhas e objectos similares de vedação, o limite de migração específica é expresso em:

a) mg/kg, usando o conteúdo real do recipiente a que se destina o vedante ou em mg/dm^2, aplicando a superfície total de contacto do objecto vedante e do recipiente vedado, se for conhecida a utilização pretendida para o objecto, tendo em conta o disposto no n.° 2;

b) mg/objecto, se não for conhecida a utilização pretendida para o objecto.

4. No que se refere às tampas, juntas, rolhas e objectos similares de vedação, o limite de migração global é expresso em:

a) mg/dm^2, aplicando a superfície total de contacto do objecto vedante e do recipiente vedado, se for conhecida a utilização pretendida para o objecto;

b) mg/objecto, se não for conhecida a utilização pretendida para o objecto.

Artigo 18.° *Regras para avaliar a conformidade com os limites de migração*

1. No caso dos materiais e objectos que já se encontram em contacto com os alimentos, a verificação da conformidade com os limites de migração específica deve efectuar-se de acordo com as normas estabelecidas no capítulo 1 do anexo V.

2. No caso dos materiais e objectos que ainda não estão em contacto com os alimentos, a verificação da conformidade com os limites de migração específica deve efectuar-se nos alimentos ou nos simuladores alimentares enumerados no anexo III de acordo com as normas estabelecidas no ponto 2.1 do anexo V.

3. No caso dos materiais e objectos que ainda não se encontram em contacto com os alimentos, a conformidade com os limites de migração específica pode ser determinada por aproximação recorrendo às abordagens especificadas no ponto 2.2 do anexo V. Se a abordagem de determinação por aproximação revelar que um material ou objecto não respeita os limites de migração, a conclusão de não conformidade tem de ser confirmada através da verificação da conformidade efectuada de acordo com o disposto no n.° 2.

4. Para os materiais e objectos que ainda não estão em contacto com os alimentos, a verificação da conformidade com os limites de migração global deve efectuar-se nos simuladores alimentares A, B, C, D1 e D2 enumerados no anexo III de acordo com as normas estabelecidas no ponto 3.1 do anexo V.

5. No caso dos materiais e objectos que ainda não se encontram em contacto com os alimentos, a conformidade com os limites de migração global pode ser determinada por aproximação recorrendo às abordagens especificadas no ponto 3.4 do anexo V. Se a abordagem de determinação por aproximação revelar que um material ou objecto não respeita o limite de migração, a conclusão de não conformidade tem de ser confirmada através da verificação da conformidade efectuada de acordo com o disposto no n.º 4.

6. Os resultados dos ensaios da migração específica obtidos em alimentos prevalecem sobre os resultados obtidos em simuladores alimentares. Os resultados dos ensaios da migração específica obtidos em simuladores alimentares prevalecem sobre os resultados obtidos com as abordagens de determinação por aproximação.

7. Antes de se proceder à comparação dos resultados dos ensaios de migração específica e global com os limites de migração, devem aplicar-se os factores de correcção constantes do capítulo 4 do anexo V, em conformidade com as normas aí definidas.

Artigo 19.º *Avaliação das substâncias não incluídas na lista da União*
A avaliação do cumprimento do disposto no artigo 3.º do Regulamento (CE) n.º 1935/2004 relativamente às substâncias referidas no artigo 6.º, n.ᵒˢ 1, 2, 4 e 5 e no artigo 14.º, n.º 2, do presente regulamento que não estejam abrangidas por uma inclusão no anexo I deve efectuar-se em conformidade com princípios científicos internacionalmente reconhecidos em matéria de avaliação dos riscos.

CAPÍTULO VI.- DISPOSIÇÕES FINAIS

Artigo 20.º *Alteração de actos legislativos da UE*
O anexo da Directiva 85/572/CEE do Conselho passa a ter a seguinte redacção:

«Os simuladores alimentares a usar nos ensaios de migração dos constituintes dos materiais e objectos de matéria plástica destinados a entrar em contacto com um único alimento ou com um grupo de alimentos específico constam do ponto 3 do anexo III do Regulamento (UE) n.º 10/2011 da Comissão.»

Artigo 21.º *Revogação de actos legislativos da UE*
São revogadas as Directivas 80/766/CEE, 81/432/CEE e 2002/72/CE com efeitos a partir de 1 de Maio de 2011.
As referências às directivas revogadas devem entender-se como sendo feitas para o presente regulamento e devem ser lidas de acordo com os quadros de correspondência constantes do anexo VI.

Artigo 22.º *Disposições transitórias*
1. Até 31 de Dezembro de 2012, os documentos comprovativos referidos no artigo 16.º devem basear-se nas regras básicas dos ensaios de migração global e específica estabelecidas no anexo da Directiva 82/711/CEE.
2. A partir de 1 de Janeiro de 2013, os documentos comprovativos referidos no artigo 16.º para os materiais, objectos e substâncias colocados no mercado até 31 de Dezembro de 2015 podem basear-se:
a) Nas regras relativas aos ensaios de migração previstas no artigo 18.º; ou
b) Nas regras básicas dos ensaios de migração global e específica estabelecidas no anexo da Directiva 82/711/CEE.
3. A partir de 1 de Janeiro de 2016, os documentos comprovativos referidos no artigo 16.º devem basear-se nas regras relativas aos ensaios de migração previstas no artigo 18.º, sem prejuízo do disposto no n.º 2 *supra*.
4. Até 31 de Dezembro de 2015, os aditivos utilizados na engomagem da fibra de vidro para plásticos reforçados com fibra de vidro que não constam do anexo I têm de cumprir as disposições relativas à avaliação dos riscos previstas no artigo 19.º.
5. Os materiais e objectos legalmente colocados no mercado antes de 1 de Maio de 2011 podem ser colocados no mercado até 31 de Dezembro de 2012.

Artigo 23.º *Entrada em vigor e aplicação*
O presente regulamento entra em vigor no vigésimo dia seguinte ao da sua publicação no Jornal Oficial da União Europeia.
É aplicável a partir de 1 de Maio de 2011.
A disposição do artigo 5.º no que se refere à utilização dos aditivos, com excepção dos plastificantes, é aplicável às camadas de matéria plástica ou revestimentos de plástico

em tampas, tal como referido no artigo 2.°, n.° 1, alínea d), a partir de 31 de Dezembro de 2015.

A disposição do artigo 5.° no que se refere à utilização de aditivos na engomagem da fibra de vidro para plásticos reforçados com fibra de vidro é aplicável a partir de 31 de Dezembro de 2015.

As disposições do artigo 18.°, n.ºs 2 e 4, e do artigo 20.° são aplicáveis a partir de 31 de Dezembro de 2012.

O presente regulamento é obrigatório em todos os seus elementos e directamente aplicável nos Estados-Membros em conformidade com os Tratados.

ANEXO I.-
Substâncias

[Anexo não reproduzido na presente publicação]

ANEXO II.-
Restrições aplicáveis aos materiais e objectos

[Anexo não reproduzido na presente publicação]

ANEXO III.-
Simuladores alimentares

[Anexo não reproduzido na presente publicação]

ANEXO IV.-
Declaração de conformidade

[Anexo não reproduzido na presente publicação]

ANEXO V.-
Verificação da conformidade

[Anexo não reproduzido na presente publicação]

ANEXO VI.-
Quadro de correspondencia

[Anexo não reproduzido na presente publicação]

13 de Dezembro de 2011.- Directiva 2011/91/UE
do Parlamento Europeu e do Conselho
relativa às menções ou marcas que permitem identificar o lote ao qual pertence um
género alimentício
(codificação)
(J.O. L 334, 06/12/2011)

O PARLAMENTO EUROPEU E O CONSELHO DA UNIÃO EUROPEIA,
Tendo em conta o Tratado sobre o Funcionamento da União Europeia, nomeadamente
o artigo 114.°,
Tendo em conta a proposta da Comissão Europeia,
Após transmissão do projecto de acto legislativo aos parlamentos nacionais,
Tendo em conta o parecer do Comité Económico e Social Europeu,
Deliberando de acordo com o processo legislativo ordinário,
Considerando o seguinte:
(1) A Directiva 89/396/CEE do Conselho, de 14 de Junho de 1989, relativa às menções
ou marcas que permitem identificar o lote ao qual pertence um género alimentício foi por
várias vezes alterada de modo substancial. Por conseguinte, por uma questão de lógica
e clareza, a referida directiva deverá ser codificada.
(2) O mercado interno compreende um espaço sem fronteiras internas no qual é
assegurada a livre circulação de mercadorias, pessoas, serviços e capitais.
(3) O comércio de géneros alimentícios ocupa um lugar muito importante no mercado
interno.
(4) A indicação do lote ao qual pertence um género alimentício vai ao encontro da
preocupação de assegurar uma melhor informação sobre a identidade dos produtos. A
esse título, constitui uma fonte de informações útil quando os géneros são objecto de
litígio ou apresentam um perigo para a saúde dos consumidores.
(5) A Directiva 2000/13/CE do Parlamento Europeu e do Conselho, de 20 de Março de
2000, relativa à aproximação das legislações dos Estados-Membros respeitantes à
rotulagem, apresentação e publicidade dos géneros alimentícios não contempla qualquer
menção relativa à identificação dos lotes.
(6) A nível internacional, a referência ao lote de fabrico ou de acondicionamento dos
géneros alimentícios pré-embalados é objecto de uma obrigação generalizada. A União
deve contribuir para o desenvolvimento do comércio internacional.
(7) Por conseguinte, é oportuno estabelecer as regras de carácter geral e horizontal
que deverão presidir à gestão de um sistema comum de identificação dos lotes.
(8) A eficácia de tal sistema depende da sua aplicação às várias fases de
comercialização. É conveniente, no entanto, excluir determinados produtos e
determinadas operações, particularmente as que tenham lugar no início do circuito de
comercialização dos produtos agrícolas.
(9) É conveniente ter em conta o facto de que o consumo imediato após a compra de
determinados produtos alimentares, tais como os gelados alimentares em doses
individuais, torna inútil a indicação do lote directamente na embalagem individual. No
entanto, para esses produtos, a indicação do lote deverá figurar obrigatoriamente nas
embalagens colectivas.
(10) A noção de lote implica que várias unidades de venda do mesmo género
alimentício apresentem características praticamente idênticas de produção, fabrico ou
acondicionamento. Por essa razão, essa noção não deverá ser aplicada a produtos
apresentados a granel ou que, devido à sua especificidade ou ao seu carácter
heterogéneo, não possam ser considerados como constituindo um conjunto homogéneo.
(11) Face à diversidade dos métodos de identificação utilizados, deverá caber ao
operador económico determinar o lote e apor a menção ou a marca correspondentes.
(12) No entanto, para satisfazer as necessidades de informação a que se destina, essa
menção deverá poder ser claramente distinguida e reconhecida como tal.
(13) A data de durabilidade mínima ou a data-limite de consumo podem substituir, em
conformidade com a Directiva 2000/13/CE, a menção que permite identificar o lote,
desde que tais datas sejam indicadas de forma precisa.
(14) A presente directiva não deverá prejudicar as obrigações dos Estados-Membros
relativas aos prazos de transposição para o direito interno das directivas indicados na
Parte B do anexo I,

ADOPTARAM A PRESENTE DIRECTIVA:

Artigo 1.º
1. A presente directiva diz respeito à indicação que permite identificar o lote a que pertence um género alimentício.
2. Entende-se por «lote», na acepção da presente directiva, um conjunto de unidades de venda de um género alimentício produzido, fabricado ou acondicionado em circunstâncias praticamente idênticas.

Artigo 2.º
1. Um género alimentício apenas pode ser comercializado se vier acompanhado pela indicação referida no n.º 1 do artigo 1.º
2. O n.º 1 não se aplica:
a) Aos produtos agrícolas que, quando saem da zona de exploração, sejam:
i) vendidos ou entregues a estações de armazenamento, de acondicionamento ou de embalagem,
ii) encaminhados para organizações de produtores, ou
iii) reunidos para integração imediata num sistema operacional de preparação ou transformação;*b)* Quando, nos locais de venda ao consumidor final, os géneros alimentícios não forem pré-embalados, forem embalados a pedido do comprador ou forem pré-embalados para venda imediata;
c) Às embalagens ou recipientes cuja face maior tenha uma superfície inferior a 10 cm²;*d)* Às doses individuais de gelados alimentares. A indicação que permite identificar o lote figura nas embalagens colectivas.

Artigo 3.º
O lote é determinado em cada caso pelo produtor, pelo fabricante ou pelo acondicionador do género alimentício em questão, ou pelo primeiro vendedor estabelecido no interior da União.
A indicação referida no n.º 1 do artigo 1.º é determinada e aposta sob a responsabilidade de um ou outro daqueles operadores. É precedida da letra «L», salvo nos casos em que se distinga claramente das outras indicações de rotulagem.

Artigo 4.º
Quando os géneros alimentícios forem pré-embalados, a indicação referida no n.º 1 do artigo 1.º e, se for caso disso, a letra «L» figuram na pré-embalagem ou num rótulo a ela ligado.
Quando os géneros alimentícios não forem pré-embalados, a indicação referida no n.º 1 do artigo 1.º e, se for caso disso, a letra «L» figuram na embalagem ou no recipiente ou, na sua falta, nos documentos comerciais a eles relativos.
Essa indicação deve figurar sempre de modo facilmente visível, claramente legível e indelével.

Artigo 5.º
Quando a data de durabilidade mínima ou a data-limite de consumo figurarem no rótulo, a indicação referida no n.º 1 do artigo 1.º pode não acompanhar o género alimentício, desde que essas datas sejam compostas pelo menos pela indicação, clara e por ordem, do dia e do mês.

Artigo 6.º
A presente directiva aplica-se sem prejuízo das indicações previstas por disposições específicas da União.
A Comissão publica e mantém actualizada a lista das disposições em causa.

Artigo 7.º
A Directiva 89/396/CEE, com as alterações que lhe foram introduzidas pelas directivas referidas na Parte A do anexo I, é revogada sem prejuízo das obrigações dos Estados-Membros no que respeita aos prazos de transposição para o direito interno indicados na Parte B do anexo I.
As referências à directiva revogada devem entender-se como sendo feitas para a presente directiva e devem ser lidas de acordo com o quadro de correspondência constante do anexo II.

Artigo 8.º
A presente directiva entra em vigor no vigésimo dia seguinte ao da sua publicação no Jornal Oficial da União Europeia.

Artigo 9.º
Os destinatários da presente directiva são os Estados-Membros.

ANEXO I

[Anexo não reproduzido na presente publicação]

ANEXO II.-

Quadro de correspondência

[Anexo não reproduzido na presente publicação]

B.- Normas de controle

25 de Fevereiro de 1993.- Directiva 93/5/CEE
do Conselho
relativa à assistência dos Estados-membros à Comissão e à sua cooperação na análise
científica de questões relacionadas com os produtos alimentares
(J.O. L 52, 04/03/1993)

(V.C. 20/11/2003)

O CONSELHO DAS COMUNIDADES EUROPEIAS,
Tendo em conta o Tratado que institui a Comunidade Económica Europeia e, nomeadamente, o seu artigo 100.°A,
Tendo em conta a proposta da Comissão,
Em cooperação com o Parlamento Europeu,
Tendo em conta o parecer do Comité Económico e Social,
(1) Considerando que a realização e o bom funcionamento do mercado interno no domínio dos produtos alimentares exigem a análise de questões científicas relativas aos produtos alimentares, especialmente quando tais questões dizem respeito à saúde humana;
(2) Considerando que os consumidores têm direito a uma política alimentar comunitária que promova a inocuidade dos alimentos, sobretudo no que se refere aos aspectos nutricional, microbiológico e toxicológico;
(3) Considerando que a Comissão instituiu, pela Decisão 74/234/CEE, um comité científico da alimentação humana para a assistir na prossecução desse objectivo;
(4) Considerando que actualmente a consulta do referido comité é exigida, por razões de saúde pública, por diversas directivas, nomeadamente as que dizem respeito a alimentos dietéticos, materiais e objectos destinados a entrar em contacto com géneros alimentícios, aditivos, aromatizantes e solventes de extracção;
(5) Considerando que o Comité científico da alimentação humana deve ter uma participação muito mais alargada nas políticas comunitárias que tenham a ver com os alimentos, o regime alimentar e a saúde pública;
(6) Considerando que o processo de constituição de uma base científica satisfatória nos domínios relacionados com a inocuidade dos géneros alimentícios deve, no interesse dos consumidores e do sector industrial, ser independente, transparente e eficaz e reflectir a situação existente nos Estados-membros;
(7) Considerando que, para que seja assegurado o funcionamento eficaz desse comité, a Comunidade deve beneficiar de apoio científico por parte dos Estados-membros;
(8) Considerando que a Comunidade necessita igualmente de apoio científico para outras questões de interesse público essenciais para o funcionamento do mercado interno, nomeadamente o tratamento dos incidentes associados à contaminação de alimentos e, de modo geral, para a elaboração da regulamentação respeitante aos produtos alimentares que tenha incidências na saúde humana;
(9) Considerando que, para assegurar a execução dessas tarefas, a Comissão deve beneficiar de acesso às informações e à assistência disponíveis nos Estados-membros, os quais devem facilitar o cumprimento da sua missão;
(10) Considerando que existem nos Estados-membros diversos organismos encarregados de prestar assistência científica aos respectivos governos em questões relativas aos produtos alimentares e que se torna necessária a utilização eficaz de tais recursos, em apoio das actividades comunitárias, sob a forma de cooperação;
(11) Considerando que os Estados-membros tomarão todas as medidas necessárias, incluindo medidas financeiras, dentro dos limites dos seus recursos, para possibilitar às autoridades e organismos competentes colaborarem com a Comissão e prestar-lhes a assistência necessária na análise científica de questões de interesse público relacionadas com a alimentação humana;
(12) Considerando que importa, assim, proceder à aproximação das disposições que regem aqueles organismos a fim de possibilitar a sua cooperação com a Comissão tendo em vista, nomeadamente, a elaboração de regulamentação que assegure a livre circulação dos produtos alimentares, com base nos dados científicos disponíveis;
(13) Considerando que é necessário aumentar e reforçar as funções e a proficiência do Comité científico da alimentação humana, tendo em vista, especialmente, o aumento de eficácia da Comunidade nas questões ligadas à alimentação humana;

(14) Considerando que é necessário prever a possibilidade de Estados terceiros participarem nessa cooperação;
(15) Considerando que a Comissão deve assegurar a gestão dessa cooperação e que os Estados-membros devem, por seu lado, assisti-la nessa tarefa, no âmbito do Comité permanente dos géneros alimentícios;
(16) Considerando que a realização do mercado interno deverá dar origem a uma participação acrescida da Comunidade em reuniões e trabalhos relativos aos produtos alimentares, quer em organizações internacionais quer no âmbito de realizações bilaterais,
ADOPTOU A PRESENTE DIRECTIVA:

Artigo 1.º
1. Os Estados-membros tomarão as medidas necessárias para possibilitar a cooperação das autoridades e organismos competentes com a Comissão e lhe fornecer a assistência necessária à análise científica de questões de interesse público relacionadas com a alimentação, em especial no domínio da saúde pública, em disciplinas como as que estão relacionadas com a medicina, a nutrição, a toxicologia, a biologia, a higiene, a tecnologia dos produtos alimentares, a biotecnologia, os novos alimentos e processos, as técnicas de avaliação de riscos, a física e a química.
2. a) O procedimento de cooperação da presente directiva é aplicável sempre que os actos do Conselho necessitem de parecer do Comité científico para a alimentação humana.
b) Sempre que necessário, a aplicação do procedimento de cooperação da presente directiva a outras questões relativas à protecção da saúde e segurança das pessoas resultante do consumo de alimentos será decidida em conformidade com o procedimento previsto no artigo 5.º

Artigo 2.º
Cada um dos Estados-membros designará a autoridade ou organismo encarregado da cooperação com a Comissão e da repartição das tarefas a que se refere o artigo 3.º entre as instituições apropriadas no seu território e disso informará a Comissão.
A Comissão publicará no Jornal Oficial das Comunidades Europeias a lista das autoridades designadas referidas no parágrafo anterior e procederá à sua actualização.
Cada uma das autoridades designadas enviará à Comissão uma lista dos institutos participantes no procedimento da cooperação na sua área de jurisdição, bem como qualquer alteração a essa lista. A Comissão transmitirá esta informação às autoridades referidas no primeiro parágrafo, bem como às outras partes interessadas.

Artigo 3.º
1. As principais actividades a desenvolver pelos institutos que participam na cooperação incluirão as que estão indicadas no anexo.
2. As medidas a seguir indicadas serão adoptadas de acordo com o procedimento previsto no artigo 5.º:
— definição das regras de gestão administrativa de cooperação, incluindo
— medidas destinadas a garantir a transparência das recomendações formuladas pelo Comité científico para a alimentação humana,
— procedimentos de apresentação e avaliação dos processos,
— definição e actualização, pelo menos de seis em seis meses, da lista das tarefas e das correspondentes prioridades.
3. As tarefas a desempenhar de acordo com a lista adoptada nos termos do n.º 2, segundo travessão, serão distribuídas de acordo com o procedimento estabelecido no artigo 5.º e com base na competência científica e dentro dos limites determinados pelos recursos disponíveis nos Estados-membros.

Artigo 4.º
Depois de consultar as autoridades ou organismos referidos no artigo 2.º, a Comissão pode convidar institutos de países terceiros a participarem, num regime de voluntariado, na execução das tarefas necessárias ao cumprimento dos objectivos desta directiva e, em especial, as tarefas referidas na lista mencionada no n.º 2, segundo travessão, do artigo 3.º Sempre que um instituto de um país terceiro tenha concordado em participar na execução de tarefas, a Comissão deverá ter em conta essa participação ao distribuir as tarefas nos termos do n.º 3 do artigo 3.º
Em caso algum a participação prevista no primeiro parágrafo pode constituir encargo para o orçamento comunitário.

Artigo 5.°
1. A Comissão é assistida pelo Comité Permanente da Cadeia Alimentar e da Saúde Animal, instituído pelo artigo 58.° do Regulamento (CE) n.° 178/2002, a seguir designado por «Comité».
2. Sempre que se faça referência ao presente artigo, são aplicáveis os artigos 5.° e 7.° da Decisão 1999/468/CE, tendo-se em conta o disposto no seu artigo 8.° O prazo previsto no n.° 6 do artigo 5.° da Decisão 1999/468/CE é de três meses.
3. O Comité aprovará o seu regulamento interno.

Artigo 6.°
A Comissão apresentará ao Parlamento Europeu e ao Conselho um relatório sobre as estruturas, acções e eficácia do Comité científico da alimentação humana, num prazo de três anos a contar da data de aplicação da presente directiva e, posteriormente, de três em três anos.

Artigo 7.°
1. Os Estados-membros porão em vigor as disposições legislativas, regulamentares e administrativas necessárias para darem cumprimento à presente directiva antes de 1 de Junho de 1993. Desse facto informarão imediatamente a Comissão.
Quando os Estados-membros adoptarem as disposições referidas no n.° 1, estas deverão incluir uma referência à presente directiva ou ser acompanhadas dessa referência aquando da sua publicação oficial. As modalidades dessa referência serão adoptadas pelos Estados-membros.
2. Os Estados-membros comunicarão à Comissão o texto das disposições essenciais de direito interno que adoptarem no domínio regido pela presente directiva.

Artigo 8.°
Os Estados-membros são os destinatários da presente directiva.

ANEXO

As principais tarefas a serem desempenhadas pelos institutos que participem na cooperação incluirão nomeadamente:
— a elaboração de protocolos de avaliação dos riscos associados aos componentes dos alimentos e de métodos de avaliação nutricional,
— a avaliação da adequação do regime alimentar,
— a análise de resultados de ensaios apresentados à Comissão ao abrigo da regulamentação comunitária e a elaboração de uma monografia a submeter à avaliação do Comité científico da alimentação humana,
— a realização de inquéritos sobre o consumo alimentar, nomeadamente os necessários à determinação ou avaliação das condições de utilização dos aditivos alimentares ou à fixação de valores limite para outros componentes de alimentos,
— a realização de estudos relativos aos componentes do regime alimentar dos vários Estados-membros ou aos contaminantes biológicos ou químicos dos alimentos,
— a assistência à Comissão no cumprimento dos compromissos internacionais da Comunidade, pondo ao seu dispor conhecimentos especializados no domínio da inocuidade dos alimentos.

da Comissão
que define os procedimentos de controlo veterinário nos postos de inspecção fronteiriços
da Comunidade a aplicar a produtos importados de países terceiros
(J.O. L 21, 28/01/2004)

(V.C. 03/06/2014)

A COMISSÃO DAS COMUNIDADES EUROPEIAS,
Tendo em conta o Tratado que institui a Comunidade Europeia,
Tendo em conta a Directiva 97/78/CE do Conselho, de 18 de Dezembro de 1997, que fixa os princípios relativos à organização dos controlos veterinários dos produtos provenientes de países terceiros introduzidos na Comunidade, e, nomeadamente o n.º 5 do seu artigo 3.º, o n.º 5 do seu artigo 4.º, o n.º 4 do seu artigo 5.º, o n.º 7 do seu artigo 8.º, o n.º 3 do seu artigo 16.º e o n.º 1 do seu artigo 19.º,

Considerando o seguinte:
(1) Os requisitos originais relativos aos controlos veterinários dos produtos provenientes de países terceiros introduzidos na Comunidade foram fixados na Directiva 90/675/CEE do Conselho, que foi revogada e substituída pela Directiva 97/78/CE.
(2) À luz da experiência adquirida desde a adopção da Directiva 90/675/CEE, a Directiva 97/78/CE introduziu algumas alterações aos procedimentos. A Decisão 93/13/CEE, de 22 de Dezembro de 1992, que define os procedimentos de controlo veterinário nos postos de inspecção fronteiriços da Comunidade aquando da introdução de produtos provenientes de países terceiros, com a última redacção que lhe foi dada pela Decisão 2003/279/CE, foi adoptada com base na primeira directiva e deve, por conseguinte, ser actualizada.
(3) O certificado emitido depois de completados os controlos veterinários e que consta actualmente do anexo B da Decisão 93/13/CEE deve ser adaptado a fim de ter em conta as alterações aos procedimentos aplicáveis às remessas que respeitam as regras comunitárias e às remessas que as não respeitam, quer se destinem a ser importadas para a Comunidade, quer a transitar por ela.
(4) As regras pormenorizadas relativas à utilização desse certificado estão estabelecidas na Decisão 2000/208/CE, de 24 de Fevereiro de 2000, que estabelece regras pormenorizadas de execução da Directiva 97/78/CE do Conselho no que respeita ao trânsito exclusivamente rodoviário através da Comunidade Europeia de produtos de origem animal de um país terceiro para outro país terceiro, e na Decisão 2000/571/CE da Comissão, de 8 de Setembro de 2000, que estabelece a metodologia dos controlos veterinários de produtos provenientes de países terceiros destinados a zonas francas, entrepostos francos, entrepostos aduaneiros ou operadores de meios de transporte marítimo transfronteiriço.
(5) No entanto, é necessário definir regras específicas relativamente à gestão prática do certificado para situações em que as remessas recebem aprovação veterinária no posto de inspecção fronteiriço, mas permanecem sob supervisão aduaneira por razões fiscais durante um determinado período. Nestes casos, é necessário um sistema de rastreabilidade, bem como esclarecimento quanto à documentação que deve acompanhar as remessas.
(6) Para o funcionamento adequado do sistema de controlos veterinários no mercado único, todas as informações relativas a um produto devem ser reunidas num único documento com um formato uniforme para reduzir os problemas resultantes das diferenças linguísticas nos vários Estados-Membros.
(7) Os pormenores específicos relativos à amostragem e aos ensaios laboratoriais harmonizados dos diferentes tipos de produtos serão objecto de decisões de execução posteriores, mas entretanto as regras nacionais devem continuar a ser aplicáveis, excepto no caso de medidas de salvaguarda particulares.
(8) A experiência tem demonstrado a importância fundamental de dispor de boas fontes de informação relativamente a todas as remessas que entram na Comunidade para reduzir a fraude e a fuga aos controlos. O controlo dos manifestos é uma característica-chave deste processo de recolha de informações, mas sendo uma tarefa considerável e muito morosa, deve ser automatizada por meios electrónicos sempre que possível.
(9) Além da recolha eficiente das informações em causa entre todos os operadores envolvidos, a autoridade competente deve ter acesso às bases de dados pertinentes das

autoridades aduaneiras. Todos os operadores devem ser integrados neste sistema de bases de dados para assegurar a disponibilização de informações actualizadas por parte de todos os envolvidos.

(10) Certos produtos vegetais, que podem representar um risco de propagação de doenças infecciosas ou contagiosas para os animais, devem ser submetidos a controlos veterinários. É necessário estabelecer uma lista destes produtos, bem como uma lista dos países terceiros ou partes de países terceiros que podem ser autorizados a exportar esses produtos para a Comunidade.

(11) No caso de pequenas quantidades de produtos de origem animal que são transportadas para consumo pessoal pelos passageiros que chegam de países terceiros, são possíveis isenções aos requisitos dos procedimentos de controlo veterinário. Alguns destes produtos são objecto de uma medida de salvaguarda, nos termos da Decisão 2002/995/CE da Comissão, de 9 de Dezembro de 2002, que estabelece medidas cautelares relativamente à importação de produtos de origem animal para consumo pessoal. A referência a essas medidas deve ser mantida enquanto se aguarda a adopção de regras permanentes neste sector.

(12) As medidas previstas no presente regulamento substituem as estabelecidas na Decisão 93/13/CEE, devendo essa decisão, por conseguinte, ser revogada.

(13) As medidas previstas no presente regulamento estão em conformidade com o parecer do Comité Permanente da Cadeia Alimentar e da Saúde Animal, ADOPTOU O PRESENTE REGULAMENTO:

Artigo 1.º *Controlos veterinários*
1. Os controlos documentais previstos no n.º 3 do artigo 4.º da Directiva 97/78/CE serão realizados em conformidade com o anexo I do presente regulamento.
2. Os controlos laboratoriais e as análises das amostras oficiais previstos no n.º 4, alínea b), do artigo 4.º da Directiva 97/78/CE serão realizados em conformidade com o anexo II do presente regulamento.

Artigo 2.º *Notificação da chegada de produtos através do Documento Veterinário Comum de Entrada*
1. Antes da chegada física da remessa ao território da Comunidade, a pessoa responsável pela carga notificará a chegada dos produtos ao pessoal veterinário do posto de inspecção fronteiriço ao qual os produtos serão apresentados, utilizando o Documento Veterinário Comum de Entrada (DVCE), conforme estabelecido no anexo III.
2. O DVCE será emitido em conformidade com as regras gerais relativas à certificação definidas noutros actos legislativos comunitários pertinentes.
3. O DVCE será redigido num original e em cópias, conforme determinado pela autoridade competente para cumprir os requisitos do presente regulamento. A pessoa responsável pela carga preencherá a parte 1 do DVCE e transmiti-la-á ao pessoal veterinário do posto de inspecção fronteiriço.
4. Sem prejuízo dos n.ºˢ 1 e 3, as informações contidas no DVCE podem, mediante acordo das autoridades competentes correlacionadas com a remessa, ser objecto de uma notificação antecipada por telecomunicação ou por outro sistema de transmissão electrónica de dados. Quando isso aconteça, as informações fornecidas em formato electrónico serão as requeridas na parte 1 do modelo de DVCE.

Artigo 3.º *Procedimento a seguir depois de completados os controlos veterinários*
1. Depois de completados os controlos veterinários previstos no artigo 4.º da Directiva 97/78/CE, a parte 2 do DCVE será preenchida sob a responsabilidade do veterinário oficial responsável pelo posto de inspecção fronteiriço. O DCVE será assinado por esse veterinário oficial ou por outro veterinário oficial que actue sob a supervisão do primeiro, para conceder à remessa a aprovação veterinária.
No caso de postos de inspecção fronteiriços que controlem as importações de peixe em conformidade com a Decisão 93/352/CEE da Comissão, o agente oficial designado pode realizar as funções do veterinário oficial, incluindo o preenchimento e a assinatura do DVCE.
2. O original do DVCE relativo a remessas a que se concedeu aprovação veterinária deve consistir do conjunto das partes 1 e 2, devidamente preenchidas e assinadas.
3. O veterinário oficial, ou a pessoa responsável pela carga, notificará as autoridades aduaneiras do posto de inspecção fronteiriço da aprovação veterinária da remessa, conforme disposto no n.º 1, apresentando o original do DVCE, ou por meio electrónico.

— Uma vez obtido o desalfandegamento, o original do DVCE acompanhará a remessa até ao primeiro estabelecimento de destino.
— O oficial veterinário do posto de inspecção fronteiriço conservará uma cópia do DVCE.
— O veterinário oficial transmitirá uma cópia do DVCE à pessoa responsável pela carga.
   4. O veterinário oficial conservará a certificação ou documentação veterinária original emitida pelo país terceiro e que acompanha a remessa, bem como uma cópia do DVCE, durante, pelo menos, três anos. No entanto, no caso de remessas de produtos em trânsito ou para armazenagem num entreposto, aprovado nos termos do n.º 4 do artigo 12.º ou do artigo 13.º da Directiva 97/78/CE, e com destino final fora da Comunidade, os documentos veterinários originais que acompanham a remessa à chegada continuarão a acompanhar a remessa, sendo apenas conservadas as cópias desses documentos no posto de inspecção fronteiriço.

Artigo 4.º *Procedimento a seguir no caso de remessas de produtos que receberam aprovação veterinária, mas que ainda permanecem sob supervisão aduaneira*
   1. No caso de remessas de produtos que receberam aprovação veterinária no posto de inspecção fronteiriço, como disposto no n.º 1 do artigo 3.º, mas que permanecem sob supervisão aduaneira e são introduzidas em livre prática numa fase posterior, aplica-se o procedimento disposto nos n.ºˢ 2, 3 e 4.
   2. O original do DVCE acompanhará a remessa enquanto esta permanecer sob supervisão aduaneira, na sua passagem por um ou mais estabelecimentos, até o desalfandegamento ser solicitado pela pessoa responsável pela carga.
   3. Para um primeiro desalfandegamento, a pessoa responsável pela carga apresentará o original do DVCE à estância aduaneira responsável pelo estabelecimento onde se encontra a remessa. Isto também pode ser feito por via electrónica, mediante autorização da autoridade competente.
   4. Caso o desalfandegamento tenha sido solicitado, como previsto no n.º 3, o operador do estabelecimento deverá:
   a) Conservar uma cópia do DVCE que acompanha a remessa;
   b) Registar a data de recepção da remessa; e
   c) Registar a data de desalfandegamento, ou as datas desse desalfandegamento se a remessa estiver dividida em partes, como previsto no artigo 5.º

Artigo 5.º *Procedimento a seguir no caso de remessas sob supervisão aduaneira divididas em partes*
   1. Caso uma remessa referida no n.º 1 do artigo 4.º seja dividida em partes, o original do DVCE será apresentado às autoridades aduaneiras competentes responsáveis pelo estabelecimento onde a remessa é dividida. Uma cópia do DVCE permanecerá no estabelecimento onde a remessa é dividida.
   2. A autoridade competente responsável pelo estabelecimento referido no n.º 1 pode emitir uma fotocópia autenticada do original do DVCE para acompanhar cada parte da remessa, onde se acrescentarão as informações sobre a quantidade ou o peso revistos.
   A autoridade competente poderá requerer que o operador do estabelecimento onde a remessa é dividida conserve os registos para assegurar a rastreabilidade das diferentes partes da remessa.
   Os registos e as cópias do DVCE devem ser conservados durante três anos.

Artigo 6.º *Coordenação com outros serviços responsáveis pela aplicação da legislação*
   Para assegurar que todos os produtos de origem animal que entram na Comunidade são submetidos a controlos veterinários, a autoridade competente e os veterinários oficiais de cada Estado-Membro coordenarão a sua actividade com outros serviços responsáveis pela aplicação da legislação para recolher todas as informações pertinentes relativas à introdução de produtos de origem animal. Isto aplica-se, em particular, ao seguinte:
   a) Informações ao dispor dos serviços aduaneiros;
   b) Informações constantes dos manifestos de navios, embarcações, comboios ou aviões;
   c) Outras fontes de informação ao dispor dos operadores comerciais rodoviários, ferroviários, portuários ou aeroportuários.

Artigo 7.º *Acesso às bases de dados e integração de sistemas de tecnologia da informação*

Para efeitos do artigo 6.º, a autoridade competente terá acesso às bases de dados, ou às partes pertinentes dessas bases, à disposição dos serviços aduaneiros.

Sujeitos a uma segurança adequada dos dados, os sistemas de tecnologia da informação utilizados pela autoridade competente deverão, na medida do possível e conforme apropriado, ser integrados com os sistemas dos serviços aduaneiros e com os dos operadores comerciais, de modo a acelerar a transferência de informações.

Artigo 8.º *Regras específicas para produtos que fazem parte da bagagem dos viajantes ou são enviados como remessas para particulares*

Os produtos de origem animal que fazem parte da bagagem dos viajantes ou são enviados como pequenas remessas para particulares obedecem aos requisitos estabelecidos no Regulamento (CE) n.º 206/2009 da Comissão.

Artigo 9.º *Controlos veterinários de certos produtos vegetais*

1. Os Estados-Membros submeterão os produtos vegetais constantes do anexo IV, originários dos países autorizados e especificados no anexo V, aos controlos documentais referidos no n.º 1 do artigo 1.º do presente regulamento e, se for caso disso, aos controlos laboratoriais referidos no n.º 2 do artigo 1.º do presente regulamento e a outros controlos físicos estabelecidos no anexo III da Directiva 97/78/CE.

2. Os requisitos da Directiva 97/78/CE e do presente regulamento aplicam-se a todos os produtos vegetais constantes do anexo IV do presente regulamento, que, devido à sua origem e destino subsequente, podem representar um risco de propagação de doenças animais infecciosas ou contagiosas.

Artigo 10.º *Utilização da certificação electrónica*

A produção, utilização, transmissão e armazenagem do DVCE, conforme previsto nas várias situações descritas no presente regulamento, podem ser feitas por meios electrónicos à discrição da autoridade competente.

Artigo 11.º *Revogação*

A Decisão 93/13/CEE é revogada.

As referências à decisão revogada serão consideradas como referências ao presente regulamento.

Artigo 12.º *Entrada em vigor*

O presente regulamento entra em vigor em 1 de Março de 2004.

O presente regulamento é obrigatório em todos os seus elementos e directamente aplicável em todos os Estados-Membros.

ANEXO I.-

Controlos documentais referidos no n.º 1 do artigo 1.º

As seguintes regras devem ser aplicadas aos controlos documentais dos produtos provenientes de países terceiros:

1. A autoridade competente deve, em relação a cada remessa de produtos, verificar o tratamento ou a utilização aprovados previstos a que se destinam as mercadorias.

2. Cada um dos certificados ou documentos relativos à saúde animal ou à saúde pública que acompanha uma remessa de produtos originários de países terceiros e apresentado do posto de inspecção fronteiriço deve ser objecto de um controlo destinado a confirmar, conforme o caso, que:

a) Se trata de um certificado ou documento original;

b) Diz respeito a um país terceiro ou a uma parte de um país terceiro autorizado a exportar para a Comunidade ou, no caso dos produtos não harmonizados, para o Estado-Membro em questão;

c) A sua apresentação e o seu conteúdo correspondem ao modelo estabelecido para o produto e país terceiro em questão, ou no caso dos produtos não harmonizados, para o Estado-Membro em questão;

d) Está conforme com os princípios gerais de certificação estabelecidos no anexo IV da Directiva 2002/99/CE do Conselho;

e) Foi inteiramente preenchido;

184

f) Diz respeito a um estabelecimento ou uma embarcação autorizados ou registados, aptos a exportar para a Comunidade ou, no caso dos produtos não harmonizados, para o Estado-Membro em questão;

g) Está assinado pelo veterinário oficial ou, se for caso disso, pelo representante da autoridade oficial, e menciona, de forma legível e em maiúsculas, o seu nome e cargo, bem como ostenta o carimbo sanitário oficial do país terceiro e a assinatura oficial, numa cor diferente da utilizada nas outras menções impressas no certificado, ou no caso dos certificados electrónicos, que a assinatura e o carimbo são inseridos através de um sistema seguro;

h) A parte 1 do DVCE está correctamente preenchida e a informação dela constante corresponde à informação contida noutros documentos oficiais pertinentes que acompanham a remessa.

ANEXO II.-
Controlos laboratoriais referidos no n.º 2 do artigo 1.º

As regras seguintes devem ser aplicadas às análises laboratoriais dos produtos:
1. Cada Estado-Membro submeterá remessas de produtos apresentados para importação a um plano de vigilância para verificação da conformidade com a legislação comunitária ou, onde aplicável, com a legislação nacional, nomeadamente para detectar resíduos, agentes patogénicos ou outras substâncias perigosas para o homem, os animais ou o ambiente. Estes planos de vigilância devem ser baseados na natureza dos produtos e no risco que representam, tendo em conta todos os parâmetros de vigilância pertinentes, tais como a frequência e o número de remessas que entram, bem como os resultados de vigilâncias anteriores.
2. Caso se realizem ensaios aleatórios no âmbito dos planos de vigilância referidos no n.º 1, e não haja suspeitas de perigo imediato para a saúde pública ou animal, a remessa submetida a ensaio pode ser introduzida em livre prática antes de se receberem os resultados laboratoriais. Em todos os casos, o DVCE que acompanha a remessa deve ser anotada em conformidade, e a autoridade competente no local de destino deve ser notificada de acordo com o artigo 8.º da Directiva 97/78/CE.
3. Caso os ensaios laboratoriais sejam realizados com base numa suspeita de irregularidade, em informações disponíveis, numa notificação prévia do Sistema de Alerta Rápido para Alimentos para Consumo Humano e Animal (RASFF) ou numa medida de salvaguarda, e quando os ensaios digam respeito a uma substância ou um agente patogénico que represente um risco directo ou imediato para a saúde animal ou pública, o veterinário oficial responsável pelo posto de inspecção fronteiriço que realizou o ensaio, ou a autoridade competente, deve adiar a aprovação veterinária ou a disponibilização da remessa até se receberem os resultados satisfatórios dos ensaios laboratoriais. Entretanto, a remessa permanecerá sob controlo das autoridades ou sob a responsabilidade do veterinário oficial ou agente oficial designado do posto de inspecção fronteiriço que tiver efectuado os controlos veterinários.
4. Cada Estado-Membro informará a Comissão mensalmente dos resultados favoráveis e desfavoráveis dos ensaios laboratoriais realizados nos seus postos de inspecção fronteiriços.

ANEXO III.-
Documento veterinário comum de entrada (DVCE)

[Anexo não reproduzido na presente publicação]

ANEXO IV.-
Lista de produtos vegetais referida no artigo 9.º

[Anexo não reproduzido na presente publicação]

ANEXO V.-
Lista de países referida no artigo 9.º

[Anexo não reproduzido na presente publicação]

18 de Fevereiro de 2004.- Regulamento (CE) n.º 282/2004
da Comissão
relativo ao estabelecimento de um documento para a declaração e o controlo veterinário
de animais provenientes de países terceiros e introduzidos na Comunidade
(J.O. L 49, 19/02/2004)

(V.C. 31/03/2004)

A COMISSÃO DAS COMUNIDADES EUROPEIAS,
Tendo em conta o Tratado que institui a Comunidade Europeia,
Tendo em conta a Directiva 91/496/CEE do Conselho, de 15 de Julho de 1991, que fixa os princípios relativos à organização dos controlos veterinários dos animais provenientes de países terceiros introduzidos na Comunidade e que altera as Directivas 89/662/CEE, 90/425/CEE e 90/675/CEE, e, nomeadamente, o n.º 2 do seu artigo 3.º e o n.º 2 do seu artigo 7.º,
Considerando o seguinte:
(1) A fim de garantir um melhor funcionamento dos postos de inspecção fronteiriços, torna-se necessário adoptar um documento formal que retome as informações necessárias à declaração aduaneira e que possa ser utilizado para a pré-notificação da chegada dos animais provenientes de países terceiros.
(2) Os procedimentos utilizados na fronteira de declaração e de controlo veterinário dos produtos de origem animal e dos animais devem ser harmonizados com os procedimentos relativos aos produtos de origem animal.
(3) No quadro da referida harmonização, é conveniente retomar a definição de pessoa responsável pelo carregamento, como estabelecida na Directiva 97/78/CE do Conselho, na alínea e) do n.º 2 do artigo 2.º
(4) O desenvolvimento de um sistema informático veterinário integrado Traces, tal como previsto na Decisão 2003/623/CE da Comissão, impõe a uniformização dos documentos de declaração e de controlo, por forma a permitir um domínio das informações recolhidas e, desta forma, o seu tratamento, para melhorar a segurança sanitária da Comunidade.
(5) As disposições da Decisão 92/527/CEE da Comissão, que estabelece o modelo de certificado atestando a realização dos controlos previstos na Directiva 91/496/CEE devem, por conseguinte, ser actualizadas pelo presente regulamento, e a Decisão 92/527/CEE ser, pois, revogada.
(6) Uma vez que os postos de inspecção fronteiriços entre os Estados-Membros e os novos Estados-Membros deverão ser suprimidos no momento da adesão, impõe-se uma medida transitória para que estes últimos não tenham de estabelecer procedimentos administrativos novos, a aplicar durante um mês.
(7) As medidas previstas no presente regulamento estão em conformidade com o parecer do Comité Permanente da Cadeia Alimentar e da Saúde Animal,
ADOPTOU O PRESENTE REGULAMENTO:

Artigo 1.º *Notificação da chegada dos animais através do documento veterinário comum de entrada*
1. No âmbito da introdução na Comunidade de qualquer animal abrangido pela Directiva 91/496/CEE, proveniente de um país terceiro, o interessado no carregamento, nos termos da definição da alínea e) do n.º 2 do artigo 2.º da Directiva 97/78/CE, notificará essa introdução, pelo menos, um dia útil antes da data de chegada prevista do animal ao território da Comunidade. A notificação é feita ao pessoal de inspecção do posto de inspecção fronteiriço através de um documento correspondente ao modelo de documento veterinário comum de entrada (DVCE) apresentado no anexo I.
2. O DVCE será emitido em conformidade com as regras gerais relativas à certificação definidas noutros actos legislativos comunitários pertinentes.
3. O DVCE será redigido num original e tantas cópias quantas as requeridas pela autoridade competente para satisfazer as exigências do presente regulamento. O interessado no carregamento preencherá a parte 1 do número de exemplares necessários do DVCE e transmitirá os documentos ao veterinário oficial responsável pelo posto de inspecção fronteiriço.
4. Sem prejuízo dos n.º 1 e n.º 3, as informações contidas no documento podem, mediante acordo das autoridades competentes do Estado-Membro correlacionado com a remessa, ser objecto de uma notificação prévia por telecomunicação ou por outro

187

sistema de transmissão electrónica de dados. Quando isso aconteça, as informações fornecidas em formato electrónico serão as requeridas na parte 1 do modelo de DVCE.

Artigo 2.° *Controlos veterinários*
Os controlos veterinários e as análises laboratoriais serão realizados de acordo com os requisitos estabelecidos na Decisão 97/794/CE da Comissão.

Artigo 3.° *Procedimento a seguir depois de completados os controlos veterinários*
1. Depois de completados os controlos veterinários mencionados no artigo 4.° da Directiva 91/496/CEE, a parte 2 do DVCE será preenchida sob a responsabilidade do veterinário oficial responsável pelo posto de inspecção fronteiriço e será assinada por ele ou por outro veterinário oficial que actue sob a supervisão do primeiro.
Em caso de recusa de importação, e quando necessário, será preenchida a casa "Informação relativa à reexpedição" da parte 3 do DVCE, logo que sejam conhecidas as informações pertinentes. Estas últimas serão integradas no sistema de intercâmbio de informações previsto no artigo 20.° da Directiva 90/425/CEE do Conselho.
2. O original do DVCE é constituído pelas partes 1 e 2, devidamente preenchidas e assinadas.
3. O veterinário oficial, o importador ou o interessado no carregamento, notificará de seguida as autoridades aduaneiras do posto de inspecção fronteiriço da aprovação veterinária da remessa, apresentando o original do DVCE, ou por meio electrónico.
4. Em caso de decisão veterinária favorável e após o acordo por parte das autoridades aduaneiras, o original do DVCE deverá acompanhar os animais até ao destino indicado no documento.
5. O oficial veterinário do posto de inspecção fronteiriço conservará uma cópia do DVCE.
6. Será entregue ao importador ou ao interessado no carregamento uma cópia do DVCE, bem como, se for caso disso, e em conformidade com o artigo 7.° da Directiva 91/496/CEE, uma cópia dos certificados veterinários de importação.
7. O veterinário oficial conservará o original do certificado veterinário ou da documentação veterinária que acompanha os animais, bem como uma cópia do DVCE, durante, pelo menos, três anos. No entanto, no caso dos animais em trânsito ou em transbordo, cujo destino final esteja localizado fora da Comunidade, o documento veterinário original que acompanha os animais à chegada continuará a acompanhá-los, sendo conservadas unicamente as cópias desses documentos no posto de inspecção fronteiriço.

Artigo 4.° *Procedimento a seguir para os animais sob controlo aduaneiro ou objecto de um seguimento particular*
No que se refere aos animais introduzidos na Comunidade e que beneficiem de uma derrogação à obrigação de controlos físico e/ou de identidade, em conformidade com o n.° 3 do artigo 4.° ou do n.° 1, alínea b), subalínea ii), do ponto A do artigo 8.°, da Directiva 91/496/CEE, o veterinário oficial do posto de inspecção fronteiriço de chegada informa, em caso de controlo documental favorável, o veterinário oficial do posto de inspecção fronteiriço de destino. Essa informação é comunicada através do sistema de intercâmbio de informações previsto no artigo 20.° da Directiva 90/425/CEE do Conselho. O veterinário oficial do posto de inspecção fronteiriço de destino emitirá um DVCE que incluirá a decisão veterinária final sobre a aceitação dos animais. Sempre que a remessa não tenha chegado ou não apresente correspondência quantitativa ou qualitativa, a autoridade competente do posto de inspecção fronteiriço de destino completará a parte 3 do DVCE.
No caso do trânsito, o interessado no carregamento apresentará a remessa ao veterinário oficial do posto de inspecção fronteiriço de saída. O veterinário oficial dos postos de inspecção fronteiriços, notificado à sua saída da Comunidade da passagem de animais em trânsito e destinados a um país terceiro, completará a parte 3 do DVCE. Informará através do DVCE o veterinário oficial do posto de inspecção fronteiriço em que os animais em trânsito tenham entrado na Comunidade.
Os veterinários oficiais da autoridade competente no local de destino notificados de chegada de animais destinados ao matadouro, a uma estância de quarentena aprovada nos termos da Decisão 2000/666/CE da Comissão, a organismos, institutos ou centros oficialmente aprovados nos termos da Directiva 92/65/CEE do Conselho, localizados na sua zona de competência, completarão a parte 3 do DVCE, sempre que a remessa não tenha chegado ou não apresente correspondência quantitativa ou qualitativa.

Artigo 5.° *Coordenação entre as autoridades responsáveis pelos controlos*
Para assegurar que todos os animais que entram na Comunidade sejam submetidos a controlos veterinários, a autoridade competente e os veterinários oficiais de cada Estado-Membro coordenarão a sua actividade com outros serviços de controlo para reunir todas as informações pertinentes relativas à importação de animais. Isto aplica-se, em particular, ao seguinte:
a) Informações ao dispor dos serviços aduaneiros;
b) Informações constantes dos manifestos de navios, comboios ou aviões;
c) Outras fontes de informação ao dispor dos operadores comerciais rodoviários, ferroviários, portuários ou aeroportuários.

Artigo 6.° *Acesso às bases de dados e participação nos sistemas de informação*
As autoridades competentes e os serviços aduaneiros dos Estados-Membros organizarão o intercâmbio mútuo dos dados constantes das respectivas bases de dados, a fim de realizar o objectivo do artigo 5.° Os sistemas informáticos utilizados pela autoridade competente serão coordenados, na medida do possível e no respeito pela segurança dos dados, com os sistemas dos serviços aduaneiros e com os dos operadores comerciais, de modo a acelerar a transferência de informações.

Artigo 7.° *Utilização da certificação electrónica*
A produção, utilização, transmissão e armazenagem do DVCE podem ser feitas por via electrónica mediante acordo da autoridade competente.
A transmissão de informações entre as autoridades competentes far-se-á através do sistema de intercâmbio de informações previsto no artigo 20.° da Directiva 90/425/CEE.

Artigo 8.° *Medidas transitórias*
O presente regulamento não é aplicável até 1 de Maio de 2004 nos postos de inspecção fronteiriços constantes da lista do anexo II, que deverão ser suprimidos a partir da adesão da Hungria, Polónia, República Checa, Eslováquia e Eslovénia.

Artigo 9.° *Revogação*
A Decisão 92/527/CEE é revogada.
As referências à decisão revogada serão consideradas como referências ao presente regulamento.

Artigo 10.° *Entrada em vigor*
O presente regulamento entra em vigor em 31 de Março de 2004.
O presente regulamento é obrigatório em todos os seus elementos e directamente aplicável em todos os Estados-Membros.

ANEXO I

[Anexo não reproduzido na presente publicação]

ANEXO II

[Anexo não reproduzido na presente publicação]

29 de Abril de 2004.- Regulamento (CE) N.º 854/2004
do Parlamento Europeu e do Conselho
que estabelece regras específicas de organização dos controlos oficiais de produtos de
origem animal destinados ao consumo humano
(J.O. L139, 30/04/2004)

(V.C. 01/06/2014)

TJUE, de 5 de Novembro de 2014. Processo C-402/13, Cypra Ltd contra Kypriaki Dimokratia [Interpretacão do Regulamento].

TJUE, 19 de Março de 2009. Processo C-270/07, Comissão das Comunidades Europeias contra República Federal da Alemanha [Menção os artigos 4 e 5].

O PARLAMENTO EUROPEU E O CONSELHO DA UNIÃO EUROPEIA,
Tendo em conta o Tratado que institui a Comunidade Europeia e, nomeadamente, a alínea b) do n.º 4 do seu artigo 152.º,
Tendo em conta a proposta da Comissão,
Tendo em conta o parecer do Comité Económico e Social Europeu,
Após consulta ao Comité das Regiões,
Deliberando nos termos do artigo 251.º do Tratado,
Considerando o seguinte:
(1) O Regulamento (CE) n.º 852/2004 do Parlamento Europeu e do Conselho estabelece regras gerais de higiene aplicáveis a todos os géneros alimentícios e o Regulamento (CE) n.º 853/2004 do Parlamento Europeu e do Conselho estabelece regras de higiene específicas para os produtos de origem animal.
(2) São necessárias regras específicas para os controlos oficiais dos produtos de origem animal, a fim de ter em conta os aspectos específicos associados a estes produtos.
(3) O âmbito das regras específicas de controlo deve reflectir o âmbito das regras de higiene específicas aplicáveis aos operadores das empresas do sector alimentar por força do Regulamento (CE) n.º 853/2004. Todavia, os Estados-membros devem igualmente efectuar controlos oficiais adequados para fazer cumprir as regras nacionais estabelecidas nos termos do n.º 4 do artigo 1.º do referido regulamento, o que poderá ser feito mediante a extensão dos princípios do presente regulamento a essas regras nacionais.
(4) Os controlos oficiais dos produtos de origem animal devem abranger todos os aspectos importantes para a protecção da saúde pública e, se for caso disso, da saúde e do bem-estar dos animais; devem basear-se nas informações pertinentes mais recentes, devendo, por conseguinte, poder ser adaptados à medida que surjam novas informações relevantes.
(5) A legislação comunitária em matéria de segurança dos géneros alimentícios deve assentar numa base científica sólida. Para o efeito, a Autoridade Europeia para a Segurança dos Alimentos deve ser consultada, sempre que necessário.
(6) A natureza e a intensidade dos controlos oficiais deverão basear-se numa avaliação dos riscos para a saúde pública e animal e para o bem-estar dos animais e, se for caso disso, do tipo e da capacidade dos processos realizados e do operador da empresa do sector alimentar em causa.
(7) É conveniente prever a adaptação de determinadas regras específicas de controlo, através do processo transparente previsto no Regulamento (CE) n.º 852/2004 e no Regulamento (CE) n.º 853/2004, prever uma certa flexibilidade para satisfazer as necessidades específicas dos estabelecimentos que utilizam métodos tradicionais, que têm uma baixa produção ou que estão situados em regiões sujeitas a condicionalismos geográficos especiais. O processo deve também permitir a realização de projectos-piloto para ensaiar novas abordagens em relação aos controlos de higiene da carne. No entanto, essa flexibilidade não deve comprometer os objectivos de higiene dos géneros alimentícios.
(8) São necessários controlos oficiais da produção de carne para assegurar que os operadores das empresas do sector alimentar cumpram as regras de higiene e respeitem os critérios e objectivos previstos na legislação comunitária. Estes controlos deverão incluir auditorias das actividades das empresas do sector alimentar e inspecções,

190

nomeadamente a fiscalização dos próprios controlos realizados pelos operadores das empresas do sector alimentar.

(9) Tendo em conta as suas competências especializadas, é conveniente que os veterinários oficiais efectuem auditorias e inspecções em matadouros, instalações de tratamento de caça e certas instalações de desmancha. Os Estados-Membros devem ter liberdade para decidir qual o pessoal mais adequado para as auditorias e inspecções de outros tipos de estabelecimentos.

(10) São necessários controlos oficiais da produção de moluscos bivalves vivos e dos produtos da pesca para verificar o cumprimento dos critérios e objectivos estabelecidos na legislação comunitária. Os controlos oficiais da produção de moluscos bivalves vivos devem incidir, em especial, sobre as zonas de produção e de estabulação desses animais, e sobre o produto final.

(11) São necessários controlos oficiais da produção de leite cru para verificar o cumprimento dos critérios e objectivos estabelecidos na legislação comunitária. Esses controlos oficiais devem incidir, em especial, sobre as explorações de produção de leite e sobre o leite cru logo após a recolha.

(12) Os requisitos do presente regulamento não devem ser aplicáveis até terem entrado em vigor todos os elementos da nova legislação sobre higiene alimentar. Convirá também prever que decorram pelo menos dezoito meses entre a entrada em vigor e a aplicação das novas regras, para permitir que as autoridades competentes e as indústrias afectadas se adaptem.

(13) As medidas necessárias à execução do presente regulamento serão aprovadas nos termos da Decisão 1999/468/CE do Conselho, de 28 de Junho de 1999, que fixa as regras de exercício das competências de execução atribuídas à Comissão,

ADOPTARAM O PRESENTE REGULAMENTO:

CAPÍTULO I.- DISPOSIÇÕES GERAIS

Artigo 1.º *Âmbito de aplicação*
1. O presente regulamento estabelece regras específicas de organização dos controlos oficiais de produtos de origem animal.
1 A. O presente regulamento é aplicável em complemento do Regulamento (CE) n.º 882/2004 do Parlamento Europeu e do Conselho, de 29 de Abril de 2004, relativo aos controlos oficiais realizados para verificar o cumprimento da legislação relativa aos alimentos para animais e aos géneros alimentícios e das normas relativas à saúde e ao bem-estar dos animais.
2. O presente regulamento é aplicável apenas às actividades e pessoas a que se aplica o Regulamento (CE) n.º 853/2004.
3. A realização de controlos oficiais nos termos do presente regulamento não prejudica a responsabilidade legal principal dos operadores das empresas do sector alimentar de garantir a segurança dos géneros alimentícios, prevista no Regulamento (CE) n.º 178/2002 do Parlamento Europeu e do Conselho, de 28 de Janeiro de 2002, que determina os princípios e normas gerais da legislação alimentar, cria a Autoridade Europeia para a Segurança dos Alimentos e estabelece procedimentos em matéria de segurança dos géneros alimentícios, nem qualquer responsabilidade civil e penal decorrente do incumprimento das suas obrigações.

Artigo 2.º *Definições*
1. Para efeitos do presente regulamento, entende-se por:
a) [...]
b) [...]
c) «Autoridade competente», a autoridade central de um Estado-Membro competente para efectuar controlos veterinários ou qualquer autoridade em quem tenha delegado essa competência;
d) [...]
e) [...]
f) «Veterinário oficial», o veterinário habilitado a actuar nessa qualidade, nos termos do presente regulamento, e nomeado pela autoridade competente;
g) «Veterinário aprovado», o veterinário designado pela autoridade competente para efectuar em seu nome controlos oficiais específicos em explorações;
h) «Auxiliar oficial», a pessoa habilitada a actuar nessa qualidade, nos termos do presente regulamento, nomeada pela autoridade competente e trabalhando sob a autoridade e a responsabilidade de um veterinário oficial; e

i) «Marca de salubridade», a marca que, ao ser aplicada, indica que foram efectuados controlos oficiais nos termos do presente regulamento.

2. São também aplicáveis, sempre que adequado, as definições constantes dos seguintes regulamentos:

a) Regulamento (CE) n.º 178/2002;

b) As definições de «subprodutos animais», «EET» (encefalopatias espongiformes transmissíveis) e «matérias de risco especificadas», constantes do Regulamento (CE) n.º 1774/2002 do Parlamento Europeu e do Conselho, de 3 de Outubro de 2002, que estabelece regras sanitárias relativas aos subprodutos animais não destinados ao consumo humano;

b-A) Regulamento (CE) n.º 882/2004;

c) Regulamento (CE) n.º 852/2004, com excepção da definição de «autoridade competente»; e

d) Regulamento (CE) n.º 853/2004.

CAPÍTULO II.- CONTROLOS OFICIAIS RELACIONADOS COM ESTABELECIMENTOS COMUNITÁRIOS

Artigo 3.º *Aprovação de estabelecimentos*
1. As autoridades competentes devem acreditar os estabelecimentos nos moldes previstos no n.º 2 do artigo 31.º do Regulamento (CE) n.º 882/2004.
2. No caso dos navios-fábrica ou navios congeladores que arvorem pavilhão dos Estados-Membros, os períodos máximos de três e de seis meses aplicáveis à aprovação condicional dos outros estabelecimentos poderão ser aumentados, se necessário. A aprovação condicional não deverá, todavia, exceder um total de doze meses. As inspecções desses navios realizar-se-ão tal como especificado no anexo III.
3. A autoridade competente deve atribuir a cada um dos estabelecimentos aprovados, incluindo os que tenham recebido uma aprovação condicional, um número de aprovação, ao qual podem ser acrescentados códigos para indicação dos tipos de produtos de origem animal neles fabricados. No caso dos mercados grossistas, o número de aprovação pode ser acompanhado de números secundários para indicação das unidades ou grupos de unidades que comercializam ou fabricam produtos de origem animal.
4.
a) [...]
b) [...]
c) No caso dos mercados grossistas, a autoridade competente pode retirar ou suspender a aprovação relativamente a certas unidades ou grupos de unidades.
5. Os n.ºˢ 1, 2 e 3 são aplicáveis:
a) Aos estabelecimentos que iniciam a colocação no mercado de produtos de origem animal à data ou após a data de aplicação do presente regulamento; e
b) Aos estabelecimentos que já estejam a colocar no mercado produtos de origem animal que anteriormente não necessitavam de aprovação. Nesse caso, a autoridade competente deve efectuar logo que possível a visita ao local prevista no n.º 1.
O n.º 4 é igualmente aplicável aos estabelecimentos aprovados que tenham sido colocado no mercado produtos de origem animal, de acordo com a legislação comunitária, imediatamente antes da aplicação do presente regulamento.

Artigo 4.º *Princípios gerais para os controlos oficiais de todos os produtos de origem animal abrangidos pelo presente regulamento*
1. Os Estados-Membros garantirão que os operadores das empresas prestam toda a assistência necessária às autoridades competentes para que estas possam realizar controlos oficiais.
Devem nomeadamente:
— permitir o acesso a edifícios, locais, instalações e demais infra-estruturas,
— disponibilizar qualquer documentação e registos exigidos nos termos do presente regulamento ou considerados necessários pela autoridade competente para a avaliação da situação.
2. A autoridade competente efectua controlos oficiais para verificar o cumprimento, pelos operadores das empresas do sector alimentar, dos requisitos do:
a) Regulamento (CE) n.º 852/2004;
b) Regulamento (CE) n.º 853/2004; e
c) Regulamento (CE) n.º 1774/2002.
3. Os controlos oficiais referidos no n.º 1 devem compreender:

a) Auditorias das boas práticas de higiene e dos procedimentos baseados no sistema de análise de perigos e controlo dos pontos críticos (HACCP);
b) Os controlos oficiais especificados nos artigos 5.°, 6.°, 7.° e 8.°; e
c) Quaisquer funções específicas de verificação constantes dos anexos.
4. As auditorias das boas práticas de higiene devem verificar se os operadores das empresas do sector alimentar aplicam os procedimentos de forma constante e correcta, pelo menos em matéria de:
a) Verificação das informações relativas à cadeia alimentar;
b) Concepção e manutenção das instalações e do equipamento do estabelecimento;
c) Higiene das operações, antes, durante e após a sua realização;
d) Higiene do pessoal;
e) Formação em matéria de higiene e métodos de trabalho;
f) Luta anti-parasitária;
g) Qualidade da água;
h) Controlo da temperatura; e
i) Controlo dos alimentos que entram e saem do estabelecimento e de toda a documentação que os acompanha.
5. As auditorias aos procedimentos baseados no sistema HACCP devem verificar se os operadores das empresas do sector alimentar os aplicam de forma constante e correcta, e nomeadamente assegurar que os procedimentos forneçam as garantias especificadas na secção II do anexo II ao Regulamento (CE) n.° 853/2004. Essas auditorias devem determinar nomeadamente se os procedimentos garantem na medida do possível que os produtos de origem animal:
a) Observam os critérios microbiológicos previstos na legislação comunitária;
b) Cumprem a legislação comunitária sobre resíduos, contaminantes e substâncias proibidas; e
c) Não têm perigos físicos, como corpos estranhos.
Quando, nos termos do artigo 5.° do Regulamento (CE) n.° 852/2004, o operador de uma empresa do sector alimentar utilizar procedimentos estabelecidos em códigos relativos à aplicação dos princípios do sistema HACCP em vez de estabelecer os seus próprios procedimentos específicos, a auditoria deve verificar a correcta utilização desses códigos.
6. A verificação do cumprimento dos requisitos do Regulamento (CE) n.° 853/2004 em matéria de aplicação de marcas de identificação deve ser efectuada em todos os estabelecimentos aprovados nos seus próprios termos, para além da verificação da observância de outros requisitos de rastreabilidade.
7. No caso dos matadouros, instalações de tratamento de caça e instalações de desmancha que comercializem carne fresca, o veterinário oficial deve desempenhar as funções de auditoria referidas nos n.ᵒˢ 3 e 4.
8. No desempenho das funções de auditoria, a autoridade competente deve prestar especial atenção a:
a) Determinar se o pessoal e as actividades do pessoal no estabelecimento em todas as fases do processo de produção cumprem os requisitos pertinentes dos regulamentos referidos nas alíneas a) e b) do n.° 1. Em apoio da auditoria, a autoridade competente pode proceder a testes de desempenho, a fim de avaliar se o desempenho do pessoal corresponde a parâmetros específicos;
b) Verificar os registos pertinentes do operador da empresa do sector alimentar;
c) Colher amostras para análise laboratorial, sempre que necessário; e
d) Documentar os elementos tidos em conta e as conclusões da auditoria.
9. A natureza e intensidade das funções de auditoria em estabelecimentos individuais devem depender do risco estimado. Para o efeito, a autoridade competente deve avaliar periodicamente:
a) Os riscos para a saúde pública e, se for caso disso, para a saúde animal;
b) No caso dos matadouros, os aspectos relativos ao bem-estar dos animais;
c) O tipo e a capacidade dos processos realizados; e
d) Os antecedentes do operador da empresa do sector alimentar em matéria de cumprimento da legislação alimentar.

Artigo 5.° *Carne fresca*
Os Estados-Membros devem assegurar que os controlos oficiais de carne fresca sejam efectuados nos termos do anexo I.

1. O veterinário oficial deve efectuar inspecções em matadouros, instalações de tratamento e de desmancha de caça que comercializem carne fresca, de acordo com os requisitos gerais do capítulo II da secção I do anexo I e com os requisitos específicos da secção IV, especialmente no que diz respeito a:
   a) Informações sobre a cadeia alimentar;
   b) Inspecção *ante mortem*;
   c) Bem-estar dos animais;
   d) Inspecção *post mortem*;
   e) Matérias de risco especificadas e outros subprodutos animais; e
   f) Testes laboratoriais.

2. A marcação de salubridade das carcaças dos ungulados domésticos, dos mamíferos de caça de criação, com excepção dos lagomorfos, e da caça grossa selvagem, bem como das meias-carcaças e peças obtidas pela desmancha de meias-carcaças em quartos ou em três grandes peças, deve ser efectuada nos matadouros e em estabelecimentos de tratamento de caça nos termos do capítulo III da secção I do anexo I. As marcas de salubridade devem ser aplicadas pelo veterinário oficial ou sob a sua responsabilidade, sempre que os controlos oficiais não tenham detectado quaisquer deficiências susceptíveis de tornar a carne imprópria para consumo humano.

3. Depois de efectuar os controlos referidos nos pontos 1 e 2, o veterinário oficial deve tomar as medidas adequadas previstas na secção II do anexo I, nomeadamente em relação:
   a) À comunicação dos resultados das inspecções;
   b) Às decisões relativas às informações sobre a cadeia alimentar;
   c) Às decisões relativas aos animais vivos;
   d) Às decisões relativas ao bem-estar dos animais; e
   e) Às decisões relativas à carne.

4. Os auxiliares oficiais podem coadjuvar o veterinário oficial nos controlos oficiais efectuados nos termos das secções I e II do anexo I, conforme especificado no capítulo I da secção III, devendo, nesse caso, trabalhar integrados numa equipa de inspecção independente.

5. a) Os Estados-Membros devem assegurar a disponibilidade de pessoal oficial suficiente para realizar os controlos oficiais previstos no anexo I com a frequência prevista no capítulo II da secção III.
   b) Seguir-se-á uma abordagem em função do risco para avaliar o número de agentes oficiais que deve estar presente na linha de abate num determinado matadouro. O pessoal oficial envolvido deve ser em número suficiente para que possam ser cumpridos todos os requisitos do presente regulamento. O número de trabalhadores será determinado pelas autoridades competentes dos Estados-Membros.

6. a) Os Estados-Membros podem autorizar a assistência de pessoal dos matadouros nos controlos oficiais, desempenhando determinadas funções específicas, sob a supervisão do veterinário oficial, no que se refere à produção de carne de aves de capoeira e lagomorfos, de acordo com o disposto na parte A do capítulo III da secção III do anexo I. Nesse caso, devem assegurar que o pessoal que efectua essas tarefas:
   i) seja qualificado e formado de acordo com essas disposições,
   ii) actue independentemente do pessoal de produção, e
   iii) apresente ao veterinário oficial relatórios sobre quaisquer deficiências encontradas.
   b) Os Estados-Membros podem também autorizar o pessoal dos matadouros a desempenhar determinadas funções específicas de recolha de amostras e realização de testes de acordo com o disposto na parte B do capítulo III da secção III do anexo I.

7. Os Estados-Membros devem assegurar que os veterinários oficiais e os auxiliares oficiais possuam as habilitações necessárias e recebam formação de acordo com o disposto no capítulo IV da secção III do anexo I.

Artigo 6.° *Moluscos bivalves vivos*
Os Estados-Membros devem assegurar que a produção e a colocação no mercado de moluscos bivalves vivos, equinodermes vivos, tunicados vivos e gastrópodes marinhos vivos sejam submetidas a controlos oficiais de acordo com o disposto no anexo II.

Artigo 7.° *Produtos da pesca*
Os Estados-Membros devem assegurar que os controlos oficiais de produtos da pesca sejam efectuados de acordo com o disposto no anexo III.

Artigo 8.° *Leite cru e produtos lácteos*
Os Estados-Membros devem assegurar que os controlos oficiais de leite cru e produtos lácteos sejam efectuados de acordo com o disposto no anexo IV.

Artigo 9.° *[...]*

CAPÍTULO III.- PROCEDIMENTOS APLICÁVEIS ÀS IMPORTAÇÕES

Artigo 10.°
A fim de assegurar a aplicação uniforme dos princípios e das condições previstos no artigo 11.° do Regulamento (CE) n.° 178/2002 e no capítulo II do título VI do Regulamento (CE) n.° 882/2004.

Artigo 11.° *Listas de países terceiros e de partes de países terceiros a partir dos quais são autorizadas as importações de determinados produtos de origem animal*
1. Os produtos de origem animal só podem ser importados de um país terceiro, ou de uma parte de um país terceiro, que conste de uma lista elaborada e actualizada nos termos do n.° 2 do artigo 19.°
2. Um país terceiro só pode ser inserido nessas listas se tiver sido efectuado um controlo comunitário desse país que comprove que a autoridade competente fornece garantias adequadas, conforme especificado no n.° 3 do artigo 48.° do Regulamento (CE) n.° 882/2004. No entanto, um país terceiro pode figurar nessas listas sem que tenha sido efectuado um controlo comunitário se:
a) O risco determinado nos termos da alínea a) do n.° 3 do artigo 46.° do Regulamento (CE) n.° 882/2004 não o justificar; e
b) Ao decidir incluir determinado país terceiro numa lista nos termos do n.° 1, se verificar que existem outras informações que indiquem que a autoridade competente fornece as garantias necessárias.
3. As listas elaboradas nos termos do presente artigo podem ser combinadas com outras listas elaboradas para fins de saúde pública e animal.
4. Aquando da elaboração ou da actualização dessas listas, devem ser tomados especialmente em consideração os critérios enumerados no artigo 46.° e no n.° 3 do artigo 48.° do Regulamento (CE) n.° 882/2004. Devem ser tidos igualmente em conta os seguintes critérios:
a) A legislação do país terceiro relativa:
i) aos produtos de origem animal,
ii) à utilização de medicamentos veterinários, incluindo as regras sobre a sua proibição ou autorização, a sua distribuição e a sua colocação no mercado, assim como as regras relativas à administração e à inspecção, e
iii) à preparação e utilização de alimentos para animais, incluindo os procedimentos para a utilização de aditivos e a preparação e utilização de alimentos para animais com medicamentos, bem como a qualidade higiénica das matérias-primas utilizadas para a preparação dos alimentos para animais e do produto final;
b) [...]
c) [...]
d) [...]
e) [...]
f) [...]
g) [...]
h) [...]
i) As condições sanitárias de produção, fabrico, manuseamento, armazenagem e expedição efectivamente aplicadas aos produtos de origem animal destinados à Comunidade;
j) A experiência de comercialização do produto proveniente do país terceiro, se a houver, e os resultados dos controlos à importação;
k) Os resultados dos controlos comunitários efectuados no país terceiro, nomeadamente os resultados da avaliação das autoridades competentes, bem como a acção desenvolvida por essas autoridades, à luz de quaisquer recomendações que lhes tenham sido dirigidas na sequência de um controlo comunitário;

l) A existência, execução e comunicação de um programa aprovado de controlo das zoonoses; e

m) A existência, execução e comunicação de um programa aprovado de controlo de resíduos.

5. A Comissão deve tomar as disposições necessárias para que sejam facultadas ao público as versões actualizadas de todas as listas elaboradas ou actualizadas nos termos do presente artigo.

Artigo 12.º *Lista dos estabelecimentos a partir dos quais são autorizadas importações dos produtos especificados de origem animal*

1. Os produtos de origem animal só podem ser importados na Comunidade se tiverem sido expedidos de estabelecimentos constantes das listas elaboradas e actualizadas nos termos do presente artigo, e neles obtidos ou preparados, excepto:

a) Quando, numa base casuística, for decidido que, nos termos do n.º 2 do artigo 19.º, as garantias fornecidas por um determinado país terceiro em relação a determinados produtos de origem animal tornam desnecessário o procedimento previsto no presente artigo para assegurar a observância dos requisitos do n.º 2; e

b) Nos casos especificados no anexo V.

Além disso, a carne fresca, a carne picada, os preparados de carne, os produtos à base de carne e a carne separada mecanicamente só podem ser importados na Comunidade se tiverem sido processados a partir de carne obtida em matadouros e instalações de desmancha constantes das listas elaboradas e actualizadas nos termos do presente artigo ou em estabelecimentos comunitários aprovados.

2. Um estabelecimento pode ser colocado numa dessas listas se a autoridade competente do país terceiro de origem declarar que:

a) Esse estabelecimento, juntamente com quaisquer estabelecimentos que processem matérias-primas de origem animal utilizadas no fabrico dos produtos de origem animal em causa, cumpre os requisitos comunitários pertinentes, nomeadamente os do Regulamento (CE) n.º 853/2004 ou os requisitos considerados equivalentes quando este país terceiro foi incluído na lista pertinente nos termos do artigo 11.º;

b) Um serviço de inspecção oficial desse país terceiro supervisiona os estabelecimentos e, se necessário, coloca à disposição da Comissão todas as informações pertinentes sobre os estabelecimentos fornecedores de matérias-primas; e

c) Tem poderes reais para impedir que os estabelecimentos exportem para a Comunidade em caso de incumprimento dos requisitos referidos na alínea a).

3. As autoridades competentes dos países terceiros constantes das listas elaboradas e actualizadas nos termos do artigo 11.º devem garantir que as listas dos estabelecimentos referidos no n.º 1 sejam elaboradas, actualizadas e comunicadas à Comissão.

4.

a) A Comissão deve fornecer regularmente aos pontos de contacto designados para o efeito pelos Estados-membros notificações de listas novas ou actualizadas que tenha recebido das autoridades competentes de países terceiros em causa nos termos do n.º 3.

b) Se nenhum Estado-Membro levantar objecções à lista nova ou actualizada no prazo de vinte dias úteis a contar da notificação da Comissão, as importações a partir dos estabelecimentos constantes da lista serão autorizadas decorridos dez dias úteis a contar da data em que a Comissão a tiver facultado ao público.

c) Sempre que pelo menos um Estado-Membro apresente observações escritas ou considere que é necessário alterar uma lista na sequência de informações pertinentes, tais como relatórios de inspecção da Comissão ou uma notificação ao abrigo do sistema de alerta rápido, a Comissão deve informar todos os Estados-Membros e incluir o ponto na ordem de trabalhos da reunião seguinte da secção competente do Comité Permanente da Cadeia Alimentar e da Saúde Animal para decisão, quando apropriado, nos termos do n.º 2 do artigo 19.º

5. A Comissão deve tomar as disposições necessárias para que as versões actualizadas de todas as listas sejam facultadas ao público.

Artigo 13.º *Moluscos bivalves, equinodermes, tunicados e gastrópodes marinhos vivos*

1. Sem prejuízo do disposto na alínea b) do n.º 1 do artigo 12.º, os moluscos bivalves, os equinodermes, os tunicados e os gastrópodes marinhos vivos devem provir de zonas de produção de países terceiros constantes de listas elaboradas e actualizadas nos termos do artigo 12.º

2. O requisito constante do n.° 1 não se aplica a pectinídeos colhidos fora das áreas de produção classificadas. No entanto, os controlos oficiais relativos aos pectinídeos efectuar-se-ão nos termos do capítulo III do anexo II.

3. *a)* Antes da elaboração das listas referidas no n.° 1, devem ser tidas especialmente em conta as garantias que possam ser dadas pela autoridade competente do país terceiro quanto ao cumprimento dos requisitos do presente regulamento em matéria de classificação e controlo das zonas de produção.

b) Deve ser efectuada uma visita de inspecção comunitária ao local antes da elaboração daquelas listas, excepto se:

i) o risco determinado nos termos do n.° 18 do artigo 18.° não o justificar, e

ii) ao decidir uma determinada zona de produção numa lista de acordo com o n.° 1, houver outras informações que indiquem que a autoridade competente fornece as garantias necessárias.

4. A Comissão deve tomar as disposições necessárias para que as versões actualizadas de todas as listas elaboradas ou actualizadas nos termos do presente artigo sejam facultadas ao público.

Artigo 14.° *Documentação*

1. Aquando da sua importação na Comunidade, as remessas de produtos de origem animal devem ser acompanhadas de documentação que cumpra os requisitos do anexo VI.

2. Essa documentação deve atestar que os produtos cumprem:

a) Os requisitos para eles fixados por força dos Regulamentos (CE) n.° 852/2004 e (CE) n.° 853/2004, ou disposições equivalentes a essas exigências; e

b) Todas as condições específicas de importação estabelecidas nos termos do artigo 48.° do Regulamento (CE) n.° 882/2004

3. Essa documentação pode incluir dados exigidos de acordo com outra legislação comunitária em matéria de saúde pública e animal.

4. Sempre que for possível obter as garantias referidas no n.° 2 de outro modo, podem ser estabelecidas derrogações ao n.° 1 nos termos do n.° 2 do artigo 19.°

Artigo 15.° *Requisitos específicos para os produtos da pesca*

1. Os procedimentos previstos no presente capítulo não se aplicam aos produtos frescos da pesca desembarcados na Comunidade, directamente a partir de navios de pesca que arvorem pavilhão de um país terceiro.

Os controlos oficiais desses produtos da pesca devem ser efectuados nos termos do anexo III.

2. *a)* Os produtos da pesca importados a partir de navios-fábrica ou de navios congeladores que arvorem pavilhão de um país terceiro devem provir de navios constantes de uma lista elaborada ou actualizada nos termos do n.° 4 do artigo 12.°

b) Todavia, em derrogação da alínea b) do n.° 2 do artigo 12.°, um navio pode igualmente ser incluído nessas listas:

i) com base numa comunicação conjunta da autoridade competente do país terceiro do pavilhão do navio e da autoridade competente de outro país terceiro, na qual a primeira autoridade tenha delegado a responsabilidade pela inspecção do navio em causa, desde que:

— esse país terceiro figure na lista de países terceiros, elaborada nos termos do artigo 11.°, a partir dos quais são permitidas importações de produtos da pesca,

— todos os produtos da pesca do navio em questão que se destinem ao mercado da Comunidade sejam desembarcados directamente nesse país terceiro,

— a autoridade competente desse país terceiro tenha inspeccionado o navio e declare que este cumpre os requisitos comunitários, e

— a autoridade competente desse país terceiro declare que vai inspeccionar regularmente o navio para garantir que este continua a cumprir os requisitos comunitários; ou

ii) com base numa comunicação conjunta da autoridade competente do país terceiro do pavilhão do navio e da autoridade competente de um Estado-Membro, na qual a primeira autoridade tenha delegado a responsabilidade pela inspecção do navio em causa, desde que:

— todos os produtos da pesca do navio em questão que se destinem ao mercado da Comunidade sejam desembarcados directamente nesse Estado-Membro,

— a autoridade competente desse Estado-Membro tenha inspeccionado o navio e declare que este satisfaz os requisitos comunitários, e

— a autoridade competente desse Estado-Membro declare que vai inspeccionar regularmente o navio para garantir que este continua a cumprir os requisitos comunitários.

c) A Comissão deve tomar as disposições necessárias para que as versões actualizadas de todas as listas elaboradas ou actualizadas nos termos do presente artigo sejam facultadas ao público.

3. Quando os produtos da pesca forem importados directamente a partir de um navio de pesca ou de um navio congelador, a documentação prevista no artigo 14.º pode ser substituída por um documento assinado pelo comandante do navio.

4. As regras de execução do presente artigo podem ser estabelecidas nos termos do n.º 2 do artigo 19.º

CAPÍTULO IV.- DISPOSIÇÕES FINAIS

Artigo 16.º
As medidas transitórias de alcance geral, que têm por objecto alterar elementos não essenciais do presente regulamento, nomeadamente completando-a mediante o aditamento de novos elementos não essenciais, designadamente especificações complementares dos requisitos previstos no presente regulamento, são aprovadas pelo procedimento de regulamentação com controlo a que se refere o n.º 3 do artigo 19.º.

Podem ser aprovadas outras medidas de execução ou transitórias pelo procedimento de regulamentação a que se refere o n.º 2 do artigo 19.º.

Artigo 17.º *Alteração e adaptação dos anexos*
1. A Comissão pode alterar ou completar os anexos I, II, III, IV, V e VI, para ter em conta o progresso científico e técnico. Essas medidas, que têm por objecto alterar elementos não essenciais do presente regulamento, nomeadamente completando-o, são aprovadas pelo procedimento de regulamentação com controlo a que se refere o n.º 3 do artigo 19.º.

2. A Comissão pode conceder derrogações ao disposto nos anexos I, II, III, IV, V e VI, desde que estas não afectem a realização dos objectivos do presente regulamento. Essas medidas, que têm por objecto alterar elementos não essenciais do presente regulamento, completando-o, são aprovadas pelo procedimento de regulamentação com controlo a que se refere o n.º 3 do artigo 19.º.

3. Desde que não comprometam a realização dos objectivos do presente regulamento, os Estados-Membros podem adoptar medidas nacionais para adaptar os requisitos previstos no anexo I, nos termos dos n.ºs 4 a 7.

4. As medidas nacionais a que se refere o n.º 3 devem:
a) Ter por objectivo:
i) permitir que continuem a ser utilizados métodos tradicionais em qualquer das fases da produção, transformação ou distribuição de géneros alimentícios,
ii) dar resposta às necessidades das empresas do sector alimentar que têm uma baixa produção ou que estão situadas em regiões sujeitas a condicionalismos geográficos especiais, ou
iii) permitir a realização de projectos-piloto para ensaiar novas abordagens em relação aos controlos de higiene da carne.
b) Incidir nomeadamente sobre os seguintes elementos do anexo I:
i) informações relativas à cadeia alimentar,
ii) a presença da autoridade competente nos estabelecimentos.

5. Qualquer Estado-Membro que pretenda adoptar medidas nacionais, tal como referido no n.º 4, deve notificar do facto a Comissão e os restantes Estados-Membros. De cada notificação deve constar:
a) Uma descrição pormenorizada dos requisitos que o Estado-Membro considere que devem ser adaptados e a natureza da adaptação pretendida;
b) Uma descrição dos estabelecimentos em causa;
c) A explicação das razões da adaptação, incluindo, se pertinente, um resumo da análise de riscos efectuada e quaisquer medidas a tomar para garantir que a adaptação não comprometa os objectivos do presente regulamento; e
d) Qualquer outra informação pertinente.

6. Os outros Estados-Membros dispõem de um prazo de três meses a contar da data de recepção da notificação referida no n.º 5 para enviar comentários escritos à Comissão. A Comissão pode consultar os Estados-Membros no âmbito do Comité previsto no n.º 1 do artigo 19.º, devendo fazê-lo sempre que receba comentários escritos

198

de um ou vários Estados-Membros. A Comissão pode decidir, nos termos do n.º 2 do artigo 19.º, se as medidas previstas podem ser postas em prática, se necessário após as devidas alterações. Quando adequado, a Comissão pode propor medidas gerais de acordo com os n.ºs 1 ou 2 do presente artigo.

7. Um Estado-Membro só pode adoptar medidas nacionais de adaptação dos requisitos do anexo I:

a) Em cumprimento de uma decisão adoptada nos termos do n.º 6;

b) Se, um mês após o termo do prazo previsto no n.º 6, a Comissão não tiver informado os Estados-Membros de que recebeu quaisquer comentários escritos ou de que tenciona propor a adopção de uma decisão nos termos do n.º 6.

8. Sempre que um Estado-Membro adopte medidas nacionais de execução de um projecto-piloto para ensaiar novas abordagens em relação aos controlos de higiene da carne, nos termos dos n.ºs 3 a 7, deve comunicar à Comissão os resultados logo que estes estejam disponíveis. A Comissão considerará então a possibilidade de propor medidas gerais nos termos do n.º 1.

Artigo 18.º *Decisões específicas*
Sem prejuízo da aplicabilidade geral do artigo 16.º e do n.º 1 do artigo 17.º, podem ser aprovadas medidas de execução pelo procedimento de regulamentação a que se refere o n.º 2 do artigo 19.º e alterações dos anexos I, II, III, IV, V ou VI, que consistam em medidas que tenham por objecto alterar elementos não essenciais do presente regulamento, pelo procedimento de regulamentação com controlo a que se refere o n.º 3 do artigo 19.º, para especificar:

1. Os testes de avaliação do desempenho dos operadores das empresas do sector alimentar e do seu pessoal;

2. O método de comunicação dos resultados das inspecções;

3. Os critérios para determinar, com base numa análise de risco, quando é desnecessária a presença do veterinário oficial nos matadouros ou estabelecimentos de tratamento de caça durante as inspecções *ante* e *post mortem*;

4. As regras relativas ao conteúdo dos testes para os veterinários oficiais e os auxiliares oficiais;

5. Os critérios microbiológicos para o controlo de processos relativamente à higiene nos estabelecimentos;

6. Os processos alternativos, testes serológicos ou outros testes laboratoriais que dêem garantias pelo menos equivalentes às dos processos específicos de inspecção *post mortem* descritos na secção IV do anexo I e possam, portanto, substituí-los, se a autoridade competente assim o decidir;

7. As circunstâncias em que não são necessários alguns dos procedimentos específicos de inspecção *post mortem* descritos na secção IV do anexo I, consoante a exploração, a região ou o país de origem, e com base nos princípios da análise dos riscos;

8. As regras para os testes laboratoriais;

9. O tratamento a frio a aplicar à carne no que se refere à cisticercose e à triquinose;

10. As condições em que as explorações e as regiões podem ser certificadas como estando oficialmente indemnes de *cysticercus* ou de *trichinae*;

11. Os métodos a aplicar na análise das condições referidas no capítulo IX da secção IV do anexo I;

12. No que se refere aos suínos de engorda, os critérios para as condições de habitação controladas e os sistemas de produção integrados;

13. Os critérios de classificação de zonas de produção e de afinação de moluscos bivalves vivos em cooperação com o laboratório comunitário de referência competente, incluindo:

a) Os valores-limite e os métodos de análise para biotoxinas marinhas;

b) As técnicas para a pesquisa de vírus e normas virológicas, e

c) Os planos de amostragem e os métodos e tolerâncias analíticas a aplicar para verificação da observância dos critérios;

14. Os critérios organolépticos para a avaliação da frescura dos produtos da pesca;

15. Os limites analíticos, métodos de análise e planos de amostragem para os controlos oficiais dos produtos da pesca previstos no anexo III, nomeadamente no que se refere aos parasitas e contaminantes ambientais;

16. O método seguido pela Comissão para facultar ao público, nos termos dos artigos 11.º, 12.º, 13.º e 15.º, as listas de países terceiros e de estabelecimentos dos países terceiros.

Artigo 19.º *Comité*
1. A Comissão é assistida pelo Comité Permanente da Cadeia Alimentar e da Saúde Animal, instituído pelo artigo 58.º do Regulamento (CE) n.º 178/2002.
2. Sempre que se faça referência ao presente número, são aplicáveis os artigos 5.º e 7.º da Decisão 1999/468/CE, tendo-se em conta o disposto no seu artigo 8.º
O prazo previsto no n.º 6 do artigo 5.º da Decisão 1999/486/CE é de três meses.
3. Sempre que se faça referência ao presente número, são aplicáveis os n.ºs 1 a 4 do artigo 5.º-A e o artigo 7.º da Decisão 1999/468/CE, tendo-se em conta o disposto no seu artigo 8.º.

Artigo 20.º *Consulta à Autoridade Europeia para a Segurança dos Alimentos*
A Comissão consulta, sempre que necessário, a Autoridade Europeia para a Segurança dos Alimentos sobre qualquer questão que se enquadre no âmbito do presente regulamento, especialmente:
1. Antes de propor uma alteração dos requisitos específicos relativos aos processos de inspecção *post mortem* previstos na secção IV do anexo I;
2. Antes de propor uma alteração das regras do capítulo IX da secção IV do anexo I, para a carne de animais cuja inspecção *post mortem* tenha revelado lesões que indiquem infecção com brucelose ou tuberculose; e
3. Antes de propor medidas de execução relativas aos pontos 5 a 15 do artigo 18.º

Artigo 21.º *Relatório ao Parlamento Europeu e ao Conselho*
1. A Comissão deve apresentar ao Parlamento Europeu e ao Conselho um relatório sobre a experiência adquirida com a aplicação do presente regulamento até 20 de Maio de 2009.
2. Se adequado, a Comissão pode fazer acompanhar o relatório de propostas adequadas.

Artigo 22.º *Entrada em vigor*
O presente regulamento entra em vigor no vigésimo dia seguinte ao da sua publicação no Jornal Oficial da União Europeia.
O presente regulamento é aplicável 18 dezoito meses a contar da data de entrada em vigor dos seguintes actos:
a) Regulamento (CE) n.º 852/2004;
b) Regulamento (CE) n.º 853/2004; e
c) Directiva 2004/41/CE do Parlamento Europeu e do Conselho, de 29 de Abril de 2004, que revoga certas directivas relativas à higiene dos géneros alimentícios e às regras sanitárias aplicáveis à produção e à comercialização de determinados produtos de origem animal destinados ao consumo humano.
No entanto, o presente regulamento não é aplicável antes de 1 de Janeiro de 2006.
O presente regulamento é obrigatório em todos os seus elementos e directamente aplicável em todos os Estados-Membros.

ANEXO I.-
Carne fresca

[Anexo não reproduzido na presente publicação]

ANEXO II.-
Moluscos bivalves vivos

[Anexo não reproduzido na presente publicação]

ANEXO III.-
Produtos da pesca

[Anexo não reproduzido na presente publicação]

ANEXO IV.-
Leite cru, colostro, produtos lácteos e produtos à base de colostro

[Anexo não reproduzido na presente publicação]

ANEXO V.-

Estabelecimentos isentos dos requisitos do n.º 1 do artigo 12.º

[Anexo não reproduzido na presente publicação]

ANEXO VI.-

Requisitos aplicáveis aos certificados que acompanham as importações

[Anexo não reproduzido na presente publicação]

29 de Abril de 2004.- Regulamento (CE) n.º 882/2004
do Parlamento Europeu e do Conselho
relativo aos controlos oficiais realizados para assegurar a verificação do cumprimento
da legislação relativa aos alimentos para animais e aos géneros alimentícios e das
normas relativas à saúde e ao bem-estar dos animais
(J.O. L 165, 30/04/2004)

(V.C. 30/06/2014)

TJUE, e 11 de Abril de 2013. Processo C-636/11, Karl Berger contra Freistaat Bayern [Menção o artigos 7 e 67].

TJUE, de 7 de Julho de 2011. Processo C-523/09, Rakvere Piim AS e Maag Piimatööstus AS contra Veterinaar- ja Toiduamet [Interpretação do artigo 27].

TJUE, de 23 de Abril de 2009. Processo C-331/07, Comissão das Comunidades Europeias contra República Helénica [Diz respeito a artigos 1 e 4].

TJUE, 19 de Março de 2009. Processo C-270/07, Comissão das Comunidades Europeias contra República Federal da Alemanha [Diz respeito a artigo 27].

O PARLAMENTO EUROPEU E O CONSELHO DA UNIÃO EUROPEIA,
Tendo em conta o Tratado que institui a Comunidade Europeia, nomeadamente os artigos 37.º e 95.º e a alínea b) do n.º 4 do artigo 152.º,
Tendo em conta a proposta da Comissão,
Tendo em conta o parecer do Comité Económico e Social Europeu,
Tendo em conta o parecer do Comité das Regiões,
Deliberando nos termos do artigo 251.º do Tratado,
Considerando o seguinte:

(1) Os alimentos para animais e os géneros alimentícios deverão ser seguros e sãos. A legislação comunitária contém um conjunto de normas para garantir o cumprimento deste objectivo. Essas normas abrangem a produção e a colocação no mercado de alimentos para animais e de géneros alimentícios.

(2) As normas básicas em matéria de legislação relativa a alimentos para animais e a géneros alimentícios são estabelecidas no Regulamento (CE) n.º 178/2002 do Parlamento Europeu e do Conselho, de 28 de Janeiro de 2002, que determina os princípios e normas gerais da legislação alimentar, cria a Autoridade Europeia para a Segurança dos Alimentos e estabelece procedimentos em matéria de segurança dos géneros alimentícios.

(3) Além das referidas normas básicas, a legislação mais específica em matéria de alimentos para animais e de géneros alimentícios abrange variados domínios como a alimentação animal, incluindo alimentos medicamentosos, a higiene dos alimentos para animais e dos géneros alimentícios, as zoonoses, os subprodutos animais, os resíduos e contaminantes, o controlo e erradicação de doenças animais com impacto na saúde pública, a rotulagem dos alimentos para animais e dos géneros alimentícios, os pesticidas, os aditivos utilizados nos alimentos para animais e nos géneros alimentícios, as vitaminas, os sais minerais, os oligoelementos e outros aditivos, os materiais em contacto com os géneros alimentícios, os requisitos de qualidade e composição, a água potável, a ionização, os novos alimentos e os organismos geneticamente modificados (OGM).

(4) A legislação comunitária em matéria de alimentos para animais e de géneros alimentícios baseia-se no princípio de que os operadores de empresas do sector dos alimentos para animais e do sector alimentar, em todas as fases de produção, transformação e distribuição, são responsáveis, nas actividades sob o seu controlo, por garantir que os alimentos para animais e os géneros alimentícios cumpram os requisitos da legislação neste domínio que sejam relevantes para as suas actividades.

(5) A saúde e o bem-estar dos animais são factores importantes que contribuem para a qualidade e segurança dos géneros alimentícios, para a prevenção da propagação das doenças animais e para um tratamento humano dos animais. As normas estabelecidas nesta matéria figuram em diversos actos. Esses actos estipulam as obrigações das pessoas singulares e colectivas no que diz respeito à saúde e ao bem-estar dos animais, bem como os deveres das autoridades competentes.

(6) Os Estados-Membros deverão garantir a aplicação da legislação em matéria de alimentos para animais e de géneros alimentícios, as normas relativas à saúde e ao bem-

202

estar dos animais, e bem assim verificar a observância dos requisitos relevantes das mesmas pelos operadores em todas as fases da produção, transformação e distribuição. Deverão ser organizados controlos oficiais para esse efeito.

(7) Convém por conseguinte estabelecer a nível comunitário um quadro harmonizado de regras gerais para a organização desses controlos. Convém avaliar, à luz da experiência adquirida, em que medida esse quadro geral funciona correctamente, em especial no domínio da saúde e do bem-estar dos animais. Por esse motivo, é conveniente que a Comissão apresente um relatório acompanhado de qualquer proposta que se revele necessária.

(8) Regra geral, o referido quadro comunitário não deverá incluir controlos oficiais relativos aos organismos prejudiciais aos vegetais e produtos vegetais, visto que esses controlos já se encontram adequadamente abrangidos pela Directiva 2000/29/CE do Conselho, de 8 de Maio de 2000, relativa às medidas de protecção contra a introdução na Comunidade de organismos prejudiciais aos vegetais e produtos vegetais e contra a sua propagação no interior da Comunidade. No entanto, determinados aspectos do presente regulamento deverão igualmente aplicar-se ao sector da fitossanidade, nomeadamente os relativos à criação de planos nacionais de controlo plurianuais e às inspecções comunitárias nos Estados-Membros e nos países terceiros. Por conseguinte, é conveniente alterar nesse sentido a Directiva 2000/29/CE.

(9) Os Regulamentos (CEE) n.º 2092/91 do Conselho, de 24 de Junho de 1991, relativo ao modo de produção biológico de produtos agrícolas e à sua indicação nos produtos agrícolas e nos géneros alimentícios, (CEE) n.º 2081/92 do Conselho, de 14 de Julho de 1992, relativo à protecção das indicações geográficas e denominações de origem dos produtos agrícolas e dos géneros alimentícios, e (CEE) n.º 2082/92 do Conselho, de 14 de Julho de 1992, relativo aos certificados de especificidade dos produtos agrícolas e dos géneros alimentícios, contêm medidas específicas para a verificação do cumprimento dos requisitos neles estabelecidos. Os requisitos do presente regulamento deverão ser suficientemente flexíveis para ter em conta a especificidade destes domínios.

(10) Está já em prática um sistema de controlo específico bem estabelecido para a verificação do cumprimento das normas relativas à organização comum dos mercados dos produtos agrícolas (culturas arvenses, vinho, azeite, fruta e produtos hortícolas, lúpulo, leite e produtos lácteos, carne de bovino, carne de ovino e de caprino e mel). O presente regulamento não deverá, por conseguinte, aplicar-se a estes domínios, tanto mais que os seus objectivos são diferentes dos objectivos prosseguidos pelos mecanismos de controlo para a organização comum dos mercados de produtos agrícolas.

(11) As autoridades competentes para a realização dos controlos oficiais deverão cumprir um conjunto de critérios operacionais, por forma a garantir a sua imparcialidade e eficácia. Deverão dispor de pessoal devidamente qualificado e experiente, em número suficiente, e possuir instalações e equipamento adequados para o correcto desempenho das suas funções.

(12) Os controlos oficiais deverão ser efectuados utilizando técnicas adequadas desenvolvidas para o efeito, incluindo controlos de rotina e controlos mais intensivos, tais como inspecções, verificações, auditorias, amostragem e análise de amostras. A aplicação correcta dessas técnicas exige que o pessoal que efectua os controlos oficiais disponha de formação adequada. É também necessária formação com vista a assegurar a uniformidade das decisões tomadas pelas autoridades competentes, em especial no que se refere à aplicação dos princípios HACCP (Análise de Perigos e Pontos Críticos de Controlo).

(13) A frequência dos controlos oficiais deverá ser regular e proporcional ao risco, tendo em conta os resultados dos controlos efectuados pelos operadores de empresas do sector dos alimentos para animais e do sector alimentar no âmbito de programas de controlo baseados no sistema HACCP ou de programas de garantia da qualidade, sempre que esses programas se destinem a cumprir os requisitos da legislação em matéria de alimentos para animais e de géneros alimentícios e das normas relativas à saúde e ao bem-estar dos animais. Devem ser efectuados controlos *ad hoc* em caso de suspeita de incumprimento. Além disso, poderão ser efectuados controlos *ad hoc* em qualquer momento, mesmo que não haja suspeita de incumprimento.

(14) Os controlos oficiais deverão ser efectuados com base em procedimentos documentados, por forma a garantir que sejam realizados de forma uniforme e que sejam sempre de elevada qualidade.

(15) As autoridades competentes deverão assegurar que, sempre que os controlos oficiais incumbam a diferentes unidades de controlo, sejam previstos e eficazmente aplicados procedimentos adequados de coordenação.

(16) As autoridades competentes deverão também assegurar que, sempre que a competência para efectuar controlos oficiais tenha sido transferida do nível central para o nível regional ou local, exista uma coordenação eficaz e eficiente entre ambos os níveis.

(17) Os laboratórios que participam na análise de amostras oficiais deverão trabalhar de acordo com procedimentos aprovados internacionalmente ou normas de desempenho baseadas em critérios e utilizar métodos de análise que tenham sido validados na medida do possível. Esses laboratórios deverão nomeadamente dispor de equipamento que lhes permita efectuar a determinação correcta de normas tais como os teores máximos de resíduos fixados na legislação comunitária.

(18) A designação de laboratórios comunitários e nacionais de referência deverá contribuir para uma elevada qualidade e uniformidade dos resultados analíticos. Este objectivo poderá ser alcançado por actividades tais como a aplicação de métodos analíticos validados, a disponibilidade de materiais de referência, a organização de testes comparativos e a formação do pessoal dos laboratórios.

(19) As actividades dos laboratórios de referência deverão abranger todos os domínios da legislação em matéria de alimentos para animais e de géneros alimentícios e de saúde animal, em especial aqueles em que são necessários resultados analíticos e de diagnóstico precisos.

(20) Para algumas actividades relacionadas com os controlos oficiais, o Comité Europeu de Normalização (CEN) elaborou Normas Europeias (normas EN) adequadas para efeitos do presente regulamento. As normas EN em causa referem-se, em especial, ao funcionamento e à avaliação de laboratórios de análise e ao funcionamento e acreditação dos organismos de controlo. Foram também elaboradas normas internacionais pela Organização Internacional de Normalização (ISO) e pela União Internacional de Química Pura e Aplicada (IUPAC). Estas normas poderão, em alguns casos bem definidos, ser adequadas para efeitos do presente regulamento, tendo em conta que os critérios de desempenho estão definidos na legislação em matéria de alimentos para animais e de géneros alimentícios, por forma a garantir flexibilidade e rentabilidade.

(21) Deve ser prevista a possibilidade de a autoridade competente delegar poderes de exercício de funções específicas de controlo num organismo de controlo, bem como as condições em que essa delegação pode ser efectuada.

(22) Deverão existir procedimentos adequados de cooperação entre as autoridades competentes de um mesmo Estado-Membro e de Estados-Membros diferentes, em especial quando os controlos oficiais revelarem que os problemas relativos aos alimentos para animais e aos géneros alimentícios afectam mais de um Estado-Membro. Para facilitar essa cooperação, os Estados-Membros deverão designar um ou mais organismos de ligação incumbidos de coordenar a transmissão e recepção de pedidos de assistência.

(23) Em conformidade com o artigo 50.º do Regulamento (CE) n.º 178/2002, os Estados-Membros devem informar a Comissão sempre que disponham de informações relacionadas com a existência de um risco grave, directo ou indirecto, para a saúde humana, ligado a um género alimentício ou a um alimento para animais.

(24) Importa criar procedimentos uniformes para o controlo de alimentos para animais e de géneros alimentícios provenientes de países terceiros e introduzidos no território da Comunidade, tendo em conta que já existem procedimentos de importação harmonizados para os géneros alimentícios de origem animal, nos termos da Directiva 97/78/CE, e os animais vivos, nos termos da Directiva 91/496/CEE. Os procedimentos já existentes funcionam adequadamente e deverão ser mantidos.

(25) Os controlos dos alimentos para animais e dos géneros alimentícios provenientes de países terceiros, referidos na Directiva 97/78/CE, limitam-se aos aspectos veterinários. É necessário completar estes controlos através de controlos oficiais sobre aspectos não abrangidos pelos controlos veterinários, tais como aditivos, rotulagem, rastreabilidade, irradiação de alimentos e materiais em contacto com géneros alimentícios.

(26) A legislação comunitária prevê também procedimentos para o controlo de alimentos para animais importados, nos termos da Directiva 95/53/CE do Conselho, de 25 de Outubro de 1995, que fixa os princípios relativos à organização dos controlos oficiais no domínio da alimentação animal. Esta directiva define os princípios e

procedimentos que devem ser aplicados pelos Estados-Membros na introdução em livre prática de alimentos para animais importados.

(27) Importa estabelecer normas comunitárias por forma a garantir que os alimentos para animais e os géneros alimentícios provenientes de países terceiros sejam submetidos a controlos oficiais antes de serem introduzidos em livre prática na Comunidade. Deverá ser prestada especial atenção aos controlos na importação de alimentos para animais e de géneros alimentícios que possam apresentar um maior risco de contaminação.

(28) Deverão também ser previstas disposições para a organização de controlos oficiais de alimentos para animais e de géneros alimentícios introduzidos no território da Comunidade ao abrigo de um regime aduaneiro que não a livre prática, nomeadamente dos que são introduzidos ao abrigo dos regimes aduaneiros referidos nas alíneas b) a f) do n.º 16 do artigo 4.º do Regulamento (CEE) n.º 2913/92 do Conselho, de 12 de Outubro de 1992, que estabelece o Código Aduaneiro Comunitário, bem como no que se refere à sua entrada em zonas francas e entrepostos francos. Inclui-se neste aspecto a introdução de alimentos para animais e de géneros alimentícios provenientes de países terceiros por passageiros de meios de transporte internacionais e através de embalagens enviadas por correio.

(29) Para efeitos dos controlos oficiais de alimentos para animais e de géneros alimentícios, é necessário definir o território da Comunidade no qual as normas são aplicáveis, por forma a garantir que os alimentos para animais e os géneros alimentícios introduzidos nesse território sejam submetidos aos controlos previstos no presente regulamento. Este território não corresponde necessariamente ao definido no artigo 299 do Tratado, ou ao definido no artigo 3.º do Regulamento (CEE) n.º2913/92.

(30) A fim de garantir uma organização mais eficaz dos controlos oficiais dos alimentos para animais e dos géneros alimentícios provenientes de países terceiros e facilitar os fluxos comerciais, poderá ser necessário designar pontos específicos de entrada dos referidos produtos no território da Comunidade. Poderá ser igualmente necessário exigir uma notificação prévia da chegada dos produtos ao território da Comunidade. Dever-se-á assegurar que cada ponto de entrada designado disponha de acesso às instalações adequadas para a realização de controlos dentro de prazos razoáveis.

(31) Ao estabelecer normas para os controlos oficiais dos alimentos para animais e dos géneros alimentícios provenientes de países terceiros, convém garantir que as autoridades competentes e os serviços aduaneiros colaborem entre si, tendo em conta que estão já previstas normas para esse efeito no Regulamento (CEE) n.º 339/93 do Conselho, de 8 de Fevereiro de 1993, relativo aos controlos da conformidade dos produtos importados de países terceiros com as normas aplicáveis em matéria de segurança dos produtos.

(32) Deverão ser disponibilizados recursos financeiros adequados para a organização dos controlos oficiais. Para o efeito, as autoridades competentes dos Estados-Membros deverão poder cobrar as taxas ou os encargos que permitam cobrir as despesas dos controlos oficiais. Durante o processo, as autoridades competentes dos Estados-Membros deverão ter a liberdade de estabelecer taxas e encargos como montantes fixos baseados nas despesas efectuadas e tendo em conta a situação específica dos estabelecimentos. Sempre que sejam impostas taxas aos operadores, deverão ser aplicados princípios comuns. É, pois, adequado estabelecer os critérios de fixação dos níveis das taxas de inspecção. Relativamente às taxas aplicáveis aos controlos na importação, é adequado estabelecer directamente as taxas para os principais artigos de importação, por forma a garantir uma aplicação uniforme e evitar distorções comerciais.

(33) A legislação comunitária em matéria de alimentos para animais e de géneros alimentícios prevê o registo ou a aprovação, pela autoridade competente, de determinadas empresas do sector dos alimentos para animais e do sector alimentar. Assim se verifica, nomeadamente, no Regulamento (CE) n.º 852/2004 do Parlamento Europeu e do Conselho, de 29 de Abril de 2004, relativo à higiene dos géneros alimentícios, no Regulamento (CE) n.º 853/2004 do Parlamento Europeu e do Conselho, de 29 de Abril de 2004, que estabelece as regras de higiene específicas para os géneros alimentícios de origem animal, na Directiva 95/69/CE do Conselho, de 22 de Dezembro de 1995, que estabelece as condições e regras aplicáveis à aprovação e ao registo de certos estabelecimentos e intermediários no sector da alimentação animal e no futuro regulamento sobre higiene dos alimentos para animais.

Deverão ser criados procedimentos destinados a garantir que o registo e a aprovação das empresas do sector dos alimentos para animais e do sector alimentar sejam efectuados de modo eficaz e transparente.

(34) A fim de se obter uma abordagem global e uniforme a respeito dos controlos oficiais, os Estados-Membros deverão elaborar e executar planos nacionais de controlo plurianuais, em conformidade com orientações gerais definidas a nível comunitário. Tais orientações deverão promover estratégias nacionais coerentes e identificar prioridades em função dos riscos, bem como os procedimentos de controlo mais eficazes. A estratégia comunitária deverá seguir uma abordagem global integrada em matéria de execução dos controlos. Atendendo a que determinadas orientações técnicas a estabelecer possuem carácter não vinculativo, será apropriado estabelecê-las recorrendo a um processo de comité consultivo.

(35) Os planos nacionais de controlo plurianuais deverão abranger a legislação em matéria de alimentos para animais e de géneros alimentícios, bem como a legislação relativa à saúde e ao bem-estar dos animais.

(36) Os planos nacionais de controlo plurianuais deverão criar uma base sólida para que os serviços de inspecção da Comissão efectuem controlos nos Estados-Membros. Os planos de controlo deverão permitir que os serviços de inspecção da Comissão verifiquem se os controlos oficiais nos Estados-Membros são organizados em conformidade com os critérios estabelecidos no presente regulamento. Se for caso disso, especialmente quando a auditoria nos Estados-Membros, realizada com base nos planos nacionais de controlo plurianuais, revelar insuficiências ou falhas, deverão ser realizadas inspecções e auditorias pormenorizadas.

(37) Dever-se-á exigir aos Estados-Membros que apresentem à Comissão um relatório anual com informações sobre a aplicação dos planos nacionais de controlo plurianuais. O relatório deverá conter os resultados dos controlos e auditorias oficiais realizados durante o ano anterior e, sempre que necessário, uma actualização do plano de controlo inicial em função desses resultados.

(38) Os controlos comunitários nos Estados-Membros deverão permitir que os serviços de controlo da Comissão verifiquem se a legislação em matéria de alimentos para animais e de géneros alimentícios, bem como a legislação relativa à saúde e ao bem-estar dos animais, são aplicadas de modo uniforme e correcto em toda a Comunidade.

(39) São necessários controlos comunitários nos países terceiros, a fim de verificar a conformidade ou equivalência com a legislação comunitária em matéria de alimentos para animais e de géneros alimentícios, bem como com a legislação relativa à saúde e, se necessário, ao bem-estar dos animais. Os países terceiros poderão também ser instados a fornecer informações sobre os respectivos sistemas de controlo. Essas informações, que deverão ser elaboradas com base nas orientações comunitárias, deverão constituir a base para posteriores controlos da Comissão, os quais deverão ser efectuados num quadro multidisciplinar que abranja os principais sectores de exportação para a Comunidade. Tal evolução deverá permitir simplificar o actual regime, reforçar uma cooperação efectiva em matéria de controlos e, consequentemente, facilitar os fluxos comerciais.

(40) Por forma a garantir que as mercadorias importadas sejam conformes ou equivalentes à legislação comunitária em matéria de alimentos para animais e de géneros alimentícios, é necessário estabelecer procedimentos que permitam definir as condições de importação e os requisitos de certificação, conforme adequado.

(41) As infracções à legislação em matéria de alimentos para animais e de géneros alimentícios, bem como às normas relativas à saúde e ao bem-estar dos animais, podem constituir uma ameaça para a saúde humana, a saúde animal e o bem-estar dos animais. Deverão, por conseguinte, ser objecto de medidas eficazes, dissuasivas e proporcionadas a nível nacional em toda a Comunidade.

(42) Entre essas medidas, deverão contar-se acções administrativas por parte das autoridades competentes dos Estados-Membros, que devem dispor de procedimentos para esse efeito. Tais procedimentos oferecem a vantagem de permitir uma actuação rápida para resolver a situação.

(43) Os operadores deverão ter direito de recurso das decisões tomadas pela autoridade competente na sequência dos controlos oficiais, e ser informados desse direito.

(44) Convém ter em conta as necessidades especiais dos países em desenvolvimento, em especial dos países menos desenvolvidos, e adoptar medidas nesse sentido. A Comissão deverá apoiar os países em desenvolvimento no que diz respeito à segurança

dos alimentos para animais e dos géneros alimentícios, factor primordial para a saúde humana e para o desenvolvimento do comércio. Esse apoio deverá ser organizado no contexto da política comunitária de cooperação para o desenvolvimento.

(45) As normas previstas no presente regulamento constituem a base da abordagem integrada e horizontal necessária para implementar uma política de controlo coerente em matéria de segurança dos alimentos para animais e dos géneros alimentícios, e bem assim de saúde e de bem-estar dos animais. Deve, no entanto, ser possível estabelecer normas específicas de controlo, quando necessário, por exemplo no que diz respeito à fixação de teores máximos de resíduos para certos contaminantes a nível comunitário. Do mesmo modo, deverão ser mantidas em vigor normas mais específicas existentes no domínio dos controlos dos alimentos para animais e dos géneros alimentícios, da saúde e do bem-estar dos animais. Trata-se, nomeadamente, da Directiva 96/22/CE, da Directiva 96/23/CE, do Regulamento (CE) n.º 854/2004, do Regulamento (CE) n.º999/2001, do Regulamento (CE) n.º 2160/2003, da Directiva 86/362/CEE, da Directiva 90/642/CEE e das suas regras de execução, da Directiva 92/1/CEE, da Directiva 92/2/CEE e dos actos relativos ao controlo das doenças animais como a febre aftosa, a peste suína africana, etc., bem como os requisitos sobre os controlos oficiais do bem-estar dos animais.

(46) O presente regulamento abrange domínios já abrangidos por determinados actos actualmente em vigor. Devem-se, por conseguinte, revogar, nomeadamente, os seguintes actos em matéria de controlo dos alimentos para animais e dos géneros alimentícios e substituí-los pelas normas do presente regulamento: Directiva 70/373/CEE, Directiva 85/591/CEE, Directiva 89/397/CEE, Directiva 93/99/CEE, Decisão 93/383/CEE, Directiva 95/53/CE, Directiva 96/43/CE, Decisão 98/728/CEE e Decisão 1999/313/CE.

(47) As Directivas 96/23/CE, 97/78/CE e 2000/29/CE deverão ser alteradas em função do presente regulamento.

(48) Atendendo a que o objectivo do presente regulamento, nomeadamente, garantir uma abordagem harmonizada em relação aos controlos oficiais, não pode ser suficientemente realizado pelos Estados-Membros e pode pois, devido à sua complexidade, ao seu carácter transfronteiriço e, no que se refere às importações de alimentos para animais e de géneros alimentícios, ao seu carácter internacional, ser melhor alcançado ao nível comunitário, a Comunidade pode tomar medidas em conformidade com o princípio de subsidiariedade consagrado no artigo 5.º do Tratado. Em conformidade com o princípio da proporcionalidade consagrado no mesmo artigo, o presente regulamento não excede o necessário para atingir aquele objectivo.

(49) As medidas necessárias à execução do presente regulamento serão aprovadas nos termos da Decisão 1999/468/CE do Conselho, de 28 de Junho de 1999, que fixa as regras de exercício das competências de execução atribuídas à Comissão,

ADOPTARAM O PRESENTE REGULAMENTO:

TÍTULO I.- OBJECTO, ÂMBITO DE APLICAÇÃO E DEFINIÇÕES

Artigo 1.º *Objecto e âmbito de aplicação*
1. O presente regulamento estabelece normas gerais para a realização de controlos oficiais destinados a verificar o cumprimento de normas que visam, em especial:
a) Prevenir, eliminar ou reduzir para níveis aceitáveis os riscos para os seres humanos e os animais, quer se apresentem directamente ou através do ambiente; e
b) Garantir práticas leais no comércio dos alimentos para animais e dos géneros alimentícios e defender os interesses dos consumidores, incluindo a rotulagem dos alimentos para animais e dos géneros alimentícios e outras formas de informação dos consumidores.
2. O presente regulamento não é aplicável aos controlos oficiais destinados a verificar o cumprimento das normas relativas às organizações comuns de mercado dos produtos agrícolas.
3. O presente regulamento não prejudica quaisquer disposições comunitárias específicas relativas a controlos oficiais.
4. A realização de controlos oficiais nos termos do presente regulamento não afecta a responsabilidade legal principal dos operadores das empresas do sector dos alimentos para animais e do sector alimentar, que consiste em garantir a segurança dos alimentos para animais e dos géneros alimentícios nos termos do Regulamento (CE) n.º 178/2002, nem a responsabilidade civil ou penal decorrente do incumprimento das suas obrigações.

Artigo 2.º *Definições*

Para efeitos do presente regulamento, são aplicáveis as definições estabelecidas nos artigos 2.º e 3.º do Regulamento (CE) n.º 178/2002.

Além disso, entende-se por:

1. «Controlo oficial», qualquer forma de controlo que a autoridade competente ou a Comunidade efectue para verificar o cumprimento da legislação em matéria de alimentos para animais e de géneros alimentícios, assim como das normas relativas à saúde e ao bem-estar dos animais;

2. «Verificação», o controlo, mediante exame e ponderação de provas objectivas, do cumprimento dos requisitos especificados;

3. «Legislação em matéria de alimentos para animais», as disposições legislativas, regulamentares e administrativas que regem os alimentos para animais em geral e a respectiva segurança em particular, a nível comunitário ou nacional; abrange todas as fases da produção, transformação e distribuição dos alimentos para animais, bem como a respectiva utilização;

4. «Autoridade competente», a autoridade central de um Estado-Membro com competência para organizar controlos oficiais ou qualquer outra autoridade a quem tenha sido atribuída essa competência; inclui, se for caso disso, a autoridade correspondente de um país terceiro;

5. «Organismo de controlo», um terceiro independente no qual a autoridade competente tenha delegado determinadas tarefas de controlo;

6. «Auditoria», um exame sistemático e independente para determinar se as actividades e os respectivos resultados estão em conformidade com as disposições previstas e se estas disposições são aplicadas eficazmente e são adequadas para alcançar os objectivos;

7. «Inspecção», o exame de quaisquer aspectos dos alimentos para animais, dos géneros alimentícios, e da saúde e do bem-estar dos animais, a fim de verificar se esses aspectos cumprem os requisitos da legislação no domínio dos alimentos para animais ou dos géneros alimentícios, e as regras no domínio da saúde e do bem-estar dos animais;

8. «Acompanhamento», a realização de uma sequência planeada de observações ou medições com vista a obter uma imagem de conjunto da situação no que respeita ao cumprimento da legislação no domínio dos alimentos para animais ou dos géneros alimentícios, e das regras no domínio da saúde e do bem-estar dos animais;

9. «Vigilância», a observação cuidadosa de uma ou mais empresas do sector dos alimentos para animais ou do sector alimentar, de operadores de empresas do sector dos alimentos para animais ou do sector alimentar ou das suas actividades;

10. «Incumprimento», o incumprimento da legislação em matéria de alimentos para animais ou de géneros alimentícios e das normas para a protecção da saúde e do bem-estar dos animais;

11. «Amostragem para efeitos de análise», a colheita de um alimento para animais, de um género alimentício ou de qualquer outra substância relevante para a produção, a transformação e a distribuição de alimentos para animais ou de géneros alimentícios (incluindo o ambiente) ou para a saúde dos animais, para verificar, através de análise, o cumprimento da legislação em matéria de alimentos para animais ou de géneros alimentícios ou das normas relativas à saúde dos animais;

12. «Certificação oficial», o procedimento através do qual a autoridade competente ou os organismos de controlo autorizados a actuar para esse efeito fornecem uma garantia escrita, electrónica ou equivalente em matéria de cumprimento;

13. «Retenção oficial», o procedimento através do qual a autoridade competente assegura que os alimentos para animais ou os géneros alimentícios não sejam deslocados nem adulterados na pendência de uma decisão sobre o seu destino; inclui a armazenagem pelos operadores das empresas do sector dos alimentos para animais e do sector alimentar de acordo com as instruções da autoridade competente;

14. «Equivalência», a capacidade de sistemas ou medidas diferentes alcançarem os mesmos objectivos; e «equivalentes», sistemas ou medidas diferentes capazes de alcançarem os mesmos objectivos;

15. «Importação», a introdução em livre prática de alimentos para animais ou de géneros alimentícios ou a intenção de introduzir esses alimentos para animais ou géneros alimentícios em livre prática, na acepção do artigo 79.º do Regulamento (CEE) n.º 2913/92, num dos territórios referidos no anexo I;

16. «Introdução», a importação, como definida no ponto 15 *supra*, e a colocação de mercadorias sob um dos regimes aduaneiros referidos nas alíneas b) a f) do ponto 16 do artigo 4.º do Regulamento (CEE) n.º 2913/92, bem como a sua entrada numa zona franca ou num entreposto franco;

17. «Controlo documental», a verificação dos documentos comerciais e, se for caso disso, dos documentos exigidos ao abrigo da legislação em matéria de alimentos para animais ou de géneros alimentícios, que acompanham a remessa;

18. «Controlo de identidade», a inspecção visual para verificar se os certificados ou outros documentos que acompanham a remessa correspondem à respectiva rotulagem e conteúdo;

19. «Controlo físico», a verificação do próprio alimento para animais ou género alimentício, que pode incluir controlos do transporte, da embalagem, da rotulagem, da temperatura, da amostragem para efeitos de análise e ensaios laboratoriais, assim como qualquer outro controlo necessário para verificar o cumprimento da legislação em matéria de alimentos para animais ou de géneros alimentícios;

20. «Plano de controlo», uma descrição feita pela autoridade competente, com informações gerais sobre a estrutura e a organização dos respectivos sistemas de controlo oficiais.

TÍTULO II.- CONTROLOS OFICIAIS EFECTUADOS PELOS ESTADOS-MEMBROS

CAPÍTULO I.- OBRIGAÇÕES GERAIS

Artigo 3.º *Obrigações gerais relativas à organização de controlos oficiais*

1. Os Estados-Membros devem assegurar que os controlos oficiais sejam realizados regularmente, em função dos riscos e com uma frequência adequada para alcançar os objectivos do presente regulamento, tendo em conta:

a) Os riscos identificados associados aos animais, aos alimentos para animais ou aos géneros alimentícios, às empresas do sector dos alimentos para animais ou do sector alimentar, à utilização de alimentos para animais ou de géneros alimentícios ou a qualquer processo, material, substância, actividade ou operação que possa influenciar a segurança dos alimentos para animais ou dos géneros alimentícios ou a saúde ou o bem-estar dos animais;

b) Os antecedentes dos operadores das empresas do sector dos alimentos para animais ou do sector alimentar no que toca ao cumprimento da legislação em matéria de alimentos para animais ou de géneros alimentícios ou das normas em matéria de saúde e de bem-estar dos animais;

c) A fiabilidade de quaisquer auto-controlos que já tenham sido realizados; e

d) Qualquer informação que possa indiciar um incumprimento.

2. Os controlos oficiais devem ser efectuados sem aviso prévio, excepto em casos como as auditorias, em que é necessária a notificação prévia do operador da empresa do sector dos alimentos para animais ou do sector alimentar.

Os controlos oficiais podem também ser efectuados numa base *ad hoc.*

3. Os controlos oficiais devem ser efectuados em qualquer fase da produção, da transformação e da distribuição dos alimentos para animais ou dos géneros alimentícios e dos animais e produtos animais. Devem incluir controlos das empresas do sector dos alimentos para animais e do sector alimentar, da utilização de alimentos para animais e de géneros alimentícios, da respectiva armazenagem, dos processos, materiais, substâncias, actividades ou operações, incluindo o transporte, aplicados aos alimentos para animais ou aos géneros alimentícios, bem como dos animais vivos, tendo em vista o cumprimento dos objectivos do presente regulamento.

4. Os controlos oficiais, efectuados com o mesmo cuidado, devem abranger as exportações para fora da Comunidade, as colocações no mercado comunitário, e as introduções nos territórios referidos no anexo I provenientes de países terceiros.

5. Os Estados-Membros devem tomar todas as medidas necessárias para garantir que os produtos destinados à expedição para outro Estado-Membro sejam controlados com o mesmo cuidado que os destinados à colocação no mercado no seu próprio território.

6. A autoridade competente do Estado-Membro de destino pode verificar o cumprimento da legislação em matéria de alimentos para animais e de géneros alimentícios por parte dos alimentos para animais e dos géneros alimentícios, através de controlos não discriminatórios. Na medida do estritamente necessário para a organização dos controlos oficiais, os Estados-Membros podem solicitar aos operadores que tenham procedido à entrega de mercadorias provenientes de outro Estado-Membro que informem da chegada das mesmas.

7. Se, durante um controlo efectuado no local de destino ou durante a armazenagem ou o transporte, um Estado-Membro constatar qualquer incumprimento, tomará as medidas adequadas, que poderão incluir a re-expedição para o Estado-Membro de origem.

CAPÍTULO II.- AUTORIDADES COMPETENTES

Artigo 4.º *Designação das autoridades competentes e critérios operacionais*
1. Os Estados-Membros devem designar as autoridades competentes responsáveis para efeitos dos objectivos e dos controlos oficiais previstos no presente regulamento.
2. As autoridades competentes devem assegurar:
a) A eficácia e adequação dos controlos oficiais dos animais vivos, dos alimentos para animais e dos géneros alimentícios em todas as fases da produção, da transformação e da distribuição, assim como dos relativos à utilização dos alimentos para animais;
b) Que o pessoal que efectua os controlos oficiais não tenha quaisquer conflitos de interesses;
c) A existência ou o acesso a laboratórios com capacidade adequada para a realização de testes e de pessoal devidamente qualificado e com experiência adequada em número suficiente, de forma a realizar os controlos oficiais e a cumprir as funções de controlo com eficiência e eficácia;
d) A existência e a devida manutenção de instalações e equipamento adequados, de forma a garantir que o pessoal possa realizar os controlos oficiais com eficiência e eficácia;
e) A previsão dos poderes legais necessários para efectuarem os controlos oficiais e tomarem as medidas previstas pelo presente regulamento;
f) A existência de planos de emergência e que estão preparadas para aplicar esses planos;
g) Que os operadores de empresas do sector dos alimentos para animais e do sector alimentar são obrigados a submeter-se a qualquer inspecção efectuada nos termos do presente regulamento e a apoiar o pessoal da autoridade competente no desempenho da sua missão.
3. Quando um Estado-Membro atribui competência para efectuar controlos oficiais a uma autoridade ou autoridades diversas da autoridade competente central, nomeadamente a nível regional ou local, deve garantir uma coordenação eficiente e eficaz entre todas as autoridades competentes envolvidas, incluindo quando adequado, no domínio da protecção do ambiente e da saúde.
4. As autoridades competentes devem garantir a imparcialidade, qualidade e coerência dos controlos oficiais a todos os níveis. Os critérios enunciados no n.º 2 devem ser inteiramente respeitados por todas as autoridades a que for atribuída competência para proceder a controlos oficiais.
5. Sempre que numa autoridade competente as funções de controlo oficial sejam atribuídas a diferentes unidades de controlo, deve garantir-se uma coordenação e cooperação eficientes e eficazes entre essas diferentes unidades.
6. As autoridades competentes devem realizar auditorias internas, ou podem ordenar a realização de auditorias externas, e tomar as medidas adequadas à luz dos seus resultados, para garantir o cumprimento dos objectivos do presente regulamento. Essas auditorias devem ser sujeitas a uma análise independente e ser efectuadas de forma transparente.
7. As normas de execução do presente artigo podem ser adoptadas nos termos do n.º 3 do artigo 62.º

Artigo 5.º *Delegação de competências específicas relacionadas com os controlos oficiais*
1. A autoridade competente pode delegar competências específicas relacionadas com os controlos oficiais num ou mais organismos de controlo nos termos dos n.ºs 2 a 4.
Pode ser estabelecida, nos termos do n.º 3 do artigo 62.º, uma lista das competências que podem ou não ser delegadas.
No entanto, os actos referidos no artigo 54.º não podem ser objecto de delegação.
2. A autoridade competente só pode delegar competências específicas num determinado organismo de controlo se:
a) Existir uma descrição exacta das competências que o organismo de controlo pode exercer e das condições em que pode fazê-lo;
b) Existirem provas de que o organismo de controlo:

i) dispõe dos conhecimentos técnicos, do equipamento e das infra-estruturas necessárias para exercer as competências que nele sejam delegadas;
ii) dispõe de pessoal em número suficiente e com qualificações e experiência adequadas; e
iii) é imparcial e não tem quaisquer conflitos de interesses no que se refere ao exercício das competências que nele sejam delegadas;
c) O organismo de controlo funcionar e estiver acreditado em conformidade com a norma europeia EN 45004 «Critérios gerais de funcionamento dos diversos tipos de organismos que realizam inspecções» e/ou outra norma, se esta for mais pertinente para as competências delegadas em questão;
d) Os laboratórios funcionarem em conformidade com as normas referidas no n.º 2 do artigo 12.º;
e) O organismo de controlo comunicar regularmente os resultados dos controlos realizados à autoridade competente e sempre que esta o solicite. Se os resultados dos controlos revelarem um incumprimento actual ou provável, o organismo de controlo informará imediatamente a autoridade competente;
f) Existir uma coordenação eficiente e eficaz entre a autoridade competente que delegou as competências e o organismo de controlo.
3. Se necessário, a autoridade que delega competências específicas em organismos de controlo deve organizar auditorias ou inspecções a esses organismos. Se, em resultado de uma auditoria ou de uma inspecção, se constatar que tais organismos não exercem devidamente as competências que neles foram delegadas, a autoridade competente que delega pode revogar a delegação de competências em questão. Esta será revogada sem demora se o organismo de controlo não tomar medidas correctoras adequadas e atempadas.
4. Qualquer Estado-Membro que pretenda delegar uma competência de controlo específica num organismo de controlo deve notificar a Comissão. A notificação deve conter a descrição pormenorizada:
a) Da autoridade competente que pretende delegar a competência;
b) Da competência a delegar; e
c) Do organismo de controlo no qual é delegada a competência.

Artigo 6.º *Pessoal encarregado dos controlos oficiais*
A autoridade competente deve garantir que todo o seu pessoal encarregado dos controlos oficiais:
a) Receba, na respectiva esfera de competência, uma formação adequada que lhe permita exercer as suas funções com competência e efectuar controlos oficiais de maneira coerente. Esta formação deve abranger, conforme adequado, as áreas referidas no capítulo I do anexo II;
b) Se mantenha actualizado na sua esfera de competência e, se necessário, receba regularmente formação suplementar; e
c) Esteja apto a realizar uma cooperação pluridisciplinar.

Artigo 7.º *Transparência e confidencialidade*
1. As autoridades competentes devem assegurar que as suas actividades sejam realizadas com um elevado nível de transparência, devendo, para esse efeito, facultar ao público com a possível brevidade as informações relevantes que possuam.
De um modo geral, o público deve ter acesso:
a) Às informações relativas às actividades de controlo das autoridades competentes e à eficácia das mesmas, e
b) Às informações nos termos do artigo 10.º do Regulamento (CE) n.º 178/2002.
2. A autoridade competente deve tomar medidas para impedir que o seu pessoal revele informações a que tenha tido acesso na execução de controlos oficiais e que, pela sua natureza, sejam abrangidas pelo sigilo profissional, quando devidamente justificado.
O sigilo profissional não impede as autoridades competentes de divulgarem as informações a que se refere a alínea b) do n.º 1. Não são afectadas as regras da Directiva 95/46/CE do Parlamento Europeu e do Conselho, de 24 de Outubro de 1995, relativa à protecção das pessoas singulares no que diz respeito ao tratamento de dados pessoais e à livre circulação desses dados.
3. As informações abrangidas pelo sigilo profissional incluem, nomeadamente:
— a confidencialidade de processos de investigação preliminar ou de processos judiciais em curso;
— dados pessoais;

211

— os documentos abrangidos por uma excepção nos termos do Regulamento (CE) n.° 1049/2001 do Parlamento Europeu e do Conselho, de 30 de Maio de 2001, relativo ao acesso do público aos documentos do Parlamento Europeu, do Conselho e da Comissão;

— as informações protegidas pela legislação nacional e comunitária relativa, nomeadamente, ao sigilo profissional, à confidencialidade das deliberações, às relações internacionais e à defesa nacional.

Artigo 8.° *Procedimentos aplicáveis aos controlos e verificações*
1. As autoridades competentes devem efectuar os controlos oficiais em conformidade com procedimentos documentados. Estes procedimentos devem abranger informações e instruções destinadas ao pessoal que efectua os controlos oficiais, incluindo, nomeadamente, os aspectos referidos no capítulo II do anexo II.
2. Os Estados-Membros devem assegurar que sejam estabelecidos procedimentos legais que garantam ao pessoal das respectivas autoridades competentes o acesso às instalações e à documentação mantida pelos operadores das empresas do sector dos alimentos para animais e do sector alimentar, por forma a poderem desempenhar as suas funções de forma adequada.
3. As autoridades competentes devem dispor de procedimentos que lhes permitam:
a) Verificar a eficácia dos controlos oficiais que realizam; e
b) Garantir que sejam tomadas medidas correctoras, se necessário, e que seja actualizada a documentação a que se refere o n.° 1, se for caso disso.
4. A Comissão pode estabelecer orientações para os controlos oficiais, nos termos do n.° 2 do artigo 62.°
As orientações podem, em especial, conter recomendações relativas aos controlos oficiais:
a) Da aplicação dos princípios HACCP;
b) Dos sistemas de gestão aplicados pelas empresas do sector dos alimentos para animais ou do sector alimentar com vista ao cumprimento dos requisitos da legislação em matéria de alimentos para animais ou de géneros alimentícios;
c) Da segurança microbiológica, física e química dos alimentos para animais e dos géneros alimentícios.

Artigo 9.° *Relatórios*
1. A autoridade competente deve elaborar relatórios sobre os controlos oficiais que efectue.
2. Estes relatórios devem incluir uma descrição da finalidade do controlo oficial, dos métodos de controlo aplicados, dos respectivos resultados e, se for caso disso, das medidas a tomar pelo operador em questão.
3. A autoridade competente deve fornecer uma cópia do relatório a que se refere o n.° 2 ao operador em questão, pelo menos em caso de incumprimento.

Artigo 10.° *Actividades, métodos e técnicas de controlo*
1. As tarefas relacionadas com os controlos oficiais devem, de um modo geral, ser efectuadas através da utilização de métodos e técnicas de controlo adequados, tais como o acompanhamento, a vigilância, a verificação, a auditoria, a inspecção, a amostragem e a análise.
2. Os controlos oficiais dos alimentos para animais e dos géneros alimentícios devem incluir, nomeadamente, as seguintes actividades:
a) Exame de todos os sistemas de controlo postos em prática por operadores de empresas do sector dos alimentos para animais e do sector alimentar, assim como dos resultados obtidos;
b) Inspecção de:
i) instalações dos produtores primários, empresas do sector dos alimentos para animais e do sector alimentar, incluindo zonas circundantes, instalações, escritórios, equipamento e máquinas, transportes, bem como alimentos para animais e géneros alimentícios;
ii) matérias-primas, ingredientes, auxiliares tecnológicos e outros produtos utilizados na preparação e produção de alimentos para animais e géneros alimentícios;
iii) produtos semi-acabados;
iv) materiais e artigos destinados a entrar em contacto com géneros alimentícios;
v) produtos e processos de limpeza e de manutenção, assim como pesticidas;
vi) rotulagem, apresentação e publicidade.

c) Controlos das condições de higiene das empresas do sector dos alimentos para animais e do sector alimentar;

d) Avaliação dos procedimentos em matéria de boas práticas de fabrico (BPF), de boas práticas de higiene (BPH), de boas práticas agrícolas (BPA) e de aplicação do sistema HACCP, tendo em conta a utilização de guias elaborados nos termos da legislação comunitária;

e) Exame de documentos escritos e outros registos que possam ser relevantes para a avaliação do cumprimento da legislação em matéria de alimentos para animais e de géneros alimentícios;

f) Entrevistas com operadores de empresas do sector dos alimentos para animais e do sector alimentar e respectivo pessoal;

g) Leitura de valores registados pelos instrumentos de medição utilizados pelas empresas;

h) Controlos realizados com os instrumentos da autoridade competente para verificar as medições efectuadas pelas empresas do sector dos alimentos para animais ou do sector alimentar;

i) Qualquer outra actividade necessária para assegurar o cumprimento dos objectivos do presente regulamento.

CAPÍTULO III.- AMOSTRAGEM E ANÁLISE

Artigo 11.° *Métodos de amostragem e de análise*
1. Os métodos de amostragem e de análise utilizados no contexto dos controlos oficiais devem respeitar as normas comunitárias aplicáveis ou:
a) Na falta dessas normas, as normas ou protocolos reconhecidos internacionalmente como, por exemplo, os aceites pelo Comité Europeu de Normalização (CEN) ou os aprovados na legislação nacional; ou
b) Na sua falta, outros métodos adequados para cumprir o objectivo pretendido ou elaborados em conformidade com protocolos científicos.
2. Se o n.° 1 não for aplicável, os métodos de análise podem ser validados num único laboratório de acordo com um protocolo aceite internacionalmente.
3. Os métodos de análise devem, sempre que possível, ser caracterizados pelos critérios adequados enunciados no anexo III.
4. As medidas de execução a seguir enunciadas podem ser estabelecidas pela Comissão:
a) Os métodos de amostragem e de análise, incluindo os métodos de confirmação ou de referência a utilizar em caso de litígio;
b) Os critérios de desempenho, os parâmetros de análise, o grau de incerteza das medições e os procedimentos para a validação dos métodos referidos na alínea a), e
c) As regras de interpretação dos resultados.
Estas medidas, que têm por objecto alterar elementos não essenciais do presente regulamento, completando-o, são aprovadas pelo procedimento de regulamentação com controlo a que se refere o n.° 4 do artigo 62.°.
5. As autoridades competentes devem estabelecer procedimentos adequados para garantir o direito de os operadores das empresas do sector dos alimentos para animais e do sector alimentar cujos produtos sejam sujeitos a amostragem e análise solicitarem o parecer de outro perito, sem prejuízo da obrigação de as autoridades competentes tomarem medidas rápidas em caso de emergência.
6. As autoridades competentes devem, nomeadamente, assegurar que, para o efeito, os operadores das empresas do sector dos alimentos para animais e do sector alimentar possam obter amostras em quantidade suficiente para solicitarem o parecer de outro perito, a menos que tal seja impossível em caso de produtos altamente perecíveis ou de uma quantidade muito reduzida de substrato disponível.
7. As amostras devem ser manuseadas e rotuladas de forma a garantir a sua validade jurídica e analítica.

Artigo 12.° *Laboratórios oficiais*
1. A autoridade competente deve designar os laboratórios habilitados a efectuar a análise das amostras recolhidas aquando de controlos oficiais.
2. No entanto, as autoridades competentes apenas podem designar laboratórios que funcionem e sejam avaliados e acreditados em conformidade com as seguintes Normas Europeias:

a) EN ISO/IEC 17025 sobre «Requisitos gerais de competência para laboratórios de ensaio e calibração»;

b) EN ISO/IEC 17011 sobre «Requisitos gerais aplicáveis aos organismos de acreditação dos organismos de avaliação da conformidade».

3. A acreditação e a avaliação dos laboratórios de ensaio a que se refere o n.º 2 podem dizer respeito a ensaios isolados ou a grupos de ensaios.

4. A autoridade competente pode cancelar a designação referida no n.º 1, quando deixem de estar preenchidas as condições previstas no n.º 2.

CAPÍTULO IV.- GESTÃO DE CRISES

Artigo 13.º *Planos de emergência para os alimentos para animais e os géneros alimentícios*

1. Para a implementação do plano geral de gestão de crises referido no artigo 55.º do Regulamento (CE) n.º 178/2002, os Estados-Membros devem elaborar planos de emergência operacionais que definam as medidas a aplicar sem demora sempre que se verifique que um alimento para animais ou um género alimentício apresenta um risco grave para os seres humanos ou para os animais, quer directamente quer através do ambiente.

2. Os planos de emergência devem especificar:

a) As autoridades administrativas que devem intervir;

b) Os respectivos poderes e responsabilidades; e

c) Os canais e os procedimentos para a troca de informações entre os diferentes intervenientes.

3. Os Estados-Membros devem proceder à revisão destes planos de emergência conforme necessário, especialmente à luz das modificações da organização da autoridade competente e da experiência, nomeadamente a adquirida com exercícios de simulação.

4. Sempre que necessário, podem ser adoptadas medidas de execução nos termos do n.º 3 do artigo 62.º Essas medidas devem estabelecer regras harmonizadas para os planos de emergência na medida do necessário para assegurar que esses planos sejam compatíveis com o plano geral de gestão de crises referido no artigo 55.º do Regulamento (CE) n.º 178/2002. Devem também indicar o papel das partes envolvidas na criação e no funcionamento dos planos de emergência.

CAPÍTULO V.- CONTROLOS OFICIAIS DA INTRODUÇÃO DE ALIMENTOS PARA ANIMAIS E DE GÉNEROS ALIMENTÍCIOS PROVENIENTES DE PAÍSES TERCEIROS

Artigo 14.º *Controlos oficiais dos alimentos para animais e dos géneros alimentícios de origem animal*

1. O presente regulamento não prejudica os requisitos relativos aos controlos veterinários dos alimentos para animais e dos géneros alimentícios de origem animal previstos na Directiva 97/78/CE. No entanto, a autoridade competente designada nos termos da Directiva 97/78/CE deve também realizar, na medida do necessário, controlos oficiais para verificar a conformidade com os aspectos da legislação em matéria de alimentos para animais ou de géneros alimentícios não abrangidos por aquela directiva, nomeadamente os aspectos referidos no capítulo II do título VI do presente regulamento.

2. As normas gerais dos artigos 18.º a 25.º do presente regulamento são também aplicáveis aos controlos oficiais de todos os alimentos para animais e géneros alimentícios, incluindo os alimentos para animais e os géneros alimentícios de origem animal.

3. Quaisquer resultados satisfatórios dos controlos de mercadorias:

a) Colocadas sob um dos regimes aduaneiros referidos nas alíneas b) a f) do ponto 16 do artigo 4.º do Regulamento (CEE) n.º 2913/92; ou

b) Destinadas a ser manuseadas em zonas francas ou em entrepostos francos, definidos na alínea b) do ponto 15 do artigo 4.º do Regulamento (CEE) n.º 2913/92,

não isentam os operadores das empresas do sector dos alimentos para animais e do sector alimentar da obrigação de assegurarem que os alimentos para animais e os géneros alimentícios cumprem os requisitos da legislação na matéria a partir da sua colocação em livre prática, nem tão pouco impedem a realização de novos controlos oficiais dos alimentos para animais ou géneros alimentícios em questão.

Artigo 15.° *Controlos oficiais dos alimentos para animais e dos géneros alimentícios de origem não animal*

1. A autoridade competente deve efectuar controlos oficiais regulares dos alimentos para animais e dos géneros alimentícios de origem não animal, não abrangidos pela Directiva 97/78/CE, importados para os territórios referidos no anexo I. A autoridade competente deve organizar esses controlos com base no plano de controlo nacional plurianual elaborado nos termos dos artigos 41.° a 43.° e à luz dos riscos potenciais. Os controlos devem abranger todos os aspectos da legislação em matéria de alimentos para animais e de géneros alimentícios.

2. Estes controlos devem realizar-se num local adequado, incluindo o ponto de entrada das mercadorias num dos territórios mencionados no anexo I, o ponto de colocação em livre prática, os entrepostos, as instalações do operador da empresa importadora do sector dos alimentos para animais e do sector alimentar ou outros pontos da cadeia de produção e distribuição alimentar humana e animal.

3. Os controlos podem também ser realizados em mercadorias:

a) Colocadas sob um dos regimes aduaneiros referidos nas alíneas b) a f) do ponto 16 do artigo 4.° do Regulamento (CEE) n.° 2913/92; ou

b) Destinadas a ser colocadas em zonas francas ou em entrepostos francos, definidos na alínea b) do ponto 15 do artigo 4.° do Regulamento (CE) n.° 2913/92.

4. Quaisquer resultados satisfatórios dos controlos referidos no n.° 3 não isentam os operadores das empresas do sector dos alimentos para animais e do sector alimentar da obrigação de assegurarem que os alimentos para animais e os géneros alimentícios cumpram os requisitos da legislação na matéria a partir da sua colocação em livre prática, nem tão pouco impedem a realização de novos controlos oficiais dos alimentos para animais ou dos géneros alimentícios em questão.

5. Deve ser elaborada e actualizada, nos termos do n.° 3 do artigo 62.°, uma lista dos alimentos para animais e dos géneros alimentícios de origem não animal que devem ser sujeitos, com base em riscos conhecidos ou emergentes, a controlos oficiais reforçados no ponto de entrada nos territórios referidos no anexo I. A frequência e a natureza desses controlos são fixados pelo mesmo procedimento. Ao mesmo tempo, as taxas relacionadas com esses controlos podem ser fixadas segundo o mesmo procedimento.

Artigo 16.° *Tipos de controlos dos alimentos para animais e géneros alimentícios de origem não animal*

1. Os controlos oficiais referidos no n.° 1 do artigo 15.° devem incluir, pelo menos, um controlo documental sistemático, um controlo de identidade aleatório e, se for caso disso, um controlo físico.

2. Os controlos físicos devem ser efectuados com uma frequência que dependerá:

a) Dos riscos associados aos diferentes tipos de alimentos para animais e de géneros alimentícios;

b) Dos antecedentes em matéria de cumprimento dos requisitos aplicáveis ao produto em questão pelo país terceiro e pelo estabelecimento de origem, assim como pelos operadores das empresas do sector dos alimentos para animais e do sector alimentar importadoras e exportadoras do produto;

c) Dos controlos efectuados pela empresa importadora do sector dos alimentos para animais ou do sector alimentar;

d) Das garantias dadas pela autoridade competente do país terceiro de origem.

3. Os Estados-Membros devem assegurar que os controlos físicos sejam efectuados em condições adequadas e num local que disponha de acesso às instalações de controlo adequadas, que permita realizar correctamente as investigações, colher um número de amostras adequado à gestão do risco e proceder ao manuseamento higiénico dos alimentos para animais e dos géneros alimentícios. As amostras devem ser manuseadas de forma a garantir a sua validade jurídica e analítica. Os Estados-Membros devem assegurar que o equipamento e a metodologia sejam adequados à medição dos valores-limite estabelecidos na legislação comunitária ou nacional.

Artigo 17.° *Pontos de entrada e notificação prévia*

1. Para a organização dos controlos oficiais referidos no n.° 5 do artigo 15.°, os Estados-Membros devem:

— designar pontos específicos de entrada nos respectivos territórios com acesso às instalações de controlo adequadas para os diferentes tipos de alimentos para animais e de géneros alimentícios; e

— exigir que os operadores das empresas do sector dos alimentos para animais e do sector alimentar responsáveis pelas remessas notifiquem previamente a chegada e a natureza das mesmas.

Os Estados-Membros podem aplicar as mesmas regras a outros alimentos para animais de origem não animal.

2. Os Estados-Membros devem informar a Comissão e os restantes Estados-Membros de quaisquer medidas que tomem nos termos do n.º 1.

Os Estados-Membros devem conceber essas medidas de forma a evitar perturbações desnecessárias do comércio.

Artigo 18.º *Medidas em caso de suspeita*

Em caso de suspeita de incumprimento ou de dúvidas quanto à identidade ou ao destino real da remessa, ou à correspondência entre a remessa e as respectivas garantias certificadas, a autoridade competente deve efectuar controlos oficiais por forma a confirmar ou eliminar a suspeita ou as dúvidas. A autoridade competente deve reter oficialmente a remessa em questão até obter os resultados desses controlos oficiais.

Artigo 19.º *Medidas subsequentes aos controlos oficiais dos alimentos para animais e dos géneros alimentícios provenientes de países terceiros*

1. A autoridade competente deve reter oficialmente os alimentos para animais ou os géneros alimentícios provenientes de países terceiros que não cumpram os requisitos da legislação em matéria de alimentos para animais ou de géneros alimentícios e, ouvidos os operadores das empresas do sector dos alimentos para animais ou do sector alimentar responsáveis pela remessa, deve tomar as seguintes medidas relativamente aos alimentos para animais ou aos géneros alimentícios em questão:

a) Ordenar que esses alimentos para animais ou esses géneros alimentícios sejam destruídos, sujeitos a tratamento especial nos termos do artigo 20.º ou reexpedidos para fora da Comunidade nos termos do artigo 21.º; podem também ser tomadas outras medidas adequadas, como a utilização dos alimentos para animais ou dos géneros alimentícios para fins que não aqueles a que inicialmente se destinavam;

b) Se os alimentos para animais ou os géneros alimentícios já tiverem sido colocados no mercado, acompanhar a situação ou, se necessário, ordenar a sua recolha ou retirada antes de tomar uma das medidas acima referidas;

c) Verificar se os alimentos para animais e os géneros alimentícios não têm efeitos nocivos na saúde humana nem na saúde animal, quer directamente quer através do ambiente, ou antes da aplicação de quaisquer das medidas referidas nas alíneas a) e b).

2. Se, no entanto:

a) Os controlos oficiais previstos nos artigos 14.º e 15.º indicarem que uma remessa é prejudicial para a saúde humana ou para a saúde animal, ou que não é segura, a autoridade competente deve reter oficialmente a remessa em causa, antes da sua destruição ou de qualquer outra medida adequada necessária à protecção da saúde humana e animal;

b) Os alimentos para animais ou os géneros alimentícios de origem não animal sujeitos a controlos reforçados nos termos do n.º 5 do artigo 15.º não forem apresentados para controlos oficiais, ou não forem apresentados em conformidade com quaisquer requisitos específicos estabelecidos nos termos do artigo 17.º, a autoridade competente deve ordenar a respectiva recolha e retenção oficial sem demora e a subsequente destruição ou reexpedição nos termos do artigo 21.º

3. Sempre que não autorize a introdução de alimentos para animais ou de géneros alimentícios, a autoridade competente deve notificar a Comissão e os restantes Estados-Membros das suas constatações e da identificação dos produtos em causa, nos termos do n.º 3 do artigo 50.º do Regulamento (CE) n.º 178/2002, e notificar os serviços aduaneiros das suas decisões, bem como dar informações sobre o destino final da remessa.

4. As decisões relativas às remessas são susceptíveis do recurso referido no n.º 3 do artigo 54.º

Artigo 20.º *Tratamento especial*

1. O tratamento especial referido no artigo 19.º pode incluir:

a) Um tratamento ou transformação que coloque os alimentos para animais ou os géneros alimentícios em conformidade com os requisitos da legislação comunitária ou com os requisitos de um país terceiro de reexpedição, incluindo, se for caso disso, a descontaminação, mas excluindo a diluição;

b) A transformação, por qualquer outra forma adequada, para outros fins que não o consumo animal ou humano.

2. A autoridade competente deve assegurar que o tratamento especial seja efectuado em estabelecimentos sob o seu controlo ou sob controlo de outro Estado-Membro e em conformidade com as condições estabelecidas pela Comissão. Estas medidas, que têm por objecto alterar elementos não essenciais do presente regulamento, completando-o, são aprovadas pelo procedimento de regulamentação com controlo a que se refere o n.º 4 do artigo 62.º. Na falta de tais condições, o tratamento especial é efectuado em conformidade com as normas nacionais.

Artigo 21.º *Reexpedição de remessas*
1. A autoridade competente só pode permitir a reexpedição de uma remessa se:
a) O seu destino tiver sido acordado com o operador da empresa do sector dos alimentos para animais ou do sector alimentar responsável pela remessa; e
b) O operador da empresa do sector dos alimentos para animais ou do sector alimentar tiver informado previamente a autoridade competente do país terceiro de origem ou do país terceiro de destino, se este for diferente do primeiro, sobre os motivos e as circunstâncias que impedem a colocação dos alimentos para animais ou dos géneros alimentícios em questão no mercado comunitário; e
c) No caso de o país terceiro de destino ser diferente do país terceiro de origem, a autoridade competente do país terceiro de destino a tiver notificado de que está disposta a aceitar a remessa.
2. Sem prejuízo das normas nacionais aplicáveis em matéria de prazos para o pedido de parecer de outro perito e sempre que os resultados dos controlos oficiais não o impossibilitem, a reexpedição deve efectuar-se, regra geral, no prazo máximo de 60 dias a contar da data em que a autoridade competente tiver tomado a decisão sobre o destino da remessa, a não ser que tenha sido dado início a uma acção judicial. Se, decorrido o prazo de 60 dias, a reexpedição não tiver sido feita, salvo demora justificada, a remessa deve ser destruída.
3. Antes da reexpedição de uma remessa ou da confirmação dos motivos da sua rejeição, a autoridade competente deve retê-la oficialmente.
4. A autoridade competente deve notificar a Comissão e os restantes Estados-Membros, nos termos do n.º 3 do artigo 50.º do Regulamento (CE) n.º 178/2002, e notificar os serviços aduaneiros das suas decisões. As autoridades competentes devem cooperar nos termos do título IV para tomar quaisquer outras medidas necessárias a fim de garantir que não seja possível reintroduzir na Comunidade as remessas rejeitadas.

Artigo 22.º *Despesas*
O operador da empresa do sector dos alimentos para animais ou do sector alimentar responsável pela remessa, ou o seu representante, é legalmente responsável pelas despesas incorridas pelas autoridades competentes com as actividades referidas nos artigos 18.º, 19.º, 20.º e 21.º

Artigo 23.º *Aprovação de controlos prévios à exportação por países terceiros*
1. Podem ser aprovados, nos termos do n.º 3 do artigo 62.º, os controlos específicos prévios à exportação de alimentos para animais e géneros alimentícios, efectuados por um país terceiro imediatamente antes da exportação para a Comunidade, com vista a verificar se os produtos satisfazem os requisitos comunitários. A aprovação só pode ser aplicável aos alimentos para animais e géneros alimentícios originários do país terceiro em causa e pode ser concedida para um ou mais produtos.
2. Sempre que tenha sido concedida essa aprovação, a frequência dos controlos na importação dos alimentos para animais ou dos géneros alimentícios pode ser reduzida em conformidade. No entanto, os Estados-Membros devem efectuar controlos oficiais dos alimentos para animais e dos géneros alimentícios importados de acordo com a aprovação referida no n.º 1, a fim de se certificarem de que os controlos prévios à exportação realizados no país terceiro permanecem eficazes.
3. A aprovação referida no n.º 1 só pode ser concedida a um país terceiro caso:
a) Uma auditoria comunitária tenha demonstrado que os alimentos para animais ou os géneros alimentícios exportados para a Comunidade cumprem os requisitos comunitários, ou requisitos equivalentes;

b) Os controlos efectuados no país terceiro antes da expedição sejam considerados suficientemente eficazes e eficientes para substituírem ou reduzirem os controlos documentais, de identidade e físicos previstos na legislação comunitária.

4. A aprovação referida no n.º 1 deve especificar a autoridade competente do país terceiro sob cuja responsabilidade os controlos prévios à exportação são efectuados e, se for caso disso, qualquer organismo de controlo em que a autoridade competente possa delegar determinadas competências. Esta delegação de competências só pode ser aprovada se forem cumpridos os critérios do artigo 5.º, ou condições equivalentes.

5. A autoridade competente e qualquer organismo de controlo especificado na aprovação são responsáveis pelos contactos com a Comunidade.

6. A autoridade competente ou o organismo de controlo do país terceiro deve assegurar a certificação oficial de cada remessa controlada antes da respectiva entrada num dos territórios referidos no anexo I. A aprovação referida no n.º 1 deve especificar um modelo para esses certificados.

7. Sem prejuízo do n.º 3 do artigo 50.º do Regulamento (CE) n.º 178/2002, quando os controlos oficiais das importações sujeitas ao procedimento referido no n.º 2 revelarem um incumprimento significativo, os Estados-Membros devem notificar de imediato a Comissão, os restantes Estados-Membros e os operadores interessados, nos termos do título IV do presente regulamento, aumentar o número de remessas controladas e, sempre que necessário para permitir um exame analítico correcto da situação, manter um número suficiente de amostras em condições adequadas de armazenagem.

8. Se se constatar que, num número significativo de remessas, as mercadorias não correspondem às informações contidas nos certificados emitidos pela autoridade competente ou pelo organismo de controlo do país terceiro, deixa de ser aplicável a redução da frequência referida no n.º 2.

Artigo 24.º *Autoridades competentes e serviços aduaneiros*

1. As autoridades competentes e os serviços aduaneiros devem cooperar estreitamente na organização dos controlos oficiais referidos no presente capítulo.

2. Relativamente às remessas de alimentos para animais e de géneros alimentícios de origem animal, assim como de alimentos para animais e de géneros alimentícios a que se refere o n.º 5 do artigo 15.º, os serviços aduaneiros não permitirão a sua introdução nem o seu manuseamento em zonas francas ou em entrepostos francos sem o acordo da autoridade competente.

3. Sempre que sejam colhidas amostras, a autoridade competente deve informar os serviços aduaneiros e os operadores interessados e indicar se as mercadorias podem ou não ser colocadas em livre prática antes de se obterem os resultados das amostras, desde que esteja garantida a rastreabilidade das remessas.

4. Em caso de colocação em livre prática, as autoridades competentes e os serviços aduaneiros devem trabalhar em conjunto, em conformidade com os requisitos estabelecidos nos artigos 2.º a 6.º do Regulamento (CEE) n.º339/93.

Artigo 25.º *Medidas de execução*

1. As medidas necessárias para garantir a execução uniforme dos controlos oficiais da introdução de alimentos para animais e de géneros alimentícios devem ser estabelecidas nos termos do n.º 3 do artigo 62.º

2. Podem, nomeadamente, ser estabelecidas normas de execução para:

a) Alimentos para animais e géneros alimentícios importados ou colocados sob um dos regimes aduaneiros referidos nas alíneas b) a f) do ponto 16 do artigo 4.º do Regulamento (CEE) n.º 2913/92 ou que se destinem a ser manuseados em zonas francas ou em entrepostos francos definidos na alínea b) do ponto 15 do artigo 4.º do Regulamento (CEE) n.º 2913/92;

b) Géneros alimentícios para abastecimento da tripulação e dos passageiros de meios de transporte internacionais;

c) Alimentos para animais e géneros alimentícios encomendados à distância (p. ex., pelo correio, por telefone ou pela internet) e entregues ao consumidor;

d) Alimentos para animais de companhia ou cavalos e géneros alimentícios transportados por passageiros e pela tripulação de meios de transporte internacionais;

e) Isenções ou condições específicas aplicáveis a determinados territórios referidos no artigo 3.º do Regulamento (CEE) n.º 2913/92, por forma a ter em conta os condicionalismos naturais específicos desses territórios;

f) Garantir a coerência das decisões tomadas pelas autoridades competentes relativamente aos alimentos para animais e aos géneros alimentícios originários de países terceiros no quadro do disposto no artigo 19.°;

g) Remessas de origem comunitária que sejam devolvidas por países terceiros;

h) Documentos que devem acompanhar as remessas quando tiverem sido recolhidas amostras.

CAPÍTULO VI.- FINANCIAMENTO DOS CONTROLOS OFICIAIS

Artigo 26.° *Princípio geral*
Os Estados-Membros devem garantir a disponibilização dos recursos financeiros adequados para garantir a existência de recursos humanos e outros necessários à execução dos controlos oficiais, por quaisquer meios que sejam considerados apropriados, nomeadamente através de uma tributação geral ou do estabelecimento de taxas ou encargos.

Artigo 27.° *Taxas ou encargos*
1. Os Estados-Membros podem cobrar taxas ou encargos para cobrir as despesas ocasionadas pelos controlos oficiais.

2. Contudo, no que se refere às actividades enumeradas na secção A do anexo IV e na secção A do anexo V, os Estados-Membros devem assegurar a cobrança de uma taxa.

3. Sem prejuízo dos n.°s 4 e 6, as taxas cobradas relativamente às actividades específicas mencionadas na secção A do anexo IV e na secção A do anexo V não devem ser inferiores às taxas mínimas especificadas na secção B do anexo IV e na secção B do anexo V. No entanto, relativamente às actividades referidas na secção A do anexo IV e durante um período transitório que termina em 1 de Janeiro de 2008, os Estados-Membros podem continuar a utilizar as taxas actualmente aplicadas nos termos da Directiva 85/73/CEE.

As taxas da secção B do anexo IV e da secção B do anexo V devem ser actualizadas pela Comissão pelo menos de dois em dois anos, nomeadamente a fim de ter em conta a inflação. Estas medidas, que têm por objecto alterar elementos não essenciais do presente regulamento, são aprovadas pelo procedimento de regulamentação com controlo a que se refere o n.° 4 do artigo 62.°.

4. As taxas cobradas para efeitos dos controlos oficiais nos termos do n.° 1 ou do n.° 2:

a) Não devem ser superiores às despesas suportadas pelas autoridades competentes atendendo aos critérios enunciados no anexo VI, e

b) Podem ser fixadas em montantes forfetários com base nas despesas suportadas pelas autoridades competentes durante um determinado período de tempo ou, se for caso disso, nos montantes fixados na secção B do anexo IV ou na secção B do anexo V.

5. Ao fixarem as taxas, os Estados-Membros devem tomar em consideração:

a) O tipo de empresa e os factores de risco relevantes;

b) Os interesses das empresas com um baixo volume de produção;

c) Os métodos tradicionais utilizados para a produção, a transformação e a distribuição;

d) As necessidades das empresas situadas em regiões sujeitas a condicionalismos geográficos especiais.

6. Quando, atendendo aos sistemas de auto-controlo e de rastreio implementados pela empresa, bem como ao nível de cumprimento verificado durante os controlos oficiais, para um certo tipo de alimento para animais, de género alimentício ou de actividade, os controlos oficiais forem realizados com frequência reduzida, ou para ter em conta os critérios indicados nas alíneas b) a d) do n.° 5, os Estados-Membros podem fixar, para os controlos oficiais, uma taxa inferior às taxas mínimas referidas na alínea b) do n.° 4, desde que o Estado-Membro em questão forneça à Comissão um relatório que especifique:

a) O tipo de alimento para animais, de género alimentício ou de actividade em questão;

b) Os controlos efectuados na empresa do sector dos alimentos para animais ou do sector alimentar em questão; e

c) O método de cálculo da redução da taxa.

7. Sempre que efectue simultaneamente vários controlos oficiais no mesmo estabelecimento, a autoridade competente deve considerá-los como uma única actividade e cobrar uma única taxa.

8. As taxas relativas aos controlos das importações devem ser pagas pelo operador ou pelo seu representante à autoridade competente responsável pelos controlos das importações.

9. As taxas não devem ser directa nem indirectamente reembolsadas, a menos que tenham sido indevidamente cobradas.

10. Sem prejuízo dos custos respeitantes às despesas previstas no artigo 28.º, os Estados-Membros não devem cobrar nenhuma outra taxa, para além das referidas no presente artigo, para efeitos da execução do presente regulamento.

11. Os operadores, outras empresas relevantes, ou os seus representantes, devem receber um comprovativo do pagamento das taxas.

12. Os Estados-Membros devem tornar público o método de cálculo das taxas e comunicá-lo à Comissão, que deve examinar se as taxas respeitam os requisitos do presente regulamento.

Artigo 28.º *Despesas decorrentes de controlos oficiais suplementares*

Sempre que a detecção de um caso de incumprimento dê origem a controlos oficiais que excedam as actividades normais de controlo da autoridade competente, esta deve cobrar aos operadores das empresas responsáveis pelo incumprimento ou pode cobrar aos operadores proprietários ou detentores das mercadorias à data em que tenham sido efectuados os controlos oficiais suplementares as despesas decorrentes desses controlos. As actividades normais de controlo são as actividades de controlo de rotina exigidas pela legislação comunitária ou nacional, nomeadamente as que se encontram descritas no plano previsto no artigo 41.º As actividades que excedem as actividades normais de controlo incluem a colheita e a análise de amostras, bem como outros controlos necessários para verificar a dimensão de um problema, apurar se foram tomadas medidas correctoras ou detectar e/ou comprovar um incumprimento.

Artigo 29.º *Nível das despesas*

Aquando da fixação do nível das despesas referidas no artigo 28.º, devem ser tidos em conta os princípios enunciados no artigo 27.º

CAPÍTULO VII.- OUTRAS DISPOSIÇÕES

Artigo 30.º *Certificação oficial*

Sem prejuízo dos requisitos relativos à certificação oficial adoptados para fins de saúde animal ou de bem-estar dos animais, podem ser adoptados pela Comissão requisitos:

a) Às condições em que é exigida a certificação oficial;

b) Aos modelos de certificados;

c) Às qualificações dos responsáveis pela certificação;

d) Aos princípios a respeitar para garantir a fiabilidade da certificação, incluindo a certificação electrónica;

e) Aos procedimentos a seguir no caso de retirada de certificados e relativamente aos certificados de substituição;

f) Às remessas que são divididas em remessas de tamanho inferior ou que são misturadas com outras remessas;

g) Aos documentos que devem acompanhar as mercadorias após a execução dos controlos oficiais.

As medidas referidas na alínea a), que têm por objecto alterar elementos não essenciais do presente regulamento, completando-o, são aprovadas pelo procedimento de regulamentação com controlo a que se refere o n.º 4 do artigo 62.º.

As medidas referidas nas alíneas b) a g) são aprovadas pelo procedimento de regulamentação a que se refere o n.º 3 do artigo 62.º.

2. Se for exigida uma certificação oficial, deve assegurar-se que:

a) Existe uma relação entre o certificado e a remessa;

b) As informações constantes do certificado são exactas e verdadeiras.

3. Se for caso disso, devem ser combinados num modelo único de certificado os requisitos relativos à certificação oficial dos alimentos para animais e dos géneros alimentícios e outros requisitos de certificação oficial.

Artigo 31.º *Registo/acreditação de empresas do sector dos alimentos para animais e do sector alimentar*

1.

a) As autoridades competentes devem definir os procedimentos a observar pelos operadores das empresas do sector dos alimentos para animais e do sector alimentar que solicitem o registo dos seus estabelecimentos em conformidade com o Regulamento

(CE) n.º 852/2004, com a Directiva 95/69/CE ou com o futuro regulamento sobre higiene dos alimentos para animais.

b) As autoridades competentes devem estabelecer e manter actualizada uma lista dos operadores das empresas do sector dos alimentos para animais e do sector alimentar que tenham sido registados. Sempre que essa lista já exista para outros fins, poderá também ser utilizada para efeitos do presente regulamento.

2.

a) As autoridades competentes devem definir os procedimentos a observar pelos operadores das empresas do sector dos alimentos para animais e do sector alimentar que solicitem a acreditação dos seus estabelecimentos em conformidade com o Regulamento (CE) n.º 852/2004, com o Regulamento (CE) n.º 854/2004, com a Directiva 95/69/CE ou com o futuro regulamento sobre higiene dos alimentos para animais.

b) Sempre que receba um pedido de acreditação de um operador de uma empresa do sector dos alimentos para animais ou do sector alimentar, a autoridade competente deve efectuar uma visita ao local.

c) A autoridade competente só deve acreditar um estabelecimento para as actividades em questão se o operador da empresa do sector dos alimentos para animais ou do sector alimentar tiver demonstrado que cumpre os requisitos pertinentes da legislação em matéria de alimentos para animais ou de géneros alimentícios.

d) A autoridade competente pode conceder uma acreditação condicional se se afigurar que o estabelecimento satisfaz todos os requisitos em matéria de infra-estruturas e equipamento. Só deve conceder a acreditação definitiva se um novo controlo oficial do estabelecimento, efectuado no prazo de três meses a contar da concessão da acreditação condicional, revelar que esse estabelecimento satisfaz os outros requisitos pertinentes da legislação em matéria de alimentos para animais ou de géneros alimentícios. Se tiverem sido efectuados nítidos progressos, mas o estabelecimento ainda não satisfizer todos os requisitos pertinentes, a autoridade competente pode prorrogar a acreditação condicional. Esta não pode, todavia, exceder um total de seis meses.

e) A autoridade competente deve examinar a acreditação dos estabelecimentos aquando da realização dos controlos oficiais. Caso detecte deficiências graves ou tenha de interromper repetidamente a produção do estabelecimento e o operador da empresa do sector dos alimentos para animais ou do sector alimentar não possa prestar garantias adequadas quanto à produção futura, a autoridade competente deve dar início ao processo de retirada da acreditação do estabelecimento. No entanto, pode suspender a acreditação de um estabelecimento se o operador da empresa do sector dos alimentos para animais ou do sector alimentar puder garantir que vai corrigir as deficiências dentro de um prazo razoável.

f) As autoridades competentes devem manter listas actualizadas dos estabelecimentos acreditados e facultá-las aos outros Estados-Membros e ao público em moldes que podem ser especificados nos termos do n.º 3 do artigo 62.º

TÍTULO III.- LABORATÓRIOS DE REFERÊNCIA

Artigo 32.º *Laboratórios comunitários de referência*
1. Os laboratórios comunitários de referência para os alimentos para animais e os géneros alimentícios referidos no anexo VII são responsáveis por:

a) Fornecer aos laboratórios nacionais de referência informações pormenorizadas sobre os métodos de análise, incluindo os métodos de referência;

b) Coordenar a aplicação, por parte dos laboratórios nacionais de referência, dos métodos referidos na alínea a), nomeadamente através da organização de testes comparativos e da garantia de um acompanhamento adequado de tais testes, em conformidade com protocolos aceites internacionalmente, sempre que existam;

c) Coordenar, na sua esfera de competência, as disposições práticas necessárias à aplicação de novos métodos de análise e informar os laboratórios nacionais de referência sobre os progressos realizados nesta área;

d) Organizar cursos de formação de base e de aperfeiçoamento destinados ao pessoal dos laboratórios nacionais de referência e aos peritos dos países em desenvolvimento;

e) Prestar assistência técnica e científica aos serviços da Comissão, designadamente nos casos em que os Estados-Membros contestem os resultados das análises;

f) Colaborar com laboratórios responsáveis pela análise de alimentos para animais e de géneros alimentícios em países terceiros.

2. Os laboratórios comunitários de referência no sector da saúde animal são responsáveis por:

a) Coordenar os métodos de diagnóstico das doenças utilizados nos Estados-Membros;

b) Prestar assistência activa ao diagnóstico de surtos de doenças nos Estados-Membros recebendo isolados patogénicos para o diagnóstico de confirmação e para os estudos de caracterização e de epizootias;

c) Facilitar a formação inicial ou complementar de peritos em diagnóstico laboratorial tendo em vista a harmonização das técnicas de diagnóstico em toda a Comunidade;

d) Colaborar, no que diz respeito aos métodos de diagnóstico das doenças dos animais que sejam da sua competência, com os laboratórios competentes dos países terceiros em que essas doenças predominem;

e) Organizar cursos de formação de base e de aperfeiçoamento destinados ao pessoal dos laboratórios nacionais de referência e aos peritos dos países em desenvolvimento;

3. Os n.ºs 2 e 3 do artigo 12.º são aplicáveis aos laboratórios comunitários de referência.

4. Os laboratórios comunitários de referência devem preencher os seguintes requisitos:

a) Dispor de pessoal qualificado com conhecimento suficiente das técnicas analíticas e de diagnóstico aplicadas na sua área de competência;

b) Possuir os equipamentos e os produtos necessários à execução das tarefas que lhes são confiadas;

c) Dispor de uma infra-estrutura administrativa adequada;

d) Fazer respeitar pelo seu pessoal o carácter confidencial de certos assuntos, resultados ou comunicações;

e) Ter um conhecimento suficiente das normas e práticas internacionais;

f) Possuir, se for caso disso, uma lista actualizada das substâncias e reagentes de referência disponíveis, assim como uma lista actualizada dos fabricantes e fornecedores dessas substâncias e reagentes;

g) Ter em conta as actividades de investigação a nível nacional e comunitário;

h) Dispor de pessoal habilitado para fazer face a situações de emergência na Comunidade.

5. Podem ser incluídos pela Comissão no anexo VII outros laboratórios comunitários de referência competentes nas áreas referidas no artigo 1.º. Estas medidas, que têm por objecto alterar elementos não essenciais do presente regulamento, são aprovadas pelo procedimento de regulamentação com controlo a que se refere o n.º 4 do artigo 62.º. O anexo VII pode ser actualizado pelo mesmo procedimento.

6. Podem ser atribuídas responsabilidades e tarefas adicionais aos laboratórios comunitários de referência pela Comissão. Estas medidas, que têm por objecto alterar elementos não essenciais do presente regulamento, completando-o, são aprovadas pelo procedimento de regulamentação com controlo a que se refere o n.º 4 do artigo 62.º.

7. Nos termos do artigo 28.º da Decisão 90/424/CEE do Conselho de 26 de Junho de 1990, relativa a determinadas despesas no domínio veterinário, pode ser concedida aos laboratórios comunitários de referência uma contribuição financeira comunitária.

8. Os laboratórios comunitários de referência podem ser sujeitos a controlos comunitários a fim de verificar se estão a ser cumpridos os requisitos estabelecidos no presente regulamento. Se esses controlos comprovarem que um laboratório não está a cumprir esses requisitos ou as tarefas para que foram designados, podem ser tomadas as medidas necessárias nos termos do n.º 3 do artigo 62.º

9. Os n.ºs 1 a 7 são aplicáveis sem prejuízo de normas mais específicas, nomeadamente das constantes do capítulo VI do Regulamento (CE) n.º 999/2001 e do artigo 14.º da Directiva 96/23/CE.

Artigo 33.º *Laboratórios nacionais de referência*

1. Os Estados-Membros devem tomar providências para a designação de um ou mais laboratórios nacionais de referência por cada laboratório comunitário de referência referido no artigo 32.º Os Estados-Membros podem designar um laboratório situado noutro Estado-Membro ou num Estado membro da Associação Europeia de Comércio Livre (EFTA), podendo um único laboratório ser o laboratório nacional de referência para vários Estados-Membros.

2. Estes laboratórios nacionais de referência devem:

a) Colaborar com o laboratório comunitário de referência na respectiva esfera de competência;

b) Coordenar, na sua esfera de competência, as actividades dos laboratórios oficiais responsáveis pela análise de amostras nos termos do artigo 11.º;

c) Se for caso disso, organizar testes comparativos entre os laboratórios nacionais oficiais e garantir um acompanhamento adequado desses testes;

d) Assegurar a transmissão das informações fornecidas pelos laboratórios comunitários de referência às autoridades competentes e aos laboratórios nacionais oficiais;

e) Prestar assistência científica e técnica à autoridade competente na aplicação dos planos de controlo coordenados adoptados nos termos do artigo 53.°;

f) Ser responsáveis pela realização de outras tarefas específicas previstas nos termos do n.° 3 do artigo 62.°, sem prejuízo das tarefas adicionais existentes a nível nacional.

3. Os n.°s 2 e 3 do artigo 12.° são aplicáveis aos laboratórios nacionais de referência.

4. Os Estados-Membros devem comunicar à Comissão, ao laboratório comunitário de referência pertinente e aos restantes Estados-Membros o nome e o endereço de cada laboratório nacional de referência.

5. Os Estados-Membros que disponham de mais de um laboratório nacional de referência por laboratório comunitário de referência devem garantir que estes laboratórios trabalhem em estreita colaboração, por forma a assegurar uma coordenação eficiente entre eles, com os restantes laboratórios nacionais de referência e com o laboratório comunitário de referência.

6. Podem ser atribuídas responsabilidades e tarefas adicionais aos laboratórios nacionais de referência pela Comissão. Estas medidas, que têm por objecto alterar elementos não essenciais do presente regulamento, completando-o, são aprovadas pelo procedimento de regulamentação com controlo a que se refere o n.° 4 do artigo 62.°.

7. Os n.°s 1 a 5 são aplicáveis sem prejuízo de normas mais específicas, nomeadamente das constantes do capítulo VI do Regulamento (CE) n.° 999/2001 e do artigo 14.° da Directiva 96/23/CE.

TÍTULO IV.- ASSISTÊNCIA E COOPERAÇÃO ADMINISTRATIVAS NAS ÁREAS DOS ALIMENTOS PARA ANIMAIS E DOS GÉNEROS ALIMENTÍCIOS

Artigo 34.° *Princípios gerais*

1. Sempre que os resultados dos controlos oficiais dos alimentos para animais e dos géneros alimentícios impliquem a adopção de medidas em mais de um Estado-Membro, as autoridades competentes dos Estados-Membros em questão devem prestar-se mutuamente assistência administrativa.

2. As autoridades competentes devem prestar assistência administrativa, mediante pedido ou por iniciativa própria, sempre que o curso das investigações o exija. Esta assistência pode incluir, se for caso disso, a participação em controlos no local efectuados pela autoridade competente de outro Estado-Membro.

3. Os artigos 35.° a 40.° não prejudicam as normas nacionais aplicáveis à divulgação de documentos que sejam objecto de acções judiciais, ou que com estas estejam relacionados, nem as normas destinadas à protecção dos interesses comerciais de pessoas singulares ou colectivas.

Artigo 35.° *Organismos de ligação*

1. Cada Estado-Membro deve designar um ou mais organismos de ligação responsáveis pela ligação com os organismos congéneres dos outros Estados-Membros. Os organismos de ligação têm por função apoiar e coordenar a comunicação entre as autoridades competentes, em especial a transmissão e recepção dos pedidos de assistência.

2. Os Estados-Membros devem comunicar à Comissão e aos outros Estados-Membros todos os dados pertinentes relacionados com os organismos de ligação por eles designados, bem como qualquer alteração dos mesmos.

3. Sem prejuízo do n.° 1, a designação de organismos de ligação não deve excluir os contactos directos, o intercâmbio de informações ou a cooperação entre o pessoal das autoridades competentes nos diferentes Estados-Membros.

4. As autoridades competentes a que é aplicável a Directiva 89/608/CEE do Conselho, de 21 de Novembro de 1989, relativa à assistência mútua entre as autoridades administrativas dos Estados-Membros e à colaboração entre estas e a Comissão, tendo em vista assegurar a boa aplicação das legislações veterinária e zootécnica são responsáveis pela ligação com as autoridades abrangidas pelo presente título.

Artigo 36.º *Assistência mediante pedido*

1. Ao receber um pedido fundamentado, a autoridade competente requerida deve assegurar que sejam fornecidos à autoridade competente requerente todas as informações e todos os documentos necessários para lhe permitir verificar o cumprimento da legislação em matéria de alimentos para animais e de géneros alimentícios no território da sua competência. Para tal, a autoridade competente requerida deve tomar disposições para a realização de quaisquer inquéritos administrativos necessários à obtenção dessas informações e desses documentos.

2. As informações e os documentos previstos nos termos do n.º 1 devem ser enviados sem demora injustificada. Podem ser transmitidos os originais ou cópias dos referidos documentos.

3. Por acordo entre a autoridade requerente e a autoridade requerida, pode estar presente durante os inquéritos administrativos pessoal designado pela autoridade requerente.

Esses inquéritos devem ser sempre realizados por pessoal da autoridade requerida.

O pessoal da autoridade requerente não pode, por sua própria iniciativa, exercer os poderes de inquérito conferidos aos funcionários da autoridade requerida. Deve, contudo, ter acesso às mesmas instalações e aos mesmos documentos que estes últimos, por seu intermédio e apenas para efeitos do inquérito administrativo.

4. O pessoal da autoridade requerente presente noutro Estado-Membro nos termos do n.º 3 deve estar sempre apto a apresentar uma autorização escrita que comprove a sua identidade e os seus poderes oficiais.

Artigo 37.º *Assistência sem pedido prévio*

1. Sempre que uma autoridade competente tome conhecimento de um caso de incumprimento e que esse caso possa ter implicações para outro(s) Estado(s)-Membro(s), deve transmitir sem demora essas informações ao(s) outro(s) Estado(s)-Membro(s), sem necessidade de pedido prévio.

2. Os Estados-Membros que recebam as referidas informações devem proceder a uma investigação e informar o Estado-Membro que as prestou dos resultados dessa investigação e, se for caso disso, de quaisquer medidas tomadas.

Artigo 38.º *Assistência em caso de incumprimento*

1. Se, durante um controlo oficial efectuado no local de destino das mercadorias ou durante o seu transporte, a autoridade competente do Estado-Membro de destino determinar que as mercadorias não cumprem os requisitos da legislação em matéria de alimentos para animais ou de géneros alimentícios, de tal forma que representem um risco para a saúde humana ou animal ou que constituam uma infracção grave à referida legislação, deve contactar sem demora a autoridade competente do Estado-Membro de expedição.

2. A autoridade competente do Estado-Membro de expedição deve proceder a uma investigação, tomar todas as medidas necessárias e comunicar à autoridade competente do Estado-Membro de destino a natureza das investigações e dos controlos oficiais efectuados, as decisões tomadas e os motivos dessas decisões.

3. Se a autoridade competente do Estado-Membro de destino tiver motivos para supor que essas medidas não são adequadas, as autoridades competentes dos dois Estados-Membros devem procurar em conjunto as formas e os meios de solucionar a situação, nomeadamente, se for caso disso, através de uma inspecção conjunta no local realizada nos termos dos n.ºˢ 3 e 4 do artigo 36.º Devem informar a Comissão se não conseguirem chegar a acordo sobre as medidas adequadas.

Artigo 39.º *Relações com os países terceiros*

1. Sempre que a autoridade competente de um Estado-Membro receba informações de um país terceiro que apontem para um incumprimento e/ou um risco para a saúde humana ou animal, deve transmiti-las às autoridades competentes dos outros Estados-Membros se considerar que estas podem estar interessadas nas mesmas, ou se estas as solicitarem. As referidas informações devem também ser comunicadas à Comissão sempre que se revistam de importância a nível comunitário.

2. Se o país terceiro tiver assumido o compromisso jurídico de fornecer a assistência necessária para recolher provas do carácter irregular das operações que são, ou parecem ser, contrárias à legislação aplicável em matéria de alimentos para animais e de géneros alimentícios, as informações obtidas ao abrigo do presente regulamento podem ser comunicadas a esse país terceiro, com o consentimento das autoridades competentes que as prestaram, em conformidade com a legislação relativa à transmissão de dados pessoais a países terceiros.

Artigo 40.° *Assistência coordenada e acompanhamento pela Comissão*

1. A Comissão deve coordenar o mais rapidamente possível as medidas tomadas pelos Estados-Membros sempre que, com base nas informações recebidas destes ou de outras fontes, tenha conhecimento de operações que sejam, ou pareçam ser, contrárias à legislação em matéria de alimentos para animais ou de géneros alimentícios e que se revistam de especial interesse a nível comunitário, nomeadamente, sempre que:

a) Essas operações tenham ou possam ter ramificações em vários Estados-Membros;

b) Se afigure que foram realizadas operações semelhantes em vários Estados-Membros; ou

c) Os Estados-Membros não consigam chegar a acordo sobre as medidas adequadas para resolver o incumprimento.

2. Sempre que os controlos oficiais no local de destino revelem incumprimentos repetidos ou outros riscos para os seres humanos, as plantas ou os animais, ligados a alimentos para animais ou a géneros alimentícios, directamente ou através do ambiente, a autoridade competente do Estado-Membro de destino deve informar sem demora a Comissão e as autoridades competentes dos restantes Estados-Membros.

3. A Comissão pode:

a) Em colaboração com o Estado-Membro em questão, enviar uma equipa de inspecção para efectuar um controlo no local;

b) Solicitar à autoridade competente do Estado-Membro de expedição que intensifique os controlos oficiais e dê conta das medidas tomadas.

4. Sempre que as medidas previstas nos n.°ˢ 2 e 3 sejam tomadas para fazer face a incumprimentos repetidos por parte de uma empresa do sector dos alimentos para animais ou do sector alimentar, a autoridade competente deve cobrar qualquer despesa ocasionada por essas medidas à empresa em questão.

TÍTULO V.- PLANOS DE CONTROLO

Artigo 41.° *Planos nacionais de controlo plurianuais*

A fim de assegurar a aplicação efectiva do n.° 2 do artigo 17.° do Regulamento (CE) n.° 178/2002, das normas relativas à saúde e ao bem-estar dos animais e do artigo 45.° do presente regulamento, cada Estado-Membro deve preparar um único plano nacional de controlo plurianual integrado.

Artigo 42.° *Princípios para a preparação dos planos nacionais de controlo plurianuais*

1. Os Estados-Membros devem:

a) Implementar o plano referido no artigo 41.° pela primeira vez o mais tardar em 1 de Janeiro de 2007; e

b) Actualizá-lo regularmente à luz da evolução da situação; e

c) Apresentar à Comissão, a pedido desta, a última versão do plano.

2. Cada plano de controlo nacional plurianual deve conter informações gerais sobre a estrutura e a organização dos sistemas de controlo dos alimentos para animais e dos géneros alimentícios, da saúde e do bem-estar dos animais no Estado-Membro em questão, em especial sobre:

a) Os objectivos estratégicos do plano e a forma como estes se reflectem na atribuição de prioridades aos controlos e na afectação de recursos;

b) A classificação dos riscos das actividades em questão;

c) A designação das autoridades competentes e respectivas funções a nível central, regional e local, bem como os recursos de que dispõem;

d) A organização e a gestão gerais dos controlos oficiais a nível nacional, regional e local, incluindo os controlos oficiais nos diferentes estabelecimentos;

e) Os sistemas de controlo aplicados nos vários sectores e a coordenação entre os diversos serviços das autoridades competentes responsáveis pelos controlos oficiais nesses sectores;

f) Se for caso disso, a delegação de tarefas em organismos de controlo;

g) Os métodos para assegurar o respeito dos critérios operacionais a que se refere o n.° 2 do artigo 4.°;

h) A formação do pessoal encarregado dos controlos oficiais a que se refere o artigo 6.°;

i) Os procedimentos documentados a que se referem os artigos 8.° e 9.°;

j) A organização e o funcionamento de planos de emergência em caso de doenças animais ou de origem alimentar, de incidentes de contaminação de alimentos para animais e géneros alimentícios e de outros riscos para a saúde humana;
k) A organização da cooperação e da assistência mútua.
3. Os planos nacionais de controlo plurianuais podem ser adaptados durante a sua aplicação. As alterações podem ser efectuadas à luz dos seguintes elementos, ou a fim de os ter em conta:
a) Nova legislação;
b) Aparecimento de novas doenças ou de outros riscos para a saúde;
c) Alterações significativas na estrutura, na gestão ou no funcionamento das autoridades competentes nacionais;
d) Resultados dos controlos oficiais efectuados pelos Estados-Membros;
e) Resultados dos controlos comunitários efectuados nos termos do artigo 45.°;
f) Qualquer alteração das orientações referidas no artigo 43.°;
g) Descobertas científicas;
h) Resultado das auditorias efectuadas por um país terceiro num Estado-Membro.

Artigo 43.° *Orientações relativas aos planos nacionais de controlo plurianuais*
1. Os planos nacionais de controlo plurianuais referidos no artigo 41.° devem ter em conta as orientações a elaborar pela Comissão nos termos do n.° 2 do artigo 62.° Estas orientações devem nomeadamente:
a) Promover uma abordagem coerente, global e integrada dos controlos oficiais da aplicação da legislação em matéria de alimentos para animais e de géneros alimentícios e de saúde e bem-estar dos animais, bem como abranger todos os sectores e todas as fases da cadeia alimentar humana e animal, incluindo a importação e a introdução;
b) Identificar as prioridades em função dos riscos, os critérios para a classificação dos riscos das actividades em causa e os procedimentos de controlo mais eficazes;
c) Identificar outras prioridades e os procedimentos de controlo mais eficazes;
d) Identificar as fases da produção, da transformação e da distribuição dos alimentos para animais e dos géneros alimentícios, incluindo a utilização de alimentos para animais, que fornecerão as informações mais seguras e representativas acerca do cumprimento da legislação em matéria de alimentos para animais e de géneros alimentícios;
e) Incentivar a adopção das melhores práticas a todos os níveis do sistema de controlo;
f) Incentivar a elaboração de sistemas eficazes de controlo da rastreabilidade;
g) Fornecer aconselhamento sobre a elaboração de sistemas de registo do desempenho e dos resultados das acções de controlo;
h) Reflectir as normas e as recomendações feitas pelos organismos internacionais competentes no que se refere à organização e ao funcionamento dos serviços oficiais;
i) Definir critérios para a realização das auditorias referidas no n.° 6 do artigo 4.°;
j) Definir a estrutura dos relatórios anuais exigidos nos termos do artigo 44.°, bem como as informações que neles devem ser incluídas;
k) Especificar os principais indicadores de desempenho a aplicar na avaliação dos planos nacionais de controlo plurianuais.
2. Sempre que necessário, as orientações devem ser adaptadas à luz da análise dos relatórios anuais apresentados pelos Estados-Membros nos termos do artigo 44.° ou dos controlos comunitários efectuados nos termos do artigo 45.°

Artigo 44.° *Relatórios anuais*
1. Um ano após o início da execução plurianual dos planos nacionais de controlo, e posteriormente todos os anos, cada Estado-Membro deve apresentar à Comissão um relatório que indique:
a) Todas as alterações introduzidas nos planos nacionais de controlo plurianuais para atender aos elementos referidos no n.° 3 do artigo 42.°;
b) Os resultados dos controlos e das auditorias realizados no ano anterior ao abrigo das disposições do plano nacional de controlo plurianual;
c) O tipo e o número de casos de incumprimento identificados;
d) As acções destinadas a garantir o funcionamento eficaz dos planos nacionais de controlo plurianuais, incluindo as medidas de execução tomadas e respectivos resultados.
2. Tendo em vista uma apresentação coerente dos relatórios, em especial dos resultados dos controlos oficiais, as informações referidas no n.° 1 devem ter em conta as orientações a elaborar pela Comissão nos termos do n.° 2 do artigo 62.°

3. Os Estados-Membros devem terminar os respectivos relatórios e transmiti-los à Comissão, nos seis meses seguintes ao final do ano a que se referem.

4. À luz dos relatórios referidos no n.º 1, dos resultados dos controlos comunitários efectuados nos termos do artigo 45.º e de qualquer outra informação relevante, a Comissão deve elaborar um relatório anual sobre o funcionamento geral dos controlos oficiais nos Estados-Membros. Este relatório pode incluir, se for caso disso, recomendações sobre:

a) Possíveis melhoramentos dos sistemas de controlo oficial e de auditoria nos Estados-Membros, nomeadamente no que se refere ao seu âmbito, à sua gestão e à sua aplicação;

b) Acções de controlo específicas relativamente a sectores ou actividades, independentemente de estarem ou não abrangidos pelos planos nacionais de controlo plurianuais;

c) Planos coordenados destinados a abordar questões de especial interesse.

5. Se necessário, os planos nacionais de controlo plurianuais e as respectivas orientações devem ser adaptados com base nas conclusões e recomendações contidas no relatório da Comissão.

6. A Comissão deve apresentar o seu relatório ao Parlamento Europeu e ao Conselho e facultá-lo ao público.

TÍTULO VI.- ACTIVIDADES COMUNITÁRIAS

CAPÍTULO I.- CONTROLOS COMUNITÁRIOS

Artigo 45.º *Controlos comunitários nos Estados-Membros*

1. Os peritos da Comissão devem realizar auditorias gerais e específicas nos Estados-Membros. A Comissão pode nomear peritos dos Estados-Membros para assistirem os seus próprios peritos. As auditorias gerais e específicas devem ser organizadas em cooperação com as autoridades competentes dos Estados-Membros. Essas auditorias devem ser efectuadas regularmente, devendo o seu objectivo principal consistir em verificar se, de uma forma geral, os controlos oficiais efectuados nos Estados-Membros estão em consonância com os planos nacionais de controlo plurianuais referidos no artigo 41.º e em conformidade com a legislação comunitária. Para tal, e por forma a aumentar a eficiência e eficácia das auditorias, a Comissão pode, antes de as efectuar, solicitar aos Estados-Membros que forneçam o mais rapidamente possível cópias actualizadas dos planos nacionais de controlo.

2. As auditorias gerais podem ser completadas por auditorias e inspecções específicas numa ou mais áreas determinadas. Estas auditorias e inspecções específicas destinam-se designadamente a:

a) Verificar a aplicação do plano nacional de controlo plurianual, da legislação em matéria de alimentos para animais e de géneros alimentícios e da legislação em matéria de saúde e bem-estar dos animais e podem incluir, se for caso disso, inspecções no local dos serviços oficiais e das instalações associadas ao sector objecto da auditoria;

b) Verificar o funcionamento e a organização das autoridades competentes;

c) Investigar problemas importantes ou recorrentes nos Estados-Membros;

d) Investigar situações de emergência, problemas emergentes ou evoluções recentes nos Estados-Membros.

3. A Comissão deve elaborar um relatório sobre os resultados de cada controlo efectuado, devendo esse relatório conter, se for caso disso, recomendações dirigidas aos Estados-Membros tendo em vista o melhoramento do cumprimento da legislação em matéria de alimentos para animais e de géneros alimentícios e das normas relativas à saúde e ao bem-estar dos animais. A Comissão deve facultar os seus relatórios ao público. No caso de relatórios sobre os controlos efectuados num determinado Estado-Membro, antes de divulgar o relatório, a Comissão deve fornecer à autoridade competente um projecto do mesmo para que esta possa formular observações, ter em conta essas observações na elaboração do relatório final e publicá-las com o relatório.

4. A Comissão deve elaborar um programa de controlo anual, comunicá-lo antecipadamente aos Estados-Membros e apresentar um relatório sobre os respectivos resultados. A Comissão pode alterar o programa por forma a ter em conta a evolução em matéria de segurança dos alimentos para animais e dos géneros alimentícios, e de saúde animal, de bem-estar dos animais e de fitossanidade.

5. Os Estados-Membros devem:

a) Tomar as medidas adequadas atendendo às recomendações resultantes dos controlos comunitários;

b) Prestar toda a assistência necessária e fornecer toda a documentação e qualquer outro apoio técnico solicitados pelos peritos da Comissão no sentido de lhes permitir uma realização eficiente e eficaz dos controlos;

c) Garantir que os peritos da Comissão tenham acesso a todas as instalações ou partes de instalações e às informações, incluindo sistemas informáticos, que sejam relevantes para o desempenho das suas funções.

6. As normas de execução relativas aos controlos comunitários nos Estados-Membros podem ser estabelecidas ou alteradas nos termos do n.º 3 do artigo 62.º

Artigo 46.º *Controlos comunitários em países terceiros*

1. Os peritos da Comissão podem efectuar controlos oficiais nos países terceiros a fim de verificar, com base nas informações referidas no n.º 1 do artigo 47.º, a conformidade ou a equivalência da legislação e dos sistemas destes países em relação à legislação comunitária em matéria de alimentos para animais, de géneros alimentícios e de saúde animal. A Comissão pode nomear peritos dos Estados-Membros para assistirem os seus próprios peritos. Esses controlos oficiais devem visar em especial:

a) A legislação do país terceiro;

b) A organização das autoridades competentes do país terceiro, as suas competências e independência, a supervisão a que estão sujeitas, bem como a autoridade de que dispõem para impor o cumprimento efectivo da legislação aplicável;

c) A formação do pessoal para o desempenho dos controlos oficiais;

d) Os recursos de que dispõem as autoridades competentes, incluindo instalações de diagnóstico;

e) A existência e o funcionamento de procedimentos de controlo documentados e de sistemas de controlo em função das prioridades;

f) Se for caso disso, a situação em matéria de saúde animal, zoonoses e no domínio fitossanitário, bem como os procedimentos de notificação da Comissão e dos organismos internacionais competentes de surtos de doenças de animais e plantas;

g) O alcance e o funcionamento dos controlos oficiais das importações de animais, plantas e respectivos produtos;

h) As garantias que o país terceiro pode dar no que respeita ao cumprimento dos requisitos comunitários ou à equivalência a esses requisitos.

2. Por forma a aumentar a eficiência e a eficácia dos controlos num país terceiro, a Comissão pode, antes de efectuar tais controlos, solicitar ao país terceiro em questão a apresentação das informações referidas no n.º 1 do artigo 47.º e, se for caso disso, dos registos escritos sobre a implementação desses controlos.

3. A frequência dos controlos comunitários em países terceiros deve ser determinada com base:

a) Numa avaliação dos riscos dos produtos exportados para a Comunidade;

b) Nas disposições da legislação comunitária;

c) No volume e na natureza das importações do país em questão;

d) Nos resultados dos controlos já efectuados pelos serviços da Comissão ou por outros organismos de inspecção;

e) Nos resultados dos controlos na importação e de quaisquer outros controlos efectuados pelas autoridades competentes dos Estados-Membros;

f) Nas informações recebidas da Autoridade Europeia para a Segurança dos Alimentos ou de organismos semelhantes;

g) Nas informações recebidas de organismos internacionalmente reconhecidos, como a Organização Mundial de Saúde (OMS), a Comissão do Codex Alimentarius e a Organização Internacional das Epizootias (OIE) ou de outras fontes;

h) Em provas de aparecimento de doenças ou noutras circunstâncias que possam ter como consequência que animais ou plantas vivos, alimentos para animais ou géneros alimentícios importados de um país terceiro apresentem riscos para a saúde;

i) Na necessidade de investigar ou de responder a situações de emergência num país terceiro.

Os critérios para a determinação dos riscos para efeitos da avaliação dos riscos referida na alínea a) devem ser decididos pela Comissão. Estas medidas, que têm por objecto alterar elementos não essenciais do presente regulamento, completando-o, são aprovadas pelo procedimento de regulamentação com controlo a que se refere o n.º 4 do artigo 62.º.

4. Os procedimentos e as normas de execução relativas aos controlos nos países terceiros podem ser estabelecidos ou alterados nos termos do n.° 3 do artigo 62.°

Trata-se, em especial, de procedimentos e normas de execução sobre:
a) Os controlos em países terceiros no contexto de um acordo bilateral;
b) Os controlos noutros países terceiros.

De acordo com os mesmos procedimentos, poderão ser fixados custos relativos aos controlos acima referidos, numa base de reciprocidade.

5. Se, durante um controlo comunitário, for identificado um risco grave para a saúde humana ou animal, a Comissão deve tomar imediatamente todas as medidas de emergência necessárias nos termos do artigo 53.° do Regulamento (CE) n.° 178/2002 ou das disposições de salvaguarda previstas noutra legislação comunitária pertinente.

6. A Comissão deve elaborar um relatório sobre os resultados de cada controlo comunitário efectuado, devendo esse relatório, se for caso disso, conter recomendações. A Comissão deve facultar os seus relatórios ao público.

7. A Comissão deve comunicar antecipadamente aos Estados-Membros o seu programa de controlos nos países terceiros e apresentar um relatório sobre os respectivos resultados. A Comissão pode alterar o programa por forma a ter em conta a evolução em matéria de segurança dos alimentos para animais e dos géneros alimentícios, e de saúde animal e fitossanidade.

CAPÍTULO II.- CONDIÇÕES DE IMPORTAÇÃO

Artigo 47.° *Condições gerais de importação*
1. A Comissão será responsável por solicitar aos países terceiros que tencionem exportar produtos para a Comunidade que forneçam as seguintes informações exactas e actualizadas sobre a organização e a gestão gerais dos sistemas de controlo sanitário:
a) Quaisquer regulamentações sanitárias ou fitossanitárias adoptadas ou propostas nos seus territórios;
b) Quaisquer procedimentos de controlo e inspecção, regimes de produção e quarentena e procedimentos relativos à tolerância no que respeita aos pesticidas e à homologação dos aditivos alimentares, aplicados nos seus territórios;
c) Os procedimentos de avaliação dos riscos, os factores tidos em consideração, bem como a determinação do nível adequado de protecção sanitária ou fitossanitária;
d) Se for caso disso, o seguimento dado às recomendações feitas no âmbito dos controlos referidos no artigo 46.°

2. As informações referidas no n.° 1 devem ser proporcionadas à natureza das mercadorias e podem ter em conta a situação e estrutura específicas do país terceiro, bem como a natureza dos produtos exportados para a Comunidade. O seu âmbito de aplicação deve abranger, pelo menos, as mercadorias destinadas à exportação para a Comunidade.

3. As informações referidas nos n.°s 1 e 2 podem também dizer respeito:
a) Aos resultados dos controlos nacionais das mercadorias destinadas à exportação para a Comunidade;
b) A alterações importantes introduzidas na estrutura e no funcionamento dos sistemas de controlo em questão, nomeadamente para cumprir os requisitos ou as recomendações comunitários.

4. Se um país terceiro não fornecer essas informações, ou essas informações não forem correctas, podem ser estabelecidas condições específicas de importação nos termos do n.° 3 do artigo 62.°, numa base casuística e estritamente temporária, após consultas com o país terceiro em questão.

5. As orientações que especificarão a forma como as informações referidas nos n.°s 1, 2 e 3 devem ser concebidas e apresentadas à Comissão, assim como as medidas de transição destinadas a dar tempo aos países terceiros para prepararem essas informações devem ser estabelecidas nos termos do n.° 2 do artigo 62.°

Artigo 48.° *Condições específicas de importação*
1. Na medida em que as condições e os procedimentos pormenorizados a respeitar aquando da importação de mercadorias de países terceiros ou suas regiões não estejam previstos na legislação comunitária, em especial no Regulamento (CE) n.° 854/2004, essas condições e procedimentos devem ser estabelecidos, se necessário, pela Comissão. Estas medidas, que têm por objecto alterar elementos não essenciais do presente regulamento, completando-o, são aprovadas pelo procedimento de regulamentação com controlo a que se refere o n.° 4 do artigo 62.°

229

2. As condições e os procedimentos pormenorizados referidos no n.º 1 podem incluir:

a) A elaboração de uma lista de países terceiros a partir dos quais podem ser importados produtos específicos para um dos territórios referidos no anexo I;

b) A criação de modelos de certificados que acompanhem as remessas;

c) Condições especiais de importação, consoante o tipo de produto ou animal e os eventuais riscos a ele associados.

3. Os países terceiros só podem figurar na lista referida na alínea a) do n.º 2 se as respectivas autoridades competentes fornecerem garantias adequadas no que diz respeito ao cumprimento da legislação comunitária em matéria de alimentos para animais e de géneros alimentícios ou das normas relativas à saúde dos animais ou à equivalência das mesmas.

4. Aquando da elaboração ou da actualização da referida lista, devem ser tomados especialmente em consideração os seguintes critérios:

a) Legislação do país terceiro no sector em causa;

b) Estrutura e organização da autoridade competente do país terceiro e dos seus serviços de controlo, bem como poderes de que dispõem e garantias que podem fornecer relativamente à aplicação da legislação em causa;

c) Existência de controlos oficiais adequados;

d) Regularidade e rapidez das informações fornecidas pelo país terceiro sobre a existência de perigos relacionados com alimentos para animais e géneros alimentícios e com animais vivos;

e) Garantias fornecidas pelo país terceiro de que:

i) as condições aplicadas aos estabelecimentos a partir dos quais podem ser importados para a Comunidade alimentos para animais e géneros alimentícios são conformes ou equivalentes aos requisitos comunitários da legislação em matéria de alimentos para animais e de géneros alimentícios;

ii) é elaborada e mantida actualizada uma lista de tais estabelecimentos;

iii) a lista dos estabelecimentos e as respectivas versões actualizadas são comunicadas sem demora à Comissão;

iv) os estabelecimentos são sujeitos a controlos regulares e eficazes pela autoridade competente do país terceiro.

5. Aquando da adopção das condições especiais de importação referidas na alínea c) do n.º 2, devem ser tidas em conta as informações apresentadas pelos países terceiros em questão e, se necessário, os resultados dos controlos comunitários neles efectuados. As condições especiais de importação podem ser estabelecidas para um único produto ou para um grupo de produtos. Podem ser aplicáveis a um único país terceiro, a certas regiões de um país terceiro ou a um grupo de países terceiros.

Artigo 49.º *Equivalência*

1. No seguimento da aplicação de um acordo de equivalência ou da realização de uma auditoria satisfatória, pode ser tomada uma decisão, nos termos do n.º 3 do artigo 62.º, que reconheça que as medidas aplicadas num país terceiro ou numa região deste em áreas específicas oferecem garantias equivalentes às aplicadas na Comunidade, caso o país terceiro em questão apresente provas objectivas a este respeito.

2. A decisão referida no n.º 1 deve estabelecer as condições que regem as importações provenientes do referido país terceiro ou de uma região deste.

Estas condições podem incluir:

a) A natureza e o conteúdo dos certificados que devem acompanhar os produtos;

b) Os requisitos específicos aplicáveis à importação para a Comunidade;

c) Se necessário, os processos para a elaboração e a alteração das listas de regiões ou estabelecimentos dos quais são permitidas importações.

3. A decisão referida no n.º 1 deve ser revogada pelo mesmo procedimento e sem demora sempre que deixe de ser cumprida qualquer das condições de reconhecimento da equivalência estabelecidas aquando da sua adopção.

Artigo 50.º *Apoio aos países em desenvolvimento*

1. Nos termos do n.º 3 do artigo 62.º, podem ser adoptadas e mantidas, enquanto se comprovar a sua eficácia, as seguintes medidas destinadas a garantir que os países em desenvolvimento possam cumprir o disposto no presente regulamento:

a) Introdução gradual dos requisitos referidos nos artigos 47.º e 48.º em relação aos produtos exportados para a Comunidade; Os progressos efectuados no cumprimento desses requisitos serão avaliados e tidos em conta na determinação da necessidade de isenções específicas e limitadas no tempo da totalidade ou de parte desses requisitos. A introdução gradual deverá ainda ter em conta os progressos efectuados no desenvolvimento da capacidade institucional referida no n.º 2;

b) Assistência no fornecimento das informações referidas no artigo 47.º, se necessário, por peritos da Comunidade;

c) Promoção de projectos conjuntos entre países em desenvolvimento e Estados-Membros;

d) Elaboração de orientações para auxiliar os países em desenvolvimento na organização dos controlos oficiais dos produtos exportados para a Comunidade;

e) Envio de peritos da Comunidade para os países em desenvolvimento por forma a prestar auxílio na organização dos controlos oficiais;

f) Participação do pessoal dos países em desenvolvimento encarregado dos controlos nos cursos de formação referidos no artigo 51.º

2. No contexto da política comunitária para o desenvolvimento, a Comissão deve promover o apoio aos países em desenvolvimento em matéria de segurança dos alimentos para animais e dos géneros alimentícios em geral e de observância das normas relativas aos alimentos para animais e aos géneros alimentícios em particular, a fim de desenvolver a capacidade institucional necessária para cumprir as condições referidas nos artigos 5.º, 12.º, 47.º e 48.º

CAPÍTULO III.- FORMAÇÃO DO PESSOAL ENCARREGADO DOS CONTROLOS

Artigo 51.º *Formação do pessoal encarregado dos controlos*
1. A Comissão pode organizar cursos de formação para o pessoal das autoridades competentes dos Estados-Membros encarregado dos controlos oficiais referidos no presente regulamento. Estes cursos de formação deverão servir para desenvolver uma abordagem harmonizada dos controlos oficiais nos Estados-Membros. Poderão incluir, nomeadamente, formação em:

a) Legislação comunitária em matéria de alimentos para animais e de géneros alimentícios e normas relativas à saúde e ao bem-estar dos animais;

b) Métodos e técnicas de controlo, como a auditoria dos sistemas concebidos pelos operadores para darem cumprimento à legislação em matéria de alimentos para animais e de géneros alimentícios e às normas relativas à saúde e ao bem-estar dos animais;

c) Controlos a efectuar em mercadorias importadas na Comunidade;

d) Métodos e técnicas de produção, transformação e comercialização de alimentos para animais e de géneros alimentícios.

2. Os cursos de formação referidos no n.º 1 podem ser abertos a participantes de países terceiros, em especial de países em desenvolvimento.

3. As normas de organização dos cursos de formação podem ser estabelecidas nos termos do n.º 3 do artigo 62.º

CAPÍTULO IV.- OUTRAS ACTIVIDADES COMUNITÁRIAS

Artigo 52.º *Controlos de países terceiros nos Estados-Membros*
1. A pedido das autoridades competentes dos Estados-Membros e em colaboração com as mesmas, os peritos da Comissão podem assistir os Estados-Membros durante os controlos efectuados por países terceiros.

2. Em tais casos, os Estados-Membros em cujo território seja efectuado um controlo por um país terceiro devem comunicar à Comissão a respectiva planificação, âmbito, documentação e quaisquer outras informações pertinentes que permitam à Comissão participar com eficácia no controlo.

3. A assistência da Comissão deve, em especial:

a) Clarificar a legislação comunitária em matéria de alimentos para animais e de géneros alimentícios e as normas relativas à saúde e ao bem-estar dos animais;

b) Fornecer as informações e os dados disponíveis a nível comunitário que possam ser úteis para o controlo efectuado pelo país terceiro;

c) Garantir a uniformidade em relação aos controlos efectuados por países terceiros.

Artigo 53.º *Planos de controlo coordenados*
A Comissão pode recomendar planos coordenados, nos termos do n.º 2 do artigo 62.º Estes planos devem ser:

a) Organizados anualmente em conformidade com um programa; e *b)* Se necessário, organizados numa base *ad hoc,* nomeadamente tendo em vista determinar a prevalência de perigos relacionados com alimentos para animais, géneros alimentícios ou animais.

TÍTULO VII.- MEDIDAS COERCIVAS

CAPÍTULO I.- MEDIDAS COERCIVAS NACIONAIS

Artigo 54.° *Medidas em caso de incumprimento*
1. Sempre que a autoridade competente identifique um incumprimento, deve tomar medidas que garantam que o operador resolva a situação. Ao decidir da acção a empreender, a autoridade competente terá em conta a natureza do incumprimento e os antecedentes do operador no tocante ao incumprimento.
2. Essa acção deve incluir, se for caso disso, as seguintes medidas:
a) Imposição de procedimentos sanitários ou de quaisquer outras medidas consideradas necessárias para garantir a segurança dos alimentos para animais ou dos géneros alimentícios ou o cumprimento da legislação em matéria de alimentos para animais ou de géneros alimentícios e das normas relativas à saúde e bem-estar dos animais;
b) Restrição ou proibição da colocação no mercado, da importação ou da exportação de alimentos para animais, de géneros alimentícios ou de animais;
c) Acompanhamento e, se necessário, imposição da recolha, retirada e/ou destruição dos alimentos para animais e dos géneros alimentícios;
d) Autorização de utilização dos alimentos para animais ou dos géneros alimentícios para fins diferentes daqueles a que inicialmente se destinavam;
e) Suspensão do funcionamento ou encerramento da totalidade ou de parte da empresa em questão durante um período adequado;
f) Suspensão ou retirada da acreditação concedida ao estabelecimento;
g) Medidas referidas no artigo 19.° para as remessas de países terceiros;
h) Quaisquer outras medidas consideradas adequadas pela autoridade competente.
3. A autoridade competente fornecerá ao operador em causa, ou ao seu representante:
a) A notificação escrita da sua decisão relativa à acção a empreender nos termos do n.° 1 e a respectiva fundamentação; e
b) Informações sobre os seus direitos de recurso de tais decisões, assim como sobre o procedimento e os prazos aplicáveis.
4. Se necessário, a autoridade competente deve também notificar a autoridade competente do Estado-Membro de expedição da sua decisão.
5. Todas as despesas incorridas por força do presente artigo são suportadas pelos operadores responsáveis das empresas do sector dos alimentos para animais ou do sector alimentar.

Artigo 55.° *Sanções*
1. Os Estados-Membros devem estabelecer normas sobre as sanções aplicáveis às infracções à legislação em matéria de alimentos para animais e de géneros alimentícios, bem como a outras disposições comunitárias relacionadas com a protecção da saúde e do bem-estar dos animais, e tomar todas as medidas necessárias para garantir a sua aplicação. As sanções previstas devem ser eficazes, proporcionadas e dissuasivas.
2. Os Estados-Membros devem notificar sem demora a Comissão das disposições aplicáveis às infracções à legislação em matéria de alimentos para animais e de géneros alimentícios, bem como de qualquer alteração subsequente que as afecte.

CAPÍTULO II.- MEDIDAS COERCIVAS COMUNITÁRIAS

Artigo 56.° *Medidas de salvaguarda*
1. Devem ser tomadas medidas nos termos do artigo 53.° do Regulamento (CE) n.° 178/2002 caso:
a) A Comissão disponha de provas de uma falha grave nos sistemas de controlo de um Estado-Membro; e
b) Tal falha possa implicar um risco de grandes proporções para a saúde humana, para a saúde animal ou para o bem-estar dos animais, directamente ou através do ambiente.

2. Estas medidas só podem ser tomadas depois de:
a) Os controlos comunitários terem revelado incumprimento da legislação comunitária e informado do mesmo; e
b) O Estado-Membro em causa não ter corrigido a situação, a pedido da Comissão e no prazo por esta estabelecido.

TÍTULO VIII.- ADAPTAÇÃO DA LEGISLAÇÃO COMUNITÁRIA

Artigo 57.° *Alteração da Directiva 96/23/CE*
A Directiva 96/23/CE é alterada do seguinte modo:
1. O n.° 2 do artigo 14.° passa a ter a seguinte redacção:
«2. Os laboratórios comunitários de referência são os referidos na parte relevante do anexo V do Regulamento (CE) n.º 882/2004 do Parlamento Europeu e do Conselho, de 29 de Abril de 2004, relativo aos controlos oficiais realizados para garantir a verificação do cumprimento da legislação relativa aos alimentos para animais e aos géneros alimentícios e das normas relativas à saúde e ao bem-estar dos animais.

2. No artigo 30.°, o trecho do n.° 1 que se inicia com «Sempre que esses novos controlos revelarem ...» e termina com «... ou a utilização para outros fins autorizados pela legislação comunitária, sem indemnização nem compensação» passa a ter a seguinte redacção:
«Sempre que os controlos revelem a presença de substâncias ou de produtos não autorizados ou sempre que tenham sido excedidos os limites máximos, é aplicável o disposto nos artigos 19.º a 22.º do Regulamento (CE) n.º882/2004.»

3. É revogado o anexo V.

Artigo 58.° *Alteração da Directiva 97/78/CE*
A Directiva 97/78/CE é alterada do seguinte modo:
1. O artigo 1.° passa a ter a seguinte redacção:
«Os Estados-Membros efectuarão os controlos veterinários dos produtos provenientes de países terceiros introduzidos num dos territórios enumerados no anexo I em conformidade com o disposto na presente directiva e no Regulamento (CE) n.º 882/2004 do Parlamento Europeu e do Conselho, de 29 de Abril de 2004, relativo aos controlos oficiais realizados para garantir a verificação do cumprimento da legislação relativa aos alimentos para animais e aos géneros alimentícios e das normas relativas à saúde e ao bem-estar dos animais.

2. A alínea a) do n.° 2 do artigo 2.° passa a ter a seguinte redacção:
«a) "produtos", os produtos de origem animal referidos nas Directivas 89/662/CEE e 90/425/CEE, no Regulamento (CE) n.º 1774/2002 do Parlamento Europeu e do Conselho, de 3 de Outubro de 2002, que estabelece regras sanitárias relativas aos subprodutos animais não destinados ao consumo humano, na Directiva 2002/99/CE do Conselho, de 16 de Dezembro de 2002, que estabelece as regras de polícia sanitária aplicáveis à produção, transformação, distribuição e introdução de produtos de origem animal destinados ao consumo humano e no Regulamento (CE) n.º 854/2004 do Parlamento Europeu e do Conselho, de 29 de Abril de 2004, que estabelece regras específicas de organização dos controlos oficiais de produtos de origem animal destinados ao consumo humano; inclui também os produtos vegetais contemplados no artigo 19.º

3. No n.° 3 do artigo 7.°, o trecho «as despesas de inspecção previstas pela Directiva 85/73/CEE do Conselho, de 29 de Janeiro de 1985, relativa ao financiamento das inspecções e controlos sanitários referidos nas Directivas 89/662/CEE, 90/425/CEE, 90/675/CEE e 91/496/CEE (modificada e codificada)» é substituído por:
«despesas de inspecção referidas no Regulamento (CE) n.º 882/2004»

4. Na alínea b) do n.° 1 do artigo 10.°, é suprimido o seguinte trecho:
«ou, no caso de estabelecimentos aprovados em conformidade com a Decisão 95/408/CE do Conselho, de 22 de Junho de 1995, relativa às regras de elaboração, por um período transitório, de listas provisórias de estabelecimentos de países terceiros dos quais os Estados-Membros são autorizados a importar determinados produtos de origem animal, produtos da pesca e moluscos bivalves vivos, que tenham sido sujeitos a inspecção, comunitária ou nacional»;

5. É revogado o n.° 9 do artigo 12.°;
6. É revogado o n.° 5 do artigo 15.°;
7. Ao artigo 16.° é aditado o seguinte n.° 4:

«4. As normas de execução para a introdução de produtos de origem animal para abastecimento da tripulação e dos passageiros de meios de transporte internacionais e para produtos de origem animal encomendados à distância (p. ex. pelo correio, por telefone ou pela internet) e entregues ao consumidor serão estabelecidas nos termos do artigo 25.º do Regulamento (CE) n.º 882/2004.»

8. É revogado o artigo 21.º;
9. É revogado o artigo 23.º;
10. No segundo travessão do n.º 1 do artigo 24.º, os termos «previsto no n.º 2, alíneas a) e b), do artigo 17.º» são substituídos por «previsto no artigo 17.º».

Artigo 59.º *Alteração da Directiva 2000/29/CE*
Na Directiva 2000/29/CE, é inserido o seguinte artigo:
«Artigo 27.ºA
Para efeitos da presente directiva, e sem prejuízo do artigo 21.º, são aplicáveis, se for caso disso, os artigos 41.º a 46.º do Regulamento (CE) n.º 882/2004 do Parlamento Europeu e do Conselho, de 29 de Abril de 2004, relativo aos controlos oficiais realizados para garantir a verificação do cumprimento da legislação relativa aos alimentos para animais e aos géneros alimentícios e das normas relativas à saúde e ao bem-estar dos animais.»

Artigo 60.º *Alteração do Regulamento (CE) n.º 854/2004*
O Regulamento (CE) n.º 854/2004 é alterado do seguinte modo:
1. Ao artigo 1.º é aditado o seguinte número:
«1 A. O presente regulamento é aplicável em complemento do Regulamento (CE) n.º 882/2004 do Parlamento Europeu e do Conselho, de 29 de Abril de 2004, relativo aos controlos oficiais realizados para verificar o cumprimento da legislação relativa aos alimentos para animais e aos géneros alimentícios e das normas relativas à saúde e ao bem-estar dos animais.

2. No artigo 2.º:
a) No n.º 1, são revogadas as alíneas a), b), d) e e); e
b) Ao n.º 2 é aditada a seguinte alínea b-A):
«b-A) Regulamento (CE) n.º 882/2004»

3. No artigo 3.º:
a) O n.º 1 passa a ter a seguinte redacção:
«1. As autoridades competentes devem acreditar os estabelecimentos nos moldes previstos no n.º 2 do artigo 31.º do Regulamento (CE) n.º 882/2004.»

b) São revogadas as alíneas a) e b) do n.º 4 e o n.º 6;
4. É revogado o artigo 9.º;
5. O artigo 10.º passa a ter a seguinte redacção:
«Artigo 10.º
A fim de assegurar a aplicação uniforme dos princípios e das condições previstos no artigo 11.º do Regulamento (CE) n.º 178/2002 e no capítulo II do título VI do Regulamento (CE) n.º 882/2004.»

6. No artigo 11.º:
a) O n.º 2 passa a ter a seguinte redacção:
«2. Um país terceiro só pode ser inserido nessas listas se tiver sido efectuado um controlo comunitário desse país que comprove que a autoridade competente fornece garantias adequadas, conforme especificado no n.º 3 do artigo 48.º do Regulamento (CE) n.º 882/2004. No entanto, um país terceiro pode figurar nessas listas sem que tenha sido efectuado um controlo comunitário se:
a) O risco determinado nos termos da alínea a) do n.º 3 do artigo 46.º do Regulamento (CE) n.º 882/2004 não o justificar; e
b) Ao decidir incluir determinado país terceiro numa lista nos termos do n.º 1, se verificar que existem outras informações que indiquem que a autoridade competente fornece as garantias necessárias.»

b) O proémio do n.º 4 passa a ter a seguinte redacção:
«4. Aquando da elaboração ou da actualização dessas listas, devem ser tomados especialmente em consideração os critérios enumerados no artigo 46.º e no n.º 3 do artigo 48.º do Regulamento (CE) n.º 882/2004. Devem ser tidos igualmente em conta os seguintes critérios:»

c) São revogadas as alíneas b) a h) do n.º 4;
7. A alínea b) do n.º 2 do artigo 14.º passa a ter a seguinte redacção:
«b) Todas as condições específicas de importação estabelecidas nos termos do artigo 48.º do Regulamento (CE) n.º 882/2004»

8. No artigo 18.°, são suprimidos os pontos 17 a 20.

Artigo 61.° *Revogação de actos comunitários*
1. As Directivas 70/373/CEE, 85/591/CEE, 89/397/CEE, 93/99/CEE e 95/53/CE e as Decisões 93/383/CE, 98/728/CE e 1999/313/CE são revogadas com efeitos a 1 de Janeiro de 2006. A Directiva 85/73/CEE é revogada com efeitos a 1 de Janeiro de 2008.
2. No entanto, as normas de execução adoptadas com base nesses actos, em especial as referidas no anexo VIII, devem continuar em vigor desde que não sejam contrárias ao presente regulamento, enquanto se aguarda a adopção das disposições necessárias com base no presente regulamento.
3. As remissões para os actos revogados devem entender-se como sendo feitas para o presente regulamento.

TÍTULO IX.- DISPOSIÇÕES GERAIS

Artigo 62.° *Comité*
1. A Comissão é assistida pelo Comité Permanente da Cadeia Alimentar e da Saúde Animal, instituído pelo artigo 58.° do Regulamento (CE) n.° 178/2002 ou, para as matérias essencialmente do sector fitossanitário, pelo Comité Fitossanitário Permanente instituído pela Decisão 76/894/CEE do Conselho.
2. Sempre que se faça referência ao presente número, são aplicáveis os artigos 3.° e 7.° da Decisão 1999/468/CE, tendo-se em conta o disposto no seu artigo 8.°
3. Sempre que se faça referência ao presente número, são aplicáveis os artigos 5.° e 7.° da Decisão 1999/468/CE, tendo em conta o disposto no seu artigo 8.°
O prazo previsto no n.° 6 do artigo 5.° da Decisão 1999/468/CE é de três meses.
4. Sempre que se faça referência ao presente número, são aplicáveis os n.°ˢ 1 a 4 do artigo 5.°-A e o artigo 7.° da Decisão 1999/468/CE, tendo-se em conta o disposto no artigo 8.°.

Artigo 63.° *Medidas de aplicação e de transição*
1. As medidas transitórias de alcance geral que têm por objecto alterar elementos não essenciais do presente regulamento, nomeadamente completando-o mediante o aditamento de novos elementos não essenciais, em especial:
— de uma aplicação incorrecta das normas referidas no n.° 2 do artigo 12.°,
— de definir os alimentos para animais que devem ser considerados como alimentos para animais de origem animal para efeitos do presente regulamento,
e especificações complementares dos requisitos estabelecidos nas disposições do presente regulamento, são aprovadas pelo procedimento de regulamentação com controlo a que se refere o n.° 4 do artigo 62.°.
Outras medidas de transição e de aplicação necessárias para garantir a aplicação uniforme do presente regulamento podem ser estabelecidas pelo procedimento de regulamentação com controlo a que se refere o n.° 3 do artigo 62.°. Trata-se, em especial:
— da delegação de tarefas de controlo nos organismos de controlo referidos no artigo 5.° que já estavam em funcionamento antes da entrada em vigor do presente regulamento,
— dos incumprimentos referidos no artigo 28.° que implicam despesas decorrentes de controlos oficiais suplementares,
— e despesas incorridas por força do artigo 54.°,
— de regras em matéria de análises microbiológicas, físicas e/ou químicas no âmbito de controlos oficiais, em particular em caso de suspeita de risco e incluindo a supervisão da segurança de produtos importados de países terceiros.
2. Para ter em conta a especificidade dos Regulamentos (CEE) n.° 2092/91, (CEE) n.° 2081/92 e (CEE) n.° 2082/92, as medidas específicas a adoptar pela Comissão podem prever as necessárias derrogações e adaptações das normas estabelecidas no presente regulamento. Estas medidas, que têm por objecto alterar elementos não essenciais do presente regulamento, completando-o, são aprovadas pelo procedimento de regulamentação com controlo a que se refere o n.° 4 do artigo 62.°.

Artigo 64.° *Alteração dos anexos e referências às Normas Europeias*
As medidas seguintes, que têm por objecto alterar elementos não essenciais do presente acto, são aprovadas pelo procedimento de regulamentação com controlo a que se refere o n.° 4 do artigo 62.°:

1. Os anexos do presente regulamento podem ser actualizados, com excepção do anexo I, do anexo IV e do anexo V, sem prejuízo do n.º 3 do artigo 27.º, nomeadamente a fim de ter em conta mudanças administrativas e progressos científicos e/ou tecnológicos;

2. As referências às Normas Europeias constantes do presente regulamento podem ser actualizadas no caso de o CEN alterar estas referências.

Artigo 65.º *Relatório ao Parlamento Europeu e ao Conselho*
1. O mais tardar em 20 de Maio de 2007, a Comissão deve apresentar um relatório ao Parlamento Europeu e ao Conselho.
2. O relatório deve, em especial, analisar a experiência adquirida com a aplicação do presente regulamento e ponderar, em especial, as seguintes questões:
a) Reavaliação do âmbito de aplicação em matéria de saúde e bem-estar dos animais;
b) Garantia de que outros sectores contribuam para o financiamento dos controlos oficiais através do alargamento da lista de actividades referidas na secção A do anexo IV e na secção A do anexo V, e tendo em conta, nomeadamente, o impacto da nova legislação comunitária relativa aos alimentos para animais e aos géneros alimentícios depois da sua adopção;
c) Fixação das taxas mínimas actualizadas referidas na secção B do anexo IV e na secção B do anexo V, tendo especialmente em conta os factores de risco.
3. Se adequado, a Comissão deve fazer acompanhar o relatório de propostas pertinentes.

TÍTULO X.- DISPOSIÇÃO FINAL

Artigo 67.º *Entrada em vigor*
O presente regulamento entra em vigor no vigésimo dia seguinte ao da sua publicação no Jornal Oficial da União Europeia.
É aplicável a partir de 1 de Janeiro de 2006.
No entanto, os artigos 27.º e 28.º são aplicáveis a partir de 1 de Janeiro de 2007.

ANEXO I.-
Territórios a que se refere o artigo 2.º, n.º 15

[Anexo não reproduzido na presente publicação]

ANEXO II.-
Autoridades competentes

[Anexo não reproduzido na presente publicação]

ANEXO III.-
Caracterização dos métodos de análise

[Anexo não reproduzido na presente publicação]

ANEXO IV.-
Actividades e taxas ou encargos mínimos relacionados com os controlos oficiais em estabelecimentos comunitários

[Anexo não reproduzido na presente publicação]

ANEXO V.-
Actividades e taxas ou encargos mínimos relacionados com os controlos oficiais de mercadorias e animais vivos introduzidos na comunidade

[Anexo não reproduzido na presente publicação]

ANEXO VI.-
Critérios a ter em conta no cálculo das taxas

[Anexo não reproduzido na presente publicação]

ANEXO VII.-
Laboratórios de referência da União Europeia (UE)

[Anexo não reproduzido na presente publicação]

ANEXO VIII.-
Normas de execução que permanecem em vigor por força do artigo 61.º

[Anexo não reproduzido na presente publicação]

Seleção de documentos não reproduzidos

Regulamento (CEE) n.º 100/72 da Comissão, de 14 de Janeiro de 1972, que estabelece as modalidades de aplicação relativas à desnaturação do açúcar para alimentação animal [V.C. 16/02/1996].

TJUE, 18 de Fevereiro de 1982, Processo 77/81, Zuckerfabrik Franken GmbH contra República Federal da Alemanha [Interpretaçao do Art. 14(1)(b)].

Directiva 76/621/CEE do Conselho, de 20 de Julho de 1976, relativa à fixação do teor máximo de ácido erúcico nos óleos e gorduras destinados directamente à alimentação humana, bem como nos géneros alimentícios adicionados de óleos ou gorduras [V.C. 05/06/2003].

Directiva 78/142/CEE do Conselho, de 30 de Janeiro de 1978, relativa à aproximação das legislações dos Estados-Membros respeitantes aos materiais e objectos que contêm monómero de cloreto de vinilo, destinados a entrar em contacto com os géneros alimentícios.

Primeira Directiva 79/796/CEE da Comissão, de 26 de Julho de 1979, que fixa métodos de análise comunitários para o controlo de determinados açúcares destinados à alimentação humana.

Primeira Directiva 79/1067/CEE da Comissão, de 13 de Novembro de 1979, que fixa os métodos de análise comunitários para o controlo de certos leites conservados total ou parcialmente desidratados destinados à alimentação humana.

Directiva 80/891/CEE da Comissão, de 25 de Julho de 1980, relativa ao método de análise comunitário de determinação do teor de ácido erúcico nos óleos e gorduras destinados directamente à alimentação humana, bem como nos géneros alimentícios adicionados de óleos ou gorduras.

Directiva 82/711/CEE do Conselho, de 18 de Outubro de 1982, que estabelece as regras de base necessárias à verificação da migração dos constituintes dos materiais e objectos em matéria plástica destinados a entrar em contacto com os géneros alimentícios [V.C. 01/09/1997].

Directiva 83/417/CEE do Conselho, de 25 de Julho de 1983, relativa à aproximação das legislações dos Estados-membros respeitantes a determinadas lactoproteinas (caseinas e caseinatos) destinadas à alimentação humana [V.C.20/01/2009].

TJUE, 6 de Junho de 2002, Processo C-133/99, Reino dos Países Baixos contra Comissão das Comunidades Europeias [Interpretaçao do Art.2] [Ajudas ao leite desnatado com vista ao fabrico de caseína e de caseinatos].

Directiva 84/500/CEE do Conselho, de 15 de Outubro de 1984, relativa à aproximação das legislações dos Estados-membros respeitantes aos objectos cerâmicos destinados a entrar em contacto com os géneros alimentícios [V.C. 20/05/2005].

Regulamento (Euratom) n.º 3954/87 do Conselho, de 22 de Dezembro de 1987, que fixa os níveis máximos tolerados de contaminação radioactiva dos géneros alimentícios e alimentos para animais na sequência de um acidente nuclear ou de qualquer outro caso de emergência radiológica [V.C. 25/07/1989].

Regulamento (Euratom) n.º 944/89 da Comissão, de 12 de Abril de 1989, que fixa os níveis máximos tolerados de contaminação radioactiva dos géneros alimentícios de menor importância na sequência de um acidente nuclear ou de qualquer outro caso de emergência radiológica.

Regulamento (CEE) n.º 2219/89 do Conselho, de 18 de Julho de 1989, relativo às condições especiais de exportação dos géneros alimentícios e dos alimentos para animais na sequência de um acidente nuclear ou de qualquer outro caso de emergência radiológica.

Directiva 92/2/CEE da Comissão, de 13 de Janeiro de 1992, que estabelece o procedimento de amostragem e o método de análise comunitário para o controlo oficial das temperaturas de alimentos ultracongelados destinados à alimentação humana.

Regulamento (CE) n.º 1935/2004 do Parlamento Europeu e do Conselho, de 27 de Outubro de 2004, relativo aos materiais e objectos destinados a entrar em contacto com os alimentos e que revoga as Directivas 80/590/CEE e 89/109/CEE [V.C.07/08/2009].

Regulamento (CE) n.º 2073/2005 da Comissão, de 15 de Novembro de 2005, relativo a critérios microbiológicos aplicáveis aos géneros alimentícios [V.C.01/06/2014].

Regulamento (CE) n.º 401/2006 da Comissão, de 23 de Fevereiro de 2006, que estabelece os métodos de amostragem e de análise para o controlo oficial dos teores de micotoxinas nos géneros alimentícios [V.C. 01/07/2014].

Directiva 2008/38/CE da Comissão, de 5 de Março de 2008, que estabelece uma lista das utilizações previstas para os alimentos com objectivos nutricionais específicos destinados a animais [V.C. 27/01/2014].

Regulamento (CE) n.º 152/2009 da Comissão, de 27 de Janeiro de 2009, que estabelece os métodos de amostragem e análise para o controlo oficial dos alimentos para animais [V.C. 17/07/2014].

Regulamento (CE) n.º 767/2009 do Parlamento Europeu e do Conselho, de 13 de Julho de 2009, relativo à colocação no mercado e à utilização de alimentos para animais, que altera o Regulamento (CE) n.º 1831/2003 e revoga as Directivas 79/373/CEE do Conselho, 80/511/CEE da Comissão, 82/471/CEE do Conselho, 83/228/CEE do Conselho, 93/74/CEE do Conselho, 93/113/CE do Conselho e 96/25/CE do Conselho e a Decisão 2004/217/CE da Comissão [V.C.01/09/2010].

Regulamento (CE) n.º 669/2009 da Comissão, de 24 de Julho de 2009, que dá execução ao Regulamento (CE) n.º 882/2004 do Parlamento Europeu e do Conselho no que respeita aos controlos oficiais reforçados na importação de certos alimentos para animais e géneros alimentícios de origem não animal e que altera a Decisão 2006/504/CE [V.C.01/10/2014].

Regulamento (UE) n.º 68/2013 da Comissão, de 16 de janeiro de 2013, relativo ao Catálogo de matérias-primas para alimentação animal.

Regulamento (UE) n.º 51/2013 da Comissão, de 16 de janeiro de 2013, que altera o Regulamento (CE) n.º 152/2009 no que respeita aos métodos de análise para a determinação dos constituintes de origem animal no quadro do controlo oficial dos alimentos para animais.

Regulamento (UE) n.º 510/2014 do Parlamento Europeu e do Conselho, de 16 de abril de 2014, que estabelece o regime de trocas aplicável a certas mercadorias resultantes da transformação de produtos agrícolas e que revoga os Regulamentos (CE) n.º 1216/2009 e (CE) n.º 614/2009 do Conselho.

Capítulo 2.- Aditivos Alimentares e Auxiliares Tecnológicos

27 de Janeiro de 1997.- Regulamento (CE) n.º 258/97
do Parlamento Europeu e do Conselho
relativo a novos alimentos e ingredientes alimentares
(J.O. L 43, 14/02/1997)

(V.C. 07/08/2009)

TJUE, 14 de Abril de 2011. Processo C-327/09, Mensch und Natur AG contra Freistaat Bayern [Interpretação os artigos 1 e 7].
TJUE, 15 de Janeiro de 2009. Processo C-383/07, M-K Europa GmbH & Co. KG contra Stadt Regensburg [Interpretação dos artigos 1 e 13].
TJUE, de 9 de Junho de 2005. Processos apensos C-211/03, C-299/03 e C-316/03 a C-318/03, HLH Warenvertriebs GmbH (C-211/03) e Orthica BV (C-299/03 e C-316/03 a C-318/03) contra Bundesrepublik Deutschland [Interpretação o artigo 1].
TJUE, 9 de Setembro de 2003. Processo C-236/01, Monsanto Agricoltura Italia SpA e outros contra Presidenza del Consiglio dei Ministri e outros [Interpretação dos artigos 3 e 5, validação do artigo 5].

O PARLAMENTO EUROPEU E O CONSELHO DA UNIÃO EUROPEIA,
Tendo em conta o Tratado que institui a Comunidade Europeia e, nomeadamente, o seu artigo 100º A,
Tendo em conta a proposta da Comissão,
Tendo em conta o parecer do Comité Económico e Social,
Deliberando nos termos do procedimento previsto no artigo 189º B do Tratado, tendo em conta o projecto comum aprovado pelo comité de conciliação em 9 de Dezembro de 1996,
(1) Considerando que as disparidades entre as legislações nacionais relativas a novos alimentos e ingredientes alimentares podem prejudicar a livre circulação de géneros alimentícios e criar condições de concorrência desleal, afectando directamente o funcionamento do mercado interno;
(2) Considerando que, para proteger a saúde pública, é necessário garantir que os novos alimentos e ingredientes alimentares sejam sujeitos a uma avaliação de inocuidade única mediante um procedimento comunitário, antes de serem colocados no mercado da Comunidade; que, no caso dos novos alimentos e ingredientes alimentares substancialmente idênticos aos já existentes, se deve prever um procedimento simplificado;
(3) Considerando que os aditivos e aromatizantes alimentares utilizados nos alimentos e os solventes de extracção são abrangidos por outra legislação comunitária e devem, por isso, ser excluídos do âmbito do presente regulamento;
(4) Considerando que devem ser tomadas medidas adequadas para a colocação no mercado de novos alimentos e ingredientes alimentares provenientes de variedades vegetais sujeitas à Directiva 70/457/CEE do Conselho, de 29 de Setembro de 1970, que diz respeito ao catálogo comum das espécies de plantas agrícolas e à Directiva 70/458/CEE do Conselho, de 29 de Setembro de 1970, respeitante à comercialização das sementes de produtos hortícolas ;
(5) Considerando que os riscos para o ambiente podem estar associados a novos alimentos e ingredientes alimentares que contenham ou consistam em organismos geneticamente modificados; que a Directiva 90/220/CEE do Conselho, de 23 de Abril de 1990, relativa à libertação deliberada no ambiente de organismos geneticamente modificados, determina que deve ser sempre efectuada uma avaliação de riscos ambientais desses produtos, de modo a garantir a segurança do ambiente; que, para prever um sistema comunitário unificado de avaliação desses produtos, se devem tomar disposições no âmbito deste regulamento, relacionadas com uma avaliação de riscos ambientais específicos - avaliação essa que deve ser semelhante à da Directiva 90/220/CEE, nos termos do artigo 10º dessa mesma Directiva -, juntamente com a avaliação do produto a utilizar como alimento ou ingrediente alimentar;
(6) Considerando que o Comité científico para a alimentação humana, instituído pela Decisão 74/234/CEE deve ser consultado sobre todas as questões regulamentares que possam ter efeitos na saúde pública;
(7) Considerando que as disposições da Directiva 89/397/CEE do Conselho, de 14 de Junho de 1989, relativa ao controlo oficial dos géneros alimentícios e da Directiva 93/99/CEE do Conselho, de 29 de Outubro de 1993, relativa a medidas adicionais

respeitantes ao controlo oficial dos géneros alimentícios, são aplicáveis aos novos alimentos e ingredientes alimentares;

(8) Considerando que, sem prejuízo dos outros requisitos da legislação comunitária relacionados com a rotulagem de géneros alimentícios, devem ser previstos requisitos específicos adicionais de rotulagem; que esses requisitos devem ser sujeitos a disposições precisas para garantir a informação necessária do consumidor; que existem determinados grupos da população, associados a práticas alimentares bem definidas, que devem ser informados da presença num novo alimento de substâncias que não se encontrem no género alimentício equivalente já existente, sempre que esse facto suscite a esses grupos reservas de ordem ética; que os alimentos e ingredientes alimentares que contenham organismos geneticamente modificados e que sejam colocados no mercado não devem ser prejudiciais à saúde humana; que se poderá garantir que o não sejam através da observância do processo de autorização previsto na Directiva 90/220/CEE e/ou através do processo de avaliação único previsto no presente regulamento; que na medida em que «organismo» é definido pelo direito comunitário, no que respeita à rotulagem, a informação do consumidor acerca da presença de um organismo que tenha sido geneticamente modificado constitui uma exigência adicional aplicável aos alimentos e ingredientes alimentares a que se refere o presente regulamento;

(9) Considerando que, no que respeita aos alimentos e ingredientes alimentares destinados à colocação no mercado a fim de serem fornecidos ao consumidor final, e que possam conter tanto produtos tradicionais quanto produtos geneticamente modificados considera-se, sem prejuízo das outras exigências em matéria de rotulagem constantes do presente regulamento, que a informação dos consumidores acerca da possibilidade de organismos geneticamente modificados se encontrarem presentes nos alimentos e ingredientes alimentares preenche - por via de excepção, em especial no que respeita aos transportes em larga escala - os requisitos do artigo 8°;

(10) Considerando que nada impede um fornecedor de informar os consumidores, por meio da rotulagem de um alimento ou ingrediente alimentar, de que o produto em questão não é um novo alimento na acepção do presente regulamento, ou de que as técnicas utilizadas para a obtenção de novos alimentos e que constam do n° 2 do artigo 1° não foram utilizadas na produção do alimento ou ingrediente alimentar em questão;

(11) Considerando que há que prever, no âmbito do presente regulamento, um procedimento que institua uma estreita cooperação entre os Estados-membros e a Comissão no comité permanente dos géneros alimentícios, instituído pela Decisão 69/414/CEE;

(12) Considerando que em 20 de Dezembro de 1994 se concluiu um modus vivendi entre o Parlamento Europeu, o Conselho e a Comissão no que respeita às medidas de execução dos actos adoptados segundo o procedimento previsto no artigo 189°B do Tratado,

ADOPTARAM O PRESENTE REGULAMENTO:

Artigo 1°
1. O presente regulamento tem por objecto a colocação no mercado de novos alimentos ou ingredientes alimentares,
2. O presente regulamento é aplicável à colocação no mercado de alimentos ou de ingredientes alimentares ainda não significativamente utilizados para consumo humano na Comunidade e que se integrem numa das seguintes categorias:

a) [...]
b) [...]
c) Alimentos e ingredientes alimentares com uma estrutura molecular primária nova ou intencionalmente alterada;
d) Alimentos e ingredientes alimentares que consistam em ou tenham sido isolados a partir de microrganismos, fungos ou algas;
e) Alimentos e ingredientes alimentares que consistam em ou tenham sido isolados a partir de plantas e ingredientes alimentares isolados a partir de animais, excepto os alimentos e ingredientes alimentares obtidos por meio de práticas de multiplicação ou de reprodução tradicionais, cujos antecedentes sejam seguros no que se refere à utilização como géneros alimentícios;
f) Alimentos e ingredientes alimentares que tenham sido objecto de um processo de fabrico não utilizado correntemente, se esse processo conduzir, em termos de composição ou estrutura dos alimentos ou ingredientes alimentares, a alterações significativas do seu valor nutritivo, metabolismo ou teor de substâncias indesejáveis.

3. Se necessário, poder-se-á determinar, nos termos do nº2 do artigo 13º, se um tipo de alimento ou de ingrediente alimentar é abrangido pelo nº 2 do presente artigo.

Artigo 2º
1. O presente regulamento não é aplicável a:
   a) Aditivos alimentares abrangidos pela Directiva 89/107/CEE do Conselho, de 21 de Dezembro de 1988, relativa à aproximação das legislações dos Estados-membros respeitantes aos aditivos que podem ser utilizados nos géneros destinados à alimentação humana;
   b) Aromatizantes destinados a ser utilizados em géneros alimentícios abrangidos pela Directiva 88/388/CEE do Conselho, de 22 de Junho de 1988, relativa à aproximação das legislações dos Estados-membros no domínio dos aromas destinados a serem utilizados nos géneros alimentícios e dos materiais de base para a respectiva produção;
   c) Solventes de extracção utilizados na produção de géneros alimentícios abrangidos pela Directiva 88/344/CEE do Conselho, de 13 de Junho de 1988, relativa à aproximação das legislações dos Estados-membros sobre os solventes de extracção utilizados no fabrico de géneros alimentícios e dos respectivos ingredientes.
   d) Enzimas alimentares abrangidas pelo Regulamento (CE) nº1332/2008 do Parlamento Europeu e do Conselho, de 16 de Dezembro de 2008, relativo às enzimas alimentares.
2. As exclusões ao âmbito de aplicação do presente regulamento a que se referem as alíneas a) a c) do nº 1 só serão aplicáveis enquanto os níveis de segurança previstos nas Directivas 89/107/CEE, 88/388/CEE e 88/344/CEE corresponderem ao nível de segurança do presente regulamento.
3. Com a devida observância pelo disposto no artigo 11º, a Comissão assegurará que os níveis de segurança previstos nas directivas a que se refere o nº 2, bem como nas medidas de execução dessas directivas e do presente regulamento, correspondem ao nível de segurança do presente regulamento.

Artigo 3º
1. Os alimentos ou ingredientes alimentares abrangidos pelo presente regulamento não devem:
- apresentar riscos para o consumidor,
- induzir o consumidor em erro,
- diferir dos alimentos e ingredientes alimentares que estejam destinados a substituir de tal forma que o seu consumo normal possa implicar, em termos nutritivos, uma desvantagem para o consumidor.
2. Os procedimentos previstos nos artigos 4º, 6º, 7º e 8º são aplicáveis à colocação no mercado da Comunidade de alimentos e ingredientes alimentares abrangidos pelo presente regulamento, com base nos critérios definidos no nº 1 do presente artigo e noutros factores pertinentes mencionados nos referidos artigos.
3. *[...]*
4. Em derrogação do nº2, o procedimento previsto no artigo 5º é aplicável aos géneros alimentícios e ingredientes alimentares referidos nas alíneas d) e e) do nº2 do artigo 1º que, com base nos dados científicos disponíveis e geralmente reconhecidos ou num parecer de um dos organismos competentes a que se refere o nº3 do artigo 4º, sejam substancialmente equivalentes a géneros alimentícios ou ingredientes alimentares existentes, em termos de composição, valor nutritivo, metabolismo, utilização prevista e teor de substâncias indesejáveis.
Se necessário, poder-se-á determinar, de acordo com o procedimento previsto no nº2 do artigo 13º, se um tipo de alimento ou de ingrediente alimentar é abrangido pelo presente número.

Artigo 4º
1. O responsável pela colocação no mercado comunitário, adiante designado «requerente», apresentará o pedido ao Estado-membro onde o produto seja colocado no mercado pela primeira vez e transmitirá, simultaneamente, uma cópia do pedido à Comissão.
2. Proceder-se-á à avaliação inicial prevista no artigo 6º
No final do procedimento previsto no nº 4 do artigo 6º, o Estado-membro referido no nº 1 informará sem demora o requerente de que:
- pode proceder à colocação no mercado do alimento ou ingrediente alimentar, sempre que a avaliação complementar referida no nº 3 do artigo 6º não seja requerida e não

tenha sido formulada qualquer objecção fundamentada nos termos do nº 4 do artigo 6º, ou,
- é necessária uma decisão de autorização nos termos do artigo 7º

3. Todos os Estados-membros notificarão a Comissão do nome e do endereço dos organismos de avaliação dos alimentos competentes no seu território, para elaborar os relatórios de avaliação preliminar previsto no nº 2 do artigo 6º

4. Antes da data de entrada em vigor do presente regulamento, a Comissão publicará recomendações sobre os aspectos científicos respeitantes:
- às informações que devem acompanhar o pedido, bem como à respectiva apresentação,
- à elaboração dos relatórios de avaliação preliminar previstos no artigo 6º

5. As eventuais normas de execução do presente artigo serão adoptadas nos termos do nº 2 do artigo 13º

Artigo 5º

O requerente notificará a Comissão da colocação no mercado de alimentos ou ingredientes alimentares referidos no nº 4 do artigo 3º Essa notificação será acompanhada dos elementos pertinentes referidos no nº 4 do artigo 3º A Comissão enviará aos Estados-membros uma cópia dessa notificação no prazo de 60 dias bem como, a pedido de um Estado-membro, uma cópia dos elementos pertinentes acima referidos. A Comissão publicará anualmente o resumo dessas notificações na série C do Jornal Oficial das Comunidades Europeias.

No que respeita à rotulagem, aplicar-se-á o disposto no artigo 8º

Artigo 6º

1. O pedido referido no nº 1 do artigo 4º incluirá as informações necessárias, incluindo uma cópia dos estudos efectuados e quaisquer outros elementos que permitam comprovar que o alimento ou ingrediente alimentar preenche os requisitos do nº 1 do artigo 3º, bem como uma proposta adequada de apresentação e rotulagem do alimento ou ingrediente alimentar, de acordo com os requisitos do artigo 8º Além disso, o pedido será acompanhado de um resumo do processo.

2. Após recepção do pedido, o Estado-membro referido no nº 1 do artigo 4º garantirá a realização de uma avaliação preliminar. Para o efeito, comunicará à Comissão a designação do organismo competente em matéria de avaliação de géneros alimentícios que elaborará o relatório de avaliação preliminar ou solicitará à Comissão que contacte outro Estado-membro para que o referido relatório seja elaborado por um dos organismos competentes em matéria de avaliação de géneros alimentícios previstos no nº 3 do artigo 4º.

A Comissão comunicará sem demora a todos os Estados-membros uma cópia do resumo do processo apresentado pelo requerente e a designação do organismo encarregado de proceder à avaliação preliminar.

3. O relatório de avaliação preliminar será elaborado num prazo de três meses a contar da data de recepção do pedido que preencha os requisitos do nº 1, de acordo com as recomendações referidas no nº 4 do artigo 4º, e indicará se o alimento ou ingrediente alimentar deve ou não ser sujeito a uma avaliação complementar, nos termos do artigo 7º.

4. O Estado-membro em questão comunicará sem demora à Comissão o relatório do organismo competente em matéria de avaliação de géneros alimentícios, e esta transmiti-lo-á aos restantes Estados-membros. No prazo de sessenta dias a contar da data de envio do relatório pela Comissão, os Estados-membros ou a Comissão podem apresentar observações ou objecções fundamentadas em relação à comercialização do alimento ou do ingrediente alimentar em questão. As observações ou objecções poderão incidir também sobre a apresentação ou a rotulagem do alimento ou ingrediente alimentar.

As observações ou objecções formuladas deverão ser enviadas à Comissão, que as comunicará aos Estados-membros no prazo de sessenta dias referido no parágrafo anterior.

A pedido de um Estado-membro, o requerente fornecerá uma cópia das informações úteis incluídas no pedido.

Artigo 7º
1. Será tomada uma decisão de autorização, nos termos do nº2 do artigo 13º, sempre que for exigida uma avaliação complementar, nos termos do nº 3 do artigo 6º, ou que for apresentada uma objecção, nos termos do nº 4 do artigo 6º
2. A decisão definirá o âmbito da autorização e especificará, se necessário:
- as condições de utilização do alimento ou do ingrediente alimentar,
- a designação do alimento ou do ingrediente alimentar, bem como as suas características,
- os requisitos específicos de rotulagem referidos no artigo 8º
3. A Comissão informará sem demora o requerente da decisão tomada. As decisões serão publicadas no Jornal Oficial das Comunidades Europeias.

Artigo 8º
1. Sem prejuízo dos outros requisitos da legislação comunitária sobre rotulagem dos géneros alimentícios, serão aplicáveis aos géneros alimentícios os seguintes requisitos específicos suplementares em matéria de rotulagem para informar o consumidor final:
a) De qualquer característica alimentar ou propriedade alimentar, como por exemplo:
- a composição,
- o valor nutritivo ou os efeitos nutricionais,
- a utilização dada ao alimento,
desde que torne um novo alimento ou ingrediente alimentar não equivalente a um alimento ou ingrediente alimentar já existente.
Considera-se que um novo alimento ou ingrediente alimentar já não é equivalente, para efeitos de aplicação do presente artigo, se a avaliação científica, baseada numa análise adequada dos dados existentes, puder demonstrar que as características avaliadas são diferentes comparativamente a um alimento ou ingrediente alimentar convencional, tendo em conta os limites aceites das variações naturais de tais características.
Nesse caso, a rotulagem deve indicar essas características ou propriedades alteradas e fazer referência ao método segundo o qual essa característica ou propriedade foi obtida;
b) Da presença do novo alimento ou ingrediente alimentar de substâncias que não estejam presentes num género alimentício equivalente já existente e que possam ter implicações para a saúde de determinados sectores da população;
c) Da presença no novo alimento de substâncias que não estejam presentes num género alimentício equivalente já existente e que suscitem reservas de ordem ética;
2. Na falta de alimento ou ingrediente alimentar equivalente existente, serão adoptadas se necessário disposições adequadas para garantir que o consumidor seja devidamente informado da natureza do alimento ou do ingrediente alimentar.
3. As eventuais normas de execução do presente artigo serão adoptadas nos termos do nº 2 do artigo 13º.

Artigo 9º *[...]*

Artigo 10º
As normas de protecção dos dados fornecidos pelo requerente são aprovadas pela Comissão. Estas medidas, que têm por objecto alterar elementos não essenciais do presente regulamento, completando-o, são aprovadas pelo procedimento de regulamentação com controlo a que se refere o nº3 do artigo 13º.

Artigo 11º
O Comité científico da alimentação humana será consultado sobre todas as questões relacionadas com o presente regulamento, que possam ter implicações para a saúde pública.

Artigo 12º
1. Se, na sequência de novas informações ou de uma reavaliação das informações existentes, um Estado-membro tiver motivos precisos para considerar que a utilização de um alimento ou de um ingrediente alimentar conforme ao presente regulamento constitui um risco para a saúde humana ou para o ambiente, esse Estado-membro poderá restringir temporariamente ou suspender a comercialização e utilização do referido alimento ou ingrediente alimentar no seu território. Desse facto informará imediatamente a Comissão e os restantes Estados-membros, apresentando os motivos da sua decisão.
2. A Comissão examinará, logo que possível, no âmbito do Comité permanente dos géneros alimentícios, os motivos referidos no n.o 1, devendo adoptar as medidas adequadas destinadas a confirmar, alterar ou revogar a medida nacional nos termos do

procedimento de regulamentação previsto no n.o 2 do artigo 13.o. O Estado-Membro que tiver adoptado a decisão referida no n.o 1 poderá mantê-la até à entrada em vigor dessas medidas.

Artigo 13°

1. A Comissão é assistida pelo Comité Permanente da Cadeia Alimentar e da Saúde Animal, instituído pelo artigo 58° do Regulamento (CE) n°178/2002, a seguir designado por «Comité».

2. Sempre que se faça referência ao presente artigo, são aplicáveis os artigos 5° e 7° da Decisão 1999/468/CE, tendo-se em conta o disposto no seu artigo 8°.
O prazo previsto no n°6 do artigo 5° da Decisão 1999/468/CE é de três meses.

3. Sempre que se faça referência ao presente número, são aplicáveis os n° 1 a 4 do artigo 5°-A e o artigo 7° da Decisão 1999/468/CE, tendo-se em conta o disposto no artigo 8°.

Artigo 14°

1. O mais tardar num prazo de cinco anos a contar da data de entrada em vigor do presente regulamento e em função da experiência adquirida, a Comissão enviará ao Parlamento Europeu e ao Conselho um relatório sobre a execução do presente regulamento, acompanhado, se necessário, de propostas adequadas.

2. Sem prejuízo da revisão prevista no n° 1, a Comissão supervisionará a aplicação do presente regulamento e o seu impacto sobre a saúde, a defesa dos consumidores, a informação dos consumidores e o funcionamento do mercado interno e, caso tal seja necessário, apresentará propostas com a maior brevidade.

Artigo 15°

O presente regulamento entra em vigor noventa dias depois da data da sua publicação no Jornal Oficial das Comunidades Europeias.

O presente regulamento é obrigatório em todos os seus elementos e directamente aplicável em todos os Estados-Membros.

22 de Setembro de 2003.- Regulamento (CE) n.º 1831/2003
do Parlamento Europeu e do Conselho
relativo aos aditivos destinados à alimentação animal
(J.O. L 268, 18/10/2003)

(V.C. 01/09/2010)

O PARLAMENTO EUROPEU E O CONSELHO DA UNIÃO EUROPEIA,
Tendo em conta o Tratado que institui a Comunidade Europeia e, nomeadamente, o seu artigo 37.º e a alínea b) do n.º 4 do seu artigo 152.º,
Tendo em conta a proposta da Comissão,
Tendo em conta o parecer do Comité Económico e Social Europeu,
Após consulta ao Comité das Regiões,
Deliberando nos termos do artigo 251.º do Tratado,
Considerando o seguinte:
(1) A produção animal ocupa um lugar de destaque na agricultura da Comunidade. A obtenção de resultados satisfatórios depende, em grande medida, da utilização de alimentos para animais seguros e de boa qualidade.
(2) A livre circulação de alimentos para a alimentação humana e animal seguros e saudáveis constitui um aspecto essencial do mercado interno, contribuindo significativamente para a saúde e o bem-estar dos cidadãos e para os seus interesses socioeconómicos.
(3) Na realização das políticas comunitárias, deve assegurar-se um elevado nível de protecção da vida e da saúde humanas.
(4) Por forma a proteger a saúde humana e animal e o ambiente, deve proceder-se a uma avaliação da segurança dos aditivos para a alimentação animal, através de um procedimento comunitário, antes da sua colocação no mercado, utilização ou transformação na Comunidade. Dado que os alimentos para animais de estimação não fazem parte da cadeia alimentar humana e não têm qualquer impacto ambiental nos terrenos agrícolas, são necessárias disposições específicas para os aditivos presentes nos alimentos para animais de estimação.
(5) Segundo o princípio consagrado no artigo 11.º do Regulamento (CE) n.º 178/2002 do Parlamento Europeu e do Conselho, de 28 de Janeiro de 2002, que determina os princípios e normas gerais da legislação alimentar, cria a Autoridade Europeia para a Segurança dos Alimentos e estabelece procedimentos em matéria de segurança dos géneros alimentícios, os géneros alimentícios e alimentos para animais importados para a Comunidade, para aí serem colocados no mercado, devem cumprir os requisitos relevantes da legislação alimentar ou as condições reconhecidas pela Comunidade como sendo pelo menos equivalentes. Devem, por conseguinte, ser impostas às importações de países terceiros de aditivos destinados à alimentação dos animais exigências equivalentes às aplicadas aos aditivos produzidos na Comunidade.
(6) A acção da Comunidade relativamente à saúde humana e animal e ao ambiente deve basear-se no princípio de precaução.
(7) De acordo com o artigo 153.º do Tratado, a Comunidade deve contribuir para a promoção do direito dos consumidores à informação.
(8) A experiência adquirida com a aplicação da Directiva 70/524/CEE do Conselho, de 23 de Novembro de 1970, relativa aos aditivos na alimentação para animais, revelou que era necessário rever todas as regras sobre aditivos para ter em conta a necessidade de garantir um nível mais elevado de protecção da saúde humana e animal e do ambiente. É igualmente necessário ter em conta o facto de o progresso tecnológico e os avanços científicos terem disponibilizado novos tipos de aditivos, tais como os que se utilizam na silagem ou na água.
(9) O presente regulamento deverá abranger igualmente misturas de aditivos vendidos ao utilizador final, e a comercialização e utilização de tais misturas devem cumprir os requisitos estabelecidos na autorização de cada um dos aditivos separadamente.
(10) As pré-misturas não deverão ser consideradas preparados na acepção da definição de aditivos.
(11) O princípio de base neste domínio deverá ser que só os aditivos autorizados ao abrigo do procedimento estabelecido no presente regulamento podem ser colocados no mercado, utilizados e transformados para a alimentação animal nas condições estabelecidas na autorização.

(12) Devem ser definidas categorias de aditivos para a alimentação animal de modo a facilitar o procedimento de avaliação com vista à sua autorização. Os aminoácidos, os respectivos sais e produtos análogos, assim como a ureia e os seus derivados, actualmente abrangidos pela Directiva 82/471/CEE do Conselho, de 30 de Junho de 1982, relativa a certos produtos utilizados na alimentação dos animais, deverão ser incluídos como uma categoria de aditivos para a alimentação animal e, por conseguinte, ser transferidos do âmbito de aplicação daquela directiva para o do presente regulamento.

(13) As regras de execução no que se refere ao pedido de autorização de um aditivo para a alimentação animal deverão ter em conta os diversos requisitos de documentação para a produção de alimentos para outros animais.

(14) Para garantir uma avaliação científica harmonizada dos aditivos para a alimentação animal, tal avaliação deverá ser efectuada pela Autoridade Europeia para a Segurança dos Alimentos, criada pelo Regulamento (CE) n.º 178/2002. Os pedidos deverão ser completados por estudos de resíduos de modo a avaliar a fixação de limites máximos de resíduos (LMR).

(15) A Comissão deverá estabelecer as directrizes para a autorização dos aditivos para alimentos para animais em cooperação com a Autoridade Europeia para a Segurança dos Alimentos. Ao estabelecer tais directrizes, deverá ser dada atenção à possibilidade de extrapolação dos resultados dos estudos levados a cabo nas espécies principais para as espécies menores.

(16) É igualmente necessário prever um procedimento simplificado de autorização para os aditivos que tenham sido aprovados nos termos do procedimento de autorização para os géneros alimentícios previsto na Directiva 89/107/CEE do Conselho, de 21 de Dezembro de 1988, relativa à aproximação das legislações dos Estados-Membros respeitantes aos aditivos que podem ser utilizados nos géneros destinados à alimentação humana.

(17) Reconhece-se que a avaliação científica dos riscos não pode, só por si, em alguns casos, fornecer todas as informações em que se deve basear uma decisão em matéria de gestão dos riscos e que devem legitimamente ser tidos em conta outros factores pertinentes, nomeadamente, factores societais, económicos ou ambientais, assim como a viabilidade dos controlos e os benefícios para os animais ou para os consumidores de produtos de origem animal. Por conseguinte, a Comissão deverá ser responsável pela concessão de autorizações para aditivos.

(18) A fim de garantir o nível de protecção necessário para o bem-estar dos animais e a segurança dos consumidores, os requerentes deverão ser encorajados a pedir prorrogações das autorizações para as espécies menores mediante a concessão de um ano adicional de protecção dos dados para além dos 10 anos concedidos para todas as espécies para as quais o aditivo é autorizado.

(19) A Comissão deverá ser investida da competência para autorizar os aditivos para a alimentação animal e estabelecer as respectivas condições de utilização, bem como para conservar e publicar um registo dos aditivos autorizados, competência essa a exercer seguindo um procedimento que assegure uma estreita cooperação entre os Estados-Membros e a Comissão, no quadro do Comité Permanente da Cadeia Alimentar e da Saúde Animal.

(20) Importa introduzir, sempre que necessário, a obrigação de o detentor da autorização implementar um plano de monitorização pós-comercialização, a fim de localizar e identificar quaisquer efeitos directos ou indirectos, imediatos, retardados ou imprevistos sobre a saúde humana ou animal ou sobre o ambiente resultantes da utilização dos aditivos na alimentação animal, utilizando para tal um quadro de rastreamento dos produtos semelhante ao que já existe em outros sectores e em conformidade com os requisitos de rastreabilidade estabelecidos na legislação alimentar.

(21) Para permitir que o progresso tecnológico e os avanços científicos sejam levados em linha de conta, é necessário reapreciar regularmente as autorizações dos aditivos para a alimentação animal. As autorizações por períodos limitados permitirão esta reapreciação.

(22) Deverá estabelecer-se um registo de aditivos autorizados para a alimentação animal, incluindo informações específicas sobre os produtos, bem como métodos de detecção. Os dados não-confidenciais devem ser tornados públicos.

(23) É necessário estabelecer normas transitórias para ter em conta os aditivos que já se encontram no mercado e foram autorizados ao abrigo da Directiva 70/524/CEE, os aminoácidos, os respectivos sais e produtos análogos, assim como a ureia e seus

derivados, actualmente autorizados ao abrigo da Directiva 82/471/CEE, os agentes de silagem, bem como os aditivos cujo procedimento de autorização esteja a decorrer.

Em especial, convirá prever que tais produtos só possam permanecer no mercado se tiver sido apresentada à Comissão uma notificação destinada à sua avaliação no prazo de um ano após a entrada em vigor do presente regulamento.

(24) Um certo número de aditivos de silagem são actualmente comercializados e utilizados na Comunidade sem uma autorização concedida nos termos da Directiva 70/524/CEE. É indispensável aplicar as disposições do presente regulamento a essas substâncias, dada a sua natureza e utilização, sendo também adequado aplicar-lhes as mesmas medidas transitórias. Seria assim possível obter informação sobre todas as substâncias actualmente utilizadas e elaborar uma lista das mesmas, o que permitiria, eventualmente, tomar medidas de precaução em relação a essas substâncias, que não preenchem os critérios de autorização mencionados no artigo 5.º do presente regulamento.

(25) O Comité Científico Director referiu, no seu parecer de 28 de Maio de 1999, que: «a utilização, enquanto factores de crescimento, de agentes antimicrobianos pertencentes a categorias que são ou podem ser usadas em medicina humana ou veterinária (ou seja, quando existir o risco de selecção de resistência cruzada aos medicamentos usados no tratamento de infecções bacterianas) deveria ser progressivamente eliminada o mais depressa possível e, por fim, abolida». O segundo parecer do Comité Científico Director relativo à resistência antimicrobiana, adoptado em 10 e 11 de Maio de 2001, confirmou a necessidade de prever tempo suficiente para substituir aqueles antimicrobianos por produtos alternativos: «Por conseguinte, o processo de eliminação progressiva deve ser planificado e coordenado uma vez que uma actuação precipitada poderia ter repercussões sobre a saúde dos animais».

(26) É pois necessário estabelecer uma data após a qual seja proibida a utilização de antibióticos ainda autorizados como factores de crescimento, prevendo simultaneamente um período suficiente para o desenvolvimento de produtos alternativos para substituir esses antibióticos. Deverão tomar-se medidas para proibir a autorização de novos antibióticos para utilização como aditivos na alimentação animal. No quadro da eliminação progressiva da utilização de antibióticos como factores de crescimento, e por forma a garantir um elevado nível de protecção da saúde dos animais, solicitar-se-á à Autoridade Europeia para a Segurança dos Alimentos que, antes de 2005, avalie o progresso alcançado no desenvolvimento de substâncias alternativas e de métodos alternativos de gestão, alimentação, higiene, etc.

(27) Para efeitos do presente regulamento, determinadas substâncias com efeitos coccidiostáticos e histomonostáticos deverão ser consideradas como aditivos para a alimentação animal.

(28) Deverá exigir-se uma rotulagem detalhada dos produtos, uma vez que permite que o utilizador final faça uma escolha com pleno conhecimento de causa, minimiza os obstáculos ao comércio e favorece transacções mais justas. A este respeito, de um modo geral, é conveniente que as exigências aplicáveis aos aditivos destinados à alimentação animal reflictam as que são aplicáveis aos aditivos destinados à alimentação humana. É, portanto, conveniente prever exigências simplificadas em matéria de etiquetagem para as substâncias aromatizantes, semelhantes às aplicadas aos aromatizantes presentes nos géneros alimentícios destinados à alimentação humana; isto deverá, todavia, ser feito sem prejuízo da possibilidade de prever exigências específicas em matéria de etiquetagem para a autorização de determinados aditivos.

(29) O Regulamento (CE) n.º 1829/2003 do Parlamento Europeu e do Conselho, de 22 de Setembro de 2003, relativo a géneros alimentícios e alimentos para animais geneticamente modificados, determina um procedimento de autorização da colocação no mercado de alimentos geneticamente modificados para a alimentação humana e animal, incluindo os aditivos para a alimentação animal que contenham organismos geneticamente modificados, ou que consistam ou sejam produzidos a partir desses organismos. Uma vez que os objectivos do referido regulamento são diferentes dos do presente regulamento, os aditivos para a alimentação animal devem ser sujeitos a outro procedimento de autorização para além do que já é determinado pelo mesmo regulamento, antes da sua colocação no mercado.

(30) Os artigos 53.º e 54.º do Regulamento (CE) n.º 178/2002 estabelecem procedimentos destinados à adopção de medidas de emergência aplicáveis aos alimentos para animais de origem comunitária ou importados de países terceiros. Permitem a adopção dessas medidas em situações em que os alimentos para animais

possam constituir um risco grave para a saúde humana, a saúde animal ou o ambiente, e que esse risco não possa ser dominado de maneira satisfatória através das medidas tomadas pelo Estado-Membro ou Estados-Membros em causa.

(31) As medidas necessárias à execução do presente regulamento serão aprovadas nos termos da Decisão 1999/468/CE do Conselho, de 28 de Junho de 1999, que fixa as regras de exercício das competências de execução atribuídas à Comissão.

(32) Os Estados-Membros deverão fixar as regras relativas às sanções aplicáveis em caso de infracção às disposições do presente regulamento e tomar as medidas necessárias para garantir a sua efectiva aplicação. As referidas sanções deverão ser efectivas, proporcionadas e dissuasivas.

(33) A Directiva 70/524/CEE deverá ser revogada. Contudo, as disposições relativas à rotulagem aplicáveis aos alimentos compostos para animais que incluam aditivos devem manter-se até à conclusão da revisão da Directiva 79/373/CEE do Conselho, de 2 de Abril de 1979, relativa à comercialização de alimentos compostos para animais.

(34) A Directiva 87/153/CEE do Conselho, de 16 de Fevereiro de 1987, que fixa linhas directrizes para a avaliação dos aditivos na alimentação para animais contém as directrizes dirigidas aos Estados-Membros para a apresentação dos processos relativos aos pedidos de autorização. A responsabilidade pela verificação da conformidade dos processos deverá ser atribuída à Autoridade Europeia para a Segurança dos Alimentos. Por conseguinte, é necessário revogar a Directiva 87/153/CEE, mantendo contudo o seu anexo em vigor até à aprovação de regras de execução.

(35) É necessário um período transitório para evitar perturbações na utilização de aditivos na alimentação animal. Por conseguinte, até que as normas previstas no presente regulamento sejam aplicáveis, as substâncias já autorizadas deverão poder permanecer no mercado e ser utilizadas ao abrigo da actual legislação,

ADOPTARAM O PRESENTE REGULAMENTO:

CAPÍTULO I.- ÂMBITO E DEFINIÇÕES

Artigo 1.º *Âmbito*
1. O presente regulamento tem por objectivo estabelecer um procedimento comunitário para a autorização da colocação no mercado e do uso de aditivos para a alimentação animal, bem como definir regras para a supervisão e a rotulagem daqueles aditivos e de pré-misturas, a fim de constituir uma base para assegurar um elevado nível de protecção da saúde humana e animal, do bem-estar dos animais, do ambiente e dos interesses dos utilizadores e consumidores relativamente aos aditivos para a alimentação animal, assegurando simultaneamente o funcionamento eficaz do mercado interno.
2. O presente regulamento não é aplicável a:
a) Adjuvantes tecnológicos;
b) Medicamentos veterinários, tal como definidos na Directiva 2001/82/CE , com excepção dos coccidiostáticos e dos histomonostáticos utilizados como aditivos para a alimentação animal.

Artigo 2.º *Definições*
1. Para efeitos do presente regulamento, são aplicáveis as definições de «alimento para animais», «empresa do sector dos alimentos para animais», «operador de uma empresa do sector dos alimentos para animais», «colocação no mercado» e «rastreabilidade» constantes do Regulamento (CE) n.º 178/2002.
2. As seguintes definições são igualmente aplicáveis:
a) «Aditivos para a alimentação animal» designa substâncias, microrganismos ou preparados, que não sejam matérias para a alimentação animal nem pré-misturas, que sejam intencionalmente aditados aos alimentos para animais ou à água, nomeadamente a fim de desempenharem pelo menos uma das funções mencionadas no n.º 3 do artigo 5.º;
b) «Matérias-primas para a alimentação animal» designa os produtos definidos na alínea a) do artigo 2.º da Directiva 96/25/CE do Conselho, de 29 de Abril de 1996, relativa à circulação de matérias-primas para alimentação animal;
c) «Alimentos compostos para animais» designa os produtos definidos na alínea b) do artigo 2.º da Directiva 79/373/CEE;
d) «Alimentos complementares para animais» designa os produtos definidos na alínea e) do artigo 2.º da Directiva 79/373/CEE;

e) «Pré-misturas» designa misturas de aditivos para a alimentação animal ou misturas de um ou mais desses aditivos com matérias-primas para a alimentação animal ou água usadas como excipiente, que não se destinam à alimentação directa de animais;
f) «Ração diária»: a quantidade total dos alimentos, calculada para um teor de humidade de 12 %, necessária em média, por dia, a um animal de uma determinada espécie, classe de idade e rendimento para a satisfação de todas as suas necessidades;
g) «Alimentos completos para animais» designa os produtos definidos na alínea c) do artigo 2.º da Directiva 1999/29/CE do Conselho, de 22 de Abril de 1999, relativa às substâncias e produtos indesejáveis nos alimentos para animais;
h) «Adjuvantes tecnológicos» designa qualquer substância não consumidas como alimento para animais em si, utilizada deliberadamente na transformação de alimentos para animais ou de matérias-primas para alimentação animal, a fim de alcançar um determinado objectivo tecnológico durante o seu tratamento ou transformação que possa resultar na presença, não intencional mas tecnologicamente inevitável, de resíduos das substâncias ou seus derivados no produto final, desde que esses resíduos não tenham efeitos adversos na saúde animal, na saúde humana ou no ambiente e não tenham quaisquer efeitos tecnológicos sobre o alimento para animais acabado;
i) «Antimicrobianos» designa substâncias produzidas quer por via sintética quer por via natural, utilizadas para destruir ou inibir o crescimento de microrganismos, nomeadamente bactérias, vírus ou fungos, ou de parasitas, nomeadamente protozoários;
j) «Antibióticos» designa antimicrobianos produzidos por microrganismos ou deles derivados que destroem ou inibem o crescimento de outros microrganismos;
k) «Coccidiostáticos» e «histomonostáticos» designam substâncias destinadas a eliminar ou inibir os protozoários;
l) «Limite máximo de resíduos» designa a concentração máxima de resíduos resultante da utilização de um aditivo na alimentação animal que pode ser aceite pela Comunidade como legalmente autorizada ou reconhecidamente aceitável num género alimentício;
m) «Microrganismo» designa microrganismos que formam colónias;
n) «Colocação pela primeira vez no mercado» designa a colocação inicial de um aditivo no mercado após o seu fabrico, a importação de um aditivo ou, no caso de um aditivo ter sido incorporado num alimento para animais sem ser colocado no mercado, a primeira colocação desse alimento no mercado.
3. Sempre que necessário, poder-se-á determinar, nos termos do n.º 2 do artigo 22.º, se determinada substância, microrganismo ou preparado é um aditivo para a alimentação animal no âmbito do presente regulamento.

CAPÍTULO II.- AUTORIZAÇÃO, UTILIZAÇÃO, MONITORIZAÇÃO E MEDIDAS TRANSITÓRIAS
APLICÁVEIS AOS ADITIVOS PARA A ALIMENTAÇÃO ANIMAL

Artigo 3.º *Colocação no mercado, transformação e utilização*
1. É proibido colocar no mercado, transformar ou utilizar um aditivo para a alimentação animal a menos que:
a) Se encontre abrangido por uma autorização concedida ao abrigo do presente regulamento;
b) Sejam respeitadas as condições de utilização estabelecidas no presente regulamento, incluindo as condições gerais definidas no anexo IV, salvo determinação em contrário na autorização, e na autorização da substância; e
c) Se respeitem os requisitos relativos à rotulagem estabelecidos no presente regulamento.
2. Os Estados-Membros podem autorizar, para experiências conduzidas para fins científicos, a utilização, como aditivos, de substâncias que não estejam autorizadas a nível comunitário, com excepção dos antibióticos, desde que as experiências sejam realizadas em conformidade com os princípios e condições estabelecidos na Directiva 87/153/CEE, com a Directiva 83/228/CEE ou com as orientações do n.º 4 do artigo 7.º do presente regulamento, e desde que tenha sido realizada uma inspecção oficial adequada. Os animais em causa só poderão ser utilizados na produção de alimentos se as autoridades determinarem que tal não produz efeitos adversos na saúde animal, na saúde humana ou no ambiente.
3. No caso dos aditivos pertencentes às categorias designadas nas alíneas d) e e) do n.º 1 do artigo 6.º e dos aditivos que se incluam no âmbito da legislação comunitária relativa à comercialização de produtos que contenham ou consistam em organismos geneticamente modificados (OGM) ou sejam a partir deles produzidos, o produto só

poderá ser colocado pela primeira vez no mercado pelo detentor da autorização, referido no regulamento da autorização a que se refere o artigo 9.°, pelo(s) seu(s) sucessor(es) legal(ais), ou por uma pessoa que ele tenha autorizado por escrito.

4. Salvo determinação em contrário, é autorizada a mistura de aditivos para venda directa ao consumidor final, desde que cumpra as condições de utilização estabelecidas na autorização para cada um dos aditivos individualmente. Por conseguinte, a mistura de aditivos autorizados não está sujeita a quaisquer outras autorizações específicas para além dos requisitos estabelecidos na Directiva 95/69/CE.

5. Sempre que necessário, a Comissão pode adaptar, em resultado do progresso tecnológico ou dos avanços científicos, as condições gerais de utilização definidas no anexo IV. Estas medidas, que têm por objecto alterar elementos não essenciais do presente regulamento, devem ser aprovadas pelo procedimento de regulamentação com controlo a que se refere o n.° 3 do artigo 22.°.

Artigo 4.° *Autorização*
1. Qualquer pessoa que pretenda obter uma autorização para um aditivo destinado à alimentação animal ou para uma nova utilização de um aditivo destinado à alimentação animal deve apresentar um pedido em conformidade com o artigo 7.°
2. Só é permitido conceder, recusar, renovar, alterar, suspender ou revogar uma autorização com base no presente regulamento e segundo os procedimentos nele previstos ou em conformidade com os artigos 53.° e 54.° do Regulamento (CE) n.° 178/2002.
3. O requerente de uma autorização, ou o seu representante, deve encontrar-se estabelecido na Comunidade.

Artigo 5.° *Condições de autorização*
1. É proibida a concessão de autorizações a aditivos para a alimentação animal a menos que o requerente da autorização tenha demonstrado de forma suficiente e adequada, nos termos das regras de execução fixadas no artigo 7.°, que, quando usado nas condições a estabelecer no regulamento que autoriza a utilização do aditivo, satisfaz os requisitos do n.° 2 e tem pelo menos uma das características enunciadas no n.° 3.
2. O aditivo para a alimentação animal não deve:
a) Ter um efeito adverso sobre a saúde animal ou humana ou o ambiente;
b) Ser apresentado de uma forma que possa induzir o utilizador em erro;
c) Prejudicar o consumidor por alterar as características distintivas dos produtos de origem animal ou induzir o consumidor em erro quanto às características distintivas dos produtos de origem animal.
3. O aditivo para a alimentação animal deve:
a) Alterar favoravelmente as características dos alimentos para animais;
b) Alterar favoravelmente as características dos produtos de origem animal;
c) Alterar favoravelmente a cor dos peixes e aves ornamentais;
d) Satisfazer as necessidades nutricionais dos animais;
e) Influenciar favoravelmente as consequências da produção animal sobre o ambiente;
f) Influenciar favoravelmente a produção, o rendimento ou o bem-estar dos animais, influenciando particularmente a flora gastrointestinal ou a digestibilidade dos alimentos para animais;
g) Produzir um efeito coccidiostático ou histomonostático.
4. Os antibióticos que não sejam coccidiostáticos ou histomonostáticos, não são autorizados como aditivos para a alimentação animal.

Artigo 6.° *Categorias de aditivos para a alimentação animal*
1. Dependendo das suas funções e propriedades e nos termos dos artigos 7.°, 8.° e 9.°, cada aditivo deve ser colocado numa ou mais das seguintes categorias:
a) Aditivos tecnológicos: qualquer substância adicionada aos alimentos para animais para efeitos tecnológicos;
b) Aditivos organolépticos: qualquer substância cuja adição a um alimento para animais melhore ou altere as propriedades organolépticas desse alimento ou as características visuais dos géneros alimentícios de origem animal;
c) Aditivos nutritivos;
d) Aditivos zootécnicos: qualquer aditivo utilizado para influenciar favoravelmente o rendimento de animais saudáveis ou para influenciar favoravelmente o ambiente;
e) Coccidiostáticos e histomonostáticos.

2. Nas categorias referidas no n.º 1, os aditivos para a alimentação animal são igualmente subdivididos num ou vários dos grupos funcionais referidos no anexo I, de acordo com a sua função ou funções principais, nos termos dos artigos 7.º, 8.º e 9.º

3. Sempre que necessário, a Comissão pode estabelecer, em resultado do progresso tecnológico ou dos avanços científicos, novas categorias de aditivos e novos grupos funcionais. Estas medidas, que têm por objecto alterar elementos não essenciais do presente regulamento, completando-o, devem ser aprovadas pelo procedimento de regulamentação com controlo a que se refere o n.º 3 do artigo 22.º.

Artigo 7.º *Pedido de autorização*
1. O pedido de autorização prevista no artigo 4.º deve ser enviado à Comissão. Esta deve informar sem demora os Estados-Membros e enviar o pedido à Autoridade Europeia para a Segurança dos Alimentos, a seguir denominada «autoridade».
2. A autoridade deve:
a) Confirmar ao requerente, por escrito, a recepção do pedido, incluindo os dados e documentos referidos no n.º 3, no prazo de 15 dias. A confirmação deve indicar a data de recepção do pedido;
b) Disponibilizar qualquer informação fornecida pelo requerente aos Estados-Membros e à Comissão;
c) Tornar público o resumo do processo referido na alínea h) do n.º 3, sem prejuízo dos requisitos em matéria de confidencialidade estabelecidos no n.º 2 do artigo 18.º
3. No momento da apresentação do pedido, o requerente deve enviar os seguintes dados e documentos directamente à autoridade:
a) O seu nome e o endereço;
b) A identificação do aditivo para a alimentação animal, uma proposta para a sua classificação por categoria e grupo funcional nos termos do artigo 6.º e as suas especificações, incluindo, quando aplicável, os critérios de pureza;
c) Uma descrição do método de produção e fabrico, bem como da utilização prevista do aditivo, do método de análise do aditivo nos alimentos para animais de acordo com a sua utilização prevista e, se for caso disso, do método de análise para a determinação do nível de resíduos do aditivo, ou dos seus metabolitos, em géneros alimentícios;
d) Uma cópia dos estudos que tenham sido efectuados e de qualquer outro material disponível para demonstrar que o aditivo para a alimentação animal preenche os critérios estabelecidos nos n.ºˢ 2 e 3 do artigo 6.º;
e) As condições propostas para a colocação do aditivo no mercado, incluindo os requisitos de rotulagem e, sempre que adequado, as condições específicas de utilização e manipulação (incluindo as incompatibilidades conhecidas), os níveis de utilização em alimentos complementares para animais e as espécies e categorias animais a que o aditivo se destina;
f) Uma declaração por escrito, indicando que o requerente enviou directamente ao Laboratório Comunitário de Referência referido no artigo 21.º três amostras do aditivo, em conformidade com os requisitos estabelecidos no anexo II;
g) Uma proposta para a monitorização pós-comercialização, no que respeita aos aditivos que, nos termos da proposta ao abrigo da alínea b), não pertençam a uma das categorias indicadas nas alíneas a) e b) do n.º 1 do artigo 6.º, e no que respeita aos aditivos abrangidos pela legislação comunitária relativa à comercialização de produtos que constituídos por OGM, os contenham ou sejam produzidos a partir deles;
h) Um resumo do processo que contenha as informações fornecidas de acordo com as alíneas a) a g);
i) Pormenores de qualquer autorização concedida ao abrigo da legislação aplicável, no caso de aditivos abrangidos pela legislação comunitária relativa à comercialização de produtos que consistam em OGM, os contenham ou sejam produzidos a partir deles.
4. A Comissão, após consulta à autoridade, estabelece as regras de execução do presente artigo, incluindo regras relativas à preparação e à apresentação do pedido, nos termos do no n.º 2 do artigo 22.º
Enquanto estas regras de execução não forem adoptadas, os pedidos são feitos em conformidade com o anexo da Directiva 87/153/CEE.
5. Depois de consultada a autoridade, serão definidas nos termos do n.º 2 do artigo 22.º, orientações específicas para a autorização de aditivos, se necessário para cada uma das categorias de aditivos referidas no n.º 1 do artigo 6.º Essas orientações tomarão em conta a possibilidade de se extrapolarem para as espécies menores os resultados dos estudos efectuados sobre as espécies principais.

Depois de consultada a Autoridade, podem ser definidas novas regras de execução do presente artigo.

Podem ser definidas pela Comissão regras que permitam seguir procedimentos simplificados para a autorização de aditivos que tenham sido autorizados para utilização em géneros alimentícios. Estas medidas, que têm por objecto alterar elementos não essenciais do presente regulamento, nomeadamente completando-o, são aprovadas pelo procedimento de regulamentação com controlo a que se refere o n.º 3 do artigo 22.º.

Outras regras de execução podem ser aprovadas pelo procedimento de regulamentação a que se refere o n.º 2 do artigo 22.º. Estas regras devem, se for caso disso, estabelecer uma distinção entre os requisitos aplicáveis aos aditivos destinados à alimentação dos animais produtores de alimentos e os requisitos aplicáveis aos outros animais, designadamente os animais de estimação.;

6. A autoridade deve publicar orientações pormenorizadas de apoio ao requerente na preparação e na apresentação do seu pedido.

Artigo 8.º *Parecer da autoridade*
1. A autoridade emite parecer no prazo de seis meses a contar da data da recepção de um pedido válido. Este prazo é prorrogado sempre que, nos termos do n.º 2, a autoridade solicitar ao requerente informação adicional.
2. A autoridade pode, se necessário, exigir que o requerente complemente os dados que acompanham o pedido dentro de um prazo especificado pela autoridade após consulta ao requerente.
3. Para efeitos de elaboração do parecer, a autoridade:
a) Deve verificar se os dados e os documentos apresentados pelo requerente se encontram em conformidade com o artigo 7.º e realizar uma avaliação para determinar se o aditivo para a alimentação animal cumpre as condições estabelecidas no artigo 5.º;
b) Deve verificar o relatório do Laboratório Comunitário de Referência.
4. No caso de um parecer favorável à autorização do aditivo, o parecer deve também incluir os seguintes elementos:
a) O nome e o endereço do requerente;
b) A designação do aditivo para a alimentação animal, incluindo a sua classificação nas categorias e grupos funcionais previstos no artigo 6.º, bem como as suas especificações, incluindo, se aplicável, os critérios de pureza e o método de análise;
c) Dependendo dos resultados da avaliação, as condições específicas ou as restrições relativamente à manipulação, os requisitos em matéria de monitorização pós-comercialização e a utilização, bem como as espécies e categorias animais a que o aditivo se destina;
d) Os requisitos adicionais específicos para a rotulagem do aditivo que se tornem necessários em virtude das condições e restrições impostas ao abrigo da alínea c);
e) Uma proposta para a fixação de limites máximos de resíduos (LMR) nos géneros alimentícios de origem animal que sejam relevantes, a menos que o parecer da autoridade tenha concluído que isso não é necessário para a protecção dos consumidores ou que já se encontrem fixados LMR no anexo I ou III do Regulamento (CEE) n.º 2377/90 do Conselho, de 26 de Junho de 1990, que prevê um processo comunitário para o estabelecimento de limites máximos de resíduos de medicamentos veterinários nos alimentos de origem animal.
5. A autoridade deve enviar sem demora o seu parecer à Comissão, aos Estados-Membros e ao requerente, incluindo um relatório que descreva a sua avaliação do aditivo e justificando as suas conclusões.
6. A autoridade deve tornar público o seu parecer, após eliminação de qualquer informação identificada como confidencial nos termos do n.º 2 do artigo 18.º

Artigo 9.º *Autorização pela Comunidade*
1. No prazo de três meses após a recepção do parecer da autoridade, a Comissão deve preparar um projecto de regulamento que conceda a autorização ou que a recuse. Este projecto deve ter em conta os requisitos dos n.ºs 2 e 3 do artigo 5.º, o direito comunitário, bem como outros factores legitimamente relevantes para o assunto em apreço e, em especial, os benefícios para a saúde e o bem-estar dos animais, bem como para os consumidores de produtos de origem animal.
Sempre que o projecto não esteja de acordo com o parecer da autoridade, a Comissão deve fornecer uma explicação das razões para as diferenças existentes.
Em casos excepcionalmente complexos, o prazo de três meses pode ser prorrogado.
2. O projecto é adoptado nos termos do n.º 2 do artigo 22.º

3. As regras de execução do presente artigo, nomeadamente as relativas ao número de identificação dos aditivos autorizados, podem ser estabelecidas nos termos do n.º 2 do artigo 22.º

4. A Comissão deve informar sem demora o requerente do regulamento adoptado de acordo com o n.º 2.

5. O regulamento que conceder a autorização deverá incluir os elementos referidos nas alíneas b), c), d) e e) do n.º 4 do artigo 8.º, assim como um número de identificação.

6. O regulamento que conceder a autorização para aditivos pertencentes às categorias referidas nas alíneas d) e e) do n.º 1 do artigo 6.º e para aditivos que consistam em OGM, os contenham ou sejam produzidos a partir deles, deve incluir o nome do detentor da autorização e, se for caso disso, o código de identificação único atribuído ao OGM, tal como referido no Regulamento (CE) n.º 1830/2003 do Parlamento Europeu e do Conselho, de 22 de Setembro de 2003, relativo à rastreabilidade e rotulagem de organismos geneticamente modificados, à rastreabilidade dos géneros alimentícios e alimentos para animais produzidos a partir de organismos geneticamente modificados e que altera a Directiva 2001/18/CE.

7. Sempre que os níveis de resíduos de um aditivo presente num género alimentício proveniente de animais aos quais o aditivo foi administrado possam ter um efeito prejudicial para a saúde humana, o regulamento deverá incluir os LMR para a substância activa ou os seus metabolitos nos géneros alimentícios de origem animal em causa. Neste caso, para efeitos da aplicação da Directiva 96/23/CE do Conselho, considerar-se-á a substância activa como abrangida pelo anexo I dessa directiva. Sempre que um LMR para a substância em causa já tiver sido estabelecido por normas comunitárias, esse LMR é aplicável também aos resíduos da substância activa ou dos seus metabolitos provocados pela utilização dessa substância como aditivo na alimentação animal.

8. A autorização concedida ao abrigo do procedimento previsto no presente regulamento é válida em toda a Comunidade durante 10 anos e é renovável nos termos do artigo 14.º O aditivo para a alimentação animal autorizado deverá ser inscrito no registo referido no artigo 17.º (a seguir designado «registo»). Cada entrada no registo deverá mencionar a data da autorização e incluir os dados referidos nos n.ºs 5, 6 e 7.

9. A concessão da autorização não prejudica a responsabilidade civil e criminal de qualquer operador do sector da alimentação animal no que diz respeito ao aditivo em causa.

Artigo 10.º *Estatuto dos produtos existentes*

1. Em derrogação do disposto no artigo 3.º, qualquer aditivo para a alimentação animal que tenha sido colocado no mercado nos termos da Directiva 70/524/CEE, a ureia e seus derivados, um aminoácido, sal de um aminoácido ou produto análogo incluído nos pontos 2.1, 3 ou 4 do anexo da Directiva 82/471/CEE, pode ser colocado no mercado e utilizado em conformidade com as condições especificadas na Directiva 70/524/CEE ou 82/471/CEE e respectivas medidas de execução, onde se incluem, designadamente, disposições específicas de rotulagem relativas aos alimentos compostos para animais e às matérias-primas para a alimentação animal, desde que sejam respeitadas as seguintes condições:

a) No prazo de um ano após a entrada em vigor do presente regulamento, as pessoas que colocarem pela primeira vez no mercado o aditivo, ou quaisquer outras partes interessadas, devem notificar a Comissão desse facto. Simultaneamente, os dados mencionados nas alíneas a), b) e c) do n.º 3 do artigo 7.º devem ser enviados directamente à autoridade;

b) No prazo de um ano após a notificação referida na alínea a), a autoridade deve, depois de verificar que foi entregue toda a informação exigida, notificar a Comissão da recepção da informação exigida no presente artigo. Os produtos em questão devem ser incluídos no registo. Cada entrada no registo deve mencionar a data em que o produto em questão foi registado pela primeira vez e, se for caso disso, a data de caducidade da autorização existente.

2. O mais tardar um ano antes da data de caducidade da autorização concedida em conformidade com a Directiva 70/524/CEE, no respeitante aos aditivos com um período de autorização limitado, e no prazo máximo de sete anos após a entrada em vigor do presente regulamento no respeitante aos aditivos autorizados por um período ilimitado ou nos termos da Directiva 82/471/CEE, deve ser apresentado um pedido de autorização nos termos do artigo 7.º Pode ser adoptado um calendário pormenorizado, no qual serão enumeradas, por ordem de prioridade, as diversas categorias de aditivos que requerem uma reavaliação, nos termos do n.º 2 do artigo 22.º A autoridade será consultada aquando da elaboração da referida lista.

3. Os produtos inscritos no registo estão sujeitos às disposições do presente regulamento, em especial os artigos 8.º, 9.º, 12.º, 13.º, 14.º e 16.º, os quais, sem prejuízo de condições específicas em matéria de rotulagem, colocação no mercado e utilização de cada substância nos termos do n.º 1, se aplicam a esses produtos como se tivessem sido autorizados nos termos do artigo 9.º

4. No caso de autorizações não emitidas a favor de um detentor específico, qualquer pessoa que importar ou fabricar os produtos referidos no presente artigo, ou qualquer outra parte interessada, pode apresentar à Comissão a informação referida no n.º 1 ou o pedido referido no n.º 2.

5. Sempre que a notificação e os dados que a acompanham, referidos na alínea a) do n.º 1, não sejam fornecidos durante o período definido ou sejam considerados incorrectos, ou sempre que um pedido não seja apresentado tal como requerido no n.º 2 durante o período definido, deve ser adoptado um regulamento, nos termos do n.º 2 do artigo 22.º, exigindo que os aditivos em questão sejam retirados do mercado. Esta medida poderá indicar um período de tempo limitado durante o qual se poderão utilizar as existências do produto.

6. Se, por razões não imputáveis ao requerente, não for tomada uma decisão sobre a renovação de uma autorização antes da data em que esta expira, o período de autorização do produto será automaticamente prorrogado até que a Comissão tome uma decisão. A Comissão informará o requerente desta prorrogação da autorização.

7. Em derrogação ao disposto no artigo 3.º, as substâncias, microrganismos e preparados utilizados na Comunidade como aditivos de silagem na data a que se refere o n.º 2 do artigo 26.º podem ser colocados no mercado e utilizados, desde que seja respeitado o disposto nas alíneas a) e b) do n.º 1 e no n.º 2. Aplicam-se *mutatis mutandis* os n.ºˢ 3 e 4. Em relação a estas substâncias, o prazo do pedido referido no n.º 2 é de sete anos após a entrada em vigor do presente regulamento.

Artigo 11.º *Exclusão progressiva*

1. Tendo em vista uma decisão sobre a supressão gradual da utilização dos coccidiostáticos e dos histomonostáticos como aditivos para a alimentação animal até 31 de Dezembro de 2012, a Comissão submeterá ao Parlamento Europeu e ao Conselho, antes de 1 de Janeiro de 2008, um relatório sobre a utilização dessas substâncias como aditivos para a alimentação animal, bem como as soluções alternativas disponíveis, acompanhadas, quando necessário, de propostas legislativas.

2. Em derrogação ao disposto no artigo 10.º e sem prejuízo do artigo 13.º, os antibióticos, com excepção dos coccidiostáticos e dos histomonostáticos, só podem ser comercializados e utilizados como aditivos para a alimentação animal até 31 de Dezembro de 2005; a partir de 1 de Janeiro de 2006, essas substâncias serão suprimidas do registo.

Artigo 12.º *Supervisão*

1. Depois de um aditivo ter sido autorizado em conformidade com o presente regulamento, qualquer pessoa que utilize ou coloque essa substância no mercado ou um alimento para animais no qual tenha sido incorporada, ou qualquer parte interessada, deve garantir que são respeitadas quaisquer condições ou restrições impostas à colocação no mercado, utilização ou manipulação do aditivo ou dos alimentos para animais que o contenham.

2. Sempre que tenham sido impostos requisitos em matéria de monitorização, tal como referido na alínea c) do n.º 4 do artigo 8.º, o detentor da autorização deve assegurar o seu cumprimento e deve apresentar relatórios à Comissão, de acordo com o previsto na autorização. O detentor da autorização deve comunicar imediatamente à Comissão quaisquer novas informações que possam ter influência sobre a avaliação da segurança de utilização do aditivo, em especial eventuais sensibilidades específicas da saúde de determinadas categorias de consumidores. O detentor da autorização deverá informar imediatamente a Comissão de qualquer proibição ou restrição imposta pela autoridade competente de qualquer país terceiro em cujo mercado o aditivo seja colocado.

Artigo 13.º *Alteração, suspensão e revogação de autorizações*

1. Por sua própria iniciativa ou no seguimento de um pedido de um Estado-Membro ou da Comissão, a autoridade emite parecer sobre se uma autorização ainda preenche as condições previstas no presente regulamento. A autoridade deve informar imediatamente desse facto a Comissão, os Estados-Membros e, se for caso disso, o detentor da autorização. O parecer será tornado público.

2. A Comissão deve examinar sem demora o parecer da autoridade. Devem ser adoptadas todas as medidas adequadas de acordo com os artigos 53.º e 54.º do Regulamento (CE) n.º178/2002. Qualquer decisão quanto à alteração, suspensão ou revogação da autorização deve ser tomada nos termos do n.º 2 do artigo 22.º do presente regulamento.

3. Caso o detentor da autorização proponha alterar os termos da mesma, apresentando à Comissão um pedido acompanhado dos dados relevantes que justifiquem essa alteração, a autoridade deve transmitir o seu parecer sobre a proposta à Comissão e aos Estados-Membros. A Comissão examina sem demora o parecer da autoridade e decide nos termos do n.º 2 do artigo 22.º

4. A Comissão deve informar sem demora o requerente da decisão tomada. O registo deve ser alterado sempre que adequado.

5. São aplicáveis *mutatis mutandis* os n.ºs 1 e 2 do artigo 7.º e os artigos 8.º e 9.º

Artigo 14.º *Renovação das autorizações*
1. As autorizações concedidas ao abrigo do presente regulamento devem ser renováveis por períodos de 10 anos. Os pedidos de renovação devem ser enviados à Comissão o mais tardar um ano antes da caducidade da autorização.

No caso de autorizações não emitidas a favor de um detentor específico, qualquer pessoa que colocar pela primeira vez o aditivo no mercado, ou qualquer parte interessada, pode apresentar o pedido à Comissão e será considerada como requerente.

No caso de autorizações emitidas a favor de um detentor específico, o detentor da autorização ou os seus sucessores legais podem apresentar o pedido à Comissão e serão considerados como requerente.

2. No momento da apresentação do pedido, o requerente deve enviar os seguintes dados e documentos directamente à autoridade:
a) Uma cópia da autorização de colocação no mercado do aditivo para a alimentação animal;
b) Um relatório sobre os resultados da monitorização pós-comercialização, caso a autorização especifique requisitos em matéria de monitorização;
c) Qualquer outra nova informação que tenha ficado disponível relativamente à avaliação da segurança da utilização do aditivo ou aos seus riscos para os animais, os seres humanos ou o ambiente;
d) Sempre que adequado, uma proposta para alterar ou completar as condições da autorização original, nomeadamente as condições relativas à monitorização a realizar no futuro.

3. São aplicáveis *mutatis mutandis* os n.ºs 1, 2, 4 e 5 do artigo 7.º e os artigos 8.º e 9.º

4. Sempre que, por razões não imputáveis ao requerente, não for possível deliberar sobre o pedido de renovação antes da caducidade da autorização, o período de autorização do produto é prorrogado automaticamente até ao momento em que a Comissão deliberar. As informações sobre essa prorrogação da autorização devem ser divulgadas ao público através do registo referido no artigo 17.º

Artigo 15.º *Autorização urgente*
Em casos específicos em que se verifique a necessidade de autorização urgente para garantir o bem-estar animal, a Comissão pode autorizar provisoriamente, nos termos do n.º 2 do artigo 22.º, a utilização de um determinado aditivo por um período máximo de cinco anos.

CAPÍTULO III.- ROTULAGEM E EMBALAGEM

Artigo 16.º *Rotulagem e embalagem dos aditivos para a alimentação animal e pré-misturas*
1. Nenhum aditivo para a alimentação animal ou pré-mistura de aditivos pode ser colocado no mercado a menos que a respectiva embalagem ou recipiente seja rotulado sob a responsabilidade de um produtor, acondicionador, importador, vendedor ou distribuidor estabelecido na Comunidade e contenha, relativamente a cada aditivo aí presente e de forma visível, claramente legível e indelével, pelo menos na língua ou línguas nacionais do Estado-Membro em cujo mercado é colocado, as seguintes informações:

a) O nome específico atribuído aos aditivos na autorização, precedido do nome do grupo funcional, tal como referido na autorização;

b) O nome ou razão social e o endereço ou sede social do responsável pelas indicações referidas no presente artigo;

c) O peso líquido ou, no caso dos aditivos líquidos ou das pré-misturas, o volume líquido ou o peso líquido;

d) Sempre que adequado, o número de aprovação atribuído ao estabelecimento que fabrica ou coloca no mercado o aditivo ou a pré-mistura nos termos do artigo 10.º do Regulamento (CE) n.º 183/2005 do Parlamento Europeu e do Conselho, de 12 de Janeiro de 2005, que estabelece requisitos de higiene dos alimentos para animais ou, se aplicável, do artigo 5.º da Directiva 95/69/EC;

e) As instruções de utilização, bem como quaisquer recomendações de segurança relativas à utilização e, se for caso disso, os requisitos específicos referidos na autorização, incluindo as espécies ou categorias animais a que se destina o aditivo ou pré-mistura de aditivos;

f) O número de identificação;

g) O número de referência do lote e a data de fabrico.

No caso das pré-misturas, as alíneas b), d), e) e g) não se aplicam aos aditivos incorporados nos alimentos para animais.

2. Quanto às substâncias aromatizantes, a lista dos aditivos pode ser substituída pelos termos «mistura de substâncias aromatizantes». Esta disposição não é aplicável às substâncias aromatizantes cuja utilização nos alimentos para animais e na água potável esteja sujeita a uma restrição quantitativa.

3. Além das informações especificadas no n.º 1, a embalagem ou recipiente de um aditivo pertencente a um grupo funcional especificado no anexo III ou de uma pré-mistura que contenha um aditivo pertencente a um grupo funcional especificado no anexo III deve conter, de forma visível, claramente legível e indelével, as informações indicadas nesse anexo.

4. No caso das pré-misturas, o termo «pré-mistura» deve constar do rótulo. Os excipientes devem ser declarados, no caso das matérias-primas para alimentação animal, nos termos da alínea e) do n.º 1 do artigo 17.º do Regulamento (CE) n.º 767/2009 do Parlamento Europeu e do Conselho, de 13 de Julho de 2009, relativo à colocação no mercado e à utilização de alimentos para animais, e, nos casos em que a água seja usada como excipiente, deve ser declarado o teor de humidade da pré-mistura. Apenas pode ser indicada uma data de durabilidade em relação a cada pré-mistura no seu todo; essa data de durabilidade será determinada com base na data de durabilidade de cada um dos seus componentes.

5. Os aditivos e pré-misturas só serão comercializados em embalagens ou contentores fechados de tal forma que o fecho fique danificado ao abrir e não possa voltar a ser utilizado.

6. A Comissão pode adoptar alterações ao anexo III por forma a ter em conta o progresso tecnológico e os avanços científicos. Estas medidas, que têm por objecto alterar elementos não essenciais do presente regulamento, são aprovadas pelo procedimento de regulamentação com controlo a que se refere o n.º 3 do artigo 22.º.

CAPÍTULO IV.- DISPOSIÇÕES GERAIS E FINAIS

Artigo 17.º *Registo Comunitário dos Aditivos para a Alimentação Animal*

1. A Comissão estabelece e mantém actualizado um Registo Comunitário dos Aditivos para a Alimentação Animal.

2. O registo deve ser acessível ao público.

Artigo 18.º *Confidencialidade*

1. O requerente pode indicar quais as informações apresentadas ao abrigo do presente regulamento que deseja ver tratadas como confidenciais por a sua divulgação poder prejudicar significativamente a sua posição competitiva. Em tais casos, deve ser dada uma justificação comprovável.

2. A Comissão deve determinar, após consulta ao requerente, quais as informações, para além das referidas no n.º 3, que deverão ser mantidas confidenciais e deve informá-lo da sua decisão.

3. Não são consideradas confidenciais as informações sobre:

a) A designação e composição do aditivo para a alimentação animal e, quando adequado, a indicação da estirpe de produção;

259

b) As propriedades físico-químicas e biológicas do aditivo;
c) As conclusões dos resultados do estudo dos efeitos do aditivo sobre a saúde humana e animal e sobre o ambiente;
d) As conclusões dos resultados do estudo dos efeitos do aditivo sobre as características dos produtos de origem animal, bem como sobre as suas propriedades nutricionais;
e) Os métodos de detecção e identificação do aditivo e, sempre que adequado, os requisitos em matéria de monitorização e um resumo dos resultados dessa monitorização.

4. Não obstante o disposto no n.º 2, a autoridade deve fornecer à Comissão e aos Estados-Membros, a seu pedido, toda a informação de que disponha, incluindo quaisquer informações consideradas confidenciais nos termos do n.º 2.

5. A autoridade deve aplicar os princípios previstos no Regulamento (CE) n.º 1049/2001 do Parlamento Europeu e do Conselho, de 30 de Maio de 2001, relativo ao acesso do público aos documentos do Parlamento Europeu, do Conselho e da Comissão, ao tratar os pedidos de acesso a documentos que se encontrem na sua posse.

6. Os Estados-Membros, a Comissão e a autoridade devem manter confidenciais todas as informações classificadas como tal ao abrigo do n.º 2, excepto quando for conveniente que essas informações sejam tornadas públicas, para proteger a saúde humana ou animal ou o ambiente. Os Estados-Membros devem tratar os pedidos de acesso a documentos recebidos no âmbito do presente regulamento em conformidade com o artigo 5.º do Regulamento (CE) n.º 1049/2001.

7. Caso um requerente retire ou tenha retirado um pedido, os Estados-Membros, a Comissão e a autoridade devem respeitar a confidencialidade da informação comercial e industrial, incluindo a informação relativa à investigação e desenvolvimento, bem como a informação sobre a qual não exista acordo entre a Comissão e o requerente quanto à respectiva confidencialidade.

Artigo 19.º *Reapreciação administrativa*
Qualquer decisão tomada pela autoridade ao abrigo da competência que lhe é atribuída pelo presente regulamento, ou qualquer abstenção sua do exercício dessa competência, pode ser reapreciada pela Comissão, por sua própria iniciativa ou em resposta a um pedido de um Estado-Membro ou de qualquer outra pessoa directa e individualmente interessada.
Para o efeito, deve ser apresentado um pedido à Comissão no prazo de dois meses a contar da data em que a parte interessada tiver tido conhecimento do acto ou da omissão em causa.
A Comissão toma uma decisão no prazo de dois meses, pedindo à autoridade, se for caso disso, que revogue a sua decisão ou repare a sua omissão, num prazo determinado.

Artigo 20.º *Protecção de dados*
1. Os dados científicos e outras informações constantes do processo do pedido de autorização, exigidos ao abrigo do disposto no artigo 7.º, não podem ser utilizados para benefício de outro requerente durante um período de 10 anos a contar da data da autorização, a menos que o requerente anterior tenha dado o seu acordo à utilização dos referidos dados e informações.
2. A fim de estimular os esforços tendentes a obter autorizações para as espécies menores relativamente aos aditivos cuja utilização seja autorizada para outras espécies, o período de protecção de dados de 10 anos é prorrogado por um ano para cada espécie menor para a qual seja concedida uma prorrogação da autorização de utilização.
3. O requerente e o requerente anterior tomam todas as disposições necessárias para chegar a acordo quanto à partilha da utilização das informações, a fim de não repetir ensaios toxicológicos sobre vertebrados. Se, todavia, não se chegar a acordo quanto à partilha das informações, a Comissão pode decidir divulgar as informações necessárias para evitar a repetição de ensaios toxicológicos sobre vertebrados, garantindo um equilíbrio razoável entre os interesses das partes envolvidas.
4. Decorrido o período de 10 anos, os resultados da totalidade ou de parte da avaliação efectuada com base nos dados científicos e noutras informações constantes do processo podem ser utilizados pela autoridade em benefício de outro requerente.

Artigo 21.° *Laboratórios de referência*
O Laboratório Comunitário de Referência, bem como as respectivas competências e funções, são os indicados no anexo II.

Os requerentes das autorizações relativas a aditivos devem contribuir para suportar os custos decorrentes das actividades do Laboratório Comunitário de Referência e do consórcio de laboratórios nacionais de referência mencionados no anexo II.
As regras de execução do anexo II são aprovadas pelo procedimento de regulamentação a que se refere o n.° 2 do artigo 22.°.
O anexo II pode ser alterado pela Comissão. Estas medidas, que têm por objecto alterar elementos não essenciais do presente regulamento, são aprovadas pelo procedimento de regulamentação com controlo a que se refere o n.° 3 do artigo 22.°.

Artigo 22.° *Comité*
1. A Comissão é assistida pelo Comité Permanente da Cadeia Alimentar e da Saúde Animal, criado no artigo 58.° do Regulamento (CE) n.° 178/2002, a seguir designado «comité».
2. Sempre que se faça referência ao presente número, são aplicáveis os artigos 5.° e 7.° da Decisão 1999/468/CE, tendo-se em conta o disposto no seu artigo 8.°
O prazo previsto no n.° 6 do artigo 5.° da Decisão 1999/468/CE é de três meses.
3. Sempre que se faça referência ao presente número, são aplicáveis os n.°s 1 a 4 do artigo 5.°-A e o artigo 7.° da Decisão 1999/468/CE, tendo-se em conta o disposto no artigo 8.°.

Artigo 23.° *Revogações*
1. A Directiva 70/524/CEE é revogada com efeitos a partir da data de aplicação do presente regulamento. No entanto, o artigo 16.° da Directiva 70/524/CEE permanecerá em vigor até que a Directiva 79/373/CEE tenha sido revista por forma a incluir as normas relativas à rotulagem de alimentos para animais que contenham aditivos.
2. Os pontos 2.1, 3 e 4 do anexo da Directiva 82/471/CEE são revogados com efeitos a partir da data de aplicação do presente regulamento.
3. A Directiva 87/153/CEE é revogada com efeitos a partir da data de aplicação do presente regulamento. Todavia, o anexo dessa directiva permanecerá em vigor até à aprovação das regras de execução referidas no n.° 4 do artigo 7.° do presente regulamento.
4. As remissões feitas para a Directiva 70/524/CEE são consideradas como remissões feitas para o presente regulamento.

Artigo 24.° *Sanções*
Os Estados-Membros devem estabelecer as regras relativas às sanções aplicáveis em caso de infracção às disposições do presente regulamento e tomar todas as medidas necessárias para garantir a sua aplicação. As sanções impostas devem ser efectivas, proporcionadas e dissuasivas.
Os Estados-Membros devem notificar a Comissão dessas regras e medidas no prazo de 12 meses a contar da data da publicação do presente regulamento, devendo notificá-la imediatamente de qualquer alteração que lhes diga respeito.

Artigo 25.° *Medidas transitórias*
1. Os pedidos apresentados ao abrigo do artigo 4.° da Directiva 70/524/CEE antes da data de aplicação do presente regulamento devem ser tratados como pedidos ao abrigo do artigo 7.° do presente regulamento sempre que as observações iniciais, previstas no n.° 4 do artigo 4.° da Directiva 70/524/CEE, ainda não tiverem sido enviadas à Comissão. Qualquer Estado-Membro que tenha sido seleccionado como relator relativamente a um pedido nestas condições deve transmitir imediatamente o respectivo processo à Comissão. Não obstante o disposto no n.° 1 do artigo 23.°, esses pedidos continuarão a ser tratados nos termos do artigo 4.° da Directiva 70/524/CEE sempre que as observações iniciais, previstas no n.° 4 do artigo 4.° da Directiva 70/524/CEE, já tiverem sido enviadas à Comissão.
2. As exigências de rotulagem previstas no capítulo III não são aplicáveis aos produtos que tenham sido legalmente fabricados e rotulados na Comunidade ou que tenham sido legalmente importados para a Comunidade e colocados em livre prática antes da data de aplicação do presente regulamento.

Artigo 26.º *Entrada em vigor*
1. O presente regulamento entra em vigor 20 dias após o da sua publicação no *Jornal Oficial da União Europeia*.
2. O presente regulamento é aplicável 12 meses após a data da sua publicação.

O presente regulamento é obrigatório em todos os seus elementos e directamente aplicável em todos os Estados-Membros.

ANEXO I.-
Grupos de aditivos

[Anexo não reproduzido na presente publicação]

ANEXO II.-
Competências e tarefas do laboratório comunitário de referência

[Anexo não reproduzido na presente publicação]

ANEXO III.-
Requisitos específicos em matéria de rotulagem de determinados aditivos para a alimentação animal e de pré-misturas

[Anexo não reproduzido na presente publicação]

ANEXO IV.-
Condições gerais de utilização

[Anexo não reproduzido na presente publicação]

10 de Novembro de 2003.- Regulamento (CE) n.º 2065/2003
do Parlamento Europeu e do Conselho
relativo aos aromatizantes de fumo utilizados ou destinados a serem utilizados nos ou
sobre os géneros alimentícios
(J.O. L 309 de 26/11/2003)

(V.C. 07/08/2009)

TJUE, 6 de Dezembro de 2005. Processo C-66/04, Reino Unido da Grã-Bretanha e da Irlanda do Norte contra Parlamento Europeu e Conselho da União Europeia [Interpretação dos artigos 4 e 5; confirmação do Regulamento].

O PARLAMENTO EUROPEU E O CONSELHO DA UNIÃO EUROPEIA,
Tendo em conta o Tratado que institui a Comunidade Europeia e, nomeadamente, o seu artigo 95.º,
Tendo em conta a proposta da Comissão,
Tendo em conta o parecer do Comité Económico e Social Europeu,
Deliberando nos termos do artigo 251.º do Tratado,
Considerando o seguinte:
(1) A Directiva 88/388/CEE do Conselho, de 22 de Junho de 1988, relativa à aproximação das legislações dos Estados-Membros no domínio dos aromas destinados a serem utilizados nos géneros alimentícios e dos materiais de base para a respectiva produção, designadamente o sétimo travessão do n.º 1 do artigo 5.º, estabelece a adopção de medidas adequadas relativamente aos materiais de base utilizados para a produção de aromatizantes de fumo, bem como às condições de reacção utilizadas na sua preparação.
(2) A livre circulação de géneros alimentícios seguros e sãos constitui um aspecto essencial do mercado interno, contribuindo significativamente para a saúde e o bem-estar dos cidadãos e para os seus interesses sociais e económicos.
(3) Deve ser assegurado um elevado nível de protecção da vida e da saúde humanas na execução das políticas comunitárias.
(4) A fim de proteger a saúde humana, os aromatizantes de fumo devem ser objecto de uma avaliação de segurança mediante um procedimento comunitário, previamente à sua colocação no mercado ou à sua utilização nos ou sobre os géneros alimentícios na Comunidade.
(5) As diferenças entre as disposições legislativas, regulamentares e administrativas nacionais relativas à avaliação e à autorização dos aromatizantes de fumo podem obstar à sua livre circulação, criando condições para uma concorrência desleal e não equitativa. É, pois, necessário instaurar um procedimento de autorização a nível comunitário.
(6) A composição química do fumo é complexa, dependendo designadamente dos tipos de madeiras empregues, do método utilizado para a produção de fumo, do teor de água da madeira e da temperatura e concentração de oxigénio durante a produção de fumo. Os géneros alimentícios fumados, em geral, colocam problemas para saúde, nomeadamente em virtude da eventual presença de hidrocarbonetos aromáticos policíclicos. Uma vez que os aromatizantes de fumo são produzidos a partir de fumo sujeito a processos de fraccionamento e de purificação, o uso de aromatizantes de fumo é geralmente considerado menos prejudicial para a saúde do que o processo de fumagem tradicional. Não obstante, a possibilidade de uma aplicação mais larga dos aromatizantes do fumo em comparação com a fumagem tradicional deve ser tomada em conta nas avaliações de segurança.
(7) O presente regulamento abrange os aromatizantes de fumo definidos na Directiva 88/388/CEE. A produção destes aromatizantes de fumo inicia-se com a condensação do fumo. O fumo condensado é normalmente separado por processos físicos num condensado primário de fumo numa base aquosa, numa fase de elevada densidade de alcatrão insolúvel em água e numa fase oleosa insolúvel em água. A fase oleosa insolúvel em água constitui um subproduto que não é adequado para a produção de aromatizantes de fumo. Os condensados primários de fumo e as fracções da fase de elevada densidade de alcatrão insolúvel em água, designadas por «fracções primárias de alcatrão», são purificadas a fim de remover os componentes de fumo mais nocivos para a saúde humana. Podem então ser utilizados, como tais, nos ou sobre os géneros alimentícios ou para a produção de aromatizantes de fumo derivados obtidos por outros

processos físicos adequados, como os de extracção, destilação, concentração por evaporação, absorção ou separação por membranas e adição de ingredientes alimentares, de outros aromatizantes, de aditivos alimentares ou de solventes, sem prejuízo da aplicação de legislação comunitária mais específica.

(8) O Comité Científico da Alimentação Humana concluiu que, em virtude das amplas diferenças físicas e químicas entre os aromatizantes de fumo utilizados para conferir um aroma de fumado aos géneros alimentícios, não é possível definir uma abordagem comum para a avaliação da sua segurança, devendo, deste modo, a avaliação toxicológica concentrar-se na segurança dos vários condensados de fumo. Conformando-se a este parecer, o presente regulamento deverá determinar a avaliação científica dos condensados primários de fumo e das fracções primárias de alcatrão, a seguir denominados «produtos primários», em termos de segurança da sua utilização como tais e/ou para a produção de aromatizantes de fumo derivados destinados a serem utilizados nos ou sobre os géneros alimentícios.

(9) No que diz respeito às condições de produção, o presente regulamento reflecte os resultados apresentados pelo Comité Científico da Alimentação Humana no seu relatório sobre os aromatizantes de fumo de 25 de Junho de 1993, que especifica diversas condições de produção, bem como as informações necessárias para avaliar os aromatizantes de fumo utilizados ou destinados a serem utilizados nos ou sobre os géneros alimentícios. Este relatório baseou-se, por seu turno, no relatório do Conselho da Europa sobre «os aspectos sanitários da utilização de aromatizantes de fumo como ingredientes alimentares». Consta igualmente do mesmo uma lista não exaustiva dos tipos de madeira que pode ser considerada uma lista indicativa das madeiras apropriadas para a produção de aromatizantes de fumo.

(10) Há que prever a elaboração, com base na avaliação de segurança, de uma lista de produtos primários autorizados para serem utilizados, enquanto tais, nos ou sobre os géneros alimentícios e/ou para a produção de aromatizantes de fumo a utilizar nos ou sobre os géneros alimentícios na Comunidade. Esta lista deverá descrever claramente estes produtos primários, precisando as condições da sua utilização e as datas a partir das quais as autorizações são válidas.

(11) A fim de assegurar a harmonização, as avaliações de segurança serão realizadas pela Autoridade Europeia para a Segurança dos Alimentos (a seguir designada «autoridade»), criada pelo Regulamento (CE) n.º 178/2002 do Parlamento Europeu e do Conselho, de 28 de Janeiro de 2002, que determina os princípios e normas gerais da legislação alimentar, cria a Autoridade Europeia para a Segurança dos Alimentos e estabelece procedimentos em matéria de segurança dos géneros alimentícios.

(12) A avaliação da segurança de um produto primário específico deve ser seguida de uma decisão de gestão dos riscos destinada a aferir se o produto deve ser inscrito na lista comunitária dos produtos primários autorizados. Esta decisão deve ser adoptada em conformidade com o procedimento de regulamentação, a fim de assegurar uma estreita cooperação entre a Comissão e os Estados-Membros.

(13) Convém que a pessoa («o requerente») que tenciona colocar no mercado produtos primários ou aromatizantes de fumo derivados apresente todas as informações necessárias para a avaliação de segurança. O requerente deverá igualmente propor um método validado de amostragem e detecção para os produtos primários, a utilizar para o controlo da conformidade com as disposições do presente regulamento. Se necessário, a Comissão adoptará critérios de qualidade para esses métodos analíticos após ter consultado a autoridade para efeitos de assistência científica e técnica.

(14) Uma vez que muitos aromatizantes de fumo se encontram já no mercado dos Estados-Membros, é necessário assegurar que a transição para um procedimento de autorização comunitário se processe sem suscitar problemas e não perturbe o mercado dos aromatizantes de fumo existentes. Deverá ser concedido ao requerente um prazo suficiente para fornecer à autoridade as informações necessárias para a avaliação da segurança destes produtos. Assim, deve ser fixado um período determinado, a seguir designado por «primeira fase», durante o qual o requerente deverá fornecer à autoridade informações sobre os produtos primários existentes. Os pedidos de autorização de novos produtos primários podem igualmente ser submetidos durante a primeira fase. A autoridade procederá imediatamente à avaliação de todos os pedidos, tanto para os novos produtos primários como para os já existentes, em relação aos quais tenham sido fornecidas informações suficientes durante a primeira fase.

(15) A lista positiva da Comunidade deverá ser estabelecida pela Comissão após a realização da avaliação da segurança de todos os produtos primários para os quais

264

tenham sido fornecidas informações suficientes durante a primeira fase. A fim de garantir condições justas e equitativas a todos os requerentes, o estabelecimento da lista inicial deverá processar-se numa única etapa. Depois de estabelecida a lista inicial dos produtos primários autorizados, deverá ser possível aditar produtos primários por decisão da Comissão, após avaliação da sua segurança pela autoridade.

(16) Se a avaliação efectuada pela autoridade indicar que um aromatizante do fumo já existente no mercado dos Estados-Membros apresenta um risco grave para a saúde humana, esse produto deverá ser imediatamente retirado do mercado.

(17) Os artigos 53.° e 54.° do Regulamento (CE) n.° 178/2002 definem procedimentos para a adopção de medidas de emergência relativamente aos géneros alimentícios de origem comunitária ou importados de um país terceiro. Permitem à Comissão adoptar essas medidas em situações em que os géneros alimentícios são susceptíveis de constituir um risco grave para a saúde humana, a saúde animal ou o ambiente e quando esse risco não puder ser dominado de maneira satisfatória através das medidas tomadas pelo ou pelos Estados-Membros em causa.

(18) É necessário solicitar aos operadores das empresas do sector alimentar que utilizam produtos primários ou aromatizantes de fumo derivados que estabeleçam procedimentos de acordo com os quais seja possível, em todas os estádios do processo de colocação no mercado de um produto primário ou de um aromatizante de fumo derivado, verificar se este é autorizado nos termos do presente regulamento e se foram respeitadas as condições de utilização.

(19) Por forma a garantir que tanto os produtos primários existentes como os novos disponham de igual acesso ao mercado, é necessário estabelecer um período transitório durante o qual as medidas nacionais continuarão a aplicar-se nos Estados-Membros.

(20) Os anexos ao presente regulamento devem poder ser adaptados ao progresso científico e técnico.

(21) As medidas necessárias à execução do presente regulamento serão aprovadas nos termos da Decisão 1999/468/CE do Conselho, de 28 de Junho de 1999, que fixa as regras de exercício das competências de execução atribuídas à Comissão,

ADOPTARAM O PRESENTE REGULAMENTO:

Artigo 1.° *Objecto*
1. O presente regulamento tem por objectivo assegurar o funcionamento eficaz do mercado interno no que respeita aos aromatizantes de fumo utilizados ou destinados a serem utilizados nos ou sobre os géneros alimentícios, constituindo simultaneamente a base da garantia de um elevado nível de protecção da saúde humana e de defesa dos interesses do consumidor.
2. Para o efeito, o presente regulamento define:
a) Um procedimento comunitário para a avaliação e a autorização de condensados primários de fumo e de fracções primárias de alcatrão utilizados ou destinados a serem utilizados como tais nos ou sobre os géneros alimentícios, ou na produção de aromatizantes de fumo derivados destinados a serem utilizados nos ou sobre os géneros alimentícios;
b) Um procedimento comunitário para o estabelecimento de uma lista de condensados primários de fumo e de fracções primárias de alcatrão autorizados na Comunidade, com exclusão de todos os outros, e as respectivas condições de utilização nos ou sobre os géneros alimentícios.

Artigo 2.° *Âmbito de aplicação*
O presente regulamento aplica-se:
1. Aos aromatizantes de fumo utilizados ou destinados a serem utilizados nos ou sobre os géneros alimentícios.
2. Aos materiais de base utilizados para a produção de aromatizantes de fumo.
3. Às condições em que são preparados os aromatizantes de fumo.
4. Aos géneros alimentícios em que ou sobre os quais estão presentes aromatizantes de fumo.

Artigo 3.° *Definições*
Para os efeitos do presente regulamento, são aplicáveis as definições contidas na Directiva 88/388/CEE e no Regulamento (CE) n.° 178/2002.
São igualmente aplicáveis as seguintes definições:
1. «Condensado primário de fumo»: a fracção purificada à base de água do condensado de fumo, que será abrangida pela definição de «aromatizantes de fumo».

2. «Fracção primária de alcatrão»: a fracção purificada da fase de elevada densidade de alcatrão insolúvel em água do condensado de fumo, que será abrangida pela definição de «aromatizantes de fumo».

3. «Produtos primários»: os condensados primários de fumo e as fracções primárias de alcatrão.

4. «Aromatizantes de fumo derivados»: os aromatizantes que resultam da transformação dos produtos de fumo utilizados ou destinados a ser utilizados nos ou sobre os géneros alimentícios a fim de lhes conferir um aroma de fumo.

Artigo 4.º *Utilização geral e requisitos de segurança*

1. A utilização de aromatizantes de fumo nos ou sobre os géneros alimentícios só deve ser autorizada se se demonstrar cabalmente que:
— não apresenta riscos para a saúde humana,
— não induz os consumidores em erro.
Cada autorização pode ser sujeita a condições específicas de utilização.

2. Ninguém pode colocar no mercado um aromatizante de fumo ou um género alimentício em que ou sobre o qual esteja presente esse aromatizante de fumo se este não for um produto primário autorizado nos termos do artigo 6.º ou não for derivado de tal produto, ou se não forem respeitadas as condições de utilização estabelecidas na autorização emitida nos termos do presente regulamento.

Artigo 5.º *Condições de produção*

1. As madeiras utilizadas para a produção de produtos primários não devem ter sido tratadas, intencionalmente ou não, com substâncias químicas durante os seis meses que imediatamente precedem ou se seguem ao abate, a menos que possa ser demonstrado que a substância utilizada para esse tratamento não liberta substâncias potencialmente tóxicas durante a combustão.

Quem colocar no mercado produtos primários deverá poder demonstrar mediante certificados ou documentos adequados que foram respeitados os requisitos fixados no primeiro parágrafo.

2. As condições para a produção de produtos primários encontram-se estabelecidas no anexo I. A fase oleosa insolúvel em água, que é um subproduto do processo, não deve ser utilizada para a produção de aromatizantes de fumo.

3. Sem prejuízo de outra legislação comunitária, os produtos primários podem continuar a ser tratados por processos físicos adequados para a produção de aromatizantes de fumo derivados. Se os pareceres diferirem quanto ao facto de um processo físico específico ser adequado ou não, poderá ser adoptada uma decisão nos termos do n.º 2 do artigo 19.º

Artigo 6.º *Lista comunitária dos produtos primários autorizados*

1. Deve ser estabelecida, nos termos do n.º 2 do artigo 19.º, uma lista dos produtos primários autorizados, com exclusão de todos os outros, na Comunidade para utilização como tais em ou sobre géneros alimentícios e/ou para a produção de aromatizantes de fumo derivados.

2. No que diz respeito a cada produto primário autorizado, a lista referida no n.º 1 deve indicar um código único para esse produto, o nome do produto, o nome e o endereço do titular da autorização, uma descrição e uma caracterização claras do produto, as condições da sua utilização em ou sobre géneros alimentícios ou categorias de géneros alimentícios específicos e a data a partir da qual o produto foi autorizado.

3. Após o estabelecimento da lista referida no n.º 1, podem ser aditados à mesma produtos primários nos termos do n.º 2 do artigo 19.º

Artigo 7.º *Pedido de autorização*

1. Para obter a inclusão de um produto primário na lista referida no n.º 1 do artigo 6.º, deve ser submetido um pedido em conformidade com as disposições que se seguem.

2.
a) O pedido deve ser enviado à autoridade competente de um Estado-Membro;
b) A autoridade competente deve:
i) acusar, por escrito, a recepção do pedido ao requerente no prazo de 14 dias a contar da sua recepção. O aviso de recepção deve indicar a data de recepção do pedido,
ii) informar sem demora a Autoridade Europeia para a Segurança dos Alimentos (a seguir designada «autoridade»), e
iii) pôr à disposição da autoridade o pedido e todas as informações adicionais fornecidas pelo requerente.

c) A autoridade deve informar sem demora os outros Estados-Membros e a Comissão do pedido e pôr à sua disposição o pedido, bem como todas as informações adicionais fornecidas pelo requerente.

3. O pedido deve ser instruído com as seguintes informações:
a) O nome e o endereço do requerente;
b) As informações enunciadas no anexo II;
c) Uma declaração fundamentada segundo a qual o produto obedece ao disposto no primeiro travessão do n.º 1 do artigo 4.º;
d) Uma síntese do processo.
4. A autoridade publica um guia pormenorizado sobre a elaboração e a apresentação do pedido.

Artigo 8.º *Parecer da autoridade*
1. Nos seis meses subsequentes à recepção de um pedido válido, a autoridade emite um parecer sobre se o produto e as suas utilizações previstas são conformes com o n.º 1 do artigo 4.º A autoridade pode prorrogar esse prazo. Nesse caso, deverá fornecer esclarecimentos sobre a prorrogação do prazo ao requerente, à Comissão e aos Estados-Membros.
2. Se for caso disso, a autoridade pode solicitar ao requerente que complete as informações que devem instruir o pedido num prazo por si determinado, que não pode nunca exceder 12 meses. Se a Autoridade necessitar de informações suplementares, o prazo fixado no n.º 1 deve ser suspenso até essas informações serem fornecidas. Da mesma forma, este prazo é suspenso durante o período de tempo necessário para que o requerente possa apresentar explicações, oralmente ou por escrito.
3. A fim de preparar o seu parecer, a autoridade deve:
a) Verificar se as informações e os documentos submetidos pelo requerente são conformes com o n.º 3 do artigo 7.º; se assim for, o pedido é considerado válido;
b) Informar o requerente, a Comissão e os Estados-Membros da não validade de um pedido.
4. Em caso de parecer favorável à autorização do produto avaliado, o parecer deve incluir:
a) Qualquer eventual condição ou restrição relacionada com a utilização do produto primário avaliado, como tal e/ou como aromatizante de fumo derivado em ou sobre géneros alimentícios ou categorias de géneros alimentícios específicos;
b) Uma avaliação da pertinência do método analítico proposto para efeitos do controlo previsto em conformidade com o ponto 4 do anexo II.
5. A autoridade deve transmitir o seu parecer à Comissão, aos Estados-Membros e ao requerente.
6. A autoridade deve tornar público o seu parecer, após ter suprimido eventuais informações consideradas confidenciais nos termos do artigo 15.º

Artigo 9.º *Autorização pela Comunidade*
1. Nos três meses subsequentes à recepção do parecer da autoridade, a Comissão prepara um projecto de medida a tomar no que diz respeito ao pedido de inclusão de um produto primário na lista referida no n.º 1 do artigo 6.º, tendo em conta os requisitos do n.º 1 do artigo 4.º, a legislação comunitária e quaisquer outros factores legitimamente relacionados com a matéria em causa. Se o projecto de medida não for conforme com o parecer da autoridade, a Comissão deve explicar as razões das diferenças.
A medida referida no primeiro parágrafo deve ser:
a) Um projecto de regulamento que altera a lista referida no n.º 1 do artigo 6.º através da inclusão do produto primário na lista dos produtos autorizados, em conformidade com os requisitos enunciados no n.º 2 do artigo 6.º; ou
b) Um projecto de decisão, dirigido ao requerente, recusando a autorização necessária.
2. A medida é adoptada nos termos do n.º 2 do artigo 19.º A Comissão informa imediatamente o requerente da sua adopção.
3. Sem prejuízo do artigo 11.º, a autorização concedida em conformidade com o procedimento previsto no presente regulamento é válida no conjunto da Comunidade por um período de 10 anos e renovável em conformidade com o artigo 12.º
4. Após a emissão de uma autorização em conformidade com o presente regulamento, o titular da autorização ou qualquer outro operador de uma empresa do sector alimentar que utilize o produto primário ou o aromatizante de fumo derivado autorizado deve respeitar todas as condições ou restrições ligadas à referida autorização.

5. O titular da autorização informa imediatamente a Comissão de quaisquer novos dados científicos e técnicos que possam afectar a avaliação da segurança do produto primário ou do aromatizante de fumo derivado autorizado no que diz respeito à saúde humana. Se for caso disso, a autoridade reexamina a avaliação.

6. A concessão de uma autorização não diminui a responsabilidade civil e penal geral de qualquer operador de uma empresa do sector alimentar no que diz respeito ao produto primário, ao aromatizante de fumo derivado ou ao alimento que contém o produto primário ou o aromatizante de fumo derivado autorizado.

Artigo 10.º *Estabelecimento inicial da lista comunitária dos produtos primários autorizados*

1. No prazo de 18 meses a contar da entrada em vigor do presente regulamento, os operadores das empresas do sector alimentar devem apresentar um pedido em conformidade com o artigo 7.º, com vista ao estabelecimento de uma lista comunitária inicial dos produtos primários autorizados. Sem prejuízo do n.º 1 do artigo 9.º, esta lista inicial é estabelecida após a autoridade ter emitido um parecer sobre cada produto primário para o qual tiver sido apresentado um pedido válido durante este período. Os pedidos sobre os quais a autoridade não tenha podido emitir um parecer em virtude de o requerente não ter respeitado os prazos especificados para a prestação de informações suplementares, nos termos do n.º 2 do artigo 8.º, não serão tidos em consideração para eventual inclusão na lista comunitária inicial.

2. No prazo de três meses a contar da recepção de todos os pareceres a que se refere o n.º 1, a Comissão prepara um projecto de regulamento para o estabelecimento inicial da lista referida no n.º 1 do artigo 6.º, tendo em conta os requisitos constantes do n.º 2 do mesmo artigo.

Artigo 11.º *Alteração, suspensão e revogação de autorizações*

1. O titular da autorização pode, nos termos do artigo 7.º, solicitar que a autorização concedida seja alterada.

2. Por iniciativa própria ou na sequência de um pedido emanado de um Estado-Membro ou da Comissão, a autoridade deve emitir parecer sobre se uma autorização está ainda em conformidade com o presente regulamento, nos termos do artigo 8.º, se for caso disso.

3. A Comissão examina imediatamente o parecer da autoridade e prepara um projecto da decisão a adoptar.

4. O projecto de medida relativo à alteração de uma autorização deve especificar todas as modificações necessárias a introduzir nas condições de utilização e, se for caso disso, nas restrições ligadas à referida autorização.

5. A medida definitiva, ou seja, a alteração, suspensão ou revogação da autorização, deve ser adoptada nos termos do n.º 2 do artigo 19.º

6. A Comissão informa imediatamente o titular da autorização da medida adoptada.

Artigo 12.º *Renovação de autorizações*

1. Sem prejuízo do artigo 11.º, as autorizações concedidas ao abrigo do presente regulamento são passíveis de renovação por períodos de 10 anos, mediante pedido dirigido à Comissão pelo titular da autorização o mais tardar 18 meses antes da data de caducidade da autorização.

2. O pedido deve ser instruído com as seguintes informações e documentação:
a) Uma referência à autorização inicial;
b) Qualquer informação disponível relativa aos pontos enumerados no anexo II que complete as informações já fornecidas à autoridade no quadro da ou das avaliações anteriores e as actualize à luz dos dados científicos e técnicos mais recentes;
c) Uma declaração fundamentada segundo a qual o produto obedece ao disposto no primeiro travessão do n.º 1 do artigo 4.º

3. Os artigos 7.º e 9.º são aplicáveis, com as necessárias adaptações.

4. Se, por razões alheias ao titular da autorização, não for adoptada qualquer decisão sobre a renovação de uma autorização até um mês antes da sua data de caducidade, o período de autorização do produto é prorrogado automaticamente por seis meses. A Comissão informa o titular da autorização e os Estados-Membros desta prorrogação de prazo.

Artigo 13.º *Rastreabilidade*

1. Na fase inicial de colocação no mercado de um produto primário autorizado ou de um aromatizante de fumo derivado de um dos produtos autorizados indicados na lista referida no n.º 1 do artigo 6.º, os operadores das empresas do sector alimentar devem assegurar que as seguintes informações sejam transmitidas ao operador da empresa do sector alimentar que recebe o produto:

a) O código do produto autorizado indicado na lista referida no n.º 1 do artigo 6.º;

b) As condições de utilização do produto autorizado fixadas na lista referida no n.º 1 do artigo 6.º;

c) No caso de um aromatizante de fumo derivado, a relação quantitativa com o produto primário, expressa em termos claros e facilmente inteligíveis, para que o operador da empresa do sector alimentar destinatário possa utilizar o aromatizante de fumo derivado em conformidade com as condições de utilização fixadas na lista referida no n.º 1 do artigo 6.º

2. Em todas as fases subsequentes da colocação no mercado dos produtos referidos no n.º 1, os operadores das empresas do sector alimentar devem assegurar que as informações recebidas em conformidade com o n.º 1 sejam transmitidas aos operadores das empresas do sector alimentar que recebem os produtos.

3. Os operadores das empresas do sector alimentar devem dispor de sistemas e procedimentos que permitam identificar o fornecedor e o destinatário dos produtos referidos no n.º 1.

4. Os n.ᵒˢ 1 a 3 aplicam-se sem prejuízo de outros requisitos específicos da legislação comunitária.

Artigo 14.º *Acesso público*

1. Os pedidos de autorização, as informações adicionais prestadas por requerentes e os pareceres da autoridade, com exclusão das informações confidenciais, serão acessíveis pelo público em conformidade com os artigos 38.º, 39.º e 41.º do Regulamento (CE) n.º 178/2002.

2. A autoridade aplica os princípios do Regulamento (CE) n.º 1049/2001 do Parlamento Europeu e do Conselho, de 30 de Maio de 2001, relativo ao acesso público aos documentos do Parlamento Europeu, do Conselho e da Comissão, quando tratar pedidos de acesso a documentos detidos pela autoridade.

3. Os Estados-Membros devem tratar os pedidos de acesso a documentos recebidos ao abrigo do presente regulamento em conformidade com o artigo 5.º do Regulamento (CE) n.º 1049/2001.

Artigo 15.º *Confidencialidade*

1. O requerente pode indicar que informações apresentadas por força do artigo 7.º devem ser consideradas confidenciais, por a divulgação das mesmas poder prejudicar seriamente a sua posição concorrencial. Nesse caso, deve ser dada uma justificação passível de comprovação.

2. Sem prejuízo do n.º 3, a Comissão determina, após consulta ao requerente, quais as informações que se devem manter confidenciais e informa o requerente e a autoridade da sua decisão.

3. Sem prejuízo do n.º 3 do artigo 39.º do Regulamento (CE) n.º 178/2002, não são consideradas confidenciais as seguintes informações:

a) O nome e o endereço do requerente e o nome do produto;

b) Em caso de parecer favorável à autorização do produto avaliado, as informações referidas no n.º 2 do artigo 6.º;

c) As informações que se revestem de um interesse directo para a avaliação da segurança do produto;

d) O método analítico referido no ponto 4 do anexo II.

4. Não obstante o disposto no n.º 2, a autoridade deve, a pedido, fornecer à Comissão e aos Estados-Membros todas as informações na sua posse.

5. A Comissão, a autoridade e os Estados-Membros devem tomar as medidas necessárias para garantir a adequada confidencialidade das informações recebidas ao abrigo do presente regulamento, exceptuando-se as informações que devem ser tornadas públicas quando as circunstâncias o exigirem a fim de proteger a saúde humana.

6. Se um requerente retirar ou tiver retirado um pedido, a autoridade, a Comissão e os Estados-Membros devem respeitar a confidencialidade das informações comerciais e industriais fornecidas, inclusive as relativas à investigação e ao desenvolvimento, bem como as informações relativamente às quais a Comissão e o requerente se encontram em desacordo em matéria de confidencialidade.

Artigo 16.º *Protecção de dados*
As informações contidas nos pedidos apresentados em conformidade com o artigo 7.º não podem ser utilizadas em benefício de outro requerente, a menos que este tenha acordado com o titular da autorização a possibilidade de utilização dessas informações.

Artigo 17.º *Inspecções e medidas de controlo*
1. Os Estados-Membros devem assegurar que sejam efectuadas inspecções e, se for caso disso, outras medidas de controlo, para garantir o cumprimento do presente regulamento.
2. Se necessário e a pedido da Comissão, a autoridade presta assistência na elaboração de orientações técnicas em matéria de amostragem e testes, para facilitar uma abordagem coordenada da aplicação do n.º 1.
3. Se necessário, após ter solicitado à autoridade assistência científica e técnica, a Comissão adopta critérios de qualidade para os métodos analíticos validados propostos nos termos do ponto 4 do anexo II, inclusive para as substâncias a medir.
Estas medidas, que têm por objecto alterar elementos não essenciais do presente regulamento, são aprovadas pelo procedimento de regulamentação com controlo a que se refere o n.º 3 do artigo 19.º.

Artigo 18.º *Alterações*
1. As alterações aos anexos são aprovadas pela Comissão após solicitação da autoridade com vista a obter a sua assistência científica e/ou técnica. Estas medidas, que têm por objecto alterar elementos não essenciais do presente regulamento, são aprovadas pelo procedimento de regulamentação com controlo a que se refere o n.º 3 do artigo 19.º.
2. As alterações à lista referida no n.º 1 do artigo 6.º são aprovadas pelo procedimento de regulamentação a que se refere o n.º 2 do artigo 19.º, após solicitação da autoridade com vista a obter a sua assistência científica e/ou técnica.

Artigo 19.º *Procedimento de comité*
1. A Comissão é assistida pelo comité referido no n.º 1 do artigo 58.º do Regulamento (CE) n.º 178/2002.
2. Sempre que se faça referência ao presente número, são aplicáveis os artigo 5.º e 7.º da Decisão 1999/468/CE, tendo-se em conta o disposto no artigo 8.º da mesma.
O prazo previsto no n.º 6 do artigo 5.º da Decisão 1999/468/CE é de três meses.
3. Sempre que se faça referência ao presente número, são aplicáveis os n.ºs 1 a 4 do artigo 5.º-A e o artigo 7.º da Decisão 1999/468/CE, tendo-se em conta o disposto no artigo 8.º.

Artigo 20.º *Medidas transitórias*
Sem prejuízo do n.º 2 do artigo 4.º, são autorizadas pelos períodos abaixo indicados a comercialização e a utilização dos seguintes produtos primários e aromatizantes de fumo derivados, bem como de géneros alimentícios que contenham estes produtos, já no mercado à data de entrada em vigor do presente regulamento:
a) Produtos primários para os quais tenha sido apresentado um pedido válido nos termos do artigo 7.º e do n.º 3 do artigo 8.º antes de 16 de Junho de 2005 e aromatizantes de fumo derivados: até ao estabelecimento da lista referida no n.º 1 do artigo 10.º;
b) Géneros alimentícios que contenham produtos primários para os quais tenha sido apresentado um pedido válido nos termos do artigo 7.º e do n.º 3 do artigo 8.º antes de 16 de Junho de 2005 e/ou que contenham aromatizantes de fumo derivados: até 12 meses após o estabelecimento da lista referida no n.º 1 do artigo 10.º;
c) Géneros alimentícios que contenham produtos primários para os quais não tenha apresentado um pedido válido nos termos do artigo 7.º e do n.º 3 do artigo 8.º antes de 16 de Junho de 2005 e/ou aromatizantes de fumo derivados: até 16 de Junho de 2006.
Os géneros alimentícios legalmente colocados no mercado antes do termo dos períodos referidos nas alíneas b) e c) podem ser comercializados até ao esgotamento das existências.

Artigo 21.º *Entrada em vigor*
O presente regulamento entra em vigor 20 dias após a sua publicação no Jornal Oficial da União Europeia.

O n.º 2 do artigo 4.º é aplicável a partir de 16 de Junho de 2005. Até essa data, continuarão a aplicar-se nos Estados-Membros as disposições nacionais em vigor relativas aos aromatizantes de fumo e à sua utilização nos ou sobre os géneros alimentícios.

O presente regulamento é obrigatório em todos os seus elementos e directamente aplicável em todos os Estados-Membros.

ANEXO I.-

Condições de produção de produtos primários

[Anexo não reproduzido na presente publicação]

ANEXO II.-

Informações necessárias para a avaliação científica dos produtos primários

[Anexo não reproduzido na presente publicação]

23 de Fevereiro de 2005.- Regulamento (CE) n.º 396/2005
do Parlamento Europeu e do Conselho
relativo aos limites máximos de resíduos de pesticidas no interior e à superfície dos
géneros alimentícios e dos alimentos para animais, de origem vegetal ou animal,
e que altera a Directiva 91/414/CEE do Conselho
(JO L 70, 16/03/2005)

(V.C. 02/02/2014)

O PARLAMENTO EUROPEU E O CONSELHO DA UNIÃO EUROPEIA,
Tendo em conta o Tratado que institui a Comunidade Europeia, nomeadamente o artigo 37.º e a alínea b) do n.º 4 do artigo 152.º,
Tendo em conta a proposta da Comissão,
Tendo em conta o parecer do Comité Económico e Social Europeu,
Após consulta ao Comité das Regiões,
Deliberando nos termos do artigo 251.º do Tratado,
Considerando o seguinte:
(1) A Directiva 76/895/CEE do Conselho, de 23 de Novembro de 1976, relativa à fixação de teores máximos de resíduos de pesticidas nas e sobre as frutas e produtos hortícolas, a Directiva 86/362/CEE do Conselho, de 24 de Julho de 1986, relativa à fixação de teores máximos para os resíduos de pesticidas à superfície e no interior dos cereais, a Directiva 86/363/CEE do Conselho, de 24 de Julho de 1986, relativa à fixação de teores máximos para os resíduos de pesticidas à superfície e no interior dos géneros alimentícios de origem animal e a Directiva 90/642/CEE do Conselho, de 27 de Novembro de 1990, relativa à fixação de teores máximos de resíduos de pesticidas nos e sobre determinados produtos de origem vegetal, incluindo frutas e produtos hortícolas, foram substancialmente alteradas por diversas vezes. Num intuito de clareza e simplificação, essas directivas devem ser revogadas e substituídas por um único acto.
(2) O presente regulamento diz respeito directamente à saúde pública e é relevante para o funcionamento do mercado interno. A existência de diferenças entre limites máximos de resíduos de pesticidas a nível nacional pode originar barreiras ao comércio dos produtos incluídos no anexo I ao Tratado e dos produtos deles derivados, entre Estados-Membros e entre países terceiros e a Comunidade. Por esse motivo, e no interesse da livre circulação de mercadorias, da igualdade de condições de concorrência entre os Estados-Membros e de um elevado nível de protecção dos consumidores, é conveniente que os limites máximos de resíduos (LMR) nos produtos de origem vegetal ou animal sejam fixados a nível comunitário, tendo em conta as boas práticas agrícolas.
(3) Um regulamento que estabeleça LMR não exige transposição para o direito nacional dos Estados-Membros. Constitui, portanto, o instrumento legal mais apropriado para fixar LMR de pesticidas nos produtos de origem vegetal ou animal, uma vez que os seus requisitos específicos devem ser aplicados simultaneamente e de modo uniforme em toda a Comunidade, permitindo, desse modo, uma utilização mais eficaz dos recursos nacionais.
(4) A produção e o consumo de produtos de origem vegetal e animal desempenham um papel muito importante na Comunidade. O rendimento da produção vegetal é permanentemente afectado por organismos prejudiciais. É essencial proteger as plantas e os produtos vegetais contra esses organismos, a fim de evitar perdas de rendimento ou danos às plantas e aos produtos vegetais e também de assegurar a qualidade dos produtos colhidos e garantir um nível elevado de produtividade agrícola. Existem diferentes métodos para atingir este fim, incluindo métodos não químicos, práticas como a utilização de variedades resistentes, a rotação de culturas, a sacha mecânica, o controlo biológico, e métodos químicos, como a utilização de produtos fitofarmacêuticos.
(5) Um dos métodos mais comuns de protecção das plantas e dos produtos vegetais dos efeitos de organismos nocivos consiste na utilização de produtos fitofarmacêuticos. Todavia, uma consequência possível dessa utilização pode ser a presença de resíduos nos produtos tratados, nos animais alimentados com esses produtos e no mel produzido por abelhas expostas àquelas substâncias. Atendendo a que, nos termos da Directiva 91/414/CEE do Conselho, de 15 de Julho de 1991, relativa à colocação dos produtos fitofarmacêuticos no mercado, a saúde pública se deve sobrepor ao interesse da protecção das culturas, importa assegurar que esses resíduos não estejam presentes em níveis que representem um risco inaceitável para os seres humanos e, sempre que

relevante, para os animais. Os LMR devem ser fixados, para cada pesticida, ao nível mais baixo consistente com as boas práticas agrícolas, a fim de proteger grupos vulneráveis, como as crianças e os nascituros.

(6) É igualmente importante prosseguir os trabalhos de desenvolvimento de uma metodologia que tenha em conta os efeitos cumulativos e sinérgicos. Tendo em conta a exposição humana a combinações de substâncias activas e os seus efeitos cumulativos e possivelmente agregados e sinérgicos para a saúde humana, os LMR devem ser fixados após consulta da Autoridade Europeia para a Segurança dos Alimentos, instituída pelo Regulamento (CE) n.º 178/2002 do Parlamento Europeu e do Conselho, de 28 de Janeiro de 2002, que determina os princípios e normas gerais da legislação alimentar, cria a Autoridade Europeia para a Segurança dos Alimentos e estabelece procedimentos em matéria de segurança dos géneros alimentícios («a Autoridade»).

(7) A Directiva 91/414/CEE estabelece que os Estados-Membros, ao emitirem autorizações, devem exigir que os produtos fitofarmacêuticos sejam utilizados de forma adequada. Uma utilização adequada inclui a aplicação dos princípios de boas práticas agrícolas, bem como de controlo integrado. Quando os LMR resultantes de uma utilização autorizada de um produto fitofarmacêutico ao abrigo da Directiva 91/414/CEE representarem um risco para os consumidores, essa utilização deverá ser revista, de modo a reduzir o nível de resíduos de pesticida. A Comunidade deverá encorajar o recurso a métodos ou produtos que favoreçam a redução dos riscos e a utilização de quantidades de produtos fitofarmacêuticos a níveis compatíveis com uma luta eficaz contra os organismos prejudiciais. A Directiva 91/414/CE deverá pois ser alterada nesse sentido.

(8) A Directiva 79/117/CEE do Conselho, de 21 de Dezembro de 1978, relativa à proibição de colocação no mercado e da utilização de produtos fitofarmacêuticos contendo determinadas substâncias activas, proíbe um certo número de substâncias activas. Igualmente, muitas outras substâncias activas não são actualmente autorizadas, nos termos da Directiva 91/414/CEE. Os resíduos de substâncias activas em produtos de origem vegetal ou animal, resultantes de utilizações não autorizadas, de contaminação ambiental ou ainda de utilizações em países terceiros, deverão ser cuidadosamente controlados e vigiados.

(9) As disposições legislativas básicas no domínio dos géneros alimentícios e dos alimentos para animais constam do Regulamento (CE) n.º 178/2002.

(10) Além dessas disposições básicas, são necessárias regras mais específicas, a fim de assegurar o bom funcionamento do mercado interno e do comércio com os países terceiros, de produtos vegetais ou animais frescos, transformados e/ou compostos, destinados à alimentação humana ou animal, nos quais possam estar presentes resíduos de pesticidas, criando, ao mesmo tempo, a base para assegurar um elevado nível de protecção da saúde humana e animal e dos interesses dos consumidores. Essas disposições deverão incluir a fixação de LMR específicos para cada pesticida em todos os produtos destinados à alimentação humana ou animal, bem como a qualidade dos dados subjacentes a esses LMR.

(11) Sem prejuízo de que os princípios e normas gerais da legislação alimentar constantes do Regulamento (CE) n.º 178/2002 se aplicam apenas a alimentos para animais destinados ao consumo humano, atendendo à dificuldade de os distinguir dos produtos destinados à alimentação de animais que não se destinam ao consumo humano, e ainda a fim de facilitar o controlo e a aplicação das disposições do presente regulamento, é adequado que estas disposições sejam igualmente aplicáveis aos produtos para animais que não se destinam ao consumo humano. Contudo, o presente regulamento não deverá constituir um obstáculo aos ensaios necessários à avaliação de pesticidas.

(12) A Directiva 91/414/CEE estabelece regras básicas em matéria de utilização de produtos fitofarmacêuticos e à sua colocação no mercado. Em especial, a utilização desses produtos não deverá produzir efeitos prejudiciais nos seres humanos ou nos animais. Os resíduos de pesticidas resultantes da utilização de produtos fitofarmacêuticos podem ter efeitos prejudiciais na saúde dos consumidores. Importa, portanto, definir regras para os LMR nos produtos destinados ao consumo humano que estão sujeitos a autorização de utilização de produtos fitofarmacêuticos, tal como definidos na Directiva 91/414/CEE. Do mesmo modo, é necessário adaptar essa directiva, a fim de ter em conta o procedimento comunitário para a fixação de LMR ao abrigo do presente regulamento. Nos termos dessa directiva, um Estado-Membro pode ser designado relator para a avaliação de uma substância activa. É conveniente fazer

273

uso dos conhecimentos técnicos existentes nesse Estado-Membro para efeitos do presente regulamento.

(13) É conveniente introduzir regras específicas em matéria de controlo de resíduos de pesticidas a fim de complementar as disposições comunitárias gerais relativas ao controlo dos géneros alimentícios e dos alimentos para animais.

(14) Aquando da avaliação dos LMR dos pesticidas, deverá também reconhecer se que são poucos os consumidores que têm conhecimento dos riscos decorrentes dos pesticidas. Seria útil esclarecer cabalmente o público acerca de tais riscos.

(15) Os Estados-Membros devem estudar a possibilidade de publicar os nomes das empresas cujos produtos contenham um teor de resíduos de pesticidas superior ao máximo autorizado.

(16) A Directiva 2002/32/CE do Parlamento Europeu e do Conselho, de 7 de Maio de 2002, relativa às substâncias indesejáveis nos alimentos para animais, estabelece regras específicas aplicáveis aos alimentos para animais, nomeadamente no respeitante à comercialização e armazenagem desses produtos e à alimentação dos animais. Em relação a alguns produtos, não é possível determinar se serão transformados em géneros alimentícios ou em alimentos para animais. Por isso, os resíduos de pesticidas presentes nesses produtos devem ser seguros, tanto para o consumo humano, como, sempre que relevante, para o consumo animal. Assim sendo, é conveniente que as regras constantes do presente regulamento sejam igualmente aplicáveis a esses produtos, além das regras específicas respeitantes à nutrição animal.

(17) É necessário definir a nível comunitário certos termos utilizados na fixação, controlo e informação sobre os controlos de LMR para os produtos de origem vegetal ou animal. É importante que os Estados-Membros apliquem sanções adequadas de acordo com o Regulamento (CE) n.º 882/2004 do Parlamento Europeu e do Conselho, de 29 de Abril de 2004, relativo aos controlos oficiais realizados para assegurar a verificação do cumprimento da legislação relativa aos alimentos para animais e aos géneros alimentícios e das normas relativas à saúde e ao bem estar dos animais.

(18) A Directiva 76/895/CEE prevê que os Estados-Membros possam autorizar LMR superiores aos autorizados actualmente a nível comunitário. Essa possibilidade deverá deixar de existir, dado que, no contexto do mercado interno, pode criar obstáculos ao comércio intracomunitário.

(19) O estabelecimento de LMR de pesticidas exige uma demora ponderação técnica e inclui uma avaliação dos riscos potenciais para os consumidores. Não é, portanto, possível fixar de imediato LMR para os resíduos de pesticidas actualmente regidos pela Directiva 76/895/CEE, nem para os pesticidas para os quais ainda não tenham sido fixados LMR comunitários.

(20) É conveniente que as exigências de dados mínimos a aplicar ao considerar-se a fixação de LMR.

(21) A título excepcional, e em especial no caso de pesticidas não autorizados que possam estar presentes no ambiente, é conveniente permitir a utilização de dados de vigilância na fixação de LMR.

(22) Os LMR de pesticidas deverão ser vigiados em permanência e ser alterados em função de novos dados ou informações. Quando as utilizações autorizadas de produtos fitofarmacêuticos não resultarem em teores detectáveis de resíduos de pesticidas, os LMR deverão ser fixados no limite de determinação analítica. Se a utilização de um produto fitofarmacêutico não for autorizada a nível comunitário, os LMR deverão ser fixados num valor baixo, a fim de proteger os consumidores da ingestão de resíduos de pesticidas não autorizados ou de níveis excessivos de resíduos de pesticidas. A fim de facilitar o controlo de resíduos de pesticidas, é necessário estabelecer um valor por defeito para resíduos de pesticidas presentes em produtos ou grupos de produtos enumerados no anexo I para os quais não tenham sido estabelecidos LMR nos anexos II ou III, excepto se a substância activa em questão constar do anexo IV. É conveniente estabelecer o valor por defeito em 0,01 mg/kg, e prever a possibilidade de prever um nível diferente para as substâncias activas abrangidas pelo anexo V da mesma directiva, tendo em conta os métodos analíticos de rotina disponíveis e/ou a protecção dos consumidores.

(23) O Regulamento (CE) n.º 178/2002 estabelece procedimentos para a adopção de medidas de emergência em relação aos géneros alimentícios e aos alimentos para animais de origem comunitária, ou importados de países terceiros. Esses procedimentos permitem que a Comissão adopte tais medidas em situações em que os géneros alimentícios sejam susceptíveis de constituir um risco grave para a saúde humana, a

saúde animal ou para o ambiente, ou em que esse risco não possa ser dominado satisfatoriamente através de medidas tomadas pelo ou pelos Estados-Membros implicados. Essas medidas e o seu efeito nos seres humanos e, sempre que relevante, nos animais, são avaliadas pela Autoridade.

(24) A exposição ao longo da vida e, quando for o caso, a exposição aguda dos consumidores a resíduos de pesticidas por via de produtos alimentares deve ser avaliada com base nas metodologias e práticas comunitárias e tendo em conta as directrizes publicadas pela Organização Mundial de Saúde.

(25) Através de Organização Mundial do Comércio, os parceiros comerciais da Comunidade deverão ser consultados, antes da aprovação de limites máximos de resíduos, sobre os LMR propostos e as suas observações deverão ser tidas em conta. Os LMR fixados a nível internacional pela Comissão do *Codex Alimentarius* devem igualmente ser tidos em conta na fixação dos LMR comunitários, tendo em conta as boas práticas agrícolas relevantes.

(26) Em relação aos géneros alimentícios e aos alimentos para animais produzidos fora da Comunidade, podem ser legalmente aplicadas práticas agrícolas diferentes no tocante à utilização de produtos fitofarmacêuticos, de que por vezes resultam resíduos de pesticidas diferentes dos que resultam de utilizações legalmente aplicadas na Comunidade. Importa, pois, fixar LMR para os produtos importados que tenham em conta essas utilizações e os resíduos delas resultantes, desde que a segurança dos produtos possa ser demonstrada com base nos mesmos critérios utilizados para a produção interna.

(27) É necessário que a Autoridade analise os pedidos de fixação de LMR e os relatórios de avaliação elaborados pelos Estados-Membros, tendo em conta toda a gama de efeitos toxicológicos como a imunotoxicidade, a desregulação endócrina e a toxicidade durante a fase de desenvolvimento, tendo em vista a determinação dos riscos associados para os consumidores e, sempre que relevante, para os animais.

(28) Os Estados-Membros deverão estabelecer as sanções aplicáveis às violações do presente regulamento e assegurar a respectiva aplicação. Essas sanções devem ser efectivas, proporcionadas e dissuasivas.

(29) O desenvolvimento de um sistema comunitário harmonizado de LMR implica a elaboração de directrizes, a constituição de bases de dados e outras actividades, com os custos correspondentes. A Comunidade deverá, em certos casos, contribuir para esses custos.

(30) Constitui boa prática administrativa e é tecnicamente desejável coordenar a calendarização das decisões sobre os LMR de substâncias activas com as decisões tomadas sobre tais substâncias ao abrigo da Directiva 91/414/CEE. Relativamente a muitas substâncias para as quais não foram ainda fixados LMR, não deverão ser tomadas decisões ao abrigo dessa directiva antes da entrada em vigor do presente regulamento.

(31) É, portanto, necessário aprovar regras específicas que prevejam LMR harmonizados temporários, mas obrigatórios, tendo em vista a fixação progressiva de LMR, à medida que forem sendo tomadas decisões sobre substâncias activas individuais como parte das avaliações ao abrigo da Directiva 91/414/CEE. Estes LMR harmonizados temporários deverão basear-se, em especial, nos LMR nacionais existentes definidos pelos Estados-Membros e deverão respeitar as disposições nacionais que serviram de base à sua definição, desde que os LMR não constituam um risco inaceitável para os consumidores.

(32) Na sequência da inclusão de substâncias activas existentes no anexo I da Directiva 91/414/CEE, os Estados-Membros devem reapreciar cada produto fitofarmacêutico que contenha aquelas substâncias activas no prazo de quatro anos a contar da data de inclusão. Os LMR em questão deverão ser mantidos por um período máximo de quatro anos, a fim de assegurar a continuidade das autorizações e, uma vez concluída a reapreciação, devem ser tornados definitivos se estiverem devidamente apoiados num processo que obedeça ao anexo III da mesma directiva, ou fixados num valor por defeito, na ausência dessa fundamentação.

(33) O presente regulamento estabelece LMR para o controlo de resíduos de pesticidas nos géneros alimentícios e nos alimentos para animais. É pois conveniente que os Estados-Membros estabeleçam programas nacionais de controlo desses resíduos. Os resultados dos programas nacionais de controlo deverão ser enviados à Comissão, à Autoridade e aos outros Estados-Membros e constar do relatório anual da Comunidade.

(34) A fim de garantir que os consumidores sejam devidamente informados, os Estados-Membros devem, nos termos do Regulamento (CE) n.º 882/2004, publicar anualmente na internet os resultados das acções nacionais de controlo dos resíduos, fornecendo todos os dados individuais, incluindo o local da recolha e os nomes dos retalhistas, dos comerciantes e/ou dos produtores em causa.

(35) As medidas necessárias à aplicação do presente regulamento deverão ser aprovadas nos termos da Decisão 1999/468/CE do Conselho, de 28 de Junho de 1999, que fixa as regras de exercício das competências de execução atribuídas à Comissão.

(36) De acordo com o princípio da proporcionalidade, é necessário e conveniente, para a realização dos objectivos básicos de facilitação do comércio e, simultaneamente, de protecção dos consumidores, fixar regras sobre os LMR para os produtos de origem vegetal e animal. O presente regulamento não excede o necessário para atingir os objectivos, de acordo com o terceiro parágrafo do artigo 5.º do Tratado,

ADOPTARAM O PRESENTE REGULAMENTO:

CAPÍTULO I.-OBJECTO, ÂMBITO DE APLICAÇÃO E DEFINIÇÕES

Artigo 1.º *Objecto*
O presente regulamento estabelece, de acordo com os princípios gerais constantes do Regulamento (CE) n.º 178/2002, em particular a necessidade de garantir um elevado nível de protecção dos consumidores, disposições comunitárias harmonizadas relativas aos limites máximos de resíduos de pesticidas no interior e à superfície dos géneros alimentícios e dos alimentos para animais, de origem vegetal ou animal.

Artigo 2.º *Âmbito de aplicação*
1. O presente regulamento aplica-se aos produtos e partes de produtos de origem vegetal e animal enumerados no anexo I, destinados a ser utilizados como géneros alimentícios ou como alimentos para animais, frescos, transformados e/ou compostos, no interior ou à superfície dos quais possam estar presentes resíduos de pesticidas.
2. O presente regulamento não se aplica aos produtos enumerados no anexo I quando for possível provar, de forma adequada, que se destinam:
   a) Ao fabrico de produtos que não sejam géneros alimentícios nem alimentos para animais; ou
   b) À sementeira ou plantação; ou
   c) As actividades autorizadas pela legislação nacional para o ensaio de substâncias activas.
3. Os limites máximos de resíduos de pesticidas fixados de acordo com o presente regulamento não são aplicáveis aos produtos enumerados no anexo I que se destinem a ser exportados para países terceiros e tratados antes da exportação, quando tenha sido provado de forma adequada que o país terceiro de destino requer ou aceita esse tratamento específico, a fim de evitar a introdução de organismos prejudiciais no seu território.
4. O presente regulamento é aplicável sem prejuízo das Directivas 98/8/CE e 2002/32/CE e do Regulamento (CEE) n.º 2377/90.

Artigo 3.º *Definições*
1. Para efeitos do disposto no presente regulamento, são aplicáveis as definições constantes do Regulamento (CE) n.º 178/2002 e as definições constantes dos n.ºs 1 e 4 do artigo 2.º da Directiva 91/414/CEE.
2. São igualmente aplicáveis as seguintes definições:
   a) «Boas práticas agrícolas» (BPA): a utilização segura, nas condições reais, de produtos fitofarmacêuticos, registada, autorizada ou recomendada a nível nacional, em qualquer fase da produção, armazenagem, transporte, distribuição e transformação de géneros alimentícios e alimentos para animais. Implica igualmente a aplicação, nos termos da Directiva 91/414/CEE, dos princípios de controlo integrado dos organismos prejudiciais numa determinada zona climática, bem como a utilização de quantidades mínimas de pesticidas e a fixação de LMR/LMR temporários ao mais baixo nível possível para a obtenção do efeito desejado;
   b) «BPA críticas»: as BPA que dão origem ao mais alto teor aceitável de resíduos de pesticidas numa cultura tratada e que servem de base para a fixação do LMR, quando existam várias BPA para determinada combinação substância activa/produto;
   c) «Resíduos de pesticidas»: os resíduos, incluindo, substâncias activas, metabolitos e/ou produtos de degradação ou de reacção de substâncias activas utilizadas

actualmente ou anteriormente em produtos fitofarmacêuticos tais como definidos no n.º 1 do artigo 2.º da Directiva 91/414/CEE, presentes no interior ou à superfície dos produtos enumerados no anexo I do presente regulamento, incluindo, nomeadamente, os que possam surgir como resultado de uma utilização fitossanitária, em medicamentos veterinários ou como biocidas;

d) «Limite máximo de resíduos» (LMR): limite máximo legal de concentração de um resíduo de pesticida no interior ou à superfície de géneros alimentícios ou alimentos para animais, fixado nos termos do presente regulamento com base nas BPA e na menor exposição possível dos consumidores necessária para proteger os consumidores vulneráveis;

e) «LCX»: um LMR fixado pela Comissão do Codex Alimentarius;

f) «Limite de determinação» (LD): a menor concentração de resíduos validada que pode ser quantificada e registada no âmbito da vigilância de rotina com métodos de controlo validados;

g) «Tolerância de importação»: um LMR fixado para produtos importados para satisfazer as exigências do comércio internacional, sempre que:

— a utilização da substância activa em produtos fitofarmacêuticos em certas mercadorias não seja autorizada na Comunidade por razões não referentes à saúde pública para um produto específico e uma utilização específica, ou

— um nível diferente seja adequado, dado o LMR existente na Comunidade ter sido fixado por razões não referentes à saúde pública para um produto específico e uma utilização específica;

h) «Teste de proficiência»: o teste comparativo, no âmbito do qual vários laboratórios analisam amostras idênticas, permitindo uma avaliação da qualidade das análises efectuadas por cada laboratório;

i) «Dose aguda de referência»: a estimativa da quantidade de substância presente num género alimentício, expressa em relação ao peso corporal, que pode ser ingerida num período curto, em geral durante um dia, sem que daí decorram riscos apreciáveis para o consumidor, com base nos dados obtidos a partir de estudos adequados e tendo em conta os grupos sensíveis da população (por exemplo, crianças e nascituros);

j) «Dose diária admissível»: a estimativa da quantidade de substância presente num género alimentício, expressa em relação ao peso corporal, que pode ser ingerida diariamente ao longo da vida sem que daí decorram riscos apreciáveis para os consumidores, com base em todos os factos conhecidos no momento da avaliação, tendo em conta os grupos sensíveis da população (por exemplo, crianças e nascituros).

Artigo 4.º *Listas de grupos de produtos aos quais são aplicáveis LMR harmonizados*

1. Os produtos, grupos de produtos e/ou partes de produtos referidos no n.º 1 do artigo 2º aos quais se apliquem os LMR harmonizados são definidos e enumerados no anexo I. Esta medida, que tem por objecto alterar elementos não essenciais do presente regulamento, é aprovada pelo procedimento de regulamentação com controlo a que se refere o nº 3 do artigo 45º. O anexo I inclui todos os produtos em relação aos quais são fixados LMR, assim como outros produtos em relação aos quais é apropriado aplicar LMR harmonizados, nomeadamente tendo em vista a sua importância no regime alimentar dos consumidores ou nas trocas comerciais. Os produtos são agrupados de modo a que os LMR possam, tanto quanto possível, ser fixados para um grupo de produtos semelhantes ou relacionados.

2. O anexo I será estabelecido pela primeira vez no prazo de três meses a contar da data de entrada em vigor do presente regulamento e será revisto sempre que adequado, nomeadamente a pedido de um Estado-Membro.

Artigo 5.º *Elaboração de uma lista das substâncias activas para as quais não são exigidos LMR*

1. As substâncias activas de produtos fitofarmacêuticos avaliadas no âmbito da Directiva 91/414/CEE para as quais não são exigidos LMR são definidas e enumeradas no Anexo IV do presente regulamento, tendo em conta as utilizações dessas substâncias activas e os elementos referidos nas alíneas a), c) e d) do nº2 do artigo 14º. Estas medidas, que têm por objecto alterar elementos não essenciais do presente regulamento, são aprovadas pelo procedimento de regulamentação com controlo a que se refere o nº4 do artigo 45º. O anexo IV será estabelecido pela primeira vez no prazo de 12 meses a contar da data de entrada em vigor do presente regulamento.

2. O anexo IV será estabelecido pela primeira vez no prazo de 12 meses a contar da data de entrada em vigor do presente regulamento.

CAPÍTULO II.- PROCEDIMENTO PARA OS PEDIDOS RELATIVOS AOS LMR

SECÇÃO 1.- Apresentação de pedidos relativos aos LMR

Artigo 6.° *Pedidos*
1. Sempre que um Estado-Membro preveja conceder uma autorização, ou uma autorização provisória, para utilização de um produto fitofarmacêutico de acordo com a Directiva 91/414/CEE, avaliará a necessidade de, em virtude dessa utilização, alterar algum LMR já constante dos anexos II ou III ao presente regulamento ou de fixar um novo LMR, ou ainda de incluir a substância activa no anexo IV. Se necessário, exigirá à parte que solicitou a autorização que apresente um pedido nos termos do artigo 7.°
2. Todas as partes, incluindo as organizações da sociedade civil, bem como as partes comercialmente interessadas, nomeadamente, fabricantes, cultivadores, importadores e produtores dos produtos enumerados no anexo I, que demonstrem ter um interesse legítimo no domínio da saúde, por meio da apresentação de provas adequadas, podem também apresentar ao Estado-Membro um pedido nos termos do artigo 7.°
3. Se um Estado-Membro considerar necessário fixar, alterar ou suprimir um LMR, pode também reunir e avaliar o pedido de fixação, alteração ou supressão do LMR, nos termos do artigo 7.°
4. Os pedidos de tolerância de importação serão apresentados aos Estados-Membros relatores designados nos termos da Directiva 91/414/CEE ou, se não tiver sido designado um relator, estes pedidos serão apresentados aos Estados-Membros designados pela Comissão de acordo com o procedimento previsto no n.° 2 do artigo 45.° do presente regulamento, a pedido do requerente. Esses pedidos serão apresentados nos termos do artigo 7.° do presente regulamento.

Artigo 7.° *Requisitos dos pedidos relativos aos LMR*
1. Num pedido relativo a um LMR, o requerente incluirá os seguintes elementos e documentos:
a) O nome e o endereço do requerente;
b) Uma apresentação do processo do pedido, incluindo:
i) um resumo do pedido,
ii) os principais argumentos de fundo,
iii) um índice da documentação,
iv) uma cópia das BPA pertinentes aplicáveis à utilização específica da substância activa em questão;
c) Uma panorâmica completa de quaisquer preocupações relevantes levantadas na literatura científica disponível sobre o produto fitofarmacêutico e/ou o respectivo resíduo;
d) Os elementos constantes dos anexos II e III da Directiva 91/414/CEE relativos às exigências de dados para fixação dos LMR de pesticidas, incluindo, se for caso disso, dados toxicológicos e dados relativos aos métodos analíticos de rotina para utilização nos laboratórios de controlo, bem como dados relativos ao metabolismo em plantas e animais.
Todavia, se já se encontrarem publicamente disponíveis dados significativos, nomeadamente se a substância activa já tiver sido avaliada nos termos da Directiva 91/414/CEE, ou quando existir um LCX e tais dados forem apresentados pelo requerente, o Estado-Membro pode também utilizar essas informações para a avaliação do pedido. Nesse caso, o relatório de avaliação conterá a justificação da utilização ou não desses dados.
2. Se for necessário, o Estado-Membro que procede à avaliação solicitará ao requerente a apresentação de informações suplementares para além das requeridas no n.° 1, num prazo estabelecido por esse Estado-Membro. Esse prazo não poderá em caso algum ser superior a dois anos.

278

Artigo 8.° *Avaliação dos pedidos*
1. O Estado-Membro ao qual, nos termos do artigo 7.°, seja apresentado um pedido de acordo com o artigo 6.° deve enviar imediatamente uma cópia desse pedido à Autoridade e à Comissão e apresentar um relatório de avaliação sem demora injustificada.
2. Os pedidos são avaliados de acordo com as disposições aplicáveis dos Princípios Uniformes para a Avaliação e Autorização dos Produtos Fitofarmacêuticos constantes do anexo VI da Directiva 91/414/CEE ou com princípios de avaliação específicos, a estabelecer em regulamento da Comissão. Esse regulamento, que tem por objecto alterar elementos não essenciais do presente regulamento, completando-o, é aprovado pelo procedimento de regulamentação com controlo a que se refere o n°3 do artigo 45°.
3. Em derrogação do n.° 1 e mediante um acordo entre os Estados-Membros interessados, a avaliação do pedido pode ser efectuada pelo Estado-Membro relator designado nos termos da Directiva 91/414/CEE para a substância activa em questão.
4. Se um Estado-Membro encontrar dificuldades na avaliação de um pedido, ou a fim de se evitar uma duplicação de esforços, pode ser decidido, de acordo com o procedimento previsto no n.° 2 do artigo 45.°, qual o Estado-Membro que avaliará um pedido específico.

Artigo 9.° *Apresentação à Comissão e à Autoridade dos pedidos avaliados*
1. Após a elaboração do relatório de avaliação, o Estado-Membro envia-o à Comissão. A Comissão deve informar sem demora os Estados-Membros e enviar o pedido, o relatório de avaliação e o processo de apoio à Autoridade.
2. A Autoridade confirmará por escrito, sem demora, ao requerente, ao Estado-Membro avaliador e à Comissão a recepção dos pedidos. A confirmação mencionará a data de recepção do pedido e dos documentos anexos.

SECÇÃO 2.- Exame dos pedidos relativos aos LMR pela Autoridade

Artigo 10.° *Parecer da Autoridade sobre os pedidos relativos aos LMR*
1. A Autoridade avaliará os pedidos e os relatórios de avaliação e emitirá um parecer fundamentado, nomeadamente sobre os riscos para o consumidor e, quando for o caso, para os animais, associados à fixação, alteração ou supressão de um LMR. Esse parecer conterá:
a) Uma avaliação da adequação do método analítico proposto no pedido para a vigilância de rotina, aos objectivos de controlo pretendidos;
Uma previsão do LD para a combinação pesticida/produto;*c)* Uma avaliação do risco de a dose diária admissível ou de a dose aguda de referência serem excedidas em virtude da alteração do LMR; a contribuição para a ingestão dos resíduos presentes no produto para que foi pedido o LMR;
d) Qualquer outro elemento relevante para a avaliação do risco.
2. A Autoridade transmitirá o seu parecer fundamentado ao requerente, à Comissão e aos Estados-Membros. O parecer fundamentado definirá claramente o fundamento de cada conclusão alcançada.
3. Sem prejuízo do artigo 39.° do Regulamento (CE) n.° 178/2002, a Autoridade tornará público o seu parecer fundamentado.

Artigo 11.° *Prazos para o parecer da Autoridade sobre os pedidos relativos aos LMR*
1. A Autoridade emitirá o parecer fundamentado previsto no artigo 10.° o mais rapidamente possível e, no máximo, três meses após a data de recepção do pedido.
Em casos excepcionais que requeiram avaliações mais circunstanciadas, o prazo fixado no n.° 1 pode ser prorrogado até seis meses a contar da data de recepção do pedido válido.
2. Se a Autoridade solicitar informações complementares, o prazo referido no n.° 1 será suspenso, até que estas sejam fornecidas. Essa suspensão será efectuada nos termos do artigo 13.°

Artigo 12.° *Avaliação dos LMR existentes pela Autoridade*
1. No prazo de doze meses a contar da data de inclusão ou não de uma substância activa no anexo I da Directiva 91/414/CEE, após a entrada em vigor do presente regulamento, a Autoridade apresentará à Comissão e aos Estados-Membros um parecer fundamentado, baseado nomeadamente no relatório de avaliação elaborado nos termos da Directiva 91/414/CEE, sobre:

a) Os LMR existentes para essa substância activa definidos nos anexos II ou III do presente regulamento;

b) A necessidade de fixar novos LMR para essa substância activa, ou a sua inclusão no anexo IV, do presente regulamento;

c) Os factores específicos de transformação, tais como previstos no n.º 2 do artigo 20.º do presente regulamento que possam ser necessários para essa substância activa;

d) Os LMR cuja inclusão no anexo II e/ou no anexo III do presente regulamento a Comissão possa considerar e os LMR que possam ser suprimidos em relação a essa substância activa.

2. Para as substâncias incluídas no anexo I da Directiva 91/414/CEE antes da entrada em vigor do presente regulamento, o parecer fundamentado previsto no n.º 1 do presente artigo será emitido no prazo de doze meses a contar da data de entrada em vigor do presente regulamento.

Artigo 13.º *Reapreciação administrativa*
Qualquer decisão ou ausência de decisão da Autoridade ao abrigo da competência que lhe é atribuída pelo presente regulamento pode ser reapreciada pela Comissão, por iniciativa própria ou em resposta a um pedido de um Estado-Membro ou de qualquer outra pessoa directa e individualmente interessada.

Para o efeito, deve ser apresentado um pedido à Comissão no prazo de dois meses a contar da data em que a parte interessada teve conhecimento do acto ou da omissão em questão.

A Comissão deve tomar uma decisão no prazo de dois meses, pedindo à Autoridade, se for caso disso, que revogue a sua decisão ou repare a sua ausência de decisão dentro de um dado prazo.

SECÇÃO 3.- Fixações, alterações ou supressões de LMR

Artigo 14.º *Decisões sobre pedidos relativos aos LMR*
1. Após recepção do parecer da Autoridade e tendo em conta esse parecer, a Comissão elabora sem demora e, no máximo, no prazo de três meses um dos seguintes actos:

a) Um regulamento relativo à fixação, alteração ou supressão de um LMR. Esse regulamento, que tem por objecto alterar elementos não essenciais do presente regulamento, é aprovado pelo procedimento de regulamentação com controlo a que se refere o nº4 do artigo 45º. Por imperativos de urgência, a Comissão pode recorrer ao procedimento de urgência a que se refere o nº5 do artigo 45º. para garantir um elevado grau de protecção dos consumidores;

b) Uma decisão de rejeição do pedido, aprovada pelo procedimento de regulamentação a que se refere o nº2 do artigo 45º.

2. No que diz respeito ao acto a que se refere o nº1, serão tomados em conta:

a) Os conhecimentos científicos e técnicos disponíveis;

b) A eventual presença de resíduos de pesticidas resultante de outras fontes que não sejam utilizações fitossanitárias correntes de substâncias activas, bem como os seus efeitos cumulativos e sinérgicos conhecidos, quando existam métodos de avaliação desses efeitos;

c) Os resultados de uma avaliação de quaisquer riscos potenciais para os consumidores que apresentem uma elevada ingestão e uma elevada vulnerabilidade e, se for caso disso, para a saúde animal;

d) Os resultados das avaliações efectuadas e das decisões de alterar as utilizações dos produtos fitofarmacêuticos;

e) Um LCX ou uma BPA aplicados num país terceiro para a utilização legal de uma substância activa nesse país;

f) Outros factores legítimos relevantes para a questão em apreço.

3. A Comissão pode, a qualquer momento, solicitar ao requerente, ou à Autoridade, que lhe facultem informações complementares. A Comissão facultará aos Estados-Membros e à Autoridade todas as informações complementares recebidas.

Artigo 15.° *Inclusão, de LMR novos ou alterados nos anexos II ou III*
1. O regulamento referido no n.° 1 do artigo 14.° deve:
a) Fixar LMR novos ou alterados e incluí-los no anexo II do presente regulamento, se as substâncias activas tiverem sido incluídas no anexo I da Directiva 91/414/CEE; ou
b) Fixar ou alterar LMR temporários e incluí-los no anexo III do presente regulamento, se as substâncias activas não tiverem sido incluídas no anexo I da Directiva 91/414/CEE e não tiverem sido incluídas no anexo II do presente regulamento; ou
c) Fixar LMR temporários e incluí-los no anexo III do presente regulamento, nos casos referidos no artigo 16.°
2. Os LMR temporários fixados nos termos da alínea b) do n.o 1 são suprimidos do Anexo III, por meio de regulamento, no prazo de um ano a contar da data de inclusão ou de não inclusão da substância activa em causa no anexo I da Directiva 91/414/CEE. Esse regulamento, que tem por objecto alterar elementos não essenciais do presente regulamento, é aprovado pelo procedimento de regulamentação com controlo a que se refere o n°4 do artigo 45°. Por imperativos de urgência, a Comissão pode recorrer ao procedimento de urgência a que se refere o n°5 do artigo 45° para garantir um elevado grau de protecção dos consumidores.
No entanto, a pedido de um ou mais Estados-Membros, os LMR temporários podem ser mantidos por mais um ano se se aguardar a conclusão dos estudos científicos necessários para apoiar o respectivo pedido de fixação. Os LMR temporários são mantidos por mais dois anos nos casos em que essa confirmação seja fornecida, desde que não tenham sido detectados riscos inaceitáveis para a segurança dos consumidores.

Artigo 16.° *Procedimento de fixação de LMR temporários em certas circunstâncias*
1. O regulamento a que se refere o n.° 1 do artigo 14.° pode igualmente fixar um LMR temporário, a inserir no anexo III, nas seguintes circunstâncias:
a) Em casos excepcionais, nomeadamente quando os resíduos de pesticidas possam resultar de contaminações ambientais ou outras, ou de utilizações de produtos fitofarmacêuticos nos termos do n.° 4 do artigo 8.° da Directiva 91/414/CEE; ou
b) Se os produtos em causa representarem uma parte reduzida do regime alimentar dos consumidores, não representando uma parte importante do regime alimentar de subgrupos relevantes, e, se for caso disso, dos animais; ou
c) Em relação ao mel; ou
d) Infusões à base de plantas;
e) Para as utilizações essenciais dos produtos fitofarmacêuticos identificadas por uma decisão de não inclusão no ou de supressão de uma substância activa do anexo I da Directiva 91/414/CEE;
f) Se tiverem sido incluídos no anexo I novos produtos, grupos de produtos e/ou partes de produtos e tal for solicitado por um ou mais Estados-Membros, para permitir realizar e avaliar quaisquer estudos científicos necessários para apoiar um LMR, desde que não tenham sido identificados nenhuns motivos de preocupação inaceitáveis em matéria de segurança para o consumidor.
2. A inclusão de LMR temporários nos termos do n.° 1 terá em conta o parecer da Autoridade, os dados de vigilância e uma avaliação que demonstre a inexistência de riscos inaceitáveis para os consumidores ou para os animais.
A prorrogação da validade dos LMR temporários referidos nas alíneas a), b), c) e d) do n.° 1 será reavaliada pelo menos de dez em dez anos, podendo qualquer LMR ser alterado ou suprimido, se adequado.
Os LMR referidos na alínea e) do n.° 1 serão reavaliados quando expirar o prazo para o qual foi autorizada a utilização essencial. Os LMR referidos na alínea f) do n.° 1 serão reavaliados quando os estudos científicos tiverem sido concluídos e avaliados, mas não mais de quatro anos após a sua inclusão no anexo III.

Artigo 17.° *Alterações dos LMR na sequência da revogação de autorizações de produtos fitofarmacêuticos*
A alteração dos anexos II ou III destinada a suprimir um LMR, na sequência da revogação de uma autorização existente para um produto fitofarmacêutico, pode ser aprovada sem necessidade de parecer da Autoridade.

CAPÍTULO III.- LMR APLICÁVEIS A PRODUTOS DE ORIGEM VEGETAL E ANIMAL

Artigo 18.° *Cumprimento dos LMR*

1. Os produtos enumerados no anexo I, a partir do momento em que sejam colocados no mercado como géneros alimentícios ou alimentos para animais, ou fornecidos como alimentos para animais, não podem conter resíduos de pesticida que excedam:

a) Os LMR fixados para esses produtos nos anexos II e III;

b) 0,01 mg/kg, no caso de produtos para os quais não conste dos anexos II ou III um LMR específico, ou no caso de substâncias activas não constantes do anexo IV, a não ser que sejam fixados outros valores por defeito para uma substância activa, tendo simultaneamente em conta os métodos analíticos de rotina disponíveis. Esses valores por defeito são enumerados no anexo V. Esta medida, que tem por objecto alterar elementos não essenciais do presente regulamento, é aprovada pelo procedimento de regulamentação com controlo a que se refere o n°4 do artigo 45°. Por imperativos de urgência, Comissão pode recorrer ao procedimento de urgência a que se refere o n° 5 do artigo 45° para garantir um elevado grau de protecção dos consumidores.

2. Os Estados-Membros não podem proibir ou impedir a colocação no mercado ou o fornecimento como alimento para animais destinados ao consumo humano, nos territórios respectivos, dos produtos enumerados no anexo I, com base na presença de resíduos de pesticidas, desde que:

a) Esses produtos obedeçam ao n.° 1 e ao artigo 20.°; ou

b) A substância activa conste do anexo IV.

3. Em derrogação do n.° 1, os Estados-Membros podem autorizar, após tratamento pós-colheita com um fumigante, no seu próprio território, níveis de resíduos de uma substância activa que excedam os limites especificados nos anexos II e III em relação a um produto abrangido pelo anexo I, quando a combinação substância activa/produto se encontre enumerada no anexo VII, desde que:

a) Esse produto não se destine a consumo imediato;

b) Tenham sido instaurados controlos adequados para garantir que o produto em causa não esteja disponível para o utilizador final ou o consumidor, no caso de ser fornecido directamente a este último, enquanto a quantidade de resíduos presente exceder os limites máximos especificados nos anexos II ou III;

c) Os restantes Estados-Membros e a Comissão tenham sido informados das medidas tomadas.

As medidas que têm por objecto alterar elementos não essenciais do presente regulamento e definem as combinações substância activa/produto enumeradas no Anexo VII são aprovadas pelo procedimento de regulamentação com controlo a que se refere o n°3 do artigo 45°.

4. Em circunstâncias excepcionais, em especial após a utilização de produtos fitofarmacêuticos de acordo com o n° 4 do artigo 8° da Directiva 91/414/CE ou por força de obrigações estabelecidas na Directiva 2000/29/CE (15), os Estados-Membros podem autorizar a colocação no mercado e/ou a utilização na alimentação de animais, no interior do seu território, de géneros alimentícios ou de alimentos para animais tratados que não obedeçam ao disposto no n.o 1, desde que esses géneros alimentícios ou alimentos para animais não constituam um risco inaceitável. Essas autorizações devem ser notificadas imediatamente aos outros Estados-Membros, à Comissão e à Autoridade, juntamente com uma avaliação de risco adequada, a analisar sem demora injustificada, com vista à fixação de um LMR temporário por um determinado período ou à tomada de qualquer outra medida necessária relativamente a esses produtos. Estas medidas, que têm por objecto alterar elementos não essenciais do presente regulamento, completando-o, são aprovadas pelo procedimento de regulamentação com controlo a que se refere o n°4 do artigo 45°. Por imperativos de urgência, a Comissão pode recorrer ao procedimento de urgência a que se refere o n°5 do artigo 45° para garantir um elevado grau de protecção dos consumidores.

Artigo 19.° *Proibição relativa a produtos transformados e/ou compostos*

Os produtos enumerados no anexo I que não obedeçam ao disposto no n.° 1 do artigo 18.° ou no artigo 20.°, não podem ser transformados e/ou misturados para efeitos de diluição, com eles, ou com outros produtos, com vista à sua colocação no mercado como géneros alimentícios ou como alimentos para animais, ou à sua utilização como alimentos para animais.

Artigo 20.º *LMR aplicáveis aos produtos transformados e/ou compostos*
    1. Se não tiverem sido fixados nos anexos II ou III LMR para géneros alimentícios ou para alimentos para animais transformados e/ou compostos, serão aplicáveis os LMR previstos no n.º 1 do artigo 18.º para os produtos frescos enumerados no anexo I, tendo em conta a variação dos teores de resíduos de pesticidas causada pela transformação e/ou mistura.
    2. Os factores específicos de concentração ou de diluição relacionados com determinadas operações de transformação e/ou mistura ou com determinados produtos transformados e/ou compostos podem ser incluídos na lista do anexo VI. Esta medida, que tem por objecto alterar elementos não essenciais do presente regulamento, é aprovada pelo procedimento de regulamentação com controlo a que se refere o nº3 do artigo 45º.

CAPÍTULO IV.- DISPOSIÇÕES ESPECÍFICAS RELATIVAS À INCLUSÃO DE LMR EXISTENTES NO
PRESENTE REGULAMENTO

Artigo 21.º *Primeira fixação de LMR*
    1. Os LMR relativos aos produtos enumerados no anexo I serão primeiro fixados e incluídos numa lista no anexo II, de acordo com o procedimento previsto no n.º 2 do artigo 45.º, integrando os LMR constantes das Directivas 86/362/CEE, 86/363/CEE e 90/642/CEE e tendo em conta os critérios previstos no n.º 2 do artigo 14.º do presente regulamento.
    2. O anexo II será estabelecido no prazo de 12 meses a contar da data de entrada em vigor do presente regulamento.

Artigo 22.º *Primeira fixação de LMR temporários*
    1. Os LMR temporários para substâncias activas em relação às quais ainda não tenha sido tomada uma decisão de inclusão ou de não inclusão no anexo I da Directiva 91/414/CEE são primeiro fixados e incluídos numa lista no anexo III do presente regulamento, a não ser que já constem do anexo II, tendo em conta as informações fornecidas pelos Estados-Membros, o parecer fundamentado previsto no artigo 24º, se relevante, os factores referidos no n.o 2 do artigo 14.o e os seguintes LMR:
    a) Os LMR ainda constantes do anexo da Directiva 76/895/CEE; e
    b) Os LMR nacionais ainda não harmonizados.
    Estas medidas, que têm por objecto alterar elementos não essenciais do presente regulamento, são aprovadas pelo procedimento de regulamentação com controlo a que se refere o nº3 do artigo 45º.
    2. O anexo III será estabelecido no prazo de 12 meses a contar da data de entrada em vigor do presente regulamento, de acordo com os artigos 23º a 25º.

Artigo 23.º *Informações a apresentar pelos Estados-Membros sobre os LMR nacionais*
    Se um Estado-Membro tiver fixado, o mais tardar até à data de entrada em vigor do anexo I do presente regulamento, um LMR nacional para uma substância activa ainda não incluída no anexo I da Directiva 91/414/CEE, relativamente a um produto abrangido pelo Anexo I.- do presente regulamento, ou tiver decidido não exigir qualquer LMR para essa substância activa, esse Estado-Membro deverá notificar a Comissão, utilizando um modelo e até uma data a estabelecer de acordo com o procedimento referido no n.º 2 do artigo 45.º, o LMR nacional ou o facto de não ser exigido nenhum LMR para a substância activa em causa e, quando pertinente, e a pedido da Comissão:
    a) A BPA;
    b) Quando no Estado-Membro são aplicadas a BPA crítica, o resumo, quando disponível, dos dados de estudos supervisionados e/ou dos dados de vigilância;
    c) A dose diária admissível e, se for caso disso, a dose aguda de referência utilizadas na avaliação nacional de riscos, bem como os resultados desta avaliação.

Artigo 24.º *Parecer da Autoridade sobre os dados associados aos LMR nacionais*
    1. A Autoridade fornecerá um parecer fundamentado à Comissão sobre os potenciais riscos para a saúde dos consumidores, decorrentes:
    a) Dos LMR temporários susceptíveis de serem incluídos no anexo III;
    b) Das substâncias activas susceptíveis de serem incluídas no anexo IV.
    2. Na elaboração do parecer fundamentado referido no n.º 1, a Autoridade terá em conta os conhecimentos científicos e técnicos disponíveis e, em especial, a informação fornecida pelos Estados-Membros nos termos do artigo 23.º

Artigo 25.º *Fixação de LMR temporários*
Tendo em conta o parecer da Autoridade, podem, se esse parecer for solicitado, ser fixados e incluídos no anexo III, nos termos do n.º 1 do artigo 22.º, LMR temporários para as substâncias activas referidas no artigos 23.º ou, se for caso disso, as substâncias activas em causa podem ser incluídas no anexo IV, nos termos do n.º 1 do artigo 5.º Os LMR temporários deverão ser fixados ao nível mais baixo que seja possível alcançar em todos os Estados-Membros com base em boas práticas agrícolas.

CAPÍTULO V.- CONTROLOS OFICIAIS, RELATÓRIOS E SANÇÕES

SECÇÃO 1.- Controlos oficiais de LMR

Artigo 26.º *Controlos oficiais*
1. Sem prejuízo da Directiva 96/23/CE, os Estados-Membros efectuarão controlos oficiais dos resíduos de pesticidas, destinados a garantir o cumprimento do presente regulamento, de acordo com as disposições do direito comunitário relativas aos controlos oficiais no sector dos géneros alimentícios e dos alimentos para animais.
2. Esses controlos dos resíduos de pesticidas consistirão concretamente na colheita e análise de amostras, com identificação dos pesticidas presentes e dos teores de resíduos respectivos. Esses controlos serão efectuados, em particular, no local de distribuição ao consumidor.

Artigo 27.º *Amostragem*
1. Cada Estado-Membro colherá amostras em número e variedade suficiente para garantir que os resultados sejam representativos do mercado, tendo em conta os resultados de anteriores programas de controlo. Essa amostragem será realizada tão perto quanto razoável do ponto de distribuição e permitirá a tomada ulterior de eventuais medidas coercivas.
2. As medidas que têm por objecto alterar elementos não essenciais do presente regulamento, completando-o, e determinam os métodos de amostragem necessários à realização dos controlos de resíduos de pesticidas em produtos diferentes dos previstos na Directiva 2002/63/CE são aprovadas pelo procedimento de regulamentação com controlo a que se refere o nº3 do artigo 45º do presente regulamento.

Artigo 28.º *Métodos de análise*
1. Os métodos de análise de resíduos de pesticidas devem obedecer aos critérios fixados nas disposições pertinentes do direito comunitário em matéria de controlos oficiais dos géneros alimentícios e dos alimentos para animais.
2. De acordo com o procedimento previsto no n.º 2 do artigo 45.º, podem ser aprovadas orientações técnicas que tratem dos critérios de validação específicos e dos procedimentos de controlo de qualidade relativos a métodos de análise para a determinação dos resíduos de pesticidas.
3. Todos os laboratórios que efectuarem análises para controlo oficial dos resíduos de pesticidas participarão nos testes comunitários de proficiência para os resíduos de pesticidas, organizados pela Comissão.

SECÇÃO 2.- Programa comunitário de controlo

Artigo 29.º *Programa comunitário de controlo*
1. A Comissão elaborará um programa comunitário coordenado plurianual de controlo, que identifique as amostras a incluir nos programas nacionais de controlo e tenha em conta os problemas identificados no tocante à observância dos LMR fixados no presente regulamento, a fim de avaliar a exposição dos consumidores e a aplicação da legislação em vigor.
2. O programa comunitário de controlo será aprovado, e anualmente actualizado, de acordo com o procedimento previsto no n.º 2 do artigo 45.º O projecto de programa comunitário de controlo será apresentado ao Comité referido no n.º 1 do artigo 45.º pelo menos seis meses antes do final de cada ano civil.

284

SECÇÃO 3.- Programas nacionais de controlo

Artigo 30.° *Programas nacionais de controlo de resíduos de pesticidas*
1. Os Estados-Membros estabelecerão programas nacionais plurianuais de controlo de resíduos de pesticidas e actualizarão anualmente o seu programa plurianual. Esses programas basear-se-ão nos riscos e destinar-se-ão, em especial, a avaliar a exposição dos consumidores e a observância da legislação em vigor. Especificarão, pelo menos, o seguinte:
   a) Os produtos a submeter a amostragem;
   b) O número de amostras a colher e de análises a efectuar;
   c) Os pesticidas a analisar;
   d) Os critérios aplicados na elaboração dos programas, incluindo:
   i) as combinações pesticida/produto a seleccionar,
   ii) o número de amostras colhidas respectivamente para produtos nacionais e não nacionais,
   iii) o consumo dos produtos que constituem o regime alimentar nacional,
   iv) o programa comunitário de controlo,
   v) os resultados de anteriores programas de controlo.
2. Os Estados-Membros apresentarão à Comissão e à Autoridade, devidamente actualizados, os seus programas nacionais de controlo dos resíduos de pesticidas, referidos no n.° 1, pelo menos três meses antes do final de cada ano civil.
3. Os Estados-Membros participarão no programa comunitário de controlo previsto no artigo 29.° Os Estados-Membros publicarão anualmente na internet todos os resultados das acções nacionais de controlo dos resíduos. Caso os LMR sejam ultrapassados, os Estados-Membros poderão citar o nome dos retalhistas, dos comerciantes ou dos produtores em causa.

SECÇÃO 4.- Informações a apresentar pelos Estados-Membros e relatório anual

Artigo 31.° *Informações a apresentar pelos Estados-Membros*
1. Os Estados-Membros apresentarão as seguintes informações à Comissão, à Autoridade e aos outros Estados-Membros respeitantes ao ano civil anterior, até 31 de Agosto de cada ano:
   a) Os resultados dos controlos oficiais previstos no n.° 1 do artigo 26.°;
   b) Os limites de determinação aplicados no âmbito dos programas nacionais de controlo referidos no artigo 30.° e do programa comunitário de controlo referido no artigo 29.°;
   c) Elementos relativos à participação dos laboratórios de análises nos testes comunitários de proficiência referidos no n.° 3 do artigo 28.° e em outros testes de proficiência relevantes para as combinações pesticida/produto amostradas no âmbito dos programas nacionais de controlo;
   d) Elementos relativos ao estatuto, em termos de acreditação, dos laboratórios de análises envolvidos nos controlos referidos na alínea a);
   e) Sempre que a legislação nacional o autorize, detalhes sobre as medidas coercivas tomadas.
2. As medidas de aplicação relativas à comunicação de informações pelos Estados-Membros podem ser aprovadas de acordo com o procedimento previsto no n.° 2 do artigo 45.° após concertação com a Autoridade.

Artigo 32.° *Relatório anual sobre os resíduos de pesticidas*
1. Com base nas informações prestadas pelos Estados-Membros ao abrigo do n.° 1 do artigo 31.°, a Autoridade elaborará um relatório anual sobre os resíduos de pesticidas.
2. A Autoridade incluirá no relatório anual pelo menos, as seguintes informações:
   a) Uma análise dos resultados dos controlos previstos no n.° 2 do artigo 26.°;
   b) Uma declaração sobre as eventuais razões pelas quais os LMR foram excedidos, juntamente com observações adequadas sobre as opções de gestão dos riscos;
   c) Uma análise dos riscos crónicos e agudos para a saúde dos consumidores, decorrentes dos resíduos de pesticidas;
   d) Uma avaliação da exposição dos consumidores aos resíduos de pesticidas, baseada nas informações prestadas nos termos da alínea a) e em quaisquer outras informações pertinentes disponíveis, nomeadamente nos relatórios apresentados ao abrigo da Directiva 96/23/CE.

3. Se um Estado-Membro não fornecer as informações previstas no artigo 31.º, a Autoridade pode ignorar as informações correspondentes a esse Estado-Membro na elaboração do relatório anual.

4. A forma de apresentação do relatório anual pode ser decidida de acordo com o procedimento previsto no n.º 2 do artigo 45.º

5. A Autoridade apresentará o relatório anual sobre os resíduos de pesticidas à Comissão até ao último dia do mês de Fevereiro de cada ano.

6. O relatório anual pode incluir um parecer sobre os pesticidas a inserir em programas futuros.

7. A Autoridade publicará o relatório anual, bem como quaisquer observações da Comissão ou dos Estados-Membros.

Artigo 33.º *Apresentação ao Comité do relatório anual sobre os resíduos de pesticidas*
A Comissão apresentará sem demora ao Comité o relatório anual sobre os resíduos de pesticidas previsto no n.º 1 do artigo 45.º, para revisão e formulação de recomendações sobre as medidas que eventualmente seja necessário tomar em relação às infracções comunicadas de LMR fixados nos anexos II e III.

SECÇÃO 5.- *Sanções*

Artigo 34.º *Sanções*
Os Estados-Membros estabelecerão disposições relativas às sanções aplicáveis às violações do presente regulamento e tomarão todas as medidas necessárias para garantir a aplicação desse regime. As sanções previstas devem ser efectivas, proporcionadas e dissuasivas.
Os Estados-Membros notificarão sem demora essas disposições, e qualquer alteração posterior destas, à Comissão.

CAPÍTULO VI.- MEDIDAS DE EMERGÊNCIA

Artigo 35.º *Medidas de emergência*
São aplicáveis os artigos 53.º e 54.º do Regulamento (CE) n.º 178/2002 se, em virtude de novas informações ou de uma reavaliação das informações existentes, a saúde humana ou a saúde animal puderem ser postas em perigo por resíduos de pesticidas ou por LMR enumerados no presente regulamento, exigindo medidas imediatas. No caso dos produtos frescos, o prazo de que a Comissão dispõe para tomar uma decisão é reduzido para sete dias.

CAPÍTULO VII.- MEDIDAS DE APOIO RESPEITANTES A LMR HARMONIZADOS PARA OS PESTICIDAS

Artigo 36.º *Medidas de apoio respeitantes a LMR harmonizados para os pesticidas*
1. Serão instituídas a nível comunitário medidas de apoio respeitantes a LMR harmonizados para os pesticidas, que incluirão:
a) Uma base de dados consolidada da legislação comunitária em matéria de LMR de pesticidas, igualmente destinada a pôr essa informação à disposição do público;
b) Os testes comunitários de proficiência referidos no n.º 3 do artigo 28.º;
c) Os estudos e outras medidas necessários à elaboração e ao desenvolvimento da legislação e de orientações técnicas no domínio dos resíduos de pesticidas, visando, em particular, o desenvolvimento e a utilização de métodos de avaliação dos efeitos agregados, cumulativos e sinérgicos;
d) Os estudos necessários à estimativa da exposição dos consumidores e animais aos resíduos de pesticidas;
e) Os estudos necessários para apoiar os laboratórios de controlo, sempre que os métodos analíticos não permitam controlar os LMR fixados.
2. As disposições eventualmente necessárias para a execução das medidas referidas no n.º 1 podem ser adoptadas de acordo com o procedimento previsto no n.º 2 do artigo 45.º

Artigo 37.° *Contribuição comunitária para as medidas de apoio à aplicação de LMR harmonizados para os pesticidas*
1. A Comunidade pode contribuir financeiramente, até 100 %, para os custos das medidas previstas no artigo 36.°
2. As dotações serão autorizadas anualmente como parte do processo orçamental.

CAPÍTULO VIII.- COORDENAÇÃO DOS PEDIDOS RELATIVOS A LMR

Artigo 38.° *Designação das autoridades nacionais*
Para efeitos do presente regulamento, cada Estado-Membro designará uma ou mais autoridades nacionais para coordenar a cooperação com a Comissão, a Autoridade, os outros Estados-Membros, os fabricantes, os produtores e os cultivadores. No caso de designar mais de uma autoridade, o Estado-Membro indicará qual dessas autoridades actuará como ponto de contacto.
As autoridades nacionais podem delegar funções noutros organismos.
Cada Estado-Membro comunicará à Comissão e à Autoridade os nomes e os endereços das autoridades nacionais designadas.

Artigo 39.° *Coordenação das informações relativas a LMR pela Autoridade*
A Autoridade actuará em coordenação com:
a) O Estado-Membro relator designado para uma substância activa de acordo com a Directiva 91/414/CEE;
b) Os Estados-Membros e a Comissão em relação aos LMR, em especial para efeitos de cumprimento dos requisitos previstos no artigo 41.°

Artigo 40.° *Informações a apresentar pelos Estados-Membros*
A pedido da Autoridade, os Estados-Membros facultar-lhe-ão todas as informações disponíveis que sejam necessárias à avaliação da segurança dos LMR.

Artigo 41.° *Base de dados de LMR da Autoridade*
Sem prejuízo das disposições aplicáveis do direito comunitário e nacional sobre o acesso a documentos, a Autoridade criará e gerirá uma base de dados, acessível à Comissão e às autoridades competentes dos Estados-Membros, com informações científicas e BPA pertinentes, relacionadas com os LMR, substâncias activas e factores de transformação constantes dos anexos II, III, IV e VII. A base conterá, nomeadamente, avaliações da ingestão no regime alimentar, factores de transformação e parâmetros toxicológicos.

Artigo 42.° *Estados-Membros e taxas*
1. Os Estados-Membros podem recuperar os custos dos esforços relacionados com a fixação, alteração ou supressão de um LMR ou de quaisquer outros esforços decorrentes das obrigações impostas pelo presente regulamento, através do estabelecimento de uma taxa ou encargo.
2. Os Estados-Membros assegurarão que a taxa ou encargo referidos no n.° 1:
a) Sejam estabelecidos de forma transparente; e
b) Correspondam ao custo efectivo dos esforços envolvidos.
Essa taxa ou encargo pode incluir uma tabela de encargos fixos, em função dos custos médios dos esforços a que se refere o n.° 1.

CAPÍTULO IX.- APLICAÇÃO

Artigo 43.° *Parecer científico da Autoridade*
A Comissão ou os Estados-Membros podem solicitar à Autoridade um parecer científico sobre qualquer medida relacionada com a avaliação de riscos ao abrigo do presente regulamento. A Comissão pode especificar o prazo para a emissão desse parecer.

Artigo 44.° *Procedimento para adopção dos pareceres da Autoridade*
1. Sempre que os pareceres da Autoridade, nos termos do presente regulamento, exijam apenas trabalho científico ou técnico que implique a aplicação de princípios científicos ou técnicos bem estabelecidos, estes podem, a menos que a Comissão ou um Estado-Membro levantem objecções, ser emitidos pela Autoridade sem consulta do Comité Científico ou dos painéis científicos a que se refere o artigo 28.° do Regulamento (CE) n.° 178/2002.

2. As normas de execução previstas na alínea a) do n.º 6 do artigo 29.º do Regulamento (CE) n.º 178/2002 especificarão os casos em que será aplicável o n.º 1 do presente artigo.

Artigo 45.º *Procedimento de Comité*
1. A Comissão é assistida pelo Comité Permanente da Cadeia Alimentar e da Saúde Animal criado pelo artigo 58º do Regulamento (CE) nº178/2002.
2. Sempre que se faça referência ao presente número, são aplicáveis os artigos 5º e 7º da Decisão 1999/468/CE, tendo-se em conta o disposto no seu artigo 8º.
O prazo previsto no nº6 do artigo 5º da Decisão 1999/468/CE é de três meses.
3. Sempre que se faça referência ao presente número, são aplicáveis os nº 1 a 4 do artigo 5º-A e o artigo 7º da Decisão 1999/468/CE, tendo-se em conta o disposto no seu artigo 8º.
4. Sempre que se faça referência ao presente número, são aplicáveis os n.ºs 1 a 4 e a alínea b) do nº5 do artigo 5º-A e o artigo 7º da Decisão 1999/468/CE, tendo-se em conta o disposto no seu artigo 8º.
Os prazos indicados na alínea c) do n.º 3 e nas alíneas b) e e) do n.º 4 do artigo 5.º-A da Decisão 1999/468/CE são fixados, respectivamente, em dois meses, um mês e dois meses.
5. Sempre que se faça referência ao presente número, são aplicáveis os n.ºs 1, 2, 4 e 6 do artigo 5.º-A e o artigo 7.º da Decisão 1999/468/CE, tendo-se em conta o disposto no seu artigo 8.º

Artigo 46.º *Disposições de aplicação*
1. As medidas de execução destinadas a assegurar a aplicação uniforme do presente regulamento, a documentação técnica para orientar essa aplicação e as normas pormenorizadas relativas aos dados científicos necessários para a fixação de LMR são estabelecidas ou podem ser alteradas pelo procedimento de regulamentação a que se refere o n.º 2 do artigo 45.º, tendo em conta, se necessário, o parecer da Autoridade.
2. As medidas que têm por objecto alterar elementos não essenciais do presente regulamento e dizem respeito à fixação ou alteração das datas referidas no artigo 23.º, no n.º 2 do artigo 29.º, no n.º 2 do artigo 30.º, no n.º 1 do artigo 31.º e no n.º 5 do artigo 32.º são aprovadas pelo procedimento de regulamentação com controlo a que se refere o n.º 3 do artigo 45.º, tendo em conta, se necessário, o parecer da Autoridade.

Artigo 47.º *Relatório de aplicação do presente regulamento*
O mais tardar dez anos após a data de entrada em vigor do presente regulamento, a Comissão transmitirá ao Parlamento Europeu e ao Conselho um relatório sobre a respectiva aplicação, acompanhado de quaisquer propostas adequadas.

CAPÍTULO X.- DISPOSIÇÕES FINAIS

Artigo 48.º *Revogação e adaptação da legislação*
1. São revogadas as Directivas 76/895/CEE, 86/362/CEE, 86/363/CEE e 90/642/CEE, com efeitos a contar da data referida no segundo parágrafo do artigo 50.º
2. A alínea f) do n.º 1 do artigo 4.º da Directiva 91/414/CEE passa a ter a seguinte redacção:
«f) Sempre que adequado, os LMR para os produtos agrícolas afectados pela utilização a que se refere a autorização tiverem sido fixados ou alterados de acordo com o Regulamento (CE) n.º 396/2005.»

Artigo 49.º *Medidas transitórias*
1. Os requisitos constantes do capítulo III não são aplicáveis aos produtos legalmente produzidos ou importados na Comunidade antes da data referida no segundo parágrafo do artigo 50.º
No entanto, para garantir um nível elevado de protecção dos consumidores, podem ser tomadas medidas adequadas em relação a esses produtos. Essas medidas, que têm por objecto alterar elementos não essenciais do presente regulamento, completando-o, são aprovadas pelo procedimento de regulamentação com controlo a que se refere o n.º 5 do artigo 45.º
2. Caso tal se revele necessário para possibilitar a comercialização, a transformação e o consumo normais dos produtos, podem ser definidas outras medidas transitórias para a aplicação de certos LMR previstos nos artigos 15.º, 16.º, 21.º, 22.º e 25.º Essas medidas,

que têm por objecto alterar elementos não essenciais do presente regulamento, completando-o, e que não devem prejudicar a obrigação de garantir um nível elevado de protecção dos consumidores, são aprovadas pelo procedimento de regulamentação com controlo a que se refere o n.º 4 do artigo 45.º

Artigo 50.º *Entrada em vigor*

O presente regulamento entra em vigor no vigésimo dia seguinte ao da sua publicação no Jornal Oficial da União Europeia.

Os capítulos II, III e V são aplicáveis seis meses a contar da publicação do último dos regulamentos que estabelecerem os anexos I, II, III e IV.

O presente regulamento é obrigatório em todos os seus elementos e directamente aplicável em todos os Estados-Membros.

ANEXO I.-
Produtos de origem vegetal ou animal, referidos no artigo 2.º, n.º 1

[Anexo não reproduzido na presente publicação]

ANEXO II.-
LMR anteriormente definidos nos termos das Directivas 86/362/CEE, 86/363/CEE e 90/642/CEE, referidos no n.º 1 do artigo 21.º

[Anexo não reproduzido na presente publicação]

ANEXO III.-
LMR temporários referidos no n.º 1 do artigo 16.º e no n.º 1 do artigo 22.º

[Anexo não reproduzido na presente publicação]

ANEXO IV.-
Lista de substâncias activas de produtos fitofarmacêuticos avaliadas no âmbito da Directiva 91/414/CEE, para as quais não são exigidos LMR, referidas no n.º 1 do artigo 5.º

[Anexo não reproduzido na presente publicação]

ANEXO V.-
Lista dos valores por defeito a que se refere o artigo 18.º, n.º 1, alínea b)

[Anexo não reproduzido na presente publicação]

[...]

ANEXO VII.-
Combinações substância activa/produto referidas no n.º 3 do artigo 18.º

[Anexo não reproduzido na presente publicação]

20 de Dezembro de 2006.- Regulamento (CE) n.º 1925/2006
do Parlamento Europeu e do Conselho
relativo à adição de vitaminas, minerais e determinadas outras substâncias aos
alimentos
(J.O. L 404, 30/12/2006)

(V.C. 28/02/2014)

O PARLAMENTO EUROPEU E O CONSELHO DA UNIÃO EUROPEIA,
Tendo em conta o Tratado que institui a Comunidade Europeia, nomeadamente o artigo 95.º,
Tendo em conta a proposta da Comissão,
Tendo em conta o parecer do Comité Económico e Social Europeu,
Deliberando nos termos do artigo 251.º do Tratado,
Considerando o seguinte:
(1) Existe uma ampla gama de nutrientes e outros ingredientes que podem ser usados no fabrico de alimentos, nomeadamente as vitaminas, os minerais — incluindo os oligoelementos, os aminoácidos, os ácidos gordos essenciais, as fibras, diversas plantas e extractos vegetais. A sua adição aos alimentos está sujeita, nos Estados-Membros, a normas nacionais diferentes que obstam à livre circulação desses produtos e criam desigualdades nas condições de concorrência, tendo assim um impacto directo no funcionamento do mercado interno. Por conseguinte, é necessário adoptar normas comunitárias que harmonizem as disposições nacionais relacionadas com a adição de vitaminas, minerais e determinadas outras substâncias aos alimentos.
(2) O presente regulamento destina-se a regulamentar a adição de vitaminas e de minerais aos alimentos, bem como a utilização de determinadas outras substâncias ou ingredientes que contenham substâncias que não sejam vitaminas nem minerais e sejam adicionados aos alimentos ou usados no fabrico de alimentos em condições que resultem na ingestão de quantidades muito superiores às susceptíveis de serem normalmente ingeridas no quadro de um regime alimentar equilibrado e variado e/ou que representem um risco potencial para os consumidores. Caso não existam disposições comunitárias específicas relativas à proibição ou restrição do uso de substâncias ou ingredientes que contenham substâncias que não sejam vitaminas nem minerais previstas no presente regulamento ou noutras disposições comunitárias específicas, pode ser aplicada a regulamentação nacional pertinente, sem prejuízo do disposto no Tratado.
(3) Por motivos relacionados com a saúde pública, alguns Estados-Membros exigem a adição obrigatória de várias vitaminas e minerais a determinados alimentos correntes. Estes motivos que podem ter pertinência a nível nacional ou mesmo regional, não podem justificar actualmente a harmonização da adição obrigatória de nutrientes em toda a Comunidade. No entanto, se se vier a revelar adequado, essas disposições poderão ser adoptadas a nível comunitário. Entretanto, será útil recolher informações sobre essas medidas nacionais.
(4) As vitaminas e os minerais podem ser adicionados aos alimentos voluntariamente pelos fabricantes ou devem ser adicionados obrigatoriamente como substâncias nutricionais, se tal estiver previsto na legislação comunitária específica. Também podem ser adicionados por razões tecnológicas como aditivos, corantes, aromatizantes ou para outras utilizações semelhantes, incluindo práticas e processos enológicos previstos na legislação comunitária pertinente. O presente regulamento deverá aplicar-se sem prejuízo das normas comunitárias específicas relativas à adição de vitaminas e minerais ou à sua utilização em determinados produtos ou grupos de produtos ou à sua adição para efeitos não abrangidos pelo presente regulamento.
(5) Dado que a Directiva 2002/46/CE do Parlamento Europeu e do Conselho, de 10 de Junho de 2002, relativa à aproximação das legislações dos Estados-Membros respeitantes aos suplementos alimentares, prevê normas pormenorizadas relativas aos suplementos alimentares que contêm vitaminas e minerais, as disposições do presente regulamento respeitantes às vitaminas e aos minerais não deverão aplicar-se aos suplementos alimentares.
(6) Os fabricantes adicionam aos alimentos vitaminas e minerais para diversos efeitos, nomeadamente para restituir o respectivo teor quando o mesmo tenha sido reduzido durante os processos de transformação, armazenamento ou manipulação, ou para

conferir um valor nutricional semelhante ao dos alimentos a que visam constituir alternativas

(7) Um regime alimentar adequado e variado pode, em circunstâncias normais, fornecer todos os nutrientes necessários ao bom desenvolvimento e à manutenção de um organismo saudável, nas quantidades estabelecidas e recomendadas com base em dados científicos geralmente aceites. Todavia, os inquéritos revelam que esta situação ideal não corresponde à realidade nem em relação a todas as vitaminas e todos os minerais nem no que respeita a todos os grupos da população da Comunidade. Afigura-se que os alimentos a que se adicionaram vitaminas e minerais contribuem de forma apreciável para o aporte desses nutrientes, podendo por conseguinte considerar-se que contribuem de forma positiva para o aporte total de substâncias nutritivas.

(8) Pode demonstrar-se que existem actualmente na Comunidade certas carências de elementos nutritivos, embora não muito frequentes. As alterações verificadas na situação socioeconómica prevalecente na Comunidade, bem como nos modos de vida de diversos grupos da população, conduziram a necessidades nutricionais diferentes e a mudanças dos hábitos alimentares. Esta situação, por sua vez, originou mudanças nas necessidades energéticas e nutricionais de diversos grupos da população, bem como aportes, nesses grupos, de certas vitaminas e minerais inferiores aos recomendados nos diferentes Estados-Membros. Além disso, os novos conhecimentos científicos indicam que, para manter um estado óptimo de saúde e bem-estar, os aportes de determinados nutrientes poderiam ser superiores aos actualmente recomendados.

(9) Só as vitaminas e as substâncias minerais normalmente presentes e consumidas no âmbito do regime alimentar e consideradas nutrientes essenciais deverão poder ser adicionadas aos alimentos, sem que tal signifique que a sua adição é necessária. Deverão evitar-se potenciais controvérsias sobre a identidade desses elementos nutritivos essenciais. Por conseguinte, deve ser estabelecida uma lista positiva dessas vitaminas e desses minerais.

(10) As substâncias químicas utilizadas como fontes de vitaminas e de minerais que podem ser adicionadas aos alimentos deverão ser seguras e bioassimiláveis, ou seja, susceptíveis de serem utilizadas pelo organismo. Por este motivo, deverá igualmente ser estabelecida uma lista positiva dessas substâncias. Desta lista positiva deverão constar as substâncias que foram aprovadas pelo Comité Científico da Alimentação Humana num parecer emitido em 12 de Maio de 1999, com base nos critérios acima referidos de segurança e de bioassimilabilidade e que podem ser usadas no fabrico de alimentos destinados a lactentes e crianças pequenas, bem como de outros alimentos para fins nutricionais específicos ou de suplementos alimentares. Embora o cloreto de sódio (sal comum) não conste das substâncias incluídas nesta lista, pode continuar a ser utilizado como ingrediente na preparação de alimentos.

(11) Para acompanhar os progressos científicos e tecnológicos, é importante que a lista acima referida seja revista, sempre que necessário, com a maior brevidade possível. Tais revisões tomarão a forma de medidas de execução de carácter técnico e a sua adopção deverá incumbir à Comissão, por forma a garantir a simplicidade e celeridade do processo.

(12) Os alimentos a que são adicionados vitaminas e minerais são, na sua maior parte, promovidos pelos fabricantes e podem ser considerados pelos consumidores como produtos com uma vantagem nutricional, fisiológica ou de outro tipo para a saúde, em relação a produtos semelhantes ou a outros produtos aos quais não sejam adicionados esses nutrientes, o que pode influenciar de modo indesejável as escolhas dos consumidores. Para contrariar este potencial efeito indesejável, considera-se adequado impor algumas restrições aos produtos a que podem ser adicionados vitaminas e minerais, além daquelas que resultem naturalmente de considerações tecnológicas ou que se tornem necessárias por razões de segurança sempre que sejam estabelecidos limites máximos de vitaminas e minerais nesses produtos. O teor no produto de certas substâncias, como o álcool, seria, neste contexto, um critério adequado para se proibir a adição de vitaminas e minerais. Qualquer derrogação da proibição de adição de vitaminas e minerais a bebidas alcoólicas deverá limitar-se a proteger as receitas tradicionais de vinhos, devendo os produtos em causa ser notificados à Comissão. Não deverão ser feitas alegações sobre os eventuais benefícios nutricionais ou de saúde de tal adição. Além disso, de modo a evitar qualquer confusão para o consumidor no que diz respeito ao valor nutricional natural dos alimentos frescos, é necessário proibir a adição de vitaminas e minerais a esses produtos.

(13) O presente regulamento não visa abranger a utilização de vitaminas e minerais em estado vestigial como marcadores de autenticidade utilizados para efeitos de combate à fraude.

(14) Uma vez que a ingestão excessiva de vitaminas e minerais pode ter efeitos prejudiciais para a saúde, devem ser fixadas, se for caso disso, quantidades máximas dessas substâncias quando adicionadas aos alimentos. Essas quantidades devem garantir que a utilização normal dos produtos, de acordo com as instruções fornecidas pelo fabricante e no contexto de um regime alimentar diversificado, é segura para os consumidores. Por conseguinte, essas quantidades deverão representar os níveis máximos totais de segurança para as vitaminas e minerais presentes naturalmente e/ou adicionados aos alimentos, qualquer que seja a finalidade, incluindo para utilizações tecnológicas.

(15) Por esse motivo, as referidas quantidades máximas, bem como quaisquer outras condições que restrinjam a sua adição aos alimentos, deverão ser fixadas tendo em conta os limites superiores de segurança estabelecidos por avaliações científicas dos riscos baseadas em dados científicos geralmente aceites, bem como o aporte potencial dessas substâncias provenientes da ingestão de outros alimentos. Deverão também ser tidos em devida conta os aportes de referência de vitaminas e minerais para a população. Sempre que, para certas vitaminas e minerais, seja necessário estabelecer restrições relativamente aos alimentos aos quais podem ser adicionados (por exemplo, adição de iodo ao sal), deverá ser dada prioridade ao objectivo de restabelecer o respectivo teor, quando este tenha sido reduzido durante os processos de transformação, armazenamento ou manipulação, e conferir o mesmo valor nutricional aos alimentos a que visam constituir alternativas.

(16) As vitaminas e minerais adicionados aos alimentos deverão resultar na presença de uma quantidade mínima no alimento. De outro modo, a presença de quantidades muito pequenas ou insignificantes nesses alimentos enriquecidos não representará qualquer benefício para os consumidores e induzi-los-á em erro. O mesmo princípio está subjacente ao requisito de que esses nutrientes devem estar presentes numa quantidade significativa no alimento para poderem ser declarados na rotulagem nutricional. Assim, é conveniente que as quantidades mínimas de vitaminas e minerais presentes nos alimentos aos quais tenham sido adicionadas essas vitaminas e minerais sejam as mesmas que as quantidades significativas que deverão estar presentes para que esses nutrientes sejam declarados na rotulagem nutricional, salvo disposição em contrário ao abrigo de derrogações aplicáveis.

(17) A fixação de quantidades máximas e de quaisquer condições de utilização em aplicação dos princípios e critérios definidos no presente regulamento e a fixação de quantidades mínimas constituem medidas de execução de carácter técnico, devendo a sua aprovação incumbir à Comissão, por forma a garantir a simplicidade e celeridade do processo.

(18) As disposições gerais e as definições em matéria de rotulagem constam da Directiva 2000/13/CE do Parlamento Europeu e do Conselho, de 20 de Março de 2000, relativa à aproximação das legislações dos Estados-Membros respeitantes à rotulagem, apresentação e publicidade dos géneros alimentícios. O presente regulamento deverá, por conseguinte, limitar-se às disposições adicionais necessárias. Estas disposições adicionais deverão também aplicar-se sem prejuízo do Regulamento (CE) n.º 1924/2006 do Parlamento e do Conselho, de 20 de Dezembro de 2006, relativo às alegações nutricionais e de saúde sobre os alimentos.

(19) Tendo em conta a importância nutritiva dos produtos a que se adicionaram vitaminas e minerais e o seu impacto potencial sobre os hábitos alimentares e os aportes totais de nutrientes, os consumidores deverão poder avaliar a qualidade nutritiva global desses produtos. Assim, em derrogação do artigo 2.º da Directiva 90/496/CEE do Conselho, de 24 de Setembro de 1990, relativa à rotulagem nutricional dos géneros alimentícios, a rotulagem nutricional deverá ser obrigatória.

(20) Um regime alimentar normal e variado contém muitos ingredientes que, por sua vez, contêm muitas substâncias. A ingestão dessas substâncias ou ingredientes resultante da sua utilização normal e tradicional nos regimes alimentares correntes não constitui fonte de preocupação, não precisando de ser regulamentada. Algumas substâncias, que não são vitaminas nem minerais, ou ingredientes que os contenham, são adicionados aos alimentos como extractos ou concentrados e podem resultar em aportes significativamente mais elevados do que os que seriam ingeridos através de um regime alimentar adequado e variado. A segurança dessas práticas é muito contestada

em certos casos e os benefícios não são evidentes; deverão, pois, ser regulamentadas.

Nesses casos, é conveniente que os operadores do sector alimentar, responsáveis pela segurança dos alimentos que colocam no mercado, assumam o ónus da prova da segurança desses produtos.

(21) Atendendo à natureza específica dos alimentos aos quais se adicionam vitaminas e minerais, deverão ser facultados aos organismos de fiscalização meios suplementares em relação aos normalmente utilizados, por forma a facilitar o controlo eficaz desses produtos.

(22) Atendendo a que o objectivo do presente regulamento, a saber, garantir o funcionamento eficaz do mercado interno no que diz respeito à adição de vitaminas, minerais e determinadas outras substâncias aos alimentos, assegurando simultaneamente um elevado nível de defesa dos consumidores, não pode ser suficientemente realizado pelos Estados-Membros e pode, pois, ser melhor alcançado ao nível comunitário, a Comunidade pode tomar medidas em conformidade com o princípio da subsidiariedade consagrado no artigo 5.º do Tratado. Em conformidade com o princípio da proporcionalidade consagrado no mesmo artigo, o presente regulamento não excede o necessário para atingir aquele objectivo.

(23) As medidas necessárias à execução do presente regulamento serão aprovadas nos termos da Decisão 1999/468/CE do Conselho, de 28 de Junho de 1999, que fixa as regras de exercício das competências de execução atribuídas à Comissão,

APROVARAM O PRESENTE REGULAMENTO:

CAPÍTULO I.- OBJECTO, ÂMBITO DE APLICAÇÃO E DEFINIÇÕES

Artigo 1.º *Objecto e âmbito de aplicação*
1. O presente regulamento harmoniza as disposições legislativas, regulamentares e administrativas dos Estados-Membros relativas à adição de vitaminas, minerais e determinadas outras substâncias aos alimentos, a fim de garantir o funcionamento eficaz do mercado interno, assegurando simultaneamente um elevado nível de protecção dos consumidores.
2. As disposições do presente regulamento relativas às vitaminas e aos minerais não se aplicam aos suplementos alimentares abrangidos pela Directiva 2002/46/CE.
3. O presente regulamento é aplicável sem prejuízo das disposições específicas da legislação comunitária em matéria de:
a) Alimentos destinados a uma alimentação especial e, na falta de disposições específicas, requisitos de composição desses produtos impostos pelas necessidades nutricionais especiais das pessoas a que se destinam;
b) Novos alimentos e novos ingredientes alimentares;
c) Alimentos geneticamente modificados;
d) Aditivos e aromatizantes alimentares;
e) Práticas e processos enológicos autorizados.

Artigo 2.º *Definições*
Para efeitos do presente regulamento, entende-se por:
1. «Autoridade», a Autoridade Europeia para a Segurança dos Alimentos, criada pelo Regulamento (CE) n.º 178/2002 do Parlamento Europeu e do Conselho, de 28 de Janeiro de 2002, que determina os princípios e normas gerais da legislação alimentar, cria a Autoridade Europeia para a Segurança dos Alimentos e estabelece procedimentos em matéria de segurança dos géneros alimentícios;
2. «Outra substância», uma substância que não seja uma vitamina ou um mineral, que possua efeitos nutricionais ou fisiológicos.

CAPÍTULO II.- ADIÇÃO DE VITAMINAS E MINERAIS

Artigo 3.º *Requisitos aplicáveis à adição de vitaminas e minerais*
1. Só podem ser adicionados aos alimentos, de acordo com as normas estabelecidas no presente regulamento, as vitaminas e/ou os minerais constantes da lista do Anexo I, sob as formas constantes da lista do Anexo II.
2. Quer estejam ou não normalmente contidos nos alimentos, as vitaminas e os minerais, sob uma forma bioassimilável pelo corpo humano, podem ser adicionados aos alimentos a fim de ter em conta, em especial:

a) A carência de uma ou mais vitaminas e/ou minerais na população ou em grupos específicos da população, que possa ser demonstrada por provas clínicas ou subclínicas de carências ou indicada por estimativas de baixos teores de aportes de nutrientes por via alimentar; ou

b) A possibilidade de melhorar a situação nutricional da população ou de grupos específicos da população e/ou de corrigir possíveis carências nos aportes de vitaminas ou minerais devido a alterações dos hábitos alimentares; ou

c) A evolução dos conhecimentos científicos geralmente aceites no que respeita ao papel das vitaminas e dos minerais na nutrição e aos seus efeitos na saúde.

3. As alterações das listas mencionadas no n.° 1 são aprovadas pelo procedimento de regulamentação com controlo a que se refere o n.° 3 do artigo 14.°, tendo em conta o parecer da Autoridade.

Por imperativos de urgência, a Comissão pode recorrer ao procedimento de urgência a que se refere o n.° 4 do artigo 14.° a fim de suprimir uma vitamina ou uma substância mineral das listas referidas no n.° 1.

Antes de proceder à introdução dessas alterações, a Comissão deve consultar as partes interessadas, nomeadamente os operadores do sector alimentar e as associações de consumidores

Artigo 4.° *Restrições aplicáveis à adição de vitaminas e minerais*

Não se podem adicionar vitaminas nem minerais a:

a) Géneros alimentícios não transformados, nomeadamente fruta, produtos hortícolas, carne, aves de capoeira e peixe;

b) Bebidas com um título alcoométrico superior a 1,2 %, com excepção, e em derrogação do n.° 2 do artigo 3.°, dos produtos:

i) referidos nos n.°s 6 e 13 do artigo 44.° do Regulamento (CE) n.° 1493/1999, de 17 de Maio de 1999, que estabelece a organização comum do mercado vitivinícola, e

ii) que tenham sido colocados no mercado antes da aprovação do presente regulamento, e

iii) que tenham sido notificados à Comissão por um Estado-Membro em conformidade com o artigo 11.°,

e desde que não sejam feitas alegações nutricionais ou em matéria de saúde.

Podem ser aprovadas pelo procedimento de regulamentação com controlo a que se refere o n.° 3 do artigo 14.° medidas que identifiquem, à luz de provas científicas e tendo em conta o seu valor nutricional, outros alimentos ou categorias de alimentos aos quais não se podem adicionar determinadas vitaminas ou minerais e que tenham por objecto alterar elementos não essenciais do presente regulamento.

Artigo 5.° *Critérios de pureza*

1. As medidas que estabelecem os critérios de pureza dos preparados vitamínicos e das substâncias minerais enumerados no anexo II e que tenham por objecto alterar elementos não essenciais do presente regulamento, completando-o, são aprovadas pelo procedimento de regulamentação com controlo a que se refere o n.° 3 do artigo 14.°, excepto quando sejam aplicáveis por força do n.° 2 do presente artigo.

2. São aplicáveis aos preparados vitamínicos e às substâncias minerais enumerados no Anexo II os critérios de pureza estabelecidos na legislação comunitária para a sua utilização no fabrico de alimentos para fins diferentes dos abrangidos pelo presente regulamento.

3. No caso dos preparados vitamínicos e das substâncias minerais enumerados no Anexo II para os quais não estejam especificados critérios de pureza na legislação comunitária e até à aprovação dessas especificações, são aplicáveis os critérios de pureza geralmente aceites, recomendados por organismos internacionais, e podem ser mantidas as normas nacionais que estabeleçam critérios de pureza mais rigorosos.

Artigo 6.° *Condições de adição de vitaminas e de minerais*

1. Caso uma vitamina ou um mineral seja adicionado a alimentos, a quantidade total da vitamina ou mineral presente nos alimentos colocados à venda, qualquer que seja a sua finalidade, não pode exceder as quantidades máximas estabelecidas. As medidas que fixem a referida quantidade e que tenham por objecto alterar elementos não essenciais do presente regulamento são aprovadas pelo procedimento de regulamentação com controlo a que se refere o n.° 3 do artigo 14.°. Para esse efeito, a Comissão pode apresentar projectos de medidas de fixação das quantidades máximas até 19 de Janeiro de 2009. No respeitante aos produtos concentrados e desidratados, as quantidades máximas a estabelecer são as presentes nos alimentos depois de preparados para consumo de acordo com as instruções do fabricante.

2. As condições que restrinjam ou proíbam a adição de uma vitamina ou de um mineral específico a um alimento ou a uma categoria de alimentos e que tenham por objecto alterar elementos não essenciais do presente regulamento, nomeadamente completando-o, são aprovadas pelo procedimento de regulamentação com controlo a que se refere o n.º 3 do artigo 14.º

3. As quantidades máximas referidas no n.º 1 e as condições a que se refere o n.º 2 são estabelecidas tendo em conta:

a) Os limites superiores de segurança estabelecidos para as vitaminas e os minerais, após uma avaliação científica dos riscos, efectuada com base em dados científicos geralmente aceites, atendendo, se for caso disso, aos diversos graus de sensibilidade dos diferentes grupos de consumidores; e

b) Os aportes de vitaminas e minerais provenientes de outras fontes do regime alimentar.

4. Na fixação das quantidades máximas a que se refere o n.º 1 e das condições a que se refere o n.º 2, devem também ser tidos em conta os aportes de referência de vitaminas e minerais para a população.

5. Na fixação das quantidades máximas a que se refere o n.º 1 e das condições a que se refere o n.º 2 relativamente às vitaminas e minerais cujos aportes de referência para a população estejam próximos dos limites superiores de segurança, serão também tidos em conta, se for caso disso:

a) O contributo de cada produto para o regime alimentar geral da população em geral ou de subgrupos da população;

b) O perfil nutricional do produto, estabelecido nos termos do Regulamento (CE) n.º 1924/2006.

6. A adição de uma vitamina ou de um mineral a um alimento deve resultar na presença dessa vitamina ou mineral no alimento pelo menos numa quantidade significativa, sempre que esta seja definida de acordo com o anexo da Directiva 90/496/CEE. As medidas que fixem as referidas quantidades mínimas, incluindo quaisquer quantidades inferiores, não obstante as quantidades significativas acima referidas, para determinados alimentos ou categorias de alimentos e tenham por objecto alterar elementos não essenciais do presente regulamento, completando-o, são aprovadas pelo procedimento de regulamentação com controlo a que se refere o n.º 3 do artigo 14.º.

Artigo 7.º *Rotulagem, apresentação e publicidade*

1. A rotulagem, a apresentação e a publicidade dos alimentos aos quais tenham sido adicionados vitaminas e minerais não podem incluir menções declarando expressa ou implicitamente que um regime alimentar equilibrado e variado não pode fornecer quantidades adequadas de nutrientes. Se for caso disso, pode ser aprovada pelo procedimento de regulamentação com controlo a que se refere o n.º 3 do artigo 14.º uma derrogação respeitante a um nutriente específico, que tenha por objecto alterar elementos não essenciais do presente regulamento, completando-o.

2. A rotulagem, a apresentação e a publicidade dos alimentos aos quais foram adicionados vitaminas e minerais não podem induzir o consumidor em erro nem iludi-lo quanto ao valor nutricional do alimento que possa resultar da adição daqueles nutrientes.

3. É obrigatória a rotulagem nutricional dos produtos aos quais tenham sido adicionados vitaminas e minerais e que sejam abrangidos pelo presente regulamento. As informações a fornecer são as do Conjunto 2, definido no n.º 1 do artigo 4.º da Directiva 90/496/CEE, e ainda as quantidades totais presentes das vitaminas e minerais quando adicionados ao alimento.

4. A rotulagem dos produtos aos quais foram adicionados vitaminas e minerais pode ostentar uma menção dessa adição nas condições previstas no Regulamento (CE) n.º 1924/2006.

5. O presente artigo é aplicável sem prejuízo de outras disposições da legislação em matéria alimentar aplicáveis a categorias específicas de alimentos.

6. As normas de execução do presente artigo podem ser especificadas nos termos do n.º 2 do artigo 14.º.

CAPÍTULO III.- ADIÇÃO DE DETERMINADAS OUTRAS SUBSTÂNCIAS

Artigo 8.° *Substâncias sujeitas a restrições, proibidas ou sob controlo comunitário*

1. Deve observar-se o procedimento previsto no presente artigo sempre que uma substância que não seja uma vitamina nem um mineral, ou um ingrediente que contenha uma substância que não seja uma vitamina nem um mineral, sejam adicionados a um alimento ou sejam utilizados no fabrico de um alimento em condições que resultem na ingestão dessa substância em quantidades muito superiores às susceptíveis de serem normalmente ingeridas no quadro de um regime alimentar equilibrado e variado e/ou que representem, por outras razões, um risco potencial para os consumidores.

2. Por sua própria iniciativa ou com base em informações prestadas pelos Estados-Membros, a Comissão pode tomar uma decisão que tenha por objecto alterar elementos não essenciais do presente regulamento, na sequência da avaliação pela Autoridade, em cada caso, das informações disponíveis, pelo procedimento de regulamentação com controlo a que se refere o n.° 3 do artigo 14.°, no sentido de incluir, se necessário, a substância ou o ingrediente no anexo III. Nomeadamente:

a) Se tiver sido identificado um efeito nocivo para a saúde, a substância e/ou o ingrediente que contém a substância são inscritos:

i) na parte A do anexo III, sendo proibida a sua adição a alimentos ou a sua utilização no fabrico de alimentos, ou

ii) na parte B do anexo III, sendo a sua adição a alimentos ou a sua utilização no fabrico de alimentos permitida exclusivamente nas condições aí especificadas;

b) Se tiver sido identificada a possibilidade de efeitos nocivos para a saúde, mas persistirem incertezas de carácter científico, a substância deve ser inscrita na parte C do anexo III.

Por imperativos de urgência, a Comissão pode recorrer ao procedimento de urgência a que se refere o n.° 4 do artigo 14.° a fim de inscrever a substância ou o ingrediente na parte A ou B do anexo III.

3. As disposições comunitárias aplicáveis a alimentos específicos podem prever restrições ou proibições quanto à utilização de determinadas substâncias para além das previstas no presente regulamento.

4. Os operadores das empresas do sector alimentar ou quaisquer outras partes interessadas podem, em qualquer momento, apresentar à Autoridade, para avaliação, um processo com os dados científicos que demonstrem a segurança de uma substância inscrita na Parte C do Anexo III, nas respectivas condições de utilização num alimento ou numa categoria de alimentos e explicando a finalidade dessa utilização. A Autoridade deve informar sem demora do facto os Estados-Membros e a Comissão e facultar-lhes o processo.

5. No prazo de quatro anos a contar da data de inscrição de uma substância na parte C do anexo III, uma decisão que tenha por objecto alterar elementos não essenciais do presente regulamento é tomada pelo procedimento de regulamentação com controlo a que se refere o n.° 3 do artigo 14.° e tendo em conta o parecer da Autoridade sobre os processos apresentados para avaliação nos termos do n.° 4 do presente artigo, tendo em vista autorizar, de modo geral, a utilização da substância inscrita na parte C do anexo III ou transferi-la para a parte A ou B, conforme o caso, do mesmo anexo.

Por imperativos de urgência, a Comissão pode recorrer ao procedimento de urgência a que se refere o n.° 4 do artigo 14.° a fim de inscrever a substância ou o ingrediente na parte A ou B do anexo III.

6. A Comissão estabelece, nos termos do n.° 2 do artigo 14.°, normas de execução para a aplicação do presente artigo, incluindo normas para a apresentação dos processos a que se refere o n.° 4 do presente artigo.

CAPÍTULO IV.- DISPOSIÇÕES GERAIS E FINAIS

Artigo 9.° *Registo comunitário*
1. A Comissão deve criar e manter um registo comunitário sobre a adição de vitaminas, minerais e determinadas outras substâncias aos alimentos, adiante designado «Registo».
2. O Registo deve incluir os seguintes elementos:
   a) As vitaminas e os minerais enumerados no Anexo I que podem ser adicionados aos alimentos;
   b) Os preparados vitamínicos e as substâncias minerais enumerados no Anexo II que podem ser adicionados aos alimentos;
   c) As quantidades máximas e mínimas de vitaminas e minerais que podem ser adicionadas aos alimentos e quaisquer condições conexas estabelecidas em conformidade com o artigo 6.° ;
   d) As informações relativas às disposições nacionais sobre a adição obrigatória de vitaminas e minerais a que se refere o artigo 11.°;
   e) As restrições relativas à adição de vitaminas e minerais previstas no artigo 4.°;
   f) As substâncias em relação às quais tenham sido apresentados processos nos termos da alínea b) do n.° 1 do artigo 17.°;
   g) Informações sobre as substâncias referidas no Anexo III e as razões por que foram aí incluídas;
   h) Informações sobre as substâncias enumeradas na Parte C do Anexo III, cuja utilização é geralmente autorizada, de acordo com o n.° 5 do artigo 8.°.
3. O Registo deve ser posto à disposição do público.

Artigo 10.° *Livre circulação de mercadorias*
Sem prejuízo do Tratado, nomeadamente dos artigos 28.° e 30.°, os Estados-Membros não podem restringir nem proibir o comércio dos alimentos que estejam em conformidade com o disposto no presente regulamento e nos actos comunitários aprovados em sua execução através da aplicação de disposições nacionais não harmonizadas que regulamentem a adição de vitaminas e minerais aos alimentos.

Artigo 11.° *Disposições nacionais*
1. Até de 19 de Julho de 2007, os Estados-Membros devem informar a Comissão das disposições nacionais em vigor em matéria de adição obrigatória de vitaminas e minerais e dos produtos abrangidos pela derrogação estabelecida na alínea b) do artigo 4.°.
2. Caso um Estado-Membro, na falta de disposições comunitárias, considere necessário aprovar nova legislação:
   a) Sobre a adição obrigatória de vitaminas e minerais a determinados alimentos ou categorias de alimentos; ou
   b) Sobre a proibição ou restrição da utilização de determinadas outras substâncias no fabrico de alimentos específicos,
deve notificar a Comissão nos termos do artigo 12.°.

Artigo 12.° *Procedimento de notificação*
1. Caso um Estado-Membro considere necessário aprovar nova legislação, deve notificar a Comissão e os outros Estados-Membros das medidas previstas e apresentar a respectiva justificação.
2. A Comissão deve consultar o Comité a que se refere o n.° 1 do artigo 14.°, caso considere útil tal consulta ou caso um Estado-Membro o solicite, e deve dar parecer sobre as medidas previstas.
3. O Estado-Membro em causa só pode adoptar as medidas previstas seis meses após a notificação referida no n.° 1, e desde que o parecer da Comissão não seja negativo.
Caso o seu parecer seja negativo, a Comissão deve determinar, nos termos do n.° 2 do artigo 14.° e antes do termo do prazo referido no primeiro parágrafo do presente número, se as medidas previstas podem ser aplicadas. A Comissão pode solicitar que sejam introduzidas determinadas alterações nas medidas previstas.

Artigo 13.° *Medidas de salvaguarda*
1. Sempre que um Estado-Membro tenha motivos sérios para considerar que um produto põe em perigo a saúde humana, embora esteja em conformidade com o disposto no presente regulamento, pode suspender ou restringir temporariamente a aplicação no seu território das disposições em causa.

Desse facto deve informar imediatamente os restantes Estados-Membros e a Comissão, apresentando os motivos da sua decisão.

2. É tomada uma decisão nos termos do n.º 2 do artigo 14.º, se for caso disso depois de obtido o parecer da Autoridade.

A Comissão pode dar início a esse procedimento por iniciativa própria.

3. O Estado-Membro referido no n.º 1 pode manter a suspensão ou a restrição até que lhe seja notificada a decisão mencionada no n.º 2.

Artigo 14.º *Procedimento de comité*

1. A Comissão é assistida pelo Comité Permanente da Cadeia Alimentar e da Saúde Animal criado pelo n.º 1 do artigo 58.º do Regulamento (CE) n.º 178/2002.

2. Sempre que se faça referência ao presente número, são aplicáveis os artigos 5.º e 7.º da Decisão 1999/468/CE, tendo-se em conta o disposto no seu artigo 8.º

O prazo previsto no n.º 6 do artigo 5.º da Decisão 1999/468/CE é de três meses.

3. Sempre que se faça referência ao presente número, são aplicáveis os n.ºs 1 a 4 do artigo 5.º-A e o artigo 7.º da Decisão 1999/468/CE, tendo-se em conta o disposto no seu artigo 8.º

4. Sempre que se faça referência ao presente número, são aplicáveis os n.ºs 1, 2 e 6 do artigo 5.º-A e o artigo 7.º da Decisão 1999/468/CE, tendo-se em conta o disposto no seu artigo 8.º.

Artigo 15.º.- *Controlo*

Para permitir um controlo eficaz dos alimentos aos quais se adicionaram vitaminas e minerais, bem como dos alimentos que contenham as substâncias enumeradas nas Partes B e C do Anexo III, os Estados-Membros podem exigir que o fabricante ou o responsável pela colocação desses alimentos no mercado no seu território informe a autoridade competente dessa colocação no mercado, fornecendo um modelo do rótulo utilizado para o produto em questão. Neste caso, podem também ser exigidas informações sobre a retirada do produto do mercado.

Artigo 16.º *Avaliação*

Até de 1 de Julho de 2013, a Comissão deve apresentar ao Parlamento Europeu e ao Conselho um relatório sobre a aplicação do presente regulamento, nomeadamente sobre a evolução do mercado dos alimentos aos quais se adicionaram vitaminas e minerais, o seu consumo, os aportes de nutrientes para a população, as alterações dos hábitos alimentares e a adição de determinadas substâncias, acompanhado de eventuais propostas de alteração do regulamento que a Comissão considere necessárias. Neste contexto, os Estados-Membros devem fornecer à Comissão as informações requeridas até 1 de Julho de 2012. As normas de execução do presente artigo podem ser especificadas nos termos do n.º 2 do artigo 14.º.

Artigo 17.º *Medidas transitórias*

1. Em derrogação do n.º 1 do artigo 3.º e até 19 de Janeiro de 2014, os Estados-Membros podem permitir a utilização no seu território de vitaminas e minerais que não constem da lista do Anexo I, ou sob formas que não constem do Anexo II, desde que:

a) A substância em causa seja utilizada para adição a alimentos comercializados na Comunidade em 19 de Janeiro de 2007; e

b) A Autoridade não tenha dado parecer desfavorável no que diz respeito à utilização dessa substância, ou à sua utilização sob essa forma, no fabrico de alimentos, com base num processo relativo à utilização da substância em causa que o Estado-Membro em questão deve apresentar à Comissão até 19 de Janeiro de 2010.

2. Até19 de Janeiro de 2014, os Estados-Membros podem, no respeito pelo disposto no Tratado, continuar a aplicar as restrições ou proibições nacionais existentes à comercialização de alimentos aos quais foram adicionados vitaminas e minerais não incluídos na lista constante do Anexo I, ou sob formas não constantes do Anexo II.

3. Os Estados-Membros podem, no respeito das regras do Tratado, continuar a aplicar as disposições nacionais existentes sobre as quantidades máximas e mínimas de vitaminas e minerais enumerados no Anexo I adicionadas aos alimentos e sobre as condições aplicáveis a essa adição, enquanto não forem adoptadas as correspondentes medidas comunitárias em conformidade com o artigo 6.º ou nos termos de outras disposições comunitárias específicas.

Artigo 18.º *Entrada em vigor*
O presente regulamento entra em vigor 20 dias após a sua publicação no Jornal Oficial da União Europeia.
O presente regulamento é aplicável a partir de 1 de Julho de 2007.
Os alimentos colocados no mercado ou rotulados antes de 1 de Julho de 2007 que não cumpram o disposto no presente regulamento podem ser comercializados até ao fim do respectivo prazo de validade, mas em caso algum depois de 31 de Dezembro de 2009.
O presente regulamento é obrigatório em todos os seus elementos e directamente aplicável em todos os Estados-Membros.

ANEXO I.-
Vitaminas e minerais que podem ser adicionados aos alimentos

[Anexo não reproduzido na presente publicação]

ANEXO II.-
Preparados vitamínicos e substâncias minerais que podem ser adicionados aos alimentos

[Anexo não reproduzido na presente publicação]

ANEXO III.-
Substâncias cuja utilização nos alimentos é proibida, está sujeita a restrições ou está sob controlo comunitário

[Anexo não reproduzido na presente publicação]

16 de Dezembro de 2008.- Regulamento (CE) n.º 1331/2008
do Parlamento Europeu e do Conselho
que estabelece um procedimento de autorização comum aplicável a aditivos
alimentares, enzimas alimentares e aromas alimentares
(J.O. L 354 de 31.12.2008)

O PARLAMENTO EUROPEU E O CONSELHO DA UNIÃO EUROPEIA,
Tendo em conta o Tratado que institui a Comunidade Europeia, nomeadamente o artigo 95.º,
Tendo em conta a proposta da Comissão,
Tendo em conta o parecer do Comité Económico e Social Europeu,
Deliberando nos termos do artigo 251.º do Tratado,
Considerando o seguinte:
(1) A livre circulação de géneros alimentícios seguros e sãos constitui um aspecto essencial do mercado interno, contribuindo significativamente para a saúde e o bem-estar dos cidadãos e para os seus interesses sociais e económicos.
(2) Deverá assegurar-se um elevado nível de protecção da vida e da saúde humanas na realização das políticas comunitárias.
(3) Para proteger a saúde humana, a utilização de aditivos, de enzimas e de aromas na alimentação humana deve ser submetida a uma avaliação da segurança da sua utilização antes da colocação no mercado da Comunidade.
(4) O Regulamento (CE) n.º 1333/2008 do Parlamento Europeu e do Conselho, de 16 de Dezembro de 2008, relativo aos aditivos alimentares, o Regulamento (CE) n.º 1332/2008 do Parlamento Europeu e do Conselho, de 16 de Dezembro de 2008, relativo às enzimas alimentares e o Regulamento (CE) n.º 1334/2008 do Parlamento Europeu e do Conselho, de 16 de Dezembro de 2008, relativo aos aromas alimentares e a determinados ingredientes alimentares com propriedades aromatizantes utilizados nos e sobre os géneros alimentícios (a seguir designados «legislação alimentar sectorial») fixam critérios e requisitos harmonizados relativos à avaliação e à autorização destas substâncias.
(5) Prevê-se, em particular, que os aditivos alimentares, as enzimas alimentares e os aromas alimentares, na medida em que os aromas alimentares devam ser submetidos a uma avaliação da segurança, nos termos do Regulamento (CE) n.º 1334/2008 (relativo aos aromas e a determinados ingredientes alimentares com propriedades aromatizantes utilizados nos e sobre os géneros alimentícios), só devam poder ser colocados no mercado e utilizados na alimentação humana, nos termos das condições fixadas por cada legislação alimentar sectorial, se estiverem incluídos numa lista comunitária de substâncias autorizadas.
(6) Assegurar a transparência na produção e no manuseamento dos alimentos é absolutamente fundamental para manter a confiança dos consumidores.
(7) Neste âmbito, afigura-se conveniente estabelecer um procedimento comunitário comum de avaliação e autorização para aquelas três categorias de substâncias, que seja eficaz, com prazos limitados e transparente, facilitando a sua livre circulação no mercado comunitário.
(8) Este procedimento comum deve basear-se nos princípios da boa administração e segurança jurídica e deve ser aplicado no respeito destes princípios.
(9) O presente regulamento vem assim completar o quadro normativo de autorização das substâncias através da fixação das diferentes fases do procedimento, dos respectivos prazos, do papel dos vários intervenientes e dos princípios aplicáveis. Todavia, relativamente a alguns aspectos do procedimento, é necessário considerar as especificidades de cada legislação alimentar sectorial.
(10) Os prazos estabelecidos no procedimento têm em conta o tempo necessário para atender aos diferentes critérios estabelecidos em cada legislação alimentar sectorial, bem como para permitir o tempo adequado de consulta aquando da elaboração do projecto de medidas. Em especial, o facto de a Comissão dispor de um prazo de nove meses para apresentar um projecto de regulamento para actualização da lista comunitária não deverá obstar a que o possa fazer num prazo mais curto.
(11) Ao receber um pedido de actualização da lista comunitária, a Comissão deverá dar início ao procedimento e, se necessário, solicitar o parecer da Autoridade Europeia para a Segurança dos Alimentos (a seguir designada «Autoridade»), criada pelo Regulamento (CE) n.º 178/2002 do Parlamento Europeu e do Conselho, de 28 de Janeiro de 2002, que

determina os princípios e normas gerais da legislação alimentar, cria a Autoridade Europeia para a Segurança dos Alimentos e estabelece procedimentos em matéria de segurança dos géneros alimentícios, o mais rapidamente possível, depois de avaliadas a validade e a aplicabilidade do pedido.

(12) Nos termos do quadro de avaliação de risco em matéria de segurança dos géneros alimentícios estabelecido pelo Regulamento (CE) n.º 178/2002, a colocação de substâncias no mercado só deve ser autorizada após uma avaliação científica independente, ao mais elevado nível possível, do risco que representam para a saúde humana. Esta avaliação é efectuada sob a responsabilidade da Autoridade e deve ser seguida de uma decisão de gestão de risco tomada pela Comissão, no âmbito de um procedimento de regulamentação que assegure uma cooperação estreita entre a Comissão e os Estados-Membros.

(13) A autorização de colocação de substâncias no mercado deverá ser concedida ao abrigo do presente regulamento desde que estejam satisfeitos os critérios para conceder a autorização estabelecidos pela legislação alimentar sectorial.

(14) Reconhece-se que, em alguns casos, a avaliação científica de risco não pode, por si só, fornecer todas as informações em que se deverá basear uma decisão em matéria de gestão de risco e que podem ser tidos em conta outros factores legítimos relevantes para a matéria em apreço, incluindo factores sociais, económicos, tradicionais, éticos e ambientais, assim como a viabilidade dos controlos.

(15) Para manter informados os operadores dos sectores em causa e o público em geral sobre as autorizações em vigor, será conveniente que as substâncias autorizadas figurem numa lista comunitária estabelecida, mantida e publicada pela Comissão.

(16) Quando necessário e em determinadas circunstâncias, a legislação alimentar sectorial específica pode prever a protecção, por um determinado período de tempo, de dados científicos e de outras informações fornecidas pelo requerente. Nesse caso, a legislação alimentar sectorial deverá estabelecer as condições ao abrigo das quais esses dados não podem ser utilizados em benefício de outro requerente.

(17) O funcionamento em rede entre a Autoridade e os organismos dos Estados-Membros que trabalham nos domínios da competência da Autoridade é um dos princípios de base do funcionamento desta última. Consequentemente, para elaborar o seu parecer, a Autoridade pode dispor da referida rede, nos termos do artigo 36.º do Regulamento (CE) n.º 178/2002 e do Regulamento (CE) n.º 2230/2004 da Comissão.

(18) O procedimento de autorização comum das substâncias deve corresponder a requisitos de transparência e de informação do público, garantindo, da mesma forma, ao requerente o direito à confidencialidade de certas informações.

(19) A confidencialidade de determinados aspectos de um pedido deverá ser acautelada a fim de proteger a posição do requerente perante a concorrência. No entanto, em nenhuma circunstância deverão ser considerados confidenciais as informações relativas à segurança de uma substância, incluindo estudos toxicológicos, outros estudos de segurança e dados brutos enquanto tal, embora não limitadas a esses estudos e dados.

(20) Por força do Regulamento (CE) n.º 178/2002, o Regulamento (CE) n.º 1049/2001, do Parlamento Europeu e do Conselho, de 30 de Maio de 2001, relativo ao acesso do público aos documentos do Parlamento Europeu, do Conselho e da Comissão, aplicar-se-á aos documentos na posse da Autoridade.

(21) O Regulamento (CE) n.º 178/2002 define procedimentos para a aprovação de medidas de emergência relativamente aos géneros alimentícios de origem comunitária ou importados de um país terceiro. Permite à Comissão aprovar essas medidas em situações em que os géneros alimentícios são susceptíveis de constituir um risco grave para a saúde humana, a saúde animal ou o ambiente e quando esse risco não puder ser controlado de maneira satisfatória através das medidas tomadas pelo ou pelos Estados-Membros em causa.

(22) Em prol da eficácia e da simplificação legislativa, deverá prever-se, a médio prazo, um exame da oportunidade de alargar o âmbito de aplicação do procedimento uniforme a outras regulamentações existentes no domínio alimentar.

(23) Atendendo a que os objectivos do presente regulamento não podem ser suficientemente realizados pelos Estados-Membros devido às disparidades entre as legislações e disposições nacionais e podem, pois, ser mais bem alcançados a nível comunitário, a Comunidade pode adoptar medidas de acordo com o princípio da subsidiariedade constante do artigo 5.º do Tratado. De acordo com o princípio de

proporcionalidade, mencionado no referido artigo, o presente regulamento não excede o necessário para alcançar aqueles objectivos.

(24) As medidas necessárias à execução do presente regulamento deverão ser aprovadas nos termos da Decisão 1999/468/CE do Conselho, de 28 de Junho de 1999, que fixa as regras de exercício das competências de execução atribuídas à Comissão.

(25) Em especial, deverá ser atribuída competência à Comissão para actualizar a lista comunitária. Atendendo a que têm alcance geral e se destinam a alterar elementos não essenciais de cada legislação alimentar sectorial, nomeadamente completando-a mediante o aditamento de novos elementos não essenciais, essas medidas devem ser aprovadas pelo procedimento de regulamentação com controlo previsto no artigo 5.º-A da Decisão 1999/468/CE.

(26) Por razões de eficácia, os prazos normalmente aplicáveis no âmbito do procedimento de regulamentação com controlo deverão ser abreviados para o aditamento de substâncias às listas comunitárias e para aditar, retirar ou modificar as condições, especificações ou restrições relacionadas com a presença de uma substância nessas listas.

(27) Quando, por imperativos de urgência, os prazos normalmente aplicáveis no âmbito do procedimento de regulamentação com controlo não possam ser cumpridos, a Comissão deverá poder aplicar o procedimento de urgência previsto no n.º 6 do artigo 5.º-A da Decisão 1999/468/CE para retirar uma substância das listas comunitárias e para aditar, retirar ou modificar as condições, especificações ou restrições relacionadas com a presença de uma substância nessas listas,
APROVARAM O PRESENTE REGULAMENTO:

CAPÍTULO I.- PRINCÍPIOS GERAIS

Artigo 1.º *Objecto e âmbito de aplicação*
1. O presente regulamento estabelece um procedimento comum para a avaliação e a autorização (a seguir designado «procedimento comum») dos aditivos alimentares, enzimas alimentares, aromas alimentares e dos materiais de base destes aromas, bem como de ingredientes alimentares com propriedades aromatizantes utilizados ou destinados a serem utilizados nos géneros alimentícios ou sobre estes (a seguir designados «substâncias»), que contribui para a livre circulação dos alimentos na Comunidade e para um elevado nível de protecção da saúde humana e dos consumidores, incluindo dos interesses destes últimos. O presente regulamento não é aplicável aos aromas de fumo abrangidos pelo Regulamento (CE) n.º 2065/2003 do Parlamento Europeu e do Conselho, de 10 de Novembro de 2003, relativo aos aromatizantes de fumo utilizados ou destinados a serem utilizados nos ou sobre os géneros alimentícios.
2. O procedimento comum determina as modalidades processuais que regem a actualização das listas de substâncias cuja colocação no mercado é autorizada ao abrigo dos Regulamentos (CE) n.º 1333/2008 (sobre aditivos alimentares), (CE) n.º 1332/2008 (sobre enzimas alimentares) e (CE) n.º 1334/2008 (relativo aos aromas e a determinados ingredientes alimentares com propriedades aromatizantes utilizados nos e sobre os géneros alimentícios) (a seguir designadas «legislações alimentares sectoriais»).
3. Os critérios de inclusão na lista comunitária de substâncias prevista no artigo 2.º, o regulamento referido no artigo 7.º e, se for caso disso, as disposições transitórias relativas a procedimentos pendentes são estabelecidos por cada legislação alimentar sectorial.

Artigo 2.º *Lista comunitária de substâncias*
1. No âmbito de cada legislação alimentar sectorial, as substâncias cuja colocação no mercado da Comunidade é autorizada figuram numa lista cujo conteúdo se encontra determinado pela referida legislação (a seguir designada «lista comunitária»). A lista comunitária é actualizada pela Comissão e é publicada no *Jornal Oficial da União Europeia*.
2. Por «actualização da lista comunitária», entende-se:
a) Aditamento de uma substância à lista comunitária;
b) Retirada de uma substância da lista comunitária;
c) Aditamento, retirada ou modificação das condições, especificações ou restrições relacionadas com a presença de uma substância na lista comunitária.

302

CAPÍTULO II.- PROCEDIMENTO COMUM

Artigo 3.º *Principais fases do procedimento comum*
1. O procedimento comum conducente à actualização da lista comunitária pode ser iniciado por iniciativa da Comissão ou na sequência de um pedido. Os pedidos podem ser apresentados por um Estado-Membro ou por qualquer interessado, que pode representar vários interessados, nas condições previstas pelas medidas de execução referidas na alínea a) do n.º 1 do artigo 9.º (a seguir designado «requerente»). Os pedidos são enviados à Comissão.
2. A Comissão solicita o parecer da Autoridade Europeia para a Segurança dos Alimentos (a seguir designada «Autoridade»), que dá o parecer nos termos do artigo 5.º.
Contudo, no que se refere às actualizações referidas nas alíneas b) e c) do n.º 2 do artigo 2.º, a Comissão pode não solicitar o parecer da Autoridade se a actualização em causa não for susceptível de afectar a saúde humana.
3. O procedimento comum conclui-se com a aprovação, pela Comissão, de um regulamento de actualização, nos termos do artigo 7.º.
4. Em derrogação ao disposto no n.º 3, a Comissão pode concluir o procedimento comum e renunciar à actualização prevista, em qualquer fase do procedimento, se considerar que tal actualização não se justifica. Se for caso disso, tem em conta o parecer da Autoridade, as opiniões dos Estados-Membros, todas as disposições relevantes da legislação comunitária e outros factores úteis para a questão em apreço.
Nesse caso, se tal se revelar necessário, a Comissão informa directamente o requerente e os Estados-Membros indicando na sua carta os fundamentos pelos quais considera que a actualização não se justifica.

Artigo 4.º *Início do procedimento*
1. Quando recebe um pedido de actualização da lista comunitária, a Comissão deve:
a) Confirmar ao requerente, por escrito, a recepção do pedido no prazo de 14 dias úteis a contar da referida recepção;
b) Se for caso disso, comunicar o pedido, o mais rapidamente possível, à Autoridade e solicitar o seu parecer nos termos do n.º 2 do artigo 3.º.
A Comissão comunica o pedido aos Estados-Membros.
2. Caso inicie o procedimento por iniciativa própria, a Comissão informa os Estados-Membros e, se for caso disso, apresenta um pedido de parecer à Autoridade.

Artigo 5.º *Parecer da Autoridade*
1. A Autoridade dá o seu parecer no prazo de nove meses a contar da data da recepção de um pedido válido.
2. A Autoridade transmite o seu parecer à Comissão, aos Estados-Membros e, se for caso disso, ao requerente.

Artigo 6.º *Informações complementares relativas à avaliação de risco*
1. Nos casos devidamente justificados em que a Autoridade solicita informações complementares ao requerente, o prazo previsto no n.º 1 do artigo 5.º pode ser prorrogado. A Autoridade fixa, após consulta ao requerente, um prazo para apresentar estas informações e informa a Comissão do prazo suplementar necessário. Se a Comissão não levantar objecções nos oito dias úteis seguintes à recepção da informação apresentada pela Autoridade, a prorrogação do prazo considera-se aceite. A Comissão deve informar os Estados-Membros da prorrogação do prazo.
2. Se as informações complementares não forem transmitidas à Autoridade no prazo suplementar previsto no n.º 1, esta finaliza o respectivo parecer com base nas informações já fornecidas.
3. Caso o requerente apresente informações complementares por sua iniciativa, deve transmiti-las à Autoridade e à Comissão. Neste caso, a Autoridade dá o seu parecer no prazo inicial, sem prejuízo do artigo 10.º.
4. A Autoridade comunica as informações complementares aos Estados-Membros e à Comissão.

Artigo 7.º *Actualização da lista comunitária*
1. No prazo de nove meses a contar da emissão do parecer da Autoridade, a Comissão deve apresentar ao Comité referido no n.º 1 do artigo 14.º um projecto de regulamento para actualização da lista comunitária, tomando em consideração o parecer da Autoridade, quaisquer disposições relevantes da legislação comunitária e outros factores legítimos e relevantes para a matéria em apreço.

Nos casos em que não tenha sido solicitado o parecer da Autoridade, o prazo de nove meses começa a contar a partir da data em que a Comissão recebeu um pedido válido.

2. O regulamento de actualização da lista comunitária deve conter uma explicação das considerações em que se baseia.

3. Caso o projecto de regulamento não esteja de acordo com o parecer da Autoridade, a Comissão deve explicar as razões da sua decisão.

4. As medidas que têm por objecto alterar elementos não essenciais de cada legislação alimentar sectorial relativas à retirada de uma substância da lista comunitária são aprovadas pelo procedimento de regulamentação com controlo a que se refere o n.º 3 do artigo 14.º.

5. Por razões de eficácia, as medidas que têm por objecto alterar elementos não essenciais de cada legislação alimentar sectorial, designadamente completando-a, relativas ao aditamento de uma substância à lista comunitária e para aditar, retirar ou modificar as condições, especificações ou restrições relacionadas com a presença da substância na lista comunitária são aprovadas pelo procedimento de regulamentação com controlo a que se refere o n.º 4 do artigo 14.º.

6. Por imperativos de urgência, a Comissão pode recorrer ao procedimento de urgência a que se refere o n.º 5 do artigo 14.º para retirar uma substância da lista comunitária e para aditar, retirar ou modificar as condições, especificações ou restrições relacionadas com a presença de uma substância na lista comunitária.

Artigo 8.º *Informações complementares relativas à gestão de risco*
1. Caso a Comissão solicite ao requerente informações complementares sobre aspectos relativos à gestão de risco, fixa, em conjunto com o requerente, um prazo para a comunicação dessas informações. Neste caso, o prazo a que se refere o artigo 7.º pode ser prorrogado em conformidade. A Comissão informa os Estados-Membros dessa prorrogação e disponibiliza-lhes as informações complementares disponíveis quando tenham sido fornecidas.
2. Se as informações complementares não forem transmitidas no prazo suplementar previsto no n.º 1, a Comissão age com base nas informações já fornecidas.

CAPÍTULO III.- DISPOSIÇÕES DIVERSAS

Artigo 9.º *Medidas de execução*
1. Nos termos do procedimento de regulamentação a que se refere o n.º 2 do artigo 14.º, a Comissão aprova as medidas de execução do presente regulamento num prazo máximo de 24 meses a contar da data de aprovação de cada legislação alimentar sectorial, tendo em conta, nomeadamente:
  a) O conteúdo, a elaboração e a apresentação do pedido previsto no n.º 1 do artigo 4.º;
  b) As modalidades de controlo da validade do pedido;
  c) A natureza das informações que devem figurar no parecer da Autoridade previsto no artigo 5.º.
2. Para efeitos da aprovação das medidas de execução referidas na alínea a) do n.º 1, a Comissão consulta a Autoridade, que, num prazo de seis meses após a data de entrada em vigor de cada legislação alimentar sectorial, lhe apresenta uma proposta relativa aos dados necessários para a avaliação de risco das substâncias em apreço.

Artigo 10.º *Prorrogação dos prazos*
Em circunstâncias excepcionais, os prazos referidos no n.º 1 do artigo 5.º e no artigo 7.º podem ser prorrogados pela Comissão, por sua própria iniciativa ou, se for caso disso, a pedido da Autoridade, se o carácter do processo o justificar, sem prejuízo do n.º 1 do artigo 6.º e do n.º 1 do artigo 8.º. Neste caso, se for necessário, a Comissão informa o requerente e os Estados-Membros desta prorrogação, bem como os fundamentos que a justificam.

Artigo 11.º *Transparência*
A Autoridade assegura a transparência das suas actividades nos termos do artigo 38.º do Regulamento (CE) n.º 178/2002. Em especial, deve tornar públicos, sem demora, os seus pareceres. Deve, além disso, tornar públicos os pedidos de parecer e as prorrogações de prazos referidos no n.º 1 do artigo 6.º.

Artigo 12.º *Confidencialidade*
1. Entre as informações comunicadas pelo requerente, podem ser objecto de tratamento confidencial aquelas cuja divulgação poderia prejudicar substancialmente a sua posição perante a concorrência.
Em nenhuma circunstância podem ser consideradas confidenciais as seguintes informações:
  a) O nome e o endereço do requerente;
  b) O nome e a descrição clara da substância;
  c) A justificação para a utilização da substância nos ou sobre os géneros alimentícios específicos ou em categorias de géneros alimentícios;
  d) As que se revestem de um interesse para a avaliação da segurança das substâncias;
  e) Se for caso disso, os métodos de análise.
2. Para aplicação do n.º 1, o requerente indica, de entre as informações comunicadas, quais as que quer ver tratadas de forma confidencial. Para o efeito, deve apresentar uma justificação susceptível de verificação.
3. A Comissão, após consulta aos requerentes, determina quais são as informações que podem permanecer confidenciais e informa os requerentes e os Estados-Membros.
4. Depois de tomar conhecimento da posição da Comissão, o requerente dispõe de um prazo de três semanas para retirar o seu pedido e garantir, assim, a confidencialidade das informações comunicadas. Até ao termo deste prazo, a confidencialidade é mantida.
5. A Comissão, a Autoridade e os Estados-Membros tomam as medidas necessárias, nos termos do Regulamento (CE) n.º 1049/2001, para assegurar a devida confidencialidade das informações recebidas ao abrigo do presente regulamento, com excepção das informações que devam ser tornadas públicas, caso as circunstâncias o exijam, a fim de proteger a saúde humana, a saúde animal ou o ambiente.
6. Caso o requerente retire ou tenha retirado o seu pedido, a Comissão, a Autoridade e os Estados-Membros não devem divulgar informações confidenciais, incluindo informações sobre cuja confidencialidade a Comissão e o requerente discordem.
7. A aplicação dos n.ºs 1 a 6 não prejudica a circulação das informações entre a Comissão, a Autoridade e os Estados-Membros.

Artigo 13.º *Situações de emergência*
Em caso de situação de emergência relativamente a uma substância que figure na lista comunitária, nomeadamente relativamente a um parecer da Autoridade, são tomadas medidas nos termos dos procedimentos a que se referem os artigos 53.º e 54.º do Regulamento (CE) n.º 178/2002.

Artigo 14.º *Comité*
1. A Comissão é assistida pelo Comité Permanente da Cadeia Alimentar e da Saúde Animal instituído pelo artigo 58.º do Regulamento (CE) n.º 178/2002.
2. Sempre que se faça referência ao presente número, são aplicáveis os artigos 5.º e 7.º da Decisão 1999/468/CE, tendo-se em conta o disposto no seu artigo 8.º.
O prazo previsto no n.º 6 do artigo 5.º da Decisão 1999/468/CE é de três meses.
3. Sempre que se faça referência ao presente número, são aplicáveis os n.ºs 1 a 4 do artigo 5.º-A, bem como o artigo 7.º da Decisão 1999/468/CE, tendo-se em conta o disposto no seu artigo 8.º.
4. Sempre que se faça referência ao presente número, são aplicáveis os n.ºs 1 a 4 e a alínea b) do n.º 5 do artigo 5.º-A, bem como o artigo 7.º da Decisão 1999/468/CE, tendo-se em conta o disposto no seu artigo 8.º.
Os prazos estabelecidos na alínea c) do n.º 3 e nas alíneas b) e e) do n.º 4 do artigo 5.º-A da Decisão 1999/468/CE são de dois meses, dois meses e quatro meses, respectivamente.
5. Sempre que se faça referência ao presente número, são aplicáveis os n.ºs 1, 2, 4, e 6 do artigo 5.º-A, bem como o artigo 7.º da Decisão 1999/468/CE, tendo-se em conta o disposto no seu artigo 8.º.

Artigo 15.º *Autoridades competentes dos Estados-Membros*
Até seis meses após a entrada em vigor de cada legislação alimentar sectorial, os Estados-Membros transmitem à Comissão e à Autoridade, no quadro de cada legislação alimentar sectorial, o nome e o endereço da Autoridade nacional competente para efeitos do procedimento comum, bem como um ponto de contacto.

Artigo 16.° *Entrada em vigor*

O presente regulamento entra em vigor no vigésimo dia seguinte ao da sua publicação no Jornal Oficial da União Europeia.

É aplicável, para cada legislação alimentar sectorial, a partir da data de aplicação das medidas referidas no n.° 1 do artigo 9.°.

O artigo 9.° é aplicável a partir de 20 de Janeiro de 2009.

O presente regulamento é obrigatório em todos os seus elementos e directamente aplicável em todos os Estados-Membros.

16 de Dezembro de 2008.- Regulamento (CE) n.º 1332/2008
do Parlamento Europeu e do Conselho
relativo às enzimas alimentares
e que altera a Directiva 83/417/CEE do Conselho, o Regulamento (CE) n.º 1493/1999 do
Conselho, a Directiva 2000/13/CE, a Directiva 2001/112/CE do Conselho e o Regulamento (CE)
n.º 258/97
(J.O. L 354, 31/12/2008)

(V.C. 03/12/2012)

O PARLAMENTO EUROPEU E O CONSELHO DA UNIÃO EUROPEIA,
Tendo em conta o Tratado que institui a Comunidade Europeia, nomeadamente o artigo 95.º,
Tendo em conta a proposta da Comissão,
Tendo em conta o parecer do Comité Económico e Social Europeu,
Deliberando nos termos do artigo 251.º do Tratado,
Considerando o seguinte:
(1) A livre circulação de géneros alimentícios seguros e sãos constitui um aspecto essencial do mercado interno, contribuindo significativamente para a saúde e o bem-estar dos cidadãos e para os seus interesses sociais e económicos.
(2) Deverá assegurar-se um elevado nível de protecção da vida e da saúde humanas na realização das políticas comunitárias.
(3) Actualmente, as enzimas alimentares que não são usadas como aditivos alimentares não estão regulamentadas ou estão-no enquanto auxiliares tecnológicos ao abrigo da legislação dos Estados-Membros. As diferenças entre as disposições legislativas, regulamentares e administrativas nacionais relativas à avaliação e à autorização das enzimas alimentares podem obstar à sua livre circulação, criando condições de uma concorrência desleal e não equitativa. Afigura-se, pois, necessário aprovar normas comunitárias para a harmonização das disposições nacionais relativas à utilização de enzimas nos géneros alimentícios.
(4) O presente regulamento deverá abranger apenas as enzimas adicionadas aos géneros alimentícios para desempenhar uma função tecnológica no fabrico, transformação, preparação, tratamento, embalagem, transporte ou armazenagem desses géneros alimentícios, incluindo as enzimas usadas como auxiliares tecnológicos (a seguir designadas «enzimas alimentares»). Por conseguinte, o respectivo âmbito de aplicação não deverá ser alargado às enzimas que não são adicionadas aos géneros alimentícios para desempenhar uma função tecnológica mas sim para o consumo humano, como é o caso das enzimas com objectivos nutricionais ou digestivos. Não deverão ser consideradas como enzimas alimentares as culturas microbianas tradicionalmente usadas na produção de géneros alimentícios, como queijo ou vinho, que podem incidentalmente produzir enzimas mas não são usadas especificamente para as produzir.
(5) Deverão excluir-se do âmbito de aplicação do presente regulamento as enzimas alimentares usadas exclusivamente na produção de aditivos alimentares abrangidos pelo Regulamento (CE) n.º 1333/2008 do Parlamento Europeu e do Conselho, de 16 de Dezembro de 2008, relativo aos aditivos alimentares, dado que a segurança desses produtos alimentares já se encontra avaliada e regulamentada. Todavia, sempre que essas enzimas forem usadas enquanto tal em géneros alimentícios, estarão abrangidas pelo presente regulamento.
(6) As enzimas alimentares só deverão ser aprovadas e usadas se preencherem os critérios definidos no presente regulamento. A utilização das enzimas alimentares deve ser segura, deve decorrer de uma necessidade tecnológica e não deve induzir o consumidor em erro. A indução dos consumidores em erro inclui, mas não se limita a questões relacionadas com a natureza, a frescura, a qualidade dos ingredientes utilizados, o carácter natural do produto ou do processo de produção ou as qualidades nutricionais do produto. A aprovação das enzimas alimentares deverá também tomar em consideração outros factores relevantes em relação à matéria em apreço, que inclui factores sociais, económicos, tradicionais, éticos e ambientais, o princípio de precaução e a exequibilidade dos controlos.
(7) Algumas enzimas alimentares estão autorizadas para utilizações específicas, como é o caso das enzimas autorizadas em sumos de fruta e produtos similares, de determinadas lactoproteínas destinadas ao consumo humano, bem como de enzimas

usadas em certas práticas e tratamentos enológicos autorizados. Estas enzimas alimentares deverão ser usadas de acordo com o presente regulamento e com as disposições específicas estabelecidas na legislação comunitária aplicável. A Directiva 2001/112/CE do Conselho, de 20 de Dezembro de 2001, relativa aos sumos de frutos e a determinados produtos similares destinados à alimentação humana, a Directiva 83/417/CEE do Conselho, de 25 de Julho de 1983, relativa à aproximação das legislações dos Estados-Membros respeitantes a determinadas lactoproteínas (caseínas e caseinatos) destinadas à alimentação e o Regulamento (CE) n.º 1493/1999 do Conselho, de 17 de Maio de 1999, que estabelece a organização comum do mercado vitivinícola deverão, por conseguinte, ser alterados. Uma vez que todas as enzimas alimentares deverão ser abrangidas pelo presente regulamento, o Regulamento (CE) n.º 258/97 do Parlamento Europeu e do Conselho, de 27 de Janeiro de 1997, relativo a novos alimentos e ingredientes alimentares deverá ser alterado.

(8) As enzimas alimentares autorizadas na Comunidade deverão constar de uma lista comunitária que descreva claramente as enzimas e especifique eventuais condições aplicáveis à sua utilização, incluindo, se necessário, informações sobre a sua função no género alimentício final. Esta lista deverá ser complementada por especificações, em particular relativas à origem, incluindo, sempre que relevante, informações sobre as propriedades alergénicas, e critérios de pureza.

(9) A fim de assegurar harmonização, a avaliação de risco das enzimas alimentares e a sua inclusão na lista comunitária deverá efectuar-se pelo procedimento previsto no Regulamento (CE) n.º 1331/2008 do Parlamento Europeu e do Conselho, de 16 de Dezembro de 2008, que estabelece um procedimento de autorização comum aplicável a aditivos alimentares, enzimas alimentares e aromas alimentares.

(10) Nos temos do Regulamento (CE) n.º 178/2002 do Parlamento Europeu e do Conselho, de 28 de Janeiro de 2002, que determina os princípios e normas gerais da legislação alimentar, cria a Autoridade Europeia para a Segurança dos Alimentos e estabelece procedimentos em matéria de segurança dos géneros alimentícios, a Autoridade Europeia para a Segurança dos Alimentos (a seguir designada «Autoridade») deve ser consultada sobre matérias susceptíveis de afectar a saúde pública.

(11) Uma enzima alimentar que seja abrangida pelo âmbito do Regulamento (CE) n.º 1829/2003 do Parlamento Europeu e do Conselho, de 22 de Setembro de 2003, relativo a géneros alimentícios e alimentos para animais geneticamente modificados deverá ser autorizada ao abrigo do referido regulamento, bem como ao abrigo do presente regulamento.

(12) Uma enzima alimentar que já conste da lista comunitária elaborada ao abrigo do presente regulamento e que seja produzida mediante métodos de produção ou a partir de matérias-primas significativamente diferentes dos incluídos na avaliação de risco efectuada pela Autoridade, ou que sejam diferentes dos abrangidos pela autorização e especificações aprovadas ao abrigo do presente regulamento, deverá ser apresentada à Autoridade para que esta realize uma avaliação. A expressão «significativamente diferentes» significa, nomeadamente, uma alteração do método de produção, que vai da extracção de vegetais à produção por fermentação usando um microrganismo, a uma modificação genética do microrganismo original, à alteração das matérias primas ou à modificação da dimensão das partículas.

(13) Uma vez que muitas enzimas alimentares se encontram já no mercado comunitário, deverá assegurar-se que a transição para uma lista comunitária de enzimas se processe sem suscitar problemas e não perturbe o mercado existente da enzimas alimentares. Os requerentes deverão dispor de um prazo suficiente para fornecer as informações necessárias à avaliação de risco destes produtos. Por conseguinte, deverá conceder-se um prazo inicial de dois anos após a data de aplicação das medidas de execução, a estabelecer nos termos do Regulamento (CE) n.º 1331/2008, a fim de permitir que os requerentes disponham de um período suficiente para apresentar as informações relativas às enzimas existentes, passíveis de serem incluídas na lista comunitária a elaborar ao abrigo do presente regulamento. Durante o período inicial de dois anos, deverá igualmente ser possível apresentar pedidos de autorização para novas enzimas. A Autoridade deverá proceder imediatamente à avaliação de todos os pedidos relativos a enzimas alimentares para os quais tenham sido fornecidas informações suficientes durante esse período.

(14) A fim de garantir condições justas e equitativas a todos os requerentes, a lista comunitária deverá estabelecer-se numa única fase. A lista deverá ser elaborada após a conclusão da avaliação de risco de todas as enzimas alimentares relativamente às quais

tenham sido apresentadas informações suficientes ao longo do período inicial de dois anos. No entanto, as avaliações do risco das diferentes enzimas realizadas pela Autoridade deverão ser publicadas imediatamente após a sua conclusão.

(15) Durante esse período de dois anos, espera-se a apresentação de um número significativo de pedidos. Consequentemente, pode ser necessário um prazo mais alargado antes de se conseguirem acabar todas as avaliações de risco e elaborar a lista comunitária. A fim de assegurar um igual acesso ao mercado das novas enzimas alimentares após o período inicial de dois anos, importa prever um período transitório durante o qual as enzimas e os géneros alimentícios onde estejam presentes possam ser utilizados e colocados no mercado nos termos das normas nacionais vigentes nos Estados-Membros.

(16) As enzimas alimentares E 1103 invertase e E 1105 lisozima, autorizadas como aditivos alimentares ao abrigo da Directiva 95/2/CE do Parlamento Europeu e do Conselho, de 20 de Fevereiro de 1995, relativa aos aditivos alimentares com excepção dos corantes e dos edulcorantes, bem como as condições que regem a sua utilização, devem transitar da referida directiva para a lista comunitária aquando da elaboração desta. Além disso, o Regulamento (CE) n.º 1493/1999 autoriza a utilização de urease, beta-glucanase e lisozima no vinho, nas condições previstas no Regulamento (CE) n.º 423/2008 da Comissão, de 8 de Maio de 2008, que estabelece determinadas normas de execução do Regulamento (CE) n.º 1493/1999 do Conselho, e constitui um código comunitário das práticas e tratamentos enológicos. Essas substâncias são enzimas alimentares e deverão ser abrangidas pelo âmbito de aplicação do presente regulamento. Por conseguinte, deverão ser acrescentadas à lista comunitária aquando da sua elaboração, por forma a permitir a sua utilização no vinho, nos termos do Regulamento (CE) n.º 1493/1999 e do Regulamento (CE) n.º 423/2008.

(17) As enzimas alimentares continuam sujeitas às obrigações gerais em termos de rotulagem previstas na Directiva 2000/13/CE do Parlamento Europeu e do Conselho, de 20 de Março de 2000, relativa à aproximação das legislações dos Estados-Membros respeitantes à rotulagem, apresentação e publicidade dos géneros alimentícios, e, conforme aplicável, no Regulamento (CE) n.º 1829/2003 e no Regulamento (CE) n.º 1830/2003 do Parlamento Europeu e do Conselho, de 22 de Setembro de 2003, relativo à rastreabilidade e rotulagem de organismos geneticamente modificados e à rastreabilidade dos géneros alimentícios e alimentos para animais produzidos a partir de organismos geneticamente modificados. Além disso, o presente regulamento deverá estabelecer disposições específicas aplicáveis à rotulagem de enzimas alimentares vendidas enquanto tal ao fabricante ou ao consumidor.

(18) As enzimas alimentares encontram-se abrangidas pela definição de género alimentício constante do Regulamento (CE) n.º 178/2002 e, por conseguinte, quando usadas em géneros alimentícios, devem constar do rótulo desses géneros alimentícios enquanto ingredientes, nos termos da Directiva 2000/13/CE. As enzimas alimentares deverão ser designadas pela sua função tecnológica nos géneros alimentícios, seguidas da sua denominação específica. Contudo, deverá prever-se uma derrogação às disposições relativas à rotulagem para os casos em que a enzima não desempenha qualquer função tecnológica no produto final, mas está presente no género alimentício em resultado da transferência a partir de um ou vários ingredientes ou de ter sido usada como auxiliar tecnológico. A Directiva 2000/13/CE deverá, por conseguinte, ser alterada.

(19) As enzimas alimentares deverão ser mantidas sob observação permanente e ser novamente avaliadas sempre que seja necessário, tendo em conta as variações das condições de utilização e quaisquer novos dados científicos.

(20) As medidas necessárias à execução do presente regulamento deverão ser aprovadas nos termos da Decisão 1999/468/CE do Conselho, de 28 de Junho de 1999, que fixa as regras de exercício das competências de execução atribuídas à Comissão.

(21) Em especial, deverá ser atribuída competência à Comissão para aprovar as medidas de transição apropriadas. Atendendo a que têm alcance geral e se destinam a alterar elementos não essenciais do presente regulamento, nomeadamente completando-o mediante o aditamento de novos elementos não essenciais, essas medidas devem ser aprovadas pelo procedimento de regulamentação com controlo previsto no artigo 5.º-A da Decisão 1999/468/CE.

(22) A fim de desenvolver e actualizar a legislação comunitária relativa às enzimas alimentares de forma eficaz e proporcionada, é necessário recolher dados, partilhar informações e coordenar as tarefas desenvolvidas pelos Estados-Membros. Para esse efeito, pode revelar-se útil realizar estudos sobre questões específicas, tendo em vista a

309

facilitar o processo de tomada de decisões. É oportuno que a Comunidade financie esses estudos no âmbito do seu processo orçamental. O financiamento destas medidas está coberto pelo Regulamento (CE) n.º 882/2004 do Parlamento Europeu e do Conselho, de 29 de Abril de 2004, relativo aos controlos oficiais realizados para assegurar a verificação do cumprimento da legislação relativa aos alimentos para animais e aos géneros alimentícios e das normas relativas à saúde e ao bem estar dos animais.

(23) A fim de controlar o cumprimento do presente regulamento, os Estados-Membros devem realizar controlos oficiais nos termos do Regulamento (CE) n.º 882/2004.

(24) Atendendo a que o objectivo do presente regulamento, a saber, o estabelecimento de normas comunitárias relativas às enzimas alimentares, não pode ser suficientemente realizado pelos Estados-Membros e pode, pois, por razões de unidade do mercado e de elevado nível de protecção dos consumidores, ser mais bem alcançado ao nível comunitário, a Comunidade pode tomar medidas em conformidade com o princípio da subsidiariedade consagrado no artigo 5.º do Tratado. Em conformidade com o princípio da proporcionalidade consagrado no mesmo artigo, o presente regulamento não excede o necessário para atingir aquele objectivo,

APROVARAM O PRESENTE REGULAMENTO:

CAPÍTULO I.- OBJECTO, ÂMBITO DE APLICAÇÃO E DEFINIÇÕES

Artigo 1.º *Objecto*
O presente regulamento estabelece normas relativas às enzimas utilizadas nos géneros alimentícios, incluindo as enzimas que são usadas como auxiliares tecnológicos, com o objectivo de assegurar o funcionamento eficaz do mercado interno garantindo, simultaneamente, um elevado nível de protecção da saúde humana e um elevado nível de protecção do consumidor, incluindo a protecção dos interesses do consumidor e práticas equitativas no comércio alimentar, tomando em consideração, sempre que adequado, a protecção do ambiente.
Para o efeito, o presente regulamento prevê:
a) Uma lista comunitária de enzimas alimentares autorizadas;
b) Condições de utilização das enzimas nos géneros alimentícios;
c) Normas relativas à rotulagem das enzimas alimentares comercializadas enquanto tais.

Artigo 2.º *Âmbito de aplicação*
1. O presente regulamento é aplicável às enzimas alimentares definidas no artigo 3.º.
2. O presente regulamento não se aplica às enzimas alimentares na medida em que sejam utilizadas na produção de:
a) Aditivos alimentares abrangidos pelo Regulamento (CE) n.º 1333/2008;
b) Auxiliares tecnológicos.
3. O presente regulamento é aplicável sem prejuízo de quaisquer normas comunitárias específicas relativas à utilização de enzimas alimentares:
a) Em géneros alimentícios específicos;
b) Para fins que não os abrangidos pelo presente regulamento.
4. O presente regulamento não é aplicável às culturas microbianas tradicionais utilizadas na produção alimentar e que podem incidentalmente produzir enzimas, mas que não são especificamente usadas para a sua produção.

Artigo 3.º *Definições*
1. Para efeitos do presente regulamento, são aplicáveis as definições constantes do Regulamento (CE) n.º 178/2002, do Regulamento (CE) n.º 1829/2003 e do Regulamento (CE) n.º 1333/2008.
2. São igualmente aplicáveis as seguintes definições:
a) «Enzima alimentar», um produto obtido de vegetais, animais, microrganismos ou respectivos produtos, incluindo produtos obtidos por um processo de fermentação que utiliza microrganismos:
i) Que contenha uma ou várias enzimas capazes de catalisar uma reacção bioquímica específica; e
ii) Que seja adicionado a um género alimentício com o intuito de desempenhar uma função tecnológica em qualquer fase do fabrico, transformação, preparação, tratamento, embalagem, transporte ou armazenagem de géneros alimentícios.
b) «Preparação de enzima alimentar», uma formulação que consiste em uma ou mais enzimas alimentares em que substâncias tais como aditivos alimentares e/ou outros

ingredientes alimentares são incorporadas para facilitar a armazenagem, a venda, a normalização, a diluição ou a dissolução.

CAPÍTULO II.- LISTA COMUNITÁRIA DE ENZIMAS ALIMENTARES APROVADAS

Artigo 4.º *Lista comunitária de enzimas alimentares*
Só as enzimas alimentares constantes da lista comunitária podem ser colocadas no mercado enquanto tais e utilizadas nos géneros alimentícios, de acordo com as especificações e nas condições de utilização referidas no n.º 2 do artigo 7.º.

Artigo 5.º *Proibição de enzimas alimentares não conformes e/ou de géneros alimentícios não conformes*
Não é permitido colocar no mercado uma enzima alimentar ou qualquer género alimentício em que uma enzima alimentar esteja presente se a utilização de tal enzima alimentar não respeitar o disposto no presente regulamento e respectivas medidas de execução.

Artigo 6.º *Condições gerais para a inclusão na lista comunitária de enzimas alimentares*
Uma enzima alimentar só pode ser incluída na lista comunitária se satisfizer as seguintes condições e, se relevante, outros factores legítimos:
a) Não representar, com base nos dados científicos disponíveis, uma preocupação em termos de segurança para a saúde dos consumidores, ao nível de utilização proposto; e
b) Existir uma necessidade tecnológica razoável; e
c) A sua utilização não induzir o consumidor em erro. A indução do consumidor em erro inclui mas não se limita a questões relacionadas com a natureza, a frescura, a qualidade dos ingredientes utilizados, o carácter natural do produto ou do processo de produção ou as qualidades nutricionais do produto.

Artigo 7.º *Conteúdo da lista comunitária de enzimas alimentares*
1. Uma enzima alimentar que satisfizer as condições definidas no artigo 6.º pode, pelo procedimento previsto no Regulamento (CE) n.º 1331/2008, ser incluída na lista comunitária.
2. A entrada relativa a cada enzima alimentar na lista comunitária deve especificar:
a) O nome da enzima alimentar;
b) As especificações da enzima alimentar, nomeadamente a origem, critérios de pureza, bem como quaisquer outras informações necessárias;
c) Os géneros alimentícios a que a enzima alimentar pode ser adicionada;
d) As condições em que a enzima alimentar pode ser utilizada; sempre que tal seja apropriado, não é fixado qualquer teor máximo para uma enzima alimentar. Nesse caso, a enzima alimentar é utilizada em conformidade com o princípio *quantum satis*;
e) Caso seja adequado, se existem algumas restrições à venda da enzima alimentar directamente aos consumidores;
f) Sempre que necessário, requisitos específicos relativos à rotulagem dos géneros alimentícios em que a enzima foi utilizada, a fim de assegurar que o consumidor final é informado da condição física em que se encontra o género alimentício ou do tratamento específico a que foi submetido.
3. A lista comunitária é alterada pelo procedimento previsto no Regulamento (CE) n.º 1331/2008.

Artigo 8.º *Aditivos alimentares abrangidos pelo Regulamento (CE) n.º 1829/2003*
1. Uma enzima alimentar abrangida pelo âmbito de aplicação do Regulamento (CE) n.º 1829/2003 só pode ser incluída na lista comunitária depois de ter sido autorizada em conformidade com o disposto no mesmo regulamento.
2. Se uma enzima alimentar já incluída na lista comunitária for produzida a partir de uma fonte diferente abrangida pelo âmbito de aplicação do Regulamento (CE) n.º 1829/2003, não é necessária uma nova autorização ao abrigo do presente regulamento, desde que a fonte tenha sido autorizada ao abrigo do Regulamento (CE) n.º 1829/2003 e a enzima alimentar obedeça às especificações estabelecidas no presente regulamento.

Artigo 9.º *Decisões interpretativas*
Se for caso disso, pode ser decidido, pelo procedimento de regulamentação a que se refere o n.º 2 do artigo 15.º:

a) Se uma determinada substância está ou não de acordo com a definição de enzima alimentar constante do artigo 3.°;

b) Se um determinado género alimentício pertence ou não a uma categoria de géneros alimentícios da lista comunitária de enzimas alimentares.

CAPÍTULO III.- ROTULAGEM

Artigo 10.° *Rotulagem de enzimas alimentares e de preparações de enzimas alimentares não destinadas à venda ao consumidor final*

1. As enzimas alimentares e preparações de enzimas alimentares não destinadas à venda ao consumidor final, quer sejam comercializadas individualmente quer misturadas com outras enzimas e/ou com outros ingredientes, na acepção do n.° 4 do artigo 6.° da Directiva 2000/13/CE, só podem ser comercializadas se cumprirem os requisitos em matéria de rotulagem previstos no artigo 11.° do presente regulamento, devendo as menções de rotulagem ser facilmente visíveis, claramente legíveis e indeléveis. As informações referidas no artigo 11.° devem ser apresentadas numa língua de fácil compreensão para os compradores.

2. O Estado-Membro em que o produto é comercializado pode, ao abrigo do disposto no Tratado, impor no seu território que as informações referidas no artigo 11.° constem numa ou mais línguas oficiais da Comunidade por ele determinadas. Tal não obsta a que tais informações figurem em várias línguas.

Artigo 11.° *Requisitos gerais de rotulagem das enzimas alimentares e das preparações de enzimas alimentares não destinadas à venda ao consumidor final*

1. Caso as enzimas alimentares e as preparações de enzimas alimentares não destinadas à venda ao consumidor final sejam comercializadas individualmente ou misturadas com outras enzimas e/ou com outros ingredientes alimentares, devem incluir nas respectivas embalagens ou recipientes, as seguintes informações:

a) O nome estabelecido no presente regulamento para cada enzima alimentar ou a denominação de venda, que inclua o nome de cada enzima alimentar, ou, na ausência desse nome, o nome oficial constante da nomenclatura da União Internacional de Bioquímica e Biologia Molecular (IUBMB);

b) A menção «para alimentos», ou a menção «utilização limitada em alimentos», ou uma referência mais específica à utilização alimentar a que a enzima se destina;

c) Se for caso disso, as condições especiais de armazenagem e/ou de utilização;

d) Uma indicação que permita identificar o lote;

e) As instruções de utilização, no caso de a sua omissão não permitir o uso adequado da enzima;

f) O nome ou a firma e o endereço do fabricante, embalador ou vendedor;

g) Uma indicação da quantidade máxima de cada componente ou grupo de componentes sujeitos a uma limitação quantitativa nos géneros alimentícios e/ou informação adequada em termos claros e de fácil compreensão que permitam ao comprador cumprir o disposto no presente regulamento ou noutra legislação comunitária aplicável. No caso de o mesmo limite de quantidade se aplicar a um grupo de componentes utilizados separadamente ou em combinação, a percentagem combinada pode ser indicada por um único valor; o limite de quantidade é expresso numericamente ou pelo princípio *quantum satis*;

h) A quantidade líquida;

i) A actividade da(s) enzima(s) alimentar(es);

j) A data de durabilidade mínima ou data-limite de utilização;

k) Se for caso disso, informações acerca de enzimas alimentares ou outras substâncias referidas no presente artigo e enumeradas no anexo III-A da Directiva 2000/13/CE.

2. Caso as enzimas alimentares e/ou as preparações de enzimas alimentares sejam comercializadas misturadas com outras enzimas e/ou com outros ingredientes alimentares, as respectivas embalagens ou recipientes devem incluir a lista completa dos ingredientes por ordem decrescente da sua percentagem em peso no produto total.

3. As embalagens ou recipientes de preparações de enzimas alimentares devem incluir a lista completa dos componentes por ordem decrescente da sua percentagem em peso no produto total.

4. Em derrogação ao disposto nos n.°s 1, 2 e 3, as informações exigidas nas alíneas e) a g) do n.° 1 e nos n.°s 2 e 3 podem constar apenas dos documentos relativos à remessa a apresentar no acto de entrega ou antes dela, desde que a menção «não destinado à venda a retalho» figure, em lugar bem visível, na embalagem ou no recipiente do produto em questão.

5. Em derrogação ao disposto nos n.ºs 1, 2 e 3, caso as enzimas alimentares e as preparações de enzimas alimentares sejam fornecidas a granel, as informações podem constar apenas dos documentos relativos à remessa a apresentar no acto de entrega.

Artigo 12.° *Rotulagem de enzimas alimentares e de preparações de enzimas alimentares destinadas à venda ao consumidor final*

1. Sem prejuízo do disposto na Directiva 2000/13/CE, na Directiva 89/396/CEE do Conselho, de 14 de Junho de 1989, relativa às menções ou marcas que permitem identificar o lote ao qual pertence um género alimentício e no Regulamento (CE) n.° 1829/2003, as enzimas alimentares e as preparações de enzimas alimentares destinadas à venda ao consumidor final, quer sejam comercializadas individualmente quer misturadas com outras enzimas e/ou com outros ingredientes alimentares, só podem ser comercializadas se as embalagens ou recipientes incluírem as seguintes informações:

a) O nome estabelecido no presente regulamento a respeito de cada enzima alimentar ou a denominação de venda, que inclua o nome de cada enzima alimentar, ou, na ausência desse nome, o nome oficial constante da nomenclatura da IUBMB;

b) A menção «para alimentos», ou a menção «utilização limitada em alimentos», ou uma referência mais específica à utilização alimentar a que a enzima se destina.

2. No que se refere às informações previstas no n.° 1 deste artigo, é aplicável o n.° 2 do artigo 13.° da Directiva 2000/13/CE.

Artigo 13.° *Outros requisitos em matéria de rotulagem*

Os artigos 10.° a 12.° não afectam as disposições legislativas, regulamentares ou administrativas mais pormenorizadas ou mais extensas relativas à metrologia ou à apresentação, classificação, embalagem e rotulagem de substâncias e preparações perigosas ou ao transporte de tais substâncias e preparações.

CAPÍTULO IV.- DISPOSIÇÕES PROCESSUAIS E DE EXECUÇÃO

Artigo 14.° *Dever de informação*

1. O produtor ou utilizador de uma enzima alimentar deve informar imediatamente a Comissão de quaisquer novas informações de carácter científico ou técnico que possam afectar a avaliação da segurança dessa enzima alimentar.

2. No que se refere a uma enzima alimentar já aprovada ao abrigo do presente regulamento e que seja produzida mediante métodos de produção ou a partir de matérias-primas significativamente diferentes dos incluídos na avaliação de risco efectuada pela Autoridade Europeia para a Segurança dos Alimentos (a seguir designada «Autoridade»), um produtor ou utilizador deve, antes de comercializar a enzima alimentar, fornecer à Comissão os dados necessários para permitir que a Autoridade efectue uma avaliação da enzima alimentar relativamente ao método de produção modificado ou às características modificadas.

3. O produtor ou utilizador de uma enzima alimentar deve, a pedido da Comissão, informá-la da utilização real que é dada a essa enzima. A Comissão põe essa informação à disposição dos Estados-Membros.

Artigo 15.° *Comité*

1. A Comissão é assistida pelo Comité Permanente da Cadeia Alimentar e da Saúde Animal.

2. Sempre que se faça referência ao presente número, são aplicáveis os artigos 5.° e 7.° da Decisão 1999/468/CE, tendo-se em conta o disposto no seu artigo 8.°. O prazo previsto no n.° 6 do artigo 5.° da Decisão 1999/468/CE é de três meses.

3. Sempre que se faça referência ao presente número, são aplicáveis os n.ºs 1 a 4 do artigo 5.°-A, bem como o artigo 7.° da Decisão 1999/468/CE, tendo-se em conta o disposto no seu artigo 8.°.

Artigo 16.° *Financiamento comunitário de políticas harmonizadas*

A base jurídica para o financiamento das medidas decorrentes do presente regulamento é a alínea c) do n.° 1 do artigo 66.° do Regulamento (CE) n.° 882/2004.

CAPÍTULO V.- DISPOSIÇÕES TRANSITÓRIAS E FINAIS

Artigo 17.º *Estabelecimento da lista comunitária de enzimas alimentares*
1. A lista comunitária de enzimas alimentares deve ser estabelecida com base nos pedidos apresentados nos termos do n.º 2.
2. Os interessados podem apresentar pedidos para a inclusão de uma enzima alimentar na lista comunitária.
O prazo para a apresentação desses pedidos é de quarenta e dois meses a contar da data de aplicação das medidas de execução estabelecidas nos termos do n.º 1 do artigo 9.º do Regulamento (CE) n.º 1331/2008 que estabelece um procedimento comum de autorização aplicável a aditivos alimentares, enzimas alimentares e aromas alimentares.
3. A Comissão deve criar um registo de todas as enzimas alimentares cuja inclusão na lista comunitária deve ser analisada, relativamente às quais tenha sido recebido um pedido, que respeite os critérios de validade a estabelecer nos termos do n.º 1 do artigo 9.º do Regulamento (CE) n.º 1331/2008, apresentado nos termos do n.º 2 do presente artigo (a seguir designado «Registo»). O Registo deve ser posto à disposição do público.
A Comissão deve solicitar o parecer da Autoridade relativamente aos pedidos de inclusão na lista comunitária.
4. A lista comunitária deve ser aprovada pela Comissão pelo procedimento previsto no Regulamento (CE) n.º 1331/2008, após a Autoridade ter dado o seu parecer sobre cada uma das enzimas alimentares incluídas no Registo.
Todavia, em derrogação a este procedimento:
a) O n.º 1 do artigo 5.º do Regulamento (CE) n.º 1331/2008 não é aplicável à adopção do parecer pela Autoridade;
b) A Comissão deve aprovar a lista comunitária, pela primeira vez, depois de a Autoridade ter dado o seu parecer sobre todas as enzimas alimentares incluídas no Registo.
5. Se for caso disso, quaisquer medidas transitórias para efeitos do presente artigo, que têm por objecto alterar elementos não essenciais do presente regulamento, nomeadamente completando-o, são aprovadas pelo procedimento de regulamentação com controlo a que se refere o n.º 3 do artigo 15.º.

Artigo 18.º *Medidas transitórias*
1. Não obstante o disposto nos artigos 7.º e 17.º do presente regulamento, a lista comunitária a estabelecer deve incluir as seguintes enzimas alimentares:
a) E 1103 invertase e E 1105 lisozima, bem como as condições que regem a sua utilização, tal como se especificam no anexo I e na parte C do anexo III da Directiva 95/2/CE;
b) Urease, beta-glucanase e lisozima, para utilização no vinho, de acordo com o Regulamento (CE) n.º 1493/1999 e respectivas normas de execução.
2. As enzimas alimentares, preparações de enzimas alimentares e géneros alimentícios que contêm enzimas alimentares que não respeitem o disposto nos artigos 10.º a 12.º e tenham sido colocados no mercado ou rotulados antes de 20 de Janeiro de 2010 só podem ser comercializados até à sua data de durabilidade mínima ou data-limite de validade.

Artigo 19.º *Alteração à Directiva 83/417/CEE*
Na Directiva 83/417/CEE, no anexo I, parte III, alínea d), os travessões passam a ter a seguinte redacção:
«— coalho, que cumpra os requisitos do Regulamento (CE) n.º 1332/2008 do Parlamento Europeu e do Conselho, de 16 de Dezembro de 2008, relativo às enzimas alimentares;
— outras enzimas coagulantes do leite, que cumpram os requisitos do Regulamento (CE) n.º 1332/2008.

Artigo 20.º *Alteração ao Regulamento (CE) n.º 1493/1999*
No Regulamento (CE) n.º 1493/1999, ao artigo 43.º é aditado o seguinte número:
«3. As enzimas e preparações enzimáticas usadas nas práticas e tratamentos enológicos autorizados, constantes do anexo IV, devem cumprir os requisitos do Regulamento (CE) n.º 1332/2008 do Parlamento Europeu e do Conselho, de 16 de Dezembro de 2008, relativo às enzimas alimentares.

Artigo 21.º *Alterações à Directiva 2000/13/CE*
A Directiva 2000/13/CE é alterada do seguinte modo:
1. O n.º 4 do artigo 6.º é alterado do seguinte modo:
a) A alínea a) passa a ter a seguinte redacção:

«a) Entende-se por "ingrediente" qualquer substância, incluindo os aditivos e as enzimas, utilizada no fabrico ou preparação de um género alimentício e ainda presente no produto acabado, mesmo que de forma alterada.»;

b) Na subalínea ii) da alínea c), a palavra «aditivos» é substituída por «aditivos e enzimas»;
c) Na subalínea iii) da alínea c), as palavras «aditivos ou aromas» são substituídas por «aditivos, ou enzimas ou aromas».
2. No n.º 6 do artigo 6.º é aditado o seguinte travessão:

«— as enzimas, à excepção das referidas na subalínea ii) da alínea c) do n.º 4, devem ser designadas pelo nome de uma das categorias de ingredientes constantes do anexo II, seguido do seu nome específico,».

Artigo 22.º *Alterações à Directiva 2001/112/CE*
Na Directiva 2001/112/CE, no anexo I, parte II, ponto 2, os quarto, quinto e sexto travessões passam a ter a seguinte redacção:

«— Enzimas pectolíticas, que cumpram os requisitos do Regulamento (CE) n.º 1332/2008 do Parlamento Europeu e do Conselho, de 16 de Dezembro de 2008, relativo às enzimas alimentares;
— Enzimas proteolíticas, que cumpram os requisitos do Regulamento (CE) n.º 1332/2008;
— Enzimas amilolíticas, que cumpram os requisitos do Regulamento (CE) n.º 1332/2008.

Artigo 23.º *Alteração ao Regulamento (CE) n.º 258/97*
No Regulamento (CE) n.º 258/97, no n.º 1 do artigo 2.º é aditada a seguinte alínea:

«d) Enzimas alimentares abrangidas pelo Regulamento (CE) n.º 1332/2008 do Parlamento Europeu e do Conselho, de 16 de Dezembro de 2008, relativo às enzimas alimentares.

Artigo 24.º *Entrada em vigor*
O presente regulamento entra em vigor no vigésimo dia seguinte ao da sua publicação no Jornal Oficial da União Europeia.
O artigo 4.º é aplicável a partir da data de aplicação da lista comunitária. Até essa data, continuam a aplicar-se nos Estados-Membros as disposições nacionais em vigor relativas à comercialização e à utilização de enzimas alimentares e de géneros alimentícios produzidos com essas enzimas.
Os artigos 10.º a 13.º são aplicáveis a partir de 20 de Janeiro de 2010.
O presente regulamento é obrigatório em todos os seus elementos e directamente aplicável em todos os Estados-Membros.

16 de Dezembro de 2008.- Regulamento (CE) n.º 1333/2008
do Parlamento Europeu e do Conselho
relativo aos aditivos alimentares
(J.O. L 354, 31/12/2008)

(V.C. 15/09/2014)

O PARLAMENTO EUROPEU E O CONSELHO DA UNIÃO EUROPEIA,
Tendo em conta o Tratado que institui a Comunidade Europeia, nomeadamente o artigo 95.º,
Tendo em conta a proposta da Comissão,
Tendo em conta o parecer do Comité Económico e Social Europeu,
Deliberando nos termos do artigo 251.º do Tratado,
Considerando o seguinte:
(1) A livre circulação de géneros alimentícios seguros e sãos constitui um aspecto essencial do mercado interno, contribuindo significativamente para a saúde e o bem-estar dos cidadãos e para os seus interesses sociais e económicos.
(2) Deverá ser assegurado um elevado nível de protecção da vida e da saúde humanas na realização das políticas comunitárias.
(3) O presente regulamento substitui as anteriores directivas e decisões relativas aos aditivos alimentares autorizados para utilização em géneros alimentícios, com vista a assegurar o funcionamento eficaz do mercado interno e, simultaneamente, um elevado nível de protecção da saúde humana e de protecção do consumidor, incluindo a protecção dos seus interesses, através de procedimentos exaustivos e simplificados.
(4) O presente regulamento harmoniza a utilização de aditivos alimentares em géneros alimentícios na Comunidade. Isto inclui a utilização de aditivos alimentares em géneros alimentícios abarcados pela Directiva 89/398/CEE do Conselho, de 3 de Maio de 1989, relativa à aproximação das legislações dos Estados-Membros respeitantes aos géneros alimentícios destinados a uma alimentação especial e, bem assim, a utilização de determinados corantes alimentares na marcação de salubridade de carne e na decoração e carimbagem de ovos. O presente regulamento harmoniza também a utilização de aditivos alimentares em aditivos alimentares e enzimas alimentares, garantindo, assim, a sua segurança e qualidade e facilitando a sua armazenagem e utilização. Tal ainda não foi objecto de regulamentação a nível comunitário.
(5) Os aditivos alimentares são substâncias que não são consumidas habitualmente como géneros alimentícios em si mesmas mas que são intencionalmente adicionadas aos géneros alimentícios para atingir determinado objectivo tecnológico descrito no presente regulamento, como, por exemplo, a conservação dos géneros alimentícios. Todos os aditivos alimentares deverão ser abrangidos pelo presente regulamento e, por conseguinte, a lista das classes funcionais deverá ser actualizada à luz do progresso científico e dos avanços tecnológicos. Contudo, não deverão ser consideradas aditivos alimentares as substâncias cuja utilização tenha por objectivo conferir determinado aroma e/ou sabor ou tenha fins nutricionais, tais como os sucedâneos do sal, as vitaminas e os minerais. Além disso, as substâncias consideradas géneros alimentícios que podem ser utilizadas com um objectivo tecnológico, tais como o cloreto de sódio ou o açafrão — utilizado para conferir cor — assim como as enzimas alimentares, também não deverão ser abrangidas pelo âmbito do presente regulamento. No entanto, deverão ser consideradas aditivos, na acepção do presente regulamento, as preparações obtidas a partir de géneros alimentícios ou de outros materiais de base naturais e que se destinem a ter um efeito tecnológico a nível do produto final e sejam obtidas por extracção selectiva de componentes (por ex., pigmentos) em relação aos componentes nutritivos ou aromáticos. Por último, as enzimas alimentares estão abrangidas pelo Regulamento (CE) n.º 1332/2008 do Parlamento Europeu e do Conselho, de 16 de Dezembro de 2008, relativo às enzimas alimentares, não lhes sendo por isso aplicável o presente regulamento.
(6) As substâncias não consumidas como géneros alimentícios em si mesmas, mas utilizadas deliberadamente na transformação de géneros alimentícios, que subsistem no género alimentício final apenas sob forma de resíduo e que não produzem um efeito tecnológico no produto final (auxiliares tecnológicos) não deverão ser abrangidas pelo presente regulamento.

(7) Os aditivos alimentares só deverão ser autorizados e utilizados se preencherem os critérios definidos no presente regulamento. A utilização dos aditivos alimentares deve ser segura, deve decorrer de uma necessidade tecnológica, não deve induzir o consumidor em erro e deve ser vantajosa para o consumidor. Induzir o consumidor em erro inclui, por exemplo, as alegações relacionadas com a qualidade dos ingredientes utilizados, com o carácter natural de um produto ou do modo de produção, com o valor nutricional do produto incluindo o seu teor de frutos e legumes. A aprovação de aditivos alimentares deverá ter igualmente em conta outros factores pertinentes para a matéria em apreço, incluindo os factores societais, económicos, tradicionais, éticos e ambientais, o princípio da precaução e a viabilidade dos controlos. O uso e os níveis máximos de um aditivo alimentar deverão ter em conta a dose do aditivo alimentar proveniente de outras fontes e a exposição ao mesmo a que estão sujeitos grupos especiais de consumidores (por exemplo, consumidores alérgicos).

(8) Os aditivos alimentares devem respeitar as especificações aprovadas, as quais deverão incluir informações de molde a identificar adequadamente o aditivo alimentar, incluindo a sua origem, e descrever os critérios de pureza aceitáveis. As especificações anteriormente elaboradas para os aditivos alimentares incluídas na Directiva 95/31/CE da Comissão, de 5 de Julho de 1995, que estabelece os critérios de pureza específicos dos edulcorantes que podem ser utilizados nos géneros alimentícios, na Directiva 95/45/CE da Comissão, de 26 de Julho de 1995, que estabelece os critérios de pureza específicos dos corantes que podem ser utilizados nos géneros alimentícios e na Directiva 96/77/CE da Comissão, de 2 de Dezembro de 1996, que estabelece os critérios de pureza específicos dos aditivos alimentares com excepção dos corantes e dos edulcorantesdeverão ser mantidas até os aditivos correspondentes serem inscritos nos anexos do presente regulamento. Nessa altura, as especificações relativas a tais aditivos deverão ser estabelecidas num regulamento. Essas especificações deverão dizer directamente respeito aos aditivos incluídos nas listas comunitárias constantes dos anexos ao presente regulamento. Contudo, tendo em conta o carácter complexo e o conteúdo das mesmas especificações, e por motivos de clareza, não deverão ser integradas como tais nas listas comunitárias, mas sim estabelecidas num ou mais regulamentos separados.

(9) Alguns aditivos alimentares são autorizados para utilizações específicas em determinadas práticas e tratamentos enológicos autorizados. A utilização de tais aditivos alimentares deverá respeitar o presente regulamento e as disposições específicas estabelecidas na legislação comunitária aplicável.

(10) A fim de assegurar harmonização, a avaliação de risco e a autorização dos aditivos alimentares deverão ser efectuadas pelo procedimento previsto no Regulamento (CE) n.º 1331/2008 do Parlamento Europeu e do Conselho, de 16 de Dezembro de 2008, que estabelece um procedimento de autorização comum aplicável a aditivos alimentares, enzimas alimentares e aromas alimentares.

(11) Nos termos do Regulamento (CE) n.º 178/2002 do Parlamento Europeu e do Conselho, de 28 de Janeiro de 2002, que determina os princípios e normas gerais da legislação alimentar, cria a Autoridade Europeia para a Segurança dos Alimentos e estabelece procedimentos em matéria de segurança dos géneros alimentícios, a Autoridade Europeia para a Segurança dos Alimentos (a seguir designada «Autoridade») deve ser consultada sobre matérias susceptíveis de afectar a saúde pública.

(12) Os aditivos alimentares abrangidos pelo âmbito do Regulamento (CE) n.º 1829/2003 do Parlamento Europeu e do Conselho, de 22 de Setembro de 2003, relativo a géneros alimentícios e alimentos para animais geneticamente modificados, deverão ser autorizados ao abrigo do referido regulamento e ao abrigo do presente regulamento.

(13) Os aditivos alimentares já autorizados ao abrigo do presente regulamento e que sejam preparados através de métodos de produção ou utilizem matérias-primas significativamente diferentes das incluídas na avaliação de risco da Autoridade, ou diferentes das abrangidas pelas especificações estabelecidas, deverão ser submetidos à Autoridade para avaliação. A expressão «significativamente diferentes» abrange, nomeadamente, uma alteração do método de produção, que passa da extracção a partir de vegetais para a produção por fermentação usando um microrganismo, uma modificação genética do microrganismo original, uma alteração das matérias-primas ou uma modificação da dimensão das partículas, incluindo o uso da nanotecnologia.

(14) Os aditivos alimentares deverão ser mantidos sob observação permanente e devem ser novamente avaliados sempre que for necessário, tendo em conta as

variações das condições de utilização e quaisquer novos dados científicos. Caso seja necessário, a Comissão deverá, em conjunto com os Estados-Membros, considerar as acções adequadas.

(15) Os Estados-Membros que tiverem conservado as proibições de 1 de Janeiro de 1992 relativas à utilização de determinados aditivos em géneros alimentícios específicos considerados tradicionais e produzidos no seu território deverão ser autorizados a continuar a aplicar essas proibições. Além disso, no que diz respeito aos produtos como o «Feta» ou o «Salame cacciatore», o presente regulamento aplicar-se-á sem prejuízo de regras mais rigorosas ligadas à utilização de determinadas denominações, de acordo com o Regulamento (CE) n.º 510/2006 do Conselho, de 20 de Março de 2006, relativo à protecção das indicações geográficas e denominações de origem dos produtos agrícolas e dos géneros alimentícios e com o Regulamento (CE) n.º 509/2006, de 20 de Março de 2006, relativo às especialidades tradicionais garantidas dos produtos agrícolas e dos géneros alimentícios.

(16) A não ser que seja sujeito a outras restrições, um aditivo pode estar presente nos géneros alimentícios, que não por adição directa, em resultado da transferência de um ingrediente em que o aditivo era permitido, desde que o teor do aditivo no género alimentício final não seja superior ao que seria introduzido pela utilização do ingrediente em condições tecnológicas adequadas e de acordo com as boas práticas de fabrico.

(17) Os aditivos alimentares permanecem sujeitos às obrigações gerais de rotulagem previstas na Directiva 2000/13/CE do Parlamento Europeu e do Conselho, de 20 de Março de 2000, relativa à aproximação das legislações dos Estados-Membros respeitantes à rotulagem, apresentação e publicidade dos géneros alimentícios e, consoante o caso, no Regulamento (CE) n.º 1829/2003 e no Regulamento (CE) n.º 1830/2003 do Parlamento Europeu e do Conselho, de 22 de Setembro de 2003, relativo à rastreabilidade e rotulagem de organismos geneticamente modificados e à rastreabilidade dos géneros alimentícios e alimentos para animais produzidos a partir de organismos geneticamente modificados. Além disso, o presente regulamento deverá estabelecer disposições específicas sobre a rotulagem de aditivos alimentares vendidos como tais ao fabricante ou ao consumidor final.

(18) Os edulcorantes autorizados ao abrigo do presente regulamento podem ser utilizados em edulcorantes de mesa vendidos directamente ao consumidor. Os fabricantes desses produtos deverão disponibilizar ao consumidor, por meios adequados, informação que lhe permita utilizar o produto com segurança. Essa informação poderá ser disponibilizada de diversas formas, como nos rótulos dos produtos, em sítios na Internet, em linhas telefónicas de informação ao consumidor ou nos pontos de venda. Para se obter uma abordagem uniforme no que respeita ao cumprimento deste requisito, pode ser necessário elaborar orientações a nível comunitário.

(19) As medidas necessárias à execução do presente regulamento deverão ser aprovadas nos termos da Decisão 1999/468/CE do Conselho, de 28 de Junho de 1999, que fixa as regras de exercício das competências de execução atribuídas à Comissão.

(20) Em especial, deverá ser atribuída competência à Comissão para alterar os anexos do presente regulamento e para aprovar as medidas transitórias adequadas. Atendendo a que têm alcance geral e se destinam a alterar elementos não essenciais do presente regulamento, nomeadamente completando-o mediante o aditamento de novos elementos não essenciais, essas medidas devem ser aprovadas pelo procedimento de regulamentação com controlo previsto no artigo 5.º-A da Decisão 1999/468/CE.

(21) Por razões de eficácia, os prazos normalmente aplicáveis no âmbito do procedimento de regulamentação com controlo deverão ser abreviados para a aprovação de certas alterações aos Anexos II e III relativos a substâncias já autorizadas ao abrigo de outra legislação comunitária, bem como para a aprovação de medidas transitórias adequadas relativas a essas substâncias.

(22) A fim de desenvolver e actualizar a legislação comunitária relativa aos aditivos alimentares de forma eficaz e proporcionada, é necessário recolher dados, partilhar informações e coordenar os trabalhos desenvolvidos pelos Estados-Membros. Para esse efeito, poderá revelar-se útil realizar estudos sobre questões específicas, tendo em vista facilitar o processo de tomada de decisões. É oportuno que a Comunidade financie esses estudos no âmbito do seu processo orçamental. O financiamento destas medidas está coberto pelo Regulamento (CE) n.º 882/2004 do Parlamento Europeu e do Conselho, de 29 de Abril de 2004, relativo aos controlos oficiais realizados para assegurar a verificação do cumprimento da legislação relativa aos alimentos para animais e aos géneros alimentícios e das normas relativas à saúde e ao bem-estar dos animais.

(23) A fim de controlar o cumprimento do presente regulamento, os Estados-Membros devem realizar controlos oficiais nos termos do Regulamento (CE) n.º 882/2004.

(24) Atendendo a que o objectivo do presente regulamento, a saber, o estabelecimento de normas comunitárias relativas aos aditivos alimentares, não pode ser suficientemente realizado pelos Estados-Membros e pode, pois, por razões de unidade do mercado e de elevado nível de protecção dos consumidores, ser mais bem alcançado ao nível comunitário, a Comunidade pode tomar medidas, em conformidade com o princípio da subsidiariedade consagrado no artigo 5.º do Tratado. Em conformidade com o princípio da proporcionalidade consagrado no mesmo artigo, o presente regulamento não excede o necessário para atingir aquele objectivo.

(25) Na sequência da aprovação do presente regulamento, a Comissão, assistida pelo Comité Permanente da Cadeia Alimentar e da Saúde Animal, deverá analisar todas as autorizações em vigor à luz de critérios, que não da segurança, como, por exemplo, dose, necessidade tecnológica e potencial de indução em erro do consumidor. Todos os aditivos alimentares que continuem a ser autorizados na Comunidade deverão ser transferidos para as listas comunitárias constantes dos anexos II e III do presente regulamento. O anexo III do presente regulamento deverá ser completado com os demais aditivos alimentares utilizados em aditivos alimentares e em enzimas alimentares, bem como agentes de transporte de nutrientes e respectivas condições de utilização, nos termos do Regulamento (CE) n.º 1331/2008 [que estabelece um procedimento de autorização comum aplicável a aditivos alimentares, enzimas alimentares e aromas alimentares]. Para permitir um período transitório adequado, não deverão aplicar-se, até 1 de Janeiro de 2011, as disposições constantes do anexo III, à excepção das disposições relativas aos agentes de transporte de aditivos alimentares e aos aditivos alimentares nos aromas.

(26) Até terem sido elaboradas as futuras listas comunitárias de aditivos alimentares, é necessário prever um procedimento simplificado que permita actualizar as actuais listas de aditivos alimentares constantes das directivas vigentes.

(27) Sem prejuízo do resultado da análise referida no considerando 25, no prazo de um ano a contar da aprovação do presente regulamento, a Comissão deverá instaurar um programa de avaliação para que a Autoridade reavalie a segurança dos aditivos alimentares já autorizados na Comunidade. Esse programa deverá definir as necessidades e a ordem de prioridades à luz das quais os aditivos alimentares autorizados serão analisados.

(28) O presente regulamento revoga e substitui os seguintes actos: Directiva do Conselho, de 23 de Outubro de 1962, relativa à aproximação das regulamentações dos Estados-Membros respeitantes aos corantes que podem ser utilizados nos géneros destinados à alimentação humana, Directiva 65/66/CEE do Conselho, de 26 de Janeiro de 1965, que estabelece critérios de pureza específicos para os conservantes que podem ser utilizados nos géneros destinados à alimentação humana, Directiva 78/663/CEE do Conselho, de 25 de Julho de 1978, que estabelece os critérios de pureza específicos para os emulsionantes, estabilizadores, espessantes e gelificantes que podem ser utilizados nos géneros alimentícios, Directiva 78/664/CEE do Conselho, de 25 de Julho de 1978, que estabelece critérios de pureza específicos para as substâncias antioxidantes que podem ser utilizadas nos géneros destinados à alimentação humana, Primeira Directiva 81/712/CEE da Comissão, de 28 de Julho de 1981, que estabelece os métodos comunitários de análise para o controlo dos critérios de pureza de certos aditivos alimentares, Directiva 89/107/CEE do Conselho, de 21 de Dezembro de 1988, relativa à aproximação das legislações dos Estados-Membros respeitantes aos aditivos que podem ser utilizados nos géneros destinados à alimentação humana, Directiva 94/35/CE do Parlamento Europeu e do Conselho de 30 de Junho de 1994, relativa aos edulcorantes para utilização nos géneros alimentares, Directiva 94/36/CE do Parlamento Europeu e do Conselho, de 30 de Junho de 1994, relativa aos corantes para utilização nos géneros alimentícios, Directiva 95/2/CE do Parlamento Europeu e do Conselho, de 20 de Fevereiro de 1995, relativa aos aditivos alimentares com excepção dos corantes e dos edulcorantes, Decisão n.º 292/97/CE do Parlamento Europeu e do Conselho, de 19 de Dezembro de 1996, relativa à manutenção de disposições legislativas nacionais respeitantes à proibição de utilizar certos aditivos na produção de determinados géneros alimentícios específicos e Decisão 2002/247/CE da Comissão, de 27 de Março de 2002, que suspende a colocação no mercado e a importação de produtos de confeitaria à base de gelificantes que contenham o aditivo alimentar E 425 konjac. Contudo, é oportuno que algumas disposições constantes desses actos permaneçam em vigor durante um período

319

transitório, de forma a dar tempo à preparação das listas comunitárias incluídas nos anexos ao presente regulamento.
APROVARAM O PRESENTE REGULAMENTO:

CAPÍTULO I.- OBJECTO, ÂMBITO DE APLICAÇÃO E DEFINIÇÕES

Artigo 1.º *Objecto*
O presente regulamento estabelece normas relativas aos aditivos utilizados nos géneros alimentícios, tendo em vista assegurar o funcionamento eficaz do mercado interno e, simultaneamente, um elevado nível de protecção da saúde humana e um elevado nível de protecção dos consumidores, incluindo a protecção dos interesses dos consumidores, e o desenvolvimento de práticas equitativas no comércio de géneros alimentícios, tendo em conta, sempre que adequado, a protecção do ambiente.
Para o efeito, o presente regulamento prevê:
a) Listas comunitárias de aditivos alimentares autorizados, constantes dos anexos II e III;*b)* Condições de utilização de aditivos alimentares nos géneros alimentícios, incluindo em aditivos alimentares e em enzimas alimentares abrangidas pelo Regulamento (CE) n.º 1332/2008 [sobre enzimas alimentares], e em aromas alimentares abrangidos pelo Regulamento (CE) n.º 1334/2008 do Parlamento Europeu e do Conselho, de 16 de Dezembro de 2008, relativo aos aromas e a determinados ingredientes alimentares com propriedades aromatizantes utilizados nos e sobre os géneros alimentícios;
c) Normas relativas à rotulagem dos aditivos alimentares comercializados como tais.

Artigo 2.º *Âmbito de aplicação*
1. O presente regulamento é aplicável aos aditivos alimentares.
2. O presente regulamento não é aplicável às substâncias que se seguem, a menos que estas sejam utilizadas enquanto aditivos alimentares:
a) Auxiliares tecnológicos;
b) Substâncias utilizadas para a protecção das plantas e dos produtos vegetais nos termos da regulamentação comunitária aplicável no domínio fitossanitário;
c) Substâncias adicionadas aos géneros alimentícios como nutrientes;
d) Substâncias utilizadas no tratamento da água destinada ao consumo humano abrangidas pela Directiva 98/83/CE do Conselho, de 3 de Novembro de 1998, relativa à qualidade da água destinada ao consumo humano;
e) Aromas abrangidos pelo âmbito de aplicação do Regulamento (CE) n.º 1334/2008 [relativo aos aromas e a determinados ingredientes alimentares com propriedades aromatizantes utilizados nos e sobre os géneros alimentícios].
3. O presente regulamento não é aplicável às enzimas alimentares abrangidas pelo âmbito de aplicação do Regulamento (CE) n.º 1332/2008 [sobre enzimas alimentares] com efeitos a partir da data da aprovação da lista comunitária relativa às enzimas alimentares, nos termos do artigo 17.º desse regulamento.
4. O presente regulamento é aplicável sem prejuízo de quaisquer normas comunitárias específicas relativas à utilização de aditivos alimentares:
a) Em géneros alimentícios específicos;
b) Para fins que não os abrangidos pelo presente regulamento.

Artigo 3.º *Definições*
1. Para efeitos do presente regulamento, são aplicáveis as definições constantes dos Regulamentos (CE) n.º 178/2002 e (CE) n.º 1829/2003.
2. Para efeitos do presente regulamento, são igualmente aplicáveis as seguintes definições:
a) «Aditivo alimentar», qualquer substância não consumida habitualmente como género alimentício em si mesma e habitualmente não utilizada como ingrediente característico dos géneros alimentícios, com ou sem valor nutritivo, e cuja adição intencional aos géneros alimentícios, com um objectivo tecnológico na fase de fabrico, transformação, preparação, tratamento, embalagem, transporte ou armazenagem, tenha por efeito, ou possa legitimamente considerar-se como tendo por efeito, que ela própria ou os seus derivados se tornem directa ou indirectamente um componente desses géneros alimentícios;
As substâncias a seguir referidas não são consideradas aditivos alimentares:
i) Os monossacáridos, dissacáridos ou oligossacáridos e os géneros alimentícios que contenham essas substâncias utilizados pelas suas propriedades edulcorantes;

320

ii) Os géneros alimentícios, secos ou concentrados, incluindo os aromas incorporados durante o fabrico de géneros alimentícios compostos utilizados pelas suas propriedades aromáticas, sápidas ou nutritivas, e com um efeito corante secundário;

iii) As substâncias utilizadas em matérias para cobertura ou revestimento, que não façam parte de géneros alimentícios e que não se destinem a ser consumidas juntamente com esses géneros alimentícios;

iv) Os produtos que contêm pectina e obtidos a partir de polpa de maçã seca, de cascas de citrinos ou de marmelos, ou de uma mistura deles, por acção de um ácido diluído seguida de neutralização parcial com sais de sódio ou de potássio («pectina líquida»);

v) As bases das gomas de mascar;

vi) A dextrina branca ou amarela, o amido torrado ou dextrinado, o amido modificado por tratamento ácido ou alcalino, o amido branqueado, o amido modificado por processos físicos e o amido tratado por enzimas amilolíticas;

vii) O cloreto de amónio;

viii) O plasma sanguíneo, a gelatina de qualidade alimentar e os hidrolisados proteicos e respectivos sais, as proteínas do leite e o glúten;

ix) Os aminoácidos e respectivos sais, com excepção do ácido glutâmico, da glicina, da cisteína e da cistina e respectivos sais, desde que não tenham função tecnológica;

x) Os caseinatos e a caseína;

xi) A inulina;

b) «Auxiliar tecnológico», qualquer substância que:

i) Não seja consumida como género alimentício em si mesma;

ii) Seja intencionalmente utilizada na transformação das matérias-primas, dos géneros alimentícios ou dos seus ingredientes, para atingir determinado objectivo tecnológico durante o tratamento ou a transformação; e

iii) Possa resultar na presença não intencional mas tecnicamente inevitável de resíduos da substância ou dos seus derivados no produto final, desde que esses resíduos não apresentem qualquer risco sanitário nem produzam efeitos tecnológicos sobre o produto final;

c) «Classe funcional», uma das categorias estabelecidas no anexo I baseada na função tecnológica exercida por um aditivo alimentar sobre o género alimentício;

d) «Género alimentício não –transformado», um género alimentício que não tenha sido submetido a qualquer tratamento de que resulte uma alteração substancial do seu estado original, sendo que, para esse efeito, são consideradas como não resultando em alteração substancial as seguintes operações: divisão, separação, corte, desossa, trituração, esfolamento, apara, descasca, desmancha, limpeza, filetagem, congelação, ultra-congelação, refrigeração, moagem, embalagem ou desembalagem;

e) «Género alimentício sem adição de açúcares», um género alimentício sem as seguintes substâncias:

i) Quaisquer monossacáridos ou dissacáridos adicionados;

ii) Quaisquer géneros alimentícios que contenham monossacáridos ou dissacáridos utilizados pelas suas propriedades edulcorantes;

f) «Género alimentício com reduzido valor energético», um género alimentício com valor energético reduzido de pelo menos 30 % em relação ao género alimentício de origem ou a um produto semelhante;

g) «Edulcorantes de mesa», as preparações à base de edulcorantes autorizados, que podem conter outros aditivos alimentares e/ou ingredientes alimentares e que se destinam à venda ao consumidor final como sucedâneos dos açúcares;

h) «*Quantum satis*», significa que não é especificado qualquer teor numérico máximo e que as substâncias são utilizadas em conformidade com as boas práticas de fabrico, em quantidade não superior ao necessário para atingir o objectivo pretendido e desde que o consumidor não seja induzido em erro.

CAPÍTULO II.- LISTAS COMUNITÁRIAS DE ADITIVOS ALIMENTARES AUTORIZADOS

Artigo 4.° *Listas comunitárias de aditivos alimentares*
1. Só os aditivos alimentares incluídos na lista comunitária constante do anexo II podem ser colocados no mercado enquanto tais e utilizados nos géneros alimentícios nas condições de utilização nele especificadas.
2. Só os aditivos alimentares incluídos na lista comunitária constante do anexo III podem ser utilizados nos aditivos alimentares, nas enzimas alimentares e nos aromas alimentares nas condições de utilização nele especificadas.
3. A lista de aditivos alimentares constante do anexo II é coligida com base nas categorias de géneros alimentícios a que podem ser adicionados.
4. A lista de aditivos alimentares constante do anexo III é coligida com base nos aditivos alimentares, enzimas alimentares, nos aromas alimentares e nos nutrientes ou respectivas categorias a que podem ser adicionados.
5. Os aditivos alimentares devem respeitar as especificações referidas no artigo 14.°.

Artigo 5.° *Proibição de aditivos alimentares não conformes e/ou de géneros alimentícios não conformes*
Não é permitido colocar no mercado um aditivo alimentar ou qualquer género alimentício em que um aditivo alimentar esteja presente se a utilização de tal aditivo alimentar não respeitar o disposto no presente regulamento.

Artigo 6.° *Condições gerais para a inclusão nas listas comunitárias e para a utilização de aditivos alimentares*
1. Um aditivo alimentar só pode ser incluído nas listas comunitárias constantes dos anexos II e III se satisfizer as seguintes condições e, se for caso disso, outros factores legítimos, incluindo factores ambientais:
a) Ao nível de utilização proposto e com base nos dados científicos disponíveis, não representar uma preocupação em termos de segurança para a saúde dos consumidores;
b) Existir uma necessidade tecnológica razoável, que não pode ser satisfeita por outros meios económica e tecnologicamente praticáveis; e
c) A sua utilização não induzir o consumidor em erro.
2. Para ser incluído nas listas comunitárias constantes dos anexos II e III, um aditivo alimentar deve trazer vantagens e benefícios para o consumidor e, por conseguinte, deve cumprir um ou mais dos seguintes objectivos:
a) Conservar a qualidade nutritiva dos géneros alimentícios;
b) Fornecer os ingredientes ou os componentes necessários aos géneros alimentícios fabricados tendo em vista grupos de consumidores com necessidades nutricionais especiais;
c) Aumentar a conservação ou a estabilidade de um género alimentício ou melhorar as suas propriedades organolépticas, desde que não altere a natureza, a essência ou a qualidade do género alimentício de modo susceptível de induzir o consumidor em erro;
d) Coadjuvar o fabrico, a transformação, a preparação, o tratamento, a embalagem, o transporte ou a armazenagem dos géneros alimentícios, incluindo os aditivos alimentares, as enzimas alimentares e os aromas alimentares, desde que o aditivo alimentar não seja utilizado para dissimular os efeitos da utilização de matérias-primas defeituosas ou de métodos ou técnicas indesejáveis, incluindo métodos ou técnicas não higiénicos, durante qualquer uma daquelas operações.
3. Em derrogação ao disposto na alínea a) do n.° 2, um aditivo alimentar que reduza a qualidade nutricional de um género alimentício pode ser incluído na lista comunitária constante do anexo II desde que:
a) O género alimentício não constitua um componente importante de um regime alimentar normal; ou
b) O aditivo alimentar seja necessário à produção de géneros alimentícios destinados a grupos de consumidores com necessidades nutricionais especiais.

Artigo 7.° *Condições específicas aplicáveis aos edulcorantes*
Um aditivo alimentar só pode ser incluído na lista comunitária constante do anexo II, na classe funcional dos edulcorantes, se, além de cumprir um ou mais dos objectivos estabelecidos no n.° 2 do artigo 6.°, cumprir igualmente um ou mais dos seguintes objectivos:
a) Substituir açúcares na produção de géneros alimentícios com reduzido valor energético, de géneros alimentícios não-cariogénicos, ou de géneros alimentícios sem adição de açúcares; ou

322

b) Substituir açúcares nos casos em que tal permita prolongar o prazo de conservação do género alimentício; ou

c) Produzir géneros alimentícios destinados a uma alimentação especial, na acepção da alínea a) do n.º 2 do artigo 1.º da Directiva 89/398/CEE.

Artigo 8.º *Condições específicas aplicáveis aos corantes*

Um aditivo alimentar só pode ser incluído na lista comunitária constante do anexo II, na classe funcional dos corantes, se, além de cumprir um ou mais dos objectivos estabelecidos no n.º 2 do artigo 6.º, cumprir igualmente um ou mais dos seguintes objectivos:

a) Restituir a aparência original aos géneros alimentícios cuja coloração tenha sido afectada pela transformação, armazenagem, embalagem e distribuição, circunstância que pode ter prejudicado a sua aceitação visual;

b) Tornar o género alimentício visualmente mais atractivo;

c) Conferir cor a um género alimentício dela desprovido.

Artigo 9.º *Classes funcionais de aditivos alimentares*

1. Os aditivos alimentares podem ser classificados, nos anexos II e III, numa das classes funcionais do anexo I, com base na sua principal função tecnológica. A inscrição de um aditivo alimentar numa classe funcional não impede que este possa ser utilizado para várias funções.

2. Se for caso disso, em resultado do progresso científico ou dos avanços tecnológicos, as medidas que têm por objecto alterar elementos não essenciais do presente regulamento, relativas às classes funcionais adicionais que podem ser aditadas ao Anexo I, são aprovadas pelo procedimento de regulamentação com controlo a que se refere o n.º 3 do artigo 28.º.

Artigo 10.º *Conteúdo das listas comunitárias de aditivos alimentares*

1. O aditivo alimentar que satisfizer as condições dos artigos 6.º, 7.º e 8.º pode, pelo procedimento previsto no Regulamento (CE) n.º 1331/2008 [que estabelece um procedimento de autorização comum aplicável a aditivos alimentares, enzimas alimentares e aromas alimentares], ser incluído nas seguintes listas:

a) Lista comunitária constante do anexo II do presente regulamento; e/ou

b) Lista comunitária constante do anexo III do presente regulamento.

2. A entrada respeitante a um aditivo alimentar nas listas comunitárias dos anexos II e III especifica:

a) O nome do aditivo alimentar e o seu número E;

b) Os géneros alimentícios a que o aditivo alimentar pode ser adicionado;

c) As condições em que o aditivo alimentar pode ser utilizado;

d) Se for caso disso, a existência ou não de restrições à venda directa do aditivo alimentar ao consumidor final.

3. As listas comunitárias constantes dos anexos II e III são alteradas pelo procedimento estabelecido no Regulamento (CE) n.º 1331/2008 [que estabelece um procedimento de autorização comum aplicável a aditivos alimentares, enzimas alimentares e aromas alimentares].

Artigo 11.º *Teores de utilização de aditivos alimentares*

1. No estabelecimento das condições de utilização referidas na alínea c) do n.º 2 do artigo 10.º:

a) O teor de utilização é fixado no nível mais baixo necessário à obtenção do efeito desejado;

b) Os teores têm em conta:

i) Qualquer dose diária admissível, ou avaliação equivalente, estabelecida para o aditivo alimentar, bem como o seu consumo diário provável a partir de todas as fontes;

ii) No caso de o aditivo alimentar se destinar a ser utilizado em géneros alimentícios consumidos por grupos especiais de consumidores, o consumo diário possível desse aditivo para esses grupos de consumidores.

2. Sempre que apropriado, não é fixado qualquer teor numérico máximo para o aditivo alimentar (*quantum satis*). Nesse caso, o aditivo alimentar é utilizado em conformidade com o princípio *quantum satis*.

3. Os teores máximos dos aditivos alimentares referidos no anexo II aplicam-se aos géneros alimentícios tal como comercializados, salvo menção em contrário. Em derrogação deste princípio, no que se refere aos géneros alimentícios secos e/ou concentrados que é necessário reconstituir, os teores máximos aplicam-se aos géneros

alimentícios tal como reconstituídos de acordo com as instruções constantes do rótulo, tendo em conta o factor mínimo de diluição.

4. Os teores máximos relativos aos corantes referidos no anexo II aplicam-se às quantidades de princípio corante contidas na preparação corante, salvo menção em contrário.

Artigo 12.° *Alterações do processo de produção ou dos materiais de base de um aditivo alimentar já incluído numa lista comunitária*
Caso um aditivo alimentar já esteja incluído numa lista comunitária e se verifique uma alteração significativa dos seus métodos de produção ou dos materiais de base utilizados ou se verifique uma mudança no tamanho das partículas através, por exemplo, da nanotecnologia, o aditivo alimentar preparado com estes novos métodos ou materiais de base deve ser considerado como um aditivo diferente, sendo necessário, antes da sua colocação no mercado, o aditamento de uma nova entrada nas listas comunitárias ou uma alteração das especificações.

Artigo 13.° *Aditivos alimentares abrangidos pelo Regulamento (CE) n.° 1829/2003*
1. Um aditivo alimentar abrangido pelo âmbito de aplicação do Regulamento (CE) n.° 1829/2003 só pode ser incluído nas listas comunitárias dos anexos II e III, nos termos do presente regulamento, depois de ter sido autorizado ao abrigo do Regulamento (CE) n.° 1829/2003.
2. Se um aditivo alimentar já incluído na lista comunitária for produzido a partir de uma fonte diferente, abrangida pelo âmbito de aplicação do Regulamento (CE) n.° 1829/2003, não é necessária uma nova autorização ao abrigo do presente regulamento, desde que a fonte tenha sido autorizada ao abrigo do Regulamento (CE) n.° 1829/2003 e o aditivo alimentar obedeça às especificações estabelecidas no presente regulamento.

Artigo 14.° *Especificações dos aditivos alimentares*
As especificações dos aditivos alimentares relativas, em especial, à origem, a critérios de pureza e a quaisquer outras informações necessárias, são aprovadas quando o aditivo alimentar for, pela primeira vez, incluído nas listas comunitárias dos anexos II e III pelo procedimento referido no Regulamento (CE) n.° 1331/2008 [que estabelece um procedimento de autorização comum aplicável a aditivos alimentares, enzimas alimentares e aromas alimentares].

CAPÍTULO III.- UTILIZAÇÃO DE ADITIVOS ALIMENTARES NOS GÉNEROS ALIMENTÍCIOS

Artigo 15.° *Utilização de aditivos em géneros alimentícios não transformados*
Os aditivos alimentares não são utilizados nos géneros alimentícios não transformados, excepto nos casos em que essa utilização esteja especificamente prevista no anexo II.

Artigo 16.° *Utilização de aditivos alimentares nos géneros alimentícios destinados a lactentes e a crianças de tenra idade*
Os aditivos alimentares não são utilizados nos géneros alimentícios destinados a lactentes e a crianças de tenra idade nos termos da Directiva 89/398/CEE, incluindo os géneros alimentícios dietéticos para lactentes e crianças de tenra idade com fins medicinais específicos, excepto nos casos em que essa utilização estiver especificamente prevista no anexo II do presente regulamento.

Artigo 17.° *Utilização de corantes para marcações*
Só os corantes alimentares enumerados no anexo II do presente regulamento podem ser utilizados para fins de marcação de salubridade tal como previsto na a Directiva 91/497/CEE do Conselho, de 29 de Julho de 1991, que altera e codifica a Directiva 64/433/CEE, relativa aos problemas sanitários em matéria de comércio intracomunitário de carne fresca, a fim de alargar à produção de carnes frescas e à sua colocação no mercado e de outras marcações exigidas no âmbito dos produtos à base de carne, para a coloração decorativa das cascas de ovos e para carimbar os ovos tal como previsto no Regulamento (CE) n.° 853/2004 do Parlamento Europeu e do Conselho, de 29 de Abril de 2004, que estabelece certas regras específicas de higiene aplicáveis aos géneros alimentícios de origem animal.

Artigo 18.° *Princípio da transferência*
1. É autorizada a presença de aditivos alimentares nos seguintes casos:

a) Num género alimentício composto, que não os referidos no anexo II, em que o aditivo alimentar seja autorizado num dos ingredientes do género alimentício composto;

b) Num género alimentício a que tenha sido adicionado um aditivo alimentar, uma enzima alimentar ou um aroma alimentar, caso o aditivo alimentar:

i) Seja autorizado no aditivo, enzima ou aroma alimentar ao abrigo do presente regulamento; e

ii) Tenha sido transferido para o género alimentício através do aditivo alimentar, enzima alimentar ou aroma alimentar; e

iii) Não tenha qualquer função tecnológica no produto final;

c) Num género alimentício destinado a ser utilizado apenas na preparação de um género alimentício composto e desde que o género alimentício composto respeite o disposto no presente regulamento.

2. O n.º 1 não se aplica às fórmulas para lactentes e fórmulas de transição, aos géneros alimentícios transformados à base de cereais, aos géneros alimentícios para bebés e aos géneros alimentícios dietéticos com fins medicinais específicos para lactentes e crianças de tenra idade referidos na Directiva 89/398/CEE, excepto em casos especificamente previstos.

3. Caso um aditivo alimentar presente num aroma alimentar, num aditivo ou numa enzima alimentar seja adicionado a um género alimentício e desempenhar uma função tecnológica nesse género alimentício, é considerado um aditivo alimentar desse género alimentício e não um aditivo alimentar do aroma, aditivo ou enzima adicionados e deve estar em conformidade com as condições de utilização previstas para esse género alimentício.

4. Sem prejuízo do disposto no n.º 1, a presença de um aditivo alimentar utilizado como edulcorante é autorizada em géneros alimentícios compostos sem adição de açúcares, em géneros alimentícios compostos com reduzido valor energético, em géneros alimentícios dietéticos compostos destinados a regimes hipocalóricos, em géneros alimentícios compostos não-cariogénicos e em géneros alimentícios compostos com prazo de conservação prolongado, desde que esse edulcorante seja autorizado num dos ingredientes que constituem o género alimentício composto.

Artigo 19.º *Decisões interpretativas*
Se for caso disso, pode ser decidido, pelo procedimento de regulamentação a que se refere o n.º 2 do artigo 28.º:

a) Se determinado género alimentício pertence ou não a uma categoria de géneros alimentícios referida no anexo II; ou

b) Se um aditivo alimentar enumerado nos anexos II e III e autorizado em «*quantum satis*» é ou não utilizado de acordo com os critérios referidos no n.º 2 do artigo 11.º; ou

c) Se uma determinada substância satisfaz ou não a definição de aditivo alimentar constante do artigo 3.º.

Artigo 20.º *Géneros alimentícios tradicionais*
Os Estados-Membros enumerados no anexo IV podem continuar a proibir a utilização de determinadas categorias de aditivos alimentares nos géneros alimentícios tradicionais produzidos no seu território e enumerados nesse anexo.

CAPÍTULO IV.- ROTULAGEM

Artigo 21.º *Rotulagem de aditivos alimentares não destinados à venda ao consumidor final*
1. Os aditivos alimentares não destinados à venda ao consumidor final, quer sejam comercializados individualmente, quer misturados com outros aditivos alimentares e/ou com outros ingredientes, na acepção do n.º 4 do artigo 6.º da Directiva 2000/13/CE, só podem ser comercializados com a rotulagem prevista no artigo 22.º do presente regulamento, que deve ser facilmente visível, claramente legível e indelével. As informações devem ser apresentadas numa língua de fácil compreensão para os compradores.

2. O Estado-Membro em que o produto é comercializado pode, ao abrigo do disposto no Tratado, impor no seu território que as informações referidas no artigo 22.º constem numa ou mais línguas oficiais da Comunidade por ele determinadas. Tal não obsta a que tais informações figurem em várias línguas.

Artigo 22.º *Requisitos gerais de rotulagem dos aditivos alimentares não destinados à venda ao consumidor final*

1. Caso os aditivos alimentares não destinados à venda ao consumidor final sejam comercializados separadamente ou misturados com outros aditivos e/ou outros ingredientes alimentares e/ou lhes sejam adicionadas outras substâncias, as respectivas embalagens devem incluir as seguintes informações:

a) O nome e/ou o número E estabelecidos no presente regulamento para cada aditivo alimentar ou uma denominação de venda que inclua o nome e/ou o número E de cada aditivo alimentar;

b) A menção «para alimentos», ou a menção «utilização limitada em alimentos», ou uma referência mais específica à utilização alimentar a que o aditivo se destina;

c) Se for caso disso, as condições especiais de armazenagem e/ou de utilização;

d) Uma indicação que permita identificar o lote;

e) Instruções de utilização, no caso de a sua omissão não permitir o uso adequado do aditivo alimentar;

f) O nome ou a firma e o endereço do fabricante, embalador ou vendedor;

g) Uma indicação da quantidade máxima de cada componente ou grupo de componentes sujeitos a uma limitação quantitativa nos géneros alimentícios e/ou informação adequada em termos claros e facilmente compreensíveis que permita ao comprador assegurar o cumprimento do presente regulamento ou de outra legislação comunitária aplicável; no caso de o mesmo limite de quantidade se aplicar a um grupo de componentes utilizados separadamente ou em combinação, a percentagem combinada pode ser indicada por um único valor; o limite de quantidade é expresso numericamente ou pelo princípio *quantum satis*;

h) A quantidade líquida;

i) A data de durabilidade mínima ou a data-limite de utilização;

j) Caso seja relevante, informações sobre o aditivo alimentar ou outras substâncias, referidas no presente artigo e enumeradas no anexo III-A da Directiva 2000/13/CE relativamente à indicação dos ingredientes presentes nos géneros alimentícios.

2. Caso os aditivos alimentares sejam vendidos misturados com outros aditivos e/ou com outros ingredientes alimentares, as respectivas embalagens ou recipientes devem incluir uma lista de todos os ingredientes, por ordem decrescente da sua percentagem em peso no produto.

3. Caso sejam incorporadas substâncias (incluindo aditivos ou outros ingredientes alimentares) nos aditivos alimentares para facilitar a sua armazenagem, comercialização, normalização, diluição ou dissolução, as embalagens ou recipientes dos aditivos alimentares devem incluir uma lista de todas essas substâncias, por ordem decrescente da sua percentagem em peso no produto.

4. Em derrogação ao disposto nos n.ºs 1, 2 e 3, as informações exigidas nas alíneas e) a g) do n.º 1 e nos n.ºs 2 e 3 podem constar apenas dos documentos relativos à remessa a apresentar no acto de entrega ou antes dela, desde que a menção «não para venda a retalho» figure, em lugar bem visível, na embalagem ou no recipiente do produto em questão.

5. Em derrogação ao disposto nos n.ºs 1, 2 e 3, caso os aditivos alimentares sejam fornecidos a granel todas as informações podem constar apenas dos documentos relativos à remessa a apresentar no acto de entrega.

Artigo 23.º *Rotulagem de aditivos alimentares destinados à venda ao consumidor final*

1. Sem prejuízo do disposto na Directiva 2000/13/CE e na Directiva n.º 89/396/CEE, do Conselho de 14 de Junho de 1989, relativa às menções ou marcas que permitem identificar o lote ao qual pertence um género alimentício, e no Regulamento (CE) n.º 1829/2003, os aditivos alimentares comercializados separadamente ou misturados com outros aditivos e/ou com outros ingredientes alimentares destinados à venda ao consumidor final só podem ser comercializados se as suas embalagens contiverem as seguintes informações:

a) O nome e o número E estabelecidos no presente regulamento para cada aditivo alimentar ou uma denominação de venda que inclua o nome e o número E de cada aditivo alimentar;

b) A menção «para alimentos», ou a menção «utilização limitada em alimentos», ou uma referência mais específica à utilização alimentar a que o aditivo se destina.

2. Em derrogação ao disposto na alínea a) do n.º 1, a denominação de venda dos edulcorantes de mesa deve conter a menção «edulcorante de mesa à base de ...», utilizando o(s) nome(s) do(s) edulcorante(s) utilizado(s) na sua composição.

326

3. A rotulagem dos edulcorantes de mesa que contenham polióis e/ou aspartame e/ou sal de aspartame e acessulfame deve comportar as seguintes menções de aviso:

a) Polióis: «o seu consumo excessivo pode ter efeitos laxativos»;

b) Aspartame/sal de aspartame e acessulfame: «contém uma fonte de fenilalanina».

4. Os fabricantes de edulcorantes de mesa devem disponibilizar, por meios adequados, informação que permita ao consumidor utilizar o produto em segurança. As orientações para a execução do presente número podem ser aprovadas pelo procedimento de regulamentação com controlo a que se refere o n.º 3 do artigo 28.º.

5. Para as informações previstas nos n.ºˢ 1 a 3 deste artigo, é aplicável o disposto no n.º 2 do artigo 13.º da Directiva 2000/13/CE.

Artigo 24.º *Requisitos de rotulagem dos géneros alimentícios que contêm determinados corantes alimentares*

1. Sem prejuízo do disposto na Directiva 2000/13/CE, a rotulagem dos géneros alimentícios que contêm os corantes alimentares enumerados no anexo V do presente regulamento deve conter a informação adicional estabelecida no mesmo anexo.

2. Às informações a que se refere o n.º 1 do presente artigo aplica-se o n.º 2 do artigo 13.º da Directiva 2000/13/CE.

3. Sempre que seja necessário, em resultado do progresso científico ou dos avanços tecnológicos, o anexo V é alterado por medidas que tenham por objecto alterar elementos não essenciais do presente regulamento, pelo procedimento de regulamentação com controlo a que se refere o n.º 4 do artigo 28.º.

Artigo 25.º *Outros requisitos em matéria de rotulagem*

Os artigos 21.º, 22.º, 23.º e 24.º não afectam as disposições legislativas, regulamentares ou administrativas mais pormenorizadas ou mais extensas relativas à metrologia ou à apresentação, classificação, embalagem e rotulagem de substâncias e preparações perigosas ou ao transporte de tais substâncias e preparações.

CAPÍTULO V.- DISPOSIÇÕES PROCESSUAIS E DE EXECUÇÃO

Artigo 26.º *Dever de informação*

1. O produtor ou utilizador de um aditivo alimentar deve informar imediatamente a Comissão de quaisquer novas informações de carácter científico ou técnico que possam afectar a avaliação da segurança desse aditivo alimentar.

2. O produtor ou utilizador de um aditivo alimentar deve, a pedido da Comissão, informá-la da utilização real que é dada a esse aditivo. A Comissão põe essa informação à disposição dos Estados-Membros.

Artigo 27.º *Controlo do consumo de aditivos alimentares*

1. Os Estados-Membros devem manter sistemas de controlo do consumo e da utilização de aditivos alimentares numa abordagem baseada no risco e comunicam com a devida frequência os dados recolhidos à Comissão e à Autoridade.

2. Depois de consultada a Autoridade, é aprovada, pelo procedimento de regulamentação a que se refere o n.º 2 do artigo 28.º, uma metodologia comum para a recolha de informações pelos Estados-Membros relativamente ao consumo de aditivos alimentares na Comunidade.

Artigo 28.º *Comité*

1. A Comissão é assistida pelo Comité Permanente da Cadeia Alimentar e da Saúde Animal.

2. Sempre que se faça referência ao presente número, são aplicáveis os artigos 5.º e 7.º da Decisão 1999/468/CE, tendo-se em conta o disposto no seu artigo 8.º.

O prazo previsto no n.º 6 do artigo 5.º da Decisão 1999/468/CE é de três meses.

3. Sempre que se faça referência ao presente número, são aplicáveis os n.ºˢ 1 a 4 do artigo 5.º-A e o artigo 7.º da Decisão 1999/468/CE, tendo-se em conta o disposto no seu artigo 8.º.

4. Sempre que se faça referência ao presente número, são aplicáveis os n.ºˢ 1 a 4 e a alínea b) do n.º 5 do artigo 5.º-A, bem como o artigo 7.º da Decisão 1999/468/CE, tendo — se em conta o disposto no seu artigo 8.º.

Os prazos previstos na alínea c) do n.º 3 e nas alíneas b) e e) do n.º 4 do artigo 5.º-A da Decisão 1999/468/CE, são de dois meses, dois meses e quatro meses, respectivamente.

Artigo 29.° *Financiamento comunitário de políticas harmonizadas*
A base jurídica para o financiamento das medidas decorrentes do presente regulamento é a alínea c) do n.° 1 do artigo 66.° do Regulamento (CE) n.° 882/2004.

CAPÍTULO VI.- DISPOSIÇÕES TRANSITÓRIAS E FINAIS

Artigo 30.° *Elaboração das listas comunitárias de aditivos alimentares*
1. Os aditivos alimentares cuja utilização em géneros alimentícios tenha sido autorizada ao abrigo das Directivas 94/35/CE, 94/36/CE e 95/2/CE, com a redacção que lhes foi dada com base no artigo 31.° do presente regulamento, são inscritos, juntamente com as respectivas condições de utilização, no anexo II do presente regulamento, após análise da sua conformidade com os artigos 6.°, 7.° e 8.° do mesmo. As medidas relacionadas com a inclusão desses aditivos no anexo II que têm por objecto alterar elementos não essenciais do presente regulamento são aprovadas pelo procedimento de regulamentação com controlo a que se refere o n.° 4 do artigo 28.°. Aquela análise, que não inclui nova avaliação de risco pela Autoridade, deve estar concluída até 20 de Janeiro de 2011.
Não são inscritos no anexo II os aditivos alimentares e suas utilizações que deixaram de ser necessários.
2. Os aditivos alimentares cuja utilização em aditivos alimentares tenha sido autorizada ao abrigo da Directiva 95/2/CE são inscritos, juntamente com as respectivas condições de utilização, na Parte 1 do anexo III do presente regulamento, após análise da sua conformidade com o artigo 6.° do mesmo. As medidas relacionadas com a inclusão desses aditivos no anexo III que têm por objecto alterar elementos não essenciais do presente regulamento são aprovadas pelo procedimento de regulamentação com controlo a que se refere o n.° 4 do artigo 28.°. Aquela análise, que não inclui nova avaliação de risco pela Autoridade, deve estar concluída até 20 de Janeiro de 2011.
Não são inscritos no anexo III os aditivos alimentares e suas utilizações que deixaram de ser necessários.
3. Os aditivos alimentares cuja utilização em aromas alimentares tenha sido autorizada ao abrigo da Directiva 95/2/CE são inscritos, juntamente com as respectivas condições de utilização, na Parte 4, do anexo III do presente regulamento, após análise da sua conformidade com o artigo 6.° do mesmo. As medidas relacionadas com a inclusão desses aditivos no anexo III que têm por objecto alterar elementos não essenciais do presente regulamento são aprovadas pelo procedimento de regulamentação com controlo a que se refere o n.° 4 do artigo 28.°. Aquela análise, que não inclui nova avaliação de risco pela Autoridade, deve estar concluída até 20 de Janeiro de 2011.
Não são inscritos no anexo III os aditivos alimentares e suas utilizações que deixaram de ser necessários.
4. As especificações dos aditivos alimentares abrangidos pelos n.ᵒˢ 1 a 3 do presente artigo são aprovadas, nos termos do Regulamento (CE) n.° 1331/2008 [que estabelece um procedimento de autorização comum aplicável a aditivos alimentares, enzimas alimentares e aromas alimentares], no momento em que os mesmos aditivos são registados nos anexos em conformidade com os referidos números.
5. As medidas relacionadas com quaisquer medidas transitórias adequadas que têm por objecto alterar elementos não essenciais do presente regulamento, nomeadamente completando-o, são aprovadas pelo procedimento de regulamentação com controlo a que se refere o n.° 3 do artigo 28.°.

Artigo 31.° *Medidas transitórias*
Até estar concluído o estabelecimento das listas comunitárias de aditivos alimentares, tal como previsto no artigo 30.°, procede-se, se necessário, à alteração dos anexos das Directivas 94/35/CE, 94/36/CE e 95/2/CE, através de medidas que tenham por objecto alterar elementos não essenciais dessas directivas e que sejam aprovadas pela Comissão pelo procedimento de regulamentação com controlo a que se refere o n.° 4 do artigo 28.°.
Os géneros alimentícios colocados no mercado ou rotulados antes de 20 de Janeiro de 2010 que não cumpram o disposto na alínea i) do n.° 1 e no n.° 4 do artigo 22.° do presente regulamento podem ser comercializados até à respectiva data de durabilidade mínima ou data-limite de utilização.
Os géneros alimentícios colocados no mercado ou rotulados antes de 20 de Julho de 2010 que não cumpram o disposto no artigo 24.° podem ser comercializados até à respectiva data de durabilidade mínima ou data-limite de utilização.

Artigo 32.° *Reavaliação de aditivos alimentares autorizados*
1. Os aditivos alimentares autorizados antes de 20 de Janeiro de 2009 ficam sujeitos a nova avaliação de risco a efectuar pela Autoridade.
2. Após consulta da Autoridade e até 20 de Janeiro de 2010, é aprovado, pelo procedimento de regulamentação a que se refere o n.° 2 do artigo 28.°, um programa de avaliação respeitante a esses aditivos. O programa de avaliação é publicado no Jornal Oficial da União Europeia.

Artigo 33.° *Revogação*
1. São revogados os seguintes actos:
   a) Directiva do Conselho, de 23 de Outubro de 1962, relativa à aproximação das regulamentações dos Estados-Membros respeitantes aos corantes que podem ser utilizados nos géneros destinados à alimentação humana;
   b) Directiva 65/66/CE;
   c) Directiva 78/663/CEE;
   d) Directiva 78/664/CE;
   e) Directiva 81/712/CEE;
   f) Directiva 89/107/CEE;
   g) Directiva 94/35/CE;
   h) Directiva 94/36/CE;
   i) Directiva 95/2/CE;
   j) Decisão n.° 292/97/CE;
   k) Decisão 2002/247/CE.
2. As remissões para os actos revogados devem entender-se como sendo feitas para o presente regulamento.

Artigo 34.° *Disposições transitórias*
Em derrogação ao disposto no artigo 33.°, até estar concluída a transferência, ao abrigo dos n.°s 1, 2 e 3 do artigo 30.° do presente regulamento, dos aditivos alimentares já autorizados pelas Directivas 94/35/CE, 94/36/CE e 95/2/CE, continuam a aplicar-se as seguintes disposições:
   a) N.°s 1, 2 e 4 do artigo 2.° da Directiva 94/35/CE e respectivo anexo;
   b) N.°s 1 a 6, 8, 9 e 10 do artigo 2.° da Directiva 94/36/CE e respectivos Anexos I a V;
   c) Artigos 2.° e 4.° da Directiva 95/2/CE e respectivos Anexos I a VI.
Não obstante o disposto na alínea c), as autorizações relativas ao E 1103 (invertase) e ao E 1105 (lisozima) concedidas na Directiva 95/2/CE são revogadas com efeitos a partir da data de aplicação da lista comunitária relativa às enzimas alimentares prevista no artigo 17.° do Regulamento (CE) n.° 1332/2008 [sobre enzimas alimentares].

Artigo 35.° *Entrada em vigor*
O presente regulamento entra em vigor vinte dias após a sua publicação no Jornal Oficial da União Europeia.
O presente regulamento é aplicável a partir de 20 de Janeiro de 2010.
Contudo, o n.° 2 do artigo 4.° é aplicável às Partes 2, 3 e 5 do anexo III a partir de 1 de Janeiro de 2011 e o n.° 4 do artigo 23.° é aplicável a partir de 20 de Janeiro de 2011. O artigo 24.° é aplicável a partir de 20 de Julho de 2010. O artigo 31.° é aplicável a partir de 20 de Janeiro de 2009.
O presente regulamento é obrigatório em todos os seus elementos e directamente aplicável em todos os Estados-Membros.

ANEXO I

Classes funcionais de aditivos presentes em produtos alimentares e de aditivos presentes em aditivos e enzimas alimentares

1. «Edulcorantes»: substâncias utilizadas para conferir um sabor doce aos géneros alimentícios ou utilizadas nos edulcorantes de mesa.

2. «Corantes»: substâncias que conferem ou restituem cor a um género alimentício; incluem componentes naturais de géneros alimentícios e substâncias naturais, que normalmente não são consumidos como géneros alimentícios em si mesmos nem utilizados como ingredientes característicos dos géneros alimentícios. Na acepção do presente regulamento, são consideradas corantes as preparações obtidas a partir de géneros alimentícios ou de outros materiais de base naturais comestíveis obtidas por extracção física e/ou química de modo a provocar a extracção selectiva dos pigmentos em relação aos componentes nutritivos ou aromáticos.

3. «Conservantes»: substâncias que prolongam o prazo de conservação dos géneros alimentícios protegendo-os contra a deterioração causada por microrganismos e/ou contra o desenvolvimento de microrganismos patogénicos.

4. «Antioxidantes»: substâncias que prolongam o prazo de conservação dos géneros alimentícios, protegendo-os contra a deterioração causada pela oxidação, tal como a rancidez das gorduras e as alterações de cor.

5. «Agentes de transporte»: substâncias utilizadas para dissolver, diluir, dispersar ou de outro modo modificar fisicamente um aditivo alimentar, um aroma alimentar, uma enzima alimentar, um nutriente e/ou outra substância adicionada a um género alimentício para efeitos nutricionais ou fisiológicos sem alterar a sua função (e sem que elas próprias exerçam quaisquer efeitos tecnológicos), a fim de facilitar o respectivo manuseamento, aplicação ou utilização.

6. «Acidificantes»: substâncias que aumentam a acidez dos géneros alimentícios e/ou lhes conferem um sabor acre.

7. «Reguladores de acidez»: substâncias que alteram ou controlam a acidez ou a alcalinidade dos géneros alimentícios.

8. «Antiaglomerantes»: substâncias que reduzem a tendência das partículas isoladas dos géneros alimentícios para aderirem umas às outras.

9. «Antiespumas»: substâncias que impedem ou reduzem a formação de espuma.

10. «Agentes de volume»: substâncias que contribuem para dar volume aos géneros alimentícios sem contribuírem significativamente para o seu valor energético disponível.

11. «Emulsionantes»: substâncias que tornam possível a formação ou a manutenção de uma mistura homogénea de duas ou mais fases imiscíveis, como óleo e água, nos géneros alimentícios.

12. «Sais de fusão»: substâncias que convertem as proteínas contidas no queijo numa forma dispersa, daí resultando uma distribuição homogénea das gorduras e outros componentes.

13. «Agentes de endurecimento»: substâncias que tornam ou mantêm firmes ou estaladiços os tecidos dos frutos ou dos produtos hortícolas, ou actuam em conjunto com gelificantes para produzir ou reforçar um gel.

14. «Intensificadores de sabor»: substâncias que intensificam o sabor e/ou o cheiro dos géneros alimentícios.

15. «Espumantes»: substâncias que tornam possível a dispersão homogénea de uma fase gasosa nos géneros alimentícios líquidos ou sólidos.

16. «Gelificantes»: substâncias que dão textura aos géneros alimentícios através da formação de um gel.

17. «Agentes de revestimento» (incluindo lubrificantes): substâncias que, quando aplicadas na superfície externa dos géneros alimentícios, lhes conferem uma aparência brilhante ou um revestimento protector.

18. «Humidificantes»: substâncias que impedem os géneros alimentícios de secar por contrabalançarem o efeito de uma atmosfera com baixo grau de humidade, ou promovem a dissolução de um pó num meio aquoso.

19. «Amidos modificados»: substâncias obtidas através de um ou mais tratamentos químicos de amidos comestíveis, que podem ter sofrido um tratamento físico ou enzimático e podem ser fluidificadas por via ácida ou alcalina ou branqueadas.

20. «Gases de embalagem»: gases, com excepção do ar, introduzidos em recipientes antes, durante ou após a colocação dos géneros alimentícios nesses recipientes.

21. «Propulsores»: gases, com excepção do ar, que expelem os géneros alimentícios dos recipientes.

22. «Levedantes químicos»: substâncias ou combinações de substâncias que libertam gás, aumentando assim o volume das massas ou polmes de farinha.

23. «Sequestrantes»: substâncias que formam complexos químicos com iões metálicos.

24. «Estabilizadores»: substâncias que tornam possível a manutenção do estado físico-químico dos géneros alimentícios. Os estabilizadores incluem as substâncias que permitem a manutenção de uma dispersão homogénea de duas ou mais substâncias imiscíveis nos géneros alimentícios, as substâncias que estabilizam, retêm ou intensificam a cor natural dos géneros alimentícios e as substâncias que aumentam a capacidade de aglomeração do género alimentício, incluindo a formação de ligações cruzadas entre proteínas que permitem a aglomeração dos elementos alimentares para a formação de um género alimentício reconstituído.

25. «Espessantes»: substâncias que aumentam a viscosidade dos géneros alimentícios.

26. «Agentes de tratamento da farinha»: substâncias, com excepção dos emulsionantes, adicionadas à farinha ou à massa para melhorar a qualidade da cozedura.

27. «Intensificadores de contraste»: substâncias que, quando aplicadas na superfície externa dos frutos ou dos produtos hortícolas após despigmentação de partes predefinidas (por tratamento laser, por exemplo), ajudam a distinguir essas partes do resto da superfície conferindo cor depois de interagirem com determinados componentes da epiderme.

ANEXO II.-
Lista comunitária dos aditivos alimentares autorizados para utilização nos géneros alimentícios e condições de utilização.

[Anexo no reproducido en la presente publicación]

ANEXO III.-
Lista comunitária dos aditivos alimentares autorizados para utilização nos aditivos, enzimas e aromas alimentares e suas condições de utilização.

[Anexo no reproducido en la presente publicación]

ANEXO IV.-
Géneros alimentícios tradicionais relativamente aos quais determinados Estados-Membros podem continuar a proibir a utilização de determinadas categorias de aditivos alimentares

[Anexo no reproducido en la presente publicación]

ANEXO V.-
Lista dos corantes alimentares a que se refere o artigo 24.o acerca dos quais deve ser incluída informação adicional na rotulagem dos géneros alimentícios

[Anexo no reproducido en la presente publicación]

16 de Dezembro de 2008.- Regulamento (CE) n.º 1334/2008
do Parlamento Europeu e do Conselho
relativo aos aromas e a determinados ingredientes alimentares com propriedades
aromatizantes utilizados nos e sobre os géneros alimentícios
e que altera o Regulamento (CEE) n.º 1601/91 do Conselho, os Regulamentos (CE) n.º 2232/96
e (CE) n.º 110/2008 e a Directiva 2000/13/CE
(J.O. L 354, 31/12/2008)

(V.C.03/04/2014)

O PARLAMENTO EUROPEU E O CONSELHO DA UNIÃO EUROPEIA,
Tendo em conta o Tratado que institui a Comunidade Europeia, nomeadamente o artigo 95.º,
Tendo em conta a proposta da Comissão,
Tendo em conta o parecer do Comité Económico e Social Europeu,
Deliberando nos termos do artigo 251.º do Tratado,
Considerando o seguinte:
(1) A Directiva 88/388/CEE do Conselho, de 22 de Junho de 1988, relativa à aproximação das legislações dos Estados-Membros no domínio dos aromas destinados a serem utilizados nos géneros alimentícios e dos materiais de base para a respectiva produção tem de ser actualizada, tendo em conta os desenvolvimentos técnicos e científicos. Por questões de clareza e eficácia, a Directiva 88/388/CEE deverá ser substituída pelo presente regulamento.
(2) A Decisão 88/389/CEE do Conselho, de 22 de Junho de 1988, relativa ao estabelecimento pela Comissão de um inventário de substâncias e materiais de base utilizados na preparação de aromas prevê o estabelecimento desse inventário no prazo de 24 meses a contar da sua aprovação. Esta decisão está obsoleta e deverá ser revogada.
(3) A Directiva 91/71/CEE da Comissão, de 16 de Janeiro de 1991, que completa a Directiva 88/388/CEE do Conselho, relativa à aproximação das legislações dos Estados-Membros no domínio dos aromas destinados a serem utilizados nos géneros alimentícios e dos materiais de base para a respectiva produção, define regras para a rotulagem dos aromas. Estas regras são substituídas pelo presente regulamento e a directiva deverá ser revogada.
(4) A livre circulação de géneros alimentícios seguros e sãos constitui um aspecto essencial do mercado interno, contribuindo significativamente para a saúde e o bem-estar dos cidadãos e para os seus interesses sociais e económicos.
(5) A fim de proteger a saúde humana, o presente regulamento deverá abranger os aromas, os materiais de base para a respectiva produção e os géneros alimentícios que contêm aromas. Deverá também abranger certos ingredientes alimentares com propriedades aromatizantes, que são adicionados aos géneros alimentícios com o principal objectivo de dar aroma e que contribuem significativamente para a presença, nos géneros alimentícios, de determinadas substâncias indesejáveis naturalmente presentes (a seguir designadas «ingredientes alimentares com propriedades aromatizantes»), os seus materiais de base e os géneros alimentícios que os contenham.
(6) Os géneros alimentícios em bruto, que não sejam submetidos a qualquer tratamento de transformação, os géneros alimentícios não compostos, tais como especiarias, ervas, chás e infusões (por exemplo, infusões de frutas ou ervas), bem como as misturas de especiarias e/ou ervas, misturas de chás e misturas para infusões, desde que se consumam como tais e/ou não se adicionem aos géneros alimentícios, não são abrangidos pelo âmbito de aplicação do presente regulamento.
(7) Os aromas são usados para melhorar ou modificar o cheiro e/ou o sabor dos alimentos em benefício do consumidor. Os aromas alimentares e os ingredientes alimentares com propriedades aromatizantes deverão ser utilizados unicamente se preencherem os critérios definidos no presente regulamento. Devem ser de utilização segura; por conseguinte, alguns aromas deverão ser sujeitos a uma avaliação do risco antes de serem autorizados nos géneros alimentícios. Sempre que possível, a atenção deverá concentrar-se na questão de saber se a utilização de determinados aromas pode ter consequências nefastas para certos grupos vulneráveis. A utilização de aromas alimentares não deve induzir os consumidores em erro e a sua presença nos géneros alimentícios deverá, pois, ser sempre indicada através de uma rotulagem adequada. Em

especial, os aromas não deverão ser utilizados de forma que induza os consumidores em erro em relação a questões relacionadas, nomeadamente, com a natureza, a frescura, a qualidade dos ingredientes utilizados, o carácter natural do produto ou do processo de produção ou as qualidades nutricionais do produto. A autorização dos aromas deverá também tomar em consideração outros factores relevantes para a matéria em apreço, incluindo os factores sociais, económicos, tradicionais, éticos e ambientais, o princípio da precaução e a exequibilidade dos controlos.

(8) Desde 1999, o Comité Científico da Alimentação Humana e, subsequentemente, a Autoridade Europeia para a Segurança dos Alimentos (a seguir designada por «Autoridade») instituída pelo Regulamento (CE) n.° 178/2002 do Parlamento Europeu e do Conselho, de 28 de Janeiro de 2002, que determina os princípios e normas gerais da legislação alimentar, cria a Autoridade Europeia para a Segurança dos Alimentos e estabelece procedimentos em matéria de segurança dos alimentos formularam pareceres sobre várias substâncias naturalmente presentes em materiais de base utilizados na produção de aromas e ingredientes alimentares com propriedades aromatizantes que, segundo o Comité de Peritos em Substâncias Aromatizantes do Conselho da Europa, suscitam apreensão do ponto de vista toxicológico. As substâncias cujo risco toxicológico foi confirmado pelo Comité Científico da Alimentação Humana deverão ser consideradas substâncias indesejáveis, pelo que não deverão ser adicionadas como tais aos géneros alimentícios.

(9) Em virtude da sua presença natural em vegetais, as substâncias indesejáveis podem existir em preparações aromatizantes e em ingredientes alimentares com propriedades aromatizantes. Os vegetais são usados tradicionalmente como géneros alimentícios ou ingredientes alimentares. Há que estabelecer teores máximos adequados para a presença destas substâncias indesejáveis nos géneros alimentícios que mais contribuem para a sua ingestão pelos seres humanos, tendo simultaneamente em conta o imperativo de proteger a saúde humana e a sua presença inevitável em géneros alimentícios tradicionais.

(10) Os teores máximos para certas substâncias indesejáveis naturalmente presentes deverão focalizar-se nos géneros alimentícios ou nas categorias alimentares que mais contribuem para a sua ingestão alimentar. Caso outras substâncias indesejáveis naturalmente presentes representem um risco para a saúde dos consumidores, deverão ser fixados teores máximos na sequência do parecer da Autoridade. Deste modo, os Estados-Membros deverão organizar controlos com base nos riscos, em consonância com o Regulamento (CE) n.° 882/2004 do Parlamento Europeu e do Conselho, de 29 de Abril de 2004, relativo aos controlos oficiais realizados para assegurar a verificação do cumprimento da legislação relativa aos alimentos para animais e aos géneros alimentícios e das normas relativas à saúde e ao bem-estar dos animais. Os produtores de géneros alimentícios estão sujeitos à obrigação de ter em conta a presença destas substâncias quando usarem ingredientes alimentares com propriedades aromatizantes e/ou aromas na preparação de qualquer tipo de género alimentício, para assegurar que os géneros alimentícios que não são seguros não são colocados no mercado.

(11) Deverão ser aprovadas disposições a nível comunitário para proibir ou restringir a utilização de certos materiais de origem vegetal, animal, microbiológica ou mineral que suscitam apreensão em termos de saúde humana na produção de aromas e de ingredientes alimentares com propriedades aromatizantes, bem como as respectivas aplicações na produção de géneros alimentícios.

(12) Deverão ser realizadas avaliações de risco pela Autoridade.

(13) A fim de assegurar a harmonização, a avaliação de risco e a autorização dos aromas e dos materiais de base que têm de ser sujeitos a avaliação deverão ser efectuadas pelo procedimento previsto no Regulamento (CE) n.° 1331/2008 do Parlamento Europeu e do Conselho, de 16 de Dezembro de 2008, que estabelece um procedimento de autorização comum aplicável a aditivos alimentares, enzimas alimentares e aromas alimentares.

(14) As substâncias aromatizantes são substâncias químicas definidas, que incluem substâncias aromatizantes obtidas por síntese química ou isoladas por processos químicos e substâncias aromatizantes naturais. De acordo com o Regulamento (CE) n.° 2232/96 do Parlamento Europeu e do Conselho, de 28 de Outubro de 1996, que estabelece um procedimento comunitário aplicável no domínio das substâncias aromatizantes utilizadas ou que se destinem a serem utilizadas nos géneros alimentícios, está em curso um programa de avaliação de substâncias aromatizantes. Esse regulamento prevê a aprovação de uma lista de substâncias aromatizantes nos cinco

anos seguintes à adopção do programa. Deverá ser definido um novo prazo para a aprovação dessa lista. Será proposto incluir essa lista na lista referida no n.º 1 do artigo 2.º do Regulamento (CE) n.º 1331/2008.

(15) As preparações aromatizantes são aromas que não são substâncias químicas definidas, obtidos por processos físicos, enzimáticos ou microbiológicos adequados, a partir de materiais de origem vegetal, animal ou microbiológica sem qualquer transformação ou transformados para consumo humano. As preparações aromatizantes produzidas a partir de géneros alimentícios não necessitam de ser sujeitas a um procedimento de avaliação ou autorização para serem utilizadas nos e sobre os géneros alimentícios, salvo em caso de dúvida quanto à sua segurança. Todavia, a segurança das preparações aromatizantes produzidas a partir de materiais não alimentares deverá ser avaliada e autorizada.

(16) O Regulamento (CE) n.º 178/2002 define como «género alimentício» qualquer substância ou produto, transformado, parcialmente transformado ou não transformado, destinado a ser ingerido pelo ser humano ou com razoáveis probabilidades de o ser. Os materiais de origem vegetal, animal ou microbiológica cuja utilização para a produção de aromas esteja hoje em dia suficientemente demonstrada são considerados materiais alimentares para este fim, mesmo que alguns destes materiais de base, tais como a madeira de rosa e as folhas de morangueiro, possam não ter sido necessariamente utilizados na alimentação como tais. Estes materiais não carecem de avaliação.

(17) Do mesmo modo, os aromas obtidos por tratamento térmico a partir de géneros alimentícios em condições especificadas não necessitam de ser sujeitos a um procedimento de avaliação ou autorização para serem utilizados nos e sobre os géneros alimentícios, salvo em caso de dúvida quanto à sua segurança. Todavia, a segurança dos aromas obtidos por tratamento térmico a partir de materiais não alimentares ou não conformes com certas condições de produção deverá ser avaliada e autorizada.

(18) O Regulamento (CE) n.º 2065/2003 do Parlamento Europeu e do Conselho, de 10 de Novembro de 2003, relativo aos aromatizantes de fumo utilizados ou destinados a serem utilizados nos ou sobre os géneros alimentícios prevê um procedimento para a avaliação da segurança e a autorização dos aromas de fumo e visa estabelecer uma lista de condensados primários de fumo e de fracções primárias de alcatrão cuja utilização é autorizada com exclusão de todos os outros.

(19) Os precursores de aromas, tais como hidratos de carbono, oligopéptidos e aminoácidos conferem aroma aos géneros alimentícios através de reacções químicas que ocorrem durante a transformação desses géneros alimentícios. Os precursores de aromas produzidos a partir de géneros alimentícios não necessitam de ser sujeitos a um procedimento de avaliação ou autorização para serem utilizados nos e sobre os géneros alimentícios, salvo em caso de dúvida quanto à sua segurança. Todavia, a segurança dos precursores de aromas produzidos a partir de materiais não alimentares deverá ser avaliada e autorizada.

(20) Podem ser utilizados nos e sobre os géneros alimentícios outros aromas que não correspondem a nenhuma definição anteriormente mencionada, após terem sido sujeitos a um procedimento de avaliação e autorização. Pode referir-se como exemplo os aromas obtidos aquecendo óleo ou gordura a uma temperatura extremamente elevada durante um período muito curto, o que produz um aroma semelhante a grelhado.

(21) Os materiais de origem vegetal, animal, microbiológica ou mineral que não são géneros alimentícios só podem ser autorizados na produção de aromas após a sua segurança ter sido avaliada cientificamente. Poderá ser necessário autorizar a utilização de apenas certas partes dos materiais ou definir condições para a sua utilização.

(22) Os aromas podem conter aditivos alimentares permitidos pelo Regulamento (CE) n.º 1333/2008 do Parlamento Europeu e do Conselho, de 16 de Dezembro de 2008, relativo aos aditivos alimentares e/ou outros ingredientes alimentares para fins tecnológicos, tais como armazenagem, normalização, diluição ou dissolução e estabilização.

(23) Os aromas ou materiais de base abrangidos pelo âmbito do Regulamento (CE) n.º 1829/2003 do Parlamento Europeu e do Conselho, de 22 de Setembro de 2003, relativo a géneros alimentícios e alimentos para animais geneticamente modificados, deverão ser autorizados ao abrigo do referido regulamento, bem como do presente regulamento.

(24) Os aromas permanecem sujeitos às obrigações gerais de rotulagem previstas na Directiva 2000/13/CE do Parlamento Europeu e do Conselho, de 20 de Março de 2000, relativa à aproximação das legislações dos Estados-Membros respeitantes à rotulagem,

apresentação e publicidade dos géneros alimentícios, e, consoante o caso, no Regulamento (CE) n.º 1829/2003 e no Regulamento (CE) n.º 1830/2003, do Parlamento Europeu e do Conselho, de 22 de Setembro de 2003, relativo à rastreabilidade e rotulagem de organismos geneticamente modificados e à rastreabilidade dos géneros alimentícios e alimentos para animais produzidos a partir de organismos geneticamente modificados. Além disso, o presente regulamento deverá estabelecer disposições específicas sobre a rotulagem de aromas vendidos como tais ao fabricante ou ao consumidor final.

(25) As substâncias ou preparações aromatizantes só deverão ser rotuladas com a menção «natural» se satisfizerem determinados critérios que garantam que os consumidores não são induzidos em erro.

(26) Deverão ser estabelecidos requisitos específicos em matéria de informação que garantam que os consumidores não são induzidos em erro quanto aos materiais de base utilizados na produção de aromas naturais. Em especial, se o termo «natural» for usado para descrever um aroma, os componentes aromatizantes utilizados deverão ser inteiramente de origem natural. Além disso, a base dos aromas deverá constar do rótulo, excepto se os materiais de base a referir não forem reconhecíveis no aroma ou sabor do género alimentício. Se a base for mencionada, pelo menos 95 % do componente aromatizante deverá ter sido obtido a partir do material referido. Uma vez que o uso de aromas alimentares não deverá induzir o consumidor em erro, os restantes 5 %, no máximo, poderão apenas ser usados para fins de normalização ou para conferir, por exemplo, um aroma mais fresco, picante, maduro ou verde ao aroma. Quando se tiver usado menos de 95 % do componente aromatizante derivado da base referida e o aroma da base ainda puder ser reconhecido, a base deverá ser indicada com a menção de que foram adicionados outros aromas naturais, como, por exemplo, extracto de cacau, ao qual foram adicionados outros aromatizantes naturais para conferir um aroma a banana.

(27) Se o sabor a fumado de um determinado género alimentício se dever à adição de aromas de fumo, os consumidores deverão ser informados do facto. Nos termos da Directiva 2000/13/CE, a rotulagem não deverá induzir o consumidor em erro quanto ao facto de o produto ser fumado convencionalmente com fumo fresco ou tratado com aromas de fumo. Aquela directiva tem de ser adaptada para ter em conta as definições estabelecidas no presente regulamento no que respeita aos aromas, aos aromas de fumo e à utilização do termo «natural» para a descrição dos aromas.

(28) A fim de avaliar a segurança das substâncias aromatizantes para a saúde humana, é crucial dispor de informações sobre o consumo e a utilização dessas substâncias. Por conseguinte, deverá verificar-se regularmente as quantidades de substâncias aromatizantes adicionadas aos géneros alimentícios.

(29) As medidas necessárias à execução do presente regulamento deverão ser aprovadas nos termos da Decisão 1999/468/CE do Conselho, de 28 de Junho de 1999, que fixa as regras de exercício das competências de execução atribuídas à Comissão.

(30) Em especial, deverá ser atribuída competência à Comissão para alterar os anexos do presente regulamento e para aprovar as medidas transitórias adequadas no que respeita ao estabelecimento da lista comunitária. Atendendo a que têm alcance geral e se destinam a alterar elementos não essenciais do presente regulamento, nomeadamente completando-o mediante o aditamento de novos elementos não essenciais, essas medidas devem ser aprovadas pelo procedimento de regulamentação com controlo previsto no artigo 5.º-A da Decisão 1999/468/CE.

(31) Quando, por imperativos de urgência, os prazos normalmente aplicáveis no âmbito do procedimento de regulamentação com controlo não possam ser cumpridos, a Comissão deverá poder aplicar o procedimento de urgência previsto no n.º 6 do artigo 5.º-A da Decisão 1999/468/CE para a aprovação das medidas descritas no n.º 2 do artigo 8.º e as alterações aos anexos II a V do presente regulamento.

(32) Os anexos II a V do presente regulamento deverão ser adaptados, consoante necessário, ao progresso científico e técnico, tendo em conta as informações fornecidas pelos produtores e utilizadores de aromas e/ou resultantes da monitorização e dos controlos efectuados pelos Estados-Membros.

(33) A fim de desenvolver e actualizar a legislação comunitária relativa aos aromas de forma eficaz e proporcionada, é necessário recolher dados, partilhar informações e coordenar os trabalhos dos Estados-Membros. Para esse efeito, pode revelar-se útil realizar estudos sobre questões específicas, tendo em vista facilitar o processo de tomada de decisões. É oportuno que a Comunidade financie esses estudos no âmbito do

seu processo orçamental. O financiamento destas medidas está coberto pelo Regulamento (CE) n.º 882/2004.

(34) Na pendência do estabelecimento da lista comunitária, deverão ser tomadas medidas para a avaliação e a autorização de substâncias aromatizantes que não estejam abrangidas pelo programa de avaliação previsto no Regulamento (CE) n.º 2232/96. Por conseguinte, há que definir um regime transitório. No âmbito desse regime, aquelas substâncias aromatizantes deverão ser avaliadas e autorizadas pelo procedimento previsto no Regulamento (CE) n.º 1331/2008. Contudo, não deverão ser aplicáveis os prazos previstos nesse regulamento para que a Autoridade emita o respectivo parecer e a Comissão apresente ao Comité Permanente da Cadeia Alimentar e da Saúde Animal um projecto de regulamento que actualize a lista comunitária, pois deverá ser dada prioridade ao programa de avaliação em curso.

(35) Atendendo a que o objectivo do presente regulamento, a saber, o estabelecimento de normas comunitárias relativas à utilização de aromas alimentares e certos ingredientes alimentares com propriedades aromatizantes nos e sobre os géneros alimentícios, não pode ser suficientemente realizado pelos Estados-Membros e pode, pois, por razões de unidade do mercado e de elevado nível de protecção dos consumidores, ser mais bem alcançado ao nível comunitário, a Comunidade pode tomar medidas em conformidade com o princípio da subsidiariedade consagrado no artigo 5.º do Tratado. Em conformidade com o princípio da proporcionalidade consagrado no mesmo artigo, o presente regulamento não excede o necessário para atingir aquele objectivo.

(36) O Regulamento (CEE) n.º 1601/91 do Conselho, de 10 de Junho de 1991, que estabelece as regras gerais relativas à definição, designação e apresentação dos vinhos aromatizados, das bebidas aromatizadas à base de vinho e dos cocktails aromatizados de produtos vitivinícolas e o Regulamento (CE) n.º 110/2008 do Parlamento Europeu e do Conselho, de 15 de Janeiro de 2008, relativo à definição, designação, apresentação, rotulagem e protecção das indicações geográficas das bebidas espirituosas, têm de ser adaptados a determinadas novas definições estabelecidas no presente regulamento.

(37) Os Regulamentos (CEE) n.º 1601/91, (CE) n.º 2232/96 e (CE) n.º 110/2008 e a Directiva 2000/13/CE deverão ser alterados em conformidade,

APROVARAM O PRESENTE REGULAMENTO:

CAPÍTULO I.- OBJECTO, ÂMBITO DE APLICAÇÃO E DEFINIÇÕES

Artigo 1.º *Objecto*

O presente regulamento estabelece normas relativas aos aromas alimentares e ingredientes alimentares com propriedades aromatizantes utilizados nos e sobre os géneros alimentícios, com o objectivo de assegurar o funcionamento eficaz do mercado interno e, simultaneamente, um elevado nível de protecção da saúde humana e um elevado nível de protecção dos consumidores, incluindo a protecção dos interesses dos consumidores, e o desenvolvimento de práticas equitativas no comércio de géneros alimentícios, tendo em conta, sempre que adequado, a protecção do ambiente.

Para o efeito, o presente regulamento prevê:

a) Uma lista comunitária de aromas e materiais de base autorizados para utilização nos e sobre os géneros alimentícios, constante do anexo I (a seguir designada por «lista comunitária»);

b) Condições de utilização de aromas e de ingredientes alimentares com propriedades aromatizantes nos e sobre os géneros alimentícios;

c) Normas relativas à rotulagem dos aromas.

Artigo 2.º *Âmbito de aplicação*

1. O presente regulamento é aplicável a:

a) Aromas utilizados ou destinados a ser utilizados nos e sobre os géneros alimentícios, sem prejuízo de disposições mais específicas previstas no Regulamento (CE) n.º 2065/2003;

b) Ingredientes alimentares com propriedades aromatizantes;

c) Géneros alimentícios que contenham aromas e/ou ingredientes alimentares com propriedades aromatizantes;

d) Materiais de base para aromas e/ou para ingredientes alimentares com propriedades aromatizantes.

2. O presente regulamento não é aplicável a:

a) Substâncias que apresentem exclusivamente um sabor doce, ácido ou salgado;

b) Géneros alimentícios crus;

c) Géneros alimentícios não compostos e misturas, como sejam, mas não exclusivamente, especiarias e/ou ervas frescas, secas ou congeladas, misturas de chás e misturas para infusões como tais, desde que não tenham sido usadas como ingredientes alimentares.

Artigo 3.º *Definições*

1. Para efeitos do presente regulamento, são aplicáveis as definições constantes dos Regulamentos (CE) n.º 178/2002 e (CE) n.º 1829/2003.

2. Para efeitos do presente regulamento, entende-se por:

a) «Aromas», os produtos:

i) Não destinados a serem consumidos como tais e que são adicionados aos géneros alimentícios para lhes conferir cheiro e/ou sabor ou modificar estes últimos;

ii) Feitos ou constituídos pelas seguintes categorias: substâncias aromatizantes, preparações aromatizantes, aromas obtidos por tratamento térmico, aromas de fumo, precursores de aromas ou outros aromas ou suas misturas;

b) «Substância aromatizante», uma substância química definida que possui propriedades aromatizantes;

c) «Substância aromatizante natural», uma substância aromatizante obtida por processos físicos, enzimáticos ou microbiológicos adequados a partir de materiais crus de origem vegetal, animal ou microbiológica ou transformados para consumo humano por um ou mais dos processos tradicionais de preparação de géneros alimentícios enumerados no anexo II; as substâncias aromatizantes naturais correspondem a substâncias cuja presença é natural e que foram identificadas na natureza;

d) «Preparação aromatizante», um produto, que não seja uma substância aromatizante, obtido a partir de:

i) Géneros alimentícios, por processos físicos, enzimáticos ou microbiológicos adequados a partir de materiais crus ou transformados para consumo humano por um ou mais dos processos tradicionais de preparação de géneros alimentícios enumerados no anexo II; e/ou

ii) Materiais de origem vegetal, animal ou microbiológica, que não sejam géneros alimentícios, por processos físicos, enzimáticos ou microbiológicos adequados, sendo os materiais utilizados como tais ou preparados por um ou mais dos processos tradicionais de preparação de géneros alimentícios enumerados no anexo II;

e) «Aroma obtido por tratamento térmico», qualquer produto obtido por aquecimento a partir de uma mistura de ingredientes que não possuem necessariamente por si próprios propriedades aromatizantes e dos quais pelo menos um contenha azoto (amino) e outro seja um açúcar redutor; os ingredientes utilizados para a produção de aromatizantes obtidos por tratamento térmico podem ser:

i) Géneros alimentícios; e/ou

ii) Um material de base que não seja um género alimentício;

f) «Aroma de fumo», um produto obtido por fraccionamento e purificação de um fumo condensado que produza condensados primários de fumo, fracções primárias de alcatrão e/ou aromas de fumo derivados, tal como definidos nos pontos 1, 2 e 4 do artigo 3.º do Regulamento (CE) n.º 2065/2003;

g) «Precursor de aroma», um produto que não possui necessariamente por si próprio propriedades aromatizantes adicionado intencionalmente aos géneros alimentícios com o único objectivo de produzir aroma por decomposição ou reacção com outros componentes durante a transformação dos géneros alimentícios; pode ser obtido a partir de:

i) Géneros alimentícios; e/ou

ii) Um material de base que não seja um género alimentício;

h) «Outro aroma», um aroma adicionado ou destinado a ser adicionado aos géneros alimentícios para lhes conferir um determinado cheiro e/ou sabor e que não é abrangido pelas definições das alíneas b) a g);

i) «Ingrediente alimentar com propriedades aromatizantes», um ingrediente alimentar, que não seja um aroma, que pode ser adicionado aos géneros alimentícios com o principal objectivo de lhes conferir aroma ou alterar o aroma que têm e que contribui significativamente para a presença, nos géneros alimentícios, de determinadas substâncias indesejáveis naturalmente presentes;

j) «Material de base», um material de origem vegetal, animal, microbiológica ou mineral a partir do qual são produzidos aromas ou ingredientes alimentares com propriedades aromatizantes; pode tratar-se de:

i) Género alimentício; ou
ii) Um material de base que não seja um género alimentício;
k) «Processo físico adequado», um processo físico que não altera intencionalmente a natureza química dos componentes do aroma, sem prejuízo da lista de processos tradicionais de preparação de géneros alimentícios constante do anexo II, e não envolve, nomeadamente, a utilização de oxigénio atómico, ozono, catalisadores inorgânicos, catalisadores metálicos, reagentes organometálicos e/ou radiações UV.

3. Para efeitos das definições enumeradas nas alíneas d), e), g) e j) do n.º 2, os materiais de base, com evidência significativa de utilização na produção de aromas são considerados géneros alimentícios, para efeitos do presente regulamento.

4. Os aromas podem conter aditivos alimentares autorizados pelo Regulamento (CE) n.º 1333/2008 e/ou outros ingredientes alimentares incorporados para fins tecnológicos.

CAPÍTULO II.- CONDIÇÕES PARA A UTILIZAÇÃO DE AROMAS, INGREDIENTES ALIMENTARES COM PROPRIEDADES AROMATIZANTES E MATERIAIS DE BASE

Artigo 4.º *Condições gerais para a utilização de aromas ou ingredientes alimentares com propriedades aromatizantes*
Só podem ser utilizados nos ou sobre os géneros alimentícios aromas ou ingredientes alimentares com propriedades aromatizantes que satisfaçam as seguintes condições:
a) Não representem, com base nos dados científicos disponíveis, uma preocupação em termos de segurança para a saúde dos consumidores; e
b) A sua utilização não induza o consumidor em erro.

Artigo 5.º *Proibição de aromas não conformes e/ou de géneros alimentícios não conformes*
Não é permitido colocar no mercado um aroma ou qualquer género alimentício em que esteja presente um aroma e/ou ingrediente com propriedades aromatizantes se a sua utilização não respeitar o disposto no presente regulamento.

Artigo 6.º *Presença de determinadas substâncias*
1. As substâncias enumeradas na Parte A do anexo III não devem ser adicionadas como tais aos géneros alimentícios.
2. Sem prejuízo do Regulamento (CE) n.º 110/2008, os teores máximos de determinadas substâncias, naturalmente presentes em aromas e/ou em ingredientes alimentares com propriedades aromatizantes, nos géneros alimentícios compostos enumerados na Parte B do anexo III não devem ser ultrapassados em resultado da utilização, nos e sobre os géneros alimentícios, de aromas e/ou de ingredientes alimentares com propriedades aromatizantes. Os teores máximos das substâncias enumeradas no anexo III aplicam-se aos géneros alimentícios tal como comercializados, salvo menção em contrário. Em derrogação deste princípio, no que se refere aos géneros alimentícios secos e/ou concentrados que é necessário reconstituir, os teores máximos aplicam-se aos géneros alimentícios tal como reconstituídos de acordo com as instruções constantes do rótulo, tendo em conta o factor mínimo de diluição.
3. Se for caso disso, podem ser aprovadas regras de execução do n.º 2, pelo procedimento de regulamentação a que se refere o n.º 2 do artigo 21.º e na sequência do parecer da Autoridade Europeia para a Segurança dos Alimentos (a seguir designada por «Autoridade»).

Artigo 7.º *Utilização de determinados materiais de base*
1. Os materiais de base enumerados na Parte A do anexo IV não devem ser utilizados para a produção de aromas e/ou de ingredientes alimentares com propriedades aromatizantes.
2. Os aromas e/ou ingredientes alimentares com propriedades aromatizantes produzidos a partir de materiais de base enumerados na Parte B do anexo IV só podem ser utilizados nas condições estabelecidas no mesmo anexo.

Artigo 8.º *Aromas e ingredientes alimentares com propriedades aromatizantes não sujeitos a avaliação e autorização*

1. Os aromas e os ingredientes alimentares com propriedades aromatizantes a seguir indicados podem ser utilizados nos ou sobre os géneros alimentícios sem terem sido objecto de avaliação e autorização nos termos do presente regulamento, desde que satisfaçam os critérios enumerados no artigo 4.º:

a) Preparações aromatizantes referidas no artigo 3.º, n.º 2, alínea d), subalínea i);

b) Aromas obtidos por tratamento térmico referidos no artigo 3.º, n.º 2, alínea e), subalínea i) e que satisfazem as condições para a produção de aromas obtidos por tratamento térmico e os teores máximos de determinadas substâncias nesses aromas fixados no anexo V;

c) Precursores de aroma referidos no artigo 3.º, n.º 2, alínea g), subalínea i);

d) Ingredientes alimentares com propriedades aromatizantes.

2. Não obstante o disposto no n.º 1, se a Comissão, a Autoridade ou um Estado-Membro manifestarem dúvidas quanto à segurança de um aroma ou ingrediente alimentar com propriedades aromatizantes referido no n.º 1, a Autoridade deve realizar uma avaliação de risco desse aroma ou ingrediente alimentar. Os artigos 4.º, 5.º e 6.º do Regulamento (CE) n.º 1331/2008 são então aplicáveis com as necessárias adaptações. Se for caso disso, a Comissão deve aprovar, na sequência do parecer da Autoridade, medidas que têm por objecto alterar elementos não essenciais do presente regulamento, nomeadamente completando-o, pelo procedimento de regulamentação com controlo a que se refere o n.º 3 do artigo 21.º. Essas medidas são enunciadas nos anexos III, IV e/ou V, conforme adequado. Por imperativos de urgência, a Comissão pode recorrer ao procedimento de urgência a que se refere o n.º 4 do artigo 21.º.

CAPÍTULO III.- LISTA COMUNITÁRIA DE AROMAS E MATERIAIS DE BASE AUTORIZADOS PARA UTILIZAÇÃO NOS E SOBRE OS GÉNEROS ALIMENTÍCIOS

Artigo 9.º *Aromas e materiais de base sujeitos a avaliação e autorização*

O presente capítulo é aplicável a:

a) Substâncias aromatizantes;

b) Preparações aromatizantes referidas no artigo 3.º, n.º 2, alínea d), subalínea ii);

c) Aromas obtidos por tratamento térmico através do aquecimento dos ingredientes, que são parcial ou totalmente abrangidos pelo artigo 3.º, n.º 2, alínea e), subalínea ii) e/ou que não satisfazem as condições para a produção de aromas obtidos por tratamento térmico e/ou os teores máximos de determinadas substâncias indesejáveis nesses aromas fixados no anexo V;

d) Precursores de aroma referidos no artigo 3.º, n.º 2, alínea g), subalínea ii);

e) Outros aromas referidos na alínea h) do n.º 2 do artigo 3.º;

f) Materiais de base que não sejam géneros alimentícios referidos no artigo 3.º, n.º 2, alínea j), subalínea ii).

Artigo 10.º *Lista comunitária de aromas e materiais de base*

Se for caso disso, dos aromas e materiais de base referidos no artigo 9.º, só os que constam da lista comunitária podem ser colocados no mercado enquanto tais e utilizados nos géneros alimentícios nas condições de utilização nela especificadas.

Artigo 11.º *Inclusão de aromas e materiais de base na lista comunitária*

1. Um aroma ou material de base só pode ser incluído na lista comunitária, pelo procedimento previsto no Regulamento (CE) n.º 1331/2008, se satisfizer as condições definidas no artigo 4.º do presente regulamento.

2. A entrada relativa a cada aroma ou material de base na lista comunitária deve especificar:

a) A identificação do aroma ou do material de base autorizado;

b) Se for caso disso, as condições em que o aroma pode ser utilizado.

3. A lista comunitária é alterada pelo procedimento previsto no Regulamento (CE) n.º 1331/2008.

Artigo 12.º *Aromas ou materiais de base abrangidos pelo Regulamento (CE) n.º 1829/2003*

1. Um aroma ou material de base abrangido pelo âmbito de aplicação do Regulamento (CE) n.º 1829/2003 só pode ser incluído na lista comunitária do anexo I, nos termos do presente regulamento, depois de ter sido autorizado ao abrigo do Regulamento (CE) n.º 1829/2003.

2. Se um aroma já incluído na lista comunitária for produzido a partir de uma fonte diferente, abrangida pelo âmbito de aplicação do Regulamento (CE) n.º 1829/2003, não é necessária uma nova autorização ao abrigo do presente regulamento, desde que a nova fonte tenha sido autorizada ao abrigo do Regulamento (CE) n.º 1829/2003 e o aroma obedeça às especificações estabelecidas no presente regulamento.

Artigo 13.º *Decisões interpretativas*
Sempre que necessário, pode ser decidido, pelo procedimento de regulamentação a que se refere no n.º 2 do artigo 21.º:

a) Se uma determinada substância ou mistura de substâncias, material ou tipo de género alimentício pertence ou não a uma das categorias enunciadas no n.º 1 do artigo 2.º;

b) A que categoria específica, das enunciadas nas alíneas b) a j) do n.º 2 do artigo 3.º, pertence uma determinada substância;

c) Se um determinado produto pertence ou não a uma categoria alimentar ou é um género alimentício constante do anexo I ou da Parte B do anexo III.

CAPÍTULO IV.- ROTULAGEM

Artigo 14.º *Rotulagem de aromas não destinados à venda ao consumidor final*
1. Os aromas não destinados à venda ao consumidor final só podem ser comercializados com a rotulagem prevista nos artigos 15.º e 16.º, que deve ser facilmente visível, claramente legível e indelével. As informações a que se refere o artigo 15.º devem ser apresentadas numa língua de fácil compreensão para os compradores.
2. O Estado-Membro em que o produto é comercializado pode, ao abrigo do disposto no Tratado, impor no seu território que as informações referidas no artigo 15.º constem numa ou mais línguas oficiais da Comunidade por ele determinadas. Tal não obsta a que tais informações figurem em várias línguas.

Artigo 15.º *Requisitos gerais de rotulagem de aromas não destinados à venda ao consumidor final*
1. Caso os aromas não destinados à venda ao consumidor final sejam comercializados separadamente ou misturados com outros aromas e/ou outros ingredientes alimentares e/ou lhes sejam adicionadas outras substâncias nos termos do n.º 4 do artigo 3.º, as respectivas embalagens ou recipientes devem incluir as seguintes informações:

a) A denominação de venda: quer o termo «aroma», quer uma denominação mais específica ou uma descrição do aroma;

b) A menção «para alimentos», ou a menção «utilização limitada em alimentos», ou uma referência mais específica à utilização alimentar a que o aroma se destina;

c) Se for caso disso, as condições especiais de armazenagem e/ou de utilização;

d) Uma indicação que permita identificar o lote;

e) A enumeração, por ordem decrescente de peso:
i) Das categorias de aromas presentes; e
ii) Do nome de cada uma das restantes substâncias ou materiais presentes no produto ou, se for caso disso, do respectivo número E;

f) O nome ou a firma e o endereço do fabricante, embalador ou vendedor;

g) Uma indicação da quantidade máxima de cada componente ou grupo de componentes sujeitos a uma limitação quantitativa nos géneros alimentícios e/ou informação adequada em termos claros e facilmente compreensíveis que permita ao comprador assegurar o cumprimento do presente regulamento ou de outra legislação comunitária aplicável;

h) A quantidade líquida;

i) A data de durabilidade mínima ou a data-limite de utilização;

j) Caso seja relevante, informações sobre o aroma ou outras substâncias referidas no presente artigo e enumeradas no anexo III-A da Directiva 2000/13/CE relativamente à indicação dos ingredientes presentes nos géneros alimentícios.

2. Em derrogação ao disposto no n.º 1, as informações exigidas nas alíneas e) e g) desse número podem constar apenas dos documentos relativos à remessa a apresentar no acto de entrega ou antes dela, desde que a menção «não destinado à venda a

retalho» figure, em lugar bem visível, na embalagem ou no recipiente do produto em questão.

3. Em derrogação ao disposto no n.º 1, caso os aromas sejam fornecidos a granel, todas as informações podem constar apenas dos documentos relativos à remessa a apresentar no acto de entrega.

Artigo 16.º *Requisitos específicos para a utilização do termo «natural»*
1. Se o termo «natural» for usado para descrever um aroma na denominação de venda referida na alínea a) do n.º 1 do artigo 15.º, é aplicável o disposto nos n.ºˢ 2 a 6 do presente artigo.

2. O termo «natural» só pode ser utilizado para descrever um aroma se o componente aromatizante incluir exclusivamente preparações aromatizantes e/ou substâncias aromatizantes naturais.

3. O termo «substância(s) aromatizante(s) natural(ais)» só pode ser usado para aromas cujo componente aromatizante contenha exclusivamente substâncias aromatizantes naturais.

4. O termo «natural» só pode ser utilizado em combinação com uma referência a um género alimentício, categoria alimentar ou base aromatizante vegetal ou animal, se pelo menos 95 % por p/p do componente aromatizante tiver sido obtido a partir do material de base referido.
A descrição deve ser formulada do seguinte modo: «aroma natural de género(s) alimentício(s) ou categoria alimentar ou material(ais) de base».

5. A designação «aroma natural de género(s) alimentício(s) ou categoria alimentar ou material(ais) de base com outros aromas naturais» só pode ser usada se o componente aromatizante for parcialmente derivado do material de base referido, cujo aroma seja facilmente reconhecível.

6. O termo «aroma natural» só pode ser usado se o componente aromatizante for derivado de diferentes materiais de base e nos casos em que uma referência aos materiais de base não reflicta o seu aroma ou sabor.

Artigo 17.º *Rotulagem de aromas destinados à venda ao consumidor final*
1. Sem prejuízo do disposto na Directiva 2000/13/CE, na Directiva 89/396/CEE, do Conselho de 14 de Junho de 1989, relativa às menções ou marcas que permitem identificar o lote ao qual pertence um género alimentício e no Regulamento (CE) n.º 1829/2003, os aromas vendidos separadamente com outros aromas e/ou outros ingredientes alimentares e/ou aos quais tenham sido adicionadas outras substâncias, destinados à venda ao consumidor final, só podem ser comercializados se as suas embalagens incluírem a menção «para alimentos» ou «utilização limitada em alimentos» ou uma referência mais específica à utilização alimentar a que o aroma se destina, que deve ser facilmente visível, claramente legível e indelével.

2. Se o termo «natural» for usado para descrever um aroma na denominação de venda referida na alínea a) do n.º 1 do artigo 15.º, é aplicável o disposto no artigo 16.º.

Artigo 18.º.- *Outros requisitos de rotulagem*
Os artigos 14.º a 17.º não afectam as disposições legislativas, regulamentares ou administrativas mais pormenorizadas ou mais extensas relativas à metrologia ou à apresentação, classificação, embalagem e rotulagem de substâncias e preparados perigosos ou ao transporte de tais substâncias e preparados.

CAPÍTULO V.- DISPOSIÇÕES PROCESSUAIS E DE EXECUÇÃO

Artigo 19.º *Informações a comunicar pelos operadores das empresas do sector alimentar*
1. O produtor ou utilizador de uma substância aromatizante ou os seus representantes devem, a pedido da Comissão, informá-la da quantidade de substância adicionada aos géneros alimentícios na Comunidade, durante um período de 12 meses. As informações prestadas neste contexto são tratadas com confidencialidade, desde que não sejam necessárias para a avaliação da segurança.
A Comissão põe à disposição dos Estados-Membros informações sobre os teores de utilização para cada categoria alimentar na Comunidade.

2. Se for caso disso, em relação a um aroma já autorizado ao abrigo do presente regulamento e que seja preparado através de métodos de produção ou com matérias-primas significativamente diferentes dos incluídos na avaliação de risco da Autoridade, o produtor ou utilizador deve, antes de comercializar o aroma, apresentar à Comissão os dados necessários para permitir que a Autoridade efectue uma avaliação do aroma relativamente ao método de produção modificado ou às características alteradas.

3. O produtor ou utilizador de aromas e/ou materiais de base deve informar imediatamente a Comissão de quaisquer novas informações de carácter científico ou técnico de que tenha conhecimento e de que disponha que possam afectar a avaliação da segurança da substância aromatizante.

4. As regras de execução do n.º 1 são aprovadas pelo procedimento de regulamentação a que se refere o n.º 2 do artigo 21.º.

Artigo 20.º *Controlo a assegurar e relatórios a apresentar pelos Estados-Membros*
1. Os Estados-Membros devem estabelecer sistemas de controlo do consumo e utilização dos aromas constantes da lista comunitária e do consumo das substâncias enumeradas no anexo III, numa abordagem baseada no risco, e comunicar com a devida frequência os dados recolhidos à Comissão e à Autoridade.
2. Depois de consultada a Autoridade, é aprovada, pelo procedimento de regulamentação a que se refere o n.º 2 do artigo 21.º até 20 de Janeiro de 2011, uma metodologia comum para a recolha de informações pelos Estados-Membros relativamente ao consumo e à utilização de aromas constantes da lista comunitária e das substâncias enumeradas no anexo III.

Artigo 21.º Comité
1. A Comissão é assistida pelo Comité Permanente da Cadeia Alimentar e da Saúde Animal.
2. Sempre que se faça referência ao presente número, são aplicáveis os artigos 5.º e 7.º da Decisão 1999/468/CE, tendo-se em conta o disposto no seu artigo 8.º.
O prazo previsto no n.º 6 do artigo 5.º da Decisão 1999/468/CE é de três meses.
3. Sempre que se faça referência ao presente número, são aplicáveis os n.ºˢ 1 a 4 do artigo 5.º-A e o artigo 7.º da Decisão 1999/468/CE, tendo-se em conta o disposto no seu artigo 8.º.
4. Sempre que se faça referência ao presente número, são aplicáveis os n.ºˢ 1, 2, 4 e 6 do artigo 5.º-A e o artigo 7.º da Decisão 1999/468/CE, tendo-se em conta o disposto no seu artigo 8.º.

Artigo 22.º *Alterações aos anexos II a V*
As alterações aos anexos II a V do presente regulamento destinadas a ter em conta os progressos científicos e técnicos e que têm por objecto alterar elementos não essenciais do presente regulamento são aprovadas pelo procedimento de regulamentação com controlo a que se refere o n.º 3 do artigo 21.º, na sequência do parecer da Autoridade, se for caso disso.
Por imperativos de urgência, a Comissão pode recorrer ao procedimento de urgência a que se refere o n.º 4 do artigo 21.º.

Artigo 23.º *Financiamento comunitário de políticas harmonizadas*
A base jurídica para o financiamento das medidas decorrentes do presente regulamento é a alínea c) do n.º 1 do artigo 66.º do Regulamento (CE) n.º 882/2004.

CAPÍTULO VI.- DISPOSIÇÕES TRANSITÓRIAS E FINAIS

Artigo 24.º *Revogação*
1. A Directiva 88/388/CEE, a Decisão 88/389/CEE e a Directiva 91/71/CEE são revogadas a partir de 20 de Janeiro de 2011.
2. O Regulamento (CE) n.º 2232/96 é revogado a partir da data de aplicação da lista referida no n.º 2 do artigo 2.º do mesmo regulamento.
3. As remissões para os actos revogados devem entender-se como sendo feitas para o presente regulamento.

Artigo 25.º *Introdução da lista de substâncias aromatizantes na lista comunitária de aromas e materiais de base e regime transitório*
1. A lista comunitária é estabelecida através da introdução da lista de substâncias aromatizantes referida no n.º 2 do artigo 2.º do Regulamento (CE) n.º 2232/96 no anexo I do presente regulamento no momento da sua aprovação.
2. Até ao estabelecimento da lista comunitária, aplica-se o Regulamento (CE) n.º 1331/2008 para a avaliação e a autorização de substâncias aromatizantes que não

estejam abrangidas pelo programa de avaliação previsto no artigo 4.º do Regulamento (CE) n.º 2232/96.

Em derrogação desse procedimento, os prazos de nove meses referidos, respectivamente, no n.º 1 do artigo 5.º e no artigo 7.º do Regulamento (CE) n.º 1331/2008 não se aplicam a essa avaliação e autorização.

3. Quaisquer medidas transitórias adequadas que tenham por objecto alterar elementos não essenciais do presente regulamento, nomeadamente completando-o, são aprovadas pelo procedimento de regulamentação com controlo a que se refere o n.º 3 do artigo 21.º.

Artigo 26.º *Alteração ao Regulamento (CEE) n.º 1601/91*
O n.º 1 do artigo 2.º é alterado do seguinte modo:
1. Na alínea a), o primeiro subtravessão do terceiro travessão passa a ter a seguinte redacção:

«— substâncias aromatizantes e/ou preparações aromatizantes tal como definidas nas alíneas b) e d) do n.º 2 do artigo 3.º do Regulamento (CE) n.º 1334/2008 do Parlamento Europeu e do Conselho, de 16 de Dezembro de 2008, relativo aos aromas alimentares e a determinados ingredientes alimentares com propriedades aromatizantes utilizados nos e sobre os géneros alimentícios, e/ou

2. Na alínea b), o primeiro subtravessão do segundo travessão passa a ter a seguinte redacção:

«— substâncias aromatizantes e/ou preparações aromatizantes tal como definidas nas alíneas b) e d) do n.º 2 do artigo 3.º do Regulamento (CE) n.º 1334/2008, e/ou»;

3. Na alínea c), o primeiro subtravessão do segundo travessão passa a ter a seguinte redacção:

«— substâncias aromatizantes e/ou preparações aromatizantes tal como definidas nas alíneas b) e d) do n.º 2 do artigo 3.º do Regulamento (CE) n.º 1334/2008, e/ou».

Artigo 27.º *Alteração ao Regulamento (CE) n.º 2232/96*
O n.º 1 do artigo 5.º do Regulamento (CE) n.º 2232/96 passa a ter a seguinte redacção:
«1. A lista das substâncias aromatizantes referida no n.º 2 do artigo 2.º é aprovada nos termos do procedimento previsto no artigo 7.º, o mais tardar até 31 de Dezembro de 2010.»

Artigo 28.º *Alteração ao Regulamento (CE) n.º 110/2008*
O Regulamento (CE) n.º 110/2008 é alterado do seguinte modo:
1. A alínea c) do n.º 2 do artigo 5.º passa a ter a seguinte redacção:
«c) Contém substâncias aromatizantes, tal como definidas na alínea b) do n.º 2 do artigo 3.º do Regulamento (CE) n.º 1334/2008 do Parlamento Europeu e do Conselho de, 16 de Dezembro de 2008, relativo aos aromas e a determinados ingredientes alimentares com propriedades aromatizantes utilizados nos e sobre os géneros de alimentícios ([20]) e preparações aromatizantes, tal como definidas na alínea d) do n.º 2 do artigo 3.º do referido regulamento;

2. A alínea c) do n.º 3 do artigo 5.º passa a ter a seguinte redacção:
«c) Contém um ou mais aromas, tal como definidos na alínea a) do n.º 2 do artigo 3.º do Regulamento (CE) n.º 1334/2008;»;

3. No anexo I, o ponto 9 passa a ter a seguinte redacção:
«(9) *Aromatização*
Operação que consiste em utilizar, na preparação de uma bebida espirituosa, um ou mais aromas definidos na alínea a) do n.º 2 do artigo 3.º do Regulamento (CE) n.º 1334/2008.»

4. O anexo II é alterado do seguinte modo:
a) A alínea c) do ponto 19 passa a ter a seguinte redacção:
«c) Podem ser adicionadas outras substâncias aromatizantes, tal como definidas na alínea b) do n.º 2 do artigo 3.º do Regulamento (CE) n.º 1334/2008 e/ou preparações aromatizantes, tal como definidas na alínea d) do n.º 2 do artigo 3.º do referido regulamento, e/ou plantas aromáticas ou partes de plantas aromáticas, devendo, no entanto, ser perceptíveis as características organolépticas do zimbro, ainda que por vezes atenuadas.»;

b) A alínea c) do ponto 20 passa a ter a seguinte redacção:

«c) Na preparação do gin, só podem ser utilizadas substâncias aromatizantes, tal como definidas na alínea b) do n.º 2 do artigo 3.º do Regulamento (CE) n.º 1334/2008 e/ou preparações aromatizantes, tal como definidas na alínea d) do n.º 2 do artigo 3.º do referido regulamento, a fim de garantir a predominância do sabor do zimbro.»;

c) A subalínea ii) da alínea a) do ponto 21 passa a ter a seguinte redacção:

«ii) a mistura do produto dessa destilação com álcool etílico de origem agrícola com a mesma composição, pureza e título alcoométrico; podem ser igualmente utilizadas na aromatização do gin destilado substâncias aromatizantes e/ou preparações aromatizantes, tal como especificado na alínea c) da categoria 20.»;

d) A alínea c) do ponto 23 passa a ter a seguinte redacção:

«c) Podem ser adicionadas outras substâncias aromatizantes definidas na alínea b) do n.º 2 do artigo 3.º do Regulamento (CE) n.º 1334/2008 e/ou preparações aromatizantes tal como definidas na alínea d) do n.º 2 do artigo 3.º do referido regulamento, mas o sabor de alcaravia deve ser predominante.»;

e) A alínea c) do ponto 24 passa a ter a seguinte redacção:

«c) Podem ser utilizadas adicionadas outras substâncias aromatizantes naturais, tal como definidas na alínea c) do n.º 2 do artigo 3.º do Regulamento (CE) n.º 1334/2008 e/ou preparações aromatizantes, tal como definidas na alínea d) do n.º 2 do artigo 3.º do referido regulamento, mas o aroma dessas bebidas é devido, em grande parte, aos destilados de sementes de alcaravia (Carum carvi L.) e/ou de sementes de endro (Anethum graveolens L.), sendo proibida a utilização de óleos essenciais.»;

f) A alínea a) do ponto 30 passa a ter a seguinte redacção:

«a) Entende-se por bebida espirituosa com sabor amargo ou *bitter* uma bebida espirituosa com sabor amargo predominante, obtida por aromatização de álcool etílico de origem agrícola com substâncias aromatizantes, tal como definidas na alínea b) do n.º 2 do artigo 3.º do Regulamento (CE) n.º 1334/2008 e/ou preparações aromatizantes, tal como definidas na alínea d) do n.º 2 do artigo 3.º do referido regulamento;»;

g) Na alínea c) do ponto 32, o primeiro parágrafo e o proémio do segundo parágrafo passam a ter a seguinte redacção:

«c) Na preparação do licor, podem ser utilizadas substâncias aromatizantes, tal como definidas na alínea b) do n.º 2 do artigo 3.º do Regulamento (CE) n.º 1334/2008 e preparações aromatizantes, tal como definidas na alínea d) do n.º 2 do artigo 3.º do referido regulamento. Todavia, só as substâncias aromatizantes naturais, tal como definidas na alínea c) do n.º 2 do artigo 3.º do Regulamento (CE) n.º 1334/2008 e as preparações aromatizantes definidas na alínea d) do n.º 2 do artigo 3.º do referido regulamento podem ser utilizadas na preparação dos seguintes licores:»;

h) A alínea c) do ponto 41 passa a ter a seguinte redacção:

«c) Na elaboração de licor de ovos ou *advocaat, avocat* ou *advokat*, só podem ser utilizadas substâncias aromatizantes, tal como definidas na alínea b) do n.º 2 do artigo 3.ºdo Regulamento (CE) n.º 1334/2008 e preparações aromatizantes, tal como definidas na alínea d) do n.º 2 do artigo 3.º do referido regulamento.»;

i) A alínea a) do ponto 44 passa a ter a seguinte redacção:

«a) Entende-se por *väkevä glögi* ou *spritglögg* uma bebida espirituosa obtida a partir da aromatização de álcool etílico de origem agrícola com aromas de cravo de cabecinha e/ou canela através de um dos seguintes processos: maceração e/ou destilação, redestilação do álcool com partes das plantas acima referidas, adição de substâncias aromatizantes naturais, tal como definidas na alínea c) do n.º 2 do artigo 3.º do Regulamento (CE) n.º 1334/2008, de cravo de cabecinha ou de canela ou através de uma combinação desses processos.»;

j) A alínea c) do ponto 44 passa a ter a seguinte redacção:

«c) Podem também ser utilizados outros aromas, substâncias aromatizantes e/ou preparações aromatizantes, tal como definidos nas alíneas b), d) e h) do n.º 2 do artigo 3.º do Regulamento (CE) n.º 1334/2008, mas o aroma das especiarias referidas deve ser predominante.»;

k) Na alínea c) dos n.ᵒˢ 25, 26, 27, 28, 29, 33, 34, 35, 36, 37, 38, 39, 40, 42, 43, 45 e 46, o termo «preparados» deve ser substituído pelo termo «preparações».

Artigo 29.° *Alteração à Directiva 2000/13/CE*
Na Directiva 2000/13/CE, o anexo III passa a ter a seguinte redacção:
«ANEXO III.- DESIGNAÇÃO DOS AROMAS NA LISTA DE INGREDIENTES
1. Sem prejuízo do disposto no ponto 2, os aromas devem ser designados da seguinte forma:
— pelo termo "aromas", ou por uma designação ou descrição mais específica do aroma, se o componente aromatizante contiver aromas tal como definidos nas alíneas b), c), d), e), f), g) e h) do n.° 2 do artigo 3.° do Regulamento (CE) n.° 1334/2008 do Parlamento Europeu e do Conselho, de 16 de Dezembro de 2008, relativo aos aromas alimentares e a determinados ingredientes alimentares com propriedades aromatizantes utilizados nos e sobre os géneros alimentícios;
— pelo termo "aroma(s) de fumo", ou "aroma(s) de fumo 'produzido(s) a partir de' alimento(s) ou categoria alimentar ou fonte(s)" (ou seja, aroma de fumo produzido a partir de faia, se o componente aromatizante contiver aromas tal como definidos na alínea f) do n.° 2 do artigo 3.° do Regulamento (CE) n.° 1334/2008 e conferir aos géneros alimentícios um aroma a fumado.
2. O termo "natural" é utilizado para descrever um aroma na acepção do artigo 16.° do Regulamento (CE) n.° 1334/2008.

Artigo 30.° *Entrada em vigor*
O presente regulamento entra em vigor vinte dias após a sua publicação no Jornal Oficial da União Europeia.
É aplicável a partir de 20 de Janeiro de 2011.
O artigo 10.° é aplicável dezoito meses após a data de aplicação da lista comunitária.
Os artigos 26.° e 28.° são aplicáveis a partir da data de aplicação da lista comunitária.
O artigo 22.° é aplicável a partir de 20 de Janeiro de 2009. Os géneros alimentícios legalmente colocados no mercado ou rotulados antes de 20 de Janeiro de 2011 que não respeitem o presente regulamento podem ser comercializados até à sua data de durabilidade mínima ou data-limite de utilização.
O presente regulamento é obrigatório em todos os seus elementos e directamente aplicável em todos os Estados-Membros.

ANEXO I.-
Lista da união de aromas e materiais de base

[Anexo no reproducido en la presente publicación]

ANEXO II.-
Lista de processos tradicionais de preparação de géneros alimentícios

[Anexo no reproducido en la presente publicación]

ANEXO III.-
Presença de determinadas substâncias

[Anexo no reproducido en la presente publicación]

ANEXO IV.-
Lista de materiais de base cuja utilização na produção de aromas e de ingredientes alimentares com propriedades aromatizantes está sujeita a restrições

[Anexo no reproducido en la presente publicación]

ANEXO V.-
Condições para a produção de aromas obtidos por tratamento térmico e teores máximos de determinadas substâncias nesses aromas

[Anexo no reproducido en la presente publicación]

23 de Abril de 2009.- Directiva 2009/32/CE
do Parlamento Europeu e do Conselho
relativa à aproximação das legislações dos Estados-Membros sobre os solventes de
extracção utilizados no fabrico de géneros alimentícios e dos respectivos ingredientes
(reformulação)
(J.O. L 141, 06/06/2009)

(V.C. 16/09/2010)

O PARLAMENTO EUROPEU E O CONSELHO DA UNIÃO EUROPEIA,
Tendo em conta o Tratado que institui a Comunidade Europeia, nomeadamente o artigo 95.°,
Tendo em conta a proposta da Comissão,
Tendo em conta o parecer do Comité Económico e Social Europeu,
Deliberando nos termos do artigo 251.° do Tratado,
Considerando o seguinte:
(1) A Directiva 88/344/CEE do Conselho, de 13 de Junho de 1988, relativa à aproximação das legislações dos Estados-Membros sobre os solventes de extracção utilizados no fabrico de géneros alimentícios e dos respectivos ingredientes, foi por diversas vezes alterada de modo substancial. Uma vez que são necessárias novas alterações, deverá proceder-se, por razões de clareza, à sua reformulação.
(2) As diferenças entre as legislações nacionais sobre solventes de extracção entravam a livre circulação dos géneros alimentícios e podem originar condições desiguais de concorrência, o que tem uma incidência directa sobre o funcionamento do mercado interno.
(3) A aproximação destas legislações é portanto necessária para permitir a livre circulação dos géneros alimentícios.
(4) A legislação sobre solventes de extracção destinados a ser utilizados em géneros alimentícios deverá ter principalmente em conta as normas relativas à saúde humana e também, dentro dos limites impostos pela protecção da saúde, as necessidades económicas e técnicas.
(5) Uma tal aproximação deverá implicar a elaboração de uma lista única de solventes de extracção para preparação de géneros alimentícios ou ingredientes alimentares. Convém igualmente especificar os critérios gerais de pureza.
(6) O emprego de um solvente de extracção em boas condições de fabrico deveria ter como resultado a eliminação da totalidade ou da maior parte dos resíduos de solventes contidos nos géneros alimentícios ou nos ingredientes alimentares.
(7) Em tais condições, a presença de resíduos ou derivados no produto final do género alimentício ou do ingrediente pode ser involuntária mas tecnicamente inevitável.
(8) Uma limitação específica, embora útil duma maneira geral, não se torna necessária no caso das substâncias indicadas na parte I do anexo I e autorizadas por não atentarem contra a segurança do consumidor se forem empregues em boas condições de fabrico.
(9) É oportuno, na óptica da protecção da saúde pública, determinar as condições de emprego de outros solventes de extracção indicados nas partes II e III do anexo I e de valores máximos de resíduos permitidos nos géneros alimentícios e ingredientes alimentares.
(10) É conveniente definir critérios específicos de pureza para os solventes de extracção, assim como métodos de análise e de colheita de amostras de solventes de extracção no interior e à superfície dos géneros alimentícios.
(11) Se a utilização de um solvente de extracção previsto na presente directiva parecer, à luz de novas informações, acarretar um risco para a saúde, os Estados-Membros deverão poder suspendê-lo ou limitar a sua utilização ou ainda reduzir os limites previstos enquanto aguardam uma decisão a nível comunitário.
(12) As medidas necessárias à execução da presente directiva deverão ser aprovadas nos termos da Decisão 1999/468/CE do Conselho, de 28 de Junho de 1999, que fixa as regras de exercício das competências de execução atribuídas à Comissão.
(13) Em especial, deverá ser atribuída competência à Comissão para alterar a lista dos solventes de extracção cuja utilização é autorizada para o tratamento de matérias-primas, de géneros alimentícios ou de compostos de géneros alimentícios ou de ingredientes alimentares e para especificar as respectivas condições de utilização e dos limites máximos dos resíduos, para estabelecer os critérios de pureza específicos para

os solventes de extracção e os métodos de análise necessários ao controlo da observância dos critérios de pureza gerais e específicos, bem como para estabelecer o processo de colheita de amostras e os métodos de análise dos solventes de extracção utilizados nos géneros alimentícios. Atendendo a que têm alcance geral e se destinam a alterar elementos não essenciais da presente directiva, nomeadamente completando-a mediante o aditamento de novos elementos não essenciais, essas medidas devem ser aprovadas pelo procedimento de regulamentação com controlo previsto no artigo 5.º-A da Decisão 1999/468/CE.

(14) Por razões de eficácia, os prazos normalmente aplicáveis no âmbito do procedimento de regulamentação com controlo deverão ser abreviados para a aprovação das alterações à lista dos solventes de extracção que podem ser utilizados para o tratamento de matérias-primas, de géneros alimentícios, de compostos de géneros alimentícios ou de ingredientes alimentares e para a especificação das respectivas condições de utilização e limites máximos dos resíduos e para a aprovação dos critérios de pureza específicos para os solventes de extracção.

(15) Caso, por imperativos de urgência, e em especial se existir um risco par a saúde humana, os prazos normalmente aplicáveis no âmbito do procedimento de regulamentação com controlo não possam ser cumpridos, a Comissão deverá poder aplicar o procedimento de urgência previsto no n.º 6 do artigo 5.º-A da Decisão 1999/468/CE para a aprovação de alterações à lista dos solventes de extracção cuja utilização é autorizada para o tratamento de matérias-primas, de géneros alimentícios ou de compostos de géneros alimentícios ou de ingredientes alimentares e para a especificação das respectivas condições de utilização e dos limites máximos dos resíduos, e ao estabelecimento dos critérios de pureza específicos para os solventes de extracção, bem como no que diz respeito à adopção de alterações à presente directiva, sempre que se verificar que a utilização em géneros alimentícios de qualquer uma das substâncias enunciadas no anexo I ou o nível de um ou mais dos componentes contidos em tais substâncias, a que se refere o artigo 3.º, pode pôr em perigo a saúde humana, apesar de serem respeitadas as condições previstas na presente directiva.

(16) Os novos elementos introduzidos na presente directiva apenas dizem respeito a procedimentos de comité. Não é necessária, portanto, a sua transposição pelos Estados-Membros.

(17) A presente directiva não deverá prejudicar as obrigações dos Estados-Membros relativas aos prazos de transposição para o direito nacional das directivas, indicados na parte B do anexo II,

APROVARAM A PRESENTE DIRECTIVA:

Artigo 1.º
1. A presente directiva aplica-se aos solventes de extracção utilizados ou destinados a ser utilizados no fabrico de géneros alimentícios ou de ingredientes alimentares.

A presente directiva não se aplica aos solventes de extracção utilizados na produção de aditivos alimentares, de vitaminas e de outros aditivos nutricionais, excepto se esses aditivos alimentares, vitaminas e outros aditivos nutricionais figurarem no anexo I.

Contudo, os Estados-Membros tomam as medidas necessárias para que a utilização de aditivos alimentares, de vitaminas e de outros aditivos nutricionais não introduza nos géneros alimentícios resíduos de solventes de extracção em teores perigosos para a saúde humana.

A presente directiva é aplicável sem prejuízo das disposições adoptadas no âmbito de legislações comunitárias mais específicas.

2. Para efeitos da presente directiva, entende-se por:

a) «Solvente», toda a substância própria para dissolver um género alimentício ou um componente de um género alimentício, incluindo qualquer contaminante presente no ou sobre o género alimentício;

b) «Solvente de extracção», um solvente utilizado no processo de extracção durante o processamento de matérias-primas, de géneros alimentícios, de componentes ou de ingredientes destes produtos, que é eliminado mas que pode provocar a presença involuntária mas tecnicamente inevitável de resíduos ou de derivados no género alimentício ou no ingrediente.

Artigo 2.º

1. Os Estados-Membros autorizam a utilização, como solventes de extracção no fabrico dos géneros alimentícios ou dos ingredientes alimentares, das substâncias e matérias enumeradas no anexo I, nas condições e dentro do respeito dos limites máximos de resíduos referidos nesse anexo.

Os Estados-Membros não podem proibir, restringir ou entravar a colocação no mercado de géneros alimentícios ou de ingredientes alimentares que correspondam às normas da presente directiva, por motivos relacionados com os solventes de extracção utilizados ou os seus resíduos.

2. Os Estados-Membros proíbem a utilização, como solventes de extracção, de substâncias e matérias que não sejam os solventes de extracção enumerados no Anexo I e não podem alargar essas condições de uso e os limites de resíduos admissíveis para além daquilo que está indicado.

3. São autorizadas como solventes de extracção no fabrico de géneros alimentícios ou dos ingredientes alimentares, tanto a água, à qual podem ter sido adicionadas substâncias para regular a acidez ou a alcalinidade, como outras substâncias alimentares que possuam propriedades de solventes.

Artigo 3.º

Os Estados-Membros tomam todas as medidas necessárias para garantir que as substâncias e matérias constantes do anexo I como solventes de extracção obedeçam aos seguintes critérios de pureza gerais e específicos:

a) Não conter uma quantidade perigosa, do ponto de vista toxicológico, de qualquer elemento ou substância;

b) Sob reserva das excepções eventualmente previstas para os critérios de pureza específicos aprovados nos termos da alínea d) do artigo 4.º, não conter mais de 1 mg/kg de arsénico ou mais de 1 mg/kg de chumbo;

c) Corresponder aos critérios de pureza específicos aprovados nos termos da alínea d) do artigo 4.º

Artigo 4.º

A Comissão aprova o seguinte:

a) As alterações do anexo I necessárias para ter em conta o progresso científico e técnico no domínio da utilização de solventes, das respectivas condições de utilização e dos limites máximos de resíduos;

b) Os métodos de análise necessários ao controlo da observância dos critérios de pureza gerais e específicos previstos no artigo 3.º;

c) O processo de colheita de amostras e os métodos de análise qualitativa e quantitativa dos solventes de extracção referidos no anexo I e utilizados nos géneros alimentícios ou ingredientes alimentares;

d) Se tal for necessário, critérios de pureza específicos para os solventes de extracção referidos no anexo I, nomeadamente os teores máximos autorizados em mercúrio e em cádmio desses solventes.

As medidas referidas nas alíneas b) e c) do primeiro parágrafo, que têm por objecto alterar elementos não essenciais da presente directiva, nomeadamente completando-a, são aprovadas pelo procedimento de regulamentação com controlo referido no n.º 2 do artigo 6.º

As medidas referidas nas alíneas a) e d) do primeiro parágrafo, que têm por objecto alterar elementos não essenciais da presente directiva, nomeadamente completando-a, são aprovadas pelo procedimento de regulamentação com controlo referido no n.º 3 do artigo 6.º

Sempre que necessário, as medidas referidas nas alíneas a) e d) do primeiro parágrafo são aprovadas pelo procedimento de urgência referido no n.º 4 do artigo 6.º

Artigo 5.º

1. Se na sequência de novas informações ou de uma reavaliação das informações existentes efectuada após a aprovação da presente directiva, um Estado-Membro tiver motivos precisos que permitam estabelecer que o uso nos géneros alimentícios de uma das substâncias referidas no anexo I, ou a presença nessas substâncias de um ou mais componentes referidos no artigo 3.º, é susceptível de ser nociva para a saúde humana, embora sejam respeitadas as condições previstas na presente directiva, esse Estado-Membro pode suspender ou restringir temporariamente no seu território a aplicação das

disposições em causa. O mesmo Estado-Membro informará imediatamente os outros Estados-Membros e a Comissão desse facto, fornecendo os motivos da sua decisão.

2. A Comissão analisa dentro do mais curto prazo os motivos invocados pelo Estado-Membro em questão e consulta o comité referido no n.º 1 do artigo 6.º, emitindo imediatamente um parecer e tomando medidas adequadas que podem substituir as medidas referidas no n.º 1 do presente artigo.

3. Se a Comissão considerar que são necessárias alterações à presente directiva para solucionar as dificuldades referidas no n.º 1 e garantir a protecção da saúde humana, aprova essas alterações.

Estas medidas, que têm por objecto alterar elementos não essenciais da presente directiva, são aprovadas pelo procedimento de urgência referido no n.º 4 do artigo 6.º

Nesse caso, o Estado-Membro que tomou as medidas de salvaguarda pode aplicá-las até à entrada em vigor dessas alterações no seu território.

Artigo 6.º

1. A Comissão é assistida pelo Comité Permanente da Cadeia Alimentar e da Saúde Animal, instituído pelo artigo 58.º do Regulamento (CE) n.º 178/2002 do Parlamento Europeu e do Conselho, de 28 de Janeiro de 2002, que determina os princípios e normas gerais da legislação alimentar, cria a Autoridade Europeia para a Segurança dos Alimentos e estabelece procedimentos em matéria de segurança dos géneros alimentícios.

2. Sempre que se faça referência ao presente número, são aplicáveis os n.ºs 1 a 4 do artigo 5.º-A e o artigo 7.º da Decisão 1999/468/CE, tendo-se em conta o disposto no seu artigo 8.º

3. Sempre que se faça referência ao presente número, são aplicáveis os n.ºs 1 a 4 e a alínea b) do n.º 5, do artigo 5.º-A e o artigo 7.º da Decisão 1999/468/CE, tendo-se em conta o disposto no seu artigo 8.º

Os prazos previstos na alínea c) do n.º 3 e nas alíneas b) e e) do n.º 4 do artigo 5.º-A da Decisão 1999/468/CE são de dois meses, um mês e dois meses respectivamente.

4. Sempre que se faça referência ao presente número, são aplicáveis os n.ºs 1, 2, 4 e 6 do artigo 5.º-A e o artigo 7.º da Decisão 1999/468/CE, tendo-se em conta o disposto no seu artigo 8.º

Artigo 7.º

1. Os Estados-Membros tomam as medidas necessárias para assegurar que as substâncias enumeradas no anexo I e destinadas, na qualidade de solventes de extracção, a fins alimentares apenas possam ser colocadas no mercado se as respectivas embalagens, recipientes ou rótulos apresentarem as seguintes referências, inscritas por forma a serem facilmente visíveis, claramente legíveis e indeléveis:

a) A denominação de venda tal como indicada nos termos do anexo I;

b) Uma referência clara que indique que a substância é adequada para ser usada na extracção de géneros alimentícios ou de ingredientes alimentares;

c) Uma referência que permita identificar o lote;

d) O nome ou a firma e o endereço do fabricante ou do embalador ou de um vendedor estabelecido na Comunidade;

e) A quantidade líquida expressa em unidades de volume;

f) Se necessário, as condições especiais de conservação ou de utilização.

2. Não obstante o n.º 1, as referências indicadas nas alíneas c), d), e) e f) desse número podem constar apenas dos documentos comerciais relativos ao lote a fornecer com ou antes da entrega.

3. O presente artigo não afecta as disposições comunitárias mais precisas ou mais completas relativas à metrologia ou à classificação, bem como ao acondicionamento e à rotulagem de substâncias e misturas perigosas.

4. Os Estados-Membros abstêm se de especificar regras para a indicação de referências em causa para além das previstas no presente artigo.

Todavia, cada Estado-Membro assegura a proibição no respectivo território da venda ao utilizador de solventes de extracção se as referências previstas no presente artigo não forem apresentadas numa linguagem facilmente compreensível pelos utilizadores, excepto se a informação dos utilizadores estiver assegurada por outras medidas. Esta disposição não impede que as referências sejam indicadas em várias línguas.

Artigo 8.º

1. A presente directiva é igualmente aplicável aos solventes de extracção utilizados ou destinados a ser utilizados no fabrico de géneros alimentícios ou dos respectivos ingredientes alimentares importados para a Comunidade.

2. A presente directiva não é aplicável aos solventes de extracção nem aos géneros alimentícios destinados à exportação para fora da Comunidade.

Artigo 9.º

É revogada a Directiva 88/344/CEE, com a redacção que lhe foi dada pelos actos referidos na parte A do anexo II, sem prejuízo das obrigações dos Estados-Membros no que respeita aos prazos de transposição para o direito nacional das directivas, indicados na parte B do anexo II.

As remissões para a directiva revogada devem entender-se como sendo feitas para a presente directiva e ser lidas de acordo com a tabela de correspondência que consta do anexo III.

Artigo 10.º

A presente directiva entra em vigor no vigésimo dia seguinte ao da sua publicação no Jornal Oficial da União Europeia.

Artigo 11.º

Os Estados-Membros são os destinatários da presente directiva.

ANEXO I.-

Solventes de extracção que podem ser utilizados durante o processamento de matérias-primas, de géneros alimentícios ou de componentes alimentares ou de ingredientes alimentares

[Anexo no reproducido en la presente publicación]

ANEXO II

[Anexo no reproducido en la presente publicación]

ANEXO III.-

Tabela de correspondência

[Anexo no reproducido en la presente publicación]

1 de Outubro de 2012.- Regulamento de execução (UE) N.º 872/2012
da Comissão
que adota a lista das substâncias aromatizantes
prevista no Regulamento (CE) n.º 2232/96 do Parlamento Europeu e do Conselho, inclui essa lista no anexo I do Regulamento (CE) n.º 1334/2008 do Parlamento Europeu e do Conselho e revoga o Regulamento (CE) n.º 1565/2000 e a Decisão 1999/217/CE
(J.O. L 267, 02/10/2012)

A COMISSÃO EUROPEIA,

Tendo em conta o Tratado sobre o Funcionamento da União Europeia,

Tendo em conta o Regulamento (CE) n.º 2232/96 do Parlamento Europeu e do Conselho, de 28 de outubro de 1996, que estabelece um procedimento comunitário aplicável no domínio das substâncias aromatizantes utilizadas ou que se destinem a serem utilizadas nos géneros alimentícios, nomeadamente o artigo 3.º, n.º 2, o artigo 4.º, n.º 1, e o artigo 5.º,

Tendo em conta o Regulamento (CE) n.º 1334/2008 do Parlamento Europeu e do Conselho, de 16 de dezembro de 2008, relativo aos aromas e a determinados ingredientes alimentares com propriedades aromatizantes utilizados nos e sobre os géneros alimentícios e que altera o Regulamento (CEE) n.º 1601/91 do Conselho, os Regulamentos (CE) n.º 2232/96 e (CE) n.º 110/2008 e a Diretiva 2000/13/CE, nomeadamente o artigo 25.º, n.º 1,

Considerando o seguinte:

(1) O Regulamento (CE) n.º 2232/96 estabelece um procedimento comunitário de avaliação e autorização de substâncias aromatizantes. Os Estados-Membros notificaram à Comissão a lista das substâncias aromatizantes que podem ser usadas nos géneros alimentícios comercializados nos respetivos territórios.

(2) O Regulamento (CE) n.º 2232/96 prevê o estabelecimento de uma lista de substâncias aromatizantes autorizadas, com exclusão de quaisquer outras. A referida lista deve ser elaborada com base num repertório das substâncias aromatizantes notificadas pelos Estados-Membros e em função de um programa de avaliação específico.

(3) As substâncias notificadas foram inscritas num repertório criado pela Decisão 1999/217/CE da Comissão, de 23 de fevereiro de 1999, que adota um repertório das substâncias aromatizantes utilizadas nos géneros alimentícios, elaborado em aplicação do Regulamento (CE) n.º 2232/96 do Parlamento Europeu e do Conselho.

(4) O Regulamento (CE) n.º 1565/2000 da Comissão estabeleceu as medidas necessárias para a adoção de um programa de avaliação em aplicação do Regulamento (CE) n.º 2232/96. Ao abrigo do artigo 5.º, n.º 2, do Regulamento (CE) n.º 2232/96, foram também incluídas no programa de avaliação substâncias aromatizantes não enumeradas no repertório.

(5) A Autoridade Europeia para a Segurança dos Alimentos (a seguir designada «Autoridade») avaliou várias substâncias aromatizantes mediante uma abordagem faseada, que integra as informações sobre as relações entre estrutura e atividade, os teores consumidos nas utilizações correntes, o limiar toxicológico, bem como os dados disponíveis sobre metabolismo e toxicidade. As substâncias aromatizantes que não suscitem preocupações em termos de segurança nos níveis em que são ingeridas através da alimentação devem ser incluídas na lista referida no Regulamento (CE) n.º 2232/96.

(6) Nos termos do artigo 2.º, n.º 1, do Regulamento (CE) n.º 1565/2000, as substâncias incluídas no repertório e já classificadas pelo Comité Científico da Alimentação Humana (a seguir designado «CCAH») na categoria 1, pelo Conselho da Europa na categoria A , ou pelo Comité Misto FAO/OMS de Peritos em Aditivos Alimentares (a seguir designado «CMPAA») enquanto substâncias que não apresentam riscos de segurança, tal como especificado nos relatórios das 46.ª, 49.ª, 51.ª e 53.ª reuniões, não necessitam de ser reavaliadas no âmbito do programa de avaliação. Estas substâncias devem ser incluídas na lista referida no Regulamento (CE) n.º 2232/96.

(7) Nos termos do artigo 2.º, n.º 2, do Regulamento (CE) n.º 1565/2000, as substâncias incluídas no repertório e classificadas pelo CMPAA, desde 2000, enquanto substâncias que não apresentam riscos, com base na abordagem por defeito da estimativa de ingestão, devem ser examinadas pela Autoridade. As substâncias relativamente às quais

a Autoridade tenha concordado com a conclusão do CMPAA devem ser incluídas na lista referida no Regulamento (CE) n.º 2232/96.

(8) As substâncias aromatizantes podem ser usadas nos géneros alimentícios de acordo com boas práticas de fabrico ou, caso necessário, com condições específicas. A lista referida no Regulamento (CE) n.º 2232/96 deve conter informações sobre o número de identificação único da substância (n.º FL), a denominação da substância (denominação química), o número de registo no CAS (Chemical Abstracts Service), o número CMPAA, o número do Conselho da Europa, a pureza, as condições específicas de utilização e a referência ao organismo científico que realizou ou está a realizar a avaliação.

(9) Para efeitos do presente regulamento, devem utilizar-se as categorias de géneros alimentícios definidas no anexo II do Regulamento (CE) n.º1333/2008 do Parlamento Europeu e do Conselho, de 16 de dezembro de 2008, relativo aos aditivos alimentares. Sempre que tal for necessário, podem adotar-se decisões de interpretação em conformidade com o artigo 13.º, alínea c), do Regulamento (CE) n.º 1334/2008 a fim de esclarecer se um determinado género alimentício pertence ou não a uma determinada categoria.

(10) As substâncias aromatizantes que não foram objeto de avaliação favorável quanto à sua segurança foram enumeradas no anexo III, parte A, do Regulamento (CE) n.º 1334/2008, sobre as substâncias que não devem ser adicionadas como tais aos géneros alimentícios, ou foram suprimidas do repertório pelas Decisões 2005/389/CE, 2006/252/CE e 2008/478/CE da Comissão..

(11) As substâncias aromatizantes relativamente às quais não foram fornecidas as informações solicitadas e que, por conseguinte, não foram avaliadas pela Autoridade em conformidade com o artigo 3.º, n.º 5, do Regulamento (CE) n.º 1565/2000, não devem ser incluídas na lista referida no Regulamento (CE) n.º 2232/96.

(12) As substâncias aromatizantes cujos responsáveis pela colocação no mercado retiraram o pedido não devem ser incluídas na lista referida no Regulamento (CE) n.º 2232/96.

(13) Relativamente a diversas substâncias, a Autoridade não completou a avaliação ou solicitou a apresentação de dados científicos adicionais a fim de concluir a avaliação. Em conformidade com os objetivos dos Regulamentos (CE) n.º 2232/96 e (CE) n.º 1334/2008, e a fim de incrementar a segurança jurídica, afigura-se adequado incluir essas substâncias na lista referida no Regulamento (CE) n.º 2232/96 para que as substâncias que se encontram atualmente colocadas no mercado possam continuar a ser usadas nos géneros alimentícios até à conclusão da avaliação dos riscos e dos procedimentos de autorização.

(14) A fim de gerir a apresentação de dados científicos adicionais solicitados pela Autoridade, devem ser definidos prazos para que os responsáveis pela colocação das substâncias aromatizantes no mercado cumpram os pedidos da Autoridade, tal como expressos nos pareceres publicados. Por conseguinte, na lista referida no Regulamento (CE) n.º 2232/96, as substâncias relativamente às quais a Autoridade tenha solicitado a apresentação de dados científicos adicionais foram assinaladas com as notas 2 a 4. Deve ser fixado um prazo para que a Autoridade avalie os dados apresentados. Sempre que as informações necessárias não sejam apresentadas no prazo fixado, a substância aromatizante em questão não pode ser avaliada em conformidade com o artigo 3.º, n.º 5, do Regulamento (CE) n.º 1565/2000, pelo que será retirada da lista da União em conformidade com o procedimento estabelecido no artigo 7.º do Regulamento (CE) n.º 1331/2008 do Parlamento Europeu e do Conselho.

(15) As substâncias aromatizantes relativamente às quais a Autoridade ainda não tenha completado a avaliação, e para as quais não esteja pendente qualquer pedido de informação adicional, devem ser identificadas, enquanto tais, com a nota 1, na lista referida no Regulamento (CE) n.º2232/96.

(16) Se a substância aromatizante autorizada for uma mistura racémica (mistura em quantidades iguais de isómeros óticos), também deve estar autorizada a utilização de ambas as configurações R e S. Se apenas a configuração R estiver autorizada, então a configuração S não deve estar coberta pela autorização e vice-versa.

(17) Vários aminoácidos D e D,L foram avaliados pela Autoridade, que os considerou seguros para utilização como substâncias aromatizantes, desde que as substâncias permaneçam inalteradas quando consumidas. Por conseguinte, os aminoácidos devem ser incluídos na lista referida no Regulamento (CE) n.º 2232/96, unicamente no que respeita à sua utilização como substâncias aromatizantes.

(18) A lista referida no Regulamento (CE) n.º 2232/96 destina-se exclusivamente a regulamentar a utilização de substâncias aromatizantes adicionadas aos géneros alimentícios para lhes conferir ou modificar cheiro e/ou sabor. Determinadas substâncias constantes da lista podem também ser adicionadas aos géneros alimentícios com outros fins, ficando essas utilizações sujeitas a outras normas. Relativamente a determinadas substâncias, é necessário estabelecer um teor de utilização respeitante ao seu uso como substância aromatizante. Estas substâncias são a cafeína (n.º FL 16.016), a teobromina (n.º FL 16.032), a neo-hesperidina di-hidrocalcona (n.º FL 16.061) e o rebaudiósido A (n.º FL 16.113). No que se refere ao cloreto de amónio (n.º FL 16.048) já estão em vigor disposições nacionais. Assim, para garantir o funcionamento do mercado interno, os teores de utilização devem ser harmonizados.

(19) A Autoridade recomendou, no seu parecer adotado em 22 de maio de 2008, que, para a D-cânfora (n.º FL 07.215), se fixasse um teor máximo de utilização a fim de garantir que a exposição a essa substância não exceda 2 mg/kg de peso corporal por dia para todos os grupos etários. Consequentemente, devem estabelecer-se condições específicas de utilização da D-cânfora.

(20) No parecer adotado a 19 de fevereiro de 1988, o CCAH concluiu não haver objeções, de um ponto de vista toxicológico, à continuação da utilização aos teores atuais (até um máximo de 100 mg/l) de quinino em bebidas amargas. A Autoridade não contesta esta avaliação mas recomenda que a base de dados toxicológica relativa ao quinino seja reconsiderada. Na pendência da reavaliação do quinino, a utilização dos três sais de quinino (n.º[os] FL 14.011, FL 14.152 e FL 14.155) deve restringir-se às bebidas alcoólicas e não alcoólicas.

(21) A Autoridade analisou, no parecer adotado em 22 de maio de 2008, o ácido glicirrízico e a sua forma amoniada. A Autoridade corroborou a avaliação do CCAH, que considerou que uma ingestão de 100 mg/dia por pessoa não seria preocupante em termos de segurança. Assim, devem estabelecer-se condições específicas de utilização do ácido glicirrízico (n.º FL 16.012) e da sua forma amoniada (n.º FL 16.060) enquanto substâncias aromatizantes.

(22) O Regulamento (CE) n.º 1334/2008 revoga o Regulamento (CE) n.º 2232/96 a partir da data de aplicação da lista referida no artigo 2.º, n.º 2, do mesmo regulamento. Por conseguinte, afigura-se adequado, por motivos de segurança jurídica, estabelecer a data de aplicação daquela lista. Todavia, relativamente às substâncias aromatizantes incluídas no anexo do presente regulamento e assinaladas com as notas 1 a 4, deve continuar a aplicar-se o princípio do reconhecimento mútuo estabelecido no Regulamento (CE) n.º 2232/96. Após a conclusão da avaliação dos riscos e dos procedimentos de autorização dessas substâncias aromatizantes, o Regulamento (CE) n.º 2232/96 deixará de aplicar-se e tornar-se-á obsoleto.

(23) O programa de avaliação previsto no Regulamento (CE) n.º 1565/2000 destinava-se ao estabelecimento da lista referida no artigo 2.º, n.º 2, do Regulamento (CE) n.º 2232/96. Com o estabelecimento da lista, o Regulamento (CE) n.º 1565/2000 torna-se obsoleto e deve ser revogado. Contudo, deve continuar a aplicar-se às substâncias aromatizantes incluídas no anexo do presente regulamento e assinaladas com as notas 1 a 4. Após a conclusão da avaliação dos riscos e dos procedimentos de autorização dessas substâncias aromatizantes, o Regulamento (CE) n.º 1565/2000 deixará de aplicar-se e tornar-se-á obsoleto.

(24) O repertório das substâncias aromatizantes utilizadas nos géneros alimentícios adotado pela Decisão 1999/217/CE tornou-se obsoleto com o estabelecimento da lista referida no artigo 2.º, n.º 2, do Regulamento (CE) n.º 2232/96, pelo que se deve proceder à sua revogação.

(25) O Regulamento (CE) n.º 1334/2008 determina que a lista da União de aromas e materiais de base deve ser estabelecida mediante a inclusão da lista de substâncias aromatizantes referida no artigo 2.º, n.º 2, do Regulamento (CE) n.º 2232/96 no anexo I do Regulamento (CE) n.º 1334/2008 no momento da sua aprovação. Por conseguinte, a lista de substâncias aromatizantes referida no artigo 2.º, n.º 2, do Regulamento (CE) n.º 2232/96 deve ser incluída no anexo I do Regulamento (CE) n.º 1334/2008.

(26) A lista da União de aromas e materiais de base deve aplicar-se sem prejuízo de outras disposições estabelecidas em legislação setorial específica.

(27) A utilização de aromas e materiais de base em fórmulas para lactentes, fórmulas de transição, alimentos transformados à base de cereais, alimentos para bebés e alimentos dietéticos com fins medicinais específicos destinados a lactentes e crianças jovens referidos na Diretiva 2009/39/CE do Parlamento Europeu e do Conselho, de 6 de

maio de 2009, relativa aos géneros alimentícios destinados a uma alimentação especial, será harmonizada no futuro no quadro de normas específicas a adotar relativamente à composição de géneros alimentícios destinados a lactentes e crianças jovens.

Entretanto, os Estados-Membros devem poder aplicar, nesta matéria, disposições nacionais mais rigorosas do que as previstas na lista de substâncias aromatizantes referida no artigo 2.º, n.º 2, do Regulamento (CE) n.º 2232/96.

(28) Nos termos do Regulamento (CE) n.º 1334/2008, as substâncias aromatizantes não incluídas na lista da União podem ser colocadas no mercado como tal e utilizadas nos alimentos até 18 meses após a data de aplicação da lista da União. Visto que já se encontram substâncias aromatizantes no mercado nos Estados-Membros, foram adotadas disposições para garantir uma transição suave para um procedimento de autorização da União. Para o efeito, o Regulamento (UE) n.º 873/2012 estabeleceu períodos transitórios aplicáveis aos alimentos que contêm essas substâncias aromatizantes.

(29) As medidas previstas no presente regulamento estão em conformidade com o parecer do Comité Permanente da Cadeia Alimentar e da Saúde Animal,
ADOTOU O PRESENTE REGULAMENTO:

Artigo 1.º *Definições*
Para efeitos do presente regulamento, entende-se por:
a) «Lista da União», a lista de aromas e materiais de base estabelecida no anexo I do Regulamento (CE) n.º 1334/2008;
b) «Substâncias aromatizantes avaliadas», substâncias cuja avaliação e aprovação ao nível da União já se encontra concluída. Essas substâncias não estão assinaladas com nenhuma nota, na parte A da lista da União de aromas e materiais de base;
c) «Substâncias aromatizantes em avaliação», substâncias cuja avaliação dos riscos ao nível da União ainda não estava concluída quando da entrada em vigor do presente regulamento. Essas substâncias estão assinaladas com as notas 1 a 4 na parte A da lista da União de aromas e materiais de base.

Artigo 2.º *Adoção da lista de substâncias aromatizantes referida no Regulamento (CE) n.º 2232/96*
É adotada a lista de substâncias aromatizantes referida no artigo 2.º, n.º 2, do Regulamento (CE) n.º 2232/96 tal como consta da parte A do anexo do presente regulamento.

Artigo 3.º *Inclusão da lista de substâncias aromatizantes no Regulamento (CE) n.º 1334/2008*
O texto constante do anexo do presente regulamento é incluído no anexo I do Regulamento (CE) n.º 1334/2008.

Artigo 4.º *Substâncias aromatizantes em avaliação*
As substâncias aromatizantes em avaliação podem ser colocadas no mercado e utilizadas nos géneros alimentícios na pendência da sua introdução, enquanto substâncias aromatizantes avaliadas, na parte A da lista da União ou da sua retirada dessa lista.

Artigo 5.º *Atualização da lista*
Sempre que necessário, a parte A da lista da União deve ser atualizada em conformidade com o procedimento referido no artigo 7.º do Regulamento (CE) n.º 1331/2008 a partir da data de entrada em vigor do presente regulamento.

Artigo 6.º *Revogação do Regulamento (CE) n.º 2232/96*
1. Para efeitos do disposto no artigo 24.º, n.º 2, do Regulamento (CE) n.º 1334/2008 relativo à revogação do Regulamento (CE) n.º 2232/96, a data de aplicação da lista de substâncias aromatizantes referida no artigo 2.º, n.º 2, do Regulamento (CE) n.º 2232/96 é 22 de abril de 2013.
2. Todavia, os artigos 1.º e 2.º, o artigo 3.º, n.os 1 e 2, e o artigo 4.º, n.os 1 e 2, do Regulamento (CE) n.º 2232/96 bem como o seu anexo continuam a aplicar-se às substâncias aromatizantes em avaliação na pendência da sua introdução, enquanto substâncias avaliadas, na parte A da lista da União ou até à sua retirada dessa lista. Nesses artigos, as referências ao repertório de substâncias aromatizantes devem entender-se como referências à parte A da lista da União.

Artigo 7.° *Revogação do Regulamento (CE) n.° 1565/2000*
O Regulamento (CE) n.° 1565/2000 é revogado com efeitos a partir de 22 de abril de 2013. Todavia, continua a aplicar-se às substâncias aromatizantes em avaliação.

Artigo 8.° *Revogação da Decisão 1999/217/CE*
A Decisão 1999/217/CE é revogada com efeitos a partir de 22 de abril de 2013.

Artigo 9.° *Disposições aplicáveis aos alimentos para lactentes e crianças jovens*
Os Estados-Membros podem aplicar disposições nacionais mais rigorosas do que as previstas na parte A da lista da União no que se refere à utilização de substâncias aromatizantes em fórmulas para lactentes, fórmulas de transição, alimentos transformados à base de cereais, alimentos para bebés e alimentos dietéticos com fins medicinais específicos destinados a lactentes e crianças jovens tal como referidos na Diretiva 2009/39/CE. Essas medidas nacionais devem ser essenciais para garantir a adequada proteção dos consumidores e proporcionadas em relação à consecução daquele objetivo.

Artigo 10.° *Entrada em vigor*
O presente regulamento entra em vigor no vigésimo dia seguinte ao da sua publicação no Jornal Oficial da União Europeia.
É aplicável a partir de 22 de abril de 2013.

ANEXO
Lista da união de aromas e materiais de base

[Anexo no reproducido en la presente publicación]

Seleção de documentos não reproduzidos

Primeira Directiva 85/503/CEE da Comissão, de 25 de Outubro de 1985, relativa aos métodos de análise das caseínas e caseinatos alimentares.

Primeira Directiva nº 86/424/CEE da Comissão, de 15 de Julho de 1986, que fixa métodos de colheita de amostras de caseínas e casinatos alimentares com vista à análise química.

Directiva 95/45/CE da Comissão, de 26 de Julho de 1995, que estabelece os critérios de pureza específicos dos corantes que podem ser utilizados nos géneros alimentícios [V.C. 10/04/2006].

Regulamento (CE) nº 1037/2001 do Conselho, de 22 de Maio de 2001, que autoriza a oferta e o fornecimento para consumo humano directo de certos vinhos importados susceptíveis de terem sido objecto de práticas enológicas não previstas no Regulamento (CE) n.º 1493/1999 [V.C. 01/01/2014].

Regulamento (CE) nº 1895/2005 da Comissão, de 18 de Novembro de 2005, relativo à restrição de utilização de determinados derivados epoxídicos em materiais e objectos destinados a entrar em contacto com os alimentos.

Regulamento (CE) nº 1881/2006 da Comissão, de 19 de Dezembro de 2006, que fixa os teores máximos de certos contaminantes presentes nos géneros alimentícios [V.C. 01/07/2014].

Directiva 2007/42/CE da Comissão, 29 de Junho de 2007, respeitante aos materiais e objectos em película de celulose regenerada destinados a entrar em contacto com géneros alimentícios.

Regulamento (CE) nº 440/2008 da Comissão, de 30 de Maio de 2008, que estabelece métodos de ensaio nos termos do Regulamento (CE) n.º 1907/2006 do Parlamento Europeu e do Conselho relativo ao registo, avaliação, autorização e restrição de substâncias químicas (REACH) [V.C. 24/08/2014].

Directiva 2008/60/CE da Comissão, de 17 de Junho de 2008, que estabelece os critérios de pureza específicos dos edulcorantes que podem ser utilizados nos géneros alimentícios [V.C. 01/12/2012].

Directiva nº 2008/84/CE da Comissão, de 27 de Agosto de 2008, que estabelece os critérios de pureza específicos dos aditivos alimentares com excepção dos corantes e dos edulcorantes [V.C. 01/12/2012].

Regulamento (CE) nº 953/2009 da Comissão, de 13 de Outubro de 2009, relativo às substâncias que podem ser adicionadas, para fins nutricionais específicos, aos géneros alimentícios destinados a uma alimentação especial [V.C. 05/12/2011; fim de validade 19/07/2015].

Regulamento (UE) nº 37/2010 da Comissão, de 22 de Dezembro de 2009, relativo a substâncias farmacologicamente activas e respectiva classificação no que respeita aos limites máximos de resíduos nos alimentos de origem animal [V.C. 19/08/2014].

Regulamento (UE) nº 1129/2011 da Comissão, de 11 de Novembro de 2011, que altera o anexo II do Regulamento (CE) n.º 1333/2008 do Parlamento Europeu e do Conselho mediante o estabelecimento de uma lista da União de aditivos alimentares.

Regulamento (UE) nº 1130/2011 da Comissão, de 11 de Novembro de 2011, que altera o anexo III do Regulamento (CE) n.º 1333/2008 do Parlamento Europeu e do Conselho relativo aos aditivos alimentares, mediante o estabelecimento de uma lista da União de aditivos alimentares autorizados para utilização nos aditivos alimentares, enzimas alimentares, aromas alimentares e nutrientes.

Regulamento (UE) nº 231/2012 da Comissão, de 9 de março de 2012, que estabelece especificações para os aditivos alimentares enumerados nos anexos II e III do Regulamento (CE) n.º 1333/2008 do Parlamento Europeu e do Conselho [V.C. 03/10/2014].

Regulamento de Execução (UE) N.º 307/2012 da Comissão, de 11 de abril de 2012, que estabelece as regras de execução do artigo 8.o do Regulamento (CE) n.o 1925/2006 do Parlamento Europeu e do Conselho, relativo à adição de vitaminas, minerais e determinadas outras substâncias aos alimentos.

Capítulo 3.- Biotecnologias

A.- Normas Gerais

6 de Julho de 1998.- Directiva 98/44/CE
do Parlamento Europeu e do Conselho
de relativa à protecção jurídica das invenções biotecnológicas
(J.O. L 213 de 30/07/1998)

TJUE (Grande Secção), 18 de Outubro de 2011. Processo C-34/10. Oliver Brüstle contra Greenpeace eV [Interpretação do artigo 6]. TJUE (Grande Secção), 6 de Julho de 2010. Processo C-428/08, Monsanto Technology LLC contra Cefetra BV e outros [Interpretação do artigo 9]. TJUE (Grande Secção) de 11 de Septembro de 2007. Processo C-431/05, Merck Genéricos - Produtos Farmacêuticos Ldª contra Merck & Co. Inc. e Merck Sharp & Dohme Ldª. [Cita artigo 41]. TJUE, 16 de Junho de 2005. Processo C-456/03. Comissão das Comunidades Europeias contra República Italiana [Diz respeito os artigos 3, 5, 6, 8, 9, 10, 11, 12 e 15].

O PARLAMENTO EUROPEU E O CONSELHO DA UNIÃO EUROPEIA,
Tendo em conta o Tratado que institui a Comunidade Europeia e, nomeadamente, o seu artigo 100ºA,
Tendo em conta a proposta da Comissão,
Tendo em conta o parecer do Comité Económico e Social,
Deliberando nos termos do artigo 189ºB do Tratado,
(1) Considerando que a biotecnologia e a engenharia genética desempenham um papel cada vez mais importante num número considerável de actividades industriais e que a protecção das invenções biotecnológicas terá certamente uma importância fundamental para o desenvolvimento industrial da Comunidade;
(2) Considerando que, nomeadamente, no domínio da engenharia genética, a investigação e o desenvolvimento exigem investimentos de alto risco num montante considerável, cuja rentabilização só será possível através de protecção jurídica adequada;
(3) Considerando que é essencial uma protecção eficaz e harmonizada no conjunto dos Estados-membros para preservar e incentivar os investimentos no domínio da biotecnologia;
(4) Considerando que, na sequência da rejeição pelo Parlamento Europeu do projecto comum de directiva do Parlamento Europeu e do Conselho relativa à protecção jurídica das invenções biotecnológicas, aprovado pelo Comité de Conciliação, o Parlamento Europeu e o Conselho verificaram ser necessário clarificar a protecção jurídica conferida às invenções biotecnológicas;
(5) Considerando que existem divergências ao nível da protecção das invenções biotecnológicas entre as leis e práticas dos diferentes Estados-membros; que tais disparidades são susceptíveis de criar entraves ao comércio e obstar desse modo ao funcionamento do mercado interno;
(6) Considerando que tais divergências podem vir a acentuar-se à medida que os Estados-membros forem adoptando novas leis e práticas administrativas diferentes ou que as interpretações jurisprudenciais nacionais se forem desenvolvendo de forma distinta;
(7) Considerando que a evolução heterogénea das legislações nacionais relativas à protecção jurídica das invenções biotecnológicas na Comunidade pode desencorajar ainda mais o comércio, em detrimento do desenvolvimento industrial das invenções e do bom funcionamento do mercado interno;
(8) Considerando que a protecção jurídica das invenções biotecnológicas não exige a criação de um direito específico que substitua o direito nacional de patentes; que o direito nacional de patentes continua a ser a referência essencial no que respeita à protecção jurídica das invenções biotecnológicas, embora deva ser adaptado ou completado em certos pontos específicos para tomar em consideração de forma adequada a evolução da tecnologia que utiliza matéria biológica, mas que preenche todavia os requisitos de patenteabilidade;
(9) Considerando que, em certos casos, como o da exclusão da patenteabilidade de variedades vegetais e de raças animais, bem como de processos essencialmente biológicos de obtenção de vegetais ou de animais, certas noções constantes das legislações nacionais, baseadas nas convenções internacionais relativas às patentes e às variedades vegetais, suscitaram incertezas relativamente à protecção das invenções

biotecnológicas e de certas invenções microbiológicas; que, neste domínio, a harmonização é necessária para dissipar essas incertezas;

(10) Considerando que se deve ter em conta as potencialidades de desenvolvimento das biotecnologias para o ambiente e, em particular, a utilidade destas tecnologias para o desenvolvimento de métodos de cultura menos poluentes e mais económicos dos solos; que importa incentivar, mediante o sistema de patentes, a investigação e a aplicação de tais processos;

(11) Considerando que o desenvolvimento das biotecnologias é importante para os países em vias de desenvolvimento, quer nos domínios da saúde e da luta contra as grandes epidemias e endemias quer no domínio da luta contra a fome no mundo; que cumpre incentivar igualmente, através do sistema de patentes, a investigação nesses domínios; que importa, paralelamente, promover mecanismos internacionais que assegurem a difusão dessas tecnologias no Terceiro Mundo, em benefício das populações visadas;

(12) Considerando que o Acordo sobre os aspectos dos direitos de propriedade intelectual relacionados com o comércio (Acordo TRIP), assinado pela Comunidade e pelos seus Estados-membros, entrou em vigor; que este acordo prevê que a protecção conferida por uma patente seja assegurada para os produtos e processos em todos os domínios tecnológicos;

(13) Considerando que o enquadramento jurídico comunitário relativo à protecção das invenções biotecnológicas se pode limitar à definição de certos princípios aplicáveis à patenteabilidade da matéria biológica enquanto tal, princípios esses que tenham nomeadamente por objectivo determinar a diferença entre invenções e descobertas no que se refere à patenteabilidade de certos elementos de origem humana, ao âmbito da protecção conferida por uma patente sobre uma invenção biotecnológica, à possibilidade de recorrer a um sistema de depósitos que complete a descrição escrita e, finalmente, à possibilidade de obter licenças obrigatórias não exclusivas por dependência entre variedades vegetais e invenções;

(14) Considerando que uma patente de invenção não autoriza o seu titular a realizar a invenção, limitando-se a conferir-lhe o direito de proibir que terceiros a explorem para fins industriais e comerciais, pelo que o direito de patentes não é susceptível de substituir ou tornar supérfluas as legislações nacionais, europeias ou internacionais que estabelecem eventuais restrições ou proibições ou que organizam um controlo da investigação e da utilização ou comercialização dos seus resultados, nomeadamente em relação às exigências de saúde pública, de segurança, de protecção do ambiente, de protecção dos animais e de preservação da diversidade genética, e ao respeito de certas normas éticas;

(15) Considerando que nem o direito nacional nem o direito europeu de patentes (Convenção de Munique) estabelecem, por princípio, uma proibição ou uma exclusão da patenteabilidade da matéria biológica;

(16) Considerando que o direito de patentes deverá ser aplicado no respeito dos princípios fundamentais que garantem a dignidade e a integridade da pessoa humana; que importa reafirmar o princípio segundo o qual o corpo humano, em todas as fases da sua constituição e do seu desenvolvimento, incluindo as células germinais, bem como a simples descoberta de um dos seus elementos ou de um dos seus produtos, incluindo a sequência ou a sequência parcial de um gene humano, não são patenteáveis; que esses princípios estão em conformidade com os critérios de patenteabilidade previstos pelo direito das patentes, segundo os quais uma simples descoberta não pode ser objecto de uma patente;

(17) Considerando que foi já possível realizar progressos decisivos a nível do tratamento das doenças graças à existência de medicamentos derivados de elementos isolados do corpo humano e/ou produzidos de outra forma, medicamentos resultantes de processos técnicos destinados a obter elementos de uma estrutura semelhante à de elementos naturais existentes no corpo humano; que convém por conseguinte incentivar, mediante o sistema de patentes, a investigação tendente à obtenção e isolamento desses elementos, valiosos para a produção de medicamentos;

(18) Considerando que, na medida em que o sistema de patentes se revela insuficiente para incentivar a investigação e a produção de medicamentos resultantes das biotecnologias, que se revelam necessários para lutar contra as doenças raras ou chamadas «órfãs»; que a Comunidade e os Estados-membros têm a obrigação de dar uma resposta adequada a este problema;

(19) Considerando que foi tido em conta o parecer nº 8 do Grupo de conselheiros para a ética da biotecnologia da Comissão Europeia;

(20) Considerando, consequentemente, que é necessário indicar que uma invenção que diga respeito a um elemento isolado do corpo humano ou produzido de outra forma por um processo técnico e que seja susceptível de aplicação industrial não é excluída da patenteabilidade, mesmo que a estrutura desse elemento seja idêntica à de um elemento natural, estando implícito que os direitos conferidos pela patente não abrangem o corpo humano, incluindo os seus elementos, no seu ambiente natural;

(21) Considerando que um tal elemento isolado do corpo humano ou produzido de outra forma não se encontra excluído de patenteabilidade, uma vez que é, por exemplo, o resultado de processos técnicos que o identificaram, purificaram, caracterizaram e multiplicaram fora do corpo humano, processos que só o ser humano é capaz de executar e que a natureza é incapaz de realizar por si mesma;

(22) Considerando que o debate sobre a patenteabilidade de sequências ou sequências parciais de genes é fonte de controvérsia; que, nos termos da presente directiva, a concessão de uma patente a invenções que se relacionem com essas sequências ou sequências parciais deve obedecer aos mesmos critérios de patenteabilidade aplicados a todos os outros domínios tecnológicos: novidade, actividade inventiva e aplicação industrial; que a aplicação industrial de uma sequência ou de uma sequência parcial deve ser exposta de forma concreta no pedido da patente tal como foi depositado;

(23) Considerando que uma mera sequência de ADN sem indicação de uma função biológica não contém quaisquer ensinamentos de natureza técnica, pelo que não poderá constituir uma invenção patenteável;

(24) Considerando que, para que o critério da aplicação industrial seja respeitado no caso de uma sequência parcial de um gene ser utilizada para a produção de uma proteína ou proteína parcial, é necessária a especificação da proteína ou proteína parcial produzida ou da função assegurada;

(25) Considerando que, para a interpretação dos direitos conferidos por uma patente, em caso de sobreposição de sequências apenas nas partes que não são essenciais à invenção, cada sequência é considerada uma sequência autónoma para efeitos do direito de patentes;

(26) Considerando que, se uma invenção disser respeito a matéria biológica de origem humana ou utilizar matéria desse tipo, no âmbito do depósito de um pedido de patente, a pessoa na qual são realizadas as colheitas deve ter tido a oportunidade de manifestar o seu consentimento informado e livre sobre as mesmas, nos termos do direito nacional;

(27) Considerando que, se uma invenção disser respeito a matéria biológica de origem animal ou vegetal ou utilizar matéria desse tipo, o pedido de patente deverá, se for caso disso, incluir informação sobre o local geográfico de origem dessa matéria, caso seja conhecido; que tal não prejudica o exame dos pedidos de patente nem a validade dos direitos resultantes das patentes concedidas;

(28) Considerando que a presente directiva em nada afecta os fundamentos do direito das patentes em vigor, segundo o qual uma patente pode ser concedida para qualquer nova aplicação de um produto já patenteado;

(29) Considerando que a presente directiva não incide sobre a exclusão da patenteabilidade de variedades vegetais e de raças animais; que, em contrapartida, as invenções respeitantes a plantas ou animais são patenteáveis se a sua aplicação não estiver tecnicamente limitada a uma variedade vegetal ou a uma raça animal;

(30) Considerando que o conceito de variedade vegetal é definido pela legislação em matéria de protecção de obtenções vegetais; que, em conformidade com essa legislação, uma obtenção se caracteriza pela totalidade do seu genoma e possui, por conseguinte, individualidade, sendo claramente distinta de outras obtenções;

(31) Considerando que um conjunto vegetal que se caracterize por um determinado gene (e não pela totalidade do seu genoma) não é abrangido pela protecção das obtenções; que por esse facto não está excluído da patenteabilidade, mesmo que englobe obtenções vegetais;

(32) Considerando que, caso a invenção consista apenas na modificação genética de uma determinada variedade vegetal e caso seja obtida uma nova variedade vegetal, a invenção permanece excluída da patenteabilidade, mesmo que essa modificação genética não tenha resultado de um processo essencialmente biológico, mas sim de um processo biotecnológico;

(33) Considerando que, para efeitos da presente directiva, é necessário definir quando é que um processo de obtenção de vegetais ou de animais é essencialmente biológico;

(34) Considerando que a presente directiva não afecta os conceitos de invenção e de descoberta, tal como estabelecidos pelo direito de patentes, a nível nacional, europeu ou internacional;

(35) Considerando que a presente directiva não afecta as disposições das legislações nacionais em matéria de patentes, nos termos das quais são excluídos da patenteabilidade os processos de tratamento cirúrgico ou terapêutico do corpo humano ou animal, bem como os métodos de diagnóstico aplicáveis ao organismo humano ou animal;

(36) Considerando que o Acordo TRIP prevê a possibilidade de os membros da Organização Mundial do Comércio excluírem da patenteabilidade as invenções cuja exploração comercial é necessário impedir no seu território, a fim de proteger a ordem pública e os bons costumes, incluindo a protecção da saúde e da vida dos seres humanos, dos animais e dos vegetais, ou no intuito de evitar danos graves no ambiente, desde que essa exclusão não decorra unicamente do facto de a exploração ser proibida pela respectiva legislação;

(37) Considerando que, na presente directiva, importa salientar o princípio segundo o qual devem ser excluídas da patenteabilidade as invenções cuja exploração comercial atente contra a ordem pública ou contra os bons costumes;

(38) Considerando que importa também incluir no articulado da presente directiva uma lista indicativa das invenções excluídas da patenteabilidade, a fim de fornecer aos juízes e aos serviços nacionais de patentes orientações gerais para a interpretação da referência à ordem pública ou aos bons costumes; que esta lista não pode, evidentemente, ser considerada exaustiva; que os processos que atentem contra a dignidade do ser humano, nomeadamente aqueles que se destinam à produção de seres híbridos, obtidos de células germinais ou de células totipotentes humanas e animais, também deverão obviamente ser excluídos da patenteabilidade;

(39) Considerando que a ordem pública e os bons costumes correspondem, nomeadamente, a princípios éticos ou morais reconhecidos num Estado-membro, cujo respeito se impõe muito especialmente em matéria de biotecnologia, devido ao alcance potencial das invenções neste domínio e à sua ligação inerente com a matéria viva; que esses princípios éticos ou morais complementam as apreciações jurídicas normais do direito de patentes, qualquer que seja o domínio técnico da invenção;

(40) Considerando que, na Comunidade, existe uma posição consensual quanto ao facto de a intervenção génica germinal no Homem e a clonagem de seres humanos atentarem contra a ordem pública e os bons costumes; que, por conseguinte, importa excluir inequivocamente da patenteabilidade os processos de modificação da identidade genética germinal do ser humano e os processos de clonagem de seres humanos;

(41) Considerando que o processo de clonagem de seres humanos se pode definir como todo e qualquer processo, incluindo as técnicas de cisão de embriões, que tenha por objectivo criar um ser humano que possua a mesma informação genética nuclear que outro ser humano vivo ou falecido;

(42) Considerando que, além disso, devem ser igualmente excluídas da patenteabilidade as utilizações de embriões humanos para fins industriais ou comerciais; que, em todo o caso, essa exclusão não diz respeito às invenções que tenham um objectivo terapêutico ou de diagnóstico que se aplicam ao embrião humano e lhe são úteis;

(43) Considerando que o n° 2 do artigo F do Tratado da União Europeia prevê que a União respeitará os direitos fundamentais, tal como os garante a Convenção Europeia de Salvaguarda dos Direitos do Homem e das Liberdades Fundamentais, assinada em Roma em 4 de Novembro de 1950, e tal como resultam das tradições constitucionais comuns aos Estados-membros, enquanto princípios gerais do direito comunitário;

(44) Considerando que o Grupo europeu de ética para as ciências e as novas tecnologias da Comissão avalia todos os aspectos éticos ligados à biotecnologia; que, a esse respeito, é conveniente observar que a consulta desse grupo, incluindo no que se refere ao direito de patentes, só poderá incidir sobre a avaliação da biotecnologia no que diz respeito aos princípios éticos fundamentais;

(45) Considerando que os processos de modificação da identidade genética dos animais que lhes possam causar sofrimentos sem utilidade médica substancial no domínio da investigação, da prevenção, do diagnóstico ou da terapêutica, para o Homem ou para o animal, bem como os animais obtidos por esses processos, devem ser excluídos da patenteabilidade;

(46) Considerando que, tendo a patente por função recompensar o esforço criativo do inventor através da concessão de um direito exclusivo limitado no tempo, encorajando desse modo a actividade inventiva, o titular da patente deve poder proibir a utilização de uma matéria auto-replicável patenteada em circunstâncias análogas àquelas em que poderia ser proibida a utilização de produtos patenteados não auto-replicáveis, ou seja, a produção do próprio produto patenteado;

(47) Considerando que é necessário prever uma primeira derrogação aos direitos do titular da patente para o caso em que o material de reprodução que integre a invenção protegida seja vendido a um agricultor, pelo titular da patente ou com o seu consentimento, para fins de exploração agrícola; que essa primeira derrogação deve permitir ao agricultor utilizar o produto da sua colheita para ulterior reprodução ou multiplicação na sua própria exploração, e que o âmbito e o conteúdo da derrogação devem ser limitados ao âmbito e regras estabelecidas no Regulamento (CE) nº 2100/94 do Conselho, de 27 de Julho de 1994, relativo ao regime comunitário de protecção das variedades vegetais;

(48) Considerando que só pode ser exigida ao agricultor a remuneração prevista no direito comunitário em matéria de obtenções vegetais nos termos da derrogação à protecção comunitária das variedades vegetais;

(49) Considerando, no entanto, que o titular da patente pode defender os seus direitos contra o agricultor que faça uso abusivo da derrogação ou contra o obtentor que tenha desenvolvido a variedade vegetal que integra a invenção protegida caso este último não respeite os seus compromissos;

(50) Considerando que uma segunda derrogação aos direitos do titular da patente deve autorizar o agricultor a utilizar os animais protegidos para fins agrícolas;

(51) Considerando que o âmbito e as regras desta segunda derrogação podem ser regidos pelas leis, disposições regulamentares e práticas nacionais, na falta de legislação comunitária relativa à obtenção de raças animais;

(52) Considerando que, no domínio da exploração de novas características vegetais resultantes da engenharia genética, deve ser concedido acesso garantido, contra remuneração, sob forma de uma licença obrigatória, quando, relativamente ao género ou à espécie em questão, a variedade vegetal representar um progresso técnico importante, de interesse económico considerável relativamente à invenção reivindicada na patente;

(53) Considerando que, no domínio da utilização em engenharia genética de novas características vegetais resultantes de novas variedades vegetais, deverá ser concedido acesso garantido, contra remuneração, sob a forma de uma licença obrigatória, quando a invenção representar um progresso técnico importante, de interesse económico considerável;

(54) Considerando que o artigo 34º do Acordo TRIP regulamenta pormenorizadamente o ónus da prova, impondo-se a todos os Estados-membros; que, por conseguinte, não é necessário prever na presente directiva uma disposição relativamente a este aspecto;

(55) Considerando que a Comunidade, na sequência da Decisão 93/626/CEE, é parte contratante na Convenção sobre a Diversidade Biológica de 5 de Junho de 1992; que, a este respeito e no âmbito da implementação das disposições legislativas, regulamentares e administrativas necessárias para dar cumprimento à presente directiva, os Estados-membros terão nomeadamente em conta o artigo 3º, a alínea j) do artigo 8º, a segunda frase do nº 2 e o nº 5 do artigo 16º da referida convenção;

(56) Considerando que a terceira conferência das partes contratantes da Convenção sobre a Diversidade Biológica, realizada em Novembro de 1996, reconheceu, na sua Decisão III/17, «ser necessário prosseguir os trabalhos tendentes ao desenvolvimento de uma concepção comum da correlação existente entre direitos de propriedade intelectual e as disposições relevantes do Acordo sobre os aspectos comerciais dos direitos de propriedade intelectual e da Convenção sobre a Diversidade Biológica, nomeadamente no que respeita às questões relativas às transferências de tecnologia, à conservação e utilização sustentável da biodiversidade e à repartição equitativa dos benefícios gerados pela utilização de recursos genéticos, incluindo a preservação dos conhecimentos, inovações e práticas das comunidades autóctones e locais que consubstanciem modos de vida tradicionais importantes para a conservação e a utilização sustentável da biodiversidade»,

ADOPTARAM A PRESENTE DIRECTIVA:

CAPÍTULO I.- PATENTEABILIDADE

Artigo 1º
1. Os Estados-membros devem proteger as invenções biotecnológicas através do direito nacional de patentes. Se necessário, os Estados-membros adoptarão o seu direito nacional de patentes de modo a ter em conta o disposto na presente directiva.
2. A presente directiva não prejudica as obrigações que decorrem, para os Estados-membros, das convenções internacionais, nomeadamente do Acordo TRIP e da Convenção sobre a Diversidade Biológica.

Artigo 2º
1. Para efeitos da presente directiva, entende-se por:
a) «Matéria biológica», qualquer matéria que contenha informações genéticas e seja auto-replicável ou replicável num sistema biológico;
b) «Processo microbiológico», qualquer processo que utilize uma matéria microbiológica, que inclua uma intervenção sobre uma matéria microbiológica ou que produza uma matéria microbiológica.
2. Os processos de obtenção de vegetais ou de animais considerar-se-ão essencialmente biológicos se consistirem integralmente em fenómenos naturais como o cruzamento ou a selecção.
3. O conceito de variedade vegetal está definido no artigo 5º do Regulamento (CE) nº 2100/94.

Artigo 3º
1. Para efeitos da presente directiva, são patenteáveis as invenções novas que impliquem uma actividade inventiva e sejam susceptíveis de aplicação industrial, mesmo quando incidam sobre um produto composto de matéria biológica ou que contenha matéria biológica ou sobre um processo que permita produzir, tratar ou utilizar matéria biológica.
2. Uma matéria biológica isolada do seu ambiente natural ou produzida com base num processo técnico pode ser objecto de uma invenção, mesmo que pré-exista no estado natural.

Artigo 4º
1. Não são patenteáveis:
a) As variedades vegetais e as raças animais;
b) Os processos essencialmente biológicos de obtenção de vegetais ou de animais.
2. As invenções que tenham por objecto vegetais ou animais são patenteáveis se a exequibilidade técnica da invenção não se limitar a uma determinada variedade vegetal ou raça animal.
3. O disposto na alínea b) do nº 1 não prejudica a patenteabilidade de invenções que tenham por objecto um processo microbiológico ou outros processos técnicos, ou produtos obtidos mediante esses processos.

Artigo 5º
1. O corpo humano, nos vários estádios da sua constituição e do seu desenvolvimento, bem como a simples descoberta de um dos seus elementos, incluindo a sequência ou a sequência parcial de um gene, não podem constituir invenções patenteáveis.
2. Qualquer elemento isolado do corpo humano ou produzido de outra forma por um processo técnico, incluindo a sequência ou a sequência parcial de um gene, pode constituir uma invenção patenteável, mesmo que a estrutura desse elemento seja idêntica à de um elemento natural.
3. A aplicação industrial de uma sequência ou de uma sequência parcial de um gene deve ser concretamente exposta no pedido de patente.

Artigo 6º
1. As invenções cuja exploração comercial seja contrária à ordem pública ou aos bons costumes são excluídas da patenteabilidade, não podendo a exploração ser considerada como tal pelo simples facto de ser proibida por disposição legal ou regulamentar.
2. Nos termos do disposto no nº 1, consideram-se não patenteáveis, nomeadamente:
a) Os processos de clonagem de seres humanos;
b) Os processos de modificação da identidade genética germinal do ser humano;

c) As utilizações de embriões humanos para fins industriais ou comerciais;
d) Os processsos de modificação da identidade genética dos animais que lhes possam causar sofrimentos sem utilidade médica substancial para o Homem ou para o animal, bem como os animais obtidos por esses processos.

Artigo 7º
O Grupo europeu de ética para as ciências e as novas tecnologias da Comissão avalia todos os aspectos éticos ligados à biotecnologia.

CAPÍTULO II.- ÂMBITO DA PROTECÇÃO

Artigo 8º
1. A protecção conferida por uma patente relativa a uma matéria biológica dotada, em virtude da invenção, de determinadas propriedades abrange qualquer matéria biológica obtida a partir da referida matéria biológica por reprodução ou multiplicação, sob forma idêntica ou diferenciada, e dotada dessas mesmas propriedades.
2. A protecção conferida por uma patente relativa a um processo que permita produzir uma matéria biológica dotada, em virtude da invenção, de determinadas propriedades abrange a matéria biológica obtida por esse processo e qualquer outra matéria biológica obtida a partir da matéria biológica obtida directamente, por reprodução ou multiplicação, sob forma idêntica ou diferenciada, e dotada dessas mesmas propriedades.

Artigo 9º
A protecção conferida por uma patente a um produto que contenha uma informação genética ou que consista numa informação genética abrange qualquer matéria, sob reserva do disposto no nº 1 do artigo 5º, em que o produto esteja incorporado e na qual esteja contida e exerça a sua função.

Artigo 10º
A protecção referida nos artigos 8º e 9º não abrange a matéria biológica obtida por reprodução ou multiplicação de uma matéria biológica colocada no mercado, no território de um Estado-membro, pelo titular da patente ou com o seu consentimento se a reprodução ou a multiplicação resultar necessariamente da utilização para a qual a matéria biológica foi colocada no mercado, desde que a matéria obtida não seja em seguida utilizada para outras reproduções ou multiplicações.

Artigo 11º
1. Em derrogação do disposto nos artigos 8º e 9º, a venda ou outra forma de comercialização pelo titular da patente, ou com o seu consentimento, de material de reprodução vegetal a um agricultor, para fins de exploração agrícola, implica a permissão de o agricultor utilizar o produto da sua colheita para proceder, ele próprio, à reprodução ou multiplicação na sua exploração, limitando-se o âmbito e as regras desta derrogação aos estabelecidos no artigo 14º do Regulamento (CE) nº 2100/94.
2. Em derrogação do disposto nos artigos 8º e 9º, a venda ou outra forma de comercialização pelo titular da patente, ou com o seu consentimento, de animais de criação ou de outro material de reprodução animal a um agricultor implica a permissão de o agricultor utilizar os animais protegidos para fins agrícolas. Tal permissão inclui a disponibilização do animal ou de outro material de reprodução animal para a prossecução da sua actividade agrícola mas não a venda, tendo em vista uma actividade de reprodução com fins comerciais ou no âmbito da mesma.
3. O âmbito e as regras da derrogação prevista o nº 2 são regidos pelas leis, disposições regulamentares e práticas nacionais.

CAPÍTULO III.- LICENÇAS OBRIGATÓRIAS POR DEPENDÊNCIA

Artigo 12º
1. Quando um obtentor não puder obter ou explorar um direito de obtenção vegetal sem infringir uma patente anterior, pode requerer uma licença obrigatória para a exploração não exclusiva da invenção protegida pela patente, na medida em que essa licença seja necessária para explorar a variedade vegetal a proteger, contra o pagamento de remuneração adequada. Os Estados-membros devem estabelecer que, quando seja concedida uma licença desse tipo, o titular da patente tem direito a uma licença recíproca, em condições razoáveis, para utilizar a variedade protegida.

2. Quando o titular de uma patente relativa a uma invenção biotecnológica não puder explorá-la sem infringir um direito de obtenção vegetal anterior sobre uma variedade, pode requerer uma licença obrigatória para a exploração não exclusiva da variedade protegida por esse direito de obtenção, contra o pagamento de remuneração adequada. Os Estados-membros devem estabelecer que, quando seja concedida uma licença desse tipo, o titular do direito de obtenção tem direito a uma licença recíproca, em condições razoáveis, para utilizar a invenção protegida.

3. Os requerentes das licenças referidas nos n°s 1 e 2 devem provar que:
   a) Se dirigiram em vão ao titular da patente ou do direito de obtenção vegetal para obter uma licença contratual;
   b) A variedade vegetal ou a invenção representa um progresso técnico importante de interesse económico considerável relativamente à invenção reivindicada na patente ou à variedade vegetal a proteger.

4. Cada Estado-membro designará a autoridade ou as autoridades competentes para conceder a licença. Se uma licença para uma variedade vegetal só puder ser concedida pelo Instituto Comunitário das Variedades Vegetais, será aplicável o artigo 29° do Regulamento (CE) n° 2100/94.

CAPÍTULO IV.- DEPÓSITO DE UMA MATÉRIA BIOLÓGICA, ACESSO A ESSA MATÉRIA E NOVO DEPÓSITO

Artigo 13°
1. Quando uma invenção disser respeito a matéria biológica não acessível ao público e que não possa ser descrita no pedido de patente de forma a permitir a sua realização por pessoa competente na matéria, ou implicar a utilização de matéria desse tipo, a descrição só será considerada suficiente para efeitos do direito de patentes se:
   a) A matéria biológica tiver sido depositada até à data de apresentação do pedido de patente numa instituição de depósito reconhecida. São reconhecidas pelo menos as instituições de depósito internacionais que tenham adquirido esse estatuto em conformidade como artigo 7° do Tratado de Budapeste, de 28 de Abril de 1977, sobre o reconhecimento internacional do depósito de microrganismos para fins de procedimento em matéria de patentes, a seguir designado «Tratado de Budapeste»;
   b) O pedido apresentado incluir as informações pertinentes de que o depositante dispõe relativamente às características da matéria biológica depositada;
   c) O pedido de patente mencionar a instituição de depósito e o número de depósito.

2. O acesso à matéria biológica depositada é assegurado mediante entrega de uma amostra:
   a) Até à primeira publicação do pedido de patente, unicamente às pessoas autorizadas pelo direito nacional de patentes; e
   b) Entre a primeira publicação do pedido e a concessão da patente, a qualquer pessoa que o solicite ou, se o depositante o tiver pedido, unicamente a um perito independente;
   c) Após a concessão da patente, e mesmo no caso de cessação da patente por invalidade ou caducidade, a qualquer pessoa que o solicite.

3. A entrega só será efectuada se quem o solicitar se comprometer, durante o período de validade da patente:
   a) A não facultar a terceiros qualquer amostra da matéria biológica depositada ou de uma matéria dela derivada; e
   b) A não utilizar qualquer amostra da matéria depositada ou de uma matéria dela derivada, excepto para fins experimentais, salvo renúncia expressa do requerente ou do titular da patente a esse compromisso.

4. Caso o pedido de patente seja recusado ou retirado, o acesso à matéria depositada fica limitado, a pedido do depositante, a um perito independente durante 20 anos a contar da data de apresentação do pedido de patente. Neste caso, é aplicável o disposto no n° 3.

5. Os pedidos do depositante referidos na alínea b) do n° 2 e no n° 4 apenas podem ser introduzidos até à data em que se considerem concluídos os preparativos técnicos da publicação do pedido de patente.

Artigo 14º
1. Quando a matéria biológica depositada em conformidade com o disposto no artigo 13º deixar de estar disponível na instituição de depósito reconhecida, é permitido um novo depósito da matéria nas mesmas condições que as previstas no Tratado de Budapeste.
2. Qualquer novo depósito deve ser acompanhado de uma declaração assinada pelo depositante certificando que a matéria biológica objecto do novo depósito é idêntica à inicialmente depositada.

CAPÍTULO V.- DISPOSIÇÕES FINAIS

Artigo 15º
1. Os Estados-membros porão em vigor as disposições legislativas, regulamentares e administrativas necessárias para dar cumprimento à presente directiva, o mais tardar, em 30 de Julho de 2000. Do facto informarão imediatamente a Comissão.
Quando os Estados-membros adoptarem essas disposições, estas devem incluir uma referência à presente directiva ou ser acompanhadas dessa referência na publicação oficial. As modalidades dessa referência serão adoptadas pelos Estados-membros.
2. Os Estados-membros comunicarão à Comissão o texto das disposições de direito interno que adoptem no domínio regido pela presente directiva.

Artigo 16º
A Comissão enviará ao Parlamento Europeu e ao Conselho:
a) De cinco em cinco anos a contar da data prevista no nº 1 do artigo 15º, um relatório indicando se a presente directiva suscitou problemas relacionados com acordos internacionais sobre a protecção dos Direitos do Homem aos quais os Estados-membros tenham aderido;
b) No prazo de dois anos após a entrada em vigor da presente directiva, um relatório a fim de avaliar as implicações, no domínio da investigação fundamental em engenharia genética, da não publicação ou da publicação tardia de documentos cujo objecto pudesse ser patenteável;
c) Todos os anos a contar da data prevista no nº 1 do artigo 15º, um relatório sobre a evolução e as implicações do direito de patentes no domínio da biotecnologia e da engenharia genética.

Artigo 17º
A presente directiva entra em vigor na data da sua publicação no Jornal Oficial das Comunidades Europeias.

Artigo 18º
Os Estados-membros são os destinatários da presente directiva.

22 de Fevereiro de 1999.- Directiva 1999/2/CE
do Parlamento Europeu e do Conselho
relativa à aproximação das legislações dos Estados-membros respeitantes aos alimentos
e ingredientes alimentares tratados por radiação ionizante
(J.O. L 66, 13/03/1999)

(V.C. 11/12/2008)

O PARLAMENTO EUROPEU E O CONSELHO DA UNIÃO EUROPEIA,
Tendo em conta o Tratado que institui a Comunidade Europeia e, nomeadamente, o seu artigo 100.°A,
Tendo em conta a proposta da Comissão,
Tendo em conta o parecer do Comité Económico e Social,
Deliberando nos termos do artigo 189.°B do Tratado, segundo o projecto comum aprovado pelo Comité de Conciliação em 9 de Dezembro de 1998,
(1) Considerando que as diferenças entre as legislações nacionais relativas ao tratamento por radiação ionizante de alimentos e ingredientes alimentares e às suas condições de utilização impedem a livre circulação de géneros alimentícios e podem criar desigualdades nas condições de concorrência, afectando assim directamente o funcionamento do mercado interno;
(2) Considerando que é necessário adoptar medidas tendo em vista o funcionamento harmonioso do mercado interno; que este compreende um espaço sem fronteiras internas no qual é assegurada a livre circulação de mercadorias, pessoas, serviços e capitais; que tal não acontece actualmente devido a certas divergências de tratamento entre Estados-membros, sendo a irradiação de géneros alimentícios autorizada em alguns Estados-membros e proibida noutros;
(3) Considerando que esta directiva-quadro será completada pela Directiva 1999/3/CE do Parlamento Europeu e do Conselho, de 22 de Fevereiro de 1999, relativa ao estabelecimento de uma lista comunitária de alimentos e ingredientes alimentares tratados por radiação ionizante, adiante denominada «directiva de execução»;
(4) Considerando que em vários Estados-membros a irradiação dos géneros alimentícios é uma questão sensível junto da opinião pública e que os consumidores podem ter motivos de preocupação com as consequências da utilização da irradiação de alimentos;
(5) Considerando que até à entrada em vigor da lista positiva comunitária de alimentos e ingredientes alimentares que podem ser tratados por radiação ionizante é oportuno que os Estados-membros, em conformidade com as disposições do Tratado, possam continuar a aplicar as restrições ou proibições nacionais existentes sobre a radiação ionizante de alimentos e ingredientes alimentares e sobre o comércio de géneros alimentícios irradiados que não estejam incluídos na lista positiva inicial estabelecida pela directiva de execução;
(6) Considerando que as regras de utilização das radiações ionizantes no tratamento de géneros alimentícios devem ter primeiramente em consideração as exigências da saúde humana, mas também, dentro dos limites impostos pela protecção da saúde, as necessidades económicas e técnicas;
(7) Considerando que a Directiva 96/29/Euratom do Conselho, de 13 de Maio de 1996, que fixa as normas de segurança de base relativas à protecção sanitária da população e dos trabalhadores contra os perigos resultantes das radiações ionizantes, é aplicável;
(8) Considerando que as unidades de irradiação aprovadas deverão ser sujeitas a controlo oficial, mediante um sistema de inspecção a criar para efeitos do disposto na presente directiva;
(9) Considerando que as unidades aprovadas deverão manter registos por forma a garantir que foram respeitadas as normas da presente directiva;
(10) Considerando que a Directiva 79/112/CEE do Conselho, de 18 de Dezembro de 1978, relativa à aproximação das legislações dos Estados-membros respeitantes à rotulagem, apresentação e publicidade dos géneros alimentícios destinados ao consumidor final, estabeleceu já regras relativas à rotulagem dos géneros alimentícios irradiados para venda ao consumidor final;
(11) Considerando que, devem também ser estabelecidas regras adequadas para a rotulagem dos géneros alimentícios tratados por radiação ionizante e não destinados ao consumidor final;

(12) Considerando que, sem prejuízo dos processos de tomada de decisão previstos no Tratado que institui a Comunidade Europeia ou na presente directiva, o Comité Científico da Alimentação Humana criado pela Decisão 74/234/CEE da Comissão deve ser consultado sobre todas as questões relacionadas com a presente directiva que possam ter efeitos na saúde pública;

(13) Considerando que os géneros alimentícios só poderão ser tratados por radiação ionizante se existir uma necessidade de higiene alimentar, uma vantagem, tecnológica ou outra, demonstrável ou ainda vantagens para o consumidor, e se os referidos géneros estiverem sãos e em boas condições, dado que as radiações ionizantes não devem ser utilizadas como substituto de práticas de higiene ou sanitárias ou de boas práticas agrícolas ou de produção;

(14) Considerando que o processo não deve ser utilizado como substituto de uma boa prática de fabrico e que esta condição se encontra preenchida no que se refere aos géneros alimentícios enumerados no anexo da directiva de execução;

(15) Considerando que, sempre que o Conselho encarregar a Comissão de aplicar regras relativas à irradiação de alimentos, se deverá prever um procedimento que estabeleça uma estreita cooperação entre os Estados-membros e a Comissão no Comité Permanente dos Géneros Alimentícios e, sempre que necessário, no Comité Veterinário Permanente ou no Comité Fitossanitário Permanente;

(16) Considerando que, se se afigurar que a utilização do processo ou de um género alimentícios tratado por radiação ionizante nos termos da presente directiva constitui um risco para a saúde, os Estados-membros deverão ser autorizados a suspender ou limitar essa utilização ou ainda a reduzir os limites, enquanto se aguarda uma decisão a nível comunitário;

(17) Considerando que a Directiva 89/397/CEE do Conselho, de 14 de Junho de 1989, relativa ao controlo oficial dos géneros alimentícios, deixa às autoridades nacionais responsáveis a escolha dos meios e métodos de execução; que a Directiva 93/99/CEE do Conselho, de 29 de Outubro de 1993, relativa a medidas adicionais respeitantes ao controlo oficial dos géneros alimentícios, estabelece normas de qualidade dos laboratórios e impõe a utilização de métodos validados de análise sempre que estes existam; que o artigo 5.° desta última directiva é aplicável ao controlo da execução da presente directiva;

(18) Considerando que em 20 de Dezembro de 1997 se concluiu um modus vivendi entre o Parlamento Europeu, o Conselho e a Comissão no que respeita às medidas de execução dos actos adoptados pelo procedimento previsto no artigo 189.°B do Tratado CE,
ADOPTARAM A PRESENTE DIRECTIVA:

Artigo 1.°
1. A presente directiva aplica-se ao fabrico, à comercialização e à importação de alimentos e ingredientes alimentares, adiante denominados «géneros alimentícios», tratados por radiação ionizante.
2. A presente directiva não se aplica:
a) Aos géneros alimentícios expostos a radiações ionizantes emitidas por instrumentos de medida ou de inspecção, desde que a dose absorvida não seja superior a 0,01 Gy para os instrumentos de inspecção que utilizam neutrões e a 0,5 Gy noutros casos, a um nível máximo de radiação de 10 MeV no caso dos raios X, de 14 MeV no caso dos neutrões e de 5 MeV noutros casos;
b) Ao tratamento por irradiação de géneros alimentícios preparados, sob supervisão médica, para doentes que exijam uma alimentação esterilizada.

Artigo 2.°
Os Estados-membros tomarão todas as medidas necessárias para assegurar que os géneros alimentícios irradiados apenas possam ser comercializados se cumprirem as normas estabelecidas na presente directiva.

Artigo 3.°
1. As condições a respeitar para a autorização do tratamento de géneros alimentícios por radiação ionizante estão enunciadas no anexo I. Esses géneros deverão encontrar-se, no momento do tratamento, em condições de salubridade adequadas.
2. A irradiação só poderá ser efectuada com as fontes de radiação enumeradas no anexo II e de acordo com os requisitos do Código de Prática em matéria de irradiação a que se refere o n.° 2 do artigo 7.° A dose global média absorvida será calculada de acordo com o anexo III.

Artigo 4.°
1. A lista comunitária dos géneros alimentícios que podem ser tratados por radiação ionizante, com exclusão de todos os outros, bem como as doses máximas de irradiação autorizadas, serão definidas noutra directiva, que será adoptada de acordo com o procedimento previsto no artigo 100.°A do Tratado tendo em conta as condições de autorização enunciadas no anexo I.
2. Essa lista será elaborada por fases.
3. A Comissão examinará as autorizações nacionais em vigor e, após consulta ao Comité Científico da Alimentação Humana, apresentará, em conformidade com o disposto no artigo 100.°A do Tratado, propostas destinadas a elaborar a lista.
Até 31 de Dezembro de 2000, a Comissão apresentará, nos termos do artigo 100.°A do Tratado, uma proposta destinada a completar a lista positiva prevista no n.° 1.
4. Até à entrada em vigor da directiva adoptada com base na proposta referida no segundo parágrafo do n.° 3, os Estados-membros poderão manter as autorizações existentes relativas ao tratamento de géneros alimentícios por radiação ionizante, desde que:
a) O tratamento dos alimentos em causa tenha sido objecto do parecer favorável do Comité Científico da Alimentação Humana;
b) A dose global média de radiação absorvida não ultrapasse os valores-limite recomendados pelo Comité Científico da Alimentação Humana;
c) A radiação ionizante e a comercialização sejam realizadas de acordo com o disposto na presente directiva.
5. Até à entrada em vigor da directiva adoptada com base na proposta referida no segundo parágrafo do n.° 3, os Estados-membros poderão igualmente autorizar o tratamento de géneros alimentícios relativamente aos quais foram mantidas autorizações por outros Estados-membros nos termos do n.° 4, sempre que estejam preenchidas as condições referidas no n.° 4.
6. Os Estados-membros notificarão de imediato à Comissão e aos outros Estados-membros as autorizações mantidas nos termos do n.° 4 ou concedidas nos termos do n.° 5, bem como as condições a que estiverem subordinadas. Essas notificações serão publicadas pela Comissão no Jornal Oficial das Comunidades Europeias.
7. Até à entrada em vigor da directiva adoptada com base na proposta referida no segundo parágrafo do n.° 3, os Estados-membros poderão, no respeito das regras do Tratado, continuar a aplicar as restrições ou proibições nacionais existentes sobre a radiação ionizante de géneros alimentícios e sobre o comércio de géneros alimentícios irradiados que não estejam incluídos na lista positiva inicial estabelecida na directiva de execução.

Artigo 5.°
1. A dose máxima de radiação para os géneros alimentícios poderá ser administrada em doses parciais; no entanto, a dose máxima de radiação fixada nos termos do artigo 4.° não deverá ser excedida. O tratamento por irradiação não poderá ser utilizado em conjunto com qualquer tratamento químico que tenha o mesmo objectivo que a irradiação.
2. Poderão ser decididas derrogações ao disposto no n.° 1 de acordo com o procedimento previsto no artigo 12.°

Artigo 6.°
A rotulagem dos géneros alimentícios tratados por radiação ionizante reger-se-á pelas seguintes disposições:
1. Produtos destinados ao consumidor final e a fornecedores de refeições:
a) Se os produtos forem vendidos à unidade, o rótulo deverá conter a menção «produto irradiado» ou «produto tratado por radiação ionizante», de acordo com o n.° 3 do artigo 5.° da Directiva 79/112/CEE.

No caso dos produtos vendidos a granel, a menção figurará junto da denominação do produto, num cartaz ou numa tabuleta, por cima ou ao lado do recipiente que o contém;

b) Se o produto irradiado for utilizado como ingrediente, a sua denominação deverá ser acompanhada da mesma menção na lista dos ingredientes.

No caso dos produtos vendidos a granel, a menção figurará junto da denominação do produto, num cartaz ou numa tabuleta, por cima ou ao lado do recipiente que o contém;

c) Em derrogação do disposto no n.° 7 do artigo 6.° da Directiva 79/112/CEE, a mesma menção deverá ser empregue para assinalar os ingredientes irradiados utilizados em ingredientes compostos em géneros alimentícios, mesmo que constituam menos de 25 % do produto final.

2. Produtos não destinados ao consumidor final nem a fornecedores de refeições:

a) Deverá ser utilizada a menção prevista no ponto anterior para indicar o tratamento tanto dos alimentos como dos ingredientes contidos em géneros alimentícios não irradiados;

b) É necessário indicar a identidade e o endereço da instalação onde foi feita a irradiação ou o respectivo número de referência previsto no artigo 7.°,

3. A menção relativa ao tratamento deverá, em todos os casos, figurar nos documentos que acompanham os géneros alimentícios irradiados ou que a eles se referem.

Artigo 7.°

1. Os Estados-membros comunicarão à Comissão os nomes da autoridade ou autoridades competentes responsáveis:

- pela aprovação prévia das instalações de irradiação,
- pela atribuição de um número de referência oficial às instalações de irradiação aprovadas,
- pelo controlo e inspecção de carácter oficial,
- pela revogação ou alteração da aprovação.

2. A aprovação só será dada se a instalação:

- satisfizer o Código de Prática Internacional recomendado pela Comissão conjunta do Codex Alimentarius FAO/OMS (ref. FAO/OMS/CAC/Vol.XV Ed. 1) para a exploração de instalações de irradiação utilizadas para o tratamento de alimentos, e outras exigências adicionais que possam ser adoptadas de acordo com o procedimento previsto no artigo 12.° da presente directiva,

- designar uma pessoa responsável pela observância de todas as condições necessárias à aplicação do processo.

3. Cada Estado-membro comunicará à Comissão:

- os nomes, endereços e números de referência das instalações de irradiação por si aprovadas, o texto do documento de aprovação, bem como qualquer decisão que suspenda ou revogue a aprovação.

Além disso, os Estados-membros comunicarão anualmente à Comissão:

- os resultados dos controlos efectuados nas instalações de irradiação, em especial no que diz respeito às categorias e quantidades de produtos tratados e às doses administradas,

- os resultados dos controlos efectuados na fase de comercialização do produto. Os Estados-membros assegurarão que os métodos utilizados para detectar o tratamento por radiação ionizante cumpram o disposto nos pontos 1 e 2 do anexo da Directiva 85/591/CEE e que os mesmos já estejam validados ou normalizados ou o sejam, logo que possível, até 1 de Janeiro de 2003, o mais tardar. Os Estados-membros informarão a Comissão dos métodos utilizados e esta avaliará a utilização e o desenvolvimento desses métodos, tomando em consideração um parecer do Comité Científico para a Alimentação Humana.

4. Com base nas informações fornecidas nos termos do n.° 3, a Comissão fará publicar no Jornal Oficial das Comunidades Europeias:

- indicações pormenorizadas sobre as instalações, bem como qualquer alteração da sua situação,

- um relatório elaborado com base nas informações fornecidas anualmente pelas autoridades nacionais responsáveis pelo controlo.

Artigo 8.º
1. As instalações de irradiação aprovadas nos termos do disposto no artigo 7.º deverão, para cada fonte de radiação ionizante utilizada, manter um registo que indique, para cada lote de géneros alimentícios tratados:

a) A natureza e quantidade dos géneros alimentícios irradiados;

b) O número do lote;

c) O comitente do tratamento por irradiação;

d) O destinatário dos géneros alimentícios tratados;

e) A data da irradiação;

f) O material de embalagem utilizado durante a irradiação;

g) Os dados necessários ao controlo do tratamento por irradiação previstos no anexo III, os controlos dosimétricos efectuados e os resultados obtidos, com pormenores relativos, em especial, aos valores-limite inferior e superior da dose absorvida e ao tipo de radiação ionizante;

h) As medições de validação realizadas antes da irradiação.

2. Os registos referidos no n.º 1 devem ser conservados durante cinco anos.

3. As regras de execução do presente artigo serão adoptadas de acordo com o procedimento previsto no artigo 12.º

Artigo 9.º
1. Os géneros alimentícios tratados por radiação ionizante só poderão ser importados de países terceiros, caso:

- satisfaçam as condições que lhes são aplicáveis,

- sejam acompanhados de documentos que indiquem o nome e o endereço da instalação que efectuou a irradiação e contenham os dados referidos no artigo 8.º,

- tenham sido tratados numa das instalações de irradiação aprovadas pela Comunidade e que constem da lista referida no n.º 2 do presente artigo.

2.

a) De acordo com o procedimento previsto no artigo 12.º, a Comissão elaborará a lista das instalações aprovadas, cujo controlo oficial garantirá o cumprimento do disposto no artigo 7.º

Para elaborar a referida lista, a Comissão poderá, de acordo com o disposto no artigo 5.º da Directiva 93/99/CEE, incumbir técnicos especializados de proceder, em seu nome, à avaliação e inspecção das instalações de irradiação de países terceiros.

A Comissão fará publicar essa lista e as respectivas alterações no Jornal Oficial das Comunidades Europeias.

b) A Comissão poderá celebrar com as autoridades competentes de países terceiros acordos técnicos sobre as regras a que deverão obedecer as avaliações e inspecções referidas na alínea a).

Artigo 10.º
Os materiais utilizados na embalagem dos géneros alimentícios destinados a ser irradiados deverão ser adequados a esse fim.

Artigo 11.º
As alterações dos anexos destinadas a ter em conta os progressos científicos e técnicos serão adoptadas de acordo com o procedimento previsto no artigo 100.ºA do Tratado.

Artigo 12.º
1. Sempre que deva ser seguido o procedimento previsto no presente artigo, a Comissão será assistida pelo Comité Permanente dos Géneros Alimentícios, a seguir designado por «Comité».

O presidente remeterá, sem demora, a questão para o comité, seja por sua própria iniciativa, seja a pedido do representante de um Estado-membro.

2. O representante da Comissão submeterá à apreciação do comité um projecto das medidas a adoptar. O comité emitirá o seu parecer sobre esse projecto num prazo que o presidente pode fixar em função da urgência da questão em causa. O parecer será emitido por maioria, nos termos previstos no n.º 2 do artigo 148.º do Tratado para a adopção das decisões que o Conselho é chamado a tomar sob proposta da Comissão. Nas votações no comité, os votos dos representantes dos Estados-membros estão sujeitos à ponderação definida no artigo atrás referido. O presidente não participa na votação.

3.

a) A Comissão adoptará as medidas consideradas quando estiverem em conformidade com o parecer do comité;

b) Quando as medidas consideradas não estiverem em conformidade com o parecer do comité, ou na falta de parecer, a Comissão submeterá imediatamente ao Conselho uma proposta relativa às medidas a tomar. O Conselho deliberará por maioria qualificada.

Se, no termo de um prazo de três meses a contar da data em que a proposta da Comissão lhe foi submetida, o Conselho não tiver adoptado medidas, a Comissão adoptará as medidas propostas.

Artigo 13.°

O Comité Científico da Alimentação Humana será consultado sobre todas as questões relacionadas com a presente directiva que possam ter efeitos na saúde pública.

Artigo 14.°

1. Se, em consequência de novas informações ou de uma reavaliação das informações disponíveis desde a adopção da presente directiva, um Estado-membro possuir elementos precisos que provem que a irradiação de certos géneros alimentícios pode pôr em risco a saúde humana, embora observe o disposto na presente directiva, poderá suspender ou restringir temporariamente a aplicação das disposições em causa no seu território. Desse facto informará imediatamente os restantes Estados-membros e a Comissão, indicando os motivos da sua decisão.

2. A Comissão examinará, logo que possível, no âmbito do Comité Permanente dos Géneros Alimentícios, os motivos referidos no n.° 1, devendo adoptar as medidas adequadas nos termos do procedimento previsto no artigo 12.° O Estado-membro que tiver adoptado a decisão referida no n.° 1 poderá mantê-la até à entrada em vigor dessas medidas.

3. As alterações à presente directiva ou à directiva de execução só poderão ser efectuadas nos termos do procedimento previsto no artigo 12.° na medida do necessário para assegurar a protecção da saúde pública e deverão, em qualquer circunstância, limitar-se a proibições ou restrições relativamente à situação jurídica anterior.

Artigo 15.°

Os Estados-membros aplicarão as respectivas disposições legislativas, regulamentares e administrativas para darem cumprimento à presente directiva de forma a:
- autorizar, até, 20 de Setembro de 2000, a comercialização e a utilização de géneros alimentícios irradiados,
- proibir, até 20 de Março de 2001, a comercialização e a utilização de géneros alimentícios irradiados que não observem o disposto na presente directiva.

Desse facto informarão a Comissão.

Quando os Estados-membros adoptarem essas disposições, estas deverão incluir uma referência à presente directiva ou ser acompanhadas dessa referência na publicação oficial. As modalidades dessa referência serão adoptadas pelos Estados-membros.

Artigo 16.°

A presente directiva entra em vigor no sétimo dia seguinte ao da sua publicação no Jornal Oficial das Comunidades Europeias.

Artigo 17.°

Os Estados-membros são os destinatários da presente directiva.

ANEXO I.-

Condições de autorização para a irradiação de alimentos

1. A irradiação de alimentos só poderá ser autorizada se:
- for justificada e necessária do ponto de vista tecnológico,
- for inofensiva para a saúde e praticada de acordo com as condições propostas,
- for benéfica para o consumidor,
- não for utilizada para substituir normas sanitárias e de higiene nem boas práticas de fabrico ou de cultivo.

2. A irradiação de alimentos só pode ter os seguintes objectivos:
- reduzir o risco de doenças de origem alimentar pela destruição de organismos patogénicos,

- reduzir a alteração dos géneros alimentícios, retardando ou pondo termo aos processos de deterioração e destruindo os organismos responsáveis por essa deterioração,
- reduzir a perda de géneros alimentícios pelo amadurecimento, germinação ou crescimento prematuros,
- libertar os géneros alimentícios de organismos prejudiciais às plantas e produtos vegetais.

ANEXO II.-

Fontes de radiação ionizante

[Anexo não reproduzido na presente publicação]

ANEXO III

[Anexo não reproduzido na presente publicação]

B.- Organismos Geneticamente Modificados (OGM)

12 de Março de 2001.- Directiva 2001/18/CE
do Parlamento Europeu e do Conselho
relativa à libertação deliberada no ambiente de organismos geneticamente modificados
e que revoga a Directiva 90/220/CEE do Conselho
(J.O. L 106, 17/04/2001)

(V.C. 21/03/2008)

TJUE, 2 de Outubro de 2014. Processo C-478/13, Comissão Europeia contra República da Polónia [Diz respeito a artigo 31].
TJUE, 6 de Septembro de 2012. Processo C-36/11, Pioneer Hi Bred Italia Srl contra Ministero delle Politiche agricole alimentari e forestali [Interpretação do artigo 26bis].
TJUE, 8 de Septembro de 2011. Processos apensos C-58/10 a C-68/10, Monsanto SAS e outros contra Ministre de l'Agriculture et de la Pêche [Interpretação o artigo 23].
TJUE (Grande Secção), 6 de Septembro de 2011. Processo C-442/09, Karl Heinz Bablok e outros contra Freistaat Bayern [Cita os artigos 2, 3, 4, 15, 96, 102].

O PARLAMENTO EUROPEU E O CONSELHO DA UNIÃO EUROPEIA,
Tendo em conta o Tratado que institui a Comunidade Europeiae, nomeadamente, o seu artigo 95.°,
Tendo em conta a proposta da Comissão,
Tendo em conta o parecer do Comité Económico e Social,
Deliberando nos termos do artigo 251.° do Tratado, à luz do projecto comum aprovado pelo Comité de Conciliação em 20 de Dezembro de 2000,
Considerando o seguinte:
(1) O relatório da Comissão relativo à revisão da Directiva 90/220/CEE do Conselho, de 23 de Abril de 1990, relativa à libertação deliberada no ambiente de organismos geneticamente modificados, adoptado em 10 de Dezembro de 1996, identificou determinadas áreas em que são necessários aperfeiçoamentos.
(2) É necessário clarificar o âmbito de aplicação da Directiva 90/220/CEE e das respectivas definições.
(3) A Directiva 90/220/CEE foi alterada. Efectuando-se agora novas alterações à referida directiva, é conveniente, por razões de clareza e racionalização, proceder à reformulação das disposições em questão.
(4) Os organismos vivos, quando libertados no ambiente em grande ou pequena quantidades, para fins experimentais ou sob a forma de produtos comercializados, são susceptíveis de se reproduzir no ambiente e atravessar fronteiras nacionais, afectando deste modo outros Estados-Membros. Os efeitos dessas libertações no ambiente podem ser irreversíveis.
(5) A protecção da saúde humana e do ambiente impõe um exame atento do controlo dos riscos resultantes da libertação deliberada no ambiente de organismos geneticamente modificados (OGM).
(6) Nos termos do Tratado, a acção da Comunidade em matéria de ambiente deve basear-se no princípio de que devem ser tomadas medidas preventivas.
(7) É necessário aproximar as legislações dos Estados-Membros relativas à libertação deliberada no ambiente de OGM e assegurar o correcto desenvolvimento de produtos industriais que utilizem OGM.
(8) O princípio da precaução foi tomado em conta na elaboração da presente directiva e deverá ser igualmente tomado em conta aquando da sua aplicação.
(9) O respeito pelos princípios éticos reconhecidos num Estado-Membro reveste-se de especial importância. Os Estados-Membros poderão tomar em consideração aspectos éticos quando sejam deliberadamente libertados ou colocados no mercado produtos que contenham ou sejam constituídos por OGM.
(10) Para um quadro legislativo global e transparente, é necessário assegurar a consulta ao público quer pela Comissão quer pelos Estados-Membros durante a preparação de medidas e a informação do mesmo das medidas tomadas durante a implementação da presente directiva.
(11) A colocação no mercado também inclui a importação. Os produtos que contenham e/ou sejam constituídos por OGM abrangidos pela presente directiva não poderão ser importados para a Comunidade se não cumprirem o disposto nessa directiva.

(12) A disponibilização de OGM para importação ou manipulação em grandes quantidades, tais como produtos agrícolas de base, deverá ser considerada colocação no mercado para efeitos da presente directiva.

(13) O conteúdo da presente directiva toma devidamente em consideração a experiência internacional, neste domínio, bem como os compromissos assumidos em termos de comércio internacional e deverá respeitar os requisitos do protocolo de Cartagena relativo à segurança biológica, anexado à Convenção sobre a diversidade biológica. Logo que possível, e o mais tardar antes de Julho de 2001, a Comissão deverá, no contexto da ratificação do protocolo, apresentar propostas adequadas para a respectiva implementação.

(14) As orientações sobre a aplicação das disposições relativas às definições de colocação no mercado da presente directiva devem ser fornecidas pelo comité de regulamentação.

(15) Na definição de «organismos geneticamente modificados» para efeitos da presente directiva, os seres humanos não são considerados organismos.

(16) As disposições da presente directiva não prejudicam as legislações nacionais em matéria de responsabilidade ambiental. A legislação comunitária neste domínio deve ser complementada por normas que abranjam a responsabilidade por diferentes tipos de danos ambientais em todas as zonas da União Europeia. Para o efeito, a Comissão comprometeu-se a apresentar uma proposta legislativa sobre a responsabilidade ambiental até ao final de 2001, proposta que cobrirá também os danos decorrentes de OGM.

(17) A presente directiva não deve ser aplicável a organismos obtidos por meio de certas técnicas de modificação genética que têm sido convencionalmente utilizadas num certo número de aplicações e têm um índice de segurança longamente comprovado.

(18) É necessário estabelecer procedimentos e critérios harmonizados para a avaliação caso a caso dos riscos potenciais resultantes da libertação deliberada no ambiente de OGM.

(19) Deve ser sempre efectuada uma avaliação caso a caso dos riscos ambientais previamente a uma libertação. A avaliação deverá também atender aos potenciais efeitos cumulativos a longo prazo associados à interacção com outros OGM e com o ambiente.

(20) É necessário o estabelecimento de uma metodologia comum para a realização das avaliações dos riscos ambientais com base em aconselhamento científico independente. É igualmente necessário estabelecer princípios comuns para a monitorização dos OGM após a sua libertação deliberada ou a colocação no mercado de produtos que contenham ou sejam constituídos por OGM. A monitorização dos potenciais efeitos cumulativos a longo prazo deverá ser considerada um elemento obrigatório do plano de monitorização.

(21) Os Estados-Membros e a Comissão deverão garantir a realização de uma investigação sistemática e independente dos potenciais riscos envolvidos na libertação deliberada ou na colocação no mercado de OGM. Os Estados-Membros e a Comunidade deverão assegurar os recursos necessários a essa investigação, de acordo com os respectivos processos orçamentais, devendo os investigadores independentes ter acesso a todo o material pertinente, no respeito pelos direitos de propriedade intelectual.

(22) A questão dos genes que conferem resistência a antibióticos deve ser tida especialmente em conta na condução da avaliação dos riscos de OGM que contenham tais genes.

(23) A libertação deliberada de OGM na fase de investigação constitui, na maioria dos casos, um passo necessário para o desenvolvimento de novos produtos derivados de OGM ou contendo esses organismos.

(24) A introdução de OGM no ambiente deve ser feita de acordo com o princípio «por etapas»; deste modo o confinamento dos OGM irá sendo reduzido e a amplitude da libertação aumentada gradualmente, por etapas, mas apenas se a avaliação das etapas anteriores, em termos de protecção da saúde humana e do ambiente, indicar que se pode passar à fase seguinte.

(25) Nenhum produto que contenha ou seja constituído por OGM destinados à libertação deliberada pode ser tomado em consideração para a colocação no mercado sem que tenha sido previamente sujeito a testes de campo satisfatórios, nas fases de investigação e desenvolvimento, em ecossistemas que possam ser afectados pela sua utilização.

(26) A implementação da presente directiva deverá ser efectuada em conexão com a de outros instrumentos importantes tais como a Directiva 91/414/CEE do Conselho, de 15 de Julho de 1991, relativa à colocação de produtos fitofarmacêuticos no mercado.

Neste contexto, as autoridades competentes responsáveis pela implementação da presente directiva e de tais instrumentos, na Comissão e a nível nacional, deverão coordenar a sua acção na medida do possível.

(27) No que se refere à avaliação dos riscos ambientais constante da parte C, à gestão do risco, à rotulagem, à monitorização e às informações a fornecer ao público, a presente directiva deve constituir um ponto de referência relativamente aos produtos que contenham ou sejam constituídos por OGM, autorizados ao abrigo de outra legislação comunitária que deve, por conseguinte, prever avaliações de riscos ambientais específicos a realizar de acordo com os princípios estabelecidos no anexo II e com base nas informações especificadas no anexo III, sem prejuízo dos requisitos adicionais estabelecidos na legislação comunitária atrás referida, e bem assim requisitos em matéria de gestão dos riscos, de rotulagem, de monitorização adequada e de informações a fornecer ao público que sejam, pelo menos, equivalentes aos estabelecidos na presente directiva; para este efeito, é necessário providenciar no sentido de uma cooperação com os organismos instituídos pela Comunidade ao abrigo da presente directiva e pelos Estados-Membros para aplicação da mesma.

(28) É necessário estabelecer um procedimento comunitário de autorização para a colocação no mercado de produtos que contenham ou sejam constituídos por OGM, sempre que a utilização pretendida desse produto acarrete a libertação deliberada de organismos no ambiente.

(29) A Comissão é convidada a elaborar um estudo que deverá incluir uma avaliação de várias opções destinadas a melhorar a coerência e a eficácia deste quadro normativo, dando especial atenção a um procedimento centralizado de autorização para a colocação de OGM no mercado na Comunidade.

(30) Em casos de legislação sectorial, os requisitos em matéria de monitorização poderão ter de ser adaptados ao produto em questão.

(31) A parte C da presente directiva não se aplicará aos produtos abrangidos pelo Regulamento (CEE) n.º 2309/93 do Conselho, de 22 de Julho de 1993, que estabelece procedimentos comunitários de autorização e fiscalização de medicamentos de uso humano e veterinário e que institui uma Agência Europeia de Avaliação dos Medicamentos, desde que seja feita uma avaliação dos riscos ambientais equivalente à prevista na presente directiva.

(32) Qualquer pessoa, antes de proceder a uma nova libertação deliberada no ambiente de um OGM ou à colocação no mercado de um produto que contenha ou seja constituído por OGM, deve apresentar uma notificação à autoridade nacional competente, sempre que a utilização pretendida desse produto acarrete a sua libertação deliberada no ambiente.

(33) Essa notificação deve inclui um *dossier* técnico de informação contendo uma avaliação completa dos riscos ambientais, respostas adequadas de segurança e de emergência e, no caso de se tratar de produtos, instruções e condições precisas de utilização e a rotulagem e embalagem propostas.

(34) Após a notificação, não se deve proceder à libertação deliberada de OGM, a menos que tenha sido obtida aprovação das autoridades competentes.

(35) Um notificador poderá retirar o seu *dossier* em qualquer fase do procedimento administrativo estabelecido na presente directiva. O procedimento administrativo ficará encerrado quando um *dossier* for retirado.

(36) A recusa por parte de uma autoridade competente de uma notificação de colocação no mercado de produtos que contenham ou sejam constituídos por OGM não deverá prejudicar a apresentação de uma notificação relativa ao mesmo OGM a outra autoridade competente.

(37) Dever-se-á chegar a acordo no fim do período de mediação quando não tiver permanecido qualquer objecção.

(38) A recusa de uma notificação na sequência de um relatório de avaliação negativo e confirmado não deverá prejudicar as decisões futuras baseadas na notificação do mesmo OGM a outra autoridade competente.

(39) No interesse do funcionamento regular da presente directiva, os Estados-Membros deverão poder utilizar as diferentes disposições para o intercâmbio de informações e de experiências antes de recorrerem à cláusula de salvaguarda estabelecida nessa directiva.

(40) A fim de assegurar que a presença de OGM em produtos que contenham ou sejam constituídos por OGM é identificada de forma adequada, a expressão «este produto

contém organismos geneticamente modificados» deverá constar claramente de um rótulo ou de um documento de acompanhamento.

(41) Deverá ser criado, através do procedimento de comité adequado, um sistema de atribuição de uma identificação única dos OGM que tome em consideração a evolução das circunstâncias nas instâncias internacionais.

(42) É necessário assegurar a rastreabilidade dos produtos que contenham ou sejam constituídos por OGM autorizados nos termos da parte C, em todas as fases da sua colocação no mercado.

(43) É necessário estabelecer na presente directiva a obrigação de pôr em prática um plano de monitorização para detectar e identificar quaisquer efeitos directos ou indirectos, imediatos, diferidos ou imprevistos dos produtos que contenham ou sejam constituídos por OGM, sobre a saúde humana e o ambiente, após a sua colocação no mercado.

(44) Em conformidade com o Tratado, os Estados-Membros poderão tomar outras medidas relativas à monitorização e à fiscalização, designadamente por organismos oficiais, dos produtos colocados no mercado que contenham ou sejam constituídos por OGM.

(45) Deverão ser procurados meios de possibilitar o controlo de OGM ou a sua recolha em caso de risco agudo.

(46) Os comentários do público deverão ser tomados em consideração nos projectos de medidas apresentadas ao comité de regulamentação.

(47) Uma autoridade competente apenas deve conceder aprovação após ter obtido garantias de que a libertação não implicará riscos para a saúde humana e para o ambiente.

(48) O procedimento administrativo de concessão de autorizações para a colocação no mercado de produtos que contenham ou sejam constituídos por OGM deve ser mais eficiente e transparente e a primeira autorização deve ser concedida por um período fixo.

(49) Em relação aos produtos para os quais já tenha sido concedida uma licença para um período fixo, poder-se-á aplicar, para efeitos da renovação dessa licença, um procedimento simplificado.

(50) As autorizações existentes, concedidas nos termos da Directiva 90/220/CEE, têm de ser renovadas para evitar disparidades entre as autorizações concedidas nos termos dessa directiva e as autorizações concedidas nos termos da presente directiva, e para tomar plenamente em consideração as condições de autorização constantes da presente directiva.

(51) Tais renovações requerem um período de transição, durante o qual as autorizações existentes concedidas nos termos da Directiva 90/220/CEE não sofrerão alterações.

(52) Aquando da renovação da autorização, dever-se-á poder rever todas as condições da autorização inicial, incluindo as relativas à monitorização e/ou à duração da autorização.

(53) Deverá ser possível consultar o(s) comité(s) científico(s) relevante(s) criado(s) pela Decisão 97/579/CE da Comissão sobre as questões que possam ter impacto sobre a saúde humana e/ou sobre o ambiente.

(54) O sistema de intercâmbio das informações constantes das notificações, instituído ao abrigo da Directiva 90/220/CEE, tem-se revelado útil e deverá continuar a ser aplicado.

(55) É importante acompanhar de perto o desenvolvimento e a utilização dos OGM.

(56) Sempre que for colocado no mercado um produto que contenha ou seja constituído por OGM e se esse produto tiver sido adequadamente aprovado nos termos da presente directiva, um Estado-Membro não pode proibir, restringir ou impedir a colocação no mercado do produto que contenha ou seja constituído por OGM que cumpra as condições estabelecidas na presente directiva.

(57) O Grupo europeu de ética na ciência e novas tecnologias da Comissão deverá ser consultado sobre questões de ordem ética em geral que digam respeito à libertação deliberada ou à colocação no mercado de OGM. Tais consultas não prejudicam a competência dos Estados-Membros em questões de ética.

(58) Os Estados-Membros poderão consultar qualquer comité que tenham criado com vista a aconselhá-los sobre as implicações éticas da biotecnologia.

(59) As medidas necessárias à execução da presente directiva são aprovadas nos termos da Decisão 1999/468/CE do Conselho, de 28 de Junho de 1999, que fixa as regras de exercício das competências de execução atribuídas à Comissão.

(60) O intercâmbio de informações estabelecido nos termos da presente directiva deverá abranger igualmente a experiência adquirida na análise dos aspectos éticos.

(61) Para aumentar o grau de real aplicação das disposições da presente directiva será apropriado estabelecer um sistema de sanções a aplicar pelos Estados-Membros, incluindo nos casos de libertação ou colocação no mercado não conformes com o disposto na presente directiva, designadamente por negligência.

(62) A Comissão apresentará de três em três anos um relatório, tendo em conta as informações prestadas pelos Estados-Membros, e que deverá conter um capítulo separado sobre as vantagens e desvantagens socioeconómicas de cada categoria de OGM autorizada para colocação no mercado, dando a devida consideração aos interesses dos agricultores e dos consumidores.

(63) O quadro regulamentar para a biotecnologia deverá ser revisto a fim de se determinar se é possível melhorar a sua coerência e eficácia. Os procedimentos poderão ter de ser adaptados por forma a optimizar a sua eficácia e que devem ser analisadas todas as opções nesse sentido,
ADOPTARAM A PRESENTE DIRECTIVA:

PARTE A.- DISPOSIÇÕES GERAIS

Artigo 1.º *Objectivo*
Em conformidade com o princípio da precaução, a presente directiva tem por objectivo a aproximação das disposições legislativas, regulamentares e administrativas dos Estados-Membros e a protecção da saúde humana e do ambiente quando:
— são efectuadas libertações no ambiente deliberadas de organismos geneticamente modificados para qualquer fim diferente da colocação no mercado, no território da Comunidade,
— são colocados no mercado, no território da Comunidade, produtos que contenham ou sejam constituídos por organismos geneticamente modificados.

Artigo 2.º *Definições*
Para efeitos da presente directiva, entende-se por:
1) «Organismo», qualquer entidade biológica dotada de capacidade reprodutora ou de transferência de material genético;
2) «Organismo geneticamente modificado» (OGM),qualquer organismo, com excepção do ser humano, cujo material genético tenha sido modificado de uma forma que não ocorre naturalmente por meio de cruzamentos e/ou de recombinação natural.
No âmbito desta definição:
a) A modificação genética ocorre, pelo menos, quando são utilizadas as técnicas referidas na parte 1 do anexo I A;
b) Não se considera que as técnicas referidas na parte 2 do anexo I A resultem em modificações genéticas;**3)** «Libertação deliberada», qualquer introdução intencional no ambiente de um OGM ou de uma combinação de OGM sem que se recorra a medidas específicas de confinamento, com o objectivo de limitar o seu contacto com a população em geral e com o ambiente e de proporcionar a ambos um elevado nível de segurança;
4) «Colocação no mercado», a colocação à disposição de terceiros, quer a título oneroso quer gratuito.
As seguintes operações não são consideradas colocação no mercado:
— a disponibilização de microrganismos geneticamente modificados para actividades regulamentadas pela Directiva 90/219/CEE do Conselho, de 23 de Abril de 1990, relativa à utilização confinada de microrganismos geneticamente modificados, incluindo a constituição de colecções de culturas,
— a disponibilização de OGM que não sejam os microrganismos referidos no primeiro travessão, a utilizar exclusivamente em actividades em que sejam tomadas medidas adequadas de confinamento rigoroso com o objectivo de limitar o seu contacto com a população em geral e com o ambiente e de proporcionar a ambos um elevado nível de segurança; essas medidas devem ser baseadas nos princípios de confinamento estabelecidos na Directiva 90/219/CEE,
— a disponibilização de OGM a utilizar exclusivamente para libertações deliberadas que cumpram os requisitos estabelecidos na parte B da presente directiva;
5) «Notificação», a apresentação das informações exigidas na presente directiva à autoridade competente de um Estado-Membro;
6) «Notificador», a pessoa que apresenta a notificação;

7) «Produto», um preparado ou substância que contenha ou seja constituída por um OGM ou uma combinação de OGM e que seja colocado no mercado;

8) «Avaliação dos riscos ambientais», a avaliação dos riscos para a saúde humana e o ambiente, directa ou indirectamente, a curto ou a longo prazo, que a libertação deliberada de OGM no ambiente ou a sua colocação no mercado possam representar e efectuada em conformidade com o anexo II.

Artigo 3.º *Isenções*

1. A presente directiva não é aplicável aos organismos obtidos através das técnicas de modificação genética enumeradas no anexo I B.

2. A presente directiva não é aplicável ao transporte por via ferroviária, rodoviária, marítima, fluvial ou aérea de organismos geneticamente modificados.

Artigo 4.º *Obrigações gerais*

1. Os Estados-Membros devem assegurar, em conformidade com o princípio da precaução, que sejam tomadas todas as medidas adequadas para evitar os efeitos negativos para a saúde humana e para o ambiente que possam resultar da libertação deliberada de OGM ou da sua colocação no mercado. A libertação deliberada de OGM ou a sua colocação no mercado só são autorizadas nos termos, respectivamente, da parte B ou da parte C.

2. Antes de se proceder à apresentação de uma notificação nos termos da parte B ou da parte C, é necessário efectuar uma avaliação dos riscos ambientais. As informações necessárias para efectuar a avaliação dos riscos ambientais constam do anexo III. Os Estados-Membros e a Comissão devem assegurar que os OGM que contenham genes de resistência aos antibióticos utilizados na terapêutica médica ou veterinária são especialmente tomados em consideração ao efectuar uma avaliação dos riscos ambientais, a fim de identificar e eliminar progressivamente os marcadores de resistência aos antibióticos presentes em OGM que tenham efeitos adversos na saúde humana e no ambiente. Esta eliminação deverá ocorrer até 31 de Dezembro de 2004 no caso dos OGM colocados no mercado de acordo com a parte C e até 31 de Dezembro de 2008 no caso dos OGM autorizados de acordo com a parte B.

3. Os Estados-Membros e, quando necessário, a Comissão zelarão por que os efeitos adversos potenciais para a saúde humana e o ambiente que possam decorrer directa ou indirectamente decorrer da transferência de genes de OGM para outros organismos sejam aferidos com exactidão caso a caso. Esta aferição será efectuada de acordo com o anexo II, tendo em conta o impacto ambiental de acordo com a natureza do organismo introduzido e do ambiente de recepção.

4. Os Estados-Membros devem designar a ou as autoridades competentes responsáveis pelo cumprimento dos requisitos da presente directiva. A autoridade competente deve analisar as notificações apresentadas nos termos das partes B e C, a fim de verificar se são cumpridos os requisitos da presente directiva e se é adequada a avaliação estabelecida no n.º 2.

5. Os Estados-Membros devem assegurar que a autoridade competente organize inspecções e tome outras medidas de controlo eventualmente necessárias para garantir o cumprimento da presente directiva. Em caso de libertação ou de colocação no mercado de produtos que contenham ou sejam constituídos por OGM para os quais não foi concedida nenhuma autorização, o Estado-Membro em questão deve assegurar que sejam tomadas as medidas necessárias para suspender a libertação ou colocação no mercado, para iniciar, se necessário, medidas destinadas a eliminar os danos causados e para informar o público do seu país, a Comissão e os restantes Estados-Membros.

PARTE B.- LIBERTAÇÃO DELIBERADA DE OGM PARA QUALQUER FIM QUE NÃO A
COLOCAÇÃO NO MERCADO

Artigo 5.º

1. Os artigos 6.º a 11.º não se aplicam às substâncias e compostos medicinais para consumo humano que consistam num OGM ou numa combinação de OGM ou que os contenham, desde que a sua libertação deliberada para qualquer fim diferente da colocação no mercado seja autorizada por legislação comunitária que preveja:

a) Uma avaliação específica dos riscos ambientais em conformidade com o anexo II da presente directiva e com base no tipo de informações especificadas no anexo III, sem prejuízo dos requisitos adicionais previstos na referida legislação;

b) Uma autorização explícita prévia à libertação;

c) Um plano de monitorização em conformidade com as partes pertinentes do anexo III, com o objectivo de identificar os efeitos do ou dos OGM sobre a saúde humana ou o ambiente;

d) De modo adequado, requisitos relativos ao tratamento de novos elementos de informação, informação ao público, informação sobre os resultados das emissões e troca de informações pelo menos equivalentes às constantes da presente directiva e das medidas adoptadas em sua aplicação.

2. A avaliação dos riscos ambientais decorrentes dessas substâncias e compostos será efectuada em coordenação com as autoridades nacionais e comunitárias mencionadas na presente directiva.

3. A referida legislação deve prever procedimentos destinados a garantir a conformidade da avaliação específica dos riscos ambientais e a equivalência com as disposições da presente directiva. Deve ainda fazer referência à presente directiva.

Artigo 6.º *Procedimento normal de autorização*

1. Sem prejuízo do disposto no artigo 5.º, antes de se proceder a uma libertação deliberada de um OGM ou de uma combinação de OGM, é necessário apresentar uma notificação à autoridade competente do Estado-Membro em cujo território deve ter lugar a libertação.

2. Da notificação referida no n.º 1 deve constar:

a) Um *dossier* técnico que forneça as informações especificadas no anexo III e necessárias para a avaliação dos riscos ambientais da libertação deliberada do OGM ou da combinação de OGM, em especial:

i) informações de ordem geral, incluindo informações sobre o pessoal e respectiva formação,

ii) informações relativas ao(s) OGM,

iii) informações relativas às condições de libertação e ao potencial meio receptor,

iv) informações sobre as interacções do(s) OGM com o ambiente,

v) um plano de monitorização e avaliação, em conformidade com as partes pertinentes do anexo III, dos efeitos do(s) OGM para a saúde humana ou para o ambiente,

vi) informações sobre controlo, métodos de correcção, tratamento de resíduos e planos de emergência,

vii) um resumo do *dossier*;

b) A avaliação dos riscos ambientais e as conclusões requeridas na parte D do anexo II, juntamente com quaisquer referências bibliográficas e com indicação dos métodos utilizados.

3. O notificador poderá referir dados ou apresentar resultados constantes de notificações anteriormente apresentadas por outros notificadores, desde que as informações, dados ou resultados não sejam confidenciais ou que os outros notificadores o tenham autorizado a tal por escrito, ou poderá apresentar dados adicionais que considere pertinentes.

4. A autoridade competente pode aceitar que as libertações deliberadas do mesmo OGM ou de uma combinação de OGM no mesmo local, ou em locais diferentes mas para o mesmo efeito, e num período de tempo definido, possam ser notificadas numa única notificação.

5. A autoridade competente deve acusar a recepção da notificação com a respectiva data e, tendo tomado em consideração as eventuais observações pertinentes de outros Estados-Membros apresentadas nos termos do artigo 11.º, deve responder por escrito ao notificador no prazo de 90 dias a contar da recepção da notificação:

a) Quer confirmando que a notificação está conforme com a presente directiva e que se pode proceder à libertação;

b) Quer indicando que a libertação não satisfaz os requisitos da presente directiva e que, por conseguinte, a notificação é recusada.

6. Para efeitos do cálculo do prazo de 90 dias referido no n.º 5, não são contabilizados os períodos em que a autoridade competente:

a) Aguarda informações adicionais que tenha eventualmente solicitado ao notificador; ou

b) Está a efectuar um inquérito ou consulta públicos nos termos do artigo 9.º Este inquérito ou consulta públicos não deve prolongar por mais de 30 dias o prazo de 90 dias referido no n.º 5.

7. Se a autoridade competente solicitar novas informações, deverá simultaneamente fundamentar esse pedido.

8. O notificador só pode proceder à libertação depois de ter recebido a autorização por escrito da autoridade competente e de acordo com todas as condições impostas nessa autorização.

9. Os Estados-Membros devem assegurar que materiais derivados de OGM deliberadamente libertados de acordo com a parte B não serão colocados no mercado, salvo se o forem nos termos da parte C.

Artigo 7.º *Procedimentos diferenciados de autorização*

1. Se uma autoridade competente considerar que se adquiriu experiência suficiente de libertação de certos OGM em certos ecossistemas e se os OGM em questão preencherem os critérios do anexo V, essa autoridade poderá apresentar à Comissão uma proposta fundamentada para a aplicação de procedimentos diferenciados a esses tipos de OGM.

2. Por sua própria iniciativa ou no prazo de 30 dias a contar da recepção da proposta de uma autoridade competente, a Comissão:

a) Enviará a proposta às autoridades competentes, que terão um prazo de 60 dias para apresentar as suas observações e, ao mesmo tempo;

b) Facultará a proposta ao público, que terá um prazo de 60 dias para apresentar os seus comentários; e

c) Consultará o(s) comité(s) científico(s) pertinente(s), que terá (terão) um prazo de 60 dias para emitir um parecer.

3. Sobre cada proposta é tomada uma decisão nos termos do n.º 2 do artigo 30.º Essa decisão deve indicar a informação técnica mínima, nos termos do anexo III, necessária para avaliar quaisquer riscos previsíveis resultantes da libertação, designadamente:

a) Informações relativas ao(s) OGM;

b) Informações relativas às condições da libertação deliberada e ao potencial meio receptor;

c) Informações sobre as interacções entre o(s) OGM e o ambiente;

d) Avaliação dos riscos ambientais.

4. A decisão tem de ser tomada no prazo de 90 dias a contar da data da proposta da Comissão ou da recepção da proposta da autoridade competente. Este prazo de 90 dias não toma em consideração o período durante o qual a Comissão aguarda as observações das autoridades competentes, os comentários do público ou o parecer dos comités científicos, tal como previsto no n.º 2.

5. A decisão tomada em conformidade com os n.ᵒˢ 3 e 4 deve determinar que o notificador só possa proceder à libertação depois de ter recebido por escrito a aprovação da autoridade competente. O notificador deve proceder à libertação em conformidade com todas as condições impostas nessa autorização.

A decisão tomada em conformidade com os n.ᵒˢ 3 e 4 pode determinar que a libertação de um OGM ou de uma combinação de OGM no mesmo local, ou em locais diferentes mas para o mesmo efeito e num período de tempo definido, possam ser notificadas numa única notificação.

6. Sem prejuízo dos n.ᵒˢ 1 a 5, a Decisão 94/730/CE da Comissão, de 4 de Novembro de 1994, que estabelece pela primeira vez processos simplificados relativos à libertação deliberada no ambiente de plantas geneticamente modificadas nos termos do n.º 5 do artigo 6.º da Directiva 90/220/CEE do Conselho, continua a ser aplicável.

7. Sempre que um Estado-Membro decida fazer ou não uso de um procedimento estabelecido numa decisão tomada em conformidade com os n.ᵒˢ 3 e 4 para libertações deliberadas de OGM no seu território, deve informar desse facto a Comissão.

Artigo 8.º *Tratamento das alterações e das novas informações*

1. No caso de sobrevir qualquer alteração ou modificação não intencional da libertação deliberada de um OGM ou de uma combinação de OGM que seja susceptível de ter consequências em termos de riscos para a saúde humana e para o ambiente, depois de a autoridade competente ter dado a sua autorização por escrito, ou de surgirem novas informações sobre tais riscos, quer enquanto a notificação estiver a ser examinada pela autoridade competente de um Estado-Membro quer depois de esta ter dado a sua autorização por escrito, o notificador deverá imediatamente:

a) Tomar as medidas necessárias para proteger a saúde humana e o ambiente;

b) Informar a autoridade competente de qualquer alteração ou modificação imprevista, com antecedência ou logo que a modificação imprevista ou as novas informações sejam conhecidas;

c) Rever as medidas especificadas na notificação.

2. Se a autoridade competente referida no n.º 1 obtiver novas informações que possam ter consequências significativas quanto aos riscos para a saúde humana e o ambiente, ou nas circunstâncias descritas no n.º 1, deverá proceder à avaliação da referida informação e torná-la acessível ao público, podendo exigir que o notificador altere as condições de libertação deliberada, a suspenda ou lhe ponha termo, devendo do facto informar o público.

Artigo 9.º *Consulta e informação do público*
1. Sem prejuízo do disposto nos artigos 7.º e 25.º, os Estados-Membros devem consultar o público e, quando adequado, grupos de interesses sobre a proposta de libertação deliberada. Ao fazê-lo, os Estados-Membros devem estabelecer regras pormenorizadas para essas consultas, incluindo um prazo razoável, de forma a facultar ao público ou aos grupos de interesses a oportunidade de manifestar a sua opinião.
2. Sem prejuízo do disposto no artigo 25.º:
— os Estados-Membros devem facultar ao público informações sobre as libertações deliberadas de OGM abrangidas pela parte B que forem efectuadas no seu território,
— a Comissão deve facultar ao público as informações constantes do sistema de intercâmbio de informações previsto no artigo 11.º

Artigo 10.º *Relatório dos notificadores sobre as libertações*
Uma vez terminada a libertação e, subsequentemente, de acordo com os prazos fixados na autorização com base nos resultados da avaliação dos riscos ambientais, o notificador deve enviar à autoridade competente os resultados dessa libertação relativamente a qualquer risco para a saúde humana ou para o ambiente, referindo, especialmente, se for caso disso, os tipos de produtos que tenciona notificar posteriormente. O modelo para apresentação dos referidos resultados deve ser definido nos termos do n.º 2 do artigo 30.º

Artigo 11.º *Intercâmbio de informações entre as autoridades competentes e a Comissão*
1. A Comissão deve criar um sistema de intercâmbio das informações que constam das notificações. As autoridades competentes devem enviar à Comissão um resumo de cada uma das notificações recebidas nos termos do artigo 6.º, no prazo de 30 dias a contar da sua recepção. O modelo para apresentação do referido resumo deve ser definido e modificado, se necessário, nos termos do n.º 2 do artigo 30.º
2. No prazo de 30 dias após a sua recepção, a Comissão enviará estes resumos aos restantes Estados-Membros, que poderão apresentar observações, quer através da Comissão quer directamente, no prazo de 30 dias. A seu pedido, os Estados-Membros poderão receber cópia integral da notificação da autoridade competente do Estado-Membro em questão.
3. As autoridades competentes devem informar a Comissão das decisões finais tomadas de acordo com o n.º 5 do artigo 6.º, incluindo os motivos de recusa de uma notificação, se for caso disso, bem como dos resultados das libertações recebidos nos termos do artigo 10.º
4. No que se refere às libertações de OGM referidas no artigo 7.º, os Estados-Membros devem enviar uma vez por ano à Comissão, que as enviará às autoridades competentes dos restantes Estados-Membros, a lista dos OGM que tiverem sido libertados no território respectivo e a lista das notificações recusadas.

PARTE C.- COLOCAÇÃO NO MERCADO DE PRODUTOS QUE CONTENHAM OU SEJAM CONSTITUÍDOS POR OGM

Artigo 12.º *Legislação sectorial*
1. Os artigos 13.º a 24.º não são aplicáveis a quaisquer produtos que contenham ou sejam constituídos por OGM, na medida em que forem autorizados por legislação comunitária que preveja uma avaliação específica dos riscos ambientais efectuada em conformidade com os princípios estabelecidos no anexo II e com base nas informações especificadas no anexo III, sem prejuízo dos requisitos adicionais previstos pela legislação comunitária atrás referida, e que preveja requisitos em matéria de gestão dos riscos, de rotulagem, de monitorização adequada, de informações a fornecer ao público e de cláusula de salvaguarda, que sejam, pelo menos, equivalentes aos previstos na presente directiva.
2. No que diz respeito ao Regulamento (CEE) n.º 2309/93, os artigos 13.º a 24.º da presente directiva não são aplicáveis a quaisquer produtos que contenham ou sejam

constituídos por OGM, na medida em que forem autorizados por esse regulamento, desde que uma avaliação específica dos riscos ambientais seja efectuada em conformidade com os princípios estabelecidos no anexo II e com base no tipo de informações especificadas no anexo III, sem prejuízo de outros requisitos relevantes em matéria de avaliação dos riscos, de gestão dos riscos, de rotulagem, de eventual monitorização, de informações a fornecer ao público e de cláusula de salvaguarda previstos pela legislação comunitária no que diz respeito aos produtos medicinais para uso humano e veterinário.

3. Os procedimentos destinados a assegurar que a avaliação dos riscos e os requisitos em matéria de gestão dos riscos, de rotulagem, de monitorização adequada, de informações a fornecer ao público e de cláusula de salvaguarda sejam equivalentes aos previstos na presente directiva devem ser introduzidos num regulamento do Parlamento Europeu e do Conselho. A futura legislação sectorial baseada nas disposições desse regulamento fará referência à presente directiva. Até à entrada em vigor desse regulamento, quaisquer produtos que contenham ou sejam constituídos por OGM, desde que estejam autorizados por outra legislação comunitária, só serão colocados no mercado depois de terem sido aceites para colocação no mercado nos termos da presente directiva.

4. Durante a avaliação dos pedidos de colocação no mercado dos OGM referidos no n.º 1, devem ser consultadas as instâncias criadas pela Comunidade nos termos da presente directiva e pelos Estados-Membros para efeitos de implementação da presente directiva.

Artigo 12.ºA *Medidas transitórias respeitantes à presença acidental ou tecnicamente inevitável de organismos geneticamente modificados que tenham sido objecto de uma avaliação de risco favorável*

1. A colocação no mercado de vestígios de OGM ou de uma combinação de OGM em produtos destinados a serem utilizados directamente como géneros alimentícios ou alimentos para animais, ou para transformação, fica isenta da aplicação dos artigos 13.º a 21.º desde que satisfaçam as condições previstas no artigo 47.º do Regulamento (CE) n.º 1829/2003 do Parlamento Europeu e do Conselho, de 22 de Setembro de 2003, relativo aos géneros alimentícios e alimentos para animais geneticamente modificados.

2. O presente artigo é aplicável por um período de três anos a contar da data de aplicação do Regulamento (CE) n.º 1829/2003.

Artigo 13.º *Procedimento de notificação*

1. Antes da colocação no mercado de produtos que contenham ou sejam constituídos por OGM, deve ser apresentada uma notificação à autoridade competente do Estado-Membro onde o OGM for colocado no mercado pela primeira vez. A autoridade competente toma conhecimento da data de recepção da notificação e envia imediatamente o resumo do *dossier* referido na alínea h) do n.º 2 às autoridades competentes dos restantes Estados-Membros e à Comissão.

A autoridade competente deve verificar imediatamente se a notificação está conforme com o n.º 2, e, se necessário, solicitar ao notificador informações adicionais.

Quando a notificação estiver conforme com o n.º 2 , a autoridade competente deve transmitir, o mais tardar ao enviar o seu relatório de avaliação nos termos do n.º 2 do artigo 14.º, uma cópia da notificação à Comissão, que a transmitirá às autoridades competentes dos restantes Estados-Membros no prazo de 30 dias após a sua recepção.

2. Dessa notificação devem constar:

a) As informações exigidas nos anexos III e IV, que terão de tomar em consideração a diversidade geográfica da utilização dos produtos que contenham ou sejam constituídos por OGM e incluir informações sobre os dados e resultados, obtidos a partir de libertações para fins de investigação e desenvolvimento, relativos ao impacto da libertação sobre a saúde humana e sobre o ambiente;

b) A avaliação dos riscos ambientais e as conclusões requeridas na parte D do anexo II;

c) As condições para a colocação do produto no mercado, incluindo as condições específicas de utilização e manipulação;

d) Nos termos do n.º 4 do artigo 15.º, uma proposta de prazo de validade da autorização, que não deverá exceder dez anos;

e) Um plano para a monitorização em conformidade com o anexo VII, incluindo uma proposta de prazo para o plano de monitorização; este poderá ser diferente do prazo de validade da autorização;

f) Uma proposta de rotulagem que respeite os requisitos definidos no anexo IV. O rótulo deve referir claramente a presença de OGM. As palavras «Este produto contém organismos geneticamente modificados» devem constar do rótulo ou de um documento de acompanhamento;

g) Uma proposta de embalagem que incluirá os requisitos definidos no anexo IV;

h) Um resumo do *dossier.* O modelo do referido resumo será estabelecido nos termos do n.º 2 do artigo 30.º

Se, com base nos resultados de qualquer libertação notificada nos termos da parte B da presente directiva ou noutra motivação de peso, cientificamente justificada, um notificador considerar que a colocação no mercado e utilização de um determinado produto que contenha ou seja constituído por OGM não representa um risco para a saúde humana e para o ambiente, poderá propor à autoridade competente que não seja obrigado a fornecer toda ou parte da informação requerida na parte B do anexo IV.

3. O notificador deve incluir nesta notificação informações relativas a dados ou resultados de libertações do mesmo OGM ou da mesma combinação de OGM, já notificadas ou com a notificação em curso e/ou por ele realizadas dentro ou fora da Comunidade.

4. O notificador pode igualmente fazer referência a dados ou resultados extraídos de notificações anteriormente apresentadas por outros notificadores, ou prestar informações adicionais que considerar relevantes, desde que essas informações, dados e resultados não sejam confidenciais ou que os notificadores tenham dado o seu consentimento por escrito.

5. Para que um OGM ou uma combinação de OGM possa ser utilizada de forma diferente da já especificada numa notificação anterior, terá de ser apresentada uma nova notificação.

6. Na eventualidade de surgirem novas informações relativas aos riscos que os OGM representam para a saúde humana ou para o ambiente antes da emissão da autorização por escrito, o notificador deve tomar imediatamente as medidas necessárias para a protecção da saúde humana e do ambiente e informará as autoridades competentes. Além disto, o notificador deve proceder à revisão das informações e das condições especificadas na notificação.

Artigo 14.º *Relatório de avaliação*

1. Depois de ter recebido e acusado a recepção da notificação de acordo com o n.º 2 do artigo 13.º, a autoridade competente procederá à análise da sua conformidade com a presente directiva.

2. No prazo de 90 dias após a recepção da notificação, a autoridade competente deve:

— elaborar um relatório de avaliação e enviá-lo-á ao notificador. A retirada subsequente do *dossier* por parte do notificador não prejudica a ulterior apresentação da notificação a outra autoridade competente,

— no caso previsto na alínea a) do n.º 3, enviar à Comissão o seu relatório, juntamente com as informações referidas no n.º 4 e quaisquer outras em que se baseie o relatório. A Comissão deve enviar o relatório às autoridades competentes dos restantes Estados-Membros, no prazo de 30 dias após a sua recepção.

No caso previsto na alínea b) do n.º 3, não antes de 15 dias depois de ter enviado ao notificador o relatório de avaliação e o mais tardar 105 dias após a recepção da notificação, a autoridade competente deve enviar à Comissão o seu relatório, juntamente com as informações referidas no n.º 4 e quaisquer outras em que se baseie o relatório. A Comissão deve enviar o relatório às autoridades competentes dos restantes Estados-Membros, no prazo de 30 dias após a sua recepção.

3. O relatório de avaliação deve indicar:

a) Se o(s) OGM em questão pode(m) ser colocado(s) no mercado e em que condições; ou

b) Se o(s) OGM em questão não pode(m) ser colocado(s) no mercado.

Os relatórios de avaliação devem ser elaborados em conformidade com as linhas de orientação definidas no anexo VI.

4. Para efeitos do cálculo do prazo de 90 dias referido no n.º 2, não é contabilizado qualquer período de tempo em que a autoridade competente aguarde informações adicionais que tenha eventualmente solicitado ao notificador. Qualquer pedido de informações complementares deve ser justificado pela autoridade competente.

Artigo 15.º *Procedimento normal*
1. Nos casos referidos no n.º 3 do artigo 14.º, qualquer autoridade competente ou a Comissão pode pedir informações complementares, fazer comentários, ou apresentar objecções fundamentadas em relação à colocação no mercado do(s) OGM em questão, no prazo de 60 dias a contar da data de distribuição do relatório de avaliação.

Os comentários ou objecções fundamentadas e respectivas respostas devem ser enviados à Comissão, que os distribuirá imediatamente a todas as autoridades competentes.

As autoridades competentes e a Comissão podem discutir qualquer questão pendente com o objectivo de chegar a acordo no prazo de 105 dias a contar da data de distribuição do relatório de avaliação.

Os períodos de tempo em que se aguardam informações complementares do notificador não são tomados em consideração para efeitos de cálculo do prazo final de 45 dias para chegar a acordo. Qualquer pedido de informações complementares deve ser justificado.

2. No caso referido no n.º 3, alínea b), do artigo 14.º, se a autoridade competente que elaborou o relatório decidir que o OGM não deve ser colocado no mercado, a notificação será recusada. Esta decisão deve ser justificada.

3. Se a autoridade competente que preparou o relatório decidir que o produto pode ser colocado no mercado, na ausência de objecções fundamentadas por parte de um Estado-Membro ou da Comissão no prazo de 60 dias a contar da data de distribuição do relatório de avaliação referido no n.º 3, alínea a), do artigo 14.º, ou se as questões pendentes tiverem sido resolvidas no prazo de 105 dias referido no n.º 1, a autoridade competente que elaborou o relatório dará autorização por escrito à colocação no mercado, comunicá-la-á ao notificador e informará do facto os restantes Estados-Membros e a Comissão no prazo de 30 dias.

4. A autorização é concedida por um período máximo de dez anos, a contar da data da sua emissão.

Para efeitos de aprovação de um OGM ou de uma descendência desse OGM exclusivamente para fins de colocação no mercado das suas sementes ao abrigo das disposições comunitárias pertinentes, o período da primeira autorização terminará o mais tardar dez anos após a data da primeira inclusão da primeira variedade vegetal que contenha o OGM num catálogo nacional oficial de variedades vegetais, em conformidade com as directivas do Conselho 70/457/CEE e 70/458/CEE.

No caso de material de reprodução florestal, o período de primeira autorização termina o mais tardar dez anos após a data da primeira inclusão de material de base que contenha OGM num registo nacional de material de base nos termos da Directiva 1999/105/CE do Conselho.

Artigo 16.º *Critérios e requisitos de informação para OGM específicos*
1. Uma autoridade competente, ou a Comissão por iniciativa própria, pode propor critérios e requisitos de informação aplicáveis à notificação, por derrogação do artigo 13.º, da colocação no mercado de certos tipos de OGM ou de produtos que contenham ou sejam constituídos por OGM.

2. São estabelecidos os critérios e requisitos de informação referidos no n.º 1, bem como os requisitos adequados para um resumo do processo. Essas medidas, que têm por objecto alterar elementos não essenciais da presente directiva, completando-a, são aprovadas pelo procedimento de regulamentação com controlo a que se refere o n.º 3 do artigo 30.º, após consulta do comité científico competente. Tais critérios e requisitos de informação devem permitir garantir um elevado nível de segurança para a saúde humana e para o ambiente e devem basear-se em dados científicos disponíveis em relação a essa segurança e à experiência adquirida com a libertação de OGM comparáveis.

Os requisitos estabelecidos no n.º 2 do artigo 13.º devem ser substituídos pelos requisitos aprovados nos termos do primeiro parágrafo, sendo aplicável o procedimento estabelecido nos n.ºs 3, 4, 5 e 6 do artigo 13.º e nos artigos 14.º e 15.º

3. Antes de se iniciar o procedimento de regulamentação com controlo a que se refere o n.º 3 do artigo 30.º a fim de tomar uma decisão sobre os critérios e requisitos de informação referidos no n.º 1, a Comissão faculta essa proposta ao público, que pode apresentar-lhe os seus comentários no prazo de 60 dias. A Comissão envia esses comentários, juntamente com uma análise, ao comité criado nos termos do artigo 30.º

389

Artigo 17.º *Renovação da autorização*
1. Por derrogação dos artigos 13.º, 14.º e 15.º, a renovação das autorizações é efectuada nos termos dos n.ᵒˢ 2 a 9:

    a) Relativamente às autorizações concedidas ao abrigo da parte C; e
    b) Antes de 17 de Outubro de 2006, relativamente às autorizações concedidas nos termos da Directiva 90/220/CE, para a colocação no mercado de produtos que contenham ou sejam constituídos por OGM antes de 17 de Outubro de 2002.

2. O mais tardar nove meses antes da data em que a autorização caduca, para as autorizações a que se refere a alínea a) do n.º 1, e antes de 17 de Outubro de 2006, para as autorizações a que se refere a alínea b) do n.º 1, o notificador nos termos do presente artigo deve apresentar à autoridade competente que recebeu a notificação inicial, uma notificação que deverá incluir:

    a) Uma cópia da autorização de colocação do OGM no mercado;
    b) Um relatório com os resultados da monitorização realizada nos termos do artigo 20.º No caso das autorizações a que se refere a alínea b) do n.º 1, este relatório deve ser entregue aquando da realização da monitorização;
    c) Qualquer nova informação que tenha surgido em relação aos riscos do produto para a saúde humana e/ou para o ambiente; e
    d) Se necessário, uma proposta que altere ou complemente as condições da autorização inicial, nomeadamente as condições relacionadas com a futura monitorização e o prazo de validade da autorização.

A autoridade competente deve acusar a recepção da notificação com a respectiva data e, se a mesma estiver de acordo com o presente número, deve enviar de imediato uma cópia da notificação e do relatório de avaliação à Comissão, que os enviará às autoridades competentes dos restantes Estados-Membros no prazo de 30 dias após a sua recepção. A autoridade competente deve enviar também ao notificador o relatório de avaliação.

3. O relatório de avaliação deve referir se:

    a) O OGM deve continuar no mercado e em que condições; ou
    b) O OGM não deve continuar no mercado.

4. As outras autoridades competentes ou a Comissão podem solicitar informações adicionais, apresentar comentários ou objecções fundamentadas no prazo de 60 dias a contar da data de distribuição do relatório de avaliação.

5. Os comentários ou objecções fundamentadas e as respectivas respostas devem ser enviados à Comissão, que os distribuirá imediatamente às autoridades competentes.

6. No caso a que se refere a alínea a) do n.º 3, e na ausência de objecções fundamentadas por parte de um Estado-Membro ou da Comissão no prazo de 60 dias a contar da data de distribuição do relatório de avaliação, a autoridade competente que elaborou o relatório deve comunicar por escrito ao notificador a decisão final e informar do facto, no prazo de 30 dias, os restantes Estados-Membros e a Comissão. A validade da autorização não deverá, regra geral, exceder dez anos e pode ser limitada ou alargada por motivos específicos.

7. As autoridades competentes e a Comissão podem discutir qualquer questão pendente, com o objectivo de chegar a acordo no prazo de 75 dias a contar da data de distribuição do relatório de avaliação.

8. Se as questões pendentes tiverem sido resolvidas no prazo de 75 dias referido no n.º 7, a autoridade competente que elaborou o relatório comunicará por escrito ao notificador a sua decisão definitiva e informará do facto, no prazo de 30 dias, os restantes Estados-Membros e a Comissão. A validade da autorização pode, se necessário, ser limitada.

9. No seguimento de uma notificação para a renovação de uma autorização em conformidade com o n.º 2, o notificador pode continuar a colocar no mercado o OGM em causa de acordo com as condições especificadas nessa autorização até que seja tomada uma decisão final sobre a notificação.

Artigo 18.º *Procedimento comunitário em caso de objecções*
1. Nos casos em que uma objecção seja levantada e mantida por uma autoridade competente ou pela Comissão nos termos dos artigos 15.º, 17.º e 20.º, uma decisão é adoptada e publicada no prazo de 120 dias, nos termos do n.º 2 do artigo 30.º Essa decisão deve incluir as informações referidas no n.º 3 do artigo 19.º

Para efeitos do cálculo do prazo de 120 dias, não é contabilizado qualquer período de tempo em que a Comissão aguarde informações complementares que tenha solicitado ao notificador ou o parecer de um comité científico que tenha consultado em conformidade com o artigo 28.º A Comissão deve justificar qualquer pedido de informações complementares e informar as autoridades competentes dos pedidos que faça ao notificador. O período de tempo durante o qual a Comissão aguarda o parecer do comité científico não pode exceder 90 dias.

O período de deliberação do Conselho nos termos do n.º 2 do artigo 30.º não é contabilizado.

2. Se a decisão for favorável, a autoridade competente que elaborou o relatório de avaliação dará a sua autorização por escrito à colocação no mercado ou à renovação da autorização, comunicá-la-á ao notificador e informará do facto os restantes Estados-Membros e a Comissão no prazo de 30 dias a contar da publicação ou notificação da decisão.

Artigo 19.º *Autorização*

1. Sem prejuízo dos requisitos constantes de outra legislação comunitária, os produtos que contenham ou sejam constituídos por OGM só poderão ser utilizados sem qualquer notificação adicional em toda a Comunidade se tiver sido dada uma autorização por escrito à sua colocação no mercado e na medida em que as condições específicas para a sua utilização e os ambientes e/ou zonas geográficas estipulados na mesma autorização forem estritamente respeitados.

2. O notificador só pode proceder à colocação no mercado depois de ter recebido a autorização por escrito da autoridade competente, em conformidade com os artigos 15.º, 17.º e 18.º e de acordo com todas as condições impostas nessa autorização.

3. A autorização por escrito referida nos artigos 15.º, 17.º e 18.º deve, em todos os casos, indicar explicitamente:

a) O âmbito da autorização, incluindo a identificação dos produtos a colocar no mercado que contenham ou sejam constituídos por OGM e a sua identificação específica;

b) O prazo de validade da autorização;

c) As condições de colocação do produto no mercado, incluindo quaisquer condições específicas de utilização, manipulação e embalagem de produtos que contenham ou sejam constituídos por OGM, bem como as condições para a protecção de ecossistemas/ambientes e/ou zonas geográficas específicos;

d) Que, sem prejuízo do artigo 25.º, o notificador disponibilizará amostras de controlo a pedido da autoridade competente;

e) Os requisitos em matéria de rotulagem, em conformidade com os requisitos estipulados no anexo IV. O rótulo deve referir claramente a presença de OGM. As palavras «Este produto contém organismos geneticamente modificados» devem figurar quer num rótulo quer num documento de acompanhamento do produto ou produtos que contenham ou sejam constituídos por OGM;

f) Os requisitos em matéria de monitorização nos termos do anexo VII, incluindo a obrigação de apresentar relatórios à Comissão e às autoridades competentes, o prazo para o plano de monitorização e, se for caso disso, as obrigações de qualquer pessoa que venda ou utilize o produto, nomeadamente, no caso de OGM cultivados, referentes a um nível de informação considerado adequado quanto à respectiva localização.

4. Os Estados-Membros devem tomar as medidas necessárias para assegurar que a autorização por escrito e a decisão a que se refere o artigo 18.º sejam facultadas ao público e que as condições especificadas na autorização por escrito e a eventual decisão sejam cumpridas.

Artigo 20.º *Monitorização e tratamento de novas informações*

1. No seguimento da colocação no mercado de produtos que contenham ou sejam constituídos por OGM, o notificador deve assegurar que a monitorização e o consequente relatório sejam efectuados de acordo com as condições estabelecidas na autorização. Os relatórios dessa monitorização devem ser apresentados à Comissão e às autoridades competentes dos Estados-Membros. Com base nesses relatórios, em conformidade com a autorização e com o plano de monitorização nela especificado, a autoridade competente que recebeu a notificação inicial pode adaptar o plano de monitorização após o primeiro período de monitorização.

2. Se surgirem, após a autorização escrita, novas informações, provenientes dos utilizadores ou de outras fontes, acerca dos riscos dos OGM para a saúde humana ou para o ambiente, o notificador tomará de imediato as medidas necessárias à protecção da saúde humana e do ambiente e informará das mesmas a autoridade competente.

Além disso, o notificador deve rever as informações e condições especificadas na notificação.

3. Se a autoridade competente receber informações que possam ter incidência sobre os riscos que o OGM representa para a saúde humana ou para o ambiente, ou em resultado das circunstâncias descritas no n.º 2, comunicará imediatamente as informações à Comissão e às autoridades competentes dos restantes Estados-Membros, podendo recorrer, se for caso disso, ao disposto no n.º 1 do artigo 15.º e n.º 7 do artigo 17.º, caso as informações tenham surgido antes da emissão da autorização por escrito.

Caso as informações tenham surgido depois de ter sido emitida a autorização, a autoridade competente deverá, no prazo de 60 dias após a recepção das novas informações, enviar à Comissão, que os enviará às autoridades competentes dos restantes Estados-Membros no prazo de 30 dias após a sua recepção, o seu relatório de avaliação, indicando se e de que forma as condições da autorização devem ser alteradas, ou se a autorização deve ser retirada.

Quaisquer comentários ou objecções fundamentadas em relação à continuação da colocação do OGM no mercado ou à proposta de alteração das condições de autorização devem ser enviados à Comissão, que os enviará imediatamente a todas as autoridades competentes no prazo de 60 dias a contar da distribuição do envio do relatório de avaliação.

As autoridades competentes e a Comissão podem discutir qualquer questão pendente, com o objectivo de chegar a acordo no prazo de 75 dias a contar da data da distribuição do relatório de avaliação.

Na ausência de objecções fundamentadas por parte de um Estado-Membro ou da Comissão no prazo de 60 dias a contar da data de difusão das novas informações, ou se as questões pendentes tiverem sido resolvidas no prazo de 75 dias, a autoridade competente que elaborou o relatório deve, no prazo de 30 dias, modificar a autorização em conformidade com a proposta, comunicar a autorização modificada ao notificador e informar do facto os restantes Estados-Membros e a Comissão.

4. Os resultados da monitorização ao abrigo da parte C da presente directiva devem ser postos à disposição do público, por forma a garantir a sua transparência.

Artigo 21.º *Rotulagem*
1. Os Estados-Membros devem tomar todas as medidas necessárias para assegurar que, em todas as fases da colocação no mercado, a rotulagem e embalagem dos produtos colocados no mercado que contenham ou sejam constituídos por OGM sejam conformes com os requisitos relevantes que constem da autorização por escrito a que é feita referência no n.º 3 do artigo 15.º, nos n.ºs 5 e 8 do artigo 17.º, no n.º 2 do artigo 18.º e no n.º 3 do artigo 19.º

2. No caso de produtos em relação aos quais seja impossível excluir a existência, fortuita ou tecnicamente inevitável, de vestígios de OGM autorizados, pode ser fixado um limiar mínimo abaixo do qual esses produtos não têm de ser rotulados nos termos do n.º 1.

Os limiares são fixados consoante o produto em questão. Essas medidas, que têm por objecto alterar elementos não essenciais da presente directiva, completando-a, são aprovadas pelo procedimento de regulamentação com controlo a que se refere o n.º 3 do artigo 30.º

3. No caso de produtos destinados a serem directamente transformados, o n.º 1 não se aplica aos vestígios de OGM autorizados numa proporção que não exceda 0,9 % ou limiares inferiores, desde que tais vestígios sejam fortuitos ou tecnicamente inevitáveis.

Podem ser fixados os limiares referidos no primeiro parágrafo. Essas medidas, que têm por objecto alterar elementos não essenciais da presente directiva, completando-a, são aprovadas pelo procedimento de regulamentação com controlo a que se refere o n.º 3 do artigo 30.º

Artigo 22.º *Livre circulação*
Sem prejuízo do artigo 23.º, os Estados-Membros não podem proibir, restringir ou impedir a colocação no mercado de produtos que contenham ou sejam constituídos por OGM que sejam conformes aos requisitos da presente directiva.

Artigo 23.º *Cláusula de salvaguarda*
1. Quando um Estado-Membro, no seguimento de informações novas ou suplementares disponíveis a partir da data da autorização que afectem a avaliação dos

riscos ambientais, ou de uma nova avaliação das informações já existentes com base em conhecimentos científicos novos ou suplementares, tiver razões válidas para considerar que um produto que contenha ou seja constituído por OGM, que tenha sido adequadamente notificado e que tenha recebido uma autorização por escrito nos termos da presente directiva, constitui um risco para a saúde humana ou para o ambiente, pode restringir ou proibir provisoriamente a utilização e/ou venda desse produto no seu território.

O Estado-Membro deve assegurar que, em caso de risco sério, serão tomadas medidas de emergência, tais como a suspensão ou cessação da colocação no mercado, incluindo a informação do público.

O Estado-Membro deve informar imediatamente a Comissão e os restantes Estados-Membros das medidas tomadas ao abrigo do presente artigo e indicar as razões da sua decisão, fornecendo a sua nova avaliação dos riscos ambientais, referir se as condições da autorização devem ser alteradas e a forma de o fazer ou se esta deve ser suprimida e, quando adequado, as informações novas ou suplementares sobre as quais baseou essa decisão.

2. No prazo de 60 dias a contar da data de recepção das informações transmitidas pelo Estado-Membro e pelo procedimento de regulamentação a que se refere o n.° 2 do artigo 30.°, é tomada uma decisão sobre a medida tomada pelo Estado-Membro. Para efeitos da contagem desse prazo de 60 dias, não são contados os períodos de tempo em que a Comissão aguarda informações complementares que tenha eventualmente solicitado ao notificador ou o parecer do ou dos comités científicos que tenha consultado. O período de tempo em que a Comissão aguarda o parecer do ou dos comités científicos consultados não pode exceder 60 dias.

Do mesmo modo, não é contado o período de tempo durante o qual o Conselho delibera pelo procedimento de regulamentação a que se refere o n.° 2 do artigo 30.°

Artigo 24.° *Informação do público*
1. Sem prejuízo do disposto no artigo 25.°, a Comissão, imediatamente após a recepção de uma notificação em conformidade com o n.° 1 do artigo 13.°, deve colocar à disposição do público o resumo referido no n.° 2, alínea h), do artigo 13.° A Comissão deve facultar igualmente ao público os relatórios de avaliação no caso referido no n.° 3, alínea a), do artigo 14.° O público pode apresentar à Comissão os seus comentários no prazo de 30 dias. A Comissão deve distribuir imediatamente esses comentários a todas as autoridades competentes.

2. Sem prejuízo do disposto no artigo 25.°, devem ser facultados ao público os relatórios de avaliação e os pareceres do(s) comité(s) consultado(s) relativamente a todos os OGM que tenham recebido uma autorização por escrito para colocação no mercado ou cuja colocação no mercado como produtos ou num determinado produto tenha sido recusada ao abrigo da presente directiva. Para cada produto devem ser claramente especificados o ou os OGM nele contidos, bem como a ou as utilizações a que se destinam.

PARTE D.- DISPOSIÇÕES FINAIS

Artigo 25.° *Confidencialidade*
1. A Comissão e as autoridades competentes não devem divulgar a terceiros quaisquer informações confidenciais que lhes tenham sido notificadas ou que tenham sido objecto de intercâmbio ao abrigo da presente directiva, e devem proteger os direitos de propriedade intelectual relativos aos dados recebidos.

2. O notificador pode indicar quais as informações constantes das notificações apresentadas nos termos da presente directiva cuja revelação é susceptível de prejudicar a sua posição em termos de concorrência, pelo que devem ser mantidas confidenciais. Em tais casos, deve ser dada uma justificação susceptível de verificação.

3. A autoridade competente decidirá, após consulta ao notificador, quais as informações que serão mantidas confidenciais e informará o notificador da sua decisão.

4. Em caso algum podem ser mantidas confidenciais as seguintes informações, quando apresentadas nos termos do disposto nos artigos 6.°, 7.°, 8.°, 13.°, 17.°, 20.° ou 23.°:

— descrição do(s) OGM, nome e endereço do notificador, objectivo e localização da libertação,

— métodos e planos para a monitorização do(s) OGM e para uma resposta de emergência,

— avaliação dos riscos ambientais.

5. Se, por qualquer motivo, o notificador retirar a notificação, as autoridades competentes e a Comissão terão de respeitar a confidencialidade das informações fornecidas.

Artigo 26.º *Rotulagem dos OGM referidos no n.º 4, segundo parágrafo, do artigo 2.º*
1. Os OGM disponibilizados para as operações referidas no n.º 4, segundo parágrafo, do artigo 2.º devem ser submetidos a requisitos adequados em matéria de rotulagem, em conformidade com as partes pertinentes do anexo IV, de forma a indicar claramente, num rótulo ou num documento de acompanhamento, a presença de organismos geneticamente modificados. Para o efeito, as palavras «Este produto contém organismos geneticamente modificados» devem constar do rótulo ou de um documento de acompanhamento.
2. As condições de aplicação do n.º 1 são estabelecidas sem criar duplicações nem incoerências em relação às disposições vigentes sobre rotulagem previstas na legislação comunitária. Essas medidas, que têm por objecto alterar elementos não essenciais da presente directiva, completando-a, são aprovadas pelo procedimento de regulamentação com controlo a que se refere o n.º 3 do artigo 30.º Ao fazê-lo, deverão ser tidas em conta, se for caso disso, as disposições sobre rotulagem estabelecidas pelos Estados-Membros de acordo com a legislação comunitária.

Artigo 26.ºA *Medidas destinadas a impedir a presença acidental de OGM*
1. Os Estados-Membros podem tomar todas as medidas apropriadas para impedir a presença acidental de OGM noutros produtos.
2. A Comissão deve recolher e coordenar informações baseadas em estudos comunitários e nacionais, acompanhar a evolução da coexistência nos Estados-Membros e, com base nessas informações e observações, elaborar orientações sobre a coexistência de culturas geneticamente modificadas, convencionais e orgânicas.

Artigo 27.º *Adaptação dos anexos ao progresso técnico*
As medidas para adaptação ao progresso técnico das partes C e D do anexo II, dos anexos III a VI e da parte C do anexo VII, que têm por objecto alterar elementos não essenciais da presente directiva, são aprovadas pelo procedimento de regulamentação com controlo a que se refere o n.º 3 do artigo 30.º

Artigo 28.º *Consulta do(s) comité(s) científico(s)*
1. Nos casos em que, relativamente aos riscos que os OGM representem para a saúde humana ou para o ambiente, uma objecção levantada e mantida por uma autoridade competente ou pela Comissão nos termos do n.º 1 do artigo 15.º, n.º 4 do artigo 17.º, n.º 3 do artigo 20.º ou do artigo 23.º, ou em que o relatório de avaliação referido no artigo 14.º indique que o OGM não deve ser colocado no mercado, a Comissão consultará, por sua própria iniciativa ou a pedido de um Estado-Membro, o(s) comité(s) científico(s) relevante(s) sobre a questão da objecção.
2. A Comissão pode igualmente consultar o(s) comité(s) científico(s) relevante(s) por sua própria iniciativa ou a pedido de um Estado-Membro, sobre qualquer questão abrangida pela presente directiva e que possa ter efeitos negativos na saúde humana ou no ambiente.
3. Os procedimentos administrativos estabelecidos na presente directiva não são afectados pelo disposto no n.º 3.

Artigo 29.º *Consulta do(s) comité(s) de ética*
1. Sem prejuízo da competência dos Estados-Membros em matéria de questões de ética, a Comissão, por sua própria iniciativa ou a pedido do Parlamento Europeu ou do Conselho, pode consultar, sobre questões éticas de carácter geral, qualquer comité que tenha criado com vista a aconselhá-la sobre as implicações éticas da biotecnologia, como o Grupo europeu de ética na ciência e novas tecnologias.
Essa consulta pode igualmente ser feita a pedido de um Estado-Membro.
2. As consultas processar-se-ão de acordo com normas claras de abertura, transparência e acessibilidade ao público. O respectivo resultado será acessível ao público.
3. Os procedimentos administrativos estabelecidos na presente directiva não são afectados pelo disposto no n.º 1.

Artigo 30.º *Procedimento de comité*
1. A Comissão é assistida por um comité.
2. Sempre que se faça referência ao presente número, são aplicáveis os artigos 5.º e 7.º da Decisão 1999/468/CE, tendo-se em conta o disposto no artigo 8.º da mesma.
O período previsto no n.º 6 do artigo 5.º da Decisão 1999/468/CE é de três meses.
3. Sempre que se faça referência ao presente número, são aplicáveis os n.ºs 1 a 4 do artigo 5.º-A e o artigo 7.º da Decisão 1999/468/CE, tendo-se em conta o disposto no seu artigo 8.º

Artigo 31.º *Intercâmbio de informações e relatórios*
1. Os Estados-Membros e a Comissão devem reunir-se regularmente e trocar informações sobre a experiência adquirida no que diz respeito à prevenção dos riscos associados à libertação deliberada de OGM e à sua colocação no mercado. Este intercâmbio de informações deve abranger igualmente a experiência adquirida na implementação do n.º 4, segundo parágrafo, do artigo 2.º, na avaliação dos riscos ambientais, na monitorização e na questão da consulta e informação do público.
Se necessário, o comité previsto nos termos do n.º 1 do artigo 30.º poderá dar orientações sobre a aplicação do n.º 4, segundo parágrafo, do artigo 2.º
2. A Comissão deve criar um ou vários registos das informações sobre as modificações genéticas dos OGM a que se refere a parte A, ponto 7, do anexo IV. Sem prejuízo do disposto no artigo 25.º, o(s) registo(s) devem compreender uma parte acessível ao público. As regras de funcionamento do(s) registo(s) devem ser decididas nos termos do n.º 2 do artigo 30.º
3. Sem prejuízo do n.º 2 e do ponto A.7 do anexo IV:
a) Os Estados-Membros devem estabelecer registos públicos onde seja inscrita a localização onde os OGM foram libertados nos termos da parte B;
b) Os Estados-Membros devem também estabelecer registos destinados à localização dos OGM cultivados nos termos da parte C da presente directiva, a fim de permitir designadamente acompanhar os eventuais efeitos desses OGM sobre o ambiente, em conformidade com o disposto na alínea f) do n.º 3 do artigo 19.º e no n.º 1 do artigo 20.º
Sem prejuízo do disposto nos referidos artigos 19.º e 20.º, as localizações em causa serão:
— notificadas às autoridades competentes, e
— tornadas públicas
da forma que as autoridades competentes julguem adequada e de acordo com as normas nacionais.
4. De três em três anos, os Estados-Membros devem enviar à Comissão um relatório sobre as medidas tomadas para dar cumprimento às disposições da presente directiva. Esse relatório deve incluir um relatório factual sucinto sobre a sua experiência com os OGM ou produtos que contenham ou sejam constituídos por OGM colocados no mercado nos termos da presente directiva.
5. De três em três anos, a Comissão deve publicar um resumo baseado nos relatórios referidos no n.º 4.
6. A Comissão deve enviar ao Parlamento Europeu e ao Conselho em 2003 e, subsequentemente, de três em três anos um relatório sobre a experiência dos Estados-Membros com os OGM colocados no mercado nos termos da presente directiva.
7. Quando apresentar o relatório em 2003, a Comissão deve apresentar ao mesmo tempo um relatório específico sobre o funcionamento das partes B e C, incluindo uma apreciação:
a) De todas as suas implicações, em particular para tomar em conta a diversidade dos ecossistemas europeus e a eventual necessidade de complementar o quadro regulamentar deste sector;
b) Da viabilidade de várias opções para melhorar a coerência e a eficácia deste quadro, incluindo um procedimento de autorização comunitário centralizado e as modalidades de tomada de decisão final pela Comissão;
c) Da existência de experiência acumulada suficiente sobre a implementação dos procedimentos diferenciados constantes da parte B, que justifique uma disposição sobre a autorização explícita nestes procedimentos e sobre a parte C, que justifique a aplicação de procedimentos diferenciados; e
d) Das implicações socioeconómicas das libertações deliberadas e da colocação de OGM no mercado.
8. A Comissão deve enviar anualmente ao Parlamento Europeu e ao Conselho um relatório sobre as questões éticas a que se refere o n.º 1 do artigo 29.º; esse relatório

395

pode ser acompanhado, se oportuno, de uma proposta com vista à alteração da presente directiva.

Artigo 32.° *Execução do protocolo de Cartagena sobre a segurança biológica*
1. A Comissão é convidada a apresentar uma proposta legislativa referente à aplicação pormenorizada do protocolo de Cartagena relativo à segurança biológica, logo que possível e antes de Julho de 2001. A proposta deverá complementar e, se necessário, alterar as disposições da presente directiva.
2. Esta proposta deverá, em especial, incluir medidas adequadas à aplicação dos procedimentos estabelecidos no protocolo de Cartagena e, tal como exigido por este, exigir que os exportadores comunitários assegurem o cumprimento de todos os requisitos do procedimento avançado de informação (*Advance Informed Agreement*), tal como consta dos artigos 7.° a 10.°, 12.° e 14.° do protocolo de Cartagena.

Artigo 33.° *Sanções*
Os Estados-Membros devem determinar as sanções aplicáveis aos casos de violação das disposições nacionais adoptadas em cumprimento da presente directiva. As sanções assim estabelecidas devem ser eficazes, proporcionadas e dissuasoras.

Artigo 34.° *Transposição*
1. Os Estados-Membros devem pôr em vigor as disposições legislativas, regulamentares e administrativas necessárias para darem cumprimento ao disposto na presente directiva até 17 de Outubro de 2002 e informar imediatamente a Comissão desse facto.
Quando os Estados-Membros aprovarem essas disposições, elas devem incluir uma referência à presente directiva ou ser acompanhadas dessa referência quando da sua publicação oficial. As modalidades dessa referência serão aprovadas pelos Estados-Membros.
2. Os Estados-Membros devem comunicar à Comissão o texto das principais disposições de direito interno que aprovarem nas matérias reguladas pela presente directiva.

Artigo 35.° *Notificações pendentes*
1. As notificações relativas à colocação no mercado de produtos que contenham ou sejam constituídos por OGM, recebidas nos termos da Directiva 90/220/CEE e em relação às quais os procedimentos previstos nessa directiva não estejam concluídos até 17 de Outubro de 2002 ficam sujeitas ao disposto na presente directiva.
2. Até 17 de Janeiro de 2003, os notificadores devem completar a sua notificação em conformidade com a presente directiva.

Artigo 36.° *Revogação*
1. A Directiva 90/220/CEE é revogada com efeitos a partir de 17 de Outubro de 2002.
2. As referências feitas à directiva revogada devem entender-se como feitas à presente directiva e ser lidas de acordo com o quadro de correspondência que consta do anexo VIII.
A presente directiva entra em vigor na data da sua publicação no Jornal Oficial das Comunidades Europeias.

Artigo 38.°
Os Estados-Membros são os destinatários da presente directiva.

ANEXO I A.-
Técnicas referidas no n.° 2 do artigo 2.°

[Anexo não reproduzido na presente publicação]

ANEXO I B
Técnicas referidas no artigo 3.°

[Anexo não reproduzido na presente publicação]

ANEXO II.-
Princípios aplicáveis à avaliação dos riscos ambientais

[Anexo não reproduzido na presente publicação]

ANEXO III.-
Informações exigidas na notificação

[Anexo não reproduzido na presente publicação]

ANEXO III A.-
Informações exigidas nas notificações relativas à libertação de organismos geneticamente modificados com excepção das plantas superiores

[Anexo não reproduzido na presente publicação]

ANEXO III B.-
Informações exigidas nas notificações relativas à libertação de plantas superiores geneticamente modificadas (PSGM) (gimnospérmicas e angiospérmicas)

[Anexo não reproduzido na presente publicação]

ANEXO IV.-
Informações adicionais

[Anexo não reproduzido na presente publicação]

ANEXO V.-
Critérios para a aplicação dos procedimentos diferenciados (artigo 7.º)

[Anexo não reproduzido na presente publicação]

ANEXO VI.-
Linhas de orientação para os relatórios de avaliação

[Anexo não reproduzido na presente publicação]

ANEXO VII.-
Plano de monitorização

[Anexo não reproduzido na presente publicação]

ANEXO VIII.-
Quadro de correspondência

[Anexo não reproduzido na presente publicação]

22 de Setembro de 2003.- Regulamento (CE) n.° 1829/2003
do Parlamento Europeu e do Conselho
relativo a géneros alimentícios e alimentos para animais geneticamente modificados
(J.O. L 268, 18/10/2003)

(V.C. 10/04/2008)

TJUE, 6 de Septembro de 2012. Processo C-36/11, Pioneer Hi Bred Italia Srl contra Ministero delle Politiche agricole alimentari e forestali [Interpretação o artigos 20].
TJUE, 8 de Septembro de 2011. Processos apensos C-58/10 a C-68/10, Monsanto SAS e outros contra Ministre de l'Agriculture et de la Pêche [Interpretação dos artigos 20 e 34].
TJUE (Grande Secção), 6 de Septembro de 2011. Processo C-442/09, Karl Heinz Bablok e outros contra Freistaat Bayern [Artigos 2, 3, 4 e 12].
TG, 11 de Abril de 2011. Processo T-478/10, Département du Gers contra Comissão Europeia [Interpretação dos artigos 19 e 35].

O PARLAMENTO EUROPEU E O CONSELHO DA UNIÃO EUROPEIA,
Tendo em conta o Tratado que institui a Comunidade Europeia e, nomeadamente, os seus artigos 37.° e 95.° e a alínea b) do n.° 4 do artigo 152.°,
Tendo em conta a proposta da Comissão,
Tendo em conta o parecer do Comité Económico e Social Europeu,
Tendo em conta o parecer do Comité das Regiões,
Deliberando nos termos do artigo 251.o do Tratado,
Considerando o seguinte:
(1) A livre circulação de géneros alimentícios e alimentos para animais seguros e saudáveis constitui um requisito essencial do mercado interno, contribuindo significativamente para a saúde e o bem-estar dos cidadãos e para os seus interesses sociais e económicos.
(2) Deverá ser assegurado um elevado nível de protecção da vida e da saúde humanas na realização das políticas comunitárias.
(3) Por forma a proteger a saúde humana e animal, os géneros alimentícios e alimentos para animais que sejam constituídos por, contenham ou sejam produzidos a partir de organismos geneticamente modificados (a seguir denominados "géneros alimentícios e alimentos para animais geneticamente modificados") deverão ser submetidos a uma avaliação de segurança através de um procedimento comunitário antes de serem colocados no mercado da Comunidade.
(4) As diferenças entre as disposições legislativas, regulamentares e administrativas nacionais em matéria de avaliação e autorização de géneros alimentícios e alimentos para animais geneticamente modificados podem entravar a sua livre circulação, criando condições de concorrência desigual e desleal.
(5) Foi estabelecido no Regulamento (CE) n.° 258/97 do Parlamento Europeu e do Conselho, de 27 de Janeiro de 1997, relativo a novos alimentos e ingredientes alimentares, um procedimento de autorização para os alimentos geneticamente modificados que envolve os Estados-Membros e a Comissão. Este procedimento deverá ser racionalizado e tornado mais transparente.
(6) O Regulamento (CE) n.° 258/97 prevê também um procedimento de notificação para novos alimentos que sejam substancialmente equivalentes aos alimentos existentes. Apesar de a equivalência substancial ser um procedimento chave no processo de avaliação da segurança de alimentos geneticamente modificados, não constitui por si mesmo uma avaliação de segurança. No sentido de assegurar clareza, transparência e um quadro harmonizado para a autorização de alimentos geneticamente modificados, este procedimento de notificação deverá ser abandonado no que se refere aos alimentos geneticamente modificados.
(7) Os alimentos para animais que sejam constituídos por ou contenham organismos geneticamente modificados (OGM) têm, até ao momento, sido autorizados nos termos do procedimento de autorização previsto na Directiva 90/220/CEE do Conselho, de 23 de Abril de 1990, e na Directiva 2001/18/CE do Parlamento Europeu e do Conselho, de 12 de Março de 2001, relativa à libertação deliberada no ambiente de organismos geneticamente modificados. Não existe um procedimento de autorização para alimentos para animais produzidos a partir de OGM. Deverá ser criado um procedimento de autorização comunitário único, eficaz e transparente para alimentos para animais que sejam constituídos por, contenham ou sejam produzidos a partir de OGM.

(8) As disposições do presente regulamento aplicar-se-ão também aos alimentos para animais destinados a animais que não são criados para a produção alimentar.

(9) Os novos procedimentos de autorização dos géneros alimentícios e alimentos para animais geneticamente modificados deverão incluir os novos princípios introduzidos na Directiva 2001/18/CE. Deverão também utilizar o novo quadro para a avaliação do risco em questões de segurança alimentar, estabelecido pelo Regulamento (CE) n.º 178/2002 do Parlamento Europeu e do Conselho, de 28 de Janeiro de 2002, que determina os princípios e normas gerais da legislação alimentar, cria a Autoridade Europeia para a Segurança dos Alimentos e estabelece procedimentos em matéria de segurança dos alimentos. Assim, os géneros alimentícios e alimentos para animais geneticamente modificados só deverão ser autorizados para colocação no mercado comunitário após uma avaliação científica do mais elevado nível possível de quaisquer riscos que apresentem para a saúde humana e animal e, se tal for o caso, para o ambiente, a ser efectuada sob responsabilidade da Autoridade Europeia para a Segurança dos Alimentos (a seguir designada "autoridade"). Esta avaliação científica deverá ser seguida por uma decisão de gestão do risco tomada pela Comunidade, sob procedimento regulamentar através de uma cooperação estreita entre a Comissão e os Estados-Membros.

(10) A experiência tem revelado que não deve ser concedida autorização para uma única utilização sempre que seja provável que um produto possa ser utilizado para fins de alimentação humana e animal. Por isso, tais produtos deverão apenas ser autorizados quando cumpram os critérios de autorização relativos tanto aos géneros alimentícios como aos alimentos para animais.

(11) Ao abrigo do presente regulamento, poderá ser concedida autorização quer a um OGM a utilizar como matéria-prima para a produção de géneros alimentícios ou alimentos para animais e aos produtos para utilização na alimentação humana e/ou animal que sejam constituídos por, contenham ou sejam produzidos a partir desse OGM, quer a géneros alimentícios ou alimentos para animais produzidos a partir de um OGM. Deste modo, sempre que um OGM utilizado na produção de géneros alimentícios ou alimentos para animais tenha sido autorizado ao abrigo do presente regulamento, géneros alimentícios ou alimentos para animais que sejam constituídos por, contenham ou sejam produzidos a partir desse OGM não necessitam de autorização ao abrigo do presente regulamento mas encontram-se sujeitos aos requisitos estabelecidos na autorização concedida em relação ao OGM. Além disso, os géneros alimentícios abrangidos por uma autorização concedida ao abrigo do presente regulamento encontram-se isentos dos requisitos do Regulamento (CE) n.º 258/97, relativo a novos alimentos e ingredientes alimentares, excepto quando pertençam a uma ou mais categorias definidas na alínea a) do n.º 2 do artigo 1.º do Regulamento (CE) n.º 258/97 com respeito a uma característica que não tenha sido considerada para fins da autorização concedida ao abrigo do presente regulamento.

(12) A Directiva 89/107/CEE do Conselho, de 21 de Dezembro de 1988, relativa à aproximação das legislações dos Estados-Membros respeitantes aos aditivos que podem ser utilizados nos géneros destinados à alimentação humana, prevê a autorização de aditivos utilizados nos géneros alimentícios. Além deste processo de autorização, os aditivos alimentares que sejam constituídos por, contenham ou sejam produzidos a partir de OGM deverão também ser abrangidos pelo âmbito do presente regulamento no que diz respeito à avaliação de segurança da modificação genética, enquanto que a autorização final deverá ser concedida ao abrigo do procedimento estabelecido na Directiva 89/107/CEE.

(13) Os aromatizantes abrangidos pelo âmbito da Directiva 88/388/CEE do Conselho, de 22 de Junho de 1988, relativa à aproximação das legislações dos Estados-Membros, no domínio dos aromas destinados a serem utilizados nos géneros alimentícios e dos materiais de base para a respectiva produção, que sejam constituídos por, contenham, ou sejam produzidos a partir de OGM deverão também ser abrangidos pelo âmbito do presente regulamento no que se refere à avaliação de segurança da modificação genética.

(14) A Directiva 82/471/CEE do Conselho, de 30 de Junho de 1982, relativa a certos produtos utilizados na alimentação dos animais, prevê um procedimento de aprovação para as matérias para a alimentação animal produzidas utilizando diferentes tecnologias que podem pôr em risco a saúde humana e animal e o ambiente. Estas matérias que sejam constituídas por, contenham ou sejam produzidos a partir de OGM deverão ser abrangidas pelo âmbito do presente regulamento.

(15) A Directiva 70/524/CEE do Conselho, de 23 de Novembro de 1970, relativa aos aditivos na alimentação para animais, prevê um procedimento de autorização para a colocação no mercado de aditivos utilizados nos alimentos para animais. Além deste procedimento de autorização, os aditivos para alimentos para animais que sejam constituídos por, contenham, ou sejam produzidos a partir de OGM deverão também ser abrangidos pelo âmbito do presente regulamento.

(16) O regulamento proposto deve abranger produtos produzidos "a partir de" um OGM mas não produtos produzidos "com" um OGM. O critério de determinação é a presença ou não de material derivado do material geneticamente modificado original nos géneros alimentícios ou alimentos para animais. Os auxiliares tecnológicos que são apenas utilizados durante o processo de produção dos géneros alimentícios ou dos alimentos para animais não estão abrangidos pela definição de género alimentício ou alimento para animais e, por isso, estão excluídos do âmbito do presente regulamento. Da mesma forma, também não estão abrangidos no âmbito do presente regulamento os géneros alimentícios ou alimentos para animais fabricados com recurso a auxiliares tecnológicos geneticamente modificados. Deste modo, os produtos obtidos a partir de animais alimentados com alimentos geneticamente modificados ou tratados com medicamentos geneticamente modificados não estarão sujeitos aos requisitos da autorização nem de rotulagem estabelecidos no presente regulamento.

(17) De acordo com o artigo 153.º do Tratado, a Comunidade contribuirá para a promoção do direito dos consumidores à informação. Além de outros tipos de informação ao público estabelecidos no presente regulamento, a rotulagem dos produtos é um meio que permite ao consumidor efectuar uma escolha informada e facilitar a boa fé das transacções entre o vendedor e o comprador.

(18) O artigo 2.º da Directiva 2000/13/CE do Parlamento Europeu e do Conselho, de 20 de Março de 2000, relativa à aproximação das legislações dos Estados-Membros respeitantes à rotulagem, apresentação e publicidade dos géneros alimentícios, prevê que a rotulagem não deverá induzir o comprador em erro no que se refere às características dos géneros alimentícios e, em especial, no que diz respeito à sua natureza, identidade, propriedades, composição e método de produção e de fabrico.

(19) Requisitos adicionais para a rotulagem de alimentos geneticamente modificados encontram-se estabelecidos no Regulamento (CE) n.º 258/97, no Regulamento (CE) n.º 1139/98 do Conselho, de 26 de Maio de 1998, relativo à menção obrigatória, na rotulagem de determinados géneros alimentícios produzidos a partir de organismos geneticamente modificados, de outras informações para além das previstas na Directiva 79/112/CEE, e no Regulamento (CE) n.º 50/2000 da Comissão, de 10 de Janeiro de 2000, relativo à rotulagem dos géneros alimentícios e ingredientes alimentares que contêm aditivos e aromas geneticamente modificados ou produzidos a partir de organismos geneticamente modificados.

(20) Deverão também ser estabelecidos requisitos harmonizados de rotulagem para os alimentos geneticamente modificados para animais para fornecer aos utilizadores finais, nomeadamente os criadores de animais, informação exacta sobre a composição e propriedades destes alimentos, o que permitirá ao utilizador efectuar uma escolha informada.

(21) A rotulagem deverá incluir informação objectiva de que o género alimentício ou alimento para animais consiste em, contém ou é produzido a partir de OGM. Uma rotulagem clara, independentemente da detectabilidade de ADN ou de proteína resultante da modificação genética no produto final, está de acordo com a pretensão expressa em vários inquéritos por uma grande maioria de consumidores, facilita uma escolha informada e evita potenciais enganos dos consumidores relativamente ao método de fabrico ou de produção.

(22) Além disso, a rotulagem deverá informar acerca de qualquer característica ou propriedade que torne um género alimentício ou alimento para animais diferente do respectivo equivalente tradicional no que diz respeito à composição, valor nutritivo ou efeitos nutricionais, utilização prevista, implicações para a saúde em determinadas camadas da população, bem como de qualquer característica ou propriedade que possa dar origem a preocupações de ordem ética ou religiosa.

(23) O Regulamento (CE) n.º 1830/2003 do Parlamento Europeu e do Conselho, de 22 de Setembro de 2003, relativo à rastreabilidade e rotulagem de organismos geneticamente modificados e à rastreabilidade dos géneros alimentícios e alimentos para animais produzidos a partir de organismos geneticamente modificados que modifica a Directiva 2001/18/CE, garante que a informação pertinente relativa a qualquer

modificação genética estará disponível em todas as fases de colocação no mercado do OGM e dos géneros alimentícios e dos alimentos para animais produzidos a partir do mesmo, o que deverá, por isso, facilitar a rotulagem exacta.

(24) Apesar de alguns operadores evitarem a utilização de géneros alimentícios e alimentos para animais geneticamente modificados, estes materiais podem estar presentes em vestígios ínfimos nos géneros alimentícios e alimentos para animais tradicionais em resultado da sua presença acidental ou tecnicamente inevitável durante a produção das sementes, o cultivo, colheita, transporte ou transformação. Em tais casos, estes géneros alimentícios ou alimentos para animais não deverão ser sujeitos aos requisitos de rotulagem contidos no presente regulamento. Por forma a alcançar este objectivo, é necessário estabelecer limites para a presença acidental ou tecnicamente inevitável de material geneticamente modificado nos géneros alimentícios e alimentos para animais, tanto quando a comercialização de tal material é autorizada na Comunidade como quando a sua presença é tolerada por força do presente regulamento.

(25) É também adequado prever que, quando o nível combinado da presença acidental ou tecnicamente inevitável dos materiais geneticamente modificados num género alimentício ou alimento para animais ou num dos seus componentes for superior aos limiares estabelecidos, essa presença seja indicada de acordo com o disposto no presente regulamento e sejam adoptadas normas específicas para a sua execução. Deverá igualmente ser prevista a possibilidade de estabelecer limiares mais baixos, em especial para os géneros alimentícios e alimentos para animais que contenham ou sejam constituídos por OGM, ou a fim de tomar em consideração os progressos científico e tecnológico.

(26) É indispensável que os operadores se esforcem por evitar qualquer presença acidental de material geneticamente modificado não autorizado pela legislação comunitária nos géneros alimentícios ou nos alimentos para animais. Todavia, para garantir a praticabilidade e a viabilidade do presente regulamento, um limiar específico, com a possibilidade de serem estabelecidos limites mais baixos, em especial no que se refere aos OGM vendidos directamente ao consumidor final, deve ser estabelecido como medida transitória para vestígios ínfimos de tal material geneticamente modificado nos géneros alimentícios ou nos alimentos para animais, sempre que a presença de tal material seja acidental ou tecnicamente inevitável e desde que sejam cumpridas todas as condições específicas estabelecidas no presente regulamento. A Directiva 2001/18/CE deve ser adaptada em conformidade. A aplicação desta medida deve ser revista no contexto da revisão geral da execução do presente regulamento.

(27) Para determinar se a presença desses materiais é acidental ou tecnicamente inevitável, os operadores devem estar em condições de demonstrar às autoridades competentes que adoptaram as medidas adequadas para evitar a presença de géneros alimentícios ou alimentos para animais geneticamente modificados.

(28) Os operadores devem evitar a presença acidental de OGM noutros produtos. A Comissão deve recolher informações e, com base nas mesmas, elaborar orientações sobre a coexistência de culturas geneticamente modificadas, convencionais e orgânicas. Além disso, a Comissão é convidada a apresentar, o mais rapidamente possível, as propostas eventualmente necessárias.

(29) A rastreabilidade e rotulagem dos OGM em todas as fases da sua colocação no mercado, incluindo a possibilidade de serem estabelecidos limiares, são asseguradas pela Directiva 2001/18/CE e pelo Regulamento (CE) n.º 1830/2003.

(30) É necessário definir procedimentos harmonizados para a avaliação do risco e autorização que sejam eficazes, limitados no tempo e transparentes, bem como critérios para a avaliação dos riscos potenciais associados aos géneros alimentícios e aos alimentos para animais geneticamente modificados.

(31) Para garantir uma avaliação científica harmonizada dos géneros alimentícios e dos alimentos para animais geneticamente modificados, tais avaliações deverão ser efectuadas pela autoridade. Todavia, uma vez que os actos ou as omissões em conformidade com o presente regulamento, por parte da autoridade, podem produzir efeitos jurídicos directos para os requerentes, convém prever a possibilidade de proceder à revisão administrativa de tais actos ou omissões.

(32) Reconhece-se que, em alguns casos, a avaliação científica dos riscos não pode, só por si, fornecer todas as informações sobre as quais se deve basear uma decisão em matéria de gestão dos riscos e que podem ser tidos em conta outros factores legítimos no domínio em consideração.

401

(33) Sempre que os pedidos digam respeito a produtos que contenham ou sejam constituídos por OGM, o requerente deve poder escolher entre apresentar uma autorização de libertação deliberada no ambiente já obtida nos termos da parte C da Directiva 2001/18/CE, sem prejuízo das condições estabelecidas nessa autorização, ou solicitar que seja efectuada uma avaliação dos riscos ambientais ao mesmo tempo que a avaliação de segurança nos termos do presente regulamento. Neste último caso, é necessário que a avaliação dos riscos ambientais respeite os requisitos estabelecidos na Directiva 2001/18/CE e que as autoridades nacionais competentes designadas pelos Estados-Membros para o efeito sejam consultadas pela autoridade. Além disso, é adequado dar à autoridade a possibilidade de solicitar a uma dessas autoridades competentes que efectue a avaliação dos riscos ambientais. É igualmente adequado, em conformidade com o n.º 4 do artigo 12.º da Directiva 2001/18/CE, que as autoridades nacionais competentes designadas nos termos da referida directiva para todos os casos que digam respeito a OGM e a géneros alimentícios e/ou alimentos para animais que contenham ou sejam constituídos por OGM sejam consultadas pela autoridade antes da finalização da avaliação dos riscos ambientais.

(34) No caso dos OGM destinados a serem utilizados como sementes ou outro material de reprodução vegetal que sejam abrangidas pelo âmbito do presente regulamento, a autoridade tem a obrigação de delegar a avaliação de risco ambiental numa autoridade nacional competente. Todavia, as autorizações concedidas ao abrigo do presente regulamento deverão sê-lo sem prejuízo do disposto nas Directivas 68/193/CEE, 2002/53/CE e 2002/55/CE, que prevêem, em especial, as regras e critérios de aceitação das variedades e a respectiva aprovação oficial para inclusão em catálogos comuns, nem do disposto nas Directivas 66/401/CEE, 66/402/CEE, 68/193/CEE, 92/33/CEE, 92/34/CEE, 2002/54/CE, 2002/55/CE, 2002/56/CE ou 2002/57/CE que regulamentam, em especial, a certificação e comercialização das sementes e de outro material de reprodução vegetal.

(35) É necessário introduzir, sempre que adequado e com base nas conclusões da avaliação dos riscos, requisitos de vigilância pós colocação no mercado da utilização de alimentos geneticamente modificados para consumo humano e da utilização de alimentos para animais geneticamente modificados para consumo animal. No caso dos OGM, é obrigatório um plano de monitorização dos efeitos ambientais em conformidade com a Directiva 2001/18/CE.

(36) No sentido de facilitar os controlos dos géneros alimentícios e alimentos para animais, geneticamente modificados, os requerentes da autorização deverão propor métodos adequados de amostragem, identificação e detecção e enviar amostras dos alimentos para a alimentação humana e animal geneticamente modificados à autoridade. Os métodos de amostragem e detecção deverão ser validados, sempre que adequado, pelo laboratório de referência comunitário.

(37) A evolução tecnológica e os avanços científicos deverão ser levados em consideração na aplicação do presente regulamento.

(38) Os géneros alimentícios e alimentos para animais abrangidos pelo presente regulamento que tenham sido legalmente colocados no mercado na Comunidade antes da data de aplicação do presente regulamento deverão continuar a ser autorizados no mercado, desde que sejam apresentadas à Comissão pelos operadores, no prazo de seis meses após a data de aplicação do presente regulamento, informações relativas à avaliação dos riscos e aos métodos de amostragem, identificação e detecção, conforme adequado, incluindo a transmissão de amostras dos géneros alimentícios e dos alimentos para animais e respectivas amostras de controlo.

(39) Deverá ser estabelecido um registo dos géneros alimentícios e dos alimentos para animais geneticamente modificados autorizados ao abrigo do presente regulamento, incluindo a informação específica do produto, estudos que demonstrem a respectiva segurança, incluindo, sempre que disponível, referências a estudos independentes e avaliados pelos pares e a métodos de amostragem, identificação e detecção. Os dados não confidenciais devem ser tornados públicos.

(40) No sentido de incentivar a investigação e o desenvolvimento no domínio dos OGM para utilização nos géneros alimentícios e/ou alimentos para animais, importa proteger o investimento efectuado pelos inovadores na recolha de informação e dados de apoio a um pedido ao abrigo do presente regulamento. Esta protecção deverá, contudo, ser limitada no tempo por forma a evitar a repetição desnecessária de estudos e ensaios o que seria contra o interesse público.

(41) As medidas necessárias à execução do presente regulamento serão aprovadas nos termos da Decisão 1999/468/CE do Conselho, de 28 de Junho de 1999, que fixa as regras de exercício das competências de execução atribuídas à Comissão.

(42) Deverão ser previstas disposições para a consulta ao Grupo Europeu de Ética para as Ciências e as Novas Tecnologias, criado pela decisão da Comissão de 16 de Dezembro de 1997, ou a qualquer órgão adequado criado pela Comissão, com o objectivo de fornecer aconselhamento relativo a questões éticas referentes à colocação no mercado de géneros alimentícios e alimentos para animais geneticamente modificados. Tais consultas são sem prejuízo da competência dos Estados-Membros em questões de ética.

(43) A fim de prever um elevado nível de protecção da vida e da saúde humanas, da saúde e do bem-estar dos animais, do ambiente e dos interesses dos consumidores no que se refere aos géneros alimentícios e aos alimentos para animais geneticamente modificados, as exigências que decorrem do presente regulamento deverão ser aplicadas de forma não discriminatória aos produtos originários da Comunidade e aos produtos importados de países terceiros, de acordo com os princípios gerais estabelecidos no Regulamento (CE) n.º 178/2002. O teor do presente regulamento tem em conta os compromissos das Comunidades Europeias em matéria de comércio internacional e os requisitos relativos às obrigações do importador e à notificação impostos no Protocolo de Cartagena sobre a Segurança Biológica anexo à Convenção sobre a Diversidade Biológica.

(44) Em consequência do presente regulamento, determinados instrumentos de direito comunitário deverão ser revogados, enquanto que outros deverão ser alterados.

(45) A execução do presente regulamento deverá ser revista à luz da experiência obtida a curto prazo, devendo o impacto da aplicação do regulamento na saúde humana e animal, na protecção e informação dos consumidores e no funcionamento do mercado interno ser acompanhado pela Comissão,

ADOPTARAM O PRESENTE REGULAMENTO:

CAPÍTULO I.- OBJECTIVO E DEFINIÇÕES

Artigo 1.º *Objectivo*
Em conformidade com os princípios gerais estabelecidos no Regulamento (CE) n.º 178/2002, o presente regulamento tem por objectivo:

a) Proporcionar o fundamento para garantir, no que diz respeito aos géneros alimentícios e alimentos para animais geneticamente modificados, um elevado nível de protecção da vida e da saúde humanas, da saúde e do bem-estar dos animais, do ambiente e dos interesses dos consumidores, assegurando simultaneamente o funcionamento eficaz do mercado interno;

b) Estabelecer procedimentos comunitários para a autorização e supervisão dos géneros alimentícios e alimentos para animais geneticamente modificados;

c) Estabelecer disposições para a rotulagem dos géneros alimentícios e alimentos para animais geneticamente modificados.

Artigo 2.º *Definições*
Para efeitos do presente regulamento:

1. São aplicáveis as definições de "género alimentício", "alimento para animais", "consumidor final", "empresa do sector alimentar" e "empresa do sector dos alimentos para animais" estabelecidas no Regulamento (CE) n.º 178/2002.

2. É aplicável a definição de "rastreabilidade", prevista no Regulamento (CE) n.º 1830/2003.

3. Entende-se por "operador", a pessoa singular ou colectiva responsável por assegurar o cumprimento dos requisitos do presente regulamento na empresa do sector alimentar ou na empresa do sector dos alimentos para animais sob o seu controlo.

4. São aplicáveis as definições de "organismo", "libertação deliberada" e "avaliação dos riscos ambientais" estabelecidas na Directiva 2001/18/CE.

5. Entende-se por "organismo geneticamente modificado" ou "OGM", o organismo geneticamente modificado tal como definido no n.º 2 do artigo 2.º da Directiva 2001/18/CE, excluindo os organismos obtidos através das técnicas de modificação genética enumeradas no anexo I B da Directiva 2001/18/CE.

6. Entende-se por "género alimentício geneticamente modificado", o género alimentício que contenha, seja constituído por, ou seja produzido a partir de OGM.

7. Entende-se por "alimento para animais geneticamente modificado", o alimento para animais que contenha, seja constituído por, ou seja produzido a partir de OGM.

8. Entende-se por "organismo geneticamente modificado destinado à alimentação humana", o OGM que pode ser utilizado como género alimentício ou como matéria-prima para a produção de géneros alimentícios.

9. Entende-se por "organismo geneticamente modificado destinado à alimentação animal", o OGM que pode ser utilizado como alimento para animais ou como matéria-prima para a produção de alimentos para animais.

10. Entende-se por "produzido a partir de organismos geneticamente modificados" o que é derivado, no todo ou em parte, de OGM, mas não contém nem é constituído por OGM.

11. Entende-se por "amostra de controlo", o OGM ou o respectivo material genético (amostra positiva) e o organismo parental ou o respectivo material genético que tenha sido utilizado para fins de modificação genética (amostra negativa).

12. Entende-se por "equivalente tradicional", um género alimentício ou um alimento para animais similar, produzido sem recurso a qualquer modificação genética e cuja segurança de utilização esteja bem estabelecida.

13. Entende-se por "ingrediente", um "ingrediente" na acepção do n.º 4 do artigo 6.º da Directiva 2000/13/CE;

14. Entende-se por "colocação no mercado", a detenção de géneros alimentícios ou de alimentos para animais para efeitos de venda, incluindo a oferta para fins de venda ou qualquer outra forma de transferência, a título oneroso ou não, bem como a venda, a distribuição e outras formas de transferência propriamente ditas.

15. Entende-se por "género alimentício pré-embalado", qualquer unidade de venda destinada a ser apresentada como tal, constituída por um género alimentício e pela embalagem em aquele foi acondicionado antes de posto à venda, quer a embalagem o encerre na totalidade ou parcialmente, desde que o conteúdo não possa ser alterado sem que a embalagem seja aberta ou alterada.

16. Entende-se por "colectividade", uma "colectividade" na acepção do artigo 1.º da Directiva 2000/13/CE.

CAPÍTULO II.- GÉNEROS ALIMENTÍCIOS GENETICAMENTE MODIFICADOS

SECÇÃO 1.- Autorização e supervisão

Artigo 3.º *Âmbito de aplicação*
1. A presente secção abrange:
a) Os OGM destinados à alimentação humana;
b) Os géneros alimentícios que contenham ou sejam constituídos por OGM;
c) Os géneros alimentícios produzidos a partir de ou que contenham ingredientes produzidos a partir de OGM.
2. Caso necessário, as medidas que tenham por objecto alterar elementos não essenciais do presente regulamento, completando-o, e determinem se um tipo de género alimentício é abrangido pela presente secção são aprovadas pelo procedimento de regulamentação com controlo a que se refere o n.º 3 do artigo 35.º.

Artigo 4.º *Requisitos*
1. Os géneros alimentícios a que se refere o n.º 1 do artigo 3.º não devem:
a) Ter efeitos nocivos para a saúde humana, a saúde animal ou o ambiente;
b) Induzir em erro o consumidor;
c) Diferir de tal forma dos géneros alimentícios que se destinam a substituir que o seu consumo normal possa implicar, em termos nutritivos, uma desvantagem para o consumidor.
2. Ninguém pode colocar no mercado um OGM destinado à alimentação humana ou um género alimentício a que se refere o n.º 1 do artigo 3.º que não esteja abrangido por uma autorização concedida em conformidade com a presente secção e se não forem cumpridas as condições relevantes estabelecidas nessa autorização.
3. Um OGM destinado à alimentação humana ou um género alimentício a que se refere o n.º 1 do artigo 3.º só pode ser autorizado se o requerente da autorizaí-do tiver demonstrado adequada e suficientemente o cumprimento dos requisitos estabelecidos no n.º 1 do presente artigo.

4. A autorização referida no n.º 2 pode abranger:

a) Um OGM e os géneros alimentícios que contenham ou sejam constituídos por esse OGM, bem como os géneros alimentícios produzidos a partir de ou que contenham ingredientes produzidos a partir desse OGM;

b) Um género alimentício produzido a partir de um OGM, bem como os géneros alimentícios produzidos a partir de ou que contenham esse género alimentício.

c) Um ingrediente produzido a partir de um OGM, bem como os géneros alimentícios que contenham esse ingrediente.

5. A autorização referida no n.º 2 só pode ser concedida, recusada, renovada, alterada, suspensa ou revogada pelos motivos e de acordo com os procedimentos previstos no presente regulamento.

6. O requerente de uma autorização referida no n.º 2 e, após concessão da autorização, o seu detentor ou o respectivo representante, devem encontrar-se estabelecidos na Comunidade.

7. A autorização prevista no presente regulamento é concedida sem prejuízo da Directiva 2002/53/CE, da Directiva 2002/55/CE e da Directiva 68/193/CEE.

Artigo 5.º *Pedido de autorização*

1. Para obter a autorização referida no n.º 2 do artigo 4.º, deve ser apresentado um pedido em conformidade com as disposições a seguir indicadas.

2. O pedido deve ser enviado às autoridades nacionais competentes de um Estado-Membro.

a) A autoridade nacional competente deve:

i) confirmar ao requerente, por escrito, a recepção do pedido no prazo de 14 dias a contar da referida recepção. A confirmação deve indicar a data de recepção do pedido,

ii) informar sem demora a Autoridade Europeia para a Segurança dos Alimentos, a seguir designada "autoridade", e

iii) pôr à disposição da autoridade o pedido bem como quaisquer informações adicionais fornecidas pelo requerente;

b) A autoridade deve:

i) informar sem demora os Estados-Membros e a Comissão e pôr à sua disposição o pedido bem como quaisquer informações adicionais fornecidas pelo requerente;

ii) tornar pública a síntese do processo referida na alínea l) do n.º 3.

3. O pedido deve ser acompanhado dos seguintes elementos:

a) O nome e o endereço do requerente;

b) A designação do género alimentício e as suas especificações, incluindo a(s) construção(ões) usada(s) na(s) transformação(ões) utilizada(s);

c) Se for caso disso, as informações a fornecer em conformidade com o anexo II do Protocolo de Cartagena sobre a Segurança Biológica anexo à Convenção sobre a Diversidade Biológica, a seguir designado "Protocolo de Cartagena";

d) Se for caso disso, uma descrição pormenorizada do método de produção e de fabrico;

e) Uma cópia dos estudos que tenham sido efectuados, incluindo, se disponíveis, estudos independentes e avaliados pelos pares e qualquer outro material disponível que demonstre que o género alimentício cumpre os requisitos estabelecidos no n.º 1 do artigo 4.º;

f) Uma análise, apoiada por informações e dados adequados, que demonstre que as características do género alimentício não são diferentes das do equivalente tradicional tendo em conta os limites aceites das variações naturais de tais características e os critérios definidos na alínea a) do n.º 2 do artigo 13.º, ou uma proposta de rotulagem do género alimentício de acordo com o disposto na alínea a) do n.º 2 e no n.º 3 do artigo 13.º;

g) Uma declaração fundamentada em como o género alimentício não dá origem a preocupações éticas ou religiosas, ou uma proposta de rotulagem de acordo com a alínea b) do n.º 2 do artigo 13.º;

h) Se for caso disso, as condições de colocação no mercado do género alimentício ou dos géneros alimentícios a partir dele produzidos, incluindo as condições específicas de utilização e manuseamento;

i) Métodos de detecção, amostragem (incluindo referências a métodos de amostragem oficiais ou normalizados existentes) e identificação da construção usada na transformação e, se for caso disso, de detecção e identificação da construção usada na transformação no género alimentício e/ou nos géneros alimentícios a partir dele produzidos;

j) Amostras do género alimentício e respectivas amostras de controlo, bem como informações sobre o local onde é possível ter acesso ao material de referência;

k) Se for caso disso, uma proposta de monitorização da utilização do género alimentício para consumo humano após a sua colocação no mercado;

l) Uma síntese do processo sob forma normalizada.

4. No caso de um pedido relativo a um OGM destinado à alimentação humana, as referências a "género alimentício" no n.º 3 devem ser interpretadas como referências a géneros alimentícios que contenham, sejam constituídos por ou sejam produzidos a partir do OGM que é objecto do pedido.

5. No que respeita aos OGM ou aos géneros alimentícios que contenham ou sejam constituídos por OGM, o pedido deve também ser acompanhado:

a) Do processo técnico completo, onde constem as informações previstas nos anexos III e IV da Directiva 2001/18/CE e as informações e conclusões acerca da avaliação dos riscos efectuada em conformidade com os princípios definidos no anexo II da Directiva 2001/18/CE ou, sempre que a colocação no mercado do OGM tenha sido autorizada nos termos da parte C da Directiva 2001/18/CE, uma cópia da decisão de autorização;

b) De um plano de monitorização dos efeitos ambientais em conformidade com o anexo VII da Directiva 2001/18/CE, incluindo uma proposta relativa à duração desse plano, que poderá ser diferente da duração proposta para a autorização.

Nesse caso, não são aplicáveis os artigos 13.º a 24.º da Directiva 2001/18/CE.

6. Sempre que o pedido se refira a uma substância cuja utilização e colocação no mercado seja sujeita, ao abrigo de outras disposições da legislação comunitária, à sua inclusão numa lista de substâncias registadas ou autorizadas com exclusão de todas as outras, este facto deve ser mencionado no pedido, devendo ser indicado o estatuto da substância ao abrigo da legislação pertinente.

7. Após consulta à autoridade, a Comissão estabelece, nos termos do n.º 2 do artigo 35.º, as regras de execução do presente artigo, incluindo as relativas à elaboração e à apresentação do pedido.

8. Antes da data de aplicação do presente regulamento, a autoridade deve publicar orientações pormenorizadas a fim de ajudar o requerente na elaboração e na apresentação do pedido.

Artigo 6.º *Parecer da autoridade*

1. Ao emitir o seu parecer, a autoridade deve esforçar-se por respeitar um prazo de seis meses a contar da data da recepção de um pedido válido. Este prazo é dilatado sempre que a autoridade solicitar informação adicional ao requerente nos termos do n.º 2.

2. A autoridade, ou a autoridade nacional competente através da autoridade, pode, se necessário, exigir que o requerente complete num determinado prazo as informações que acompanham o pedido.

3. Para efeitos de elaboração do parecer, a autoridade:

a) Deve verificar se as informações e documentação apresentadas pelo requerente se encontram em conformidade com o artigo 5.º e examinar se o género alimentício cumpre os critérios estabelecidos no n.º 1 do artigo 4.º;

b) Pode solicitar ao organismo de avaliação alimentar competente de um Estado-Membro que efectue uma avaliação da segurança do género alimentício em conformidade com o artigo 36.o do Regulamento (CE) n.º 178/2002;

c) Pode solicitar a uma autoridade competente, designada de acordo com o artigo 4.º da Directiva 2001/18/CE, a realização de uma avaliação dos riscos ambientais. No entanto, se o pedido disser respeito a OGM a utilizar como sementes ou outro material de reprodução vegetal, a autoridade deve solicitar a uma autoridade nacional competente que realize a avaliação dos riscos ambientais;

d) Deve enviar ao laboratório comunitário de referência as informações previstas nas alíneas i) e j) do n.º 3 do artigo 5.º O laboratório comunitário de referência deve testar e validar o método de detecção e identificação proposto pelo requerente;

e) Ao verificar a aplicação da alínea a) do n.º 2 do artigo 13.º, deve examinar as informações e os dados apresentados pelo requerente para demonstrar que as características do género alimentício não são diferentes das do equivalente tradicional, tendo em conta os limites aceites das variações naturais de tais características.

4. No caso dos OGM ou dos géneros alimentícios que contenham ou sejam constituídos por OGM, são aplicáveis à avaliação os requisitos de segurança ambiental previstos na Directiva 2001/18/CE, por forma a assegurar a adopção de todas as medidas adequadas para evitar os efeitos nocivos para a saúde humana e animal e para o ambiente que possam eventualmente decorrer da libertação deliberada de OGM.

Durante a avaliação dos pedidos de colocação no mercado de produtos que consistam em ou contenham OGM, a autoridade deve consultar a autoridade nacional competente, na acepção da Directiva 2001/18/CE, designada por cada um dos Estados-Membros para o efeito. As autoridades competentes dispõem de um prazo de três meses a contar da data de recepção do pedido para darem a conhecer o seu parecer.

5. Um parecer favorável à autorização do género alimentício deve também incluir as seguintes informações:

a) O nome e o endereço do requerente;

b) A designação do género alimentício e as suas especificações;

c) Se for caso disso, as informações exigidas pelo anexo II do Protocolo de Cartagena;

d) A proposta de rotulagem do género alimentício e/ou dos géneros alimentícios a partir dele produzidos;

e) Se for caso disso, quaisquer condições ou restrições a impor à colocação no mercado e/ou condições ou restrições específicas de utilização e manuseamento, incluindo requisitos de monitorização após colocação no mercado com base nos resultados da avaliação dos riscos, e no caso de OGM ou de géneros alimentícios que contenham ou sejam constituídos por OGM, condições para a protecção de ecossistemas/ambiente específicos e/ou zonas geográficas;

f) O método de detecção, validado pelo laboratório comunitário de referência, incluindo a amostragem, a identificação da construção usada na transformação e, se aplicável, o método de detecção e identificação da construção usada na transformação nos géneros alimentícios e/ou nos géneros alimentícios produzidos a partir dele; a indicação onde é possível ter acesso ao material de referência adequado;

g) Se for caso disso, o plano de monitorização referido na alínea b) do n.º 5 do artigo 5.º

6. A autoridade deve enviar o seu parecer aos Estados-Membros, à Comissão e ao requerente, com um relatório descrevendo a sua avaliação do género alimentício e apresentando os motivos do seu parecer e as informações em que o mesmo assentou, incluindo os pareceres das autoridades competentes, quando consultadas de acordo com o n.º 4.

7. Em conformidade com o n.º 1 do artigo 38.º do Regulamento (CE) n.º 178/2002, a autoridade deve tornar público o seu parecer, após ter suprimido eventuais informações consideradas confidenciais, em conformidade com o artigo 30.º do presente regulamento. Qualquer pessoa pode apresentar observações à Comissão no prazo de 30 dias após esta publicação.

Artigo 7.º *Autorização*

1. No prazo de três meses a contar da recepção do parecer da autoridade, a Comissão deve apresentar ao comité referido no artigo 35.º um projecto da decisão a tomar em relação ao pedido, tomando em consideração o parecer da autoridade, quaisquer disposições pertinentes da legislação comunitária e outros factores legítimos relevantes para a matéria em apreço. Sempre que o projecto de decisão não estiver de acordo com o parecer da autoridade, a Comissão deve dar uma explicação para as diferenças.

2. Qualquer projecto de decisão que preveja a concessão da autorização deve incluir os dados mencionados no n.º 5 do artigo 6.º, o nome do detentor da autorização e, sempre que adequado, o identificador único atribuído ao OGM, tal como referido no Regulamento (CE) n.º 1830/2003.

3. A decisão final sobre o pedido é aprovada nos termos do n.º 2 do artigo 35.º

4. A Comissão deve informar sem demora o requerente da decisão tomada e publicar detalhes da decisão no Jornal Oficial da União Europeia.

5. A autorização concedida de acordo com o procedimento previsto no presente regulamento é válida em toda a Comunidade por 10 anos e renovável de acordo com o artigo 11.º O género alimentício autorizado deve ser inscrito no registo referido no artigo 28.º Cada entrada no registo deve mencionar a data da autorização e incluir os dados referidos no n.º 2 do presente artigo.

6. A autorização prevista na presente secção é concedida sem prejuízo de outras disposições da legislação comunitária em matéria de utilização e colocação no mercado de substâncias que apenas possam ser utilizadas se fizerem parte de uma lista de substâncias registadas ou autorizadas com exclusão de todas as outras.

7. A concessão da autorização não diminui a responsabilidade civil e penal de nenhum operador do sector alimentar no que diz respeito ao género alimentício em causa.

8. As referências feitas nas partes A e D da Directiva 2001/18/CE a OGM autorizados nos termos da parte C da referida directiva aplicam-se igualmente aos OGM autorizados nos termos do presente regulamento.

Artigo 8.º *Estatuto dos produtos existentes*

1. Em derrogação do n.º 2 do artigo 4.º, os produtos abrangidos pela presente secção que tenham sido legalmente colocados no mercado comunitário antes da data de aplicação do presente regulamento podem continuar a ser colocados no mercado, utilizados e transformados desde que sejam cumpridas as seguintes condições:

a) No caso dos produtos colocados no mercado nos termos da Directiva 90/220/CEE antes da entrada em vigor do Regulamento (CE) n.º 258/97 ou nos termos do Regulamento (CE) n.º 258/97, os operadores responsáveis pela colocação no mercado dos produtos em questão devem notificar a Comissão da data em que estes foram inicialmente colocados no mercado comunitário, tendo para o efeito um prazo de seis meses a contar da data de aplicação do presente regulamento;

b) No caso dos produtos legalmente colocados no mercado comunitário mas não referidos na alínea a), os operadores responsáveis pela colocação no mercado dos produtos em questão devem notificar a Comissão de que os produtos foram colocados no mercado comunitário antes da data de aplicação do presente regulamento, tendo para o efeito um prazo de seis meses a contar dessa data.

2. A notificação referida no n.º 1 deve ser acompanhada dos dados mencionados nos n.ºs 3 e 5 do artigo 5.º, caso tal seja adequado, os quais devem ser enviados pela Comissão à autoridade e aos Estados-Membros. A autoridade deve enviar ao laboratório comunitário de referência as informações previstas nas alíneas i) e j) do n.o 3 do artigo 5.º O laboratório comunitário de referência deve testar e validar o método de detecção e identificação proposto pelo requerente.

3. No prazo de um ano a contar da data de aplicação do presente regulamento e depois de se ter verificado que foram entregues e analisadas todas as informações, os produtos em questão devem ser incluídos no registo. Cada entrada no registo deve incluir, conforme adequado, os dados referidos no n.º 2 do artigo 7.º e, no caso dos produtos referidos na alínea a) do n.º 1, mencionar a data em que os produtos em questão foram inicialmente colocados no mercado.

4. No prazo de nove anos a contar da data em que os produtos referidos na alínea a) do n.º 1 foram inicialmente colocados no mercado, mas nunca antes de decorridos três anos após a data de aplicação do presente regulamento, os operadores responsáveis pela colocação no mercado dos referidos produtos devem apresentar um pedido em conformidade com o artigo 11.º, que se aplica mutatis mutandis.

No prazo de três anos a contar da data de aplicação do presente regulamento, os operadores responsáveis pela colocação no mercado dos produtos referidos na alínea b) do n.º 1 devem apresentar um pedido em conformidade com o artigo 11.º, que se aplica mutatis mutandis.

5. Os produtos referidos no n.º 1 e os géneros alimentícios que os contenham ou sejam produzidos a partir deles ficam sujeitos às disposições do presente regulamento, designadamente dos artigos 9.º, 10.º e 34.º, que se aplicam mutatis mutandis.

6. Sempre que a notificação e as informações que a acompanham referidas nos n.ºs 1 e 2 não sejam entregues no prazo estabelecido ou sejam consideradas incorrectas, ou sempre que um pedido não seja apresentado dentro do prazo estabelecido nos termos do n.º 4, a Comissão, deliberando nos termos do n.º 2 do artigo 35.º, deve adoptar uma medida a exigir que o produto em questão e quaisquer produtos dele derivados sejam retirados do mercado. Esta medida pode prever um prazo para a liquidação das existências do produto em causa.

7. No caso das autorizações não concedidas a um detentor específico, as informações ou o pedido devem ser apresentados à Comissão pelo operador que importa, produz ou fabrica os produtos referidos no presente artigo.

8. As regras de execução do presente artigo são aprovadas nos termos do n.º 2 do artigo 35.º

Artigo 9.º *Supervisão*

1. Após a emissão de uma autorização ao abrigo do presente regulamento, o respectivo detentor e as partes interessadas devem respeitar quaisquer condições ou restrições nela impostas e, em particular, certificar-se de que os produtos não abrangidos pela autorização não serão colocados no mercado como géneros alimentícios ou alimentos para animais. Sempre que tenha sido imposta ao detentor da autorização uma monitorização após a colocação no mercado nos termos da alínea k) do n.º 3 do artigo 5.º e/ou uma monitorização nos termos da alínea b) do n.º 5 do artigo 5.º, este deve assegurar a sua realização e apresentar relatórios à Comissão de acordo com o previsto na autorização. Esses relatórios de monitorização devem ser postos à disposição do público, após terem sido suprimidas as eventuais informações consideradas confidenciais em conformidade com o artigo 30.º

2. Caso o detentor da autorização pretenda alterar os termos da mesma, deve apresentar para o efeito um pedido em conformidade com o n.º 2 do artigo 5.º Os artigos 5.º, 6.º e 7.º aplicam-se mutatis mutandis.

3. O detentor da autorização deve informar de imediato a Comissão de qualquer novo dado científico ou técnico susceptível de influenciar a avaliação da segurança de utilização do género alimentício. O detentor da autorização deve, nomeadamente, informar de imediato a Comissão de qualquer proibição ou restrição imposta pela autoridade competente de um país terceiro em cujo mercado o género alimentício seja colocado.

4. A Comissão deve comunicar sem demora à autoridade e aos Estados-Membros a informação fornecida pelo requerente.

Artigo 10.º *Alteração, suspensão e revogação das autorizações*
1. Por sua própria iniciativa ou no seguimento de um pedido de um Estado-Membro ou da Comissão, a autoridade deve emitir parecer sobre se uma autorização para um produto a que se refere o n.º 1 do artigo 3.º ainda preenche as condições previstas no presente regulamento. A autoridade deve imediatamente informar desse facto a Comissão, o detentor da autorização e os Estados-Membros. Em conformidade com o n.º 1 do artigo 38.º do Regulamento (CE) n.º 178/2002, a autoridade deve tornar público o seu parecer, após ter suprimido eventuais informações consideradas confidenciais em conformidade com o artigo 30.º do presente regulamento. Qualquer pessoa pode apresentar observações à Comissão no prazo de 30 dias após esta publicação.
2. A Comissão deve analisar o parecer da autoridade o mais rapidamente possível. Devem ser tomadas as medidas adequadas nos termos do artigo 34.º. Se for caso disso, a autorização deve ser alterada, suspensa ou revogada, nos termos do artigo 7.º
3. O n.º 2 do artigo 5.º e os artigos 6.º e 7.º aplicam-se mutatis mutandis.

Artigo 11.º *Renovação das autorizações*
1. As autorizações concedidas ao abrigo do presente regulamento são renováveis por períodos de 10 anos, mediante pedido do detentor da autorização à Comissão, a apresentar o mais tardar um ano antes da data de expiração da autorização.
2. O pedido deve ser acompanhado dos seguintes elementos:
a) Cópia da autorização de colocação do género alimentício no mercado;
b) Relatório dos resultados da monitorização, se especificado na autorização;
c) Qualquer outra nova informação disponível relativamente à avaliação da segurança de utilização do género alimentício e aos riscos do género alimentício para o consumidor ou para o ambiente;
d) Se for caso disso, uma proposta para alterar ou completar as condições da autorização inicial, nomeadamente as condições relativas à futura monitorização.
3. O n.º 2 do artigo 5.º e os artigos 6.º e 7.º aplicam-se mutatis mutandis.
4. Sempre que, por razões não imputáveis ao detentor da autorização, não tenha sido tomada nenhuma decisão sobre a renovação da autorização antes de esta expirar, o período de autorização do produto deve ser prorrogado automaticamente até que seja tomada uma decisão.
5. Após consulta à autoridade, a Comissão pode, nos termos do n.º 2 do artigo 35.º, estabelecer as regras de execução do presente artigo, incluindo as relativas à elaboração e à apresentação do pedido.
6. A autoridade deve publicar orientações pormenorizadas a fim de ajudar o requerente na elaboração e na apresentação do seu pedido.

SECÇÃO 2.- Rotulagem

Artigo 12.º *Âmbito de aplicação*
1. A presente secção aplica-se aos géneros alimentícios fornecidos como tal na Comunidade, ao consumidor final ou a colectividades, e que:
a) Contenham ou sejam constituídos por OGM; ou

b) Sejam produzidos a partir de ou contenham ingredientes produzidos a partir de OGM.

2. A presente secção não se aplica aos géneros alimentícios que contenham material que contenha, seja constituído por ou seja produzido a partir de OGM numa proporção não superior a 0,9 % dos ingredientes que os compõem, considerados individualmente, ou do próprio género alimentício, se este consistir num único ingrediente, desde que a presença desse material seja acidental ou tecnicamente inevitável.

3. Para determinar se a presença desse material é acidental ou tecnicamente inevitável, os operadores devem estar em condições de fornecer, de uma forma que as autoridades competentes considerem suficiente, provas de que tomaram as medidas adequadas para evitar a presença de tal material.

4. As medidas que tenham por objecto alterar elementos não essenciais do presente regulamento, completando-o, e estabeleçam limiares adequados mais baixos, particularmente no que respeita aos alimentos que contenham ou sejam constituídos por OGM ou para ter em conta o progresso científico e tecnológico são aprovadas pelo procedimento de regulamentação com controlo a que se refere o n.º 3 do artigo 35.º.

Artigo 13.º *Requisitos*
1. Sem prejuízo das outras disposições da legislação comunitária relativas à rotulagem dos géneros alimentícios, os géneros alimentícios que se enquadrem no âmbito da presente secção devem ser sujeitos aos seguintes requisitos de rotulagem específicos:
a) Sempre que o género alimentício consista em mais do que um ingrediente, os termos "geneticamente modificado" ou "produzido a partir de [nome do ingrediente] geneticamente modificado" devem constar da lista dos ingredientes prevista no artigo 6.º da Directiva 2000/13/CE, entre parênteses e imediatamente a seguir ao nome do ingrediente em causa;
b) Sempre que o ingrediente seja designado pelo nome de uma categoria, devem constar da lista dos ingredientes os termos "contém [nome do organismo] geneticamente modificado" ou "contém [nome do ingrediente] produzido a partir de [nome do organismo] geneticamente modificado";
c) Sempre que não exista lista de ingredientes, devem constar claramente da rotulagem os termos "geneticamente modificado" ou "produzido a partir de [nome do organismo] geneticamente modificado";
d) As indicações referidas nas alíneas a) e b) podem figurar numa nota de rodapé à lista dos ingredientes, caso em que deverão ser impressas com caracteres pelo menos do mesmo tamanho que os da lista dos ingredientes. Sempre que não exista lista de ingredientes, devem constar claramente do rótulo;
e) Sempre que o género alimentício seja apresentado ao consumidor final como um género alimentício não pré-embalado ou como um género alimentício pré-embalado em pequenos acondicionamentos, cuja superfície maior seja inferior a 10 cm^2, a informação exigida no presente número deve ser indicada quer no expositor do género alimentício ou no local imediatamente contíguo a este, quer na embalagem, de forma permanente e visível, em caracteres de tamanho suficiente para ser facilmente legível e identificada.
2. Além dos requisitos de rotulagem estabelecidos no n.º 1, a rotulagem deve também mencionar qualquer característica ou propriedade que seja especificada na autorização, nos seguintes casos:
a) Sempre que um género alimentício seja diferente do equivalente tradicional no que se refere às seguintes características ou propriedades:
  i) composição,
  ii) valor nutritivo ou efeitos nutricionais,
  iii) utilização prevista do género alimentício,
  iv) implicações para a saúde de determinadas camadas da população,
b) Sempre que um género alimentício possa dar origem a preocupações de ordem ética ou religiosa.
3. Além dos requisitos de rotulagem estabelecidos no n.º 1 e de acordo com o especificado na autorização, a rotulagem dos géneros alimentícios abrangidos pela presente secção para os quais não exista um equivalente tradicional deve conter informações adequadas acerca da natureza e das características dos géneros alimentícios em questão.

Artigo 14.º *Medidas de execução*
1. Podem ser aprovadas pela Comissão as seguintes medidas:
— medidas necessárias para que os operadores forneçam provas suficientes às autoridades competentes, tal como previsto no n.º 2 do artigo 13.º,
— medidas necessárias para que os operadores cumpram os requisitos de rotulagem estabelecidos no artigo 13.º,
— regras específicas no que se refere às informações a prestar pelas colectividades que fornecem alimentos ao consumidor final. A fim de atender à situação específica das colectividades, estas regras podem prever uma adaptação dos requisitos estabelecidos na alínea e) do n.º 1 do artigo 13.º.
1. Essas medidas, que têm por objecto alterar elementos não essenciais do presente regulamento, nomeadamente completando-o, são aprovadas pelo procedimento de regulamentação com controlo a que se refere o n.º 3 do artigo 35.º
2. Além disso, podem ser aprovadas pelo procedimento de regulamentação a que se refere o n.º 2 do artigo 35.º regras pormenorizadas destinadas a facilitar a aplicação uniforme do artigo 13.º.

CAPÍTULO III.- ALIMENTOS PARA ANIMAIS GENETICAMENTE MODIFICADOS

SECÇÃO 1.- Autorização e supervisão

Artigo 15.º *Âmbito de aplicação*
1. A presente secção abrange:
a) Os OGM destinados à alimentação animal;
b) Os alimentos para animais que contenham ou sejam constituídos por OGM;
c) Os alimentos para animais produzidos a partir de OGM.
2. Caso necessário, as medidas que tenham por objecto alterar elementos não essenciais do presente regulamento, completando-o, e determinem se um tipo de alimento para animais é abrangido pela presente secção são aprovadas pelo procedimento de regulamentação com controlo a que se refere o n.º 3 do artigo 35.º.

Artigo 16.º *Requisitos*
1. Os alimentos para animais referidos no n.º 1 do artigo 15.º não devem:
a) Ter efeitos nocivos para a saúde humana, a saúde animal ou o ambiente;
b) Induzir em erro o utilizador;
c) Prejudicar o utilizador ou, induzi-lo em erro, ao alterar as características distintivas dos produtos animais;
d) Diferir de tal forma dos alimentos para animais que se destinam a substituir que o seu consumo normal possa implicar, em termos nutritivos, uma desvantagem para os animais ou para os seres humanos.
2. Ninguém pode colocar no mercado, utilizar ou transformar um produto referido no n.º 1 do artigo 15.º que não esteja abrangido por uma autorização concedida em conformidade com a presente secção e se não forem cumpridas as condições relevantes estabelecidas nessa autorização.
3. Um produto referido no n.º 1 do artigo 15.º só pode ser autorizado se o requerente da autorização tiver demonstrado adequada e suficientemente o cumprimento dos requisitos estabelecidos no n.º 1 do presente artigo.
4. A autorização referida no n.º 2 pode abranger:
a) Um OGM e os alimentos para animais que contenham ou sejam constituídos por OGM, bem como os alimentos para animais produzidos a partir desse organismo;
b) Um alimento para animais produzido a partir de um organismo geneticamente modificado, bem como os alimentos para animais produzidos a partir de ou que contenham esse alimento.
5. A autorização referida no n.º 2 só pode ser concedida, recusada, renovada, alterada, suspensa ou revogada pelos motivos e de acordo com os procedimentos previstos no presente regulamento.
6. O requerente de uma autorização referida no n.º 2 e, após concessão da autorização, o seu detentor ou o respectivo representante, devem encontrar-se estabelecidos na Comunidade.
7. A autorização prevista no presente regulamento é concedida sem prejuízo da Directiva 68/193/CEE, da Directiva 2002/53/CE e da Directiva 2002/55/CE.

411

Artigo 17.º *Pedido de autorização*
1. Para obter a autorização referida no n.º 2 do artigo 16.º, deve ser apresentado um pedido em conformidade com as disposições a seguir indicadas.
2. O pedido deve ser enviado às autoridades nacionais competentes de um Estado-Membro.
a) A autoridade nacional competente deve:
i) confirmar ao requerente, por escrito, a recepção do pedido no prazo de 14 dias a contar da referida recepção. A confirmação deve indicar a data de recepção do pedido,
ii) informar sem demora a autoridade, e
iii) pôr à disposição da autoridade o pedido bem como quaisquer informações adicionais fornecidas pelo requerente;
b) A autoridade deve:
i) informar sem demora os outros Estados-Membros e a Comissão e pôr à sua disposição o pedido bem como quaisquer informações adicionais fornecidas pelo requerente,
ii) tornar pública a síntese do processo referida na alínea l) do n.º 3.
3. O pedido deve ser acompanhado dos seguintes elementos:
a) O nome e o endereço do requerente;
b) A designação do alimento para animais e as suas especificações, incluindo a(s) construção(ões) usada(s) na transformação;
c) Se for caso disso, as informações a fornecer em conformidade com o anexo II do Protocolo de Cartagena;
d) Se for caso disso, uma descrição pormenorizada do método de produção e de fabrico e as utilizações previstas do alimento para animais;
e) Uma cópia dos estudos que tenham sido efectuados, incluindo, se disponíveis, estudos independentes e avaliados pelos pares e qualquer outro material disponível que demonstre que o alimento para animais cumpre os requisitos estabelecidos no n.º 1 do artigo 16.º e, nomeadamente para os alimentos para animais abrangidos pela Directiva 82/471/CEE, as informações exigidas ao abrigo da Directiva 83/228/CEE do Conselho, de 18 de Abril de 1983, relativa à fixação de linhas directrizes para a avaliação de certos produtos utilizados na alimentação dos animais;
f) Uma análise, apoiada por informações e dados adequados, que demonstre que as características dos alimentos para animais não são diferentes das do equivalente tradicional, tendo em conta os limites aceites das variações naturais de tais características e os critérios definidos na alínea c) do n.º 2 do artigo 25.º ou uma proposta de rotulagem dos alimentos para animais, de acordo com o disposto na alínea c) do n.º 2 e no n.º 4 do artigo 25.º;
g) Uma declaração fundamentada em como o alimento para animais não dá origem a preocupações éticas ou religiosas, ou uma proposta de rotulagem de acordo com a alínea d) do n.º 2 do artigo 25.º;
h) Se for caso disso, as condições de colocação no mercado do alimento para animais, incluindo as condições específicas de utilização e manuseamento;
i) Métodos de detecção, amostragem (incluindo referências aos métodos de amostragem oficiais ou normalizados existentes) e identificação da construção usada na transformação e, se for caso disso, de detecção e identificação da construção usada na transformação no alimento para animais e/ou no alimento para animais produzido a partir dele;
j) Amostras do alimento para animais e respectivas amostras de controlo e informações sobre o local onde é possível ter acesso ao material de referência;
k) Se for caso disso, uma proposta de monitorização da utilização do alimento para animais após a sua colocação no mercado;
l) Uma síntese do processo sob forma normalizada.
4. No caso de um pedido relativo a um OGM destinado à alimentação animal, as referências a "alimento para animais" no n.º 3 devem ser interpretadas como referências a alimentos para animais que contenham, sejam constituídos por ou sejam produzidos a partir do OGM que é objecto do pedido.
5. No que respeita aos OGM ou aos alimentos para animais que contenham ou sejam constituídos por OGM, o pedido deve também ser acompanhado:
a) Do processo técnico completo, onde constem as informações previstas nos anexos III e IV da Directiva 2001/18/CE as informações e conclusões acerca da avaliação dos riscos efectuada em conformidade com os princípios definidos no anexo II da Directiva 2001/18/CE ou, sempre que a colocação no mercado do OGM tenha sido

autorizada nos termos da parte C da Directiva 2001/18/CE, uma cópia da decisão de autorização;

b) De um plano de monitorização dos efeitos ambientais em conformidade com o anexo VII da Directiva 2001/18/CE, incluindo uma proposta relativa à duração desse plano, que poderá ser diferente da duração proposta para a autorização. Nesse caso, não são aplicáveis os artigos 13.º a 24.º da Directiva 2001/18/CE.

6. Sempre que o pedido se refira a uma substância cuja utilização e colocação no mercado seja sujeita, ao abrigo de outras disposições da legislação comunitária, à sua inclusão numa lista de substâncias registadas ou autorizadas com exclusão de outras, este facto deve ser mencionado no pedido, devendo ser indicado o estatuto da substância ao abrigo da legislação pertinente.

7. Após consulta à autoridade, a Comissão estabelece, nos termos do n.º 2 do artigo 35.º, as regras de execução do presente artigo, incluindo as relativas à elaboração e à apresentação do pedido.

8. Antes da data de aplicação do presente regulamento, a autoridade deve publicar orientações pormenorizadas a fim de ajudar o requerente na elaboração e na apresentação do pedido.

Artigo 18.º *Parecer da autoridade*

1. Ao emitir o seu parecer, a autoridade deve esforçar-se por respeitar um prazo de seis meses a contar da data da recepção dum pedido válido. Este prazo é prorrogado sempre que a autoridade solicitar informação adicional ao requerente nos termos do n.º 2.

2. A autoridade, ou a autoridade nacional competente através da autoridade, pode, se necessário, exigir que o requerente complete num determinado prazo as informações que acompanham o pedido.

3. Para efeitos de elaboração do parecer, a autoridade:

a) Deve verificar se as informações e documentação apresentadas pelo requerente se encontram em conformidade com o artigo 17.º e examinar se o alimento para animais cumpre os critérios estabelecidos no n.º 1 do artigo 16.º;

b) Pode solicitar ao organismo de avaliação dos alimentos para animais competente de um Estado-Membro que efectue uma avaliação da segurança do alimento para animais em conformidade com o artigo 36.º do Regulamento (CE) n.º 178/2002;

c) Pode solicitar a uma autoridade competente, designada de acordo com o artigo 4.º da Directiva 2001/18/CE, a realização de uma avaliação dos riscos ambientais. No entanto, se o pedido disser respeito a OGM a utilizar como sementes ou outro material de reprodução vegetal, a autoridade deve solicitar a uma autoridade nacional competente que realize a avaliação dos riscos ambientais;

d) Deve enviar ao laboratório comunitário de referência as informações previstas nas alíneas i) e j) do n.º 3 do artigo 17.º O laboratório comunitário de referência deve testar e validar o método de detecção e identificação proposto pelo requerente;

e) Ao verificar a aplicação da alínea c) do n.º 2 do artigo 25.º, deve examinar as informações e os dados apresentados pelo requerente para demonstrar que as características do alimento para animais não são diferentes das do equivalente tradicional tendo em conta os limites aceites das variações naturais de tais características.

4. No caso dos OGM ou alimentos para animais geneticamente modificados que contenham ou sejam constituídos por OGM, são aplicáveis à avaliação os requisitos de segurança ambiental previstos na Directiva 2001/18/CE, por forma a assegurar a adopção de todas as medidas adequadas para evitar os efeitos nocivos para a saúde humana e animal e para o ambiente que possam eventualmente decorrer da libertação deliberada de OGM. Durante a avaliação dos pedidos de colocação no mercado de produtos que contenham ou sejam constituídos por OGM, a autoridade deve consultar a autoridade nacional competente, na acepção da Directiva 2001/18/CE, designada por cada um dos Estados-Membros para o efeito. As autoridades competentes dispõem de um prazo de três meses a contar da data de recepção do pedido para darem a conhecer o seu parecer.

5. Um parecer favorável à autorização do alimento para animais, deve também incluir as seguintes informações:

a) O nome e o endereço do requerente;

b) A designação do alimento para animais e as suas especificações;

c) Se for caso disso, as informações exigidas pelo anexo II do Protocolo de Cartagena;

d) A proposta de rotulagem do alimento para animais;

413

e) Se for caso disso, quaisquer condições ou restrições a impor à colocação no mercado e/ou condições ou restrições específicas de utilização e manuseamento, incluindo requisitos de monitorização após colocação no mercado com base nos resultados da avaliação dos riscos, e no caso de OGM ou sejam constituídos por OGM, condições para a protecção de ecossistemas/ambiente específicos e/ou zonas geográficas;

f) O método de detecção, validado pelo laboratório comunitário de referência, incluindo a amostragem, a identificação da construção usada na transformação e, se for caso disso, o método de detecção e identificação da construção usada na transformação no alimento para animais e/ou no alimento para animais produzido a partir dele; a indicação onde é possível ter acesso ao material de referência adequado;

g) Se for caso disso, o plano de monitorização referido na alínea b) do n.º 5 do artigo 17.º

6. A autoridade deve enviar o seu parecer aos Estados-Membros, à Comissão e ao requerente, com um relatório descrevendo a sua avaliação do alimento para animais e apresentando os motivos do seu parecer e as informações em que assentou, incluindo os pareceres das autoridades competentes, quando consultadas de acordo com o n.o 4.

7. Em conformidade com o n.º 1 do artigo 38.º do Regulamento (CE) n.º 178/2002, a autoridade deve tornar público o seu parecer, após ter suprimido eventuais informações consideradas confidenciais, em conformidade com o artigo 30.º do presente regulamento. Qualquer pessoa pode apresentar observações à Comissão no prazo de 30 dias após esta publicação.

Artigo 19.º *Autorização*

1. No prazo de três meses a contar da recepção do parecer da autoridade, a Comissão deve apresentar ao Comité referido no artigo 35.º um projecto da decisão a tomar em relação ao pedido, tomando em consideração o parecer da autoridade, quaisquer disposições pertinentes da legislação comunitária e outros factores legítimos relevantes para a matéria em apreço. Sempre que o projecto de decisão não estiver de acordo com o parecer da autoridade, a Comissão deve dar uma explicação para as diferenças.

2. Qualquer projecto de decisão que preveja a concessão da autorização deve incluir os dados mencionados no n.º 5 do artigo 18.º, o nome do detentor da autorização e, sempre que adequado, o identificador único atribuído ao OGM, tal como referido no Regulamento (CE) n.º 1830/2003.

3. A decisão final sobre o pedido é aprovada nos termos do n.º 2 do artigo 35.º

4. A Comissão deve informar sem demora o requerente da decisão tomada e publicar detalhes da decisão no Jornal Oficial da União Europeia.

5. A autorização concedida de acordo com o procedimento previsto no presente regulamento é válida em toda a Comunidade por 10 anos e renovável de acordo com o artigo 23.º O alimento para animais autorizado deve ser inscrito no registo referido no artigo 28.º Cada entrada no registo deve mencionar a data da autorização e incluir os dados referidos no n.º 2 do presente artigo.

6. A autorização prevista na presente secção é concedida sem prejuízo de outras disposições da legislação comunitária em matéria de utilização e colocação no mercado de substâncias que apenas possam ser utilizadas se fizerem parte de uma lista de substâncias registadas ou autorizadas com exclusão de todas as outras.

7. A concessão da autorização não diminui a responsabilidade civil e penal de nenhum operador do sector alimentar no que diz respeito ao alimento para animais em causa.

8. As referências feitas nas partes A e D da Directiva 2001/18/CE a OGM autorizados nos termos da parte C da referida directiva aplicam-se igualmente aos OGM autorizados nos termos do presente regulamento.

Artigo 20.º *Estatuto dos produtos existentes*

1. Em derrogação do n.º 2 do artigo 16.º, os produtos abrangidos pela presente secção que tenham sido legalmente colocados no mercado comunitário antes da data de aplicação do presente regulamento podem continuar a ser colocados no mercado, utilizados e transformados desde que sejam cumpridas as seguintes condições:

a) No caso dos produtos que tenham sido autorizados nos termos da Directiva 90/220/CEE ou 2001/18/CE, inclusivamente para utilização como alimentos para animais, nos termos da Directiva 82/471/CEE, que sejam produzidos a partir de OGM, ou nos termos da Directiva 70/524/CEE, que contenham, sejam constituídos por ou sejam produzidos a partir de OGM, os operadores responsáveis pela colocação no mercado dos produtos em questão devem notificar a Comissão da data em que estes foram inicialmente colocados no mercado comunitário, tendo para o efeito um prazo de seis meses a contar da data de aplicação do presente regulamento;

b) No caso dos produtos legalmente colocados no mercado comunitário mas não referidos na alínea a), os operadores responsáveis pela colocação no mercado dos produtos em questão devem notificar a Comissão de que esses produtos foram colocados no mercado comunitário antes da data de aplicação do presente regulamento, tendo para o efeito um prazo de seis meses a contar dessa data.

2. A notificação referida no n.º 1 deve ser acompanhada dos dados mencionados nos n.ºˢ 3 e 5 do artigo 17.º, caso tal seja adequado, os quais devem ser enviados pela Comissão à autoridade e aos Estados-Membros. A autoridade deve enviar ao laboratório comunitário de referência as informações previstas nas alíneas i) e j) do n.º 3 do artigo 17.º O laboratório comunitário de referência deve testar e validar o método de detecção e identificação proposto pelo requerente.

3. No prazo de um ano a contar da data de aplicação do presente regulamento e depois de se ter verificado que foram entregues e analisadas todas as informações, os produtos em questão devem ser incluídos no registo. Cada entrada no registo deve incluir, conforme adequado, os dados referidos no n.º 2 do artigo 19.º e, no caso dos produtos referidos na alínea a) do n.º 1, mencionar a data em que os produtos em questão foram inicialmente colocados no mercado.

4. No prazo de nove anos a contar da data em que os produtos referidos na alínea a) do n.º 1 foram inicialmente colocados no mercado, mas nunca antes de decorridos três anos após a data de aplicação do presente regulamento, os operadores responsáveis pela colocação no mercado dos referidos produtos devem apresentar um pedido em conformidade com o artigo 23.º, que se aplica mutatis mutandis.

No prazo de três anos a contar da data de aplicação do presente regulamento, os operadores responsáveis pela colocação no mercado dos produtos referidos na alínea b) do n.º 1 devem apresentar um pedido em conformidade com o artigo 23.º, que se aplica mutatis mutandis.

5. Os produtos referidos no n.º 1 e os alimentos para animais que os contenham ou sejam produzidos a partir deles ficam sujeitos às disposições do presente regulamento, designadamente dos artigos 21.º, 22.º e 24.º, que se aplicam mutatis mutandis.

6. Sempre que a notificação e as informações que a acompanham referidas nos n.ºˢ 1 e 2 não sejam entregues no prazo estabelecido ou sejam consideradas incorrectas, ou sempre que um pedido não seja apresentado dentro do prazo estabelecido nos termos do n.º 4, a Comissão, deliberando nos termos do n.º 2 do artigo 35.º, deve adoptar uma medida a exigir que o produto em questão e quaisquer produtos dele derivados sejam retirados do mercado. Esta medida pode prever um prazo para a liquidação das existências do produto em causa.

7. No caso das autorizações não concedidas a um detentor específico, as informações ou o pedido devem ser apresentados à Comissão pelo operador que importa, produz ou fabrica os produtos referidos no presente artigo.

8. As regras de execução do presente artigo são aprovadas nos termos do n.º 2 do artigo 35.º

Artigo 21.º *Supervisão*

1. Após a emissão de uma autorização ao abrigo do presente regulamento, o respectivo detentor e as partes interessadas devem respeitar quaisquer condições ou restrições nela impostas e, em particular, certificar-se de que os produtos não abrangidos pela autorização não serão colocados no mercado como géneros alimentícios ou alimentos para animais. Sempre que tenha sido imposta ao detentor da autorização uma monitorização após a colocação no mercado nos termos da alínea k) do n.º 3 e/ou uma monitorização nos termos da alínea b) do n.º 5 do artigo 17.º, o detentor da autorização deve assegurar a sua realização e apresentar relatórios à Comissão de acordo com o previsto na autorização. Esses relatórios de monitorização devem ser postos à disposição do público, após terem sido suprimidas as eventuais informações consideradas confidenciais em conformidade com o artigo 30.º

2. Caso o detentor da autorização pretenda alterar os termos da mesma, deve apresentar para o efeito um pedido em conformidade com o n.º 2 do artigo 17.º Os artigos 17.º, 18.º e 19.º aplicam-se mutatis mutandis.

3. O detentor da autorização deve informar de imediato a Comissão de qualquer novo dado científico ou técnico susceptível de influenciar a avaliação da segurança de utilização do alimento para animais. O detentor da autorização deve, nomeadamente, informar de imediato a Comissão de qualquer proibição ou restrição imposta pela autoridade competente de um país terceiro em cujo mercado o alimento para animais seja colocado.

4. A Comissão deve comunicar sem demora à autoridade e aos Estados-Membros a informação fornecida pelo requerente.

Artigo 22.º *Alteração, suspensão e revogação das autorizações*
1. Por sua própria iniciativa ou no seguimento de um pedido de um Estado-Membro ou da Comissão, a autoridade deve emitir parecer sobre se uma autorização para um produto referido no n.o 1 do artigo 15.º ainda preenche as condições previstas no presente regulamento. A autoridade deve imediatamente informar desse facto a Comissão, o detentor da autorização e os Estados-Membros. Em conformidade com o n.º 1 do artigo 38.º do Regulamento (CE) n.º 178/2002, a autoridade deve tornar público o seu parecer, após ter suprimido eventuais informações consideradas confidenciais em conformidade com o artigo 30.º do presente regulamento. Qualquer pessoa pode apresentar observações à Comissão no prazo de 30 dias após esta publicação.
2. A Comissão deve analisar o parecer da autoridade o mais rapidamente possível. Devem ser tomadas as medidas adequadas nos termos do artigo 34.º Se for caso disso, a autorização deve ser alterada, suspensa ou revogada, nos termos do artigo 19.º
3. O n.º 2 do artigo 17.º e os artigos 18.º e 19.º aplicam-se mutatis mutandis.

Artigo 23.º *Renovação das autorizações*
1. As autorizações concedidas ao abrigo do presente regulamento são renováveis por períodos de 10 anos, mediante pedido do detentor da autorização à Comissão, a apresentar o mais tardar um ano antes da data de expiração da autorização.
2. O pedido deve ser acompanhado dos seguintes elementos:
a) Cópia da autorização de colocação do alimento para animais no mercado;
b) Relatório dos resultados da monitorização, se especificado na autorização;
c) Qualquer outra nova informação disponível relativamente à avaliação da segurança da utilização do alimento para animais e aos riscos dos alimento para os animais, para os seres humanos ou para o ambiente;
d) Se for caso disso, uma proposta para alterar ou completar as condições da autorização inicial, nomeadamente as condições relativas à futura monitorização.
3. O n.º 2 do artigo 17.º e os artigos 18.º e 19.º aplicam-se mutatis mutandis.
4. Sempre que, por razões não imputáveis ao detentor da autorização, não tenha sido tomada nenhuma decisão sobre a renovação da autorização antes de esta expirar, o período de autorização do produto deve ser prorrogado automaticamente até que seja tomada uma decisão.
5. Após consulta à autoridade, a Comissão pode, nos termos do n.º 2 do artigo 35.º, estabelecer as regras de execução do presente artigo, incluindo as relativas à elaboração e à apresentação do pedido.
6. A autoridade deve publicar orientações pormenorizadas a fim de ajudar o requerente na elaboração e na apresentação do seu pedido.

SECÇÃO 2.- Rotulagem

Artigo 24.º *Âmbito de aplicação*
1. A presente secção aplica-se aos alimentos para animais referidos no n.º 1 do artigo 15.º
2. A presente secção não se aplica aos alimentos para animais que contenham material que contenha, seja constituído por ou seja produzido a partir de OGM numa proporção não superior a 0,9 % do alimento para animais ou de cada um dos alimentos que o compõem, desde que a presença desse material seja acidental ou tecnicamente inevitável.
3. Para determinar se a presença desse material é acidental ou tecnicamente inevitável, os operadores devem estar em condições de fornecer, de uma forma que as autoridades competentes considerem suficiente, provas de que tomaram as medidas adequadas para evitar a presença de tal material.
4. As medidas que tenham por objecto alterar elementos não essenciais do presente regulamento, completando-o, e estabeleçam limiares adequados mais baixos, particularmente no que respeita a alimentos para animais que contenham ou sejam constituídos por OGM, ou tenham em conta o progresso científico e tecnológico são aprovadas pelo procedimento de regulamentação com controlo a que se refere o n.º 3 do artigo 35.º.

Artigo 25.º *Requisitos*
1. Sem prejuízo das outras disposições da legislação comunitária relativa à rotulagem dos alimentos para animais, os alimentos para animais referidos no n.º 1 do artigo 15.º devem ser sujeitos aos requisitos de rotulagem específicos a seguir estabelecidos.
2. Qualquer pessoa que pretenda colocar no mercado um alimento para animais referido no n.º 1 do artigo 15.º deve assegurar que as informações a seguir especificadas figurem de forma claramente visível, legível e indelével num documento de acompanhamento ou, se for caso disso, na embalagem, no recipiente ou no rótulo do alimento.
Cada alimento para animais que entre na composição de um determinado alimento para animais deve ser sujeito às seguintes regras:
a) No tocante aos alimentos para animais referidos nas alíneas a) e b) do n.º 1 do artigo 15.º, devem constar entre parênteses imediatamente a seguir ao nome do alimento para animais os termos "[nome do organismo] geneticamente modificado".
Em alternativa, esta indicação pode figurar numa nota de rodapé à lista dos ingredientes do alimento para animais, caso em que deve ser impressa com caracteres pelo menos do mesmo tamanho que os da lista dos ingredientes;
b) No tocante ao alimento para animais referido na alínea c) do n.º 1 do artigo 15.º, devem constar entre parênteses imediatamente a seguir ao nome do alimento para animais os termos "produzido a partir de [nome do organismo] geneticamente modificado".
Em alternativa, esta indicação pode figurar numa nota de rodapé à lista dos ingredientes do alimento para animais, caso em que deve ser impressa com caracteres pelo menos do mesmo tamanho que os da lista dos ingredientes;
c) Conforme especificado na autorização, qualquer característica do alimento para animais referido no n.º 1 do artigo 15.º que seja diferente do seu equivalente tradicional, como as a seguir indicadas:
i) composição,
ii) propriedades nutricionais,
iii) utilização prevista,
iv) implicações para a saúde de determinadas espécies ou categorias de animais,
d) Conforme especificado na autorização, qualquer característica ou propriedade do alimento para animais que possa dar origem a preocupações de ordem ética ou religiosa.
3. Além dos requisitos estabelecidos nas alíneas a) e b) do n.º 2 de acordo com o especificado na autorização, a rotulagem ou os documentos de acompanhamento dos alimentos para animais abrangidos pela presente secção para os quais não exista um equivalente tradicional devem conter informações adequadas acerca da natureza e das características do alimento em questão.

Artigo 26.º *Medidas de execução*
1. Podem ser aprovadas pela Comissão as seguintes medidas:
— medidas necessárias para que os operadores forneçam provas suficientes às autoridades competentes, tal como previsto no n.º 3 do artigo 24.º,
— medidas necessárias para que os operadores cumpram os requisitos de rotulagem estabelecidos no artigo 25.º
1. Essas medidas, que têm por objecto alterar elementos não essenciais do presente regulamento, nomeadamente completando-o, são aprovadas pelo procedimento de regulamentação com controlo a que se refere o n.º 3 do artigo 35.º
2. Além disso, podem ser aprovadas pelo procedimento de regulamentação a que se refere o n.º 2 do artigo 35.º regras pormenorizadas destinadas a facilitar a aplicação uniforme do artigo 25.º.

CAPÍTULO IV.- DISPOSIÇÕES COMUNS

Artigo 27.º *Produtos susceptíveis de serem utilizados como géneros alimentícios e como alimentos para animais*
1. Sempre que um produto seja susceptível de ser utilizado simultaneamente como género alimentício e como alimento para animais, deve ser apresentado um único pedido ao abrigo dos artigos 5.º e 17.º, que dará origem a um parecer único da autoridade e a uma única decisão comunitária.
2. A autoridade deve determinar se o pedido de autorização deve ser apresentado simultaneamente para géneros alimentícios e para alimentos para animais.

Artigo 28.º *Registo comunitário*

1. A Comissão deve estabelecer e manter um Registo Comunitário dos Géneros Alimentícios e Alimentos para Animais Geneticamente Modificados, designado no presente regulamento "registo".

2. O público deve ter acesso ao registo.

Artigo 29.º *Acesso do público*

1. O público deve ter acesso ao pedido de autorização, às informações adicionais do requerente, aos pareceres das autoridades competentes designadas nos termos do artigo 4.º da Directiva 2001/18/CE, aos relatórios de monitorização e às informações do detentor da autorização, com exclusão das informações confidenciais.

2. No tratamento dos pedidos de acesso a documentos na sua posse, a autoridade deve aplicar os princípios estabelecidos no Regulamento (CE) n.º 1049/2001 do Parlamento Europeu e do Conselho, de 30 de Maio de 2001, relativo ao acesso do público aos documentos do Parlamento Europeu, do Conselho e da Comissão.

3. Os Estados-Membros devem tratar os pedidos de acesso aos documentos recebidos ao abrigo do presente regulamento em conformidade com o artigo 5.º do Regulamento (CE) n.º 1049/2001.

Artigo 30.º *Confidencialidade*

1. O requerente pode indicar quais as informações apresentadas ao abrigo do presente regulamento que deseja ver tratadas como confidenciais por a sua divulgação poder prejudicar significativamente a sua posição concorrencial. Em tais casos, deve ser dada uma justificação susceptível de verificação.

2. Sem prejuízo do disposto no n.º 3, a Comissão deve determinar, após consulta ao requerente, quais as informações que devem ser mantidas confidenciais, devendo informar o requerente da sua decisão.

3. Não são consideradas confidenciais as seguintes informações:

a) Nome e composição do OGM, do género alimentício ou do alimento para animais a que se referem o n.º 1 do artigo 3.º e o n.º 1 do artigo 15.º e, se aplicável, indicação do substrato e do microrganismo;

b) Descrição geral do OGM e nome e endereço do detentor da autorização;

c) Características físico-químicas e biológicas do OGM, do género alimentício ou do alimento para animais a que se referem o n.º 1 do artigo 3.º e o n.º 1 do artigo 15.º;

d) Efeitos do OGM, do género alimentício ou do alimento para animais a que se referem o n.º 1 do artigo 3.º e o n.º 1 do artigo 15.º sobre a saúde humana e animal e sobre o ambiente;

e) Efeitos do OGM, do género alimentício ou do alimento para animais a que se referem o n.º 1 do artigo 3.º e o n.º 1 do artigo 15.º sobre as características dos produtos animais e as suas propriedades nutricionais;

f) Métodos de detecção, incluindo a amostragem, e identificação da construção usada na transformação e, se for caso disso, de detecção e identificação da construção usada na transformação no género alimentício ou no alimento para animais a que se referem o n.º 1 do artigo 3.º e o n.º 1 do artigo 15.º;

g) Informações relativas ao tratamento dos resíduos e à intervenção em caso de emergência.

4. Em derrogação do n.º 2, a autoridade deve fornecer à Comissão e aos Estados-Membros, a seu pedido, todas as informações de que dispõe.

5. O uso dos métodos de detecção e a reprodução dos materiais de referência previstos no n.º 3 do artigo 5.º e no n.º 3 do artigo 17.º para efeitos de aplicação do presente regulamento aos OGM, géneros alimentícios ou alimentos para animais a que se refere o pedido não é restringido pelo exercício de direitos de propriedade intelectual nem de qualquer outra forma.

6. A Comissão, a autoridade e os Estados-Membros devem tomar as medidas necessárias para assegurar a devida confidencialidade das informações recebidas ao abrigo do presente regulamento, com excepção das informações que devam ser tornadas públicas, caso as circunstâncias o exijam, a fim de proteger a saúde humana, saúde animal ou o ambiente.

7. Caso o requerente retire ou tenha retirado o seu pedido, a autoridade, a Comissão e os Estados-Membros devem respeitar a confidencialidade das informações comerciais e industriais, incluindo as relativas à investigação e ao desenvolvimento, bem como das informações sobre cuja confidencialidade a Comissão e o requerente discordem.

Artigo 31.° *Protecção de dados*
Os dados científicos e as outras informações constantes do processo do pedido exigido nos termos dos n.°s 3 e 5 do artigo 5.° e dos n.°s 3 e 5 do artigo 17.° não podem ser utilizados para benefício de outro requerente durante um período de 10 anos a contar da data da autorização, excepto se o outro requerente tiver acordado com o detentor da autorização que os referidos dados e informações podem ser utilizados.

No termo deste período de 10 anos, os resultados da totalidade ou parte da avaliação efectuada com base nos dados científicos e nas informações constantes do processo do pedido podem ser utilizados pela autoridade em benefício de outro requerente se este puder provar que o género alimentício ou o alimento para animais para o qual solicita autorização é essencialmente similar a um género alimentício ou a um alimento para animais já autorizado ao abrigo do presente regulamento.

Artigo 32.° *Laboratório comunitário de referência*
O laboratório comunitário de referência e as suas competências e funções são os definidos no anexo.

Podem ser designados laboratórios nacionais de referência nos termos do no n.° 2 do artigo 35.°

Os requerentes das autorizações relativas a géneros alimentícios e a alimentos para animais geneticamente modificados devem contribuir para suportar os custos decorrentes das actividades do laboratório comunitário de referência e da rede europeia de laboratórios para os OGM mencionados no anexo.

As contribuições dos requerentes das autorizações não devem ser superiores aos custos decorrentes da validação dos métodos de detecção.

Podem ser aprovadas pelo procedimento de regulamentação a que se refere o n.° 2 do artigo 35.° regras de execução do presente artigo e do anexo.

As medidas que tenham por objecto alterar elementos não essenciais do presente regulamento e que adaptem o anexo são aprovadas pelo procedimento de regulamentação com controlo a que se refere o n.° 3 do artigo 35.°

Artigo 33.° *Consulta ao Grupo Europeu de Ética para as Ciências e as Novas Tecnologias*
1. A Comissão, por sua própria iniciativa ou a pedido de um Estado-Membro, pode consultar o Grupo Europeu de Ética para as Ciências e as Novas Tecnologias ou qualquer outro órgão adequado que venha a criar, no sentido de obter o seu parecer sobre questões éticas.

2. A Comissão deve tornar públicos esses pareceres.

Artigo 34.° *Medidas de emergência*
Sempre que for evidente que um produto autorizado por ou em conformidade com o presente regulamento é susceptível de constituir um risco grave para a saúde humana, a saúde animal ou o ambiente, ou sempre que, à luz de um parecer da autoridade emitido nos termos do artigo 10.° ou do artigo 22.°, se constatar a necessidade de suspender ou modificar urgentemente uma autorização, devem ser tomadas medidas nos termos dos artigos 53.° e 54.° do Regulamento (CE) n.° 178/2002.

Artigo 35.° *Processo de comité*
1. A Comissão é assistida pelo Comité Permanente da Cadeia Alimentar e da Saúde Animal instituído pelo artigo 58.o do Regulamento (CE) n.° 178/2002, a seguir designado "comité".

2. Sempre que se faça referência ao presente número, são aplicáveis os artigos 5.° e 7.° da Decisão 1999/468/CE, tendo-se em conta o disposto no seu artigo 8.°

O prazo previsto no n.° 6 do artigo 5.° da Decisão 1999/468/CE é de três meses.

3. Sempre que se faça referência ao presente número, são aplicáveis os n.°s 1 a 4 do artigo 5.°-A e o artigo 7.° da Decisão 1999/468/CE, tendo-se em conta o disposto no seu artigo 8.°.

Artigo 36.° *Reapreciação administrativa*
Qualquer decisão da autoridade ao abrigo da competência que lhe é atribuída pelo presente regulamento, ou qualquer abstenção sua do exercício dessa competência, pode ser reapreciada pela Comissão, por sua própria iniciativa ou em resposta a um pedido de um Estado-Membro ou de qualquer outra pessoa directa e individualmente interessada.

Para o efeito, deve ser apresentado um pedido à Comissão no prazo de dois meses a contar da data em que a parte interessada teve conhecimento do acto ou da omissão em causa.

A Comissão deve tomar uma decisão no prazo de dois meses, pedindo à autoridade, se for caso disso, que revogue a sua decisão ou repare a sua omissão.

Artigo 37.° *Revogação*
São revogados, com efeitos a partir da data de aplicação do presente regulamento, os seguintes regulamentos:
- Regulamento (CE) n.° 1139/98,
- Regulamento (CE) n.° 49/2000,
- Regulamento (CE) n.° 50/2000.

Artigo 38.° *Alteração do Regulamento (CE) n.° 258/97*
O Regulamento (CE) n.° 258/97 é alterado, com efeitos a partir da data de aplicação do presente regulamento, nos termos seguintes:
1. São revogadas as seguintes disposições:
- alíneas a) e b) do n.° 2 do artigo 1.°,
- segundo parágrafo do n.° 2 e n.° 3 do artigo 3.°,
- alínea d) do n.° 1 do artigo 8.°,
- artigo 9.°
2. No n.° 4 do artigo 3.°, a primeira frase passa a ter a seguinte redacção:
"4. Em derrogação do n.º 2, o procedimento previsto no artigo 5.º é aplicável aos géneros alimentícios e ingredientes alimentares referidos nas alíneas d) e e) do n.º 2 do artigo 1.º que, com base nos dados científicos disponíveis e geralmente reconhecidos ou num parecer de um dos organismos competentes a que se refere o n.º 3 do artigo 4.º, sejam substancialmente equivalentes a géneros alimentícios ou ingredientes alimentares existentes, em termos de composição, valor nutritivo, metabolismo, utilização prevista e teor de substâncias indesejáveis.".

Artigo 39.° *Alteração da Directiva 82/471/CEE*
Ao artigo 1.° da Directiva 82/471/CEE é aditado o seguinte número, com efeitos a partir da data de aplicação do presente regulamento:
"3. A presente directiva não se aplica aos produtos que actuem como fontes directas ou indirectas de proteínas abrangidos pelo Regulamento (CE) n.º 1829/2003 do Parlamento Europeu e do Conselho, de 22 de Setembro de 2003, relativo aos géneros alimentícios e alimentos para animais geneticamente modificados".

Artigo 40.° *Alteração da Directiva 2002/53/CE*
A Directiva 2002/53/CE é alterada, com efeitos a partir da data de aplicação do presente regulamento, nos termos seguintes:
1. O n.° 5 do artigo 4.o passa a ter a seguinte redacção:
"5. Além disso, quando material derivado de uma variedade vegetal se destine a ser utilizado em géneros alimentícios abrangidos pelo artigo 3.º ou em alimentos para animais abrangidos pelo artigo 15.º do Regulamento (CE) n.º 1829/2003 do Parlamento Europeu e do Conselho, de 22 de Setembro de 2003, relativo aos géneros alimentícios e alimentos para animais geneticamente modificados, essa variedade só pode ser aceite se tiver sido aprovada em conformidade com o referido regulamento".

2. O n.° 5 do artigo 7.° passa a ter a seguinte redacção:
"5. Os Estados-Membros devem assegurar que uma variedade destinada a ser utilizada em géneros alimentícios ou em alimentos para animais, tal como definidos nos artigos 2.º e 3.º do Regulamento (CE) n.º 178/2002 do Parlamento Europeu e do Conselho, de 28 de Janeiro de 2002, que determina os princípios e normas gerais da legislação alimentar, cria a Autoridade Europeia para a Segurança dos Alimentos e estabelece procedimentos em matéria de segurança dos alimentos, só seja aceite se tiver sido autorizada ao abrigo da legislação pertinente.".

Artigo 41.° *Alteração da Directiva 2002/55/CE*
A Directiva 2002/55/CE é alterada, com efeitos a partir da data de aplicação do presente regulamento, nos termos seguintes:
1. O n.° 3 do artigo 4.° passa a ter a seguinte redacção:
"3. Além disso, quando material derivado de uma variedade vegetal se destine a ser utilizado em géneros alimentícios abrangidos pelo artigo 3.º ou em alimentos para animais abrangidos pelo artigo 15.º do Regulamento (CE) n.º 1829/2003 do Parlamento Europeu e do Conselho, de 22 de Setembro de 2003, relativo aos géneros alimentícios e alimentos para animais geneticamente modificados, essa variedade só pode ser aceite se tiver sido aprovada em conformidade com o referido regulamento.".

2. O n.º 5 do artigo 7.º passa a ter a seguinte redacção:

"5. Os Estados-Membros devem assegurar que uma variedade destinada a ser utilizada em géneros alimentícios ou em alimentos para animais, tal como definidos nos artigos 2.º e 3.º do Regulamento (CE) n.º 178/2002 que determina os princípios e normas gerais da legislação alimentar, cria a Autoridade Europeia para a Segurança dos Alimentos e estabelece procedimentos em matéria de segurança dos alimentos, só seja aceite se tiver sido autorizada ao abrigo da legislação pertinente.".

Artigo 42.º *Alteração da Directiva 68/193/CEE*
O n.º 3 do artigo 5.ºBA da Directiva 68/193/CEE passa a ter a seguinte redacção, com efeitos a partir da data de aplicação do presente regulamento:

"3. a) Quando produtos derivados de materiais de propagação da vinha se destinarem a ser utilizados como géneros alimentícios ou em géneros alimentícios abrangidos pelo artigo 3.º ou como alimentos para animais ou em alimentos para animais abrangidos pelo artigo 15.º do Regulamento (CE) n.º 1829/2003 do Parlamento Europeu e do Conselho, de 22 de Setembro de 2003, relativo aos géneros alimentícios e alimentos para animais geneticamente modificados, a variedade de videira em causa só pode aceite se tiver sido aprovada em conformidade com o referido regulamento.

b) Os Estados-Membros devem assegurar que uma variedade de videira de cujo material de propagação tenham sido derivados produtos destinados a ser utilizados em géneros alimentícios ou em alimentos para animais, tal como definidos nos artigos 2.º e 3.º do Regulamento (CE) n.º 178/2002 do Parlamento Europeu e do Conselho, de 28 de Janeiro de 2002, que determina os princípios e normas gerais da legislação alimentar, cria a Autoridade Europeia para a Segurança dos Alimentos e estabelece procedimentos em matéria de segurança dos alimentos, só seja aceite se tiver sido autorizada ao abrigo da legislação pertinente.".

Artigo 43.º *Alteração da Directiva 2001/18/CE*
A Directiva 2001/18/CE é alterada do seguinte modo, com efeitos à data de entrada em vigor do presente regulamento:
1. É inserido o seguinte artigo:

"Artigo 12.ºA
Medidas transitórias respeitantes à presença acidental ou tecnicamente inevitável de organismos geneticamente modificados que tenham sido objecto de uma avaliação de risco favorável
1. A colocação no mercado de vestígios de OGM ou de uma combinação de OGM em produtos destinados a serem utilizados directamente como géneros alimentícios ou alimentos para animais, ou para transformação, fica isenta da aplicação dos artigos 13.º a 21.º desde que satisfaçam as condições previstas no artigo 47.º do Regulamento (CE) n.º 1829/2003 do Parlamento Europeu e do Conselho, de 22 de Setembro de 2003, relativo aos géneros alimentícios e alimentos para animais geneticamente modificados.
2. O presente artigo é aplicável por um período de três anos a contar da data de aplicação do Regulamento (CE) n.º 1829/2003.".

2. É inserido o seguinte artigo:

"Artigo 26.ºA
Medidas destinadas a impedir a presença acidental de OGM
1. Os Estados-Membros podem tomar todas as medidas apropriadas para impedir a presença acidental de OGM noutros produtos.
2. A Comissão deve recolher e coordenar informações baseadas em estudos comunitários e nacionais, acompanhar a evolução da coexistência nos Estados-Membros e, com base nessas informações e observações, elaborar orientações sobre a coexistência de culturas geneticamente modificadas, convencionais e orgânicas.".

Artigo 44.º *Informações a fornecer em conformidade com o Protocolo de Cartagena*
1. Qualquer autorização, renovação, alteração, suspensão ou revogação da autorização de um OGM, de um género alimentício ou de um alimento para animais a que se referem as alíneas a) ou b) do n.º 1 do artigo 3.º ou as alíneas a) ou b) do n.º 1 do artigo 15.º deve ser notificada pela Comissão às partes no Protocolo de Cartagena através do Centro de Intercâmbio de Informações para a Segurança Biológica, de acordo com o n.º 1 do artigo 11.º ou o n.º 1 do artigo 12.º, consoante o caso, do Protocolo de Cartagena.
A Comissão deve fornecer uma cópia da informação, por escrito, ao ponto focal nacional de cada uma das partes que tenha comunicado antecipadamente ao Secretariado que não tem acesso ao Centro de Intercâmbio de Informações para a Segurança Biológica.

2. A Comissão deve também processar os pedidos de informações adicionais apresentados por qualquer das partes nos termos do n.º 3 do artigo 11.º do Protocolo de Cartagena, e fornecer cópia das leis, regulamentações e orientações nos termos do n.º 5 do artigo 11.º do mesmo protocolo.

Artigo 45.º *Sanções*

Os Estados-Membros devem estabelecer as regras relativas às sanções aplicáveis em caso de infracção ao disposto no presente regulamento e tomar todas as medidas necessárias para garantir a sua aplicação. As sanções impostas devem ser efectivas, proporcionadas e dissuasivas. Os Estados-Membros devem notificar essas disposições à Comissão no prazo de seis meses após a data de entrada em vigor do presente regulamento, devendo notificá-la o mais rapidamente possível de qualquer alteração posterior que lhes diga respeito.

Artigo 46.º *Medidas transitórias respeitantes aos pedidos, rotulagem e notificações*

1. Os pedidos apresentados ao abrigo do artigo 4.º do Regulamento (CE) n.º 258/97 antes da data de aplicação do presente regulamento devem ser transformados em pedidos nos termos da secção 1 do capítulo II do presente regulamento, sempre que o relatório de avaliação inicial previsto no n.º 3 do artigo 6.º do Regulamento (CE) n.º 258/97 não tenha ainda sido enviado à Comissão, bem como em todos os casos em que seja exigido um relatório de avaliação complementar, de acordo com o disposto nos n.ºˢ 3 ou 4 do artigo 6.º do Regulamento (CE) n.º 258/97. Os outros pedidos apresentados nos termos do artigo 4.º do Regulamento (CE) n.º 258/97 antes da data de aplicação do presente regulamento devem ser tratados nos termos do Regulamento (CE) n.º 258/97, não obstante o disposto no artigo 38.º do presente regulamento.

2. As exigências de rotulagem impostas no presente regulamento não são aplicáveis aos produtos cujo processo de fabrico tenha tido início antes da data de aplicação do presente regulamento, desde que os referidos produtos estejam rotulados em conformidade com a legislação que lhes era aplicável antes da data de aplicação do presente regulamento.

3. As notificações relativas a produtos, incluindo a sua utilização como alimentos para animais, apresentadas ao abrigo do artigo 13.º da Directiva 2001/18/CE antes da data de aplicação do presente regulamento devem ser transformadas em pedidos nos termos da secção 1 do capítulo III do presente regulamento, sempre que não tenha sido ainda enviado à Comissão o relatório de avaliação previsto no artigo 14.º da Directiva 2001/18/CE.

4. Os pedidos apresentados para os produtos referidos na alínea c) do n.º 1 do artigo 15.º do presente regulamento ao abrigo do artigo 7.º da Directiva 82/471/CEE antes da data de aplicação do presente regulamento devem ser transformados em pedidos nos termos da secção 1 do capítulo III do presente regulamento.

5. Os pedidos apresentados para os produtos referidos no n.º 1 do artigo 15.º ao abrigo do artigo 4.º da Directiva 70/524/CEE antes da data de aplicação do presente regulamento devem ser completados por pedidos apresentados nos termos da secção 1 do capítulo III do presente regulamento.

Artigo 47.º *Medidas transitórias respeitantes à presença acidental ou tecnicamente inevitável de material geneticamente modificado que tenha sido objecto de uma avaliação de risco favorável*

1. A presença em géneros alimentícios ou alimentos para animais de material que contenha, seja constituído por ou seja produzido a partir de OGM numa proporção não superior a 0,5 % não é considerada uma violação do n.º 2 do artigo 4.º nem do n.º 2 do artigo 16.º, desde que:

a) Essa presença seja acidental ou tecnicamente inevitável;

b) O material geneticamente modificado tenha sido objecto de parecer favorável por parte do(s) comité(s) científico(s) comunitário(s) ou da autoridade antes da data de aplicação do presente regulamento;

c) O pedido de autorização não tenha sido rejeitado de acordo com a legislação comunitária pertinente; e

d) Estejam publicamente disponíveis métodos de detecção.

2. Para determinar se a presença desse material é acidental ou tecnicamente inevitável, os operadores devem estar em condições de provar às autoridades competentes que tomaram as medidas adequadas para evitar a presença de tal material.

3. As medidas que tenham por objecto alterar elementos não essenciais do presente regulamento, completando-o, e reduzam os limiares referidos no n.º 1, em particular para os OGM vendidos directamente ao consumidor final, são aprovadas pelo procedimento de regulamentação com controlo a que se refere o n.º 3 do artigo 35.º.

4. As regras de execução do presente artigo são aprovadas nos termos do n.º 2 do artigo 35.º

5. O presente artigo é aplicável por um período de três anos a contar da data de aplicação do presente regulamento.

Artigo 48.º *Revisão*

1. Até 7 de Novembro de 2005 e à luz da experiência adquirida, a Comissão deve enviar ao Parlamento Europeu e ao Conselho um relatório sobre a execução do presente regulamento, nomeadamente do artigo 47.º, acompanhado, se for caso disso, de uma proposta adequada. O relatório e a eventual proposta devem ser tornados públicos.

2. Sem prejuízo das competências das autoridades nacionais, a Comissão deve acompanhar a aplicação do presente regulamento e o seu impacto na saúde humana e animal, na defesa e informação dos consumidores e no funcionamento do mercado interno e, se necessário, apresentar propostas o mais rapidamente possível.

Artigo 49.º *Entrada em vigor*

O presente regulamento entra em vigor 20 dias após o da sua publicação no Jornal Oficial da União Europeia.

É aplicável seis meses após a data da sua publicação.

O presente regulamento é obrigatório em todos os seus elementos e directamente aplicável em todos os Estados-Membros.

ANEXO.-
Competências e funções do laboratório comunitário de referência

1. O laboratório comunitário de referência a que se refere o artigo 32.º é o Centro Comum de Investigação da Comissão.

2. Para o exercício das competências e funções definidas no presente anexo, o laboratório comunitário de referência será assistido pelos laboratórios nacionais de referência referidos no artigo 32.º, que serão, por conseguinte, considerados membros do consórcio designado por «Rede Europeia de Laboratórios para os OGM».

3. O laboratório comunitário de referência será responsável, nomeadamente, por:

a) receber, preparar, armazenar, manter e distribuir aos membros da Rede Europeia de Laboratórios para os OGM as amostras de controlo positivas e negativas adequadas, sob reserva da garantia dada por esses membros de que o carácter confidencial dos dados recebidos será respeitado;

b) sem prejuízo das responsabilidades dos laboratórios comunitários de referência estabelecidas no artigo 32.º do Regulamento (CE) n.º 882/2004 do Parlamento Europeu e do Conselho, distribuir aos laboratórios nacionais de referência na acepção do artigo 33.º do mesmo regulamento as amostras de controlo positivas e negativas adequadas, sob reserva da garantia dada por esses laboratórios de que o carácter confidencial dos dados recebidos será respeitado;

c) avaliar os dados fornecidos pelo requerente da autorização de colocação no mercado do género alimentício ou do alimento para animais, com vista a testar e validar o método de amostragem e de detecção;

d) testar e validar o método de detecção, incluindo a amostragem e identificação da construção usada na transformação e, se for caso disso, de detecção e identificação da construção usada na transformação no género alimentício ou no alimento para animais;

e) apresentar à autoridade relatórios de avaliação completos.

4. O laboratório comunitário de referência terá um papel a desempenhar na resolução de litígios relativos aos resultados das funções definidas no presente anexo, sem prejuízo das responsabilidades dos laboratórios comunitários de referência estabelecidas no artigo 32.º do Regulamento (CE) n.º 882/2004.

22 de Setembro de 2003.- Regulamento (CE) n.º 1830/2003
do Parlamento Europeu e do Conselho
relativo à rastreabilidade e rotulagem de organismos geneticamente modificados e à
rastreabilidade dos géneros alimentícios e alimentos para animais produzidos a partir
de organismos geneticamente modificados e que altera a Directiva 2001/18/CE
(J.O. L 268 de 18/10/2003)

(V.C. 11/12/2008)
O PARLAMENTO EUROPEU E O CONSELHO DA UNIÃO EUROPEIA,
Tendo em conta o Tratado que institui a Comunidade Europeia e, nomeadamente, o n.º 1 do seu artigo 95.º,
Tendo em conta a proposta da Comissão,
Tendo em conta o parecer do Comité Económico e Social Europeu,
Tendo em conta o parecer do Comité das Regiões,
Deliberando nos termos do artigo 251.º do Tratado,
Considerando o seguinte:
(1) A Directiva 2001/18/CE do Parlamento Europeu e do Conselho, de 12 de Março de 2001, relativa à libertação deliberada no ambiente de organismos geneticamente modificados, exige que os Estados-Membros adoptem medidas para garantir a rastreabilidade e rotulagem dos organismos geneticamente modificados (OGM) autorizados, em todas as fases da sua colocação no mercado.
(2) As diferenças entre as disposições legislativas, regulamentares e administrativas nacionais relativas à rastreabilidade e rotulagem dos OGM como produtos ou elementos de produtos e à rastreabilidade dos géneros alimentícios e alimentos para animais produzidos a partir de OGM podem entravar a sua livre circulação, criando condições de concorrência desiguais e desleais. Um quadro comunitário harmonizado para a rastreabilidade e rotulagem dos OGM contribuirá para o funcionamento eficaz do mercado interno. A Directiva 2001/18/CE deve, pois, ser alterada em conformidade.
(3) A introdução de regras de rastreabilidade para os OGM facilitará, por um lado, a retirada dos produtos do mercado caso se observem efeitos prejudiciais para a saúde humana, dos animais ou para o ambiente, incluindo os ecossistemas e, por outro, a verificação especificamente destinada a examinar os efeitos potenciais, em especial no ambiente. A rastreabilidade também facilitará a aplicação de medidas de controlo de risco, de acordo com o princípio da precaução.
(4) É necessário estabelecer regras de rastreabilidade para os géneros alimentícios e para os alimentos para animais produzidos a partir de OGM, a fim de facilitar a rotulagem exacta desses produtos nos termos do Regulamento (CE) n.º 1829/2003 do Parlamento Europeu e do Conselho, de 22 de Setembro de 2003, relativo aos géneros alimentícios e alimentos para animais geneticamente modificados, com o objectivo de assegurar que os operadores e os consumidores tenham acesso a informações exactas que lhes permitam exercer de forma eficaz a sua liberdade de escolha, bem como permitir o controlo e a verificação das declarações inscritas no rótulo. As regras relativas aos géneros alimentícios e alimentos para animais produzidos a partir de OGM devem ser semelhantes para evitar a interrupção do fluxo de informações quando se modifica a utilização final do produto.
(5) A transmissão e a conservação de informações segundo as quais os produtos contêm ou são constituídos por OGM, bem como dos códigos únicos atribuídos a esses OGM, em todas as fases da sua colocação no mercado, formam a base de um sistema adequado de rastreabilidade e rotulagem dos OGM. Os códigos podem ser utilizados para ter acesso a informações específicas sobre os OGM inscritas num registo e para facilitar a sua identificação, detecção e controlo, em conformidade com o disposto na Directiva 2001/18/CE.
(6) A transmissão e a conservação de informações segundo as quais os géneros alimentícios e os alimentos para animais são produzidos a partir de OGM formam também a base de um sistema adequado de rastreabilidade dos produtos produzidos a partir de OGM.
(7) A legislação comunitária relativa aos OGM utilizados como alimentos para animais ou como ingredientes desses alimentos aplicar-se-ão também aos alimentos para animais destinados a animais que não são criados para a produção alimentar.

(8) É necessário estabelecer orientações em matéria de colheita de amostras e de detecção para facilitar o desenvolvimento de uma abordagem coordenada do controlo e inspecção e para proporcionar certeza jurídica aos operadores. Devem ser tidos em conta os registos que contêm informações sobre as modificações genéticas dos OGM estabelecidos pela Comissão nos termos do n.º 2 do artigo 31.º da Directiva 2001/18/CE e do artigo 29.º do Regulamento (CE) n.º 1829/2003.

(9) É necessário que os Estados-Membros estabeleçam regras relativas às sanções aplicáveis em caso de infracção ao disposto no presente regulamento.

(10) A presença de vestígios de OGM nos produtos pode ser acidental ou tecnicamente inevitável. Por conseguinte, tal presença de OGM não deve ser sujeita aos requisitos de rotulagem e de rastreabilidade. É, pois, necessário fixar limiares para a presença acidental ou tecnicamente inevitável de materiais que sejam constituídos por, contenham ou sejam produzidos a partir de OGM, tanto quando a comercialização desses OGM for autorizada na Comunidade como quando a sua presença acidental ou tecnicamente inevitável for tolerada por força do artigo 47.º do Regulamento (CE) n.º 1829/2003. É também adequado prever que, quando o nível combinado da presença acidental ou tecnicamente inevitável dos materiais acima referidos num género alimentício ou alimento para animais ou num dos seus componentes for superior aos limiares estabelecidos para efeitos de rotulagem, essa presença seja indicada de acordo com o disposto no presente regulamento e sejam adoptadas normas específicas para a sua execução.

(11) É necessário garantir a informação completa e fiável dos consumidores no que respeita aos OGM, aos produtos, géneros alimentícios e alimentos para animais produzidos a partir de OGM, de modo a permitir uma opção esclarecida.

(12) As medidas necessárias à execução do presente regulamento serão aprovadas nos termos da Decisão 1999/468/CE do Conselho, de 28 de Junho de 1999, que fixa as regras de exercício das competências de execução atribuídas à Comissão.

(13) É necessário estabelecer sistemas para desenvolver e atribuir identificadores únicos aos OGM antes de poderem ser aplicadas as medidas relativas à rastreabilidade e rotulagem dos OGM.

(14) A Comissão apresentará ao Parlamento Europeu e ao Conselho um relatório sobre a aplicação do presente regulamento, em particular sobre a eficácia das regras em matéria de rastreabilidade e rotulagem.

(15) O presente regulamento respeita os direitos fundamentais e observa os princípios reconhecidos, nomeadamente, na Carta dos direitos fundamentais da União Europeia,

ADOPTARAM O PRESENTE REGULAMENTO:

Artigo 1.º *Objectivos*
O presente regulamento estabelece um quadro para a rastreabilidade dos produtos que contenham ou sejam constituídos por organismos geneticamente modificados (OGM) e dos géneros alimentícios e alimentos para animais produzidos a partir de OGM, com o objectivo de facilitar a rotulagem exacta, o acompanhamento dos efeitos no ambiente e, se for caso disso, na saúde, e a aplicação das medidas de gestão de risco adequadas incluindo, se necessário, a retirada de produtos do mercado.

Artigo 2.º *Âmbito de aplicação*
1. O presente regulamento é aplicável, em todas as fases da colocação no mercado, a:
a) Produtos que contenham ou sejam constituídos por OGM, colocados no mercado em conformidade com a legislação comunitária;
b) Géneros alimentícios produzidos a partir de OGM, colocados no mercado em conformidade com a legislação comunitária;
c) Alimentos para animais produzidos a partir de OGM, colocados no mercado em conformidade com a legislação comunitária.
2. O presente regulamento não se aplica a medicamentos de uso humano e veterinário permitidos nos termos do Regulamento (CEE) n.º 2309/93.

Artigo 3.º *Definições*
Para efeitos do presente regulamento, entende-se por:
1. «Organismo geneticamente modificado» ou «OGM», o organismo geneticamente modificado tal como definido no n.º 2 do artigo 2.º da Directiva 2001/18/CE, excluindo os organismos obtidos através das técnicas de modificação genética enumeradas no anexo I B da mesma directiva.

2. «Produzido a partir de OGM», o que é derivado, no todo ou em parte, de OGM, mas não contém nem é constituído por OGM.

3. «Rastreabilidade», a adequação para rastrear os OGM e os produtos produzidos a partir de OGM em todas as fases da sua colocação no mercado através das cadeias de produção e de distribuição.

4. «Identificador único», o código simples, numérico ou alfanumérico, que serve para identificar um OGM com base numa acção de transformação permitida a partir da qual é desenvolvido e que proporciona os meios de aceder a informações específicas relativas a esse OGM.

5. «Operador», a pessoa singular ou colectiva que coloca um produto no mercado ou que recebe um produto colocado no mercado na Comunidade, proveniente de um Estado-Membro ou de um país terceiro, em qualquer fase das cadeias de produção e distribuição, excluindo o consumidor final.

6. «Consumidor final», o último consumidor que não utilize o produto como parte de qualquer operação ou actividade comercial.

7. «Género alimentício», o género alimentício tal como definido no artigo 2.º do Regulamento (CE) n.º 178/2002.

8. «Ingrediente», um ingrediente na acepção do n.º 4 do artigo 6.º da Directiva 2000/13/CE.

9. «Alimento para animais», o alimento para animais tal como definido no n.º 4 do artigo 3.º do Regulamento (CE) n.º 178/2002.

10. «Colocação no mercado», a colocação no mercado tal como definida na legislação alimentar geral comunitária ao abrigo da qual o produto tenha sido autorizado; noutros casos, tal como definida no n.º 4 do artigo 2.º da Directiva 2001/18/CE.

11. «Primeira fase da colocação de um produto no mercado», a primeira transacção nas cadeias de produção e de distribuição, através da qual um produto é colocado à disposição de terceiros.

12. «Produto pré-embalado», qualquer unidade posta à venda, constituída por um produto e pela embalagem em que aquele foi acondicionado antes de ser posto à venda, quer a embalagem o encerre na totalidade ou parcialmente, desde que o conteúdo não possa ser alterado sem que a embalagem seja aberta ou alterada.

Artigo 4.º *Regras de rastreabilidade e de rotulagem aplicáveis aos produtos que contenham ou sejam constituídos por OGM*

A. RASTREABILIDADE

1. Na primeira fase da colocação no mercado de produtos que contenham ou sejam constituídos por OGM, incluindo produtos a granel, os operadores devem assegurar a transmissão por escrito das seguintes informações ao operador que recebe o produto:

a) Que o produto contém ou é constituído por OGM;

b) O ou os identificadores únicos atribuídos a esses OGM em conformidade com o disposto no artigo 8.º

2. Em todas as fases subsequentes da colocação no mercado dos produtos referidos no n.º 1, os operadores devem assegurar que as informações recebidas em conformidade com o disposto no n.º 1 sejam transmitidas por escrito aos operadores que recebem os produtos.

3. No caso de produtos que contenham ou sejam constituídos por misturas de OGM a utilizar exclusiva e directamente na alimentação humana ou animal ou na transformação, as informações constantes da alínea b) do n.º 1 podem ser substituídas por uma declaração do operador sobre essa utilização, acompanhada de uma lista dos identificadores únicos para, todos os OGM que foram usados na constituição da mistura.

4. Sem prejuízo do disposto no artigo 6.º, os operadores devem dispor de sistemas e aplicar procedimentos normalizados que permitam conservar as informações especificadas nos n.ºs 1, 2 e 3 e identificar, durante um período de cinco anos a contar de cada transacção, o operador a quem e por quem foram disponibilizados os produtos mencionados no n.º 1.

5. Os n.ºs 1 a 4 não prejudicam outros requisitos específicos previstos na legislação comunitária.

B. ROTULAGEM

6. No que respeita aos produtos que contenham ou sejam constituídos por OGM, os operadores devem assegurar-se de que:

a) Tratando-se de produtos pré-embalados que contenham ou sejam constituídos por OGM, seja incluída no rótulo a menção «Este produto contém organismos geneticamente modificados» ou «Este produto contém [nome do(s) organismo(s)] geneticamente modificados»;

b) Tratando-se de produtos não pré-embalados oferecidos ao consumidor final, figure no expositor, ou ligada ao expositor do produto, a menção «Este produto contém organismos geneticamente modificados» ou «Este produto contém [nome do(s) organismo(s)] geneticamente modificados».

O presente número não prejudica outros requisitos específicos previstos na legislação comunitária

C. ISENÇÕES

7. O disposto nos n.º 1 a 6 não se aplica aos vestígios de OGM presentes em produtos numa proporção não superior aos limiares estabelecidos em conformidade com os n.º 2 ou 3 do artigo 21.º da Directiva 2001/18/CE e noutra legislação comunitária específica, desde que a presença desses vestígios de OGM seja acidental ou tecnicamente inevitável.

8. O disposto nos n.º 1 a 6 não se aplica aos vestígios de OGM presentes em produtos destinados a serem utilizados directamente como géneros alimentícios, alimentos para animais ou para processamento numa proporção não superior aos limiares estabelecidos para esses OGM em conformidade com os artigos 12.º, 24.º ou 47.º do Regulamento (CE) n.º 1829/2003, desde que a presença desses vestígios de OGM seja acidental ou tecnicamente inevitável.

Artigo 5.º *Regras de rastreabilidade aplicáveis aos géneros alimentícios e alimentos para animais produzidos a partir de OGM*

1. Ao colocarem no mercado produtos produzidos a partir de OGM, os operadores devem assegurar a transmissão por escrito das seguintes informações ao operador que recebe o produto:

a) Indicação de cada um dos ingredientes alimentares produzidos a partir de OGM;

b) Indicação de cada um dos ingredientes ou aditivos alimentares para animais produzidos a partir de OGM;

c) Indicação de que o produto é produzido a partir de OGM, no caso de produtos para os quais não exista uma lista de ingredientes.

2. Sem prejuízo do disposto no artigo 6.º, os operadores devem dispor de sistemas e aplicar procedimentos normalizados que permitam conservar as informações especificadas no n.º 1 e identificar, durante um período de cinco anos a contar de cada transacção, o operador a quem e por quem foram disponibilizados os produtos mencionados no n.º 1.

3. Os n.º 1 e 2 não prejudicam outros requisitos específicos previstos na legislação comunitária.

4. O disposto nos n.º 1, 2 e 3 não se aplica aos vestígios de OGM presentes em géneros alimentícios e alimentos para animais produzidos a partir de OGM, numa proporção não superior aos limiares estabelecidos para esses OGM em conformidade com os artigos 12.º, 24.º ou 47.º do Regulamento (CE) n.º 1829/2003, desde que a presença desses vestígios de OGM seja acidental ou tecnicamente inevitável.

Artigo 6.º *Isenções*

1. Nos casos em que a legislação comunitária estabeleça sistemas específicos de identificação, tal como a numeração de lotes para os produtos pré-embalados, os operadores não são obrigados a conservar as informações referidas nos n.º 1, 2 e 3 do artigo 4.º e no n.º 1 do artigo 5.º, desde que tais informações, bem como o número de lote, estejam claramente marcadas na embalagem e as informações sobre a numeração do lote sejam conservadas durante o período de tempo referido no n.º 4 do artigo 4.º e no n.º 2 do artigo 5.º

2. O n.º 1 não se aplica à primeira fase da colocação do produto no mercado ou da produção primária ou reembalagem de um produto.

Artigo 7.º *Alteração da Directiva 2001/18/CE*
A Directiva 2001/18/CE é alterada nos termos seguintes:
1. É revogado o n.º 6 do artigo 4.º
2. Ao artigo 21.º
é aditado o número seguinte:
«3. No que respeita aos produtos destinados ao processamento directo, o disposto no n.º 1 não é aplicável aos vestígios de OGM autorizados numa proporção não superior a 0,9 % ou a limiares mais baixos estabelecidos ao abrigo do n.º 2 do artigo 30.º, desde que a presença desses vestígios seja acidental ou tecnicamente inevitável.».

Artigo 8.º *Identificadores únicos*
A Comissão deve:
a) Antes da aplicação dos artigos 1.º a 7.º, criar um sistema de desenvolvimento e atribuição de identificadores únicos aos OGM;
b) Adaptar o sistema a que se refere a alínea a), se necessário.
As medidas previstas no primeiro parágrafo, que têm por objecto alterar elementos não essenciais do presente regulamento, completando-o, são aprovadas pelo procedimento de regulamentação com controlo a que se refere o n.º 2 do artigo 10.º. Neste contexto, deve ser tida em conta a evolução da situação nas instâncias internacionais.

Artigo 9.º *Medidas de inspecção e controlo*
1. Os Estados-Membros devem assegurar a realização de inspecções e a aplicação de outras medidas de controlo, incluindo colheitas de amostras e análises (qualitativas e quantitativas), se necessário, para garantir o cumprimento do disposto no presente regulamento. As medidas de inspecção e controlo podem também incluir a inspecção e controlo da detenção de um produto.
2. Antes da aplicação dos artigos 1.º a 7.º, a Comissão deve, nos termos do n.º 3 do artigo 10.º, elaborar e publicar orientações técnicas sobre a colheita de amostras e a realização de análises a fim de facilitar uma abordagem coordenada para a aplicação do presente artigo. Ao elaborar estas orientações técnicas, a Comissão deve ter em conta os trabalhos das autoridades nacionais competentes, do comité referido no n.º 1 do artigo 58.º do Regulamento (CE) n.º 178/2002 e do Laboratório Comunitário de Referência instituído pelo Regulamento (CE) n.º 1829/2003.
3. A fim de ajudar os Estados-Membros a cumprir os requisitos estabelecidos nos n.ºs 1 e 2, a Comissão deve assegurar a criação de um registo central a nível comunitário, contendo todas as informações sequenciais e material de referência disponíveis em relação aos OGM cuja colocação no mercado comunitário tenha sido autorizada. As autoridades competentes dos Estados-Membros devem ter acesso a tal registo. O registo deve incluir também, sempre que estejam disponíveis, informações relevantes sobre os OGM não autorizados na União Europeia.

Artigo 10.º *Comité*
1. A Comissão é assistida pelo comité criado pelo artigo 30.º da Directiva 2001/18/CE.
2. Sempre que se faça referência ao presente número, são aplicáveis os n.ºs 1 a 4 do artigo 5.º-A e o artigo 7.º da Decisão 1999/468/CE, tendo-se em conta o disposto no seu artigo 8.º.
3. Sempre que se faça referência ao presente número, são aplicáveis os artigos 3.º e 7.º da Decisão 1999/468/CE, tendo-se em conta o disposto no seu artigo 8.º

Artigo 11.º *Sanções*
Os Estados-Membros devem estabelecer as regras relativas às sanções aplicáveis em caso de infracção ao disposto no presente regulamento e tomar todas as medidas necessárias para garantir a sua aplicação. As sanções impostas devem ser efectivas, proporcionadas e dissuasivas. Os Estados-Membros devem notificar as referidas disposições à Comissão até 18 de Abril de 2004, devendo notificá-la o mais rapidamente possível de qualquer alteração posterior que lhes diga respeito.

Artigo 12.º *Revisão*
Até 18 de Outubro de 2005, a Comissão deve enviar ao Parlamento Europeu e ao Conselho um relatório sobre a execução do mesmo, em especial no que se refere ao n.º 3 do artigo 4.º, e, quando adequado, apresentar uma proposta.

Artigo 13.º *Entrada em vigor*
1. O presente regulamento entra em vigor 20 dias após o da sua publicação no *Jornal Oficial da União Europeia*.
2. Os artigos 1.º a 7.º e o n.º 1 do artigo 9.º são aplicáveis 90 dias após a data de publicação no Jornal Oficial da União Europeia da medida referida na alínea a) do artigo 8.º

O presente regulamento é obrigatório em todos os seus elementos e directamente aplicável em todos os Estados-Membros.

15 de Julho de 2003.- Regulamento (CE) n.º 1946/2003
do Parlamento Europeu e do Conselho
relativo ao movimento transfronteiriço de organismos geneticamente modificados
(J.O. L 287, 05/11/2003)

O PARLAMENTO EUROPEU E O CONSELHO DA UNIÃO EUROPEIA,
Tendo em conta o Tratado que institui a Comunidade Europeia e, nomeadamente o n.º 1 do seu artigo 175.º,
Tendo em conta a proposta da Comissão,
Tendo em conta o parecer do Comité Económico e Social Europeu,
Tendo em conta o parecer do Comité das Regiões,
Deliberando nos termos do artigo 251.º do Tratado,
Considerando o seguinte:

(1) O protocolo de Cartagena sobre segurança biológica anexo à Convenção sobre a Diversidade Biológica (a seguir designado "protocolo") foi assinado pela Comunidade e pelos seus Estados-Membros em 2000, tendo a Decisão 2002/628/CE do Conselho relativa à celebração do protocolo, em nome da Comunidade, sido aprovada em 25 de Junho de 2002.

(2) O artigo 1.º do protocolo especifica que, de acordo com a abordagem de precaução consagrada no Princípio 15 da Declaração do Rio sobre o Ambiente e o Desenvolvimento, o objectivo do protocolo é contribuir para assegurar um nível adequado de protecção no domínio da transferência, da manipulação e da utilização seguras de organismos geneticamente modificados (OGM) resultantes da biotecnologia moderna susceptíveis de ter efeitos adversos na conservação e na utilização sustentável da diversidade biológica, tendo igualmente em conta os riscos para a saúde humana e centrando-se especificamente nos movimentos transfronteiriços.

(3) O protocolo exige que cada parte tome as medidas jurídicas, administrativas e outras necessárias e adequadas para executar as obrigações previstas no protocolo. A Directiva 2001/18/CE do Parlamento Europeu e do Conselho, de 12 de Março de 2001, relativa à libertação deliberada no ambiente de organismos geneticamente modificados, convida a Comissão a apresentar uma proposta legislativa que dê execução aos procedimentos previstos no protocolo e que, nos termos do protocolo, exija que os exportadores comunitários garantam o cumprimento de todos os requisitos do procedimento por consentimento prévio fundamentado, referido nos artigos 7.º a 10.º, 12.º e 14.º do protocolo.

(4) É importante organizar a supervisão e o controlo dos movimentos transfronteiriços de OGM, a fim de contribuir para garantir a conservação e a utilização sustentável da diversidade biológica, tendo igualmente em conta os riscos para a saúde humana, e a fim de que os cidadãos possam fazer uma escolha livre e esclarecida em matéria de OGM.

(5) Atendendo a que a legislação comunitária não estabelece requisitos específicos para as exportações de OGM para países terceiros e a fim de garantir o cumprimento das obrigações previstas no protocolo relativas aos movimentos transfronteiriços de OGM, há que estabelecer um quadro jurídico comum para essas exportações.

(6) É necessário reconhecer a necessidade de respeitar o quadro regulamentar da parte ou não-parte de importação em matéria de segurança biológica, em conformidade com o protocolo.

(7) Os produtos farmacêuticos para consumo humano que estejam abrangidos por outros acordos internacionais de que a Comunidade ou o Estado-Membro em causa seja parte ou por organizações de que a Comunidade ou o Estado-Membro em causa seja membro deverão ser excluídos do âmbito de aplicação do presente regulamento.

(8) As exportações de OGM que se destinam a uma libertação deliberada no ambiente deverão ser notificadas à parte ou não-parte de importação, para que esta possa tomar uma decisão esclarecida, baseada numa avaliação dos riscos efectuada por métodos cientificamente sólidos.

(9) A notificação deve ser garantida pelo exportador, o qual deve ser responsável pela exactidão das informações fornecidas na notificação.

(10) Os exportadores deverão aguardar o consentimento expresso, prévio e por escrito da parte ou não-parte de importação antes de procederem ao primeiro movimento transfronteiriço de um OGM destinado a libertação deliberada no ambiente.

(11) Reconhecendo que alguns países em desenvolvimento e alguns países com economias em fase de transição poderão não dispor de meios que lhes permitam tomar

uma decisão esclarecida, a Comissão e os Estados-Membros deverão continuar a desenvolver esforços no sentido de lhes permitir desenvolverem e reforçarem os seus recursos humanos e capacidades institucionais.

(12) De acordo com o protocolo, a Comunidade ou qualquer outra parte pode tomar medidas em prol da conservação e da utilização sustentável da diversidade biológica mais rigorosas do que as previstas no protocolo, desde que tais medidas sejam coerentes com o objectivo e as disposições do protocolo e estejam em consonância com as demais obrigações dessa parte nos termos do Direito Internacional.

(13) De acordo com o protocolo, a Comunidade pode aplicar a sua legislação interna no que respeita ao movimento de OGM no seu território aduaneiro.

(14) Uma vez que a legislação comunitária em vigor, nomeadamente a Directiva 2001/18/CE e a legislação sectorial que determina a realização de uma avaliação específica dos riscos de acordo com os princípios estabelecidos nessa directiva, já contêm regras consonantes com o objectivo do protocolo, não é necessário adoptar disposições suplementares para as importações de OGM na Comunidade.

(15) É necessário garantir o transporte, manuseamento e embalagem seguros dos OGM. Uma vez que a legislação comunitária em vigor, nomeadamente a Directiva 94/55/CE do Conselho, de 21 de Novembro de 1994, relativa à aproximação das legislações dos Estados-Membros respeitantes ao transporte rodoviário de mercadorias perigosas, e a Directiva 96/49/CE do Conselho, de 23 de Julho de 1996, relativa à aproximação das legislações dos Estados-Membros respeitantes ao transporte ferroviário de mercadorias perigosas, já estabelece regras adequadas, não é necessário aprovar disposições suplementares nesta matéria.

(16) Há que garantir a identificação dos OGM exportados ou importados pela Comunidade. No que respeita à rastreabilidade, rotulagem e identificação das importações para a Comunidade, esses OGM ficam sujeitos às regras previstas na legislação comunitária. No que respeita às exportações, deverão aplicar-se regras semelhantes.

(17) A Comissão e os Estados-Membros apoiam o processo relativo à elaboração de regras e procedimentos internacionais adequados em matéria de responsabilidades e reparação de danos resultantes de movimentos transfronteiriços de OGM que deverá ser acordado, tal como previsto no artigo 27.º do protocolo, na primeira reunião da conferência das partes na convenção, na sua qualidade de reunião das partes no protocolo.

(18) A Comissão e os Estados-Membros apoiam a prossecução do desenvolvimento e da aplicação dos formatos comuns de documentos de acompanhamento para a identificação dos OGM, iniciado nos termos do artigo 18.º do protocolo.

(19) Para combater eficazmente movimentos transfronteiriços não intencionais de OGM susceptíveis de terem efeitos adversos importantes na conservação e na utilização sustentável da diversidade biológica, tendo em conta os riscos para a saúde humana, um Estado-Membro, logo que tenha conhecimento de uma ocorrência, no território sob a sua jurisdição, da qual resulte uma libertação que possa conduzir a um movimento transfronteiriço não intencional de um OGM susceptível de ter tais efeitos, deverá tomar as medidas adequadas para informar o público e informar sem demora a Comissão, os restantes Estados-Membros, os Estados afectados ou que possam vir a ser afectados, o Centro de Intercâmbio de Informações para a Segurança Biológica (CIISB) e, se necessário, as organizações internacionais competentes. O Estado-Membro deverá também contactar imediatamente os Estados afectados ou que possam vir a ser afectados, para que estes possam responder de forma adequada e desencadear as acções que se revelem necessárias.

(20) Para o desenvolvimento do CIISB, a Comunidade e os seus Estados-Membros deverão garantir a comunicação das informações pertinentes a esse centro, bem como o acompanhamento e a apresentação de relatórios sobre a execução do protocolo na Comunidade.

(21) Os Estados-Membros deverão estabelecer regras relativas às sanções aplicáveis em caso de infracção ao disposto no presente regulamento e garantir a sua aplicação. Tais sanções deverão ser efectivas, proporcionadas e dissuasivas.

(22) Ao aplicar o presente regulamento dever-se-á ter em conta o princípio da precaução.

(23) O presente regulamento respeita os direitos fundamentais e observa os princípios reconhecidos, nomeadamente, na Carta dos Direitos Fundamentais da União Europeia,
ADOPTARAM O PRESENTE REGULAMENTO:

Artigo 1.º *Objectivo*

De acordo com o princípio da precaução, e sem prejuízo do disposto na Directiva 2001/18/CE, são objectivos do presente regulamento estabelecer um sistema comum de notificação e informação para os movimentos transfronteiriços de organismos geneticamente modificados (OGM) e assegurar, em nome da Comunidade, uma execução coerente das disposições do protocolo a fim de contribuir para assegurar um nível adequado de protecção no domínio da transferência, da manipulação e da utilização seguras de OGM que possam ter efeitos adversos na conservação e na utilização sustentável da diversidade biológica, tendo igualmente em conta os riscos para a saúde humana.

Artigo 2.º *Âmbito*

1. O presente regulamento aplica-se aos movimentos transfronteiriços de todos os OGM que possam ter efeitos adversos na conservação e na utilização sustentável da diversidade biológica, tendo igualmente em conta os riscos para a saúde humana.

2. Estão excluídos do âmbito do presente regulamento os produtos farmacêuticos para consumo humano que estejam abrangidos por outros acordos ou organizações internacionais pertinentes.

Artigo 3.º *Definições*

Para efeitos do presente regulamento, entende-se por:

1. "Organismo", um organismo na definição do n.º 1 do artigo 2.º da Directiva 2001/18/CE.

2. "Organismo geneticamente modificado" ou "OGM", o organismo geneticamente modificado tal como definido no n.º 2 do artigo 2.º da Directiva 2001/18/CE, excluindo os organismos obtidos através das técnicas de modificação genética enumeradas no anexo I B dessa mesma directiva.

3. "Libertação deliberada", a libertação deliberada na acepção do n.º 3 do artigo 2.º da Directiva 2001/18/CE.

4. "Colocação no mercado", a colocação no mercado na acepção do n.º 4 do artigo 2.º da Directiva 2001/18/CE.

5. "Utilização confinada":

a) As actividades definidas na alínea c) do artigo 2.º da Directiva 90/219/CEE;

b) As actividades que envolvam a modificação genética de organismos que não sejam microrganismos ou a cultura, armazenagem, transporte, destruição, eliminação ou qualquer outra forma de utilização desses OGM, e em que se recorra de modo adequado a medidas específicas de confinamento, baseadas nos mesmos princípios de confinamento que os previstos na Directiva 90/219/CEE, para limitar o contacto desses organismos com a população em geral e o ambiente.

6. "Género alimentício", o género alimentício na definição dada no artigo 2.º do Regulamento (CE) n.º 178/2002.

7. "Alimento para animais", o alimento para animais na definição dada no n.º 4 do artigo 3.º do Regulamento (CE) n.º 178/2002.

8. "Notificação", a comunicação à autoridade competente de uma parte no protocolo ou à autoridade competente de um país não-parte no protocolo das informações exigidas ao exportador pelo presente regulamento.

9. "Centro de Intercâmbio de Informações para a Segurança Biológica" ou "CIISB", o Centro de Intercâmbio de Informações para a Segurança Biológica criado pelo artigo 20.º do protocolo.

10. "Exportação":

a) A saída permanente ou temporária do território aduaneiro da Comunidade dos OGM que satisfazem as condições do n.º 2 do artigo 23.º do Tratado;

b) A reexportação dos OGM que não satisfazem as condições referidas na alínea a) e que são submetidos a um procedimento aduaneiro distinto de um procedimento de trânsito.

11. "Importação", a submissão a um procedimento aduaneiro, distinto de um procedimento de trânsito, dos OGM introduzidos no território aduaneiro de uma parte ou de uma não-parte no exterior da Comunidade a partir de uma parte no interior da Comunidade.

12. "Exportador", qualquer pessoa singular ou colectiva pela qual ou em nome da qual é feita uma notificação, ou seja, a pessoa que, na altura do envio da notificação, tem contrato com o destinatário do país terceiro e tem poderes para determinar o envio dos

OGM para fora do território aduaneiro da Comunidade. Se não tiver sido celebrado qualquer contrato de exportação ou se o contratante não age em seu próprio nome, o poder para determinar o envio de OGM para fora do território aduaneiro da Comunidade será decisivo.

13. "Importador", qualquer pessoa singular ou colectiva sujeita à jurisdição da parte ou não-parte de importação, que organize a importação de um OGM.

14. "Movimento transfronteiriço", o movimento intencional ou não intencional de um OGM entre uma parte ou uma não-parte e outra parte ou não-parte, com exclusão dos movimentos intencionais entre partes no interior da Comunidade.

15. "Parte", qualquer país ou organização de integração económica regional que seja parte no protocolo.

16. "Não-parte", qualquer país ou organização regional de integração económica que não seja parte no protocolo.

17. "Protocolo", o protocolo de Cartagena sobre a segurança biológica anexo à Convenção sobre Diversidade Biológica ("convenção").

18. "Diversidade biológica", a variedade de organismos vivos de todas as origens, nomeadamente os ecossistemas terrestre, marinho e outros ecossistemas aquáticos e os complexos ecológicos de que fazem parte; o conceito inclui a diversidade dentro da espécie, entre espécies e dos ecossistemas.

19. "Autoridade competente", uma autoridade competente designada por uma parte no protocolo, ou o organismo equivalente pertinente de uma não-parte, responsável pelas tarefas administrativas exigidas pelo protocolo, ou por tarefas equivalentes no caso de uma não-parte, e que está autorizada a agir em seu nome no que respeita a essas tarefas.

20. "Ponto focal", a entidade designada por uma parte como responsável em seu nome pelos contactos com o Secretariado.

21. "Secretariado", o Secretariado do protocolo.

CAPÍTULO II.- EXPORTAÇÕES DE OGM PARA PAÍSES TERCEIROS

SECÇÃO 1.- OGM destinados a libertação deliberada no ambiente

Artigo 4.° *Notificação das partes e não-partes de importação*
O exportador deve garantir a notificação, por escrito, da autoridade competente da parte ou não-parte de importação antes do primeiro movimento transfronteiriço intencional de um OGM destinado a ser libertado deliberadamente no ambiente para a utilização especificada nos termos da alínea i) do anexo I. A notificação deve conter, pelo menos, as informações especificadas no anexo I. O exportador deve garantir a exactidão das informações constantes da notificação.

Artigo 5.° *Casos de ausência de decisão*
1. O facto de a parte de importação não acusar a recepção de uma notificação ou não comunicar a sua decisão não implica o seu consentimento para um movimento transfronteiriço intencional. Nenhum primeiro movimento transfronteiriço intencional pode ser efectuado sem o consentimento expresso, prévio, por escrito da parte - ou quando adequado da não-parte - de importação.

2. Caso a parte de importação não comunique as suas decisões em resposta a uma notificação no prazo de 270 dias a contar da data de recepção da notificação, o exportador enviará uma segunda notificação escrita à autoridade nacional competente da parte de importação, com cópia para o Secretariado, o Estado-Membro de exportação e a Comissão, com um prazo de resposta de 60 dias a contar da data da sua recepção. Na contagem do prazo dentro do qual a parte de importação terá de responder não será considerado o número de dias que a mesma tenha de aguardar por informações suplementares pertinentes.

3. Sem prejuízo do disposto no n.° 1, o exportador não levará por diante o primeiro movimento transfronteiriço intencional de um OGM destinado a libertação deliberada, salvo se tiverem sido respeitados os procedimentos determinados pela parte de importação nos termos dos artigos 9.° e 10.° do protocolo ou quando tenham sido respeitados os procedimentos equivalentes exigidos por uma não-parte de importação.

4. Os n.°s 1, 2 e 3 não se aplicam aos casos de movimentos transfronteiriços abrangidos por procedimentos simplificados ou por acordos ou convénios bilaterais, regionais e multilaterais celebrados nos termos dos artigos 13.° e 14.° do protocolo.

5. A Comissão e os Estados-Membros, em consulta com o Secretariado, tomarão as medidas adequadas em conformidade com os procedimentos e mecanismos adequados para facilitar o processo decisório ou para promover o cumprimento das disposições do protocolo pelas partes de importação, tal como decidido pela conferência das partes na convenção, na sua qualidade de reunião das partes no protocolo.

Artigo 6.º *Informação da Parte de exportação*
O exportador manterá, por um período mínimo de cinco anos, um registo da notificação referida no artigo 4.º e o aviso de recepção e a decisão da parte de importação - ou quando adequado da não-parte de importação -, enviará uma cópia desses documentos à autoridade competente do Estado-Membro de que se exporta o OGM e à Comissão.
Sem prejuízo do disposto no artigo 16.º, a Comissão colocará esses documentos à disposição do público de acordo com as normas comunitárias relativas ao acesso à informação de carácter ambiental.

Artigo 7.º *Revisão das decisões*
1. Se o exportador considerar que ocorreu uma mudança de circunstâncias susceptível de influenciar o resultado da avaliação de riscos sobre o qual a decisão se baseara ou que surgiram entretanto mais dados científicos ou técnicos pertinentes, poderá solicitar à parte - ou quando adequado à não-parte - de importação que reveja a decisão por ela tomada relativamente à notificação ao abrigo do artigo 10.º do protocolo.
2. Se a parte ou não-parte de importação não responder a este pedido no prazo de 90 dias, o exportador enviará uma segunda notificação escrita à autoridade competente da parte - ou quando adequado da não-parte - de importação, com cópia para o Secretariado, em que solicitará uma resposta num determinado prazo a contar da recepção da segunda notificação.

Artigo 8.º *Excepções à presente secção*
1. Os OGM destinados a libertação deliberada no ambiente, identificados numa decisão da conferência das partes na convenção, na sua qualidade de reunião das partes no protocolo, como não tendo provavelmente efeitos adversos na conservação e na utilização sustentável da diversidade biológica, tendo igualmente em conta os riscos para a saúde humana, estão excluídos do âmbito de aplicação da presente secção.
2. A presente secção não é aplicável aos OGM destinados a serem utilizados directamente como géneros alimentícios ou alimentos para animais, ou a serem transformados.
3. As obrigações referidas na presente secção não são aplicáveis se a parte de importação tiver previamente notificado o CIISB, nos termos da alínea b) do n.º 1 do artigo 13.º e do n.º 3 do artigo 14.º do protocolo, que a essas importações de OGM não é aplicável o procedimento por consentimento prévio fundamentado, estabelecido nos artigos 7.º a 10.º, 12.º e 14.º do protocolo, desde que sejam aplicadas medidas adequadas para assegurar o seu movimento transfronteiriço seguro em conformidade com o objectivo do protocolo.

SECÇÃO 2.- OGM destinados a serem utilizados directamente como géneros alimentícios ou alimentos para animais, ou a serem transformados

Artigo 9.º *Informação do CIISB*
1. A Comissão, em nome da Comunidade, ou quando adequado o Estado-Membro que tenha tomado a decisão, informará o CIISB e as outras partes, através do CIISB, de toda e qualquer decisão final sobre a utilização na Comunidade, incluindo a colocação no mercado, ou sobre a utilização num Estado-Membro, de um OGM que possa ser objecto de movimentos transfronteiriços com vista à sua utilização directa como género alimentício ou como alimento para animais, ou para transformação. Essa informação será enviada ao CIISB no prazo de 15 dias a contar da aprovação dessa decisão.
O presente número não é aplicável às decisões relativas à libertação deliberada em conformidade com a parte B da Directiva 2001/18/CE de um OGM que não se destine a ser directamente utilizado como género alimentício ou como alimento para animais, ou para transformação num país terceiro sem uma decisão posterior.
2. As informações referidas no n.º 1 enviadas ao CIISB devem conter, no mínimo, as informações especificadas no anexo II.

3. A Comissão ou o Estado-Membro referido no n.º 1 devem proceder ao tratamento dos pedidos de informação suplementares relativos às decisões referidas no n.º 1, que lhes sejam apresentados por qualquer parte ou não-parte.

4. A Comissão ou o Estado-Membro referido no n.º 1 devem enviar, por escrito, uma cópia das informações referidas nos n.ºs 1, 2 e 3 ao ponto focal de cada parte que informe com antecedência o Secretariado de que não tem acesso ao CIISB.

Artigo 10.º *Decisões nacionais das partes e não-partes sobre a importação*

1. O exportador respeitará todas as decisões sobre a importação de OGM destinados a serem utilizados directamente como géneros alimentícios ou alimentos para animais, ou a serem transformados, tomadas por uma parte, em conformidade com o n.º 4 do artigo 11.º do protocolo, ou por uma não-parte de importação ao abrigo do seu quadro regulamentar interno desde que este seja coerente com o objectivo do protocolo.

2. Sempre que um país em desenvolvimento, parte ou não-parte de importação, ou uma parte ou não-parte de importação com uma economia em transição tiver declarado através do CISSB que tomará uma decisão antes da importação de um OGM específico destinado a ser directamente utilizado como género alimentício ou alimento para animais, ou a ser transformado, em conformidade com o n.º 6 do artigo 11.º do protocolo, o exportador não levará a cabo a primeira exportação desse OGM salvo se tiver sido seguido o procedimento previsto ao abrigo dessa disposição.

3. O facto de uma parte ou não-parte de importação não acusar a recepção de uma notificação ou não comunicar a sua decisão nos termos do n.º 2, não implica o seu consentimento ou a sua recusa quanto à importação de um OGM destinado a ser utilizado directamente como género alimentício ou alimentos para animais, ou a ser transformado. Nenhum OGM susceptível de ser objecto de movimentos transfronteiriços destinado a ser utilizado directamente como género alimentício ou alimento para animais ou a ser transformado, pode ser exportado, a menos que tal seja autorizado no interior da Comunidade, ou que a autoridade competente de um país terceiro tenha expressamente dado o seu acordo à importação, conforme previsto no artigo 12.º do Regulamento (CE) n.º 178/2002.

SECÇÃO 3.- OGM destinados a utilização confinada

Artigo 11.º
1. O disposto na secção 1 do capítulo II não é aplicável aos movimentos transfronteiriços de OGM destinados a utilização confinada sempre que esses movimentos transfronteiriços sejam efectuados em conformidade com as normas da parte ou não-parte de importação.
2. O n.º 1 não prejudica o direito de uma parte ou não-parte submeter todos os OGM a uma avaliação de risco antes de tomar decisões sobre a importação e de definir normas para a utilização confinada nos territórios sob a sua jurisdição.

SECÇÃO 4.- Disposições comuns

Artigo 12.º *Identificação e documentação de acompanhamento*
1. Os exportadores devem zelar por que as informações a seguir indicadas sejam incluídas num documento de acompanhamento do OGM e comunicadas ao importador que recebe o OGM:
   a) A confirmação de que contém OGM ou é constituído por OGM;
   b) O código ou códigos de identificação particular, caso existam, atribuídos a esses OGM.
2. No caso dos OGM destinados a utilização directa como géneros alimentícios ou como alimentos para animais, ou a transformação, as informações a que se refere o n.º 1 serão complementadas por uma declaração do exportador declarando:
   a) Que os OGM se destinam a utilização directa como géneros alimentícios ou como alimentos para animais, ou a transformação, indicando claramente que não se destinam a uma libertação deliberada no ambiente;
   b) As coordenadas do ponto de contacto, para mais informações.
A alínea b) do n.º 1 não será aplicável aos produtos constituídos por OGM ou que contenham misturas de OGM destinados a serem utilizados exclusiva e directamente como géneros alimentícios ou como alimentos para animais, ou a serem transformados. Estes produtos ficarão sujeitos aos requisitos de rastreabilidade da Directiva 2001/18/CE

435

e, se for caso disso, à futura legislação comunitária sobre rastreabilidade, rotulagem e identificação dos OGM.

3. No caso dos OGM destinados a utilização confinada, as informações a que se refere o n.º 1 serão complementadas por uma declaração do exportador que indique:

a) Todos os requisitos a respeitar para a manipulação, a armazenagem, o transporte e a utilização seguros desses OGM;

b) As coordenadas do ponto de contacto para mais informações, incluindo o nome e o endereço da pessoa ou da instituição para a qual são enviados os OGM.

4. No caso dos OGM destinados a libertação deliberada no ambiente e quaisquer outros OGM abrangidos pelo presente regulamento, as informações a que se refere o n.º 1 serão complementadas por uma declaração do exportador que inclua:

a) A identidade e os traços e características pertinentes dos OGM;

b) Todos os requisitos a respeitar para a manipulação, a armazenagem, o transporte e a utilização seguros desses OGM;

c) As coordenadas do ponto de contacto para mais informações e, se for caso disso, o nome e a morada do importador e do exportador;

d) A declaração em como o movimento está conforme com os requisitos do protocolo aplicáveis ao exportador.

5. O disposto nos n.ºˢ 1 a 4 não prejudica outros requisitos específicos da legislação comunitária nem os requisitos de identificação internacional a definir nos termos do artigo 18.º do protocolo.

Artigo 13.º *Trânsito*
O exportador deve garantir a notificação do trânsito dos OGM às partes que tenham tomado a decisão de regular o trânsito de OGM através do seu território e que tenham informado o CIISB dessa decisão.

CAPÍTULO III.- MOVIMENTO TRANSFRONTEIRIÇO NÃO INTENCIONAL DE OGM

Artigo 14.º
1. Os Estados-Membros tomarão as medidas adequadas para prevenir movimentos transfronteiriços não intencionais de OGM.

2. Logo que um Estado-Membro tenha conhecimento de uma ocorrência, no território sob sua jurisdição, da qual resulte uma libertação de OGM que conduza, ou possa conduzir, a um movimento transfronteiriço não intencional susceptível de ter efeitos adversos importantes na conservação e na utilização sustentável da diversidade biológica, tendo em conta os riscos para a saúde humana, esse Estado-Membro:

a) Tomará as medidas adequadas para informar o público e informará sem demora a Comissão, os restantes Estados-Membros, os Estados afectados ou que possam vir a ser afectados, o CIISB e, se necessário, as organizações internacionais competentes;

b) Consultará sem demora o Estado afectado ou que possa vir a ser afectado, para lhe permitir determinar as respostas adequadas e iniciar as acções necessárias, incluindo medidas de emergência para minimizar quaisquer efeitos adversos importantes.

3. Todas as informações decorrentes do n.º 2 devem incluir as informações especificadas no anexo III.

CAPÍTULO IV.- DISPOSIÇÕES COMUNS

Artigo 15.º *Participação no âmbito do procedimento de informação internacional*
1. Os Estados-Membros devem, sem prejuízo da protecção das informações confidenciais em conformidade com o protocolo, informar o CIISB e a Comissão:

a) Da legislação e das orientações nacionais pertinentes para a execução do protocolo, em conformidade com o n.º 5 do artigo 11.º e a alínea a) do n.º 3 do artigo 20.º do protocolo;

b) Dos pontos de contacto nacionais para a notificação de movimentos transfronteiriços não intencionais, em conformidade com o artigo 17.º do protocolo;

c) Dos acordos e convénios bilaterais, regionais e multilaterais relativos a movimentos transfronteiriços intencionais de OGM, em conformidade com a alínea b) do n.º 3 do artigo 20.º do protocolo;

d) De quaisquer informações sobre casos de movimentos transfronteiriços intencionais ou ilegais que lhes digam respeito, em conformidade com os artigos 17.º e 25.º do protocolo;

e) De qualquer decisão final tomada por um Estado-Membro relativamente à utilização de OGM nesse Estado-Membro, incluindo decisões:
- sobre a utilização confinada classificada na classe de risco 3 ou 4 de OGM susceptíveis de serem sujeitos a movimentos transfronteiriços,
- sobre a libertação deliberada de OGM nos termos da parte B da Directiva 2001/18/CE, ou
- sobre a importação na Comunidade de OGM, nos termos do artigo 11.º e da alínea d) do n.º 3 do artigo 20.º do protocolo no prazo de 15 dias a contar da aprovação dessa decisão;

f) De todos os resumos das avaliações de riscos ou dos estudos ambientais de OGM decorrentes do processo regulamentar comunitário e efectuados em conformidade com o artigo 15.º do protocolo, incluindo, quando adequado, as informações pertinentes sobre os produtos derivados, nomeadamente os materiais transformados com origem em OGM, contendo novas combinações detectáveis de material genético replicável obtido por recurso à biotecnologia moderna, em conformidade com a alínea c) do n.o 3 do artigo 20.º do protocolo;

g) De todas as revisões das decisões sobre movimentos transfronteiriços internacionais, em conformidade com o artigo 12.º do protocolo;

h) De todas as decisões tomadas por um Estado-Membro sobre medidas de salvaguarda nos termos do artigo 23.º da Directiva 2001/18/CE ou as medidas de emergência tomadas por um Estado-Membro nos termos da legislação comunitária relativa aos géneros alimentícios e alimentos para animais geneticamente modificados.

2. A Comissão deve, em conformidade com o protocolo, informar o CIISB, em nome da Comunidade:

a) Da legislação e orientações comunitárias pertinentes para a execução do protocolo, em conformidade com o n.º 5 do artigo 11.º e a alínea a) do n.º 3 do artigo 20.º do protocolo;

b) Dos acordos e convénios bilaterais, regionais e multilaterais a nível da Comunidade relativos a movimentos transfronteiriços intencionais de OGM, em conformidade com a alínea b) do n.º 3 do artigo 20.º do protocolo;

c) De qualquer decisão final tomada a nível comunitário relativamente à utilização de um OGM dentro da Comunidade, incluindo as decisões sobre a colocação no mercado ou a importação de um OGM, em conformidade com o artigo 11.º e a alínea d) do n.º 3 do artigo 20.º do protocolo;

d) De todos os resumos das avaliações de riscos ou dos estudos ambientais de OGM decorrentes do processo regulamentar comunitário e efectuados de acordo com procedimentos similares aos estabelecidos no anexo II da Directiva 2001/18/CE, incluindo, quando adequado, as informações pertinentes sobre os produtos derivados, nomeadamente os materiais transformados com origem em OGM, contendo novas combinações detectáveis de material genético replicável obtido por recurso à biotecnologia moderna, em conformidade com a alínea c) do n.o 3 do artigo 20.o do protocolo;

e) De todas as revisões, a nível comunitário, das decisões sobre movimentos transfronteiriços intencionais, em conformidade com o artigo 12.º do protocolo;

f) Da aplicação da legislação comunitária, em vez dos procedimentos previstos no protocolo, aos movimentos intencionais de OGM dentro da Comunidade e às importações de OGM para a Comunidade, em conformidade com os n.ºs 3 e 4 do artigo 14.º do protocolo;

g) Dos relatórios apresentados nos termos do artigo 19.º do presente regulamento, incluindo os sobre a execução do procedimento por consentimento prévio fundamentado, em conformidade com a alínea e) do n.º 3 do artigo 20.º do protocolo.

Artigo 16.º *Confidencialidade*
1. A Comissão e os Estados-Membros não divulgarão a terceiros nenhuma informação confidencial recebida ou trocada ao abrigo do presente regulamento.
2. O exportador pode indicar, das informações contidas na notificação apresentada em conformidade com o artigo 4.º, quais as que devem ser tratadas confidencialmente. Em tais casos, será apresentada uma justificação, se assim for solicitado.
3. Sempre que sejam comunicadas em conformidade com os artigos 4.º, 9.º ou 12.º, as seguintes informações não poderão em caso algum ser consideradas confidenciais:
a) O nome e o endereço do exportador e do importador;
b) Uma descrição geral do ou dos OGM;

c) Um resumo da avaliação de riscos dos efeitos na conservação e na utilização sustentável da diversidade biológica, tendo igualmente em conta os riscos para a saúde humana; e

d) Quaisquer métodos e planos para situações de emergência.

4. Sempre que, por qualquer motivo, o exportador retire a notificação, os Estados-Membros e a Comissão devem respeitar a confidencialidade das informações comerciais e industriais, incluindo as informações sobre investigação e desenvolvimento, bem como as informações sobre cuja confidencialidade a parte ou não-parte de importação e o exportador estão em desacordo.

Artigo 17.° *Autoridades competentes e pontos focais*
1. A Comissão designará um ponto focal comunitário e identificará, sempre que adequado, as autoridades comunitárias competentes.
2. Cada Estado-Membro designará um ponto focal e uma ou mais autoridades competentes. As funções de ponto focal e de autoridade competente podem ser desempenhadas por uma única entidade.
3. A Comissão, em nome da Comunidade, e cada Estado-Membro, respectivamente, informarão o Secretariado, até à data de entrada em vigor do protocolo relativamente a cada um deles, dos nomes e endereços dos respectivos pontos focais e das respectivas autoridades competentes. Caso um Estado-Membro ou a Comissão designe mais do que uma autoridade competente, deve incluir, ao transmitir as designações ao Secretariado, as informações pertinentes sobre as responsabilidades respectivas dessas autoridades. Se aplicável, essas informações especificarão, pelo menos, qual a autoridade competente responsável por cada tipo de OGM. A Comissão e os Estados-Membros informarão imediatamente o Secretariado de quaisquer alterações quanto à designação dos respectivos pontos focais ou do nome e endereço ou das responsabilidades da ou das respectivas autoridades competentes.

Artigo 18.° *Sanções*
Os Estados-Membros devem estabelecer as regras relativas às sanções aplicáveis em caso de infracção ao disposto no presente regulamento e tomar todas as medidas necessárias para garantir a sua aplicação. As sanções impostas devem ser efectivas, proporcionadas e dissuasivas. Os Estados-Membros devem notificar as referidas disposições à Comissão até de 5 de Setembro de 2004, devendo notificá-la o mais rapidamente possível de qualquer alteração posterior que lhes diga respeito.

Artigo 19.° *Acompanhamento e relatórios*
1. A intervalos regulares e, pelo menos, de três em três anos, salvo disposição em contrário por força do artigo 33.° do protocolo, os Estados-Membros apresentarão à Comissão um relatório sobre a execução do presente regulamento.
2. Com periodicidade a determinar pela conferência das partes da convenção, na sua qualidade de reunião das partes no protocolo, a Comissão reunirá num relatório as informações fornecidas pelos Estados-Membros e apresentá-lo-á à conferência das partes da convenção, na sua qualidade de reunião das partes no protocolo.

Artigo 20.° *Entrada em vigor*
1. O presente regulamento entra em vigor 20 dias após o da sua publicação no Jornal Oficial da União Europeia.
2. O presente regulamento aplica-se a partir da data de entrada em vigor do protocolo, em conformidade com o n.° 1 do artigo 37.° do protocolo, ou na data de entrada em vigor do presente regulamento, consoante a data que ocorrer mais tarde.
O presente regulamento obrigatório em todos os seus elementos e directamente aplicável em todos os Estados-Membros.

ANEXO I.-
Informações a incluir nas notificações nos termos do artigo 4.°

[Anexo não reproduzido na presente publicação]

ANEXO II.-
Informações exigidas nos termos do artigo 9.°

[Anexo não reproduzido na presente publicação]

ANEXO III.-
Informações exigidas nos termos do artigo 14.º

[Anexo não reproduzido na presente publicação]

14 de Janeiro de 2004.- Regulamento (CE) n.° 65/2004
da Comissão
que estabelece um sistema para criação e atribuição de identificadores únicos aos
organismos geneticamente modificados
(J.O. L 10 de 16/01/2004)

A COMISSÃO DAS COMUNIDADES EUROPEIAS,
Tendo em conta o Tratado que institui a Comunidade Europeia,
Tendo em conta o Regulamento (CE) n° 1830/2003 do Parlamento Europeu e do Conselho, de 22 de Setembro de 2003, relativo à rastreabilidade e rotulagem de organismos geneticamente modificados e à rastreabilidade dos géneros alimentícios e alimentos para animais produzidos a partir de organismos geneticamente modificados e que altera a Directiva 2001/18/CE, e, nomeadamente, o seu artigo 8°,
Considerando o seguinte:
(1) O Regulamento (CE) n.° 1830/2003 estabelece um quadro harmonizado para a rastreabilidade de organismos geneticamente modificados, a seguir designados "OGM", e de géneros alimentícios e alimentos para animais produzidos a partir de OGM, mediante a transmissão e a conservação, por parte dos operadores, de informações específicas relativas a estes produtos, em cada fase da sua colocação no mercado.
(2) Nos termos do referido regulamento, os operadores que colocam no mercado produtos constituídos por OGM ou que contenham OGM devem incluir, no âmbito das informações específicas, o identificador único atribuído a cada OGM para indicar a sua presença e revelar os processos específicos de transformação contemplados pela autorização de colocação do OGM no mercado.
(3) Os identificadores únicos devem ser criados em conformidade com um formato específico, a fim de garantir coerência a nível comunitário e internacional.
(4) A autorização de colocação de um determinado OGM no mercado, concedida ao abrigo da Directiva 2001/18/CE do Parlamento Europeu e do Conselho, de 12 de Março de 2001, relativa à libertação deliberada no ambiente de organismos geneticamente modificados e que revoga a Directiva 90/220/CEE do Conselho, ou de outra legislação comunitária, deve especificar o identificador único do OGM. A pessoa que apresenta o pedido de autorização (o requerente) deve, além disso, velar por que o pedido especifique o identificador único pertinente.
(5) Se, antes da entrada em vigor do presente regulamento, tiverem sido concedidas autorizações de colocação de OGM no mercado ao abrigo da Directiva 90/220/CEE do Conselho, de 23 de Abril de 1990, relativa à libertação deliberada no ambiente de organismos geneticamente modificados, é necessário assegurar que um identificador único seja ou tenha sido criado, atribuído e devidamente registado em relação a cada um dos OGM contemplados por essas autorizações.
(6) Atendendo à evolução nos fóruns internacionais, com a qual deve ser mantida coerência, importa ter em conta os formatos de identificador único criados pela Organização de Cooperação e Desenvolvimento Económico (OCDE) para utilização no contexto da sua base de dados OECD BioTrack Product Database e no contexto do Centro de Intercâmbio de Informações sobre Biossegurança, que foi instituído pelo protocolo de Cartagena sobre biossegurança anexo à Convenção sobre biodiversidade biológica.
(7) Para efeitos da aplicação plena do Regulamento (CE) n.° 1830/2003, é essencial que o presente regulamento seja aplicado com carácter de urgência.
(8) As medidas previstas no presente regulamento estão em conformidade com o parecer do comité referido no artigo 30.° da Directiva 2001/18/CE,
ADOPTOU O PRESENTE REGULAMENTO:

CAPÍTULO I.- ÂMBITO DE APLICAÇÃO

Artigo 1.°
1. O presente regulamento aplica-se aos organismos geneticamente modificados, a seguir designados "OGM", cuja colocação no mercado é autorizada em conformidade com a Directiva 2001/18/CE ou outra legislação comunitária, e aos pedidos de colocação no mercado abrangidos por essa legislação.

2. O presente regulamento não se aplica aos medicamentos de uso humano e veterinário autorizados em conformidade com o Regulamento (CEE) n° 2309/93 do Conselho nem aos pedidos de autorização abrangidos por esse regulamento.

CAPÍTULO II.- PEDIDOS DE COLOCAÇÃO DE OGM NO MERCADO

Artigo 2.°
1. Os pedidos de colocação de OGM no mercado incluirão um identificador único relativo a cada OGM.
2. O requerente preparará o identificador único relativo a cada OGM segundo os formatos definidos no anexo, após consultar a base de dados OECD BioTrack Product Database e o Centro de Intercâmbio de Informações sobre Biossegurança, para determinar se já terá sido criado para o OGM em causa um identificador único em conformidade com os referidos formatos.

Artigo 3.°
Se for concedida autorização para colocação de um OGM no mercado:
a) A autorização especificará o identificador único desse OGM;
b) A Comissão (em nome da Comunidade Europeia) - ou, se for caso disso, a autoridade competente que tomou a decisão final sobre o pedido original - assegurará que o identificador único relativo a esse OGM seja comunicado o mais rapidamente possível, por escrito, ao Centro de Intercâmbio de Informações sobre Biossegurança;
c) O identificador único relativo a cada OGM será inserido nos registos da Comissão.

CAPÍTULO III.- OGM CUJA AUTORIZAÇÃO DE COLOCAÇÃO NO MERCADO FOI CONCEDIDA ANTES DA ENTRADA EM VIGOR DO PRESENTE REGULAMENTO

Artigo 4.°
1. Serão atribuídos identificadores únicos a todos os OGM cuja colocação no mercado tiver sido autorizada ao abrigo da Directiva 90/220/CEE antes da entrada em vigor do presente regulamento.
2. Os titulares de autorizações afectados - ou, se for caso disso, a autoridade competente que tomou a decisão final sobre o pedido original - consultarão a base de dados OECD BioTrack Product Database e o Centro de Intercâmbio de Informações sobre Biossegurança, para determinar se já terá sido criado para o OGM em causa um identificador único em conformidade com os formatos definidos no anexo.

Artigo 5.°
1. Se, antes da entrada em vigor do presente regulamento, tiver sido concedida autorização de colocação de um OGM no mercado e tiver sido criado um identificador único para esse OGM em conformidade com os formatos definidos no anexo, aplicar-se-á o disposto nos n.ºs 2, 3 e 4.
2. Cada um dos titulares de autorizações - ou, se for caso disso, a autoridade competente que tomou a decisão final sobre o pedido original - comunicará por escrito à Comissão, no prazo de 90 dias a contar da data de entrada em vigor do presente regulamento, o seguinte:
a) Criação do identificador único, efectuada segundo os formatos definidos no anexo;
b) Elementos pormenorizados do identificador único criado.
3. O identificador único de cada OGM será inserido nos registos da Comissão.
4. A Comissão (em nome da Comunidade Europeia) - ou, se for caso disso, a autoridade competente que tomou a decisão final sobre o pedido original - assegurará que o identificador único relativo a esse OGM seja comunicado o mais rapidamente possível, por escrito, ao Centro de Intercâmbio de Informações sobre Biossegurança.

Artigo 6.°
1. Se, antes da entrada em vigor do presente regulamento, tiver sido concedida autorização de colocação de um OGM no mercado mas não tiver sido criado um identificador único para esse OGM em conformidade com os formatos definidos no anexo, aplicar-se-á o disposto nos n.ºs 2, 3, 4 e 5.
2. Cada um dos titulares de autorizações - ou, se for caso disso, a autoridade competente que tomou a decisão final sobre o pedido original - criará um identificador único para o OGM em causa, segundo os formatos definidos no anexo.

3. No prazo de 90 dias a contar da data de entrada em vigor do presente regulamento, o titular de uma autorização comunicará por escrito os elementos pormenorizados do identificador único à autoridade competente que concedeu a autorização, a qual, por sua vez, os transmitirá imediatamente à Comissão.

4. O identificador único do OGM em causa será inserido nos registos da Comissão.

5. A Comissão (em nome da Comunidade Europeia) - ou, se for caso disso, a autoridade competente que tomou a decisão final sobre o pedido original - assegurará que o identificador único relativo a esse OGM seja comunicado o mais rapidamente possível, por escrito, ao Centro de Intercâmbio de Informações sobre Biossegurança.

CAPÍTULO IV.- DISPOSIÇÕES FINAIS

Artigo 7.º
O presente regulamento entra em vigor na data da sua publicação no Jornal Oficial da União Europeia.
O presente regulamento é obrigatório em todos os seus elementos e directamente aplicável em todos os Estados-Membros.

ANEXO.-
Formatos dos identificadores únicos

[Anexo não reproduzido na presente publicação]

24 de Junho de 2011.- Regulamento (UE) n.° 619/2011
da Comissão
que estabelece os métodos de amostragem e análise para o controlo oficial dos
alimentos para animais no que respeita à presença de material geneticamente
modificado cujo procedimento de autorização está pendente ou cuja autorização expirou
(J.O. L 166, 25/06/2011)

A COMISSÃO EUROPEIA,
Tendo em conta o Tratado sobre o Funcionamento da União Europeia,
Tendo em conta o Regulamento (CE) n.° 882/2004 do Parlamento Europeu e do Conselho, de 29 de Abril de 2004, relativo aos controlos oficiais realizados para assegurar a verificação do cumprimento da legislação relativa aos alimentos para animais e aos géneros alimentícios e das normas relativas à saúde e ao bem-estar dos animais, nomeadamente o artigo 11.°, n.° 4,
Considerando o seguinte:
(1) O Regulamento (CE) n.° 152/2009 da Comissão, de 27 de Janeiro de 2009, que estabelece os métodos de amostragem e análise para o controlo oficial dos alimentos para animais não prevê normas especiais para o controlo de material que contenha, seja constituído por, ou seja produzido a partir de OGM (material geneticamente modificado) cujo procedimento de autorização da UE esteja pendente ou cuja autorização tenha expirado. A experiência demonstrou que, na ausência dessas normas, os laboratórios oficiais e as autoridades competentes aplicam métodos de amostragem diferentes e normas diferentes para interpretar os resultados dos testes analíticos. Esta situação pode induzir conclusões diferentes quanto à conformidade de um produto com o disposto no Regulamento (CE) n.° 1829/2003 do Parlamento Europeu e do Conselho, de 22 de Setembro de 2003, relativo a géneros alimentícios e alimentos para animais geneticamente modificados. Devido à inexistência de normas harmonizadas, os operadores económicos vêem-se confrontados com a incerteza jurídica, havendo o risco de que seja afectado o funcionamento do mercado interno.
(2) Estão em vigor diferentes mecanismos internacionais de intercâmbio de informações que fornecem dados sobre as avaliações da segurança realizadas pelos países que autorizam a comercialização de OGM. Segundo o Protocolo de Cartagena sobre Biossegurança anexo à Convenção sobre Diversidade Biológica, do qual são partes todos os Estados-Membros, as partes no Protocolo têm de informar as restantes partes, através do Centro de Intercâmbio de Informações sobre Biossegurança (CIISB), de qualquer eventual decisão final sobre o uso doméstico, incluindo a colocação no mercado, de um OGM que possa ser objecto de circulação transfronteiriça para uso directo enquanto alimento para consumo humano ou animal ou para transformação. Destas informações deve constar, nomeadamente, um relatório de avaliação dos riscos. Os países que não forem partes no Protocolo podem também fornecer essas informações a título voluntário. A FAO e a OCDE também facultam mecanismos internacionais de intercâmbio de informações sobre a autorização dos OGM e as respectivas avaliações de segurança.
(3) A UE importa quantidades significativas de produtos de base a partir de países terceiros onde o cultivo de OGM é vasto. Embora estes produtos de base importados sejam utilizados na produção de alimentos tanto para consumo humano como animal, a maioria dos produtos de base susceptíveis de conter OGM destinam-se ao sector da alimentação animal, acarretando assim um maior risco de perturbação do comércio para este sector caso os Estados-Membros apliquem normas diferentes nos controlos oficiais. Afigura-se, pois, adequado limitar o âmbito de aplicação do presente regulamento ao sector da alimentação animal no qual, quando comparado com outros sectores relacionados com a produção de géneros alimentícios, é maior a probabilidade da presença de material geneticamente modificado.
(4) O Regulamento (CE) n.° 1829/2003 determina que a colocação no mercado de alimentos geneticamente modificados para a alimentação animal está sujeita a um procedimento de autorização. O procedimento de autorização inclui a publicação de um parece da AESA cujo principal componente é a avaliação da segurança. Ao emitir esse parecer, a AESA consulta os Estados-Membros na sequência da recepção de um pedido válido, dispondo os Estados-Membros de três meses para dar a conhecer os seus pareceres. O parecer da AESA tem também de incluir um método de detecção validado pelo laboratório de referência da União Europeia (LR-UE).

(5) Na prática, a validação pelo laboratório de referência da União Europeia (LR-UE) é feita independentemente dos outros elementos previstos no procedimento de autorização. Regra geral, o método é validado e publicado antes de estarem preenchidos todos os restantes elementos necessários à AESA para formular um parecer. Esses métodos são publicados no sítio web do LR-UE e estão à disposição das autoridades competentes e de todas as partes interessadas.

(6) Um método só pode ser validado se respeitar as normas de execução para a adequação do método estabelecido no Regulamento (CE) n.º 641/2004 da Comissão, de 6 de Abril de 2004, que estabelece normas de execução do Regulamento (CE) n.º 1829/2003 do Parlamento Europeu e do Conselho no que respeita aos pedidos de autorização de novos géneros alimentícios e alimentos para animais geneticamente modificados, à comunicação de produtos existentes e à presença acidental ou tecnicamente inevitável de material geneticamente modificado que tenha sido objecto de uma avaliação de risco favoráve. Além disso, tal como exigido pelo regulamento, foram estabelecidos critérios comuns respeitantes aos requisitos mínimos de desempenho para métodos analíticos aplicáveis aos testes de OGM.(7) Os métodos de análise validados pelo LR-UE no contexto do procedimento de autorização e destinados à colocação no mercado, utilização e transformação dos produtos existentes na acepção do artigo 20.º do Regulamento (CE) n.º 1829/2003 são métodos quantitativos específicos da acção. São validados por ensaio interlaboratorial, em conformidade com os princípios da norma internacional ISO 5725 e do protocolo da IUPAC (União Internacional de Química Pura e Aplicada). Na realidade, o LR-UE é actualmente o único laboratório do mundo que valida métodos quantitativos específicos de acção, em conformidade com as normas acima mencionadas, no contexto dos procedimentos de autorização prévia à colocação no mercado. Considera-se que estes métodos quantitativos são mais adequados do que os métodos qualitativos para efeitos de garantia da harmonização dos controlos oficiais. Com efeito, os procedimentos de ensaio que recorrem a métodos qualitativos exigem outros planos de amostragem, visto estarem associados a maiores riscos de fornecerem resultados divergentes quanto à presença ou ausência de material geneticamente modificado. É, por conseguinte, adequado utilizar os métodos de análise validados pelo LR-UE no contexto do procedimento de autorização, a fim de impedir a existência de resultados analíticos divergentes entre Estados–Membros.

(8) Devia também estar disponível material de referência certificado, a fim de permitir que os laboratórios de controlo efectuem as suas análises.

(9) Nesse sentido, o âmbito de aplicação do presente regulamento deve abranger a detecção de material geneticamente modificado nos alimentos para animais, destinado a comercialização num país terceiro, cujo procedimento de autorização está pendente há mais de três meses nos termos do Regulamento (CE) n.º 1829/2003, quando tiverem sido validados pelo LR-UE os métodos de análise quantitativos específicos da acção apresentados pelo requerente e desde que esteja disponível o material de referência certificado.

(10) O âmbito de aplicação do presente regulamento deve ainda abranger o material geneticamente modificado cuja autorização tenha expirado. Deve, portanto, aplicar-se a alimentos para animais que contenham, sejam constituídos por, ou sejam produzidos a partir de milho SYN-EV176-9 e MON-ØØØ21-9xMON-ØØ81Ø-6 e de colza ACS-BNØØ4-7xACS-BNØØ1-4, ACS-BNØØ4-7xACS-BNØØ2-5 e ACS-BNØØ7-1 para os quais tenha sido validado pelo laboratório de referência da União Europeia um método quantitativo, desde que esteja disponível o material de referência certificado. Estes materiais geneticamente modificados foram colocados no mercado antes da aplicação do Regulamento (CE) n.º 1829/2003 e foram notificados como produtos existentes ao abrigo do seu artigo 20.º. Uma vez que as sementes deixaram de ser comercializadas à escala mundial, os respectivos notificadores informaram a Comissão de que não tencionam apresentar pedidos de renovação da autorização para os produtos em causa. Consequentemente, a Comissão adoptou as Decisões 2007/304/CE, 2007/305/CE, 2007/306/CE, 2007/307/CE e 2007/308/CE relativas à retirada do mercado dos produtos em causa (produtos obsoletos). Estas decisões prevêem uma tolerância para a presença nos produtos de material que contenha, seja constituído por, ou seja produzido a partir de milho SYN-EV176-9 e MON-ØØØ21-9xMON-ØØ81Ø-6 e de colza ACS-BNØØ4-7xACS-BNØØ1-4, ACS-BNØØ4-7xACS-BNØØ2-5 e ACS-BNØØ7-1, desde que esta presença seja acidental ou tecnicamente inevitável e numa proporção não superior a 0,9 %, durante um período limitado que expira em 25 de Abril de 2012. Convém garantir que, quando expirar o período de tolerância fixado pelas Decisões 2007/304/CE,

2007/305/CE, 2007/306/CE, 2007/307/CE e 2007/308/CE, o presente regulamente seja também aplicável à detecção desses produtos obsoletos nos alimentos para animais. Deve aplicar-se igualmente a qualquer outro material geneticamente modificado cuja autorização não tenha sido renovada no momento da expiração da autorização em virtude da supressão progressiva do produto.

(11) Deve também ser assegurada, através da adopção de métodos de amostragem comuns, a harmonização dos controlos oficiais aos alimentos para animais para efeitos de detecção de material geneticamente modificado abrangido pelo âmbito de aplicação do presente regulamento.

(12) Estes métodos devem basear-se em protocolos científicos e estatísticos reconhecidos e, se disponíveis, em normas internacionais e devem abranger as diferentes fases de amostragem, incluindo as normas aplicáveis à amostragem do material, as precauções a tomar durante a amostragem e a preparação de amostras, as condições a aplicar na colheita de amostras elementares e de amostras de laboratório idênticas, o manuseamento de amostras de laboratório e a selagem e rotulagem de amostras. Para garantir uma representatividade adequada das amostras colhidas para efeitos de controlo oficial, devem também ser adoptadas condições específicas adaptadas ao facto de o lote de alimentos para animais pode apresentar-se em produtos de base agrícolas a granel, pré-embalados ou a retalho.

(13) Afigura-se também adequado harmonizar as normas para a interpretação dos resultados da análise, a fim de garantir que em toda a União Europeia se tiram as mesmas conclusões dos mesmos resultados analíticos. Neste contexto, é igualmente necessário atender aos condicionalismos técnicos associados a qualquer método de análise, em especial as quantidades vestigiais, uma vez que a incerteza analítica aumenta quando diminuem os níveis de material geneticamente modificado.

(14) Para atender a estes condicionalismos e à necessidade de garantir que os controlos são viáveis, sólidos e proporcionados, tal como estabelecido no Regulamento (CE) n.º 178/2002 do Parlamento Europeu e do Conselho, de 28 de Janeiro de 2002, que determina os princípios e normas gerais da legislação alimentar, cria a Autoridade Europeia para a Segurança dos Alimentos e estabelece procedimentos em matéria de segurança dos géneros alimentícios, afigura-se adequado fixar como Limite Mínimo de Desempenho Requerido (LMDR) o nível mais baixo de material geneticamente modificado considerado pelo LR-UE para a validação de métodos quantitativos. Este nível é 0,1 %, correspondente à fracção mássica de material geneticamente modificado em alimentos para animais, e é o nível mais baixo em que os resultados são satisfatoriamente reprodutíveis entre laboratórios oficiais, quando se aplicam protocolos de amostragem e métodos de análise adequados para medir as amostras de alimentos para animais.

(15) Os métodos validados pelo LR-UE são específicos de cada acção de transformação, independentemente do facto de a acção de transformação estar presente em um ou mais OGM contendo uma ou mais acções de transformação. O LMDR deve, assim, aplicar-se a todo o material geneticamente modificado que contenha a acção de transformação medida.

(16) Cada laboratório oficial deve determinar a incerteza de medição e confirmá-la de acordo com o descrito no documento de orientação sobre a incerteza de medição para laboratórios de testes de OGM elaborado pelo Centro Comum de Investigação (JRC) da Comissão.

(17) A decisão de não conformidade dos alimentos para animais deve, portanto, ser tomada apenas quando o material geneticamente modificado abrangido pelo âmbito de aplicação do presente regulamento estiver presente a níveis iguais ou superiores ao LMDR, tendo-se em conta a incerteza de medição.

(18) As normas estabelecidas pelo presente regulamento não devem afectar a possibilidade a Comissão ou, quando aplicável, de um Estado-Membro adoptar medidas de emergência nos termos dos artigos 53.º e 54.º do Regulamento (CE) n.º 178/2002.

(19) Estas normas de execução devem ser adaptadas se tal for necessário para atender a novos desenvolvimentos, sobretudo no que se refere ao seu impacto no mercado interno e nos operadores das empresas do sector alimentar e do sector dos alimentos para animais.

(20) As medidas previstas no presente regulamento estão em conformidade com o parecer do Comité Permanente da Cadeia Alimentar e da Saúde Animal e nem o Parlamento Europeu nem o Conselho se opuseram às mesmas,

ADOPTOU O PRESENTE REGULAMENTO:

Artigo 1.º *Definições*

1. Para efeitos do presente regulamento, entende-se por:

(1) «Precisão – Desvio-Padrão Relativo da Repetibilidade (RSDr)»: o desvio-padrão relativo, calculado a partir dos resultados obtidos em condições de repetibilidade. Condições de repetibilidade são condições nas quais os resultados dos testes são obtidos com o mesmo método, em materiais de teste idênticos, no mesmo laboratório, pelo mesmo operador, com o mesmo equipamento, dentro de curtos intervalos de tempo;

(2) «Limite Mínimo de Desempenho Requerido (LMDR)»: a menor quantidade ou concentração do analito numa amostra que tem de ser detectada e confirmada, com fiabilidade, por laboratórios oficiais;

(3) «Material geneticamente modificado»: material que contém, é constituído por, ou é produzido a partir de OGM.

2. São aplicáveis as definições constantes do artigo 2.º do Regulamento (CE) n.º 1829/2003 e no anexo I do Regulamento (CE) n.º 152/2009.

Artigo 2.º *Âmbito de aplicação*

O presente regulamento é aplicável ao controlo oficial de alimentos para animais em relação à presença do seguinte material:

a) Material geneticamente modificado autorizado para comercialização num país terceiro para o qual foi apresentado um pedido válido ao abrigo do artigo 17.º do Regulamento (CE) n.º 1829/2003 e cujo procedimento de autorização está pendente há mais de três meses, desde que:

i) não tenha sido identificado pela AESA como susceptível de ter efeitos nocivos para a saúde ou o ambiente quando presente abaixo do LMDR,

ii) o método quantitativo solicitado ao abrigo desse artigo tenha sido validado e publicado pelo laboratório de referência da União Europeia, bem como

iii) que o material de referência certificado preencha as condições estabelecidas no artigo 3.º;

b) Após 25 de Abril de 2012, o material geneticamente modificado, notificado ao abrigo do artigo 20.º do Regulamento (CE) n.º 1829/2003, cuja autorização tenha expirado e para o qual um método quantitativo tenha sido validado e publicado pelo laboratório de referência da União Europeia, desde que o material de referência certificado preencha as condições estabelecidas no artigo 3.º; bem como

c) O material geneticamente modificado, notificado ao abrigo do artigo 23.º do Regulamento (CE) n.º 1829/2003, cuja autorização tenha expirado e para o qual um método quantitativo tenha sido validado e publicado pelo laboratório de referência da União Europeia, desde que o material de referência certificado preencha as condições estabelecidas no artigo 3.º.

Artigo 3.º *Material de referência certificado*

1. O material de referência certificado deve estar à disposição dos Estados-Membros e de terceiros.

2. O material de referência certificado deve ser produzido e certificado em conformidade com os Guias ISO 30 a 35.

3. As informações que acompanham o material de referência certificado devem incluir informações sobre a selecção vegetal utilizada na produção do material de referência certificado e sobre a zigotia das sequências inseridas. O valor certificado do teor de OGM deve ser expresso em fracção mássica e, quando disponível, em número de cópias por equivalente de genoma haplóide.

Artigo 4.º *Métodos de amostragem*

As amostras para o controlo oficial dos alimentos para animais, no que respeita à presença de material geneticamente modificado constante do artigo 2.º, devem respeitar os métodos de amostragem indicados no anexo I.

Artigo 5.º *Preparação das amostras, métodos análise e interpretação dos resultados*

A preparação das amostras de laboratório, os métodos de análise e a interpretação dos resultados devem respeitar os requisitos indicados no anexo II.

Artigo 6.º *Medidas a tomar em caso de detecção de material geneticamente modificado referido no artigo 2.º*

1. Quando os resultados dos testes analíticos indicarem que a presença de material geneticamente modificado referido no artigo 2.º é igual ou superior ao LMDR definido em conformidade com as normas de interpretação constantes do anexo II, parte B, os alimentos para animais devem ser considerados não conformes com o Regulamento (CE) n.º 1829/2003. Os Estados-Membros devem notificar de imediato esta informação através do sistema RASFF, em conformidade com o artigo 50.º do Regulamento (CE) n.º 178/2002.

2. Quando os resultados dos testes analíticos indicarem que a presença de material geneticamente modificado referido no artigo 2.º é inferior ao LMDR definido em conformidade com as normas de interpretação constantes do anexo II, parte B, os Estados-Membros devem registar esta informação e comunicá-la anualmente à Comissão e aos demais Estados-Membros até 30 de Junho. Os resultados recorrentes durante um período de três meses devem ser comunicados sem demora.

3. A Comissão deve, e um Estado-Membro pode, se adequado, adoptar medidas de emergência nos termos dos artigos 53.º e 54.º do Regulamento (CE) n.º 178/2002.

Artigo 7.º *Lista de material geneticamente modificado referido no artigo 2.º*

A Comissão deve publicar no seu sítio *web* a lista de material geneticamente modificado que cumpre as condições constantes do artigo 2.º. A lista deve incluir informações sobre o local onde é possível ter acesso ao material de referência certificado, conforme exigido pelo artigo 17.º, n.º 3, alínea j), do Regulamento (CE) n.º 1829/2003 e, se aplicável, informações sobre as medidas adoptadas em conformidade com o artigo 6.º, n.º 3, do presente regulamento.

Artigo 8.º *Revisão*

A Comissão deve monitorizar a aplicação do presente regulamento e o seu impacto no mercado interno, bem como nos operadores das empresas do sector dos alimentos para animais, do sector pecuário e de outros sectores e, se necessário, apresentar propostas de revisão do presente regulamento.

Artigo 9.º *Entrada em vigor*

O presente regulamento entra em vigor no vigésimo dia seguinte ao da sua publicação no Jornal Oficial da União Europeia.

ANEXO I.-

Métodos de amostragem

[Anexo não reproduzido na presente publicação]

ANEXO II.-

Critérios para a preparação de amostras e métodos de análise

[Anexo não reproduzido na presente publicação]

Seleção de documentos não reproduzidos

Regulamento (CE) nº 641/2004 da Comissão, de 6 de Abril de 2004, que estabelece normas de execução do Regulamento (CE) nº 1829/2003 do Parlamento Europeu e do Conselho no que respeita aos pedidos de autorização de novos géneros alimentícios e alimentos para animais geneticamente modificados, à comunicação de produtos existentes e à presença acidental ou tecnicamente inevitável de material geneticamente modificado que tenha sido objecto de uma avaliação de risco favorável [V.C. 28/06/2013].

Regulamento (CE) nº 1907/2006 do Parlamento Europeu e do Conselho, de 18 de Dezembro de 2006, relativo ao registo, avaliação, autorização e restrição dos produtos químicos (REACH), que cria a Agência Europeia dos Produtos Químicos, que altera a Directiva 1999/45/CE e revoga o Regulamento (CEE) nº 793/93 do Conselho e o Regulamento (CE) nº 1488/94 da Comissão, bem como a Directiva 76/769/CEE do Conselho e as Directivas 91/155/CEE, 93/67/CEE, 93/105/CE e 2000/21/CE da Comissão (Rectificação no J.O. L 136 de 29/05/2007) [V.C. 22/08/2014].

T.G., 21 de Septembro de 2011. Processo T-1/10, Polyelectrolyte Producers Group GEIE (PPG) e SNF SAS contra Agência Europeia dos Produtos Químicos (ECHA) [Cita os artigos 7, 31, 33, 57 e 59].

TJUE, 5 de Maio de 2011. Processo C-265/10, Comissão Europeia contra Reino da Bélgica [Cita os artigos 1, 121, 122, 125 e 126].

TJUE, 7 de Julho de 2009. Processo C-558/07, The Queen, a pedido de S.P.C.M. SA, C.H. Erbslöh KG, Lake Chemicals and Minerals Ltd e Hercules Inc. contra Secretary of State for the Environment, Food and Rural Affairs [Interpretação do artigo 6].

Regulamento (CE) nº 1882/2006 da Comissão, de 19 de Dezembro de 2006, que estabelece métodos de amostragem e de análise para o controlo oficial dos teores de nitratos em determinados géneros alimentícios.

Regulamento (CE) nº 1883/2006 da Comissão, de 19 de Dezembro de 2006, que estabelece os métodos de amostragem e de análise para o controlo oficial dos teores de dioxinas e de PCB sob a forma de dioxina em determinados géneros alimentícios.

Regulamento (CE) nº1981/2006 da Comissão, de 22 de Dezembro de 2006, que estabelece regras de execução do artigo 32.º do Regulamento (CE) nº 1829/2003 do Parlamento Europeu e do Conselho no que respeita ao laboratório comunitário de referência para os organismos geneticamente modificados [V.C. 28/02/2014].

Regulamento (CE) N.º 440/2008 da Comissão, de 30 de Maio de 2008, que estabelece métodos de ensaio nos termos do Regulamento (CE) n.º 1907/2006 do Parlamento Europeu e do Conselho relativo ao registo, avaliação, autorização e restrição de substâncias químicas (REACH) [V.C. 24/08/2014].

Regulamento de Execução (UE) nº 503/2013 da Comissão, de 3 de abril de 2013, relativo aos pedidos de autorização de géneros alimentícios e alimentos para animais geneticamente modificados, em conformidade com o Regulamento (CE) nº 1829/2003 do Parlamento Europeu e do Conselho, e que altera os Regulamentos (CE) nº 641/2004 e (CE) nº 1981/2006.

Capítulo 4.- informação aos Consumidores e Alegações Nutricionais e de Saúde

31 de Maio de 1999.- Directiva 1999/45/CE
do Parlamento Europeu e do Conselho
relativa à aproximação das disposições legislativas, regulamentares e administrativas
dos Estados-Membros respeitantes à classificação, embalagem e rotulagem das
preparações perigosas
(J.O. L 200, de 30/07/1999)

(V.C. 01/07/2013)

[Fim de validade: 1 de Junho de 2015. Revogado por Regulamento (CE) n° 1272/2008 do Parlamento Europeu e do Conselho relativo à classificação, rotulagem e embalagem de substâncias e misturas, que altera e revoga as Directivas n° 67/548/CEE e n° 1999/45/CE e altera o Regulamento (CE) n.° 1907/2006].

TJUE (Grande Secção), de 7 de Julho de 2009. Processo C-558/07. The Queen, a pedido de S.P.C.M. SA, C.H. Erbslöh KG, Lake Chemicals and Minerals Ltd e Hercules Inc. contra Secretary of State for the Environment, Food and Rural Affairs [Interpretação do artigo 6].

O PARLAMENTO EUROPEU E O CONSELHO DA UNIÃO EUROPEIA,
Tendo em conta o Tratado que institui a Comunidade Europeia e, nomeadamente, o seu artigo 95.°A,
Tendo em conta a proposta da Comissão,
Tendo em conta o parecer do Comité Económico e Social,
Deliberando nos termos do prociemnto do artigo 251.° B do Tratado,
(1) Considerando que a Directiva 88/379/CEE do Conselho, de 7 de Junho de 1988, relativa à aproximação das disposições legislativas, regulamentares e administrativas dos Estados-Membros respeitantes à classificação, embalagem e rotulagem dos preparados perigosos sofreu diversas alterações; que, no momento em que são introduzidas novas alterações, é conveniente proceder a uma reformulação da directiva, tendo em vista uma maior clareza;
(2) Considerando que, apesar das disposições comunitárias, as regras de classificação, embalagem e rotulagem aplicadas pelos Estados-Membros no caso de determinadas preparações perigosas são bastante diferentes; que tais diferenças constituem uma barreira ao comércio, criam condições de concorrência desiguais e afectam directamente o funcionamento do mercado interno; que é, portanto, necessário eliminar essa barreira ao comércio através de uma aproximação da legislação pertinente em vigor nos Estados-Membros;
(3) Considerando que, desde que tenham a ver com a saúde, a segurança e a protecção das pessoas e do ambiente, as medidas de aproximação das disposições dos Estados-Membros que afectem a realização e o funcionamento do mercado interno devem ter por base um nível de protecção elevado; que a presente directiva deve assegurar ao mesmo tempo a protecção da população em geral, nomeadamente das pessoas que, durante o seu trabalho ou ocupação de tempos livres, entrem em contacto com preparações perigosas, bem como dos consumidores e do ambiente;
(4) Considerando que os recipientes de determinadas categorias de preparações perigosas oferecidas ou vendidas à população em geral devem dispor de um sistema de fecho de segurança para as crianças e/ou ser portadores de uma indicação de perigo detectável pelo tacto; que determinadas preparações não abrangidas por essas categorias de perigo podem, ainda assim, devido à sua composição, representar um perigo para as crianças; que, por esse motivo, as embalagens das preparações em questão devem estar equipadas com um sistema de fecho de segurança para as crianças;
(5) Considerando que é necessário prever limites, expressos em percentagem volumétrica, de concentração no caso das preparações comercializadas no estado gasoso;
(6) Considerando que o anexo V contém disposições específicas aplicáveis à rotulagem de determinadas preparações; que, para assegurar um nível adequado de protecção das pessoas e do ambiente, também é necessário adoptar disposições específicas de rotulagem para determinadas preparações que, embora não sejam consideradas perigosas na acepção da presente directiva, podem, ainda assim, representar um perigo para os utilizadores;

(7) Considerando que, em 30 de Abril de 1992, o Conselho adoptou a Directiva 92/32/CEE que altera pela sétima vez a Directiva 67/548/CEE relativa à aproximação das disposições legislativas, regulamentares e administrativas respeitantes à classificação, embalagem e rotulagem das substâncias perigosas; que, em 27 de Abril de 1993, a Comissão adoptou a Directiva 93/21/CEE que adapta pela décima oitava vez ao progresso técnico a Directiva 67/548/CEE; que as referidas directivas introduziram novos critérios desenvolvidos para a classificação e rotulagem das substâncias perigosas para o ambiente, acompanhados dos símbolos, da indicação de perigo, das frases indicadoras de riscos e das recomendações de prudência que devem figurar na rotulagem; que é necessário adoptar a nível comunitário disposições de classificação e rotulagem das preparações que tenham em conta os efeitos destas no ambiente; que, nestas circunstâncias, é necessário adoptar um método de avaliação dos perigos de dada preparação para o ambiente, seja por recurso a um método de cálculo, seja, em determinadas condições, com base nas propriedades ecotoxicológicas determinadas por métodos experimentais;

(8) Considerando que, de acordo com as disposições da Directiva 86/609/CEE do Conselho, de 24 de Novembro de 1986, relativa à aproximação das disposições legislativas, regulamentares e administrativas dos Estados-Membros respeitantes à protecção dos animais utilizados para fins experimentais e outros fins científicos, importa reduzir ao mínimo o número de animais utilizados para fins experimentis; que, no n.° 2 do seu artigo 7.°, a referida directiva estipula que tais experiências não devem ser realizadas se, para obter o resultado desejado, for razoável e praticamente possível utilizar outro método cientificamente satisfatório que não implique a utilização de um animal; que, nestas circunstâncias, a presente directiva só prevê o recurso a resultados de avaliações de propriedades toxicológicas e ecotoxicológicas quando estes já sejam conhecidos e não obriga à realização de novas experiências com animais;

(9) Considerando que é necessário definir quais os dados relativos aos seres humanos, que podem ser tomados em consideração para a avaliação dos riscos que uma preparação representa para a saúde; que, sendo possível aceitar a realização de estudos clínicos, se considera que tais estudos respeitam a declaração de Helsínquia e as directrizes da OCDE de boas práticas clínicas;

(10) Considerando que as características das ligas podem tornar impossível determinar com precisão as suas propriedades através da utilização dos métodos convencionais actualmente disponíveis; que é pois necessário desenvolver um método específico de classificação que tome em consideação as suas propriedades químicas específicas; que, em consulta com os Estados-Membros, a Comissão analisará a necessidade deste método específico e apresentará uma proposta, se adequado, antes da data de aplicação da presente directiva;

(11) Considerando que a classificação, a embalagem e a rotulagem dos produtos fitofarmacêuticos abrangidos pela Directiva 78/631/CEE do Conselho, de 26 de Junho de 1978, relativa à aproximação das legislações dos Estados-Membros respeitantes à classificação, embalagem e rotulagem das preparações perigosas (pesticidas) devem ser revistas e que, nessa revisão, devem ser tidos em conta o progresso científico e técnico e a evolução regulamentar decorrente da aplicação da Directiva 91/414/CEE do Conselho, de 15 de Julho de 1991, relativa à colocação dos produtos fitofarmacêuticos no mercado;

(12) Considerando que, em contraste com o que se passa relativamente às preparações químicas abrangidas pela presente directiva, a Directiva 91/414/CEE do Conselho e a Directiva 98/8/CE do Parlamento Europeu e do Conselho, de 16 de Fevereiro de 1998, relativa à colocação de produtos biocidas no mercado, prevêem um procedimento de autorização para cada produto com base num processo apresentado pelo requerente e numa avaliação efectuada pela autoridade competente de cada Estado-Membro; que esse procedimento inclui um controlo específico da classificação, da embalagem e da rotulagem do produto em questão antes da sua colocação no mercado; que, tendo em vista uma informação clara e transparente, é necessário classificar e rotular os produtos fitofarmacêuticos de acordo com as disposições da presente directiva, fornecendo igualmente instruções de utilização de acordo com os resultados da avaliação efectuada no quadro da Directiva 91/414/CEE e assegurando que a rotulagem satisfaz o elevado nível de protecção requerido tanto pela presente directiva como pela Directiva 91/414/CE; que é, além disso, necessário estabelecer fichas de segurança para os produtos fitofarmacêuticos em conformidade com a presente directiva;

(13) Considerando que é adequado prever, em relação à rotulagem ambiental, a possibilidade de isenções específicas ou de disposições específicas, em casos especiais em que possa ser demonstrado que o impacto ambiental global dos tipos de produtos em questão é inferior ao dos tipos de produto correspondentes.

(14) Considerando que, muito embora as munições não sejam abrangidas pela presente directiva, os explosivos colocados no mercado com vista à produção de um efeito explosivo ou pirotécnico podem, devido à sua composição química, representar um perigo para a saúde; que, nestas circunstâncias, tendo em vista uma informação transparente, é necessário classificá-los e elaborar as respectivas fichas de segurança em conformidade com as disposições da presente directiva e rotulá-los de acordo com as regras internacionais para o transporte desse tipo de substâncias perigosas;

(15) Considerando que, para ter em conta determinadas preparações que, apesar de não serem consideradas perigosas nos termos do disposto na presente directiva, podem, ainda assim, representar um perigo para os utilizadores, é necessário alargar determinadas disposições da presente directiva às preparações em questão;

(16) Considerando que, ao fornecer-lhes uma primeira informação essencial e concisa, o rótulo é algo de fundamental para os utilizadores de preparações perigosas; que, não obstante, é necessário complementá-lo com um sistema de informações mais pormenorizadas a dois níveis, designadamente a ficha de segurança destinada aos utilizadores profissionais prevista na Directiva 91/155/CEE da Comissão, de 5 de Março de 1991, que define e estabelece, nos termos do artigo 10.º da Directiva 88/379/CEE do Conselho, as modalidades do sistema de informação específico relativo às preparações perigosas, por um lado, e, por outro, os organismos designados pelos Estados-Membros para a prestação de informações reservadas exclusivamente a fins médicos de natureza preventiva ou curativa;

(17) Considerando que, com base nas informações prestadas pelos Estados-Membros e pelas várias partes interessadas, a Comissão apresentará, no prazo de dois anos após a entrada em vigor da presente directiva, um relatório ao Parlamento Europeu e ao Conselho sobre a experiência colhida com a actual abordagem geral da rotulagem das preparações perigosas e, designadamente, a sua compreensão e aplicação pelos utilizadores, as campanhas publicitárias e os programas de educação e de formação; que, com base neste relatório, a Comissão apresentará, se necessário, as propostas relevantes;

(18) Considerando que é necessário exigir fichas de segurança fornecendo informações proporcionadas em relação aos perigos para os seres humanos e o ambiente provenientes de preparações não classificadas de perigosas na acepção da presente directiva, mas que contenham substâncias classificadas de perigosas ou que tenham um limite de exposição comunitário; que, com base na informação dada pelos Estados-Membros, a Comissão analisará a Directiva 91/155/CEE e apresentará propostas, se adequado, antes da data final de implementação da presente directiva;

(19) Considerando que, no caso das preparações classificadas de perigosas na acepção da presente directiva, é conveniente permitir que os Estados-Membros autorizem certas derrogações relativas à rotulagem caso as embalagens sejam demasiado pequenas ou de qualquer outra forma inadequadas à rotulagem, ou se trate de embalagens ou de quantidades tão pequenas que não haja motivos para recear qualquer perigo para os seres humanos ou o ambiente; que, nestes casos, deverá igualmente ser ponderada a questão da aproximação destas disposições, a nível comunitário; que, em tais casos, a Comissão analisará as necessidades em matéria de harmonização e apresentará propostas, se adequado;

(20) Considerando que é importante garantir a confidencialidade de determinadas substâncias que entram na composição das preparações; que, nestas circunstâncias, é necessário criar um sistema que permita ao responsável pela colocação de uma preparação no mercado requerer a confidencialidade das substâncias em questão;

(21) Considerando que as disposições da presente directiva atenderão ao compromisso aussumido pela Comunidade e pelos seus Estados-Membros de se empenharem na harmonização dos sistemas de classificação das substâncias e preparações perigosas, em conformidade com os objectivos de desenvolvimento sustentável estabelecidos no capítulo 19 da Agenda 21 na Conferência das Nações Unidas sobre Ambiente e Desenvolvimento (CNUAD), realizada no Rio de Janeiro em Junho de 1992;

(22) Considerando que é conveniente atribuir à Comissão a competência necessária para proceder à adaptação ao progresso técnico de todos os anexos da presente directiva;

(23) Considerando que a adopção da presente directiva não deve afectar as obrigações dos Estados-Membros no que repeita às datas-limite de transposição para o direito nacional e de aplicação das directivas indicadas no anexo VIII,

(24) Considerando que as directivas indicadas no anexo VIII deverão ser revogadas, sob certas condições; que deverão ser especificadas para a Áustria, a Finlândia e a Suécia as condições de revogação das directivas indicadas no anexo VIII, de forma a tomar em consideração o actual nível da sua legislação, em especial no que se refere à protecção da saúde e do ambiente,

ADOPTARAM A PRESENTE DIRECTIVA:

Artigo 1.° *Objectivos e âmbito de aplicação*

1. A presente directiva tem por objectivo a aproximação das disposições legislativas, regulamentares e administrativas dos Estados-Membros relativas:

— à classificação, embalagem e rotulagem das preparações perigosas e à

— aproximação das disposições específicas aplicáveis a determinadas preparações que possam revelar-se perigosas, sejam ou não classificadas de perigosas nos termos da presente directiva,

quando essas preparações forem colocadas no mercado dos Estados-Membros.

2. A presente directiva aplica-se às preparações que:

— contenham pelo menos uma substância perigosa na acepção do artigo 2.°, e

— sejam consideradas perigosas na acepção dos artigos 5.°, 6.° ou 7.°

3. As disposições específicas enunciadas:

— no artigo 9.° e definidas no anexo IV,

— no artigo 10.° e definidas no anexo V, e

— no artigo 14.°

aplicam-se igualmente às preparações que, embora não sejam consideradas perigosas na acepção dos artigis 5.°, 6.° ou 7.°, podem, ainda assim, representar um perigo específico.

4. Sem prejuízo das disposições constantes da Directiva 91/414/CEE, os artigos da presente directiva referentes à classificação, à embalagem, à rotulagem e às fichas de segurança são aplicáveis aos produtos fitofarmacêuticos.

5. A presente directiva não se aplica às seguintes preparações na forma acabada e destinadas ao utilizador final:

a) Medicamentos para utilização humana ou veterinária, tal como definidos na Directiva 65/65/CEE;

b) Produtos cosméticos definidos na Directiva 76/768/CEE;

c) Misturas de substâncias que, constituindo resíduos, são objecto das Directivas 75/442/CEE e 78/319/CEE;

d) Géneros alimentícios;

e) Alimentos para animais;

f) Preparações que contenham substâncias radioactivas, tal como definidas na Directiva 80/836/Euratom;

g) Os dispositivos médicos invasivos ou utilizados em contacto directo com o corpo, desde que as disposições comunitárias fixem, para as substâncias e preparações perigosas, disposições de classificação e rotulagem que assegurem o mesmo grau de informação e protecção que as disposições da presente directiva.

6. A presente directiva não é aplicável:

— ao transporte ferroviário, rodoviário, por via navegável interior, marítimo e aéreo de preparações perigosas,

— às preparações em trânsito submetidas a controlo aduaneiro, desde que não sejam objecto de qualquer tratamento ou transformação.

Artigo 2.° *Definições*

1. Na acepção da presente directiva, entende-se por:

a) «Substâncias»: os elementos químicos e seus compostos no seu estado natural ou tal como obtidos por qualquer processo de produção, incluindo qualquer aditivo necessário para preservar a establiidade do produto e qualquer impureza derivada do processo, com excepção de qualquer solvente que possa ser separado sem afectar a estabilidade da substância nem alterar a sua composição;

b) «Preparações»: as misturas ou soluções compostas por duas ou mais substâncias;

c) «Polímero»: uma substância composta por moléculas caracterizadas pelo encadeamento de sequências de um ou mais tipos de unidades monómeras e contendo uma simples maioria ponderal de moléculas com, pelo menos, três unidades monómeras

455

unidas por uma ligação covalente a, pelo menos, outra unidade monómera ou outro reagente e constituída por menos de uma simples maioria ponderal de moléculas com o mesmo peso molecular. As referidas moléculas devem formar uma gama no interior da qual as diferenças de peso molecular decorram sobretudo das diferenças no número de unidades monómeras que as constituem. No contexto desta definição uma «unidade monómera» significa a estrutura tomada pelo monómero de partida dentro do polímero;

d) [...];

e) «Colocação no mercado»: a colocação à disposição de terceiros. A importação no território aduaneiro da Comunidade é considerada, na acepção da presente directiva, como uma colocação no mercado;

f) «Investigação e desenvolvimento científicos»: a experimentação científica, a pesquisa ou a análise química realizadas em condições controladas; esta definição inclui a determinação das propriedades intrínsecas, das realizações e da eficácia, assim como as investigações científicas relativas ao desenvolvimento do produto;

g) «Investigação e desenvolvimento da produção»: o desenvolvimento posterior de uma substância, durante o qual as áreas de aplicação da substância são testadas por meio de utilização de produções-piloto ou de ensaios de produção;

h) «Einecs» (European Inventory of Existing Commercial Chemical Substances): o inventário europeu de substâncias existentes no comércio. Este inventário contém a lista definitiva de todas as substâncias químicas que se supõe existirem no mercado comunitário em 18 de Setembro de 1981.

2. São «perigosas», na acepção da presente directiva, as substâncias e preparações:

a) Explosivas: substâncias e preparações sólidas, líquidas, pastosas ou gelatinosas que podem reagir exotermicamente e com uma rápida libertação de gases mesmo sem a intervenção do oxigénio do ar e que, em determinadas condições de ensaio, detonam, deflagram rapidamente ou, sob o efeito do calor, explodem em caso de confinamento parcial;

b) Comburentes: substâncias e preparações que, em contacto com outras sutstâncias, especialmente com substâncias inflamávies, apresentam uma reacção fortemente exotérmica;

c) Extremamente inflamáveis: substâncias e preparações líquidas, cujo ponto de inflamação é extremamente baixo e cujo ponto de ebulição é baixo e substâncias e preparações gasosas que, à temperatura e pressão normais, são inflamáveis ao ar;

d) Facilmente inflamáveis:

— substâncias e preparações que podem aquecer até ao ponto de inflamação em contacto com o ar a uma temperatura normal, sem emprego de energia, ou

— substâncias e preparações no estado sólido, que se podem inflamar facilmente por breve contacto com uma fonte de inflamação e que continuam a arder ou a consumir-se após a retirada da fonte de inflamação, ou

— substâncias e preparações no estado líquido, cujo ponto de inflamação é muito baixo, ou

— substâncias e preparações que, em contacto com a água ou ar húmido, libertam gases extremamente inflamáveis em quantidades perigosas;

e) Inflamáveis: substâncias e preparações líquidas cujo ponto de inflamação é baixo;

f) Muito tóxicas: substâncias e preparações que, quando inaladas, ingeridas ou absorvidas através da pele, mesmo em muito pequena quantidade, podem causar a morte ou riscos de afecções agudas ou crónicas;

g) Tóxicas: substâncias e preparações que, quando inaladas, ingeridas ou absorvidas através da pele, mesmo em pequena quantidade, podem causar a morte ou riscos de afecções agudas ou crónicas;

h) Nocivas: substâncias e preparações que, quando inaladas, ingeridas ou absorvidas através da pele, podem causar morte ou riscos de afecções agudas ou crónicas;

i) Corrosivas: substâncias e preparações que, em contacto com tecidos vivos, podem exercer sobre estes uma acção destrutiva;

j) Irritantes: substâncias e preparações não corrosivas que, em contacto directo, prolongado ou repetido com a pele ou as mucosas, podem provocar uma reacção inflamatória;

k) Sensibilizantes: substâncias e preparações que, por inalação ou penetração cutânea, podem causar uma reacção de hipersensibilização tal, que uma exposição posterior à substância ou à preparação produza efeitos nefastos característicos;

l) Cancerígenas: substâncias e preparações que, por inalação ingestão ou penetração cutânea podem provocar cancro ou aumentar a sua incidência;

m) Mutagénicas: substâncias e preparações que, por inalação, ingestão ou penetração cutânea podem produzir defeitos genéticos hereditários ou aumentar a sua incidência;

n) Tóxicas para a reprodução: substâncias e preparações que, por inalação ingestão ou penetração cutânea podem causar ou aumentar a frequência de efeitos prejudiciais não hereditários na progenitura ou atentar contra as funções ou capacidades reprodutoras masculinas ou femininas;

o) Perigosas para o ambiente: substâncias e preparações que, se penetrarem no ambiente, representam ou podem representar um risco imediato ou diferido para um ou mais componentes do ambiente.

Artigo 3.º *Determinação das propriedades perigosas das preparações*
1. A avaliação dos perigos associados às preparações será feita com base na determinação:
— das propriedades físico-químicas,
— das propriedades de que resultem efeitos para a saúde,
— das propriedades de que resultem efeitos para o ambiente.
Estas diferentes propriedades deverão ser determinadas nos termos das disposições dos artigos 5.º, 6.º e 7.º
Se forem realizados ensaios laboratoriais, ensair-se-á a preparação tal como é colocada no mercado.
2. Ao proceder à determinação das propriedades perigosas nos termos dos artigos 5.º, 6.º e 7.º, todas as substâncias perigosas, na acepção do artigo 2.º, nomeadamente as que:
— figurarem no parte 3 do anexo VI do Regulamento (CE) n.º 1272/2008 do Parlamento Europeu e do Conselho, de 16 de Dezembro de 2008 relativo à classificação, rotulagem e embalagem de substâncias e misturas,
— figurarem no ELINCS, nos termos do artigo 21.º da Directiva 67/548/CEE,
— tiverem sido classificadas e rotuladas provisoriamente pelo responsável pela colocação no mercado, nos termos do artigo 6.º da Directiva 67/548/CEE,
— tiverem sido classificadas e rotuladas nos termos do artigo 7.º da Directiva 67/548/CEE e ainda não figurarem no ELINCS,
— forem abrangidas pelo artigo 8.º da Directiva 67/548/CEE,
— tiverem sido classificadas e rotuladas nos termos do artigo 13.º da Directiva 67/548/CEE,
devem ser tomadas em consideração de acordo com as disposições estabelecidas no método utilizado.
3. No que se refere às preparações abrangidas pela presente directiva, as substâncias perigosas mencionadas no n.º 2 que sejam classificadas de perigosas devido aos seus efeitos para a saúde e/ou o ambiente só devem ser tomadas em consideração, quando presentes como impurezas ou como aditivos, se as respectivas concentrações forem iguais ou superiores às concentrações definidas no quadro seguinte, salvo se tiverem sido fixados valores inferiores no parte 3 do anexo VI do Regulamento (CE) n.º 1272/2208, na parte B do anexo II ou na parte B do anexo III da presente directiva, salvo especificação em contrário no seu anexo V.

Categoria de perigo da substância	Concentração a ter em conta	
	Preparações gasosas (% volumétrica)	Outras preparações (% mássicas)
Muito tóxico	≥ 0,02	≥ 0,1
Tóxico	≥ 0,02	≥ 0,1
Cancerígeno 1.ª ou 2.ª categorias	≥ 0,02	≥ 0,1
Mutagénico 1.ª ou 2.ª categorias	≥0,02	≥ 0,1
Tóxico para a reprodução 1.ª ou 2.ª categorias	≥ 0,02	≥ 0,1
Nocivo	≥ 0,2	≥ 1
Corrosivo	≥ 0,02	≥ 1
Irritante	≥ 0,2	≥ 1

Sensibilizante	$\geq 0,2$	≥ 1
Cancerígeno 3.ª categoria	$\geq 0,2$	≥ 1
Mutagénico 3.ª categoria	$\geq 0,2$	≥ 1
Tóxico para a reprodução 3.ª categoria	$\geq 0,2$	≥ 1
Perigoso para o ambiente — N		$\geq 0,1$
Perigoso para o ambiente — ozono	$\geq 0,1$	$\geq 0,1$
Perigoso para o ambiente		≥ 1

Artigo 4.º *Princípios gerais de classificação e rotulagem*
1. A classificação das preparações perigosas em função do grau e da especificidade dos perigos envolvidos será feita com base nas definições das categorias de perigo previstas no artigo 2.º
2. Os princípios gerais de classificação e de rotulagem das preparações serão aplicados com base nos critérios definidos no anexo VI da Directiva 67/548/CEE, salvo se, conforme previsto nos artigos 5.º, 6.º, 7.º ou 10.º e nos anexos pertinentes da presente directiva, forem aplicáveis outros critérios.

Artigo 5.º *Avaliação dos perigos decorrentes das propriedades físico-químicas*
1. Os perigos associados às preparações devido às suas propriedades físico-químicas serão avaliados através da determinação, pelos métodos previstos na parte A do anexo V da Directiva 67/548/CEE, das propriedades físico-químicas da preparação em questão que sejam necessárias para a sua correcta classificação e rotulagem em conformidade com os critérios definidos no anexo VI da referida directiva.
2. Em derrogação do disposto no n.º 1:
Não será necessário deteminar as propriedades de explosividade, comburência, extrema inflamabilidade, fácil inflamabilidade ou inflamabilidade de uma determinada preparação se:
— nenhum dos seus componentes apresentar tais propriedades e, com base nas informações à disposição do fabricante, for pouco provável que a preparação apresente esse tipo de perigo,
— tratando-se de uma modificação da composição de uma preparação de composição conhecida, existirem bases científicas que permitam considerar que a reavaliação dos perigos não implicaria a alteração da classificação,
— no caso de ser colocada no mercado sob a forma de aerossol, satisfizer as disposições do artigo 9.ºA da Directiva 75/324/CEE.
3. Para determinados casos, em que os métodos previstos na parte A do anexo V da Directiva 67/548/CEE não são apropriados, são referidos métodos de cálculo alternativos na parte B do anexo I da presente directiva.
4. Na parte A do anexo I da presente directiva são referidas algumas isenções à aplicação dos métodos previstos na parte A do anexo V da Directiva 67/548/CEE.
5. Os perigos associados às preparações abrangidas pela Directiva 91/414/CEE devido às suas propriedades físico-químicas serão avaliados através da determinação das propriedades físico-químicas da preparação em questão que sejam necessárias para a sua correcta classificação em conformidade com os critérios definidos no anexo VI da Directiva 67/548/CEE. Essas propriedades físico-químicas serão determinadas pelos métodos previstos na parte A do anexo V da Directiva 67/548/CEE, salvo se forem aceitáveis outros métodos internacionalmente reconhecidos, em conformidade com as disposições dos anexos II e III da Directiva 91/414/CEE.

Artigo 6.º *Avaliação dos perigos para a saúde*
1. Os perigos das preparações para a saúde serão avaliados por um ou mais dos seguintes processos:
a) Por um método convencional descrito no anexo II.
b) Através da determinação das propriedades toxicológicas da preparação em questão, em conformidade com os critérios definidos no anexo VI da Directiva 67/548/CEE. Estas propriedades serão determinadas pelos métodos previstos na parte B do anexo V da Directiva 67/548/CEE, a menos que, no caso dos produtos fitofarmacêuticos, sejam

aceitáveis, de acordo com as disposições dos anexos II e III da Directiva 91/414/CEE, outros métodos internacionalmente reconhecidos.

2. Sem prejuízo dos requisitos da Directiva 91/414/CEE, só se puder ser cientificamente demonstrado pela pessoa responsável pela colocação de uma preparação no mercado que as propriedades toxicológicas da preparação não podem ser correctamente determinadas pelo método indicado na alínea a) do n.° 1 ou com base em resultados disponíveis de ensaios em animais, é que poderão ser utilizados os métodos previstos na alínea b) do n.° 1, na condição de se justificarem ou de serem especificamente autorizados, em conformidade com o artigo 12.° da Directiva 86/609/CEE.

Sempre que uma propriedade toxicológica for comprovada pelos métodos indicados na alínea b) do n.° 1 para a obtenção de novos dados, os ensaios deverão ser realizados segundo os princípios de boas práticas de laboratório previstos na Directiva 87/18/CEE do Conselho, de 18 de Dezembro de 1986, relativa à aproximação das disposições legislativas, regulamentares e administrativas respeitantes à aplicação dos princípios de boas práticas de laboratório e ao controlo da sua aplicação para os ensaios sobre as substâncias químicas e em conformidade com as disposições da Directiva 86/609/CEE, em particular os seus artigos 7.° e 12.°

Sem prejuízo das disposições do n.° 3, sempre que uma propriedade toxicológica tenha sido comprovada com base em ambos os métodos indicados nas alíneas a) e b) do n.° 1, os resultados dos métodos indicados na alínea b) do n.° 1, serão utilizados para classificar a preparação, salvo se se tratar de efeitos cancerígenos, mutagénicos ou tóxicos para a reprodução, casos em que só será utilizado o método convencional indicado na alínea a) do n.° 1.

Todas as propriedades toxicológicas da preparação que não forem avaliadas pelo método indicado na alínea b) do n.° 1 serão avaliadas pelo método convencional.

3. Além disso, quando puder ser demonstrado:

— através de estudos epidemiológicos, de casos cientificamente válidos tal como especificado no anexo VI da Directiva 67/548/CEE ou de experiências apoiadas em elementos estatísticos, tais como avaliação de dados provenientes de centros de informação sobre as intoxicações ou relativos a doenças profissionais, que os efeitos toxicológicos nos seres humanos diferem dos indicados pela aplicação dos métodos previstos no n.° 1, a preparação será classificada em função dos seus efeitos nos seres humanos,

— que uma avaliação convencional levaria à subestimação dos perigos de natureza toxicológica devido a efeitos, por exemplo, de potenciação, esses efeitos serão tidos em conta na classificação da preparação,

— que uma avaliação convencional levaria à sobrestimação dos perigos de natureza toxicológica devido a efeitos, por exemplo, antagónicos, esses efeitos serão tidos em conta na classificação da preparação.

4. No caso das preparações de composição conhecida, excepto as abrangidas pela Directiva 91/414/CEE que tenham sido classificadas pelos métodos previstos na alínea b) do n.° 1, efectuar-se-á uma nova avaliação dos perigos para a saúde pelos métodos indicados na alínea a) do n.° 1, ou na alínea b) do n.° 1, sempre que:

— o fabricante modificar, de acordo com o quadro seguinte, a concentração inicial, expressa em percentagem mássica ou volumétrica, de um ou mais dos componentes perigosos da preparação:

Intervalo da concentração inicial do componente	Variação autorizada da concentração inicial do componente
≤ 2,5 %	± 30 %
> 2,5 % ≤ 10 %	± 20 %
> 10 % ≤ 25 %	± 10 %
> 25 % ≤ 100 %	± 5 %

— o fabricante modificar a composição da preparação por substituição ou incorporação de um ou mais componentes, sejam estes ou não componentes perigosos na acepção das definições constantes do artigo 2.°

Esta nova avaliação só não será aplicável se existirem bases científicas que permitam considerar que uma reavaliação dos perigos não implicaria uma alteração da classificação.

Artigo 7.° *Avaliação dos perigos para o ambiente*
1. Os perigos que as preparações representam para o ambiente serão avaliados por um ou mais dos seguintes processos:
a) Por um método convencional descrito no anexo III da presente directiva;
b) Pela determinação, de acordo com os critérios constantes do anexo VI da Directiva 67/548/CEE, das propriedades perigosas para o ambiente necessárias para a correcta classificação e rotulagem da preparação. Estas propriedades serão determinadas segundo os métodos definidos na parte C do anexo V da referida directiva, salvo no caso dos produtos fitofarmacêuticos, se forem aceitáveis outros métodos reconhecidos internacionalmente, em conformidade com as disposições dos anexos II e III da Directiva 91/414/CEE. Sem prejuizo dos requisitos em matéria de ensaio estabelecidos na Directiva 91/414/CEE, as condições para a aplicação dos métodos experimentais são descritas na parte C do anexo II da presente directiva.
2. Quando determinada propriedade ecotoxicológica for comprovada por um dos métodos indicados na alínea b) do n.° 1 para a obtenção de novos dados, os ensaios deverão ser realizados segundo os princípios de boas práticas de laboratório previstos na Directiva 87/18/CEE e nos termos das disposições da Directiva 86/609/CEE.
Se os perigos para o ambiente tiverem sido avaliados de acordo com os dois métodos acima referidos, a preparação deverá ser classificada com base nos resultados obtidos pelos métodos previstos na alínea b) do n.° 1.
3. No caso das preparações de composição conhecida (excepto as abrangidas pela Directiva 91/414/CEE) que tenham sido classificadas pelo métodos indicados na alínea b) do n.° 1, efectuar-se-á uma nova avaliação dos perigos para o ambiente pelos métodos indicados na alínea a) ou na alínea b) do n.° 1, sempre que:
— o fabricante modificar, de acordo com o quadro seguinte, a concentração inicial, expressa em percentagem mássica ou volumétrica, de um ou mais dos componentes perigosos da preparação:

Intervalo da concentração inicial do componente	Variação autorizada da concentração inicial do componente
≤ 2,5 %	± 30 %
> 2,5 % ≤ 10 %	± 20 %
> 10 % ≤ 25 %	± 10 %
> 25 % ≤ 100 %	± 5 %

— o fabricante modificar a composição da preparação por substituição ou incorporação de um ou mais componentes, sejam estes ou não componentes perigosos na acepção das definições constantes do artigo 2.°
Esta nova avaliação só não será aplicável se existirem bases científicas que permitam considerar que uma reavaliação dos perigos não implicaria uma alteração da classificação.

Artigo 8.° *Obrigações e deveres dos Estados-Membros*
1. Os Estados-Membros tomarão todas as medidas necessárias para garantir que as preparações abrangidas pela presente directiva só possam ser colocadas no mercado se com ela estiverem conformes.
2. Para garantir a conformidade com a presente directiva, as autoridades dos Estados-Membros poderão solicitar informações sobre a composição da preparação em questão, e quaisquer outras informações pertinentes, aos responsáveis pela colocação da preparação no mercado.
3. Os Estados-Membros tomarão todas as medidas necessárias para garantir que os responsáveis pela colocação de uma determinada preparação no mercado mantêm à disposição das autoridades dos Estados-Membros:
— os dados utilizados para a classificação e rotulagem da preparação,
— quaisquer informações úteis sobre as condições de embalagem, segundo o n.° 1.3 do artigo 9.°, incluindo o certificado resultante dos ensaios em conformidade com a parte A do anexo IX da Directiva 67/548/CEE,
— os dados utilizados na elaboração da ficha de segurança conforme previsto no artigo 14.°
4. Os Estados-Membros e a Comissão trocarão as informações respeitantes ao nome e endereço completo das autoridades nacionais responsáveis pela comunicação e intercâmbio de informações relativas à aplicação da presente directiva.

Artigo 9.° *Embalagem*
1. Os Estados-Membros tomarão todas as medidas necessárias para garantir que:
1.1. As preparações abrangidas pelo n.° 2 do artigo 1.° e as preparações abrangidas pelo anexo IV de acordo com o n.° 3 do artigo 1.° só possam ser colocadas no mercado se as embalagens respectivas satisfizerem os seguintes requisitos:
— as embalagens devem ser concebidas e fabricadas de modo a impedir perdas de conteúdo; este requisito não se aplica se forem obrigatórios dispositivos de segurança especiais,
— os materiais constituintes das embalagens e dos sistemas de fecho não devem poder ser atacados pelo conteúdo, nem formar com este compostos perigosos,
— todas as partes das embalagens e dos sistemas de fecho devem ser sólidas e resistentes, de modo a evitar qualquer tipo de relaxamento e por forma a suportarem com toda a segurança as solicitações de um manuseamento normal,
— a concepção dos recipientes dotados de sistemas de fecho recolocáveis deve ser tal que as embalagens possam voltar a ser fechadas repetidamente sem perdas de conteúdo.
1.2. Os recipientes que contenham preparações abrangidas pelo n.° 2 do artigo 1.°, ou as preparações abrangidas pelo anexo IV em conformidade com o n.° 3 do artigo 1.°, oferecidos ou vendidos à população em geral, não possam ter:
— uma forma e/ou uma decoração gráfica capazes de atrair ou de despertar a curiosidade activa das crianças ou de induzir os consumidores em erro,
— uma apresentação e/ou uma denominação utilizadas para géneros alimentícios, alimentos para animais ou produtos medicinais ou cosméticos.
1.3. Os recipientes que contenhnam determinadas preparações oferecidas ou vendidas à população em geral, abrangidas pelo anexo IV da presente directiva:
— disponham de um sistema de fecho de segurança para as crianças, e/ou
— sejam portadores de uma indicação de perigo detectável pelo tacto.
Os dispositivos em questão devem ser conformes com as especificações técnicas constantes das partes A e B do anexo IX da Directiva 67/548/CEE.
2. Considera-se que as embalagens das preparações satisfazem os critérios enunciados no n.° 1.1, primeiro, segundo e terceiro travessões, se obedecerem aos critérios aplicáveis ao transporte ferroviário, rodoviário, marítimo, aéreo, ou por vias interiores navegáveis, das mercadorias perigosas.

Artigo 10.° *Rotulagem*
1.1. Os Estados-Membros tomarão todas as medidas necessárias para garantir que:
a) As preparações abrangidas pelo n.° 2 do artigo 1.° só possam ser colocadas no mercado se a rotulagem das respectivas embalagens satisfizer todos os requisitos do presente artigo e as disposições específicas das partes A e B do anexo V;
b) As preparações abrangidas pelo n.° 3 do artigo 1.° e definidas nas partes B e C do anexo V só possam ser colocadas no mercado se a rotulagem das respectivas

embalagens satisfizer os requisitos dos n.ºs 2.1 e 2.2 do presente artigo e as disposições específicas das partes B e C do anexo V.

1.2. Relativamente aos produtos fitofarmacêuticos referidos na Directiva 91/414/CEE, os requisitos de rotulagem que obedecem à presente directiva serão sempre acompanhados da seguinte frase: «Para evitar riscos para os seres humaos e para o ambiente, respeitar as instruções de utilização»

Esta rotulagem será aposta sem prejuízo da informação exigida nos termos do artigo 16.º e do anexo V da Directiva 91/414/CEE.

2. Todas as embalagens devem ostentar, de forma clara e indelével, as seguintes informações:

2.1. Denominação ou designação comercial da preparação;

2.2. Nome, endereço completo e número de telefone da pessoa estabelecida na Comunidade responsável pela colocação da preparação no mercado, quer se trate de um fabricante, de um importador ou de um distribuidor;

2.3. Designação química da(s) substância(s) presente(s) na preparação, com base nas seguintes regras:

2.3.1. No que se refere às preparações classificadas T$^+$, T ou X$_n$ em conformidade com o artigo 6.º, só haverá que ter em conta as substâncias T$^+$, T ou X$_n$ cuja concentração seja igual ou superior ao limite mais baixo (limite X$_n$) correspondente fixado no parte 3 do anexo VI do Regulamento (CE) n.º 1272/2208 ou, na sua falta, na parte B do anexo II da presente directiva;

2.3.2. No que se refere às preparações classificadas C em conformidade com o artigo 6.º, só haverá que ter em conta as substâncias C cuja concentração seja igual ou superior ao limite mais baixo (limite X$_i$) fixado no parte 3 do anexo VI do Regulamento (CE) n.º 1272/2208 ou, na sua falta, na parte B do anexo II da presente directiva;

2.3.3. Figurarão obrigatoriamente no rótulo as designações das substâncias responsáveis pela classificação da preparação numa ou mais das seguintes categorias de perigo:

— cancerígenio (1.ª, 2.ª ou 3.ª categorias),
— mutagénico (1.ª, 2.ª ou 3.ª categorias),
— tóxico para a reprodução (1.ª, 2.ª ou 3.ª categorias),
— muito tóxico, tóxico ou nocivo devido a efeitos não letais após uma única exposição,
— tóxico ou nocivo devido a efeitos graves após exposição repetida ou prolongada,
— sensibilizante.

A designação química deve ser uma das denominações adoptadas no parte 3 do anexo VI do Regulamento (CE) n.º 1272/2208 ou, se a substância em questão ainda não figurar nesse anexo, numa nomenclatura química reconhecida internacionalmente.

2.3.4. Em resultado das disposições precedentes, não será necessário fazer figurar no rótulo as designações das substâncias responsáveis pela classificação da preparação nas seguintes categorias de perigo:

— explosivo,
— comburente,
— extremamente inflamável,
— facilmente inflamável,
— inflamável,
— irritante,
— perigoso para o ambiente,
salvo se a ou as substâncias em questão tiverem de ser mencionadas por força dos pontos 2.3.1, 2.3.2. ou 2.3.3.

2.3.5. Regra geral, será suficiente um máximo de quatro designações químicas para identificar as principais substâncias responsáveis pelos perigos mais graves para a saúde, base da classificação e da escolha das frases indicadoras de riscos correspondentes. No entanto, em alguns casos poderão ser necessárias mais de quatro designações químicas.

2.4. O(s) símbolo(s) de perigo e a(s) indicação(ões) de perigo

Os símbolos de perigo previstos na presente directiva e as indicações relativas aos perigos associados à utilização da preparação terão de ser conformes com os anexos II e VI da Directiva 67/548/CEE e serão atribuídos com base nos resultados da avaliação dos perigos nas condições previstas nos anexos I, II e III da presente directiva.

No caso das preparações que devem exibir mais de um símbolo de perigo, a obrigatoriedade do símbolo:

— T torna facultativos os símbolos C e X, salvo disposições em contrário no parte 3 do anexo VI do Regulamento (CE) n.º 1272/2208,
— C torna facultativo o símbolo X,
— E torna facultativos os símbolos F e O,
— X_n torna facultativo o símbolo X_i
O(s) símbolo(s) serão impressos a negro em fundo amarelo-alaranjado.

2.5. As frases indicadoras de riscos (frases R)
As indicações relativas a riscos específicos (frases R) terão de ser conformes com a redacção do anexo III da Directiva 67/548/CEE e com as disposições do anexo VI da mesma directiva e serão atribuídas com base nos resultados da avaliação do perigo nas condições previstas nos anexos I, II e III da presente directiva.

Regra geral, será suficiente um máximo de seis frases R para descrever os riscos envolvidos; para esse efeito, as frases combinadas que figuram no anexo III da Directiva 67/548/CEE são consideradas frases únicas. No entanto, se a preparação pertencer simultaneamente a várias categorias de perigo, as frases-tipo escolhidas devem abranger a totalidade dos perigos principais associados à preparação. Por esse motivo, em alguns casos poderão ser necessárias mais de seis frases R.

Se repetirem uma indicação de perigo utilizada em conformidade com o ponto 2.4, não será necessário fazer figurar no rótulo as frases-tipo «extremamente inflamável» ou «facilmente inflamável».

2.6. As recomendações de prudência (frases S)
As indicações que traduzem recomendações de prudência (frases S) terão de ser conformes com a redacção do anexo IV da Directiva 67/548/CEE e com as disposições do anexo VI da mesma directiva e serão atribuídas com base nos resultados da avaliação do perigo nas condições previstas nos anexos I, II e III da presente directiva.

Regra geral, será suficiente um máximo de seis frases S para formular as recomendações de prudência mais adequadas; para esse efeito, as frases combinadas que figuram no anexo IV da Directiva 67/548/CEE são consideradas frases únicas. No entanto, em alguns casos poderão ser necessárias mais de seis frases S.

Se for fisicamente impossível fazer figurar as recomendações de prudência relativas à utilização da preparação no próprio rótulo ou embalagem, esssas recomendações terão de acompanhar a embalagem.

2.7. A quantidade nominal (massa nominal ou volume nominal) do conteúdo, no caso das preparações oferecidas ou vendidas à população em geral.

3. No que se refere a determinadas preparações classificadas de perigosas na acepção do disposto no artigo 7.º e em derrogação aos pontos 2.4, 2.5 e 2.6 do n.º 2 do presente artigo, a Comissão pode prever isenções à aplicação de determinadas disposições de rotulagem ambiental ou disposições específicas relacionadas com a rotulagem ambiental, sempre que se puder demonstrar que do facto resultará uma redução do impacto ambiental. Essas medidas, que têm por objecto alterar elementos não essenciais da presente directiva, são aprovadas pelo procedimento de regulamentação com controlo a que se refere o n.º 3 do artigo 20.ºEstas isenções ou disposições específicas encontram-se definidas nas partes A ou B do anexo V.

4. Se o conteúdo da embalagem não utrapassar 125 ml:
— no caso das preparações classificadas de facilmente inflamáveis, comburentes, irritantes, excepto as qualificadas pela frase R41, ou perigosas para o ambiente e qualificadas pelo símbolo N, não será necessário fazer figurar as frases R nem as frases S,
— no caso das preparações classificadas de inflamáveis ou perigosas para o ambiente e não qualificadas pelo símbolo N, será necessário fazer figurar as frases R, mas não as frases S.

5. Sem prejuízo do disposto no n.º 4 do artigo 16.º da Directiva 91/414/CE, não poderão figurar na embalagem nem no rótulo das preparações abrangidas pela presente directiva indicações do tipo «não tóxico», «não nocivo», «não poluente», «ecológico» ou qualquer outra que afirme tratar-se de uma preparação não perigosa, nem uma indicação susceptível de implicar a subestimação dos perigos que tal preparação representa.

Artigo 11.º *Aplicação dos requisitos de rotulagem*
1. Se as informações previstas no artigo 10.º figurarem num rótulo, este deve estar solidamente afixado numa ou mais faces da embalagem, de tal forma que as informações em questão possam ser lidas na horizontal quando a embalagem estiver colocada na sua posição normal. As dimensões dos rótulos são fixadas no anexo VI da Directiva 67/548/CEE e estes destinam-se exclusivamente à inscrição das informações

previstas na presente directiva e, se necessário, de informações complementares em matéria de higiene ou de segurança.

2. O rótulo deixará de ser obrigatório se as informações requeridas figurarem claramente na própria embalagem, conforme previsto no n.º 1.

3. A cor e a apresentações do rótulo — ou, no caso do n.º 2, da embalagem — devem ser tais que o símbolo de perigo e o respectivo fundo se distingam claramente.

4. As informações a incluir no rótulo nos termos do disposto no artigo 10.º devem destacar-se do fundo e ter uma dimensão e um espaçamento que permitam lê-las com facilidade.

As disposições específicas relativas à apresentação e ao formato dessas informações serão estabelecidas no anexo VI da Directiva 67/548/CEE.

5. Os Estados-Membros poderão subordinar a colocação no mercado, no seu território, das preparações abrangidas pela presente directiva à utilização da sua ou das suas línguas oficiais na redacção da rotulagem.

6. Para efeitos da presente directiva, os requisitos de rotulagem consideram-se satisfeitos:

a) No caso de embalagens exteriores que contenham uma ou mais embalagens interiores, se a rotulagem da embalagem exterior estiver conforme com a regulamentação internacional para o transporte de substâncias perigosas e a ou as embalagens interiores estiverem rotuladas em conformidade com a presente directiva;

b) No caso de uma única embalagem:

— se a rotulagem dessa embalagem estiver conforme com a regulamentação internacional para o transporte de substâncias perigosas e com os n.ºs 2, 2.1, 2.2, 2.3, 2.5 e 2.6 do artigo 10.º; às preparações classificadas em conformidade com o artigo 7.º aplica-se também o disposto no n.º 2.4 do artigo 10.º no que se refere a esta propriedade, quando a mesma não estiver expressamente mencionada no rótulo, ou

— se for caso disso, tratando-se de tipos especiais de embalagens, como as garrafas de gás, se estas estiverem rotuladas em conformidade com os requisitos específicos previstos no anexo VI da Directiva 67/548/CEE.

Se uma preparação perigosa não sair do território de um determinado Estado-Membro, poderá ser autorizada uma rotulagem conforme com a regulamentação nacional, em vez de uma rotulagem conforme com a regulamentação internacional para o transporte de substâncias perigosas.

Artigo 12.º *Derrogações aos requisitos de rotulagem e de embalagem*

1. Os artigos 9.º, 10.º e 11.º não se aplicam às disposições relativas aos explosivos colocados no mercado com o objectivo de produzir um efeito explosivo ou pirotécnico.

2. Os artigos 9.º, 10.º e 11.º não são aplicáveis no caso de determinadas preparações consideradas perigosas na acepção dos artigos 5.º, 6.º e 7.º e especificadas no anexo VII que, na forma em que são colocadas no mercado, não representem qualquer risco físico-químico nem qualquer risco para a saúde ou para o ambiente.

3. Além disso, os Estados-Membros podem autorizar que:

a) A rotulagem prevista no artigo 10.º possa ser efectuada de outro modo apropriado se as embalagens, por serem demasiado pequenas ou se revelarem inadequadas por qualquer outro motivo, não puderem ser rotuladas em conformidade com os n.ºs 1 e 2 do artigo 11.º;

b) Em derrogação aos artigos 10.º e 11.º, as embalagens de preparações perigosas que sejam classificadas de nocivas, extremamente inflamáveis, facilmente inflamáveis, irritantes ou comburentes possam não ser rotuladas, ou possam sê-lo de outro modo, caso contenham quantidades tão pequenas que não haja motivos para recear qualquer perigo para as pessoas que manipulem essas preparações, nem para terceiros;

c) Em derrogação aos artigos 10.º e 11.º, as embalagens de preparações classificadas em conformidade com o artigo 7.º possam não ser rotuladas, ou possam sê-lo de outro modo caso contenham quantidades tão pequenas que não haja motivos para recear qualquer perigo para o ambiente;

d) Em derrogação aos artigos 10.º e 11.º, as embalagens de preparações perigosas não mencionadas nas alíneas b) ou c) supra sejam rotuladas de outro modo apropriado se as embalagens forem demasiado pequenas para serem rotuladas em conformidade com os artigos 10.º e 11.º e não houver motivos para recear qualquer perigo para as pessoas que manipulem essas preparações, nem para terceiros;

Quando o presente número for aplicável, não será permitida a utilização de símbolos, de indicações de perigo, de frases R (riscos) ou de frases S (recomendações de prudência) diferentes dos previstos na presente directiva.

4. Os Estados-Membros que recorrerem às possibilidades alternativas previstas no n.º 3 devem comunicá-lo imediatamente à Comissão e aos restantes Estados-Membros. Se adequado, a Comissão pode decidir das medidas a tomar, no âmbito do anexo V. Essas medidas, que têm por objecto alterar elementos não essenciais da presente directiva, completando-a, são aprovadas pelo procedimento de regulamentação com controlo a que se refere o n.º 3 do artigo 20.º-A.

Artigo 13.º *Venda à distância*

Toda a publicidade em relação a qualquer preparação abrangida pela presente directiva que permita à população em geral celebrar um contrato de compra sem que antes tenha visto o rótulo dessa preparação deve mencionar o ou os tipos de perigos indicados no rótulo. Este requisito não prejudica as disposições da Directiva 97/7/CE do Parlamento Europeu e do Conselho, de 20 de Maio de 1997, relativa à protecção dos consumidores em matéria de contratos à distância).

Artigo 14.º *[...]*

Artigo 15.º *Confidencialidade das designações químicas*

Quando o responsável pela colocação de uma preparação no mercado possa demonstrar que a revelação no rótulo ou na ficha de segurança da identidade química de uma substância exclusivamente classificada de:

— irritante, com excepção das qualificadas pela frase R41, ou que, para além de ser irritante, possua ainda pelo menos uma das outras propriedades previstas no n.º 2.3.4 do artigo 10.º, ou

— nociva ou que, para além de ser nociva, possua ainda pelo menos uma das propriedades previstas no ponto 2.3.4 do artigo 10.º que tenha unicamente efeitos agudos letais,

comprometerá a confidencialidade da sua propriedade intelectual, poderá ser-lhe permitido, em conformidade com o disposto no anexo VI, referir-se a essa substância quer através de uma designação que identifique os principais grupos químicos funcionais quer através de uma designação alternativa. Este procedimento não poderá ser aplicado caso tenha sido atribuído à substância em causa um limite comunitário de exposição.

Caso o responsável pela colocação no mercado de uma preparação deseje beneficiar das disposições relativas à confidencialidade, deverá dirigir um pedido à autoridade competente do Estado-Membro em que a preparação é colocada no mercado pela primeira vez.

Este pedido deverá ser apresentado em conformidade com o disposto no anexo VI, e deverá incluir as informações exigidas no formulário constante da parte A do anexo VI. Esta disposição não impede a autoridade competente de exigir outras informações ao responsável pela colocação da preparação no mercado, se considerar necessário ponderar a validade do pedido.

A autoridade do Estado-Membro que receba um pedido de confidencialidade deverá notificar o autor do pedido da sua decisão. O responsável pela colocação da preparação no mercado deverá enviar uma cópia dessa decisão a cada um dos Estados-Membros em cujo mercado queira colocar o produto.

As informações confidenciais de que tomem conhecimento as autoridades de um Estado-Membro ou a Comissão serão tratadas de acordo com o n.º 4 do artigo 19.º da Directiva 67/548/CEE.

Artigo 16.º *Prerrogativas dos Estados-Membros no que se refere à segurança dos trabalhadores*

A presente directiva não afecta o direito dos Estados-Membros de especificarem, na observância do Tratado, os requisitos que considerarem necessários para assegurar a protecção dos trabalhadores durante a utilização de determinadas preparações perigosas, desde que tal não implique qualquer alteração da classificação, da embalagem ou da rotulagem das preparações perigosas em questão relativamente à presente directiva.

Artigo 17.º *Organismos responsáveis pela recepção das informações relativas à saúde*
Os Estados-Membros designarão o ou os organismos responsáveis pela recepção das informações (incluindo a composição química) relativas às preparações colocadas no mercado que sejam consideradas perigosas devido aos seus efeitos na saúde ou aos seus efeitos físico-químicos.

Os Estados-Membros tomarão as medidas necessárias para garantir que os organismos designados ofereçam todas as garantias requeridas no que respeita à manutenção da confidencialidade das informações recebidas. Estas últimas só poderão ser utilizadas para satisfazer exigências de natureza médica com vista à adopção de medidas preventivas ou curativas, nomeadamente em situações de emergência.

Os Estados-Membros tomarão providências para que as referidas informações não sejam utilizadas para outros fins.

Os Estados-Membros assegurarão que os organismos designados disponham de todas as informações que devem ser fornecidas pelos fabricantes, ou pelos reponsáveis pela comercialização, necessárias à realização das tarefas que lhes incumbem.

Artigo 18.º *Cláusula de livre circulação*
Sem prejuízo de outras disposições da legislação comunitária, os Estados-Membros não poderão proibir, restringir ou entravar a colocação no mercado de quaisquer preparações devido à sua classificação, embalagem, rotulagem ou ficha de segurança se tais preparações satisfizerem as disposições estabelecidas na presente directiva.

Artigo 19.º *Cláusula de salvaguarda*
1. Se um Estado-Membro tiver razões fundamentadas para considerar que uma determinada preparação, embora conforme com as disposições da presente directiva, representa um perigo para as pessoas ou para o ambiente por motivos relacionados com o disposto na presente directiva, esse Estado-Membro poderá, provisoriamente, proibir, ou submeter a condições especiais, a colocação no mercado da preparação em questão no seu território. Desse facto informará imediatamente a Comissão e os restantes Estados-Membros, indicando os motivos da sua decisão.
2. No caso previsto no n.º 1, a Comissão consultará os Estados-Membros o mais rapidamente possível.
3. A Comissão toma uma decisão pelo procedimento de regulamentação a que se refere o n.º 2 do artigo 20.º-A.

Artigo 20.º
A Comissão adapta ao progresso técnico os anexos da presente directiva. Essas medidas, que têm por objecto alterar elementos não essenciais da presente directiva, são aprovadas pelo procedimento de regulamentação com controlo a que se refere o n.º 3 do artigo 20.º-A.

Artigo 20.º-A
1. A Comissão é assistida pelo comité estabelecido pelo n.º 1 do artigo 29.º da Directiva 67/548/CEE do Conselho ([21]).
2. Sempre que se faça referência ao presente número, são aplicáveis os artigos 5.º e 7.º da Decisão 1999/468/CE, tendo-se em conta o disposto no seu artigo 8.º.
O prazo previsto no n.º 6 do artigo 5.º da Decisão 1999/468/CE é de três meses.
3. Sempre que se faça referência ao presente número, são aplicáveis os n.ºs [08] 1 a 4 do artigo 5.º-A e o artigo 7.º da Decisão 1999/468/CE, tendo-se em conta o disposto no seu artigo 8.º.

Artigo 21.º *Revogação de directivas*
1. As directivas enumeradas na parte A do anexo VIII são revogadas, sem prejuízo das obrigações dos Estados-Membros no que respeita às datas-limite de transposição para o direito nacional e de aplicação das directivas, indicadas na parte B do anexo VIII.
2. As directivas enumeradas na parte A do anexo VIII aplicar-se-ão à Áustria, à Finlândia e à Suécia, sem prejuízo das disposições da parte C e em conformidade com o Tratado.
3. As referências às directivas revogadas passam a ser entendidas como referências à presente directiva, recorrendo-se para o efeito ao quadro de correlação do anexo IX.

Artigo 22.° *Transposição*

1. Os Estados-Membros adoptarão e publicarão as disposições legislativas, regulamentares e administrativas necessárias para dar cumprimento à presente directiva o mais tardar até 30 de Julho de 2002. Do facto informarão imediatamente a Comissão.

2. Os Estados-Membros começarão a aplicar as disposições legislativas, regulamentares e administrativas a que se refere o n.° 1:

a) Às preparações não abrangidas pelo âmbito de aplicação das Directivas 91/414/CEE ou 98/8/CE até 30 de Julho de 2002;

b) Às preparações abrangidas pelo âmbito de aplicação das Directivas 91/414/CEE ou 98/8/CE até 30 de Julho de 2004.

3. Quando os Estados-Membros adoptarem tais disposições, estas devem incluir uma referência à presente directiva ou ser acompanhadas dessa referência na publicação oficial. As modalidades dessa referência serão adoptadas pelos Estados-Membros.

Artigo 23.° *Entrada em vigor*

A presente directiva entra em vigor na data da sua publicação no Jornal Oficial das Comunidades Europeias.

O n.° 2 do artigo 21.° é aplicável a partir de 1 de Janeiro de 1999.

Artigo 24.° *Destinatários*

Os Estados-Membros são destinatários da presente directiva.

ANEXO I.-

Métodos de avaliação das propriedades físico-químicas das preparações em conformidade com o artigo 5.º

[Anexo não reproduzido na presente publicação]

ANEXO II.-

Método de avaliação dos perigos que as preparações apresentam para a saúde, em conformidade com o artigo 6.º

[Anexo não reproduzido na presente publicação]

ANEXO III.-

Métodos de avaliação dos perigos que as preparações representam para o ambiente, em conformidade com o artigo 7.º

[Anexo não reproduzido na presente publicação]

ANEXO IV.-

Disposições específicas aplicáveis aos recipientes das preparações oferecidas ou vendidas à população em geral

[Anexo não reproduzido na presente publicação]

ANEXO V.-

Disposições específicas relativas à rotulagem de determinadas preparações

[Anexo não reproduzido na presente publicação]

ANEXO VI.-

Confidencialidade da identidade química de uma substância nociva

[Anexo não reproduzido na presente publicação]

ANEXO VII.-

Preparações abrangidas pelo n.º 2 do artigo 12.º

[Anexo não reproduzido na presente publicação]

ANEXO VIII

[Anexo não reproduzido na presente publicação]

ANEXO IX

[Anexo não reproduzido na presente publicação]

17 de Julho de 2000.- Regulamento (CE) n.º 1760/2000
do Parlamento Europeu e do Conselho
que estabelece um regime de identificação e registo de bovinos e relativo à rotulagem da
carne de bovino e dos produtos à base de carne de bovino,
e que revoga o Regulamento (CE) n.º 820/97 do Conselho
(J.O. L 204, 11/08/2000)

(V.C. 17/07/2014)

O PARLAMENTO EUROPEU E O CONSELHO DA UNIÃO EUROPEIA,
Tendo em conta o Tratado que institui a Comunidade Europeia e, nomeadamente, o seu artigo 37.º e o n.º 4, alínea b), do seu artigo 152.º,
Tendo em conta a proposta da Comissão,
Tendo em conta o parecer do Comité Económico e Social,
Tendo em conta o parecer do Comité das Regiões,
Deliberando nos termos do artigo 251.º do Tratado,
Considerando o seguinte:
(1) O artigo 19.º do Regulamento (CE) n.º 820/97 do Conselho, de 21 de Abril de 1997, que estabelece um regime de identificação e registo de bovinos e relativo à rotulagem da carne de bovino e dos produtos à base de carne de bovino, dispõe que, a partir de 1 de Janeiro de 2000, será introduzido em todos os Estados-Membros um regime de rotulagem obrigatória da carne de bovino. O mesmo artigo dispõe igualmente que as normas gerais relativas a esse regime obrigatório devem ser adoptadas antes daquela data, com base numa proposta da Comissão.
(2) O Regulamento (CE) n.º 2772/1999 do Conselho, de 21 de Dezembro de 1999, que estabelece as normas gerais do regime de rotulagem obrigatória da carne de bovino, dispõe que as referidas normas gerais apenas se aplicam a título provisório durante um período máximo de oito meses, ou seja de 1 de Janeiro a 31 de Agosto de 2000.
(3) Por razões de clareza, o Regulamento (CE) n.º 820/97 deve ser revogado e substituído pelo presente regulamento.
(4) Na sequência da instabilidade do mercado da carne de bovino e dos produtos à base de carne de bovino, causada pela crise da encefalopatia espongiforme bovina, a maior transparência das condições de produção e comercialização destes produtos, nomeadamente em relação à rastreabilidade, exerceu um efeito positivo no consumo da carne de bovino. Para manter e reforçar essa confiança do consumidor na carne de bovino e evitar que aquele seja enganado, é necessário aumentar a informação de que os consumidores dispõem através da rotulagem adequada e clara do produto.
(5) Para este efeito, é essencial estabelecer, por um lado, um regime eficaz de identificação e registo de bovinos na fase de produção e, por outro lado, um regime de rotulagem comunitário específico no sector da carne de bovino, baseado em critérios objectivos na fase de comercialização.
(6) As garantias decorrentes de tal melhoramento conduzirão igualmente à satisfação de certas exigências de interesse público, nomeadamente a protecção da saúde humana e da sanidade animal.
(7) Em consequência, aumentará a confiança do consumidor na qualidade da carne de bovino e dos produtos à base de carne, e será reforçada a estabilidade duradoura do mercado da carne de bovino.
(8) O n.º 1, alínea c), do artigo 3.º da Directiva 90/425/CEE do Conselho, de 26 de Junho de 1990, relativa aos controlos veterinários e zootécnicos aplicáveis ao comércio intracomunitário de certos animais vivos e produtos, na perspectiva da realização do mercado interno, estabelece que os animais para comércio intracomunitário devem ser identificados em conformidade com as exigências da regulamentação comunitária e devem ser registados de modo a permitir identificar a exploração, o centro ou o organismo de origem ou de passagem e que, antes de 1 de Janeiro de 1993, estes regimes de identificação e registo devem ser alargados à circulação de animais no interior do território de cada Estado-Membro.
(9) O artigo 14.º da Directiva 91/496/CEE do Conselho, de 15 de Julho de 1991, que fixa os princípios relativos à organização dos controlos veterinários dos animais provenientes de países terceiros introduzidos na Comunidade e altera as Directivas 89/662/CEE, 90/425/CEE e 90/675/CEE, estabelece que a identificação e o registo

previstos no n.º 1, alínea c), do artigo 3.º da Directiva 90/425/CEE devem, com excepção dos animais destinados a abate e dos equídeos registados, ser efectuados após a execução de tais controlos.

(10) A gestão de certos regimes de ajuda comunitária no domínio da agricultura requer a identificação individual de certos tipos de animais. Os regimes de identificação e registo devem, por conseguinte, ser adequados à aplicação e ao controlo de tais medidas de identificação individual.

(11) Para a aplicação correcta do presente regulamento, é necessário assegurar o intercâmbio rápido e eficaz de informação entre os Estados-Membros. As disposições comunitárias que a tal respeitam foram estabelecidas pelo Regulamento (CEE) n.º 1468/81 do Conselho, de 19 de Maio de 1981, relativo à assistência mútua entre as autoridades administrativas dos Estados-Membros e à colaboração entre estas e a Comissão, tendo em vista assegurar a boa aplicação das regulamentações aduaneira ou agrícola, e pela Directiva 89/608/CEE do Conselho, de 21 de Novembro de 1989, relativa à assistência mútua entre as autoridades administrativas dos Estados-Membros e à colaboração entre estas e a Comissão, tendo em vista assegurar a boa aplicação das legislações veterinária e zootécnica.

(12) As regras actuais relativas à identificação e ao registo de bovinos foram estabelecidas pela Directiva 92/102/CEE do Conselho, de 27 de Novembro de 1992, relativa à identificação e ao registo de animais, e pelo Regulamento (CE) n.º 820/97. A experiência demonstrou que a aplicação da Directiva 92/102/CEE aos bovinos não foi inteiramente satisfatória e carece de aperfeiçoamento. É, portanto, necessário adoptar um regulamento específico em relação aos bovinos a fim de reforçar o disposto nessa directiva.

(13) Para que a introdução de um regime de identificação mais aperfeiçoado seja aceite, é essencial não sobrecarregar demasiado o produtor em termos de formalidades administrativas. Devem ser estabelecidos prazos exequíveis para a sua aplicação.

(14) Para que, no âmbito do controlo dos regimes de ajuda comunitária, a rastreabilidade dos animais seja rápida e precisa, cada Estado-Membro deve criar uma base de dados nacional informatizada que registe a identidade do animal e de todas as explorações do seu território, bem como as deslocações dos animais, em conformidade com o disposto na Directiva 97/12/CE do Conselho, de 17 de Março de 1997, que altera e actualiza a Directiva 64/432/CEE relativa a problemas de fiscalização sanitária em matéria de comércio intracomunitário de animais das espécies bovina e suína, a qual clarifica os requisitos sanitários desta base de dados.

(15) Importa que cada Estado-Membro tome as medidas eventualmente ainda necessárias para que a base de dados informatizada nacional esteja totalmente operacional o mais rapidamente possível.

(16) Devem ser tomadas medidas para criar condições técnicas que assegurem a melhor comunicação possível entre o produtor e a base de dados, bem como a utilização generalizada das bases de dados.

(17) Para assegurar a rastreabilidade das deslocações dos bovinos, estes animais devem ser identificados através de uma marca auricular aplicada em cada orelha e, em princípio, acompanhados por um passaporte em todas as suas deslocações. As características da marca auricular e do passaporte devem ser determinadas a nível comunitário. Em princípio, deve ser emitido um passaporte por cada animal ao qual tenha sido atribuída uma marca auricular.

(18) Os animais importados de países terceiros em conformidade com a Directiva 91/496/CEE devem estar sujeitos aos mesmos requisitos de identificação.

(19) Todos os animais devem conservar as respectivas marcas auriculares ao longo da sua vida.

(20) A Comissão está a analisar, com base no trabalho efectuado pelo Centro Comum de Investigação, a viabilidade da utilização de meios electrónicos para a identificação de animais.

(21) Os detentores de animais, com excepção dos transportadores, devem manter um registo actualizado dos animais nas respectivas explorações. As características do registo devem ser determinadas a nível comunitário. A autoridade competente deve ter acesso a tais registos, mediante pedido.

(22) Os Estados-Membros podem repercutir as despesas decorrentes da aplicação destas medidas em todo o sector da carne de bovino.

(23) Devem ser designadas a autoridade ou as autoridades responsáveis pela aplicação de cada título do presente regulamento.

(24) Deve ser introduzido e ser obrigatório em todos os Estados-Membros um regime de rotulagem obrigatória da carne de bovino. No âmbito deste regime obrigatório, os operadores e organizações que comercializem carne de bovino devem incluir, no rótulo, informações sobre a carne de bovino, bem como o local de abate do animal ou animais de que ela provém.

(25) O regime de rotulagem obrigatória da carne de bovino deve ser reforçado a partir de 1 de Janeiro de 2002. No âmbito deste regime obrigatório, os operadores e organizações que comercializem carne de bovino devem incluir, além disso, na informação constante do rótulo relativa à origem, os locais em que nasceram e foram engordados e abatidos o animal ou os animais de que provém a carne de bovino.

(26) No âmbito do regime de rotulagem facultativa da carne de bovino, podem ser dadas informações adicionais à informação sobre o local de nascimento, engorda e abate do animal ou animais de que a carne provém.

(27) O regime de rotulagem obrigatória assente na origem deverá estar em vigor a partir de 1 de Janeiro de 2002, no pressuposto de que a informação completa relativa à movimentação dos bovinos na Comunidade apenas é necessária para os animais nascidos após 31 de Dezembro de 1997.

(28) O regime de rotulagem obrigatória da carne de bovino deve aplicar-se igualmente à carne de bovino importada para a Comunidade. Contudo, deve prever-se o facto de o operador ou a organização do país terceiro poder não dispor de todas as informações que são exigidas para a rotulagem da carne de bovino produzida na Comunidade. Consequentemente, é necessário determinar as informações mínimas que os países terceiros devem indicar no rótulo.

(29) Em relação aos operadores ou organizações que produzam e comercializem carne picada de bovino que podem não estar em condições de apresentar toda a informação requerida no âmbito do regime de rotulagem obrigatória da carne de bovino, devem ser concedidas derrogações que assegurem um número mínimo de informações.

(30) O objectivo da rotulagem consiste em assegurar a máxima transparência da comercialização da carne de bovino.

(31) O presente regulamento não deve afectar o Regulamento (CEE) n.º 2081/92 do Conselho, de 14 de Julho de 1992, relativo à protecção das indicações geográficas e denominações de origem dos produtos agrícolas e dos géneros alimentícios.

(32) É igualmente necessário instituir um enquadramento comunitário para a rotulagem da carne de bovino em relação às indicações que não as exigidas pelo regime de rotulagem obrigatória. Devido à diversidade das descrições de carne de bovino comercializada na Comunidade revela-se mais adequado o estabelecimento de um regime de rotulagem facultativa. A eficácia desse regime de rotulagem facultativa depende da rastreabilidade de toda a carne de bovino rotulada até aos animais de origem. As medidas de rotulagem adoptadas pelos operadores ou organizações deverão constar dos cadernos de especificações a enviar à autoridade competente, dentro de um determinado prazo. Os operadores e organizações apenas serão autorizados a rotular carne de bovino se o rótulo contiver o seu nome ou logotipo de identificação. As autoridades competentes dos Estados-Membros devem ser autorizadas a revogar a aprovação de quaisquer cadernos de especificações em caso de irregularidades. Para assegurar que os cadernos de especificações de rotulagem possam ser reconhecidos em toda a Comunidade, é necessário prever o intercâmbio de informações entre os Estados-Membros.

(33) Os operadores e organizações que importam para a Comunidade carne de bovino proveniente de países terceiros podem desejar igualmente rotular os respectivos produtos em conformidade com o regime de rotulagem facultativa. Deverão, pois, ser estabelecidas disposições que tenham por objectivo assegurar, tanto quanto possível, que as medidas de rotulagem referentes à carne de bovino importada sejam tão fiáveis como as aplicáveis à carne de bovino comunitária.

(34) A transição das disposições constantes do título II do Regulamento (CE) n.º 820/97 para as previstas no presente regulamento poderá suscitar dificuldades que não são contempladas no presente regulamento. Para dar resposta a esta eventualidade, importa permitir que a Comissão adopte as medidas transitórias necessárias. A Comissão deve ser igualmente autorizada, sempre que tal seja justificado, a resolver problemas práticos específicos.

(35) Para assegurar a fiabilidade das medidas previstas no presente regulamento, é necessário que os Estados-Membros apliquem obrigatoriamente medidas de controlo adequadas e eficazes. Tais controlos devem ser efectuados sem prejuízo de quaisquer

outros que a Comissão possa efectuar, por analogia com o artigo 9.º do Regulamento (CE, Euratom) n.º2988/95 do Conselho, de 18 de Dezembro de 1995, relativo à protecção dos interesses financeiros das Comunidades Europeias.

(36) Devem ser estabelecidas sanções adequadas para infracções ao disposto no presente regulamento.

(37) As medidas necessárias à execução do presente regulamento serão aprovadas nos termos da Decisão 1999/468/CE do Conselho, de 28 de Junho de 1999, que fixa as regras de exercício das competências de execução atribuídas à Comissão, ADOPTARAM O PRESENTE REGULAMENTO:

TÍTULO I.- IDENTIFICAÇÃO E REGISTO DE BOVINOS

Artigo 1.º
1. Todos os Estados-Membros devem estabelecer um regime de identificação e registo de bovinos, em conformidade com o disposto no presente título.
2. O presente título aplica-se sem prejuízo das regras comunitárias de erradicação ou controlo de doenças e do disposto na Directiva 91/496/CEE e no Regulamento (CEE) n.º 3508/92.

Artigo 2.º
Para efeitos do disposto no presente título, entende-se por:
— «animal», um bovino na aceção do artigo 2.º, n.º 2, alíneas b) e c), da Diretiva 64/432/CEE, incluindo os animais que façam parte de acontecimentos culturais e desportivos,
— «exploração», qualquer estabelecimento, construção, ou, no caso de uma exploração agrícola ao ar livre, qualquer local situado no território de um Estado-Membro, em que os animais abrangidos pelo presente regulamento sejam alojados, criados ou mantidos,
— «detentor», qualquer pessoa singular ou colectiva responsável pelos animais, a título permanente ou provisório, nomeadamente durante o transporte ou num mercado,
— «autoridade competente», a autoridade central ou as autoridades de um Estado-Membro responsáveis pela, ou incumbidas da, execução de controlos veterinários e aplicação do presente título, ou, no que respeita ao controlo dos prémios, as autoridades incumbidas da aplicação do Regulamento (CEE) n.º 3508/92.

Artigo 3.º
O regime de identificação e registo de bovinos deve incluir os seguintes elementos:
a) Meios de identificação para identificar individualmente os animais;
b) Bases de dados informatizadas;
c) Passaportes de animais;
d) Registos individuais mantidos em cada exploração.
A Comissão e a autoridade competente do Estado-Membro interessado devem ter acesso a toda a informação abrangida pelo presente título. Os Estados-Membros e a Comissão devem tomar as medidas necessárias para assegurar o acesso a estes dados por todas as partes interessadas, incluindo as organizações de consumidores que tenham um interesse particular e sejam reconhecidas pelo Estado-Membro, desde que sejam asseguradas a confidencialidade e a protecção dos dados previstas na legislação nacional.

Artigo 4.º Obrigação de identificar animais
1. Todos os animais de uma exploração devem ser identificados pelo menos através de dois meios de identificação elencados no Anexo –I, nos termos das regras adotadas nos termos do n.º 3 e aprovadas pela autoridade competente. Pelo menos um dos meios de identificação deve estar visível e possuir um código de identificação visível.
O primeiro parágrafo não é aplicável aos animais nascidos antes de 1 de janeiro de 1998 e que não se destinam ao comércio no interior da União. Esses animais devem ser identificados por, pelo menos, um meio de identificação.
A fim de assegurar a adaptação ao progresso técnico, a Comissão fica habilitada a adotar atos delegados, nos termos do artigo 22.º-B, no que diz respeito à adição de meios de identificação à lista estabelecida no Anexo –I, garantindo simultaneamente a interoperabilidade dos mesmos.
Os meios de identificação devem ser atribuídos à exploração, distribuídos e aplicados aos animais de forma a determinar pela autoridade competente.

472

Os dois meios de identificação, autorizados nos termos dos atos delegados e dos atos de execução adotados nos termos do n.º 3 e do presente número e que são aplicados a um animal, devem possuir o mesmo código de identificação único, o que, em conjugação com o registo dos animais, permitirá identificar individualmente cada animal e a exploração em que nasceu.

2. Não obstante o disposto no n.º 1, se os carateres que compõem o código de identificação do animal não permitirem a aplicação de um identificador eletrónico com o mesmo código de identificação único, o Estado-Membro em causa pode autorizar que, sob a supervisão da sua autoridade competente, o segundo meio de identificação tenha um código diferente, desde que estejam preenchidas cada uma das seguintes condições:

a) O animal tenha nascido antes da data de entrada em vigor dos atos de execução referidos no n.º 3, segundo parágrafo, alínea c);

b) A plena rastreabilidade seja assegurada;

c) A identificação individual do animal, incluindo a exploração em que nasceu, seja possível;

d) O animal não se destine ao comércio dentro da União.

3. Para assegurar as adequadas rastreabilidade e adaptabilidade ao progresso técnico, bem como o funcionamento otimizado do sistema de identificação, a Comissão adota atos delegados, nos termos do artigo 22.º-B, no que se refere aos requisitos aplicáveis aos meios de identificação estabelecidos no Anexo –I, assim como as medidas transitórias necessárias à introdução de um determinado meio de identificação.

Com base nas normas ISO relevantes ou outras normas técnicas internacionais adotadas por organismos de normalização internacional reconhecidos, desde que essas normas internacionais consigam assegurar, pelo menos, um nível mais elevado de desempenho e fiabilidade do que as normas ISO, a Comissão fixa, por meio de atos de execução, as regras necessárias relativas:

a) Ao modelo e à conceção dos meios de identificação;

b) Aos procedimentos técnicos de aplicação da identificação eletrónica dos bovinos; e

c) À configuração do código de identificação.

Os referidos atos de execução são adotados pelo procedimento de exame a que se refere o artigo 23.º, n.º 2.

4. A partir de 18 de julho de 2019, os Estados-Membros asseguram dispor da infraestrutura necessária para garantir a identificação dos animais através de um identificador eletrónico como um meio de identificação oficial nos termos do presente regulamento.

A partir de 18 de julho de 2019, os Estados-Membros podem adotar disposições nacionais para tornar obrigatória a utilização de um identificador eletrónico como um dos dois meios de identificação previstos no n.º 1.

Os Estados-Membros que façam uso da opção referida no segundo parágrafo devem fornecer à Comissão o texto das referidas disposições nacionais e disponibilizar esta informação na Internet. A Comissão assiste os Estados-Membros na divulgação ao público dessas informações, fornecendo no seu sítio Internet as ligações para os sítios Internet relevantes dos Estados-Membros.

5. Não obstante o disposto no n.º 1, os bovinos destinados a acontecimentos culturais e desportivos, com exceção de feiras e exposições, podem ser identificados por meios de identificação alternativos que ofereçam garantias normativas equivalentes às previstas no referido número.

As explorações que utilizem meios de identificação alternativos referidos no primeiro parágrafo são registadas na base de dados informatizada prevista no artigo 5.º.

A Comissão fixa, por meio de atos de execução, as regras necessárias relativas a esse registo. Os referidos atos de execução são adotados pelo procedimento de exame a que se refere o artigo 23.º, n.º 2.

A fim de assegurar a rastreabilidade com base em normas de identificação equivalentes às previstas no n.º 1, a Comissão fica habilitada a adotar atos delegados, nos termos do artigo 22.º-B, no que diz respeito aos requisitos relativos aos meios de identificação alternativos referidos no primeiro parágrafo, incluindo as medidas transitórias necessárias à respetiva introdução.

A Comissão pode adotar, por meio de atos de execução, as regras relativas ao modelo e à conceção dos meios de identificação alternativos referidos no primeiro parágrafo, incluindo as medidas de transição necessárias para a sua introdução. Os referidos atos de execução são adotados pelo procedimento de exame a que se refere o artigo 23.º, n.º 2.

6. Os Estados-Membros devem comunicar-se mutuamente e comunicar à Comissão o modelo dos meios de identificação utilizado nos respetivos territórios e disponibilizar esta informação na Internet. A Comissão assiste os Estados-Membros na divulgação ao público dessas informações, fornecendo no seu sítio Internet as ligações para os sítios Internet dos Estados-Membros.

Artigo 4.°-A *Prazo para a aplicação dos meios de identificação*
1. Os meios de identificação previstos no artigo 4.°, n.° 1, são aplicados no animal até ao termo de um prazo máximo a determinar pelo Estado-Membro em que o animal nasceu. O prazo máximo é calculado a partir da data de nascimento do animal e não pode exceder 20 dias.

Não obstante o disposto no primeiro parágrafo, por razões atinentes ao desenvolvimento fisiológico dos animais, esse prazo pode, para o segundo meio de identificação, ser prorrogado até 60 dias a partir da data de nascimento do animal.

Nenhum animal pode abandonar a exploração em que nasceu antes de lhe serem aplicados os dois meios de identificação.

2. A fim de permitir a aplicação dos meios de identificação em circunstâncias especiais que envolvam dificuldades práticas, a Comissão fica habilitada a adotar atos delegados, nos termos do artigo 22.°-B, para determinar as circunstâncias especiais em que os Estados-Membros podem prorrogar os prazos máximos para a aplicação dos meios de identificação como previsto no n.° 1, primeiro e segundo parágrafos. Os Estados-Membros devem informar a Comissão do uso dessa opção.

Artigo 4.°-B *Identificação dos animais provenientes de países terceiros*
1. Qualquer animal sujeito aos controlos veterinários nos termos da Diretiva 91/496/CEE, introduzido na União proveniente de um país terceiro e destinado a uma exploração no território da União deve ser identificado na exploração de destino com os meios de identificação previstos no artigo 4.°, n.° 1.

A identificação original atribuída ao animal pelo país terceiro de origem deve ser registada na base de dados informatizada prevista no artigo 5.°, juntamente com o código de identificação único do meio de identificação atribuído ao animal pelo Estado-Membro de destino.

O disposto no primeiro parágrafo não se aplica aos animais que se destinem diretamente a um matadouro situado num Estado-Membro, se os animais forem abatidos no prazo de 20 dias após os referidos controlos veterinários nos termos da Diretiva 91/496/CEE.

2. Os meios de identificação dos animais referidos no artigo 4.°, n.° 1, devem ser aplicados num prazo máximo a determinar pelo Estado-Membro onde se situa a exploração de destino. Esse prazo não pode ser superior a 20 dias após os controlos veterinários referidos no n.° 1.

Não obstante o disposto no primeiro parágrafo, por razões atinentes ao desenvolvimento fisiológico dos animais, este prazo pode ser prorrogado, para o segundo meio de identificação, até 60 dias a partir da data de nascimento do animal.

Os dois meios de identificação referidos no artigo 4.°, n.° 1, primeiro parágrafo, devem ser aplicados, em qualquer caso, antes de os animais abandonarem a exploração de destino.

3. Se a exploração de destino se situar num Estado-Membro que introduziu disposições nacionais, ao abrigo do artigo 4.°, n.° 4, segundo parágrafo, para tornar obrigatória a utilização de um identificador eletrónico, os animais devem ser identificados com esse identificador eletrónico na exploração de destino na União, num prazo a determinar pelo Estado-Membro de destino. Esse prazo não pode ser superior a 20 dias após os controlos veterinários referidos no n.° 1.

Não obstante o disposto no primeiro parágrafo, por razões atinentes ao desenvolvimento fisiológico dos animais, este prazo pode, para o segundo meio de identificação, ser prolongado até 60 dias a partir da data de nascimento do animal.

O identificador eletrónico deve ser aplicado, em qualquer caso, antes de os animais abandonarem a exploração de destino.

Artigo 4.°-C *Identificação de animais transferidos entre Estados-Membros*
1. Os animais transferidos entre Estados-Membros devem conservar os meios de identificação originais a eles aplicados nos termos do artigo 4.°, n.° 1.

No entanto, em derrogação ao disposto no primeiro parágrafo, a partir de 18 de julho de 2019, a autoridade competente do Estado-Membro de destino pode autorizar:

a) A substituição de um dos meios de identificação por um identificador eletrónico sem alterar o código de identificação único original do animal;

b) A substituição de ambos os meios de identificação por dois novos meios de identificação, os quais devem possuir o mesmo código de identificação único novo.

Esta derrogação é aplicável num prazo de cinco anos após 18 de julho de 2019, no caso de os carateres que compõem o código de identificação de uma marca auricular convencional de um animal não permitirem a aplicação de um identificador eletrónico com o mesmo código de identificação único, e desde que o animal tenha nascido antes da data de entrada em vigor dos atos de execução referidos no artigo 4.º, n.º 3, segundo parágrafo, alínea c).

2. Se a exploração de destino se situar num Estado-Membro que introduziu disposições nacionais para tornar obrigatória a utilização de um identificador eletrónico, os animais devem ser identificados com esse identificador eletrónico, pelo menos na exploração de destino, num prazo máximo a determinar pelo Estado-Membro em que a exploração se situa. Esse prazo máximo não pode ser superior a 20 dias a contar da data de chegada dos animais à exploração de destino.

Não obstante o disposto no primeiro parágrafo, por razões atinentes ao desenvolvimento fisiológico dos animais, este prazo pode, para o segundo meio de identificação, ser prorrogado até 60 dias a partir da data de nascimento do animal.

O identificador eletrónico deve ser aplicado, em qualquer caso, antes de os animais abandonarem a exploração de destino.

Contudo, o disposto no primeiro parágrafo não se aplica aos animais que se destinem diretamente a um matadouro situado no território de um Estado-Membro que tenha introduzido disposições nacionais para tornar obrigatória a utilização de um identificador eletrónico.

Artigo 4.º-D *Remoção, modificação ou substituição dos meios de identificação*
Os meios de identificação não podem ser removidos, modificados ou substituídos sem a autorização da autoridade competente. Essa autorização só pode ser concedida quando tal remoção, modificação ou substituição não comprometer a rastreabilidade do animal e a sua identificação individual, incluindo a exploração onde nasceu, for possível.

Qualquer substituição de um código de identificação deve ser registada na base de dados informatizada prevista no artigo 5.º, juntamente com o código de identificação único do meio de identificação original do animal.

Artigo 5.º
A autoridade competente dos Estados-Membros deve criar bases de dados informatizadas, nos termos do disposto nos artigos 14.º e 18.º da Diretiva 64/432/CEE.

Os Estados-Membros podem proceder ao intercâmbio de dados eletrónicos entre as suas bases de dados informatizadas a partir da data em que a Comissão reconhecer a operacionalidade plena do sistema de intercâmbio de dados. Esse intercâmbio deve ser feito de forma a garantir a proteção de dados e impedir quaisquer abusos, a fim de proteger os interesses do detentor.

A fim de assegurar o intercâmbio eletrónico de informações entre os Estados-Membros, a Comissão adota atos delegados, nos termos do artigo 22.º-B, para estabelecer as regras sobre os dados que serão objeto desse intercâmbio entre as bases de dados informatizadas dos Estados-Membros.

A Comissão, por meio de atos de execução, estabelece as condições e as modalidades técnicas desse intercâmbio e reconhece a operacionalidade plena do sistema de intercâmbio de dados. Os referidos atos de execução são adotados pelo procedimento de exame a que se refere o artigo 23.º, n.º 2.

Artigo 6.º
1. Se um Estado-Membro não proceder ao intercâmbio eletrónico de dados com outros Estados-Membros no quadro do sistema de intercâmbio eletrónico de dados referido no artigo 5.º:

a) A autoridade competente desse Estado-Membro emite um passaporte para cada animal destinado ao comércio intra-União, com base nas informações constantes da base de dados informatizada desse Estado-Membro;

b) Os animais para os quais tiverem sido emitidos passaportes devem ser acompanhados pelo passaporte respetivo sempre que forem transferidos entre Estados-Membros;

c) Após a chegada dos animais à exploração de destino, os passaportes que os acompanham devem ser entregues à autoridade competente do Estado-Membro em que a exploração de destino está situada.

2. A fim de permitir assegurar a rastreabilidade dos movimentos dos animais para a exploração de origem situada num Estado-Membro, a Comissão fica habilitada a adotar atos delegados, nos termos do artigo 22.º-B, para estabelecer regras relativas às informações provenientes da base de dados informatizada que devem constar do passaporte do animal, incluindo as medidas transitórias requeridas para a sua introdução.

Artigo 6.º-A

O disposto no presente regulamento não deve impedir a adoção por parte dos Estados-Membros de disposições relativas à emissão de passaportes para os animais não destinados ao comércio intra-União.

Artigo 7.º

1. Todos os detentores de animais, com excepção dos transportadores, devem:

— manter um registo actualizado,

— comunicar às autoridades competentes todas as deslocações de e para a exploração e todos os nascimentos e mortes de animais na exploração, bem como as respetivas datas, num prazo máximo a determinar pelo Estado-Membro em causa; esse prazo máximo não deve ser inferior a três dias nem superior a sete dias após a ocorrência de um desses eventos; os Estados-Membros podem solicitar à Comissão a prorrogação do prazo máximo de sete dias.

A fim de ter em conta dificuldades de ordem prática em casos excecionais, a Comissão fica habilitada a adotar atos delegados, nos termos do artigo 22.º-B, para determinar as circunstâncias excecionais em que os Estados-Membros podem prorrogar o prazo máximo de sete dias previsto no primeiro parágrafo, segundo travessão, bem como a duração máxima dessa prorrogação, a qual não pode ser superior a 14 dias após o período de sete dias referido no primeiro parágrafo, segundo travessão.

2. A fim de assegurar a rastreabilidade adequada e eficaz dos bovinos quando são deslocados para as pastagens sazonais, a Comissão fica habilitada a adotar atos delegados, nos termos do artigo 22.º-B, no que se refere aos Estados-Membros ou às partes dos Estados-Membros em que são aplicáveis as regras especiais relativas às pastagens sazonais, incluindo os prazos, as obrigações específicas dos detentores e as regras relativas ao registo das explorações e ao registo das deslocações dos bovinos, incluindo as medidas transitórias necessárias à sua introdução.

3. Todos os detentores devem prestar à autoridade competente, mediante pedido, todas as informações referentes à origem, à identificação, e, se necessário, ao destino dos animais que possuíram, mantiveram, transportaram, comercializaram ou abateram.

4. O registo deve observar o formato aprovado pela autoridade competente, ser manual ou informatizado, encontrar-se sempre, mediante pedido, à disposição da autoridade competente durante um período mínimo a determinar pela autoridade competente, nunca inferior a três anos.

5. Não obstante o disposto no n.º 4, a manutenção de um registo deve ser facultativa para os detentores de animais que:

a) Tenham acesso à base de dados informatizada prevista no artigo 5.º que já contém as informações a incluir no registo; e

b) Insiram a informação atualizada diretamente, ou que a façam inserir na base de dados informatizada prevista no artigo 5.º.

6. A fim de garantir a precisão e a fiabilidade das informações a incluir no registo da exploração previsto no presente artigo, a Comissão fica habilitada a adotar atos delegados, nos termos do artigo 22.º-B, para estabelecer as regras necessárias relativas a essas informações, incluindo as medidas transitórias necessárias à sua introdução.

Artigo 9.º
Os Estados-Membros podem cobrar aos detentores as despesas dos regimes referidos no artigo 3.º e os controlos referidos no presente título.

Artigo 9.º-A *Formação*
Os Estados-Membros asseguram que todas as pessoas responsáveis pela identificação e registo de animais receberam instruções e orientações sobre as disposições relevantes do presente regulamento e de todos os atos delegados e atos de execução adotados pela Comissão nos termos do presente regulamento.
A cada modificação das disposições pertinentes, as informações correspondentes são disponibilizadas às pessoas referidas no primeiro parágrafo.
Os Estados-Membros asseguram que estão disponíveis cursos de formação adequados.
A Comissão facilita o intercâmbio das melhores práticas a fim de melhorar a qualidade das informações e das formações em toda a União.

TÍTULO II.- ROTULAGEM DA CARNE DE BOVINO E DOS PRODUTOS À BASE DE CARNE DE
BOVINO

Artigo 11.º
Os operadores ou organizações, tal como definidos no artigo 12.º, que:
— sejam obrigados, nos termos do disposto na secção I do presente título, a rotular a carne de bovino a todos os níveis de comercialização,
— pretendam, nos termos do disposto na secção II do presente título, rotular carne de bovino no ponto de venda por forma a fornecer informações que não estejam previstas no artigo 13.º relativas a certas características ou condições de produção da carne rotulada ou do animal de que provém,
devem fazê-lo em conformidade com o disposto no presente título.
O presente título é aplicável sem prejuízo da legislação comunitária pertinente, designadamente em matéria de carne de bovino.

Artigo 12.º
Para efeitos do presente título, entende-se por:
1) «Carne de bovino», todos os produtos com os códigos NC 0201, 0202, 0206 10 95 e 0206 29 91;
2) «Rotulagem», a colocação de um rótulo numa ou mais peças individuais de carne ou na respetiva embalagem ou, no caso dos produtos não pré-embalados, a informação adequada, por escrito e bem visível, prestada ao consumidor no ponto de venda;
3) «Organização», um grupo de operadores do mesmo ramo ou de diferentes ramos do comércio de carne de bovino;
4) «Carne picada», a carne desossada que foi reduzida a fragmentos e que contém menos de 1 % de sal, com os códigos NC 0201, 0202, 0206 10 95 e 0206 29 91;
5) «Aparas», os pedaços de carne de pequenas dimensões, considerados próprios para consumo humano, resultantes exclusivamente de uma operação de apara e obtidos aquando da desossagem das carcaças e/ou do corte das carnes;
6) «Carne cortada», a carne cortada em pequenos cubos, fatias ou outras porções individuais, que não necessite de operações posteriores de corte por um operador, antes da sua aquisição pelo consumidor final, e que seja diretamente utilizável por este último. São excluídas da presente definição a carne picada e as aparas.

SECÇÃO I.- Regime comunitário de rotulagem obrigatória da carne de bovino

Artigo 13.º *Normas gerais*
1. Os operadores e organizações que comercializem carne de bovino na Comunidade devem rotulá-la em conformidade com o disposto no presente artigo.
O regime de rotulagem obrigatória deve assegurar uma relação entre, por um lado, a identificação da carcaça, do quarto ou das peças de carne de bovino e, por outro lado, o animal específico, ou, se tal bastar para verificar a exactidão da informação constante do rótulo, o grupo de animais em causa.
2. O rótulo deve conter as seguintes indicações:
a) Um número ou código de referência que assegure a relação entre a carne de bovino e o animal ou os animais. Este número pode ser o número de identificação do animal

específico de que a carne provém ou o número de identificação relativo a um grupo de animais;

b) O número de aprovação do matadouro em que o animal ou grupo de animais foi abatido e o Estado-Membro ou país terceiro em que se encontra estabelecido o matadouro. A indicação deve ser feita nos seguintes termos: «Abatido em: (nome do Estado-Membro ou do país terceiro) (número da aprovação)»;

c) O número de aprovação do estabelecimento de desmancha em que a carcaça ou grupo de carcaças foi desmanchado e o Estado-Membro ou país terceiro em que se encontra estabelecido. A indicação deve ser feita nos seguintes termos: «Desmancha em: (nome do Estado-Membro ou do país terceiro) (número da aprovação)».

5.
a) Os operadores e organizações devem incluir igualmente nos rótulos as seguintes indicações:
i) o Estado-Membro ou o país terceiro de nascimento,
ii) os Estados-Membros ou os países terceiros em que se processou a engorda,
iii) o Estado-Membro ou o país terceiro em que ocorreu o abate.

b) Contudo, se a carne de bovino provier de animais nascidos, criados e abatidos:
i) no mesmo Estado-Membro, a indicação pode ser «origem: (nome do Estado-Membro)»,
ii) num mesmo país terceiro, a indicação pode ser «origem: (nome do país terceiro)».

6. A fim de evitar a repetição desnecessária da indicação no rótulo da carne de bovino dos Estados-Membros ou países terceiros de criação, a Comissão fica habilitada a adotar atos delegados, nos termos do artigo 22.º-B, no que respeita a uma apresentação simplificada nos casos em que os animais permanecem muito brevemente no Estado-Membro ou país terceiro de nascimento ou de abate.

A Comissão, por meio de atos de execução, adota regras relativas à dimensão máxima e à composição do grupo de animais a que se referem o n.º 1 e o n.º 2, alínea a), tendo em consideração as limitações em termos de homogeneidade dos grupos de animais de onde provêm as carnes cortadas e as aparas de carne. Os referidos atos de execução são adotados pelo procedimento de exame a que se refere o artigo 23.º, n.º 2.

Artigo 14.º *Derrogações do regime de rotulagem obrigatória*
Em derrogação do n.º 2, alíneas b) e c) e do n.º 5, alínea a), subalíneas i) e ii), do artigo 13.º, os operadores ou organizações que produzam carne de bovino picada devem indicar no rótulo «produzida em: (nome do Estado-Membro ou do país terceiro)», consoante o local de produção da carne, e «origem» quando o Estado ou os Estados em questão não sejam o Estado de preparação da carne.

A obrigação prevista no n.º 5, alínea a), subalínea iii), do artigo 13.º é aplicável a esta carne a partir da data de aplicação do presente regulamento.

Todavia, esses operadores ou organizações podem completar o rótulo da carne de bovino picada com:
— uma ou várias das indicações previstas no artigo 13.º, e/ou
— a data de produção da carne em questão.

A fim de assegurar a conformidade com as regras horizontais relativas à rotulagem na presente secção, são atribuídas à Comissão competências para adotar atos delegados, nos termos do artigo 22.º-B, para estabelecer, tal como no caso da carne picada, regras equivalentes às referidas nos três primeiros parágrafos do presente artigo para aparas e carne cortada.

Artigo 15.º *Rotulagem obrigatória da carne de bovino proveniente de países terceiros*
Em derrogação do artigo 13.º, a carne de bovino importada para o território da União relativamente à qual não se encontrar disponível toda a informação prevista no artigo 13.º deve ser rotulada com a indicação:
«origem: não UE» e «local de abate: (nome do país terceiro)».

SECÇÃO II.- Regime de rotulagem facultativa

Artigo 16.º *Normas gerais*
1. No que respeita aos rótulos que contêm indicações diferentes das previstas na secção I do presente título, cada operador ou organização deve apresentar, à autoridade competente do Estado-Membro em que ocorre a produção ou venda da carne de bovino em questão, um caderno de especificações para aprovação. A autoridade competente

pode igualmente estabelecer cadernos de especificações a utilizar no Estado-Membro em causa, desde que a sua utilização não seja obrigatória.

Os cadernos de especificações de rotulagem facultativa devem indicar:
— as informações a incluir no rótulo,
— as medidas a tomar para assegurar a exactidão das referidas informações,
— o sistema de controlo que será aplicado em todas as fases da produção e da venda, incluindo os controlos a efectuar por organismos independentes reconhecidos pela autoridade competente e designados pelos operadores ou organizações. Estes organismos devem satisfazer os critérios estabelecidos na norma europeia EN 45011,
— no que respeita às organizações, as medidas a tomar em relação a qualquer membro que não tenha cumprido os cadernos de especificações.

Os Estados-Membros podem decidir que os controlos de um organismo independente podem ser substituídos por controlos de uma autoridade competente. A autoridade competente deve, nesse caso, dispor do pessoal qualificado e dos recursos necessários para executar os controlos necessários.

As despesas dos controlos previstos na presente secção são custeadas pelos operadores ou organizações que utilizam o regime de rotulagem.

2. A aprovação de um caderno de especificações pressupõe a caução da autoridade competente, obtida com base na análise pormenorizada dos elementos referidos no n.º 1, do funcionamento correcto e fiável do sistema de rotulagem e, em especial, do seu sistema de controlo. A autoridade competente deverá rejeitar quaisquer cadernos de especificações que não assegurem a relação entre, por um lado, a identificação da carcaça, do quarto ou das peças de carne de bovino, e, por outro lado, o animal específico, ou, se tal bastar para verificar a exactidão da informação constante do rótulo, os animais em causa.

Serão igualmente rejeitados os cadernos de especificações que prevejam rótulos com informação enganosa ou pouco clara.

3. Se a carne de bovino for produzida e/ou comercializada em dois ou mais Estados-Membros, as autoridades competentes dos Estados-Membros em questão analisarão e aprovarão os cadernos de especificações que lhes forem apresentados, desde que as informações neles contidas digam respeito às operações que se realizem no respectivo território. Neste caso, as aprovações emitidas por qualquer Estado-Membro devem ser reconhecidas por todos os outros.

Se, dentro de um prazo a fixar nos termos do n.º 2 do artigo 23.º, calculado a contar do dia seguinte à data de apresentação do pedido, não tiver sido recusada ou concedida a aprovação e não tiverem sido solicitadas quaisquer informações complementares, considera-se que os cadernos de especificações foram aprovados pelas autoridades competentes.

4. Quando as autoridades competentes dos Estados-Membros em questão aprovarem os cadernos de especificações propostos, os operadores ou organizações em causa poderão rotular a carne de bovino, desde que o rótulo contenha o seu nome ou logotipo.

5. Em derrogação do disposto nos n.ºˢ 1 a 4, a Comissão, nos termos do n.º 2 do artigo 23.º, poderá prever, para casos específicos, um processo de aprovação acelerado ou simplificado, tratando-se designadamente de carne de bovino em pequenas embalagens para venda a retalho ou de peças de carne de bovino de primeira categoria, em embalagens individuais, rotuladas num Estado-Membro de acordo com um caderno de especificações aprovado e introduzidas no território de outro Estado-Membro, na condição de não ser acrescentada qualquer informação ao rótulo de origem.

6. Um Estado-Membro decide não autorizar o nome de uma ou várias das suas regiões, designadamente quando o nome de uma região:
— pode gerar confusões ou criar dificuldades de controlo,
— está reservado para carnes de bovino no âmbito do Regulamento (CE) n.º 2081/92.

Se for concedida uma autorização, o nome da região será completado com o nome do Estado-Membro.

7. Os Estados-Membros informam a Comissão da aplicação do presente artigo, designadamente da informação indicada nos rótulos. A Comissão informa os outros Estados-Membros no âmbito do Comité de Gestão de Carne de Bovino, referido no n.º 1, alínea b) do artigo 23.º, e, se necessário, nos termos do n.º 2 do artigo 23.º, poderão ser aprovadas regras relativas a esta informação, podendo designadamente ser impostas limitações.

Artigo 17.º *Regime de rotulagem facultativa de carne de bovino proveniente de países terceiros*

1. Se a produção de carne de bovino se efectuar, parcial ou totalmente, num país terceiro, os operadores e organizações poderão rotular a carne de bovino de acordo com o disposto na presente secção, desde que, além de respeitarem o disposto no artigo 16.º, tenham obtido para os seus cadernos de especificações a aprovação da autoridade competente designada para este efeito por cada país terceiro em questão.

2. A validade a nível comunitário de qualquer aprovação emitida num país terceiro está condicionada à notificação prévia à Comissão, por esse país terceiro, dos seguintes elementos:

— autoridade competente designada,

— procedimentos e critérios que a autoridade competente deve observar ao analisar o caderno de especificações,

— cada um dos operadores ou organizações cujos cadernos de especificações foram aceites pela autoridade competente.

A Comissão deve transmitir estas notificações aos Estados-Membros.

Se, com base nas notificações supramencionadas, a Comissão chegar à conclusão de que os procedimentos e/ou critérios aplicados num país terceiro não são equivalentes às normas estabelecidas no presente regulamento, deve decidir, após consulta do país terceiro em causa, que as aprovações desse país terceiro não são válidas na Comunidade.

Artigo 18.º *Sanções*

Sem prejuízo de qualquer medida tomada pela própria organização, ou pelo organismo de controlo independente previsto no artigo 16.º, caso se comprove que um operador ou uma organização não cumpriu o caderno de especificações referido no n.º 1 do artigo 16.º, os Estados-Membros podem retirar a aprovação prevista no n.º 2 do artigo 16.º, ou impor condições suplementares a satisfazer para que a aprovação possa ser conservada.

SECÇÃO III.- Disposições gerais

Artigo 19.º *Normas de execução*

As medidas necessárias à execução do presente título são aprovadas nos termos do procedimento de gestão a que se refere o n.º 2 do artigo 23.º Essas medidas devem abranger, em especial:

a) A definição da dimensão do grupo de animais a que se refere o n.º 2, alínea a, do artigo 13.º;

b) A definição de carne de bovino picada, de aparas de carne de bovino e de carne de bovino cortada a que se refere o artigo 14.º;

c) A definição de indicações específicas que podem constar dos rótulos;

d) As medidas necessárias para facilitar a transição da aplicação do Regulamento (CE) n.º 820/97 para a aplicação do presente título;

e) As medidas necessárias para a resolução de problemas práticos específicos. Tais medidas, caso sejam devidamente justificadas, podem derrogar certas partes do presente título.

Artigo 20.º *Designação das autoridades competentes*

Os Estados-Membros devem designar a autoridade ou as autoridades competentes responsáveis pela aplicação do presente título até 14 de Outubro de 2000. A República Checa, a Estónia, Chipre, a Letónia, a Lituânia, a Hungria, Malta, a Polónia, a Eslovénia e a Eslováquia designarão essa autoridade o mais tardar 3 meses após a data da adesão. A Bulgária e a Roménia designarão essa autoridade o mais tardar 3 meses após a data da adesão. A Croácia deve designar essa autoridade, o mais tardar três meses após a data da adesão.

Artigo 21.º

Até 14 de Agosto de 2003 a Comissão apresentará ao Parlamento Europeu e ao Conselho um relatório e, se for caso disso, propostas adequadas relativas ao alargamento do âmbito de aplicação do presente regulamento aos produtos transformados que contenham carne de bovino ou produtos à base de carne de bovino.

480

TÍTULO III.- DISPOSIÇÕES COMUNS

Artigo 22.º

1. Os Estados-Membros devem tomar todas as medidas necessárias para assegurar a observância do disposto no presente regulamento. Os controlos previstos devem efectuar-se sem prejuízo de quaisquer outros a que a Comissão possa proceder ao abrigo do artigo 9.º do Regulamento (CE, Euratom) n.º 2988/95.

Quaisquer sanções impostas pelo Estado-Membro a um detentor devem ser proporcionais à gravidade da infracção. As sanções podem envolver, se tal se justificar, restrições à circulação de animais de ou para a exploração do detentor em causa.

2. Os peritos da Comissão, conjuntamente com as autoridades competentes:

a) Verificam se os Estados-Membros estão a cumprir as disposições do presente regulamento;

b) Efectuam controlos no local a fim de assegurar que os controlos são realizados de acordo com o presente regulamento.

3. O Estado-Membro em que se efectua o controlo deve prestar aos peritos da Comissão todo o apoio de que estes possam necessitar no desempenho das suas tarefas.

O resultado dos controlos efectuados deve ser discutido com a autoridade competente do Estado-Membro em causa antes de o relatório final ser elaborado e posto a circular.

4. Sempre que considere que o resultado dos controlos o justifica, a Comissão deve rever a situação no Comité Veterinário Permanente referido no n.º 1, alínea c), do artigo 23.º A Comissão pode adoptar as decisões necessárias nos termos do n.º 3 do artigo 23.º

5. A Comissão deve acompanhar a evolução da situação. À luz dessa evolução e nos termos do n.º 3 do artigo 23.º, a Comissão pode alterar ou revogar as decisões referidas no n.º 4.

6. Se necessário, as normas de execução do presente artigo devem ser adoptadas nos termos do n.º 3 do artigo 23.º

Artigo 23.º

1. A Comissão é assistida:

a) Na execução do artigo 10.º, pelo Comité do Fundo Europeu de Orientação e Garantia Agrícola, a que se refere o artigo 11.º do Regulamento (CE) n.º 1258/1999 do Conselho;

b) Na execução do artigo 19.º, pelo Comité de Gestão de Carne de Bovino, criado no artigo 42.º do Regulamento (CE) n.º 1254/1999 do Conselho;

c) Na execução do artigo 22.º, pelo Comité Veterinário Permanente, criado pela Decisão 68/361/CEE do Conselho.

2. Sempre que se faça referência ao presente número, são aplicáveis os artigos 4.º e 7.º da Decisão 1999/468/CE, tendo-se em conta o disposto no artigo 8.º da mesma.

O período previsto no n.º 3 do artigo 4.º da Decisão 1999/468/CE é de um mês.

3. Sempre que se faça referência ao presente número, são aplicáveis os artigos 5.º e 7.º da Decisão 1999/468/CE, tendo-se em conta o disposto no artigo 8.º da mesma.

O período previsto no n.º 6 do artigo 5.º da Decisão 1999/468/CE é de três meses.

4. Os comités aprovarão os respectivos regulamentos internos.

Artigo 24.º

1. É revogado o Regulamento (CE) n.º 820/97.

2. As referências ao Regulamento (CE) n.º 820/97 devem entender-se como sendo feitas ao presente regulamento, de acordo com a tabela de correspondência que consta do anexo.

Artigo 25.º

O presente regulamento entra em vigor no terceiro dia seguinte ao da sua publicação no Jornal Oficial das Comunidades Europeias.

O presente regulamento é aplicável à carne de bovino proveniente dos animais abatidos a partir de 1 de Setembro de 2000.

O presente regulamento é obrigatório em todos os seus elementos e directamente aplicável em todos os Estados-Membros.

ANEXO.-
Tabela de correspondência

[Anexo não reproduzido na presente publicação]

20 de Dezembro de 2006.- Regulamento (CE) n.° 1924/2006
do Parlamento Europeu e do Conselho
relativo às alegações nutricionais e de saúde sobre os alimentos
(J.O. L 404, de 30/12/2006)

(V.C. 29/11/2012; com alterações do Regulamento (UE) n° 1169/2011, em vigor desde 13/12/2014)

TJUE, 10 de Abril de 2014. Processo C-609/12, Ehrmann AG contra Zentrale zur Bekämpfung unlauteren Wettbewerbs eV. [Interpretação dos artigos 10 e 28].
TJUE, 18 de Julho de 2013. Processo C-299/12, Green - Swan Pharmaceuticals CR, a.s. contra Státní zemědělská a potravinářská inspekce, ústřední inspektorát [Interpretação dos artigos 2 e 28].
TJUE, 6 de Septembro de 2012. Processo C-544/10, Deutsches Weintor eG contra Land Rheinland-Pfalz [Interpretação o artigo 4].

O PARLAMENTO EUROPEU E O CONSELHO DA UNIÃO EUROPEIA,
Tendo em conta o Tratado que institui a Comunidade Europeia, nomeadamente o artigo 95.°,
Tendo em conta a proposta da Comissão,
Tendo em conta o parecer do Comité Económico e Social Europeu,
Deliberando nos termos do artigo 251.° do Tratado,
Considerando o seguinte:
(1) Existe um número cada vez maior de alimentos rotulados e publicitados na Comunidade com alegações nutricionais e de saúde. Por forma a assegurar um elevado nível de protecção dos consumidores e a facilitar as suas escolhas, os produtos colocados no mercado, incluindo os que são importados, deverão ser seguros e devidamente rotulados. Um regime alimentar variado e equilibrado é uma condição indispensável para a manutenção da saúde e os produtos considerados individualmente têm uma importância relativa no contexto do regime alimentar geral.
(2) As diferenças entre as disposições nacionais relativas a essas alegações podem entravar a livre circulação dos alimentos e criar condições de concorrência desiguais, tendo, assim, um impacto directo no funcionamento do mercado interno. É, pois, necessário adoptar normas comunitárias relativas à utilização das alegações nutricionais e de saúde sobre os alimentos.
(3) A Directiva 2000/13/CE do Parlamento Europeu e do Conselho, de 20 de Março de 2000, relativa à aproximação das legislações dos Estados-Membros respeitantes à rotulagem, apresentação e publicidade dos géneros alimentícios, inclui disposições gerais em matéria de rotulagem. A Directiva 2000/13/CE proíbe, de forma geral, a utilização de informações que induzam em erro o comprador ou que atribuam propriedades medicinais aos alimentos. O presente regulamento deverá complementar os princípios gerais estabelecidos na Directiva 2000/13/CE e definir disposições específicas referentes à utilização das alegações nutricionais e de saúde relativas aos alimentos a fornecer como tais ao consumidor.
(4) O presente regulamento é aplicável a todas as alegações nutricionais e de saúde feitas em comunicações comerciais, nomeadamente na publicidade genérica dos alimentos e em campanhas de promoção, incluindo as patrocinadas total ou parcialmente pelas autoridades públicas. Não é aplicável às alegações que sejam feitas em comunicações não comerciais, como as orientações ou os conselhos dietéticos emanados das autoridades e organismos de saúde pública, nem em comunicações e informações não comerciais constantes da imprensa e de publicações científicas. O presente regulamento é igualmente aplicável às marcas de fabrico e outras marcas comerciais susceptíveis de ser interpretadas como alegações nutricionais ou de saúde.
(5) Os descritores genéricos (denominações) que são tradicionalmente utilizados para indicar uma particularidade de uma categoria de alimentos ou bebidas susceptível de ter efeitos na saúde humana, como «digestivos» ou «pastilhas para a tosse», deverão ser excluídos do âmbito de aplicação do presente regulamento.
(6) As alegações sobre efeitos nutricionais não benéficos não estão abrangidas pelo âmbito de aplicação do presente regulamento. Os Estados-Membros que tencionem introduzir disposições nacionais relativas às alegações sobre efeitos nutricionais não benéficos devem notificar a Comissão e os restantes Estados-Membros dessas disposições, nos termos da Directiva 98/34/CE do Parlamento Europeu e do Conselho, de 22 de Junho de 1998, relativa a um procedimento de informação no domínio das

normas e regulamentações técnicas e das regras relativas aos serviços da sociedade da informação.

(7) A nível internacional, o Codex Alimentarius aprovou, em 1991, orientações gerais sobre as alegações e, em 1997, orientações para a utilização das alegações nutricionais. A Comissão do Codex Alimentarius aprovou em 2004 uma alteração às orientações de 1997, por forma a incluir as alegações de saúde. As definições e condições estabelecidas nas orientações do Codex são tidas na devida consideração.

(8) A possibilidade de utilizar a alegação «fraco teor de matérias gordas» para as matérias gordas para barrar, prevista no Regulamento (CE) n.º 2991/94 do Conselho, de 5 de Dezembro de 1994, que institui normas relativas às matérias gordas para barrar, deverá ser adaptada logo que possível às disposições do presente regulamento. Entretanto, o Regulamento (CE) n.º 2991/94 é aplicável aos produtos por ele abrangidos.

(9) Existe uma vasta gama de nutrientes e outras substâncias que inclui, entre outros, as vitaminas, os minerais, nomeadamente os oligoelementos, os aminoácidos, os ácidos gordos essenciais, as fibras, diversas plantas e extractos vegetais com efeito nutricional ou fisiológico que podem estar presentes num alimento e ser alvo de uma alegação. Por conseguinte, deverão ser estabelecidos princípios gerais aplicáveis a todas as alegações feitas acerca dos alimentos, por forma a assegurar um elevado nível de protecção dos consumidores, a fornecer-lhes as informações necessárias para efectuarem as suas escolhas com pleno conhecimento de causa e a criar condições de concorrência equitativas no sector da indústria alimentar.

(10) Os alimentos promovidos por meio de alegações podem ser considerados pelo consumidor como possuidores de uma vantagem nutricional, fisiológica ou outra para a saúde em comparação com outros produtos ou produtos semelhantes a que não foram adicionados nutrientes e outras substâncias. Os consumidores podem, assim, ser levados a efectuar escolhas que influenciem directamente a quantidade total dos vários nutrientes ou outras substâncias que ingerem, de uma forma contrária ao que é cientificamente aconselhável. Para combater este potencial efeito indesejável, é necessário impor determinadas restrições no que se refere aos produtos que ostentam alegações. Neste contexto, factores como o teor de determinadas substâncias, ou o perfil nutricional de um produto, são critérios adequados para determinar se este pode, ou não, ostentar alegações. A utilização desses critérios a nível nacional, muito embora se justifique com o fim de permitir que os consumidores façam escolhas nutricionais informadas, poderá levantar obstáculos ao comércio intracomunitário e deverá, por conseguinte, ser harmonizada a nível comunitário. As informações e comunicações em matéria de saúde contidas nas mensagens das autoridades nacionais ou comunitárias sobre os riscos do abuso de álcool deverão ser excluídas do âmbito de aplicação do presente regulamento.

(11) A aplicação de perfis nutricionais como critério destina-se a evitar situações em que as alegações nutricionais ou de saúde escondam o estatuto nutricional geral de um alimento, o que pode induzir os consumidores em erro ao tentarem efectuar escolhas saudáveis no contexto de um regime alimentar equilibrado. Os perfis nutricionais previstos no presente regulamento deverão destinar-se exclusivamente a reger as circunstâncias em que podem ser feitas alegações, e assentar em provas científicas geralmente aceites respeitantes à relação entre o regime alimentar e a saúde. Todavia, os perfis deverão também permitir inovações em matéria de produtos e ter em conta a variabilidade dos hábitos e tradições alimentares e o papel importante que cada produto é susceptível de desempenhar no regime alimentar geral.

(12) O estabelecimento de perfis nutricionais deverá ter em consideração o teor de diferentes nutrientes e substâncias com um efeito nutricional ou fisiológico, como as gorduras, as gorduras saturadas, os ácidos gordos trans, o sal/sódio e os açúcares cuja presença em quantidades excessivas no regime alimentar geral não é recomendada, assim como as gorduras polinsaturadas e monoinsaturadas, outros hidratos de carbono assimiláveis que não os açúcares, as vitaminas, os minerais, as proteínas e as fibras. Quando se estabelecerem os perfis nutricionais, deverão ser tidas em conta as diferentes categorias de alimentos, bem como o lugar e o papel que estes ocupam no regime alimentar geral. Deverão ser igualmente tidos na devida conta os hábitos alimentares e os padrões de consumo existentes nos Estados-Membros. Pode ser necessário prever excepções à obrigação de respeitar os perfis nutricionais estabelecidos para determinados alimentos ou categorias de alimentos, dependendo do seu papel e da sua importância no regime alimentar da população. Dado tratar-se de exercícios técnicos

complexos, a adopção das medidas em questão deverá ser confiada à Comissão, tendo em conta o parecer da Autoridade Europeia para a Segurança dos Alimentos.

(13) Os suplementos alimentares definidos na Directiva 2002/46/CE do Parlamento Europeu e do Conselho, de 10 de Junho de 2002, relativa à aproximação das legislações dos Estados-Membros respeitantes aos suplementos alimentares, apresentados sob forma líquida e com um título alcoométrico superior a 1,2 % não são considerados bebidas nos termos do presente regulamento.

(14) Uma grande variedade de alegações actualmente utilizadas na rotulagem e na publicidade dos alimentos nalguns Estados-Membros diz respeito a substâncias que não se provou serem benéficas ou para as quais não existe, presentemente, consenso científico suficiente. É necessário assegurar que as substâncias alvo de uma alegação tenham provado possuir um efeito nutricional ou fisiológico benéfico.

(15) Para garantir a veracidade das alegações, é necessário que a substância alvo da alegação se encontre presente no produto final em quantidades suficientes, ou que a substância esteja ausente ou presente em quantidades devidamente reduzidas, para produzir o efeito nutricional ou fisiológico alegado. A substância deverá também ser assimilável pelo organismo. Além disso, e sempre que adequado, uma quantidade significativa da substância que produz o efeito nutricional ou fisiológico alegado deve ser fornecida por uma quantidade do alimento susceptível, razoavelmente, de ser consumida.

(16) É importante que as alegações relativas aos alimentos possam ser entendidas pelo consumidor e é conveniente proteger todos os consumidores das alegações enganosas. Todavia, após a aprovação da Directiva 84/450/CEE do Conselho, de 10 de Setembro de 1984, relativa à publicidade enganosa e comparativa, em processos em matéria de publicidade, o Tribunal de Justiça das Comunidades Europeias julgou necessário ter em conta os efeitos produzidos num consumidor fictício típico. De acordo com o princípio da proporcionalidade e a fim de possibilitar a aplicação efectiva das medidas de protecção nele previstas, o presente regulamento toma como referência o consumidor médio, normalmente informado e razoavelmente atento e avisado, tendo em conta os factores sociais, culturais e linguísticos, segundo a interpretação do Tribunal de Justiça, mas prevê disposições para evitar a exploração dos consumidores que, pelas suas características, sejam particularmente vulneráveis a alegações enganosas. Sempre que uma alegação vise especificamente uma determinada categoria de consumidores, como as crianças, convém que o seu impacto seja avaliado na perspectiva do consumidor médio dessa categoria. O critério do consumidor médio não é um critério estatístico. Os tribunais e as autoridades nacionais deverão exercer a sua própria faculdade de julgamento, atendendo à jurisprudência do Tribunal de Justiça, para determinarem a reacção típica do consumidor médio num dado caso.

(17) O fundamento científico deverá ser o aspecto principal a ter em conta na utilização de alegações nutricionais e de saúde e os operadores das empresas do sector alimentar que utilizem alegações deverão justificá-las. As alegações deverão ser cientificamente fundamentadas, tendo em conta a totalidade dos dados científicos disponíveis e ponderando as provas.

(18) Nenhuma alegação nutricional ou de saúde poderá ser incompatível com os princípios de nutrição e saúde geralmente aceites, incentivar ou justificar o consumo excessivo de um alimento ou depreciar as boas práticas alimentares.

(19) Dada a imagem positiva atribuída aos alimentos que ostentam alegações nutricionais e de saúde e o impacto potencial que estes podem ter nos hábitos alimentares e nos aportes totais de nutrientes, o consumidor deverá estar em condições de avaliar a sua qualidade nutricional global. Por conseguinte, a rotulagem nutricional deverá ser obrigatória e alargada a todos os alimentos que ostentem alegações de saúde.

(20) As disposições gerais em matéria de rotulagem nutricional estão estabelecidas na Directiva 90/496/CEE do Conselho, de 24 de Setembro de 1990, relativa à rotulagem nutricional dos géneros alimentícios. Nos termos dessa directiva, sempre que uma alegação nutricional conste da rotulagem, da apresentação ou da publicidade, com excepção da publicidade genérica, é obrigatória a rotulagem nutricional. Se a alegação nutricional disser respeito aos açúcares, ácidos gordos saturados, fibras ou sódio, as informações a fornecer são as do Conjunto 2 definido no n.º 1 do artigo 4.º da Directiva 90/496/CEE. A fim de alcançar um elevado nível de protecção do consumidor, esta obrigação de fornecer as informações do Conjunto 2 é aplicável, com as

necessárias adaptações, sempre que seja feita uma alegação de saúde, com excepção da publicidade genérica.

(21) Deverá também ser criada uma lista das alegações nutricionais permitidas e das condições específicas da sua utilização, com base nas condições de utilização de tais alegações acordadas a nível nacional e internacional e estabelecidas na legislação comunitária. Qualquer alegação que se considere ter o mesmo significado para o consumidor que uma alegação nutricional incluída na lista acima referida deverá ficar sujeita às mesmas condições de utilização nela indicadas. A título de exemplo, as alegações relativas à adição de vitaminas e minerais tais como «contém ...», «... restituído», «com adição de ...» ou «enriquecido em ...» ficam sujeitas às condições estabelecidas para a alegação «fonte de ...». Essa lista deverá ser actualizada regularmente a fim de ter em conta a evolução científica e tecnológica. Além disso, no tocante às alegações comparativas, é necessário que os produtos alvo da comparação sejam claramente assinalados ao consumidor final.

(22) As condições das alegações do tipo «sem lactose» ou «sem glúten», dirigidas a categorias de consumidores com problemas específicos, deverão ser tratadas no âmbito da Directiva 89/398/CEE do Conselho, de 3 de Maio de 1989, relativa à aproximação das legislações dos Estados-Membros respeitantes aos géneros alimentícios destinados a uma alimentação especial. Além disso, a mesma directiva prevê a possibilidade de os alimentos para consumo normal poderem ser acompanhados da indicação de que são adequados para estas categorias de consumidores, caso preencham as condições dessa indicação. Até as referidas condições serem fixadas ao nível comunitário, os Estados-Membros podem manter ou adoptar as medidas nacionais pertinentes.

(23) As alegações de saúde só deverão ser autorizadas para utilização na Comunidade depois de uma avaliação científica do mais elevado nível possível. A fim de assegurar uma avaliação científica harmonizada destas alegações, a Autoridade Europeia para a Segurança dos Alimentos deverá efectuar as referidas avaliações. Mediante pedido, os requerentes deverão poder ter acesso aos respectivos processos para verificarem a situação dos mesmos.

(24) Existem muitos factores, para além dos associados ao regime alimentar, que podem influenciar as funções psicológicas e comportamentais. A comunicação acerca destas funções é, por conseguinte, muito complexa e é difícil transmitir uma mensagem exaustiva, verdadeira e com sentido numa alegação curta a utilizar na rotulagem e na publicidade dos alimentos. Por este motivo, é necessário exigir uma prova científica aquando da utilização de alegações psicológicas e comportamentais.

(25) À luz da Directiva 96/8/CE da Comissão, de 26 de Fevereiro de 1996, relativa aos alimentos destinados a serem utilizados em dietas de restrição calórica para redução do peso, que proíbe na rotulagem, na apresentação e na publicidade dos produtos por ela abrangidos qualquer referência ao ritmo ou à quantificação da perda de peso resultante do seu consumo, considera-se adequado alargar esta proibição a todos os alimentos.

(26) As alegações de saúde que não refiram a redução de um risco de doença ou o desenvolvimento e a saúde das crianças, assentes em provas científicas geralmente aceites, deverão ser submetidas a um tipo diferente de avaliação e autorização. É, pois, necessário aprovar uma lista comunitária dessas alegações após consulta da Autoridade Europeia para a Segurança dos Alimentos. Além disso, a fim de incentivar a inovação, as alegações de saúde baseadas em novas provas científicas deverão ser submetidas a um tipo acelerado de autorização.

(27) Para acompanhar a evolução científica e tecnológica, a lista acima referida deverá ser prontamente revista, sempre que necessário. Essas revisões assumirão a forma de medidas de execução de carácter técnico cuja adopção deverá ser confiada à Comissão, a fim de garantir a simplicidade e celeridade do processo.

(28) O regime alimentar é um dos muitos factores que influenciam o aparecimento de determinadas doenças humanas. Outros factores como a idade, a predisposição genética, o nível de actividade física, o consumo de tabaco e de outras drogas, a exposição ambiental e o stress podem, todos eles, influenciar o aparecimento de doenças humanas. Deverão, pois, ser aplicados requisitos específicos de rotulagem no que se refere às alegações relativas à redução de um risco de doença.

(29) A fim de garantir que as alegações de saúde sejam verdadeiras, claras, fiáveis e úteis para o consumidor na escolha de um regime alimentar saudável, a sua redacção e apresentação deverão ser tidas em conta no parecer da Autoridade Europeia para a Segurança dos Alimentos e nos processos subsequentes.

(30) Nalguns casos, a avaliação científica dos riscos não pode, por si só, fornecer todas as informações em que se deverá basear uma decisão de gestão dos riscos. Por conseguinte, deverão ser tidos em conta outros factores legítimos relevantes para o assunto em apreço.

(31) Por uma questão de transparência e a fim de evitar pedidos múltiplos para alegações já avaliadas, a Comissão deverá criar e manter actualizado um Registo público que contenha as listas de tais alegações.

(32) Para estimular a investigação e o desenvolvimento na indústria agro-alimentar, importa proteger os investimentos feitos pelos inovadores na recolha das informações e dados de apoio a um pedido apresentado nos termos do presente regulamento. Esta protecção deverá, contudo, ser limitada no tempo, para evitar a repetição desnecessária de estudos e ensaios e para facilitar o acesso a alegações pelas pequenas e médias empresas (PME), as quais raramente têm capacidade financeira para realizar actividades de investigação.

(33) As PME representam um importante valor acrescentado para a indústria alimentar europeia em termos de qualidade e preservação de diferentes hábitos alimentares. A fim de facilitar a aplicação do presente regulamento, a Autoridade Europeia para a Segurança dos Alimentos deverá disponibilizar, em tempo oportuno, em especial às PME, as orientações e os instrumentos técnicos adequados.

(34) Atendendo à natureza específica dos alimentos que ostentam alegações, deverão ser facultados aos organismos de controlo meios adicionais, para além dos normalmente utilizados, a fim de facilitar o controlo eficaz desses produtos.

(35) É necessário tomar medidas transitórias adequadas para permitir que os operadores das empresas do sector alimentar se adaptem aos requisitos do presente regulamento.

(36) Atendendo a que o objectivo do presente regulamento, a saber, garantir o funcionamento eficaz do mercado interno no que diz respeito às alegações nutricionais e de saúde, assegurando ao mesmo tempo um elevado nível de protecção dos consumidores, não pode ser suficientemente realizado pelos Estados-Membros e pode, pois, ser melhor alcançado ao nível comunitário, a Comunidade pode tomar medidas em conformidade com o princípio da subsidiariedade consagrado no artigo 5.º do Tratado. Em conformidade com o princípio da proporcionalidade consagrado no mesmo artigo, o presente regulamento não excede o necessário para atingir aquele objectivo.

(37) As medidas necessárias à execução do presente regulamento serão aprovadas nos termos da Decisão 1999/468/CE do Conselho, de 28 de Junho de 1999, que fixa as regras de exercício das competências de execução atribuídas à Comissão,

APROVARAM O PRESENTE REGULAMENTO:

CAPÍTULO I.- OBJECTO, ÂMBITO DE APLICAÇÃO E DEFINIÇÕES

Artigo 1.º *Objecto e âmbito de aplicação*

1. O presente regulamento harmoniza as disposições legislativas, regulamentares e administrativas dos Estados-Membros em matéria de alegações nutricionais e de saúde, a fim de garantir o funcionamento eficaz do mercado interno, assegurando ao mesmo tempo um elevado nível de protecção dos consumidores.

2. O presente regulamento é aplicável às alegações nutricionais e de saúde feitas em comunicações comerciais, quer na rotulagem, quer na apresentação ou na publicidade dos alimentos a fornecer como tais ao consumidor final.

No caso de alimentos que não sejam pré-embalados (incluindo produtos frescos, tais como a fruta, os legumes ou o pão) postos à venda ao consumidor final ou a estabelecimentos de restauração colectiva, de alimentos embalados nos pontos de venda a pedido do comprador ou de alimentos pré-embalados para venda imediata, não se aplicam o artigo 7.º nem as alíneas a) e b) do n.º 2 do artigo 10.º Podem aplicar-se disposições nacionais até à aprovação de disposições comunitárias que tenham por objecto alterar elementos não essenciais do presente regulamento, nomeadamente completando-o, pelo procedimento de regulamentação com controlo a que se refere n.º 3 do artigo 25.º.

O presente regulamento é igualmente aplicável no que respeita aos alimentos destinados ao abastecimento de restaurantes, hospitais, escolas, refeitórios e outros estabelecimentos de restauração colectiva.

3. Uma marca de fabrico ou comercial ou uma denominação de fantasia que figure na rotulagem, na apresentação ou na publicidade de um alimento e que possa ser considerada uma alegação nutricional ou de saúde pode ser utilizada sem ser sujeita ao procedimento de autorização previsto no presente regulamento, desde que seja acompanhada de uma alegação nutricional ou de saúde associada na rotulagem, na apresentação ou na publicidade que cumpra o disposto no presente regulamento.

4. Para os descritores genéricos (denominações), tradicionalmente utilizados para indicar uma particularidade de uma categoria de alimentos ou bebidas susceptível de ter efeitos na saúde humana, pode ser aprovada uma derrogação do n.º 3 que tenha por objecto alterar elementos não essenciais do presente regulamento, completando-o, pelo procedimento de regulamentação com controlo a que se refere o n.º 3 do artigo 25.º, a pedido dos operadores de empresas do sector alimentar em causa. O pedido de derrogação deve ser enviado à autoridade nacional competente do Estado-Membro em causa, que deve transmiti-lo sem demora à Comissão. A Comissão aprova e publica as regras a que os operadores das empresas do sector alimentar devem obedecer na apresentação de tais pedidos, a fim de assegurar o seu tratamento com transparência e num prazo razoável.

5. O presente regulamento é aplicável sem prejuízo das seguintes disposições comunitárias:

a) Directiva 89/398/CEE e directivas aprovadas relativas a alimentos para utilizações nutricionais específicas;

b) Directiva 80/777/CEE do Conselho, de 15 de Julho de 1980, relativa à aproximação das legislações dos Estados-Membros respeitantes à exploração e à comercialização de águas minerais naturais;

c) Directiva 98/83/CE do Conselho, de 3 de Novembro de 1998, relativa à qualidade da água destinada ao consumo humano;

d) Directiva 2002/46/CE.

Artigo 2.º *Definições*

1. Para efeitos do presente regulamento, são aplicáveis:

a) As definições de «género alimentício» (no presente regulamento, «alimento»), «operador de uma empresa do sector alimentar», «colocação no mercado» e «consumidor final» constantes do artigo 2.º e dos pontos 3, 8 e 18 do artigo 3.º do Regulamento (CE) n.º 178/2002 do Parlamento Europeu e do Conselho, de 28 de Janeiro de 2002, que determina os princípios e normas gerais da legislação alimentar, cria a Autoridade Europeia para a Segurança dos Alimentos e estabelece procedimentos em matéria de segurança dos géneros alimentícios;

b) A definição de «suplemento alimentar» constante da Directiva 2002/46/CE;

c) As definições de «rotulagem nutricional», «proteínas», «hidratos de carbono», «açúcares», «lípidos», «ácidos gordos saturados», «ácidos gordos monoinsaturados», «ácidos gordos polinsaturados» e «fibras alimentares» constantes da Directiva 90/496/CEE;

d) A definição de «rotulagem» constante da alínea a) do n.º 3 do artigo 1.º da Directiva 2000/13/CE.

2. São igualmente aplicáveis as seguintes definições:

1) «Alegação», qualquer mensagem ou representação, não obrigatória nos termos da legislação comunitária ou nacional, incluindo qualquer representação pictórica, gráfica ou simbólica, seja qual for a forma que assuma, que declare, sugira ou implique que um alimento possui características particulares;

2) «Nutriente», as proteínas, os hidratos de carbono, os lípidos, as fibras, o sódio, as vitaminas e os minerais enumerados no Anexo da Directiva 90/496/CEE e as substâncias que pertencem a uma daquelas categorias ou dela são componentes;

3) «Outra substância», uma substância, que não seja um nutriente, com um efeito nutricional ou fisiológico;

4) «Alegação nutricional», qualquer alegação que declare, sugira ou implique que um alimento possui propriedades nutricionais benéficas particulares devido:

a) À energia (valor calórico) que:

i) fornece,

ii) fornece com um valor reduzido ou aumentado, ou

iii) não fornece, e/ou

b) Aos nutrientes ou outras substâncias que:

i) contém,

ii) contém em proporção reduzida ou aumentada, ou

iii) não contém;

5) «Alegação de saúde», qualquer alegação que declare, sugira ou implique a existência de uma relação entre uma categoria de alimentos, um alimento ou um dos seus constituintes e a saúde;

6) «Alegação de redução de um risco de doença», qualquer alegação de saúde que declare, sugira ou implique que o consumo de uma categoria de alimentos, de um alimento ou de um dos seus constituintes reduz significativamente um factor de risco de aparecimento de uma doença humana;

7) «Autoridade», a Autoridade Europeia para a Segurança dos Alimentos, criada pelo Regulamento (CE) n.º 178/2002.

CAPÍTULO II.- PRINCÍPIOS GERAIS

Artigo 3.º *Princípios gerais aplicáveis a todas as alegações*
Só podem ser utilizadas na rotulagem, na apresentação e na publicidade dos alimentos colocados no mercado comunitário as alegações nutricionais e de saúde que cumpram as disposições do presente regulamento.

Sem prejuízo das Directivas 2000/13/CE e 84/450/CEE, as alegações nutricionais e de saúde não devem:

a) Ser falsas, ambíguas ou enganosas;

b) Suscitar dúvidas acerca da segurança e/ou da adequação nutricional de outros alimentos;

c) Incentivar ou justificar o consumo excessivo de um dado alimento;

d) Declarar, sugerir ou implicar que um regime alimentar equilibrado e variado não pode fornecer, em geral, quantidades adequadas de nutrientes. No caso de nutrientes que não possam ser fornecidos em quantidade suficiente por um regime alimentar equilibrado e variado, podem ser aprovadas derrogações, incluindo as condições da sua aplicação, que tenham por objecto alterar elementos não essenciais do presente regulamento, completando-o, pelo procedimento de regulamentação com controlo a que se refere o n.º 3 do artigo 25.º, tendo-se em conta as condições específicas existentes nos Estados-Membros;

e) Referir alterações das funções orgânicas que possam suscitar receios no consumidor ou explorar esses receios, quer textualmente, quer através de representações pictóricas, gráficas ou simbólicas.

Artigo 4.º *Condições de utilização das alegações nutricionais e de saúde*
1. Até 19 de Janeiro de 2009, a Comissão estabelece os perfis nutricionais específicos, incluindo as excepções que os alimentos ou determinadas categorias de alimentos devem respeitar para poderem ostentar alegações nutricionais ou de saúde, bem como as condições de utilização das alegações nutricionais ou de saúde no que respeita aos perfis nutricionais. Tais medidas que têm por objecto alterar elementos não essenciais do presente regulamento, completando-o, são aprovadas pelo procedimento de regulamentação com controlo a que se refere o n.º 3 do artigo 25.º

Os perfis nutricionais dos alimentos e/ou determinadas categorias de alimentos devem ser estabelecidos tendo particularmente em conta:

a) As quantidades de certos nutrientes e outras substâncias presentes no alimento em questão, como as gorduras, os ácidos gordos saturados, os ácidos gordos trans, os açúcares e o sal/sódio;

b) O papel e a importância do alimento (ou da categoria de alimentos em questão) e o seu contributo para o regime alimentar da população em geral ou, se for caso disso, de certos grupos de risco, incluindo as crianças;

c) A composição nutricional global do alimento e a presença de nutrientes cujo efeito na saúde tenha sido cientificamente reconhecido.

Os perfis nutricionais devem basear-se em conhecimentos científicos sobre regimes alimentares e nutrição, e na sua relação com a saúde.

Ao estabelecer os perfis nutricionais, a Comissão deve solicitar à Autoridade que, no prazo de doze meses, dê parecer científico, com especial incidência nas seguintes questões:

i) Determinar se os perfis devem ser estabelecidos para os alimentos em geral e/ou para categorias de alimentos;

ii) Escolha e equilíbrio dos nutrientes a ter em conta;

iii) Escolha da quantidade/base de referência para os perfis;

iv) Abordagem para o cálculo dos perfis; e

v) Exequibilidade e ensaio do sistema proposto.

489

Ao estabelecer os perfis nutricionais, a Comissão deve consultar as partes interessadas, em especial os operadores das empresas do sector alimentar e as associações de consumidores.

Os perfis nutricionais e as suas condições de utilização que têm por objecto alterar elementos não essenciais do presente regulamento, completando-o, devem ser actualizados, a fim de ter em conta os progressos científicos na matéria, pelo procedimento de regulamentação com controlo a que se refere o n.º 3 do artigo 25.º e após consulta às partes interessadas, em particular dos operadores das empresas do sector alimentar e das associações de consumidores.

2. Em derrogação do n.º 1, são permitidas alegações nutricionais:

a) Que se refiram à redução do teor de gorduras, ácidos gordos saturados, ácidos gordos trans, açúcares e sal/sódio sem referência a um perfil definido para o(s) nutriente(s) específico(s) relativamente ao(s) qual(is) é feita a alegação, desde que cumpram as condições estabelecidas no presente regulamento;

b) Caso um nutriente específico exceda o perfil nutricional, desde que uma informação acerca desse nutriente apareça muito perto da alegação nutricional, do mesmo lado e com a mesma visibilidade. Esta informação deve ter a seguinte redacção: «Elevado teor de (1)».

[(1) Nome do nutriente que excede o perfil nutricional.]

3. As bebidas com um título alcoométrico superior a 1,2 % não devem ostentar alegações de saúde.

No que respeita a alegações nutricionais, só são permitidas as que refiram baixos níveis de álcool, a redução do teor de álcool ou a redução do teor energético de bebidas com um título alcoométrico superior a 1,2 %.

4. Na falta de normas comunitárias específicas no que respeita às alegações nutricionais que refiram um baixo teor de álcool ou uma redução ou a ausência de álcool ou de valor energético nas bebidas que normalmente contêm álcool, podem aplicar-se as normas nacionais pertinentes, em conformidade com o disposto no Tratado.

5. As medidas que estabelecem os alimentos ou categorias de alimentos não referidos no n.º 3 do presente artigo, para os quais as alegações nutricionais ou de saúde devem ser limitadas ou proibidas e que têm por objecto alterar elementos não essenciais do presente regulamento, podem ser aprovadas pelo procedimento de regulamentação com controlo a que se refere o n.º 3 do artigo 25.º e à luz de provas científicas.

Artigo 5.º *Condições gerais*

1. A utilização de alegações nutricionais e de saúde só é permitida se estiverem preenchidas as seguintes condições:

a) Ter sido demonstrado que a presença, a ausência ou o teor reduzido, num alimento ou numa categoria de alimentos, de um nutriente ou de outra substância objecto de alegação, têm um efeito nutricional ou fisiológico benéfico, estabelecido por provas científicas geralmente aceites;

b) O nutriente ou outra substância objecto de alegação:

i) Estar contido no produto final em quantidade significativa, como definida na legislação comunitária ou, sempre que tais normas não existam, numa quantidade que produza o efeito nutricional ou fisiológico alegado, estabelecido por provas científicas geralmente aceites; ou

ii) Não estar presente ou estar presente em quantidade reduzida, de modo a produzir o efeito nutricional ou fisiológico alegado, estabelecido por provas científicas geralmente aceites;

c) Se for caso disso, o nutriente ou outra substância objecto de alegação encontrar-se numa forma assimilável pelo organismo;

d) A quantidade do produto susceptível de ser consumida fornecer uma quantidade significativa do nutriente ou de outra substância objecto de alegação, como definida na legislação comunitária ou, sempre que tais normas não existam, uma quantidade suficiente para produzir o efeito nutricional ou fisiológico alegado, estabelecido por provas científicas geralmente aceites;

e) Estarem preenchidas as condições específicas estabelecidas nos Capítulos III ou IV, consoante o caso.

2. Só é permitida a utilização de alegações nutricionais e de saúde se for plausível que o consumidor médio compreenda os efeitos benéficos expressos na alegação.

3. As alegações nutricionais e de saúde devem referir-se ao alimento pronto para consumo de acordo com as instruções do fabricante.

Artigo 6.° *Fundamento científico das alegações*
1. As alegações nutricionais e de saúde devem ser baseadas e fundamentadas em provas científicas geralmente aceites.
2. Os operadores das empresas do sector alimentar que façam alegações nutricionais ou de saúde devem justificar a sua utilização.
3. As autoridades competentes dos Estados-Membros podem solicitar aos operadores das empresas do sector alimentar ou aos responsáveis pela colocação de um produto no mercado que apresentem todos os elementos e dados pertinentes que comprovem a conformidade com o presente regulamento.

Artigo 7.° *Informações nutricionais*
A rotulagem nutricional de produtos para os quais seja feita uma alegação nutricional e/ou de saúde deve ser obrigatória, excepto no caso da publicidade genérica. As informações a fornecer são as especificadas no n.° 1 do artigo 30.° do Regulamento (UE) n.° 1169/2011 do Parlamento Europeu e do Conselho, de 25 de Outubro de 2011, relativo à prestação de informação aos consumidores sobre os géneros alimentícios. Sempre que seja feita uma alegação nutricional e/ou de saúde para um nutriente referido no n.° 2 do artigo 30.° do Regulamento (UE) n.° 1169/2011, deve ser declarada a quantidade do nutriente em causa nos termos dos artigos 31.° a 34.° desse regulamento.
As quantidades das substâncias objecto de uma alegação nutricional ou de saúde que não constem da rotulagem nutricional devem ser indicadas no mesmo campo visual que a rotulagem nutricional, e devem ser expressas nos termos dos artigos 31.°, 32.° e 33.° do Regulamento (UE) n.° 1169/2011. As unidades de medida utilizadas para exprimir a quantidade da substância devem ser adaptadas à substância em causa.
No caso dos suplementos alimentares, as informações nutricionais devem ser fornecidas nos termos do artigo 8.° da Directiva 2002/46/CE.

CAPÍTULO III.- ALEGAÇÕES NUTRICIONAIS

Artigo 8.° *Condições específicas*
1. Só são permitidas as alegações nutricionais que constem do Anexo e que preencham as condições estabelecidas no presente regulamento.
2. As alterações ao anexo devem ser aprovadas pelo procedimento de regulamentação com controlo a que se refere o n.° 3 do artigo 25.° e, quando necessário, após consulta à Autoridade. Quando necessário, a Comissão associa as partes interessadas, nomeadamente os operadores das empresas do sector alimentar e as associações de consumidores, à avaliação da percepção e compreensão das alegações em questão.

Artigo 9.° *Alegações comparativas*
1. Sem prejuízo do disposto na Directiva 84/450/CEE, só pode ser feita uma comparação entre alimentos da mesma categoria tomando em consideração uma gama de alimentos dessa categoria. Deve ser indicada a diferença em termos de teor de um nutriente e/ou de valor energético, e a comparação deve referir-se à mesma quantidade de alimento.
2. As alegações nutricionais comparativas devem comparar a composição do alimento em questão com uma gama de alimentos da mesma categoria cuja composição não lhes permita ostentar uma alegação, incluindo alimentos de outras marcas.

CAPÍTULO IV.- ALEGAÇÕES DE SAÚDE

Artigo 10.° *Condições específicas*
1. São proibidas as alegações de saúde que não cumpram os requisitos gerais do Capítulo II nem os requisitos específicos do presente capítulo e que não estejam autorizadas em conformidade com o presente regulamento nem incluídas nas listas das alegações permitidas previstas nos artigos 13.° e 14.°.
2. Só são permitidas as alegações de saúde que incluam na rotulagem ou, na falta desta, na apresentação e na publicidade as seguintes informações:
a) Uma indicação da importância de um regime alimentar variado e equilibrado e de um modo de vida saudável;
b) A quantidade do alimento e o modo de consumo requeridos para obter o efeito benéfico alegado;
c) Se for caso disso, uma observação dirigida a pessoas que deveriam evitar consumir o alimento; e

d) Um aviso adequado, no caso dos produtos susceptíveis de representar um risco para a saúde se consumidos em excesso.

3. Só pode ser feita referência a efeitos benéficos gerais, não específicos do nutriente ou do alimento, para a boa saúde geral ou para o bem-estar ligado à saúde se essa referência for acompanhada de uma alegação de saúde específica incluída nas listas previstas nos artigos 13.º ou 14.º.

4. Quando for apropriado, serão adoptadas orientações para a execução do presente artigo, nos termos do n.º 2 do artigo 25.º e, se for necessário, em consulta com as partes interessadas, em especial os operadores das empresas do sector alimentar e as associações de consumidores.

Artigo 11.º *Associações nacionais de profissionais de saúde, nutrição ou dietética e associações caritativas da área da saúde*
Na falta de normas comunitárias específicas no que respeita a recomendações ou aprovações provenientes de associações nacionais de profissionais de saúde, nutrição ou dietética e de associações caritativas da área da saúde, podem aplicar-se as normas nacionais pertinentes, em conformidade com o disposto no Tratado.

Artigo 12.º *Restrições quanto à utilização de determinadas alegações de saúde*
São proibidas as seguintes alegações de saúde:
a) Alegações que sugiram que a saúde pode ser afectada pelo facto de não se consumir o alimento;
b) Alegações que façam referência ao ritmo ou à quantificação da perda de peso;
c) Alegações que façam referência a recomendações de médicos ou de profissionais da saúde e de outras associações não referidas no artigo 11.º.

Artigo 13.º *Alegações de saúde que não refiram a redução de um risco de doença ou o desenvolvimento e a saúde das crianças*
1. As alegações de saúde que descrevam ou façam referência:
a) Ao papel de um nutriente ou de outra substância no crescimento, no desenvolvimento e nas funções do organismo; ou
b) A funções psicológicas ou comportamentais; ou
c) Sem prejuízo do disposto na Directiva 96/8/CE, ao emagrecimento, ao controlo do peso, à redução do apetite, ao aumento da sensação de saciedade ou à redução do valor energético do regime alimentar;
e que estejam indicadas na lista prevista no n.º 3, podem ser feitas sem serem sujeitas aos procedimentos estabelecidos nos artigos 15.º a 19.º, desde que:
i) Assentem em provas científicas geralmente aceites, e
ii) Sejam bem compreendidas pelo consumidor médio.
2. Os Estados-Membros devem fornecer à Comissão listas das alegações referidas no .º 1 até 31 de Janeiro de 2008, acompanhadas das condições que se lhes aplicam e de referências aos dados científicos pertinentes.
3. Após consulta à Autoridade, a Comissão aprova, pelo procedimento de regulamentação com controlo a que se refere o n.º 3 do artigo 25.º, uma lista comunitária, que tenha por objecto alterar elementos não essenciais do presente regulamento, completando-o, com alegações autorizadas, tal como referido no n.º 1, e todas as condições necessárias à utilização dessas alegações até 31 de Janeiro de 2010.
4. Quaisquer alterações à lista prevista no n.º 3, assentes em provas científicas geralmente aceites e que tenham por objecto alterar elementos não essenciais do presente regulamento, completando-o, devem ser aprovadas pelo procedimento de regulamentação com controlo a que se refere o n.º 3 do artigo 25.º, após consulta à Autoridade, por iniciativa da Comissão ou a pedido de um Estado-Membro.
5. Os aditamentos de alegações à lista referida no n.º 3 que assentem em novas provas científicas e/ou que incluam um pedido de protecção de dados de propriedade industrial devem ser aprovados nos termos do artigo 18.º, com excepção das alegações que se refiram ao desenvolvimento e à saúde das crianças, que devem ser autorizadas nos termos dos artigos 15.º, 16.º, 17.ºe 19.º.

Artigo 14.º *Alegações relativas à redução de um risco de doença e alegações relativas ao desenvolvimento e à saúde das crianças*
1. Não obstante o disposto na alínea b) do n.º 1 do artigo 2.º da Directiva 2000/13/CE, podem ser feitas as alegações seguidamente mencionadas desde que tenham sido autorizadas, nos termos dos artigos 15.º, 16.º, 17.º e 19.º do presente regulamento, para

inclusão numa lista comunitária de alegações permitidas juntamente com todas as condições necessárias para a utilização dessas alegações:
a) Alegações relativas à redução de riscos de doença;
b) Alegações relativas ao desenvolvimento e à saúde das crianças.
2. Para além dos requisitos gerais estabelecidos no presente regulamento e dos requisitos específicos previstos no n.º 1, no caso das alegações relativas à redução de um risco de doença, a rotulagem ou, na falta desta, a apresentação ou a publicidade devem ostentar também uma indicação de que a doença objecto da alegação tem múltiplos factores de risco, e que alterar um destes factores pode, ou não, ter efeitos benéficos.

Artigo 15.º *Pedidos de autorização*
1. Sempre que se faça referência ao presente artigo, deve ser apresentado um pedido de autorização em conformidade com as disposições que se seguem.
2. O pedido deve ser enviado à autoridade nacional competente de um Estado-Membro.
a) A autoridade nacional competente deve:
i) Acusar a recepção do pedido por escrito, no prazo de catorze dias a contar da data da recepção. O aviso de recepção deve indicar a data de recepção do pedido;
ii) Informar imediatamente a Autoridade; e
iii) Facultar à Autoridade o pedido, bem como qualquer informação complementar apresentada pelo requerente;
b) A Autoridade deve:
i) Informar imediatamente os restantes Estados-Membros e a Comissão acerca do pedido, o qual lhes deve ser facultado, juntamente com qualquer informação complementar apresentada pelo requerente;
ii) Tornar público o resumo do pedido referido na alínea g) do n.º 3.
3. O pedido deve incluir os seguintes elementos:
a) O nome e o endereço do requerente;
b) A designação do nutriente ou outra substância ou do alimento ou categoria de alimentos acerca do qual irá ser feita a alegação de saúde, bem como as suas características específicas;
c) Uma cópia dos estudos, incluindo, se existirem, estudos independentes revistos por pares, que tenham sido efectuados sobre a alegação de saúde, assim como de qualquer outro material que comprove que a alegação de saúde cumpre os critérios previstos no presente regulamento;
d) Se for caso disso, uma indicação das informações que devam ser consideradas dados de propriedade industrial, acompanhada de justificações verificáveis;
e) Uma cópia de outros estudos científicos relevantes para a alegação de saúde;
f) Uma proposta de redacção da alegação de saúde para a qual se solicita autorização, incluindo, se for caso disso, as condições específicas de utilização;
g) Um resumo do pedido.
4. Após consulta à Autoridade, a Comissão deve estabelecer, nos termos do n.º 2 do artigo 25.º, as normas de execução do presente artigo, incluindo as relativas à elaboração e apresentação do pedido.
5. A Comissão, em estreita colaboração com a Autoridade, disponibiliza as orientações e os instrumentos técnicos adequados, a fim de auxiliar os operadores do sector alimentar, designadamente as PME, na preparação e apresentação do pedido de avaliação científica.

Artigo 16.º *Parecer da Autoridade*
1. A Autoridade deve dar parecer no prazo de cinco meses a contar da data de recepção de um pedido válido. Nos casos em que a Autoridade solicite informações complementares ao requerente, como previsto no n.º 2, esse prazo é prorrogado até ao limite de dois meses a contar da data de recepção das informações solicitadas e enviadas pelo candidato.
2. A Autoridade ou, através dela, uma autoridade nacional competente pode, se necessário, exigir que o requerente complete num determinado prazo os dados que acompanham o pedido.
3. A fim de preparar o seu parecer, a Autoridade deve verificar:
a) Se a redacção proposta para a alegação de saúde se fundamenta em provas científicas;

b) Se a redacção da alegação de saúde é conforme com os critérios estabelecidos no presente regulamento.

4. Caso seja favorável à autorização da alegação de saúde, o parecer deve incluir os seguintes dados:

a) O nome e o endereço do requerente;

b) A designação do nutriente ou outra substância ou do alimento ou categoria de alimentos acerca do qual irá ser feita a alegação de saúde, bem como as suas características específicas;

c) Uma proposta de redacção da alegação de saúde em questão, incluindo, se for caso disso, as condições específicas de utilização;

d) Se for caso disso, as condições ou restrições relativas à utilização do alimento e/ou uma declaração ou advertência adicional que deverá acompanhar a alegação de saúde no rótulo e na publicidade.

5. A Autoridade deve enviar o seu parecer à Comissão, aos Estados-Membros e ao requerente e incluir um relatório em que descreva a sua avaliação da alegação de saúde e apresente os motivos do seu parecer, bem como as informações em que este se baseia.

6. Nos termos do n.º 1 do artigo 38.º do Regulamento (CE) n.º 178/2002, a Autoridade deve tornar público o seu parecer.

Tanto o requerente como qualquer outra pessoa podem enviar observações à Comissão no prazo de trinta dias a contar da data da referida publicação.

Artigo 17.º *Autorização comunitária*

1. No prazo de dois meses a contar da data de recepção do parecer da Autoridade, a Comissão deve submeter ao Comité referido no n.º 2 do artigo 23.º um projecto de decisão sobre as listas de alegações de saúde autorizadas, tendo em conta o parecer da Autoridade, todas as disposições aplicáveis da legislação comunitária e outros factores legítimos com relevância para o assunto em apreço. Sempre que o projecto de decisão não seja conforme com o parecer da Autoridade, a Comissão deve apresentar uma explicação dos motivos de tais diferenças.

2. Qualquer projecto de decisão de alteração das listas de alegações de saúde autorizadas deve incluir os dados referidos no n.º 4 do artigo 16.º.

3. É tomada uma decisão definitiva sobre o pedido que tenha por objecto alterar elementos não essenciais do presente regulamento, completando-o, pelo procedimento de regulamentação com controlo a que se refere o n.º 3 do artigo 25.º

No entanto, caso a Comissão proponha, na sequência de um pedido do requerente de protecção de dados de propriedade industrial, limitar o uso da alegação a favor do requerente:

a) É tomada uma decisão sobre a autorização da alegação pelo procedimento de regulamentação a que se refere o n.º 2 do artigo 25.º Nesse caso, se for concedida, a autorização caduca após um período de cinco anos;

b) Antes do termo do prazo de cinco anos e se a alegação ainda preencher as condições estabelecidas no presente regulamento, a Comissão apresenta um projecto de medidas que tenha por objecto alterar elementos não essenciais do presente regulamento, completando-o, para autorizar a alegação sem restrição de utilização, a qual deve ser aprovada pelo procedimento de regulamentação com controlo a que se refere o n.º 3 do artigo 25.º.

4. A Comissão deve informar sem demora o requerente da decisão tomada e publicar a informação detalhada da decisão no *Jornal Oficial da União Europeia*.

5. As alegações de saúde incluídas nas listas previstas nos artigos 13.º e 14.º podem ser utilizadas, de acordo com as condições que se lhes aplicam, por qualquer operador das empresas do sector alimentar, desde que a sua utilização não seja restrita nos termos do artigo 21.º.

6. A concessão da autorização não isenta nenhum operador das empresas do sector alimentar da sua responsabilidade civil e penal geral no que diz respeito ao alimento em causa.

Artigo 18.º *Alegações de saúde referidas no n.º 5 do artigo 13.º*

1. O operador de uma empresa do sector alimentar que tencione utilizar uma alegação de saúde não incluída na lista prevista no n.º 3 do artigo 13.º pode requerer a inclusão da alegação nessa lista.

2. O pedido deve ser transmitido à autoridade nacional competente do Estado-Membro, que deve acusar a recepção por escrito no prazo de catorze dias a contar da recepção. O aviso de recepção deve indicar a data de recepção do pedido. O pedido deve incluir os dados a que se refere o n.º 3 do artigo 15.º, bem como o seu fundamento.

3. O pedido válido, conforme com as orientações a que se refere o n.º 5 do artigo 15.º, bem como todas as informações fornecidas pelo requerente, são transmitidos sem demora à Autoridade, para avaliação científica, bem como à Comissão e aos Estados-Membros, para conhecimento. A Autoridade emite o seu parecer no prazo de cinco meses a contar da data de recepção do pedido. Esse prazo pode ser prorrogado, no máximo, por um mês se a Autoridade considerar necessário obter do requerente informações suplementares. Nesse caso, o requerente deve fornecer as informações solicitadas no prazo de quinze dias a contar da data de recepção do pedido da Autoridade.

É aplicável, com as necessárias adaptações, o procedimento estabelecido nas alíneas a) e b) do n.º 3 e nos n.ºs 5 e 6 do artigo 16.º.

4. Se, após a avaliação científica, a Autoridade emitir um parecer favorável à inclusão da alegação na lista prevista no n.º 3 do artigo 13.º, a Comissão decide sobre o pedido tendo em conta o parecer da Autoridade, todas as disposições aplicáveis da legislação comunitária e outros factores legítimos com relevância para o assunto em apreço, após consulta dos Estados-Membros, no prazo de dois meses a contar da recepção do parecer da Autoridade.

5. Caso a Autoridade emita um parecer desfavorável à inclusão da alegação na lista referida no n.º 4, a decisão sobre o pedido que tenha por objecto alterar elementos não essenciais do presente regulamento, completando-o, deve ser aprovada pelo procedimento de regulamentação com controlo a que se refere o n.º 3 do artigo 25.º

No entanto, caso a Comissão proponha, na sequência de um pedido do requerente de protecção de dados de propriedade industrial, limitar o uso da alegação a favor do requerente:

a) É tomada uma decisão sobre a autorização da alegação pelo procedimento de regulamentação a que se refere o n.º 2 do artigo 25.º Nesse caso, se for concedida, a autorização caduca após um período de cinco anos;

b) Antes do termo do prazo de cinco anos e se a alegação ainda preencher as condições estabelecidas no presente regulamento, a Comissão apresenta um projecto de medida que tenha por objecto alterar elementos não essenciais do presente regulamento, completando-o, para autorizar a alegação sem restrição de utilização, a qual deve ser aprovada pelo procedimento de regulamentação com controlo a que se refere o n.º 3 do artigo 25.º.

Artigo 19.º *Alteração, suspensão e revogação de autorizações*

1. O requerente/utilizador de uma alegação incluída numa das listas previstas nos artigos 13.º e 14.º pode solicitar uma alteração da lista em causa. São aplicáveis, com as necessárias adaptações, os procedimentos estabelecidos nos artigos 15.º a 18.º.

2. Por iniciativa própria ou a pedido de um Estado-Membro ou da Comissão, a Autoridade deve dar parecer sobre a questão de saber se uma alegação de saúde incluída nas listas previstas nos artigos 13.º e 14.º continua a preencher as condições estabelecidas no presente regulamento.

A Autoridade deve transmitir imediatamente o seu parecer à Comissão, aos Estados-Membros e, se for caso disso, ao primeiro requerente da alegação em questão. Nos termos do n.º 1 do artigo 38.º do Regulamento (CE) n.º 178/2002, a Autoridade deve tornar público o seu parecer.

Tanto o requerente/utilizador como qualquer outra pessoa podem enviar observações à Comissão no prazo de trinta dias a contar da data da referida publicação.

A Comissão deve examinar o parecer da Autoridade e quaisquer observações recebidas, o mais rapidamente possível. Se necessário, a autorização será alterada, suspensa ou revogada, nos termos dos artigos 17.º e 18.º.

CAPÍTULO V.- DISPOSIÇÕES GERAIS E FINAIS

Artigo 20.º *Registo comunitário*

1. A Comissão deve criar e manter um registo comunitário das alegações nutricionais e de saúde sobre os alimentos, adiante designado «Registo».

2. O Registo deve incluir os seguintes elementos:

a) As alegações nutricionais e as condições que se lhes aplicam, tal como estabelecidas no Anexo;

b) As restrições aprovadas nos termos do n.º 5 do artigo 4.º;

c) As alegações de saúde autorizadas e as condições que se lhes aplicam previstas nos n.⁰ˢ 3 e 5 do artigo 13.°, no n.° 1 do artigo 14.°, no n.° 2 do artigo 19.°, no artigo 21.°, no n.° 2 do artigo 24.° e no n.° 6 do artigo 28.°, e as medidas nacionais a que se refere o n.° 3 do artigo 23.°;

d) Uma lista das alegações de saúde rejeitadas e os motivos da rejeição.

As alegações de saúde autorizadas com base em dados de propriedade industrial devem ser registadas num anexo separado do Registo, com as seguintes informações:

1) Data em que a Comissão autorizou a alegação de saúde e nome do requerente inicial a quem foi concedida a autorização;

2) O facto de a Comissão ter autorizado a alegação de saúde com base em dados de propriedade industrial e com restrições de utilização;

3) Nos casos referidos no segundo parágrafo do n.° 3 do artigo 17.°, e no segundo parágrafo do n.° 5 do artigo 18.°, o facto de a alegação de saúde ser autorizada por um período limitado.

3. O Registo deve ser posto à disposição do público.

Artigo 21.° *Protecção de dados*

1. Os dados científicos e outras informações constantes do pedido, exigidos nos termos do n.° 3 do artigo 15.°, não podem ser utilizados em benefício de um requerente posterior durante um período de cinco anos a contar da data da autorização, a menos que o requerente posterior tenha acordado com o requerente anterior que esses dados e informações podem ser utilizados, e sempre que:

a) O requerente anterior tenha declarado, na altura da apresentação do seu pedido, que os dados científicos e outras informações estavam abrangidos pela propriedade industrial; e

b) O requerente anterior tivesse direito exclusivo de utilização dos dados de propriedade industrial na altura da apresentação do seu pedido; e

c) A alegação de saúde não possa ter sido autorizada sem a apresentação dos dados de propriedade industrial pelo requerente anterior.

2. Até ao final do período de cinco anos referido no n.° 1, nenhum requerente posterior tem o direito de utilizar os dados que um requerente anterior tenha declarado estarem abrangidos pela propriedade industrial, a não ser e até que a Comissão decida se uma alegação pode ser, ou poderia ter sido, incluída na lista prevista no artigo 14.° ou, se for caso disso, no artigo 13.°sem a apresentação dos dados que o requerente anterior tenha declarado estarem abrangidos pela propriedade industrial.

Artigo 22.° *Disposições nacionais*

Sem prejuízo do disposto no Tratado, nomeadamente nos artigos 28.° e 30.°, os Estados-Membros não podem restringir nem proibir o comércio ou a publicidade dos alimentos conformes com o presente regulamento através da aplicação de disposições nacionais não harmonizadas que regulamentem as alegações feitas sobre determinados alimentos ou sobre os alimentos em geral.

Artigo 23.° *Procedimento de notificação*

1. Caso um Estado-Membro considere necessário aprovar nova legislação, deve comunicar à Comissão e aos restantes Estados-Membros as medidas previstas, especificando os motivos que as justificam.

2. A Comissão deve consultar o Comité Permanente da Cadeia Alimentar e da Saúde Animal, instituído pelo n.° 1 do artigo 58.° do Regulamento (CE) n.° 178/2002 (a seguir designado por «Comité»), caso considere útil tal consulta ou caso um Estado-Membro o solicite, e deve dar parecer sobre as medidas previstas.

3. O Estado-Membro em causa pode adoptar as medidas previstas seis meses após a notificação referida no n.° 1, desde que o parecer da Comissão não seja negativo.

Caso o seu parecer seja negativo, a Comissão deve determinar, nos termos do n.° 2 do artigo 25.° e antes do termo do prazo referido no primeiro parágrafo do presente número, se as medidas previstas podem ser aplicadas. A Comissão pode solicitar que sejam introduzidas determinadas alterações nas medidas previstas.

Artigo 24.° *Medidas de salvaguarda*

1. Sempre que um Estado-Membro tenha motivos sérios para considerar que uma alegação não cumpre o disposto no presente regulamento ou que o fundamento científico previsto no artigo 6.° é insuficiente, pode suspender temporariamente a utilização dessa alegação no seu território.

Desse facto deve informar os restantes Estados-Membros e a Comissão, apresentando os motivos da suspensão.

2. É tomada uma decisão nos termos do n.º 2 do artigo 25.º, se for caso disso depois de obtido o parecer da Autoridade.

A Comissão pode dar início a este procedimento por iniciativa própria.

3. O Estado-Membro referido no n.º 1 pode manter a suspensão até que lhe seja notificada a decisão mencionada no n.º 2.

Artigo 25.º *Procedimento de comité*

1. A Comissão é assistida pelo Comité.

2. Sempre que se faça referência ao presente número, são aplicáveis os artigos 5.º e 7.º da Decisão 1999/468/CE, tendo-se em conta o disposto no seu artigo 8.º

O prazo previsto no n.º 6 do artigo 5.º da Decisão 1999/468/CE é de três meses.

3. Sempre que se faça referência ao presente número, são aplicáveis os n.ºs 1 a 4 do artigo 5.ºA e o artigo 7.º da Decisão 1999/468/CE, tendo-se em conta o disposto no seu artigo 8.º.

Artigo 26.º *Controlo*

Para permitir um controlo eficaz dos alimentos que ostentem alegações nutricionais ou de saúde, os Estados-Membros podem exigir que o fabricante ou o responsável pela colocação desses alimentos no mercado do seu território informe a autoridade competente dessa colocação no mercado, enviando-lhe um modelo do rótulo utilizado para o produto em questão.

Artigo 27.º *Avaliação*

Até 19 de Janeiro de 2013, a Comissão deve apresentar ao Parlamento Europeu e ao Conselho um relatório sobre a aplicação do presente regulamento, nomeadamente sobre a evolução do mercado dos alimentos acerca dos quais são feitas alegações nutricionais ou de saúde e sobre a forma como os consumidores entendem as alegações, acompanhado, se necessário, de uma proposta de alterações. O relatório deve incluir igualmente uma avaliação do impacto do presente regulamento nas escolhas alimentares, bem como do seu impacto potencial na obesidade e nas doenças não contagiosas.

Artigo 28.º *Medidas transitórias*

1. Os alimentos colocados no mercado ou rotulados antes da data de aplicação prevista no presente regulamento que não cumpram o disposto no presente regulamento podem ser comercializados até ao termo do seu prazo de validade e nunca após 31 de Julho de 2009. No que respeita ao disposto no n.º 1 do artigo 4.º, os alimentos podem ser comercializados até vinte e quatro meses após a aprovação dos perfis nutricionais pertinentes e das respectivas condições de utilização.

2. Os produtos que ostentem marcas de fabrico ou comerciais existentes antes de 1 de Janeiro de 2005 que não cumpram o disposto no presente regulamento podem continuar a ser comercializados até 19 de Janeiro de 2022, após o que lhes são aplicáveis as disposições do presente regulamento.

3. As alegações nutricionais utilizadas num Estado-Membro antes de 1 de Janeiro de 2006 em conformidade com as disposições nacionais que lhes são aplicáveis e que não constem do Anexo, podem continuar a ser utilizadas até 19 de Janeiro de 2010 sob a responsabilidade dos operadores das empresas do sector alimentar e sem prejuízo da adopção das medidas de salvaguarda referidas no artigo 24.º.

4. As alegações nutricionais sob a forma de representação pictórica, gráfica ou simbólica que cumpram os princípios gerais do presente regulamento, que não estejam incluídas no Anexo e sejam utilizadas de acordo com condições e critérios específicos estabelecidos nas disposições ou normas nacionais, ficam sujeitas ao seguinte:

a) Os Estados-Membros terem comunicado à Comissão até 31 de Janeiro de 2008 as referidas alegações nutricionais e as disposições ou normas nacionais aplicáveis, acompanhadas de dados científicos que justificam essas disposições ou normas;

b) A Comissão aprova, pelo procedimento de regulamentação com controlo a que se refere o n.º 3 do artigo 25.º, uma decisão quanto à utilização de tais alegações e que tem por objecto alterar elementos não essenciais do presente regulamento.

As alegações nutricionais não autorizadas nestes termos podem continuar a ser utilizadas durante doze meses a contar da aprovação da decisão.

5. A partir da data de entrada em vigor do presente regulamento e até à aprovação da lista referida no n.º 3 do artigo 13.º, as alegações de saúde referidas na alínea a) do n.º 1 do artigo 13.°podem ser feitas sob a responsabilidade dos operadores das empresas do sector alimentar, desde que sejam conformes com o presente regulamento e com as disposições nacionais que lhes são aplicáveis, sem prejuízo da adopção das medidas de salvaguarda referidas no artigo 24.°.

6. As alegações de saúde não referidas na alínea a) do n.° 1 do artigo 13.° nem na alínea a) do n.° 1 do artigo 14.° que tenham sido utilizadas de acordo com disposições nacionais antes da data de entrada em vigor do presente regulamento ficam sujeitas ao seguinte:

a) As alegações de saúde que tenham sido sujeitas a avaliação e autorização num Estado-Membro terem sido autorizadas nos seguintes moldes:

i) Os Estados-Membros terem comunicado à Comissão até 31 de Janeiro de 2008 as referidas alegações, acompanhadas de um relatório de avaliação dos dados científicos que justificam a alegação;

ii) Após consulta à Autoridade, a Comissão aprova, pelo procedimento de regulamentação com controlo a que se refere o n.° 3 do artigo 25.°, uma decisão quanto às alegações autorizadas nestes termos e que tem por objecto alterar elementos não essenciais do presente regulamento, completando-o.

As alegações de saúde não autorizadas nestes termos podem continuar a ser utilizadas durante seis meses após a aprovação da decisão;

b) Alegações de saúde que não tenham sido sujeitas a avaliação e autorização num Estado-Membro: estas alegações podem continuar a ser utilizadas desde que tenha sido apresentado um pedido nos termos do presente regulamento antes de 19 de Janeiro de 2008. As alegações de saúde não autorizadas nestes termos podem continuar a ser utilizadas durante seis meses depois de ter sido tomada uma decisão nos termos do n.° 3 do artigo 17.°.

Artigo 29.° *Entrada em vigor*
O presente regulamento entra em vigor vinte dias após a sua publicação no Jornal Oficial da União Europeia.

O presente regulamento é aplicável a partir de 1 de Julho de 2007.

O presente regulamento é obrigatório em todos os seus elementos e directamente aplicável em todos os Estados-Membros.

ANEXO.-
Alegações nutricionais e condições que se lhes aplicam

BAIXO VALOR ENERGÉTICO

Uma alegação de que um alimento é de baixo valor energético, ou qualquer alegação que possa ter o mesmo significado para o consumidor, só pode ser feita quando o produto não contiver mais de 40 kcal (170 kJ)/100 g para os sólidos ou mais de 20 kcal (80 kJ)/100 ml para os líquidos. No que respeita aos edulcorantes de mesa, é aplicável o limite de 4 kcal (17 kJ)/porção, com propriedades edulcorantes equivalentes a 6 g de sacarose (aproximadamente uma colher de chá de sacarose).

VALOR ENERGÉTICO REDUZIDO

Uma alegação de que um alimento é de valor energético reduzido, ou qualquer alegação que possa ter o mesmo significado para o consumidor, só pode ser feita quando o valor energético sofrer uma redução de, pelo menos, 30 %, com indicação da(s) característica(s) que faz(em) com que o valor energético total do alimento seja reduzido.

SEM VALOR ENERGÉTICO

Uma alegação de que um alimento não tem valor energético, ou qualquer alegação que possa ter o mesmo significado para o consumidor, só pode ser feita quando o produto não contiver mais de 4 kcal (17 kJ)/100 ml. No que respeita aos edulcorantes de mesa, é aplicável o limite de 0,4 kcal (1,7 kJ)/porção, com propriedades edulcorantes equivalentes a 6 g de sacarose (aproximadamente uma colher de chá de sacarose).

BAIXO TEOR DE GORDURA

Uma alegação de que um alimento é de baixo teor de gordura, ou qualquer alegação que possa ter o mesmo significado para o consumidor, só pode ser feita quando o produto não contiver mais de 3 g de gordura por 100 g para os sólidos ou de 1,5 g de gordura por 100 ml para os líquidos (1,8 g de gordura por 100 ml para o leite meio gordo).

SEM GORDURA

Uma alegação de que um alimento não contém gordura, ou qualquer alegação que possa ter o mesmo significado para o consumidor, só pode ser feita quando o produto não contiver mais de 0,5 g de gordura por 100 g ou por 100 ml. No entanto, são proibidas as alegações do tipo «X % isento de gorduras».

BAIXO TEOR DE GORDURA SATURADA

Uma alegação de que um alimento é de baixo teor de gordura saturada, ou qualquer alegação que possa ter o mesmo significado para o consumidor, só pode ser feita se a soma dos ácidos gordos saturados e dos ácidos gordos trans contidos no produto não exceder 1,5 g/100 g para os sólidos ou 0,75 g/100 ml para os líquidos; em qualquer dos casos, a soma dos ácidos gordos saturados e dos ácidos gordos trans não pode fornecer mais de 10 % do valor energético.

SEM GORDURA SATURADA

Uma alegação de que um alimento não contém gordura saturada, ou qualquer alegação que possa ter o mesmo significado para o consumidor, só pode ser feita quando a soma da gordura saturada e dos ácidos gordos trans não exceder 0,1 g de gordura saturada por 100 g ou por 100 ml.

BAIXO TEOR DE AÇÚCARES

Uma alegação de que um alimento é de baixo teor de açúcares, ou qualquer alegação que possa ter o mesmo significado para o consumidor, só pode ser feita quando o produto não contiver mais de 5 g de açúcares por 100 g para os sólidos ou de 2,5 g de açúcares por 100 ml para os líquidos.

SEM AÇÚCARES

Uma alegação de que um alimento não contém açúcares, ou qualquer alegação que possa ter o mesmo significado para o consumidor, só pode ser feita quando o produto não contiver mais de 0,5 g de açúcares por 100 g ou por 100 ml.

SEM ADIÇÃO DE AÇÚCARES

Uma alegação de que não foram adicionados açúcares ao alimento, ou qualquer alegação que possa ter o mesmo significado para o consumidor, só pode ser feita quando o produto não contiver quaisquer monossacáridos ou dissacáridos adicionados, nem qualquer outro alimento utilizado pelas suas propriedades edulcorantes. Caso os açúcares estejam naturalmente presentes no alimento, o rótulo deve também ostentar a seguinte indicação: «CONTÉM AÇÚCARES NATURALMENTE PRESENTES».

BAIXO TEOR DE SÓDIO/SAL

Uma alegação de que um alimento é de baixo teor de sódio/sal, ou qualquer alegação que possa ter o mesmo significado para o consumidor, só pode ser feita quando o produto não contiver mais de 0,12 g de sódio, ou o valor equivalente de sal, por 100 g ou por 100 ml. No que respeita às águas que não as águas minerais naturais abrangidas pela Directiva 80/777/CEE, este valor não pode exceder 2 mg de sódio por 100 ml.

MUITO BAIXO TEOR DE SÓDIO/SAL

Uma alegação de que um alimento é de muito baixo teor de sódio/sal, ou qualquer alegação que possa ter o mesmo significado para o consumidor, só pode ser feita quando o produto não contiver mais de 0,04 g de sódio, ou o valor equivalente de sal, por 100 g ou por 100 ml. Esta alegação não pode ser utilizada para as águas minerais naturais nem para outras águas.

SEM SÓDIO ou SEM SAL

Uma alegação de que um alimento não contém sódio ou sal, ou qualquer alegação que possa ter o mesmo significado para o consumidor, só pode ser feita quando o produto não contiver mais de 0,005 g de sódio, ou o valor equivalente de sal, por 100 g.

SEM ADIÇÃO DE SÓDIO/SAL

Uma alegação de que não foi adicionado sódio/sal ao alimento, ou qualquer alegação que possa ter o mesmo significado para o consumidor, só pode ser feita quando o produto não contiver sódio/sal adicionado nem qualquer outro ingrediente que contenha sódio/sal adicionado e o produto não contiver mais de 0,12 g de sódio, ou o valor equivalente de sal, por 100 g ou por 100 ml.

FONTE DE FIBRA

Uma alegação de que um alimento é uma fonte de fibra, ou qualquer alegação que possa ter o mesmo significado para o consumidor, só pode ser feita quando o produto contiver, no mínimo, 3 g de fibra por 100 g ou, pelo menos, 1,5 g de fibra por 100 kcal.

ALTO TEOR EM FIBRA

Uma alegação de que um alimento tem alto teor em fibra, ou qualquer alegação que possa ter o mesmo significado para o consumidor, só pode ser feita quando o produto contiver, no mínimo, 6 g de fibra por 100 g ou, pelo menos, 3 g de fibra por 100 kcal.

FONTE DE PROTEÍNA

Uma alegação de que um alimento é uma fonte de proteína, ou qualquer alegação que possa ter o mesmo significado para o consumidor, só pode ser feita quando, pelo menos, 12 % do valor energético do alimento for fornecido por proteína.

ALTO TEOR EM PROTEÍNA

Uma alegação de que um alimento tem alto teor em proteína, ou qualquer alegação que possa ter o mesmo significado para o consumidor, só pode ser feita quando, pelo menos, 20 % do valor energético do alimento for fornecido por proteína.

FONTE DE [NOME DA(S) VITAMINA(S)] E/OU [NOME DO(S) MINERAL(IS)]

Uma alegação de que um alimento é uma fonte de vitaminas e/ou de minerais, ou qualquer alegação que possa ter o mesmo significado para o consumidor, só pode ser feita quando o produto contiver, pelo menos, a quantidade significativa definida no Anexo da Directiva 90/496/CEE ou uma quantidade prevista por derrogações concedidas nos termos do artigo 6.º do Regulamento (CE) n.º 1925/2006 do Parlamento Europeu e do Conselho, de 20 de Dezembro de 2006, relativo à adição aos alimentos de vitaminas, minerais e determinadas outras substâncias.

ALTO TEOR EM [NOME DA(S) VITAMINA(S)] E/OU [NOME DO(S) MINERAL(IS)]

Uma alegação de que um alimento tem alto teor em vitaminas e/ou minerais, ou qualquer alegação que possa ter o mesmo significado para o consumidor, só pode ser feita quando o produto contiver, pelo menos, o dobro do teor exigido para a alegação «Fonte de [nome da(s) vitamina(s)] e/ou [nome do(s) mineral(is)]».

CONTÉM [NOME DO NUTRIENTE OU OUTRA SUBSTÂNCIA]

Uma alegação de que um alimento contém um nutriente ou outra substância, para o qual o presente regulamento não preveja condições específicas, ou qualquer alegação que possa ter o mesmo significado para o consumidor, só pode ser feita quando o produto cumprir todas as disposições do presente regulamento que lhe são aplicáveis, nomeadamente as do artigo 5.º. No que respeita às vitaminas e minerais, são aplicáveis as condições exigidas para a alegação «Fonte de».

TEOR DE (NOME DO NUTRIENTE) REFORÇADO

Uma alegação de que o teor de um ou mais nutrientes, que não vitaminas e minerais, foi reforçado, ou qualquer alegação que possa ter o mesmo significado para o consumidor, só pode ser feita quando o produto preencher as condições da alegação «Fonte de» e o reforço do teor for, no mínimo, de 30 % em relação a um produto semelhante.

TEOR DE (NOME DO NUTRIENTE) REDUZIDO

Uma alegação de que o teor de um ou mais nutrientes foi reduzido, ou qualquer alegação que possa ter o mesmo significado para o consumidor, só pode ser feita quando a redução do teor for, no mínimo, de 30 % em relação a um produto semelhante, excepto no caso dos micronutrientes, para os quais é aceitável uma diferença de 10 % em relação aos valores de referência estabelecidos na Directiva 90/496/CEE, e do sódio, ou do valor equivalente de sal, para o qual é aceitável uma diferença de 25 %.

A alegação «teor de gordura saturada reduzido», ou qualquer alegação que possa ter o mesmo significado para o consumidor, só pode ser feita:

a) Se a soma de ácidos gordos saturados e de ácidos gordos trans no produto objeto da alegação for, pelo menos, 30 % inferior à soma de ácidos gordos saturados e de ácidos gordos trans num produto semelhante; e

b) Se o teor de ácidos gordos trans no produto objeto da alegação for igual ou inferior ao de um produto semelhante.

A alegação «teor de açúcares reduzido», ou qualquer alegação que possa ter o mesmo significado para o consumidor, só pode ser feita se o valor energético do produto objeto da alegação for igual ou inferior ao valor energético de um produto semelhante.

FRACO/«LIGHT»

Uma alegação de que um alimento é fraco ou «light», ou qualquer alegação que possa ter o mesmo significado para o consumidor, deve preencher as condições estabelecidas para a alegação «Teor de (...) reduzido»; a alegação deve também ser acompanhada de uma indicação da(s) característica(s) que torna(m) o produto fraco ou «light».

NATURALMENTE/NATURAL

Caso um alimento preencha naturalmente a condição ou condições estabelecidas no presente Anexo para a utilização de uma alegação nutricional, esta pode ser acompanhada do termo «naturalmente/natural».

FONTE DE ÁCIDOS GORDOS ÓMEGA-3

Uma alegação de que um alimento é uma fonte de ácidos gordos ómega-3, ou qualquer alegação que possa ter o mesmo significado para o consumidor, só pode ser feita quando o produto contiver, pelo menos, 0,3 g de ácido alfa-linolénico por 100 g e por 100 kcal, ou pelo menos 40 mg da soma de ácido icosapentaenóico e ácido docosa-hexaenóico por 100 g e por 100 kcal.

ALTO TEOR DE ÁCIDOS GORDOS ÓMEGA-3

Uma alegação de que um alimento tem alto teor de ácidos gordos ómega-3, ou qualquer alegação que possa ter o mesmo significado para o consumidor, só pode ser feita quando o produto contiver, pelo menos, 0,6 g de ácido alfa-linolénico por 100 g e por 100 kcal, ou pelo menos 80 mg da soma de ácido icosapentaenóico e ácido docosa-hexaenóico por 100 g e por 100 kcal.

ALTO TEOR DE GORDURAS MONO-INSATURADAS

Uma alegação de que um alimento tem um alto teor de gorduras mono-insaturadas, ou qualquer alegação que possa ter o mesmo significado para o consumidor, só pode ser feita se pelo menos 45 % dos ácidos gordos presentes no produtos forem provenientes de gorduras mono-insaturadas e se as gorduras mono-insaturadas fornecerem mais de 20 % do valor energético do produto.

ALTO TEOR DE GORDURAS POLI-INSATURADAS

Uma alegação de que um alimento tem um alto teor de gorduras poli-insaturadas, ou qualquer alegação que possa ter o mesmo significado para o consumidor, só pode ser feita se pelo menos 45 % dos ácidos gordos presentes no produtos forem provenientes de gorduras poli-insaturadas e se as gorduras poli-insaturadas fornecerem mais de 20 % do valor energético do produto.

ALTO TEOR DE GORDURAS INSATURADAS

Uma alegação de que um alimento tem um alto teor de gorduras insaturadas, ou qualquer alegação que possa ter o mesmo significado para o consumidor, só pode ser feita se pelo menos 70 % dos ácidos gordos presentes no produto forem provenientes de gorduras insaturadas e se as gorduras insaturadas fornecerem mais de 20 % do valor energético do produto.

18 de Abril de 2008.- Regulamento (CE) n.º 353/2008
da Comissão
que estabelece normas de execução relativas aos pedidos de autorização de alegações de saúde,
como previsto no artigo 15.º do Regulamento (CE) n.º 1924/2006 do Parlamento Europeu e do Conselho
(J.O. L 109, 19/04/2008)

(V.C. 21/12/2009)

A COMISSÃO DAS COMUNIDADES EUROPEIAS,
Tendo em conta o Tratado que institui a Comunidade Europeia,
Tendo em conta o Regulamento (CE) n.º 1924/2006 do Parlamento Europeu e do Conselho, de 20 de Dezembro de 2006, relativo às alegações nutricionais e de saúde sobre os alimentos, nomeadamente o n.º 4 do artigo 15.º,
Após consulta da Autoridade Europeia para a Segurança dos Alimentos,
Considerando o seguinte:
(1) O Regulamento (CE) n.º 1924/2006 estabelece normas para a utilização de alegações na rotulagem, na apresentação e na publicidade dos alimentos.
(2) Os pedidos de autorização relativos a alegações de saúde devem demonstrar de modo adequado e suficiente que a alegação de saúde assenta em provas científicas geralmente aceites, tendo em conta a totalidade dos dados científicos disponíveis e ponderando as provas.
(3) Nos termos do n.º 4 do artigo 15.º do Regulamento (CE) n.º 1924/2006, é necessário estabelecer normas de execução para os pedidos relativos a alegações de saúde apresentados em conformidade com o referido regulamento, incluindo normas relativas à elaboração e apresentação dos pedidos.
(4) As normas de execução devem garantir que os processos dos pedidos de autorização sejam instruídos de modo a definir e classificar os dados científicos necessários tendo em vista a avaliação dos pedidos pela Autoridade Europeia para a Segurança dos Alimentos.
(5) As normas de execução constituem essencialmente um guia de carácter geral, pelo que a dimensão e a natureza dos estudos necessários para avaliar o mérito científico da alegação podem variar em função da natureza dessa alegação.
(6) Os pedidos de autorização de alegações de saúde devem ter em conta as exigências estabelecidas no Regulamento (CE) n.º 1924/2006, designadamente os princípios e condições gerais previstos nos artigos 3.º e 5.º. Cada alegação de saúde deve ser objecto de um pedido distinto, que deve caracterizar o tipo de alegação.
(7) Os dados e documentos a fornecer em conformidade com o presente regulamento não obstam a que a Autoridade Europeia para a Segurança dos Alimentos (a Autoridade) exija informações complementares, quando necessário, em conformidade com o n.º 2 do artigo 16.º do Regulamento (CE) n.º 1924/2006.
(8) A pedido da Comissão, a Autoridade emitiu um parecer sobre orientações científicas e técnicas para a elaboração e apresentação dos pedidos de autorização de alegações de saúde. Os pedidos devem respeitar as orientações da Autoridade, em conjugação com as normas de execução, a fim de assegurar a harmonização na apresentação dos mesmos à Autoridade.
(9) Para poderem beneficiar da protecção de dados nos termos do artigo 21.º do Regulamento (CE) n.º 1924/2006, os pedidos de protecção dos dados de propriedade industrial devem ser justificados e os dados devem ser mantidos na sua totalidade numa parte separada do pedido.
(10) As medidas previstas no presente regulamento estão em conformidade com o parecer do Comité Permanente da Cadeia Alimentar e da Saúde Animal,
ADOPTOU O PRESENTE REGULAMENTO:

Artigo 1.º *Objecto*
O presente regulamento estabelece normas de execução relativas:
a) Aos pedidos de autorização apresentados nos termos do artigo 15.º do Regulamento (CE) n.º 1924/2006; e

b) Aos pedidos de inclusão de uma alegação na lista prevista no n.º 3 do artigo 13.º apresentados em conformidade com o artigo 18.º do Regulamento (CE) n.º 1924/2006.

Artigo 2.º *Âmbito dos pedidos*
Cada pedido deve abranger uma única relação entre um nutriente ou outra substância, ou um alimento ou categoria de alimentos e um único efeito alegado.

Artigo 3.º *Indicação do tipo de alegação de saúde*
O pedido deve especificar o tipo de alegação de saúde em causa, entre os previstos nos artigos 13.º e 14.º do Regulamento (CE) n.º 1924/2006.

Artigo 4.º *Dados de propriedade industrial*
As informações a considerar como dados de propriedade industrial, bem como as respectivas justificações verificáveis, previstas no n.º 3, alínea d), do artigo 15.º do Regulamento (CE) n.º1924/2006, devem ser indicadas numa parte separada do pedido.

Artigo 5.º *Estudos científicos*
Os estudos e outro material referidos no n.º 3, alíneas c) e e), do Regulamento (CE) n.º 1924/2006:
a) Devem consistir principalmente em estudos no ser humano e, no caso de alegações relativas ao desenvolvimento e à saúde das crianças, em estudos com crianças;
b) Devem ser apresentados segundo uma hierarquia estabelecida em função da concepção dos estudos, que reflicta o peso relativo das provas que podem ser obtidas com os diferentes tipos de estudos.

Artigo 6.º *Condições de utilização*
Em conformidade com o n.º 3, alínea f), do artigo 15.º do Regulamento (CE) n.º 1924/2006, além da proposta de redacção da alegação de saúde, as condições de utilização devem conter:
a) Uma indicação da população-alvo da alegação de saúde prevista;
b) Uma indicação da quantidade do nutriente ou outra substância, ou do alimento ou categoria de alimentos, e do padrão de consumo necessários para obter o efeito benéfico alegado;
c) Se for o caso, uma declaração dirigida às pessoas que devem evitar utilizar o nutriente ou outra substância, ou o alimento ou categoria de alimentos, a que a alegação de saúde se refere;
d) Um aviso relativo ao nutriente ou outra substância, ou ao alimento ou categoria de alimentos, que seja susceptível de representar um risco para a saúde se consumido em excesso;
e) Quaisquer outras restrições de utilização e instruções de preparação e/ou utilização.

Artigo 7.º *Regras técnicas*
Os pedidos devem ser elaborados e apresentados em conformidade com as regras técnicas estabelecidas no anexo.

Artigo 7.ºA *Verificação da validade dos pedidos pelos Estados-Membros*
1. Em conformidade com a alínea a) do n.º 2 do artigo 15.º e o n.º 3 do artigo 18.º do Regulamento (CE) n.º 1924/2006, os Estados-Membros verificam a validade dos pedidos antes de os disponibilizarem à Autoridade.
2. Para efeitos do n.º 1, a autoridade nacional competente verifica que os pedidos apresentados nos termos dos artigos 15.º ou 18.º do Regulamento (CE) n.º 1924/2006 incluem os dados tal como referidos no n.º 3 do artigo 15.º desse regulamento.
3. A autoridade nacional competente deve ainda verificar:
i) para os pedidos apresentados nos termos do artigo 15.º do Regulamento (CE) n.º 1924/2006, que a alegação de saúde é uma alegação de saúde referente à redução à redução de um risco de doença ou referente ao desenvolvimento e à saúde das crianças;
ii) para os pedidos apresentados nos termos do artigo 18.º do Regulamento (CE) n.º 1924/2006, que a alegação de saúde é qualquer alegação de saúde tal como referida no n.º 5 do artigo 13.º desse regulamento, com excepção de alegações de saúde referentes ao desenvolvimento e à saúde das crianças.

Artigo 7.°B *Retirada de pedidos*

1. Um pedido apresentado nos termos dos artigos 15.° ou 18.° do Regulamento (CE) n.° 1924/2006 pode ser retirado pelo requerente até ao momento em que a Autoridade adopte o seu parecer nos termos do n.° 1 do artigo 16.° ou do n.° 3 do artigo 18.° do Regulamento (CE) n.° 1924/2006.

2. O pedido de retirada de um pedido de autorização deve ser apresentado à autoridade nacional competente de um Estado-Membro à qual esse pedido foi apresentado em conformidade com o n.° 2 do artigo 15.° ou o n.° 2 do artigo 18.° do Regulamento (CE) n.° 1924/2006.

3. A autoridade nacional competente deve informar imediatamente a Autoridade, a Comissão e os outros Estados-Membros da retirada do pedido. Apenas a retirada do pedido nas condições referidas no n.° 1 e no presente número põe termo ao procedimento.

Artigo 8.° *O presente regulamento entra em vigor no vigésimo dia seguinte ao da sua publicação no Jornal Oficial da União Europeia.*

O presente regulamento é obrigatório em todos os seus elementos e directamente aplicável em todos os Estados-Membros.

ANEXO.-

Regras técnicas para a elaboração e apresentação dos pedidos de autorização de alegações de saúde

INTRODUÇÃO

1. O presente anexo é aplicável às alegações de saúde relativas ao consumo de uma categoria de alimentos, de um alimento, ou dos seus constituintes (incluindo um nutriente ou outra substância, ou uma combinação de nutrientes/outras substâncias), a seguir designados «alimento».

2. Se alguns dos dados exigidos em conformidade com o presente anexo forem omitidos pelo requerente, por este presumir que não são aplicáveis ao pedido em questão, devem ser indicados os motivos dessa omissão.

3. Para efeitos do presente anexo, entende-se por «pedido» um processo independente que contenha todas as informações e dados científicos apresentados tendo em vista a autorização da alegação de saúde em questão.

4. Deve elaborar-se um pedido para cada alegação de saúde específica. Isto significa que cada pedido deve referir-se à relação entre um alimento e um único efeito alegado. No entanto o requerente pode propor, no mesmo pedido, que a alegação de saúde seja aplicada a diversas formulações de um alimento, desde que as provas científicas sejam válidas para todas as formulações propostas.

5. O pedido deve indicar se a alegação de saúde em questão, ou uma alegação idêntica, foi objecto de avaliação científica por uma autoridade nacional competente de um Estado-Membro ou de um país terceiro. Se for esse o caso, deve ser apresentada uma cópia da avaliação científica.

6. Consideram-se dados científicos pertinentes todos os estudos, realizados no ser humano ou não, publicados ou não publicados, que sejam relevantes para fundamentar a alegação de saúde objecto do pedido, ao examinarem a relação entre o alimento e o efeito alegado, incluindo os dados favoráveis a essa relação e os que não o forem. Devem identificar-se, através de uma revisão exaustiva, os estudos pertinentes relativos ao ser humano que estejam publicados.

7. Não devem citar-se resumos de revistas especializadas ou artigos publicados em jornais, revistas, boletins ou folhetos informativos que não tenham sido objecto de uma avaliação por pares. Não devem citar-se livros ou capítulos de livros dirigidos a consumidores ou ao grande público.

PRINCÍPIOS GERAIS DA FUNDAMENTAÇÃO CIENTÍFICA

1. O pedido deve conter todos os dados científicos, publicados e não publicados, favoráveis e não favoráveis, que sejam relevantes para a alegação de saúde, bem como uma revisão exaustiva dos dados provenientes de estudos no ser humano, a fim de demonstrar que esta é fundamentada pela totalidade dos dados científicos disponíveis e mediante uma ponderação das provas. Para fundamentar uma alegação de saúde, são necessários dados provenientes de estudos no ser humano sobre a relação entre o consumo do alimento e o efeito alegado.

2. O pedido deve conter uma revisão exaustiva dos dados provenientes de estudos no ser humano que abordem a relação específica entre o alimento e o efeito alegado. Esta revisão, bem como a identificação dos dados considerados pertinentes para a alegação de saúde, deve ser efectuada de modo sistemático e transparente, a fim de demonstrar que o pedido reflecte adequadamente a apreciação de todas as provas disponíveis.

3. A fundamentação das alegações de saúde deve ter em conta a totalidade dos dados científicos disponíveis e, mediante uma ponderação das provas, deve demonstrar em que medida:

a) O efeito alegado do alimento é benéfico para a saúde humana;

b) Foi comprovada uma relação de causa e efeito entre o consumo do alimento e o efeito alegado no ser humano (designadamente: solidez, consistência, especificidade, dose-resposta e plausibilidade biológica dessa relação);

c) A quantidade do alimento e o padrão de consumo necessários para obter o efeito alegado podem ser assegurados razoavelmente no contexto de um regime alimentar equilibrado;

d) O(s) grupo(s) de estudo específico(s) em que as provas foram obtidas é(são) representativo(s) da população-alvo a que a alegação se dirige.

CARACTERÍSTICAS DO ALIMENTO

Devem apresentar-se as seguintes informações para o constituinte alimentar, alimento ou categoria de alimentos objecto da alegação de saúde.

1. No que respeita a um constituinte alimentar:

a) A sua origem e as suas especificações, designadamente as propriedades físicas e químicas e a composição; bem como

b) Se aplicável, os seus constituintes microbiológicos.

2. No que respeita a um alimento ou uma categoria de alimentos:

a) A descrição do alimento ou da categoria de alimentos, nomeadamente a caracterização da matriz e a composição global, incluindo o teor de nutrientes do alimento;

b) A sua origem e as especificações do alimento ou da categoria de alimentos e, em especial, o teor do(s) constituinte(s) associado(s) à alegação de saúde.

3. Em todos os casos:

a) Se for o caso, a variabilidade entre os lotes;

b) Os métodos analíticos aplicados;

c) Se for o caso, um resumo dos estudos realizados sobre as condições de produção, a variabilidade entre os lotes e os procedimentos analíticos, bem como dos resultados e conclusões dos estudos de estabilidade e das conclusões relativas às condições de armazenagem e prazo de validade;

d) Se for caso disso, os dados relevantes e elementos justificativos de que o constituinte objecto da alegação se encontra numa forma que permite a sua utilização pelo organismo humano;

e) Se a absorção não for necessária para produzir o efeito alegado, como no caso dos esteróis vegetais, das fibras e das bactérias lácticas, os dados e elementos justificativos de que o constituinte atinge o local visado;

f) Todos os dados disponíveis sobre os factores susceptíveis de afectar a absorção ou utilização pelo organismo do constituinte que é objecto da alegação de saúde.

ORGANIZAÇÃO DOS DADOS CIENTÍFICOS PERTINENTES

1. Os dados científicos identificados devem ser organizados pela seguinte ordem: dados de estudos no ser humano, seguidos dos dados de estudos não relativos ao ser humano, se for o caso.

2. Os dados no ser humano devem ser classificados de acordo com uma hierarquia estabelecida em função da concepção dos estudos, pela seguinte ordem:

a) Estudos de intervenção no ser humano, estudos aleatórios controlados, outros estudos aleatórios (não controlados), estudos controlados (não aleatórios), outros estudos de intervenção;

b) Estudos de observação no ser humano, estudos de coorte, estudos de caso-controlo, estudos transversais e outros estudos de observação, como os relatórios de casos;

c) Outros estudos no ser humano que abordem os mecanismos através dos quais o alimento pode dar origem ao efeito alegado, incluindo estudos sobre a biodisponibilidade.
3. Os dados de estudos não realizados no ser humano devem consistir no seguinte:
a) Dados relativos a animais, incluindo estudos que investiguem aspectos relacionados com a absorção, a distribuição, o metabolismo, a excreção do alimento, estudos mecanísticos e outros estudos;
b) Dados de estudos *ex vivo* ou *in vitro*, baseados em amostras biológicas humanas ou animais, relativos aos mecanismos de acção através dos quais o alimento pode dar origem ao efeito alegado, e outros estudos não realizados no ser humano.

RESUMO DOS DADOS CIENTÍFICOS PERTINENTES

Além do resumo do pedido exigido no n.º 3, alínea g), do artigo 15.º do Regulamento (CE) n.º 1924/2006, os requerentes devem fornecer um resumo dos dados científicos pertinentes, com as seguintes informações:
1. Resumo dos dados provenientes de estudos pertinentes no ser humano, indicando em que medida a relação entre o alimento e o efeito alegado é fundamentada pela totalidade dos dados no ser humano;
2. Resumo dos dados provenientes de estudos pertinentes não realizados no ser humano, indicando de que modo, e em que medida, esses estudos podem ajudar a fundamentar a relação entre o alimento e o efeito alegado no ser humano;
3. Conclusões gerais, tomando em conta a totalidade dos dados, incluindo as provas favoráveis e não favoráveis, e ponderando as provas. As conclusões gerais devem definir de forma clara em que medida:
a) O efeito alegado do alimento é benéfico para a saúde humana;
b) Foi comprovada uma relação de causa e efeito entre o consumo do alimento e o efeito alegado no ser humano (designadamente: solidez, consistência, especificidade, dose-resposta e plausibilidade biológica dessa relação);
c) A quantidade do alimento e o padrão de consumo necessários para obter o efeito alegado podem ser assegurados razoavelmente no contexto de um regime alimentar equilibrado;
d) O(s) grupo(s) de estudo específico(s) em que as provas foram obtidas é(são) representativo(s) da população-alvo a que a alegação se dirige.

ESTRUTURA DO PEDIDO

Os pedidos devem respeitar a estrutura a seguir indicada. Podem ser omitidas certas partes, desde que o requerente o justifique.
Parte 1 — Dados administrativos e técnicos
1.1. Índice
1.2. Formulário de pedido
1.3. Informações gerais
1.4. Detalhes da alegação de saúde
1.5. Resumo do pedido
1.6. Referências
Parte 2 — Características do alimento/constituinte
2.1. Constituinte alimentar
2.2. Alimento ou categoria de alimentos
2.3. Referências
Parte 3 — Resumo geral dos dados científicos pertinentes
3.1. Resumo, em forma tabelar, de todos os estudos pertinentes identificados
3.2. Resumo, em forma tabelar, dos dados provenientes de estudos pertinentes no ser humano
3.3. Resumo descritivo dos dados provenientes de estudos pertinentes no ser humano
3.4. Resumo descritivo dos dados provenientes de estudos pertinentes não realizados no ser humano
3.5. Conclusões globais
Parte 4 — Conjunto dos dados científicos pertinentes identificados
4.1. Identificação dos dados científicos pertinentes
4.2. Dados pertinentes identificados
Parte 5 — Anexos ao pedido
5.1. Glossário/abreviaturas
5.2. Cópias/extractos de dados pertinentes publicados

5.3. Relatórios de estudo completos de dados pertinentes não publicados
5.4. Diversos

20 de Janeiro de 2009.- Regulamento (CE) n.° 41/2009
da Comissão
relativo à composição e rotulagem dos géneros alimentícios adequados a pessoas com intolerância ao glúten
(J.O. L 16, 21/01/2009)

(V.C. 10/02/2009)

[É revogado o 20 de julho de 2016 pelo Regulamento (UE) n.° 609/2013, e será substituído pelo Regulamento (UE) n° 828/2014 relativo aos requisitos de prestação de informações aos consumidores sobre a ausência ou a presença reduzida de glúten nos géneros alimentícios, reproduzido aqui].

A COMISSÃO DAS COMUNIDADES EUROPEIAS,
Tendo em conta o Tratado que institui a Comunidade Europeia,
Tendo em conta a Directiva 89/398/CEE do Conselho, de 3 de Maio de 1989, relativa à aproximação das legislações dos Estados-Membros respeitantes aos géneros alimentícios destinados a uma alimentação especial, nomeadamente o n.° 3 do artigo 2.° e o artigo 4.°-A,
Considerando o seguinte:
(1) A Directiva 89/398/CEE diz respeito aos géneros alimentícios destinados a uma alimentação especial que, devido à sua composição ou processo de fabrico especial se destinam a satisfazer as necessidades nutritivas especiais de categorias específicas da população. As pessoas que padecem de doença celíaca constituem um desses grupos específicos da população que sofrem de uma intolerância permanente ao glúten.
(2) A indústria alimentar desenvolveu uma gama de produtos apresentados como «isentos de glúten» ou com menções equivalentes. As diferenças entre as disposições nacionais relativas às condições de utilização de tais descrições dos produtos podem impedir a livre circulação dos produtos em causa e podem não assegurar o mesmo nível elevado de protecção dos consumidores. Por motivos de clareza e a fim de evitar confundir os consumidores com tipos diferentes de descrições de produtos a nível nacional, as condições para a utilização dos termos relacionados com a ausência de glúten devem ser estabelecidas a nível comunitário.
(3) O trigo (ou seja, todas as espécies *Triticum*, como trigo duro, espelta e kamut), o centeio e a cevada foram identificados como cereais cientificamente registados como contendo glúten. O glúten presente nesses cereais pode prejudicar a saúde das pessoas com intolerância ao glúten, as quais, por conseguinte, os devem evitar.
(4) A remoção do glúten dos cereais que o contêm apresenta dificuldades técnicas consideráveis e condicionalismos económicos, sendo difícil, por conseguinte, a produção de alimentos totalmente isentos de glúten. Consequentemente, muitos géneros alimentícios destinados a esta alimentação particular existentes no mercado podem conter quantidades residuais baixas de glúten.
(5) Muitas das pessoas com intolerância ao glúten, embora nem todas, podem incluir a aveia no seu regime alimentar sem que tal implique efeitos adversos na sua saúde. Esta é uma questão que está a ser estudada e investigada pela comunidade científica. No entanto, a contaminação da aveia com trigo, centeio ou cevada que pode ocorrer durante a colheita, o transporte, a armazenagem e a transformação dos cereais provoca uma grande preocupação. Por conseguinte, o risco de contaminação com glúten dos produtos que contêm aveia deve ser tomado em consideração no que se refere à rotulagem desses produtos.
(6) Algumas pessoas com intolerância ao glúten podem tolerar pequenas quantidades variáveis de glúten dentro de certos limites. De modo a que as pessoas possam encontrar no mercado uma variedade de géneros alimentícios adequados às suas necessidades e ao seu nível de sensibilidade, deve haver disponibilidade de produtos com diferentes níveis baixos de glúten dentro desses limites. É importante, no entanto, que os vários produtos sejam rotulados adequadamente, a fim de assegurar a sua utilização correcta por pessoas com intolerância ao glúten, com o apoio de campanhas informativas incentivadas pelos Estados-Membros.
(7) Os géneros alimentícios destinados a uma alimentação especial que foram formulados, transformados e preparados para responder às necessidades alimentares das pessoas com intolerância ao glúten e que foram comercializados como tal devem ser rotulados com as menções «teor muito baixo de glúten» ou «isento de glúten», em

conformidade com as disposições previstas no presente regulamento. Tal pode ser possível, utilizando géneros alimentícios que foram transformados especialmente para reduzir o teor de glúten de um ou mais ingredientes que contêm glúten e/ou géneros alimentícios cujos ingredientes que contêm glúten foram substituídos por outros ingredientes naturalmente isentos de glúten.

(8) O n.º 3 do artigo 2.º da Directiva 89/398/CEE prevê a possibilidade, para os géneros alimentícios de consumo corrente adequados a uma alimentação especial, que se faça menção dessa propriedade. Por conseguinte, deveria ser possível que um alimento de consumo corrente adequado a uma dieta isenta de glúten, porque não contém ingredientes derivados de cereais que contêm glúten ou de aveia, ostente a menção que indique a ausência de glúten. A Directiva 2000/13/CE do Parlamento Europeu e do Conselho, de 20 de Março de 2000, relativa à aproximação das legislações dos Estados-Membros respeitantes à rotulagem, apresentação e publicidade dos géneros alimentícios, exige que tal declaração não induza o consumidor em erro, sugerindo que os alimentos possuem características especiais quando, de facto, todos os géneros alimentícios similares possuem tais características.

(9) A Directiva 2006/141/CE da Comissão, de 22 de Dezembro de 2006, relativa às fórmulas para lactentes e fórmulas de transição e que altera a Directiva 1999/21/CE, proíbe a utilização de ingredientes que contêm glúten no fabrico desses géneros alimentícios. Por conseguinte, a utilização das menções «teor muito baixo de glúten» ou «isento de glúten» na rotulagem desses produtos deve ser proibida dado que, nos termos do presente regulamento, a referida rotulagem é utilizada para indicar, respectivamente, um teor de glúten não superior a 100 mg/kg e a 20 mg/kg.

(10) A Directiva 2006/125/CE da Comissão, de 5 de Dezembro de 2006, relativa aos alimentos à base de cereais e aos alimentos para bebés destinados a lactentes e crianças jovens, exige a indicação da presença ou ausência de glúten quando o produto se destina a crianças com menos de seis meses de idade. A ausência de glúten nesses produtos deve ser indicada em conformidade com os requisitos estabelecidos no presente regulamento.

(11) A 31.ª sessão da Comissão do Codex Alimentarius adoptou, em Julho de 2008, a norma Codex para os alimentos destinados à alimentação especial de pessoas com intolerância ao glúten, com o objectivo de possibilitar que essas pessoas encontrem no mercado uma variedade de alimentos adequados às suas necessidades e ao seu nível de sensibilidade ao glúten. Esta norma deve ser tida em devida conta para efeitos do presente regulamento.

(12) De modo a que os operadores económicos possam adaptar os processos de produção, a data de aplicação do presente regulamento deve prever o período de transição necessário. No entanto, os produtos que já estejam em conformidade com o presente regulamento na data em que este entre em vigor podem ser comercializados na Comunidade a partir dessa data.

(13) As medidas previstas no presente regulamento estão em conformidade com o parecer do Comité Permanente da Cadeia Alimentar e da Saúde Animal,

ADOPTOU O PRESENTE REGULAMENTO:

Artigo 1.º *Âmbito de aplicação*
O presente regulamento aplica-se aos géneros alimentícios que não as fórmulas para lactentes e as fórmulas de transição abrangidas pela Directiva 2006/141/CE.

Artigo 2.º *Definições*
Para efeitos do presente regulamento, entende-se por:
a) «Géneros alimentícios destinados a pessoas com intolerância ao glúten», géneros alimentícios destinados a uma alimentação específica que são especialmente produzidos, preparados e/ou transformados para responder às necessidades dietéticas especiais de pessoas com intolerância ao glúten;
b) «Glúten», uma fracção proteica de trigo, centeio, cevada, aveia ou suas variedades cruzadas e derivados dessa fracção proteica, a que algumas pessoas são intolerantes e que é insolúvel em água e numa solução de cloreto de sódio a 0,5 M;
c) «Trigo», qualquer espécie *Triticum*.

Artigo 3.º *Composição e rotulagem de géneros alimentícios destinados a pessoas com intolerância ao glúten*

1. Os géneros alimentícios destinados a pessoas com intolerância ao glúten, que sejam constituídos por ou contenham um ou mais ingredientes provenientes do trigo, do centeio, da cevada, da aveia ou das suas variedades cruzadas que foram especialmente transformados para reduzir o glúten, não podem conter um nível de glúten superior a 100 mg/kg no alimento, tal como vendido ao consumidor final.

2. A rotulagem, a publicidade e a apresentação dos produtos referidos no n.º 1 ostentam a menção «teor muito baixo de glúten». Podem ostentar a menção «isento de glúten», se o teor de glúten não for superior a 20 mg/kg no alimento, tal como vendido ao consumidor final.

3. A aveia presente nos géneros alimentícios para pessoas com intolerância ao glúten tem de ser produzida, preparada e/ou transformada de modo a evitar a contaminação com trigo, centeio, cevada ou suas variedades cruzadas, e o teor de glúten dessa aveia não pode ser superior a 20 mg/kg.

4. Os géneros alimentícios destinados a pessoas com intolerância ao glúten, que sejam constituídos por ou contenham um ou mais ingredientes que substituem o trigo, o centeio, a cevada, a aveia ou as suas variedades cruzadas, não podem conter um nível de glúten superior a 20 mg/kg no alimento, tal como vendido ao consumidor final. A rotulagem, a apresentação e a publicidade desses produtos ostentam a menção «isento de glúten».

5. Aos géneros alimentícios destinados a pessoas com intolerância ao glúten que contêm tanto ingredientes que substituem o trigo, o centeio, a cevada, a aveia ou as suas variedades cruzadas, como ingredientes provenientes do trigo, do centeio, da cevada, da aveia ou das suas variedades cruzadas, que foram especialmente transformados para reduzir o glúten, aplicam-se os n.ºs 1, 2 e 3, mas não se aplica o n.º 4.

6. As menções «teor muito baixo de glúten» ou «isento de glúten» referidas nos n.ºs 2 e 4 devem figurar próximo da denominação de venda do alimento.

Artigo 4.º *Composição e rotulagem de outros géneros alimentícios adequados a pessoas com intolerância ao glúten*

1. Sem prejuízo do disposto no n.º 1, alínea a), subalínea iii), do artigo 2.º da Directiva 2000/13/CE, a rotulagem, publicidade e apresentação dos seguintes géneros alimentícios podem ostentar a menção «isento glúten», desde que o teor de glúten não exceda 20 mg/kg nos alimentos, tal como vendidos ao consumidor final:

a) Géneros alimentícios para consumo normal;

b) Géneros alimentícios destinados a uma alimentação específica que são especialmente formulados, transformados ou preparados para responder às necessidades dietéticas especiais de pessoas que não têm intolerância ao glúten, mas que, no entanto, devido à sua composição, são adequados às necessidades dietéticas especiais de pessoas com intolerância ao glúten.

2. A rotulagem, a publicidade e a apresentação dos géneros alimentícios referidos no n.º 1 não ostentam a menção «teor muito baixo de glúten».

Artigo 5.º *Entrada em vigor e aplicação*

O presente regulamento entra em vigor no vigésimo dia seguinte ao da sua publicação no Jornal Oficial da União Europeia.

É aplicável a partir de 1 de Janeiro de 2012.

No entanto, os géneros alimentícios que na data de entrada em vigor do presente regulamento já cumprem as disposições do regulamento podem ser colocados no mercado na Comunidade.

O presente regulamento é obrigatório em todos os seus elementos e directamente aplicável em todos os Estados-Membros.

25 de Outubro de 2011.- Regulamento (UE) n.º 1169/2011
do Parlamento Europeu e do Conselho
relativo à prestação de informação aos consumidores sobre os géneros alimentícios,
que altera os Regulamentos (CE) n.º 1924/2006 e (CE) n.º 1925/2006 do Parlamento Europeu e
do Conselho e revoga as Directivas 87/250/CEE da Comissão, 90/496/CEE do Conselho,
1999/10/CE da Comissão, 2000/13/CE do Parlamento Europeu e do Conselho, 2002/67/CE e
2008/5/CE da Comissão e o Regulamento (CE) n.º 608/2004 da Comissão
(J.O. L 304, 22/11/2011)

(V.C. 19/02/2014)

[As Directivas 87/250/CEE, 90/496/CEE, 1999/10/CE, 2000/13/CE, 2002/67/CE e 2008/5/CE e o Regulamento (CE) n.º 608/2004 são revogados a partir de 13 de Dezembro de 2014]

O PARLAMENTO EUROPEU E O CONSELHO DA UNIÃO EUROPEIA,
Tendo em conta o Tratado sobre o Funcionamento da União Europeia, nomeadamente o artigo 114.º,
Tendo em conta a proposta da Comissão Europeia,
Tendo em conta o parecer do Comité Económico e Social Europeu,
Deliberando de acordo com o processo legislativo ordinário,
Considerando o seguinte:
(1) O artigo 169.º do Tratado sobre o Funcionamento da União Europeia (TFUE) dispõe que a União deverá contribuir para assegurar um elevado nível de defesa dos consumidores através das medidas que adoptar em aplicação do artigo 114.º do Tratado.
(2) A livre circulação de géneros alimentícios seguros e sãos constitui um aspecto essencial do mercado interno e contribui significativamente para a saúde e o bem-estar dos cidadãos e para os seus interesses sociais e económicos.
(3) A fim de atingir um elevado nível de protecção da saúde dos consumidores e de garantir o seu direito à informação, importa assegurar uma informação adequada dos consumidores sobre os alimentos que consomem. Os consumidores podem ser influenciados nas suas escolhas por considerações de saúde, económicas, ambientais, sociais e éticas, entre outras.
(4) De acordo com o Regulamento (CE) n.º 178/2002 do Parlamento Europeu e do Conselho, de 28 de Janeiro de 2002, que determina os princípios e normas gerais da legislação alimentar, cria a Autoridade Europeia para a Segurança dos Alimentos e estabelece procedimentos em matéria de segurança dos géneros alimentícios, um dos princípios gerais da legislação alimentar consiste em fornecer aos consumidores uma base para que façam escolhas informadas em relação aos géneros alimentícios que consomem e para prevenir todas as práticas que possam induzir o consumidor em erro.
(5) A Directiva 2005/29/CE do Parlamento Europeu e do Conselho, de 11 de Maio de 2005, relativa às práticas comerciais desleais das empresas face aos consumidores no mercado interno, abrange certos aspectos da prestação de informações aos consumidores, especificamente a fim de prevenir acções enganosas e omissões de informação enganosas. Os princípios gerais em matéria de práticas comerciais desleais deverão ser completados por regras especificas respeitantes à prestação de informação aos consumidores sobre os géneros alimentícios.
(6) A Directiva 2000/13/CE do Parlamento Europeu e do Conselho, de 20 de Março de 2000, relativa à aproximação das legislações dos Estados-Membros respeitantes à rotulagem, apresentação e publicidade dos géneros alimentícios, estabelece as regras da União em matéria de rotulagem alimentar aplicáveis a todos os géneros alimentícios. Na sua maior parte, as disposições da referida directiva datam de 1978, pelo que deverão ser actualizadas.
(7) A Directiva 90/496/CEE do Conselho, de 24 de Setembro de 1990, relativa à rotulagem nutricional dos géneros alimentícios, estabelece regras relativas ao conteúdo e à apresentação de informação nutricional em géneros alimentícios pré-embalados. De acordo com estas regras, a inclusão de informação nutricional é facultativa, excepto nos casos em que seja feita uma alegação sobre as propriedades nutricionais do género alimentício. Na sua maior parte, as disposições da referida directiva datam de 1990, pelo que deverão ser actualizadas.
(8) Os requisitos gerais de rotulagem são completados por um certo número de disposições aplicáveis a todos os géneros alimentícios em circunstâncias específicas, ou

512

a determinadas categorias de géneros alimentícios. Além disso, existem igualmente disposições específicas aplicáveis a géneros alimentícios específicos.

(9) Embora os seus objectivos iniciais e os seus principais elementos se mantenham válidos, é necessário racionalizar a legislação em vigor relativa à rotulagem a fim de facilitar o seu cumprimento e de a tornar mais clara para as partes interessadas, e modernizá-la a fim de ter em conta a evolução no domínio da informação sobre os géneros alimentícios. O presente regulamento serve, por um lado, os interesses do mercado interno, ao simplificar a legislação, garantir a segurança jurídica e reduzir a carga administrativa, e, por outro, os interesses dos cidadãos, ao prever a obrigatoriedade de rótulos claros, compreensíveis e legíveis para os alimentos.

(10) A correlação entre alimentação e saúde e a escolha de uma alimentação adequada às necessidades individuais são temas de interesse para o público em geral. O Livro Branco da Comissão, de 30 de Maio de 2007, sobre uma estratégia para a Europa em matéria de problemas de saúde ligados à nutrição, ao excesso de peso e à obesidade («Livro Branco da Comissão»), refere que a rotulagem nutricional constitui um método importante de informação dos consumidores sobre a composição dos alimentos e de os ajudar a fazer escolhas informadas. A Comunicação da Comissão de 13 de Março de 2007, intitulada «Estratégia comunitária em matéria de Política dos Consumidores para 2007-2013 – Responsabilizar o consumidor, melhorar o seu bem-estar e protegê-lo de forma eficaz», sublinha que permitir aos consumidores fazer escolhas informadas é fundamental tanto para assegurar uma concorrência efectiva como para garantir o seu bem-estar. O conhecimento dos princípios básicos da nutrição e informações adequadas sobre as características nutritivas dos géneros alimentícios ajudariam significativamente o consumidor a fazer uma escolha consciente. As campanhas de educação e informação são um instrumento importante para tornar as informações sobre os alimentos mais compreensíveis para os consumidores.

(11) A fim de reforçar a segurança jurídica e de garantir uma aplicação racional e coerente, convém revogar as Directivas 90/496/CEE e 2000/13/CE, substituindo-as por um regulamento único que ofereça garantias de segurança aos consumidores e demais interessados e reduza a carga administrativa.

(12) Por uma questão de clareza, convém revogar e integrar no presente regulamento outros actos horizontais, designadamente a Directiva 87/250/CEE da Comissão, de 15 de Abril de 1987, relativa à menção do teor alcoólico, em volume, na rotulagem das bebidas alcoolizadas destinadas ao consumidor final, a Directiva 1999/10/CE da Comissão, de 8 de Março de 1999, que prevê derrogações ao disposto no artigo 7.º da Directiva 79/112/CEE do Conselho no que respeita à rotulagem dos géneros alimentícios, a Directiva 2002/67/CE da Comissão, de 18 de Julho de 2002, relativa à rotulagem dos géneros alimentícios que contêm quinino e dos géneros alimentícios que contêm cafeína, o Regulamento (CE) n.º 608/2004 da Comissão, de 31 de Março de 2004, relativo à rotulagem de alimentos e ingredientes alimentares aos quais foram adicionados fitosteróis, ésteres de fitosterol, fitoestanóis e/ou ésteres de fitoestanol, e a Directiva 2008/5/CE da Comissão, de 30 de Janeiro de 2008, relativa à inclusão na rotulagem de determinados géneros alimentícios de outras indicações obrigatórias para além das previstas na Directiva 2000/13/CE do Parlamento Europeu e do Conselho.

(13) É necessário estabelecer definições, princípios, requisitos e procedimentos comuns a fim de criar um enquadramento claro e uma base comum para as medidas da União e nacionais em matéria de informação sobre os géneros alimentícios.

(14) A fim de definir uma abordagem abrangente e evolutiva da informação prestada aos consumidores sobre os géneros alimentícios que consomem, deverá ser consagrada uma definição lata da legislação em matéria de informação sobre os géneros alimentícios, que abranja disposições gerais e específicas, bem como uma definição lata da informação sobre os géneros alimentícios, que abranja também a informação prestada por outros meios além da rotulagem.

(15) As regras da União deverão aplicar-se unicamente às empresas cuja natureza implica uma certa continuidade das suas actividades e um certo grau de organização. Operações como a manipulação e a entrega ocasionais de géneros alimentícios, o serviço de refeições e a venda de géneros alimentícios por pessoas singulares, por exemplo, em vendas de caridade ou festas e reuniões de comunidades locais, não deverão ser abrangidas pelo âmbito de aplicação do presente regulamento.

(16) A legislação em matéria de informação sobre os géneros alimentícios deverá ser suficientemente flexível para poder adaptar-se às novas exigências dos consumidores

neste domínio e garantir o equilíbrio entre a protecção do mercado interno e as diferenças de percepção por parte dos consumidores dos vários Estados-Membros.

(17) A imposição da prestação obrigatória de informação sobre os géneros alimentícios deverá justificar-se principalmente pelo objectivo de permitir aos consumidores identificarem e utilizarem adequadamente os géneros alimentícios e fazerem escolhas adaptadas às suas necessidades alimentares. Tendo presente este objectivo, os operadores das empresas do sector alimentar deverão procurar tornar essa informação acessível às pessoas com dificuldades visuais.

(18) Para que a legislação em matéria de informação sobre os géneros alimentícios possa adaptar-se à evolução das necessidades de informação dos consumidores, a determinação da necessidade de informação alimentar obrigatória deverá igualmente ter em conta um interesse manifestado pela maioria dos consumidores na divulgação de certas informações.

(19) No entanto, só deverão ser estabelecidos novos requisitos obrigatórios de informação sobre os géneros alimentícios se e quando necessário, de acordo com os princípios da subsidiariedade, proporcionalidade e sustentabilidade.

(20) A legislação em matéria de informação sobre os géneros alimentícios deverá proibir a utilização de informações susceptíveis de induzir o consumidor em erro quanto às características, aos efeitos ou às propriedades dos géneros alimentícios, ou que lhes atribuam virtudes medicinais. Para ser eficaz, essa proibição deverá ser extensiva à publicidade e à apresentação dos géneros alimentícios.

(21) A fim de evitar a fragmentação das regras relativas à responsabilidade dos operadores das empresas do sector alimentar em matéria de informação sobre os géneros alimentícios, convém clarificar as suas responsabilidades neste domínio. Essa clarificação deverá corresponder às responsabilidades perante o consumidor referidas no artigo 17.º do Regulamento (CE) n.º 178/2002.

(22) Deverá ser elaborada uma lista de todas as informações obrigatórias a prestar, em princípio, para todos os géneros alimentícios destinados ao consumidor final e aos estabelecimentos de restauração colectiva. Essa lista deverá incluir as informações já exigidas ao abrigo da legislação da União em vigor, geralmente consideradas como um acervo apreciável no domínio da informação dos consumidores.

(23) Para que seja possível ter em conta as alterações e evoluções no domínio da informação sobre os géneros alimentícios, deverão ser atribuídas competências à Comissão para permitir a indicação de certas menções através de meios alternativos. A consulta das partes interessadas deverá facilitar a introdução atempada de alterações específicas aos requisitos de informação sobre os géneros alimentícios.

(24) Quando são utilizados na produção de géneros alimentícios e continuam presentes nesses géneros, certos ingredientes ou outras substâncias ou produtos (como os auxiliares tecnológicos) podem provocar alergias ou intolerâncias nalgumas pessoas, algumas das quais constituem um perigo para a saúde das pessoas afectadas. Deverão ser fornecidas informações sobre a presença de aditivos alimentares, auxiliares tecnológicos e outras substâncias ou produtos com efeitos alergénicos ou de intolerância cientificamente comprovados, para que os consumidores, em particular os que sofrem de alergias ou intolerâncias alimentares, possam tomar decisões informadas, que não apresentem riscos para os mesmos.

(25) A fim de informar os consumidores sobre a presença de nanomateriais artificiais nos géneros alimentícios, é conveniente prever uma definição de nanomateriais artificiais. Tendo em conta a possibilidade de que os alimentos que contenham ou consistam em nanomateriais artificiais sejam um novo alimento, o quadro legislativo adequado a essa definição deverá ser considerado no contexto da próxima revisão do Regulamento (CE) n.º 258/97 do Parlamento Europeu e do Conselho, de 27 de Janeiro de 1997, relativo a novos alimentos e ingredientes alimentares.

(26) Os rótulos dos géneros alimentícios deverão ser claros e compreensíveis, a fim de ajudar os consumidores que desejem fazer escolhas alimentares mais bem informadas. Os estudos mostram que uma boa legibilidade é um factor importante na optimização da influência que as informações no rótulo podem ter sobre o público e que a aposição de informações ilegíveis no produto é uma das principais causas de insatisfação dos consumidores com os rótulos dos géneros alimentícios. Por isso, deverá ser desenvolvida uma abordagem global a fim de ter em conta todos os aspectos relacionados com a legibilidade, incluindo o tipo de letra, a cor e o contraste.

(27) A fim de garantir a prestação de informação sobre os géneros alimentícios, é necessário ter em conta todas as formas de distribuição dos mesmos aos consumidores,

incluindo a venda através de técnicas de comunicação à distância. Embora seja evidente que os géneros alimentícios fornecidos através da venda à distância deverão respeitar os mesmos requisitos de informação que os géneros alimentícios vendidos nas lojas, importa deixar claro que, nesses casos, a informação obrigatória relevante também deverá estar disponível antes da conclusão da compra.

(28) A tecnologia usada na congelação de géneros alimentícios desenvolveu-se significativamente nas últimas décadas e passou a ser amplamente utilizada não só para melhorar a circulação de mercadorias no mercado interno da União, mas também para reduzir os riscos relativos à segurança alimentar. Contudo, a congelação e posterior descongelação de determinados géneros alimentícios, em especial, os produtos à base de carne e os produtos da pesca, limitam o uso ulterior, possível, desses géneros alimentícios, e podem ter também efeitos sobre a segurança, o gosto e a qualidade física dos géneros alimentícios. Inversamente, no caso de outros produtos, em especial, a manteiga, a congelação não tem esses efeitos. Consequentemente, quando um produto tenha sido descongelado, o consumidor final deverá ser adequadamente informado desse facto.

(29) A indicação do país de origem ou do local de proveniência de um género alimentício deverá ser fornecida sempre que a falta dessa indicação for susceptível de induzir os consumidores em erro quanto ao país de origem ou ao local de proveniência reais desse produto. Em qualquer caso, o país de origem ou o local de proveniência deverão ser indicados de uma forma que não induza o consumidor em erro e com base em critérios claramente definidos que garantam condições equitativas para a indústria e permitam que o consumidor compreenda melhor as informações relacionadas com o país de origem ou o local de proveniência dos géneros alimentícios. Tais critérios não deverão aplicar-se às indicações relativas ao nome ou ao endereço dos operadores das empresas do sector alimentar.

(30) Em certos casos, os operadores das empresas do sector alimentar podem querer indicar a origem de um género alimentício a título voluntário, a fim de chamar a atenção do consumidor para as qualidades do seu produto. Tais indicações deverão igualmente respeitar critérios harmonizados.

(31) Actualmente, na União, é obrigatório indicar a origem da carne de bovino e dos produtos à base de carne de bovino na sequência da crise da encefalopatia espongiforme bovina, o que veio criar expectativas nos consumidores. A avaliação de impacto efectuada pela Comissão confirma que a origem da carne parece constituir a principal preocupação dos consumidores. Há outras carnes que são consumidas em grandes quantidades na União, como as carnes de suíno, de ovino, de caprino e de aves. Convém, pois, impor uma declaração de origem obrigatória para esses produtos. Os requisitos específicos em matéria de origem poderão ser diferentes consoante o tipo de carne em função das características da espécie animal. Convém estabelecer regras de execução dos requisitos obrigatórios que possam variar consoante o tipo de carne, tendo em conta o princípio da proporcionalidade e a carga administrativa para os operadores das empresas do sector alimentar e para as autoridades responsáveis pela aplicação da lei.

(32) Foram desenvolvidas disposições de origem obrigatórias com base em abordagens verticais, nomeadamente para o mel, para as frutas e produtos hortícolas, para o peixe, para a carne de bovino e para os produtos à base de carne de bovino, e para o azeite. É necessário explorar a possibilidade de alargar a rotulagem de origem obrigatória a outros géneros alimentícios. Convém, por conseguinte, pedir à Comissão que elabore relatórios sobre os seguintes géneros alimentícios: outros tipos de carne para além da carne de bovino, de suíno, de ovino, de caprino e de aves, leite, leite utilizado como ingrediente em produtos lácteos, carne utilizada como ingrediente, géneros alimentícios não transformados, produtos constituídos por um único ingrediente, e ingredientes que representem mais de 50 % de um género alimentício. Como o leite é um dos produtos para os quais a indicação de origem é considerada de particular interesse, convém que o relatório da Comissão sobre este produto seja disponibilizado o mais rapidamente possível. Com base nas conclusões desses relatórios, a Comissão poderá apresentar propostas para alterar as disposições relevantes da União ou poderá tomar novas iniciativas, se for caso disso, a nível sectorial.

(33) As regras de origem não preferencial da União encontram-se estabelecidas no Regulamento (CEE) n.° 2913/92 do Conselho, de 12 de Outubro de 1992, que estabelece o Código Aduaneiro Comunitário, e as respectivas disposições de execução no Regulamento (CEE) n.° 2454/93 da Comissão, de 2 de Julho de 1993, que fixa

determinadas disposições de aplicação do Regulamento (CEE) n.º 2913/92 do Conselho que estabelece o Código Aduaneiro Comunitário. O país de origem dos géneros alimentícios será determinado com base nessas regras, que são bem conhecidas pelos operadores das empresas do sector alimentar e pelas administrações, o que deverá facilitar a sua aplicação.

(34) A declaração nutricional relativa a um género alimentício fornece informações sobre o seu valor energético e sobre a presença de determinados nutrientes. A indicação obrigatória de informação nutricional na embalagem deverá facilitar as medidas nutricionais integradas em políticas de saúde pública, que poderão envolver o fornecimento de recomendações científicas para a educação nutricional do público em geral, e contribuir para uma escolha informada dos géneros alimentícios.

(35) Por razões de comparabilidade dos produtos apresentados em embalagens de diferentes dimensões, convém manter o preceito de que a indicação obrigatória do valor nutricional deverá ser referente à quantidade de 100 g ou 100 ml e, se for o caso, autorizar indicações suplementares por porção. Consequentemente, quando o alimento for pré-embalado, e forem identificadas porções ou unidades de consumo individuais, deverá, além da expressão por 100 g ou por 100 ml, ser autorizada a indicação do valor nutricional por porção ou por unidade de consumo. Além disso, a fim de fornecer indicações comparáveis relativas a porções ou unidades de consumo, a Comissão deverá ter poderes para adoptar regras sobre a expressão da indicação do valor nutricional por porção ou por unidade de consumo, para categorias específicas de género alimentícios.

(36) O Livro Branco da Comissão sublinha certos aspectos nutricionais importantes para a saúde pública, como os lípidos saturados, os açúcares ou o sódio. Os requisitos de prestação obrigatória de informação nutricional deverão, por conseguinte, ter em conta esses aspectos.

(37) Dado que um dos objectivos do presente regulamento consiste em fornecer ao consumidor final uma base para poder fazer escolhas informadas, é importante assegurar que a informação constante da rotulagem seja facilmente compreensível para o consumidor final. Por conseguinte, convém utilizar na rotulagem o termo «sal» em vez do termo correspondente do nutriente «sódio».

(38) Por razões de coerência do direito da União, a inclusão voluntária de alegações nutricionais ou de saúde nos rótulos dos géneros alimentícios deverá respeitar o disposto no Regulamento (CE) n.º 1924/2006 do Parlamento Europeu e do Conselho, de 20 de Dezembro de 2006, relativo às alegações nutricionais e de saúde sobre os alimentos.

(39) A fim de evitar encargos desnecessários para os operadores das empresas do sector alimentar, convém isentar do fornecimento de uma declaração nutricional obrigatória determinadas categorias de géneros alimentícios não transformados ou aqueles relativamente aos quais a informação nutricional não constitua um factor determinante das decisões de compra do consumidor, ou cuja embalagem seja demasiado pequena para os requisitos de rotulagem obrigatória, excepto se a obrigação de prestar tal informação estiver prevista noutras regras da União.

(40) Tendo em conta a natureza específica das bebidas alcoólicas, convém convidar a Comissão a aprofundar a análise dos requisitos da informação relativa a esses produtos. Consequentemente, a Comissão, tendo em conta a necessidade de assegurar a coerência com as demais políticas da União, deverá apresentar um relatório, dentro de três anos a contar da entrada em vigor do presente regulamento, relativo à aplicação dos requisitos em matéria de fornecimento de informações sobre os ingredientes das bebidas alcoólicas e de informações nutricionais relativas às mesmas. Além disso, tendo em conta a Resolução do Parlamento Europeu, de 5 de Setembro de 2007, sobre uma estratégia da União Europeia para apoiar os Estados-Membros na minimização dos efeitos nocivos do álcool, o parecer do Comité Económico e Social Europeu, o trabalho desenvolvido pela Comissão e a preocupação do público em geral relativamente aos efeitos nocivos do álcool, especialmente para os consumidores jovens e vulneráveis, a Comissão, após consulta aos interessados e aos Estados-Membros, deverá considerar a necessidade de uma definição de bebidas que são especialmente orientadas para os jovens, como os «alcopops». A Comissão deverá igualmente propor, se for caso disso, requisitos específicos relativos às bebidas alcoólicas no contexto do presente regulamento.

(41) Para chamar a atenção do consumidor médio e atingir os fins informativos a que se destina, dado o nível actual dos conhecimentos no domínio da nutrição, a informação nutricional fornecida deverá ser simples e de fácil compreensão. A exibição da

informação nutricional parcialmente no campo visual principal, vulgarmente chamado parte da frente da embalagem, e parcialmente noutro lado da embalagem, por exemplo, na parte de trás da embalagem, poderá causar confusão aos consumidores. Por conseguinte, a informação nutricional deverá estar no mesmo campo visual. Além disso, e a título voluntário, os elementos mais importantes da informação nutricional podem ser repetidos no campo visual principal, a fim de ajudar os consumidores a ver facilmente as informações nutricionais essenciais, quando compram géneros alimentícios. Uma escolha livre da informação que pode ser repetida poderá confundir os consumidores. Por conseguinte, é necessário determinar claramente qual a informação que pode ser repetida.

(42) A fim de incentivar os operadores das empresas do sector alimentar a prestarem, a título voluntário, a informação indicada na declaração nutricional para alimentos como bebidas alcoólicas e géneros alimentícios não pré-embalados que possam estar isentos do requisito de declaração nutricional, deverá ser dada a possibilidade de declarar apenas alguns elementos da declaração nutricional. Convém, todavia, definir claramente a informação que pode ser prestada a título voluntário, a fim de evitar que a livre escolha dos operadores das empresas do sector alimentar induza o consumidor em erro.

(43) Tem havido uma evolução recente na expressão das declarações nutricionais, distinta da indicação do valor por 100 g, por 100 ml ou por porção, ou na sua apresentação, através da utilização de formas gráficas ou símbolos, por parte de alguns Estados-Membros e organizações do sector alimentar. Essas formas complementares de expressão e de apresentação podem ajudar os consumidores a compreender melhor a declaração nutricional. Porém, não existem dados suficientes a nível da União sobre a forma como o consumidor médio compreende e utiliza os modos alternativos de expressão ou de apresentação da informação. Por conseguinte, convém permitir o desenvolvimento de diferentes formas de expressão e de apresentação com base nos critérios estabelecidos no presente regulamento e convidar a Comissão a preparar um relatório sobre a utilização de formas de expressão e apresentação complementares, o seu efeito sobre o mercado interno e a oportunidade de reforçar a sua harmonização.

(44) A fim de assistir a Comissão a elaborar esse relatório, os Estados-Membros deverão fornecer-lhe informações relevantes sobre a utilização de formas complementares de expressão e de apresentação da declaração nutricional no mercado nos respectivos territórios. Para tal, os Estados-Membros deverão poder exigir aos operadores das empresas do sector alimentar, que coloquem no mercado, nos respectivos territórios, produtos que ostentem formas complementares de expressão ou de apresentação, que notifiquem as autoridades nacionais da utilização de tais formas complementares e das justificações relevantes relacionadas com o cumprimento dos requisitos previstos no presente regulamento.

(45) É desejável assegurar um certo grau de coerência no desenvolvimento de formas complementares de expressão e de apresentação da declaração nutricional. Por conseguinte, convém promover o intercâmbio e a partilha permanentes das boas práticas e experiências entre os Estados-Membros e com a Comissão, e promover a participação das partes interessadas nesses intercâmbios.

(46) A indicação das quantidades dos elementos nutricionais e de indicadores comparativos no mesmo campo visual, de forma facilmente identificável, a fim de permitir a apreciação das propriedades nutricionais de um género alimentício, deverá ser considerada na sua globalidade como parte integrante da declaração nutricional e não deverá ser tratada como um grupo de alegações distintas.

(47) A experiência mostra que, em muitos casos, a informação facultativa sobre os géneros alimentícios é fornecida em detrimento da clareza da informação obrigatória. Por conseguinte, deverão estabelecer-se critérios que ajudem os operadores das empresas do sector alimentar e as autoridades responsáveis pela aplicação da lei a encontrar um equilíbrio entre as informações obrigatórias e as informações facultativas sobre os géneros alimentícios.

(48) Os Estados-Membros deverão manter o direito de fixar regras relativas à prestação de informação sobre os géneros alimentícios não pré-embalados, em função das condições locais e das circunstâncias práticas. Embora em tais casos a procura de outras informações por parte dos consumidores seja reduzida, a indicação dos potenciais alergénios é considerada muito importante. Os dados disponíveis parecem indicar que a maior parte dos incidentes relacionados com alergias alimentares têm origem nos géneros alimentícios não pré-embalados. Por conseguinte, a informação sobre potenciais alergénios deverá ser sempre fornecida ao consumidor.

(49) Quanto às matérias especificamente harmonizadas pelo presente regulamento, os Estados-Membros não deverão poder adoptar disposições nacionais, salvo quando tal for permitido pelo direito da União. O presente regulamento não deverá impedir os Estados-Membros de adoptarem medidas nacionais relativas a matérias por ele não especificamente harmonizadas. Todavia, estas medidas nacionais não deverão proibir, entravar ou restringir a livre circulação de mercadorias conformes com o presente regulamento.

(50) Os consumidores da União mostram um interesse crescente na aplicação das regras da União em matéria de bem-estar dos animais no momento do abate, nomeadamente se o animal foi ou não atordoado antes do abate. A este respeito, deverá ser considerada, no contexto da futura estratégia da União relativa à protecção e ao bem-estar dos animais, a elaboração de um estudo sobre a oportunidade de fornecer aos consumidores as informações relevantes sobre o atordoamento dos animais.

(51) As regras relativas à informação sobre os géneros alimentícios deverão poder adaptar-se à rápida evolução do contexto social, económico e tecnológico.

(52) Os Estados-Membros deverão efectuar controlos oficiais a fim de assegurar o cumprimento do presente regulamento nos termos do Regulamento (CE) n.º 882/2004 do Parlamento Europeu e do Conselho, de 29 de Abril de 2004, relativo aos controlos oficiais realizados para assegurar a verificação do cumprimento da legislação relativa aos alimentos para animais e aos géneros alimentícios e das normas relativas à saúde e ao bem-estar dos animais.

(53) As remissões para a Directiva 90/496/CEE no Regulamento (CE) n.º 1924/2006 e no Regulamento (CE) n.º 1925/2006 do Parlamento Europeu e do Conselho, de 20 de Dezembro de 2006, relativo à adição de vitaminas, minerais e determinadas outras substâncias aos alimentos, deverão ser actualizadas de modo a ter em conta o presente regulamento. Os Regulamentos (CE) n.º 1924/2006 e (CE) n.º 1925/2006 deverão, por conseguinte, ser alterados.

(54) A actualização irregular e frequente dos requisitos de informação sobre os géneros alimentícios pode representar uma carga administrativa considerável para as empresas do sector alimentar, em especial para as pequenas e médias empresas. Por conseguinte, convém assegurar que as medidas que venham a ser adoptadas pela Comissão no exercício das competências conferidas pelo presente regulamento se apliquem no mesmo dia de qualquer ano civil, na sequência de um período transitório adequado. Deverão ser autorizadas derrogações a este princípio em caso de urgência, se o objectivo das medidas em causa for a protecção da saúde humana.

(55) É importante prever períodos transitórios adequados para a aplicação do presente regulamento, a fim de permitir que os operadores das empresas do sector alimentar adaptem a rotulagem dos seus produtos aos novos requisitos por ele introduzidos.

(56) Atendendo às importantes alterações dos requisitos de rotulagem nutricional introduzidos pelo presente regulamento, em especial as alterações relacionadas com o conteúdo da declaração nutricional, convém autorizar os operadores das empresas do sector alimentar a anteciparem a aplicação do presente regulamento.

(57) Atendendo a que os objectivos do presente regulamento não podem ser suficientemente realizados pelos Estados-Membros e podem, pois, ser melhor alcançados ao nível da União, esta pode tomar medidas em conformidade com o princípio da subsidiariedade consagrado no artigo 5.º do Tratado da União Europeia. Em conformidade com o princípio da proporcionalidade consagrado no mesmo artigo, o presente regulamento não excede o necessário para atingir aqueles objectivos.

(58) O poder de adoptar actos delegados nos termos do artigo 290.º do TFUE deverá ser delegado na Comissão no que diz respeito, nomeadamente, à disponibilização de certas menções obrigatórias por meios distintos da embalagem ou do rótulo, à lista de géneros alimentícios não abrangidos pelo requisito de ostentarem uma lista dos ingredientes, à reapreciação da lista de substâncias ou produtos que provocam alergias ou intolerâncias e à lista de nutrientes que podem ser declarados a título voluntário. É particularmente importante que a Comissão proceda às consultas adequadas durante os trabalhos preparatórios, inclusive ao nível de peritos. A Comissão, quando preparar e redigir actos delegados, deverá assegurar a transmissão simultânea, atempada e adequada dos documentos relevantes ao Parlamento Europeu e ao Conselho.

(59) A fim de assegurar condições uniformes para a execução do presente regulamento, deverão ser atribuídas competências de execução à Comissão para adoptar actos de execução relativos, nomeadamente, às modalidades de expressão de uma ou mais menções através de pictogramas ou símbolos em vez de palavras ou

números, ao modo de indicar a data de durabilidade mínima, ao modo de indicar o país de origem ou o local de proveniência relativamente à carne, à precisão dos valores declarados para a declaração nutricional e à expressão da declaração nutricional por porção ou por unidade de consumo. Essas competências deverão ser exercidas nos termos do Regulamento (UE) n.º 182/2011 do Parlamento Europeu e do Conselho, de 16 de Fevereiro de 2011, que estabelece as regras e os princípios gerais relativos aos mecanismos de controlo pelos Estados-Membros do exercício das competências de execução pela Comissão,
ADOPTARAM O PRESENTE REGULAMENTO:

CAPÍTULO I.- DISPOSIÇÕES GERAIS

Artigo 1.º *Objecto e âmbito de aplicação*
1. O presente regulamento estabelece a base para garantir um elevado nível de defesa do consumidor no que se refere à informação sobre os géneros alimentícios, tendo em conta as diferenças de percepção e as necessidades de informação dos consumidores, e assegurando simultaneamente o bom funcionamento do mercado interno.
2. O presente regulamento estabelece os princípios, os requisitos e as responsabilidades gerais que regem a informação sobre os géneros alimentícios e, em particular, a rotulagem dos géneros alimentícios. Estabelece igualmente meios para garantir o direito dos consumidores à informação e procedimentos para a prestação de informações sobre os géneros alimentícios, tendo em conta a necessidade de proporcionar flexibilidade suficiente para dar resposta a evoluções futuras e a novas exigências de informação.
3. O presente regulamento aplica-se aos operadores das empresas do sector alimentar em todas as fases da cadeia alimentar, sempre que as suas actividades impliquem a prestação de informações sobre os géneros alimentícios ao consumidor. É aplicável a todos os géneros alimentícios destinados ao consumidor final, incluindo os que são fornecidos por estabelecimentos de restauração colectiva e os que se destinam a ser fornecidos a esses estabelecimentos.
O presente regulamento só é aplicável aos serviços de restauração colectiva assegurados pelas companhias de transporte no caso de a partida ocorrer nos territórios dos Estados-Membros a que o Tratado seja aplicável.
4. O presente regulamento é aplicável sem prejuízo dos requisitos de rotulagem previstos nas disposições específicas da União aplicáveis a determinados géneros alimentícios.

Artigo 2.º *Definições*
1. Para efeitos do presente regulamento, são aplicáveis as seguintes definições:
a) As definições de «género alimentício», «legislação alimentar», «empresa do sector alimentar», «operador de uma empresa do sector alimentar», «comércio retalhista», «colocação no mercado» e «consumidor final» constantes do artigo 2.º e do artigo 3.º, pontos 1, 2, 3, 7, 8 e 18, do Regulamento (CE) n.º 178/2002;
b) As definições de «transformação», «produtos não transformados» e «produtos transformados» constantes do artigo 2.º, n.º 1, alíneas m), n) e o), do Regulamento (CE) n.º 852/2004 do Parlamento Europeu e do Conselho, de 29 de Abril de 2004, relativo à higiene dos géneros alimentícios;
c) A definição de «enzima alimentar» constante do artigo 3.º, n.º 2, alínea a), do Regulamento (CE) n.º 1332/2008 do Parlamento Europeu e do Conselho, de 16 de Dezembro de 2008, relativo às enzimas alimentares;
d) As definições de «aditivo alimentar», «auxiliar tecnológico» e «agente de transporte» constantes do artigo 3.º, n.º 2, alíneas a) e b), e do anexo I, ponto 5, do Regulamento (CE) n.º 1333/2008 do Parlamento Europeu e do Conselho, de 16 de Dezembro de 2008, relativo aos aditivos alimentares;
e) A definição de «aromas» constante do artigo 3.º, n.º 2, alínea a), do Regulamento (CE) n.º 1334/2008 do Parlamento Europeu e do Conselho, de 16 de Dezembro de 2008, relativo aos aromas e a determinados ingredientes alimentares com propriedades aromatizantes utilizados nos e sobre os géneros alimentícios;
f) As definições de «carne», «carne separada mecanicamente», «preparados de carne», «produtos da pesca» e «produtos à base de carne» constantes do anexo I, pontos 1.1, 1.14, 1.15, 3.1 e 7.1, do Regulamento (CE) n.º 853/2004 do Parlamento Europeu e do Conselho, de 29 de Abril de 2004, que estabelece regras específicas de higiene aplicáveis aos géneros alimentícios de origem animal;

g) A definição de «publicidade» constante do artigo 2.º, alínea a), da Directiva 2006/114/CE do Parlamento Europeu e do Conselho, de 12 de Dezembro de 2006, relativa à publicidade enganosa e comparativa.

2. São igualmente aplicáveis as seguintes definições:

a) «Informação sobre os géneros alimentícios», a informação respeitante a um género alimentício disponibilizada ao consumidor final através de um rótulo, de outro material que acompanhe o género alimentício ou por qualquer outro meio, incluindo as ferramentas tecnológicas modernas ou a comunicação verbal;

b) «Legislação em matéria de informação sobre os géneros alimentícios», as disposições da União que regem a informação sobre os géneros alimentícios, em particular a rotulagem, incluindo as regras de carácter geral aplicáveis a todos os géneros alimentícios em circunstâncias particulares ou a certas categorias de géneros alimentícios e as regras aplicáveis apenas a géneros alimentícios específicos;

c) «Informação obrigatória sobre os géneros alimentícios», as menções cuja indicação ao consumidor final é imposta por disposições da União;

d) «Estabelecimento de restauração colectiva», qualquer estabelecimento (incluindo um veículo ou uma banca fixa ou móvel), tal como um restaurante, uma cantina, uma escola, um hospital e uma empresa de serviços de restauração, no qual, no âmbito de uma actividade empresarial, são preparados géneros alimentícios prontos para consumo pelo consumidor final;

e) «Género alimentício pré-embalado», uma unidade de venda destinada a ser apresentada como tal ao consumidor final e aos estabelecimentos de restauração colectiva, constituída por um género alimentício e pela embalagem em que foi acondicionado antes de ser apresentado para venda, quer a embalagem o cubra na totalidade ou parcialmente, mas de tal modo que o conteúdo não possa ser alterado sem que a embalagem seja aberta ou modificada; a definição de «género alimentício pré-embalado» não abrange os alimentos embalados no local de venda a pedido do consumidor, ou pré-embalados para venda directa;

f) «Ingrediente», qualquer substância ou produto, incluindo os aromas, aditivos e enzimas alimentares, e qualquer constituinte de um ingrediente composto, utilizados no fabrico ou na preparação de um género alimentício, ainda presentes no produto acabado, eventualmente sob forma alterada; os resíduos não são considerados ingredientes;

g) «Local de proveniência», qualquer local indicado como sendo o local de onde o género alimentício provém, que não seja o «país de origem» definido nos termos dos artigos 23.º a 26.º do Regulamento (CEE) n.º 2913/92; o nome, a firma ou o endereço do operador da empresa do sector alimentar constante do rótulo não constitui uma indicação do país de origem ou do local de proveniência do género alimentício na acepção do presente regulamento;

h) «Ingrediente composto», um ingrediente elaborado a partir de mais do que um ingrediente;

i) «Rótulo», uma etiqueta, uma marca comercial ou de fabrico, uma imagem ou outra indicação gráfica descritiva, escritas, impressas, gravadas com estêncil, marcadas, gravadas em relevo ou em depressão ou afixadas na embalagem ou no recipiente dos géneros alimentícios;

j) «Rotulagem», todas as indicações, menções, marcas de fabrico ou comerciais, imagens ou símbolos referentes a um género alimentício que figurem em qualquer embalagem, documento, aviso, rótulo, anel ou gargantilha que acompanhem ou se refiram a esse género alimentício;

k) «Campo visual», todas as superfícies de uma embalagem que possam ser lidas a partir de um único ângulo de visão;

l) «Campo visual principal», o campo visual de uma embalagem que é mais provável ser visto, à primeira vista, pelo consumidor no momento da compra e que permite que este identifique imediatamente um produto quanto ao seu carácter ou natureza e, se for caso disso, à sua marca comercial. Se uma embalagem tiver vários campos visuais principais idênticos, o campo visual principal é o que for escolhido pelo operador da empresa do sector alimentar;

m) «Legibilidade», a aparência física da informação, pela qual a informação é visualmente acessível à população em geral, e que é determinada por vários elementos, nomeadamente, o tamanho dos caracteres, o espaço entre as letras, o espaço entre as linhas, a espessura da escrita, a cor dos caracteres, o tipo de escrita, a relação entre a largura e a altura das letras, a superfície do material e o contraste significativo entre os caracteres escritos e o fundo em que se inserem;

n) «Denominação legal», a denominação de um género alimentício prescrita pelas disposições da União que lhe são aplicáveis ou, na falta de tais disposições da União, a denominação prevista nas disposições legislativas, regulamentares ou administrativas aplicáveis no Estado-Membro em que o género alimentício é vendido ao consumidor final ou aos estabelecimentos de restauração colectiva;

o) «Denominação corrente», a denominação aceite como denominação do género alimentício pelos consumidores do Estado-Membro em que este é vendido, sem necessidade de qualquer outra explicação;

p) «Denominação descritiva», uma denominação que forneça uma descrição do género alimentício e, se necessário, da sua utilização, de modo suficientemente claro para permitir ao consumidor conhecer a sua natureza real e distingui-lo de outros produtos com os quais poderia ser confundido;

q) «Ingrediente primário», um ingrediente ou ingredientes de um género alimentício que representem mais de 50 % do mesmo ou que sejam habitualmente associados à denominação deste género alimentício pelo consumidor e para os quais, na maior parte dos casos, é exigida uma indicação quantitativa;

r) «Data de durabilidade mínima de um género alimentício», a data até à qual o género alimentício conserva as suas propriedades específicas nas condições de conservação adequadas;

s) «Nutriente», as proteínas, os hidratos de carbono, os lípidos, a fibra, o sódio, as vitaminas e os sais minerais constantes do anexo XIII, parte A, ponto 1, do presente regulamento, e as substâncias que pertencem a uma dessas categorias ou são suas componentes;

t) «Nanomaterial artificial», qualquer material intencionalmente produzido com uma ou mais dimensões da ordem de 100 nm ou menos, ou composto por partes funcionais diversas, internamente ou à superfície, muitas das quais têm uma ou mais dimensões da ordem de 100 nm ou menos, incluindo estruturas, aglomerados ou agregados que, conquanto possam ter uma dimensão superior a 100 nm, conservam propriedades características da nanoescala.

As propriedades características da nanoescala incluem:

i) as que estão relacionadas com a grande área de superfície específica dos materiais considerados; e/ou

ii) propriedades físico-químicas específicas que divergem das da não-nanoforma do mesmo material..

u) «Técnica de comunicação à distância», qualquer meio que, sem a presença física e simultânea do fornecedor e do consumidor, possa ser utilizado tendo em vista a celebração do contrato entre as referidas partes.

3. Para efeitos do presente regulamento, o país de origem de um género alimentício refere-se à origem do género alimentício definida nos termos dos artigos 23.° a 26.° do Regulamento (CEE) n.° 2913/92.

4. São igualmente aplicáveis as definições específicas constantes do anexo I.

CAPÍTULO II.- PRINCÍPIOS GERAIS DA INFORMAÇÃO SOBRE OS GÉNEROS ALIMENTÍCIOS

Artigo 3.° *Objectivos gerais*

1. A prestação de informação sobre os géneros alimentícios tem por objectivo obter um elevado nível de protecção da saúde e dos interesses dos consumidores, proporcionando uma base para que os consumidores finais possam fazer escolhas informadas e utilizar os géneros alimentícios com segurança, tendo especialmente em conta considerações de saúde, económicas, ambientais, sociais e éticas.

2. A legislação em matéria de informação sobre os géneros alimentícios tem por objectivo a livre circulação na União de géneros alimentícios produzidos e comercializados legalmente, tendo em conta, quando adequado, a necessidade de proteger os interesses legítimos dos produtores e de promover a produção de produtos de qualidade.

3. Quando forem estabelecidos novos requisitos no quadro da legislação em matéria de informação sobre os géneros alimentícios, é concedido, excepto em casos devidamente justificados, um período transitório após a sua entrada em vigor. Durante esse período transitório os géneros alimentícios cuja rotulagem não cumpra os novos requisitos podem ser colocados no mercado, e as existências dos géneros alimentícios colocados no mercado antes do termo do período transitório podem continuar a ser vendidas até ao seu esgotamento.

4. Deve proceder-se a uma consulta pública aberta e transparente, nomeadamente aos interessados, directamente ou através de organismos representativos, durante a preparação, avaliação e revisão da legislação em matéria de informação sobre os géneros alimentícios, a não ser que a urgência da questão não o permita.

Artigo 4.º *Princípios que regem a informação obrigatória sobre os géneros alimentícios*
1. Sempre que a legislação em matéria de informação sobre os géneros alimentícios imponha a prestação de informação obrigatória, essa informação deve pertencer, em especial, a uma das seguintes categorias:
a) Informação sobre a identidade, a composição, as propriedades ou outras características do género alimentício;
b) Informação sobre a protecção da saúde dos consumidores e a utilização segura do género alimentício. Esta informação deve referir-se, em especial:
i) às características de composição que possam ter efeitos nocivos para a saúde de certos grupos de consumidores,
ii) à durabilidade, às condições de conservação e à utilização segura,
iii) ao impacto na saúde, incluindo os riscos e consequências ligados a um consumo nocivo e perigoso do género alimentício;
c) Informação sobre as características nutricionais, de modo a permitir aos consumidores, incluindo os que devem seguir um regime alimentar especial, fazerem escolhas informadas.
2. Ao considerar a necessidade de impor informação obrigatória sobre os géneros alimentícios e de permitir que os consumidores façam escolhas informadas, deve ser tido em conta o facto de que a maior parte dos consumidores consideram largamente necessárias certas informações às quais atribuem um valor importante, bem como certos benefícios para os consumidores geralmente aceites.

Artigo 5.º *Consulta da Autoridade Europeia para a Segurança dos Alimentos*
As medidas da União sobre legislação em matéria de informação sobre os géneros alimentícios susceptíveis de ter incidência na saúde pública devem ser adoptadas após consulta à Autoridade Europeia para a Segurança dos Alimentos («Autoridade»).

CAPÍTULO III.- REQUISITOS GERAIS RELATIVOS À INFORMAÇÃO SOBRE OS GÉNEROS ALIMENTÍCIOS E RESPONSABILIDADES DOS OPERADORES DAS EMPRESAS DO SECTOR ALIMENTAR

Artigo 6.º *Requisito de base*
Todos os géneros alimentícios que se destinem a ser fornecidos ao consumidor final ou a estabelecimentos de restauração colectiva devem ser acompanhados de informações de acordo com o presente regulamento.

Artigo 7.º *Práticas leais de informação*
1. A informação sobre os géneros alimentícios não deve induzir em erro, em especial:
a) No que respeita às características do género alimentício e, nomeadamente, no que se refere à sua natureza, identidade, propriedades, composição, quantidade, durabilidade, país de origem ou local de proveniência, método de fabrico ou de produção;
b) Atribuindo ao género alimentício efeitos ou propriedades que não possua;
c) Sugerindo que o género alimentício possui características especiais quando todos os géneros alimentícios similares possuem essas mesmas características evidenciando, especificamente, a existência ou inexistência de determinados ingredientes e/ou nutrientes;
d) Sugerindo ao consumidor, através da aparência, da descrição ou de imagens, a presença de um determinado género alimentício ou de um ingrediente, quando, na realidade, um componente natural ou um ingrediente normalmente utilizado nesse género alimentício foram substituídos por um componente ou por um ingrediente diferentes.
2. A informação sobre os géneros alimentícios deve ser exacta, clara e facilmente compreensível para o consumidor.
3. Sem prejuízo de derrogações previstas na legislação da União aplicável às águas minerais naturais e aos géneros alimentícios destinados a uma alimentação especial, a informação sobre os géneros alimentícios não deve atribuir a um género alimentício propriedades de prevenção, de tratamento e de cura de doenças humanas, nem mencionar tais propriedades.

4. Os n.ºs 1, 2 e 3 aplicam-se também:

a) À publicidade;

b) À apresentação dos géneros alimentícios e, nomeadamente, à forma ou ao aspecto que lhes é conferido ou à sua embalagem, ao material de embalagem utilizado, à maneira como estão dispostos e ao ambiente em que estão expostos.

Artigo 8.° *Responsabilidades*

1. O operador da empresa do sector alimentar responsável pela informação sobre os géneros alimentícios deve ser o operador sob cujo nome ou firma o género alimentício é comercializado ou, se esse operador não estiver estabelecido na União, o importador para o mercado da União.

2. O operador da empresa do sector alimentar responsável pela informação sobre os géneros alimentícios deve assegurar a presença e a exactidão da informação de acordo com a legislação em matéria de informação sobre os géneros alimentícios aplicável e com os requisitos das disposições nacionais relevantes.

3. Os operadores das empresas do sector alimentar que não tenham influência na informação sobre os géneros alimentícios não devem fornecer géneros alimentícios que saibam ou suspeitem, com base nas informações de que dispõem como profissionais, não serem conformes com a legislação aplicável em matéria de informação sobre os géneros alimentícios e com os requisitos das disposições nacionais relevantes.

4. Os operadores das empresas do sector alimentar não podem alterar, nas empresas sob o seu controlo, as informações que acompanham um género alimentício se tal alteração for susceptível de induzir em erro o consumidor final ou de reduzir, de qualquer outro modo, o nível de protecção do consumidor final e a possibilidade de este efectuar escolhas informadas. As empresas do sector alimentar são responsáveis por todas as alterações que introduzam nas informações que acompanham um género alimentício.

5. Sem prejuízo dos n.ºs 2 a 4, os operadores das empresas do sector alimentar devem assegurar, nas empresas sob o seu controlo, o cumprimento dos requisitos previstos na legislação em matéria de informação sobre os géneros alimentícios e nas disposições nacionais relevantes para as suas actividades, e verificar que esses requisitos são preenchidos.

6. Os operadores das empresas do sector alimentar devem assegurar, nas empresas sob o seu controlo, que a informação relativa aos géneros alimentícios não pré-embalados que se destinem ao consumidor final ou a estabelecimentos de restauração colectiva seja transmitida ao operador da empresa do sector alimentar que recebe esses géneros alimentícios, para que, quando solicitado, as informações obrigatórias possam ser fornecidas ao consumidor final.

7. Nos seguintes casos, os operadores das empresas do sector alimentar devem assegurar, nas empresas sob o seu controlo, que as menções obrigatórias nos termos dos artigos 9.° e 10.° constem da pré-embalagem ou de um rótulo a ela aposto, ou dos documentos comerciais referentes a esses géneros, se se puder garantir que tais documentos acompanham os géneros alimentícios a que dizem respeito ou foram enviados antes da entrega ou ao mesmo tempo que a entrega:

a) Caso os géneros alimentícios pré-embalados se destinem ao consumidor final mas sejam comercializados numa fase anterior à da venda ao consumidor final e caso essa fase não corresponda à venda a um estabelecimento de restauração colectiva;

b) Caso os géneros alimentícios pré-embalados se destinem a ser fornecidos a estabelecimentos de restauração colectiva para neles serem preparados ou transformados, fraccionados ou cortados.

Não obstante o disposto no primeiro parágrafo, os operadores das empresas do sector alimentar devem garantir que as menções referidas no artigo 9.°, n.° 1, alíneas a), f), g) e h), constem igualmente da embalagem exterior em que os géneros alimentícios pré-embalados são apresentados para comercialização.

8. Os operadores das empresas do sector alimentar que forneçam a outros operadores de empresas do sector géneros alimentícios, que não se destinem ao consumidor final ou a estabelecimentos de restauração colectiva, devem assegurar que esses outros operadores das empresas do sector alimentar recebam informações suficientes que lhes permitam, se for caso disso, cumprir as suas obrigações nos termos do n.° 2.

CAPÍTULO IV.- INFORMAÇÃO OBRIGATÓRIA SOBRE OS GÉNEROS ALIMENTÍCIOS

SECÇÃO 1.- Conteúdo e apresentação

Artigo 9.° *Lista de menções obrigatórias*
1. Nos termos dos artigos 10.° a 35.°, e sem prejuízo das excepções previstas no presente capítulo, é obrigatória a indicação das seguintes menções:
a) A denominação do género alimentício;
b) A lista de ingredientes;
c) A indicação de todos os ingredientes ou auxiliares tecnológicos enumerados no anexo II ou derivados de uma substância ou produto enumerados no anexo II que provoquem alergias ou intolerâncias, utilizados no fabrico ou na preparação de um género alimentício e que continuem presentes no produto acabado, mesmo sob uma forma alterada;
d) A quantidade de determinados ingredientes ou categorias de ingredientes;
e) A quantidade líquida do género alimentício;
f) A data de durabilidade mínima ou a data-limite de consumo;
g) As condições especiais de conservação e/ou as condições de utilização;
h) O nome ou a firma e o endereço do operador da empresa do sector alimentar referido no artigo 8.°, n.° 1;
i) O país de origem ou o local de proveniência quando previsto no artigo 26.°;
j) O modo de emprego, quando a sua omissão dificultar uma utilização adequada do género alimentício;
k) Relativamente às bebidas com um título alcoométrico volúmico superior a 1,2 %, o título alcoométrico volúmico adquirido;
l) Uma declaração nutricional.
2. As menções referidas no n.° 1 devem ser indicadas mediante palavras e números. Sem prejuízo do disposto no artigo 35.°, essas menções podem também ser expressas através de pictogramas ou símbolos.
3. Se a Comissão tiver adoptado os actos delegados e de execução referidos no presente artigo, as menções referidas no n.° 1 podem alternativamente ser expressas através de pictogramas ou símbolos em vez de palavras ou números.
A fim de assegurar que o consumidor possa beneficiar de outros meios de prestação de informações obrigatórias sobre os géneros alimentícios que não palavras e números, e desde que seja assegurado o mesmo nível de informação expressa em palavras e números, a Comissão, tendo em conta os dados comparativos de uma compreensão uniforme pelos consumidores, pode estabelecer - através de actos delegados nos termos do artigo 51.° - os critérios de expressão de uma ou mais das menções referidas no n.° 1 através de pictogramas ou símbolos, em vez de palavras ou números.
4. A fim de assegurar a execução uniforme do n.° 3 do presente artigo, a Comissão pode adoptar actos de execução acerca das regras de aplicação dos critérios definidos nos termos do n.° 3 para expressar uma ou mais das menções através de pictogramas ou símbolos, em vez de palavras ou números. Os referidos actos de execução são adoptados pelo procedimento de exame a que se refere o artigo 48.°, n.° 2.

Artigo 10.º *Menções obrigatórias complementares para tipos ou categorias específicos de géneros alimentícios*
1. Para além das menções enumeradas no artigo 9.º, n.º 1, são estabelecidas no anexo III menções obrigatórias complementares para tipos ou categorias específicos de géneros alimentícios.
2. A fim de assegurar a informação dos consumidores relativamente a tipos ou categorias específicos de géneros alimentícios e de ter em conta o progresso técnico, a evolução científica, a protecção da saúde dos consumidores ou a utilização segura de um género alimentício, a Comissão pode alterar o anexo III, através de actos delegados, nos termos do artigo 51.º.
Caso surjam riscos para a saúde dos consumidores e imperativos de urgência assim o exijam, aplica-se aos actos delegados adoptados nos termos do presente artigo o procedimento previsto no artigo 52.º.

Artigo 11.º *Pesos e medidas*
O disposto no artigo 9.º aplica-se sem prejuízo de disposições mais específicas da União em matéria de pesos e medidas.

Artigo 12.º *Disponibilidade e localização da informação obrigatória sobre os géneros alimentícios*
1. A informação obrigatória sobre os géneros alimentícios deve estar disponível e ser facilmente acessível, nos termos do presente regulamento, para todos os géneros alimentícios.
2. No caso dos géneros alimentícios pré-embalados, a informação obrigatória sobre os géneros alimentícios deve figurar directamente na embalagem ou num rótulo fixado à mesma.
3. A fim de assegurar que os consumidores possam beneficiar de outros meios de prestação de informações obrigatórias mais bem adaptados a certas menções obrigatórias, e desde que seja assegurado o mesmo nível de informação através da embalagem ou do rótulo, a Comissão - tendo em conta os dados comparativos de uma compreensão uniforme pelos consumidores e o uso amplo destes meios - pode estabelecer os critérios de expressão de certas menções obrigatórias por meios distintos da embalagem ou do rótulo através de actos delegados nos termos do artigo 51.º.
4. A fim de assegurar a execução uniforme do n.º 3 do presente artigo, a Comissão pode adoptar actos de execução acerca das regras de aplicação dos critérios referidos no n.º 3 para expressar certas menções obrigatórias por meios distintos da embalagem ou do rótulo. Os referidos actos de execução são adoptados pelo procedimento de exame a que se refere o artigo 48.º, n.º 2.
5. No caso dos géneros alimentícios não pré-embalados, aplicam-se as disposições do artigo 44.º.

Artigo 13.º *Apresentação das menções obrigatórias*
1. Sem prejuízo das medidas nacionais adoptadas ao abrigo do artigo 44.º, n.º 2, a informação obrigatória sobre os géneros alimentícios deve ser inscrita num local em evidência, de modo a ser facilmente visível, claramente legível e, quando adequado, indelével. Nenhuma outra indicação ou imagem, nem qualquer outro elemento interferente, pode esconder, dissimular, interromper ou desviar a atenção dessa informação.
2. Sem prejuízo de disposições específicas da União aplicáveis a determinados géneros alimentícios, quando figurem na embalagem ou no rótulo a esta afixado, as menções obrigatórias enumeradas no artigo 9.º, n.º 1, são impressas na embalagem ou no rótulo de modo a garantir que sejam claramente legíveis, com caracteres cuja «altura de X», tal como definida no anexo IV, seja igual ou superior a 1,2 mm.
3. No caso de embalagens ou recipientes cuja superfície maior seja inferior a 80 cm², o tamanho dos caracteres («altura de x» referida no n.º 2) deve ser igual ou superior a 0,9 mm.
4. Para efeitos da consecução dos objectivos do presente regulamento, a Comissão deverá, através de actos delegados nos termos do artigo 51.º, estabelecer normas relativas à legibilidade.
Para o mesmo fim referido no primeiro parágrafo, a Comissão pode alargar os requisitos referidos no n.º 5 a menções obrigatórias complementares para tipos ou categorias específicos de géneros alimentícios através de actos delegados, nos termos do artigo 51.º.

5. As menções enumeradas no artigo 9.º, n.º 1, alíneas a), e), e k), devem figurar no mesmo campo visual.
6. O n.º 5 do presente artigo não se aplica nos casos especificados no artigo 16.º, n.ᵒˢ 1 e 2.

Artigo 14.º *Venda à distância*
1. Sem prejuízo dos requisitos de informação previstos no artigo 9.º, no caso dos géneros alimentícios pré-embalados postos à venda mediante uma técnica de comunicação à distância:
   a) A informação obrigatória sobre os géneros alimentícios, com excepção da menção prevista no artigo 9.º, n.º 1, alínea f), deve estar disponível antes da conclusão da compra e deve figurar no suporte da venda à distância ou ser prestada através de qualquer outro meio apropriado, claramente identificado pela empresa do sector alimentar. Quando forem utilizados outros meios apropriados, a informação obrigatória sobre os géneros alimentícios deve ser prestada sem que o operador da empresa do sector alimentar possa exigir custos suplementares ao consumidor;
   b) Todas menções obrigatórias devem estar disponíveis no momento da entrega.
2. No caso de géneros alimentícios não pré-embalados postos à venda mediante uma técnica de comunicação à distância, as menções exigidas por força do artigo 44.º devem ser disponibilizadas nos termos do n.º 1 do presente artigo.
3. O disposto no n.º 1, alínea a), não se aplica aos géneros alimentícios postos à venda em máquinas de venda automática ou em instalações comerciais automatizadas.

Artigo 15.º *Requisitos linguísticos*
1. Sem prejuízo do disposto no artigo 9.º, n.º 3, a informação obrigatória sobre os géneros alimentícios deve figurar numa língua facilmente compreensível para os consumidores dos Estados-Membros em que o género alimentício é comercializado.
2. O Estado-Membro em que o género alimentício é comercializado pode impor, no seu território, que as menções figurem em uma ou mais línguas oficiais da União.
3. Os n.ᵒˢ 1 e 2 não obstam a que as menções figurem em várias línguas.

Artigo 16.º *Omissão de certas menções obrigatórias*
1. No caso das garrafas em vidro destinadas a ser reutilizadas que estejam marcadas de modo indelével e que, por esse facto, não exibam rótulo, nem anel nem gargantilha, só são obrigatórias as menções previstas no artigo 9.º, n.º 1, alíneas a), c), e), f) e l).
2. No caso de embalagens ou recipientes cuja face maior tenha uma superfície inferior a 10 cm², só são obrigatórias na embalagem ou no rótulo as menções previstas no artigo 9.º, n.º 1, alíneas a), c), e) e f). As menções referidas no artigo 9.º, n.º 1, alínea b), devem ser fornecidas por outros meios, ou disponibilizadas a pedido do consumidor.
3. Sem prejuízo de outras disposições da União que prevejam uma declaração nutricional obrigatória, a declaração referida no artigo 9.º, n.º 1, alínea l), não é obrigatória para os géneros alimentícios enumerados no anexo V.
4. Sem prejuízo de outras disposições da União que requeiram uma lista de ingredientes ou uma declaração nutricional obrigatória, as menções referidas no artigo 9.º, n.º 1, alíneas b) e l), não são obrigatórias para as bebidas que contenham um teor de álcool superior a 1,2 %, em volume.
Até 13 de Dezembro de 2014, a Comissão deve apresentar um relatório sobre a aplicação do artigo 18.º e do artigo 30.º, n.º 1, aos produtos referidos no presente número, indicando se as bebidas alcoólicas devem ser abrangidas no futuro, em especial, pela obrigação de ostentar a informação sobre o valor energético e precisando as razões que justificam eventuais isenções, tendo em conta a necessidade de assegurar a coerência com as outras políticas relevantes da União. Neste contexto, a Comissão deve ponderar a necessidade de propor uma definição de «alcopops».
A Comissão deve acompanhar esse relatório, se adequado, de uma proposta legislativa que estabeleça as regras para uma lista de ingredientes ou para uma declaração nutricional obrigatória para esses produtos.

SECÇÃO 2.- Disposições pormenorizadas sobre as menções obrigatórias

Artigo 17.° *Denominação do género alimentício*
1. A denominação de um género alimentício é a sua denominação legal. Na falta desta, a denominação do género alimentício será a sua denominação corrente; caso esta não exista ou não seja utilizada, será fornecida uma denominação descritiva.
2. No Estado-Membro de comercialização, deve ser permitida a utilização da denominação do género alimentício sob a qual o produto é legalmente fabricado e comercializado no Estado-Membro de produção. Todavia, caso a aplicação das demais disposições do presente regulamento, nomeadamente as previstas no artigo 9.°, não seja suficiente para que o consumidor do Estado-Membro de comercialização possa conhecer a natureza real de um género alimentício e o possa distinguir dos géneros com os quais pode ser confundido, a denominação do género alimentício deve ser acompanhada de outras informações descritivas na sua proximidade.
3. Em casos excepcionais, a denominação do género alimentício do Estado-Membro de produção não deve ser utilizada no Estado-Membro de comercialização se o género alimentício que designa no Estado-Membro de produção for tão diferente, na sua composição ou fabrico, do género alimentício conhecido sob essa denominação no Estado-Membro de comercialização, que o disposto no n.° 2 não seja suficiente para garantir, no Estado-Membro de comercialização, uma informação correcta para o consumidor.
4. A denominação do género alimentício não pode ser substituída por uma denominação protegida por direitos de propriedade intelectual, por uma marca comercial ou por uma denominação de fantasia.
5. No anexo VI são estabelecidas disposições específicas sobre a denominação do género alimentício e sobre as menções que a devem acompanhar.

Artigo 18.° *Lista de ingredientes*
1. A lista de ingredientes deve incluir ou ser precedida de um cabeçalho adequado, constituído pelo termo «ingredientes», ou que o inclua. Deve enumerar todos os ingredientes do género alimentício, por ordem decrescente de peso, tal como registado no momento da sua utilização para o fabrico do género alimentício.
2. Os ingredientes são designados pela sua denominação específica, quando aplicável, nos termos das regras previstas no artigo 17.° e no anexo VI.
3. Os ingredientes contidos sob a forma de nanomateriais artificiais devem ser claramente indicados na lista de ingredientes. A palavra «nano» entre parêntesis deve figurar a seguir aos nomes destes ingredientes.
4. No anexo VII são estabelecidas regras técnicas para a aplicação dos n.os 1 e 2.
5. Para efeitos da consecução dos objectivos do presente regulamento, a Comissão deverá, através de actos delegados nos termos do artigo 51.°, ajustar e adaptar a definição de nanomateriais artificiais constante do artigo 2.°, n.° 2, alínea t), aos progressos científicos e técnicos ou às definições acordadas a nível internacional.

Artigo 19.° *Omissão da lista de ingredientes*
1. A lista de ingredientes não é exigida para os seguintes géneros alimentícios:
a) Frutas e produtos hortícolas frescos, incluindo as batatas, que não tenham sido descascados, cortados ou objecto de outros tratamentos similares;
b) Águas gaseificadas, cuja denominação indique esta última característica;
c) Vinagres de fermentação, quando provenientes exclusivamente de um único produto de base, e desde que não lhes tenha sido adicionado qualquer outro ingrediente;
d) Queijo, manteiga, leite e nata fermentados, desde que não lhes tenham sido adicionados outros ingredientes para além de produtos lácteos, enzimas alimentares e culturas de microrganismos necessários para o seu fabrico ou, no caso dos queijos que não sejam frescos ou fundidos, o sal necessário ao seu fabrico;
e) Géneros alimentícios constituídos por um único ingrediente, desde que:
i) a denominação do género alimentício seja idêntica à denominação do ingrediente, ou
ii) a denominação do género alimentício permita determinar inequivocamente a natureza do ingrediente.
2. A fim de ter em conta a importância para o consumidor de uma lista de ingredientes de tipos ou categorias específicos de géneros alimentícios, a Comissão pode, através de actos delegados, nos termos do artigo 51.°, em casos excepcionais, completar o disposto no n.° 1 do presente artigo, desde que tais omissões não tenham por consequência uma

informação inadequada ao consumidor final ou aos estabelecimentos de restauração colectiva.

Artigo 20.° *Omissão de componentes de um género alimentício na lista de ingredientes*
Sem prejuízo do artigo 21.°, não é obrigatória a inclusão dos seguintes componentes de um género alimentício na lista de ingredientes:
a) Os componentes de um ingrediente que, durante o processo de fabrico, tenham sido temporariamente separados para serem a seguir reincorporados em quantidade que não ultrapasse o teor inicial;
b) Os aditivos e enzimas alimentares:
i) cuja presença num determinado género alimentício se deva unicamente ao facto de estarem contidos em um ou vários ingredientes desse género, nos termos do princípio da transferência a que se refere o artigo 18.°, n.° 1, alíneas a) e b), do Regulamento (CE) n.° 1333/2008, e desde que não tenham nenhuma função tecnológica no produto acabado, ou
ii) que sejam utilizados como auxiliares tecnológicos;
c) Os agentes de transporte e as substâncias que não sejam aditivos alimentares mas que sejam utilizadas da mesma forma e com o mesmo fim que os agentes de transporte, e que sejam utilizados nas doses estritamente necessárias;
d) As substâncias que não sejam aditivos alimentares mas que sejam utilizadas da mesma forma e com o mesmo fim que os auxiliares tecnológicos e que continuem presentes no produto acabado, mesmo sob uma forma alterada;
e) A água:
i) quando for utilizada, durante o processo de fabrico, unicamente para permitir a reconstituição de um ingrediente utilizado sob forma concentrada ou desidratada, ou
ii) no caso do líquido de cobertura, que não é normalmente consumido.

Artigo 21.° *Rotulagem de certas substâncias ou produtos que provocam alergias ou intolerâncias*
1. Sem prejuízo das regras adoptadas ao abrigo do artigo 44.°, n.° 2, as menções referidas no artigo 9.°, n.° 1, alínea c), devem satisfazer os seguintes requisitos:
a) Ser indicadas na lista de ingredientes de acordo com as regras definidas no artigo 18.°, n.° 1, com uma referência clara ao nome da substância ou do produto enumerados no anexo II; e
b) O nome da substância ou do produto enumerados no anexo II deve ser realçado através duma grafia que a distinga claramente da restante lista de ingredientes, por exemplo, através dos caracteres, do estilo ou da cor de fundo.
Na falta de uma lista de ingredientes, a indicação das menções referidas no artigo 9.°, n.° 1, alínea c), deve incluir o termo «contém» seguido do nome da substância ou do produto enumerados no anexo II.
Quando vários ingredientes ou auxiliares tecnológicos de um género alimentício sejam derivados de uma única substância ou produto enumerados no anexo II, a rotulagem deve indicar claramente cada ingrediente ou auxiliar tecnológico em causa.
A indicação das menções referidas no artigo 9.°, n.° 1, alínea c), não é exigida caso a denominação do género alimentício faça claramente referência à substância ou ao produto em causa.
2. A fim de assegurar uma melhor informação dos consumidores e de ter em conta os progressos científicos e os conhecimentos técnicos mais recentes, a Comissão analisa sistematicamente e actualiza, se for caso disso, a lista constante do anexo II, através de actos delegados, nos termos do artigo 51.°.
Caso surjam riscos para a saúde dos consumidores e imperativos de urgência assim o exijam, aplica-se aos actos delegados adoptados nos termos do presente artigo o procedimento previsto no artigo 52.°.

Artigo 22.° *Indicação quantitativa dos ingredientes*
1. A indicação da quantidade de um ingrediente ou de uma categoria de ingredientes utilizada no fabrico ou na preparação de um género alimentício é obrigatória caso esse ingrediente ou essa categoria de ingredientes:
a) Figurem na denominação do género alimentício ou forem habitualmente associados à denominação pelo consumidor;
b) Sejam destacados no rótulo por palavras, por imagens ou por uma representação gráfica; ou

c) Sejam essenciais para caracterizar um género alimentício e para o distinguir dos produtos com que possa ser confundido devido à sua denominação ou ao seu aspecto.
2. No anexo VIII são estabelecidas regras técnicas para a aplicação do n.° 1, incluindo casos específicos em que não é exigida a indicação quantitativa de determinados ingredientes.

Artigo 23.° *Quantidade líquida*
1. A quantidade líquida de um género alimentício deve ser expressa utilizando, conforme o caso, o litro, o centilitro, o mililitro, o quilograma ou o grama:
a) Em unidades de volume, para os produtos líquidos;
b) Em unidades de massa, para os outros produtos.
2. A fim de assegurar uma melhor compreensão pelo consumidor das informações sobre os géneros alimentícios contidas na rotulagem, a Comissão pode estabelecer, para certos géneros alimentícios específicos, um modo de expressão da quantidade líquida diferente do previsto no n.° 1, através de actos delegados, nos termos do artigo 51.°.
3. No anexo IX são estabelecidas regras técnicas para a aplicação do n.° 1, incluindo casos específicos em que não é exigida a indicação da quantidade líquida.

Artigo 24.° *Data de durabilidade mínima, data-limite de consumo e data de congelação*
1. No caso de géneros alimentícios microbiologicamente muito perecíveis e que, por essa razão, sejam susceptíveis de apresentar, após um curto período, um perigo imediato para a saúde humana, a data de durabilidade mínima deve ser substituída pela data-limite de consumo. Depois da data-limite de consumo, o género alimentício é considerado não seguro nos termos do artigo 14.°, n.°s 2 a 5, do Regulamento (CE) n.° 178/2002.
2. A data apropriada deve ser indicada nos termos do anexo X.
3. A fim de assegurar uma aplicação uniforme do modo de indicar a data de durabilidade mínima referida no anexo X, ponto 1, alínea c), a Comissão pode adoptar actos de execução definindo regras para esse efeito. Esses actos de execução são adoptados pelo procedimento de exame a que se refere o artigo 48.°, n.° 2.

Artigo 25.° *Condições de conservação ou de utilização*
1. Caso os géneros alimentícios exijam condições especiais de conservação e/ou de utilização, estas devem ser indicadas.
2. Para permitir a conservação ou utilização adequadas dos géneros alimentícios após a abertura da embalagem, as condições especiais de conservação e/ou o prazo de consumo devem ser indicados, quando tal for adequado.

Artigo 26.° *País de origem ou local de proveniência*
1. O presente artigo aplica-se sem prejuízo dos requisitos em matéria de rotulagem previstos em disposições específicas da União, em particular no Regulamento (CE) n.° 509/2006 do Conselho, de 20 de Março de 2006, relativo às especialidades tradicionais garantidas dos produtos agrícolas e dos géneros alimentícios, e no Regulamento (CE) n.° 510/2006 do Conselho, de 20 de Março de 2006, relativo à protecção das indicações geográficas e denominações de origem dos produtos agrícolas e dos géneros alimentícios.
2. A menção do país ou do local de proveniência é obrigatória:
a) Caso a omissão desta indicação seja susceptível de induzir em erro o consumidor quanto ao país ou ao local de proveniência reais do género alimentício, em especial se a informação que acompanha o género alimentício ou o rótulo no seu conjunto puderem sugerir que o género alimentício tem um país ou um local de proveniência diferentes;
b) Para a carne dos códigos da Nomenclatura Combinada (NC) enumerados no anexo XI. A aplicação da presente alínea está subordinada à adopção dos actos de execução referidos no n.° 8.
3. Caso o país de origem ou o local de proveniência do género alimentício sejam indicados e não sejam os mesmos que os do seu ingrediente primário;
a) Deve igualmente ser indicado o país de origem ou o local de proveniência do ingrediente primário em causa; ou
b) Deve ser indicado que o país de origem ou o local de proveniência do ingrediente primário é diferente do país de origem ou do local de proveniência do género alimentício.
A aplicação do presente número está subordinada à adopção das regras de execução referidas no n.° 8.
4. No prazo de cinco anos a contar da data de aplicação do n.° 2, alínea b), a Comissão deve apresentar um relatório ao Parlamento Europeu e ao Conselho para

avaliar a menção obrigatória do país ou do local de proveniência para os produtos referidos nessa alínea.

5. Até 13 de Dezembro de 2014, a Comissão deve apresentar relatórios ao Parlamento Europeu e ao Conselho para avaliar a menção obrigatória do país de origem ou do local de proveniência para os seguintes géneros alimentícios:

a) Os tipos de carne distintos da carne de bovino e dos referidos no n.º 2, alínea b);

b) O leite;

c) O leite utilizado como ingrediente em produtos lácteos;

d) Géneros alimentícios não transformados;

e) Produtos constituídos por um único ingrediente;

f) Ingredientes de um género alimentício que representem mais de 50 % do mesmo.

6. Até 13 de Dezembro de 2013, a Comissão deve apresentar um relatório ao Parlamento Europeu e ao Conselho para avaliar a menção obrigatória do país de origem ou do local de proveniência da carne utilizada como ingrediente.

7. Os relatórios referidos nos n.ºˢ 5 e 6 devem ter em conta a necessidade de informar o consumidor, a viabilidade da apresentação da menção obrigatória do país de origem ou do local de proveniência e uma análise dos custos e dos benefícios inerentes à introdução dessas medidas, incluindo o impacto jurídico no mercado interno e o impacto no comércio internacional.

A Comissão pode fazer acompanhar esses relatórios de propostas para alterar as disposições relevantes da União.

8. Até 13 de Dezembro de 2013, no seguimento de avaliações de impacto, a Comissão deve adoptar os actos de execução do n.º 2, alínea b), e do n.º 3 do presente artigo. Os referidos actos de execução são adoptados pelo procedimento de exame a que se refere o artigo 48.º, n.º 2.

9. No que respeita aos géneros alimentícios referidos no n.º 2, alínea b), no n.º 5, alínea a) e no n.º 6, os relatórios e avaliações de impacto ao abrigo do presente artigo terão em conta, nomeadamente, as opções relativas às regras para mencionar o país de origem ou local de proveniência desses géneros alimentícios, em particular, no que respeita a cada um dos seguintes pontos determinantes na vida do animal:

a) Local de nascimento;

b) Local de criação;

c) Local de abate.

Artigo 27.º *Instruções de utilização*

1. As instruções de utilização de um género alimentício devem ser indicadas de modo a permitir a utilização adequada do mesmo.

2. A Comissão pode adoptar actos de execução que estabeleçam regras pormenorizadas relativas à aplicação do n.º 1 a determinados géneros alimentícios. Os referidos actos de execução são adoptados pelo procedimento de exame a que se refere o artigo 48.º, n.º 2.

Artigo 28.º *Título alcoométrico*

1. No caso dos produtos classificados no código NC 2204, as regras relativas à indicação do título alcoométrico volúmico são as previstas nas disposições específicas da União aplicáveis a esses produtos.

2. O título alcoométrico volúmico adquirido das bebidas com um título alcoométrico volúmico superior a 1,2 % não referidas no n.º 1 deve ser indicado nos termos do anexo XII.

SECÇÃO 3.- Declaração nutricional

Artigo 29.º *Relação com outros actos legislativos*

1. A presente secção não se aplica aos géneros alimentícios abrangidos pelo âmbito de aplicação dos seguintes actos legislativos:

a) Directiva 2002/46/CE do Parlamento Europeu e do Conselho, de 10 de Junho de 2002, relativa à aproximação das legislações dos Estados-Membros respeitantes aos suplementos alimentares;

b) Directiva 2009/54/CE do Parlamento Europeu e do Conselho, de 18 de Junho de 2009, relativa à exploração e à comercialização de águas minerais naturais.

2. A presente secção é aplicável sem prejuízo da Directiva 2009/39/CE do Parlamento Europeu e do Conselho, de 6 de Maio de 2009, relativa aos géneros alimentícios destinados a uma alimentação especial, e das directivas específicas referidas no artigo 4.º, n.º 1, dessa directiva.

Artigo 30.º *Conteúdo*

1. A declaração nutricional obrigatória deve incluir os seguintes elementos:

a) Valor energético; e

b) Quantidade de lípidos, ácidos gordos saturados, hidratos de carbono, açúcares, proteínas e sal.

Se for caso disso, pode ser incluída uma declaração, na proximidade imediata da declaração nutricional, que indique que o teor de sal se deve exclusivamente à presença de sódio naturalmente presente.

2. O conteúdo da declaração nutricional obrigatória referida no n.º 1 pode ser complementado pela indicação das quantidades de um ou mais dos seguintes elementos:

a) Ácidos gordos monoinsaturados;

b) Ácidos gordos poliinsaturados;

c) Polióis;

d) Amido;

e) Fibra,

f) Vitaminas ou sais minerais enumerados no anexo XIII, parte A, ponto 1, presentes em quantidades significativas, tal como especificado no referido anexo, parte A, ponto 2.

3. Caso a rotulagem de um género alimentício pré-embalado contenha a declaração nutricional obrigatória referida no n.º 1, podem ser repetidas as informações seguintes na mesma:

a) Valor energético; ou

b) Valor energético juntamente com as quantidades de lípidos, ácidos gordos saturados, açúcares e sal.

4. Não obstante o disposto no artigo 36.º, n.º 1, caso o rótulo dos produtos referidos no artigo 16.º, n.º 4, inclua uma declaração nutricional, o conteúdo da declaração pode limitar-se apenas ao valor energético.

5. Sem prejuízo do artigo 44.º e não obstante o disposto no artigo 36.º, n.º 1, caso o rótulo dos produtos referidos no artigo 44.º, n.º 1, inclua uma declaração nutricional, o conteúdo dessa declaração pode limitar-se apenas:

a) Ao valor energético; ou

b) Ao valor energético juntamente com as quantidades de lípidos, ácidos gordos saturados, açúcares e sal.

6. A fim de ter em conta a importância das menções referidas nos n.ºs 2 a 5 do presente artigo para a informação dos consumidores, a Comissão pode alterar as listas constantes dessas disposições aditando ou retirando menções, através de actos delegados, nos termos do artigo 51.º.

7. Até 13 de Dezembro de 2014, a Comissão, tendo em conta as provas científicas e a experiência adquirida nos Estados-Membros, deve apresentar um relatório sobre a presença de gorduras trans nos géneros alimentícios e no regime alimentar geral da população da União. O objectivo do relatório será avaliar o impacto de meios adequados que permitam aos consumidores fazer escolhas alimentares mais saudáveis ou que possam promover a produção de opções alimentares mais saudáveis oferecidas aos consumidores, incluindo nomeadamente a prestação de informação sobre gorduras trans aos consumidores ou limitações do seu uso. Se adequado, a Comissão deve fazer acompanhar esse relatório de uma proposta legislativa.

Artigo 31.º *Cálculo*

1. O valor energético deve ser calculado utilizando os factores de conversão indicados no anexo XIV.

2. A Comissão pode adoptar, através de actos delegados, nos termos do artigo 51.º, factores de conversão para as vitaminas e os sais minerais referidos no anexo XIII, parte A, ponto 1, a fim de calcular com maior precisão o teor dessas vitaminas e sais minerais nos géneros alimentícios. Esses factores de conversão devem ser aditados ao anexo XIV.

3. O valor energético e as quantidades de nutrientes referidos no artigo 30.º, n.ºs 1 a 5, devem referir-se ao género alimentício tal como este é vendido.

Caso seja conveniente, a informação pode referir-se ao género alimentício depois de preparado, desde que sejam dadas instruções de preparação suficientemente pormenorizadas e desde que a informação diga respeito ao género alimentício pronto para consumo.

4. Os valores declarados devem ser valores médios, estabelecidos, conforme o caso, a partir:

a) Da análise do género alimentício efectuada pelo fabricante;

b) Do cálculo efectuado a partir dos valores médios conhecidos ou reais relativos aos ingredientes utilizados; ou

c) Do cálculo efectuado a partir de dados geralmente estabelecidos e aceites.

A Comissão pode adoptar actos de execução que estabeleçam regras pormenorizadas para a aplicação uniforme deste número no que respeita à precisão dos valores declarados, por exemplo no que se refere aos desvios entre os valores declarados e os valores observados em controlos oficiais. Os referidos actos de execução são adoptados pelo procedimento de exame a que se refere o artigo 48.º, n.º 2.

Artigo 32.º *Expressão por 100 g ou por 100 ml*

1. O valor energético e as quantidades de nutrientes referidos no artigo 30.º, n.ºs 1 a 5, devem ser expressos utilizando as unidades de medida enumeradas no anexo XV.

2. O valor energético e as quantidades de nutrientes referidos no artigo 30.º, n.ºs 1 a 5, devem ser expressos por 100 g ou por 100 ml.

3. A declaração eventual sobre vitaminas e sais minerais deve ser expressa, para além da forma de expressão referida no n.º 2, em percentagem das doses de referência definidas no anexo XIII, parte A, ponto 1, por 100 g ou por 100 ml.

4. Para além da forma de expressão referida no n.º 2 do presente artigo, o valor energético e as quantidades de nutrientes referidos no artigo 30.º, n.ºs 1, 3, 4 e 5, podem ser expressos, conforme o caso, em percentagem das doses de referência definidas no anexo XIII, parte B, por 100 g ou por 100 ml.

5. Caso sejam dadas informações nos termos do n.º 4, é necessário aditar a seguinte menção adicional na proximidade imediata das mesmas: «Doses de referência para um adulto médio (8 400 kJ/2 000 kcal)».

Artigo 33.º *Expressão por porção ou por unidade de consumo*

1. Nos seguintes casos, o valor energético e as quantidades de nutrientes referidos no artigo 30.º, n.ºs 1 a 5, podem ser expressos por porção e/ou por unidade de consumo, facilmente reconhecíveis pelo consumidor, desde que a porção ou a unidade utilizada seja quantificada no rótulo e o número de porções ou unidades contidas na embalagem seja expresso:

a) Para além da forma de expressão por 100 g ou por 100 ml referida no artigo 32.º, n.º 2;

b) Para além da forma de expressão por 100 g ou por 100 ml referida no artigo 32.º, n.º 3, no que se refere às quantidades de vitaminas e de sais minerais;

c) Para além ou em vez da forma de expressão por 100 g ou por 100 ml referida no artigo 32.º, n.º 4.

2. Não obstante o disposto no artigo 32.º, n.º 2, nos casos referidos no artigo 30.º, n.º 3, alínea b), as quantidades de nutrientes e/ou a percentagem das doses de referência definidas no anexo XIII, parte B, podem ser expressas apenas por porção ou por unidade de consumo.

Se as quantidades de nutrientes forem expressas apenas por porção ou por unidade de consumo, nos termos do primeiro parágrafo, o valor energético deve ser expresso por 100 g/100 ml e por porção ou por unidade de consumo.

3. Não obstante o disposto no artigo 32.º, n.º 2, nos casos referidos no artigo 30.º, n.º 5, o valor energético e as quantidades de nutrientes e/ou a percentagem das doses de referência definidas no anexo XIII, parte B, podem ser expressos apenas por porção ou por unidade de consumo.

4. A porção ou a unidade utilizada devem ser indicadas na proximidade imediata da declaração nutricional.

5. A fim de assegurar a aplicação uniforme da expressão da declaração nutricional por porção e por unidade de consumo, e de proporcionar ao consumidor uma base uniforme de comparação, a Comissão deve adoptar, por meio de actos de execução e tendo em conta os padrões de consumo reais dos consumidores e as recomendações nutricionais, regras sobre a expressão por porção ou por unidade de consumo para categorias específicas de géneros alimentícios. Esses actos de execução são adoptados segundo o procedimento de exame a que se refere o artigo 48.º, n.º 2.

Artigo 34.º *Apresentação*
1. As menções referidas no artigo 30.º, n.ᵒˢ 1 e 2, devem ser incluídas no mesmo campo visual. Devem ser apresentadas em conjunto, num formato claro e, conforme adequado, pela ordem de apresentação prevista no anexo XV.
2. As menções referidas no artigo 30.º, n.ᵒˢ 1 e 2, devem ser apresentadas, se o espaço o permitir, em formato tabular, com os números alinhados. Se o espaço não for suficiente, a declaração deve figurar em formato linear.
3. As menções referidas no artigo 30.º, n.º 3, devem ser apresentadas:
a) No campo de visão principal; e
b) Com caracteres dum tamanho nos termos do no artigo 13.º, n.º 2.
As menções referidas no artigo 30.º, n.º 3, podem ser apresentadas num formato diferente do especificado no n.º 2 do presente artigo.
4. As menções referidas no artigo 30.º, n.ᵒˢ 4 e 5, podem ser apresentadas num formato diferente do especificado no n.º 2 do presente artigo.
5. Se o valor energético ou a quantidade de nutrientes de um produto for negligenciável, a informação relativa a esses elementos pode ser substituída por uma menção como «Contém quantidades negligenciáveis de ...», colocada na proximidade imediata da declaração nutricional, quando esta seja fornecida.
A fim de assegurar a aplicação uniforme do presente número, a Comissão pode adoptar actos de execução respeitantes ao valor energético e às quantidades de nutrientes referidos no artigo 30.º, n.ᵒˢ 1 a 5, que podem ser considerados negligenciáveis. Os referidos actos de execução são adoptados pelo procedimento de exame a que se refere o artigo 48.º, n.º 2.
6. A fim de assegurar uma aplicação uniforme do modo de apresentar a declaração nutricional nos formatos referidos nos n.ᵒˢ 1 a 4 do presente artigo, a Comissão pode adoptar actos de execução. Esses actos de execução são adoptados segundo o procedimento de exame a que se refere o artigo 48.º, n.º 2.

Artigo 35.º *Formas de expressão e de apresentação complementares*
1. Para além das formas de expressão referidas artigo 32.º, n.ᵒˢ 2 e 4, e no artigo 33.º e das formas de apresentação referidas no artigo 34.º, n.º 2, o valor energético e as quantidades de nutrientes referidos no artigo 30.º, n.ᵒˢ 1 a 5, podem ser expressos sob outras formas e/ou apresentados por meio de gráficos ou símbolos, em complemento de palavras ou números, desde que sejam respeitados os seguintes requisitos:
a) Devem basear-se em estudos de consumo rigorosos e cientificamente válidos e não podem induzir o consumidor em erro, tal como referido no artigo 7.º;
b) A sua elaboração deve ser o resultado duma consulta a um leque amplo de partes interessadas;
c) Devem procurar facilitar a compreensão, pelo consumidor, do contributo ou da importância do género alimentício para o valor energético e para o teor de nutrientes dos regimes alimentares;
d) Devem basear-se em dados cientificamente válidos comprovativos de que o consumidor médio compreende essas formas de expressão e de apresentação;
e) No caso de outras formas de expressão, devem basear-se nas doses de referência harmonizadas referidas no anexo XIII ou, na sua falta, em pareceres científicos geralmente aceites sobre as doses de energia ou de nutrientes.
f) Devem ser objectivos e não discriminatórios; e
g) A sua aplicação não cria obstáculos à livre circulação de mercadorias.
2. Os Estados-Membros podem recomendar aos operadores de empresas do sector alimentar a utilização de uma ou mais formas complementares de expressão ou de apresentação da declaração nutricional que considerem satisfazer os requisitos estabelecidos no n.º 1, alíneas a) a g). Os Estados-Membros devem fornecer à Comissão informações pormenorizadas sobre essas formas complementares de expressão e de apresentação.
3. Os Estados-Membros devem assegurar um acompanhamento adequado das formas complementares de expressão e de apresentação da declaração nutricional presentes no mercado do seu território.
A fim de facilitar o acompanhamento da utilização dessas formas complementares de expressão e de apresentação, os Estados-Membros podem exigir que os operadores de empresas do sector alimentar que coloquem no mercado, nos respectivos territórios, géneros alimentícios que ostentem essas informações notifiquem as autoridades competentes da utilização de tais formas complementares de expressão e de apresentação e lhes forneçam as justificações pertinentes relacionadas com o

cumprimento dos requisitos previstos no n.º 1, alíneas a) a g). Em tais casos, pode ser igualmente exigida a informação da interrupção da utilização dessas formas complementares de expressão e de apresentação.

4. A Comissão deve facilitar e organizar o intercâmbio de informações entre os Estados-Membros, ela própria e as partes interessadas sobre questões relacionadas com a utilização de formas complementares de expressão e apresentação da declaração nutricional.

5. Tendo em conta a experiência adquirida, a Comissão deve apresentar até 13 de Dezembro de 2017 um relatório ao Parlamento Europeu e ao Conselho sobre a utilização de formas de expressão e de apresentação complementares sobre o seu efeito no mercado interno e sobre a oportunidade de uma nova harmonização das mesmas. Para o efeito, os Estados-Membros devem fornecer à Comissão as informações relevantes sobre a utilização de tais formas complementares de expressão ou de apresentação no mercado do seu território. A Comissão pode fazer acompanhar esse relatório de propostas para alterar as disposições relevantes da União.

6. A fim de assegurar a aplicação uniforme do presente artigo, a Comissão adopta actos de execução que estabeleçam regras de execução pormenorizadas dos n.ºs 1, 3 e 4 do presente artigo. Os referidos actos de execução são adoptados pelo procedimento de exame a que se refere o artigo 48.º, n.º 2.

CAPÍTULO V.- INFORMAÇÕES VOLUNTÁRIAS SOBRE OS GÉNEROS ALIMENTÍCIOS

Artigo 36.º *Requisitos aplicáveis*

1. Sempre que sejam prestadas voluntariamente, as informações referidas nos artigos 9.º e 10.º devem cumprir os requisitos estabelecidos no capítulo IV, secções 2 e 3.

2. As informações sobre os géneros alimentícios prestadas voluntariamente devem satisfazer os seguintes requisitos:

a) Não podem induzir o consumidor em erro, tal como referido no artigo 7.º;

b) Não podem ser ambíguas nem confusas para o consumidor;

c) Se adequado, devem basear-se em dados científicos relevantes.

3. A Comissão deve adoptar actos de execução relativos à aplicação dos requisitos referidos no n.º 2 às seguintes informações voluntárias sobre géneros alimentícios:

a) Informações sobre a presença eventual e não intencional nos géneros alimentícios de substâncias ou produtos que provocam alergias ou intolerâncias;

b) Informações relacionadas com a adequação do género alimentício para o consumo por vegetarianos ou vegetalistas;

c) Indicação das doses de referência para grupos específicos da população e das doses de referência definidas no anexo XIII;

d) Informações sobre a ausência ou a presença reduzida de glúten nos géneros alimentícios.

Esses actos de execução são adoptados segundo o procedimento de exame a que se refere o artigo 48.º, n.º 2.

4. A fim de assegurar a adequada informação dos consumidores, sempre que os operadores de empresas do sector alimentar prestem informações voluntárias divergentes sobre os géneros alimentícios que possam induzir em erro ou confundir o consumidor, a Comissão pode prever mais casos de prestação voluntária de informações sobre os géneros alimentícios para além dos referidos no n.º 3, através de actos delegados, nos termos do artigo 51.º.

Artigo 37.º *Apresentação*
As informações voluntárias sobre os géneros alimentícios não podem ser apresentadas em prejuízo do espaço disponível para as informações obrigatórias.

Artigo 38.° *Medidas nacionais*
1. Quanto às matérias especificamente harmonizadas pelo presente regulamento, os Estados-Membros não podem adoptar nem manter medidas nacionais, salvo se a tal forem autorizados pelo direito da União. As medidas nacionais não podem criar obstáculos à livre circulação de mercadorias, incluindo discriminar géneros alimentícios de outros Estados-Membros.
2. Sem prejuízo do disposto no artigo 39.°, os Estados-Membros podem adoptar medidas nacionais relativas a matérias não especificamente harmonizadas pelo presente regulamento desde que não proíbam, entravem ou restrinjam a livre circulação de mercadorias conformes com o presente regulamento.

Artigo 39.° *Medidas nacionais sobre as menções obrigatórias complementares*
1. Para além das menções obrigatórias referidas no artigo 9.°, n.° 1, e no artigo 10.°, os Estados-Membros podem adoptar, nos termos do artigo 45.°, medidas que exijam menções obrigatórias complementares para tipos ou categorias específicos de géneros alimentícios, justificadas pelo menos por um dos seguintes motivos:
a) Protecção da saúde pública;
b) Defesa dos consumidores;
c) Prevenção de fraudes;
d) Protecção de direitos de propriedade industrial e comercial, de indicações de proveniência e de denominações de origem controlada, e prevenção da concorrência desleal.
2. Os Estados-Membros só podem adoptar medidas respeitantes à indicação obrigatória do país de origem ou do local de proveniência dos géneros alimentícios com base no n.° 1 se existir uma relação comprovada entre certas qualidades do género alimentício e a sua origem ou proveniência. Quando notificarem essas medidas à Comissão, os Estados-Membros devem fornecer provas de que a maior parte dos consumidores atribui considerável importância à prestação dessa informação.

Artigo 40.° *Leite e produtos lácteos*
Os Estados-Membros podem adoptar medidas derrogatórias do artigo 9.°, n.° 1, e do artigo 10.°, n.° 1, no caso do leite e dos produtos lácteos acondicionados em garrafas de vidro destinadas a ser reutilizadas.
Os Estados-Membros devem comunicar imediatamente à Comissão o teor das referidas medidas.

Artigo 41.° *Bebidas alcoólicas*
Enquanto não forem adoptadas as disposições da União referidas no artigo 16.°, n.° 4, os Estados-Membros podem manter as medidas nacionais relativas à enumeração dos ingredientes das bebidas com título alcoométrico volúmico superior a 1,2 %.

Artigo 42.° *Expressão da quantidade líquida*
Na falta de disposições da União a que se refere o artigo 23.°, n.° 2, relativas à expressão da quantidade líquida de determinados géneros alimentícios de um modo diferente do previsto no artigo 23.°, n.° 1, os Estados-Membros podem manter as medidas nacionais adoptadas antes de 12 de Dezembro de 2011.
Até 13 de Dezembro de 2014, os Estados-Membros devem informar a Comissão sobre essas medidas. A Comissão deve transmiti-las aos outros Estados-Membros.

Artigo 43.° *Indicação facultativa das doses de referência para grupos específicos da população*
Enquanto não forem adoptadas as disposições da União referidas no artigo 36.°, n.° 3, alínea c), os Estados-Membros podem adoptar medidas nacionais relativas à indicação facultativa das doses de referência para grupos específicos da população.
Os Estados-Membros devem comunicar imediatamente à Comissão o teor das referidas medidas.

Artigo 44.° *Medidas nacionais relativas aos géneros alimentícios não pré-embalados*
1. No caso de géneros alimentícios apresentados para venda ao consumidor final ou aos estabelecimentos de restauração colectiva sem pré-embalagem, ou dos géneros alimentícios embalados nos pontos de venda a pedido do comprador ou pré-embalados para venda directa:

a) É obrigatório indicar as menções especificadas no artigo 9.°, n.° 1, alínea c);
b) Só é obrigatório indicar outras menções referidas nos artigos 9.° e 10.° se os Estados-Membros adoptarem medidas nacionais que exijam a indicação de algumas ou de todas essas menções ou de elementos das mesmas.

2. Os Estados-Membros podem adoptar medidas nacionais relativas ao modo como as menções ou elementos das mesmas especificados no n.° 1 são comunicadas e, se for caso disso, à respectiva forma de expressão e apresentação.

3. Os Estados-Membros devem comunicar sem demora à Comissão o texto das medidas referidas no n.° 1, alínea b) e no n.° 2.

Artigo 45.° *Procedimento de notificação*

1. Sempre que seja feita referência ao presente artigo, os Estados-Membros que considerem necessário adoptar nova legislação em matéria de informação sobre os géneros alimentícios devem notificar antecipadamente a Comissão e os outros Estados-Membros das medidas previstas, especificando os motivos que as justificam.

2. A Comissão deve consultar o Comité Permanente da Cadeia Alimentar e da Saúde Animal criado pelo artigo 58.°, n.° 1, do Regulamento (CE) n.° 178/2002, caso considere útil tal consulta ou caso um Estado-Membro o solicite. Nesse caso, a Comissão assegura a transparência deste processo para todas as partes.

3. Os Estados-Membros que considerem necessário adoptar nova legislação em matéria de informação sobre os géneros alimentícios só podem adoptar as medidas previstas três meses após terem efectuado a notificação referida no n.° 1 e sob condição de não ter sido recebido um parecer negativo da Comissão.

4. Se o parecer da Comissão for negativo, e antes do termo do prazo referido no n.° 3 do presente artigo, a Comissão deve dar início ao processo de exame a que se refere o artigo 48.°, n.°2, para decidir se as medidas propostas podem ser aplicadas, mediante alterações adequadas, se for caso disso.

5. A Directiva 98/34/CE do Parlamento Europeu e do Conselho, de 22 de Junho de 1998, relativa a um procedimento de informação no domínio das normas e regulamentações técnicas e das regras relativas aos serviços da sociedade da informação, não se aplica às medidas abrangidas pelo procedimento de notificação especificado no presente artigo.

CAPÍTULO VII.- DISPOSIÇÕES DE EXECUÇÃO, DISPOSIÇÕES DE ALTERAÇÃO E DISPOSIÇÕES FINAIS

Artigo 46.° *Alterações aos anexos*
A fim de ter em conta o progresso técnico, a evolução científica, a saúde dos consumidores ou a sua necessidade de informação, e sem prejuízo do disposto no artigo 10.°, n.° 2, e no artigo 21.°, n.° 2, em relação às alterações dos anexos II e III, a Comissão pode alterar os anexos do presente regulamento através de actos delegados, nos termos do artigo 51.°.

Artigo 47.° *Período transitório e data de aplicação das medidas de execução ou actos delegados*
1. Sem prejuízo do disposto no n.° 2 do presente artigo, ao exercer as competências de execução que lhe são atribuídas pelo presente regulamento para adoptar medidas através de actos de execução pelo processo de exame a que se refere o artigo 48.°, n.° 2, ou através de actos delegados nos termos do artigo 51.°, a Comissão deve:
a) Estabelecer um período transitório apropriado para a aplicação das novas medidas, durante o qual os géneros alimentícios cuja rotulagem não cumpra as novas medidas possam ser colocados no mercado e após o qual as existências dos géneros alimentícios colocados no mercado antes do termo do período transitório possam continuar a ser vendidas até ao seu esgotamento; e
b) Assegurar a aplicação dessas medidas a partir de 1 de Abril de cada ano civil.
2. O n.° 1 não se aplica em caso de urgência, se o objectivo das medidas nele referidas for a protecção da saúde humana.

Artigo 48.º *Comité*

1. A Comissão é assistida pelo Comité Permanente da Cadeia Alimentar e da Saúde Animal instituído pelo artigo 58.º, n.º 1, do Regulamento (CE) n.º 178/2002. Este Comité deve ser entendido como comité na acepção do Regulamento (UE) n.º 182/2011.

2. Caso se faça referência ao presente número, aplica-se o artigo 5.º do Regulamento (UE) n.º 182/2011. Na falta de parecer do Comité, a Comissão não pode adoptar o projecto de acto de execução, aplicando-se o terceiro parágrafo do n.º 4 do artigo 5.º do Regulamento (UE) n.º 182/2011.

Artigo 49.º *Alterações ao Regulamento (CE) n.º 1924/2006*

O primeiro e o segundo parágrafos do artigo 7.º do Regulamento (CE) n.º 1924/2006 passam a ter a seguinte redacção:

«A rotulagem nutricional de produtos para os quais seja feita uma alegação nutricional e/ou de saúde deve ser obrigatória, excepto no caso da publicidade genérica. As informações a fornecer são as especificadas no n.º 1 do artigo 30.º do Regulamento (UE) n.º 1169/2011 do Parlamento Europeu e do Conselho, de 25 de Outubro de 2011, relativo à prestação de informação aos consumidores sobre os géneros alimentícios. Sempre que seja feita uma alegação nutricional e/ou de saúde para um nutriente referido no n.º 2 do artigo 30.º do Regulamento (UE) n.º 1169/2011, deve ser declarada a quantidade do nutriente em causa nos termos dos artigos 31.º a 34.º desse regulamento.

As quantidades das substâncias objecto de uma alegação nutricional ou de saúde que não constem da rotulagem nutricional devem ser indicadas no mesmo campo visual que a rotulagem nutricional, e devem ser expressas nos termos dos artigos 31.º, 32.º e 33.º do Regulamento (UE) n.º 1169/2011. As unidades de medida utilizadas para exprimir a quantidade da substância devem ser adaptadas à substância em causa.

Artigo 50.º *Alterações ao Regulamento (CE) n.º 1925/2006*

O n.º 3 do artigo 7.º do Regulamento (CE) n.º 1925/2006 passa a ter a seguinte redacção:

«3. É obrigatória a rotulagem nutricional dos produtos aos quais tenham sido adicionados vitaminas e sais minerais e que sejam abrangidos pelo presente regulamento. As informações a prestar são as especificadas no n.º 1 do artigo 30.º do Regulamento (UE) n.º 1169/2011 do Parlamento Europeu e do Conselho, de 25 de Outubro de 2011, relativo à prestação de informação aos consumidores sobre os géneros alimentícios, bem como as quantidades totais presentes de vitaminas e sais minerais, quando adicionados ao género alimentício.

Artigo 51.º *Exercício da delegação*

1. O poder de adoptar actos delegados é conferido à Comissão nas condições estabelecidas no presente artigo.

2. O poder de adoptar os actos delegados referido no artigo 9.º, n.º 3, no artigo 10.º, n.º 2, no artigo 12.º, n.º 3, no artigo 13.º, n.º 4, no artigo 18.º, n.º 5, no artigo 19.º, n.º 2, no artigo 21.º, n.º 2.º, no artigo 23.º, n.º 2, no artigo 30.º, n.º 6, no artigo 31.º, n.º 2, no artigo 36.º, n.º 4, e no artigo 46.º é conferido à Comissão por um prazo de cinco anos a contar de 12 de Dezembro de 2011. A Comissão elabora um relatório relativo à delegação de poderes pelo menos nove meses antes do final do prazo de cinco anos. A delegação de poderes é tacitamente prorrogada por prazos de igual duração, salvo se o Parlamento Europeu ou o Conselho a tal se opuserem pelo menos três meses antes do final de cada período.

3. A delegação de poderes referida no artigo 9.º, n.º 3, no artigo 10.º, n.º 2, no artigo 12.º, n.º 3, do no artigo 13.º, n.º 4, no artigo 18.º, n.º 5, no artigo 19.º, n.º 2, no artigo 21.º, n.º 2.º, no artigo 23.º, n.º 2, no artigo 30.º, n.º 6, no artigo 31.º, n.º 2, no artigo 36.º, n.º 4, e no artigo 46.º pode ser revogada em qualquer momento pelo Parlamento Europeu ou pelo Conselho. A decisão de revogação põe termo à delegação dos poderes nela especificada. A decisão de revogação produz efeitos a partir do dia seguinte ao da sua publicação no Jornal Oficial da União Europeia ou de uma data posterior nela especificada. A decisão de revogação não afecta a validade dos actos delegados em vigor.

4. Assim que adoptar um acto delegado, a Comissão notifica-o simultaneamente ao Parlamento Europeu e ao Conselho.

5. Os actos delegados adoptados nos termos do artigo 9.º, n.º 3, no artigo 10.º, n.º 2, no artigo 12.º, n.º 3, no artigo 13.º, n.º 4, no artigo 18.º, n.º 5, no artigo 19.º, n.º 2, no artigo 21.º, n.º2.º, no artigo 23.º, n.º 2, no artigo 30.º, n.º 6, no artigo 31.º, n.º 2, no artigo 36.º, n.º 4, e do artigo 46.º só entram em vigor se não tiverem sido formuladas

objecções pelo Parlamento Europeu ou pelo Conselho no prazo de dois meses a contar da notificação desse acto ao Parlamento Europeu e ao Conselho, ou se, antes do termo desse prazo o Parlamento Europeu e o Conselho tiverem informado a Comissão de que não têm objecções a formular. O referido prazo é prorrogado por dois meses por iniciativa do Parlamento Europeu ou do Conselho.

Artigo 52.º *Procedimento de urgência*
1. Os actos delegados adoptados por força do presente artigo entram em vigor sem demora e são aplicáveis desde que não tenha sido formulada qualquer objecção ao abrigo do n.º 2. Na notificação de um acto delegado ao Parlamento Europeu e ao Conselho devem expor-se os motivos que justificam o recurso ao procedimento de urgência.
2. O Parlamento Europeu ou o Conselho podem formular objecções a um acto delegado de acordo com o procedimento a que se refere o artigo 51.º, n.º 5. Nesse caso, a Comissão revoga sem demora o acto após a notificação da decisão pela qual o Parlamento Europeu ou o Conselho tiverem formulado objecções.

Artigo 53.º *Revogação*
1. As Directivas 87/250/CEE, 90/496/CEE, 1999/10/CE, 2000/13/CE, 2002/67/CE e 2008/5/CE e o Regulamento (CE) n.º 608/2004 são revogados a partir de 13 de Dezembro de 2014.
2. As remissões para os actos revogados devem entender-se como sendo feitas para o presente regulamento.

Artigo 54.º *Medidas transitórias*
1. Os géneros alimentícios colocados no mercado ou rotulados antes de 13 de Dezembro de 2014 que não cumprem os requisitos previstos no presente regulamento podem ser comercializados até se esgotarem as suas existências.
Os géneros alimentícios colocados no mercado ou rotulados antes de 13 de Dezembro de 2016 que não cumpram o requisito previsto no artigo 9.º, n.º 1, alínea l), podem ser comercializados até se esgotarem as suas existências.
Os géneros alimentícios colocados no mercado ou rotulados antes de 1 de Janeiro de 2014 que não cumprem os requisitos previstos no anexo VI, parte B, podem ser comercializados até se esgotarem as suas existências.
2. Entre 13 de Dezembro de 2014 e 13 de Dezembro de 2016, caso seja fornecida a título voluntário, a declaração nutricional deve cumprir o disposto nos artigos 30.º a 35.º.
3. Não obstante o disposto na Directiva 90/496/CEE, no artigo 7.º do Regulamento (CE) n.º 1924/2006 e no artigo 7.º, n.º 3, do Regulamento (CE) n.º 1925/2006, os géneros alimentícios rotulados nos termos dos artigos 30.º a 35.º do presente regulamento podem ser colocados no mercado antes de 13 de Dezembro de 2014.
Não obstante o disposto no Regulamento (CE) n.º 1162/2009 da Comissão, de 30 de Novembro de 2009, que estabelece disposições transitórias de execução dos Regulamentos (CE) n.º 853/2004, (CE) n.º 854/2004 e (CE) n.º 882/2004 do Parlamento Europeu e do Conselho, os géneros alimentícios rotulados nos termos do anexo VI, parte B, do presente regulamento podem ser colocados no mercado antes de 1 de Janeiro de 2014.

Artigo 55.º *Entrada em vigor e data de aplicação*
O presente regulamento entra em vigor no vigésimo dia seguinte ao da sua publicação no Jornal Oficial da União Europeia.
É aplicável a partir de 13 de Dezembro de 2014, excepto o artigo 9.º, n.º 1, alínea l), que é aplicável a partir de 13 de Dezembro de 2016 e o anexo VI, parte B, que é aplicável a partir de 1 de Janeiro de 2014.
O presente regulamento é obrigatório em todos os seus elementos e directamente aplicável em todos os Estados-Membros.

ANEXO I.-
Definições específicas a que se refere o artigo 2.o, n.o 4

1. Por «declaração nutricional» ou «rotulagem nutricional» entende-se informação que especifique:
a) O valor energético; ou
b) O valor energético e apenas um ou mais dos seguintes nutrientes:

— lípidos (ácidos gordos saturados, ácidos gordos monoinsaturados e ácidos gordos polinsaturados),
— hidratos de carbono (açúcares, polióis, amido),
— sal,
— fibra,
— proteínas,
— todas as vitaminas ou sais minerais enumerados no anexo XIII, parte A, ponto 1, quando estejam presentes em quantidade significativa, nos termos do anexo XIII, parte A, ponto 2.

2. Por «lípidos» entende-se os lípidos totais incluindo os fosfolípidos;

3. Por «ácidos gordos saturados» entende-se os ácidos gordos sem ligações duplas;

4. Por «ácidos gordos trans» entende-se ácidos gordos que apresentam, pelo menos, uma ligação dupla não conjugada (nomeadamente interrompida por, pelo menos, um grupo metileno) entre átomos de carbono na configuração trans;

5. Por «ácidos gordos monoinsaturados» entende-se os ácidos gordos com uma ligação dupla cis;

6. Por «ácidos gordos polinsaturados» entende-se os ácidos gordos com duas ou mais ligações duplas interrompidas cis ou metileno-cis;

7. Por «hidratos de carbono» entende-se qualquer hidrato de carbono metabolizado pelo ser humano, incluindo os polióis;

8. Por «açúcares» entende-se todos os monossacáridos e dissacáridos presentes nos géneros alimentícios, excluindo os polióis;

9. Por «polióis» entende-se álcoois contendo mais de dois grupos hidroxilo;

10. Por «proteínas» entende-se o teor de proteínas calculado por meio da fórmula: proteína = azoto total (Kjeldahl) × 6,25;

11. Por «sal» entende-se o teor equivalente de sal calculado por meio da fórmula: sal = sódio × 2,5;

12. Por «fibra» entende-se polímeros de hidratos de carbono com três ou mais unidades monoméricas que não são digeridas nem absorvidas pelo intestino delgado humano e pertencem às seguintes categorias:
— polímeros de hidratos de carbono comestíveis, que ocorrem naturalmente nos alimentos tal como consumidos,
— polímeros de hidratos de carbono comestíveis, que foram obtidos de matérias-primas alimentares por meios físicos, enzimáticos ou químicos e que produzem um efeito fisiológico benéfico, demonstrado por provas científicas comumente aceites,
— polímeros de hidratos de carbono sintéticos comestíveis que produzem um efeito fisiológico benéfico, demonstrado por provas científicas comumente aceites;

13. Por «valor médio» entende-se o valor que melhor represente a quantidade do nutriente contido num dado género alimentício e que tenha em conta as tolerâncias devidas à variabilidade sazonal, aos hábitos de consumo e a outros factores que possam influenciar o valor adquirido.

ANEXO II.-
Substâncias ou produtos que provocam alergias ou intolerâncias

1. Cereais que contêm glúten, nomeadamente: trigo (tal como espelta e trigo Khorasan), centeio, cevada, aveia ou as suas estirpes hibridizadas, e produtos à base destes cereais, excetuando:
a) Xaropes de glicose, incluindo dextrose, à base de trigo;
b) Maltodextrinas à base de trigo;
c) Xaropes de glicose à base de cevada;
d) Cereais utilizados na confecção de destilados alcoólicos, incluindo álcool etílico de origem agrícola.

2. Crustáceos e produtos à base de crustáceos.

3. Ovos e produtos à base de ovos.

4. Peixes e produtos à base de peixe, exceptuando:
a) Gelatina de peixe usada como agente de transporte de vitaminas ou de carotenóides;
b) Gelatina de peixe ou ictiocola usada como clarificante da cerveja e do vinho;

5. Amendoins e produtos à base de amendoins;

6. Soja e produtos à base de soja, exceptuando:
a) Óleo e gordura de soja totalmente refinados;

539

b) Tocoferóis mistos naturais (E 306), D-alfa-tocoferol natural, acetato de D-alfa-tocoferol natural, succinato de D-alfa-tocoferol natural derivados de soja;

c) Fitoesteróis e ésteres de fitoesterol derivados de óleos vegetais produzidos a partir de soja;

d) Éster de estanol vegetal produzido a partir de esteróis de óleo vegetal de soja;

7. Leite e produtos à base de leite (incluindo lactose), exceptuando:

a) Lactossoro utilizado na confecção de destilados alcoólicos, incluindo álcool etílico de origem agrícola;

b) Lactitol;

8. Frutos de casca rija, nomeadamente, amêndoas (*Amygdalus communis* L.), avelãs (*Corylus avellana*), nozes (*Juglans regia*), castanhas de caju (*Anacardium occidentale*), nozes pécan [*Carya illinoiesis* (Wangenh.) K. Koch], castanhas do Brasil (*Bertholletia excelsa*), pistácios (*Pistacia vera*), nozes de macadâmia ou do Queensland (*Macadamia ternifolia*) e produtos à base destes frutos, com excepção de frutos de casca rija utilizados na confecção de destilados alcoólicos, incluindo álcool etílico de origem agrícola;

9. Aipo e produtos à base de aipo;

10. Mostarda e produtos à base de mostarda;

11. Sementes de sésamo e produtos à base de sementes de sésamo;

12. Dióxido de enxofre e sulfitos em concentrações superiores a 10 mg/kg ou 10 mg/l em termos de SO_2 total que deve ser calculado para os produtos propostos como prontos para consumo ou como reconstituídos, de acordo com as instruções dos fabricantes;

13. Tremoço e produtos à base de tremoço;

14. Moluscos e produtos à base de moluscos.

ANEXO III.-

Géneros alimentícios cuja rotulagem deve incluir uma ou mais menções complementares

TIPO OU CATEGORIA DE GÉNERO ALIMENTÍCIO	MENÇÕES
1. Géneros alimentícios embalados em determinados gases	
1.1. Géneros alimentícios cujo prazo de durabilidade foi alargado por meio de gases de embalagem autorizados nos termos do Regulamento (CE) n.º 1333/2008.	«Embalado em atmosfera protegida».
2. Géneros alimentícios que contêm edulcorantes	
2.1. Géneros alimentícios que contêm um ou mais edulcorantes autorizados nos termos do Regulamento (CE) n.º 1333/2008.	«Contém edulcorante(s)», esta menção deve acompanhar a denominação do género alimentício.
2.2. Géneros alimentícios que contêm um ou mais açúcares e um ou mais edulcorantes adicionados autorizados nos termos do Regulamento (CE) n.º 1333/2008.	«Contém açúcar(es) e edulcorante(s)», esta menção deve acompanhar a denominação do género alimentício.
2.3. Géneros alimentícios que contêm aspartame/sal de aspartame e acessulfame autorizado nos termos do Regulamento (CE) n.º 1333/2008.	«Contém aspartame (uma fonte de fenilalanina)», esta menção deve constar do rótulo, nos casos em que o aspartame e acessulfame seja designado na lista de ingredientes por referência apenas ao seu número E. «Contém uma fonte de fenilalanina», esta menção deve constar do rótulo, nos casos em que o aspartame/sal de aspartame e acessulfame seja designado na lista de ingredientes pela sua denominação específica.
2.4. Géneros alimentícios que contêm	«O seu consumo excessivo pode ter efeitos

mais de 10 % de polióis adicionados autorizados nos termos do Regulamento (CE) n.º 1333/2008.	laxativos.»

3. Géneros alimentícios que contêm ácido glicirrízico ou o seu sal de amónio	
3.1. Produtos de confeitaria ou bebidas que contêm ácido glicirrízico ou o seu sal de amónio devido à adição da(s) própria(s) substância(s) ou de alcaçuz (*Glycyrrhiza glabra*), numa concentração igual ou superior a 100 mg/kg ou 10 mg/l.	A menção «Contém alcaçuz» deve ser acrescentada imediatamente depois da lista de ingredientes, excepto se o termo «alcaçuz» já estiver incluído na lista de ingredientes ou na denominação do género alimentício. Na falta de uma lista de ingredientes, a menção deve acompanhar a denominação do género alimentício.
3.2. Produtos de confeitaria que contêm ácido glicirrízico ou o seu sal de amónio devido à adição da(s) própria(s) substância(s) ou de alcaçuz (*Glycyrrhiza glabra*), numa concentração igual ou superior a 4 g/kg.	A menção «Contém alcaçuz – as pessoas que sofrem de hipertensão devem evitar o seu consumo excessivo» deve ser acrescentada imediatamente depois da lista de ingredientes. Na falta de uma lista de ingredientes, a menção deve acompanhar a denominação do género alimentício.
3.3. Bebidas que contêm ácido glicirrízico ou o seu sal de amónio devido à adição da(s) própria(s) substância(s) ou de alcaçuz (*Glycyrrhiza glabra*), numa concentração igual ou superior a 50 mg/l, ou a 300 mg/l no caso de bebidas com um título alcoométrico volúmico superior a 1,2 % [¹].	A menção «Contém alcaçuz – as pessoas que sofrem de hipertensão devem evitar o seu consumo excessivo» deve ser acrescentada imediatamente depois da lista de ingredientes. Na falta de uma lista de ingredientes, a menção deve acompanhar a denominação do género alimentício.

4. Bebidas com elevado teor de cafeína ou géneros alimentícios com cafeína adicionada	
4.1. Bebidas, com excepção das bebidas à base de café, chá, ou extracto de chá ou café, em que a denominação do género alimentício inclui a menção «café» ou «chá», que: — se destinem a ser consumidas tal qual e contenham cafeína, qualquer que seja a fonte, numa proporção superior a 150 mg/l, ou — estejam em forma concentrada ou desidratada e após reconstituição contenham cafeína, qualquer que seja a fonte, numa proporção superior a 150 mg/l.	A menção «Elevado teor de cafeína. Não recomendado a crianças nem a grávidas ou lactantes» deve constar do mesmo campo visual que a denominação da bebida, seguida de uma referência, entre parênteses e nos termos do artigo 13.º, n.º 1, do presente regulamento, ao teor de cafeína expresso em mg por 100 ml.
4.2. Outros géneros alimentícios que não bebidas, em que seja adicionada cafeína para fins fisiológicos.	A menção «Contém cafeína. Não recomendado a crianças nem a grávidas» deve constar do mesmo campo visual que a denominação do género alimentício, seguida de uma referência, entre parênteses e nos termos do artigo 13.º, n.º 1, do presente regulamento, ao teor de cafeína expresso em mg por 100 g/ml. No caso dos suplementos alimentares, o teor de cafeína deve ser expresso em função da dose diária recomendada na rotulagem.

5. Géneros alimentícios com fitoesteróis, ésteres de fitoesterol, fitoestanóis ou ésteres de fitoestanol adicionados	
5.1. Géneros alimentícios ou ingredientes alimentares com fitoesteróis, ésteres de	1) A menção «Com esteróis vegetais adicionados» ou «Com estanóis vegetais

541

fitoesterol, fitoestanóis ou ésteres de Fitoestanol adicionados	adicionados» deve constar do mesmo campo visual que a denominação do género alimentício. 2) A quantidade de fitoesteróis, ésteres de fitoesterol, fitoestanóis ou ésteres de fitoestanol adicionados (expressa em % ou g de esteróis/estanóis vegetais livres por 100 g ou 100 ml do género alimentício) deve constar da lista de ingredientes. 3) Deve constar a indicação de que o produto não se destina a pessoas que não necessitem de controlar os níveis de colesterol no sangue. 4) Deve constar a indicação de que os pacientes com medicação para reduzir o nível de colesterol só devem consumir o produto sob vigilância médica. 5) Deve constar a indicação, facilmente visível, de que o género alimentício pode não ser adequado do ponto de vista nutritivo para grávidas ou lactantes e crianças de idade inferior a cinco anos. 6) Deve aconselhar-se o consumo do género alimentício integrado num regime alimentar equilibrado e variado, que inclua o consumo frequente de frutas e produtos hortícolas para ajudar a manter os níveis de carotenóides. 7) Do mesmo campo visual em que figura a indicação mencionada no ponto 3, deve constar a indicação de que se deve evitar um consumo superior a 3 g/dia de esteróis/estanóis vegetais adicionados. 8) Deve constar uma definição de porção do género alimentício ou ingrediente alimentar em causa (de preferência em g ou ml) com a quantidade de esteróis/estanóis vegetais contida em cada porção.
6. Carne congelada, preparados de carne congelada e produtos da pesca congelados não transformados	
6.1. Carne congelada, preparados de carne e produtos da pesca congelados não transformados	A data de congelação ou, nos casos em que o produto tenha sido congelado mais que uma vez, a data da primeira congelação, nos termos do anexo X, ponto 3.

[¹] *O teor aplica-se aos produtos propostos como prontos para consumo ou reconstituídos de acordo com as instruções dos fabricantes.*

ANEXO IV.-

Definição de «altura de X»

[Anexo não reproduzido na presente publicação]

ANEXO V.-
Géneros alimentícios isentos do requisito de declaração nutricional obrigatória

1. Produtos não transformados compostos por um único ingrediente ou categoria de ingredientes;

2. Produtos transformados que apenas foram submetidos a maturação e que são compostos por um único ingrediente ou categoria de ingredientes;

3. Águas destinadas ao consumo humano, incluindo aquelas cujos únicos ingredientes adicionados são dióxido de carbono e/ou aromas;

4. Ervas aromáticas, especiarias ou respectivas misturas;

5. Sal e substitutos do sal;

6. Edulcorantes de mesa;

7. Produtos abrangidos pela Directiva 1999/4/CE do Parlamento Europeu e do Conselho, de 22 de Fevereiro de 1999, relativa aos extractos de café e aos extractos de chicória, grãos de café inteiros ou moídos e grãos de café descafeinados inteiros ou moídos;

8. Infusões de ervas aromáticas e de frutos, chá, chá descafeinado, chá instantâneo ou solúvel, ou extracto de chá, chá instantâneo ou solúvel, ou extracto de chá descafeinados, que não contêm outros ingredientes adicionados a não ser aromas que não alteram o valor nutricional do chá;

9. Vinagres fermentados e substitutos de vinagre, incluindo aqueles cujos únicos ingredientes adicionados sejam aromas;

10. Aromas;

11. Aditivos alimentares;

12. Auxiliares tecnológicos;

13. Enzimas alimentares;

14. Gelatina;

15. Substâncias de gelificação;

16. Leveduras;

17. Pastilhas elásticas;

18. Géneros alimentícios em embalagens ou recipientes cuja superfície maior tenha uma área inferior a 25 cm^2;

19. Géneros alimentícios, incluindo os géneros alimentícios produzidos de forma artesanal, fornecidos directamente pelo produtor em pequenas quantidades de produto ao consumidor final ou ao comércio a retalho local que forneça directamente o consumidor final.

ANEXO VI.-
Denominação do género alimentício e menções que a acompanham

PARTE A — MENÇÕES OBRIGATÓRIAS QUE ACOMPANHAM A DENOMINAÇÃO DO GÉNERO ALIMENTÍCIO

1. A denominação do género alimentício deve incluir ou ser acompanhada da indicação do estado físico em que se encontra o género alimentício ou do tratamento específico a que foi submetido (por exemplo, em pó, recongelado, liofilizado, ultracongelado, concentrado, fumado) quando a omissão desta indicação for susceptível de induzir o comprador em erro.

2. No caso dos géneros alimentícios que são congelados antes da venda e vendidos descongelados, a sua denominação deve ser acompanhada da designação «descongelado».

O presente requisito não se aplica a:

a) Ingredientes presentes no produto final;

b) Géneros alimentícios para os quais a congelação seja uma etapa tecnologicamente necessária do processo de produção;

c) Géneros alimentícios para os quais a descongelação não tenha nenhum impacto negativo sobre a segurança ou qualidade do género alimentício.

O presente ponto deve aplicar-se sem prejuízo do disposto no ponto 1.

3. Os géneros alimentícios tratados com radiação ionizante devem ostentar uma das seguintes indicações:

«Irradiado» ou «Tratado com radiação ionizante», e outras indicações previstas na Directiva 1999/2/CE do Parlamento Europeu e do Conselho, de 22 de Fevereiro de 1999,

543

relativa à aproximação das legislações dos Estados-Membros respeitantes aos alimentos e ingredientes alimentares tratados por radiação ionizante.

4. No caso dos géneros alimentícios em que um componente ou ingrediente que os consumidores esperam que seja normalmente utilizado ou que esteja naturalmente presente tenha sido substituído por outro diferente, a rotulagem – além da lista de ingredientes – deve conter uma indicação clara do componente ou ingrediente utilizado para a substituição total ou parcial:

a) Na proximidade imediata da denominação do produto; e

b) Cujo tamanho dos caracteres tenha uma altura de x pelo menos igual a 75 % da altura de x da denominação do produto e que não seja menor que o tamanho mínimo dos caracteres prescrito no artigo 13.°, n.° 2, do presente regulamento.

5. No caso de produtos à base de carne, preparados de carne e produtos da pesca que contenham proteínas adicionadas como tal, incluindo proteínas hidrolizadas, de diferente origem animal, a denominação do género alimentício deve ostentar uma indicação da presença dessas proteínas e da sua origem.

6. No caso dos produtos à base de carne e dos preparados de carne que tenham a aparência de um corte, quarto, fatia, porção ou carcaça de carne, a denominação do género alimentício deve incluir uma indicação da adição de água, quando esta represente mais de 5 % do peso do produto acabado. Aplicam-se as mesmas regras no caso dos produtos da pesca e dos produtos da pesca transformados que tenham a aparência de um corte, quarto, fatia, porção, filete ou de um produto da pesca inteiro.

7. Os produtos à base de carne, os preparados de carne e os produtos da pesca que possam dar a impressão de serem constituídos por uma peça inteira de carne ou peixe, mas são na verdade formados por peças diferentes combinadas num todo por outros ingredientes, incluindo aditivos alimentares e enzimas alimentares, ou por outros meios, devem conter a seguinte indicação:

Em búlgaro: «формовано месо» e «формована риба»;

Em espanhol: «combinado de piezas de carne» e «combinado de piezas de pescado»;

Em checo: «ze spojovaných kousků masa» e «ze spojovaných kousků rybího masa»;

Em dinamarquês: «Sammensat af stykker af kød» e «Sammensat af stykker af fisk»;

Em alemão: «aus Fleischstücken zusammengefügt» e «aus Fischstücken zusammengefügt»;

Em estónio: «liidetud liha» e «liidetud kala»;

Em grego: «μορφοποιημένο κρέας» e «μορφοποιημένο ψάρι»;

Em inglês: «formed meat» e «formed fish»;

Em francês: «viande reconstituée» e «poisson reconstitué»;

Em irlandês: «píosaí feola ceangailte» e «píosaí éisc ceangailte»;

Em italiano: «carne ricomposta» e «pesce ricomposto»;

Em letão   : «formēta gaļa» e «formēta zivs»;

Em lituano: «sudarytas (-a) iš mėsos gabalų» e «sudarytas (-a) iš žuvies gabalų»;

Em húngaro: «darabokból újraformázott hús» e «darabokból újraformázott hal»;

Em maltês: «laħam rikostitwit» e «ħut rikostitwit»;

Em neerlandês: «samengesteld uit stukjes vlees» e «samengesteld uit stukjes vis»;

Em polaco: «z połączonych kawałków mięsa» e «z połączonych kawałków ryby»;

Em português: «carne reconstituída» e «peixe reconstituído»;

Em romeno: «carne formată» e «carne de pește formată»;

Em eslovaco: «spájané alebo formované mäso» e «spájané alebo formované ryby»;

Em esloveno: «sestavljeno, iz koščkov oblikovano meso» e «sestavljene, iz koščkov oblikovane ribe»;

Em finlandês: «paloista yhdistetty liha» e «paloista yhdistetty kala»;

Em sueco: «sammanfogade bitar av kött» e «sammanfogade bitar av fisk»;

PARTE B — REQUISITOS ESPECÍFICOS RELATIVOS À DESIGNAÇÃO DE «CARNE PICADA»

1. Critérios de composição controlados com base numa média diária:

	Teor de matérias gordas	Relação colagénio/proteína da carne [¹]
— carne picada magra	≤ 7 %	≤ 12 %
— carne pura de bovino, picada	≤ 20 %	≤ 15 %
— carne picada que contém carne de suíno	≤ 30 %	≤ 18 %
— carne picada de outras espécies	≤ 25 %	≤ 15 %

[¹] A relação colagénio/proteína da carne é expressa como a percentagem de colagénio na proteína da carne. O teor de colagénio representa oito vezes o teor de hidroxiprolina.

2. Além dos requisitos previstos no anexo III, capítulo IV, secção V, do Regulamento (CE) n.º 853/2004, devem igualmente constar da rotulagem as seguintes menções:
— «Percentagem de matérias gordas inferior a»,
— «Relação colagénio/proteína da carne inferior a».

3. Os Estados-Membros podem autorizar a comercialização, nos respectivos mercados nacionais, de carne picada que não cumpra os critérios estabelecidos no ponto 1 da presente parte, desde que ostente uma marca nacional que não possa ser confundida com as marcas previstas no artigo 5.º, n.º 1, do Regulamento (CE) n.º 853/2004.

PARTE C — REQUISITOS ESPECÍFICOS RELATIVOS À DESIGNAÇÃO DAS TRIPAS PARA ENCHIDOS

Caso a tripa para enchidos não seja comestível, tal tem de ser indicado.

ANEXO VII.-
Indicação e designação de ingredientes

PARTE A — DISPOSIÇÕES ESPECÍFICAS RELATIVAS À INDICAÇÃO DOS INGREDIENTES POR ORDEM DECRESCENTE DE PESO

Categoria de ingredientes	Disposição relativa à indicação em função do peso
1. Água adicionada e ingredientes voláteis	São enumerados na lista em função do seu peso no produto acabado. A quantidade de água adicionada como ingrediente num género alimentício é determinada subtraindo à quantidade total do produto acabado a quantidade total dos outros ingredientes utilizados. Não é exigido que esta quantidade seja considerada se o seu peso não for superior a 5 % do produto acabado. Esta derrogação não se aplica à carne, aos preparados de carne, produtos da pesca não transformados e aos moluscos bivalves não transformados.
2. Ingredientes utilizados sob forma concentrada ou desidratada e reconstituídos durante o fabrico	Podem ser enumerados em função do seu peso antes da concentração ou da desidratação.
3. Ingredientes utilizados em géneros alimentícios concentrados ou desidratados, destinados a ser reconstituídos por adição de água	Podem ser enumerados em função da sua proporção no produto reconstituído, desde que a lista de ingredientes seja acompanhada por uma indicação tal como «Ingredientes do produto reconstituído» ou «Ingredientes do produto pronto para consumo».

4. Frutos, produtos hortícolas ou cogumelos, nenhum dos quais predomine significativamente em termos de peso e misturados em proporções susceptíveis de variações, utilizados numa mistura como ingredientes de um género alimentício	Podem ser agrupados na lista de ingredientes sob a designação de «Frutos», «Produtos hortícolas» ou «Cogumelos», seguida da menção «Em proporções variáveis», imediatamente seguida da enumeração dos frutos, produtos hortícolas ou cogumelos presentes. Neste caso, a mistura é incluída na lista de ingredientes, nos termos do artigo 18.º, n.º 1, em função do peso total dos frutos, produtos hortícolas ou cogumelos presentes.
5. Misturas de especiarias ou de plantas aromáticas, em que nenhuma predomine significativamente em proporção do peso	Podem ser enumeradas de acordo com uma ordem diferente, desde que a lista de ingredientes seja acompanhada de uma indicação tal como «em proporções variáveis».
6. Ingredientes que representem menos de 2 % do produto acabado	Podem ser enumerados numa ordem diferente, após os outros ingredientes.
7. Ingredientes semelhantes ou substituíveis entre si, susceptíveis de serem utilizados no fabrico ou na preparação de um género alimentício sem alterar a sua composição, natureza ou valor equivalente, e desde que representem menos de 2 % do produto acabado	A sua designação na lista de ingredientes pode ser feita por via da menção «Contém ... e/ou ...» se pelo menos um de dois ingredientes, no máximo, estiver presente no produto acabado. Esta disposição não se aplica aos aditivos alimentares, aos ingredientes enumerados na parte C do presente anexo, nem às substâncias ou produtos enumerados no anexo II que provoquem alergias ou intolerâncias.
8. Óleos refinados de origem vegetal	Podem ser agrupados na lista de ingredientes sob a designação de «Óleos vegetais», imediatamente seguida da enumeração de indicações da origem específica vegetal, e pode ser seguida da menção «Em proporções variáveis». Se forem agrupados, os óleos vegetais são incluídos na lista de ingredientes, nos termos do n.º 1 do artigo 18.º, em função do peso total dos óleos vegetais presentes. O qualificativo «totalmente hidrogenado» ou «parcialmente hidrogenado», conforme adequado, deve acompanhar a menção de óleo hidrogenado.
9. Matérias gordas refinadas de origem vegetal	Podem ser agrupados na lista de ingredientes sob a designação de «Matérias gordas vegetais», imediatamente seguida da enumeração de indicações da origem específica vegetal, e pode ser seguida da menção «Em proporções variáveis». Se forem agrupadas, as matérias gordas vegetais são incluídas na lista de ingredientes, nos termos do artigo 18.º, n.º 1, em função do peso total das matérias gordas vegetais presentes. O qualificativo «totalmente hidrogenado» ou «parcialmente hidrogenado», conforme adequado, deve acompanhar a menção de matérias gordas hidrogenadas.

PARTE B — DESIGNAÇÃO DE DETERMINADOS INGREDIENTES POR INDICAÇÃO DA CATEGORIA E NÃO DO NOME ESPECÍFICO

Sem prejuízo do artigo 21.º, os ingredientes pertencentes a uma das categorias de géneros alimentícios enumerados *infra* e que sejam componentes de outro género alimentício podem ser designados pela denominação dessa categoria e não pela denominação específica.

Definição de categoria de género alimentício	Designação
1. Óleos refinados de origem animal	«Óleo», completada quer pelo qualificativo «animal», quer pela indicação da origem específica animal. O qualificativo «totalmente hidrogenado» ou «parcialmente hidrogenado», conforme adequado, deve acompanhar a menção de óleo hidrogenado.
2. Matérias gordas refinadas de origem animal	«Gordura» ou «Matérias gordas», completada quer pelo qualificativo «animal», quer pela indicação da origem específica animal. O qualificativo «totalmente hidrogenadas» ou «parcialmente hidrogenadas», conforme adequado, deve acompanhar a menção de matérias gordas hidrogenadas.
3. Misturas de farinhas provenientes de duas ou várias espécies de cereais	«Farinha» seguida da enumeração das espécies de cereais de onde provém, por ordem decrescente de peso
4. Amidos e féculas naturais e amidos e féculas modificados por processos físicos ou por enzimas	«Amido»
5. Qualquer espécie de peixe quando constitua um ingrediente de outro género alimentício e desde que a denominação e apresentação desse género alimentício não se refira a uma espécie definida de peixe	«Peixe»
6. Qualquer espécie de queijo quando o queijo ou mistura de queijos constitua um ingrediente de outro género alimentício e desde que a denominação e apresentação desse género alimentício não se refira a um tipo específico de queijo	«Queijo»
7. Todas as especiarias que não excedam 2 %, em peso, do género alimentício	«Especiaria(s)» ou «mistura de especiarias»
8. Todas as plantas aromáticas ou partes de plantas aromáticas que não excedam 2 %, em peso, do género alimentício	«Planta(s) aromática(s)» ou «mistura(s) de plantas aromáticas»
9. Todas as preparações de goma utilizadas no fabrico de goma-base para as pastilhas elásticas	«Goma-base»
10. Pão ralado de qualquer origem	«Pão ralado»
11. Todas as categorias de sacarose	«Açúcar»
12. Dextrose anidra ou mono-hidratada	«Dextrose»
13. Xarope de glucose e xarope de glucose desidratado	«Xarope de glucose»
14. Todas as proteínas lácteas (caseínas, caseinatos e proteínas de soro de leite e de lactossoro) e suas misturas	«Proteínas do leite»
15. Manteiga de cacau de pressão, de extrusão ou refinada	«Manteiga de cacau»
16. Todos os tipos de vinho abrangidos pelo Anexo XI	«Vinho»

B do Regulamento (CE) n.º 1234/2007

17. Os músculos esqueléticos [¹] das espécies de mamíferos e de aves reconhecidas como próprias para consumo humano com os tecidos que estão naturalmente incluídos ou aderentes, em relação aos quais os teores totais de matérias gordas e tecido conjuntivo não excedam os valores seguidamente indicados e sempre que a carne constitua um ingrediente de outro género alimentício. Limites máximos em matérias gordas e em tecido conjuntivo para os ingredientes designados pelo termo «Carne(s) de …»	«Carne(s) de …» e os nomes [²] das espécies animais de que são provenientes.

Espécie	Teor de matérias gordas	Colagénio/relaçã o carne/proteínas [*]
— Mamíferos (excepto coelhos e suínos) e mistura de espécies com predominância de mamíferos	25 %	25 %
— Suínos	30 %	25 %
— Aves e coelhos	15 %	10 %

[*] A relação colagénio/proteína da carne é expressa como a percentagem de colagénio na proteína da carne. O teor de colagénio representa oito vezes o teor de hidroxiprolina.

Quando os limites máximos em matérias gordas e/ou em tecido conjuntivo forem ultrapassados, mas forem respeitados todos os demais critérios da «Carne(s) de …», o teor de «Carne(s) de …» deve ser ajustado, diminuindo-o em conformidade, e a lista de ingredientes deve mencionar, para além dos termos «Carne(s) de …», a presença de matérias gordas e/ou de tecido conjuntivo.
São excluídos da presente definição os produtos abrangidos pela definição de «Carnes separadas mecanicamente».

18. Todos os tipos de produtos abrangidos pela definição de «Carnes separadas mecanicamente».	«Carnes separadas mecanicamente» e o(s) nome(s) [²] das espécies animais de que são provenientes

[1] O diafragma e os masséteres fazem parte dos músculos esqueléticos, ao passo que o coração, a língua, os músculos da cabeça (à excepção dos masséteres), os músculos do carpo, do tarso e da cauda são excluídos dessa definição.
[2] Para a rotulagem em língua inglesa, esta denominação pode ser substituída pelo nome genérico do ingrediente para a espécie animal referida.

PARTE C — DESIGNAÇÃO DE CERTOS INGREDIENTES POR DENOMINAÇÃO DA RESPECTIVA CATEGORIA SEGUIDA DA SUA DENOMINAÇÃO ESPECÍFICA OU NÚMERO E

Sem prejuízo do artigo 21.º, os aditivos alimentares e as enzimas alimentares, que não os especificados no artigo 20.º, alínea b), pertencentes a uma das categorias enumeradas na presente parte, são obrigatoriamente designados pela denominação dessa categoria, seguida da sua denominação específica ou, se for o caso, do seu número E. Se um ingrediente pertencer a várias categorias, é indicada a que corresponde à sua função principal no caso do género alimentício em questão.

Acidificante	Agente espumante
Regulador de acidez	Gelificante
Antiaglomerante	Agente de revestimento
Antiespuma	Humidificante
Antioxidante	Amido modificado [2]
Agente de volume	Conservante
Corante	Gás propulsor
Emulsionante	Levedante
Sais de fusão [1]	Sequestrante
Agente de endurecimento	Estabilizador
Intensificador de sabor	Edulcorante
Agente de tratamento da farinha	Espessante

[1] Unicamente no caso dos queijos fundidos e dos produtos à base de queijo fundido.
[2] Não é exigida a indicação do nome específico ou do número E.

PARTE D — DESIGNAÇÃO DOS AROMAS NA LISTA DE INGREDIENTES

1. Os aromas são designados:
— quer pelo termo «Aroma(s)» quer por uma denominação mais específica ou por uma descrição do aroma, se o componente aromatizante contiver aromas tal como definidos no artigo 3.º, n.º 2, alíneas b), c), d), e), f), g) e h), do Regulamento (CE) n.º 1334/2008;
— quer pelo termo aroma(s) de fumo, ou aroma(s) de fumo produzido(s) a partir de alimento(s) ou categoria alimentar ou fonte(s) (por exemplo, aroma de fumo produzido a partir de faia), se o componente aromatizante contiver aromas tal como definidos no artigo 3.º, n.º 2, alínea f), do Regulamento (CE) n.º 1334/2008 e conferir aos géneros alimentícios um aroma a fumado.
2. O termo «natural» é utilizado para descrever um aroma na acepção do artigo 16.º do Regulamento (CE) n.º 1334/2008.
3. O quinino e/ou a cafeína utilizados como aromas na produção ou preparação de um género alimentício devem ser mencionados pela sua denominação na lista de ingredientes imediatamente depois da menção «Aroma(s)».

PARTE E — DESIGNAÇÃO DE INGREDIENTES COMPOSTOS

1. Um ingrediente composto pode figurar na lista de ingredientes sob a sua denominação, quando esta estiver prevista pela regulamentação ou consagrada pelo uso, em função do seu peso global, e pode ser imediatamente seguida da enumeração dos seus próprios ingredientes.
2. Sem prejuízo do artigo 21.º, a lista de ingredientes para os ingredientes compostos não é obrigatória:
a) Se a composição do ingrediente composto estiver definida nas disposições em vigor da União e desde que o ingrediente composto represente menos de 2 % do produto acabado; no entanto, esta disposição não se aplica a aditivos alimentares, sem prejuízo do disposto no artigo 20.º, alíneas a) a d);
b) Para os ingredientes compostos constituídos por misturas de especiarias e/ou de plantas aromáticas que representem menos de 2 % do produto acabado, com excepção dos aditivos alimentares, sob reserva do disposto no artigo 20.º, alíneas a) a d); ou
c) Se o ingrediente composto for um género alimentício para o qual as disposições da União não exijam uma lista de ingredientes.

ANEXO VIII.-
Indicação quantitativa de ingredientes

[Anexo não reproduzido na presente publicação]

ANEXO IX.-
Declaração de quantidade líquida

[Anexo não reproduzido na presente publicação]

ANEXO X.-

Data de durabilidade mínima, data-limite de consumo e data de congelação

[Anexo não reproduzido na presente publicação]

ANEXO XI.-

Tipos de carne para os quais é obrigatória a indicação do país de origem ou do local de proveniência

Códigos NC (Nomenclatura combinada 2010)	Descrição
0203	Carnes de animais da espécie suína, frescas, refrigeradas ou congeladas
0204	Carnes de animais das espécies ovina ou caprina, frescas, refrigeradas ou congeladas
Ex02 07	Carnes frescas, refrigeradas ou congeladas, das aves da posição 0105

ANEXO XII.-

Título alcoométrico

O título alcoométrico volúmico adquirido das bebidas com um título alcoométrico volúmico superior a 1,2 % deve ser indicado por um número que contenha, no máximo, uma casa decimal. Deve ser seguido do símbolo «% vol.» e pode ser antecedido do termo «álcool» ou da abreviatura «alc».

O título alcoométrico é determinado a 20. °C.

As tolerâncias negativas e positivas permitidas relativamente à indicação do título alcoométrico volúmico e expressas em valores absolutos são enumeradas conforme o quadro seguinte. Estas tolerâncias aplicam-se sem prejuízo das tolerâncias resultantes do método de análise utilizado para a determinação do título alcoométrico.

Descrição das bebidas	Tolerância positiva ou negativa
1. Cervejas abrangidas pelo código NC 2203 00 com título alcoométrico não superior a 5,5 % vol.; bebidas não espumantes nem espumosas abrangidas pelo código NC 2206 00 obtidas de uvas;	0,5 % vol.
2. Cervejas de teor alcoólico superior a 5,5 %; bebidas espumantes abrangidas pelo código NC 2206 00 obtidas de uvas, cidras, peradas, vinhos de frutos e outras bebidas fermentadas semelhantes, obtidos a partir de frutos que não sejam uvas, eventualmente frisantes ou espumantes; hidromel;	1 % vol.
3. Bebidas contendo frutas ou partes de plantas em maceração;	1,5 % vol.
4. Quaisquer outras bebidas com um título alcoométrico volúmico superior a 1,2 %.	0,3 % vol.

ANEXO XIII.-
DOSES DE REFERÊNCIA

[Anexo não reproduzido na presente publicação]

ANEXO XIV.-
FACTORES DE CONVERSÃO

[Anexo não reproduzido na presente publicação]

ANEXO XV.-
EXPRESSÃO E APRESENTAÇÃO DA DECLARAÇÃO NUTRICIONAL

[Anexo não reproduzido na presente publicação]

30 de julho de 2014.- Regulamento de execução (UE) n.° 828/2014

da Comissão

relativo aos requisitos de prestação de informações aos consumidores sobre a ausência ou a presença reduzida de glúten nos géneros alimentícios

(J.O. L 228 de 31/07/2014)

[É aplicável a partir de 20 de julho de 2016]

A COMISSÃO EUROPEIA,

Tendo em conta o Tratado sobre o Funcionamento da União Europeia,

Tendo em conta o Regulamento (UE) n.° 1169/2011 do Parlamento Europeu e do Conselho, de 25 de outubro de 2011, relativo à prestação de informação aos consumidores sobre os géneros alimentícios, nomeadamente o artigo 36.°, n.° 3, alínea d),

Considerando o seguinte:

(1) As pessoas que padecem de doença celíaca sofrem de uma intolerância permanente ao glúten. O trigo (ou seja, todas as espécies *Triticum*, como trigo duro, espelta e trigo *khorasan*), o centeio e a cevada foram identificados como cereais cientificamente registados como contendo glúten. O glúten presente nesses cereais pode prejudicar a saúde das pessoas com intolerância ao glúten, as quais, por conseguinte, os devem evitar.

(2) A informação sobre a ausência ou a presença reduzida de glúten nos géneros alimentícios deverá ajudar as pessoas com intolerância ao glúten a identificar e a escolher um regime alimentar variado quando consomem alimentos dentro ou fora do seu domicílio.

(3) O Regulamento (CE) n.° 41/2009 da Comissão estabelece normas harmonizadas sobre a informação prestada aos consumidores sobre a ausência («isento de glúten») ou a presença reduzida de glúten («teor muito baixo de glúten») nos alimentos. As disposições do referido regulamento baseiam-se em dados científicos e garantem que os consumidores não são induzidos em erro ou confundidos por informações de caráter divergente sobre a ausência ou a presença reduzida de glúten nos géneros alimentícios.

(4) No contexto da revisão da legislação relativa aos géneros alimentícios destinados a uma alimentação especial, o Regulamento (UE) n.° 609/2013 do Parlamento Europeu e do Conselho revoga o Regulamento (CE) n.° 41/2009 a partir de 20 de julho de 2016. Deve garantir-se que, após essa data, a prestação de informações sobre a ausência ou a presença reduzida de glúten nos géneros alimentícios continua a basear-se em dados científicos pertinentes e que essas informações não assentam em bases divergentes, sendo suscetíveis de induzir em erro ou confundir os consumidores, em conformidade com as exigências estabelecidas no artigo 36.°, n.° 2, do Regulamento (UE) n.° 1169/2011. Por conseguinte, é necessário que sejam mantidas, na União, condições uniformes para a aplicação destes requisitos à prestação de informações pelos operadores de empresas do setor alimentar sobre a ausência ou a presença reduzida de glúten nos géneros alimentícios, e tais condições devem fundamentar-se no Regulamento (CE) n.° 41/2009.

(5) Determinados géneros alimentícios foram especialmente produzidos, preparados e/ou transformados por forma a reduzir o teor de glúten de um ou mais dos seus ingredientes que contêm glúten ou para substituir os seus ingredientes que contêm glúten por outros ingredientes naturalmente isentos de glúten. Outros géneros alimentícios são constituídos exclusivamente de ingredientes que estão naturalmente isentos de glúten.

(6) A remoção do glúten dos cereais que o contêm apresenta dificuldades técnicas consideráveis e condicionalismos económicos, sendo difícil, por conseguinte, produzir alimentos totalmente isentos de glúten quando se utilizam esses cereais. Assim sendo, muitos géneros alimentícios existentes no mercado, que foram especialmente transformados para reduzir o teor de glúten de um ou mais dos seus ingredientes que contêm glúten, podem conter pequenas quantidades residuais de glúten.

(7) A maioria das pessoas com intolerância ao glúten pode incluir a aveia no seu regime alimentar sem que tal implique efeitos adversos na sua saúde. Esta é uma questão que está a ser estudada e investigada pela comunidade científica. No entanto, a contaminação da aveia com trigo, centeio ou cevada que pode ocorrer durante a colheita, o transporte, a armazenagem e a transformação dos cereais suscita uma grande

preocupação. Por conseguinte, o risco de contaminação com glúten dos produtos que contêm aveia deve ser tomado em consideração no que se refere à prestação de informações sobre esses produtos alimentares pelos operadores de empresas do setor alimentar.

(8) Algumas pessoas com intolerância ao glúten podem tolerar pequenas quantidades variáveis de glúten dentro de certos limites. De modo a que as pessoas possam encontrar no mercado uma variedade de géneros alimentícios adequados às suas necessidades e ao seu nível de sensibilidade, deve haver disponibilidade de produtos com diferentes teores baixos de glúten dentro desses limites. É importante, no entanto, que os vários produtos sejam rotulados adequadamente, a fim de assegurar a sua utilização correta por pessoas com intolerância ao glúten, com o apoio de campanhas informativas incentivadas pelos Estados-Membros.

(9) Deve ser possível que um género alimentício especialmente produzido, preparado e/ou transformado para reduzir o teor de glúten de um ou mais dos seus ingredientes que contêm glúten ou para substituir os ingredientes que contêm glúten por outros ingredientes naturalmente isentos de glúten ostente uma menção indicando quer a ausência («isento de glúten») quer a presença reduzida de glúten («teor muito baixo de glúten»), em conformidade com as disposições estabelecidas no presente regulamento. Deve ser igualmente possível que esse género alimentício ostente uma menção que informe os consumidores de que foi especificamente formulado para pessoas com intolerância ao glúten.

(10) Deve ainda ser possível que um alimento que contém ingredientes naturalmente isentos de glúten ostente uma menção que indique a ausência de glúten, em conformidade com as disposições do presente regulamento, desde que sejam cumpridas as condições gerais relativas às práticas leais de informação estabelecidas pelo Regulamento (UE) n.º 1169/2011. Em especial, as informações relativas aos alimentos não devem induzir em erro, sugerindo que determinado género alimentício possui características especiais quando, de facto, todos os géneros alimentícios similares possuem tais características.

(11) A Diretiva 2006/141/CE da Comissão proíbe a utilização de ingredientes que contêm glúten no fabrico das fórmulas para lactentes e das fórmulas de transição. Por conseguinte, ao prestar informações sobre esses produtos, deve ser proibida a utilização das menções «teor muito baixo de glúten» ou «isento de glúten», dado que, nos termos do presente regulamento, essas menções são utilizadas para indicar teores de glúten não superiores a 100 mg/kg e a 20 mg/kg, respetivamente.

(12) A norma do *Codex Alimentarius* para os alimentos destinados à alimentação especial de pessoas com intolerância ao glúten deve ser tida em devida conta para efeitos do presente regulamento.

(13) As medidas previstas no presente regulamento estão em conformidade com o parecer do Comité Permanente da Cadeia Alimentar e da Saúde Animal,

ADOTOU O PRESENTE REGULAMENTO:

Artigo 1.º *Objeto e âmbito de aplicação*
O presente regulamento é aplicável à prestação de informações aos consumidores sobre a ausência ou a presença reduzida de glúten nos alimentos.

Artigo 2.º *Definições*
Para efeitos do presente regulamento, entende-se por:
a) «Glúten», uma fração proteica de trigo, centeio, cevada, aveia ou suas variedades cruzadas e derivados destes cereais, a que algumas pessoas são intolerantes e que é insolúvel quer em água quer numa solução de cloreto de sódio a 0,5 M;
b) «Trigo», qualquer espécie *Triticum*.

Artigo 3.º *Informações prestadas aos consumidores*
1. Quando são utilizadas menções para prestar informações aos consumidores sobre a ausência ou a presença reduzida de glúten nos géneros alimentícios, essas informações devem ser transmitidas apenas através das menções e em conformidade com as condições estabelecidas no anexo.
2. As informações sobre os géneros alimentícios referidas no n.º 1 podem ser acompanhadas das menções: «adequado a pessoas com intolerância ao glúten» ou «adequado a pessoas com doença celíaca».
3. As informações sobre os géneros alimentícios referidas no n.º 1 podem ser acompanhadas das menções: «especialmente formulado para pessoas com intolerância

ao glúten» ou «especialmente formulado para pessoas com doença celíaca», se o alimento em causa for especialmente produzido, preparado e/ou transformado para:

a) Reduzir o teor de glúten de um ou mais ingredientes que contêm glúten; ou

b) Substituir os ingredientes que contêm glúten por outros ingredientes naturalmente isentos de glúten.

Artigo 4.º *Fórmulas para lactentes e fórmulas de transição*

A prestação de informações sobre os géneros alimentícios no que se refere à ausência ou à presença reduzida de glúten nas fórmulas para lactentes e nas fórmulas de transição, conforme definidas na Diretiva 2006/141/CE, deve ser proibida.

Artigo 5.º *Entrada em vigor e aplicação*

O presente regulamento entra em vigor no vigésimo dia seguinte ao da sua publicação no Jornal Oficial da União Europeia.

É aplicável a partir de 20 de julho de 2016.

O presente regulamento é obrigatório em todos os seus elementos e diretamente aplicável em todos os Estados-Membros.

ANEXO.-

Menções autorizadas sobre a ausência ou a presença reduzida de glúten nos géneros alimentícios e condições aplicáveis a essas menções

A. Requisitos gerais

ISENTO DE GLÚTEN

A menção «isento de glúten» só pode ser utilizada se os géneros alimentícios, tal como vendidos ao consumidor final, não contiverem mais de 20 mg/kg de glúten.

TEOR MUITO BAIXO DE GLÚTEN

A menção «teor muito baixo de glúten» só pode ser utilizada se os géneros alimentícios que são constituídos por ou contêm um ou mais ingredientes provenientes do trigo, do centeio, da cevada, da aveia ou das suas variedades cruzadas e que foram especialmente transformados para reduzir o teor de glúten não contiverem, tal como vendidos ao consumidor final, mais de 100 mg/kg de glúten.

B. Requisitos adicionais para os géneros alimentícios que contêm aveia

A aveia contida nos géneros alimentícios apresentados como isentos de glúten ou com um teor muito baixo de glúten tem de ser especialmente produzida, preparada e/ou transformada de modo a evitar a contaminação com trigo, centeio, cevada ou as suas variedades cruzadas, e o teor de glúten dessa aveia não pode ser superior a 20 mg/kg.

Seleção de documentos não reproduzidos

Directiva nº 2003/40/CE da Comissão, de 16 de Maio de 2003, que estabelece a lista, os limites de concentração e as menções constantes do rótulo para os constituintes das águas minerais naturais, bem como as condições de utilização de ar enriquecido em ozono para o tratamento das águas minerais naturais e das águas de nascente.

Regulamento (CE) nº 1830/2003 do Parlamento Europeu e do Conselho, de 22 de Setembro de 2003, relativo à rastreabilidade e rotulagem de organismos geneticamente modificados e à rastreabilidade dos géneros alimentícios e alimentos para animais produzidos a partir de organismos geneticamente modificados e que altera a Directiva 2001/18/CE [V.C. 11/12/2008] [Reproduzido aquí -Capítulo 3-]

Regulamento (CE) nº 608/2004 da Comissão, de 31 de Março de 2004, relativo à rotulagem de alimentos e ingredientes alimentares aos quais foram adicionados fitoesteróis, ésteres de fitoesterol, fitoestanóis e/ou ésteres de fitoestanol [V.C. 15/08/2013].

Regulamento (CE) nº 834/2007 do Conselho de 28 de Junho de 2007 relativo à produção biológica e à rotulagem dos produtos biológicos e que revoga o Regulamento (CEE) nº 2092/91 [V.C. 01/07/2013] [Reproduzido aquí -Capítulo 5-].

Regulamento (CE) nº 1272/2008 do Parlamento Europeu e do Conselho, de 16 de Dezembro de 2008, relativo à classificação, rotulagem e embalagem de substâncias e misturas, que altera e revoga as Directivas nº 67/548/CEE e nº 1999/45/CE, e altera o Regulamento (CE) nº 1907/2006 [V.C. 01/12/2013].

Regulamento (UE) nº 1266/2010 da Comissão, de 22 de Dezembro de 2010, que altera a Directiva nº 2007/68/CE no que diz respeito aos requisitos de rotulagem dos vinhos.

Capítulo 5.- Signos de Qualidade

28 de Junho de 2007.- Regulamento (CE) n.° 834/2007
do Conselho
relativo à produção biológica e à rotulagem dos produtos biológicos
e que revoga o Regulamento (CEE) n.° 2092/91
(J.O. L 189 de 20/07/2007)

(V.C. 01/07/2013)

O CONSELHO DA UNIÃO EUROPEIA,
Tendo em conta o Tratado que institui a Comunidade Europeia, nomeadamente o artigo 37.°,
Tendo em conta a proposta da Comissão,
Tendo em conta o parecer do Parlamento Europeu,
Considerando o seguinte:
(1) A produção biológica é um sistema global de gestão das explorações agrícolas e de produção de géneros alimentícios que combina as melhores práticas ambientais, um elevado nível de biodiversidade, a preservação dos recursos naturais, a aplicação de normas exigentes em matéria de bem-estar dos animais e método de produção em sintonia com a preferência de certos consumidores por produtos obtidos utilizando substâncias e processos naturais. O método de produção biológica desempenha, assim, um duplo papel societal, visto que, por um lado, abastece um mercado específico que responde à procura de produtos biológicos por parte dos consumidores e, por outro, fornece bens públicos que contribuem para a protecção do ambiente e o bem-estar dos animais, bem como para o desenvolvimento rural.
(2) A parte de mercado do sector agrícola biológico está a aumentar na maior parte dos Estados-Membros. O crescimento da procura por parte dos consumidores nos últimos anos é particularmente notável. As recentes reformas da política agrícola comum, com a ênfase posta na orientação para o mercado e no fornecimento de produtos de qualidade que satisfaçam as expectativas dos consumidores, deverão estimular ainda mais o mercado dos produtos biológicos. Neste contexto, a legislação relativa à produção biológica desempenha um papel cada vez mais importante no quadro da política agrícola e está estreitamente ligada à evolução dos mercados agrícolas.
(3) O quadro jurídico comunitário que rege o sector da produção biológica deverá perseguir o objectivo de garantir uma concorrência leal e o funcionamento adequado do mercado interno dos produtos biológicos, bem como o de manter e justificar a confiança dos consumidores nos produtos rotulados como tal. Além disso, deverá procurar criar condições em que esse sector se possa desenvolver em sintonia com a evolução da produção e do mercado.
(4) A Comunicação da Comissão ao Conselho e ao Parlamento Europeu sobre um Plano de acção europeu para os alimentos e a agricultura biológicos propõe a melhoria e o reforço das normas comunitárias relativas à agricultura biológica e dos requisitos de controlo e de importação. Nas suas Conclusões de 18 de Outubro de 2004, o Conselho convidou a Comissão a, num intuito de simplificação e de coerência global, reexaminar a legislação comunitária aplicável neste domínio com vista à definição de princípios básicos que incentivem a harmonização das normas e, sempre que possível, reduzam o nível de pormenor.
(5) Por conseguinte, é conveniente definir mais explicitamente os objectivos, princípios e regras aplicáveis à produção biológica, a fim de aumentar a transparência e a confiança dos consumidores e contribuir para uma percepção harmonizada do conceito de produção biológica.
(6) Para tal, o Regulamento (CEE) n.° 2092/91 do Conselho, de 24 de Junho de 1991, relativo ao modo de produção biológico de produtos agrícolas e à sua indicação nos produtos agrícolas e nos géneros alimentícios, deverá ser revogado e substituído por um novo regulamento.
(7) Há que estabelecer um quadro comunitário geral de regras de produção biológica aplicáveis à produção vegetal e animal e à aquicultura, que inclua regras aplicáveis à colheita de plantas selvagens e de algas marinhas, regras em matéria de conversão, assim como regras aplicáveis à produção de alimentos para animais e géneros alimentícios transformados, incluindo vinho, e de leveduras biológicas. A Comissão

deverá autorizar a utilização de produtos e substâncias e decidir dos métodos a utilizar na agricultura biológica e na transformação de géneros alimentícios biológicos.

(8) Há que facilitar o desenvolvimento da produção biológica, designadamente através do incentivo à utilização de novas técnicas e de substâncias mais bem adaptadas à produção biológica.

(9) Os organismos geneticamente modificados (OGM) e os produtos obtidos a partir de OGM ou mediante OGM são incompatíveis com o conceito de produção biológica e com a percepção que os consumidores têm dos produtos biológicos. Em consequência, não deverão ser utilizados na agricultura biológica nem na transformação de produtos biológicos.

(10) O objectivo é o de que a presença de OGM nos produtos biológicos seja tão reduzida quanto possível. Os limiares de rotulagem existentes representam limites máximos exclusivamente ligados à presença acidental e tecnicamente inevitável de OGM.

(11) A agricultura biológica deverá utilizar sobretudo recursos renováveis dentro de sistemas agrícolas organizados à escala local. Com vista a minimizar a utilização de recursos não renováveis, os desperdícios e subprodutos de origem vegetal e animal deverão ser reciclados, a fim de restituir os nutrientes à terra.

(12) A produção vegetal biológica deverá contribuir para manter e aumentar a fertilidade dos solos e impedir a sua erosão. De preferência, os vegetais deverão ser alimentados pelos ecossistemas dos solos e não por fertilizantes solúveis espalhados nas terras.

(13) Os elementos essenciais do sistema de gestão da produção vegetal biológica são a gestão da fertilidade dos solos, a escolha das espécies e variedades, a rotação plurianual das culturas, a reciclagem das matérias orgânicas e as técnicas de cultivo. Os fertilizantes, os correctivos do solo e os produtos fitofarmacêuticos só deverão ser utilizados se forem compatíveis com os objectivos e princípios da produção biológica.

(14) A produção animal é um elemento fundamental da organização da produção agrícola nas explorações biológicas, na medida em que fornece as matérias orgânicas e os nutrientes necessários às terras cultivadas, contribuindo assim para a melhoria dos solos e o desenvolvimento da agricultura sustentável.

(15) Para evitar a poluição ambiental, nomeadamente a poluição dos recursos naturais como os solos e a água, a produção biológica de animais deverá, em princípio, assegurar uma relação estreita entre essa produção e as terras agrícolas, sistemas adequados de rotação plurianual e a alimentação dos animais com produtos vegetais resultantes da agricultura biológica e obtidos na própria exploração ou em explorações biológicas vizinhas.

(16) Uma vez que a criação biológica de animais é uma actividade ligada aos solos, os animais deverão ter acesso, sempre que possível, a espaços ao ar livre ou a pastagens.

(17) É necessário que a criação biológica de animais respeite normas exigentes em matéria de bem-estar dos mesmos, atendendo às necessidades comportamentais próprias de cada espécie, e que a gestão da saúde animal se baseie na prevenção das doenças. Nesta matéria, deverá ser dada especial atenção às condições de alojamento, às práticas de criação e ao encabeçamento. Além disso, a escolha das raças deverá ter em conta a sua capacidade de adaptação às condições locais. As normas de execução para a produção animal e a aquicultura deverão estar, pelo menos, em conformidade com as disposições da Convenção Europeia relativa à Protecção dos Animais nos Locais de Criação e recomendações subsequentes do seu comité permanente (T-AP).

(18) É conveniente que o sistema de produção animal biológica tenha por objectivo completar os ciclos de produção das diferentes espécies animais com animais criados de acordo com métodos biológicos. Por conseguinte, esse sistema deverá favorecer o enriquecimento do capital genético dos animais de criação biológica, melhorar a auto-suficiência e assegurar assim o desenvolvimento do sector.

(19) Os produtos biológicos transformados deverão ser obtidos através de métodos de transformação que garantam a manutenção da integridade biológica e das qualidades essenciais dos produtos em todos os estádios da cadeia de produção.

(20) Os géneros alimentícios transformados só deverão ser rotulados como biológicos se todos ou quase todos os ingredientes de origem agrícola forem biológicos. Todavia, deverão ser previstas disposições especiais de rotulagem para os géneros alimentícios transformados que incluam ingredientes agrícolas que não possam ser obtidos biologicamente, como os produtos da caça e da pesca. Além disso, para efeitos de informação dos consumidores, para a transparência do mercado e para estimular a

utilização de ingredientes biológicos, deverá também ser possível, sob determinadas condições, fazer referência à produção biológica na lista dos ingredientes.

(21) Quanto à aplicação das regras de produção, é conveniente prever a flexibilidade necessária para que as normas e requisitos em matéria de produção biológica possam ser adaptados às condições climáticas e geográficas locais, às práticas específicas de criação e aos estádios de desenvolvimento. Tal deverá permitir a aplicação de regras excepcionais, mas unicamente dentro dos limites de condições específicas estabelecidas na legislação comunitária.

(22) É importante preservar a confiança dos consumidores nos produtos biológicos. As derrogações dos requisitos aplicáveis à produção biológica deverão, por conseguinte, ser estritamente limitadas a casos em que a aplicação de regras excepcionais seja considerada justificada.

(23) Por razões de protecção dos consumidores e de concorrência leal, os termos utilizados para indicar os produtos biológicos deverão ser protegidos contra a sua utilização em produtos não biológicos, em toda a Comunidade e independentemente da língua utilizada. É conveniente que essa protecção seja igualmente aplicável aos derivados ou abreviaturas habituais desses termos, utilizados isoladamente ou combinados.

(24) Num intuito de clareza para os consumidores em todo o mercado comunitário, é conveniente tornar obrigatório o logotipo da União Europeia no que diz respeito a todos os géneros alimentícios biológicos pré-embalados produzidos na Comunidade. Por outro lado, deverá ser possível utilizar o logotipo da União Europeia numa base voluntária no caso de produtos biológicos não pré-embalados obtidos na Comunidade ou de produtos biológicos importados de países terceiros.

(25) Todavia, é conveniente limitar a utilização do logotipo da União Europeia aos produtos que contenham exclusivamente ou quase exclusivamente ingredientes biológicos, a fim de não induzir os consumidores em erro quanto ao carácter biológico da totalidade do produto. Por conseguinte, não deverá ser permitido utilizar esse logotipo na rotulagem de produtos provenientes de explorações em conversão ou de géneros alimentícios transformados de que menos de 95 % dos ingredientes de origem agrícola sejam biológicos.

(26) O logotipo da União Europeia não deverá nunca impedir a utilização simultânea de logotipos nacionais ou privados.

(27) Além disso, a fim de evitar práticas enganosas ou qualquer possível confusão para os consumidores sobre a origem comunitária ou não comunitária do produto, sempre que se utilize o logotipo da União Europeia, os consumidores deverão ser informados do lugar onde foram produzidas as matérias-primas agrícolas de que é composto o produto.

(28) As regras comunitárias deverão promover um conceito harmonizado de produção biológica. As autoridades competentes, assim como as autoridades e os organismos de controlo, deverão abster-se de qualquer actuação que possa criar obstáculos à livre circulação de produtos conformes que tenham sido certificados por uma autoridade ou um organismo situado noutro Estado-Membro, não devendo, em especial, impor quaisquer controlos adicionais nem encargos financeiros.

(29) Por uma questão de coerência com a legislação comunitária noutros domínios, no caso da produção vegetal e animal, os Estados-Membros deverão poder aplicar nos seus próprios territórios regras de produção nacionais mais rigorosas do que as regras comunitárias aplicáveis à produção biológica, desde que essas regras nacionais se apliquem também à produção não biológica e estejam em conformidade com o direito comunitário.

(30) A utilização de OGM é proibida na produção biológica. Por razões de clareza e coerência, não deverá ser possível rotular um produto como biológico quando tenha de constar do rótulo que contém OGM, é constituído por OGM ou foi obtido a partir de OGM.

(31) A fim de assegurar que os produtos biológicos sejam produzidos em conformidade com os requisitos estabelecidos no quadro jurídico comunitário para a produção biológica, as actividades dos operadores em todas as fases da produção, preparação e distribuição de produtos biológicos deverão ser sujeitas a um sistema de controlo criado e gerido em conformidade com as regras estabelecidas no Regulamento (CE) n.º 882/2004 do Parlamento Europeu e do Conselho, de 29 de Abril de 2004, relativo aos controlos oficiais realizados para assegurar a verificação do cumprimento da legislação relativa aos alimentos para animais e aos géneros alimentícios e das normas relativas à saúde e ao bem-estar dos animais.

(32) Em certos casos, poderá parecer desproporcionado aplicar requisitos de notificação e de controlo a certos tipos de retalhistas, como os que vendem produtos directamente ao consumidor ou ao utilizador final. Por conseguinte, é conveniente permitir que os Estados-Membros isentem esses operadores de tais requisitos. Todavia, a fim de evitar as fraudes, é necessário excluir dessa isenção os retalhistas que produzam, preparem ou armazenem produtos fora do ponto de venda, ou que importem produtos biológicos ou ainda que tenham subcontratado a terceiros essas actividades.

(33) Os produtos biológicos importados para a Comunidade Europeia deverão poder ser colocados no mercado comunitário como biológicos, sempre que tenham sido obtidos em conformidade com regras de produção e sujeitos a disposições de controlo conformes ou equivalentes às previstas na legislação comunitária. Além disso, os produtos importados sob um sistema equivalente deverão ser cobertos por um certificado emitido pela autoridade competente ou por uma autoridade ou um organismo de controlo reconhecido do país terceiro em causa.

(34) A avaliação da equivalência no que respeita aos produtos importados deverá ter em conta as normas internacionais estabelecidas pelo *Codex Alimentarius*.

(35) É considerado adequado manter a lista dos países terceiros reconhecidos pela Comissão como aplicando normas de produção e disposições de controlo equivalentes às previstas na legislação comunitária. Quanto aos países terceiros não incluídos nessa lista, a Comissão deverá estabelecer uma lista das autoridades e organismos de controlo reconhecidos como competentes para assegurar os controlos e a certificação nos países em questão.

(36) É conveniente recolher informações estatísticas pertinentes com vista a obter dados fiáveis necessários para a execução e o acompanhamento do disposto no presente regulamento e para o fornecimento de um instrumento aos produtores, operadores do mercado e decisores políticos. As informações estatísticas necessárias deverão ser definidas no contexto do Programa Estatístico Comunitário.

(37) O presente regulamento deverá ser aplicável a partir de uma data que dê à Comissão tempo suficiente para adoptar as medidas necessárias à sua execução.

(38) As medidas necessárias à execução do presente regulamento deverão ser aprovadas nos termos da Decisão 1999/468/CE do Conselho, de 28 de Junho de 1999, que fixa as regras de exercício das competências de execução atribuídas à Comissão.

(39) Tendo em conta a evolução dinâmica do sector biológico, determinadas questões altamente sensíveis ligadas ao método de produção biológica e a necessidade de assegurar o bom funcionamento do mercado interno e do sistema de controlo, é conveniente prever um futuro reexame das regras comunitárias em matéria de agricultura biológica à luz da experiência adquirida com a aplicação dessas regras.

(40) Enquanto se aguarda a aprovação de normas de execução referentes à produção de determinadas espécies animais, plantas aquáticas e microalgas, os Estados-Membros deverão ter a possibilidade de prever a aplicação de regras nacionais ou, na ausência destas, de normas privadas por eles aceites ou reconhecidas,

ADOPTOU O PRESENTE REGULAMENTO:

TÍTULO I.- OBJECTIVO, ÂMBITO DE APLICAÇÃO E DEFINIÇÕES

Artigo 1.º *Objectivo e âmbito de aplicação*
1. O presente regulamento constitui a base para o desenvolvimento sustentável da produção biológica, garantindo simultaneamente o funcionamento eficaz do mercado interno, assegurando a concorrência leal, garantindo a confiança dos consumidores e protegendo os seus interesses.

O presente regulamento estabelece os objectivos e princípios comuns destinados a estear as regras nele definidas relativamente:

a) A todas as fases da produção, preparação e distribuição dos produtos biológicos e ao seu controlo;

b) À utilização de indicações referentes à produção biológica na rotulagem e na publicidade.

2. O presente regulamento é aplicável aos seguintes produtos da agricultura, incluindo a aquicultura, sempre que sejam colocados no mercado ou a tal se destinem:

a) Produtos agrícolas vivos ou não transformados;

b) Produtos agrícolas transformados destinados a serem utilizados como géneros alimentícios;

c) Alimentos para animais;
d) Material de propagação vegetativa e sementes.
Os produtos da caça e da pesca de animais selvagens não são considerados produção biológica.
O presente regulamento é igualmente aplicável às leveduras utilizadas como géneros alimentícios ou alimentos para animais.
3. O presente regulamento é aplicável a qualquer operador que exerça actividades em qualquer fase da produção, preparação e distribuição, relativas aos produtos referidos no n.º 2.
Todavia, as operações de restauração colectiva não estão sujeitas ao presente regulamento. Os Estados-Membros podem aplicar regras nacionais ou, na sua ausência, normas privadas sobre a rotulagem e o controlo dos produtos provenientes de operações de restauração colectiva, desde que as referidas regras estejam em conformidade com o direito comunitário.
4. O presente regulamento é aplicável sem prejuízo de outras disposições comunitárias ou de disposições nacionais conformes com a legislação comunitária relativa aos produtos especificados no presente artigo, tais como as disposições que regem a produção, a preparação, a comercialização, a rotulagem e o controlo, incluindo a legislação em matéria de géneros alimentícios e de alimentação animal.

Artigo 2.º *Definições*
Para efeitos do disposto no presente regulamento, entende-se por:
a) «Produção biológica», a utilização do método de produção conforme com as regras estabelecidas no presente regulamento em todas as fases da produção, preparação e distribuição;
b) «Fases da produção, preparação e distribuição», qualquer fase desde a produção primária de um produto biológico até à sua armazenagem, transformação, transporte, venda ou fornecimento ao consumidor final e, se for caso disso, a rotulagem, publicidade, importação, exportação e actividades de subcontratação;
c) «Biológico», resultante da produção biológica ou com ela relacionado;
d) «Operador», a pessoa singular ou colectiva responsável pelo cumprimento dos requisitos do presente regulamento dentro da empresa biológica sob o seu controlo;
e) «Produção vegetal», a produção de produtos agrícolas vegetais, incluindo a colheita de produtos vegetais selvagens para fins comerciais;
f) «Produção animal», a produção de animais terrestres domésticos ou domesticados (incluindo insectos);
g) «Aquicultura», a acepção dada no Regulamento (CE) n.º 1198/2006 do Conselho, de 27 de Julho de 2006, relativo ao Fundo Europeu das Pescas;
h) «Conversão», a transição da agricultura não biológica para a agricultura biológica num determinado período de tempo durante o qual foram aplicadas as disposições relativas à produção biológica;
i) «Preparação», as operações de conservação e/ou transformação de produtos biológicos (incluindo o abate e o corte no que diz respeito aos produtos animais), assim como o acondicionamento, a rotulagem e/ou as alterações relativas ao método de produção biológica introduzidas na rotulagem;
j) «Género alimentício», «alimento para animais» e «colocação no mercado», as acepções dadas no Regulamento (CE) n.º 178/2002 do Parlamento Europeu e do Conselho, de 28 de Janeiro de 2002, que determina os princípios e normas gerais da legislação alimentar, cria a Autoridade Europeia para a Segurança dos Alimentos e estabelece procedimentos em matéria de segurança dos géneros alimentícios;
k) «Rotulagem», os termos, menções, indicações, marcas de fábrica ou comerciais, imagens ou sinais que figuram em qualquer embalagem, documento, letreiro, rótulo, painel, cinta ou cabeção que acompanhem ou se refiram a um produto;
l) «Género alimentício pré-embalado», a acepção dada na alínea b) do n.º 3 do artigo 1.º da Directiva 2000/13/CE do Parlamento Europeu e do Conselho, de 20 de Março de 2000, relativa à aproximação das legislações dos Estados-Membros respeitantes à rotulagem, apresentação e publicidade dos géneros alimentícios;
m) «Publicidade», qualquer representação destinada ao público, por todos os meios à excepção da rotulagem, que pretenda ou seja susceptível de influenciar e moldar atitudes, convicções e comportamentos no intuito de promover directa ou indirectamente a venda de produtos biológicos;

n) «Autoridade competente» a autoridade central de um Estado-Membro competente para a organização de controlos oficiais no domínio da produção biológica, de acordo com o disposto no presente regulamento, ou qualquer outra autoridade à qual tenha sido conferida essa competência, assim como, se for caso disso, a autoridade correspondente de um país terceiro;

o) «Autoridade de controlo», a organização administrativa pública de um Estado-Membro à qual a autoridade competente tenha conferido, total ou parcialmente, a sua competência para proceder aos controlos e à certificação no domínio da produção biológica, de acordo com o disposto no presente regulamento, assim como, se for caso disso, a autoridade correspondente de um país terceiro ou a autoridade correspondente que opera num país terceiro;

p) «Organismo de controlo», a entidade terceira privada e independente que procede aos controlos e à certificação no domínio da produção biológica, de acordo com o disposto no presente regulamento, assim como, se for caso disso, o organismo correspondente de um país terceiro ou o organismo correspondente que opera num país terceiro;

q) «Marca de conformidade», a afirmação, sob a forma de uma marca, da conformidade com um determinado conjunto de normas ou com outros documentos normativos;

r) «Ingredientes», a acepção dada no n.º 4 do artigo 6.º da Directiva 2000/13/CE;

s) «Produtos fitofarmacêuticos», a acepção dada no ponto 1 do artigo 2.º da Directiva 91/414/CEE do Conselho, de 15 de Julho de 1991, relativa à colocação dos produtos fitofarmacêuticos no mercado;

t) «Organismo geneticamente modificado (OGM)», a acepção dada na Directiva 2001/18/CE do Parlamento Europeu e do Conselho, de 12 de Março de 2001, relativa à libertação deliberada no ambiente de organismos geneticamente modificados e que revoga a Directiva 90/220/CEE do Conselho, e que não é obtido através das técnicas de modificação genética enumeradas no anexo I B dessa directiva;

u) «Obtido a partir de OGM», derivado, no todo ou em parte, de OGM mas não contendo nem sendo constituído por OGM;

v) «Obtido mediante OGM», derivado por utilizar um OGM como último organismo vivo no processo de produção, mas não contendo nem sendo constituído por OGM nem obtido a partir de OGM;

w) «Aditivos para a alimentação animal», a acepção dada no Regulamento (CE) n.º 1831/2003 do Parlamento Europeu e do Conselho, de 22 de Setembro de 2003, relativo aos aditivos destinados à alimentação animal;

x) «Equivalente», na descrição de sistemas ou medidas diferentes, o facto de obedecerem aos mesmos objectivos e princípios, mediante a aplicação de regras que asseguram o mesmo nível de garantia da conformidade;

y) «Auxiliar tecnológico», qualquer substância não consumida como ingrediente alimentar em si, intencionalmente utilizada na transformação de matérias-primas, géneros alimentícios ou respectivos ingredientes, para atingir determinado objectivo tecnológico durante o tratamento ou a transformação e que pode ter como resultado a presença não intencional mas tecnicamente inevitável de resíduos dessa substância ou dos seus derivados no produto final, desde que esses resíduos não representem nenhum risco para a saúde nem tenham qualquer efeito tecnológico sobre o produto acabado;

z) «Radiação ionizante», a acepção dada na Directiva 96/29/Euratom do Conselho, de 13 de Maio de 1996, que fixa as normas de segurança de base relativas à protecção sanitária da população e dos trabalhadores contra os perigos resultantes das radiações ionizantes, e restringida pelo n.º 2 do artigo 1.º da Directiva 1999/2/CE do Parlamento Europeu e do Conselho, de 22 de Fevereiro de 1999, relativa à aproximação das legislações dos Estados-Membros respeitantes aos alimentos e ingredientes alimentares tratados por radiação ionizante;

a a) «Operações de restauração colectiva», a preparação de produtos biológicos em restaurantes, hospitais, cantinas e outras empresas semelhantes do sector alimentar no ponto de venda ou de entrega ao consumidor final.

TÍTULO II.- OBJECTIVOS E PRINCÍPIOS DA PRODUÇÃO BIOLÓGICA

Artigo 3.º *Objectivos*
A produção biológica tem os seguintes objectivos gerais:
a) Estabelecer um sistema de gestão agrícola sustentável que:

i) Respeite os sistemas e ciclos da natureza e mantenha e reforce a saúde dos solos, da água, das plantas e dos animais e o equilíbrio entre eles;
ii) Contribua para um elevado nível de diversidade biológica;
iii) Faça um uso responsável da energia e dos recursos naturais, como a água, os solos, as matérias orgânicas e o ar;
iv) Respeite normas exigentes de bem-estar dos animais e, em especial, as necessidades comportamentais próprias de cada espécie;
b) Procurar obter produtos de elevada qualidade;
c) Procurar produzir uma ampla variedade de géneros alimentícios e de outros produtos agrícolas que correspondam à procura, por parte dos consumidores, de bens produzidos através de processos que não sejam nocivos para o ambiente, a saúde humana, a fitossanidade ou a saúde e o bem-estar dos animais.

Artigo 4.º *Princípios gerais*
A produção biológica assenta nos seguintes princípios:
a) Concepção e gestão adequadas de processos biológicos baseados em sistemas ecológicos que utilizem recursos naturais internos ao sistema através de métodos que:
i) Empreguem organismos vivos e métodos de produção mecânicos;
ii) Pratiquem o cultivo de vegetais e a produção animal adequados ao solo ou pratiquem a aquicultura respeitando o princípio da exploração sustentável dos recursos haliêuticos;
iii) Excluam a utilização de OGM e de produtos obtidos a partir de OGM ou mediante OGM, com excepção dos medicamentos veterinários;
iv) Se baseiem na avaliação dos riscos e na utilização de medidas de precaução e de medidas preventivas, se for caso disso;
b) Restrição da utilização de insumos externos. Quando forem necessários insumos ou quando não existam as práticas e métodos de gestão adequados referidos na alínea a), estes devem ser limitados a:
i) Insumos provenientes da produção biológica;
ii) Substâncias naturais ou derivadas de substâncias naturais;
iii) Fertilizantes minerais de baixa solubilidade;
c) Estrita limitação da utilização de insumos de síntese química a casos excepcionais em que:
i) Não existam práticas adequadas de gestão; e
ii) Não estejam disponíveis no mercado os insumos externos referidos na alínea b); ou
iii) A utilização dos insumos externos referidos na alínea b) contribua para impactos ambientais inaceitáveis;
d) Adaptação, sempre que necessário, no âmbito do presente regulamento, das regras da produção biológica, tendo em conta a situação sanitária, as diferenças climáticas regionais e as condições locais, os estádios de desenvolvimento e as práticas específicas de criação.

Artigo 5.º *Princípios específicos aplicáveis à agricultura*
Para além dos princípios gerais estabelecidos no artigo 4.º, a agricultura biológica assenta nos seguintes princípios específicos:
a) Manutenção e reforço da vida dos solos, da sua fertilidade natural, estabilidade e biodiversidade, prevenção e luta contra a sua compactação e erosão, bem como alimentação das plantas essencialmente através do ecossistema dos solos;
b) Minimização da utilização de recursos não renováveis e de insumos externos à exploração;
c) Reciclagem dos desperdícios e subprodutos de origem vegetal e animal, como insumos na produção vegetal e animal;
d) Tomada em consideração do equilíbrio ecológico local ou regional quando da tomada de decisões em matéria de produção;
e) Preservação da saúde animal, através da estimulação das defesas imunológicas naturais do animal, bem como da selecção de raças e de práticas de criação adequadas;
f) Preservação da fitossanidade através de medidas preventivas, tais como a escolha de espécies e variedades adequadas resistentes aos parasitas e às doenças, a rotação adequada das culturas, métodos mecânicos e físicos e a protecção dos predadores naturais dos parasitas;
g) Prática da produção animal adaptada ao local e adequada ao solo;

h) Observância de um elevado nível de bem-estar dos animais respeitando as necessidades próprias de cada espécie;
i) Obtenção de produtos animais biológicos a partir de animais que sejam criados em explorações biológicas desde o nascimento e ao longo de toda a sua vida;
j) Escolha das raças tendo em conta a capacidade de adaptação dos animais às condições locais, a sua vitalidade e a sua resistência às doenças ou a problemas sanitários;
k) Alimentação dos animais com alimentos biológicos para animais compostos por ingredientes provenientes da agricultura biológica e por substâncias não agrícolas naturais;
l) Aplicação de práticas de criação que reforcem o sistema imunitário e aumentem as defesas naturais contra as doenças e que incluam nomeadamente o exercício regular e o acesso a áreas ao ar livre e a terrenos de pastagem, se for caso disso;
m) Exclusão da criação de animais poliplóides induzidos;
n) Manutenção da biodiversidade dos ecossistemas aquáticos naturais, da permanente sanidade do ambiente aquático e da qualidade do ecossistema aquático e terrestre circundante na produção aquícola;
o) Alimentação dos organismos aquáticos com alimentos para animais provenientes da exploração sustentável dos recursos haliêuticos definida no artigo 3.º do Regulamento (CE) n.º2371/2002 do Conselho, de 20 de Dezembro de 2002, relativo à conservação e à exploração sustentável dos recursos haliêuticos no âmbito da Política Comum das Pescas, ou com alimentos biológicos para animais compostos por ingredientes provenientes da agricultura biológica e por substâncias não agrícolas naturais.

Artigo 6.º *Princípios específicos aplicáveis à transformação de géneros alimentícios biológicos*
Para além dos princípios gerais estabelecidos no artigo 4.º, a produção de géneros alimentícios biológicos transformados assenta nos seguintes princípios específicos:
a) Produção de géneros alimentícios biológicos a partir de ingredientes agrícolas biológicos, excepto quando estes não estejam disponíveis no mercado na forma biológica;
b) Restrição ao mínimo do uso de aditivos alimentares, de ingredientes não biológicos com funções principalmente tecnológicas e organolépticas e de micronutrientes e auxiliares tecnológicos, por forma a serem utilizados apenas em caso de necessidade tecnológica essencial ou para fins nutricionais específicos;
c) Exclusão de substâncias e métodos de transformação susceptíveis de induzir em erro no que diz respeito à verdadeira natureza do produto;
d) Transformação cuidadosa dos géneros alimentícios, de preferência através da utilização de métodos biológicos, mecânicos e físicos.

Artigo 7.º *Princípios específicos aplicáveis à transformação de alimentos biológicos para animais*
Para além dos princípios gerais estabelecidos no artigo 4.º, a produção de alimentos biológicos transformados para animais assenta nos seguintes princípios específicos:
a) Produção de alimentos biológicos para animais a partir de matérias biológicas para a alimentação animal, excepto quando estas não estejam disponíveis no mercado na forma biológica;
b) Restrição ao mínimo do uso de aditivos para a alimentação animal, e apenas em caso de necessidade tecnológica ou zootécnica essencial ou para fins nutricionais específicos;
c) Exclusão de substâncias e métodos de transformação susceptíveis de induzir em erro no que diz respeito à verdadeira natureza do produto;
d) Transformação cuidadosa dos alimentos para animais, de preferência através da utilização de métodos biológicos, mecânicos e físicos.

TÍTULO III.- REGRAS DE PRODUÇÃO

CAPÍTULO 1.- REGRAS GERAIS APLICÁVEIS À PRODUÇÃO

Artigo 8.º *Requisitos gerais*
Os operadores devem cumprir as regras de produção estabelecidas no presente título assim como as previstas nas normas de execução a que se refere a alínea a) do artigo 38.º

Artigo 9.º *Proibição de utilização de OGM*
1. Na produção biológica, não podem ser utilizados OGM nem produtos obtidos a partir de OGM ou mediante OGM como géneros alimentícios, alimentos para animais, auxiliares tecnológicos, produtos fitofarmacêuticos, fertilizantes, correctivos dos solos, sementes, materiais de propagação vegetativa, microrganismos e animais.
2. Para efeitos da proibição referida no n.º 1 relativamente a OGM ou produtos obtidos a partir de OGM para géneros alimentícios e alimentos para animais, os operadores podem confiar nos rótulos que acompanham os produtos ou em quaisquer outros documentos de acompanhamento, apostos ou fornecidos nos termos da Directiva 2001/18/CE, do Regulamento (CE) n.º1829/2003 relativo a géneros alimentícios e alimentos para animais geneticamente modificados, ou do Regulamento (CE) n.º 1830/2003, relativo à rastreabilidade e rotulagem de organismos geneticamente modificados e à rastreabilidade dos géneros alimentícios e alimentos para animais produzidos a partir de organismos geneticamente modificados.
Os operadores podem partir do princípio de que não foram utilizados OGM nem produtos obtidos a partir de OGM no fabrico dos géneros alimentícios e dos alimentos para animais comprados quando tal não conste do rótulo ou de um documento de acompanhamento como previsto nos referidos regulamentos, a menos que tenham obtido outra informação que indique que a rotulagem dos produtos em causa não está em conformidade com essa legislação.
3. Para efeitos da proibição referida no n.º 1 relativamente a produtos que não sejam géneros alimentícios nem alimentos para animais ou produtos obtidos mediante OGM, os operadores que utilizem tais produtos não biológicos comprados a terceiros devem exigir do vendedor que confirme que os produtos fornecidos não foram obtidos a partir de OGM ou mediante OGM.
4. A Comissão decide nos termos do n.º 2 do artigo 37.º das medidas de execução da proibição de utilização de OGM e de produtos obtidos a partir de OGM ou mediante OGM.

Artigo 10.º *Proibição de utilização de radiações ionizantes*
É proibida a utilização de radiações ionizantes para o tratamento dos géneros alimentícios biológicos, dos alimentos biológicos para animais, ou das matérias-primas neles utilizadas.

CAPÍTULO 2.- PRODUÇÃO AGRÍCOLA

Artigo 11.º *Regras gerais aplicáveis à produção agrícola*
A totalidade da exploração agrícola é gerida em conformidade com os requisitos aplicáveis à produção biológica.
Contudo, de acordo com condições específicas a estabelecer nos termos do n.º 2 do artigo 37.º, uma exploração pode ser dividida em unidades claramente separadas ou sítios de produção aquícola que não sejam todos geridos segundo métodos de produção biológica. No tocante aos animais, esta separação deve dizer respeito a espécies distintas. No que se refere à aquicultura, pode dizer respeito às mesmas espécies, desde que haja uma separação adequada entre os sítios de produção. No tocante às plantas, a separação deve dizer respeito a variedades distintas ou que possam ser facilmente distinguidas.
Sempre que, em aplicação do segundo parágrafo, não seja utilizada para a produção biológica a totalidade das unidades de uma exploração agrícola, o operador separa as terras, os animais e os produtos utilizados ou obtidos pelas unidades biológicas dos utilizados ou obtidos pelas unidades não biológicas e mantém registos adequados que demonstrem essa separação.

566

Artigo 12.º *Regras aplicáveis à produção vegetal*
1. Para além das regras gerais estabelecidas no artigo 11.º, são aplicáveis à produção vegetal biológica as seguintes regras:
a) A produção vegetal biológica recorre a práticas de mobilização e de cultivo que mantenham ou aumentem as matérias orgânicas dos solos, reforcem a estabilidade e a biodiversidade dos mesmos e impeçam a sua compactação e erosão;
b) A fertilidade e a actividade biológica dos solos são mantidas e aumentadas pela rotação plurianual das culturas, incluindo leguminosas e outras culturas para a adubação verde, e pela aplicação de estrume ou de matérias orgânicas, de preferência ambos compostados, provenientes da produção biológica;
c) É permitida a utilização de preparados biodinâmicos;
d) Além disso, só podem ser utilizados fertilizantes e correctivos dos solos autorizados para utilização na produção biológica nos termos do artigo 16.º;
e) Não podem ser utilizados fertilizantes minerais azotados;
f) Todas as técnicas de produção vegetal utilizadas devem impedir ou reduzir ao mínimo eventuais contribuições para a contaminação do ambiente;
g) A prevenção dos danos causados por parasitas, doenças e infestantes deve assentar principalmente na protecção dos predadores naturais, na escolha das espécies e variedades, na rotação das culturas, nas técnicas de cultivo e em processos térmicos;
h) Em caso de ameaça comprovada para uma cultura, só podem ser utilizados produtos fitofarmacêuticos autorizados para utilização na produção biológica nos termos do artigo 16.º;
i) Para a obtenção de produtos que não sejam sementes nem material de propagação vegetativa, só podem ser utilizados sementes e materiais de propagação vegetativa produzidos segundo métodos de produção biológica. Para tal, quer no caso das sementes, quer no caso do material de propagação vegetativa, as respectivas plantas-mãe devem ter sido produzidas segundo as regras estabelecidas no presente regulamento durante pelo menos uma geração ou, no caso de culturas perenes, dois ciclos vegetativos;
j) Só podem ser utilizados na produção vegetal produtos de limpeza e desinfecção autorizados para utilização na produção biológica nos termos do artigo 16.º
2. A colheita de plantas selvagens, ou de partes destas, que cresçam espontaneamente em zonas naturais, florestas e zonas agrícolas é considerada um método de produção biológica, desde que:
a) Essas zonas não tenham sido tratadas, durante pelo menos os três anos anteriores à colheita, com produtos que não os autorizados para utilização na produção biológica nos termos do artigo 16.º;
b) A colheita não afecte a estabilidade do *habitat* natural nem a conservação das espécies na zona de colheita.
3. As medidas necessárias à execução das regras de produção constantes do presente artigo são aprovadas nos termos do n.º 2 do artigo 37.º

Artigo 13.º *Regras aplicáveis à produção de algas marinhas*
1. A colheita de algas marinhas selvagens, ou de partes destas, que cresçam espontaneamente no mar é considerada um método de produção biológica, desde que:
a) As zonas de colheita se situem em águas em excelente estado ecológico como definido na Directiva 2000/60/CE do Parlamento Europeu e do Conselho, de 23 de Outubro de 2000, que estabelece um quadro de acção comunitária no domínio da política da água, e, enquanto se aguardar a sua aplicação, de qualidade equivalente às águas designadas nos termos da Directiva 2006/113/CE do Parlamento Europeu e do Conselho, de 12 de Dezembro de 2006, relativa à qualidade exigida das águas conquícolas, e que não estejam impróprias do ponto de vista sanitário. Na pendência da introdução de regras mais pormenorizadas na legislação de execução, as algas selvagens comestíveis não devem ser colhidas em zonas que não obedeçam aos critérios aplicáveis às zonas da classe A ou da classe B definidas no anexo II do Regulamento (CE) n.º 854/2004 do Parlamento Europeu e do Conselho, de 29 de Abril de 2004, que estabelece regras específicas de organização dos controlos oficiais de produtos de origem animal destinados ao consumo humano;
b) A colheita não afecte a estabilidade a longo prazo do *habitat* natural nem a conservação das espécies na zona de colheita.

2. Para ser considerada biológica, a cultura de algas marinhas deve ser realizada em zonas costeiras cujas características ambientais e sanitárias sejam pelo menos equivalentes às enunciadas no n.º 1. Além disso:

a) Devem ser utilizadas práticas sustentáveis em todas as fases da produção, desde a colheita de algas juvenis até à colheita de algas adultas;

b) Para assegurar a manutenção de uma grande diversidade genética, convém efectuar regularmente a colheita de algas juvenis na natureza para complementar as populações de cultura interior;

c) Não podem ser utilizados fertilizantes, a não ser em instalações interiores e se tiverem sido autorizados para utilização na produção biológica para esse efeito nos termos do artigo 16.º

3. As medidas necessárias à execução das regras de produção constantes do presente artigo são aprovadas nos termos do n.º 2 do artigo 37.º

Artigo 14.º *Regras aplicáveis à produção animal*

1. Para além das regras gerais de produção agrícola estabelecidas no artigo 11.º, são aplicáveis à produção animal as seguintes regras:

a) Quanto à origem dos animais:

i) Os animais de criação biológica devem ter nascido e ser criados em explorações biológicas;

ii) Para fins de reprodução, podem ser introduzidos numa exploração animais de criação não biológica, em condições específicas. Estes animais e os respectivos produtos podem ser considerados biológicos depois de cumprido o período de conversão referido na alínea c) do n.º 1 do artigo 17.º;

iii) Os animais presentes na exploração no início do período de conversão o os respectivos produtos podem ser considerados biológicos depois de cumprido o período de conversão referido na alínea c) do n.º 1 do artigo 17.º;

b) Quanto às práticas de criação e às condições de alojamento:

i) As pessoas que se ocupam dos animais devem possuir os conhecimentos e competências básicos necessários em matéria de saúde e bem-estar dos animais;

ii) As práticas de criação, incluindo o encabeçamento, e as condições de alojamento garantem que sejam satisfeitas as necessidades de desenvolvimento dos animais, bem como as suas necessidades fisiológicas e etológicas;

iii) Os animais dispõem de acesso permanente a áreas ao ar livre, se possível a pastagens, sempre que as condições meteorológicas e o estado dos terrenos o permitam, a menos que, com base na legislação comunitária, sejam impostas restrições e obrigações relacionadas com a protecção da saúde humana ou animal;

iv) O número de animais é limitado com vista a reduzir ao mínimo o sobrepastoreio, o espezinhamento dos solos, a erosão ou a poluição causada pelos animais ou pelo espalhamento do seu estrume;

v) Os animais de criação biológica são separados dos outros animais. No entanto, o pasto em terrenos comuns por animais de criação biológica e em terrenos biológicos por animais de criação não biológica é autorizado sob certas condições restritivas;

vi) É proibido amarrar ou isolar os animais, a não ser em casos individuais durante um período limitado e na medida em que tal seja justificado por razões de segurança, de bem-estar ou veterinárias;

vii) A duração do transporte dos animais é reduzida ao mínimo;

viii) Qualquer sofrimento, incluindo a mutilação, é reduzido ao mínimo durante a vida toda do animal, nomeadamente no momento do abate;

ix) Os apiários são colocados em zonas que assegurem fontes de néctar e pólen essencialmente constituídas por culturas de produção biológica ou, se for caso disso, por vegetação espontânea ou ainda florestas ou culturas geridas não biologicamente que apenas sejam tratadas com recurso a métodos de reduzido impacto ambiental. Os apiários são mantidos a uma distância suficiente de fontes susceptíveis de provocar a contaminação dos produtos da apicultura ou a deterioração da saúde das abelhas;

x) As colmeias e os materiais utilizados na apicultura são essencialmente constituídos por materiais naturais;

xi) É proibida a destruição das abelhas nos favos, como método associado à colheita dos produtos da apicultura;

c) Quanto à reprodução:

i) A reprodução utiliza métodos naturais. No entanto, é autorizada a inseminação artificial;

568

ii) A reprodução não é induzida por tratamentos com hormonas ou substâncias semelhantes, excepto como forma de tratamento veterinário de animais individuais;

iii) Não podem ser utilizadas outras formas de reprodução artificial, como a clonagem e a transferência de embriões;

iv) São escolhidas as raças adequadas. A escolha das raças contribui igualmente para prevenir o sofrimento e evitar a necessidade de mutilar os animais;

d) Quanto aos alimentos para animais:

i) Os alimentos para animais devem provir sobretudo da exploração onde os animais sejam mantidos ou de outras explorações biológicas da mesma região;

ii) Os animais são alimentados com alimentos biológicos que satisfaçam as suas necessidades nutricionais nos vários estádios do seu desenvolvimento. Uma parte da ração pode conter alimentos para animais provenientes de explorações em conversão à agricultura biológica;

iii) Os animais, com excepção das abelhas, dispõem de acesso permanente a pastos ou a outras forragens;

iv) Só podem ser utilizadas matérias não biológicas para a alimentação animal de origem vegetal, matérias para a alimentação animal de origem animal e mineral, aditivos para a alimentação animal, certos produtos utilizados na nutrição animal e auxiliares tecnológicos autorizados para utilização na produção biológica nos termos do artigo 16.°;

v) Não podem ser utilizados promotores de crescimento nem aminoácidos sintéticos;

vi) Os mamíferos lactantes são alimentados com leite natural, de preferência materno;

e) Quanto à prevenção das doenças e aos tratamentos veterinários:

i) A prevenção das doenças baseia-se na selecção de raças e estirpes, práticas de gestão da produção animal, alimentação de elevada qualidade e exercício, encabeçamento apropriado e alojamento adequado mantido em boas condições de higiene;

ii) Os casos de doença são tratados imediatamente a fim de evitar sofrimento aos animais. Podem ser utilizados medicamentos veterinários alopáticos de síntese química, incluindo antibióticos, se necessário e em condições estritas, quando a utilização de produtos fitoterapêuticos, homeopáticos e outros não seja adequada. Devem ser definidas, nomeadamente, as restrições relativas aos tratamentos e aos prazos de segurança;

iii) É permitida a utilização de medicamentos veterinários imunológicos;

iv) São autorizados os tratamentos relacionados com a protecção da saúde humana ou animal impostos por força da legislação comunitária;

f) Quanto à limpeza e desinfecção, só podem ser utilizados nos edifícios e instalações dedicados à criação produtos de limpeza e desinfecção autorizados para utilização na produção biológica nos termos do artigo 16.°

2. As medidas e condições necessárias à execução das regras de produção constantes do presente artigo são aprovadas nos termos do n.° 2 do artigo 37.°

Artigo 15.° *Regras aplicáveis à produção aquícola*

1. Para além das regras gerais de produção agrícola estabelecidas no artigo 11.°, são aplicáveis à produção aquícola as seguintes regras:

a) Quanto à origem dos animais de aquicultura:

i) A aquicultura biológica baseia-se na criação de populações de juvenis originárias de reprodutores biológicos ou de explorações biológicas;

ii) Quando não estiverem disponíveis populações de juvenis originárias de reprodutores biológicos ou de explorações biológicas, podem ser introduzidos numa exploração animais de criação não biológica, em condições específicas;

b) Quanto às práticas de criação:

i) As pessoas que se ocupam dos animais devem possuir os conhecimentos e competências básicos necessários em matéria de saúde e bem-estar dos animais;

ii) As práticas de criação, incluindo a alimentação, a concepção das instalações, o encabeçamento e a qualidade da água, garantem que sejam satisfeitas as necessidades de desenvolvimento dos animais, bem como as suas necessidades fisiológicas e etológicas;

iii) As práticas de criação minimizam o impacto negativo da exploração sobre o ambiente, incluindo a fuga de animais de criação;

iv) Os animais de criação biológica são separados dos outros animais de aquicultura;

v) O bem-estar dos animais é assegurado durante o transporte;

vi) Qualquer sofrimento dos animais, nomeadamente no momento do abate, é reduzido ao mínimo;
   c) Quanto à reprodução:
   i) Não podem ser utilizadas a indução artificial da poliploidia nem a hibridação artificial, nem a clonagem nem a produção de estirpes monosexo, excepto por selecção manual;
   ii) São escolhidas estirpes adequadas;
   iii) São estabelecidas condições próprias a cada espécie para a gestão dos reprodutores, a reprodução e a produção de juvenis;
   d) Quanto aos alimentos para peixes e crustáceos:
   i) Os animais são alimentados com alimentos que satisfaçam as suas necessidades nutricionais nos vários estádios do seu desenvolvimento;
   ii) A parte vegetal da ração deve provir da produção biológica, devendo a parte dos alimentos derivada de animais aquáticos provir da exploração sustentável dos recursos haliêuticos;
   iii) Só podem ser utilizadas matérias não biológicas para a alimentação animal de origem vegetal, matérias para a alimentação animal de origem animal e mineral, aditivos para a alimentação animal, certos produtos utilizados na nutrição animal e auxiliares tecnológicos autorizados para utilização na produção biológica nos termos do artigo 16.º;
   iv) Não podem ser utilizados promotores de crescimento nem aminoácidos sintéticos;
   e) Quanto aos moluscos bivalves e outras espécies que não são alimentadas pelo homem mas que se alimentam de plâncton natural:
   i) Estes animais filtrantes devem satisfazer todas as suas necessidades nutricionais na natureza, excepto no caso de juvenis criados em viveiros;
   ii) São criados em águas que obedecem aos critérios aplicáveis às zonas da classe A ou da classe B definidas no anexo II do Regulamento (CE) n.º 854/2004;
   iii) As zonas de crescimento situam-se em águas em excelente estado ecológico como definido na Directiva 2000/60/CE e, enquanto se aguardar a sua aplicação, de qualidade equivalente às águas designadas nos termos da Directiva 2006/113/CE;
   f) Quanto à prevenção das doenças e aos tratamentos veterinários:
   i) A prevenção das doenças baseia-se na manutenção dos animais em condições óptimas mediante uma localização adequada e uma concepção perfeita das explorações, a aplicação de boas práticas de criação e de gestão, incluindo a limpeza e desinfecção regulares das instalações, uma alimentação de elevada qualidade, um encabeçamento apropriado e a selecção de raças e estirpes;
   ii) Os casos de doença são tratados imediatamente a fim de evitar sofrimento aos animais. Podem ser utilizados medicamentos veterinários alopáticos de síntese química, incluindo antibióticos, se necessário e em condições estritas, quando a utilização de produtos fitoterapêuticos, homeopáticos e outros não seja adequada. Devem ser definidas, nomeadamente, as restrições relativas aos tratamentos e aos prazos de segurança;
   iii) É permitida a utilização de medicamentos veterinários imunológicos;
   iv) São autorizados os tratamentos relacionados com a protecção da saúde humana ou animal impostos por força da legislação comunitária;
   g) Quanto à limpeza e desinfecção, só podem ser utilizados nos tanques, gaiolas, edifícios e instalações produtos de limpeza e desinfecção autorizados para utilização na produção biológica nos termos do artigo 16.º
   2. As medidas e condições necessárias à execução das regras de produção constantes do presente artigo são aprovadas nos termos do n.º 2 do artigo 37.º

Artigo 16.º *Produtos e substâncias utilizados na agricultura e critérios para a sua autorização*
   1. A Comissão, nos termos do n.º 2 do artigo 37.º, autoriza para utilização na produção biológica e inclui numa lista restrita os produtos e substâncias que podem ser utilizados na agricultura biológica para os fins que seguem:
   a) Enquanto produtos fitofarmacêuticos;
   b) Enquanto fertilizantes e correctivos dos solos;
   c) Enquanto matérias não biológicas para a alimentação animal de origem vegetal, matérias para a alimentação animal de origem animal e mineral e certas substâncias utilizadas na nutrição animal;
   d) Enquanto aditivos para a alimentação animal e auxiliares tecnológicos;
   e) Enquanto produtos de limpeza e desinfecção de tanques, gaiolas, edifícios e instalações dedicados à produção animal;

f) Enquanto produtos de limpeza e desinfecção de edifícios e instalações dedicados à produção vegetal, incluindo a armazenagem numa exploração agrícola.

Os produtos e substâncias incluídos na lista restrita só podem ser utilizados na medida em que a utilização correspondente esteja autorizada na agricultura em geral nos Estados-Membros em questão, de acordo com as disposições comunitárias pertinentes ou com disposições nacionais conformes com a legislação comunitária.

2. A autorização dos produtos e substâncias a que se refere o n.º 1 fica sujeita aos objectivos e princípios estabelecidos no título II e aos seguintes critérios gerais e específicos que devem ser avaliados como um todo:

a) A sua utilização é necessária para uma produção sustentada e essencial para a sua utilização prevista;

b) Todos os produtos e substâncias devem ser de origem vegetal, animal, microbiana ou mineral, a menos que não estejam disponíveis produtos e substâncias dessas origens em quantidades suficientes ou com qualidade suficiente ou não existam alternativas;

c) No caso dos produtos referidos na alínea a) do n.º 1, são aplicáveis os seguintes critérios:

i) A sua utilização é essencial para lutar contra um organismo nocivo ou uma doença específica para os quais não existam outras alternativas biológicas, físicas ou de selecção dos vegetais, nem outras práticas de cultivo ou de gestão eficazes;

ii) Se os produtos não forem de origem vegetal, animal, microbiana ou mineral e não forem idênticos à sua forma natural, só podem ser autorizados se as condições da sua utilização excluírem qualquer contacto directo com as partes comestíveis da planta;

d) No caso dos produtos referidos na alínea b) do n.º 1, a sua utilização é essencial para obter ou manter a fertilidade do solo ou para satisfazer requisitos nutricionais específicos das culturas, ou objectivos específicos de correcção do solo;

e) No caso dos produtos referidos nas alíneas c) e d) do n.º 1, são aplicáveis os seguintes critérios:

i) São necessários para preservar a saúde, o bem-estar e a vitalidade dos animais e contribuir para uma alimentação adequada que satisfaça as necessidades fisiológicas e comportamentais das espécies em questão ou, sem o recurso a essas substâncias, é impossível produzir ou conservar esses alimentos;

ii) Os alimentos para animais de origem mineral, os oligoelementos, as vitaminas ou as provitaminas são de origem natural. Caso essas substâncias não estejam disponíveis, podem ser autorizadas para utilização na produção biológica substâncias análogas quimicamente bem definidas.

3.

a) A Comissão pode estabelecer nos termos do n.º 2 do artigo 37.º as condições e limites no que se refere aos produtos agrícolas a que podem ser aplicados os produtos e substâncias referidos no n.º 1, o método de aplicação, a dosagem, as datas-limite de utilização e o contacto com os produtos agrícolas e, se necessário, decidir da retirada desses produtos ou substâncias;

b) Sempre que um Estado-Membro considere que um produto ou uma substância deve ser aditado à lista referida no n.º 1, ou retirado dessa lista, ou que as especificações de utilização referidas na alínea a) devem ser alteradas, assegura que seja enviado oficialmente à Comissão e aos outros Estados-Membros um *dossier* com a justificação da inclusão, da retirada ou das alterações.

Os pedidos de alteração ou de retirada, bem como as decisões que lhes digam respeito, devem ser publicados;

c) Os produtos ou substâncias utilizados antes da aprovação do presente regulamento para fins correspondentes aos referidos no n.º 1 podem continuar a ser utilizados após a referida aprovação. Em qualquer caso, a Comissão pode retirar esses produtos ou substâncias nos termos do n.º 2 do artigo 37.º

4. Qualquer Estado-Membro pode regulamentar, no seu território, a utilização na agricultura biológica de produtos e substâncias para fins diferentes dos enunciados no n.º 1, desde que a sua utilização obedeça aos objectivos e princípios estabelecidos no título II, bem como aos critérios gerais e específicos previstos no n.º 2, e respeite a legislação comunitária. O Estado-Membro em questão deve informar os demais Estados-Membros e a Comissão dessas regras nacionais.

5. É autorizada na agricultura biológica a utilização de produtos e substâncias não abrangidos nos n.ºs 1 e 4, desde que obedeça aos objectivos e princípios estabelecidos no título II e aos critérios gerais previstos no presente artigo.

Artigo 17.º *Conversão*
1. Às explorações agrícolas em que a produção biológica esteja a ser iniciada, são aplicáveis as seguintes regras:
a) O período de conversão tem início no momento em que o operador notifica as autoridades competentes da sua actividade e submete a sua exploração ao sistema de controlo nos termos do n.º 1 do artigo 28.º;
b) Durante o período de conversão, aplicam-se todas as regras estabelecidas no presente regulamento;
c) São definidos períodos de conversão específicos do tipo de cultura ou de produção animal;
d) Numa exploração ou unidade de exploração agrícola que esteja parcialmente em produção biológica e parcialmente em conversão à produção biológica, o operador separa os produtos obtidos biologicamente dos produtos em conversão, mantém os animais separados ou de modo a poderem ser rapidamente separados e mantém registos adequados que demonstrem essa separação;
e) A fim de determinar o período de conversão acima referido, pode ser tido em conta um período imediatamente anterior à data de início do período de conversão, desde que estejam reunidas certas condições;
f) Os animais e os produtos animais obtidos durante o período de conversão a que se refere a alínea c) não podem ser comercializados com as indicações referidas nos artigos 23.º e 24.ºna sua rotulagem e publicidade.
2. As medidas e condições necessárias à execução das regras constantes do presente artigo, nomeadamente os períodos a que se referem as alíneas c) a f) do n.º 1, são definidas nos termos do n.º 2 do artigo 37.º

CAPÍTULO 3.- PRODUÇÃO DE ALIMENTOS TRANSFORMADOS PARA ANIMAIS

Artigo 18.º *Regras gerais aplicáveis à produção de alimentos transformados para animais*
1. A produção de alimentos biológicos transformados para animais é separada, no tempo ou no espaço, da produção de alimentos não biológicos transformados para animais.
2. As matérias biológicas para a alimentação animal ou as matérias para a alimentação animal provenientes de uma produção em conversão não podem entrar simultaneamente com matérias para a alimentação animal idênticas produzidas por meios não biológicos na composição dos alimentos biológicos para animais.
3. As matérias para a alimentação animal utilizadas ou transformadas na produção biológica não podem ter sido transformadas com o recurso a solventes de síntese química.
4. Não podem ser utilizadas substâncias nem técnicas destinadas a reconstituir propriedades que tenham sido perdidas durante a transformação e a armazenagem de alimentos biológicos para animais, que corrijam os resultados de negligências na transformação ou que de outro modo possam induzir em erro no que respeita à verdadeira natureza desses produtos.
5. As medidas e condições necessárias à execução das regras de produção constantes do presente artigo são aprovadas nos termos do n.º 2 do artigo 37.º

CAPÍTULO 4.- PRODUÇÃO DE GÉNEROS ALIMENTÍCIOS TRANSFORMADOS

Artigo 19.º *Regras gerais aplicáveis à produção de géneros alimentícios transformados*
1. A preparação de géneros alimentícios biológicos transformados é separada, no tempo ou no espaço, da preparação de géneros alimentícios não biológicos.
2. À composição dos géneros alimentícios biológicos transformados, são aplicáveis as seguintes condições:
a) O produto é obtido principalmente a partir de ingredientes de origem agrícola; para determinar se um produto é obtido principalmente a partir de ingredientes de origem agrícola, não deve ser tida em conta a adição de água nem de sal de cozinha;
b) Nos géneros alimentícios destinados a uma alimentação especial, só podem ser utilizados aditivos, auxiliares tecnológicos, aromas, água, sal, preparados de microrganismos e enzimas, minerais, oligoelementos, vitaminas, bem como aminoácidos e outros micronutrientes, autorizados para utilização na produção biológica nos termos do artigo 21.º;

572

c) Só podem ser utilizados ingredientes agrícolas não biológicos autorizados para utilização na produção biológica nos termos do artigo 21.º ou provisoriamente autorizados por um Estado-Membro;

d) Um ingrediente biológico não pode estar presente juntamente com o mesmo ingrediente na forma não biológica ou com um ingrediente em conversão;

e) Os géneros alimentícios produzidos a partir de culturas em conversão devem conter apenas um ingrediente vegetal de origem agrícola.

3. Não devem ser utilizadas substâncias nem técnicas, com excepção da adição de aromas naturais, destinadas a reconstituir propriedades que tenham sido perdidas durante a transformação e a armazenagem de géneros alimentícios, que corrijam os resultados de negligências na transformação ou que de outro modo possam induzir em erro no que respeita à verdadeira natureza desses produtos.

As medidas necessárias à execução das regras de produção constantes do presente artigo, em especial as relativas aos métodos de transformação e às condições da autorização provisória pelos Estados-Membros referida na alínea c) do n.º 2, são aprovadas nos termos do n.º 2 do artigo 37.º

Artigo 20.º *Regras gerais aplicáveis à produção de leveduras biológicas*
1. Para a produção de leveduras biológicas, só podem ser utilizados substratos obtidos biologicamente. Só podem ser utilizados outros produtos e substâncias na medida em que tenham sido autorizados para utilização na produção biológica nos termos do artigo 21.º
2. Os géneros alimentícios e os alimentos biológicos para animais não podem conter simultaneamente leveduras biológicas e leveduras não biológicas.
3. Podem ser estabelecidas regras de produção pormenorizadas nos termos do n.º 2 do artigo 37.º

Artigo 21.º *Critérios aplicáveis a certos produtos e substâncias na transformação*
1. A autorização dos produtos e substâncias a utilizar na produção biológica e a sua inclusão numa lista restrita de produtos e substâncias a que se referem as alíneas b) e c) do n.º 2 do artigo 19.º ficam sujeitas aos objectivos e princípios estabelecidos no título II e aos critérios a seguir indicados, que devem ser avaliados como um todo:
i) Inexistência de alternativas autorizadas nos termos do presente capítulo;
ii) Impossibilidade de produzir ou conservar os géneros alimentícios ou de satisfazer determinados requisitos nutricionais previstos com base na legislação comunitária sem recorrer a esses produtos ou substâncias.
Além disso, os produtos e substâncias a que se refere a alínea b) do n.º 2 do artigo 19.º devem existir na natureza, podendo ser sujeitos apenas a processos mecânicos, físicos, biológicos, enzimáticos ou microbianos, a menos que não se encontrem no mercado produtos dessa proveniência em quantidades suficientes ou com qualidade suficiente.
2. A Comissão, nos termos do n.º 2 do artigo 37.º, decide da autorização dos produtos e substâncias e da sua inclusão na lista restrita referida no n.º 1 do presente artigo, e estabelece as condições específicas e os limites da sua utilização, decidindo também, se necessário, da retirada de produtos.
Sempre que um Estado-Membro considere que um produto ou uma substância deve ser aditado à lista referida no n.º 1, ou retirado dessa lista, ou que as especificações de utilização mencionadas no presente número devem ser alteradas, assegura que seja enviado oficialmente à Comissão e aos outros Estados-Membros um *dossier* com a justificação da inclusão, da retirada ou das alterações.
Os pedidos de alteração ou de retirada, bem como as decisões que lhes digam respeito, devem ser publicados.
Os produtos e substâncias utilizados antes da aprovação do presente regulamento que sejam abrangidos pelo âmbito das alíneas b) e c) do n.º 2 do artigo 19.º podem continuar a ser utilizados após a referida aprovação. De qualquer forma, a Comissão pode retirar esses produtos e substâncias nos termos do n.º 2 do artigo 97.º

CAPÍTULO 5.- FLEXIBILIDADE

Artigo 22.º *Derrogação das regras de produção*
1. Nos termos do n.º 2 do artigo 37.º e nas condições enunciadas no n.º 2 do presente artigo, no respeito dos objectivos e princípios previstos no título II, a Comissão pode

prever a concessão de isenções às regras de produção estabelecidas nos capítulos 1 a 4.

2. As isenções referidas no n.º 1 são limitadas ao mínimo e, se for caso disso, limitadas no tempo e só podem ser previstas nos seguintes casos:

a) Quando sejam necessárias para garantir que a produção biológica possa ser iniciada ou mantida em explorações afectadas por condicionantes climáticas, geográficas ou estruturais;

b) Quando sejam necessárias para garantir o acesso a alimentos para animais, sementes e materiais de propagação vegetativa, animais vivos e outros insumos agrícolas, quando tais insumos não estejam disponíveis no mercado na forma biológica;

c) Quando sejam necessárias para garantir o acesso a ingredientes de origem agrícola, quando tais ingredientes não estejam disponíveis no mercado na forma biológica;

d) Quando sejam necessárias para resolver problemas específicos relacionados com a gestão dos animais de criação biológica;

e) Quando sejam necessárias, no tocante à utilização de produtos e substâncias específicos na transformação a que se refere a alínea b) do n.º 2 do artigo 19.º, para garantir a produção na forma biológica de géneros alimentícios tradicionais;

f) Sempre que sejam necessárias medidas temporárias para permitir que a produção biológica continue ou recomece em caso de circunstâncias catastróficas;

g) Quando seja necessário utilizar aditivos alimentares e outras substâncias previstas na alínea b) do n.º 2 do artigo 19.º ou aditivos para a alimentação animal e outras substâncias previstas na alínea d) do n.º 1 do artigo 16.º e essas substâncias não estejam disponíveis no mercado numa forma não obtida mediante OGM;

h) Quando a utilização de aditivos alimentares e outras substâncias previstas na alínea b) do n.º 2 do artigo 19.º ou de aditivos para a alimentação animal previstos na alínea d) do n.º 1 do artigo 16.º seja exigida com base na legislação comunitária ou nacional.

3. A Comissão, nos termos do n.º 2 do artigo 37.º, pode estabelecer condições específicas para a aplicação das isenções previstas no n.º 1.

TÍTULO IV.- ROTULAGEM

Artigo 23.º *Utilização de termos referentes à produção biológica*

1. Para efeitos do presente regulamento, considera-se que um produto exibe termos referentes ao método de produção biológica quando, na rotulagem, na publicidade ou na documentação comercial, esse produto, os seus ingredientes ou as matérias-primas destinadas aos alimentos para animais sejam descritos em termos que sugiram ao comprador que os mesmos foram obtidos em conformidade com as regras previstas no presente regulamento. Mais concretamente, os termos enumerados no anexo e os seus derivados ou abreviaturas, tais como «bio» e «eco», isolados ou combinados, podem ser utilizados, em toda a Comunidade e em qualquer língua comunitária para a rotulagem e a publicidade de produtos que satisfaçam os requisitos estabelecidos no presente regulamento ou conformes com o mesmo.

Na rotulagem e na publicidade de produtos agrícolas vivos ou não transformados, só podem ser utilizados termos referentes ao método de produção biológica se, além disso, todos os ingredientes desse produto tiverem sido produzidos em conformidade com os requisitos estabelecidos no presente regulamento.

2. Os termos referidos no n.º 1 não podem ser utilizados em parte nenhuma da Comunidade, nem em nenhuma língua comunitária, na rotulagem, na publicidade e na documentação comercial de um produto que não satisfaça os requisitos estabelecidos no presente regulamento, a menos que esses termos não se apliquem a produtos agrícolas presentes em géneros alimentícios ou alimentos para animais ou não tenham manifestamente qualquer relação com a produção biológica.

Além disso, não podem ser utilizados na rotulagem e na publicidade termos, designadamente termos utilizados em marcas, nem práticas susceptíveis de induzir o consumidor ou o utilizador em erro por sugerirem que um produto ou os seus ingredientes satisfazem os requisitos estabelecidos no presente regulamento.

3. Os termos referidos no n.º 1 não podem ser utilizados para nenhum produto em cuja rotulagem ou publicidade deva ser indicado, em conformidade com as disposições comunitárias, que contém OGM, é constituído por OGM ou foi obtido a partir de OGM.

574

4. Relativamente aos géneros alimentícios transformados, os termos referidos no n.º 1 podem ser utilizados:

a) Na denominação de venda, desde que:

i) O género alimentício transformado satisfaça o disposto no artigo 19.º;

ii) Pelo menos 95 %, em peso, dos seus ingredientes de origem agrícola sejam biológicos;

b) Apenas na lista dos ingredientes, desde que o género alimentício esteja em conformidade com o n.º 1 do artigo 19.º e com as alíneas a), b) e d) do n.º 2 desse mesmo artigo;

c) Na lista dos ingredientes e no mesmo campo visual da denominação de venda, desde que:

i) O principal ingrediente seja um produto da caça ou da pesca;

ii) Contenha outros ingredientes de origem agrícola todos eles biológicos;

iii) O género alimentício satisfaça o disposto no n.º 1 do artigo 19.º e nas alíneas a), b) e d) do n.º 2 desse mesmo artigo.

A lista dos ingredientes deve indicar quais são os ingredientes biológicos.

Nos casos em que se apliquem as alíneas b) e c) do presente número, as referências ao método de produção biológica só podem figurar relativamente aos ingredientes biológicos e a lista dos ingredientes deve incluir uma indicação da percentagem total de ingredientes biológicos em relação à quantidade total de ingredientes de origem agrícola.

Os termos e a indicação da percentagem a que se refere o parágrafo anterior devem figurar com a mesma cor, dimensão e tipo de letra que as restantes indicações constantes da lista dos ingredientes.

5. Os Estados-Membros tomam as medidas necessárias para garantir o cumprimento do disposto no presente artigo.

6. A Comissão, nos termos do n.º 2 do artigo 37.º, pode adaptar a lista de termos constante do anexo.

Artigo 24.º *Indicações obrigatórias*

1. Sempre que sejam utilizados os termos a que se refere o n.º 1 do artigo 23.º:

a) Deve constar igualmente do rótulo o número de código, referido no n.º 10 do artigo 27.º, da autoridade ou do organismo de controlo a que está sujeito o operador que efectuou a mais recente operação de produção ou de preparação;

b) Também deve constar da embalagem o logotipo comunitário referido no n.º 1 do artigo 25.º, no que diz respeito aos géneros alimentícios pré-embalados;

c) Sempre que seja utilizado o logotipo comunitário, também deve constar no mesmo campo visual que o logotipo uma indicação do lugar onde foram produzidas as matérias-primas agrícolas que compõem o produto, devendo essa indicação assumir uma das seguintes formas:

— «Agricultura União Europeia», sempre que a matéria-prima agrícola tenha sido produzida na União Europeia,

— «Agricultura não União Europeia», sempre que a matéria-prima agrícola tenha sido produzida em países terceiros,

— «Agricultura União Europeia/não União Europeia», sempre que uma parte das matérias-primas agrícolas tenha sido produzida na Comunidade e outra parte num país terceiro.

A indicação «União Europeia» ou «não União Europeia» acima referida pode ser substituída ou completada pelo nome de um país, caso todas as matérias-primas agrícolas que compõem o produto nele tenham sido produzidas.

No tocante à indicação «União Europeia» ou «não União Europeia» acima referida, podem não ser tidas em conta pequenas quantidades de ingredientes desde que a quantidade total dos ingredientes que não foram tidos em conta não exceda 2 % da quantidade total, em peso, das matérias-primas de origem agrícola.

A indicação «União Europeia» ou «não União Europeia» acima referida não pode figurar numa cor, num tamanho nem em caracteres mais destacados do que a denominação de venda do produto.

A utilização do logotipo comunitário a que se refere o n.º 1 do artigo 25.º e da indicação referida no primeiro parágrafo são facultativas para os produtos importados de países terceiros. No entanto, sempre que o logotipo comunitário a que se refere o n.º 1 do artigo 25.º conste da rotulagem, a indicação referida no primeiro parágrafo também deve constar da mesma.

2. As indicações referidas no n.º 1 são inscritas num sítio em evidência, de modo a serem facilmente visíveis, claramente legíveis e indeléveis.

3. A Comissão, nos termos do n.º 2 do artigo 37.º, estabelece critérios específicos no que respeita à apresentação, composição e tamanho das indicações referidas nas alíneas a) e c) do n.º 1.

Artigo 25.º *Logotipos da produção biológica*

1. O logotipo comunitário da produção biológica pode ser utilizado na rotulagem, apresentação e publicidade dos produtos que satisfazem os requisitos estabelecidos no presente regulamento.

O logotipo comunitário não pode ser utilizado no caso de produtos provenientes de explorações em conversão e dos géneros alimentícios a que se referem as alíneas b) e c) do n.º 4 do artigo 23.º

2. Podem ser utilizados logotipos nacionais e privados na rotulagem, apresentação e publicidade dos produtos que satisfazem os requisitos estabelecidos no presente regulamento.

3. A Comissão, nos termos do n.º 2 do artigo 37.º, estabelece critérios específicos no que respeita à apresentação, composição, tamanho e desenho do logotipo comunitário.

Artigo 26.º *Requisitos específicos em matéria de rotulagem*

A Comissão, nos termos do n.º 2 do artigo 37.º, estabelece requisitos específicos em matéria de rotulagem e composição aplicáveis:

a) Aos alimentos biológicos para animais;

b) Aos produtos de origem vegetal provenientes de explorações em conversão;

c) Ao material de propagação vegetativa e às sementes.

TÍTULO V.- CONTROLOS

Artigo 27.º *Sistema de controlo*

1. Os Estados-Membros estabelecem um sistema de controlo e designam uma ou várias autoridades competentes responsáveis pelos controlos no que diz respeito às obrigações previstas no presente regulamento em conformidade com o Regulamento (CE) n.º 882/2004.

2. Para além das condições estabelecidas no Regulamento (CE) n.º 882/2004, o sistema de controlo criado ao abrigo do presente regulamento compreende, pelo menos, a aplicação de medidas de precaução e de controlo a adoptar pela Comissão nos termos do n.º 2 do artigo 37.º

3. No âmbito do presente regulamento, a natureza e a frequência dos controlos são determinadas com base numa avaliação dos riscos de ocorrência de irregularidades e de infracções no que respeita ao cumprimento dos requisitos estabelecidos no presente regulamento. Em qualquer caso, todos os operadores são sujeitos a uma verificação de cumprimento pelo menos uma vez por ano, com excepção dos grossistas que lidem apenas com produtos pré-embalados e dos operadores que vendam ao consumidor ou ao utilizador final referidos no n.º 2 do artigo 28.º

4. A autoridade competente pode:

a) Conferir as suas competências de controlo a uma ou várias outras autoridades de controlo. As autoridades de controlo devem oferecer garantias adequadas de objectividade e imparcialidade e dispor de pessoal qualificado e dos recursos necessários para desempenhar as suas funções;

b) Delegar tarefas de controlo num ou mais organismos de controlo. Nesse caso, os Estados-Membros designam autoridades responsáveis pela acreditação e supervisão desses organismos.

5. A autoridade competente só pode delegar tarefas de controlo num determinado organismo de controlo se estiverem satisfeitas as condições estabelecidas no n.º 2 do artigo 5.º do Regulamento (CE) n.º 882/2004, e em especial quando:

a) Existir uma descrição exacta das tarefas que o organismo de controlo pode realizar e das condições em que pode realizá-las;

b) Existirem provas de que o organismo de controlo:

i) Dispõe dos conhecimentos técnicos, do equipamento e das *infra*-estruturas necessárias para efectuar as tarefas que nele sejam delegadas;

ii) Dispõe de pessoal em número suficiente e com qualificações e experiência adequadas; e

iii) É imparcial e não tem quaisquer conflitos de interesses no que se refere ao exercício das tarefas que nele sejam delegadas;

c) O organismo de controlo estiver acreditado de acordo com a versão mais recentemente notificada, através de publicação no *Jornal Oficial da União Europeia*, série C, da Norma Europeia EN 45011 ou da ISO/IEC Guide 65 (Requisitos gerais para organismos de certificação de produtos), e for acreditado pelas autoridades competentes;

d) O organismo de controlo comunicar os resultados dos controlos realizados à autoridade competente regularmente e sempre que esta o solicite. Se os resultados dos controlos revelarem incumprimento ou apontarem para um eventual incumprimento, o organismo de controlo informa imediatamente a autoridade competente;

e) Existir uma coordenação eficaz entre a autoridade competente que delegou as tarefas e o organismo de controlo.

6. Para além do disposto no n.º 5, ao acreditar um organismo de controlo a autoridade competente tem em conta os seguintes critérios:

a) O procedimento de controlo normalizado a seguir, com uma descrição pormenorizada das medidas de controlo e das precauções que o organismo se compromete a impor aos operadores sujeitos ao seu controlo;

b) As medidas que o organismo de controlo tenciona aplicar sempre que se verifiquem irregularidades e/ou infracções.

7. As autoridades competentes não podem delegar nos organismos de controlo as seguintes tarefas:

a) Supervisão e auditoria de outros organismos de controlo;

b) Competência para conceder derrogações a que se refere o artigo 22.º, a menos que tal esteja previsto nas condições específicas estabelecidas pela Comissão nos termos do n.º 3 do artigo 22.º

8. Em conformidade com o n.º 3 do artigo 5.º do Regulamento (CE) n.º 882/2004, as autoridades competentes que delegam tarefas de controlo em organismos de controlo devem, se necessário, organizar auditorias ou inspecções a esses organismos. Se, em resultado de uma auditoria ou de uma inspecção, se constatar que um organismo não executa devidamente as tarefas que nele foram delegadas, a autoridade competente que delega pode retirar a delegação em questão. Esta deve ser retirada sem demora se o organismo de controlo não tomar medidas correctoras adequadas e atempadas.

9. Para além do disposto no n.º 8, a autoridade competente deve:

a) Assegurar que os controlos efectuados pelo organismo de controlo sejam objectivos e independentes;

b) Verificar a eficácia dos referidos controlos;

c) Tomar conhecimento de todas as irregularidades ou infracções constatadas e das medidas correctoras aplicadas;

d) Retirar a acreditação desse organismo se este não satisfizer os requisitos referidos nas alíneas a) e b) ou tiver deixado de preencher os critérios indicados nos n.ºs 5 e 6 ou não satisfizer os requisitos estabelecidos nos n.ºs 11, 12 e 14.

10. Os Estados-Membros atribuem um número de código a cada autoridade ou organismo de controlo que realize as tarefas de controlo a que se refere o n.º 4.

11. As autoridades e organismos de controlo facultam às autoridades competentes o acesso aos seus escritórios e instalações e dão todas as informações e assistência consideradas necessárias pelas autoridades competentes para a execução das suas obrigações nos termos do presente artigo.

12. As autoridades e organismos de controlo asseguram que sejam aplicadas aos operadores sujeitos ao seu controlo pelo menos as medidas de precaução e de controlo referidas no n.º 2.

13. Os Estados-Membros garantem que o sistema de controlo assim estabelecido permita assegurar a rastreabilidade de cada produto em todas as fases da produção, transformação e distribuição em conformidade com o artigo 18.º do Regulamento (CE) n.º 178/2002, nomeadamente a fim de oferecer aos consumidores garantias de que os produtos biológicos foram produzidos em conformidade com os requisitos estabelecidos no presente regulamento.

14. Até 31 de Janeiro de cada ano, as autoridades e organismos de controlo devem transmitir às autoridades competentes uma lista dos operadores que foram submetidos aos seus controlos até 31 de Dezembro do ano anterior. Até 31 de Março de cada ano, deve ser apresentado um relatório sucinto das actividades de controlo realizadas no ano anterior.

Artigo 28.º *Sujeição ao sistema de controlo*
1. Os operadores que produzam, preparem, armazenem, ou importem de um país terceiro produtos na acepção do n.º 2 do artigo 1.º ou que coloquem no mercado tais produtos devem, antes de colocar no mercado um produto como sendo biológico ou proveniente de uma exploração em conversão a biológico:

a) Declarar a sua actividade às autoridades competentes do Estado-Membro em que a referida actividade é exercida;

b) Sujeitar a sua empresa ao sistema de controlo a que se refere o artigo 27.º

O primeiro parágrafo aplica-se igualmente aos exportadores que exportem produtos obtidos em conformidade com as regras de produção estabelecidas no presente regulamento.

Se um operador subcontratar a terceiros qualquer das suas actividades, esse operador fica não obstante sujeito aos requisitos referidos nas alíneas a) e b) e as actividades subcontratadas ficam sujeitas ao sistema de controlo.

2. Os Estados-Membros podem isentar da aplicação do presente artigo os operadores que vendam produtos directamente ao consumidor ou ao utilizador final, desde que não os produzam, não os preparem, não os armazenem senão no ponto de venda, nem os importem de um país terceiro, ou que não tenham subcontratado a terceiros essas actividades.

3. Os Estados-Membros designam uma autoridade ou acreditam um organismo para a recepção dessas notificações.

4. Os Estados-Membros asseguram que qualquer operador que cumpra as regras do presente regulamento e pague uma taxa razoável a título de contribuição para as despesas de controlo esteja coberto pelo sistema de controlo.

5. As autoridades e organismos de controlo devem manter uma lista actualizada dos nomes e endereços dos operadores sob seu controlo. A lista será disponibilizada às partes interessadas.

6. A Comissão, nos termos do n.º 2 do artigo 37.º, aprova normas de execução tendo em vista precisar o procedimento de declaração e de sujeição a controlo a que se refere o n.º 1 do presente artigo, em especial no que respeita às informações a incluir na declaração a que se refere a alínea a) do n.º 1 do presente artigo.

Artigo 29.º *Provas documentais*
1. As autoridades e organismos de controlo a que se refere o n.º 4 do artigo 27.º devem fornecer provas documentais a qualquer operador que seja sujeito aos seus controlos e que, na respectiva esfera de actividades, satisfaça os requisitos do presente regulamento. As provas documentais devem permitir, no mínimo, identificar o operador e indicar o tipo ou gama de produtos, bem como o período de validade.

2. O operador deve verificar as provas documentais dos seus fornecedores.

3. A forma das provas documentais referidas no n.º 1 é estabelecida nos termos do n.º 2 do artigo 37.º, tendo em conta as vantagens da certificação electrónica.

Artigo 30.º *Medidas em caso de infracções e irregularidades*
1. Sempre que seja detectada uma irregularidade quanto ao cumprimento dos requisitos estabelecidos no presente regulamento, a autoridade ou organismo de controlo assegura que não seja feita qualquer referência ao método de produção biológica na rotulagem e na publicidade da totalidade do lote ou da produção afectados por essa irregularidade, nos casos em que essa medida seja proporcionada em relação à importância do requisito infringido e à natureza e às circunstâncias particulares das actividades irregulares.

Sempre que seja detectada uma infracção grave ou uma infracção com efeito prolongado, a autoridade ou organismo de controlo proíbe o operador em causa de comercializar produtos em que seja feita referência ao método de produção biológica na rotulagem e na publicidade durante um período a acordar com a autoridade competente do Estado-Membro.

2. As informações sobre casos de irregularidades ou infracções que afectem o estatuto biológico de um produto são imediatamente comunicadas entre organismos e autoridades de controlo, autoridades competentes e Estados-Membros em causa e, se for caso disso, à Comissão.

O nível de comunicação depende da gravidade e da amplitude da irregularidade ou infracção detectada.

A Comissão, nos termos do n.º 2 do artigo 37.º, pode estabelecer regras relativas à forma e às modalidades de tais comunicações.

Artigo 31.º *Intercâmbio de informações*
Mediante pedido devidamente justificado pela necessidade de garantir que um produto foi obtido em conformidade com o presente regulamento, as autoridades competentes e as autoridades e organismos de controlo trocam com outras autoridades competentes e autoridades e organismos de controlo informações pertinentes sobre os resultados dos seus controlos. Podem igualmente trocar tais informações por sua própria iniciativa.

TÍTULO VI.- RELAÇÕES COM PAÍSES TERCEIROS

Artigo 32.º *Importação de produtos conformes*
1. Um produto importado de um país terceiro pode ser colocado no mercado comunitário como sendo biológico desde que:
a) Cumpra o disposto nos títulos II, III e IV, assim como as normas de execução aplicáveis à sua obtenção aprovadas nos termos do presente regulamento;
b) Todos os operadores, incluindo os exportadores, tenham sido controlados por uma autoridade ou organismo de controlo reconhecido nos termos do n.º 2;
c) Os operadores em causa possam fornecer, a qualquer momento, aos importadores ou às autoridades nacionais as provas documentais referidas no artigo 29.º emitidas pela autoridade ou organismo de controlo a que se refere a alínea b), devendo essas provas permitir a identificação do operador que efectuou a última operação e a verificação do cumprimento do disposto nas alíneas a) e b) por esse operador.
2. A Comissão, nos termos do n.º 2 do artigo 37.º, reconhece as autoridades e organismos de controlo a que se refere a alínea b) do n.º 1 do presente artigo, incluindo as autoridades e organismos de controlo referidos no artigo 27.º que sejam competentes para executar controlos e emitir as provas documentais referidas na alínea c) do n.º 1 do presente artigo em países terceiros, e estabelece uma lista dessas autoridades e organismos de controlo.
Os organismos de controlo devem estar acreditados de acordo com a versão mais recentemente notificada através de publicação no *Jornal Oficial da União Europeia*, série C, da Norma Europeia EN 45011 ou da ISO/IEC Guide 65 (Requisitos gerais para organismos de certificação de produtos). Os organismos de controlo são submetidos regularmente a uma avaliação *in loco*, à fiscalização e à reavaliação plurianual das suas actividades pelo organismo de acreditação.
Sempre que examine pedidos de reconhecimento, a Comissão convida a autoridade ou o organismo de controlo a fornecer todas as informações necessárias. A Comissão pode igualmente confiar a peritos a tarefa de examinar *in loco* as regras de produção e as actividades de controlo realizadas no país terceiro pela autoridade ou pelo organismo de controlo em causa.
Os organismos ou as autoridades de controlo reconhecidos fornecem os relatórios de avaliação emitidos pelo organismo de acreditação ou, se for caso disso, pela autoridade competente relativos à avaliação *in loco*, à fiscalização e à reavaliação plurianual regulares das suas actividades.
Com base nos relatórios de avaliação, a Comissão, assistida pelos Estados-Membros, assegura uma supervisão adequada dos organismos e autoridades de controlo reconhecidos, reexaminando regularmente o seu reconhecimento. A natureza da supervisão é determinada com base numa avaliação dos riscos de ocorrência de irregularidades ou infracções ao disposto no presente regulamento.

Artigo 33.º *Importação de produtos que oferecem garantias equivalentes*
1. Um produto importado de um país terceiro pode igualmente ser colocado no mercado comunitário como sendo biológico, desde que:
a) O produto tenha sido obtido em conformidade com regras de produção equivalentes às referidas nos títulos III e IV;
b) Os operadores tenham sido submetidos a medidas de controlo de eficácia equivalente às referidas no título V e a aplicação dessas medidas tenha sido permanente e efectiva;
c) Os operadores em todas as fases da produção, preparação e distribuição no país terceiro tenham sujeitado as suas actividades a um sistema de controlo reconhecido nos

termos do n.º 2 ou a uma autoridade ou organismo de controlo reconhecido nos termos do n.º 3;

d) O produto esteja coberto por um certificado de inspecção emitido pelas autoridades competentes, pelas autoridades ou organismos de controlo do país terceiro reconhecido nos termos do n.º 2, ou por uma autoridade ou organismo de controlo reconhecido nos termos do n.º 3, que confirme que o produto preenche as condições estabelecidas no presente número.

O original do certificado a que se refere o presente número deve acompanhar a mercadoria até às instalações do primeiro destinatário; seguidamente, o importador deve mantê-lo à disposição da autoridade ou do organismo de controlo durante, pelo menos, dois anos.

2. A Comissão, nos termos do n.º 2 do artigo 37.º, pode reconhecer os países terceiros cujo sistema de produção obedeça a princípios e regras de produção equivalentes aos estabelecidos nos títulos II, III e IV e cujas medidas de controlo sejam de eficácia equivalente às previstas no título V, e estabelecer uma lista desses países. A avaliação da equivalência deve ter em conta as directrizes CAC/GL 32 do *Codex Alimentarius*.

Sempre que examine pedidos de reconhecimento, a Comissão convida o país terceiro a fornecer todas as informações necessárias. A Comissão pode confiar a peritos a tarefa de examinar *in loco* as regras de produção e as medidas de controlo do país terceiro em causa.

Até 31 de Março de cada ano, os países terceiros reconhecidos enviam à Comissão um relatório anual conciso relativo à aplicação e execução das medidas de controlo neles estabelecidas.

Com base nas informações desses relatórios, a Comissão, assistida pelos Estados-Membros, assegura uma supervisão adequada dos países terceiros reconhecidos, reexaminando regularmente o seu reconhecimento. A natureza da supervisão é determinada com base numa avaliação dos riscos de ocorrência de irregularidades ou infracções ao disposto no presente regulamento.

3. Relativamente aos produtos não importados nos termos do artigo 32.º e não importados de um país terceiro reconhecido nos termos do n.º 2 do presente artigo, a Comissão, nos termos do n.º 2 do artigo 37.º, pode reconhecer as autoridades e organismos de controlo, incluindo as autoridades e organismos de controlo a que se refere o artigo 27.º competentes para executar controlos e emitir certificados em países terceiros para efeitos do n.º 1, e estabelecer uma lista dessas autoridades e organismos. A avaliação da equivalência deve ter em conta as directrizes CAC/GL 32 do *Codex Alimentarius*.

A Comissão examina qualquer pedido de reconhecimento apresentado por uma autoridade ou por um organismo de controlo de um país terceiro.

Sempre que examine pedidos de reconhecimento, a Comissão convida a autoridade ou o organismo de controlo a fornecer todas as informações necessárias. Os organismos ou as autoridades de controlo são submetidos regularmente a uma avaliação *in loco*, à fiscalização e à reavaliação plurianual das suas actividades por um organismo de acreditação ou, se for caso disso, por uma autoridade competente. A Comissão pode igualmente confiar a peritos a tarefa de examinar *in loco* as regras de produção e as medidas de controlo realizadas no país terceiro pela autoridade ou pelo organismo de controlo em causa.

Os organismos ou as autoridades de controlo reconhecidos fornecem os relatórios de avaliação emitidos pelo organismo de acreditação ou, se for caso disso, pela autoridade competente relativos à avaliação *in loco*, à fiscalização e à reavaliação plurianual regulares das suas actividades.

Com base nesses relatórios de avaliação, a Comissão, assistida pelos Estados-Membros, assegura uma supervisão adequada dos organismos e autoridades de controlo reconhecidos, reexaminando regularmente o seu reconhecimento. A natureza da supervisão é determinada com base numa avaliação dos riscos de ocorrência de irregularidades ou infracções ao disposto no presente regulamento.

TÍTULO VII.- DISPOSIÇÕES FINAIS E TRANSITÓRIAS

Artigo 34.º *Livre circulação de produtos biológicos*

1. As autoridades competentes, as autoridades e organismos de controlo não podem, por razões relativas ao método de produção, à rotulagem ou à apresentação desse método, proibir ou restringir a comercialização de produtos biológicos controlados por outra autoridade ou organismo de controlo situado noutro Estado-Membro, na medida em que estes produtos satisfaçam os requisitos do presente regulamento. Não podem nomeadamente ser impostos controlos ou encargos financeiros para além dos previstos no título V.

2. No seu território, qualquer Estado-Membro pode aplicar regras mais rigorosas à produção vegetal e animal biológica, desde que essas regras também sejam aplicáveis à produção não biológica, estejam em conformidade com a legislação comunitária e não proíbam nem restrinjam a comercialização de produtos biológicos obtidos fora do território do Estado-Membro em causa.

Artigo 35.º *Transmissão de informações à Comissão*
Os Estados-Membros transmitem periodicamente à Comissão as seguintes informações:
a) Nomes e endereços das autoridades competentes e, se for caso disso, os seus números de código e as suas marcas de conformidade;
b) Listas das autoridades e organismos de controlo e dos seus números de código e, se for caso disso, das suas marcas de conformidade. A Comissão publica periodicamente a lista das autoridades e organismos de controlo.

Artigo 36.º *Informações estatísticas*
Os Estados-Membros transmitem à Comissão as informações estatísticas necessárias para a execução e o acompanhamento do disposto no presente regulamento. Essas informações estatísticas são definidas no contexto do Programa Estatístico Comunitário.

Artigo 37.º *Comité da produção biológica*
1. A Comissão é assistida por um comité de regulamentação da produção biológica.
2. Sempre que se faça referência ao presente número, são aplicáveis os artigos 5.º e 7.º da Decisão 1999/468/CE.
O prazo previsto no n.º 6 do artigo 5.º da Decisão 1999/468/CE é de três meses.

Artigo 38.º *Normas de execução*
Nos termos do n.º 2 do artigo 37.º e no respeito dos objectivos e princípios estabelecidos no título II, a Comissão aprova as normas de execução do presente regulamento. Essas normas incluem, em especial, as seguintes:
a) Normas de execução referentes às regras de produção estabelecidas no título III, nomeadamente no que respeita às condições e requisitos específicos a observar pelos operadores;
b) Normas de execução referentes às regras de rotulagem estabelecidas no título IV;
c) Normas de execução referentes ao sistema de controlo estabelecido no título V, nomeadamente no que respeita aos requisitos mínimos de controlo, supervisão e auditoria, aos critérios específicos para a delegação de tarefas em organismos de controlo privados, aos critérios para a acreditação e retirada da acreditação de tais organismos, assim como às provas documentais a que se refere o artigo 29.º;
d) Normas de execução referentes às regras para as importações de países terceiros estabelecidas no título VI, nomeadamente no que respeita aos critérios e procedimentos a seguir quanto ao reconhecimento, nos termos dos artigos 32.º e 33.º, dos países terceiros e organismos de controlo, incluindo a publicação das listas de países terceiros e organismos de controlo reconhecidos, e no que respeita ao certificado referido na alínea d) do n.º 1 do artigo 33.º, tendo em conta as vantagens da certificação electrónica;
e) Normas de execução referentes à livre circulação dos produtos biológicos prevista no artigo 34.º e à transmissão de informações à Comissão a que se refere o artigo 35.º

Artigo 39.º *Revogação do Regulamento (CEE) n.º 2092/91*
1. O Regulamento (CEE) n.º 2092/91 é revogado a partir de 1 de Janeiro de 2009.
2. As remissões para o Regulamento (CEE) n.º 2092/91 revogado devem entender-se como sendo feitas para o presente regulamento.

Artigo 40.º *Medidas transitórias*
Se necessário, são aprovadas, nos termos do n.º 2 do artigo 37.º, medidas destinadas a facilitar a transição das regras estabelecidas pelo Regulamento (CEE) n.º 2092/91 para as do presente regulamento.

Artigo 41.º *Relatório ao Conselho*
1. Até 31 de Dezembro de 2011, a Comissão apresenta um relatório ao Conselho.
2. O relatório deve, em especial, analisar a experiência adquirida com a aplicação do presente regulamento e ponderar, nomeadamente, as seguintes questões:
   a) O âmbito de aplicação do presente regulamento e, em particular, no que diz respeito aos géneros alimentícios biológicos preparados por estabelecimentos de restauração colectiva;
   b) A proibição de utilização de OGM, incluindo a disponibilidade de produtos não obtidos mediante OGM, a declaração do vendedor, a viabilidade de limiares de tolerância específicos e as suas repercussões no sector biológico;
   c) O funcionamento do mercado interno e do sistema de controlo, avaliando em especial se as práticas estabelecidas não conduzem a uma concorrência desleal ou a entraves à produção e comercialização de produtos biológicos.
3. Se for caso disso, a Comissão deve fazer acompanhar o relatório de propostas adequadas.

Artigo 42.º *Entrada em vigor e aplicação*
O presente regulamento entra em vigor no sétimo dia seguinte ao da sua publicação no Jornal Oficial da União Europeia.
Enquanto não forem estabelecidas normas de execução referentes à produção de determinadas espécies animais, plantas aquáticas e microalgas, são aplicáveis, no que respeita à rotulagem, as regras previstas no artigo 23.º e, no que respeita aos controlos, as previstas no título V. Na pendência da aprovação dessas normas, são aplicáveis as regras nacionais ou, na sua ausência, as normas privadas aceites ou reconhecidas pelos Estados-Membros.
O presente regulamento é aplicável a partir de 1 de Janeiro de 2009.
Todavia, o disposto nas alíneas b) e c) do n.º 1 do artigo 24.º é aplicável a partir de 1 de Julho de 2010.
O presente regulamento é obrigatório em todos os seus elementos e directamente aplicável em todos os Estados-Membros.

ANEXO.-
Termos a que se refere o n.º 1 do artigo 23.º

[Anexo não reproduzido na presente publicação]

15 de Janeiro de 2008.- Regulamento (CE) n.° 110/2008
do Parlamento Europeu e do Conselho
relativo à definição, designação, apresentação, rotulagem e protecção das indicações
geográficas das bebidas espirituosas
e que revoga o Regulamento (CEE) n.° 1576/89 do Conselho
(J.O. L 39, 13/02/2008)

(V.C. 29/04/2014)

TJUE, 14 de Julho de 2011. Processos apensos C-4/10 e C-27/10, Bureau national interprofessionnel du Cognac contra Gust. Ranin Oy [Interpretação dos artigos 16 e 23].

O PARLAMENTO EUROPEU E O CONSELHO DA UNIÃO EUROPEIA,
Tendo em conta o Tratado que institui a Comunidade Europeia, nomeadamente o artigo 95.°,
Tendo em conta a proposta da Comissão,
Tendo em conta o parecer do Comité Económico e Social Europeu,
Deliberando nos termos do artigo 251.° do Tratado,
Considerando o seguinte:
(1) O Regulamento (CEE) n.° 1576/89 do Conselho, de 29 de Maio de 1989, que estabelece as regras gerais relativas à definição, à designação e à apresentação das bebidas espirituosas, e o Regulamento (CEE) n.° 1014/90 da Comissão, de 24 de Abril de 1990, que estabelece as normas de aplicação para a definição, designação e apresentação das bebidas espirituosas, revelaram-se eficazes na regulação do sector das bebidas espirituosas. Contudo, é necessário clarificar, à luz da experiência recente, as regras aplicáveis à definição, designação, apresentação e rotulagem das bebidas espirituosas, bem como as relativas à protecção das indicações geográficas de certas bebidas espirituosas, tendo simultaneamente em conta os métodos de produção tradicionais. O Regulamento (CEE) n.° 1576/89 deverá, por conseguinte, ser revogado e substituído.
(2) O sector das bebidas espirituosas é importante para os consumidores, para os produtores e para o sector agrícola da Comunidade. As medidas aplicáveis ao sector das bebidas espirituosas deverão contribuir para atingir um elevado nível de protecção dos consumidores, para prevenir as práticas enganosas e para assegurar a transparência do mercado e uma concorrência leal. Deste modo, deverão preservar a reputação que as bebidas espirituosas comunitárias alcançaram na Comunidade e no mercado mundial, uma vez que continuarão a ter em conta as práticas tradicionais utilizadas na produção de bebidas espirituosas, assim como a exigência cada vez maior de protecção e de informação do consumidor. A inovação tecnológica deverá ser igualmente tida em conta nas categorias em que sirva para melhorar a qualidade, sem afectar o carácter tradicional das bebidas espirituosas em questão.
(3) A produção de bebidas espirituosas constitui uma importante via de escoamento dos produtos agrícolas comunitários. Esta associação forte com o sector agrícola deverá ser salientada pelo quadro regulamentar.
(4) Para assegurar uma abordagem mais sistemática na legislação que rege as bebidas espirituosas, o presente regulamento deverá estabelecer critérios claramente definidos para a produção, designação, apresentação e rotulagem das bebidas espirituosas, bem como para a protecção das indicações geográficas.
(5) No interesse do consumidor, o presente regulamento deverá aplicar-se a todas as bebidas espirituosas colocadas no mercado na Comunidade, quer tenham sido produzidas na Comunidade, quer em países terceiros. Tendo em vista a exportação de bebidas espirituosas de alta qualidade e a fim de manter e aumentar a reputação das bebidas espirituosas comunitárias no mercado mundial, o presente regulamento deverá igualmente aplicar-se às bebidas espirituosas produzidas na Comunidade para fins de exportação. O presente regulamento deverá igualmente aplicar-se à utilização de álcool etílico e/ou de destilados de origem agrícola na produção de bebidas alcoólicas e à utilização das denominações de bebidas espirituosas na apresentação e rotulagem de géneros alimentícios. Em casos excepcionais em que a legislação de um país terceiro importador o exija, o presente regulamento deverá permitir derrogações das disposições

dos anexos I e II do presente regulamento, pelo procedimento de regulamentação com controlo.

(6) Em geral, o presente regulamento deverá continuar a centrar-se nas definições das bebidas espirituosas, que deverão ser classificadas em categorias. Essas definições deverão continuar a respeitar as práticas tradicionais de qualidade, mas deverão ser completadas ou actualizadas nos casos em que as definições anteriores sejam insuficientes ou imprecisas ou possam ser melhoradas à luz da evolução tecnológica.

(7) A fim de ter em conta as expectativas dos consumidores acerca das matérias-primas utilizadas para o vodka, em especial nos Estados-Membros produtores tradicionais de vodka, é necessário prever que sejam dadas informações adequadas sobre a matéria-prima utilizada, sempre que o vodka seja produzido a partir de matérias-primas de origem agrícola que não sejam cereais nem batatas.

(8) Além disso, o álcool etílico utilizado na produção de bebidas espirituosas e de outras bebidas alcoólicas deverá ser exclusivamente de origem agrícola, de modo a satisfazer as expectativas do consumidor e a respeitar as práticas tradicionais. Deverá assegurar-se assim, igualmente, um mercado para os produtos agrícolas de base.

(9) Dada a importância e a complexidade do sector das bebidas espirituosas, é conveniente estabelecer medidas específicas para a designação e a apresentação das bebidas espirituosas que vão para além das normas horizontais estabelecidas na Directiva 2000/13/CE do Parlamento Europeu e do Conselho, de 20 de Março de 2000, relativa à aproximação das legislações dos Estados-Membros respeitantes à rotulagem, apresentação e publicidade dos géneros alimentícios. Essas medidas específicas deverão igualmente prevenir a utilização abusiva do termo «bebida espirituosa» e das denominações de bebidas espirituosas para produtos que não correspondam às definições constantes do presente regulamento.

(10) Embora seja importante garantir que, de um modo geral, o período de maturação ou a idade se refiram apenas ao mais recente dos constituintes alcoólicos, o presente regulamento deverá permitir derrogações a fim de ter em conta os processos tradicionais de envelhecimento regulamentados pelos Estados-Membros.

(11) Em conformidade com o Tratado, ao aplicarem uma política de qualidade, e para que se possa atingir um elevado nível de qualidade das bebidas espirituosas e de diversidade no sector, os Estados-Membros deverão poder adoptar normas mais estritas do que as previstas no presente regulamento em matéria de produção, designação, apresentação e rotulagem das bebidas espirituosas produzidas nos seus próprios territórios.

(12) A Directiva 88/388/CEE do Conselho, de 22 de Junho de 1988, relativa à aproximação das legislações dos Estados-Membros no domínio dos aromas destinados a serem utilizados nos géneros alimentícios e dos materiais de base para a respectiva produção, é aplicável às bebidas espirituosas. É portanto suficiente estabelecer no presente regulamento as normas que não estejam já previstas naquela directiva.

(13) É importante ter na devida conta as disposições do Acordo sobre Aspectos dos Direitos de Propriedade Intelectual Relacionados com o Comércio (seguidamente designado por «Acordo TRIPS»), nomeadamente os artigos 22.º e 23.º, e o Acordo Geral sobre Pautas Aduaneiras e Comércio, que é parte integrante do Acordo que institui a Organização Mundial do Comércio, aprovado pela Decisão 94/800/CE do Conselho.

(14) Dado que o Regulamento (CE) n.º 510/2006 do Conselho, de 20 de Março de 2006, relativo à protecção das indicações geográficas e denominações de origem dos produtos agrícolas e dos géneros alimentícios, não se aplica às bebidas espirituosas, o presente regulamento deverá estabelecer as normas para a protecção das indicações geográficas das bebidas espirituosas. As indicações geográficas deverão constar de um registo que identifique as bebidas espirituosas como sendo originárias do território de um país, ou de uma região ou lugar desse território, sempre que determinada qualidade, reputação ou outra característica da bebida espirituosa seja essencialmente imputável à sua origem geográfica.

(15) O presente regulamento deverá prever um procedimento não discriminatório para o registo, a conformidade, a alteração e o eventual cancelamento das indicações geográficas de países terceiros e da UE, em conformidade com o Acordo TRIPS, reconhecendo embora o estatuto específico das indicações geográficas estabelecidas.

(16) As medidas necessárias à execução do presente regulamento deverão ser aprovadas nos termos da Decisão 1999/468/CE do Conselho, de 28 de Junho de 1999, que fixa as regras de exercício das competências de execução atribuídas à Comissão.

(17) Em especial, deverá ser atribuída competência à Comissão para: dispensar da aplicação de certas partes do presente regulamento caso a legislação de um país de importação o exija; fixar o nível máximo de edulcoração para arredondamento; dispensar da aplicação das regras que regem a indicação do período de maturação ou da idade; tomar decisões sobre o pedido de registo, o cancelamento e a retirada de indicações geográficas, bem como sobre a alteração da ficha técnica; alterar a lista de definições e requisitos técnicos, as definições de bebidas espirituosas classificadas em categorias e a lista de indicações geográficas registadas; e dispensar da aplicação do procedimento de registo de indicações geográficas e de alteração da ficha técnica. Atendendo a que têm alcance geral e se destinam a alterar elementos não essenciais do presente regulamento, designadamente suprimindo alguns desses elementos ou completando-o com novos elementos não essenciais, essas medidas devem ser aprovadas pelo procedimento de regulamentação com controlo previsto no artigo 5.º-A da Decisão 1999/468/CE.

(18) A transição das disposições previstas no Regulamento (CEE) n.º 1576/89 para as disposições previstas no presente regulamento poderá dar azo a situações complicadas não abordadas no presente regulamento. As medidas necessárias para proceder a essa transição, bem como as medidas requeridas para resolver problemas práticos específicos do sector das bebidas espirituosas, deverão ser aprovadas nos termos da Decisão 1999/468/CE.

(19) Para facilitar a transição das regras previstas no Regulamento (CEE) n.º 1576/89, a produção de bebidas espirituosas nos termos desse regulamento deverá ser permitida durante o primeiro ano de aplicação do presente regulamento. Deverá prever-se igualmente a comercialização das existências até que se esgotem,
APROVARAM O PRESENTE REGULAMENTO:

CAPÍTULO I.- ÂMBITO DE APLICAÇÃO, DEFINIÇÃO E CATEGORIAS DE BEBIDAS ESPIRITUOSAS

Artigo 1.º *Objecto e âmbito de aplicação*

1. O presente regulamento estabelece regras para a definição, designação, apresentação e rotulagem das bebidas espirituosas, e para a protecção das indicações geográficas das bebidas espirituosas.

2. O presente regulamento aplica-se a todas as bebidas espirituosas colocadas no mercado na Comunidade, quer sejam produzidas na Comunidade quer em países terceiros, bem como às produzidas na Comunidade para exportação. O presente regulamento aplica-se também à utilização de álcool etílico e/ou de destilados de origem agrícola na produção de bebidas alcoólicas e à utilização das denominações de bebidas espirituosas na apresentação e rotulagem de géneros alimentícios.

3. Em casos excepcionais em que a legislação de um país terceiro importador o exija, pode ser dispensada a aplicação das disposições dos anexos I e II pelo procedimento de regulamentação com controlo a que se refere o n.º 3 do artigo 25.º

Artigo 2.º *Definição de bebida espirituosa*

1. Para efeitos do presente regulamento, entende-se por «bebida espirituosa» uma bebida alcoólica:
a) Destinada ao consumo humano;
b) Com características organolépticas específicas;
c) Com um título alcoométrico mínimo de 15 % vol.;
d) Obtida:
i) Quer directamente:
— por destilação de produtos fermentados naturalmente, com ou sem adição de aromas, e/ou
— por maceração ou processos similares de transformação de produtos vegetais em álcool etílico de origem agrícola e/ou destilados de origem agrícola e/ou bebidas espirituosas na acepção do presente regulamento, e/ou
— por adição de aromas, de açúcares ou de outros produtos edulcorantes enumerados no ponto 3 do anexo I e/ou de outros produtos agrícolas e/ou de géneros alimentícios a álcool etílico de origem agrícola e/ou a destilados de origem agrícola e/ou a bebidas espirituosas na acepção do presente regulamento,
ii) Quer por mistura de uma bebida espirituosa com um ou vários dos seguintes produtos:

— outras bebidas espirituosas, e/ou
— álcool etílico de origem agrícola ou destilados de origem agrícola, e/ou
— outras bebidas alcoólicas, e/ou
— bebidas.

2. Não são, todavia, consideradas bebidas espirituosas as bebidas compreendidas nos códigos da Nomenclatura Combinada (NC) 2203, 2204, 2205, 2206 e 2207.

3. O título alcoométrico mínimo previsto na alínea c) do n.º 1 não prejudica a definição do produto constante da categoria 41 do anexo II.

4. Para efeitos do presente regulamento, as definições e os requisitos técnicos aplicáveis encontram-se estabelecidos no anexo I.

Artigo 3.º *Origem do álcool etílico*
1. O álcool etílico utilizado na produção de bebidas espirituosas e de todos os seus componentes só pode ser de origem agrícola na acepção do anexo I do Tratado.
2. O álcool etílico utilizado na produção de bebidas espirituosas deve corresponder à definição constante do ponto 1 do anexo I do presente regulamento.
3. O álcool etílico utilizado para diluir ou dissolver corantes, aromas ou quaisquer outros aditivos autorizados utilizados na elaboração de bebidas espirituosas só pode ser álcool etílico de origem agrícola.
4. As bebidas alcoólicas não podem conter álcool de origem sintética, nem qualquer outro álcool de origem não agrícola na acepção do anexo I do Tratado.

Artigo 4.º *Categorias de bebidas espirituosas*
As bebidas espirituosas são classificadas em categorias de acordo com as definições constantes do anexo II.

Artigo 5.º *Regras gerais relativas às categorias de bebidas espirituosas*
1. Sem prejuízo das regras específicas estabelecidas para cada uma das categorias numeradas de 1 a 14 do anexo II, as bebidas espirituosas aí definidas:
a) Devem ser produzidas por fermentação alcoólica e destilação, exclusivamente a partir das matérias-primas previstas na definição relativa à bebida espirituosa em questão;
b) Não podem ser objecto de adição de álcool tal como definido no ponto 5 do anexo I, diluído ou não;
c) Não podem conter substâncias aromatizantes adicionadas;
d) Só podem conter caramelo adicionado como meio para adaptar a cor;
e) Só podem ser edulcoradas para arredondar o sabor final do produto, de acordo com o ponto 3 do anexo I. O nível máximo dos produtos usados para arredondamento enumerados nas alíneas a) a f) do ponto 3 do anexo I é decidido pelo procedimento de regulamentação com controlo a que se refere o n.º 3 do artigo 25.º Deve ser tida em conta a legislação específica dos Estados-Membros.
2. Sem prejuízo das regras específicas estabelecidas para cada uma das categorias numeradas de 15 a 46 do anexo II, as bebidas espirituosas aí definidas podem:
a) Ser obtidas a partir de qualquer matéria-prima agrícola constante do anexo I do Tratado;
b) Ser objecto de adição de álcool tal como definido no ponto 5 do anexo I do presente regulamento;
c) Contém substâncias aromatizantes, tal como definidas na alínea b) do n.º 2 do artigo 3.º do Regulamento (CE) n.º 1334/2008 do Parlamento Europeu e do Conselho de, 16 de Dezembro de 2008, relativo aos aromas e a determinados ingredientes alimentares com propriedades aromatizantes utilizados nos e sobre os géneros de alimentícios e preparações aromatizantes, tal como definidas na alínea d) do n.º 2 do artigo 3.º do referido regulamento;
d) Conter uma coloração tal como definida no ponto 10 do anexo I do presente regulamento;
e) Ser edulcoradas para corresponder a características particulares do produto, de acordo com o ponto 3 do anexo I do presente regulamento e tendo em conta a legislação específica dos Estados-Membros.
3. Sem prejuízo das regras específicas estabelecidas no anexo II, as outras bebidas espirituosas que não respeitem os requisitos constantes das categorias 1 a 46 podem:
a) Ser obtidas a partir de qualquer matéria-prima agrícola constante do anexo I do Tratado e/ou de qualquer género alimentício próprio para consumo humano;

b) Ser objecto de adição de álcool tal como definido no ponto 5 do anexo I do presente regulamento;

c) Contém um ou mais aromas, tal como definidos na alínea a) do n.º 2 do artigo 3.º do Regulamento (CE) n.º 1334/2008;

d) Conter uma coloração tal como definida no ponto 10 do anexo I do presente regulamento;

e) Ser edulcoradas para corresponder a características particulares do produto, de acordo com o ponto 3 do anexo I do presente regulamento.

Artigo 6.º *Legislação dos Estados-Membros*
1. Ao aplicarem uma política de qualidade relativamente às bebidas espirituosas produzidas nos seus próprios territórios e, em particular, relativamente às indicações geográficas registadas no anexo III ou ao estabelecimento de novas indicações geográficas, os Estados-Membros podem estabelecer normas mais estritas do que as constantes do anexo II em matéria de produção, designação, apresentação e rotulagem, desde que estas sejam compatíveis com o direito comunitário.
2. Os Estados-Membros não podem proibir nem restringir a importação, a venda ou o consumo de bebidas espirituosas conformes com o presente regulamento.

CAPÍTULO II.- DESIGNAÇÃO, APRESENTAÇÃO E ROTULAGEM DAS BEBIDAS ESPIRITUOSAS

Artigo 7.º *Definições*
Para efeitos do presente regulamento, os termos «designação», «apresentação» e «rotulagem» encontram-se definidos nos pontos 14, 15 e 16 do anexo I.

Artigo 8.º *Denominação de venda*
Nos termos do artigo 5.º da Directiva 2000/13/CE, a denominação sob a qual uma bebida espirituosa é vendida (a seguir designada por «denominação de venda») está sujeita ao disposto no presente capítulo.

Artigo 9.º *Regras específicas relativas às denominações de venda*
1. As bebidas espirituosas que satisfaçam as especificações aplicáveis aos produtos definidos nas categorias 1 a 46 do anexo II devem ostentar na designação, apresentação e rotulagem as denominações de venda aí atribuídas.
2. As bebidas espirituosas que correspondam à definição estabelecida no artigo 2.º, mas que não satisfaçam os requisitos para a inclusão nas categorias 1 a 46 do anexo II, devem ostentar na designação, apresentação e rotulagem a denominação de venda «bebida espirituosa». Sem prejuízo do n.º 5 do presente artigo, essa denominação de venda não pode ser substituída nem alterada.
3. Quando uma bebida espirituosa corresponder à definição de mais do que uma das categorias de bebidas espirituosas do anexo II, pode ser comercializada com uma ou mais das denominações correspondentes a essas categorias no anexo II.
4. Sem prejuízo do n.º 9 do presente artigo e do n.º 1 do artigo 10.º, as denominações referidas no n.º 1 do presente artigo não podem ser utilizadas para designar ou apresentar, seja de que modo for, quaisquer bebidas diversas das bebidas espirituosas cujas denominações se encontram enumeradas no anexo II e registadas no anexo III.
5. As denominações de venda podem ser complementadas ou substituídas por uma das indicações geográficas registadas no anexo III, em conformidade com o capítulo III, ou complementadas de acordo com a legislação nacional por outra indicação geográfica, desde que tal não induza em erro o consumidor.
6. As indicações geográficas registadas no anexo III só podem ser complementadas:
a) Por termos já utilizados em 20 de Fevereiro de 2008 para indicações geográficas estabelecidas na acepção do artigo 20.º; ou
b) De acordo com a ficha técnica correspondente prevista no n.º 1 do artigo 17.º
7. As bebidas alcoólicas que não correspondam a nenhuma das definições enumeradas nas categorias 1 a 46 do anexo II não podem ser designadas, apresentadas ou rotuladas associando termos ou expressões tais como «género», «tipo», «estilo», «processo», «aroma» ou quaisquer outros termos análogos a qualquer das denominações de venda previstas no presente regulamento e/ou indicações geográficas registadas no anexo III.
8. A denominação de venda de uma bebida espirituosa não pode ser substituída por nenhuma marca registada, marca comercial ou denominação de fantasia.

9. As denominações referidas nas categorias 1 a 46 do anexo II podem ser incluídas numa lista de ingredientes para géneros alimentícios, desde que a lista seja conforme com a Directiva 2000/13/CE.

Artigo 10.° *Regras específicas relativas à utilização das denominações de venda e das indicações geográficas*
1. Sem prejuízo da Directiva 2000/13/CE, é proibida a utilização, num termo composto, de um termo enumerado nas categorias 1 a 46 do anexo II ou de uma indicação geográfica registada no anexo III, bem como a alusão, na apresentação de um género alimentício, a qualquer um desses termos ou indicações geográficas, a menos que o álcool provenha exclusivamente da bebida ou bebidas espirituosas em questão.
2. A utilização de um termo composto, tal como referido no n.° 1, é também proibida quando uma bebida espirituosa for diluída até um grau inferior ao título alcoométrico volúmico mínimo especificado na definição dessa bebida espirituosa.
3. Em derrogação do n.° 1, as disposições do presente regulamento não afectam a possível utilização do termo «amargo» ou «*bitter*» em produtos não abrangidos pelo presente regulamento.
4. Em derrogação do n.° 1 e a fim de ter em conta métodos de produção bem estabelecidos, os termos compostos enumerados na alínea d) da categoria 32 do anexo II podem ser utilizados na apresentação de licores produzidos na Comunidade, nas condições nela estabelecidas.

Artigo 11.° *Designação, apresentação e rotulagem das misturas*
1. Caso uma bebida espirituosa constante das categorias 1 a 14 do anexo II seja objecto de adição de álcool tal como definida no ponto 5 do anexo I, diluído ou não, essa bebida deve ostentar a denominação de venda «bebida espirituosa». Não pode ostentar, seja sob que forma for, uma denominação reservada nas categorias 1 a 14.
2. Caso uma bebida espirituosa enumerada nas categorias 1 a 46 do anexo II seja misturada com:
a) Uma ou várias outras bebidas espirituosas; e/ou
b) Um ou vários destilados de origem agrícola,
deve ostentar a denominação de venda «bebida espirituosa». Essa denominação de venda deve ser claramente visível em posição destacada no rótulo e não pode ser substituída nem alterada.
3. O n.° 2 não se aplica à designação, apresentação ou rotulagem de uma mistura referida nesse número se corresponder a uma das definições estabelecidas nas categorias 1 a 46 do anexo II.
4. Sem prejuízo da Directiva 2000/13/CE, na designação, apresentação ou rotulagem das bebidas espirituosas resultantes das misturas referidas no n.° 2 do presente artigo, só podem figurar um ou vários termos enumerados no anexo II se esses termos não fizerem parte da denominação de venda, mas constarem apenas do mesmo campo visual da lista de todos os ingredientes alcoólicos contidos na mistura e forem precedidos pelos termos «bebida espirituosa de mistura».
Os termos «bebida espirituosa de mistura» devem constar do rótulo em caracteres uniformes do mesmo tipo e cor que os utilizados para a denominação de venda. O tamanho desses caracteres não pode ser superior a metade do tamanho dos caracteres utilizados para a denominação de venda.
5. Na rotulagem e apresentação das misturas referidas no n.° 2 e a que se aplica a obrigação de enumerar os ingredientes alcoólicos nos termos do n.° 4, a proporção de cada ingrediente alcoólico é expressa como percentagem por ordem decrescente das quantidades utilizadas. Essa proporção é igual à percentagem volúmica de álcool puro que representa no teor volúmico total de álcool puro da mistura.

Artigo 12.° *Regras específicas relativas à designação, apresentação e rotulagem das bebidas espirituosas*
1. Caso a designação, apresentação ou rotulagem de uma bebida espirituosa indique a matéria-prima utilizada na produção do álcool etílico de origem agrícola, cada álcool agrícola utilizado é mencionado por ordem decrescente das quantidades utilizadas.
2. A designação, apresentação ou rotulagem de uma bebida espirituosa só pode ser completada pelos termos «lote», «lotação» ou «lotado» quando a bebida espirituosa tiver sido objecto de lotação tal como definida no ponto 7 do anexo I.

3. Sem prejuízo de qualquer derrogação aprovada pelo procedimento de regulamentação com controlo a que se refere o n.º 3 do artigo 25.º, na designação, apresentação ou rotulagem de uma bebida espirituosa só podem ser especificados o período de maturação ou a idade se se referirem ao mais recente dos constituintes alcoólicos e na condição de a bebida espirituosa ter sido envelhecida sob controlo oficial ou sob um controlo que ofereça garantias equivalentes.

Artigo 13.º *Proibição de cápsulas ou folhas fabricadas à base de chumbo*
As bebidas espirituosas não podem ser conservadas para venda nem colocadas no mercado em recipientes com dispositivos de fecho cobertos por cápsulas ou folhas fabricadas à base de chumbo.

Artigo 14.º *Língua utilizada na designação, apresentação e rotulagem das bebidas espirituosas*
1. As especificações previstas no presente regulamento são indicadas numa ou várias das línguas oficiais da União Europeia, de modo a que o consumidor final possa facilmente entender cada elemento de informação, a menos que a informação lhe seja assegurada por outros meios.
2. Os termos que figuram em itálico no anexo II e as indicações geográficas registadas no anexo III não são traduzidos no rótulo nem na apresentação da bebida espirituosa.
3. Relativamente às bebidas espirituosas originárias de países terceiros, é autorizada a utilização de uma língua oficial do país terceiro onde a bebida espirituosa tiver sido produzida, desde que as especificações previstas no presente regulamento sejam indicadas igualmente numa das línguas oficiais da União Europeia, de modo a que o consumidor final possa facilmente entender cada elemento de informação.
4. Sem prejuízo do n.º 2, no caso de bebidas espirituosas produzidas na Comunidade e destinadas à exportação, as especificações previstas no presente regulamento podem ser repetidas num idioma que não seja uma língua oficial da União Europeia.

CAPÍTULO III.- INDICAÇÕES GEOGRÁFICAS

Artigo 15.º *Indicações geográficas*
1. Para efeitos do presente regulamento, entende-se por indicação geográfica uma indicação que identifique uma bebida espirituosa como sendo originária do território de um país, ou de uma região ou lugar desse território, sempre que determinada qualidade, reputação ou outra característica sejam essencialmente imputáveis à sua origem geográfica.
2. As indicações geográficas referidas no n.º 1 encontram-se registadas no anexo III.
3. As indicações geográficas registadas no anexo III não se podem tornar genéricas.
As denominações que se tenham tornado genéricas não podem ser registadas no anexo III.
Entende-se que a denominação de uma bebida espirituosa se tornou genérica quando passou a ser a denominação comum de uma bebida espirituosa na Comunidade, embora esteja relacionada com o lugar ou a região onde o produto foi originalmente produzido ou colocado no mercado.
4. As bebidas espirituosas que ostentem uma indicação geográfica registada no anexo III devem cumprir todas as especificações constantes da ficha técnica prevista no n.º 1 do artigo 17.º

Artigo 16.º *Protecção das indicações geográficas*
Sem prejuízo do artigo 10.º, as indicações geográficas registadas no anexo III são protegidas contra:
a) Qualquer utilização comercial, directa ou indirecta, por produtos não abrangidos pelo registo, na medida em que esses produtos sejam comparáveis à bebida espirituosa registada com essa indicação geográfica ou na medida em que essa utilização explore a reputação da indicação geográfica registada;
b) Qualquer utilização abusiva, imitação ou evocação, ainda que a verdadeira origem do produto seja indicada ou que a indicação geográfica seja traduzida ou acompanhada por termos como «género», «tipo», «estilo», «processo», «aroma» ou quaisquer outros termos similares;

c) Qualquer outra indicação falsa ou falaciosa na designação, apresentação ou rotulagem do produto quanto à sua proveniência, origem, natureza ou qualidades essenciais, susceptível de transmitir uma impressão errada sobre a sua origem;

d) Qualquer outra prática susceptível de induzir o consumidor em erro quanto à verdadeira origem do produto.

Artigo 17.° *Registo das indicações geográficas*

1. O pedido de registo de uma indicação geográfica no anexo III deve ser apresentado à Comissão numa das línguas oficiais da União Europeia ou acompanhado de uma tradução numa dessas línguas. Esse pedido deve ser devidamente fundamentado e incluir uma ficha técnica que exponha as especificações que a bebida espirituosa em causa deve respeitar.

2. No que se refere às indicações geográficas da Comunidade, o pedido referido no n.° 1 deve ser apresentado pelo Estado-Membro de origem da bebida espirituosa.

3. No que se refere às indicações geográficas de um país terceiro, o pedido referido no n.° 1 deve ser enviado à Comissão, quer directamente quer através das autoridades do país terceiro em causa, e incluir provas de que a denominação em questão está protegida no país de origem.

4. A ficha técnica a que se refere o n.° 1 deve incluir, no mínimo, as seguintes especificações principais:

a) Denominação e categoria da bebida espirituosa, incluindo a indicação geográfica;

b) Descrição da bebida espirituosa, incluindo as principais características físicas, químicas e/ou organolépticas do produto, bem como as características específicas da bebida espirituosa por comparação com a categoria pertinente;

c) Definição da zona geográfica em causa;

d) Descrição do método de obtenção da bebida espirituosa e, se for caso disso, dos métodos locais autênticos e invariáveis;

e) Pormenores que demonstrem a ligação do produto ao ambiente geográfico ou à origem geográfica;

f) Eventuais requisitos estabelecidos por disposições comunitárias e/ou nacionais e/ou regionais;

g) Nome e endereço de contacto do requerente;

h) Qualquer complemento à indicação geográfica e/ou qualquer regra específica de rotulagem, de acordo com a ficha técnica correspondente.

5. A Comissão deve verificar, no prazo de doze meses a contar da data de apresentação do pedido referido no n.° 1, se esse pedido respeita o disposto no presente regulamento.

6. Se a Comissão concluir que o pedido referido no n.° 1 respeita o disposto no presente regulamento, as especificações principais da ficha técnica referidas no n.° 4 são publicadas na série C do Jornal Oficial da União Europeia.

7. No prazo de seis meses a contar da data de publicação da ficha técnica, qualquer pessoa singular ou colectiva que tenha um interesse legítimo na matéria pode objectar ao registo de uma indicação geográfica no anexo III, alegando o incumprimento das condições previstas no presente regulamento. A objecção, que deve ser devidamente fundamentada, deve ser apresentada à Comissão numa das línguas oficiais da União Europeia ou acompanhada de uma tradução numa dessas línguas.

8. A Comissão toma a decisão sobre o registo da indicação geográfica no anexo III pelo procedimento de regulamentação com controlo a que se refere o n.° 3 do artigo 25.°, tendo em conta as eventuais objecções levantadas nos termos do n.° 7 do presente artigo. Essa decisão é publicada na série C do *Jornal Oficial da União Europeia.*

Artigo 18.° *Cancelamento de uma indicação geográfica*

Caso o cumprimento das especificações constantes da ficha técnica deixe de estar assegurado, a Comissão toma a decisão de cancelar o registo pelo procedimento de regulamentação com controlo a que se refere o n.° 3 do artigo 25.° Essa decisão é publicada na série C do Jornal Oficial da União Europeia.

Artigo 19.° *Indicações geográficas homónimas*

O registo de uma indicação geográfica homónima que cumpra os requisitos do presente regulamento deve ter devidamente em conta os usos locais e tradicionais e o risco efectivo de confusão. Em especial:

— não pode ser registada nenhuma denominação homónima que induza o consumidor a crer que os produtos são originários de outro território, ainda que a denominação seja literalmente exacta no que se refere ao território, região ou lugar de origem da bebida espirituosa em questão,

— a utilização de uma indicação geográfica homónima registada só é autorizada se houver, na prática, uma distinção clara entre a denominação registada anteriormente e a denominação homónima registada posteriormente, tendo em conta a necessidade de garantir o tratamento equitativo dos produtores interessados e de não induzir o consumidor em erro.

Artigo 20.º *Indicações geográficas estabelecidas*
1. Para cada indicação geográfica registada no anexo III em 20 de Fevereiro de 2008, os Estados-Membros devem apresentar à Comissão uma ficha técnica tal como previsto no n.º 1 do artigo 17.º até 20 de Fevereiro de 2015.
2. Os Estados-Membros devem assegurar que essa ficha técnica seja colocada à disposição do público.
3. Se nenhuma ficha técnica tiver sido apresentada à Comissão até 20 de Fevereiro de 2015, a Comissão retira a indicação geográfica do anexo III pelo procedimento de regulamentação com controlo a que se refere o n.º 3 do artigo 25.º
4. O prazo referido no n.º 1 para a apresentação das fichas técnicas aplicase igualmente às indicações geográficas da Croácia enumeradas no Anexo III.

Artigo 21.º *Alteração da ficha técnica*
O procedimento previsto no artigo 17.º é aplicável, com as necessárias adaptações, sempre que a ficha técnica referida no n.º 1 do artigo 17.º e no n.º 1 do artigo 20.º deva ser alterada.

Artigo 22.º *Verificação do cumprimento das especificações constantes da ficha técnica*
1. No que se refere às indicações geográficas da Comunidade, a verificação do cumprimento das especificações constantes da ficha técnica antes da colocação do produto no mercado é assegurada por:
— uma ou várias autoridades competentes referidas no n.º 1 do artigo 24.º, e/ou
— um ou vários organismos de controlo na acepção do artigo 2.º do Regulamento (CE) n.º 882/2004 do Parlamento Europeu e do Conselho, de 29 de Abril de 2004, relativo aos controlos oficiais realizados para assegurar a verificação do cumprimento da legislação relativa aos alimentos para animais e aos géneros alimentícios e das normas relativas à saúde e ao bem-estar dos animais, actuando como organismos de certificação de produtos.
Não obstante a legislação nacional, os custos da verificação do cumprimento das especificações constantes da ficha técnica são suportados pelos operadores sujeitos a tais controlos.
2. No que se refere às indicações geográficas de um país terceiro, a verificação do cumprimento das especificações constantes da ficha técnica antes da colocação do produto no mercado é assegurada por:
— uma ou várias autoridades públicas designadas pelo país terceiro, e/ou
— um ou vários organismos de certificação de produtos.
3. Os organismos de certificação de produtos referidos nos n.ºs 1 e 2 devem cumprir a Norma Europeia EN 45011 ou ISO/IEC Guide 65 (Requisitos gerais para organismos de certificação de produtos) e, a partir de 1 de Maio de 2010, estar acreditados em conformidade com a mesma.
4. Caso as autoridades ou organismos referidos nos n.ºs 1 e 2 tenham optado por verificar o cumprimento das especificações constantes da ficha técnica, devem oferecer garantias adequadas de objectividade e imparcialidade e dispor de pessoal qualificado e dos recursos necessários para desempenhar as suas funções.

Artigo 23.º *Relação entre marcas e indicações geográficas*
1. O registo de uma marca que contenha ou consista numa indicação geográfica registada no anexo III deve ser recusado ou invalidado se a sua utilização conduzir a qualquer das situações referidas no artigo 16.º
2. Na observância da legislação comunitária, uma marca cuja utilização configure uma das situações referidas no artigo 16.º, que tenha sido objecto de um pedido de registo, registada ou, nos casos em que tal seja possibilitado pela legislação aplicável, adquirida pelo uso de boa fé no território comunitário, quer antes da data de protecção da

indicação geográfica no país de origem, quer antes de 1 de Janeiro de 1996, pode continuar a ser utilizada, não obstante o registo de uma indicação geográfica, desde que não haja causas para declarar a invalidade ou a extinção da marca como previsto na Primeira Directiva 89/104/CEE do Conselho, de 21 de Dezembro de 1988, que harmoniza as legislações dos Estados-Membros em matéria de marcas, ou no Regulamento (CE) n.º 40/94 do Conselho, de 20 de Dezembro de 1993, sobre a marca comunitária.

3. Não são registadas indicações geográficas quando, atendendo à reputação e à notoriedade de uma marca e à duração da sua utilização na Comunidade, o seu registo for susceptível de induzir o consumidor em erro quanto à verdadeira identidade do produto.

CAPÍTULO IV.- DISPOSIÇÕES GERAIS, TRANSITÓRIAS E FINAIS

Artigo 24.º *Controlo e protecção das bebidas espirituosas*
1. A responsabilidade pelo controlo das bebidas espirituosas incumbe aos Estados-Membros. Os Estados-Membros tomam as medidas necessárias para assegurar o cumprimento do disposto no presente regulamento, nomeadamente designando a autoridade ou autoridades competentes responsáveis pelos controlos no que diz respeito às obrigações previstas pelo presente regulamento em conformidade com o Regulamento (CE) n.º 882/2004.
2. Os Estados-Membros e a Comissão comunicam mutuamente as informações necessárias à aplicação do presente regulamento.
3. A Comissão assegura, em consulta com os Estados-Membros, a aplicação uniforme do presente regulamento e, se necessário, aprova medidas pelo procedimento de regulamentação a que se refere o n.º 2 do artigo 25.º

Artigo 25.º *Comité*
1. A Comissão é assistida pelo Comité para as Bebidas Espirituosas.
2. Sempre que se faça referência ao presente número, são aplicáveis os artigos 5.º e 7.º da Decisão 1999/468/CE, tendo-se em conta o disposto no seu artigo 8.º
O prazo previsto no n.º 6 do artigo 5.º da Decisão 1999/468/CE é de três meses.
3. Sempre que se faça referência ao presente número, são aplicáveis os artigos 5.º-A e 7.º da Decisão 1999/468/CE, tendo-se em conta o disposto no seu artigo 8.º

Artigo 26.º *Alteração dos anexos*
Os anexos são alterados pelo procedimento de regulamentação com controlo a que se refere o n.º 3 do artigo 25.º

Artigo 27.º *Medidas de execução*
As medidas necessárias à execução do presente regulamento são aprovadas pelo procedimento de regulamentação a que se refere o n.º 2 do artigo 25.º

Artigo 28.º *Medidas transitórias e outras medidas específicas*
1. Sempre que justificado, são aprovadas, pelo procedimento de regulamentação com controlo a que se refere o n.º 3 do artigo 25.º, medidas destinadas a alterar o presente regulamento, tendo em vista:
a) Facilitar a transição das disposições previstas no Regulamento (CEE) n.º 1576/89 para as disposições previstas no presente regulamento até 20 de Fevereiro de 2011;
b) Estabelecer derrogações dos artigos 17.º e 22.º, em casos devidamente fundamentados;
c) Estabelecer um símbolo comunitário para as indicações geográficas do sector das bebidas espirituosas.
2. Sempre que justificado, são aprovadas, pelo procedimento de regulamentação a que se refere o n.º 2 do artigo 25.º, medidas para resolver problemas práticos específicos, tais como a obrigatoriedade, em certos casos, de mencionar o local de produção no rótulo para não induzir o consumidor em erro e de manter e desenvolver métodos de análise comunitários de referência aplicáveis no sector das bebidas espirituosas.
3. As bebidas espirituosas que não cumpram os requisitos do presente regulamento podem continuar a ser produzidas de acordo com o Regulamento (CEE) n.º 1576/89 até 20 de Maio de 2009. As bebidas espirituosas que não cumpram os requisitos do presente regulamento, mas que tenham sido produzidas de acordo com o Regulamento (CEE)

n.º 1576/89 antes de 20 de Fevereiro de 2008 ou até 20 de Maio de 2009, podem continuar a ser colocadas no mercado até que se esgotem as existências.

Artigo 29.º *Revogação*
1. É revogado o Regulamento (CEE) n.º 1576/89. As remissões para o regulamento revogado devem entender-se como sendo feitas para o presente regulamento.
2. Continuam a ser aplicáveis os Regulamentos (CEE) n.º 2009/92, (CE) n.º 1267/94 e (CE) n.º 2870/2000 da Comissão.

Artigo 30.º *Entrada em vigor*
O presente regulamento entra em vigor no sétimo dia seguinte ao da sua publicação no Jornal Oficial da União Europeia.
É aplicável a partir de 20 de Maio de 2008.
O presente regulamento é obrigatório em todos os seus elementos e directamente aplicável em todos os Estados-Membros.

ANEXO I.-
Definições e requisitos técnicos

[Anexo não reproduzido na presente publicação]

ANEXO II.-
Bebidas espirituosas

[Anexo não reproduzido na presente publicação]

ANEXO III.-
Indicações geográficas

[Anexo não reproduzido na presente publicação]

21 de Novembro de 2012.- Regulamento (UE) n.° 1151/2012
do Parlamento Europeu e do Conselho
relativo aos regimes de qualidade dos produtos agrícolas e dos géneros alimentícios
(J.O. L 343, 14/12/2012)

(V.C. 03/01/2013)

O PARLAMENTO EUROPEU E O CONSELHO DA UNIÃO EUROPEIA,
Tendo em conta o Tratado sobre o Funcionamento da União Europeia, nomeadamente o artigo 43.°, n.° 2, e o artigo 118.°, primeiro parágrafo,
Tendo em conta a proposta da Comissão Europeia,
Após transmissão do projeto de ato legislativo aos parlamentos nacionais,
Tendo em conta o parecer do Comité Económico e Social Europeu,
Tendo em conta o parecer do Comité das Regiões,
Deliberando de acordo com o processo legislativo ordinário,
Considerando o seguinte:
(1) A qualidade e a diversidade da produção agrícola, das pescas e da aquicultura da União são um dos seus importantes pontos fortes, conferindo uma vantagem concorrencial aos produtores da União e dando um contributo de relevo para o património cultural e gastronómico vivo da União. Tal deve-se às competências e à determinação dos agricultores e produtores da União, que souberam preservar as tradições e simultaneamente ter em conta a evolução dos novos métodos e materiais de produção.
(2) Os cidadãos e consumidores da União exigem cada vez mais produtos de qualidade e produtos tradicionais. Preocupam-se igualmente em preservar a diversidade da produção agrícola na União. Tal gera uma procura de produtos agrícolas ou de géneros alimentícios com características específicas identificáveis, em especial as que estão associadas à sua origem geográfica.
(3) Os produtores só podem continuar a produzir uma gama diversificada de produtos de qualidade se o seu esforço for recompensado de uma forma justa. Isto implica que possam comunicar aos compradores e consumidores as características dos seus produtos em condições de concorrência leal. Implica igualmente que os produtores possam identificar corretamente os seus produtos no mercado.
(4) Ao recompensar os produtores pelos seus esforços de produção de uma gama diversificada de produtos de qualidade, os regimes de qualidade podem ser vantajosos para a economia rural. Isto é particularmente verdade para as zonas desfavorecidas, as zonas de montanha e as regiões ultraperiféricas, onde o setor agrícola representa uma parte significativa da economia e os custos de produção são elevados. Desta forma, os regimes de qualidade podem constituir um contributo e um complemento para as políticas de desenvolvimento rural, assim como para as políticas de apoio ao mercado e aos rendimentos da política agrícola comum (PAC). Podem, nomeadamente, dar um contributo nas zonas em que o setor agrícola tem um peso económico mais importante, e em especial nas zonas desfavorecidas.
(5) As prioridades estratégicas da Europa 2020, estabelecidas na comunicação da Comissão intitulada «Europa 2020: Estratégia para um crescimento inteligente, sustentável e inclusivo», incluem como objetivos estabelecer uma economia competitiva baseada no conhecimento e na inovação e fomentar uma economia com níveis elevados de emprego que assegure a coesão social e territorial. Convém, pois, que a política de qualidade dos produtos agrícolas faculte aos produtores os instrumentos adequados para uma melhor identificação e promoção dos seus produtos que tenham características específicas, e que simultaneamente proteja esses produtores contra práticas desleais.
(6) O conjunto de medidas complementares previstas deverá respeitar os princípios da subsidiariedade e da proporcionalidade.
(7) As medidas relativas à política de qualidade dos produtos agrícolas são estabelecidas no Regulamento (CEE) n.° 1601/91 do Conselho, de 10 de junho de 1991, que estabelece as regras gerais relativas à definição, designação e apresentação dos vinhos aromatizados, das bebidas aromatizadas à base de vinho e dos *cocktails* aromatizados de produtos vitivinícolas; na Diretiva 2001/110/CE do Conselho, de 20 de dezembro de 2001, relativa ao mel e em particular no artigo 2.°; no Regulamento (CE) n.° 247/2006 do Conselho, de 30 de janeiro de 2006, que estabelece

medidas específicas no domínio agrícola a favor das regiões ultraperiféricas da União Europeia, em particular no artigo 14.º; no Regulamento (CE) n.º 509/2006 do Conselho, de 20 de março de 2006, relativo às especialidades tradicionais garantidas dos produtos agrícolas e dos géneros alimentícios; no Regulamento (CE) n.º 510/2006 do Conselho, de 20 de março de 2006, relativo à proteção das indicações geográficas e denominações de origem dos produtos agrícolas e dos géneros alimentícios; no Regulamento (CE) n.º 1234/2007 do Conselho, de 22 de outubro de 2007, que estabelece uma organização comum dos mercados agrícolas e disposições específicas para certos produtos agrícolas (Regulamento «OCM única»), em particular na parte II, título II, capítulo I, secção I e na secção Ia, subsecção I; no Regulamento (CE) n.º 834/2007 do Conselho, de 28 de junho de 2007, relativo à produção biológica e à rotulagem dos produtos biológicos, bem como no Regulamento (CE) n.º 110/2008 do Parlamento Europeu e do Conselho, de 15 de janeiro de 2008, relativo à definição, designação, apresentação, rotulagem e proteção das indicações geográficas das bebidas espirituosas.

(8) A rotulagem dos produtos agrícolas e dos géneros alimentícios deverá estar sujeita às regras gerais estabelecidas na Diretiva 2000/13/CE do Parlamento Europeu e do Conselho, de 20 de março de 2000, relativa à aproximação das legislações dos Estados-Membros respeitantes à rotulagem, apresentação e publicidade dos géneros alimentícios, e em especial às disposições destinadas a evitar rotulagens suscetíveis de confundir os consumidores ou de os induzir em erro.

(9) A comunicação da Comissão ao Parlamento Europeu, ao Conselho, ao Comité Económico e Social Europeu e ao Comité das Regiões sobre a política de qualidade dos produtos agrícolas identificou como prioridade o reforço da coerência e da homogeneidade global da política de qualidade dos produtos agrícolas.

(10) O regime de indicações geográficas dos produtos agrícolas e géneros alimentícios e o regime das especialidades tradicionais garantidas possuem determinados objetivos e disposições comuns.

(11) A União tem vindo, desde há algum tempo, a seguir uma abordagem que visa simplificar o quadro normativo da PAC. Esta abordagem deverá ser igualmente aplicada à regulamentação no domínio da política de qualidade dos produtos agrícolas, sem, no entanto, pôr em causa as características específicas desses produtos.

(12) Alguns regulamentos que fazem parte da política de qualidade dos produtos agrícolas foram revistos recentemente, mas ainda não são plenamente aplicados, pelo que não deverão ser incluídos no presente regulamento. Poderão contudo ser incorporados ulteriormente, quando a legislação for plenamente aplicada.

(13) À luz das considerações precedentes, deverá ser estabelecido um quadro jurídico único que incorpore as disposições novas ou atualizadas dos Regulamentos (CE) n.º 509/2006 e (CE) n.º 510/2006, bem como as disposições dos Regulamentos (CE) n.º 509/2006 e (CE) n.º 510/2006 que forem mantidas.

(14) Por razões de clareza e de transparência, os Regulamentos (CE) n.º 509/2006 e (CE) n.º 510/2006 deverão ser revogados e substituídos pelo presente regulamento.

(15) O âmbito de aplicação do presente regulamento deverá limitar-se aos produtos agrícolas destinados ao consumo humano constantes do Anexo I do Tratado e a uma lista de produtos não abrangidos por ele referido anexo, mas estreitamente ligados à produção agrícola ou à economia rural.

(16) As regras previstas no presente regulamento deverão ser aplicadas sem prejuízo da legislação da União em vigor sobre vinhos, vinhos aromatizados, bebidas espirituosas, produtos da agricultura biológica ou regiões ultraperiféricas.

(17) É necessário limitar o âmbito de aplicação das denominações de origem e das indicações geográficas aos produtos ou géneros alimentícios cujas características estejam intrinsecamente relacionadas com a origem geográfica. A inclusão no regime atual de apenas alguns tipos de chocolate como produtos de confeitaria é uma anomalia que deverá ser corrigida.

(18) Os objetivos específicos da proteção das denominações de origem e das indicações geográficas consistem em garantir uma remuneração justa para os agricultores e os produtores que tenha em conta as qualidades e as características de um dado produto ou do seu modo de produção e em fornecer informações claras sobre os produtos com características específicas relacionadas com a sua origem geográfica, de forma a permitir que os consumidores façam opções de compra com informações fiáveis.

(19) Assegurar o respeito uniforme em toda a União dos direitos de propriedade intelectual associados às denominações protegidas na União é um objetivo prioritário que pode ser alcançado mais eficazmente ao nível da União.

(20) Um quadro estabelecido ao nível da União que proteja as denominações de origem e as indicações geográficas, prevendo para o efeito a sua inscrição num registo, facilita o desenvolvimento desses instrumentos, uma vez que a abordagem mais uniforme que daí resulta garante condições de concorrência leal entre os produtores de produtos que ostentam estas menções e melhora a credibilidade dos produtos aos olhos dos consumidores. Convirá prever disposições para o desenvolvimento das denominações de origem e das indicações geográficas ao nível da União e para a promoção da criação de mecanismos para a sua proteção em países terceiros, no quadro da Organização Mundial do Comércio (OMC) ou de acordos multilaterais e bilaterais, contribuindo assim para que a qualidade dos produtos e do seu modelo de produção sejam reconhecidos como uma mais-valia.

(21) À luz da experiência adquirida com a aplicação do Regulamento (CEE) n.º 2081/92 do Conselho, de 14 de julho de 1992, relativo à proteção das indicações geográficas e denominações de origem dos produtos agrícolas e dos géneros alimentícios e do Regulamento (CE) n.º 510/2006, é necessário abordar certas questões, esclarecer e simplificar algumas regras e racionalizar os procedimentos deste regime.

(22) À luz das práticas existentes, convém definir melhor, e manter, os dois instrumentos diferentes que permitem determinar a relação entre o produto e a sua origem geográfica, a saber, a denominação de origem protegida e a indicação geográfica protegida. Sem modificar o conceito destes instrumentos, é necessário introduzir algumas alterações às suas definições, a fim de melhor ter em conta a definição de «indicações geográficas» estabelecida no Acordo sobre os Aspetos dos Direitos de Propriedade Intelectual relacionados com o Comércio e a fim de as tornar mais claras e percetíveis para os operadores.

(23) Os produtos agrícolas ou os géneros alimentícios que ostentem tal referência geográfica deverão satisfazer determinadas condições estabelecidas num caderno de especificações, tais como requisitos específicos destinados a proteger os recursos naturais ou a paisagem da área de produção, ou a melhorar o bem-estar dos animais de criação.

(24) Para poderem beneficiar de proteção nos territórios dos Estados-Membros, as denominações de origem e as indicações geográficas deverão ser registadas unicamente a nível da União. Com efeitos a partir da data do pedido de registo ao nível da União, os Estados-Membros deverão poder conceder uma proteção provisória ao nível nacional sem prejudicar o comércio interno da União ou o comércio internacional. A proteção oferecida pelo presente regulamento após o registo deverá ser igualmente proporcionada às denominações de origem e às indicações geográficas de países terceiros que respeitem os critérios correspondentes e estejam protegidas no seu país de origem.

(25) O procedimento de registo ao nível da União deverá permitir a qualquer pessoa singular ou coletiva de um Estado-Membro diverso do Estado-Membro onde tenha sido deduzido o pedido, ou de um país terceiro, com um interesse legítimo, o exercício dos seus direitos mediante notificação da sua oposição.

(26) A inscrição no registo das denominações de origem protegidas e das indicações geográficas protegidas deverá igualmente facultar informações aos consumidores e aos operadores comerciais.

(27) A União negoceia acordos internacionais, incluindo acordos relativos à proteção das denominações de origem e das indicações geográficas, com os seus parceiros comerciais. A fim de facilitar a divulgação ao público de informações sobre as denominações assim protegidas e de garantir, em especial, a proteção e o controlo da utilização dessas denominações, estas podem ser inscritas no registo das denominações de origem protegidas e das indicações geográficas protegidas. A menos que sejam especificamente designadas como denominações de origem nos referidos acordos internacionais, as denominações deverão ser registadas como indicações geográficas protegidas.

(28) Dada a especificidade das denominações de origem protegidas e das indicações geográficas protegidas, convém adotar disposições especiais em matéria de rotulagem que exijam que os produtores utilizem nas embalagens os símbolos ou menções adequados da União. Tratando-se de denominações da União, a utilização desses símbolos ou menções deverá ser tornada obrigatória, a fim de melhor dar a conhecer aos

consumidores esta categoria de produtos e as garantias que lhe estão associadas, e a fim de simplificar a identificação destes produtos no mercado, facilitando assim o seu controlo. Tendo em conta os requisitos da OMC, a utilização destes símbolos ou menções deverá ser tornada facultativa para as indicações geográficas e as denominações de origem de um país terceiro.

(29) É necessário proteger as denominações incluídas no registo, a fim de assegurar a sua utilização adequada e de impedir práticas suscetíveis de induzir em erro os consumidores. Além disso, convém que os meios necessários para assegurar a proteção das indicações geográficas e das denominações de origem sejam clarificados, nomeadamente no que respeita ao papel dos agrupamentos de produtores e das autoridades competentes dos Estados-Membros.

(30) É necessário prever derrogações específicas ao abrigo das quais seja possível utilizar, durante um período transitório, uma denominação registada paralelamente a outras denominações. Essas derrogações deverão ser simplificadas e clarificadas. Em determinados casos, a fim de superar dificuldades temporárias e tendo por objetivo a longo prazo garantir que todos os produtores cumpram os requisitos do caderno de especificações, essas derrogações podem ser concedidas por um período máximo de 10 anos.

(31) O âmbito da proteção concedida ao abrigo do presente regulamento deverá ser clarificado, em especial no que se refere às limitações aplicáveis ao registo de novas marcas estabelecido pela Diretiva 2008/95/CE do Parlamento Europeu e do Conselho, de 22 de outubro de 2008, que aproxima as legislações dos Estados-Membros em matéria de marcas e que entrem em conflito com o registo de denominações de origem protegidas ou indicações geográficas protegidas, como já é o caso para o registo de novas marcas ao nível da União. Tal clarificação é igualmente necessária no que se refere aos titulares de direitos de propriedade intelectual anteriores, em particular no caso de marcas e denominações homónimas registadas como denominações de origem protegidas ou indicações geográficas protegidas.

(32) Para garantir um elevado nível de proteção e alinhar essa proteção pela que é aplicável no setor vitivinícola, a proteção das denominações de origem e indicações geográficas deverá ser alargada aos casos de utilização abusiva, imitação ou evocação de denominações registadas em produtos e em serviços. Sempre que uma denominação de origem protegida ou uma indicação geográfica protegida seja utilizada como ingrediente, deverá ser tida em conta a comunicação da Comissão intitulada «Orientações relativas à rotulagem de géneros alimentícios em cuja composição entram produtos com denominação de origem protegida (DOP) ou indicação geográfica protegida (IGP)».

(33) As denominações já registadas ao abrigo do Regulamento (CE) n.º 510/2006 em 3 de janeiro de 2013 deverão continuar a beneficiar de proteção ao abrigo do presente regulamento e deverão ser automaticamente incluídas no registo.

(34) O objetivo específico do regime das especialidades tradicionais garantidas é ajudar os produtores de produtos tradicionais a comunicar aos consumidores informações sobre os atributos dos seus produtos que apresentem uma mais-valia. Contudo, como apenas algumas denominações foram registadas, o regime atual das especialidades tradicionais garantidas não conseguiu desenvolver ao máximo as suas potencialidades. Por conseguinte, convém melhorar, clarificar e afinar as disposições atuais, a fim de tornar o regime mais compreensível, operacional e atrativo para os potenciais candidatos.

(35) O regime atual prevê a opção de registar uma denominação para fins de identificação sem proceder à sua reserva na União. É conveniente suprimir esta opção, uma vez que não foi bem compreendida pelas partes interessadas e que a identificação de produtos tradicionais pode realizar-se de forma mais eficaz ao nível nacional ou regional, em aplicação do princípio da subsidiariedade. À luz da experiência adquirida, convém que o regime incida unicamente sobre a reserva de denominações em toda a União.

(36) A fim de assegurar que as denominações de produtos tradicionais autênticos sejam registadas no âmbito do regime, há que adaptar os critérios e as condições para o registo de uma denominação, nomeadamente os que se referem à definição de «tradicional», que deverá abranger os produtos que tenham sido produzidos durante um período significativo de tempo.

(37) A fim de assegurar a coerência das especialidades tradicionais garantidas e a sua conformidade com as especificações correspondentes, é necessário que os próprios

produtores reunidos em agrupamentos definam o produto num caderno de especificações. A possibilidade de registo de uma denominação enquanto especialidade tradicional garantida deverá estar aberta aos produtores de países terceiros.

(38) Para poderem beneficiar de uma reserva, as especialidades tradicionais garantidas deverão ser registadas ao nível da União. A inscrição no registo deverá igualmente fornecer informações aos consumidores e aos operadores comerciais.

(39) A fim de evitar criar condições de concorrência desleais, qualquer produtor, incluindo os de países terceiros, deverá poder utilizar uma denominação registada de uma especialidade tradicional garantida, desde que o produto em causa cumpra os requisitos do caderno de especificações pertinente e o produtor esteja sujeito a um sistema de controlo. No caso das especialidades tradicionais garantidas que são produzidas na União, o símbolo da União deverá ser aposto na embalagem e deverá ser possível associá-lo à menção «especialidade tradicional garantida».

(40) A fim de proteger as denominações registadas de utilizações abusivas, ou de práticas que possam induzir os consumidores em erro, é necessário reservar a sua utilização.

(41) Para as denominações já registadas ao abrigo do Regulamento (CE) n.º 509/2006 que, em 3 de janeiro de 2013, não estejam de outro modo abrangidas pelo âmbito de aplicação do presente regulamento, as condições de utilização estabelecidas no Regulamento (CE) n.º 509/2006 deverão continuar a ser aplicáveis durante um período transitório.

(42) Para as denominações registadas sem reserva da denominação ao abrigo do Regulamento (CE) n.º 509/2006, é oportuno prever um procedimento de registo que permita que sejam registados com reserva da denominação.

(43) Convém ainda prever medidas transitórias aplicáveis aos pedidos de registo recebidos pela Comissão antes de 3 de janeiro de 2013.

(44) Deverá ser criado um segundo nível de regimes de qualidade, assente em menções de qualidade que conferem uma mais-valia, que possam ser comunicadas dentro do mercado interno e que sejam aplicadas de forma voluntária. Estas menções de qualidade facultativas deverão referir-se a características horizontais específicas, em relação a uma ou mais categorias de produtos, métodos de produção ou atributos de transformação aplicáveis em determinadas áreas. A menção de qualidade facultativa «produto de montanha» tem preenchido as condições até à data e conferirá uma mais-valia ao produto no mercado. A fim de facilitar a aplicação da Diretiva 2000/13/CE nos casos em que a rotulagem de géneros alimentícios possa confundir os consumidores em relação a menções de qualidade facultativas, incluindo, em especial, «produtos de montanha», a Comissão pode adotar orientações.

(45) A fim de proporcionar aos produtores de montanha um instrumento eficaz para uma melhor comercialização dos seus produtos e de reduzir os atuais riscos de confusão dos consumidores quanto à proveniência dos produtos de montanha colocados no mercado, haverá que prever a definição, a nível da União, de uma menção de qualidade facultativa para os produtos de montanha. A definição de zonas de montanha deverá basear-se nos critérios gerais de classificação, aplicados para identificar uma zona de montanha, do Regulamento (CE) n.º 1257/1999 do Conselho, de 17 de maio de 1999, relativo ao apoio do Fundo Europeu de Orientação e de Garantia Agrícola (FEOGA) ao desenvolvimento rural.

(46) A mais-valia das indicações geográficas e das especialidades tradicionais garantidas assenta na confiança dos consumidores, e só pode ser digna de crédito se for acompanhada de verificações e controlos eficazes. É conveniente que esses regimes de qualidade estejam sujeitos a um sistema de acompanhamento mediante controlos oficiais, nos termos dos princípios previstos no Regulamento (CE) n.º 882/2004 do Parlamento Europeu e do Conselho, de 29 de abril de 2004, relativo aos controlos oficiais realizados para assegurar a verificação do cumprimento da legislação relativa aos alimentos para animais e aos géneros alimentícios e das normas relativas à saúde e ao bem-estar dos animais, e que incluam um sistema de inspeções em todas as fases de produção, transformação e distribuição. A fim de ajudar os Estados-Membros a melhor aplicar as disposições do Regulamento (CE) n.º 882/2004 no que respeita aos controlos das indicações geográficas e das especialidades tradicionais garantidas, o presente regulamento deverá fazer referência aos artigos mais relevantes.

(47) A fim de garantir ao consumidor as características específicas das indicações geográficas e das especialidades tradicionais garantidas, é conveniente que os

operadores estejam sujeitos a um regime que verifique o respeito do caderno de especificações.

(48) A fim de assegurar a sua imparcialidade e eficácia, as autoridades competentes deverão satisfazer uma série de critérios operacionais. Deverão ser previstas disposições com vista à delegação de algumas competências para a realização de tarefas específicas de controlo a organismos de controlo.

(49) As normas europeias (normas EN) elaboradas pelo Comité Europeu de Normalização (CEN) e as normas internacionais elaboradas pela Organização Internacional de Normalização (ISO) deverão ser utilizadas na acreditação dos organismos de controlo, bem como por estes organismos nas suas operações. A acreditação destes organismos deverá efetuar-se nos termos do Regulamento (CE) n.º 765/2008 de Parlamento Europeu e do Conselho, de 9 de julho de 2008, que estabelece os requisitos de acreditação e fiscalização do mercado relativos à comercialização de produtos.

(50) É necessário incluir as informações relativas às atividades de controlo das indicações geográficas e das especialidades tradicionais garantidas nos planos nacionais de controlo plurianuais e nos relatórios anuais elaborados pelos Estados-Membros nos termos do Regulamento (CE) n.º 882/2004.

(51) Os Estados-Membros deverão ser autorizados a cobrar uma taxa para cobrir as despesas suportadas.

(52) Há que clarificar as regras existentes relativas à manutenção da utilização continuada de denominações genéricas, de tal modo que as menções genéricas que são semelhantes ou que fazem parte de uma denominação ou menção protegida ou reservada conservem o seu estatuto genérico.

(53) A data a tomar em consideração para determinar a antiguidade de uma marca e de uma denominação de origem ou indicação geográfica deverá ser, para a marca, a data do pedido de registo na União ou nos Estados-Membros e, para a denominação de origem ou a indicação geográfica, a data do pedido de proteção junto da Comissão.

(54) Deverão continuar a aplicar-se as disposições relativas à recusa ou à coexistência de uma denominação de origem ou indicação geográfica por motivos de conflito com uma marca anterior.

(55) Os critérios segundo os quais as marcas posteriores deverão ser recusadas ou, no caso de já estarem registadas, declaradas nulas, por entrarem em conflito com uma denominação de origem ou uma indicação geográfica anterior, deverão corresponder ao âmbito de aplicação da proteção estabelecida para essa denominação de origem ou indicação geográfica.

(56) É conveniente que as disposições dos sistemas que estabelecem direitos de propriedade intelectual, em especial os estabelecidos pelo regime de qualidade das denominações de origem e das indicações geográficas ou os estabelecidos no âmbito da legislação relativa às marcas, não sejam afetadas pela reserva de denominações e pela definição de menções e símbolos nos termos dos regimes de qualidade relativos às especialidades tradicionais garantidas e às menções de qualidade facultativas.

(57) O papel dos agrupamentos deverá ser esclarecido e reconhecido. Os agrupamentos desempenham um papel essencial no processo de pedido de registo de denominações relativas a denominações de origem e indicações geográficas e a especialidades tradicionais garantidas, bem como na alteração dos cadernos de especificações e nos pedidos de cancelamento. Os agrupamentos podem igualmente desenvolver atividades relacionadas com a fiscalização da proteção efetiva das denominações registadas, atividades relacionadas com a conformidade da produção com o caderno de especificações dos produtos, atividades relacionadas com a informação e promoção das denominações registadas e, em geral, qualquer atividade destinada a melhorar o valor dessas denominações e a eficácia dos regimes de qualidade. Cumpre-lhes, além disso, proceder ao acompanhamento da posição dos produtos no mercado. Não obstante, importa que estas atividades não facilitem nem provoquem situações anticoncorrenciais incompatíveis com os artigos 101.º e 102.º do Tratado.

(58) A fim de assegurar que as denominações registadas relativas às denominações de origem e indicações geográficas e às especialidades tradicionais garantidas satisfazem as condições estabelecidas no presente regulamento, os pedidos deverão ser examinados pelas autoridades nacionais do Estado-Membro em causa, na observância de disposições mínimas comuns, incluindo um procedimento nacional de oposição. A Comissão deverá subsequentemente examinar atentamente os pedidos para se certificar

de que não existem erros manifestos, e de que foram tidos em conta tanto o direito da União como os interesses das partes interessadas fora do Estado-Membro do pedido.

(59) É conveniente conceder às denominações dos produtos originários de países terceiros o acesso ao registo de denominações de origem, indicações geográficas e especialidades tradicionais garantidas que satisfazem as condições estabelecidas no presente regulamento.

(60) É necessário proteger na União e nos países terceiros os símbolos, as menções e as abreviaturas que indicam a participação num regime de qualidade, assim como os direitos da União associados, a fim de assegurar que tais símbolos, menções e abreviaturas sejam utilizados em produtos autênticos e que os consumidores não sejam induzidos em erro quanto às qualidades dos produtos. Além disso, para que a proteção seja eficaz, a Comissão deverá dispor de recursos orçamentais razoáveis, numa base centralizada, no âmbito do Regulamento (CE) n.º 1698/2005 do Conselho, de 20 de setembro de 2005, relativo ao apoio ao desenvolvimento rural pelo Fundo Europeu Agrícola de Desenvolvimento Rural (Feader) e nos termos o artigo 5.º do Regulamento (CE) n.º 1290/2005 do Conselho, de 21 de junho de 2005, relativo ao financiamento da política agrícola comum.

(61) É necessário encurtar e melhorar, em especial relativamente à tomada de decisão, o procedimento de registo das denominações de origem protegidas, das indicações geográficas protegidas e das especialidades tradicionais garantidas, incluindo os períodos de exame e de oposição. A responsabilidade da tomada de decisão sobre o registo deverá caber à Comissão, assistida, em certas circunstâncias, pelos Estados-Membros. É necessário estabelecer procedimentos que permitam alterar o caderno de especificações dos produtos após o registo e cancelar as denominações registadas, nomeadamente se o produto já não cumprir os requisitos do caderno de especificações ou se a denominação já não for utilizada no mercado.

(62) É necessário prever procedimentos adequados para facilitar os pedidos transfronteiriços de registo conjunto de denominações de origem protegidas, indicações geográficas protegidas ou especialidades tradicionais garantidas.

(63) A fim de completar ou alterar certos elementos não essenciais do presente regulamento, o poder de adotar atos nos termos do artigo 290.º do Tratado deverá ser delegado na Comissão no que diz respeito a completar a lista de produtos constante do Anexo I do presente regulamento; determinar restrições e derrogações relativas à proveniência dos alimentos para animais no caso das denominações de origem; determinar restrições e derrogações relativas ao abate de animais vivos ou à proveniência das matérias-primas; fixar regras no sentido de limitar as informações contidas no caderno de especificações; definir os símbolos da União; fixar regras transitórias adicionais a fim de proteger os direitos e os interesses legítimos dos produtores ou das partes interessadas em causa; fixar mais disposições relativas aos critérios de elegibilidade das denominações das especialidades tradicionais garantidas; estabelecer regras de execução relativas aos critérios das menções de qualidade facultativas; reservar uma menção de qualidade facultativa adicional, estabelecendo as suas condições de utilização e alterando essas condições; estabelecer as derrogações ao emprego da menção «produto de montanha» e definir os métodos de produção e outros critérios relevantes para a aplicação dessa menção de qualidade facultativa, em especial estabelecendo as condições em que as matérias-primas ou os alimentos para animais podem provir do exterior das zonas de montanha; estabelecer regras suplementares destinadas a determinar o caráter genérico de menções na União; estabelecer regras para determinar a utilização do nome de uma variedade vegetal ou de uma raça animal; definir regras relativas ao procedimento nacional de oposição no caso dos pedidos conjuntos que abrangem mais de um território nacional; e complementar as regras aplicáveis ao processo de pedido, ao procedimento de oposição, ao procedimento dos pedidos de alteração e ao procedimento de cancelamento em geral. É particularmente importante que a Comissão proceda às consultas adequadas durante os trabalhos preparatórios, inclusive ao nível de peritos. A Comissão, quando preparar e redigir atos delegados, deverá assegurar a transmissão simultânea, atempada e adequada dos documentos relevantes ao Parlamento Europeu e ao Conselho.

(64) A fim de assegurar condições uniformes para a execução do presente regulamento, deverão ser atribuídas competências de execução à Comissão no que diz respeito a estabelecer regras sobre a forma do caderno de especificações; estabelecer regras de execução sobre a forma e o conteúdo do registo das denominações de origem

protegidas e das indicações geográficas protegidas; definir as características técnicas dos símbolos e da menções da União, assim como as regras relativas à sua utilização nos produtos, incluindo as versões linguísticas adequadas a utilizar; conceder e prorrogar períodos transitórios para a derrogação temporária para a utilização de denominações de origem protegidas e de indicações geográficas protegidas; estabelecer regras de execução sobre a forma e o conteúdo do registo de especialidades tradicionais garantidas; estabelecer regras para a proteção das especialidades tradicionais garantidas; estabelecer todas as medidas relativas aos formulários, procedimentos ou outros aspetos técnicos que se revelarem necessárias para a aplicação do Título IV; estabelecer regras para a utilização das menções de qualidade facultativas; estabelecer regras para a proteção uniforme das indicações, abreviaturas e símbolos referentes aos regimes de qualidade; estabelecer regras de execução sobre os procedimentos, a forma e a apresentação dos pedidos de registo e das oposições, a recusa do pedido e a decisão de registar uma denominação caso não tenha sido alcançado um acordo; estabelecer regras de execução sobre os procedimentos, a forma e a apresentação dos pedidos de alteração, o cancelamento do registo de uma denominação de origem protegida, de uma indicação geográfica protegida ou de uma especialidade tradicional garantida; e estabelecer regras de execução sobre os trâmites e a forma do procedimento de cancelamento, bem como sobre a apresentação dos pedidos de cancelamento. Essas competências deverão ser exercidas nos termos do Regulamento (UE) n.º 182/2011 do Parlamento Europeu e do Conselho, de 16 de fevereiro de 2011, que estabelece as regras e os princípios gerais relativos aos mecanismos de controlo pelos Estados-Membros do exercício das competências de execução pela Comissão.

(65) A Comissão deverá ficar habilitada a adotar atos de execução sem aplicar o Regulamento (UE) n.º 182/2011 no que diz respeito a estabelecer e manter um registo das denominações de origem protegidas, das indicações geográficas protegidas e das especialidades tradicionais garantidas, reconhecidas no âmbito do presente regime; definir os meios pelos quais são tornados públicos os nomes e endereços dos organismos de certificação de produtos; e registar uma denominação na ausência de um ato de oposição ou de declaração de oposição fundamentada admissível ou, no caso contrário, se tiver sido alcançado um acordo,

ADOTARAM O PRESENTE REGULAMENTO:

TÍTULO I.- DISPOSIÇÕES GERAIS

Artigo 1.º *Objetivos*
1. O presente regulamento destina-se a ajudar os produtores de produtos agrícolas e de géneros alimentícios a comunicar aos compradores e consumidores as características e os atributos ligados ao modo de obtenção desses produtos e géneros alimentícios, garantindo assim:

a) Condições de concorrência leal para os agricultores e produtores de produtos agrícolas e de géneros alimentícios com características e atributos que ofereçam uma mais-valia;

b) A disponibilização aos consumidores de informações fiáveis sobre esses produtos;

c) O respeito pelos direitos de propriedade intelectual; e

d) A integridade do mercado interno.

As medidas previstas no presente regulamento destinam-se a apoiar as atividades agrícolas e de transformação e os sistemas agrícolas associados a produtos de elevada qualidade, contribuindo desta forma para a realização dos objetivos da política de desenvolvimento rural.

2. O presente regulamento estabelece regimes de qualidade que constituem a base para a identificação e, se for caso disso, a proteção de denominações e menções que, designadamente, indicam ou descrevem produtos agrícolas com:

a) Características que oferecem uma mais-valia; ou

b) Atributos que constituem uma mais-valia em virtude dos métodos agrícolas ou de transformação utilizados na respetiva produção, ou em virtude do local de produção ou comercialização.

Artigo 2.º *Âmbito de aplicação*
1. O presente regulamento abrange os produtos agrícolas destinados ao consumo humano constantes do Anexo I do Tratado e outros produtos agrícolas e géneros alimentícios constantes do Anexo I do presente regulamento.

601

A fim de ter em conta os compromissos internacionais, ou os novos métodos ou materiais de produção, a Comissão fica habilitada a adotar, nos termos do artigo 56.°, atos delegados que completem a lista de produtos constante do Anexo I do presente regulamento. Tais produtos devem estar estreitamente ligados à produção agrícola ou à economia rural.

2. O presente regulamento não se aplica às bebidas espirituosas, aos vinhos aromatizados e aos produtos vitivinícolas, na aceção do Anexo XI-B do Regulamento (CE) n.° 1234/2007, com exceção dos vinagres de vinho.

3. O presente regulamento não prejudica a aplicação de outras disposições específicas da União relativas à colocação dos produtos no mercado, e em especial à organização comum de mercado única e à rotulagem de alimentos.

4. A Diretiva 98/34/CE do Parlamento Europeu e do Conselho, de 22 de junho de 1998, relativa a um procedimento de informação no domínio das normas e regulamentações técnicas e das regras relativas aos serviços da sociedade da informação não se aplica aos regimes de qualidade estabelecidos no presente regulamento.

Artigo 3.° *Definições*
Para efeitos do presente regulamento, entende-se por:
1) «Regimes de qualidade», os regimes estabelecidos nos Títulos II, III e IV;
2) «Agrupamento», qualquer associação, independentemente da sua forma jurídica, composta principalmente por produtores ou transformadores do mesmo produto;
3) «Tradicional», utilização no mercado nacional comprovada por um período que permite a transmissão entre gerações; este período deve ser de, pelo menos, 30 anos;
4) «Rotulagem», todas as indicações, menções, marcas de fabrico ou comerciais, imagens ou símbolos referentes a um género alimentício que figurem em qualquer embalagem, documento, aviso, rótulo, anel ou gargantilha que acompanhem ou se refiram a esse género alimentício;
5) «Especificidade» em relação a um produto, os atributos de produção característicos que permitem distingui-lo claramente de outros produtos similares da mesma categoria;
6) «Menções genéricas», as denominações de produtos que, embora relacionadas com o local, a região ou o país onde o produto foi originalmente produzido ou comercializado, se tornaram a denominação comum de um produto na União;
7) «Fase de produção», a produção, a transformação ou a preparação;
8) «Produtos transformados», géneros alimentícios resultantes da transformação de produtos não transformados. Os produtos transformados podem conter ingredientes que sejam necessários ao seu fabrico, ou para lhes dar características específicas.

TÍTULO II.- DENOMINAÇÕES DE ORIGEM PROTEGIDAS E INDICAÇÕES GEOGRÁFICAS
PROTEGIDAS

Artigo 4.° *Objetivo*
É estabelecido um regime de denominações de origem protegidas e indicações geográficas protegidas, a fim de ajudar os produtores de produtos ligados a uma área geográfica, mediante:
a) A garantia de uma remuneração justa que corresponda às qualidades dos seus produtos;
b) A garantia de uma proteção uniforme das denominações como direito de propriedade intelectual no território da União;
c) A comunicação aos consumidores de informações claras sobre os atributos do produto que lhe conferem uma mais-valia.

Artigo 5.° *Requisitos das denominações de origem e das indicações geográficas*
1. Para efeitos do presente regulamento, entende-se por «denominação de origem» uma denominação que identifique um produto:
a) Originário de um local ou região determinados, ou, em casos excecionais, de um país;
b) Cuja qualidade ou características se devam essencial ou exclusivamente a um meio geográfico específico, incluindo os seus fatores naturais e humanos; e
c) Cujas fases de produção tenham todas lugar na área geográfica delimitada.
2. Para efeitos do presente regulamento, entende-se por «indicação geográfica» uma denominação que identifique um produto:
a) Originário de um local ou região determinados, ou de um país;

b) Que possua determinada qualidade, reputação ou outras características que possam ser essencialmente atribuídas à sua origem geográfica; e

c) Em relação ao qual pelo menos uma das fases de produção tenha lugar na área geográfica delimitada.

3. Não obstante o n.º 1, certas denominações são equiparadas a denominações de origem mesmo que as matérias-primas dos produtos em questão provenham de uma área geográfica mais vasta ou diferente da área geográfica delimitada, desde que:

a) A área de produção das matérias-primas se encontre delimitada;

b) Existam condições especiais para a produção das matérias-primas;

c) Exista um regime de controlo que garanta a observância das condições referidas na alínea b); e

d) As denominações de origem em questão tenham sido reconhecidas como denominações de origem no país de origem antes de 1 de maio de 2004.

Para efeitos do presente número, apenas são considerados como matérias-primas os animais vivos, as carnes e o leite.

4. A fim de ter em conta a especificidade da produção de produtos de origem animal, a Comissão fica habilitada a adotar atos delegados, nos termos do artigo 56.º, no que diz respeito a restrições e derrogações relativas à proveniência dos alimentos para animais no caso das denominações de origem.

Além disso, a fim de ter em conta a especificidade de determinados produtos ou zonas, a Comissão fica habilitada a adotar atos delegados, nos termos do artigo 56.º, no que diz respeito a restrições e derrogações relativas ao abate de animais vivos ou à proveniência das matérias-primas.

Essas restrições e derrogações têm em conta, com base em critérios objetivos, a qualidade ou os usos, e o saber-fazer reconhecido ou fatores naturais.

Artigo 6.º *Caráter genérico, conflito com os nomes de variedades vegetais e de raças animais, homónimos e marcas*

1. As menções genéricas não podem ser registadas como denominações de origem protegidas ou indicações geográficas protegidas.

2. As denominações que entrem em conflito com o nome de uma variedade vegetal ou de uma raça animal e que sejam susctíveis de induzir o consumidor em erro quanto à verdadeira origem do produto não podem ser registadas como denominações de origem ou indicações geográficas.

3. As denominações propostas para registo que sejam total ou parcialmente homónimas de uma denominação já inscrita no registo nos termos do artigo 11.º não podem ser registadas, a menos que, na prática, as condições de utilização local e tradicional e a apresentação do homónimo registado posteriormente sejam suficientemente distintas das da denominação já registada, tendo em conta a necessidade de assegurar um tratamento equitativo dos produtores em causa e de não induzir o consumidor em erro.

As denominações homónimas que induzam o consumidor em erro, levando-o a crer que os produtos são originários de outro território, não podem ser registadas, ainda que sejam exatas no que se refere ao território, à região ou ao local de origem reais dos produtos em questão.

4. As denominações propostas cujo registo como denominação de origem ou indicação geográfica for suscetível de induzir o consumidor em erro quanto à verdadeira identidade do produto, tendo em conta a reputação, notoriedade e o tempo de utilização de uma marca, não podem ser registadas.

Artigo 7.º *Caderno de especificações do produto*

1. Uma denominação de origem protegida ou uma indicação geográfica protegida deve respeitar um caderno de especificações que inclua, pelo menos:

a) A denominação a proteger como denominação de origem ou indicação geográfica, tal como é utilizada no comércio ou na linguagem comum, e apenas nas línguas que são ou foram historicamente utilizadas para descrever o produto em causa na área geográfica delimitada;

b) A descrição do produto, incluindo as matérias-primas, se for caso disso, assim como as suas principais características físicas, químicas, microbiológicas ou organolépticas;

c) A definição da área geográfica delimitada, no que respeita à relação mencionada na alínea f), subalíneas i) ou ii), do presente número, e, se for caso disso, os elementos que indiquem a observância dos requisitos previstos no artigo 5.º, n.º 3;

d) As provas de que o produto é originário da área geográfica delimitada referida no artigo 5.°, n.°⁵ 1 ou 2;

e) A descrição do método de obtenção do produto e, se for caso disso, dos métodos locais, autênticos e constantes, bem como informações relativas ao acondicionamento, se o agrupamento requerente considerar e justificar, apresentando motivos suficientes especificamente relacionados com o produto, que o acondicionamento deve ser realizado na área geográfica delimitada a fim de salvaguardar a qualidade, garantir a origem ou assegurar o controlo, tendo em conta o direito da União, em especial no domínio da livre circulação de mercadorias e da livre prestação de serviços;

f) Os elementos que estabelecem:

i) a relação entre a qualidade ou as características do produto e o meio geográfico a que se refere o artigo 5.°, n.° 1, ou

ii) se for o caso, a relação entre determinada qualidade, a reputação ou outra característica do produto e a origem geográfica a que se refere o artigo 5.°, n.° 2;

g) O nome e o endereço das autoridades ou, se disponível, o nome e o endereço dos organismos que verificam o respeito das disposições do caderno de especificações nos termos do artigo 37.°, bem como as suas missões específicas;

h) As eventuais regras específicas de rotulagem do produto em questão.

2. A fim de assegurar que o caderno de especificações faculte informações pertinentes e sucintas, a Comissão fica habilitada a adotar, nos termos do artigo 56.°, atos delegados que estabeleçam regras no sentido de limitar as informações contidas no caderno de especificações referido no n.° 1 do presente artigo, caso essa limitação se torne necessária para evitar que os pedidos de registo sejam demasiado volumosos.

A Comissão pode adotar atos de execução que estabeleçam regras sobre a forma do caderno de especificações. Os referidos atos de execução são adotados pelo procedimento de exame a que se refere o artigo 57.°, n.° 2.

Artigo 8.° *Conteúdo do pedido de registo*
1. Os pedidos de registo de denominações de origem ou de indicações geográficas nos termos do artigo 49.°, n.° 2 ou n.° 5, devem incluir, pelo menos:

a) O nome e o endereço do agrupamento requerente e das autoridades ou, quando existir, dos organismos que verificam o respeito das disposições do caderno de especificações;

b) O caderno de especificações previsto no artigo 7.°;

c) Um documento único que inclua:

i) os elementos principais do caderno de especificações do produto: a denominação, a descrição do produto, incluindo, se necessário, as regras específicas aplicáveis ao seu acondicionamento e rotulagem, e a descrição sucinta da delimitação da área geográfica,

ii) a descrição da relação do produto com o meio geográfico ou com a origem geográfica referidos no artigo 5.°, n.° 1 ou n.° 2, conforme o caso, incluindo, se for caso disso, os elementos específicos da descrição do produto ou do método de produção que justificam essa relação.

Dos pedidos a que se refere o artigo 49.°, n.° 5, devem constar, além disso, provas de que a denominação do produto está protegida no seu país de origem.

2. O processo de pedido referido no artigo 49.°, n.° 4, deve incluir:

a) O nome e o endereço do agrupamento requerente;

b) O documento único referido no n.° 1, alínea c), do presente artigo;

c) Uma declaração do Estado-Membro em que este considera que o pedido apresentado pelo agrupamento requerente e que beneficia de uma decisão favorável preenche as condições do presente regulamento e as disposições adotadas em sua execução;

d) A referência de publicação do caderno de especificações.

Artigo 9.° *Proteção nacional transitória*
Os Estados-Membros podem, ao abrigo do presente regulamento e apenas a título transitório, conferir, a nível nacional, proteção a uma denominação, com efeitos a partir da data de apresentação do pedido à Comissão.

A proteção nacional transitória cessa na data em que for tomada uma decisão sobre o registo nos termos do presente regulamento, ou em que o pedido for retirado.

Caso a denominação não seja registada nos termos do presente regulamento, as consequências de uma tal proteção nacional são da exclusiva responsabilidade do Estado-Membro em questão.

As medidas adotadas pelos Estados-Membros nos termos do primeiro parágrafo só produzem efeitos ao nível nacional e não podem afetar as trocas comerciais no interior da União ou internacionais.

Artigo 10.º *Fundamentos de oposição*
1. As declarações de oposição fundamentadas, previstas no artigo 51.º, n.º 2, apenas são admissíveis se forem recebidas pela Comissão dentro do prazo previsto nesse número e se:
a) Mostrarem que as condições previstas no artigo 5.º e no artigo 7.º, n.º 1, não se encontram preenchidas;
b) Mostrarem que o registo da denominação proposta seria contrário ao artigo 6.º, n.º 2, n.º 3 ou n.º 4;
c) Mostrarem que o registo da denominação proposta prejudicaria a existência de uma denominação total ou parcialmente homónima ou de uma marca ou ainda a existência de produtos que se encontram legalmente no mercado há pelo menos cinco anos à data de publicação prevista no artigo 50.º, n.º 2, alínea a); ou
d) Especificarem os elementos que permitam concluir que a denominação cujo registo é solicitado é uma menção genérica.
2. Os fundamentos de oposição são avaliados em relação ao território da União.

Artigo 11.º *Registo das denominações de origem protegidas e das indicações geográficas protegidas*
1. A Comissão adota, sem recorrer ao procedimento a que se refere o artigo 57.º, n.º 2, atos de execução que estabeleçam e mantenham atualizado um registo acessível ao público das denominações de origem protegidas e das indicações geográficas protegidas reconhecidas no âmbito do presente regime.
2. Podem ser registadas as indicações geográficas relativas aos produtos de países terceiros que estejam protegidas na União nos termos de um acordo internacional no qual a União seja parte contratante. A menos que sejam especificamente identificados no referido acordo como denominações de origem protegidas a título do presente regulamento, as denominações em questão são inscritas no registo como indicações geográficas protegidas.
3. A Comissão pode adotar atos de execução que estabeleçam regras de execução sobre a forma e o conteúdo do registo. Os referidos atos de execução são adotados pelo procedimento de exame a que se refere o artigo 57.º, n.º 2.
4. A Comissão torna pública e atualiza periodicamente a lista dos acordos internacionais a que se refere o n.º 2, bem como a lista das indicações geográficas protegidas nos termos desses acordos.

Artigo 12.º *Denominações, símbolos e menções*
1. As denominações de origem protegidas e as indicações geográficas protegidas podem ser utilizadas por qualquer operador que comercialize um produto conforme com o caderno de especificações correspondente.
2. Devem ser estabelecidos os símbolos da União destinados a publicitar as denominações de origem protegidas e as indicações geográficas protegidas.
3. No caso de produtos originários da União que sejam comercializados sob uma denominação de origem protegida ou uma indicação geográfica protegida registada de acordo com os procedimentos definidos no presente regulamento, os símbolos da União a elas associados devem figurar na rotulagem. Além disso, a denominação registada do produto deve figurar no mesmo campo visual. Podem ainda figurar na rotulagem as menções «denominação de origem protegida» ou «indicação geográfica protegida» ou as correspondentes abreviaturas «DOP» ou «IGP».
4. Adicionalmente, podem figurar na rotulagem os seguintes elementos: representações da área geográfica de origem, referida no artigo 5.º, e textos, gráficos ou símbolos relativos ao Estado-Membro e/ou à região em que se situa essa área geográfica de origem.
5. Sem prejuízo da Diretiva 2000/13/CE, é permitida a utilização na rotulagem das marcas geográficas coletivas a que se refere o artigo 15.º da Diretiva 2008/95/CE, juntamente com a denominação de origem protegida ou a indicação geográfica protegida.
6. No caso dos produtos originários de países terceiros e comercializados sob uma denominação inscrita no registo, as menções referidas no n.º 3 ou os símbolos da União a elas associados podem figurar na rotulagem.

7. A fim de assegurar a comunicação das informações adequadas ao consumidor, a Comissão fica habilitada a adotar, nos termos do artigo 56.°, atos delegados que definam os símbolos da União.

A Comissão pode adotar atos de execução que definam as características técnicas dos símbolos e menções da União, assim como as regras relativas à utilização destes últimos nos produtos comercializados sob uma denominação de origem protegida ou uma indicação geográfica protegida, incluindo regras relativas às versões linguísticas adequadas a utilizar. Os referidos atos de execução são adotados pelo procedimento de exame a que se refere o artigo 57.°, n.° 2.

Artigo 13.° *Proteção*
1. As denominações registadas são protegidas contra:
a) Qualquer utilização comercial direta ou indireta de uma denominação registada para produtos não abrangidos pelo registo, quando esses produtos forem comparáveis aos produtos registados com essa denominação, ou quando tal utilização explorar a reputação da denominação protegida, inclusive se os produtos forem utilizados como ingredientes;
b) Qualquer utilização abusiva, imitação ou evocação, ainda que a verdadeira origem dos produtos ou serviços seja indicada, ou que a denominação protegida seja traduzida ou acompanhada por termos como «género», «tipo», «método», «estilo» ou «imitação», ou similares, inclusive se os produtos forem utilizados como ingredientes;
c) Qualquer outra indicação falsa ou falaciosa quanto à proveniência, origem, natureza ou qualidades essenciais do produto, que conste do acondicionamento ou da embalagem, da publicidade ou dos documentos relativos ao produto em causa, bem como contra o acondicionamento do produto em recipientes suscetíveis de dar uma impressão errada sobre a origem do produto;
d) Qualquer outra prática suscetível de induzir o consumidor em erro quanto à verdadeira origem do produto.
Sempre que uma denominação de origem protegida ou uma indicação geográfica protegida contenha a denominação de um produto considerada genérica, a utilização dessa denominação genérica não pode ser considerada contrária ao primeiro parágrafo, alíneas a) ou b).
2. As denominações de origem protegidas e as indicações geográficas protegidas não se tornam genéricas.
3. Os Estados-Membros tomam as disposições administrativas e judiciais adequadas para prevenir ou impedir a utilização ilegal das denominações de origem protegidas e das indicações geográficas protegidas a que se refere o n.° 1, produzidas ou comercializadas no seu território.
Para o efeito, os Estados-Membros designam as autoridades responsáveis pela tomada das referidas disposições, segundo os procedimentos definidos por cada Estado-Membro.
Essas autoridades devem oferecer garantias adequadas de objetividade e de imparcialidade e ter ao seu dispor o pessoal qualificado e os recursos necessários para o desempenho das suas funções.

Artigo 14.° *Relações entre marcas, denominações de origem e indicações geográficas*
1. Sempre que uma denominação de origem ou uma indicação geográfica seja registada ao abrigo do presente regulamento, o registo de uma marca cuja utilização violaria o disposto no artigo 13.°, n.° 1, e que diga respeito a um produto do mesmo tipo é recusado, caso o pedido de registo da marca seja apresentado após a data de apresentação, à Comissão, do pedido de registo respeitante à denominação de origem ou à indicação geográfica.
As marcas registadas em violação do disposto no primeiro parágrafo são declaradas nulas.
O disposto no presente parágrafo é aplicável não obstante as disposições da Diretiva 2008/95/CE.
2. Sem prejuízo do disposto no artigo 6.°, n.° 4, uma marca cuja utilização viole o disposto no artigo 13.°, n.° 1, e que tenha sido depositada, registada ou, se essa possibilidade estiver prevista pela legislação em causa, adquirida pela utilização de boa-fé no território da União, antes da data de apresentação à Comissão do pedido de proteção da denominação de origem ou da indicação geográfica, pode continuar a ser utilizada e renovada para o produto em causa, não obstante o registo de uma

denominação de origem ou de uma indicação geográfica, desde que não incorra nas causas de nulidade ou de extinção previstas no Regulamento (CE) n.º 207/2009 do Conselho, de 26 de fevereiro de 2009, sobre a marca comunitária, ou na Diretiva 2008/95/CE. Em tais casos, a utilização da denominação de origem protegida ou da indicação geográfica protegida é permitida, juntamente com a das marcas em causa.

Artigo 15.º *Períodos transitórios para a utilização de denominações de origem protegidas e de indicações geográficas protegidas*

1. Sem prejuízo do disposto no artigo 14.º, a Comissão pode adotar atos de execução que concedam um período transitório de cinco anos, no máximo, a fim de permitir que os produtos originários de um Estado-Membro ou de um país terceiro, e cuja denominação consista numa denominação ou contenha uma denominação que viole o artigo 13.º, n.º 1, continuem a utilizar a denominação com que foram comercializados, na condição de uma declaração de oposição admissível, nos termos do artigo 49.º, n.º 3, ou com o artigo 51.º, demonstrar que:

a) O registo da denominação prejudicaria a existência de uma denominação total ou parcialmente homónima; ou

b) Os produtos foram legalmente comercializados com essa denominação no território em causa durante pelo menos os cinco anos anteriores à data de publicação prevista no artigo 50.º, n.º 2, alínea a).

Os referidos atos de execução são adotados pelo procedimento de exame a que se refere o artigo 57.º, n.º 2.

2. Sem prejuízo do disposto no artigo 14.º, a Comissão pode adotar atos de execução que alarguem para 15 anos o período transitório mencionado no n.º 1 do presente artigo, em casos devidamente justificados, se se demonstrar que:

a) A denominação referida no n.º 1 do presente artigo foi utilizada de forma legal, constante e leal, durante, pelo menos, os 25 anos anteriores à apresentação do pedido de registo à Comissão;

b) A utilização da denominação referida no n.º 1 do presente artigo nunca teve como objetivo tirar partido da reputação da denominação registada, e não induziu nem poderia ter induzido em erro o consumidor quanto à verdadeira origem do produto.

Os referidos atos de execução são adotados pelo procedimento de exame a que se refere o artigo 57.º, n.º 2.

3. Sempre que uma denominação seja utilizada de acordo com os n.ºs 1 e 2, o país de origem deve figurar de forma clara e visível na rotulagem.

4. Com vista a superar certas dificuldades temporárias que possam surgir para realizar o objetivo a longo prazo de assegurar que todos os produtores da área em causa observem os requisitos do caderno de especificações, qualquer Estado-Membro pode conceder um período transitório máximo de 10 anos, com efeitos a partir da data de apresentação do pedido à Comissão, desde que os operadores interessados tenham comercializado legalmente os produtos em causa, utilizando de forma contínua as denominações em questão, durante pelo menos os cinco anos anteriores à apresentação do pedido às autoridades do Estado-Membro e tenham mencionado esse facto no âmbito do procedimento nacional de oposição referido no artigo 49.º, n.º 3.

O primeiro parágrafo aplica-se, com as necessárias adaptações, a uma indicação geográfica protegida ou a uma denominação de origem protegida que se refira a uma área geográfica situada num país terceiro, com exceção do procedimento de oposição.

Os períodos transitórios são indicados no processo de pedido referido no artigo 8.º, n.º 2.

Artigo 16.º *Disposições transitórias*

1. As denominações inscritas no registo previsto no artigo 7.º, n.º 6, do Regulamento (CE) n.º 510/2006 são automaticamente inscritas no registo referido no artigo 11.º do presente regulamento. Os cadernos de especificações correspondentes são equiparados aos cadernos de especificações referidos no artigo 7.º do presente regulamento. Continuam a aplicar-se as disposições transitórias específicas associadas a esses registos.

2. A fim de proteger os direitos e os interesses legítimos dos produtores ou das partes interessadas em causa, a Comissão fica habilitada a adotar atos delegados nos termos do artigo 56.º, no que diz respeito a regras transitórias adicionais.

3. O presente regulamento aplica-se sem prejuízo dos direitos de coexistência reconhecidos ao abrigo do Regulamento (CE) n.º 510/2006 no que se refere a denominações de origem e a indicações geográficas, por um lado, e a marcas, por outro.

TÍTULO III.- ESPECIALIDADES TRADICIONAIS GARANTIDAS

Artigo 17.º *Objetivo*
É estabelecido um regime de especialidades tradicionais garantidas, a fim de salvaguardar os métodos de produção e as receitas tradicionais, ajudando os produtores de produtos tradicionais a comercializar esses produtos e a comunicar aos consumidores os atributos dos seus produtos e receitas tradicionais que lhes oferecem uma mais-valia.

Artigo 18.º *Critérios*
1. Podem ser registadas como especialidades tradicionais garantidas as denominações que descrevam um determinado produto ou género alimentício que:
a) Resulte de um modo de produção, transformação ou composição que correspondam a uma prática tradicional para esse produto ou género alimentício; ou
b) Seja produzido a partir de matérias-primas ou ingredientes utilizados tradicionalmente.
2. Para ser registada como especialidade tradicional garantida, a denominação deve:
a) Ter sido tradicionalmente utilizada para fazer referência ao produto específico; ou
b) Designar o caráter tradicional ou a especificidade do produto.
3. Se se demonstrar, no âmbito do procedimento de oposição previsto no artigo 51.º, que a denominação em causa é também utilizada noutro Estado-Membro ou num país terceiro, a fim de distinguir produtos comparáveis ou produtos com uma denominação idêntica ou semelhante, a decisão relativa ao registo tomada nos termos do artigo 52.º, n.º 3, pode prever que a denominação da especialidade tradicional garantida deva ser acompanhada da alegação «produzido segundo a tradição de», imediatamente seguida do nome do país ou região em causa.
4. Não podem ser registadas denominação que se refiram unicamente a alegações de ordem geral utilizadas para um conjunto de produtos, ou a alegações previstas por ato legislativo específico da União.
5. A fim de garantir o bom funcionamento do regime, a Comissão fica habilitada a adotar, nos termos do artigo 56.º, atos delegados que definam melhor os critérios de elegibilidade estabelecidos no presente artigo.

Artigo 19.º *Caderno de especificações*
1. Uma especialidade tradicional garantida deve respeitar um caderno de especificações que inclua:
a) A denominação proposta para o registo, nas versões linguísticas adequadas;
b) A descrição do produto, incluindo as principais características físicas, químicas, microbiológicas ou organolépticas que demonstram a especificidade do produto;
c) A descrição do método de produção que deve ser seguido pelos produtores, incluindo, se for caso disso, a natureza e as características das matérias-primas ou dos ingredientes utilizados e o método de elaboração do produto; e
d) Os elementos essenciais que atestam o caráter tradicional do produto.
2. A fim de assegurar que o caderno de especificações faculte informações pertinentes e sucintas, a Comissão fica habilitada a adotar, nos termos do artigo 56.º, atos delegados que estabeleçam regras no sentido de limitar as informações contidas no caderno de especificações referido no n.º 1 do presente artigo, caso essa limitação se torne necessária para evitar que os pedidos de registo sejam demasiado volumosos.
A Comissão pode adotar atos de execução que estabeleçam regras sobre a forma do caderno de especificações. Os referidos atos de execução são adotados pelo procedimento de exame a que se refere o artigo 57.º, n.º 2.

Artigo 20.º *Conteúdo do pedido de registo*
1. Os pedidos de registo de especialidades tradicionais garantidas a que se referem o artigo 49.º, n.º 2, ou n.º 5, devem incluir:
a) O nome e o endereço do agrupamento requerente;
b) O caderno de especificações tal como previsto no artigo 19.º.
2. O processo de pedido referido no artigo 49.º, n.º 4, deve incluir:
a) Os elementos referidos no n.º 1 do presente artigo; e

b) Uma declaração do Estado-Membro em que este considera que o pedido apresentado pelo agrupamento e que beneficia de uma decisão favorável preenche as condições do presente regulamento e as disposições adotadas em sua execução.

Artigo 21.º *Fundamentos de oposição*
1. As declarações de oposição fundamentadas, previstas no artigo 51.º, n.º 2, apenas são admissíveis se forem recebidas pela Comissão dentro do prazo e se:
a) Fornecerem motivos devidamente fundamentados que justifiquem a incompatibilidade do registo proposto com o presente regulamento; ou
b) Demonstrarem que a denominação é legal, notória e economicamente significativa para produtos agrícolas ou géneros alimentícios similares.
2. Os critérios referidos no n.º 1, alínea b), são avaliados em relação ao território da União.

Artigo 22.º *Registo das especialidades tradicionais garantidas*
1. A Comissão adota, sem recorrer ao procedimento a que se refere o artigo 57.º, n.º 2, atos de execução que estabeleçam e mantenham atualizado um registo acessível ao público das especialidades tradicionais garantidas reconhecidas no âmbito do presente regime.
2. A Comissão pode adotar atos de execução que estabeleçam regras de execução sobre a forma e o conteúdo do registo. Os referidos atos de execução são adotados pelo procedimento de exame a que se refere o artigo 57.º, n.º 2.

Artigo 23.º *Denominações, símbolos e menções*
1. As denominações registadas como especialidades tradicionais garantidas podem ser utilizadas por qualquer operador que comercialize um produto conforme com o caderno de especificações correspondente.
2. Deve ser definido um símbolo da União destinado a publicitar o regime de especialidades tradicionais garantidas.
3. No caso dos produtos originários da União comercializados como especialidade tradicional garantida registada nos termos do presente regulamento, o símbolo referido no n.º 2 deve, sem prejuízo do n.º 4, figurar na rotulagem. Além disso, a denominação do produto deve figurar no mesmo campo visual. Podem ainda figurar na rotulagem a menção «especialidade tradicional garantida» ou a correspondente abreviatura «ETG».
No caso das especialidades tradicionais garantidas produzidas fora da União, a indicação do símbolo na rotulagem é facultativa.
4. A fim de assegurar a comunicação das informações adequadas ao consumidor, a Comissão fica habilitada a adotar, nos termos do artigo 56.º, atos delegados que definam o símbolo da União.
A Comissão pode adotar atos de execução que definam as características técnicas do símbolo da União e da menção, assim como as regras relativas à utilização destes últimos nos produtos que ostentam a denominação de uma especialidade tradicional garantida, incluindo no que respeita às versões linguísticas adequadas a utilizar. Os referidos atos de execução são adotados pelo procedimento de exame a que se refere o artigo 57.º, n.º 2.

Artigo 24.º *Restrições à utilização de denominações registadas*
1. As denominações registadas são protegidas contra qualquer utilização abusiva, imitação ou evocação, ou contra qualquer outra prática suscetível de induzir o consumidor em erro.
2. Os Estados-Membros asseguram que as descrições de venda utilizadas a nível nacional não dão origem a confusão com as denominações registadas.
3. A Comissão pode adotar atos de execução que estabeleçam regras para a proteção das especialidades tradicionais garantidas. Os referidos atos de execução são adotados pelo procedimento de exame a que se refere o artigo 57.º, n.º 2.

Artigo 25.º *Disposições transitórias*
1. As denominações registadas nos termos do artigo 13.º, n.º 2, do Regulamento (CE) n.º 509/2006 são automaticamente inscritas no registo referido no artigo 22.º do presente regulamento. Os cadernos de especificações correspondentes são equiparados aos cadernos de especificações referidos no artigo 19.º do presente regulamento. Continuam a aplicar-se as disposições transitórias específicas associadas a esses registos.

2. As denominações registadas de acordo com os requisitos estabelecidos no artigo 13.º, n.º 1, do Regulamento (CE) n.º 509/2006, incluindo as registadas com base nos pedidos referidos no artigo 58.º, n.º 1, segundo parágrafo, do presente regulamento, podem continuar a ser utilizadas, nas condições previstas no Regulamento (CE) n.º 509/2006, até 4 de janeiro de 2023, exceto se os Estados-Membros recorrerem ao procedimento previsto no artigo 26.º do presente regulamento.

3. A fim de proteger os direitos e os interesses legítimos dos produtores ou das partes interessadas em causa, a Comissão fica habilitada a adotar, nos termos do artigo 56.º, atos delegados que estabeleçam regras transitórias adicionais.

Artigo 26.º *Procedimento simplificado*

1. A pedido de um agrupamento, um Estado-Membro pode apresentar à Comissão, até 4 de janeiro de 2016, denominações de especialidades tradicionais garantidas que se encontrem registadas nos termos do artigo 13.º, n.º 1, do Regulamento (CE) n.º 509/2006 e que satisfaçam o disposto no presente regulamento.

Antes de apresentar uma denominação, o Estado-Membro lança o procedimento de oposição definido no artigo 49.º, n.ºs 3 e 4.

Se se demonstrar, no âmbito desse procedimento, que a denominação em causa é também utilizada para referir produtos comparáveis, ou produtos com uma denominação idêntica ou semelhante, a referida denominação pode ser completada por uma menção que identifique o seu caráter tradicional ou a sua especificidade.

Os agrupamentos de um país terceiro podem apresentar tais denominações à Comissão, quer diretamente, quer através das autoridades do país terceiro.

2. No prazo de dois meses a contar da sua receção, a Comissão publica as denominações a que se refere o n.º 1, acompanhadas dos respetivos cadernos de especificações, no Jornal Oficial da União Europeia.

3. São aplicáveis os artigos 51.º e 52.º.

4. Concluído o procedimento de oposição, a Comissão ajusta, se necessário, as entradas no registo mencionado no artigo 22.º. Os cadernos de especificações correspondentes são equiparados aos cadernos de especificações referidos no artigo 19.º.

TÍTULO IV.- MENÇÕES DE QUALIDADE FACULTATIVAS

Artigo 27.º *Objetivo*
É criado um regime de menções de qualidade facultativas, a fim de facilitar a comunicação pelos produtores, no âmbito do mercado interno, das características ou atributos dos seus produtos agrícolas que oferecem uma mais-valia.

Artigo 28.º *Regras nacionais*
Os Estados-Membros podem manter as regras nacionais sobre menções de qualidade facultativas que não estejam abrangidas pelo presente regulamento, desde que tais regras respeitem o direito da União.

Artigo 29.º *Menções de qualidade facultativas*
1. As menções de qualidade facultativas devem satisfazer os seguintes critérios:
a) A menção refere-se a uma característica de uma ou mais categorias de produtos, ou a um atributo agrícola ou de transformação, aplicável em determinadas áreas;
b) A utilização da menção oferece uma mais-valia ao produto, em relação a produtos de tipo semelhante; e
c) A menção tem dimensão europeia.

2. São excluídas do presente regime as menções de qualidade facultativas que descrevem qualidades técnicas do produto para fins de aplicação das normas de comercialização obrigatórias, e que não se destinam a informar os consumidores sobre essas qualidades.

3. As menções de qualidade facultativas excluem as menções reservadas facultativas que apoiam e completam as normas específicas de comercialização determinadas a nível setorial ou por categoria de produtos.

4. A fim de ter em conta as especificidades de determinados setores, bem como as expectativas dos consumidores, a Comissão fica habilitada a adotar, nos termos do artigo 56.º, atos delegados que estabeleçam regras de execução relativas aos critérios referidos no n.º 1 do presente artigo.

5. A Comissão pode adotar atos de execução que estabeleçam todas as medidas relativas aos formulários, procedimentos ou outros aspetos técnicos que se revelarem necessárias para a aplicação do presente Título. Os referidos atos de execução são adotados pelo procedimento de exame a que se refere o artigo 57.º, n.º 2.

6. Ao adotar atos delegados e atos de execução nos termos dos n.ºs 4 e 5 do presente artigo, a Comissão tem em conta as normas internacionais pertinentes.

Artigo 30.º *Reserva e alteração*

1. A fim de ter em conta as expectativas dos consumidores, a evolução dos conhecimentos científicos e técnicos, a situação do mercado e a evolução das normas de comercialização e das normas internacionais, a Comissão fica habilitada a adotar, nos termos do artigo 56.º, atos delegados que reservem uma menção de qualidade facultativa adicional e definam as suas condições de utilização.

2. Em casos devidamente justificados, e a fim de ter em conta a utilização apropriada da menção de qualidade facultativa adicional, a Comissão fica habilitada a adotar, nos termos do artigo 56.º, atos delegados que alterem as condições de utilização referidas no n.º 1 do presente artigo.

Artigo 31.º *Produto de montanha*

1. É criada a menção de qualidade facultativa «produto de montanha».

Esta menção só pode ser utilizada para descrever os produtos destinados ao consumo humano enumerados no Anexo I do Tratado e em relação aos quais:

a) Quer as matérias-primas, quer os alimentos para animais de criação provenham essencialmente de zonas de montanha;

b) No caso dos produtos transformados, a transformação também tenha lugar em zonas de montanha.

2. Para efeitos do presente artigo, entende-se por «zonas de montanha» dentro da União as zonas definidas nos termos do artigo 18.º, n.º 1, do Regulamento (CE) n.º 1257/1999. Para os produtos de países terceiros, as zonas de montanha incluem as zonas que sejam oficialmente designadas como zonas de montanha pelo país terceiro ou que preencham critérios equivalentes aos estabelecidos no artigo 18.º, n.º 1, do Regulamento (CE) n.º 1257/1999.

3. Em casos devidamente justificados, e a fim de ter em conta as limitações naturais que afetam a produção agrícola nas zonas de montanha, a Comissão fica habilitada a adotar, nos termos do artigo 56.º, atos delegados que estabeleçam derrogações às condições de utilização referidas no n.º 1 do presente artigo. A Comissão fica habilitada a adotar, designadamente, um ato delegado que estabeleça as condições em que as matérias-primas ou os alimentos para animais podem provir do exterior das zonas de montanha, as condições em que a transformação dos produtos pode ter lugar fora das zonas de montanha, numa área geográfica a delimitar, e a delimitação dessa área geográfica.

4. A fim de ter em conta as limitações naturais que afetam a produção agrícola nas zonas de montanha, a Comissão fica habilitada a adotar atos delegados, nos termos do artigo 56.º, no que diz respeito à definição dos métodos de produção e de outros critérios relevantes para a aplicação da menção de qualidade facultativa criada no n.º 1 do presente artigo.

Artigo 32.º *Produto da agricultura insular*

Até 4 de janeiro de 2014, a Comissão apresenta um relatório ao Parlamento Europeu e ao Conselho sobre a fundamentação lógica da nova menção «produto da agricultura insular». A menção só pode ser utilizada para descrever os produtos destinados ao consumo humano que são enumerados no Anexo I ao Tratado e cujas matérias-primas provenham de uma zona insular. Além disso, para que a menção possa ser aplicada a produtos transformados, a transformação deve igualmente ter lugar em zonas insulares, sempre que tal afete substancialmente as características particulares do produto final.

Esse relatório deve, se necessário, ser acompanhado das propostas legislativas adequadas à reserva da menção de qualidade facultativa «produto da agricultura insular».

Artigo 33.º *Restrições à utilização*

1. As menções de qualidade facultativas só podem ser utilizadas para descrever produtos que respeitem as condições de utilização correspondentes.

2. A Comissão pode adotar atos de execução que estabeleçam regras para a utilização das menções de qualidade facultativas. Os referidos atos de execução são adotados pelo procedimento de exame a que se refere o artigo 57.º, n.º 2.

Artigo 34.º *Acompanhamento*
Os Estados-Membros realizam controlos, com base numa análise de risco, para assegurar o cumprimento dos requisitos estabelecidos no presente título e, em caso de incumprimento, aplicam as sanções administrativas adequadas.

TÍTULO V.- DISPOSIÇÕES COMUNS

CAPÍTULO I.- Controlos oficiais das denominações de origem protegidas, das indicações geográficas protegidas e das especialidades tradicionais garantidas

Artigo 35.º *Âmbito de aplicação*
As disposições do presente capítulo aplicam-se aos regimes de qualidade previstos no Título II e no Título III.

Artigo 36.º *Designação da autoridade competente*
1. De acordo com o Regulamento (CE) n.º 882/2004, os Estados-Membros designam a autoridade ou autoridades competentes responsáveis pelos controlos oficiais realizados para verificar o cumprimento dos requisitos legais relativos aos regimes de qualidade estabelecidos pelo presente regulamento.
Os procedimentos e requisitos do Regulamento (CE) n.º 882/2004 são aplicáveis, com as necessárias adaptações, aos controlos oficiais realizados para verificar o cumprimento dos requisitos legais relativos aos regimes de qualidade para todos os produtos abrangidos pelo Anexo I do presente regulamento.
2. As autoridades competentes referidas no n.º 1 devem oferecer garantias adequadas de objetividade e de imparcialidade e ter ao seu dispor o pessoal qualificado e os recursos necessários para o desempenho das suas funções.
3. Os controlos oficiais incluem:
a) A verificação da conformidade dos produtos com o caderno de especificações correspondente; e
b) O acompanhamento da utilização das denominações registadas para descrever os produtos colocados no mercado, nos termos do artigo 13.º para as denominações registadas em aplicação do Título II, e nos termos do artigo 24.º para as denominações registadas em aplicação do Título III.

Artigo 37.º *Verificação da conformidade com o caderno de especificações do produto*
1. No que respeita às denominações de origem protegidas, indicações geográficas protegidas e especialidades tradicionais garantidas que designam produtos originários da União, a verificação da conformidade com o caderno de especificações do produto, antes da colocação do produto no mercado, é efetuada por:
a) Uma ou mais das autoridades competentes referidas no artigo 36.º do presente regulamento; e/ou
b) Um ou mais organismos de controlo, na aceção do artigo 2.º, ponto 5), do Regulamento (CE) n.º 882/2004, que funcionem como organismos de certificação de produtos.
Os custos de tal verificação da conformidade com o caderno de especificações podem ser suportados pelos operadores sujeitos aos referidos controlos. Os Estados-Membros também podem contribuir para esses custos.
2. No que respeita às denominações de origem, indicações geográficas e especialidades tradicionais garantidas que designam produtos originários de países terceiros, a verificação da conformidade com o caderno de especificações, antes da colocação do produto no mercado, é efetuada por:
a) Uma ou mais autoridades públicas designadas pelo país terceiro; e/ou
b) Um ou mais organismos de certificação de produtos.
3. Os Estados-Membros tornam públicos os nomes e endereços das autoridades e dos organismos referidos no n.º 1 do presente artigo e atualizam periodicamente essas informações.
A Comissão torna públicos os nomes e endereços das autoridades e dos organismos referidos no n.º 2 do presente artigo e atualiza periodicamente essas informações.

4. A Comissão pode adotar, sem recorrer ao procedimento a que se refere o artigo 57.°, n.° 2, atos de execução que definam os meios pelos quais são tornados públicos os nomes e endereços dos organismos de certificação de produtos referidos nos n.os 1 e 2 do presente artigo.

Artigo 38.° *Fiscalização da utilização da denominação no mercado*
Os Estados-Membros comunicam à Comissão o nome e o endereço das autoridades competentes referidas no artigo 36.°. A Comissão torna públicos os nomes e endereços dessas autoridades.

Os Estados-Membros realizam controlos, com base numa análise de risco, para assegurar o cumprimento dos requisitos estabelecidos no presente regulamento e, em caso de incumprimento, aplicam as sanções administrativas adequadas.

Artigo 39.° *Delegação nos organismos de controlo por parte das autoridades competentes*
1. Nos termos do artigo 5.° do Regulamento (CE) n.° 882/2004, as autoridades competentes podem delegar num ou mais organismos de controlo tarefas específicas relacionadas com os controlos oficiais dos regimes de qualidade.
2. Esses organismos de controlo devem ser acreditados de acordo com a norma europeia EN 45011 ou com o ISO/IEC Guide 65 (Requisitos gerais para organismos de certificação de produtos).
3. A acreditação referida no n.° 2 do presente artigo só pode ser realizada por:
a) Um organismo nacional de acreditação da União, nos termos do disposto no Regulamento (CE) n.° 765/2008; ou
b) Um organismo de acreditação fora da União que seja signatário de um convénio multilateral de reconhecimento sob os auspícios do Fórum Internacional para a Acreditação.

Artigo 40.° *Planeamento e comunicação das atividades de controlo*
1. Os Estados-Membros asseguram que as atividades de controlo das obrigações previstas no presente capítulo sejam especificamente incluídas numa secção separada dos planos nacionais de controlo plurianuais, nos termos dos artigos 41.°, 42.° e 43.° do Regulamento (CE) n.° 882/2004.
2. Os relatórios anuais sobre o controlo das obrigações estabelecidas no presente regulamento devem incluir uma secção separada que contenha as informações previstas no artigo 44.° do Regulamento (CE) n.° 882/2004.

CAPÍTULO II.- Exceções para certas utilizações anteriores

Artigo 41.° *Menções genéricas*
1. Sem prejuízo do disposto no artigo 13.°, o presente regulamento não prejudica a utilização de menções que são genéricas na União, mesmo que façam parte de denominações protegidas por um regime de qualidade.
2. Para determinar se uma menção se tornou ou não genérica, devem ser tidos em conta todos os fatores relevantes, nomeadamente:
a) A situação existente nas zonas de consumo;
b) Os atos jurídicos nacionais ou da União pertinentes.
3. A fim de proteger plenamente os direitos das partes interessadas, a Comissão fica habilitada a adotar, nos termos do artigo 56.°, atos delegados que estabeleçam regras suplementares destinadas a determinar o caráter genérico das menções referidas no n.° 1 do presente artigo.

Artigo 42.° *Variedades vegetais e raças animais*
1. O presente regulamento não impede a colocação no mercado de produtos cuja rotulagem inclua uma denominação ou menção protegida ou reservada ao abrigo de um regime de qualidade descrito nos Títulos II, III ou IV e que contenha ou seja constituída pelo nome de uma variedade vegetal ou de uma raça animal, desde que estejam preenchidas as seguintes condições:
a) O produto em questão seja constituído pela variedade ou raça indicada, ou dela derive;
b) Os consumidores não sejam induzidos em erro;
c) A utilização do nome da variedade ou raça respeite as regras de concorrência leal;
d) A utilização não explore a reputação da menção protegida; e

e) No caso do regime de qualidade descrito no Título II, a produção e comercialização do produto se tenha alargado para além da sua zona de origem antes da data do pedido de registo da indicação geográfica.

2. A fim de precisar o alcance dos direitos e liberdades dos operadores do setor alimentar no respeitante à utilização do nome de uma variedade vegetal ou de uma raça animal a que se refere o n.º 1 do presente artigo, a Comissão fica habilitada a adotar atos delegados, nos termos do artigo 56.º, no que diz respeito a regras destinadas a determinar a utilização de tais nomes.

Artigo 43.º *Relação com a propriedade intelectual*
Os regimes de qualidade descritos nos Títulos III e IV são aplicáveis sem prejuízo das regras da União ou dos Estados-Membros que regulam a propriedade intelectual, em particular as relativas às denominações de origem e indicações geográficas, às marcas e aos direitos concedidos no âmbito dessas regras.

CAPÍTULO III.- Menções e símbolos do regime de qualidade e papel dos produtores

Artigo 44.º *Proteção das menções e símbolos*
1. As menções, abreviaturas e símbolos que se referem a regimes de qualidade só podem ser utilizados em relação aos produtos produzidos de acordo com as regras do regime de qualidade correspondente. Esta disposição aplica-se, em especial, às menções, abreviaturas e símbolos seguintes:
a) «Denominação de origem protegida», «indicação geográfica protegida», «indicação geográfica», «DOP», «IGP» e símbolos associados, nos termos do Título II;
b) «Especialidade tradicional garantida», «ETG» e símbolo associado, nos termos do Título III;
c) «Produto de montanha», nos termos do Título IV.
2. Nos termos do artigo 5.º do Regulamento (CE) n.º 1290/2005, o Fundo Europeu Agrícola de Desenvolvimento Rural (Feader) pode, por iniciativa da Comissão ou por sua conta, financiar, de forma centralizada, medidas de apoio administrativo relativo ao desenvolvimento, aos trabalhos preparatórios, ao acompanhamento e ao apoio administrativo e jurídico, à defesa jurídica, às taxas de inscrição, às taxas de renovação, às taxas relativas à vigilância das marcas, às taxas judiciais e a quaisquer outras medidas relacionadas necessárias para proteger as menções, abreviaturas e símbolos dos regimes de qualidade contra a utilização abusiva, a imitação, a evocação ou qualquer outra prática suscetível de induzir em erro o consumidor, na União e nos países terceiros.
3. A Comissão adota atos de execução que estabeleçam regras relativas à proteção uniforme das menções, abreviaturas e símbolos referidos no n.º 1 do presente artigo. Os referidos atos de execução são adotados pelo procedimento de exame a que se refere o artigo 57.º, n.º 2.

Artigo 45.º *Papel dos agrupamentos*
1. Sem prejuízo das disposições específicas sobre organizações de produtores e organizações interprofissionais previstas no Regulamento (CE) n.º 1234/2007, os agrupamentos têm direito a:
a) Contribuir para assegurar que a qualidade, a reputação e a autenticidade dos seus produtos sejam garantidas no mercado, acompanhando a utilização da denominação no comércio, e se necessário, no âmbito do artigo 13.º, n.º 3, facultando informações às autoridades competentes referidas no artigo 36.º, ou a quaisquer outras autoridades com competência na matéria;
b) Tomar medidas para assegurar uma proteção jurídica adequada da denominação de origem protegida, ou da indicação geográfica protegida, e dos direitos de propriedade intelectual diretamente relacionados;
c) Realizar atividades de informação e promoção com o objetivo de comunicar aos consumidores os atributos do produto que lhe conferem uma mais-valia;
d) Desenvolver atividades conexas para garantir a conformidade do produto com o seu caderno de especificações;
e) Tomar medidas para melhorar o funcionamento do regime, nomeadamente através do desenvolvimento de competências económicas, da realização de análises económicas, da divulgação de informações económicas sobre o regime e da prestação de aconselhamento aos produtores;

f) Adotar iniciativas destinadas a valorizar os produtos e, se necessário, tomar medidas para impedir ou travar ações que desvalorizem, ou possam desvalorizar, a imagem dos produtos.

2. Os Estados-Membros podem encorajar a formação e o funcionamento de agrupamentos nos seus territórios por meios administrativos. Além disso, os Estados-Membros comunicam à Comissão os nomes e endereços dos agrupamentos referidos no artigo 3.°, ponto 2. A Comissão torna públicas essas informações.

Artigo 46.° *Direito de utilização dos regimes*
1. Os Estados-Membros asseguram que os operadores que cumpram as regras de um regime de qualidade previsto nos Títulos II e III tenham direito a ser abrangidos por um sistema de verificação da conformidade, definido nos termos do artigo 37.°.
2. Os operadores que preparam e armazenam produtos comercializados como especialidades tradicionais garantidas, ou ao abrigo dos regimes de denominação de origem protegida ou indicação geográfica protegida, ou que colocam tais produtos no mercado, estão igualmente sujeitos aos controlos previstos no Capítulo I do presente título.
3. Os Estados-Membros asseguram que os operadores que desejarem aderir às regras dos regimes de qualidade estabelecidos nos Títulos III e IV o possam fazer sem que a sua participação seja dificultada por obstáculos discriminatórios ou que não sejam objetivamente fundados.

Artigo 47.° *Taxas*
Sem prejuízo do disposto no Regulamento (CE) n.° 882/2004 e, em especial, das disposições do Título II, Capítulo VI desse regulamento, os Estados-Membros podem cobrar uma taxa destinada a cobrir as despesas de gestão dos regimes de qualidade, incluindo as decorrentes do tratamento dos pedidos, das declarações de oposição, dos pedidos de alterações e dos pedidos de cancelamento previstos no presente regulamento.

CAPÍTULO IV.- Processos de pedido e de registo das denominações de origem, das indicações geográficas e das especialidades tradicionais garantidas

Artigo 48.° *Âmbito de aplicação dos processos de pedido*
As disposições do presente capítulo aplicam-se aos regimes de qualidade estabelecidos nos Títulos II e III.

Artigo 49.° *Pedido de registo de denominações*
1. Os pedidos de registo de denominações no âmbito dos regimes de qualidade a que se refere o artigo 48.° só podem ser apresentados por agrupamentos que trabalhem com os produtos cuja denominação se pretende registar. No caso de uma denominação relativa a uma «denominação de origem protegida» ou «indicação geográfica protegida» que designe uma área geográfica transfronteiriça, ou no caso da denominação relativa a uma «especialidade tradicional garantida», o pedido de registo pode ser apresentado conjuntamente por vários agrupamentos de diferentes Estados-Membros ou países terceiros.
Uma pessoa singular ou coletiva pode ser equiparada a um agrupamento sempre que se demonstre que estão reunidas as seguintes condições:
a) A pessoa em causa é o único produtor que pretende apresentar um pedido;
b) No que respeita às denominações de origem protegidas e às indicações geográficas protegidas, a área geográfica delimitada possui características apreciavelmente diferentes das características das áreas vizinhas, ou as características do produto são diferentes das dos produtos produzidos nas áreas vizinhas.
2. Os pedidos ao abrigo do regime previsto no Título II que digam respeito a uma área geográfica de um Estado-Membro, ou os pedidos ao abrigo do regime previsto no Título III que sejam preparados por um agrupamento estabelecido num Estado-Membro são dirigidos às autoridades desse Estado-Membro.
O Estado-Membro examina o pedido pelos meios adequados, para verificar se se justifica e se satisfaz as condições do respetivo regime.
3. No âmbito do exame referido no segundo parágrafo do n.° 2 do presente artigo, o Estado-Membro lança um procedimento de oposição nacional que assegure uma publicação adequada do pedido e preveja um prazo razoável durante o qual qualquer

pessoa singular ou coletiva com um interesse legítimo e estabelecida ou residente no seu território possa apresentar oposição ao pedido.

O Estado-Membro aprecia a admissibilidade das declarações de oposição recebidas no âmbito do regime previsto no Título II à luz dos critérios referidos no artigo 10.º, n.º 1, e a admissibilidade das declarações de oposição recebidas no âmbito do regime previsto no Título III à luz dos critérios referidos no artigo 21.º, n.º 1.

4. Se, após a avaliação das declarações de oposição recebidas, considerar que as exigências do presente regulamento são respeitadas, o Estado-Membro pode tomar uma decisão favorável e apresentar à Comissão um processo de pedido. Deve, nesse caso, informar a Comissão das declarações de oposição admissíveis feitas por pessoas singulares ou coletivas que tenham comercializado legalmente os produtos em causa, utilizando de forma contínua as denominações em questão, durante pelo menos os cinco anos anteriores à data da publicação referida no n.º 3.

O Estado-Membro assegura que a sua decisão favorável seja tornada pública e que qualquer pessoa singular ou coletiva com um interesse legítimo tenha oportunidade de interpor recurso.

O Estado-Membro assegura a publicação da versão do caderno de especificações em que se baseia a sua decisão favorável, e disponibiliza o acesso por via eletrónica a esse caderno de especificações.

No caso das denominações de origem protegidas e das indicações geográficas protegidas, o Estado-Membro assegura igualmente uma publicação adequada da versão do caderno de especificações em que se baseia a decisão tomada pela Comissão nos termos do artigo 50.º, n.º 2.

5. Os pedidos ao abrigo do regime previsto no Título II que se refiram a uma área geográfica num país terceiro, ou os pedidos ao abrigo do regime previsto no Título III, que sejam preparados por um agrupamento estabelecido num país terceiro, são apresentados à Comissão, quer diretamente, quer através das autoridades do país terceiro em causa.

6. Os documentos referidos no presente artigo transmitidos à Comissão são redigidos numa das línguas oficiais da União.

7. A fim de facilitar o processo de pedido, a Comissão fica habilitada a adotar, nos termos do artigo 56.º, atos delegados que definam as regras relativas ao procedimento nacional de oposição no caso dos pedidos conjuntos que abrangem mais de um território nacional, e que completem as regras do processo de pedido.

A Comissão pode adotar atos de execução que estabeleçam regras de execução sobre os procedimentos, a forma e a apresentação dos pedidos, incluindo os pedidos que abrangem mais de um território nacional. Os referidos atos de execução são adotados pelo procedimento de exame a que se refere o artigo 57.º, n.º 2.

Artigo 50.º *Exame pela Comissão e publicação para fins de oposição*

1. A Comissão examina, pelos meios adequados, cada um dos pedidos recebidos de acordo com o artigo 49.º, a fim de verificar se o pedido se justifica e satisfaz as condições do respetivo regime. Este exame não deve exceder um período de seis meses. Se este período for excedido, a Comissão informa o requerente, por escrito, dos motivos do atraso.

A Comissão torna pública, pelo menos uma vez por mês, a lista das denominações relativamente às quais lhe tenham sido apresentados pedidos de registo, bem como a data da sua apresentação.

2. Se, com base no exame realizado nos termos do n.º 1, primeiro parágrafo, considerar que as condições estabelecidas no presente regulamento estão preenchidas, a Comissão publica, no *Jornal Oficial da União Europeia*:

a) Para os pedidos no âmbito do regime definido no Título II, o documento único e a referência de publicação do caderno de especificações;

b) Para os pedidos no âmbito do regime definido no Título III, o caderno de especificações.

Artigo 51.º *Procedimento de oposição*

1. No prazo de três meses a contar da data de publicação no *Jornal Oficial da União Europeia*, as autoridades de um Estado-Membro ou de um país terceiro, ou uma pessoa singular ou coletiva com um interesse legítimo e estabelecida num país terceiro, podem apresentar um ato de oposição à Comissão.

Qualquer pessoa singular ou coletiva com um interesse legítimo, estabelecida ou residente num Estado-Membro diferente daquele em que o pedido foi apresentado, pode apresentar um ato de oposição ao Estado-Membro em que está estabelecida, dentro de um prazo que permita a formulação de uma oposição nos termos do primeiro parágrafo. O ato de oposição inclui uma alegação da possibilidade de o pedido infringir as condições estabelecidas no presente regulamento. É nulo o ato de oposição que não inclua essa alegação.

A Comissão transmite sem demora o ato de oposição à autoridade ou organismo que apresentou o pedido.

2. Se lhe for apresentado um ato de oposição seguido, no prazo de dois meses, de uma declaração de oposição fundamentada, a Comissão examina a admissibilidade da referida declaração.

3. No prazo de dois meses a contar da receção de uma declaração de oposição fundamentada admissível, a Comissão convida a autoridade ou pessoa que apresentou a oposição e a autoridade ou organismo que apresentou o pedido a procederem às consultas adequadas durante um prazo razoável, que não pode exceder três meses.

A autoridade ou pessoa que apresentou a oposição e a autoridade ou organismo que apresentou o pedido iniciam as referidas consultas adequadas sem atrasos indevidos. Transmitem entre si as informações necessárias para avaliar se o pedido de registo preenche as condições estabelecidas no presente regulamento. Não havendo acordo, esta informação deve também ser fornecida à Comissão.

A qualquer momento dos referidos três meses, a Comissão pode, a pedido do requerente, prorrogar o prazo das consultas por um período máximo de três meses.

4. Se, após as consultas adequadas referidas no n.º 3 do presente artigo, os elementos publicados nos termos do artigo 50.º, n.º 2, tiverem sido substancialmente alterados, a Comissão procede de novo ao exame previsto no artigo 50.º.

5. O ato de oposição, a declaração de oposição fundamentada e os respetivos documentos enviados à Comissão nos termos dos n.ºˢ 1 a 4 do presente artigo são redigidos numa das línguas oficiais da União.

6. A fim de estabelecer procedimentos e prazos claros para a oposição, a Comissão fica habilitada a adotar, nos termos do artigo 56.º, atos delegados que completem as regras do procedimento de oposição.

A Comissão pode adotar atos de execução que estabeleçam regras de execução sobre os procedimentos, a forma e a apresentação das oposições. Os referidos atos de execução são adotados pelo procedimento de exame a que se refere o artigo 57.º, n.º 2.

Artigo 52.º *Decisão sobre o registo*
1. Se, com base nas informações de que dispõe em resultado do exame realizado nos termos do artigo 50.º, n.º 1, primeiro parágrafo, a Comissão considerar que as condições de registo não se encontram preenchidas, adota atos de execução que recusam o pedido. Os referidos atos de execução são adotados pelo procedimento de exame a que se refere o artigo 57.º, n.º 2.

2. Se não receber qualquer ato de oposição ou declaração de oposição fundamentada admissível nos termos do artigo 51.º, a Comissão adota, sem recorrer ao procedimento a que se refere o artigo 57.º, n.º 2, atos de execução que registam a denominação.

3. Se receber uma declaração de oposição fundamentada admissível, a Comissão, após as consultas adequadas referidas no artigo 51.º, n.º 3, e tendo em conta os respetivos resultados:

a) Se tiver sido alcançado um acordo, regista a denominação por meio de atos de execução adotados sem recorrer ao procedimento a que se refere o artigo 57.º, n.º 2, e, se necessário, altera as informações publicadas nos termos do artigo 50.º, n.º 2, desde que tais alterações não sejam substanciais; ou

b) Se não tiver sido alcançado um acordo, adota atos de execução que decidem do registo. Os referidos atos de execução são adotados pelo procedimento de exame a que se refere o artigo 57.º, n.º 2.

4. Os atos de registo e as decisões de recusa são publicados no Jornal Oficial da União Europeia.

Artigo 53.º *Alteração do caderno de especificações do produto*
1. Os agrupamentos com um interesse legítimo podem solicitar a aprovação de uma alteração ao caderno de especificações do produto.

Os pedidos devem descrever e justificar as alterações solicitadas.

2. Sempre que a alteração envolva uma ou mais alterações ao caderno de especificações que não sejam menores, o pedido de alteração deve seguir o procedimento previsto nos artigos 49.º a 52.º.

No entanto, se as alterações propostas forem menores, a Comissão aprova ou recusa o pedido. Em caso de aprovação de alterações que impliquem uma modificação dos elementos referidos no artigo 50.º, n.º 2, a Comissão publica esses elementos no Jornal Oficial da União Europeia.

Para ser considerada menor no caso do regime de qualidade descrito no Título II, a alteração não pode:

a) Visar as características essenciais do produto;

b) Alterar a relação a que se refere o artigo 7.º, n.º 1, alínea f), subalíneas i) ou ii);

c) Incluir uma alteração da denominação do produto ou de uma parte da denominação do produto;

d) Afetar a área geográfica delimitada; nem

e) Corresponder a um aumento das restrições impostas ao comércio do produto ou das suas matérias-primas.

Para ser considerada menor no caso do regime de qualidade descrito no Título III, a alteração não pode:

a) Visar as características essenciais do produto;

b) Introduzir modificações essenciais no método de produção, nem

c) Incluir uma alteração da denominação do produto ou de uma parte da denominação do produto.

O exame do pedido centra-se na alteração proposta.

3. A fim de facilitar o procedimento administrativo dos pedidos de alteração, inclusive nos casos em que a alteração não implica qualquer alteração do documento único e se prende com uma mudança temporária no caderno de especificações, decorrente da imposição de medidas sanitárias ou fitossanitárias obrigatórias pelas autoridades públicas, a Comissão fica habilitada a adotar, nos termos do artigo 56.º, atos delegados que completem as regras do procedimento dos pedidos de alteração.

A Comissão pode adotar atos de execução que estabeleçam regras de execução sobre os procedimentos, a forma e a apresentação dos pedidos de alteração. Os referidos atos de execução são adotados pelo procedimento de exame a que se refere o artigo 57.º, n.º 2.

Artigo 54.º *Cancelamento*

1. A Comissão pode, por sua própria iniciativa ou a pedido de uma pessoa singular ou coletiva com um interesse legítimo, adotar atos de execução que cancelem o registo de uma denominação de origem protegida, de uma indicação geográfica protegida ou de uma especialidade tradicional garantida, nos seguintes casos:

a) Se não estiver garantida a conformidade com as condições do caderno de especificações;

b) Se não tiver sido colocado no mercado nenhum produto que beneficie dessa especialidade tradicional garantida, a denominação de origem protegida ou a indicação geográfica protegida durante pelo menos sete anos.

A Comissão pode, a pedido dos produtores do produto comercializado sob a denominação registada, cancelar o registo correspondente.

Os referidos atos de execução são adotados pelo procedimento de exame a que se refere o artigo 57.º, n.º 2.

2. A fim de assegurar a segurança jurídica e de garantir que todas as partes tenham a oportunidade de defender os seus direitos e interesses legítimos, a Comissão fica habilitada a adotar, nos termos do artigo 56.º, atos delegados que completem as regras do procedimento de cancelamento.

A Comissão pode adotar atos de execução que estabeleçam regras de execução sobre os trâmites e a forma do procedimento de cancelamento, bem como sobre a apresentação dos pedidos referidos no n.º 1 do presente artigo. Os referidos atos de execução são adotados pelo procedimento de exame a que se refere o artigo 57.º, n.º 2.

TÍTULO VI.- DISPOSIÇÕES PROCESSUAIS E FINAIS

CAPÍTULO I.- Produção agrícola local e venda direta

Artigo 55.º *Relatório sobre produção agrícola local e venda direta*
Até 4 de janeiro de 2014, a Comissão deve apresentar um relatório ao Parlamento Europeu e ao Conselho sobre a fundamentação lógica da criação de um novo regime de rotulagem para a produção agrícola local e a venda direta, de molde a ajudar os produtores a comercializarem localmente os seus produtos. O referido relatório deve incidir na capacidade de o agricultor trazer valor acrescentado à sua produção graças à nova rotulagem, e deve ter em conta outros critérios, tais como as possibilidades de reduzir as emissões de carbono e os resíduos através de cadeias de produção e distribuição de ciclo curto.
O relatório é, se necessário, acompanhado das propostas legislativas adequadas à criação de um regime de rotulagem para a produção agrícola local e a venda direta.

CAPÍTULO II.- Regras processuais

Artigo 56.º *Exercício da delegação*
1. O poder de adotar atos delegados é conferido à Comissão nas condições estabelecidas no presente artigo.
2. O poder de adotar atos delegados referido no artigo 2.º, n.º 1, segundo parágrafo, no artigo 5.º, n.º 4, no artigo 7.º, n.º 2, primeiro parágrafo, no artigo 12.º, n.º 5, primeiro parágrafo, no artigo 16.º, n.º 2, no artigo 18.º, n.º 5, no artigo 19.º, n.º 2, primeiro parágrafo, no artigo 23.º, n.º 4, primeiro parágrafo, no artigo 25.º, n.º 3, no artigo 29.º, n.º 4, no artigo 30 º, no artigo 31.º, n.ºˢ 3 e 4, no artigo 41.º, n.º 3, no artigo 42.º, n.º 2, no artigo 49.º, n.º 7, primeiro parágrafo, no artigo 51.º, n.º 6, primeiro parágrafo, no artigo 53.º, n.º 3, primeiro parágrafo, e no artigo 54.º, n.º 2, primeiro parágrafo, é conferido à Comissão por um prazo de cinco anos a contar de 3 de janeiro de 2013. A Comissão elabora um relatório relativo à delegação de poderes pelo menos nove meses antes do final do prazo de cinco anos. A delegação de poderes é tacitamente prorrogada por prazos de igual duração, salvo se o Parlamento Europeu ou o Conselho a tal se opuserem pelo menos três meses antes do final de cada prazo.
3. A delegação de poderes referida no artigo 2.º, n.º 1, segundo parágrafo, no artigo 5.º, n.º 4, no artigo 7.º, n.º 2, primeiro parágrafo, no artigo 12.º, n.º 5, primeiro parágrafo, no artigo 16.º, n.º 2, no artigo 18.º, n.º 5, no artigo 19.º, n.º 2, primeiro parágrafo, no artigo 23.º, n.º 4, primeiro parágrafo, no artigo 25.º, n.º 3, no artigo 29.º, n.º 4, no artigo 30.º, no artigo 31.º, n.ºˢ 3 e 4, no artigo 41.º, n.º 3, no artigo 42.º, n.º 2, no artigo 49.º, n.º 7, primeiro parágrafo, no artigo 51.º, n.º 6, primeiro parágrafo, no artigo 53.º, n.º 3, primeiro parágrafo, e no artigo 54.º, n.º 2, primeiro parágrafo, pode ser revogada em qualquer momento pelo Parlamento Europeu ou pelo Conselho. A decisão de revogação põe termo à delegação dos poderes nela especificados. A decisão de revogação produz efeitos a partir do dia seguinte ao da sua publicação no Jornal Oficial da União Europeia ou de uma data posterior nela especificada. A decisão de revogação não afeta os atos delegados já em vigor.
4. Assim que adotar um ato delegado, a Comissão notifica-o simultaneamente ao Parlamento Europeu e ao Conselho.
5. Os atos delegados adotados nos termos do artigo 2.º, n.º 1, segundo parágrafo, do artigo 5.º, n.º 4, do artigo 7.º, n.º 2, primeiro parágrafo, do artigo 12.º, n.º 5, primeiro parágrafo, do artigo 16.º, n.º 2, do artigo 18.º, n.º 5, do artigo 19.º, n.º 2, primeiro parágrafo, do artigo 23.º, n.º 4, primeiro parágrafo, do artigo 25.º, n.º 3, do artigo 29.º, n.º 4, do artigo 30.º, do artigo 31.º, n.ºˢ 3 e 4, do artigo 41.º, n.º 3, do artigo 42.º, n.º 2, do artigo 49.º, n.º 7, primeiro parágrafo, do artigo 51.º, n.º 6, primeiro parágrafo, do artigo 53.º, n.º 3, primeiro parágrafo, e do artigo 54.º, n.º 2, primeiro parágrafo, só entram em vigor se não tiverem sido formuladas objeções pelo Parlamento Europeu ou pelo Conselho no prazo de dois meses a contar da notificação desse ato ao Parlamento Europeu e ao Conselho, ou se, antes do termo desse prazo, o Parlamento Europeu e o Conselho tiverem informado a Comissão de que não têm objeções a formular. O referido prazo é prorrogado por dois meses por iniciativa do Parlamento Europeu ou do Conselho.

Artigo 57.º *Procedimento de comité*
1. A Comissão é assistida pelo Comité da Política de Qualidade dos Produtos Agrícolas. Este comité deve ser entendido como comité na aceção do Regulamento (UE) n.º 182/2011.
2. Caso se faça referência ao presente número, aplica-se o artigo 5.º do Regulamento (UE) n.º 182/2011.
Na falta de parecer do comité, a Comissão não pode adotar o projeto de ato de execução, aplicando-se o artigo 5.º, n.º 4, terceiro parágrafo, do Regulamento (UE) n.º 182/2011.

CAPÍTULO III.- Revogações e disposições finais

Artigo 58.º *Revogações*
1. São revogados os Regulamentos (CE) n.º 509/2006 e (CE) n.º 510/2006. Contudo, o artigo 13.º do Regulamento (CE) n.º 509/2006 continua a ser aplicável em relação aos pedidos relativos a produtos não abrangidos pelo âmbito de aplicação do Título III do presente regulamento que tenham sido recebidos pela Comissão antes da data de entrada em vigor do presente regulamento.
2. As remissões para os regulamentos revogados devem entender-se como sendo feitas para o presente regulamento e ler-se nos termos do quadro de correspondência constante do Anexo II do presente regulamento.

Artigo 59.º *Entrada em vigor*
O presente regulamento entra em vigor no vigésimo dia seguinte ao da sua publicação no Jornal Oficial da União Europeia.
Contudo, o artigo 12.º, n.º 3, e o artigo 23.º, n.º 3, são aplicáveis a partir de 4 de janeiro de 2016, sem prejuízo dos produtos já colocados no mercado antes dessa data.
O presente regulamento é obrigatório em todos os seus elementos e diretamente aplicável em todos os Estados-Membros.

ANEXO I.-
Produtos agrícolas e géneros alimentícios a que se refere o artigo 2.º, n.º 1

[Anexo não reproduzido na presente publicação]

ANEXO II.-
Quadro de correspondência referido no artigo 58.º, n.º 2

[Anexo não reproduzido na presente publicação]

18 de Dezembro de 2013.- *Regulamento delegado (UE) n.° 664/2014*
da Comissão
que completa o Regulamento (UE) n.° 1151/2012 do Parlamento Europeu e do Conselho
no que diz respeito ao estabelecimento dos símbolos da União para as denominações de
origem protegidas, as indicações geográficas protegidas e as especialidades tradicionais
garantidas e a certas regras relativas à proveniência, certas regras processuais e certas
regras transitórias adicionais
(J.O. L 179, 19/06/2014)

A COMISSÃO EUROPEIA,
Tendo em conta o Tratado sobre o Funcionamento da União Europeia,
Tendo em conta o Regulamento (UE) n.° 1151/2012 do Parlamento Europeu e do Conselho, de 21 de novembro de 2012, relativo aos regimes de qualidade dos produtos agrícolas e dos géneros alimentícios, nomeadamente o artigo 5.°, n.° 4, primeiro e segundo parágrafos, o artigo 12.°, n.° 7, primeiro parágrafo, o artigo 16.°, n.° 2, o artigo 19.°, n.° 2, primeiro parágrafo, o artigo 23.° n.° 4, primeiro parágrafo, o artigo 25.°, n.° 3, o artigo 49.°, n.° 7, primeiro parágrafo, o artigo 51.°, n.° 6, primeiro parágrafo, o artigo 53.°, n.° 3, primeiro parágrafo, e o artigo 54.°, n.° 2, primeiro parágrafo,
Considerando o seguinte:
(1) O Regulamento (UE) n.° 1151/2012 revogou e substituiu o Regulamento (CE) n.° 509/2006 do Conselho, de 20 de março de 2006, relativo às especialidades tradicionais garantidas dos produtos agrícolas e dos géneros alimentícios, e o Regulamento (CE) n.° 510/2006 do Conselho, de 20 de março de 2006, relativo à proteção das indicações geográficas e denominações de origem dos produtos agrícolas e dos géneros alimentícios. O Regulamento (UE) n.° 1151/2012 habilita a Comissão a adotar atos delegados e de execução. A fim de assegurar o funcionamento harmonioso dos regimes de qualidade dos produtos agrícolas e dos géneros alimentícios no novo quadro jurídico, devem ser adotadas certas regras por meio dos referidos atos. As novas regras devem substituir as regras de execução dos Regulamentos (CE) n.° 510/2006 e (CE) n.° 509/2006, estabelecidas, respetivamente, pelo Regulamento (CE) n.° 1898/2006 da Comissão, de 14 de dezembro de 2006, que estabelece regras de execução do Regulamento (CE) n.° 510/2006 do Conselho relativo à proteção das indicações geográficas e denominações de origem dos produtos agrícolas e dos géneros alimentícios, e pelo Regulamento (CE) n.° 1216/2007 da Comissão, de 18 de outubro de 2007, que estabelece regras de execução do Regulamento (CE) n.° 509/2006 do Conselho relativo às especialidades tradicionais garantidas dos produtos agrícolas e dos géneros alimentícios.
(2) A fim de ter em conta a especificidade, e em especial os condicionalismos físicos e materiais, da produção de produtos de origem animal cuja denominação é registada como denominação de origem protegida, devem ser autorizadas derrogações relativas à proveniência dos alimentos para animais no caderno de especificações desses produtos. Essas derrogações não devem afetar de modo algum a relação entre o meio geográfico e a qualidade ou as características específicas do produto que se devam essencial ou exclusivamente a esse meio.
(3) Para ter em conta a especificidade de certos produtos cujo nome deve ser registado como indicação geográfica protegida, devem ser autorizadas, nos respetivos cadernos de especificações, restrições relativas à proveniência das matérias-primas. Essas restrições devem ser justificadas à luz de critérios objetivos que estejam em conformidade com os princípios gerais do regime das indicações geográficas protegidas e que reforcem também a coerência dos produtos com os objetivos do regime.
(4) Com vista a assegurar a comunicação das informações adequadas ao consumidor, devem ser definidos os símbolos da União destinados a publicitar as denominações de origem protegidas, as indicações geográficas protegidas e as especialidades tradicionais garantidas.
(5) A fim de garantir que o caderno de especificações das especialidades tradicionais garantidas faculte apenas informações pertinentes e sucintas e evitar que os pedidos de registo ou os pedidos de aprovação de uma alteração do caderno de especificações de uma especialidade tradicional garantida sejam demasiado volumosos, deve ser fixada a extensão máxima do caderno de especificações.

(6) Para facilitar o processo de pedido, devem ser estabelecidas regras adicionais relativas ao procedimento nacional de oposição no caso dos pedidos conjuntos que abranjam mais de um território nacional.

Atendendo a que o direito de oposição deve ser garantido em todo o território da União, deve ser prevista a obrigação de aplicar o procedimento nacional de oposição em todos os Estados-Membros abrangidos pelos pedidos conjuntos.

(7) A fim de assegurar a clareza das etapas do procedimento de oposição, é necessário especificar as obrigações processuais do requerente caso as consultas adequadas subsequentes à apresentação de uma declaração de oposição fundamentada resultem num acordo.

(8) Para facilitar o tratamento dos pedidos de alteração do caderno de especificações de um produto, devem ser estabelecidas regras complementares relativas ao exame dos pedidos de alteração e à apresentação e avaliação de alterações menores. Devido à sua natureza urgente, as alterações temporárias devem ser dispensadas do procedimento normal e não devem ser sujeitas a aprovação formal pela Comissão. No entanto, a Comissão deve ser plenamente informada do teor e da justificação dessas alterações.

(9) Com vista a assegurar que todas as partes disponham da oportunidade de defender os seus direitos e interesses legítimos, devem ser estabelecidas regras complementares relativas ao procedimento de cancelamento. O procedimento de cancelamento deve ser alinhamento pelo procedimento de registo normal estabelecido nos artigos 49.º a 52.º do Regulamento (UE) n.º 1151/2012. Deve, ainda, ser clarificado que os Estados-Membros são também pessoas coletivas que podem ter um interesse legítimo em apresentar um pedido de cancelamento ao abrigo do artigo 54.º. n.º 1, primeiro parágrafo, do referido regulamento.

(10) Para proteger os interesses legítimos dos produtores ou das partes interessadas em causa, deve ainda ser possível publicar, a pedido dos Estados-Membros em causa, os documentos únicos relativos às denominações de origem protegidas e às indicações geográficas protegidas registadas antes de 31 de março de 2006 e cujos documentos únicos não tenham sido publicados.

(11) O artigo 12.º, n.º 3, e o artigo 23.º, n.º 3, primeiro parágrafo, do Regulamento (UE) n.º 1151/2012 estabelecem que, em relação aos produtos originários da União que sejam comercializados sob uma denominação de origem protegida, uma indicação geográfica protegida ou uma especialidade tradicional garantida, os símbolos da União associados a esses produtos devem figurar na rotulagem e as menções ou abreviaturas pertinentes podem figurar na rotulagem. O artigo 23.º, n.º 3, segundo parágrafo, estabelece que, no caso das especialidades tradicionais garantidas produzidas fora da União, a indicação do símbolo na rotulagem é facultativa. As referidas disposições só serão aplicáveis a partir de 4 de janeiro de 2016. No entanto, os Regulamentos (CE) n.º 509/2006 e n.º 510/2006, que foram revogados pelo Regulamento (UE) n.º 1151/2012, estabeleciam a obrigação de apor na rotulagem dos produtos originários da União o símbolo ou a menção completa e previam a opção de utilizar a menção «especialidade tradicional garantida» na rotulagem das especialidades tradicionais garantidas produzidas fora da União. Por razões de continuidade entre os dois regulamentos revogados e o Regulamento (UE) n.º 1151/2012, a obrigação de apor na rotulagem dos produtos originários da União o símbolo da União ou a respetiva menção e a opção de utilizar a menção «especialidade tradicional garantida» na rotulagem das especialidades tradicionais garantidas produzidas fora da União devem ser consideradas como implicitamente previstas pelo Regulamento (UE) n.º 1151/2012 e já aplicáveis. Para garantir a segurança jurídica e proteger os direitos e os interesses legítimos dos produtores ou das partes interessadas em causa, as condições de utilização dos símbolos e menções na rotulagem conforme previstas nos Regulamentos (CE) n.º 509/2006 e n.º 510/2006 devem continuar a ser aplicadas até 3 de janeiro de 2016.

(12) Por razões de clareza e de segurança jurídica, os Regulamentos (CE) n.º 1898/2006 e (CE) n.º 1216/2007 devem ser revogados,
ADOTOU O PRESENTE REGULAMENTO:

Artigo 1.º *Regras específicas sobre a proveniência dos alimentos para animais e das matérias-primas*
1. Para efeitos do artigo 5.º do Regulamento (UE) n.º 1151/2012, no caso dos produtos de origem animal cuja denominação é registada como denominação de origem protegida, os alimentos para animais devem provir exclusivamente da área geográfica delimitada.

Se a proveniência exclusiva da área geográfica delimitada não for tecnicamente exequível, podem ser adicionados alimentos para animais provenientes do exterior dessa área, desde que a qualidade ou as características do produto devidas essencialmente ao meio geográfico não sejam afetadas. Os alimentos para animais provenientes do exterior da área geográfica delimitada não podem nunca exceder 50 % da matéria seca numa base anual.

2. As restrições à origem das matérias-primas previstas no caderno de especificações de um produto cuja denominação é registada como indicação geográfica protegida devem ser justificadas no respeitante à relação referida no artigo 7.º, n.º 1, alínea f), subalínea ii), do Regulamento (UE) n.º 1151/2012.

Artigo 2.º *Símbolos da União*
Os símbolos da União referidos no artigo 12.º, n.º 2, e no artigo 23.º, n.º 2, do Regulamento (UE) n.º 1151/2012 são definidos em conformidade com o anexo do presente regulamento.

Artigo 3.º *Limite para o caderno de especificações das especialidades tradicionais garantidas*
O caderno de especificações referido no artigo 19.º do Regulamento (UE) n.º 1151/2012 deve ser conciso e, exceto em casos devidamente justificados, não deve exceder 5000 palavras.

Artigo 4.º *Procedimentos nacionais de oposição para os pedidos conjuntos*
No caso dos pedidos conjuntos referidos no artigo 49.º, n.º 1, do Regulamento (UE) n.º 1152/2012, os procedimentos nacionais de oposição correspondentes devem ser realizados em todos os Estados-Membros em causa.

Artigo 5.º *Obrigação de comunicação relativa a um acordo num procedimento de oposição*
Sempre que as partes interessadas alcancem um acordo na sequência das consultas referidas no artigo 51.º, n.º 3, do Regulamento (UE) n.º 1152/2012, as autoridades do Estado-Membro ou do país terceiro do qual emana o pedido devem comunicar à Comissão todos os fatores que permitiram alcançar o referido acordo, incluindo as opiniões do requerente e das autoridades de um Estado-Membro ou de um país terceiro ou de outras pessoas singulares ou coletivas que tiverem apresentado uma oposição.

Artigo 6.º *Alterações do caderno de especificações*
1. Os pedidos de alterações do caderno de especificações de um produto a que se refere o artigo 53.º, n.º 1, do Regulamento (UE) n.º 1152/2012 que não sejam alterações menores devem conter uma descrição exaustiva e as razões específicas para cada alteração. A descrição deve comparar pormenorizadamente, para cada alteração, o caderno de especificações original e, se for caso disso, o documento único original com a versão alterada proposta.
O pedido referido deve ser autossuficiente. Deve conter todas as alterações do caderno de especificações e, se for caso disso, do documento único para o qual é solicitada a aprovação.
Os pedidos de alterações não menores que não respeitem o disposto no primeiro e segundo parágrafos não são admissíveis. A Comissão informa o requerente se o pedido for considerado inadmissível.
A aprovação, pela Comissão, de um pedido de alteração de um caderno de especificações que não seja menor deve incidir apenas nas alterações incluídas no próprio pedido.
2. Os pedidos de alteração menor de um caderno de especificações relativo a denominações de origem protegidas ou a indicações geográficas protegidas devem ser apresentados às autoridades do Estado-Membro a que se pertence a área geográfica da denominação ou indicação. Os pedidos de alteração menor de um caderno de especificações de uma especialidade tradicional garantida devem ser apresentados às autoridades do Estado-Membro no qual o agrupamento está estabelecido. Se o pedido de alteração menor de um caderno de especificações não provier do agrupamento que apresentou o pedido de registo da denominação ou denominações a que se refere o caderno de especificações, o Estado-Membro deve dar a esse agrupamento a oportunidade de apresentar observações sobre o pedido, caso esse agrupamento ainda exista. O Estado-Membro pode, caso considere que as exigências do Regulamento (UE)

n.º 1152/2012 e das disposições adotadas nos termos desse regulamento são cumpridas, apresentar à Comissão um processo de pedido de alteração menor. Os pedidos de alteração menor de um caderno de especificações relativo a produtos originários de países terceiros podem ser apresentados por um agrupamento que tenha um interesse legítimo, quer diretamente à Comissão quer através das autoridades do país terceiro em questão.

O pedido de alteração menor deve incidir apenas em alterações menores na aceção do artigo 53.º, n.º 2, do Regulamento (UE) n.º 1151/2012. O pedido deve descrever as referidas alterações menores, apresentar uma síntese das razões a elas subjacentes e demonstrar que as alterações propostas são efetivamente menores em conformidade com o artigo 53.º, n.º 2, do Regulamento (UE) n.º 1151/2012. O pedido deve comparar, para cada alteração, o caderno de especificações original e, se for caso disso, o documento único original com a versão alterada proposta. O pedido deve ser autossuficiente e conter todas as alterações do caderno de especificações e, se for caso disso, do documento único para o qual é solicitada a aprovação.

As alterações menores referidas no artigo 53.º, n.º 2, segundo parágrafo, do Regulamento (UE) n.º 1151/2012 consideram-se aprovadas se a Comissão não informar do contrário o requerente no prazo de três meses a contar da receção do pedido.

Um pedido de alteração menor que não respeite o disposto no presente número, segundo parágrafo, não é admissível. A aprovação tácita a que se refere o presente número, terceiro parágrafo, não se aplica a estes pedidos. Se o pedido for considerado inadmissível, a Comissão informa o requerente no prazo de três meses a contar da receção do mesmo.

A Comissão torna públicas as alterações menores aprovadas de um caderno de especificações que não impliquem uma alteração dos elementos referidos no artigo 50.º, n.º 2, do Regulamento (UE) n.º 1151/2012.

3. O procedimento estabelecido nos artigos 49.º a 52.º do Regulamento (UE) n.º 1152/2012 não é aplicável às alterações relativas a uma modificação temporária do caderno de especificações resultante da imposição de medidas sanitárias e fitossanitárias obrigatórias pelas autoridades públicas ou ligadas a catástrofes naturais ou condições meteorológicas adversas formalmente reconhecidas pelas autoridades competentes.

Essas alterações, bem como as justificações subjacentes, devem ser comunicadas à Comissão, o mais tardar, duas semanas após a aprovação. As alterações menores do caderno de especificações de denominações de origem protegidas ou indicações geográficas protegidas devem ser comunicadas à Comissão pelas autoridades do Estado-Membro a que pertence a área geográfica da denominação ou indicação. As alterações temporárias do caderno de especificações de especialidades tradicionais garantidas devem ser comunicadas à Comissão pelas autoridades do Estado-Membro no qual o agrupamento está estabelecido. As alterações temporárias de produtos originários de países terceiros devem ser comunicadas à Comissão por um agrupamento com interesse legítimo na matéria ou pelas autoridades do país terceiro em questão. Os Estados-Membros devem publicar as alterações temporárias do caderno de especificações. Nas comunicações relativas a uma alteração temporária do caderno de especificações relativo a uma denominação de origem protegida ou a uma indicação geográfica protegida, os Estados-Membros devem incluir apenas a referência à publicação. Nas comunicações relativas a uma alteração temporária do caderno de especificações de especialidades tradicionais garantidas, os Estados-Membros devem incluir a alteração temporária do caderno de especificações, conforme publicada. Nas comunicações relativas a produtos originários de países terceiros, as alterações temporárias do caderno de especificações que forem aprovadas devem ser comunicadas à Comissão. Tanto os Estados-Membros como os países terceiros devem fornecer, em relação a todas as comunicações de alterações temporárias, provas das medidas sanitárias e fitossanitárias e uma cópia do ato de reconhecimento das catástrofes naturais ou das condições meteorológicas adversas. A Comissão torna públicas as referidas alterações.

Artigo 7.º *Cancelamento*
1. O procedimento estabelecido nos artigos 49.º a 52.º do Regulamento (UE) n.º 1151/2012 é aplicável *mutatis mutandis* ao cancelamento de um registo na aceção do artigo 54.º, n.º 1, primeiro e segundo parágrafos, do mesmo regulamento.

624

2. Os Estados-Membros são autorizados a apresentar um pedido de cancelamento por sua própria iniciativa em conformidade com o artigo 54.º, n.º 1, primeiro parágrafo, do Regulamento (UE) n.º 1151/2012.

3. O pedido de cancelamento deve ser tornado público em conformidade com o artigo 50.º, n.º 1, segundo parágrafo, do Regulamento (UE) n.º 1151/2012.

4. As declarações de oposição fundamentadas relativas ao cancelamento só são admissíveis se ficar demonstrada uma ligação comercial contínua à denominação registada por parte de uma pessoa interessada.

Artigo 8.º *Regras transitórias*

1. A pedido de um Estado-Membro, a Comissão publica no Jornal Oficial da União Europeia, no que diz respeito às denominações de origem protegidas e às indicações geográficas protegidas registadas antes de 31 de março de 2006, um documento único apresentado pelo referido Estado-Membro. Essa publicação é acompanhada da referência da publicação do caderno de especificações.

2. As regras seguintes são aplicáveis até 3 de janeiro de 2016:

a) em relação aos produtos originários da União, quando a denominação registada for utilizada na rotulagem, a mesma deve ser acompanhada quer do símbolo da União pertinente quer da menção correspondente referida no artigo 12.º, n.º 3, ou no artigo 23, n.º 3, do Regulamento (UE) n.º 1151/2012;

b) em relação aos produtos produzidos fora da União, a indicação referida no artigo 23.º, n.º 3, do Regulamento (UE) n.º 1151/2012 é facultativa na rotulagem das especialidades tradicionais garantidas.

Artigo 9.º *Revogação*

São revogados os Regulamentos (CE) n.º 1898/2006 e (CE) n.º 1216/2007.

Artigo 10.º *Entrada em vigor e aplicação*

O presente regulamento entra em vigor no terceiro dia seguinte ao da sua publicação no Jornal Oficial da União Europeia.

O artigo 5.º só é aplicável aos procedimentos de oposição relativamente aos quais o prazo de três meses fixado no artigo 51.º, n.º 1, primeiro parágrafo, do Regulamento (UE) n.º 1151/2012 não tiver expirado na data de entrada em vigor do presente regulamento.

O presente regulamento é obrigatório em todos os seus elementos e diretamente aplicável em todos os Estados-Membros.

ANEXO

[Anexo não reproduzido na presente publicação]

13 de junho de 2014.- Regulamento de execução (UE) n.º 668/2014
da Comissão
que estabelece regras de aplicação do Regulamento (UE) n.º 1151/2012
do Parlamento Europeu e do Conselho
relativo aos regimes de qualidade dos produtos agrícolas e dos géneros alimentícios
(J.O. L 179, 19/06/2014)

A COMISSÃO EUROPEIA,
Tendo em conta o Tratado sobre o Funcionamento da União Europeia,
Tendo em conta o Regulamento (UE) n.º 1151/2012 do Parlamento Europeu e do Conselho, de 21 de novembro de 2012, relativo aos regimes de qualidade dos produtos agrícolas e dos géneros alimentícios, nomeadamente o artigo 7.º, n.º 2, segundo parágrafo, o artigo 11.º, n.º 3, o artigo 12.º, n.º 7, segundo parágrafo, o artigo 19.º, n.º 2, segundo parágrafo, o artigo 22.º, n.º 2, o artigo 23.º n.º 4, segundo parágrafo, o artigo 44.º, n.º 3, o artigo 49.º, n.º 7, segundo parágrafo, o artigo 51.º, n.º 6, segundo parágrafo, o artigo 53.º, n.º 3, segundo parágrafo, e o artigo 54.º, n.º 2, segundo parágrafo,
Considerando o seguinte:
(1) O Regulamento (UE) n.º 1151/2012 revoga e substitui o Regulamento (CE) n.º 509/2006 do Conselho, de 20 de março de 2006, relativo às especialidades tradicionais garantidas dos produtos agrícolas e dos géneros alimentícios, e o Regulamento (CE) n.º 510/2006 do Conselho, de 20 de março de 2006, relativo à proteção das indicações geográficas e denominações de origem dos produtos agrícolas e dos géneros alimentícios. O Regulamento (UE) n.º 1151/2012 confere poderes à Comissão para adotar atos delegados e de execução. A fim de assegurar o funcionamento harmonioso dos regimes de qualidade dos produtos agrícolas e dos géneros alimentícios no novo quadro jurídico, devem ser adotadas certas regras por meio dos referidos atos. As novas regras devem substituir as regras de execução dos Regulamentos (CE) n.º 1898/2006 da Comissão, de 14 de dezembro de 2006, que estabelece regras de execução do Regulamento (CE) n.º 510/2006 do Conselho relativo à proteção das indicações geográficas e denominações de origem dos produtos agrícolas e dos géneros alimentícios, e (CE) n.º 1216/2007 da Comissão, de 18 de outubro de 2007, que estabelece regras de execução do Regulamento (CE) n.º 509/2006 do Conselho relativo às especialidades tradicionais garantidas dos produtos agrícolas e dos géneros alimentícios. Estes regulamentos são revogados pelo Regulamento Delegado (UE) n.º 664/2014 da Comissão, de 18 de dezembro de 2013, que completa o Regulamento (UE) n.º 1151/2012 do Parlamento Europeu e do Conselho no que diz respeito ao estabelecimento dos símbolos da União para as denominações de origem protegidas, as indicações geográficas protegidas e as especialidades tradicionais garantidas e a certas regras relativas à proveniência, certas regras processuais e certas regras transitórias adicionais.
(2) Há que estabelecer regras específicas sobre a utilização dos carateres linguísticos das denominações de origem protegidas, das indicações geográficas protegidas e das especialidades tradicionais garantidas, bem como as traduções das informações (alegações) que acompanham as especialidades tradicionais garantidas, de forma a assegurar que os operadores e consumidores de todos os Estados-Membros os entendam.
(3) A área geográfica das denominações de origem protegidas e das indicações geográficas protegidas tem de estar pormenorizada e claramente definida no caderno de especificações, sem ambiguidades, para que os produtores, as autoridades competentes e os organismos de controlo operem sobre bases corretas e fiáveis.
(4) Há que estabelecer que os cadernos de especificações dos produtos de origem animal devem incluir regras pormenorizadas sobre a origem e a qualidade dos alimentos para animais, nos casos de produtos registados com denominação de origem protegida, para assegurar a qualidade uniforme dos produtos e harmonizar a redação destas regras.
(5) Os cadernos de especificações das denominações de origem protegidas e das indicações geográficas protegidas devem incluir as medidas adotadas para garantir que os produtos têm origem na área geográfica identificada, nos termos do artigo 7.º, n.º 1,

alínea d), do Regulamento (UE) n.º 1151/2012. Tais medidas devem ser inequívocas e pormenorizadas, de modo a permitir rastrear o produto, as matérias-primas, os alimentos para animais e outros elementos provenientes da área geográfica identificada.

(6) No que respeita aos pedidos de registo do nome ou de aprovação de alterações abrangendo produtos diferentes, é necessário definir os casos em que os produtos com o mesmo nome de registo podem ser considerados distintos. Para evitar que produtos que não cumprem o disposto sobre denominações de origem e indicações geográficas estabelecido no artigo 5.º, n.ºs 1 e 2, do Regulamento (UE) n.º 1151/2012 sejam comercializados sob um nome registado, deve exigir-se que todos os produtos abrangidos por um pedido demonstrem cumprimento das disposições de registo.

(7) A restrição do acondicionamento de um produto agrícola ou de um género alimentício ou de operações relativas à sua apresentação, como a fatiagem ou a ralagem, a uma área geográfica delimitada constitui um entrave à livre circulação das mercadorias e à livre prestação de serviços. À luz da jurisprudência do Tribunal de Justiça da União Europeia, tais restrições só podem ser impostas se forem necessárias, proporcionadas e suscetíveis de preservar a reputação da indicação geográfica ou da denominação de origem. Nos termos do artigo 7.º, n.º 1, alínea e), do Regulamento (UE) n.º 1151/2012, há que justificar devidamente tais restrições.

(8) Para que o regime funcione de forma harmoniosa, é necessário especificar os procedimentos de pedido de registo, oposição, alteração e cancelamento.

(9) Para assegurar procedimentos uniformes e eficientes, devem fornecer-se formulários de pedido de registo, oposição, alteração e cancelamento, bem como de publicação do Documento Único dos nomes registados antes de 31 de março de 2006.

(10) Por motivos de segurança jurídica, há que especificar claramente os critérios de identificação da data de apresentação de pedidos de registo e de alteração.

(11) É necessário definir um limite para a extensão do Documento Único, de modo a racionalizar e uniformizar o processo.

(12) Há que adotar regras específicas sobre a descrição dos produtos e dos métodos de produção, por necessidades de normalização. Para permitir o exame fácil e rápido de pedidos de registo de nomes ou de aprovação de alterações, a descrição dos produtos e os métodos de obtenção devem conter apenas elementos pertinentes e comparáveis. Impõe-se evitar repetições, disposições implícitas e partes redundantes.

(13) Por motivos de certeza jurídica, devem fixar-se prazos para os procedimentos de oposição, aliados a critérios de identificação das respetivas datas de início.

(14) Numa preocupação de transparência, as informações sobre os pedidos de alteração e de cancelamento a publicar em aplicação do artigo 50.º, n.º 2, do Regulamento (UE) n.º 1151/2012 devem ser exaustivas.

(15) Para fins de racionalização e simplificação, deve estabelecer-se o formulário eletrónico como único meio de comunicação admitido para transmissão de pedidos, informações e outros documentos.

(16) Devem estabelecer-se regras de utilização dos símbolos e indicações sobre os produtos comercializados como denominações de origem protegidas, indicações geográficas protegidas ou especialidades tradicionais garantidas, incluindo sobre as devidas versões linguísticas.

(17) É necessário clarificar as regras sobre a utilização de nomes registados aliados aos símbolos, indicações ou abreviaturas correspondentes, nos termos do artigo 12.º, n.ºs 3 e 6, e do artigo 23.º, n.º 3, do Regulamento (UE) n.º 1151/2012.

(18) Como forma de garantir uma proteção uniforme das indicações, abreviaturas e símbolos e sensibilizar a opinião pública para os regimes de qualidade da União, há que estabelecer regras de utilização das indicações, abreviaturas e símbolos na comunicação e publicidade relacionadas com os produtos obtidos no cumprimento destes regimes de qualidade.

(19) É necessário adotar regras sobre o teor e a forma do Registo das denominações de origem protegidas, das indicações geográficas protegidas e das especialidades tradicionais garantidas, de modo a assegurar transparência e segurança jurídica.

(20) As medidas previstas no presente regulamento estão em conformidade com o parecer do Comité da Política de Qualidade dos Produtos Agrícolas,

ADOTOU O PRESENTE REGULAMENTO:

Artigo 1.º *Regras específicas relativas aos nomes*
1. O nome das denominações de origem protegidas, indicações geográficas protegidas e especialidades tradicionais garantidas deve ser registado na sua grafia

original. Caso esta não seja em caracteres latinos, será igualmente registada a sua transcrição em caracteres latinos, juntamente com a grafia original.

2. Nos casos em que o nome de especialidades tradicionais garantidas seja acompanhado da alegação referida no artigo 18.°, n.° 3, do Regulamento (UE) n.° 1151/2012 e a mesma deva ser traduzida para outras línguas oficiais, o caderno de especificações deve incluí-la.

Artigo 2.° *Identificação da área geográfica*
No que respeita às denominações de origem protegidas e às indicações geográficas protegidas, a área geográfica deve identificar-se com precisão e sem ambiguidades, por referência, se possível, a fronteiras físicas ou administrativas.

Artigo 3.° *Regras específicas relativas à rotulagem*
Os cadernos de especificações de produtos de origem animal cujo nome esteja registado enquanto denominação de origem protegida devem incluir regras pormenorizadas sobre a origem e a qualidade dos alimentos para animais.

Artigo 4.° *Prova de origem*
1. O caderno de especificações de produtos de denominação de origem protegida ou de indicação geográfica protegida devem identificar os procedimentos que os operadores devem prever no que respeita à comprovação da origem dos produtos, matérias-primas, alimentos para animais e outros elementos que, de acordo com o referido caderno, devam provir da área geográfica identificada.
2. Os operadores devem poder identificar:
a) O fornecedor, a quantidade e a origem de todos os lotes de matérias-primas e/ou produtos recebidos;
b) O recetor, a quantidade e o destino dos produtos fornecidos;
c) A correlação entre cada lote de produtos recebidos a que se refere a alínea a) e cada lote de produtos fornecidos a que se refere a alínea b).

Artigo 5.° *Descrição de vários produtos distintos*
Nos casos em que o pedido de registo de nomes ou de aprovação de alterações descrevam vários produtos distintos com direito a utilizar o mesmo nome, deve demonstrar-se individualmente que todos os produtos cumprem as exigências de registo.
Para efeitos do presente artigo, por «produtos distintos» entende-se que, muito embora partilhem um nome comum, se distinguem quando colocados no mercado ou são reconhecidos como produtos diferentes pelo consumidor.

Artigo 6.° *Instrução dos processos de pedido de registo*
1. O Documento Único das denominações de origem protegidas e das indicações geográficas protegidas referido no artigo 8.°, n.° 1, alínea c), do Regulamento (UE) n.° 1151/2012 deve incluir as informações requeridas no anexo I do presente regulamento. Deve ser preenchido de acordo com o formulário fornecido no mesmo anexo. Deve ser conciso e não exceder 2 500 palavras, exceto em casos devidamente justificados.
A referência à publicação do caderno de especificações incluída no Documento Único deve remeter para a versão proposta do primeiro.
2. O caderno de especificações das especialidades tradicionais garantidas referido no artigo 19.° do Regulamento (UE) n.° 1151/2012 deve incluir as informações previstas no anexo II do presente regulamento. Deve ser preenchido de acordo com o formulário fornecido no mesmo anexo.
3. A data de apresentação dos pedidos é a da entrega dos mesmos à Comissão por via eletrónica. A Comissão envia aviso de receção.

Artigo 7.° *Regras específicas relativas à descrição do produto e ao método de obtenção*
1. O Documento Único dos pedidos de registo das denominações de origem protegidas e das indicações geográficas protegidas referido no artigo 8.°, n.° 1, alínea c), do Regulamento (UE) n.° 1151/2012 deve identificar o produto por meio das definições e normas habitualmente utilizadas para o produto em questão.
A descrição deve centrar-se na especificidade dos produtos, tendo em consideração o nome a registar, utilizando unidades de medida habituais ou termos técnicos de comparação, omitindo as características técnicas inerentes a todos os produtos do mesmo tipo e disposições legais afins a eles aplicáveis.

2. A descrição dos produtos a classificar como especialidades tradicionais garantidas referida no artigo 19.º, n.º 1, alínea b), do Regulamento (UE) n.º 1151/2012 deve mencionar apenas as características necessárias para identificar o produto e as suas características específicas. Deve omitir obrigações de caráter geral e, em especial, características técnicas inerentes a todos os produtos do mesmo tipo e disposições legais obrigatórias a eles aplicáveis. A descrição do método de obtenção referido no artigo 19.º, n.º 1, alínea c), do Regulamento (UE) n.º 1151/2012 deve incluir apenas o método em aplicação. Caso já não sejam seguidas, as práticas tradicionais não devem ser incluídas. Deve descrever-se unicamente o método necessário para obter o produto específico, de forma que permita a sua reprodução.

Os elementos essenciais que atestam o carácter tradicional do produto devem incluir aqueles que tenham permanecido inalterados, com referências precisas e bem fundamentadas.

Artigo 8.º *Pedidos conjuntos*
Os pedidos conjuntos, na aceção do artigo 49.º, n.º 1, do Regulamento (UE) n.º 1151/2012, devem ser apresentados à Comissão pelo Estado-Membro em questão ou por um agrupamento requerente do país terceiro pertinente, diretamente ou através das autoridades do referido país terceiro. Devem incluir a declaração mencionada no artigo 8.º, n.º 2, alínea c), ou no artigo 20.º, n.º 2, alínea b), do Regulamento (UE) n.º 1151/2012, por parte de todos os Estados-Membros pertinentes. Todos os Estados-Membros e países terceiros pertinentes devem preencher o disposto nos artigos 8.º e 20.º do Regulamento (UE) n.º 1151/2012.

Artigo 9.º *Regras dos processos de oposição*
1. Para efeitos do artigo 51.º, n.º 2, do Regulamento (UE) n.º 1151/2012, deve redigir-se uma declaração de oposição conforme com o formulário constante do anexo III do presente regulamento.
2. O prazo de três meses previsto no artigo 51.º, n.º 3, primeiro parágrafo, do Regulamento (UE) n.º 1151/2012 tem início na data de envio, por via eletrónica, do convite da Comissão às partes interessadas para busca de acordo.
3. A notificação referida no artigo 5.º do Regulamento Delegado (UE) n.º 664/2014 e a comunicação das informações a fornecer à Comissão nos termos do artigo 51.º, n.º 3, segundo parágrafo, do Regulamento (UE) n.º 1151/2012 deve ocorrer no prazo de um mês a partir do termo das consultas, de acordo com o formulário do anexo IV do presente regulamento.

Artigo 10.º *Disposições processuais para alteração dos cadernos de especificações*
1. Os pedidos de aprovação de alterações não menores dos cadernos de especificações de denominações de origem protegidas e indicações geográficas protegidas devem respeitar o formulário estabelecido no anexo V, preenchido de acordo com o estabelecido no artigo 8.º do Regulamento (UE) n.º 1151/2012. O Documento Único alterado deve respeitar o formulário estabelecido no anexo I do presente regulamento. A referência à publicação do caderno de especificações incluída no Documento Único alterado deve remeter para a versão atualizada de proposta do primeiro.

O pedido de aprovação de alterações não menores do caderno de especificações de especialidades tradicionais garantidas deve ser estabelecido em conformidade com o formulário constante do anexo VI do presente regulamento. Estes pedidos devem ser preenchidos de acordo com o disposto no artigo 20.º do Regulamento (UE) n.º 1151/2012. O caderno de especificações alterado deve respeitar o formulário estabelecido no anexo II do presente regulamento.

As informações a publicar em conformidade com o artigo 50.º, n.º 2, do Regulamento (UE) n.º 1151/2012 devem ser constituídas pelo pedido devidamente preenchido nos termos do primeiro e segundo parágrafos precedentes.
2. Os pedidos de aprovação de alterações menores referidos no artigo 53.º, n.º 2, segundo parágrafo, do Regulamento (UE) n.º 1151/2012, devem ser redigidos de acordo com o formulário constante do anexo VII do presente regulamento.

Os pedidos de aprovação de alterações menores relativos a denominação de origem protegidas e indicações geográficas protegidas devem ser acompanhados do Documento Único atualizado, se tal for o caso, redigido de acordo com o modelo indicado no anexo I.

A referência à publicação do caderno de especificações no Documento Único alterado deve remeter para a versão atualizada da proposta do caderno de especificações.

Nos pedidos oriundos da União, os Estados-Membros devem incluir uma declaração em como aqueles respeitam o estabelecido no Regulamento (UE) n.º 1151/2012 e as disposições adotadas no âmbito do mesmo, bem como a referência de publicação do caderno de especificações atualizado. Nos pedidos oriundos de países terceiros, o agrupamento visado ou as autoridades do país terceiro devem incluir o caderno de especificações atualizado. Os pedidos de alterações menores mencionados no artigo 6.º, n.º 2, quinto parágrafo, do Regulamento Delegado (UE) n.º 664/2014 devem incluir a referência à publicação do caderno de especificações atualizado (pedidos oriundos dos Estados-Membros) e o caderno de especificações atualizado (pedidos oriundos de países terceiros).

Os pedidos de aprovação de alterações menores relativos a especialidades tradicionais garantidas devem ser acompanhados do caderno de especificações atualizado redigido segundo o formulário do anexo II. Os Estados-Membros devem incluir uma declaração em como entendem que os pedidos respeitam o estabelecido no Regulamento (UE) n.º 1151/2012 e as disposições adotadas no âmbito do mesmo.

As informações a publicar em conformidade com o artigo 53.º, n.º 2, segundo parágrafo, do Regulamento (UE) n.º 1151/2012 devem ser constituídas pelo pedido, devidamente preenchido, nos termos do primeiro e segundo parágrafo precedentes.

3. A comunicação sobre alterações temporárias a enviar à Comissão, referida no artigo 6.º, n.º 3, segundo parágrafo, do Regulamento Delegado (UE) n.º 664/2014, deve ser redigida de acordo com o formulário constante do anexo VIII do presente regulamento. Deve ser acompanhada dos documentos previstos no artigo 6.º, n.º 3, segundo parágrafo, do Regulamento Delegado (UE) n.º 664/2014.

4. A data de apresentação dos pedidos de alteração é a de entrega dos mesmos à Comissão por via eletrónica. A Comissão envia aviso de receção.

Artigo 11.º *Cancelamento*
1. Os pedidos de cancelamento de registo nos termos do artigo 54.º, n.º 1, do Regulamento (UE) n.º 1151/2012 devem respeitar o formulário do anexo IX do presente regulamento.

Devem incluir a declaração mencionada no artigo 8.º, n.º 2, alínea c), ou no artigo 20.º, n.º 2, alínea b), do Regulamento (UE) n.º 1151/2012.
2. As informações a publicar em conformidade com o artigo 50.º, n.º 2, do Regulamento (UE) n.º 1151/2012 devem ser constituídas pelo pedido de cancelamento, devidamente preenchido, referido no n.º 1, primeiro parágrafo, deste artigo.

Artigo 12.º *Forma de apresentação*
Os pedidos, informações e documentos apresentados em aplicação dos artigos 6.º, 8.º, 9.º, 10.º, 11.º e 15.º devem ser apresentados à Comissão por via eletrónica.

Artigo 13.º *Utilização de símbolos e indicações*
1. Os símbolos da União referidos nos artigos 12.º, n.º 2, e 23.º, n.º 2, do Regulamento (UE) n.º 1151/2012 e estabelecidos pelo artigo 2.º do Regulamento Delegado (UE) n.º 664/2014 devem ser reproduzidos nos termos do estabelecido no anexo X do presente regulamento.
2. As indicações «DENOMINAÇÃO DE ORIGEM PROTEGIDA», «INDICAÇÃO GEOGRÁFICA PROTEGIDA» e «ESPECIALIDADE TRADICIONAL GARANTIDA» que figuram nos símbolos podem ser utilizadas em qualquer língua oficial da União, nos termos do anexo X do presente regulamento.
3. Sempre que o rótulo de um produto contenha os símbolos, menções ou respetivas abreviaturas da União referidos nos artigos 12.º e 23.º do Regulamento (UE) n.º 1151/2012, dele deve também constar o nome registado.
4. As indicações, abreviaturas e símbolos podem ser utilizados nos termos do artigo 44.º, n.º 1, do Regulamento (UE) n.º 1151/2012, na comunicação social ou em suportes publicitários para fins de divulgação do regime de qualidade ou publicidade dos nomes registados.
5. Os produtos colocados no mercado antes da entrada em vigor do presente regulamento que não cumpram o disposto nos n.ºs 1 e 2 pode continuar no mercado até esgotamento das existências.

Artigo 14.º *Registo das denominações de origem protegidas e das indicações geográficas protegidas e registo das especialidades tradicionais garantidas*

1. Com a entrada em vigor de um instrumento jurídico que regista denominações de origem protegidas ou indicações geográficas protegidas, a Comissão inscreve no Registo das denominações de origem protegidas e das indicações geográficas protegidas referido no artigo 11.º, n.º 1, do Regulamento (UE) n.º 1151/2012, os seguintes dados:
a) Nome registado (ou os vários nomes, se tal for o caso);
b) Classe do produto, conforme estabelecido no anexo XI do presente regulamento;
c) Referência ao instrumento de registo do nome;
d) Informação de que o nome está protegido enquanto indicação geográfica ou enquanto denominação de origem;
e) Nome do país ou países de origem.
2. Com a entrada em vigor de um instrumento jurídico que regista especialidades tradicionais garantidas, a Comissão inscreve no Registo das especialidades tradicionais garantidas referido no artigo 22.º, n.º 1, do Regulamento (UE) n.º 1151/2012, os seguintes dados:
a) Nome registado (ou os vários nomes, se tal for o caso);
b) Classe do produto, conforme estabelecido no anexo XI do presente regulamento;
c) Referência ao instrumento de registo do nome;
d) Indicação dos países dos agrupamentos que apresentaram o pedido;
e) Informações sobre a decisão de registo: indicar se o nome da especialidade tradicional garantida deve ser acompanhado da alegação referida no artigo 18.º, n.º 3, do Regulamento (UE) n.º 1151/2012;
f) Relativamente aos pedidos recebidos antes da entrada em vigor do Regulamento (UE) n.º 1151/2012: indicar se o registo se efetua sem reserva do nome.
3. Se a Comissão aprovar alterações do caderno de especificações que modifiquem as informações inscritas no Registo, cabe-lhe suprimir os dados originais e registar os novos com efeitos à data de entrada em vigor da decisão de aprovação das alterações.
4. Na data em que o cancelamento produz efeitos, a Comissão elimina do Registo o nome cancelado.

Artigo 15.º *Regras transitórias*
Os pedidos de publicação do Documento Único apresentados pelos Estados-Membros antes de 31 de março de 2006, nos termos do artigo 8.º, n.º 1, do Regulamento Delegado (UE) n.º 664/2014, relativamente a denominações de origem protegidas ou indicações geográficas protegidas, devem respeitar o formulário estabelecido no anexo I do presente regulamento.

Artigo 16.º *Entrada em vigor e aplicação*
O presente regulamento entra em vigor no terceiro dia seguinte ao da sua publicação no Jornal Oficial da União Europeia.
O artigo 9.º, n.º 1, só é aplicável aos procedimentos de oposição relativamente aos quais, à data de entrada em vigor do presente regulamento, não tenha começado a correr o prazo de três meses fixado no artigo 51.º, n.º 1, primeiro parágrafo, do Regulamento (UE) n.º 1151/2012.
O artigo 9.º, n.º 3, só é aplicável aos procedimentos de oposição relativamente aos quais, à data de entrada em vigor do presente regulamento, não tenha terminado o prazo de três meses fixado no artigo 51.º, n.º 1, primeiro parágrafo, do Regulamento (UE) n.º 1151/2012.
As disposições do anexo X, n.º 2, primeira frase, são aplicáveis a partir de 1 de janeiro de 2016, sem prejuízo para os produtos colocados no mercado antes dessa data.
O presente regulamento é obrigatório em todos os seus elementos e diretamente aplicável em todos os Estados-Membros.

ANEXO I.-
Documento único

[Anexo não reproduzido na presente publicação]

ANEXO II.-
Especificações — Especialidade Tradicional Garantida

[Anexo não reproduzido na presente publicação]

ANEXO III.-
Declaração de oposição fundamentada

[Anexo não reproduzido na presente publicação]

ANEXO IV.-
Notificação da conclusão das consultas na sequência do procedimento de oposição

[Anexo não reproduzido na presente publicação]

ANEXO V.-
Pedido de aprovação de alterações não menores do caderno de especificações de Denominações de Origem Protegidas/Indicações Geográficas Protegidas

[Anexo não reproduzido na presente publicação]

ANEXO VI.-
Pedido de aprovação de alterações não menores do caderno de especificações de Especialidades Tradicionais Garantidas

[Anexo não reproduzido na presente publicação]

ANEXO VII.-
Pedido de aprovação de uma alteração menor

[Anexo não reproduzido na presente publicação]

ANEXO IX.-
Pedido de cancelamento

[Anexo não reproduzido na presente publicação]

ANEXO X.-
Reprodução dos símbolos da união e indicações sobre as DOP, IGP e ETG

[Anexo não reproduzido na presente publicação]

Selección de documentos no reproducidos

Regulamento (CE) n° 1898/2006 da Comissão, de 14 de Dezembro de 2006, que estabelece regras de execução do Regulamento (CE) n.° 510/2006 do Conselho relativo à protecção das indicações geográficas e denominações de origem dos produtos agrícolas e dos géneros alimentícios [V.C. 10/07/2008].

Regulamento (CE) n° 1216/2007 da Comissão, de 18 de Outubro de 2007, que estabelece regras de execução do Regulamento (CE) n.° 509/2006 do Conselho relativo às especialidades tradicionais garantidas dos produtos agrícolas e dos géneros alimentícios [V.C. 01/07/2013].

Regulamento (CE) n° 889/2008 da Comissão, de 5 de Setembro de 2008, que estabelece normas de execução do Regulamento (CE) n.° 834/2007 do Conselho relativo à produção biológica e à rotulagem dos produtos biológicos, no que respeita à produção biológica, à rotulagem e ao controlo [V.C. 16/04/2014].

Regulamento (CE) n° 1235/2008 da Comissão, de 8 de Dezembro de 2008, que estabelece normas de execução do Regulamento (CE) n.° 834/2007 do Conselho no que respeita ao regime de importação de produtos biológicos de países terceiros [V.C. 03/08/2014].

Regulamento (CE) n° 66/2010 do Parlamento Europeu e do Conselho, de 25 de Novembro de 2009, relativo a um sistema de rótulo ecológico da UE [V.C.04/09/2013].

Regulamento (UE) n° 28/2012 da Comissão, de 11 de Janeiro de 2012, que define as exigências de certificação aplicáveis às importações e ao trânsito na União de determinados produtos compostos e que altera a Decisão 2007/275/CE e o Regulamento (CE) n.° 1162/2009 [01/07/2013].

Regulamento de execução (UE) n° 716/2013 da Comissão, de 25 de Julho de 2013, que estabelece as regras de execução do Regulamento (CE) n.° 110/2008 do Parlamento Europeu e do Conselho relativo à definição, designação, apresentação, rotulagem e proteção das indicações geográficas das bebidas espirituosas [V.C. 27/06/2013].

Regulamento (UE) N.° 1308/2013 do Parlamento Europeu e do Conselho, de 17 de Dezembro de 2013, que estabelece uma organização comum dos mercados dos produtos agrícolas e que revoga os Regulamentos (CEE) n.° 922/72, (CEE) n.° 234/79, (CE) n.° 1037/2001 e (CE) n.° 1234/2007 do Conselho [V.C. 01/01/2014]

Regulamento delegado (UE) N.° 665/2014 da Comissão, de 11 de março de 2014, que completa o Regulamento (UE) n.° 1151/2012 do Parlamento Europeu e do Conselho no que respeita às condições de utilização da menção de qualidade facultativa «produto de montanha» [V.C. 19/06/2014]

633

Capítulo 6.- Alimentos Específicos

3 de Novembro de 1998.- Directiva 98/83/CE
do Conselho
relativa à qualidade da água destinada ao consumo humano
(J.O. L 330, 05/12/1998)

(V.C.07/08/2009)

TJUE, 31 de Janeiro de 2008. Processo C-147/07, Comissão das Comunidades Europeias contra República Francesa [Cita os artigos 4, 15 e 20].
TJUE, 9 de Junho de 2005. Processos apensos C-211/03, C-299/03 e C-316/03 a C-318/03, HLH Warenvertriebs GmbH (C-211/03) e Orthica BV (C-299/03 e C-316/03 a C-318/03) contra Bundesrepublik Deutschland [Cita artigo 6. Ver artigo 2 do Regulamento CE nº178/2002].
TJUE, 14 de Novembro de 2002. Processo C-316/00, Comissão das Comunidades Europeias contra Irlanda [Cita os artigos 3, 9, 10, 14, 16, 17 e 18].

O CONSELHO DA UNIÃO EUROPEIA,
Tendo em conta o Tratado que institui a Comunidade Europeia e, nomeadamente, o nº 1 do seu artigo 130ºS,
Tendo em conta a proposta da Comissão,
Tendo em conta o parecer do Comité Económico e Social,
Tendo em conta o parecer do Comité das Regiões,
Deliberando nos termos do artigo 189ºC,
(1) Considerando que é necessário adaptar a Directiva 80/778/CEE do Conselho, de 15 de Julho de 1980, relativa à qualidade das águas destinadas ao consumo humano, ao progresso científico e tecnológico; que a experiência adquirida com a aplicação da referida directiva mostra que é necessário criar um quadro jurídico adequado, flexível e transparente que permita aos Estados-membros enfrentar quaisquer incumprimentos das normas; que, além disso, a directiva deve ser reanalisada em função do Tratado da União Europeia, nomeadamente, do princípio da subsidiariedade;
(2) Considerando que, nos termos do artigo 3ºB do Tratado, que prevê que a Comunidade actuará nos limites do necessário para atingir os objectivos do Tratado, a Directiva 80/778/CEE deve ser revista de forma a incidir no cumprimento dos parâmetros de qualidade e sanitários essenciais, deixando aos Estados-membros a liberdade de acrescentarem parâmetros secundários, se o considerarem necessário;
(3) Considerando que, de acordo com o princípio da subsidiariedade, a acção da Comunidade deve apoiar e desenvolver a acção das autoridades competentes dos Estados-membros;
(4) Considerando que, de acordo com o princípio da subsidiariedade, as diferenças naturais e socio-económicas entre as regiões da União exigem que a maioria das decisões sobre o controlo, análise e medidas a adoptar para corrigir qualquer incumprimento, sejam tomadas a nível local, regional ou nacional desde que não saiam do enquadramento legal, regulamentar e administrativo previsto na presente directiva;
(5) Considerando que são necessárias normas comunitárias para os parâmetros essenciais e preventivos relacionados com a saúde no que respeita à água destinada ao consumo humano, de forma a definir os objectivos mínimos de qualidade ambiental relacionados com outras medidas comunitárias para salvaguardar e promover uma utilização sustentável da água destinada ao consumo humano;
(6) Considerando a importância para a saúde da água destinada ao consumo humano, é necessário enumerar as normas de qualidade essenciais, a nível comunitário, a que deve estar sujeita essa água;
(7) Considerando que é necessário incluir a água utilizada na indústria alimentar, excepto quando se estabelecer que a utilização dessa água não afecta a salubridade do produto acabado;
(8) Considerando que, para garantir as normas de qualidade da água potável, há que tomar medidas de protecção adequadas para assegurar a boa qualidade nas águas de superfície e subterrâneas; que o mesmo objectivo pode ser atingido através de medidas de tratamento adequadas, a serem aplicadas antes do fornecimento;
(9) Considerando que a coerência da política europeia da água pressupõe a adopção de uma directiva-quadro adequada;

(10) Considerando que é necessário excluir do âmbito da presente directiva as águas minerais naturais e as águas que são produtos medicinais, uma vez que foram estabelecidas regras especiais para esses tipos de águas;

(11) Considerando que são necessárias medidas para todos os parâmetros directamente relacionados com a saúde e para outros parâmetros, em caso de deterioração da qualidade da água; que, além disso, essas medidas não devem pôr em causa a aplicação da Directiva 91/414/CEE do Conselho, de 15 de Julho de 1991, relativa à colocação dos produtos fitofarmacêuticos no mercado, e da Directiva 98/8/CE do Parlamento Europeu e do Conselho, de 16 de Fevereiro de 1998, relativa à colocação de produtos biocidas no mercado;

(12) Considerando que é necessário estabelecer valores paramétricos específicos para as substâncias relevantes em toda a Comunidade, a um nível suficientemente estrito para garantir que se atinja o objectivo da directiva;

(13) Considerando que os valores paramétricos se baseiam nos actuais conhecimentos científicos e no princípio da acção preventiva; que esses valores foram seleccionados para garantir que a água destinada ao consumo humano possa ser consumida com segurança durante toda a vida do consumidor, concorrendo assim para um elevado nível de protecção da saúde;

(14) Considerando que se deverá atingir um equilíbrio para evitar riscos microbiológicos e químicos; que, para tanto, e à luz de uma futura revisão dos valores paramétricos, a adopção de valores paramétricos aplicáveis à água destinada ao consumo humano deverá basear-se em considerações de saúde pública e num método de avaliação do risco;

(15) Considerando que actualmente não é evidente qual deve ser a base dos valores paramétricos, a nível comunitário, para anular os efeitos dos produtos químicos endócrinos, havendo mesmo uma maior preocupação sobre o impacto potencial, nas pessoas e animais, dos efeitos das substâncias nocivas para a saúde;

(16) Considerando que as normas do anexo I se baseiam, de uma forma geral, nas «Directrizes para a qualidade da água potável» da Organização Mundial da Saúde e no parecer do Comité Científico de Análise da Toxicidade e da Ecotoxicidade dos Compostos Químicos da Comissão;

(17) Considerando que os Estados-membros devem, estabelecer valores para parâmetros adicionais não incluídos no anexo I, sempre que tal seja necessário para proteger a saúde humana nos respectivos territórios;

(18) Considerando que os Estados-membros podem estabelecer valores para parâmetros adicionais não incluídos no anexo I, sempre que tal seja considerado necessário para garantir a qualidade da produção, distribuição e controlo da água destinada ao consumo humano;

(19) Considerando que, ao estabelecer normas mais estritas do que as do anexo I, partes A e B, ou normas para parâmetros adicionais não incluídos no anexo I mas necessárias para a protecção da saúde humana, os Estados-membros deverão notificar a Comissão dessas normas;

(20) Considerando que, ao introduzirem ou manterem medidas de protecção mais estritas, os Estados-membros são obrigados a observar os princípios e as normas do Tratado tal como interpretados pelo Tribunal de Justiça;

(21) Considerando que os valores paramétricos devem ser cumpridos no local onde a água destinada ao consumo humano é obtida pelo utilizador adequado;

(22) Considerando que a qualidade da água destinada ao consumo humano pode ser influenciada pelo sistema de distribuição; que, além disso, se reconhece que a responsabilidade pelo sistema de distribuição doméstico ou pela sua manutenção pode não ser dos Estados-membros;

(23) Considerando que os Estados-membros devem estabelecer programas de controlo para verificar se a água destinada ao consumo humano respeita os requisitos da presente directiva; que esses programas de controlo devem ser adequados às necessidades locais e respeitar os requisitos de controlo mínimos estabelecidos na presente directiva;

(24) Considerando que os métodos utilizados para a análise da qualidade da água destinada ao consumo humano devem garantir que os resultados obtidos sejam fiáveis e comparáveis;

(25) Considerando que, em caso de incumprimento das normas da presente directiva, os Estados-membros devem investigar as causas e tomar, o mais rapidamente possível,

as medidas de correcção necessárias para garantir o restabelecimento da qualidade da água;

(26) Considerando que é importante prevenir um perigo potencial para a saúde humana proveniente de água contaminada; que o fornecimento dessa água deverá ser proibido ou a sua utilização restringida;

(27) Considerando que, no caso de incumprimento de um parâmetro com uma função indicadora, os Estados-membros deverão examinar se desse facto resulta qualquer risco para a saúde humana; que deverão adoptar acções de correcção da qualidade da água, sempre que tal seja necessário para proteger a saúde humana;

(28) Considerando que, se essas medidas de correcção forem necessárias para restabelecer a qualidade da água destinada ao consumo humano, se deve dar prioridade às medidas que corrijam o problema na origem, nos termos do nº 2 do artigo 130ºR do Tratado;

(29) Considerando que, em determinados casos, os Estados-membros devem poder prever derrogações a esta directiva; que, além disso, é necessário estabelecer um quadro adequado para essas derrogações, desde que elas não constituam um perigo potencial para a saúde humana e desde que o fornecimento da água potável, numa determinada área, não possa ser mantido por qualquer outro meio razoável;

(30) Considerando que, uma vez que o tratamento ou a distribuição de água destinada ao consumo humano pode exigir a utilização de determinadas substâncias ou materiais, são necessárias normas que orientem a sua utilização de forma a evitar possíveis efeitos prejudiciais para a saúde humana;

(31) Considerando que o progresso técnico e científico pode exigir a rápida adaptação dos requisitos técnicos previstos nos anexos II e III; que, além disso, para facilitar a execução das medidas necessárias para este efeito, é conveniente prever um procedimento segundo o qual a Comissão possa adoptar essas adaptações com a assistência de um comité composto por representantes dos Estados-membros;

(32) Considerando que os consumidores deverão ser devidamente informados da qualidade da água destinada ao consumo humano, de quaisquer derrogações feitas pelos Estados-membros e de qualquer medida de correcção adoptada pelas autoridades competentes; que, além disso, é necessário tomar em consideração as necessidades técnicas e estatísticas da Comissão, bem como os direitos de cada cidadão de obter as informações adequadas sobre a qualidade da água destinada ao consumo humano;

(33) Considerando que, em circunstâncias excepcionais e em áreas geograficamente definidas, pode ser necessário conceder aos Estados-membros um prazo maior para o cumprimento de certas disposições da presente directiva;

(34) Considerando que a presente directiva não deve afectar as obrigações dos Estados-membros relativamente aos prazos de transposição para a legislação nacional e a aplicação referidas no anexo IV,

ADOPTOU A PRESENTE DIRECTIVA:

Artigo 1º *Objectivo*
1. A presente directiva diz respeito à qualidade da água destinada ao consumo humano.
2. A directiva tem por objectivo proteger a saúde humana dos efeitos nocivos resultantes de qualquer contaminação da água destinada ao consumo humano, assegurando a sua salubridade e limpeza.

Artigo 2º *Definições*
Para efeitos da presente directiva, entende-se por:
1. «Água destinada ao consumo humano»:
a) Toda a água, no seu estado original ou após tratamento, destinada a ser bebida, a cozinhar, à preparação de alimentos ou para outros fins domésticos, independentemente da sua origem e de ser ou não fornecida a partir de uma rede de distribuição, de um camião ou navio-cisterna, em garrafas ou outros recipientes;
b) Toda a água utilizada numa empresa da indústria alimentar para o fabrico, transformação, conservação ou comercialização de produtos ou substâncias destinados ao consumo humano, excepto se as autoridades nacionais competentes determinarem que a qualidade da água não afecta a salubridade do género alimentício na sua forma acabada.
2. «Sistema de distribuição doméstica»: as canalizações, acessórios e aparelhos instalados entre as torneiras normalmente utilizadas para o consumo humano e a rede de

distribuição, mas só se essas canalizações, acessórios e aparelhos não forem da responsabilidade do abastecedor de água, na sua qualidade de abastecedor de água, nos termos da legislação nacional aplicável.

Artigo 3º *Isenções*
1. A presente directiva não é aplicável a:
a) Águas minerais naturais como tal reconhecidas pelas autoridades nacionais competentes, nos termos da Directiva 80/777/CEE do Conselho, de 15 de Julho de 1980, relativa à aproximação das legislações dos Estados-membros respeitantes à exploração e à comercialização de águas minerais naturais;
b) Águas que são produtos medicinais, na acepção da Directiva 65/65/CEE, de 26 de Janeiro de 1965, relativa à aproximação das disposições legislativas, regulamentares e administrativas, respeitantes aos medicamentos.
2. Os Estados-membros podem isentar do disposto na presente directiva:
a) A água destinada exclusivamente aos fins para os quais as autoridades competentes determinarem que a qualidade da água não tem qualquer influência, directa ou indirecta, na saúde dos consumidores em causa;
b) A água destinada ao consumo humano proveniente de fontes individuais que forneçam menos de 10 m³, por dia em média ou que sirvam menos de 50 pessoas, excepto se essa água for fornecida no âmbito de uma actividade comercial ou pública.
3. Os Estados-membros que façam uso da isenção prevista na alínea b) do nº2 assegurarão que a população afectada seja informada da mesma e de qualquer medida tomada para proteger a saúde humana dos efeitos nocivos resultantes de qualquer contaminação da água destinada ao consumo humano. Além disso, quando estiver patente um perigo potencial para a saúde humana devido à qualidade dessa água, deverá ser prontamente prestado o aconselhamento adequado à população interessada.

Artigo 4º *Obrigações gerais*
1. Sem prejuízo das suas obrigações nos termos de outras disposições comunitárias, os Estados-membros tomarão as medidas necessárias para garantir que a água destinada ao consumo humano seja salubre e limpa. Para efeitos do cumprimento dos requisitos mínimos da presente directiva, a água destinada ao consumo humano é salubre e limpa se:
a) Não contiver microrganismos, parasitas nem quaisquer substâncias em quantidades ou concentrações que constituam um perigo potencial para a saúde humana; e
b) Preencher os requisitos mínimos especificados nas partes A e B do anexo I,
e se, segundo as disposições aplicáveis dos artigos 5º a 8º e 10º, os Estados-membros tomarem, nos termos do Tratado, todas as outras medidas necessárias para garantir que a água destinada ao consumo humano preenche os requisitos da presente directiva.
2. Os Estados-membros garantirão que as medidas tomadas em execução da presente directiva não permitirão em circunstância alguma, directa ou indirectamente, qualquer deterioração da actual qualidade da água destinada ao consumo humano na medida em que tal seja relevante para a protecção da saúde humana, nem qualquer aumento da poluição das águas utilizadas para a produção de água potável.

Artigo 5º *Normas de qualidade*
1. Os Estados-membros fixarão os valores aplicáveis à água destinada ao consumo humano para os parâmetros estabelecidos no anexo I.
2. Os valores fixados nos termos do nº 1 não serão menos rigorosos do que os estabelecidos no anexo I. No que se refere aos parâmetros da parte C do anexo I, os valores devem ser fixados apenas para efeitos de controlo e de cumprimento das obrigações previstas no artigo 8º
3. Os Estados-membros fixarão valores para parâmetros adicionais não incluídos no anexo I, sempre que a protecção da saúde humana nos respectivos territórios, ou em parte deles, assim o exigir. Os valores fixados deverão, no mínimo, preencher os requisitos do nº 1, alínea a), do artigo 4º.

Artigo 6º *Limiares de conformidade*
1. Os valores paramétricos fixados nos termos do artigo 5º serão respeitados:
a) No caso da água fornecida a partir de uma rede de distribuição, no ponto em que, no interior de uma instalação ou estabelecimento, sai das torneiras normalmente utilizadas para consumo humano; ou

b) No caso da água fornecida a partir de camiões e navios-cisterna, no ponto em que sai desses camiões e navios-cisterna; ou

c) No caso da água destinada à venda em garrafas ou outros recipientes, no ponto em que é colocada nas garrafas ou outros recipientes; ou

d) No caso da água utilizada numa empresa da indústria alimentar, no ponto em que a água é utilizada na empresa.

2. No caso da água definida nos termos da alínea a) do n° 1, considera-se que os Estados-membros cumpriram as suas obrigações nos termos do presente artigo, do artigo 4° e do n° 2 do artigo 8° sempre que se possa demonstrar que o incumprimento dos valores paramétricos fixados nos termos do artigo 5° é devido ao sistema de distribuição doméstica ou à sua manutenção, excepto nas instalações e estabelecimentos em que se fornece água ao público, tais como escolas, hospitais e restaurantes.

3. Sempre que seja aplicável o disposto no n° 2 e exista o risco de a água, na acepção da alínea a) do n° 1, não satisfazer os valores paramétricos fixados nos termos do artigo 5°, os Estados-membros assegurarão, não obstante, que:

a) Sejam tomadas medidas adequadas para reduzir ou eliminar o risco de incumprimento dos valores paramétricos, tais como o aconselhamento dos proprietários quanto a eventuais medidas de correcção a tomar; e/ou

sejam tomadas outras medidas, tais como a introdução de técnicas de tratamento adequadas, para modificar a natureza ou as propriedades da água antes de a mesma ser fornecida, por forma a reduzir ou eliminar o risco de incumprimento dos valores paramétricos após a distribuição; e

b) Os consumidores afectados sejam devidamente informados e aconselhados sobre eventuais medidas de correcção suplementares que devam tomar.

Artigo 7° *Controlo*

1. Os Estados-membros tomarão todas as medidas necessárias para garantir a realização de um controlo regular da qualidade da água destinada ao consumo humano, a fim de verificar se a água posta à disposição dos consumidores preenche os requisitos da presente directiva, em especial os valores paramétricos fixados nos termos do artigo 5°. Devem ser recolhidas amostras representativas da qualidade da água fornecida durante todo o ano. Além disso, os Estados-membros tomarão todas as medidas necessárias para garantir que, sempre que a desinfecção faça parte do esquema de tratamento ou da distribuição da água para consumo humano, seja verificada a eficácia do tratamento de desinfecção aplicado e que a contaminação por subprodutos de desinfecção seja mantida a um nível tão baixo quanto possível, sem comprometer a desinfecção.

2. Para cumprir as obrigações previstas no n° 1, as autoridades competentes estabelecerão programas de controlo adequados para qualquer água destinada ao consumo humano. Esses programas devem preencher os requisitos mínimos estabelecidos no anexo II.

3. Os pontos de amostragem serão determinados pelas autoridades competentes e deverão preencher os requisitos pertinentes do anexo II.

4. Podem ser elaboradas linhas de orientação comunitárias para o controlo referido no presente artigo, pelo procedimento de gestão a que se refere o n° 2 do artigo 12°.

5.

a) Os Estados-membros cumprirão as especificações para as análises dos parâmetros estabelecidas no anexo III

b) Poderão ser utilizados métodos alternativos aos especificados na parte 1 do anexo III, desde que se possa demonstrar que os resultados obtidos são pelo menos tão fiáveis como os decorrentes da aplicação dos métodos especificados. Os Estados-membros que recorrerem a um método alternativo deverão fornecer à Comissão todas as informações relevantes sobre esse método e a sua equivalência;

c) Para os parâmetros enumerados nas partes 2 e 3 do anexo III, pode ser utilizado qualquer método desde que respeite os requisitos estabelecidos no referido anexo.

6. Os Estados-membros garantirão a realização, caso a caso, de controlos suplementares de substâncias e microrganismos para os quais não tenham sido fixados valores paramétricos nos termos do artigo 5°, se houver razões para suspeitar que os mesmos podem estar presentes em quantidades ou números que constituam um perigo potencial para a saúde humana.

Artigo 8º *Medidas de correcção e restrições de utilização*
1. Os Estados-membros garantirão que qualquer incumprimento dos valores paramétricos fixados nos termos do artigo 5º seja imediatamente investigado a fim de identificar a sua causa.
2. Se, apesar das medidas adoptadas para o cumprimento das obrigações previstas no nº 1 do artigo 4º, a água destinada ao consumo humano não obedecer aos valores paramétricos fixados nos termos do artigo 5º, e sob reserva do disposto no nº 2 do artigo 6º, os Estados-membros garantirão que sejam tomadas, com a maior brevidade, as medidas correctivas necessárias para restabelecer a sua qualidade e darão prioridade à sua execução tendo em conta valor do desvio relativamente ao valor paramétrico pertinente e o risco potencial para a saúde humana.
3. Quer os valores paramétricos tenham ou não sido respeitados, os Estados-membros garantirão a proibição do abastecimento ou a restrição da utilização de água destinada ao consumo humano que constitua um perigo potencial para a saúde humana, ou qualquer outra medida necessária para proteger a saúde humana. Nesses casos, os consumidores devem ser imediatamente informados e devidamente aconselhados.
4. As autoridades ou outros organismos competentes decidirão qual das medidas previstas no nº 3 deve ser tomada, tendo igualmente em conta os riscos para a saúde humana decorrentes da interrupção do abastecimento ou da restrição da utilização da água destinada ao consumo humano.
5. Os Estados-membros podem estabelecer linhas de orientação para assistir as autoridades competentes no cumprimento das obrigações previstas no nº 4.
6. Em caso de incumprimento dos valores paramétricos ou das especificações constantes da parte C do anexo I, os Estados-membros determinarão se esse incumprimento apresenta riscos para a saúde humana e tomarão as medidas de correcção adequadas para restabelecer a qualidade da água sempre que a protecção da saúde humana o exija.
7. Os Estados-membros garantirão que, quando forem tomadas medidas de correcção, os consumidores sejam notificados, excepto se as autoridades competentes considerarem o incumprimento do valor paramétrico insignificante.

Artigo 9º *Derrogações*
1. Os Estados-membros podem prever derrogações dos valores paramétricos fixados na parte B do anexo I ou nos termos do nº 3 do artigo 5º até um valor máximo a determinar por eles, desde que as derrogações não constituam um perigo potencial para a saúde humana e que o abastecimento de água destinada ao consumo humano na zona em causa não possa ser mantido por outro meio razoável. As derrogações deverão limitar-se a um período tão breve quanto possível e nunca superior a três anos, no final do qual deverá ser feito um balanço para verificar se foram realizados progressos suficientes. Se pretenderem conceder uma segunda derrogação, os Estados-membros transmitirão à Comissão esse balanço, acompanhado dos motivos que justificam a segunda derrogação, que também não poderá exceder um período de três anos.
2. Em circunstâncias excepcionais, os Estados-membros poderão solicitar à Comissão uma terceira derrogação por um período máximo de três anos. A Comissão tomará uma decisão sobre este pedido num prazo de três meses.
3. As derrogações concedidas nos termos dos nº1 e 2 deverão especificar os seguintes elementos:
a) O motivo da derrogação;
b) O parâmetro em causa, os resultados de controlos pertinentes anteriores e o valor máximo admissível ao abrigo da derrogação;
c) A área geográfica, a quantidade de água fornecida por dia, a população implicada e eventuais repercussões em empresas da indústria alimentar interessadas;
d) Um sistema de controlo adequado, com aumento da frequência de controlos, se necessário;
e) Um resumo do plano das medidas de correcção necessárias, incluindo um calendário do trabalho a realizar e uma estimativa dos custos e disposições de revisão;
f) A duração da derrogação necessária.
4. Se as autoridades competentes considerarem o incumprimento de um determinado valor paramétrico insignificante e que as acções de correcção adoptadas nos termos do nº 2 do artigo 8º permitem resolver o problema num prazo máximo de 30 dias, não é necessário aplicar os requisitos do nº 3.

Neste caso, as autoridades ou outros organismos competentes deverão estabelecer unicamente o valor máximo admissível para o parâmetro em causa e o prazo para resolver o problema.

5. Não se pode recorrer ao nº 4 quando o incumprimento do mesmo valor paramétrico para um determinado abastecimento de água se tiver verificado durante mais de 30 dias seguidos nos 12 meses anteriores.

6. Os Estados-membros que recorrerem às derrogações previstas no presente artigo deverão garantir que a população afectada por qualquer derrogação seja imediata e devidamente informada da mesma e das respectivas condições. Além disso, os Estados-membros garantirão que os grupos da população para os quais a derrogação possa representar um risco especial sejam devidamente aconselhados, sempre que necessário. Estas obrigações não se aplicam à situação referida no nº 4, salvo decisão em contrário das autoridades competentes.

7. Com excepção das derrogações previstas no nº 4, os Estados-membros informarão a Comissão, no prazo de dois meses, das derrogações relativas a um abastecimento superior a 1 000 m³ por dia em média ou a 5 000 pessoas, incluindo as informações especificadas no nº 3.

8. O disposto no presente artigo não é aplicável à água destinada ao consumo humano colocada à venda em garrafas ou outros recipientes.

Artigo 10º *Garantia de qualidade do tratamento, do equipamento e dos materiais*

Os Estados-membros tomarão todas as medidas necessárias para garantir que nenhumas substâncias ou materiais utilizados em novas instalações de tratamento e distribuição de água para consumo humano, ou quaisquer impurezas associadas a essas substâncias ou materiais, permaneçam nessa água em concentrações superiores às necessárias para os fins a que se destinam e reduzam, directa ou indirectamente, o nível de protecção da saúde humana previsto na presente directiva; o documento interpretativo e as acções técnicas específicas previstas no artigo 3º e no nº 1 do artigo 4º da Directiva 89/106/CEE do Conselho, de 21 de Dezembro de 1988, relativa à aproximação das disposições legislativas, regulamentares e administrativas dos Estados-membros no que respeita aos produtos de construção, devem respeitar os requisitos da presente directiva.

Artigo 11º *Revisão dos anexos*

1. A Comissão procederá, pelo menos de cinco em cinco anos, à revisão do anexo I com base no progresso técnico e científico e, se necessário, apresentará propostas de alteração nos termos do artigo 189ºC do Tratado.

2. A Comissão procede, pelo menos de cinco em cinco anos, à adaptação dos anexos II e III ao progresso técnico e científico.

Estas medidas, que têm por objecto alterar elementos não essenciais da presente directiva, são aprovadas pelo procedimento de regulamentação com controlo a que se refere o nº 3 do artigo 12º.

Artigo 12º

1. A Comissão é assistida por um Comité.

2. Sempre que se faça referência ao presente artigo, são aplicáveis os artigos 4º e 7º da Decisão 1999/468/CE, tendo-se em conta o disposto no seu artigo 8º.

O prazo previsto no nº 3 do artigo 4º da Decisão 1999/468/CE é de três meses.

3. Sempre que se faça referência ao presente número, são aplicáveis os nºˢ 1 a 4 do artigo 5º-A e o artigo 7º da Decisão 1999/468/CE, tendo-se em conta o disposto no artigo 8º.

Artigo 13º *Informação e relatórios*

1. Os Estados-membros tomarão as medidas necessárias para garantir que os consumidores tenham acesso a informações adequadas e actualizadas sobre a qualidade da água destinada ao consumo humano.

2. Sem prejuízo da Directiva 90/313/CEE do Conselho, de 7 de Junho de 1990, relativa à liberdade de acesso à informação em matéria de ambiente, os Estados-membros publicarão um relatório trienal sobre a qualidade da água destinada ao consumo humano com o objectivo de informar os consumidores. O primeiro desses relatórios abrangerá os anos de 2002, 2003 e 2004. Cada relatório incluirá, no mínimo, abastecimentos superiores a uma média de 1 000 m³ por dia ou a 5 000 pessoas, abrangerá três anos civis e será publicado antes do final do ano civil seguinte ao período de informação.

3. Os Estados-membros enviarão os respectivos relatórios à Comissão no prazo de dois meses após a sua publicação.

4. Os modelos dos relatórios referidos no nº 2 e as informações mínimas que deverão conter são determinados tendo especialmente em conta as medidas referidas no nº 2 do artigo 3º, nos nº 2 e 3 do artigo 5º, no nº 2 do artigo 7º, no artigo 8º, nos nºs 6 e 7 do artigo 9º e no nº 1 do artigo 15º, e são, se necessário, alterados pelo procedimento de gestão a que se refere o nº 2 do artigo 12º.

5. A Comissão analisará os relatórios dos Estados-membros e publicará, de três em três anos, um relatório de síntese sobre a qualidade da água destinada ao consumo humano na Comunidade. Esse relatório será publicado no prazo de nove meses após a recepção dos relatórios dos Estados-membros.

6. Juntamente com o primeiro relatório sobre a presente directiva, previsto no nº 2, os Estados-Membros elaboram um relatório destinado à Comissão acerca das medidas tomadas ou previstas para dar cumprimento às obrigações que lhes incumbem por força do nº 3 do artigo 6º e da nota 10 da parte B do anexo I. Se necessário, será apresentada uma proposta relativa ao modelo deste relatório, pelo procedimento de gestão a que se refere o nº 2 do artigo 12º.

Artigo 14º *Calendário de cumprimento*
Os Estados-membros tomarão as medidas necessárias para garantir que a qualidade da água destinada ao consumo humano cumpra o disposto na presente directiva, no prazo de cinco anos a contar da data da sua entrada em vigor, sem prejuízo do disposto nas notas 2, 4 e 10 da parte B do anexo I.

Artigo 15º *Circunstâncias excepcionais*
1. Os Estados-membros podem, em circunstâncias excepcionais e para áreas geograficamente definidas, apresentar à Comissão um pedido especial para um prazo mais longo do que o previsto no artigo 14º Esse prazo adicional não poderá ser superior a três anos, no final do qual deve ser efectuado um reexame a apresentar à Comissão, que, com base nele, poderá autorizar um novo período adicional de três anos, no máximo. Esta disposição não é aplicável à água destinada ao consumo humano, à venda em garrafas ou outros recipientes.

2. O pedido, devidamente fundamentado, deve mencionar as dificuldades encontradas e incluir, no mínimo, toda a informação especificada no nº 3 do artigo 9º.

3. O pedido é analisado pelo procedimento de gestão a que se refere o nº 2 do artigo 12º.

4. Os Estados-membros que recorram ao presente artigo deverão garantir que a população afectada pelo pedido seja imediata e devidamente informada do seguimento que lhe foi dado. Além disso, os Estados-membros garantirão que os grupos específicos da população para os quais o mesmo possa representar um risco especial sejam devidamente aconselhados, sempre que necessário.

Artigo 16º *Revogação*
1. É revogada a Directiva 80/778/CEE, com efeitos cinco anos a contar da data de entrada em vigor da presente directiva. Sob reserva do disposto no nº 2, esta revogação não prejudica as obrigações dos Estados-membros quanto aos prazos de transposição para o direito interno e de aplicação apresentados no anexo IV.

As remissões para a directiva revogada devem entender-se como sendo feitas para a presente directiva e devem ser lidas nos termos do quadro de correspondência do anexo V.

2. Quando um Estado-membro tiver posto em vigor as disposições legislativas, regulamentares e administrativas necessárias para dar cumprimento à presente directiva, bem como tomado as medidas previstas no artigo 14º, passará a aplicar-se a presente directiva, e não a Directiva 80/778/CEE, à qualidade da água destinada ao consumo humano nesse Estado-membro.

Artigo 17º *Transposição para o direito interno*
1. Os Estados-membros porão em vigor as disposições legislativas, regulamentares e administrativas necessárias para dar cumprimento à presente directiva no prazo de dois anos a contar da sua entrada em vigor. Do facto informarão imediatamente a Comissão.

Sempre que os Estados-membros adoptarem essas disposições, estas devem incluir uma referência à presente directiva ou ser acompanhadas dessa referência na publicação oficial. As modalidades dessa referência serão adoptadas pelos Estados-membros.

2. Os Estados-membros comunicarão à Comissão o texto das disposições de direito interno que adoptarem nas matérias reguladas pela presente directiva.

Artigo 18° *Entrada em vigor*
A presente directiva entra em vigor no vigésimo dia seguinte ao da sua publicação no Jornal Oficial das Comunidades Europeias.

Artigo 19° *Destinatários*
Os Estados-membros são os destinatários da presente directiva.

ANEXO I.-
Parâmetros e valores paramétricos

[Anexo não reproduzido na presente publicação]

ANEXO II.-
Controlo

[Anexo não reproduzido na presente publicação]

ANEXO III.-
Especificações para a análise dos parâmetros

[Anexo não reproduzido na presente publicação]

ANEXO IV.-
Prazos de transposição para o direito interno e de aplicação

[Anexo não reproduzido na presente publicação]

ANEXO V.-
Quadro de correspondências

[Anexo não reproduzido na presente publicação]

23 de Junho de 2000.- Directiva 2000/36/CE
do Parlamento Europeu e do Conselho
relativa aos produtos de cacau e de chocolate destinados à alimentação humana
(J.O. L 197, 03/08/2000)

TJUE, 25 de Novembro de 2010. Processo C-47/09, Comissão Europeia contra República Italiana [Diz respeito a artigo 3].

O PARLAMENTO EUROPEU E O CONSELHO DA UNIÃO EUROPEIA,
Tendo em conta o Tratado que institui a Comunidade Europeia e, nomeadamente, o seu artigo 95.°,
Tendo em conta a proposta da Comissão,
Tendo em conta o parecer do Comité Económico e Social,
Deliberando nos termos do artigo 251.° do Tratado,
Considerando o seguinte:
(1) Segundo as conclusões do Conselho Europeu de Edimburgo, de 11 e 12 de Dezembro de 1992, confirmadas pelas do Conselho Europeu de Bruxelas, de 10 e 11 de Dezembro de 1993, é necessário proceder à simplificação de determinadas directivas verticais no domínio dos géneros alimentícios, a fim de tomar exclusivamente em conta os requisitos essenciais que os produtos por elas abrangidos devem satisfazer para poderem circular livremente no mercado interno.
(2) A adopção da Directiva 73/241/CEE do Conselho, de 24 de Julho de 1973, relativa à aproximação das legislações dos Estados-Membros respeitantes aos produtos de cacau e de chocolate destinados à alimentação humana, foi justificada pelo facto de as diferenças entre as legislações nacionais no que respeita a vários tipos de produtos de cacau e de chocolate poderem entravar a livre circulação dos produtos em questão, influenciando deste modo directamente a realização e o funcionamento do mercado comum.
(3) Neste contexto, a referida directiva teve por objectivo estabelecer definições e regras comuns no que respeita à composição, às características de fabrico, ao acondicionamento e à rotulagem dos produtos de cacau e de chocolate, por forma a garantir a sua livre circulação na Comunidade.
(4) Essas definições e regras devem ser alteradas, para ter em conta o progresso tecnológico e a evolução dos gostos dos consumidores, e adaptadas à legislação comunitária geral aplicável aos géneros alimentícios, nomeadamente à legislação relativa à rotulagem, aos edulcorantes e outros aditivos autorizados, às substâncias aromatizantes, aos solventes de extracção e aos métodos de análise.
(5) Alguns Estados-Membros admitem a adição aos produtos de chocolate de um máximo de 5 % de outras gorduras vegetais, além da manteiga de cacau.
(6) Deve-se permitir em todos os Estados-Membros a adição aos produtos de chocolate de um máximo de 5 % de certas gorduras vegetais, além da manteiga de cacau. Essas gorduras vegetais devem consistir em equivalentes à manteiga de cacau e devem, por conseguinte, ser definidas segundo critérios técnicos e científicos.
(7) Para garantir a unidade do mercado interno, todos os produtos de chocolate abrangidos pela presente directiva devem poder circular na Comunidade sob as denominações de venda previstas no anexo I.
(8) Por força das regras gerais de rotulagem dos géneros alimentícios estabelecidas na Directiva 79/112/CEE do Conselho, de 18 de Dezembro de 1978, relativa à aproximação das legislações dos Estados-Membros respeitantes à rotulagem, apresentação e publicidade dos géneros alimentícios, nomeadamente a indicação da lista dos ingredientes, segundo o artigo 6.°, é obrigatória. A presente directiva torna a Directiva 79/112/CEE aplicável aos produtos de cacau e de chocolate, o que garante uma informação correcta dos consumidores.
(9) No caso dos produtos de chocolate a que tenham sido adicionadas outras gorduras vegetais além da manteiga de cacau, é necessário facultar ao consumidor uma informação correcta, neutra e objectiva, para além da lista dos ingredientes.
(10) Por outro lado, a Directiva 79/112/CEE não obsta a que na rotulagem dos produtos de chocolate figure a indicação de que não foram adicionadas outras gorduras vegetais

além da manteiga de cacau, desde que essa informação seja correcta, neutra e objectiva, e não induza os consumidores em erro.

(11) Determinadas denominações de venda reservadas pela presente directiva são utilizadas em denominações de venda compostas consagradas pelas práticas de alguns Estados-Membros para designar produtos que não podem ser confundidos com os definidos na presente directiva. Por conseguinte, essas denominações devem ser mantidas. Todavia, a sua utilização deve respeitar o disposto na Directiva 79/112/CEE, nomeadamente no artigo 5.º

(12) O desenvolvimento do mercado interno desde a adopção da Directiva 73/241/CEE permite hoje em dia equiparar o «chocolate para culinária» ao «chocolate».

(13) Deve-se manter a derrogação prevista na Directiva 73/241/CEE que permite ao Reino Unido e à Irlanda autorizarem a utilização nos respectivos territórios da denominação «milk chocolate» para designar o «chocolate de leite para culinária». A denominação «chocolate de leite para culinária» deve ser substituída por «chocolate de leite familiar».

(14) Segundo o princípio da proporcionalidade, a presente directiva limita-se ao estritamente necessário para realizar os objectivos do Tratado, nos termos do n.º 3 do seu artigo 5.º

(15) O cacau, a manteiga de cacau e diversas outras gorduras vegetais utilizadas no fabrico de chocolate são produzidas predominantemente em países desenvolvimento. No interesse da população destes países, devem ser concluídos acordos com a maior duração possível. A Comissão deve verificar, neste contexto, de que modo a Comunidade pode dar o seu apoio no que se refere à manteiga de cacau e a outras gorduras vegetais (nomeadamente, promovendo o comércio leal).

(16) As medidas necessárias à execução da presente directiva serão aprovadas nos termos da Decisão 1999/468/CE do Conselho, de 28 de Junho de 1999, que fixa as regras de exercício das competências de execução atribuídas à Comissão.

(17) Para evitar que sejam criados novos entraves à livre circulação, os Estados-Membros devem abster-se de adoptar, para os produtos em causa, disposições nacionais que não estejam previstas na presente directiva,

ADOPTARAM A PRESENTE DIRECTIVA:

Artigo 1.º

A presente directiva é aplicável aos produtos de cacau e de chocolate destinados à alimentação humana definidos no anexo I.

Artigo 2.º

1. Podem ser adicionadas aos produtos de chocolate definidos nos pontos 3, 4, 5, 6, 8 e 9 da parte A do anexo I as outras gorduras vegetais, além da manteiga de cacau, definidas e enumeradas no anexo II. Essa adição não poderá exceder 5 % do produto acabado, após dedução da massa total das outras matérias comestíveis eventualmente utilizadas nos termos da parte B do anexo I e sem qualquer redução dos teores mínimos de manteiga de cacau ou de matéria seca total de cacau.

2. Os produtos de chocolate que, nos termos do n.º 1, contenham outras gorduras vegetais além da manteiga de cacau podem ser comercializados em todos os Estados-Membros, desde que, nos termos do artigo 3.º, a sua rotulagem seja completada pela seguinte referência, que deve chamar a atenção e ser perfeitamente legível: «contém outras gorduras vegetais além da manteiga de cacau». Esta referência deve aparecer no mesmo campo visual que a lista dos ingredientes, claramente distinta dessa lista, em caracteres pelo menos tão grandes e a negro e com a denominação de venda do produto na proximidade. Não obstante este requisito, a denominação de venda pode também figurar noutro lugar.

3. As eventuais alterações do anexo II serão efectuadas nos termos do artigo 95.º do Tratado.

4. O mais tardar em 3 de Fevereiro de 2006, a Comissão apresentará, se necessário, uma proposta de alteração da lista do anexo II, nos termos do artigo 95.º do Tratado e tendo em conta os resultados de um estudo adequado do impacto da presente directiva nas economias dos países produtores de cacau e de outras gorduras vegetais além da manteiga de cacau.

Artigo 3.°
A Directiva 79/112/CEE é aplicável aos produtos definidos no anexo I, nas seguintes condições:
1. As denominações de venda previstas no anexo I são reservadas aos produtos nele referidos e devem ser utilizadas no comércio para os designar.
Contudo, as denominações de venda em questão poderão também ser utilizadas adicionalmente e de acordo com as disposições ou práticas habituais aplicáveis no Estado-Membro em que se efectua a venda ao consumidor final, para designar outros produtos que não possam ser confundidos com os definidos no anexo I.
2. Quando os produtos definidos nos pontos 3, 4, 5, 6, 7 e 10 da parte A do anexo I forem vendidos em sortidos, as suas denominações de venda poderão ser substituídas pelas denominações «chocolates sortidos» ou «chocolates com recheio sortidos», ou por uma denominação similar. Nesse caso, a lista dos ingredientes poderá ser uma só para o conjunto dos produtos que constituem o sortido.
3. No caso dos produtos de cacau e de chocolate definidos nos pontos 2, alíneas c) e d), 3, 4, 5, 8 e 9 da parte A do anexo I, o teor de matéria seca total de cacau deve figurar na rotulagem através da indicação «cacau: mínimo de... %.».
4. Nos casos previstos na alínea b) e no segundo período da alínea d) do ponto 2 da parte A do anexo I, o teor de manteiga de cacau deve figurar na rotulagem.
5. As denominações de venda «chocolate», «chocolate de leite» e «chocolate de cobertura» definidas no anexo I podem ser completadas por indicações ou qualificativos que façam referência a critérios de qualidade, desde que os produtos contenham:
— no caso do chocolate: no mínimo 43 % de matéria seca total de cacau, dos quais pelo menos 26 % de manteiga de cacau,
— no caso do chocolate de leite: no mínimo 30 % de matéria seca total de cacau e pelo menos 18 % de matéria seca de leite proveniente da evaporação parcial ou total de leite inteiro, de leite parcial ou totalmente desnatado, de nata, de nata parcial ou totalmente desidratada, de manteiga ou de matéria gorda láctea, dos quais no mínimo 4,5 % de matéria gorda láctea,
— no caso do chocolate de cobertura: no mínimo 16 % de matéria seca de cacau isenta de gordura.

Artigo 4.°
No caso dos produtos definidos no anexo I, os Estados-Membros não adoptarão disposições nacionais que não estejam previstas na presente directiva.

Artigo 5.°
A fim de ter em conta o progresso técnico e a evolução das normas internacionais aplicáveis, a Comissão fica habilitada a adotar atos delegados, de acordo com o artigo 6.°, para alterar o Anexo I, Secções C e D.

Artigo 6.°
1. O poder de adotar atos delegados é conferido à Comissão nas condições estabelecidas no presente artigo.
2. O poder de adotar atos delegados referido no artigo 5.° é conferido à Comissão por um prazo de cinco anos a contar de 18 de novembro de 2013. A Comissão elabora um relatório sobre a delegação de poderes pelo menos nove meses antes do final do prazo de cinco anos. A delegação de poderes é tacitamente prorrogada por prazos de igual duração, salvo se o Parlamento Europeu ou o Conselho a tal se opuserem pelo menos três meses antes do final de cada prazo.
3. A delegação de poderes referida no artigo 5.° pode ser revogada em qualquer momento pelo Parlamento Europeu ou pelo Conselho. A decisão de revogação põe termo à delegação dos poderes nela especificados. A decisão de revogação produz efeitos a partir do dia seguinte ao da sua publicação no Jornal Oficial da União Europeia ou de uma data posterior nela especificada. A decisão de revogação não afeta os atos delegados já em vigor.
4. Assim que adotar um ato delegado, a Comissão notifica-o simultaneamente ao Parlamento Europeu e ao Conselho.
5. Os atos delegados adotados nos termos do artigo 5.° só entram em vigor se não tiverem sido formuladas objecções pelo Parlamento Europeu ou pelo Conselho no prazo de dois meses a contar da data de notificação desse ato a estas duas instituições ou se, antes do termo desse prazo, o Parlamento Europeu e o Conselho tiverem informado a

Comissão de que não têm objeções a formular. O referido prazo é prorrogado por dois meses por iniciativa do Parlamento Europeu ou do Conselho.

Artigo 7.º
A Directiva 73/241/CEE do Conselho é revogada com efeitos a 3 de Agosto de 2003. As remissões para a directiva revogada devem entender-se como remissões para a presente directiva.

Artigo 8.º
1. Os Estados-Membros porão em vigor as disposições legislativas, regulamentares e administrativas necessárias para dar cumprimento à presente directiva antes de 3 de Agosto de 2003. Do facto informarão imediatamente a Comissão.
2. Estas disposições devem ser aplicadas de modo a:
— autorizar a comercialização dos produtos definidos no anexo I conformes com as definições e regras previstas na presente directiva, a partir de 3 de Agosto de 2003,
— proibir a comercialização dos produtos não conformes com a presente directiva, a partir de 3 de Agosto de 2003.
Contudo, é autorizada a comercialização dos produtos não conformes com a presente directiva que tiverem sido rotulados nos termos da Directiva 73/241/CEE do Conselho antes de 3 de Agosto de 2003, até ao esgotamento das respectivas existências.
3. Quando os Estados-Membros adoptarem essas disposições, estas devem incluir uma referência à presente directiva ou ser acompanhadas dessa referência quando da sua publicação oficial. As modalidades dessa referência serão aprovadas pelos Estados-Membros.

Artigo 9.º
A presente directiva entra em vigor na data da sua publicação no Jornal Oficial das Comunidades Europeias.

Artigo 10.º
Os Estados-Membros são os destinatários da presente directiva.

ANEXO I.-
Denominações de venda, definições e características dos produtos

[Anexo não reproduzido na presente publicação]

ANEXO II.-
Gorduras vegetais referidas no n.º 1 do artigo 2º

[Anexo não reproduzido na presente publicação]

10 de Junho de 2002.- Directiva 2002/46/CE
do Parlamento Europeu e do Conselho
relativa à aproximação das legislações dos Estados-Membros respeitantes aos suplementos alimentares
(J.O. L 183, 12/07/2002)

(V.C.28/02/2014)

TJUE, 29 de Abril de 2010. Processo C-446/08, Solgar Vitamin's France e outros contra Ministre de l'Économie, des Finances et de l'Emploi e outros [Interpretaçao do artigo 5].
TJUE, 15 de Novembro de 2007. Processo C-319/05, Comissão das Comunidades Europeias contra República Federal da Alemanha [Cita os artigos 2 e 11].
TJUE, 12 de Julho de 2005. Processos apensos C-54/04 e C-155/04. The Queen, a pedido da Alliance for Natural Health e Nutri-Link Ltd contra Secretary of State for Health (C-154/04) e The Queen, a pedido da National Association of Health Stores e Health Food Manufacturers Ltd contra Secretary of State for Health e National Assembly for Wales (C-155/04) [Validação dos artigos 3, 4 e 15].
TJUE, 9 de Junho de 2005. Processos apensos C-211/03, C-299/03 e C-316/03 a C-318/03, HLH Warenvertriebs GmbH (C-211/03) e Orthica BV (C-299/03 e C-316/03 a C-318/03) contra Bundesrepublik Deutschland [Interpretaçao dos artigos 5 e 12].

O PARLAMENTO EUROPEU E O CONSELHO DA UNIÃO EUROPEIA,
Tendo em conta o Tratado que institui a Comunidade Europeia e, nomeadamente, o seu artigo 95.°,
Tendo em conta a proposta da Comissão,
Tendo em conta o parecer do Comité Económico e Social,
Deliberando nos termos do artigo 251.° do Tratado,
Considerando o seguinte:
(1) Existe um número crescente de produtos comercializados na Comunidade como alimentos que constituem uma fonte concentrada de nutrientes e são apresentados como complemento aos nutrientes ingeridos num regime alimentar normal.
(2) Esses produtos estão sujeitos a regras nacionais que variam de Estado-Membro para Estado-Membro e que podem obstar à sua livre circulação e criar desigualdades nas condições de concorrência, tendo, por conseguinte, um impacto directo no funcionamento do mercado interno. Assim, é necessário adoptar regras comunitárias relativas a esses produtos comercializados como géneros alimentícios.
(3) Um regime alimentar adequado e variado pode, em circunstâncias normais, fornecer a um ser humano todos os nutrientes necessários ao seu bom desenvolvimento e à sua manutenção num bom estado de saúde nas quantidades estabelecidas e recomendadas por dados científicos geralmente aceites. Todavia, alguns inquéritos revelam que esta situação ideal não está a ser alcançada em relação a todos os nutrientes nem a todos os grupos populacionais na Comunidade.
(4) Devido a um estilo de vida especial ou a outros motivos, os consumidores podem optar por complementar as quantidades ingeridas de alguns nutrientes através do consumo de suplementos alimentares.
(5) Para garantir um elevado nível de protecção dos consumidores e facilitar a sua escolha, os produtos a colocar no mercado devem ser seguros e comportar uma rotulagem adequada.
(6) O leque de nutrientes e outros ingredientes que podem estar presentes nos suplementos alimentares é bastante variado, incluindo, entre outros, vitaminas, minerais, aminoácidos, ácidos gordos essenciais, fibras e várias plantas e extractos de ervas.
(7) Numa primeira fase, a presente directiva deverá fixar normas específicas para as vitaminas e os minerais utilizados como ingredientes de suplementos alimentares. Os suplementos alimentares que contenham vitaminas ou minerais, bem como outros ingredientes, também devem obedecer à regulamentação específica sobre vitaminas e minerais prevista na presente directiva.
(8) A regulamentação específica sobre outros nutrientes, além das vitaminas e minerais, ou outras substâncias com efeito nutricional ou fisiológico utilizadas como ingredientes de suplementos alimentares deve ser estabelecida numa fase posterior, quando estiverem disponíveis dados científicos adequados a seu respeito. Enquanto essa regulamentação comunitária específica não for adoptada, e sem prejuízo das disposições do Tratado, podem aplicar-se as disposições nacionais relativas aos

nutrientes ou outras substâncias com efeito nutricional ou fisiológico, utilizados como ingredientes de suplementos alimentares, em relação aos quais ainda não se tenham adoptado normas comunitárias específicas.

(9) Apenas as vitaminas e os minerais normalmente presentes e consumidos num regime alimentar podem entrar na composição dos suplementos alimentares, embora tal não signifique que a sua presença naqueles produtos seja indispensável. Deverão evitar-se potenciais controvérsias relativas à identidade desses nutrientes. Por conseguinte, deve ser estabelecida uma lista positiva dessas vitaminas e minerais.

(10) Existe uma vasta gama de preparados vitamínicos e substâncias minerais utilizados na produção de suplementos alimentares actualmente comercializados em alguns Estados-Membros que ainda não foram avaliados pelo Comité Científico da Alimentação Humana e, por conseguinte, não constam das listas positivas. Deveriam ser apresentados à Autoridade Europeia para a Segurança dos Alimentos para avaliação urgente, assim que as partes interessadas apresentem os processos adequados.

(11) É essencial que as substâncias químicas utilizadas como fontes de vitaminas e de minerais no fabrico de suplementos alimentares deverão ser seguras e poder ser consumidas pelo organismo. Assim, deve ser elaborada uma lista positiva dessas substâncias. As substâncias aprovadas pelo Comité Científico da Alimentação Humana, com base nos critérios acima referidos, para utilização no fabrico de alimentos destinados a lactentes e crianças de tenra idade, bem como de outros alimentos destinados a uma alimentação especial, podem igualmente ser utilizadas no fabrico de suplementos alimentares.

(12) Para acompanhar a evolução científica e tecnológica, é importante que a lista acima referida seja revista, sempre que necessário, com a maior brevidade possível. Essas revisões assumirão a forma de medidas de execução de natureza técnica cuja adopção deverá ser confiada à Comissão, por forma a garantir a simplicidade e celeridade do processo.

(13) Uma vez que a ingestão excessiva de vitaminas e de minerais pode provocar efeitos adversos, devem ser fixados, quando necessário, limites máximos de segurança para essas substâncias nos suplementos alimentares. Esses limites devem garantir que a utilização normal dos produtos, de acordo com as instruções de utilização fornecidas pelo fabricante, é segura para os consumidores.

(14) Para o efeito, a fixação das quantidades máximas deverá ter em conta os limites superiores de segurança estabelecidos para as vitaminas e os minerais após uma avaliação científica dos riscos, realizada a partir de dados científicos geralmente admitidos, bem como a da quantidade de nutrientes desse tipo ingerida num regime alimentar normal. As doses de referência devem ser tidas devidamente em conta na fixação das quantidades máximas.

(15) Os suplementos alimentares são adquiridos pelos consumidores para completar o regime alimentar. Para garantir o cumprimento desse objectivo, as vitaminas e os minerais declarados no rótulo dos suplementos alimentares devem estar presentes no produto em quantidades significativas.

(16) A adopção de valores específicos correspondentes aos limites máximos e mínimos de vitaminas e minerais nos suplementos alimentares, com base nos critérios fixados na presente directiva e nos pareceres científicos apropriados, deverá constituir uma medida de execução e ser confiada à Comissão.

(17) A Directiva 2000/13/CE do Parlamento Europeu e do Conselho, de 20 de Março de 2000, relativa à aproximação das legislações dos Estados-Membros respeitantes à rotulagem, apresentação e publicidade dos géneros alimentícios, inclui, disposições gerais e definições, em matéria de rotulagem, que não é necessário repetir. A presente directiva deveria, por conseguinte, limitar-se às disposições adicionais necessárias.

(18) A Directiva 90/496/CEE do Conselho, de 24 de Setembro de 1990, relativa à rotulagem nutricional dos géneros alimentícios, não se aplica a suplementos alimentares. As informações relativas ao teor de nutrientes nos suplementos alimentares é essencial para permitir que o consumidor que os adquire o faça com conhecimento de causa e os utilize de forma correcta e em segurança. Tendo em conta a natureza desses produtos em apreço, essas informações deverão limitar-se aos nutrientes realmente presentes e ser obrigatórias.

(19) Atendendo à natureza específica dos suplementos alimentares, deverão ser facultados meios suplementares aos organismos de controlo, por forma a facilitar um controlo eficaz desses produtos.

(20) As medidas necessárias à execução da presente directiva serão aprovadas nos termos da Decisão 1999/468/CE do Conselho, de 28 de Junho de 1999, que fixa as regras de exercício das competências de execução atribuídas à Comissão, ADOPTARAM A PRESENTE DIRECTIVA:

Artigo 1.º
1. A presente directiva refere-se a suplementos alimentares comercializados como géneros alimentícios e apresentados como tais. Estes produtos são postos à disposição do consumidor final unicamente sob forma pré-embalada.
2. A presente directiva não se aplica aos medicamentos tal como definidos na Directiva 2001/83/CE do Conselho, de 6 de Novembro de 2001, relativa aos medicamentos para uso humano.

Artigo 2.º
Para efeitos da presente directiva, entende-se por:
a) «suplementos alimentares», géneros alimentícios que se destinam a complementar o regime alimentar normal e que constituem fontes concentradas de determinados nutrientes ou outras substâncias com efeito nutricional ou fisiológico, estremes ou combinados, comercializados em forma doseada, ou seja, as formas de apresentação como cápsulas, pastilhas, comprimidos, pílulas e outras formas semelhantes, saquetas de pó, ampolas de líquido, frascos com conta-gotas e outras formas similares de líquidos ou pós que se destinam a ser tomados em unidades medidas de quantidade reduzida.
b) «Nutrientes», as seguintes substâncias:
i) vitaminas,
ii) minerais.

Artigo 3.º
Os Estados-Membros garantem que os suplementos alimentares só possam ser comercializados na Comunidade se forem conformes com as regras previstas na presente directiva.

Artigo 4.º
1. Sob reserva do disposto no n.º 6, apenas as vitaminas e minerais constantes do anexo I, sob as formas enunciadas no anexo II, podem ser utilizados no fabrico de suplementos alimentares.
2. Os critérios de pureza das substâncias enumeradas no anexo II da presente directiva são aprovados pela Comissão, excepto quando sejam aplicados nos termos do n.º 3. Essas medidas, que têm por objecto alterar elementos não essenciais da presente directiva, completando-a, são aprovadas pelo procedimento de regulamentação com controlo a que se refere o n.º 3 do artigo 13.º.
3. Aplicam-se às substâncias enumeradas no anexo II, os critérios de pureza previstos na legislação comunitária relativa à respectiva utilização no fabrico de géneros alimentícios para fins diversos dos abrangidos pela presente directiva.
4. No caso das substâncias enunciadas no anexo II, para as quais não estejam especificados critérios de pureza na legislação comunitária e até à adopção dessas especificações, aplicam-se os critérios de pureza geralmente aceites, recomendados por organismos internacionais, e podem ser mantidas as normas nacionais que estabeleçam critérios de pureza mais rigorosos.
5. As alterações das listas mencionadas no n.º 1, que têm por objecto alterar elementos não essenciais da presente directiva, são aprovadas pelo procedimento de regulamentação com controlo a que se refere o n.º 3 do artigo 13.º. Por imperativos de urgência, a Comissão pode recorrer ao procedimento de urgência a que se refere o n.º 4 do artigo 13.º, a fim de retirar uma vitamina ou uma substância mineral da lista referida no n.º 1 do presente artigo.
6. Em derrogação do n.º 1 e até 31 de Dezembro de 2009 os Estados-Membros podem autorizar no seu território o uso de vitaminas e de minerais não enumerados no anexo I, ou sob formas não enunciadas no anexo II, desde que:
a) A substância em causa seja utilizada em um ou mais suplementos alimentares comercializados na Comunidade à data de entrada em vigor da presente directiva;
b) A Autoridade Europeia para a Segurança dos Alimentos não tenha dado parecer desfavorável à utilização dessa substância, ou à sua utilização sob essa forma, no fabrico de suplementos alimentares, com base num processo favorável à sua utilização,

a ser apresentado à Comissão pelo Estado-Membro o mais tardar em 12 de Julho de 2005.

7. Sem prejuízo do disposto no n.º 6, os Estados-Membros podem, segundo as regras do Tratado, continuar a aplicar as restrições ou proibições nacionais em matéria de comércio de suplementos alimentares que contenham vitaminas e minerais não enumerados no anexo I ou sob formas não enunciadas no anexo II.

8. O mais tardar em 12 de Julho de 2007 a Comissão apresenta ao Parlamento Europeu e ao Conselho um relatório sobre a oportunidade de estabelecer regras específicas, incluindo, quando for caso disso, listas positivas, sobre categorias de nutrientes ou de substâncias com efeito nutricional ou fisiológico, para além das referidas no n.º 1, acompanhado das propostas de alteração da presente directiva que a Comissão considere necessárias.

Artigo 5.º
1. As quantidades máximas de vitaminas e minerais presentes nos suplementos alimentares são fixadas em função da dose diária recomendada pelo fabricante, tendo em conta os seguintes elementos:
a) Limites superiores de segurança estabelecidos para as vitaminas e os minerais, após uma avaliação científica dos riscos, efectuada com base em dados científicos geralmente aceites, tendo em conta, quando for caso disso, os diversos graus de sensibilidade dos diferentes grupos de consumidores;
b) Quantidade de vitaminas e minerais ingerida através de outras fontes alimentares.
2. As doses de referência de vitaminas e minerais para a população também devem ser tidas em conta na fixação das quantidades máximas a que se refere o n.º 1.
3. Para garantir que os suplementos alimentares contenham quantidades suficientes de vitaminas e minerais, as quantidades mínimas são devidamente fixadas em função da dose diária recomendada pelo fabricante.
4. As quantidades máximas e mínimas de vitaminas e minerais referidas nos n.ᵒˢ 1, 2 e 3 são adoptadas pela Comissão. Essas medidas, que têm por objecto alterar elementos não essenciais da presente directiva, completando-a, são aprovadas pelo procedimento de regulamentação com controlo a que se refere o n.º 3 do artigo 13.º.

Artigo 6.º
1. Para efeitos do n.º 1 do artigo 5.º da Directiva 2000/13/CE, a denominação de venda dos produtos abrangidos pela presente directiva é a de «suplemento alimentar».
2. A rotulagem, apresentação e publicidade não podem atribuir aos suplementos alimentares propriedades profilácticas, de tratamento ou curativas de doenças humanas, nem fazer referência a essas propriedades.
3. Sem prejuízo da Directiva 2000/13/CE, a rotulagem contém as seguintes referências específicas obrigatórias:
a) A designação das categorias de nutrientes ou substâncias que caracterizam o produto ou uma referência específica à natureza desses nutrientes ou substâncias;
b) A dose diária recomendada do produto;
c) Uma advertência de que não deve ser excedida a dose diária indicada;
d) A indicação de que os suplementos alimentares não devem ser utilizados como substitutos de um regime alimentar variado;
e) Uma advertência de que os produtos devem ser guardados fora do alcance das crianças de tenra idade.

Artigo 7.º
A rotulagem, apresentação e publicidade dos suplementos alimentares não pode incluir menções declarando expressa ou implicitamente que um regime alimentar equilibrado e variado não constitui uma fonte suficiente de nutrientes em geral.
As regras de execução do presente artigo são, se necessário, precisadas nos termos do n.º 2 do artigo 13.º

Artigo 8.º
1. A quantidade de nutrientes ou substâncias com efeito nutricional ou fisiológico presentes no produto deve ser declarada no rótulo sob forma numérica. As unidades a utilizar para as vitaminas e minerais estão especificadas no anexo I.

As regras de execução do presente número são, se necessário, precisadas nos termos do n.º 2 do artigo 13.º

2. As quantidades de nutrientes ou de outras substâncias declaradas referem-se à dose diária recomendada pelo fabricante e indicada no rótulo.

3. As informações relativas às vitaminas e aos minerais devem igualmente ser expressas em percentagem dos valores de referência mencionados, se for caso disso, no anexo da Directiva 90/496/CEE.

Artigo 9.º
1. Os valores declarados, mencionados nos n.ºˢ 1 e 2 do artigo 8.º, são valores médios baseados na análise do produto realizada pelo fabricante.

As outras regras de execução do presente número, designadamente no que respeita aos desvios entre os valores declarados e os observados em controlos oficiais, são adoptadas nos termos do n.º 2 do artigo 13.º

2. A percentagem dos valores de referência para vitaminas e minerais, mencionada no n.º 3 do artigo 8.º, pode igualmente ser apresentada em forma gráfica.

As regras de execução do presente número são, se necessário, adoptadas nos termos do n.º 2 do artigo 13.º

Artigo 10.º
Para facilitar um controlo eficaz dos suplementos alimentares, os Estados-Membros podem exigir que o fabricante ou o responsável pela colocação no mercado no seu território informe a autoridade competente dessa comercialização, enviando-lhe um modelo do rótulo utilizado para esse produto.

Artigo 11.º
1. Sem prejuízo do disposto no n.º 7 do artigo 4.º, o comércio dos produtos referidos no artigo 1.º que sejam conformes com o disposto na presente directiva e, se for caso disso, com os actos comunitários adoptados em sua execução, não pode ser proibido ou restringido pelos Estados-Membros por motivos relacionados com a composição, especificações de fabrico, apresentação ou rotulagem desses mesmos produtos.

2. Sem prejuízo do disposto no Tratado CE, nomeadamente nos seus artigos 28.º e 30.º, o n.º 1 do presente artigo não prejudica as disposições nacionais aplicáveis na falta de actos comunitários adoptados ao abrigo da presente directiva.

Artigo 12.º
1. Se, com base numa fundamentação circunstanciada, devido a novas informações ou a uma reavaliação das informações existentes, efectuada após a adopção da presente directiva ou de actos comunitários adoptados em sua execução, um Estado-Membro concluir que um produto referido no artigo 1.º põe em perigo a saúde humana, embora seja conforme com as referidas disposições, pode suspender ou limitar temporariamente a aplicação no seu território das disposições em questão. Esse Estado-Membro deve informar imediatamente os outros Estados-Membros e a Comissão desse facto e fundamentar a sua decisão.

2. A Comissão analisa o mais rapidamente possível os motivos invocados pelo Estado-Membro em questão e procede à consulta dos Estados-Membros no âmbito do Comité Permanente da Cadeia Alimentar e da Saúde Animal, após o que dará parecer sem demora e tomará as medidas adequadas.

3. A fim de resolver os problemas referidos no n.º 1 e para assegurar a protecção da saúde humana, a Comissão aprova adaptações à presente directiva ou às medidas de execução. Essas medidas, que têm por objecto alterar elementos não essenciais da presente directiva, nomeadamente completando-a, são aprovadas pelo procedimento de regulamentação com controlo referido no n.º 3 do artigo 13.º. Por imperativos de urgência, a Comissão pode recorrer ao procedimento de urgência a que se refere o n.º 4 do artigo 13.º com vista à aprovação dessas alterações. O Estado-Membro que tiver aprovado medidas de protecção pode, nesse caso, mantê-las até que as alterações tenham sido aprovadas.

Artigo 13.º
1. A Comissão é assistida pelo Comité Permanente da Cadeia Alimentar e da Saúde Animal criado pelo Regulamento (CE) n.º 178/2002 do Parlamento Europeu e do Conselho.
2. Sempre que se faça referência ao presente número, são aplicáveis os artigos 5.º e 7.º da Decisão 1999/468/CE, tendo-se em conta o disposto no seu artigo 8.º.
O prazo previsto no n.º 6 do artigo 5.º da Decisão 1999/468/CE é de três meses.
3. Sempre que se faça referência ao presente número, são aplicáveis os n.ºs 1 a 4 do artigo 5.º-A e o artigo 7.º da Decisão 1999/468/CE, tendo-se em conta o disposto no seu artigo 8.º.
4. Sempre que se faça referência ao presente número, são aplicáveis os n.ºs 1, 2, 4 e 6 do artigo 5.º-A e o artigo 7.º da Decisão 1999/468/CE, tendo-se em conta o disposto no seu artigo 8.º.

Artigo 14.º
As disposições que possam afectar a saúde pública são adoptadas após consulta da Autoridade Europeia para a Segurança dos Alimentos.

Artigo 15.º
Os Estados-Membros devem pôr em vigor as disposições legislativas, regulamentares e administrativas necessárias para dar cumprimento à presente directiva o mais tardar, até 31 de Julho de 2003 e informar imediatamente a Comissão desse facto.
Essas disposições legislativas, regulamentares e administrativas são aplicadas por forma a:
a) Autorizar, o mais tardar em 1 de Agosto de 2003, o comércio dos produtos conformes com a presente directiva,
b) Proibir, o mais tardar em 1 de Agosto de 2005, o comércio dos produtos que não sejam conformes com a presente directiva.
Quando os Estados-Membros adoptarem essas disposições, estas deverão incluir uma referência à presente directiva ou ser dela acompanhadas aquando da sua publicação oficial. As modalidades dessa referência são adoptadas pelos Estados-Membros.

Artigo 16.º
A presente directiva entra em vigor no dia da sua publicação no Jornal Oficial das Comunidades Europeias.

Artigo 17.º
Os Estados-Membros são os destinatários da presente directiva.

ANEXO I.-
Vitaminas e minerais que podem ser utilizados no fabrico de suplementos alimentares

[Anexo não reproduzido na presente publicação]

ANEXO II.-
Preparados vitamínicos e substâncias minerais que podem ser utilizados no fabrico de suplementos alimentares

[Anexo não reproduzido na presente publicação]

24 de Outubro de 2006.- Directiva 2006/88/CE
do Conselho
relativa aos requisitos zoossanitários aplicáveis aos animais de aquicultura e produtos
derivados, assim como à prevenção e à luta contra certas doenças dos animais aquáticos
(J.O. L 328, 24/11/2006)

(V.C. 06/03/2014)

O CONSELHO DA UNIÃO EUROPEIA,
Tendo em conta o Tratado que institui a Comunidade Europeia, nomeadamente o artigo 37.°,
Tendo em conta a proposta da Comissão,
Tendo em conta o parecer do Parlamento Europeu,
Tendo em conta o parecer do Comité Económico e Social Europeu,
Considerando o seguinte:
(1) Os animais e produtos da aquicultura são abrangidos pelo âmbito de aplicação do anexo I do Tratado como animais vivos, peixes, moluscos e crustáceos. A criação, a cultura e a colocação no mercado de animais de aquicultura e produtos derivados constituem uma fonte de rendimentos importante para as pessoas que trabalham neste sector.
(2) No contexto do mercado interno, foram estabelecidas regras zoossanitárias específicas para a colocação no mercado e a importação de países terceiros dos produtos abrangidos pela Directiva 91/67/CEE do Conselho, de 28 de Janeiro de 1991, relativa às condições de polícia sanitária que regem a introdução no mercado de animais e produtos da aquicultura.
(3) Os surtos de doenças em animais de aquicultura podem causar perdas graves para a indústria em questão. A Directiva 93/53/CEE do Conselho, de 24 de Junho de 1993, que introduz medidas comunitárias mínimas de combate a certas doenças dos peixes, e a Directiva 95/70/CE do Conselho, de 22 de Dezembro de 1995, que estabelece medidas comunitárias mínimas de controlo de certas doenças dos moluscos bivalves, estabeleceram medidas mínimas a aplicar em caso de surto das doenças mais importantes dos peixes e moluscos.
(4) A legislação comunitária em vigor foi elaborada, principalmente, para ter em conta a criação em explorações de salmão, truta e ostras. Após a adopção da referida legislação, a indústria aquícola comunitária desenvolveu-se significativamente. Actualmente, a aquicultura utiliza outras espécies de peixes, particularmente espécies marinhas. Acresce que novos tipos de práticas de criação, que envolvem outras espécies de peixes, têm vindo a tornar-se cada vez mais comuns, em particular após o recente alargamento da Comunidade. Além disso, a criação de crustáceos, mexilhões, amêijoas e orelhas-do-mar está a tornar-se cada vez mais importante.
(5) Todas as medidas de luta contra as doenças têm um impacto económico na aquicultura. Medidas de luta inadequadas podem levar a uma propagação dos agentes patogénicos, susceptível de causar perdas importantes e comprometer o estatuto sanitário dos peixes, moluscos e crustáceos utilizados na aquicultura comunitária. Por outro lado, o excesso de regulamentação pode colocar restrições desnecessárias ao comércio livre.
(6) A Comunicação da Comissão ao Conselho e ao Parlamento Europeu de 19 de Setembro de 2002 expõe uma estratégia de desenvolvimento sustentável da aquicultura europeia. A referida comunicação delineou uma série de medidas para criar emprego a longo prazo no sector da aquicultura, incluindo a promoção de normas exigentes em matéria de saúde e bem-estar dos animais, e acções destinadas a garantir que a indústria seja uma actividade válida do ponto de vista ambiental. Essas medidas deverão ser tomadas em consideração.
(7) Desde a adopção da Directiva 91/67/CEE, a Comunidade ratificou o Acordo relativo à Aplicação de Medidas Sanitárias e Fitossanitárias (Acordo SPS) da Organização Mundial do Comércio (OMC). O Acordo SPS remete para as normas da Organização Internacional das Epizootias (OIE). Os requisitos zoossanitários aplicáveis à colocação de animais de aquicultura vivos e produtos derivados no mercado da Comunidade previstos na Directiva 91/67/CEE são mais rigorosos do que as normas acima mencionadas. Por conseguinte, a presente directiva deverá ter em conta o Código

Sanitário para os Animais Aquáticos e o Manual de Testes de Diagnóstico para os Animais Aquáticos da OIE.

(8) Para garantir o desenvolvimento racional do sector da aquicultura e aumentar a produtividade, as regras sanitárias aplicáveis aos animais aquáticos deverão ser fixadas a nível comunitário. Essas regras são necessárias, nomeadamente, para apoiar a realização do mercado interno e evitar a propagação de doenças infecciosas. A legislação deverá ser flexível, de modo a ter em conta a evolução contínua e a diversidade do sector da aquicultura, bem como o estatuto sanitário dos animais aquáticos na Comunidade.

(9) A presente directiva deverá abranger os animais de aquicultura e os ambientes susceptíveis de afectar o estatuto sanitário desses animais. Em geral, as disposições da presente directiva só se deverão aplicar aos animais aquáticos selvagens quando a situação ambiental for de molde a poder influenciar o estatuto sanitário dos animais de aquicultura, ou quando necessário ao cumprimento dos objectivos de outra legislação comunitária, nomeadamente da Directiva 92/43/CEE do Conselho, de 21 de Maio de 1992, relativa à preservação dos habitats naturais e da fauna e da flora selvagens, ou ainda para proteger espécies referidas na lista elaborada pela Convenção sobre o Comércio Internacional das Espécies de Fauna e Flora Selvagens Ameaçadas de Extinção (CITES). A presente directiva não deverá prejudicar a adopção de regras mais rigorosas sobre a introdução de espécies não indígenas.

(10) As autoridades competentes designadas para efeitos da presente directiva deverão cumprir as suas funções e os seus deveres nos termos dos princípios gerais estabelecidos no Regulamento (CE) n.º 854/2004 do Parlamento Europeu e do Conselho, de 29 de Abril de 2004, que estabelece regras específicas de organização dos controlos oficiais de produtos de origem animal destinados ao consumo humano, e no Regulamento (CE) n.º 882/2004 do Parlamento Europeu e do Conselho, de 29 de Abril de 2004, relativo aos controlos oficiais realizados para assegurar a verificação do cumprimento da legislação relativa aos alimentos para animais e aos géneros alimentícios e das normas relativas à saúde e ao bem-estar dos animais.

(11) Para que a aquicultura se desenvolva na Comunidade, é necessário reforçar a sensibilização e o grau de preparação das autoridades competentes e dos operadores das empresas de produção aquícola no que diz respeito à prevenção, à luta e à erradicação das doenças dos animais aquáticos.

(12) As autoridades competentes dos Estados-Membros deverão ter acesso e recorrer às técnicas e aos conhecimentos mais avançados nos domínios da análise dos riscos e da epidemiologia. Este aspecto assume uma importância crescente, uma vez que as obrigações internacionais se concentram, actualmente, na análise dos riscos para a adopção de medidas sanitárias.

(13) É conveniente introduzir, a nível comunitário, um sistema de autorização das empresas de produção aquícola. Essa autorização permitirá às autoridades competentes terem uma visão completa da indústria aquícola, que facilitará a prevenção, a luta e a erradicação das doenças dos animais aquáticos. Acresce que a autorização permite a fixação de requisitos específicos que terão de ser cumpridos pelas empresas de produção aquícola para poderem exercer a sua actividade. A referida autorização deverá, sempre que possível, ser combinada ou integrada num regime de autorização eventualmente já estabelecido pelos Estados-Membros com outros objectivos, por exemplo, ao abrigo da legislação ambiental. Por conseguinte, essa autorização não deverá representar um encargo adicional para a indústria aquícola.

(14) Os Estados-Membros deverão recusar-se a emitir uma autorização se a actividade em questão implicar um risco inaceitável de propagação de doenças a outros animais de aquicultura ou a populações de animais aquáticos selvagens. Antes de uma decisão de recusa de autorização, deverão ser consideradas medidas de redução dos riscos ou uma localização alternativa para a actividade em questão.

(15) A criação de animais de aquicultura para fins de consumo humano é definida como produção primária no Regulamento (CE) n.º 852/2004 do Parlamento Europeu e do Conselho, de 29 de Abril de 2004, relativo à higiene dos géneros alimentícios. As obrigações impostas a cada empresa de produção aquícola nos termos da presente directiva, nomeadamente as relativas à manutenção de registos e a sistemas internos que permitam à empresa de produção aquícola demonstrar à autoridade competente que os requisitos pertinentes da presente directiva estão a ser cumpridos, deverão, sempre

que possível, ser combinadas com as obrigações estabelecidas no Regulamento (CE) n.º 852/2004.

(16) É necessário dedicar maior atenção à prevenção do que à luta contra as doenças, uma vez declaradas. Por conseguinte, é conveniente fixar medidas mínimas de prevenção das doenças e redução dos riscos, que deverão ser aplicadas à totalidade da cadeia de produção aquícola, desde a fertilização e a incubação dos ovos à transformação dos animais de aquicultura destinados ao consumo humano, incluindo o transporte.

(17) Para melhorar a saúde animal em geral e facilitar a prevenção e a luta contra as doenças dos animais através do aperfeiçoamento da rastreabilidade, é necessário registar as deslocações dos animais de aquicultura. Se for caso disso, essas deslocações deverão igualmente ser objecto de certificação zoossanitária.

(18) A fim de obter uma visão geral da situação em termos de doenças, permitir uma reacção rápida em caso de suspeita de doença e proteger as explorações ou as zonas de exploração de moluscos de nível zoossanitário elevado, deverá ser praticada, em todas essas explorações e zonas de exploração de moluscos, uma vigilância zoossanitária definida em função dos riscos.

(19) É necessário assegurar que não se propaguem as principais doenças dos animais aquáticos à escala comunitária. Por conseguinte, deverão ser fixadas disposições zoossanitárias harmonizadas para a colocação no mercado, incluindo disposições específicas aplicáveis às espécies sensíveis a essas doenças. Assim, deverá ser estabelecida uma lista destas doenças e das espécies que a elas são sensíveis.

(20) A prevalência das referidas doenças dos animais aquáticos não é uniforme em toda a Comunidade, pelo que será necessário fazer referência ao conceito de Estados-Membros ou, quando se trate de partes dos seus territórios, ao conceito de zonas ou compartimentos declarados indemnes. Deverão ser fixados critérios e procedimentos gerais para a concessão, manutenção, suspensão, recuperação e retirada desse estatuto.

(21) Sem prejuízo da Directiva 90/425/CEE do Conselho, de 26 de Junho de 1990, relativa aos controlos veterinários e zootécnicos aplicáveis ao comércio intracomunitário de certos animais vivos e produtos, na perspectiva da realização do mercado interno, e a fim de manter e melhorar o estatuto sanitário geral dos animais aquáticos na Comunidade, os Estados-Membros, as zonas ou os compartimentos declarados indemnes de uma ou mais doenças incluídas na lista deverão ser protegidos contra a introdução dessa(s) doença(s).

(22) Quando necessário, os Estados-Membros podem tomar medidas cautelares provisórias nos termos do artigo 10.º da Directiva 90/425/CEE e do artigo 18.º da Directiva 91/496/CEE do Conselho, de 15 de Julho de 1991, que fixa os princípios relativos à organização dos controlos veterinários dos animais provenientes de países terceiros introduzidos na Comunidade e que altera as Directivas 89/662/CEE, 90/425/CEE e 90/675/CEE.

(23) Para evitar a criação de restrições desnecessárias ao comércio, deverá ser permitido o intercâmbio de animais de aquicultura entre Estados-Membros, zonas ou compartimentos em que uma ou mais dessas doenças estejam presentes, desde que sejam adoptadas medidas adequadas de redução dos riscos, inclusive durante o transporte.

(24) O abate e a transformação de animais de aquicultura que estejam sujeitos a medidas de luta contra uma doença podem ocasionar a propagação dessa doença, nomeadamente devido à descarga de efluentes que contenham agentes patogénicos provenientes das unidades de transformação. Por conseguinte, é necessário que os Estados-Membros tenham acesso a estabelecimentos de transformação devidamente autorizados a efectuar o abate e a transformação sem comprometer o estatuto sanitário dos animais aquáticos de criação e selvagens, incluindo no que diz respeito à descarga de efluentes.

(25) A designação de laboratórios comunitários e nacionais de referência deverá contribuir para uma elevada qualidade e uniformidade dos resultados de diagnóstico. Trata-se de um objectivo que pode ser alcançado através de actividades como a realização de testes de diagnóstico validados e a organização de testes comparativos e de formação para o pessoal dos laboratórios.

(26) Os laboratórios que participam no exame das amostras oficiais deverão trabalhar de acordo com procedimentos aprovados internacionalmente ou critérios baseados em

normas de desempenho e utilizar métodos de diagnóstico, na medida do possível, validados.

Relativamente a algumas actividades relacionadas com este exame, o Comité Europeu de Normalização (CEN) e a Organização Internacional de Normalização (ISO) estabeleceram normas europeias (normas EN) e normas internacionais (normas ISO), respectivamente, adequadas para efeitos da presente directiva. Essas normas referem-se, em particular, ao funcionamento e à avaliação dos laboratórios e ao funcionamento e à acreditação dos organismos de controlo.

(27) Para assegurar a detecção precoce de um possível surto de doença dos animais aquáticos, é necessário que quem estiver em contacto com animais aquáticos das espécies sensíveis notifique obrigatoriamente qualquer caso suspeito de doença à autoridade competente. Deverão ser realizadas inspecções de rotina nos Estados-Membros para garantir que os operadores das empresas de produção aquícola conheçam e apliquem as regras gerais de luta contra as doenças e de biossegurança estabelecidas na presente directiva.

(28) É necessário impedir a propagação das doenças não exóticas, mas graves, em animais de aquicultura, logo que os surtos ocorram, através da monitorização cuidadosa das deslocações de animais de aquicultura vivos e produtos derivados, assim como do equipamento utilizado susceptível de estar contaminado. A escolha das medidas a adoptar pelas autoridades competentes deverá depender da situação epidemiológica no Estado-Membro em causa.

(29) A fim de melhorar o estatuto zoossanitário da Comunidade, é conveniente que os Estados-Membros apresentem programas de luta e erradicação de certas doenças, baseados em dados epidemiológicos, para serem reconhecidos a nível comunitário.

(30) Quanto às doenças que não são objecto de medidas comunitárias, mas que são importantes a nível local, a indústria aquícola deverá, com o auxílio das autoridades competentes dos Estados-Membros, assumir maior responsabilidade na prevenção ou na luta contra essas doenças, através da auto-regulação e da elaboração de «códigos de boas práticas». Contudo, os Estados-Membros poderão ter de aplicar certas medidas nacionais. Essas medidas deverão ser justificadas, necessárias e proporcionadas relativamente aos objectivos a alcançar. Além disso, não deverão afectar as trocas comerciais entre Estados-Membros, a menos que tal seja necessário para impedir a introdução ou lutar contra a doença em causa, e deverão ser aprovadas e regularmente revistas a nível comunitário. Na pendência do estabelecimento de tais medidas nos termos da presente directiva, deverão permanecer em vigor as garantias complementares concedidas na Decisão 2004/453/CE da Comissão, de 29 de Abril de 2004, que aplica a Directiva 91/67/CEE do Conselho no que diz respeito a medidas contra determinadas doenças em animais da aquicultura.

(31) Os conhecimentos sobre doenças dos animais aquáticos até agora ignoradas progridem constantemente. Por conseguinte, no caso das doenças emergentes, um Estado-Membro pode ter necessidade de aplicar medidas de luta. Tais medidas deverão ser rápidas e adaptadas a cada caso, não se devendo prolongar para além do tempo necessário para alcançar o seu objectivo. Tendo em conta que as doenças emergentes podem igualmente afectar outros Estados-Membros, todos os Estados-Membros e a Comissão deverão ser informados da presença de uma doença emergente e de quaisquer medidas de luta adoptadas.

(32) Para a realização do objectivo fundamental de manter e, na eventualidade de um surto, recuperar o estatuto de indemnidade nos Estados-Membros, é necessário fixar regras sobre as medidas destinadas a aumentar o grau de preparação contra as doenças. É necessário combater os surtos tão rapidamente quanto possível, se preciso através da vacinação de emergência, a fim de limitar os efeitos negativos na produção e nas trocas comerciais de animais de aquicultura vivos e produtos derivados.

(33) A Directiva 2001/82/CE do Parlamento Europeu e do Conselho, de 6 de Novembro de 2001, que estabelece um código comunitário relativo aos medicamentos veterinários, e o Regulamento (CE) n.º 726/2004 do Parlamento Europeu e do Conselho, de 31 de Março de 2004, que estabelece procedimentos comunitários de autorização e de fiscalização de medicamentos para uso humano e veterinário e que institui uma Agência Europeia de Medicamentos, determinam que, salvo raras excepções, todos os medicamentos veterinários colocados no mercado da Comunidade sejam alvo de uma autorização de introdução no mercado. Em geral, todas as vacinas utilizadas na Comunidade deverão ser objecto de uma autorização de introdução no mercado. Contudo, em caso de epidemia grave, os Estados-Membros podem permitir a utilização

de um produto sem a referida autorização, uma vez respeitadas certas condições, nos termos de Regulamento (CE) n.º 726/2004. As vacinas contra doenças exóticas e emergentes dos animais de aquicultura podem beneficiar dessa derrogação.

(34) A presente directiva deverá estabelecer disposições que garantam o grau de preparação necessário para enfrentar situações de emergência com eficácia, em caso de um ou mais surtos de doenças exóticas ou emergentes graves que afectem a aquicultura, nomeadamente mediante a elaboração de planos de emergência para as combater. Esses planos de emergência deverão ser revistos e actualizados regularmente.

(35) Sempre que a luta contra uma doença grave dos animais aquáticos seja objecto de medidas de erradicação harmonizadas a nível comunitário, os Estados-Membros deverão poder recorrer à participação financeira da Comunidade, ao abrigo do Regulamento (CE) n.º 1198/2006 do Conselho, de 27 de Julho de 2006, relativo ao Fundo Europeu das Pescas. Qualquer pedido de apoio comunitário deverá ser objecto de exame minucioso no que diz respeito ao cumprimento das disposições de luta estabelecidas na presente directiva.

(36) Os animais de aquicultura vivos e produtos derivados importados de países terceiros não deverão constituir um perigo para a saúde dos animais aquáticos na Comunidade. Assim, a presente directiva deverá estabelecer medidas destinadas a impedir a introdução de doenças epizoóticas.

(37) A fim de proteger a situação sanitária dos animais aquáticos na Comunidade, é também necessário garantir que as remessas de animais de aquicultura vivos em trânsito na Comunidade cumpram os requisitos zoossanitários aplicáveis às espécies em causa.

(38) A colocação de animais aquáticos ornamentais no mercado abrange uma ampla variedade de espécies, frequentemente tropicais, exclusivamente para fins decorativos. Estes animais aquáticos ornamentais são mantidos, normalmente, em aquários ou tanques privados, em centros de jardinagem ou em aquários de exposição, sem contacto directo com as águas comunitárias. Consequentemente, os animais aquáticos ornamentais mantidos nestas condições não representam o mesmo risco para os demais sectores da aquicultura comunitária nem para as populações selvagens. Por conseguinte, importa estabelecer disposições especiais aplicáveis à colocação no mercado, ao trânsito e à importação de animais aquáticos ornamentais mantidos nas condições mencionadas.

(39) Contudo, caso os animais aquáticos ornamentais não sejam mantidos em sistemas fechados nem em aquários, mas estejam em contacto directo com as águas naturais da Comunidade, podem constituir um risco significativo para a aquicultura comunitária ou para as populações selvagens. É o caso, em particular, das populações de carpas (*Cyprinidae*), uma vez que peixes ornamentais populares como a carpa koi são sensíveis a algumas doenças que afectam outras espécies de carpas criadas na Comunidade ou existentes em liberdade. Em tais casos, deverão aplicar-se as disposições gerais da presente directiva.

(40) O estabelecimento de meios electrónicos de intercâmbio de informações é vital para a simplificação, que irá beneficiar tanto a indústria aquícola como as autoridades competentes. Para cumprir essa obrigação, é necessário introduzir critérios comuns.

(41) Os Estados-Membros deverão estabelecer regras relativas às sanções aplicáveis às infracções ao disposto na presente directiva e garantir a sua aplicação. Essas sanções deverão ser efectivas, proporcionadas e dissuasivas.

(42) De acordo com o ponto 34 do Acordo Interinstitucional «Legislar Melhor», os Estados-Membros são incentivados a elaborar, para si próprios e no interesse da Comunidade, os seus próprios quadros que ilustrem, na medida do possível, a concordância entre a presente directiva e as medidas de transposição, e a publicá-los.

(43) Atendendo a que os objectivos da presente directiva, nomeadamente promover a aproximação dos conceitos, princípios e procedimentos que formam uma base comum para a legislação sanitária aplicável aos animais aquáticos na Comunidade, não podem ser suficientemente realizados pelos Estados-Membros e podem, pois, devido à dimensão e aos efeitos da presente directiva, ser mais bem alcançados ao nível comunitário, a Comunidade pode tomar medidas em conformidade com o princípio da subsidiariedade consagrado no artigo 5.º do Tratado. Em conformidade com o princípio da proporcionalidade consagrado no mesmo artigo, a presente directiva não excede o necessário para atingir aqueles objectivos.

(44) As medidas necessárias à execução da presente directiva serão aprovadas nos termos da Decisão 1999/468/CE do Conselho, de 28 de Junho de 1999, que fixa as regras de exercício das competências de execução atribuídas à Comissão.

(45) É conveniente actualizar a legislação comunitária em matéria de saúde animal, no que diz respeito aos animais de aquicultura e produtos derivados. Por conseguinte, as Directivas 91/67/CEE, 93/53/CEE e 95/70/CE devem ser revogadas e substituídas pela presente directiva,

ADOPTOU A PRESENTE DIRECTIVA:

CAPÍTULO I.- OBJECTO, ÂMBITO DE APLICAÇÃO E DEFINIÇÕES

Artigo 1.º *Objecto*
1. A presente directiva estabelece:
a) Os requisitos zoossanitários aplicáveis à colocação no mercado, à importação e ao trânsito de animais de aquicultura e produtos derivados;
b) As medidas preventivas mínimas destinadas a aumentar a sensibilização e o grau de preparação das autoridades competentes, dos operadores das empresas de produção aquícola e dos demais intervenientes relacionados com esta indústria, no que diz respeito às doenças dos animais de aquicultura;
c) As medidas de luta mínimas aplicáveis em caso de suspeita ou surto de certas doenças dos animais aquáticos.
2. Os Estados-Membros podem adoptar medidas mais rigorosas no domínio abrangido pelo capítulo II, pelo artigo 13.º e pelo capítulo V, desde que essas medidas não afectem as trocas comerciais com os demais Estados-Membros.

Artigo 2.º *Âmbito de aplicação*
1. A presente directiva não é aplicável aos:
a) Animais aquáticos ornamentais criados em aquários não comerciais;
b) Animais aquáticos selvagens colhidos ou capturados, tendo em vista a entrada directa na cadeia alimentar;
c) Animais aquáticos capturados para fins de produção de farinha de peixe, alimentos para peixes, óleo de peixe e produtos similares.
2. O capítulo II, as secções 1 a 4 do capítulo III e o capítulo VII não são aplicáveis sempre que os animais aquáticos ornamentais sejam mantidos em estabelecimentos de venda de animais de companhia, centros de jardinagem, tanques de jardim, aquários comerciais, ou na posse de grossistas:
a) Sem qualquer contacto directo com as águas naturais da Comunidade; ou
b) Que estejam equipados com um sistema de tratamento de efluentes que reduza para um nível aceitável o risco de transmissão de doenças às águas naturais.
3. A presente directiva aplica-se sem prejuízo das disposições em matéria de conservação das espécies ou de introdução de espécies não indígenas.

Artigo 3.º *Definições*
1. Para efeitos da presente directiva, entende-se por:
a) «Aquicultura»: a criação ou a cultura de organismos aquáticos que aplica técnicas concebidas para aumentar, para além das capacidades naturais do meio, a produção dos organismos em causa; durante toda a fase de criação ou de cultura, inclusive até à sua colheita, estes organismos continuam a ser propriedade de uma pessoa singular ou colectiva;
b) «Animal de aquicultura»: qualquer animal aquático em todas as fases do seu ciclo de vida (incluindo ovos, esperma e gâmetas), criado numa exploração ou numa zona de exploração de moluscos, ou retirado do meio selvagem a fim de ser introduzido numa exploração ou numa zona de exploração de moluscos;
c) «Empresa de produção aquícola»: qualquer empresa, com ou sem fins lucrativos, pública ou privada, que se dedique a uma actividade relacionada com a criação, a manutenção ou a cultura de animais de aquicultura;
d) «Operador de uma empresa de produção aquícola»: a pessoa singular ou colectiva responsável pelo cumprimento dos requisitos da presente directiva na empresa de produção aquícola sob o seu controlo;
e) «Animal aquático»:
i) Qualquer peixe pertencente à superclasse *Agnatha* e às classes *Chondrichthyes* e *Osteichthyes*;

660

ii) Qualquer molusco pertencente ao filo *Mollusca*;

iii) Qualquer crustáceo pertencente ao subfilo *Crustacea*;

f) «Estabelecimento de transformação autorizado»: qualquer empresa do sector alimentar acreditada, nos termos do artigo 4.° do Regulamento (CE) n.° 853/2004do Parlamento Europeu e do Conselho, de 29 de Abril de 2004, que estabelece regras específicas de higiene aplicáveis aos géneros alimentícios de origem animal ([17]), para a transformação de animais de aquicultura que se destinem ao consumo humano; e autorizada nos termos dos artigos 4.° e 5.° da presente directiva;

g) «Operador de um estabelecimento de transformação autorizado»: a pessoa singular ou colectiva responsável pelo cumprimento dos requisitos da presente directiva no estabelecimento de transformação autorizado sob o seu controlo;

h) «Exploração»: qualquer local, zona vedada ou instalação de funcionamento de uma empresa de produção aquícola em que se criem animais de aquicultura com vista à sua colocação no mercado, à excepção daqueles em que os animais aquáticos selvagens colhidos ou capturados para fins de consumo humano permaneçam temporariamente sem ser alimentados, aguardando o abate;

i) «Criação em exploração»: a criação de animais de aquicultura numa exploração ou numa zona de exploração de moluscos;

j) «Zona de exploração de moluscos»: qualquer zona de produção ou de reparcagem em que todas as empresas de produção aquícola funcionam sob um sistema de biossegurança comum;

k) «Animal aquático ornamental»: qualquer animal aquático mantido, criado ou colocado no mercado exclusivamente para fins ornamentais;

l) «Colocação no mercado»: a venda, incluindo a oferta para fins de venda ou qualquer outra forma de transferência, a título oneroso ou não, bem como qualquer forma de deslocação de animais de aquicultura;

m) «Zona de produção»: qualquer zona de água doce, marinha, estuarina, continental ou lagunar que contenha bancos naturais de moluscos ou áreas utilizadas para a cultura de moluscos, em que são colhidos moluscos;

n) «Pesqueiros de largada e captura»: tanques, lagos ou outras instalações em que, por repovoamento com animais de aquicultura, se mantenham populações exclusivamente para fins de pesca recreativa;

o) «Zona de reparcagem»: qualquer zona de água doce, marinha, estuarina ou lagunar, claramente delimitada e assinalada por balizas, estacas ou qualquer outro dispositivo fixo e exclusivamente consagrada à depuração natural de moluscos vivos;

p) «Animal aquático selvagem»: qualquer animal aquático que não seja um animal de aquicultura.

2. Para efeitos da presente directiva, aplicam-se igualmente as seguintes definições:

a) As definições técnicas constantes do anexo I;

b) Se for caso disso, as definições estabelecidas:

i) Nos artigos 2.° e 3.° do Regulamento (CE) n.° 178/2002 do Parlamento Europeu e do Conselho, de 28 de Janeiro de 2002, que determina os princípios e normas gerais da legislação alimentar, cria a Autoridade Europeia para a Segurança dos Alimentos e estabelece procedimentos em matéria de segurança dos géneros alimentícios ([18]);

ii) No artigo 2.° do Regulamento (CE) n.° 852/2004;

iii) No artigo 2.° do Regulamento (CE) n.° 853/2004;

iv) No artigo 2.° do Regulamento (CE) n.° 882/2004.

CAPÍTULO II.- EMPRESAS DE PRODUÇÃO AQUÍCOLA E ESTABELECIMENTOS DE TRANSFORMAÇÃO AUTORIZADOS

Artigo 4.° *Autorização das empresas de produção aquícola e dos estabelecimentos de transformação*

1. Os Estados-Membros asseguram que cada empresa de produção aquícola seja devidamente autorizada pela autoridade competente nos termos do artigo 5.°

Quando necessário, essa autorização pode abranger várias empresas de produção aquícola de moluscos numa zona de exploração de moluscos.

Contudo, os centros de expedição, os centros de depuração e as empresas similares localizados dentro de uma zona de exploração de moluscos devem dispor de uma autorização individual.

2. Os Estados-Membros asseguram que cada estabelecimento de transformação que abata animais de aquicultura para fins de luta contra doenças, nos termos do artigo 33.º do capítulo V, seja devidamente autorizado pela autoridade competente nos termos do artigo 5.º

3. Os Estados-Membros asseguram que cada empresa de produção aquícola e cada estabelecimento de transformação autorizado tenha um número de autorização único.

4. Em derrogação do requisito de autorização previsto no n.º 1, os Estados-Membros só podem exigir o registo pela autoridade competente:

a) Das instalações diferentes das empresas de produção aquícola, onde sejam mantidos animais aquáticos sem intenção de serem colocados no mercado;

b) Dos pesqueiros de largada e captura;

c) Das empresas de produção aquícola que coloquem animais de aquicultura no mercado exclusivamente para consumo humano, nos termos da alínea c) do n.º 3 do artigo 1.º do Regulamento (CE) n.º 853/2004.

Nesses casos, as disposições da presente directiva aplicam-se *mutatis mutandis*, tendo em conta a natureza, as características e a situação das instalações, dos pesqueiros de largada e captura ou das empresas em questão, bem como o risco de propagação de doenças dos animais aquáticos a outras populações de animais aquáticos, decorrente do seu funcionamento.

5. Em caso de incumprimento das disposições da presente directiva, a autoridade competente actuará nos termos do artigo 54.º do Regulamento (CE) n.º 882/2004.

Artigo 5.º *Condições de autorização*

1. Os Estados-Membros asseguram que as autorizações previstas nos n.ᵒˢ 1 e 2 do artigo 4.º apenas sejam concedidas pela autoridade competente se o operador da empresa de produção aquícola ou o operador do estabelecimento de transformação autorizado:

a) Cumprir os requisitos pertinentes dos artigos 8.º, 9.º e 10.º;

b) Tiver instituído um sistema que lhe permita demonstrar à autoridade competente que estão a ser cumpridos esses requisitos; e

c) Permanecer sob a fiscalização da autoridade competente, que cumpre os deveres previstos no n.º 1 do artigo 54.º

2. A autorização não é concedida se a actividade em questão implicar um risco inaceitável de propagação de doenças a explorações, zonas de exploração de moluscos ou populações selvagens de animais aquáticos, nas imediações da exploração ou da zona de exploração de moluscos.

Contudo, antes de uma decisão de recusa de autorização, devem ser consideradas medidas de redução dos riscos, incluindo a possibilidade de uma localização alternativa para a actividade em questão.

3. Os Estados-Membros asseguram que os operadores das empresas de produção aquícola ou dos estabelecimentos de transformação autorizados facultem todas as informações pertinentes para que a autoridade competente possa avaliar se estão preenchidas as condições de autorização, incluindo as informações exigidas nos termos do anexo II.

Artigo 6.º *Registo*

Os Estados-Membros estabelecem, mantêm actualizado e tornam público um registo das empresas de produção aquícola e dos estabelecimentos de transformação autorizados, contendo pelo menos as informações referidas no anexo II.

Artigo 7.º *Controlos oficiais*

1. Nos termos do artigo 3.º do Regulamento (CE) n.º 882/2004, os controlos oficiais às empresas de produção aquícola e aos estabelecimentos de transformação autorizados são efectuados pela autoridade competente.

2. Os controlos oficiais previstos no n.º 1 incluem, pelo menos, inspecções, visitas, auditorias e, se for caso disso, amostragens regulares em cada empresa de produção aquícola, tendo o risco que a empresa de produção aquícola ou o estabelecimento de transformação autorizado representa em relação à contracção e à propagação de doenças. Constam da parte B do anexo III recomendações relativas à frequência desses controlos, consoante o estatuto zoossanitário da zona ou do compartimento em causa.

3. Podem ser adoptadas normas de execução do presente artigo pelo procedimento a que se refere o n.º 2 do artigo 62.º

Artigo 8.º *Obrigações de registo – Rastreabilidade*
1. Os Estados-Membros asseguram que as empresas de produção aquícola mantenham um registo:
a) De todas as deslocações de animais de aquicultura e produtos derivados, para dentro e fora da exploração ou zona de exploração de moluscos;
b) Da mortalidade em cada unidade epidemiológica, relativamente ao tipo de produção; e
c) Dos resultados do regime de vigilância zoossanitária definido em função dos riscos, previsto no artigo 10.º
2. Os Estados-Membros asseguram que os estabelecimentos de transformação autorizados mantenham um registo de todas as deslocações de animais de aquicultura e produtos derivados, para dentro e fora desses estabelecimentos.
3. Os Estados-Membros asseguram que, sempre que sejam transportados animais de aquicultura, os transportadores mantenham um registo:
a) Da mortalidade durante o transporte, na medida do possível tendo em conta o tipo de transporte e as espécies transportadas;
b) Das explorações, zonas de exploração de moluscos e estabelecimentos de transformação visitados pelo meio de transporte; e
c) De qualquer troca de água durante o transporte, em particular da origem da água nova e do local de evacuação de água.
4. Sem prejuízo de disposições específicas em matéria de rastreabilidade, os Estados-Membros asseguram que todas as deslocações de animais registadas pelos operadores das empresas de produção aquícola previstas na alínea a) do n.º 1 sejam registadas de forma a garantir o rastreio do local de origem e de destino. Os Estados-Membros podem exigir que essas deslocações sejam registadas num registo nacional e conservadas sob forma electrónica.

Artigo 9.º *Boas práticas de higiene*
Os Estados-Membros asseguram que as empresas de produção aquícola e os estabelecimentos de transformação autorizados apliquem boas práticas de higiene, de acordo com a actividade em questão, de modo a impedir a introdução e a propagação de doenças.

Artigo 10.º *Regime de vigilância zoossanitária*
1. Os Estados-Membros asseguram que, em todas as explorações e zonas de exploração de moluscos, seja instituído um regime de vigilância zoossanitária definido em função dos riscos e adequado ao tipo de produção.
2. O regime de vigilância zoossanitária definido em função dos riscos referido no n.º 1 deve visar a detecção de:
a) Qualquer aumento da mortalidade em todas as explorações e zonas de exploração de moluscos, em função do tipo de produção; e
b) Doenças incluídas na lista da parte II do anexo IV, em explorações e zonas de exploração de moluscos em que existam espécies sensíveis a essas doenças.
3. Constam da parte B do anexo III recomendações relativas à frequência dos regimes de vigilância zoossanitária, consoante o estatuto zoossanitário da zona ou do compartimento em causa. Esta vigilância é efectuada sem prejuízo da amostragem e vigilância realizadas nos termos do capítulo V ou do n.º 3 do artigo 49.º, do n.º 4 do artigo 50.º e do artigo 52.º
4. O regime de vigilância zoossanitária definido em função dos riscos referido no n.º 1 deve ter em conta as orientações a elaborar pela Comissão pelo procedimento a que se refere o n.º 2 do artigo 62.º
5. À luz dos resultados dos controlos oficiais efectuados nos termos do artigo 7.º e dos resultados dos controlos comunitários efectuados nos termos do artigo 58.º, assim como de quaisquer outras informações pertinentes, a Comissão deve apresentar ao Conselho um relatório sobre o funcionamento global da vigilância zoossanitária definida em função dos riscos realizada nos Estados-Membros. Esse relatório pode, se for caso disso, ser acompanhado de uma proposta adequada, pelo procedimento a que se refere o n.º 2 do artigo 62.º que estabelece as normas de execução do presente artigo.

CAPÍTULO III.- REQUISITOS ZOOSSANITÁRIOS APLICÁVEIS À COLOCAÇÃO DE ANIMAIS DE AQUICULTURA E PRODUTOS DERIVADOS NO MERCADO

SECÇÃO 1.- Disposições gerais

Artigo 11.° Âmbito de aplicação
1. Salvo disposição em contrário, o presente capítulo é aplicável apenas às doenças e às espécies sensíveis a essas doenças incluídas na lista da parte II do anexo IV.
2. Sob rigorosa fiscalização da autoridade competente, os Estados-Membros podem permitir a colocação no mercado, para fins científicos, de animais de aquicultura e produtos derivados que não cumpram o disposto no presente capítulo.
A autoridade competente assegura que essa colocação no mercado não comprometa o estatuto sanitário dos animais aquáticos no local de destino ou nos locais de trânsito, no que diz respeito às doenças incluídas na lista da parte II do anexo IV.
Não podem efectuar-se quaisquer deslocações entre Estados-Membros sem notificação prévia das autoridades competentes dos Estados-Membros interessados.

Artigo 12.° Requisitos gerais aplicáveis à colocação de animais de aquicultura no mercado
1. Os Estados-Membros asseguram que a colocação de animais de aquicultura e produtos derivados no mercado não comprometa o estatuto sanitário dos animais aquáticos no local de destino, no que diz respeito às doenças incluídas na lista da parte II do anexo IV.
2. Estão previstas no presente capítulo regras pormenorizadas sobre as deslocações de animais de aquicultura, que dizem respeito, em especial, às deslocações entre Estados-Membros, zonas ou compartimentos com estatutos zoossanitários diferentes, como referido na parte A do anexo III.

Artigo 13.° Requisitos de prevenção de doenças aplicáveis ao transporte
1. Os Estados-Membros asseguram que:
a) Sejam adoptadas as medidas de prevenção de doenças necessárias durante o transporte de animais de aquicultura, de modo a não alterar o estatuto sanitário dos animais durante o transporte e a reduzir o risco de propagação das doenças; e
b) Os animais de aquicultura sejam transportados em condições que não alterem o seu estatuto sanitário nem comprometam o estatuto sanitário do local de destino e, se for caso disso, dos locais de trânsito.
O presente número é igualmente aplicável às doenças e às espécies sensíveis a essas doenças não incluídas na lista da parte II do anexo IV.
2. Os Estados-Membros asseguram que quaisquer trocas de água durante o transporte sejam executadas em locais e em condições que não comprometam o estatuto sanitário:
a) Dos animais de aquicultura transportados;
b) De quaisquer animais aquáticos no local de troca de água; e
c) Dos animais aquáticos no local de destino.

Artigo 14.° Certificação zoossanitária
1. Os Estados-Membros asseguram que a colocação de animais de aquicultura no mercado seja sujeita a certificação zoossanitária sempre que os animais sejam introduzidos num Estado-Membro, numa zona ou num compartimento declarado indemne nos termos dos artigos 49.° ou 50.° ou sujeita a um programa de vigilância ou de erradicação nos termos do n.° 1 ou do n.°2 do artigo 44.°, para fins de:
a) Criação em exploração e repovoamento; e
b) Transformação subsequente antes do consumo humano, a menos que:
i) No que diz respeito aos peixes, sejam abatidos e eviscerados antes da expedição;
ii) No que diz respeito aos moluscos e crustáceos, sejam expedidos como produtos não transformados ou transformados.
2. Os Estados-Membros asseguram também que a colocação de animais de aquicultura no mercado seja sujeita a certificação zoossanitária sempre que os animais sejam autorizados a deixar uma zona sujeita às medidas de luta previstas nas secções 3, 4, 5 e 6 do capítulo V.
O presente número é igualmente aplicável às doenças e às espécies que lhes são sensíveis não incluídas na lista da parte II do anexo IV.

3. Ficam sujeitas a notificação no âmbito do sistema informatizado previsto no n.º 1 do artigo 20.º da Directiva 90/425/CEE as seguintes deslocações:

a) Deslocações de animais de aquicultura entre Estados-Membros onde seja exigida certificação zoossanitária nos termos do n.º 1 ou do n.º 2 do presente artigo; e

b) Todas as outras deslocações de animais de aquicultura vivos para fins de criação em exploração ou repovoamento entre Estados-Membros onde não seja exigida certificação zoossanitária nos termos da presente directiva.

4. Os Estados-Membros podem decidir utilizar o sistema informatizado previsto no n.º 3 para rastrear as deslocações efectuadas inteiramente dentro dos seus territórios.

SECÇÃO 2.- Animais de aquicultura destinados a criação em exploração e repovoamento

Artigo 15.º *Requisitos gerais aplicáveis à colocação de animais de aquicultura no mercado para fins de criação em exploração e repovoamento*

1. Sem prejuízo do disposto no capítulo V, os Estados-Membros asseguram que os animais de aquicultura colocados no mercado para fins de criação em exploração:

a) Estejam clinicamente saudáveis; e

b) Não sejam provenientes de uma exploração ou de uma zona de exploração de moluscos em que exista um aumento da mortalidade não resolvido.

O presente número é aplicável igualmente às doenças e às espécies que lhes são sensíveis não incluídas na lista da parte II do anexo IV.

2. Em derrogação da alínea b) do n.º 1, os Estados-Membros podem autorizar essa colocação no mercado, com base numa avaliação dos riscos, desde que os animais sejam originários de uma parte da exploração ou da zona de exploração de moluscos independente da unidade epidemiológica em que se registou o aumento da mortalidade.

3. Os Estados-Membros asseguram que os animais de aquicultura que se destinem a ser destruídos ou abatidos, em conformidade com as medidas de luta contra as doenças previstas no capítulo V, não sejam colocados no mercado para fins de criação em exploração e repovoamento.

4. Os animais de aquicultura só podem ser postos em liberdade para fins de repovoamento ou em pesqueiros de largada e captura se:

a) Cumprirem os requisitos previstos no n.º 1; e

b) Forem provenientes de uma exploração ou de uma zona de exploração de moluscos com um estatuto sanitário, como referido na parte A do anexo III, pelo menos equivalente ao estatuto sanitário das águas nas quais devam ser libertados.

Contudo, os Estados-Membros podem decidir que os animais de aquicultura devam ser provenientes de uma zona ou um compartimento declarados indemnes nos termos dos artigos 49.º ou 50.º Os Estados-Membros podem também decidir aplicar o presente número a programas elaborados e executados nos termos do artigo 43.º

Artigo 16.º *Introdução de animais de aquicultura de espécies sensíveis a uma doença específica em zonas indemnes dessa doença*

1. Para poderem ser introduzidos, para fins de criação em exploração ou repovoamento, num Estado-Membro, numa zona ou num compartimento declarados indemnes de uma doença específica nos termos dos artigos 49.º ou 50.º, os animais de aquicultura de espécies sensíveis a essa doença têm de ser originários de outro Estado-Membro, de outra zona ou de outro compartimento igualmente declarados indemnes dessa doença.

2. Sempre que se possa justificar cientificamente que as espécies sensíveis a uma doença específica não transmitem a doença em questão durante certas fases do seu ciclo de vida, o n.º 1 não é aplicável a essas fases.

Deve ser adoptada, pelo procedimento a que se refere o n.º 2 do artigo 62.º, uma lista das espécies e das fases do ciclo de vida a que se pode aplicar o primeiro parágrafo, que deve ser alterada, quando necessário, para ter em conta os desenvolvimentos científicos e tecnológicos.

Artigo 17.º *Introdução de animais de aquicultura vivos de espécies vectoras em zonas indemnes*

1. Quando os dados científicos ou a experiência prática comprovarem que outras espécies para além das referidas na parte II do anexo IV podem ser responsáveis pela transmissão de uma doença específica por agirem como espécies vectoras, os Estados-Membros asseguram que, sempre que sejam introduzidas para fins de criação em exploração ou de repovoamento num Estado-Membro, numa zona ou num compartimento declarados indemnes dessa doença específica nos termos dos artigos 49.º ou 50.º, essas espécies vectoras sejam:

a) Originárias de outro Estado-Membro, outra zona ou outro compartimento declarados indemnes dessa doença específica; ou

b) Mantidas em instalações de quarentena, em água indemne do agente patogénico em questão, durante um período de tempo adequado, sempre que, à luz dos dados científicos ou da experiência prática, tal se comprove suficiente para reduzir o risco de transmissão da doença específica para um nível aceitável para impedir a transmissão dessa doença.

2. Uma lista das espécies vectoras e das fases do ciclo de vida dessas espécies às quais é aplicável o presente artigo, assim como, se for caso disso, das condições em que essas espécies podem transmitir uma doença, deve ser adoptada e, se necessário, alterada tendo em conta os desenvolvimentos científicos e tecnológicos, pelo procedimento a que se refere o n.º 2 do artigo 62.º

3. Na pendência da eventual inclusão de uma espécie na lista referida no n.º 2, a Comissão pode decidir, pelo procedimento a que se refere o n.º 3 do artigo 62.º, autorizar os Estados-Membros a aplicarem o disposto no n.º 1.

SECÇÃO 3.- Animais de aquicultura e produtos derivados destinados ao consumo humano

Artigo 18.º *Animais de aquicultura e produtos derivados colocados no mercado para transformação subsequente, antes do consumo humano*

1. Os Estados-Membros asseguram que os animais de aquicultura das espécies sensíveis a uma ou mais doenças não exóticas incluídas na lista da parte II do anexo IV e os seus produtos derivados apenas possam ser colocados no mercado para transformação subsequente num Estado-Membro, numa zona ou num compartimento declarados indemnes dessas doenças nos termos dos artigos 49.º ou 50.º, se cumprirem uma das seguintes condições:

a) Serem originários de outro Estado-Membro, outra zona ou outro compartimento declarados indemnes da doença em questão;

b) Serem transformados num estabelecimento de transformação autorizado, em condições que impeçam a propagação de doenças;

c) No que diz respeito aos peixes, serem abatidos e eviscerados antes da expedição;

d) No que diz respeito aos moluscos e crustáceos, serem expedidos como produtos não transformados ou transformados.

2. Os Estados-Membros asseguram que os animais de aquicultura vivos das espécies sensíveis a uma ou mais doenças não exóticas incluídas na lista da parte II do anexo IV, colocado no mercado para transformação subsequente num Estado-Membro, numa zona ou num compartimento declarados indemnes dessas doenças nos termos dos artigos 49.º ou 50.º, apenas possam ser temporariamente armazenados no local de transformação se:

a) Forem originários de outro Estado-Membro, outra zona ou outro compartimento declarados indemnes da doença em questão; ou

b) Forem mantidos temporariamente em centros de expedição, centros de depuração ou empresas similares, equipados com um sistema de tratamento de efluentes que inactive os agentes patogénicos em questão, ou em que o efluente seja objecto de outros tipos de tratamento que reduzam para um nível aceitável o risco de transmissão de doenças às águas naturais.

Artigo 19.º *Animais de aquicultura e produtos derivados colocados no mercado para consumo humano sem transformação subsequente*

1. A presente secção não é aplicável sempre que os animais de aquicultura das espécies sensíveis a uma ou mais doenças incluídas na lista da parte II do anexo IV ou os seus produtos derivados sejam colocados no mercado para consumo humano sem transformação subsequente, na condição de estarem acondicionados em embalagens para venda a retalho que cumpram as disposições em matéria de embalagem e rotulagem previstas no Regulamento (CE) n.º 853/2004.

2. Os moluscos e crustáceos vivos das espécies sensíveis a uma ou mais doenças incluídas na lista da parte II do anexo IV que sejam temporariamente reparcados em águas comunitárias ou introduzidos em centros de expedição, centros de depuração ou empresas similares devem obedecer ao disposto no n.º 2 do artigo 18.º

SECÇÃO 4.- Animais aquáticos selvagens

Artigo 20.° *Libertação de animais aquáticos selvagens em Estados-Membros, zonas ou compartimentos declarados indemnes*
   1. Os animais aquáticos selvagens das espécies sensíveis a uma ou mais doenças incluídas na lista da parte II do anexo IV capturados num Estado-Membro, numa zona ou num compartimento não declarados indemnes nos termos dos artigos 49.° ou 50.° são mantidos em quarentena, em instalações apropriadas, sob a fiscalização da autoridade competente, durante um período de tempo suficiente para reduzir para um nível aceitável o risco de transmissão da doença, antes de poderem ser libertados numa exploração ou numa zona de exploração de moluscos situada num Estado-Membro, numa zona ou num compartimento declarados indemnes dessa doença nos termos dos artigos 49.° ou 50.°
   2. Os Estados-Membros podem permitir a prática tradicional de aquicultura extensiva em laguna sem a quarentena prevista no n.° 1, mediante a realização de uma avaliação dos riscos que indique que o risco não é mais elevado do que o previsto na sequência da aplicação do n.° 1.

SECÇÃO 5.- Animais aquáticos ornamentais

Artigo 21.° *Colocação de animais aquáticos ornamentais no mercado*
   1. Os Estados-Membros asseguram que a colocação de animais aquáticos ornamentais no mercado não comprometa o estatuto sanitário dos animais aquáticos, no que diz respeito às doenças incluídas na lista da parte II do anexo IV.
   2. O presente artigo é igualmente aplicável em relação às doenças não incluídas na lista da parte II do anexo IV.

CAPÍTULO IV.- INTRODUÇÃO NA COMUNIDADE DE ANIMAIS DE AQUICULTURA E PRODUTOS DERIVADOS PROVENIENTES DE PAÍSES TERCEIROS

Artigo 22.° *Requisitos gerais aplicáveis à introdução de animais de aquicultura e produtos derivados provenientes de países terceiros*
   Os Estados-Membros asseguram que os animais de aquicultura e produtos derivados sejam introduzidos na Comunidade apenas a partir de países terceiros ou partes de países terceiros incluídos numa lista elaborada e actualizada pelo procedimento a que se refere o n.° 2 do artigo 62.°

Artigo 23.° *Listas dos países terceiros e partes de países terceiros a partir dos quais é permitida a introdução de animais de aquicultura e produtos derivados*
   1. Um país terceiro ou uma parte de um país terceiro apenas são incluídos na lista prevista no artigo 22.° se uma avaliação comunitária desse país ou dessa parte de um país terceiro tiver demonstrado que a autoridade competente apresenta garantias adequadas, no que diz respeito ao cumprimento dos requisitos zoossanitários pertinentes da legislação comunitária.
   2. A Comissão pode decidir da necessidade de uma inspecção, como referido no n.° 2 do artigo 58.°, para completar a avaliação do país terceiro ou parte do país terceiro prevista no n.° 1.
   3. Aquando da elaboração ou actualização das listas previstas no artigo 22.°, deverá ter-se em conta, em especial:
   a) A legislação do país terceiro;
   b) A organização da autoridade competente e dos seus serviços de inspecção no país terceiro, as competências desses serviços, a fiscalização a que estão sujeitos e os meios de que dispõem, incluindo em termos de recursos humanos, para aplicar eficazmente a respectiva legislação;
   c) Os requisitos relativos à saúde dos animais aquáticos efectivamente aplicados na produção, no fabrico, no manuseamento, na armazenagem e na expedição de animais de aquicultura vivos destinados à Comunidade;
   d) As garantias que a autoridade competente do país terceiro pode fornecer quanto ao cumprimento ou à equivalência dos requisitos relativos à saúde dos animais aquáticos pertinentes;
   e) A experiência em matéria de comercialização de animais vivos de aquicultura do país terceiro e os resultados dos controlos à importação efectuados;

f) Os resultados da avaliação comunitária, em particular os resultados da avaliação realizada pelas autoridades competentes do país terceiro em causa ou, se a Comissão assim o solicitar, o relatório apresentado pelas autoridades competentes do país terceiro sobre as inspecções realizadas;

g) O estatuto sanitário dos animais aquáticos de criação e selvagens no país terceiro, atendendo sobretudo às doenças exóticas dos animais e a todos os aspectos relativos à situação sanitária geral dos animais aquáticos no país, passíveis de constituir um risco para a saúde dos animais aquáticos na Comunidade;

h) A regularidade, a rapidez e a exactidão com que o país terceiro fornece informações sobre a existência de doenças infecciosas ou contagiosas dos animais aquáticos no seu território, particularmente as doenças notificáveis incluídas na lista da Organização Internacional das Epizootias (OIE); e

i) As regras de prevenção e luta contra as doenças dos animais aquáticos em vigor no país terceiro e respectiva aplicação, incluindo as regras aplicáveis às importações de outros países.

4. A Comissão toma as disposições necessárias para que todas as listas sejam elaboradas ou actualizadas nos termos do artigo 22.º e facultadas ao público.

5. As listas elaboradas nos termos do artigo 22.º podem ser combinadas com outras listas elaboradas para fins de saúde animal e de saúde pública.

Artigo 24.º Documentos

1. Todas as remessas de animais de aquicultura e produtos derivados são acompanhadas de um documento contendo um certificado zoossanitário aquando da sua entrada na Comunidade.

2. O certificado zoossanitário certifica que a remessa satisfaz:

a) Os requisitos fixados relativamente a essas mercadorias nos termos da presente directiva; e

b) Quaisquer condições de importação especiais estabelecidas nos termos da alínea a) do artigo 25.º

3. O documento pode incluir informações exigidas em conformidade com outras disposições da legislação comunitária em matéria de saúde pública e de saúde animal.

Artigo 25.º *Normas de execução*

Quando necessário, podem ser estabelecidas normas de execução, tendo em vista a aplicação do presente capítulo, pelo procedimento a que se refere o n.º 2 do artigo 62.º Essas normas podem referir-se nomeadamente:

a) A condições de importação especiais para cada país terceiro, partes de países terceiros ou grupo de países terceiros;

b) Aos critérios de classificação dos países terceiros e das partes de países terceiros, no que diz respeito às doenças dos animais aquáticos;

c) À utilização de documentos electrónicos;

d) A modelos de certificados zoossanitários e outros documentos; e

e) A procedimentos e regras de certificação aplicáveis ao trânsito.

CAPÍTULO V.- NOTIFICAÇÃO E MEDIDAS MÍNIMAS DE LUTA CONTRA AS DOENÇAS DOS ANIMAIS AQUÁTICOS

SECÇÃO 1.- Notificação de doenças

Artigo 26.º *Notificação nacional*

1. Os Estados-Membros asseguram que:

a) Se existirem razões para suspeitar da presença de uma doença incluída na lista da parte II do anexo IV ou se se confirmar a presença dessa doença em animais aquáticos, a suspeita e/ou a confirmação sejam notificadas imediatamente à autoridade competente; e

b) Se se registar um aumento de mortalidade nos animais de aquicultura, esse aumento seja notificado imediatamente à autoridade competente ou a um veterinário particular para investigação subsequente.

2. Os Estados-Membros asseguram que as obrigações relativas à notificação dos aspectos referidos no n.º 1 sejam impostas:

a) Ao proprietário e a qualquer pessoa que se ocupe dos animais aquáticos;

b) A qualquer pessoa que acompanhe os animais de aquicultura durante o transporte;

c) Aos médicos veterinários e a outros profissionais envolvidos nos serviços de saúde dos animais aquáticos;

d) Aos veterinários oficiais e aos responsáveis dos laboratórios veterinários ou de outros laboratórios oficiais ou privados; e

e) A qualquer outra pessoa relacionada profissionalmente com animais aquáticos das espécies sensíveis ou com produtos desses animais.

Artigo 27.º *Notificação dos demais Estados-Membros, da Comissão e dos Estados membros da EFTA*

Os Estados-Membros notificam os demais Estados-Membros, a Comissão e os Estados membros da Associação Europeia de Comércio Livre (EFTA) no prazo de 24 horas, caso se confirme:

a) Uma doença exótica incluída na lista da parte II do anexo IV;

b) Uma doença não exótica incluída na lista da parte II do anexo IV, se o Estado-Membro em causa, a zona ou o compartimento tiverem sido declarados indemnes dessa doença.

SECÇÃO 2.- Suspeita de uma doença incluída na lista – Investigação epizoótica

Artigo 28.º *Medidas de luta iniciais*

Os Estados-Membros asseguram que, em caso de suspeita de uma doença exótica incluída na lista da parte II do anexo IV ou de suspeita de uma doença não exótica incluída na lista da parte II do anexo IV em Estados-Membros, zonas ou compartimentos com um estatuto sanitário da categoria I ou da categoria III, como referidas na parte A do anexo III, para essa doença:

a) Sejam recolhidas amostras adequadas e estas sejam analisadas num laboratório designado nos termos do artigo 57.º;

b) Na pendência do resultado da análise prevista na alínea a):

i) A exploração ou a zona de exploração de moluscos suspeita de estar infectada seja colocada sob vigilância oficial e sejam aplicadas as medidas de luta pertinentes para impedir a propagação da doença a outros animais aquáticos;

ii) Nenhum animal de aquicultura possa sair ou entrar na exploração ou na zona de exploração de moluscos suspeita de estar infectada, a menos que exista uma autorização da autoridade competente nesse sentido;

iii) Seja iniciada a investigação epizoótica prevista no artigo 29.º

Artigo 29.º *Investigação epizoótica*

1. Os Estados-Membros asseguram que a investigação epizoótica iniciada nos termos da subalínea iii) da alínea b) do artigo 28.º seja levada a cabo caso a análise prevista na alínea a) do artigo 28.º revele a presença de:

a) Uma doença exótica incluída na lista da parte II do anexo IV, em qualquer um dos Estados-Membros; ou

b) Uma doença não exótica incluída na lista da parte II do anexo IV, em Estados-Membros, zonas ou compartimentos com um estatuto sanitário da categoria I ou da categoria III, como referidas na parte A do anexo III, para a doença em questão.

2. A investigação epizoótica prevista no n.º 1 tem por objectivo:

a) Determinar a possível origem e os possíveis meios de contaminação;

b) Averiguar se os animais de aquicultura saíram da exploração ou da zona de exploração de moluscos durante o período pertinente que antecedeu a notificação da suspeita prevista no n.º 1 do artigo 26.º;

c) Averiguar se foram infectadas outras explorações.

3. Se a investigação epizoótica prevista no n.º 1 revelar que a doença pode ter sido introduzida numa ou mais explorações, zonas de exploração de moluscos ou águas não fechadas, o Estado-Membro em causa assegura que as medidas previstas no artigo 28.º sejam aplicadas nessas explorações, zonas de exploração de moluscos ou águas não fechadas.

No caso de bacias hidrográficas ou zonas costeiras extensas, a autoridade competente pode decidir limitar a aplicação do artigo 28.º a uma área menos extensa, próxima da exploração ou da zona de exploração de moluscos suspeita de estar infectada, se considerar que essa área menos extensa é suficientemente grande para garantir que a doença não se irá propagar.

4. Se necessário, as autoridades competentes dos Estados-Membros ou dos países terceiros limítrofes são informadas da suspeita de doença.

Nesse caso, as autoridades competentes dos Estados-Membros envolvidos tomam as disposições adequadas para aplicar no seu território as medidas previstas no presente artigo.

Artigo 30.° *Levantamento das restrições*
A autoridade competente levanta as restrições previstas na alínea b) do artigo 28.° se a análise prevista na alínea a) do mesmo artigo não demonstrar a presença da doença.

SECÇÃO 3.- Medidas mínimas de luta no caso de confirmação de doenças exóticas em animais de aquicultura

Artigo 31.° *Disposição preliminar*
A presente secção é aplicável em caso de confirmação de uma doença exótica incluída na lista da parte II do anexo IV em animais de aquicultura.

Artigo 32.° *Medidas de carácter geral*
Os Estados-Membros asseguram que:
a) A exploração ou a zona de exploração de moluscos seja declarada oficialmente infectada;
b) Seja estabelecida uma zona de confinamento adequada à doença em questão, incluindo uma zona de protecção e uma zona de vigilância envolventes à exploração ou à zona de exploração de moluscos declarada infectada;
c) Não seja efectuado nenhum repovoamento nem ocorra qualquer entrada, deslocação interna ou saída de animais de aquicultura na zona de confinamento, a menos que exista uma autorização da autoridade competente nesse sentido; e
d) Sejam aplicadas quaisquer medidas adicionais necessárias para impedir a propagação da doença.

Artigo 33.° *Colheita e transformação subsequente*
1. Os animais de aquicultura que atinjam o tamanho comercial e não apresentem sinais clínicos de doença podem ser colhidos, sob fiscalização da autoridade competente, para consumo humano ou transformação subsequente.
2. A colheita, a introdução em centros de expedição ou centros de depuração, a transformação subsequente e quaisquer outras operações relativas à preparação da entrada de animais de aquicultura na cadeia alimentar são executadas em condições que impeçam a propagação do agente patogénico responsável pela doença.
3. Os centros de expedição, os centros de depuração ou as empresas similares devem estar equipados com um sistema de tratamento de efluentes que inactive o agente patogénico responsável pela doença ou os efluentes devem ser objecto de outros tipos de tratamento que reduzam para um nível aceitável o risco de transmissão de doenças às águas naturais.
4. A transformação subsequente é realizada em estabelecimentos de transformação autorizados.

Artigo 34.° *Remoção e eliminação*
1. Os Estados-Membros asseguram que os peixes e crustáceos mortos, assim como os peixes e crustáceos vivos que apresentem sinais clínicos de doença sejam removidos e eliminados sob fiscalização da autoridade competente, nos termos do Regulamento (CE) n.° 1774/2002 do Parlamento Europeu e do Conselho, de 3 de Outubro de 2002 que estabelece regras sanitárias relativas aos subprodutos animais não destinados ao consumo humano, tão depressa quanto possível, em conformidade com o plano de emergência previsto no artigo 47.° da presente directiva.
2. Os animais de aquicultura que não tenham atingido o tamanho comercial e não apresentem sinais clínicos de doença são removidos e eliminados num prazo adequado, que tenha em conta o tipo de produção e o risco que esses animais representam em termos de propagação da doença, sob a fiscalização da autoridade competente, nos termos do Regulamento (CE) n.°1774/2002 e em conformidade com o plano de emergência previsto no artigo 47.° da presente directiva.

670

Artigo 35.° *Vazio sanitário*
Sempre que possível, as explorações ou zonas de exploração de moluscos infectadas obedecem a um período de vazio sanitário adequado depois de terem sido esvaziadas e, se necessário, limpas e desinfectadas.

No caso das explorações ou zonas de exploração de moluscos que criem animais de aquicultura não sensíveis à doença em questão, as decisões relativas ao vazio sanitário devem ser baseadas numa avaliação dos riscos.

Artigo 36.° *Protecção dos animais aquáticos*
Os Estados-Membros tomam as medidas necessárias para impedirem a propagação de doenças a outros animais aquáticos.

Artigo 37.° *Levantamento das medidas*
As medidas previstas na presente secção mantêm-se até à:
a) Execução das medidas de erradicação previstas na presente secção;
b) Conclusão, com resultados negativos, da amostragem e da vigilância, adequadas à doença em questão e aos tipos de empresas de produção aquícola afectados, na zona de confinamento.

SECÇÃO 4.- Medidas mínimas de luta no caso de confirmação de doenças não exóticas em animais de aquicultura

Artigo 38.° *Disposições de carácter geral*
1. No caso de confirmação de uma doença não exótica incluída na lista da parte II do anexo IV num Estado-Membro, numa zona ou num compartimento declarados indemnes dessa doença, o Estado-Membro em causa:
a) Aplica as medidas previstas na secção 3, a fim de recuperar o referido estatuto de indemnidade; ou
b) Elabora um programa de erradicação nos termos do n.° 2 do artigo 44.°
2. Em derrogação do n.° 2 do artigo 34.°, sempre que um Estado-Membro decida aplicar as medidas previstas na secção 3, pode autorizar que os animais clinicamente saudáveis sejam criados até atingirem o tamanho comercial antes do abate para consumo humano ou sejam deslocados para outra zona ou compartimento infectado. Em tais casos, devem ser tomadas medidas para reduzir e, na medida do possível, impedir a propagação da doença.
3. Se o Estado-Membro em causa não desejar recuperar o estatuto de indemnidade, é aplicável o artigo 39.°

Artigo 39.° *Medidas de confinamento*
No caso de confirmação de uma doença não exótica incluída na lista da parte II do anexo IV num Estado-Membro, numa zona ou num compartimento não declarados indemnes dessa doença, o Estado-Membro em causa toma medidas destinadas a confinar a doença.
Essas medidas consistem, pelo menos, em:
a) Declarar infectada a exploração ou a zona de exploração de moluscos;
b) Estabelecer uma zona de confinamento adequada à doença em questão, incluindo uma zona de protecção e uma zona de vigilância envolventes à exploração ou à zona de exploração de moluscos declarada infectada;
c) Limitar as deslocações dos animais de aquicultura para fora da zona de confinamento, de modo a que esses animais apenas possam ser:
i) Introduzidos em explorações ou zonas de exploração de moluscos nos termos do n.° 2 do artigo 12.°; ou
ii) Colhidos e abatidos para consumo humano nos termos do n.° 1 do artigo 33.°;
d) Remover e eliminar os peixes e crustáceos mortos, sob fiscalização da autoridade competente, nos termos do Regulamento (CE) n.° 1774/2002, num prazo adequado, que tenha em conta o tipo de produção e o risco que esses animais mortos representam em termos de propagação da doença.

SECÇÃO 5.- Medidas mínimas de luta no caso de confirmação de doenças incluídas na lista da parte II do anexo IV em animais aquáticos selvagens

Artigo 40.º *Luta contra as doenças incluídas na lista da parte II do anexo IV em animais aquáticos selvagens*
 1. Em caso de infecção, comprovada ou suspeitada, de animais aquáticos selvagens por uma doença exótica incluída na lista da parte II do anexo IV, o Estado-Membro em causa monitoriza a situação e toma medidas para limitar e, tanto quanto possível, impedir a propagação da doença.
 2. Em caso de infecção, comprovada ou suspeitada, de animais aquáticos selvagens por uma doença não exótica incluída na lista da parte II do anexo IV, num Estado-Membro, numa zona ou num compartimento declarados indemnes dessa doença, o Estado-Membro monitoriza igualmente a situação e toma medidas para limitar e, tanto quanto possível, impedir a propagação da doença.
 3. Os Estados-Membros informam a Comissão e os demais Estados-Membros, no âmbito do comité referido no n.º 1 do artigo 62.º, das medidas que tomaram nos termos dos n.ᵒˢ 1 e 2.

SECÇÃO 6.- Medidas de luta em caso de doenças emergentes

Artigo 41.º *Doenças emergentes*
 1. Os Estados-Membros tomam as medidas adequadas para lutarem contra uma doença emergente e impedirem a propagação dessa doença, se a doença emergente em questão puder potencialmente comprometer a situação sanitária dos animais aquáticos.
 2. No caso de doença emergente, o Estado-Membro em causa informa imediatamente da situação os demais Estados-Membros, a Comissão e os Estados membros da EFTA se os dados forem de importância epidemiológica para outro Estado-Membro.
 3. No prazo de quatro semanas a contar da informação dos demais Estados-Membros, da Comissão e dos Estados membros da EFTA exigida no n.º 2, o caso é transmitido ao comité referido no n.º 1 do artigo 62.º As medidas tomadas pelo Estado-Membro em causa, nos termos de n.º 1 do presente artigo, podem ser prolongadas, alteradas ou revogadas pelo procedimento a que se refere o n.º 2 do artigo 62.º
 4. Se for caso disso, a lista da parte II do anexo IV é alterada, pelo procedimento a que se refere o n.º 2 do artigo 62.º, para incluir uma doença emergente em questão ou uma nova espécie hospedeira sensível a uma doença já constante da lista desse anexo.

SECÇÃO 7.- Medidas alternativas e disposições nacionais

Artigo 42.º *Procedimento de adopção de medidas epidemiológicas ad hoc relativamente a doenças incluídas na lista da parte II do anexo IV*
 Pode ser adoptada, pelo procedimento a que se refere o n.º 2 do artigo 62.º, uma decisão tendo em vista autorizar a aplicação de medidas *ad hoc* durante um período limitado, em condições adequadas à situação epidemiológica, caso:
 a) Se considere que as medidas previstas no presente capítulo não são adaptadas à situação epidemiológica; ou
 b) Se afigure que a doença se propaga apesar das medidas tomadas nos termos do presente capítulo.

Artigo 43.º *Disposições destinadas a limitar o impacto de doenças não incluídas na lista da parte II do anexo IV*
 1. Se uma doença não incluída na lista da parte II do anexo IV constituir um risco significativo para a situação sanitária dos animais de aquicultura ou dos animais aquáticos selvagens num Estado-Membro, o Estado-Membro em causa pode adoptar medidas para impedir a introdução ou lutar contra essa doença.
 Os Estados-Membros asseguram que tais medidas não excedam os limites do que se considera ser adequado e necessário para impedir a introdução ou lutar contra a doença.
 2. Os Estados-Membros notificam a Comissão de quaisquer medidas referidas no n.º 1 susceptíveis de afectar as trocas comerciais entre Estados-Membros. Tais medidas são sujeitas a aprovação pelo procedimento a que se refere o n.º 2 do artigo 62.º
 3. A aprovação referida no n.º 2 só deve ser concedida quando o estabelecimento de restrições ao comércio intracomunitário for necessário para impedir a introdução ou lutar contra a doença e deve ter em conta o disposto nos capítulos II, III, IV e V.

CAPÍTULO VI- PROGRAMAS DE LUTA E VACINAÇÃO

SECÇÃO 1.- Programas de vigilância e erradicação

Artigo 44.° *Elaboração e aprovação dos programas de vigilância e erradicação*
1. Sempre que um Estado-Membro que se desconheça estar infectado, mas que não esteja declarado indemne (categoria III como referida na parte A do anexo III) de uma ou mais doenças não exóticas incluídas na lista da parte II do anexo IV elabore um programa de vigilância para obter o estatuto de indemnidade de uma ou mais dessas doenças, deve apresentar esse programa para aprovação pelo procedimento a que se refere o n.° 2 do artigo 62.°
Os referidos programas podem igualmente ser alterados ou encerrados pelo mesmo procedimento.
Os requisitos específicos em matéria de vigilância, amostragem e métodos de diagnóstico são os previstos no n.° 3 do artigo 49.°
Contudo, se um programa previsto no presente número abranger um compartimento ou uma zona que cubra menos de 75 % do território do Estado-Membro, e essa zona ou esse compartimento for constituído por uma bacia hidrográfica não partilhada com outro Estado-Membro ou país terceiro, é aplicável o procedimento referido no n.° 2 do artigo 50.° a todas as aprovações ou alterações, ou ao encerramento do programa em causa.
2. Sempre que um Estado-Membro que se saiba estar infectado (categoria V como referida na parte A do anexo III) por uma ou mais doenças não exóticas incluídas na lista da parte II do anexo IV elabore um programa de erradicação para uma ou mais dessas doenças, deve apresentar esse programa para aprovação pelo procedimento a que se refere o n.° 2 do artigo 62.°
Os referidos programas podem igualmente ser alterados ou encerrados pelo mesmo procedimento.
3. Uma visão geral dos programas aprovados nos termos dos n.ᵒˢ 1 e 2 do presente artigo deve ser disponibilizada a nível comunitário, nos termos do artigo 51.°
4. A partir da data de aprovação dos programas referidos no presente artigo, os requisitos e as medidas previstos no artigo 14.°, nas secções 2, 3, 4 e 5 do capítulo III, na secção 2 do capítulo V e no n.° 1 do artigo 38.° relativamente às zonas declaradas indemnes são aplicáveis às zonas abrangidas pelos programas.

Artigo 45.° *Conteúdo dos programas*
Os programas não são aprovados se não incluírem, pelo menos, o seguinte:
a) Uma descrição da situação epidemiológica da doença antes da data de início do programa;
b) Uma análise dos custos estimados e dos benefícios esperados do programa;
c) A duração prevista do programa, bem como o objectivo a atingir no seu termo; e
d) A descrição e a delimitação da zona geográfica e administrativa em que o programa deve ser aplicado.

Artigo 46.° *Período de aplicação dos programas*
1. Os programas continuam a ser aplicados até:
a) Terem sido cumpridos os requisitos fixados no anexo V e o Estado-Membro, a zona ou o compartimento ser declarado indemne da doença; ou
b) O programa ser retirado, nomeadamente quando deixar de cumprir o seu objectivo, pela autoridade competente do Estado-Membro em causa ou pela Comissão.
2. Se o programa for retirado nos termos da alínea b) do n.° 1, o Estado-Membro em causa aplica as medidas de confinamento previstas no artigo 39.°, a partir da data de retirada do programa.

SECÇÃO 2.- Plano de emergência para doenças emergentes e doenças exóticas

Artigo 47.° *Plano de emergência para doenças emergentes e doenças exóticas*
1. Cada Estado-Membro elabora um plano de emergência especificando as medidas nacionais necessárias para manter um nível elevado de sensibilização e preparação relativamente à doença e assegurar a protecção do ambiente.

2. O plano de emergência deve:

a) Atribuir à autoridade competente a autoridade e os meios para recorrer à totalidade das instalações, do equipamento, dos recursos humanos e a outros materiais adequados, necessários à erradicação rápida e eficiente de um surto;

b) Assegurar a coordenação e a compatibilidade com os Estados-Membros limítrofes, e incentivar a cooperação com os países terceiros limítrofes; e

c) Se necessário, dar uma indicação exacta dos requisitos em matéria de vacinas e das condições de vacinação considerados necessários em caso de vacinação de emergência.

3. Os Estados-Membros devem cumprir os critérios e os requisitos fixados no anexo VII ao elaborar planos de emergência.

4. Os Estados-Membros submetem os planos de emergência para aprovação pelo procedimento a que se refere o n.º 2 do artigo 62.º

Cada Estado-Membro actualiza quinquenalmente o respectivo plano de emergência e submete o plano actualizado para aprovação pelo mesmo procedimento.

5. O plano de emergência é aplicável no caso de um surto de doenças emergentes e de doenças exóticas incluídas na lista da parte II do anexo IV.

SECÇÃO 3.- Vacinação

Artigo 48.º *Vacinação*

1. Os Estados-Membros asseguram que a vacinação contra as doenças exóticas incluídas na lista da parte II do anexo IV seja proibida, a menos que essa vacinação seja aprovada nos termos dos artigos 41.º, 42.º ou 47.º

2. Os Estados-Membros asseguram que a vacinação contra as doenças não exóticas incluídas na lista da parte II do anexo IV seja proibida em todas as partes do seu território declaradas indemnes dessas doenças nos termos dos artigos 49.º ou 50.º ou abrangidas por um programa de vigilância aprovado nos termos do n.º 1 do artigo 44.º

Os Estados-Membros podem permitir a vacinação em partes do respectivo território não declaradas indemnes dessas doenças ou onde a vacinação esteja integrada num programa de erradicação aprovado nos termos do n.º 2 do artigo 44.º

3. Os Estados-Membros asseguram que as vacinas utilizadas sejam autorizadas nos termos da Directiva 2001/82/CE e do Regulamento (CE) n.º 726/2004.

4. Os n.ᵒˢ 1 e 2 não são aplicáveis a estudos científicos para fins de elaboração e teste de vacinas em condições controladas.

Durante esses estudos, os Estados-Membros asseguram que sejam adoptadas as medidas adequadas para proteger os demais animais aquáticos de qualquer efeito negativo da vacinação realizada no âmbito dos estudos.

CAPÍTULO VII.- ESTATUTO DE INDEMNIDADE

Artigo 49.º *Estado-Membro indemne*

1. Um Estado-Membro é declarado indemne de uma ou mais doenças não exóticas incluídas na lista da parte II do anexo IV pelo procedimento a que se refere o n.º 2 do artigo 62.º, se for cumprido o n.º 2 do presente artigo e se:

a) Nenhuma das espécies sensíveis à doença ou doenças em causa estiver presente no seu território; ou

b) Se souber que o agente patogénico não consegue sobreviver no Estado-Membro nem nas suas fontes de água; ou

c) O Estado-Membro reunir as condições fixadas na parte I do anexo V.

2. Se os Estados-Membros limítrofes ou as bacias hidrográficas partilhadas com Estados-Membros limítrofes não foram declarados indemnes, o Estado-Membro estabelece zonas-tampão adequadas no seu território. A delimitação das zonas-tampão deve ser efectuada de forma a proteger o Estado-Membro indemne da introdução passiva da doença.

3. Os requisitos específicos em matéria de vigilância, zonas-tampão, amostragem e métodos de diagnóstico utilizados pelos Estados-Membros para conceder o estatuto de indemnidade nos termos do presente artigo são adoptados pelo procedimento a que se refere o n.º 2 do artigo 62.º

Artigo 50.º *Zona ou compartimento indemne*

1. Um Estado-Membro pode declarar uma zona ou um compartimento no seu território indemne de uma ou mais doenças não exóticas incluídas na lista da parte II do anexo IV, se:

a) Nenhuma das espécies sensíveis à doença ou doenças em causa estiver presente na zona ou no compartimento nem, se for caso disso, nas suas fontes de água; ou

b) Se souber que o agente patogénico não consegue sobreviver na zona ou no compartimento nem, se for caso disso, nas suas fontes de água; ou

c) A zona ou o compartimento cumprir as condições fixadas na parte II do anexo V.

2. O Estado-Membro apresenta a declaração referida no n.º 1 ao Comité Permanente da Cadeia Alimentar e da Saúde Animal nos seguintes moldes:

a) A declaração deve ser comprovada numa forma a determinar pelo procedimento a que se refere o n.º 2 do artigo 62.º e ser acessível à Comissão e aos demais Estados-Membros por meios electrónicos, de acordo com os requisitos do artigo 59.º;

b) A Comissão adita a notificação da declaração à ordem de trabalhos da reunião seguinte do Comité referido no n.º 1 do artigo 62.º, a título de informação. A declaração produz efeitos 60 dias após a data da reunião;

c) Dentro deste prazo, a Comissão ou os demais Estados-Membros podem pedir esclarecimentos ou informações adicionais sobre os elementos comprovativos ao Estado-Membro que fez a declaração;

d) Sempre que pelo menos um Estado-Membro ou a Comissão façam observações por escrito no prazo referido na alínea b), manifestando preocupações objectivas importantes relativamente aos elementos comprovativos, a Comissão e os Estados-Membros em causa examinam conjuntamente os elementos comprovativos apresentados a fim de resolver essas preocupações. Nesse caso, o prazo referido na alínea b) pode ser prolongado por 30 dias. Essas observações são comunicadas ao Estado-Membro que fez a declaração e à Comissão;

e) Caso a arbitragem a que se refere a alínea d) do n.º 2 não resulte, a Comissão pode decidir efectuar uma inspecção no local, nos termos do artigo 58.º, a fim de verificar a conformidade da declaração apresentada com os critérios estabelecidos no n.º 1, a menos que o Estado-Membro em causa retire a sua declaração.

f) Se necessário à luz dos resultados obtidos, é tomada uma decisão, pelo procedimento a que se refere o n.º 2 do artigo 62.º, no sentido da suspensão da autodeclaração do estatuto de indemnidade da zona ou do compartimento em causa.

3. Se a(s) zona(s) ou o(s) compartimento(s) referidos no n.º 1 cobrirem mais de 75 % do território do Estado-Membro ou se a zona ou o compartimento forem constituídos por uma bacia hidrográfica partilhada com outro Estado-Membro ou país terceiro, o procedimento referido no n.º 2 deve ser substituído pelo procedimento a que se refere o n.º 2 do artigo 62.º

4. Os requisitos específicos em matéria de vigilância, amostragem e métodos de diagnóstico utilizados pelos Estados-Membros para obter o estatuto de indemnidade nos termos do presente artigo são adoptados pelo procedimento a que se refere o n.º 2 do artigo 62.º

Artigo 51.º *Listas dos Estados-Membros, zonas ou compartimentos indemnes*

1. Cada Estado-Membro estabelece e mantém uma lista actualizada das zonas e compartimentos declarados indemnes nos termos do n.º 2 do artigo 50.º As referidas listas são tornadas públicas.

2. A Comissão elabora e actualiza uma lista dos Estados-Membros, zonas ou compartimentos declarados indemnes nos termos do artigo 49.º ou do n.º 3 do artigo 50.º e torna a lista pública.

Artigo 52.º *Manutenção do estatuto de indemnidade*

O Estado-Membro declarado indemne de uma ou mais doenças não exóticas incluídas na lista da parte II do anexo IV, nos termos do artigo 49.º, pode interromper a vigilância orientada e manter o seu estatuto de indemnidade, que exista condições propícias à manifestação clínica da doença em questão e sejam aplicadas as disposições pertinentes da presente directiva.

Contudo, no caso de zonas ou compartimentos indemnes em Estados-Membros não declarados indemnes e sempre que as condições não sejam propícias à manifestação clínica da doença em questão, a vigilância orientada mantém-se, em conformidade com os métodos previstos no n.º 3 do artigo 49.º ou no n.º 4 do artigo 50.º, conforme adequado, mas a um nível proporcional ao grau de risco.

Artigo 53.º *Suspensão e recuperação do estatuto de indemnidade*
1. Se um Estado-Membro tiver razões para crer que deixou de ser respeitada qualquer das condições necessárias à manutenção do seu estatuto enquanto Estado-Membro, zona ou compartimento indemnes, esse Estado-Membro suspende imediatamente as trocas comerciais das espécies sensíveis e das espécies vectoras com os demais Estados-Membros, zonas ou compartimentos com um estatuto sanitário superior em relação à doença em questão, como referido na parte A do anexo III, e aplica as disposições previstas nas secções 2 e 4 do capítulo V.
2. Se a investigação epizoótica prevista no n.º 1 do artigo 29.º confirmar que a suspeita de desrespeito não tem fundamento, o Estado-Membro, a zona ou o compartimento recuperam o estatuto de indemnidade.
3. Se a investigação epizoótica confirmar a existência de uma probabilidade significativa de que a infecção tenha ocorrido, o estatuto de indemnidade do Estado-Membro, da zona ou do compartimento deve ser retirado, pelo procedimento ao abrigo do qual foi declarado o referido estatuto. Para recuperar o estatuto de indemnidade é necessário, previamente, cumprir os requisitos fixados no anexo V.

CAPÍTULO VIII.- AUTORIDADES E LABORATÓRIOS COMPETENTES

Artigo 54.º *Obrigações gerais*
1. Cada Estado-Membro designa as suas autoridades competentes para efeitos da presente directiva e informa a Comissão desse facto.
As autoridades competentes funcionam e cumprem os respectivos deveres em conformidade com o Regulamento (CE) n.º 882/2004.
2. Cada Estado-Membro assegura o estabelecimento de uma cooperação eficaz e contínua, baseada no livre intercâmbio de informações pertinentes para a aplicação da presente directiva, entre as autoridades competentes que designa para efeitos da presente directiva e todas as suas outras autoridades envolvidas na regulamentação em matéria de aquicultura, animais aquáticos, alimentos para animais e géneros alimentícios de origem aquícola.
Na medida em que for necessário, as informações são trocadas igualmente entre autoridades competentes dos diferentes Estados-Membros.
3. Cada Estado-Membro assegura que as autoridades competentes tenham acesso a serviços de laboratório adequados e aos conhecimentos especializados mais avançados no domínio da análise dos riscos e da epidemiologia, e que exista um intercâmbio livre entre autoridades competentes e laboratórios, no que diz respeito a todas as informações pertinentes para a aplicação da presente directiva.

Artigo 55.º *Laboratórios comunitários de referência*
1. Os laboratórios comunitários de referência para as doenças dos animais aquáticos abrangidas pela presente directiva são designados pelo procedimento a que se refere o n.º 2 do artigo 62.º, por um período a definir pelo mesmo procedimento.
2. Os laboratórios comunitários de referência para as doenças dos animais aquáticos cumprem as funções e os deveres fixados na parte I do anexo VI.
3. Até ao final do período referido no n.º 1, o mais tardar, a Comissão reexamina a designação dos laboratórios comunitários de referência à luz do respectivo cumprimento das funções e dos deveres referidos no n.º 2.

Artigo 56.º *Laboratórios nacionais de referência*
1. Os Estados-Membros tomam disposições com vista à designação de um laboratório nacional de referência para cada um dos laboratórios comunitários de referência mencionados no artigo 55.º
Os Estados-Membros podem designar um laboratório situado noutro Estado-Membro ou num Estado membro da EFTA, podendo um único laboratório ser o laboratório nacional de referência para mais de um Estado-Membro.
2. Os Estados-Membros comunicam à Comissão, ao laboratório comunitário de referência pertinente e aos demais Estados-Membros o nome e o endereço de cada laboratório nacional de referência designado, incluindo qualquer actualização dos mesmos.

3. O laboratório nacional de referência contacta com o laboratório comunitário de referência pertinente previsto no artigo 55.°

4. A fim de assegurar um serviço de diagnóstico eficaz em todo o território de um Estado-Membro, em conformidade com os requisitos da presente directiva, o laboratório nacional de referência colabora com qualquer laboratório designado nos termos do artigo 57.°, situado no território desse Estado-Membro.

5. Os Estados-Membros asseguram que qualquer laboratório nacional de referência no seu território esteja convenientemente equipado e disponha de pessoal formado em número suficiente para a realização das investigações laboratoriais exigidas pela presente directiva e para o cumprimento das funções e dos deveres estabelecidos na parte II do anexo VI.

Artigo 57.° *Serviços e métodos de diagnóstico*
Os Estados-Membros asseguram que:
a) Os exames de laboratório para efeitos da presente directiva sejam realizados em laboratórios designados pela autoridade competente para esse fim;
b) Os exames de laboratório em caso de suspeita e para confirmar a presença das doenças incluídas na lista da parte II do anexo IV sejam realizados através de métodos de diagnósticos a estabelecer pelo procedimento a que se refere o n.° 2 do artigo 62.°; e
c) Os laboratórios designados para serviços de diagnóstico nos termos do presente artigo cumpram as funções e os deveres fixados na parte III do anexo VI.

CAPÍTULO IX.- INSPECÇÕES, GESTÃO ELECTRÓNICA E SANÇÕES

Artigo 58.° *Inspecções e auditorias comunitárias*
1. Na medida do necessário à aplicação uniforme da presente directiva e em cooperação com as autoridades competentes dos Estados-Membros, os peritos da Comissão podem efectuar inspecções no local, incluindo auditorias.
Os Estados-Membros em cujo território sejam efectuadas tais inspecções e auditorias devem prestar toda a assistência necessária aos peritos no desempenho das suas funções.
A Comissão informa a autoridade competente dos resultados dessas inspecções e auditorias.
2. Os peritos da Comissão podem igualmente realizar inspecções no local, incluindo auditorias, em países terceiros, em cooperação com as autoridades competentes do país terceiro em causa, a fim de verificarem a conformidade ou a equivalência com as regras comunitárias em matéria de saúde dos animais aquáticos.
3. Se, durante uma inspecção da Comissão, for identificado um risco zoossanitário grave, o Estado-Membro em causa toma imediatamente todas as medidas necessárias para proteger a saúde animal.
Se essas medidas não forem tomadas ou se forem consideradas insuficientes, as medidas necessárias para proteger a saúde animal são adoptadas pelo procedimento a que se refere o n.° 3 do artigo 62.° e o Estado-Membro em causa é informado do facto.

Artigo 59.° *Gestão electrónica*
1. O mais tardar até 1 de Agosto de 2008, os Estados-Membros asseguram que estejam implementados todos os procedimentos e formalidades relativos à disponibilização, por meios electrónicos, das informações previstas no artigo 6.°, no n.° 2 do artigo 50.°, no n.° 1 do artigo 51.° e no n.° 2 do artigo 56.°
2. Pelo procedimento a que se refere o n.° 2 do artigo 62.°, a Comissão adopta as normas de execução do n.° 1, a fim de facilitar a interoperabilidade dos sistemas de informação e o recurso a procedimentos por via electrónica entre Estados-Membros.

Artigo 60.° *Sanções*
Os Estados-Membros fixam as regras relativas às sanções aplicáveis em caso de infracção às disposições nacionais adoptadas em aplicação da presente directiva e tomam as medidas necessárias para garantir a sua aplicação. As sanções previstas devem ser efectivas, proporcionadas e dissuasivas. Até à data prevista no n.° 1 do artigo 65.°, o mais tardar, os Estados-Membros notificam a Comissão das referidas disposições, devendo notificá-la imediatamente de qualquer alteração posterior que lhes diga respeito.

Artigo 61.º *Alterações e normas de execução*
1. O n.º 2 do artigo 50.º pode ser alterado pelo procedimento a que se refere o n.º 2 do artigo 62.º
2. Os anexos da presente directiva podem ser alterados pelo procedimento a que se refere o n.º 2 do artigo 62.º
3. As medidas necessárias à aplicação da presente directiva são adoptadas pelo procedimento a que se refere o n.º 2 do artigo 62.º

Artigo 62.º *Procedimento de comité*
1. A Comissão é assistida pelo Comité Permanente da Cadeia Alimentar e da Saúde Animal (a seguir designado «Comité»).
2. Sempre que se faça referência ao presente número, são aplicáveis os artigos 5.º e 7.º da Decisão 1999/468/CE.
O prazo previsto no n.º 6 do artigo 5.º da Decisão 1999/468/CE é de três meses.
3. Sempre que se faça referência ao presente número, são aplicáveis os artigos 5.º e 7.º da Decisão 1999/468/CE.
O prazo previsto no n.º 6 do artigo 5.º da Decisão 1999/468/CE é de 15 dias.
4. O Comité aprovará o seu regulamento interno.

CAPÍTULO XI.- DISPOSIÇÕES TRANSITÓRIAS E FINAIS

Artigo 63.º *Revogação*
1. As Directivas 91/67/CEE, 93/53/CEE e 95/70/CE são revogadas com efeitos a partir de 1 de Agosto de 2008.
2. As remissões para as directivas revogadas devem entender-se como sendo feitas para a presente directiva e ler-se nos termos do quadro de correspondência constante do anexo VIII.
3. Todavia, a Decisão 2004/453/CE da Comissão continua a ser aplicável para efeitos da presente directiva na pendência da adopção das disposições necessárias nos termos do artigo 43.º da presente directiva, as quais devem ser adoptadas o mais tardar 3 anos após a entrada em vigor desta última.

Artigo 64.º *Disposições transitórias*
Podem ser adoptadas disposições transitórias por um período de quatro anos a contar de 14 de Dezembro de 2006 pelo procedimento a que se refere o n.º 2 do artigo 62.º

Artigo 65.º *Transposição*
1. Os Estados-Membros devem aprovar e publicar, até 1 de Maio de 2008, as disposições legislativas, regulamentares e administrativas necessárias para dar cumprimento à presente directiva e informar imediatamente a Comissão desse facto.
Os Estados-Membros devem aplicar essas disposições a partir de 1 de Agosto de 2008.
Quando os Estados-Membros aprovarem essas disposições, estas devem incluir uma referência à presente directiva ou ser acompanhadas dessa referência aquando da sua publicação oficial. As modalidades dessa referência serão aprovadas pelos Estados-Membros.
2. Os Estados-Membros devem comunicar à Comissão o texto das principais disposições de direito interno que aprovarem nas matérias reguladas pela presente directiva.

Artigo 66.º *Entrada em vigor*
A presente directiva entra em vigor no vigésimo dia seguinte ao da sua publicação no Jornal Oficial da União Europeia.

Artigo 67.º *Destinatários*
Os Estados-Membros são os destinatários da presente directiva.

Além das definições constantes do artigo 3.º, aplicam-se as seguintes definições técnicas:

a) «Compartimento»: uma ou mais explorações abrangidas por um sistema de biossegurança comum, contendo uma população de animais aquáticos com um estatuto sanitário particular no que diz respeito uma doença específica;

b) «Sistema de biossegurança comum»: sistema dentro do qual são aplicadas as mesmas medidas de vigilância sanitária, de prevenção e de luta contra as doenças dos animais aquáticos;

c) «Zona de confinamento»: zona envolvente a uma exploração ou a uma zona de exploração de moluscos infectada, em que são aplicadas medidas de luta contra a doença com vista evitar a sua propagação;

d) «Doença»: infecção clínica ou não clínica com um ou mais agentes etiológicos em animais aquáticos;

e) «Zona ou compartimento indemne»: zona ou compartimento declarado indemne de uma doença nos termos dos artigos 49.º ou 50.º;

f) «Doença emergente»: doença grave, recentemente identificada, cuja origem poderá ou não estar estabelecida, susceptível de se propagar dentro de uma população e entre populações através, nomeadamente, das trocas comerciais de animais aquáticos e/ou seus produtos. Designa também uma doença incluída na lista, identificada numa nova espécie hospedeira ainda não incluída na parte II do Anexo IV como espécie sensível;

g) «Unidade epidemiológica»: grupo de animais aquáticos que compartilham aproximadamente o mesmo risco de exposição a um agente patogénico num determinado lugar. Esse risco pode ser devido ao facto de partilharem um ambiente aquático comum ou ser decorrente de práticas de gestão que propiciam a rápida propagação de um agente patogénico de um grupo de animais para outro;

h) «Vazio sanitário»: operação de profilaxia zoossanitária que consiste em evacuar uma exploração dos animais de aquicultura sensíveis a uma doença ou que se saiba poderem transferir o agente patogénico dessa doença e, se possível, esvaziar as águas em que vivem;

i) «Transformação subsequente»: transformação dos animais de aquicultura antes do consumo humano, por meio de qualquer tipo de medidas e técnicas que afectem a integridade anatómica, tais como a sangria, a estripação/evisceração, o descabeçamento, o corte e a filetagem, que produza desperdícios ou subprodutos e possa representar um risco de propagação de doenças;

j) «Aumento da mortalidade»: subida da mortalidade inexplicável e significativamente acima do nível considerado normal para a exploração ou para a zona de exploração de moluscos em causa nas condições habituais; o que se considera ser um aumento da mortalidade deve ser decidido em cooperação entre o criador e a autoridade competente;

k) «Infecção»: presença de um agente patogénico, em fase de multiplicação ou de desenvolvimento, ou latente, numa espécie hospedeira;

l) «Zona ou compartimento infectado»: zona ou compartimento onde se sabe que a infecção ocorre;

m) «Quarentena»: operação que consiste em manter um grupo de animais aquáticos em isolamento, sem contacto directo ou indirecto com outros animais aquáticos, a fim de serem observados durante um período específico de tempo e, quando necessário, testados e tratados, incluindo o tratamento adequado dos efluentes;

n) «Espécie sensível»: espécie na qual foi demonstrada uma infecção por um agente patogénico, pela ocorrência de casos naturais ou por uma infecção experimental simulando o processo infeccioso natural;

o) «Espécie vectora»: espécie que não é sensível a uma doença, mas que é susceptível de propagar a infecção por transportar os agentes patogénicos de um hospedeiro para outro;

p) «Zona»: área geográfica precisa com um sistema hidrológico homogéneo, que compreende parte de uma bacia hidrográfica desde a(s) nascente(s) até uma barreira natural ou artificial que impeça a migração, para montante, dos animais aquáticos, a partir de zonas inferiores da bacia hidrográfica; uma bacia hidrográfica completa desde a(s) nascente(s) até ao respectivo estuário; mais de uma bacia hidrográfica, incluindo os respectivos estuários, devido ao nexo epidemiológico entre bacias hidrográficas através do estuário.

Informações exigidas no registo oficial das empresas de produção aquícola e dos estabelecimentos de transformação autorizados

PARTE I.- Empresas de produção aquícola autorizadas

1. A autoridade competente mantém um registo, como previsto no artigo 6.°, com as informações mínimas que se seguem, relativas a cada empresa de produção aquícola:

a) Nome e endereços da empresa de produção aquícola, e respectivos contactos (telefone, fax e correio electrónico);

b) Número de registo e dados sobre a autorização emitida [nomeadamente, datas de autorizações específicas, códigos ou números de identificação, condições de produção específicas e qualquer outro aspecto pertinente para a(s) autorização(ões)];

c) Posição geográfica da exploração definida por um sistema adequado de coordenadas de todos os sítios da exploração (se possível, coordenadas SIG);

d) Objectivo, tipo (isto é, tipo de sistema de cultura ou instalações, como instalações terrestres, gaiolas marinhas, lagoas) e volume máximo da produção, se estiver estabelecido;

e) Para explorações continentais, centros de expedição e centros de depuração: pormenores relativos ao abastecimento e às descargas de água da exploração;

f) Espécies de animais de aquicultura criadas na exploração (para explorações multi-espécies ou explorações de animais ornamentais, deve registar-se, no mínimo, se existem espécies reconhecidamente sensíveis a doenças incluídas na lista da parte II do anexo IV, ou que se saiba serem ser vectoras dessas doenças);

g) Informação actualizada sobre o estatuto sanitário (isto é, se a exploração está localizada num Estado-Membro, numa zona ou num compartimento indemne, se a exploração está inserida num programa destinado a obter esse estatuto ou se a exploração foi declarada infectada por uma doença referida no anexo IV).

2. Se a autorização for concedida a uma zona de exploração de moluscos nos termos do segundo parágrafo do n.° 1 do artigo 4.°, os dados exigidos na alínea a) do ponto 1 da presente parte são registados em relação a todas as empresas de produção aquícola que funcionem na zona de exploração de moluscos. Os dados exigidos nas alíneas b) a g) do ponto 1 da presente parte são registados a nível da zona de exploração de moluscos.

PARTE II.- Estabelecimentos de transformação autorizados

A autoridade competente mantém um registo, como previsto no artigo 6.°, com as informações mínimas que se seguem, relativas a cada estabelecimento de transformação autorizado:

a) Nome e endereços do estabelecimento de transformação autorizado, e respectivos contactos (telefone, fax e correio electrónico);

b) Número de registo e dados sobre a autorização emitida [nomeadamente, datas de autorizações específicas, códigos ou números de identificação, condições de produção específicas e qualquer outro aspecto pertinente para a(s) autorização(ões)];

c) Posição geográfica do estabelecimento de transformação autorizado definida por um sistema adequado de coordenadas (se possível, coordenadas SIG);

d) Pormenores relativos aos sistemas de tratamento de efluentes do estabelecimento de transformação autorizado;

e) Espécies de animais de aquicultura manipuladas no estabelecimento de transformação autorizado.

ANEXO III

[Anexo não reproduzido na presente publicação]

ANEXO IV.-
Lista de doenças
[Anexo não reproduzido na presente publicação]

ANEXO V.-
Requisitos aplicáveis à declaração de Estado-Membro, zona ou compartimento indemne
[Anexo não reproduzido na presente publicação]

ANEXO VI.-
Funções e deveres dos laboratórios

PARTE I.- Laboratórios comunitários de referência

1. Para serem designados laboratórios comunitários de referência nos termos do artigo 55.º, os laboratórios devem obedecer aos seguintes requisitos:

a) Dispor de pessoal convenientemente qualificado, com formação adequada em técnicas de diagnóstico e de análise aplicadas na sua esfera de competência, incluindo pessoal formado para situações de emergência que ocorram na Comunidade;

b) Possuir os equipamentos e produtos necessários à execução das tarefas que lhes são confiadas;

c) Dispor de uma infra-estrutura administrativa adequada;

d) Assegurar o respeito, por parte do seu pessoal, do carácter confidencial de certos assuntos, resultados ou comunicações;

e) Ter um conhecimento suficiente das normas e práticas internacionais;

f) Dispor, se for caso disso, de uma lista actualizada das substâncias e dos reagentes de referência disponíveis, bem como de uma lista actualizada de fabricantes e fornecedores dessas substâncias e desses reagentes;

g) Tomar em consideração as actividades de investigação a nível nacional e comunitário.

2. Contudo, a Comissão apenas pode designar laboratórios que funcionem e sejam avaliados e acreditados de acordo com as normas europeias a seguir indicadas, tendo em conta os critérios aplicáveis aos diferentes métodos de ensaio fixados na presente directiva:

a) EN ISO/IEC 17025 sobre «Requisitos gerais de competência para laboratórios de ensaio e calibração»;

b) EN 45002 sobre «Critérios gerais para avaliação de laboratórios de ensaios»;

c) EN 45003 sobre «Sistemas de acreditação de laboratórios de calibração e de ensaios – Requisitos gerais para a gestão e o reconhecimento».

3. A acreditação e a avaliação dos laboratórios de ensaio previstas no ponto 2 podem dizer respeito a ensaios isolados ou a grupos de ensaios.

4. No caso de uma ou mais doenças sob a sua responsabilidade, os laboratórios comunitários de referência podem beneficiar das competências e da capacidade de laboratórios noutros Estados-Membros ou em Estados membros da EFTA, desde que os laboratórios em causa obedeçam aos requisitos estabelecidos nos pontos 1, 2 e 3 do presente anexo. Qualquer intenção de beneficiar dessa cooperação deve ser incluída na informação apresentada como base para a designação nos termos do n.º 1 do artigo 55.º Contudo, o laboratório comunitário de referência permanece o ponto de contacto para os laboratórios nacionais de referência dos Estados-Membros e para a Comissão.

5. Os laboratórios comunitários de referência devem:

a) Coordenar, em consulta com a Comissão, os métodos utilizados nos Estados-Membros para diagnosticar a doença em causa através, especificamente:

i) Da caracterização, do armazenamento e, quando necessário, do fornecimento de estirpes do agente patogénico da doença pertinente, para facilitar o serviço de diagnóstico na Comunidade;

ii) Do fornecimento de soros-padrão e outros reagentes de referência aos laboratórios nacionais de referência, com vista à normalização dos testes e dos reagentes utilizados em cada Estado-Membro, sempre que seja necessário realizar testes serológicos;

iii) Da organização periódica de testes comparativos (testes interlaboratoriais) entre procedimentos de diagnóstico a nível comunitário, em conjunto com os laboratórios

681

nacionais de referência designados pelos Estados-Membros, a fim de fornecer informação sobre os métodos de diagnóstico utilizados e os resultados de testes realizados na Comunidade;
iv) Da actualização dos conhecimentos sobre o agente patogénico pertinente e sobre outros agentes patogénicos envolvidos, para permitir um diagnóstico diferencial rápido;
b) Prestar uma ajuda activa à identificação dos surtos da doença em causa nos Estados-Membros, através de estudos dos isolatos de agentes patogénicos que lhes forem enviados para confirmação do diagnóstico, caracterização e estudos epizoóticos;
c) Facilitar a formação ou a reciclagem de peritos em diagnóstico laboratorial, tendo em vista a harmonização das técnicas de diagnóstico em toda a Comunidade;
d) Colaborar, no domínio dos métodos de diagnóstico das doenças animais dentro das suas esferas de competência, com os laboratórios competentes nos países terceiros onde essas doenças se encontrem propagadas;
e) Colaborar com os laboratórios de referência da OIE no que diz respeito às doenças exóticas incluídas na lista da parte II do anexo IV sob a sua responsabilidade;
f) Coligir e transmitir informações sobre doenças exóticas e endémicas potencialmente emergentes na aquicultura comunitária.

PARTE II.- Laboratórios nacionais de referência

1. Os laboratórios nacionais de referência designados nos termos do artigo 56.º são responsáveis pela coordenação das normas e dos métodos de diagnóstico dentro das suas esferas de competência, no Estado-Membro em causa. Esses laboratórios nacionais de referência devem:
a) Comprometer-se a notificar imediatamente a autoridade competente sempre que tenham conhecimento de uma suspeita de qualquer uma das doenças referidas no anexo IV;
b) Coordenar, em consulta com o laboratório comunitário de referência pertinente, os métodos utilizados nos Estados-Membros para diagnosticar as doenças em causa, sob a sua responsabilidade;
c) Prestar uma ajuda activa à identificação dos surtos da doença pertinente, através de estudos dos isolatos do agente patogénico que lhes forem enviados para confirmação do diagnóstico, caracterização e estudos epizoóticos;
d) Facilitar a formação ou a reciclagem de peritos em diagnóstico laboratorial, tendo em vista a harmonização das técnicas de diagnóstico em todo o Estado-Membro;
e) Assegurar a confirmação dos resultados positivos de todos os surtos das doenças exóticas incluídas na lista da parte II do anexo IV, e dos surtos primários das doenças não exóticas incluídas na lista desse anexo;
f) Organizar testes comparativos (testes interlaboratoriais) periódicos entre procedimentos de diagnóstico a nível nacional, em conjunto com os laboratórios designados pelos Estados-Membros nos termos do artigo 57.º, a fim de fornecer informação sobre os métodos de diagnóstico utilizados e os resultados de testes realizados no Estado-Membro;
g) Cooperar com o laboratório comunitário de referência referido no artigo 55.º e participar nos testes comparativos organizados pelos laboratórios comunitários de referência;
h) Assegurar um diálogo regular e aberto com as respectivas autoridades nacionais competentes;
i) Funcionar, ser avaliados e acreditados de acordo com as normas europeias a seguir indicadas, tendo em conta os critérios aplicáveis aos diferentes métodos de ensaio fixados na presente directiva:
i) EN ISO/IEC 17025 sobre «Requisitos gerais de competência para laboratórios de ensaio e calibração»;
ii) EN 45002 sobre «Critérios gerais para avaliação de laboratórios de ensaios»;
iii) EN 45003 sobre «Sistemas de acreditação de laboratórios de calibração e de ensaios – Requisitos gerais para a gestão e o reconhecimento».
2. A acreditação e a avaliação dos laboratórios de ensaio previstas na alínea i) do ponto 1 podem dizer respeito a ensaios isolados ou a grupos de ensaios.
3. Os Estados-Membros podem designar laboratórios nacionais de referência que não obedeçam aos requisitos referidos na subalínea i) da alínea i) do ponto 1 da presente parte, se o funcionamento de acordo com a norma EN ISO/IEC 17025 for difícil do ponto

de vista prático, desde que o laboratório aplique a garantia de qualidade, em conformidade com as orientações da norma ISO 9001.

4. Os Estados-Membros podem autorizar que um laboratório nacional de referência situado no seu território recorra às competências e à capacidade de outros laboratórios designados nos termos do artigo 57.º para uma ou mais doenças sob a sua responsabilidade, desde que esses laboratórios obedeçam aos requisitos pertinentes da presente parte. Contudo, o laboratório nacional de referência permanece o ponto de contacto para a autoridade competente central do Estado-Membro e para o laboratório comunitário de referência.

PARTE III.- Laboratórios designados nos Estados-Membros

1. A autoridade competente de um Estado-Membro só pode designar, para serviços de diagnóstico nos termos do artigo 57.º, laboratórios que obedeçam aos seguintes requisitos:

a) Comprometer-se a notificar imediatamente a autoridade competente sempre que tenham conhecimento de uma suspeita de qualquer uma das doenças referidas no anexo IV;

b) Comprometer-se a participar em testes comparativos (testes interlaboratoriais) entre procedimentos de diagnóstico organizados pelo laboratório nacional de referência;

c) Funcionar, ser avaliados e acreditados de acordo com as normas europeias a seguir indicadas, tendo em conta os critérios aplicáveis aos diferentes métodos de ensaio fixados na presente directiva:

i) EN ISO/IEC 17025 sobre «Requisitos gerais de competência para laboratórios de ensaio e calibração»;

ii) EN 45002 sobre «Critérios gerais para avaliação de laboratórios de ensaios»;

iii) EN 45003 sobre «Sistemas de acreditação de laboratórios de calibração e de ensaios – Requisitos gerais para a gestão e o reconhecimento».

2. A acreditação e a avaliação dos laboratórios de ensaio previstas na alínea c) do ponto 1 podem dizer respeito a ensaios isolados ou a grupos de ensaios.

3. Os Estados-Membros podem designar laboratórios que não obedeçam aos requisitos referidos na subalínea i) da alínea c) do ponto 1 da presente parte, se o funcionamento de acordo com a norma EN ISO/IEC 17025 for difícil do ponto de vista prático, desde que o laboratório aplique a garantia de qualidade, em conformidade com as orientações da norma ISO 9001.

4. A autoridade competente anula a designação se as condições referidas no presente anexo deixarem de ser cumpridas.

ANEXO VII.-
Critérios e requisitos aplicáveis aos planos de emergência

Os Estados-Membros asseguram que os planos de emergência obedeçam, pelo menos, aos seguintes requisitos:

1. Devem ser previstas disposições que concedam os poderes legais necessários para executar planos de emergência e instaurar uma campanha de erradicação rápida e bem-sucedida.

2. Deve assegurar-se o acesso a fundos de emergência e a recursos orçamentais e financeiros, a fim de abranger todos os aspectos da luta contra as doenças exóticas incluídas na lista da parte II do anexo IV.

3. Deve ser estabelecida uma cadeia de comando que garanta um processo de tomada de decisão rápido e eficaz para enfrentar as doenças exóticas incluídas na lista do anexo IV ou as doenças emergentes. A direcção global das estratégias de luta deve ser atribuída a uma unidade central de tomada de decisão.

4. Devem existir planos pormenorizados, de modo a que os Estados-Membros estejam preparados para o estabelecimento imediato de centros locais de luta em caso de surto de uma das doenças exóticas incluídas na lista da parte II do anexo IV ou de uma doença emergente, e para aplicar medidas de luta contra a doença e de protecção do ambiente a nível local.

5. Os Estados-Membros devem assegurar a cooperação entre as autoridades competentes e os organismos e autoridades competentes em matéria de ambiente, a fim de garantir que as acções relativas a questões de segurança veterinária e ambiental sejam devidamente coordenadas.

6. Devem ser previstas disposições que disponibilizem os recursos adequados para assegurar uma campanha rápida e eficaz, nomeadamente em termos de pessoal, equipamento e capacidade laboratorial.

7. Deve estar disponível um manual de operações actualizado, com uma descrição pormenorizada, exaustiva e prática de todas as acções, procedimentos, instruções e medidas de luta a empregar no que diz respeito às doenças exóticas incluídas na lista da parte II do anexo IV ou às doenças emergentes.

8. Devem existir planos pormenorizados de vacinação de emergência, quando necessário.

9. O pessoal deve participar regularmente em formação em domínios como sinais clínicos, inquérito epidemiológico e luta contra doenças epizoóticas, em exercícios de alerta em tempo real, e em formação no domínio das técnicas de comunicação a fim de organizar campanhas de sensibilização sobre a epizootia em curso, destinadas a autoridades, agricultores e veterinários.

10. Devem ser preparados planos de emergência que tenham em conta os recursos necessários para lutar contra um grande número de surtos que ocorram durante um período de tempo curto.

11. Sem prejuízo dos requisitos veterinários estabelecidos no Regulamento (CE) n.º 1774/2002, os planos de emergência devem ser elaborados de modo a assegurar que, em caso de surto de doenças, qualquer eliminação em massa de cadáveres e desperdícios de animais aquáticos seja realizada sem pôr em perigo a saúde animal e humana, utilizando processos ou métodos que evitem danos para o ambiente e, nomeadamente:

i) Constituam um risco mínimo para os solos, o ar, as águas de superfície e as águas subterrâneas, assim como para as plantas e os animais;

ii) Causem um mínimo de incómodos sonoros ou olfactivos;

iii) Tenham um mínimo de efeitos negativos sobre a natureza ou os locais de interesse especial.

12. Esses planos devem incluir a identificação dos sítios e das empresas adequadas para o tratamento ou a eliminação dos cadáveres e desperdícios de animais em caso de surto de uma doença em conformidade com o Regulamento (CE) n.º 1774/2002.

ANEXO VIII.-
Quadro de correspondência

12 de junho de 2013.- Regulamento (UE) n.º 609/2013
do Parlamento Europeu e do Conselho
relativo aos alimentos para lactentes e crianças pequenas, aos alimentos destinados a
fins medicinais específicos e aos substitutos integrais da dieta para controlo do peso
e que revoga a Diretiva 92/52/CEE do Conselho, as Diretivas 96/8/CE, 1999/21/CE,
2006/125/CE e 2006/141/CE da Comissão, a Diretiva 2009/39/CE do Parlamento Europeu e do
Conselho e os Regulamentos (CE) n.º 41/2009 e (CE) n.º 953/2009 da Comissão
(J.O. L 181, 29/06/2013)

O PARLAMENTO EUROPEU E O CONSELHO DA UNIÃO EUROPEIA,
Tendo em conta o Tratado sobre o Funcionamento da União Europeia, nomeadamente o artigo 114.º,
Tendo em conta a proposta da Comissão Europeia,
Após transmissão do projeto de ato legislativo aos parlamentos nacionais,
Tendo em conta o parecer do Comité Económico e Social Europeu,
Deliberando de acordo com o processo legislativo ordinário,
Considerando o seguinte:
(1) O artigo 114.º do Tratado sobre o Funcionamento da União Europeia (TFUE) prevê que, no que diz respeito às medidas que tenham por objeto o estabelecimento e o funcionamento do mercado interno e que digam respeito, nomeadamente, à saúde, segurança e defesa dos consumidores, a Comissão baseia-se num nível de proteção elevado, tendo nomeadamente em conta qualquer nova evolução baseada em dados científicos.
(2) A livre circulação de alimentos seguros e sãos constitui um aspeto essencial do mercado interno, contribuindo significativamente para a saúde e o bem-estar dos cidadãos e para os seus interesses sociais e económicos.
(3) A legislação da União aplicável aos alimentos visa garantir, nomeadamente, que nenhum alimento seja colocado no mercado se não for seguro. Por conseguinte, convém excluir da composição das categorias de alimentos abrangidas pelo presente regulamento as substâncias consideradas prejudiciais para a saúde dos grupos da população em causa ou impróprias para consumo humano.
(4) A Diretiva 2009/39/CE do Parlamento Europeu e do Conselho, de 6 de maio de 2009, relativa aos géneros alimentícios destinados a uma alimentação especial, estabelece regras gerais aplicáveis à composição e preparação dos alimentos especialmente concebidos para satisfazer os requisitos nutricionais especiais das pessoas a que se destinam. Na sua maior parte, as disposições desta diretiva datam de 1977 e necessitam de ser revistas.
(5) A Diretiva 2009/39/CE estabelece uma definição comum para «géneros alimentícios destinados a uma alimentação especial», bem como requisitos gerais de rotulagem, incluindo a indicação da adequação desses alimentos aos fins nutricionais alegados.
(6) Os requisitos gerais de composição e rotulagem estabelecidos na Diretiva 2009/39/CE são complementados por um conjunto de atos jurídicos da União de caráter não legislativo, aplicáveis a categorias específicas de alimentos. A este respeito, regras harmonizadas estão previstas nas Diretivas da Comissão 96/8/CE, de 26 de fevereiro de 1996, relativa aos alimentos destinados a ser utilizados em dietas de restrição calórica para redução do peso, e 1999/21/CE, de 25 de março de 1999, relativa aos alimentos dietéticos destinados a fins medicinais específicos. Da mesma forma, a Diretiva 2006/125/CE da Comissão estabelece determinadas regras harmonizadas relativamente a alimentos transformados à base de cereais e aos alimentos para bebés destinados a lactentes e crianças jovens. A Diretiva 2006/141/CE da Comissão estabelece regras harmonizadas relativas a fórmulas para lactentes e fórmulas de transição e o Regulamento (CE) n.º 41/2009 da Comissão estabelece regras harmonizadas relativo à composição e rotulagem dos géneros alimentícios adequados a pessoas com intolerância ao glúten.
(7) Além disso, estão previstas regras harmonizadas na Diretiva 92/52/CEE do Conselho, de 18 de junho de 1992 relativa às fórmulas para lactentes e às fórmulas de transição destinadas à exportação para países terceiros, e no Regulamento (CE) n.º 953/2009 da Comissão, de 13 de outubro de 2009, relativo às substâncias que podem

685

ser adicionadas, para fins nutricionais específicos, aos géneros alimentícios destinados a uma alimentação especial.

(8) A Diretiva 2009/39/CE prevê a aplicação, a nível nacional, de um procedimento geral de notificação dos alimentos apresentados pelos operadores das empresas do setor alimentar como correspondendo à definição de «géneros alimentícios destinados a uma alimentação especial», antes da sua colocação no mercado da União, e para os quais a legislação da União não preveja disposições específicas, a fim de facilitar a monitorização eficiente desses alimentos por parte dos Estados-Membros.

(9) Ficou demonstrado, num relatório da Comissão, 27 de junho de 2008, ao Parlamento Europeu e ao Conselho sobre a aplicação daquele procedimento de notificação, que a definição de géneros alimentícios destinados a uma alimentação especial podia suscitar diferentes interpretações por parte das autoridades nacionais. Por conseguinte, o relatório concluiu que seria necessária uma revisão da Diretiva 2009/39/CE para garantir uma execução mais eficaz e harmonizada da legislação da União.

(10) Um relatório de estudo da Agra CEAS Consulting, de 29 de abril de 2009, sobre a revisão da Diretiva 2009/39/CE confirmou as conclusões do relatório da Comissão de 27 de junho de 2008 sobre a execução do procedimento de notificação, indicando que, em virtude da definição lata estabelecida nessa diretiva, cada vez mais géneros alimentícios são atualmente comercializados e rotulados como géneros alimentícios destinados a uma alimentação especial. Esse relatório de estudo salienta também que os tipos de alimentos regulamentados por aquela diretiva diferem significativamente entre Estados-Membros; pode suceder que alimentos semelhantes sejam comercializados ao mesmo tempo em Estados-Membros diferentes como alimentos para uma alimentação especial e/ou como alimentos para consumo corrente, incluindo suplementos alimentares, destinados à população em geral ou a determinados subgrupos da população, como as grávidas, as mulheres pós-menopáusicas, as pessoas idosas, as crianças em crescimento, os adolescentes, os indivíduos com níveis variáveis de atividade e outros. Esta situação compromete o funcionamento do mercado interno, cria insegurança jurídica para as autoridades competentes, os operadores das empresas do setor alimentar, em especial as pequenas e médias empresas (PME), e os consumidores, não sendo de excluir riscos de abuso de comercialização e de distorção da concorrência. As diferenças de interpretação deverão, por conseguinte, ser eliminadas mediante simplificação do quadro regulamentar.

(11) Afigura-se que outros atos jurídicos da União recentemente adotados estão mais adaptados a um mercado alimentar inovador e em evolução do que a Diretiva 2009/39/CE. De relevância e importância particulares neste contexto são: a Diretiva 2002/46/CE do Parlamento Europeu e do Conselho, de 10 de junho de 2002, relativa à aproximação das legislações dos Estados-Membros respeitantes aos suplementos alimentares, o Regulamento (CE) n.º 1924/2006 do Parlamento Europeu e do Conselho, de 20 de dezembro de 2006, relativo às alegações nutricionais e de saúde sobre os alimentos, e o Regulamento (CE) n.º 1925/2006 do Parlamento Europeu e do Conselho, de 20 de dezembro de 2006, relativo à adição de vitaminas, minerais e determinadas outras substâncias aos alimentos. Por outro lado, esses atos jurídicos da União regulariam adequadamente algumas das categorias de alimentos abrangidas pela Diretiva 2009/39/CE com menores encargos administrativos e mais clareza quanto ao âmbito de aplicação e aos objetivos.

(12) Além disso, a experiência demonstra que determinadas regras constantes ou adotadas ao abrigo da Diretiva 2009/39/CE deixaram de ser eficazes para assegurar o funcionamento do mercado interno.

(13) Assim, deverá ser abolida a noção de «géneros alimentícios destinados a uma alimentação especial» e a Diretiva 2009/39/CE deverá ser substituída pelo presente ato. Para simplificar a sua aplicação e assegurar a coerência em todos os Estados-Membros, o presente ato deverá assumir a forma de regulamento.

(14) O Regulamento (CE) n.º 178/2002 do Parlamento Europeu e do Conselho, de 28 de janeiro de 2002, que determina os princípios e normas gerais da legislação alimentar, cria a Autoridade Europeia para a Segurança dos Alimentos e estabelece procedimentos em matéria de segurança dos géneros alimentícios, prevê princípios e definições comuns que integram a legislação da União aplicável aos alimentos. Certas definições previstas naquele regulamento deverão ser aplicáveis no âmbito do presente regulamento.

(15) Certos grupos da população têm como fonte parcial ou exclusiva de alimentação um número limitado de categorias de alimentos. Estas categorias de alimentos são fundamentais para a gestão de determinados estados de saúde e/ou são essenciais para satisfazer os requisitos nutricionais de certos grupos da população vulneráveis bem definidos. Dessas categorias de alimentos fazem parte as fórmulas para lactentes e as fórmulas de transição, os alimentos transformados à base de cereais e os alimentos para bebés e para fins medicinais específicos. A experiência demonstrou que as disposições das Diretivas 1999/21/CE, 2006/125/CE e 2006/141/CE garantem a livre circulação dessas categorias de alimentos de forma satisfatória, ao mesmo tempo que asseguram um elevado nível de proteção da saúde pública. Convém, pois, que o presente regulamento trate essencialmente dos requisitos gerais em matéria de composição e informação aplicáveis àquelas categorias de alimentos, tendo em conta as Diretivas 1999/21/CE, 2006/125/CE e 2006/141/CE.

(16) Além disso, tendo em conta a taxa crescente de pessoas com excesso de peso ou obesas, assiste-se à colocação no mercado de um número cada vez maior de substitutos integrais da dieta para controlo do peso. Atualmente, para esses alimentos presentes no mercado pode fazer-se uma distinção entre produtos destinados a dietas de baixo teor calórico, que contêm entre 3 360 kJ (800 kcal) e 5 040 kJ (1 200 kcal), e produtos destinados a dietas hipocalóricas, que contêm geralmente menos do que 3 360 kJ (800 kcal). Tendo em conta a natureza dos alimentos em causa, é conveniente estabelecer certas disposições específicas para os mesmos. A experiência demonstrou que as disposições relevantes da Diretiva 96/8/CE garantem a livre circulação dos alimentos apresentados como substitutos integrais da dieta diária para controlo do peso de forma satisfatória, assegurando, em simultâneo, um elevado nível de proteção da saúde pública. Convém, pois, que o presente regulamento trate essencialmente dos requisitos gerais em matéria de composição e informação aplicáveis aos alimentos de substituição integral da dieta diária, incluindo os alimentos de valor energético muito baixo, tendo em conta as disposições aplicáveis da Diretiva 96/8/CE.

(17) O presente regulamento deverá prever, nomeadamente, as definições das fórmulas para lactentes e das fórmulas de transição, dos alimentos transformados à base de cereais e dos alimentos para bebés, dos alimentos para fins medicinais específicos e dos substitutos integrais da dieta para controlo do peso, tendo em conta as disposições relevantes das Diretivas 96/8/CE, 1999/21/CE, 2006/125/CE e 2006/141/CE.

(18) O Regulamento (CE) n.º 178/2002 estabelece os princípios da análise dos riscos em matéria de alimentos e define as estruturas e os mecanismos para a realização das avaliações técnicas e científicas efetuadas pela Autoridade Europeia para a Segurança dos Alimentos (a seguir designada «Autoridade»). Para efeitos do presente regulamento, a Autoridade deverá ser consultada sobre todas as questões suscetíveis de afetar a saúde pública.

(19) É importante que os ingredientes utilizados no fabrico dos alimentos abrangidos pelo presente regulamento sejam indicados para as pessoas a que se destinam e satisfaçam os seus requisitos nutricionais e que a sua adequação nutricional tenha sido determinada com base em dados científicos geralmente aceites. Esta adequação deverá ser demonstrada através de uma revisão sistemática dos dados científicos disponíveis.

(20) Os níveis máximos de resíduos de pesticidas estabelecidos na legislação aplicável da União, em particular no Regulamento (CE) n.º 396/2005 do Parlamento Europeu e do Conselho, de 23 de fevereiro de 2005, relativo aos limites máximos de resíduos de pesticidas no interior e à superfície dos géneros alimentícios e dos alimentos para animais, de origem vegetal ou animal, deverão ser aplicáveis sem prejuízo das disposições específicas estabelecidas no presente regulamento e nos atos delegados adotados ao abrigo do mesmo.

(21) A utilização de pesticidas pode resultar em resíduos de pesticidas nos alimentos abrangidos pelo presente regulamento. Por conseguinte, a sua utilização deverá ser limitada em toda a medida do possível, tendo em conta os requisitos do Regulamento (CE) n.º 1107/2009 do Parlamento Europeu e do Conselho, de 21 de outubro de 2009, relativo à colocação dos produtos fitofarmacêuticos no mercado. Todavia, a restrição ou a proibição da sua utilização não garante necessariamente que os alimentos abrangidos pelo presente regulamento, incluindo os alimentos para lactentes e crianças pequenas, estejam isentos desses pesticidas, uma vez que determinados pesticidas contaminam o ambiente, podendo os seus resíduos ser encontrados em tais alimentos. Por conseguinte, os níveis máximos de resíduos nos

alimentos em causa deverão ser fixados ao nível mais baixo possível para proteger grupos da população vulneráveis, tendo em conta as boas práticas agrícolas, bem como outras fontes de exposição, como a contaminação ambiental.

(22) As restrições e proibições de certos pesticidas equivalentes às estabelecidas atualmente nos Anexos das Diretivas 2006/125/CE e 2006/141/CE deverão ser tidas em conta em atos delegados adotados ao abrigo do presente regulamento. Estas restrições e proibições deverão ser periodicamente atualizadas, devendo ser prestada particular atenção aos pesticidas que contêm substâncias ativas, agentes de proteção ou agentes sinérgicos que, ao abrigo do Regulamento (CE) n.º 1272/2008 do Parlamento Europeu e do Conselho, de 16 de dezembro de 2008, relativo à classificação, rotulagem e embalagem de substâncias e misturas, são classificados como mutagénicos das categorias 1A ou 1B, cancerígenos das categorias 1A ou 1B, tóxicos para a reprodução das categorias 1A ou 1B, ou considerados como possuindo propriedades desreguladoras do sistema endócrino suscetíveis de causar efeitos prejudiciais nos seres humanos.

(23) As substâncias abrangidas pelo âmbito de aplicação do Regulamento (CE) n.º 258/97 do Parlamento Europeu e do Conselho, de 27 de janeiro de 1997, relativo a novos alimentos e ingredientes alimentares, não deverão ser adicionadas aos alimentos abrangidos pelo presente regulamento, a menos que, para além das condições estabelecidas nos termos do presente regulamento e pelos atos delegados adotados ao abrigo do presente regulamento, preencham também as condições para serem colocadas no mercado nos termos do Regulamento (CE) n.º 258/97. Caso haja uma alteração significativa dos métodos de produção de uma substância que tenha sido utilizada de acordo com o presente regulamento ou uma alteração da dimensão das partículas dessa substância, por exemplo graças à nanotecnologia, essa substância deverá ser considerada diferente da utilizada de acordo com o presente regulamento e deverá ser reavaliada nos termos do Regulamento (CE) n.º 258/97 e posteriormente nos termos do presente regulamento.

(24) O Regulamento (UE) n.º 1169/2011 do Parlamento Europeu e do Conselho, de 25 de outubro de 2011, relativo à prestação de informação aos consumidores sobre os géneros alimentícios, estabelece requisitos gerais em matéria de rotulagem. Estes requisitos em matéria de rotulagem deverão, regra geral, aplicar-se às categorias de alimentos abrangidas pelo presente regulamento. No entanto, o presente regulamento deverá ainda estabelecer requisitos adicionais ou derrogações ao Regulamento (UE) n.º 1169/2011, caso necessário, a fim de cumprir os objetivos específicos do presente regulamento.

(25) A rotulagem, apresentação ou publicidade dos alimentos abrangidos pelo presente regulamento não deverão atribuir a esses alimentos propriedades de prevenção, tratamento ou cura de doenças humanas, nem sugerir tais propriedades. Os alimentos para fins medicinais específicos, todavia, destinam-se à gestão da dieta de pacientes com capacidade limitada, diminuída ou alterada, por exemplo, para ingerir alimentos normais devido a doenças, anomalias ou estados de saúde específicos. A referência à gestão dietética de doenças, anomalias ou estados de saúde aos quais se destinam os alimentos não deverá ser considerada como atribuindo uma propriedade de prevenção, tratamento ou cura de doenças humanas.

(26) No intuito de proteger os consumidores vulneráveis, os requisitos em matéria de rotulagem deverão assegurar a identificação exata do produto pelos consumidores. No caso das fórmulas para lactentes e das fórmulas de transição, toda a informação escrita e veiculada por imagens deverá permitir estabelecer uma clara distinção entre as diferentes fórmulas. A dificuldade de determinar a idade exata de um lactente retratado na rotulagem poderá confundir os consumidores e obstar à identificação do produto. Esse risco poderá ser evitado mediante restrições adequadas em matéria de rotulagem. Além disso, tendo em conta que as fórmulas para lactentes são alimentos que satisfazem os requisitos nutricionais desses lactentes desde a nascença até à introdução de uma alimentação complementar adequada, a identificação inequívoca do produto é crucial para a proteção dos consumidores. Por conseguinte, deverão ser introduzidas restrições adequadas relativas à apresentação e publicidade das fórmulas para lactentes.

(27) O presente regulamento deverá prever critérios para a definição dos requisitos em matéria de composição e informação aplicáveis às fórmulas para lactentes, às fórmulas de transição, aos alimentos transformados à base de cereais e aos alimentos para bebés, aos alimentos para fins medicinais específicos e aos substitutos integrais da

dieta para controlo do peso, tendo em conta as Diretivas 96/8/CE, 1999/21/CE, 2006/125/CE e 2006/141/CE.

(28) O Regulamento (CE) n.º 1924/2006 estabelece as regras e condições de utilização das alegações nutricionais e de saúde nos alimentos. Estas regras deverão aplicar-se em geral às categorias de alimentos abrangidas pelo presente regulamento, salvo disposição em contrário do presente regulamento ou de atos delegados adotados ao abrigo do mesmo.

(29) Segundo as recomendações da Organização Mundial da Saúde (OMS), os lactentes com baixo peso à nascença deverão ser alimentados a leite materno. Não obstante, os lactentes com baixo peso à nascença e prematuros podem ter requisitos nutricionais que não possam ser satisfeitos pelo leite materno ou por fórmulas-padrão para lactentes. Com efeito, os requisitos nutricionais de lactentes nascidos prematuramente e/ou com baixo peso à nascença podem depender do estado de saúde do lactente, em especial do seu peso em comparação com um lactente de boa saúde, e do número de semanas de gestação. Deverá ser decidido caso a caso se o estado de saúde do lactente exige o consumo, sob supervisão médica, de um alimento para fins médicos especiais desenvolvido para satisfazer os requisitos nutricionais de lactentes (fórmula) e adaptado à gestão dietética do seu estado específico.

(30) A Diretiva 1999/21/CE prevê que certos requisitos de composição aplicáveis às fórmulas para lactentes e às fórmulas de transição, estabelecidos na Diretiva 2006/141/CE, sejam aplicáveis aos alimentos para fins medicinais especiais destinados aos lactentes em função da idade. No entanto, certas disposições, nomeadamente as relativas à rotulagem, à apresentação, à publicidade e às práticas promocionais e comerciais constantes da Diretiva 2006/141/CE não se aplicam atualmente a tais alimentos. A evolução do mercado, a par de um aumento significativo desses alimentos, torna necessária uma revisão daqueles requisitos em matéria de fórmulas destinadas a lactentes, tais como a utilização de pesticidas em produtos destinados à produção dessas fórmulas, os resíduos de pesticidas, a rotulagem, a apresentação, a publicidade e as práticas promocionais e comerciais das fórmulas para lactentes, que deverão igualmente ser aplicáveis aos alimentos para fins medicinais específicos desenvolvidos para satisfazer os requisitos nutricionais de lactentes.

(31) Cada vez mais bebidas lácteas e produtos semelhantes são promovidos no mercado da União como sendo particularmente adaptados às crianças pequenas. Estes produtos, que podem ser derivados de proteínas de origem animal ou vegetal, como por exemplo o leite de vaca, o leite de cabra, a soja ou o arroz, são muitas vezes comercializados como «leites de crescimento» ou «leites para crianças» ou com designações semelhantes. Estes produtos são atualmente regulamentados por diferentes atos jurídicos da União, como os Regulamentos (CE) n.º 178/2002, (CE) n.º1924/2006 e (CE) n.º 1925/2006 e a Diretiva 2009/39/CE, mas não são abrangidos pelas medidas específicas existentes aplicáveis aos alimentos para lactentes e crianças pequenas. As opiniões divergem quanto à questão de saber se estes produtos satisfazem os requisitos nutricionais do grupo da população a que se destinam. Por conseguinte, a Comissão deverá apresentar ao Parlamento Europeu e ao Conselho, após consultar a Autoridade, um relatório sobre a eventual necessidade de se adotarem disposições especiais relativas à composição, à rotulagem e outros tipos de requisitos, se for caso disso, para esses produtos. Esse relatório deverá analisar nomeadamente os requisitos nutricionais das crianças pequenas, o papel desses produtos na sua dieta, tendo em conta os padrões de consumo, o aporte nutricional e os níveis de exposição destas crianças pequenas a contaminantes e pesticidas. O relatório deverá analisar igualmente a composição destes produtos e se estes produtos têm quaisquer benefícios nutricionais quando comparados com um regime alimentar normal de uma criança em fase de desmame. A Comissão poderá acompanhar o relatório de propostas legislativas.

(32) A Diretiva 2009/39/CE prevê a possível adoção de disposições específicas relativamente às seguintes duas categorias específicas de alimentos que correspondem à definição de géneros alimentícios destinados a uma alimentação especial: «alimentos adaptados a um esforço muscular intenso, sobretudo para desportistas» e «alimentos destinados a pessoas que sofrem de perturbações do metabolismo dos glúcidos (diabetes)». No que diz respeito às disposições específicas para os alimentos destinados a pessoas que sofrem de perturbações do metabolismo dos glúcidos (diabetes), um relatório da Comissão ao Parlamento Europeu e ao Conselho, de 26 de junho de 2008, sobre os alimentos destinados a pessoas que sofrem de perturbações do metabolismo

dos glúcidos (diabetes), concluiu que não existe uma base científica para fixar requisitos específicos em matéria de composição. No que se refere aos alimentos adaptados a um esforço muscular intenso, sobretudo para desportistas, não se chegou a nenhuma conclusão positiva para a elaboração de disposições específicas, devido à grande divergência de opiniões entre os Estados-Membros e as partes interessadas quanto ao âmbito da legislação específica, ao número de subcategorias dos alimentos a incluir, aos critérios para estabelecer requisitos em matéria de composição e ao seu potencial impacto sobre a inovação no desenvolvimento dos produtos. Por conseguinte, não convém estabelecer disposições específicas nesta fase. Por outro lado, com base em pedidos apresentados pelos operadores das empresas do setor alimentar, foram analisadas alegações pertinentes com vista a uma autorização nos termos do Regulamento (CE) n.° 1924/2006.

(33) Todavia, as opiniões divergem quanto à necessidade de novas regras para assegurar a proteção adequada dos consumidores de alimentos destinados a desportistas, também chamados alimentos adaptados a um esforço muscular intenso. Por conseguinte, a Comissão deverá ser convidada a apresentar ao Parlamento Europeu e ao Conselho, após consultar a Autoridade, um relatório sobre a eventual necessidade de se adotarem disposições relativas aos alimentos destinados a desportistas. A consulta da Autoridade deverá ter em conta o relatório do Comité Científico da Alimentação Humana, de 28 de fevereiro de 2001, sobre a composição e a especificação dos alimentos adaptados a um esforço muscular intenso, sobretudo para os desportistas. No seu relatório, a Comissão deverá, em especial, avaliar a necessidade de disposições para assegurar a proteção dos consumidores.

(34) A Comissão deverá poder adotar orientações de caráter técnico destinadas a facilitar o cumprimento do presente regulamento por parte dos operadores das empresas do setor alimentar, nomeadamente as PME.

(35) Tendo em conta a situação existente no mercado e as Diretivas 2006/125/CE e 2006/141/CE e o Regulamento (CE) n.° 953/2009, convém estabelecer e incluir no Anexo do presente regulamento uma lista da União de substâncias que pertencem às seguintes categorias de substâncias: vitaminas, minerais, aminoácidos, carnitina e taurina, nucleotídeos, colina e inositol. Apenas as substâncias que pertencem a estas categorias e que constam da lista da União podem ser adicionadas às categorias de alimentos abrangidas pelo presente regulamento. Quando forem incluídas substâncias na lista da União, deverá ser especificada a categoria de alimentos abrangida pelo presente regulamento à qual essas substâncias podem ser adicionadas.

(36) A inclusão de substâncias na lista da União não deverá significar que a sua adição a uma ou mais categorias de alimentos abrangidas pelo presente regulamento é necessária ou desejável. A lista da União apenas se destina a enumerar as substâncias que pertencem a certas categorias de substâncias e que podem ser adicionadas a uma ou mais categorias de alimentos abrangidos pelo presente regulamento, ao passo que os requisitos específicos em matéria de composição determinam a composição de cada categoria de alimentos abrangida pelo presente regulamento.

(37) Várias substâncias que podem ser adicionadas aos alimentos abrangidos pelo presente regulamento podem ser adicionadas para fins tecnológicos, enquanto aditivos alimentares, corantes, aromatizantes, ou outros fins semelhantes, incluindo práticas e processos enológicos autorizados, previstos na legislação aplicável da União. Neste contexto, são adotadas especificações para essas substâncias a nível da União. É adequado que essas especificações sejam aplicáveis às substâncias qualquer que seja o objetivo da sua utilização nos alimentos, salvo disposição em contrário do presente regulamento.

(38) Às substâncias incluídas da lista da União em relação às quais não foram ainda estabelecidos critérios de pureza ao nível da União, e a fim de assegurar um nível elevado de proteção da saúde pública, deverão aplicar-se critérios de pureza geralmente aceites recomendados por organismos ou agências internacionais, tais como o Comité Misto FAO/OMS de peritos em matéria de aditivos alimentares e a Farmacopeia Europeia. Os Estados-Membros deverão ter a possibilidade de manter regras nacionais que estabeleçam critérios de pureza mais rigorosos, sem prejuízo das regras estabelecidas no TFUE.

(39) A fim de especificar os requisitos para as categorias de alimentos abrangidos pelo presente regulamento, o poder de adotar atos nos termos do artigo 290.° do TFUE deverá ser delegado na Comissão no que diz respeito a estabelecer requisitos

específicos em matéria de composição e informação relativamente às categorias de alimentos abrangidas pelo presente regulamento, incluindo no que se refere aos requisitos de rotulagem adicionais ou a derrogações às disposições do Regulamento (UE) n.º 1169/2011 e à autorização de alegações nutricionais e de saúde. Além disso, a fim de permitir aos consumidores beneficiarem rapidamente do progresso técnico e científico, nomeadamente no que diz respeito a produtos inovadores e estimular deste modo a inovação, o poder de adotar atos nos termos do artigo 290.º do TFUE deverá também ser delegado na Comissão no que diz respeito à atualização periódica aqueles requisitos tendo em conta todos os dados pertinentes, nomeadamente os dados fornecidos pelas partes interessadas. A fim de ter em conta o progresso técnico, a evolução científica ou a saúde dos consumidores, o poder de adotar atos nos termos do artigo 290.º do TFUE deverá ser delegado na Comissão no que diz respeito à adição de categorias suplementares de substâncias que têm efeitos nutricionais ou fisiológicos, a abranger pela lista da União ou à supressão de uma categoria da lista de categorias abrangidas pela lista da União. Para os mesmos efeitos, e sem prejuízo de requisitos suplementares estabelecidos no presente regulamento, o poder de adotar atos nos termos do artigo 290.º do TFUE deverá também ser delegado na Comissão no que diz respeito à da lista da União para acrescentar uma nova substância, suprimir uma substância, bem como acrescentar, suprimir ou alterar os elementos da lista da União que estão relacionadas com uma substância. É particularmente importante que a Comissão proceda às devidas consultas durante os trabalhos preparatórios, inclusive a nível de peritos. A Comissão, quando preparar e redigir atos delegados, deverá assegurar a transmissão simultânea, atempada e adequada dos documentos relevantes ao Parlamento Europeu e ao Conselho.

(40) A fim de garantir condições uniformes de execução do presente regulamento, deverão ser atribuídas competências de execução à Comissão para decidir se determinados alimentos são abrangidos pelo âmbito de aplicação do presente regulamento e determinar a categoria de alimentos a que pertencem. Essas competências deverão ser exercidas nos termos do Regulamento (UE) n.º 182/2011 do Parlamento Europeu e do Conselho, de 16 de fevereiro de 2011, que estabelece as regras e os princípios gerais relativos aos mecanismos de controlo pelos Estados-Membros do exercício das competências de execução pela Comissão.

(41) Atualmente, as regras para a utilização das menções «isento de glúten» e «teor muito baixo de glúten» são especificadas no Regulamento (CE) n.º41/2009. Este regulamento harmoniza a informação prestada aos consumidores sobre a ausência ou a presença reduzida de glúten nos alimentos e estabelece regras específicas para géneros alimentícios que foram produzidos, preparados e/ou transformados para reduzir o teor de glúten de um ou mais ingredientes que contêm glúten ou substituir esses ingredientes que contêm glúten e outros alimentos constituídos exclusivamente por ingredientes naturalmente isentos de glúten. O Regulamento (UE) n.º 1169/2011 estabelece regras de informação sobre a presença em todos os géneros alimentícios, incluindo os alimentos não pré-embalados, de ingredientes como ingredientes que contêm glúten com efeitos alergénicos ou de intolerância cientificamente comprovados, para que os consumidores, em particular os que sofrem de alergias alimentares ou intolerância ao glúten, possam tomar decisões informadas e seguras. Por razões de clareza e de coerência, as regras para a utilização das menções «isento de glúten» e «teor muito baixo de glúten» deverão igualmente ser determinadas pelo Regulamento (UE) n.º 1169/2011. Os atos normativos a adotar nos termos do Regulamento (UE) n.º 1169/2011, destinados a transpor as regras para a utilização das menções «isento de glúten» e «teor muito baixo de glúten» constantes do Regulamento (CE) n.º 41/2009, deverão assegurar um nível de proteção das pessoas com intolerância ao glúten que seja pelo menos equivalente ao atualmente previsto nos termos do Regulamento (CE) n.º 41/2009. Essa transposição das regras deverá estar concluída antes da data de aplicação do presente regulamento. Além disso, a Comissão deverá analisar formas de assegurar que as pessoas com intolerância ao glúten são devidamente informadas sobre a diferença entre alimentos especialmente produzidos, preparados e/ou transformados com vista a reduzir o teor de glúten de um ou mais ingredientes que contêm glúten e outros alimentos constituídos exclusivamente por ingredientes naturalmente isentos de glúten.

(42) As regras de rotulagem e composição para indicar a ausência ou presença reduzida de lactose nos géneros alimentícios não estão atualmente harmonizadas a nível da União. No entanto, essas menções são importantes para as pessoas com intolerância

à lactose. O Regulamento (UE) n.º1169/2011 estabelece as regras relativas à prestação de informação sobre as substâncias com efeitos alergénicos ou de intolerância cientificamente comprovados, para que os consumidores, em particular os que sofrem de intolerância à lactose, possam tomar decisões informadas e seguras. Por razões de clareza e de coerência, as regras para a utilização das menções que indiquem a ausência ou presença reduzida de lactose nos alimentos deverão ser determinadas pelo Regulamento (UE) n.º 1169/2011, tendo em conta o parecer científico da Autoridade de 10 de setembro de 2010 sobre os limites máximos de lactose no contexto da intolerância à lactose e da galactosemia.

(43) Os «substitutos de refeições para controlo do peso» destinados a substituir uma parte da dieta diária são considerados alimentos destinados a uma alimentação especial e atualmente regulamentados por regras específicas adotadas ao abrigo da Diretiva 96/8/CE. No entanto, têm aparecido no mercado cada vez mais alimentos destinados à população em geral que ostentam declarações semelhantes apresentadas como alegações de saúde para controlo do peso. A fim de eliminar qualquer potencial confusão no interior deste grupo de alimentos comercializados para controlo do peso, e no interesse da segurança jurídica e da coerência da legislação da União, estas declarações deverão ser regulamentadas unicamente pelo Regulamento (CE) n.º 1924/2006 e cumprir os requisitos nele previstos. É necessário que as adaptações técnicas determinadas pelo Regulamento (CE) n.º 1924/2006 para integrar as alegações de saúde que referem o controlo do peso corporal para os alimentos apresentados como «substituto de refeição para controlo do peso», bem como as respetivas condições de utilização tal como regulamentadas ao abrigo da Diretiva 96/8/CE, fiquem concluídas antes da data de aplicação do presente regulamento.

(44) O presente regulamento não afeta a obrigação de respeitar direitos fundamentais e princípios jurídicos fundamentais, nomeadamente a liberdade de expressão, consagrada no artigo 11.º em conjugação com o artigo 52.º da Carta dos Direitos Fundamentais da União Europeia e noutras disposições relevantes.

(45) Uma vez que os objetivos do presente regulamento, a saber, o estabelecimento de requisitos em matéria de composição e informação para certas categorias de alimentos, o estabelecimento de uma lista da União de substâncias que podem ser adicionadas a certas categorias de alimentos e a definição de regras para a aprovação e atualização dessa lista não podem ser devidamente alcançados pelos Estados-Membros e podem, pois, em virtude da dimensão da ação proposta, ser mais bem alcançados ao nível da União, esta pode tomar medidas de acordo com o princípio da subsidiariedade consagrado no artigo 5.º do Tratado da União Europeia. De acordo com o princípio da proporcionalidade consagrado no mesmo artigo, o presente regulamento não excede o necessário para atingir aqueles objetivos.

(46) A Diretiva 92/52/CEE dispõe que as preparações para lactentes e as preparações de transição exportadas ou reexportadas da União Europeia devem cumprir a legislação da União, salvo disposição em contrário do país importador. Este princípio já foi estabelecido para os alimentos no Regulamento (CE) n.º 178/2002. Assim, para efeitos de simplificação e segurança jurídica, deverá ser revogada a Diretiva 92/52/CEE.

(47) As Diretivas 96/8/CE, 1999/21/CE, 2006/125/CE, 2006/141/CE, 2009/39/CE e os Regulamentos (CE) n.º 41/2009 e (CE) n.º 953/2009 deverão também ser revogados.

(48) É necessário tomar medidas de transição adequadas para permitir que os operadores das empresas do setor alimentar se conformem com os requisitos do presente regulamento,

ADOTARAM O PRESENTE REGULAMENTO:

CAPÍTULO I.- DISPOSIÇÕES GERAIS

Artigo 1.º *Objeto*
1. O presente regulamento estabelece requisitos em matéria de composição e informação para as seguintes categorias de alimentos:
   a) Fórmulas para lactentes e fórmulas de transição;
   b) Alimentos transformados à base de cereais e alimentos para bebés;
   c) Alimentos para fins medicinais específicos;
   d) Substitutos integrais da dieta para controlo do peso.

2. O presente regulamento estabelece uma lista da União de substâncias que podem ser adicionadas a uma ou mais categorias de alimentos referidas no n.º 1 e prevê regras para a atualização dessa lista.

Artigo 2.º *Definições*
1. Para efeitos do presente regulamento, aplicam-se as seguintes definições:
a) As definições de «género alimentício», «operadores das empresas do setor alimentar», «comércio retalhista», e «colocação no mercado» constantes, respetivamente, do artigo 2.º e do artigo 3.º, pontos 3, 7 e 8, do Regulamento (CE) n.º 178/2002;
b) As definições de «género alimentício pré-embalado», «rotulagem» e «nanomaterial artificial» constantes, respetivamente, do artigo 2.º, n.º 2, alíneas e), j) e t), do Regulamento (UE) n.º 1169/2011;
c) As definições de «alegação nutricional» e «alegação de saúde» constantes, respetivamente, do artigo 2.º, n.º 2, pontos 4 e 5, do Regulamento (CE) n.º 1924/2006.
2. São também aplicáveis as seguintes definições:
a) «Lactente», uma criança com idade inferior a 12 meses;
b) «Criança pequena», uma criança com idade entre um e três anos;
c) «Fórmulas para lactentes», alimentos destinados a lactentes durante os primeiros meses de vida e que satisfazem os requisitos nutricionais desses lactentes até à introdução de alimentação complementar adequada;
d) «Fórmulas de transição», alimentos destinados a lactentes quando é introduzida uma alimentação complementar adequada, que constituem o componente líquido principal de um regime alimentar progressivamente diversificado desses lactentes;
e) «Alimentos transformados à base de cereais», alimentos:
i) destinados a satisfazer as necessidades particulares de lactentes saudáveis aquando do seu desmame e de crianças pequenas saudáveis como suplemento do seu regime alimentar e/ou para a sua adaptação progressiva a alimentos correntes, e
ii) que pertençam a uma das quatro categorias seguintes:
— cereais simples que são ou devem ser reconstituídos com leite ou outros líquidos nutritivos adequados,
— cereais a que se adicionam alimentos com elevado teor de proteínas, a reconstituir com água ou outros líquidos desprovidos de proteínas,
— massas, a utilizar após cozedura em água ou noutros líquidos apropriados,
— tostas e biscoitos, a utilizar diretamente, ou, após trituração, com água, leite ou outros líquidos adequados;
f) «Alimentos para bebés», alimentos destinados a satisfazer as necessidades particulares de lactentes saudáveis aquando do seu desmame e de crianças pequenas saudáveis como suplemento do seu regime alimentar e/ou para a sua adaptação progressiva a alimentos correntes, excluindo:
i) alimentos transformados à base de cereais, e
ii) bebidas lácteas e produtos semelhantes destinados a crianças pequenas;
g) «Alimentos para fins medicinais específicos», alimentos especialmente transformados ou compostos e destinados a satisfazer os requisitos nutricionais de pacientes, incluindo lactentes, e para consumo sob supervisão médica. Destinam-se à alimentação exclusiva ou parcial de pacientes com capacidade limitada, diminuída ou alterada para ingerir, digerir, absorver, metabolizar ou excretar alimentos correntes ou alguns dos nutrientes neles contidos ou metabolitos, ou cujo estado de saúde determine requisitos nutricionais particulares que não possam ser satisfeitas por uma modificação do regime alimentar normal;
h) «Substitutos integrais da dieta para controlo do peso», alimentos de composição especial destinados a serem utilizados em dietas de restrição calórica para redução do peso que, se utilizados de acordo com as instruções do operador da empresa do setor alimentar, substituem totalmente a dieta diária.

Artigo 3.º *Decisões de interpretação*
A fim de garantir a aplicação uniforme do presente regulamento, a Comissão pode, através de atos de execução, determinar:
a) Se determinado alimento é abrangido ou não pelo âmbito do presente regulamento;
b) A categoria específica de alimento referida no artigo 1.º, n.º 1, a que pertence determinado alimento.

Os referidos atos de execução são adotados pelo procedimento de exame a que se refere o artigo 17.°, n.° 2.

Artigo 4.° *Colocação no mercado*
1. Os alimentos referidos no artigo 1.°, n.° 1, só podem ser colocados no mercado se cumprirem as disposições do presente regulamento.
2. Os alimentos referidos no artigo 1.°, n.° 1, só podem ser colocados no mercado de venda a retalho sob a forma de géneros alimentícios pré-embalados.
3. Os Estados-Membros não podem restringir nem proibir a colocação no mercado de alimentos que cumpram o disposto no presente regulamento por motivos relacionados com a sua composição, características de fabrico, apresentação ou rotulagem.

Artigo 5.° *Princípio da precaução*
A fim de assegurar um elevado nível de proteção da saúde para as pessoas às quais se destinam os alimentos referidos no artigo 1.°, n.° 1 do presente regulamento, aplica-se o princípio da precaução que consta do artigo 7.° do Regulamento (CE) n.° 178/2002.

CAPÍTULO II.- REQUISITOS EM MATÉRIA DE COMPOSIÇÃO E DE INFORMAÇÃO

SECÇÃO 1.- Requisitos gerais

Artigo 6.° *Disposições gerais*
1. Os alimentos referidos no artigo 1.°, n.° 1, cumprem todos os requisitos da legislação da União aplicáveis aos alimentos.
2. Os requisitos estabelecidos no presente regulamento prevalecem sobre quaisquer outros requisitos contrários da legislação da União aplicável aos alimentos.

Artigo 7.° *Pareceres da Autoridade*
A Autoridade emite pareceres científicos nos termos dos artigos 22.° e 23.° do Regulamento (CE) n.° 178/2002 para efeitos de aplicação do presente regulamento. Esses pareceres servem de base científica às medidas que a União vier a adotar nos termos do presente regulamento suscetíveis de ter incidência sobre a saúde pública.

Artigo 8.° *Acesso aos documentos*
A Comissão aplica o Regulamento (CE) n.° 1049/2001 do Parlamento Europeu e do Conselho, de 30 de maio de 2001, relativo ao acesso do público aos documentos do Parlamento Europeu, do Conselho e da Comissão, aos pedidos de acesso a qualquer documento abrangido pelo presente regulamento.

Artigo 9.° *Requisitos gerais em matéria de composição e informação*
1. A composição dos alimentos referidos no artigo 1.°, n.° 1, é a indicada para as pessoas a que se destinam e de forma a satisfazer os seus requisitos nutricionais, em conformidade com dados científicos geralmente aceites.
2. Os alimentos referidos no artigo 1.°, n.° 1, não podem conter substâncias em quantidade que ponha em perigo a saúde das pessoas a que se destinam.
Para as substâncias que são nanomateriais artificiais, o cumprimento do requisito referido no primeiro parágrafo deve ser demonstrado com base em métodos de ensaio adequados, se for caso disso.
3. Com base em dados científicos geralmente aceites, as substâncias adicionadas aos alimentos referidos no artigo 1.°, n.° 1, para efeitos dos requisitos previstos no n.° 1 do presente artigo, devem ser bioassimiláveis pelo corpo humano, ter efeitos nutricionais ou fisiológicos e serem apropriadas para as pessoas a que os alimentos se destinam.
4. Sem prejuízo do artigo 4.°, n.° 1, do presente regulamento, os alimentos referidos no artigo 1.°, n.° 1, do presente regulamento, podem conter substâncias abrangidas pelo artigo 1.° do Regulamento (CE) n.° 258/97, desde que essas substâncias preencham as condições constantes desse regulamento para a sua colocação no mercado.
5. A rotulagem, apresentação e publicidade dos alimentos referidos no artigo 1.°, n.° 1, contêm informações para a utilização adequada desses alimentos e não devem induzir em erro nem atribuir a esses alimentos propriedades de prevenção, tratamento ou cura de doenças humanas, nem sugerir tais propriedades.
6. O disposto no n.° 5 não impede a divulgação de quaisquer informações ou recomendações úteis exclusivamente destinadas a pessoas com qualificações nos

domínios da medicina, nutrição e farmácia e outros profissionais de saúde responsáveis por cuidados infantis e de maternidade.

Artigo 10.° *Requisitos adicionais para fórmulas para lactentes e fórmulas de transição*
1. A rotulagem, apresentação e publicidade das fórmulas para lactentes e fórmulas de transição devem ser concebidas a fim de não desincentivem o aleitamento materno.
2. A rotulagem, apresentação e publicidade das fórmulas para lactentes e a rotulagem das fórmulas de transição não devem incluir imagens de lactentes nem outras imagens ou textos suscetíveis de criar uma impressão falsamente positiva da utilização destas fórmulas.

Sem prejuízo do disposto no primeiro parágrafo, são autorizadas as representações gráficas que permitam a identificação fácil das fórmulas para lactentes e das fórmulas de transição e que ilustrem o modo de preparação.

SECÇÃO 2.- Requisitos específicos

Artigo 11.° *Requisitos específicos em matéria de composição e informação*
1. Sem prejuízo dos requisitos gerais dos artigos 6.° e 9.°, dos requisitos suplementares do artigo 10.° e tendo em conta os progressos técnicos e científicos relevantes, a Comissão fica habilitada a adotar atos delegados nos termos do artigo 18.°, no que se refere ao seguinte:
   a) Os requisitos específicos em matéria de composição aplicáveis aos alimentos referidos no artigo 1.°, n.° 1, com exceção dos requisitos estabelecidos no Anexo;
   b) Os requisitos específicos relativos à utilização de pesticidas em produtos destinados à produção dos alimentos a que se refere o artigo 1.°, n.° 1, e aos resíduos de pesticidas presentes nesses alimentos. Estes requisitos específicos para as categorias de alimentos a que se refere o artigo 1.°, n.°1, alíneas a) e b) e para alimentos para fins medicinais específicos desenvolvidos para satisfazer os requisitos nutricionais dos lactentes e das crianças pequenas são atualizados periodicamente e incluem nomeadamente disposições destinadas a restringir tanto quanto possível a utilização de pesticidas;
   c) Os requisitos específicos em matéria de rotulagem, apresentação e publicidade dos alimentos referidos no artigo 1.°, n.° 1, incluindo a autorização das respetivas alegações nutricionais e de saúde relativas aos mesmos;
   d) Os requisitos em matéria de notificação para a colocação no mercado dos alimentos referidos no artigo 1.°, n.° 1, a fim de facilitar a monitorização oficial eficaz desses alimentos e com base na qual os operadores das empresas do setor alimentar notificam as autoridades competentes dos Estados-Membros em que os produtos forem comercializados;
   e) Os requisitos em matéria de práticas promocionais e comerciais relacionadas com as fórmulas para lactentes;
   f) Os requisitos em matéria de informação sobre a alimentação de lactentes e crianças pequenas para assegurar a prestação de informações adequadas sobre as práticas alimentares apropriadas;
   g) Os requisitos específicos para os alimentos para fins medicinais específicos desenvolvidos para satisfazer os requisitos nutricionais dos lactentes, nomeadamente os requisitos em matéria de composição e os requisitos relativos à utilização de pesticidas em produtos destinados à produção desses alimentos, aos resíduos de pesticidas, à rotulagem, à apresentação, à publicidade e às práticas promocionais e comerciais, consoante o caso.

Esses atos delegados devem ser adotados até 20 de julho de 2015.
2. Sem prejuízo dos requisitos gerais previstos nos artigos 6.° e 9.° e dos requisitos suplementares do artigo 10.° e tendo em conta os progressos científicos e técnicos relevantes, nomeadamente os dados relativos a produtos inovadores fornecidos pelas partes interessadas, a Comissão fica habilitada a adotar atos delegados nos termos do artigo 18.°, com vista a atualizar os atos a que se refere o n.° 1 do presente artigo.

No caso de surgirem riscos para a saúde, e quando haja motivos imperativos de urgência que o exijam, aplica-se aos atos delegados adotados ao abrigo do presente número o procedimento previsto no artigo 19.°.

Artigo 12.° *Bebidas lácteas e produtos semelhantes destinados a crianças pequenas*
Até 20 de julho de 2015, a Comissão deve apresentar ao Parlamento Europeu e ao Conselho, após consultar a Autoridade, um relatório sobre a eventual necessidade de se

adotarem disposições específicas relativas aos requisitos em matéria de composição e rotulagem de bebidas lácteas e produtos semelhantes destinados a crianças pequenas e, se for caso disso, outros tipos de requisitos. Nesse relatório, a Comissão deve analisar nomeadamente os requisitos nutricionais das crianças pequenas, o papel desses produtos na sua dieta e se estes produtos têm quaisquer benefícios nutricionais quando comparados com um regime alimentar normal de uma criança aquando do seu desmame. Esse relatório pode ser, se necessário, acompanhado de propostas legislativas.

Artigo 13.º *Alimentos destinados a desportistas*
Até 20 de julho de 2015, a Comissão deve apresentar ao Parlamento Europeu e ao Conselho, após consultar a Autoridade, um relatório sobre a eventual necessidade de se adotarem disposições especiais relativas aos alimentos destinados a desportistas. Esse relatório pode ser, se necessário, acompanhado de propostas legislativas.

Artigo 14.º *Orientações técnicas*
A Comissão pode adotar orientações de caráter técnico destinadas a facilitar o cumprimento do disposto no presente capítulo e no capítulo III por parte dos operadores das empresas do setor alimentar, nomeadamente as PME.

CAPÍTULO III.- LISTA DA UNIÃO

Artigo 15.º *Lista da União*
1. As substâncias pertencentes às seguintes categorias de substâncias podem ser adicionadas a uma ou mais categorias de alimentos a que se refere o artigo 1.º, n.º 1, desde que figurem na lista da União constante do Anexo e cumpram os elementos contidos na lista da União de acordo com o n.º 3 do presente artigo:
a) Vitaminas;
b) Sais minerais;
c) Aminoácidos;
d) Carnitina e taurina;
e) Nucleotídeos;
f) Colina e inositol.
2. As substâncias incluídas na lista da União devem preencher os requisitos gerais estabelecidos nos artigos.º 6 e 9.º e, se for caso disso, os requisitos específicos estabelecidos nos termos do artigo 11.º.
3. A lista da União deve conter os seguintes elementos:
a) A categoria de alimentos a que se refere o artigo 1.º, n.º 1, à qual podem ser adicionadas as substâncias pertencentes às categorias de substâncias enumeradas no n.º 1 do presente artigo;
b) O nome, a descrição da substância e, se for caso disso, a especificação da sua forma;
c) Se for caso disso, as condições de utilização da substância;
d) Se for caso disso, os critérios de pureza aplicáveis à substância.
4. Os critérios de pureza estabelecidos na legislação da União, que se aplica às substâncias incluídas na lista da União quando são utilizadas no fabrico de alimentos para fins que não os abrangidos pelo presente regulamento, também se aplicam a essas substâncias quando são utilizadas para fins abrangidos pelo presente regulamento, salvo disposição em contrário do presente regulamento.
5. No que respeita às substâncias incluídas na lista da União, relativamente às quais a legislação da União aplicável aos alimentos não estabelece critérios de pureza, aplicam-se critérios de pureza geralmente aceites recomendados por organismos internacionais até o estabelecimento de tais critérios.
Os Estados-Membros podem manter regras nacionais que estabeleçam critérios de pureza mais rigorosos.
6. A fim de ter em conta os progressos científicos e técnicos ou a proteção da saúde dos consumidores, a Comissão fica habilitada a adotar, para as categorias de substâncias enumeradas no n.º 1 do presente artigo, atos delegados nos termos do artigo 18.º relativos:
a) À supressão de uma categoria de substâncias;
b) Ao aditamento de uma categoria de substâncias que tenha efeitos nutricionais ou fisiológicos.

696

7. As substâncias pertencentes a categorias não enumeradas no n.º 1 do presente artigo podem ser adicionadas aos alimentos referidos no artigo 1.º, n.º1, desde que preencham os requisitos gerais estabelecidos nos artigos 6.º e 9.º e, se for caso disso, os requisitos específicos estabelecidos nos termos do artigo 11.º.

Artigo 16.º *Atualização da lista da União*
1. Sem prejuízo dos requisitos gerais estabelecidos nos artigos 6.º e 9.º e, se for caso disso, os requisitos específicos estabelecidos nos termos do artigo 11.º, e a fim de ter em conta os progressos científicos e técnicos ou a proteção da saúde dos consumidores, a Comissão fica habilitada a adotar atos delegados nos termos do artigo 18.º com vista a alterar o Anexo no que respeita ao seguinte:
a) Acrescentar uma substância à lista da União;
b) Suprimir uma substância da lista da União;
c) Acrescentar, suprimir ou alterar os elementos referidos no artigo 15.º, n.º 3.
2. No caso de surgirem riscos para a saúde, e quando haja motivos imperativos de urgência que o exijam, aplica-se aos atos delegados adotados ao abrigo do presente artigo o procedimento previsto no artigo 19.º.

CAPÍTULO IV.- DISPOSIÇÕES PROCESSUAIS

Artigo 17.º *Procedimento de Comité*
1. A Comissão é assistida pelo Comité Permanente da Cadeia Alimentar e da Saúde Animal criado pelo Regulamento (CE) n.º 178/2002. Esse comité deve ser entendido como comité na aceção do Regulamento (UE) n.º 182/2011.
2. Caso se faça referência ao presente número, aplica-se o procedimento previsto no artigo 5.º do Regulamento (UE) n.º 182/2011.
Caso o parecer do comité deva ser obtido por procedimento escrito, considera-se esse procedimento encerrado sem resultados se, no prazo fixado para dar parecer, o presidente do comité assim o decidir ou a maioria simples dos seus membros assim o requerer.

Artigo 18.º *Exercício da delegação*
1. O poder de adotar atos delegados é conferido à Comissão nas condições estabelecidas no presente artigo.
2. O poder de adotar atos delegados referido no artigo 11.º, no artigo 15.º, n.º 6, e no artigo 16.º, n.º 1, é conferido à Comissão por um prazo de cinco anos a contar de 19 de julho de 2013. A Comissão elabora um relatório relativo à delegação de poderes pelo menos nove meses antes do final do prazo de cinco anos. A delegação de poderes é tacitamente prorrogada por prazos de igual duração, salvo se o Parlamento Europeu ou o Conselho a tal se opuserem pelo menos três meses antes do final de cada prazo.
3. A delegação de poderes referida no artigo 11.º, no artigo 15.º, n.º 6, e no artigo 16.º, n.º 1, pode ser revogada em qualquer momento pelo Parlamento Europeu ou pelo Conselho. A decisão de revogação põe termo à delegação de poderes nela especificados. A decisão de revogação produz efeitos a partir do dia seguinte ao da sua publicação no Jornal Oficial da União Europeia ou de uma data posterior nela especificada. A decisão de revogação não afeta os atos delegados já em vigor.
4. Assim que adotar um ato delegado, a Comissão notifica-o simultaneamente ao Parlamento Europeu e ao Conselho.
5. Os atos delegados adotados nos termos do artigo 11.º, do artigo 15.º, n.º 6, e do artigo 16.º, n.º 1, só entram em vigor se não tiverem sido formuladas objeções pelo Parlamento Europeu ou pelo Conselho no prazo de dois meses a contar da notificação desses atos ao Parlamento Europeu e ao Conselho, ou se, antes do termo desse prazo, o Parlamento Europeu e o Conselho tiverem informado a Comissão de que não têm objeções a formular. O referido prazo pode ser prorrogado por dois meses por iniciativa do Parlamento Europeu ou do Conselho.

Artigo 19.º *Procedimento de urgência*
1. Os atos delegados adotados por força do presente artigo entram em vigor sem demora e são aplicáveis desde que não tenha sido formulada qualquer objeção ao abrigo do n.º 2. Na notificação de atos delegados ao Parlamento Europeu e ao Conselho devem expor-se os motivos que justificam o recurso ao procedimento de urgência.

2. O Parlamento Europeu ou o Conselho podem formular objeções a um ato delegado de acordo com o procedimento a que se refere o artigo 18.°, n.° 5. Nesse caso, a Comissão revoga sem demora o ato após a notificação da decisão pela qual o Parlamento Europeu ou o Conselho tiverem formulado objeções.

CAPÍTULO V.- DISPOSIÇÕES FINAIS

Artigo 20.° *Revogação*
1. A Decisão 2009/39/CE é revogada com efeitos a partir de 20 de julho de 2016. As referências aos atos revogados devem entender-se como sendo feitas ao presente regulamento.
2. A Diretiva 92/52/CEE e o Regulamento (CE) n.° 41/2009 são revogados com efeitos a partir de 20 de julho de 2016.
3. Sem prejuízo do n.° 4, primeiro parágrafo a Diretiva 96/8/CE não se aplica a partir de 20 de julho de 2016 aos alimentos apresentados em substituição de uma ou mais refeições do regime alimentar diário.
4. O Regulamento (CE) n.° 953/2009 e as Diretivas 96/8/CE, 1999/21/CE, 2006/125/CE e 2006/141/CE são revogados a partir da data de aplicação dos atos delegados a que se refere o artigo 11.°, n.° 1.
Em caso de conflito entre o Regulamento (CE) n.° 953/2009, as Diretivas 96/8/CE, 1999/21/CE, 2006/125/CE e 2006/141/CE e o presente regulamento, prevalecem as disposições do presente regulamento.

Artigo 21.° *Medidas transitórias*
1. Os alimentos a que se refere o artigo 1.°, n.° 1, do presente regulamento que não cumpram o presente regulamento, mas cumpram a Diretiva 2009/39/CE, e, se for caso disso, o Regulamento (CE) n.° 953/2009 e as Diretivas 96/8/CE, 1999/21/CE, 2006/125/CE e 2006/141/CE, e que sejam colocados no mercado ou rotulados antes de 20 de julho de 2016, podem continuar a ser comercializados depois dessa data até ao esgotamento das existências desses alimentos.
Caso a data de aplicação dos atos delegados a que se refere o artigo 11.°, n.° 1, do presente regulamento seja posterior a 20 de julho de 2016, os alimentos a que se refere o artigo 1.°, n.° 1, que cumpram o presente regulamento e, se for caso disso, o Regulamento (CE) n.° 953/2009 e as Diretivas 96/8/CE, 1999/21/CE, 2006/125/CE e 2006/141/CE, mas não cumpram esses atos delegados, e que sejam colocados no mercado ou rotulados antes da data de aplicação desses atos delegados, podem continuar a ser comercializados depois dessa data até ao esgotamento das existências desses alimentos.
2. Os alimentos não abrangidos pelo artigo 1.°, n.° 1, do presente regulamento, mas colocados no mercado ou rotulados nos termos da Diretiva 2009/39/CE e do Regulamento (CE) n.° 953/2009, e, se for aplicável, da Diretiva 96/8/CE e do Regulamento (CE) n.° 41/2009 antes de 20 de julho de 2016, podem continuar a ser comercializados depois dessa data até ao esgotamento das existências desses alimentos.

Artigo 22.° *Entrada em vigor*
O presente regulamento entra em vigor no vigésimo dia seguinte ao da sua publicação no Jornal Oficial da União Europeia.
O presente regulamento é aplicável a partir de 20 de julho de 2016 com exceção do seguinte:
— os artigos 11.° 16.°, 18.° e 19.° que são aplicáveis a partir de 19 de julho de 2013,
— o artigo 15.° e o Anexo do presente regulamento que são aplicáveis a partir da data da aplicação dos atos delegados a que se refere o artigo 11.°, n.° 1.
O presente regulamento é obrigatório em todos os seus elementos e diretamente aplicável em todos os Estados-Membros.

ANEXO.-
Lista da União referida no artigo 15.°, n.° 1

[Anexo não reproduzido na presente publicação]

26 de fevereiro de 2014.- Regulamento (UE) n.º 251/2014
do Parlamento Europeu e do Conselho
relativo à definição, descrição, apresentação, rotulagem e proteção das indicações
geográficas dos produtos vitivinícolas aromatizados
e que revoga o Regulamento (CEE) n.º 1601/91 do Conselho
(J.O. L 84, 20/03/2014)

(V.C. 27/03/2014)

O PARLAMENTO EUROPEU E O CONSELHO DA UNIÃO EUROPEIA,
Tendo em conta o Tratado sobre o Funcionamento da União Europeia, nomeadamente o artigo 43.º, n.º 2, e o artigo 114.º,
Tendo em conta a proposta da Comissão Europeia,
Após transmissão do projeto de ato legislativo aos parlamentos nacionais,
Tendo em conta o parecer do Comité Económico e Social Europeu,
Deliberando de acordo com o processo legislativo ordinário,
Considerando o seguinte:
(1) O Regulamento (CEE) n.º 1601/91 do Conselho e o Regulamento (CE) n.º 122/94 da Comissão regularam com êxito o setor dos vinhos aromatizados, das bebidas aromatizadas à base de vinho e dos *cocktails* aromatizados de produtos vitivinícolas (a seguir designados «produtos vitivinícolas aromatizados»). Todavia, face às inovações tecnológicas, à evolução do mercado e às novas expectativas dos consumidores, torna-se necessário atualizar as regras aplicáveis à definição, descrição apresentação, rotulagem e proteção das indicações geográficas de determinados produtos vitivinícolas aromatizados, tendo igualmente em conta os métodos tradicionais de produção.
(2) São necessárias outras alterações em consequência da entrada em vigor do Tratado de Lisboa, a fim de alinhar os poderes conferidos à Comissão nos termos do Regulamento (CEE) n.º 1601/91 com os artigos 290.º e 291.º do Tratado sobre o Funcionamento da União Europeia (TFUE). Atendendo ao alcance dessas alterações, é conveniente revogar o Regulamento (CEE) n.º 1601/91 e substituí-lo pelo presente regulamento. O Regulamento (CE) n.º 122/94 introduziu regras relativas à aromatização e à adição de álcool aplicáveis a alguns produtos vitivinícolas aromatizados e a fim de assegurar clareza, essas regras deverão ser incorporadas no presente regulamento.
(3) O Regulamento (UE) n.º 1169/2011 do Parlamento Europeu e do Conselho aplica-se à apresentação e rotulagem dos produtos vitivinícolas aromatizados, salvo disposição em contrário do presente regulamento.
(4) Os produtos vitivinícolas aromatizados são importantes para os consumidores, os produtores e o setor agrícola da União. As medidas aplicáveis aos produtos vitivinícolas aromatizados deverão contribuir para a consecução de um nível elevado de proteção dos consumidores, para evitar práticas enganosas e para assegurar a transparência do mercado e uma concorrência leal. Deste modo, essas medidas salvaguardarão a reputação que os produtos vitivinícolas aromatizados da União adquiriram no mercado interno e no mercado mundial, continuando a ter em conta as práticas tradicionais utilizadas na elaboração desses produtos, assim como as exigências crescentes de proteção e informação dos consumidores. Importa igualmente atender à inovação tecnológica, no caso dos produtos em que esta sirva para melhorar a qualidade sem afetar o caráter tradicional dos produtos vitivinícolas aromatizados em questão.
(5) A produção de produtos vitivinícolas aromatizados é para o setor agrícola da União um mercado importante que deverá ser realçado pelo enquadramento legal.
(6) No interesse dos consumidores, o presente regulamento deverá aplicar-se a todos os produtos vitivinícolas aromatizados colocados no mercado da União, quer tenham sido produzidos nos Estados-Membros ou em países terceiros. A fim de conservar e melhorar a reputação dos produtos vitivinícolas aromatizados da União no mercado mundial, as regras estabelecidas no presente regulamento deverão aplicar-se também aos produtos vitivinícolas aromatizados produzidos na União para a exportação.
(7) A fim de assegurar clareza e transparência do direito da União que regula os produtos vitivinícolas aromatizados, é necessário definir com precisão os produtos a que se aplica, bem como os critérios relativos à produção, descrição, apresentação e rotulagem desses produtos e, designadamente, à denominação de venda. Deverão estabelecer-se igualmente regras específicas sobre a indicação de proveniência, a título

699

voluntário, que completem as regras previstas no Regulamento (UE) n.° 1169/2011. Ao estabelecerem-se tais regras, regulam-se todos os estádios da cadeia de produção e os consumidores são protegidos e convenientemente informados.

(8) As definições dos produtos vitivinícolas aromatizados deverão continuar a respeitar as práticas tradicionais de qualidade, mas estas deverão ser atualizadas e aperfeiçoadas à luz da evolução tecnológica.

(9) Os produtos vitivinícolas aromatizados deverão ser produzidos de acordo com determinadas regras e restrições, que garantam a satisfação das expectativas dos consumidores no que respeita à qualidade e aos métodos de produção. A fim de respeitar as normas internacionais na matéria, é conveniente estabelecer os métodos de produção e a Comissão deverá, como regra geral, ter em conta as normas recomendadas e publicadas pelo Organização Internacional da Vinha e do Vinho (OIV).

(10) O Regulamento (CE) n.° 1333/2008 do Parlamento Europeu e do Conselho e o Regulamento (CE) n.° 1334/2008 do Parlamento Europeu e do Conselho deverão aplicar-se aos produtos vitivinícolas aromatizados.

(11) Por outro lado, o álcool etílico utilizado na produção de produtos vitivinícolas aromatizados deverá ser exclusivamente de origem agrícola, de modo a satisfazer as expectativas dos consumidores e a respeitar as práticas tradicionais de qualidade. Tal deverá assegurar, igualmente, o escoamento de produtos agrícolas de base.

(12) Dada a importância e a complexidade do setor dos produtos vitivinícolas aromatizados, justifica-se estabelecer regras específicas relativas à descrição e à apresentação destes produtos, que completem as disposições sobre rotulagem estabelecidas no Regulamento (UE) n.° 1169/2011. Essas regras específicas deverão igualmente evitar a utilização indevida das denominações de venda dos produtos vitivinícolas aromatizados, no caso de produtos que não respeitem os requisitos previstos no presente regulamento.

(13) Com vista a facilitar a compreensão dos consumidores, deverá ser possível complementar as denominações de venda previstas no presente regulamento com a denominação corrente do produto na aceção do Regulamento (UE) n.° 1169/2011.

(14) O Regulamento (CE) n.° 834/2007 do Conselho aplica-se, nomeadamente, aos produtos agrícolas transformados destinados a serem utilizados como géneros alimentícios, o que inclui os produtos vitivinícolas aromatizados. Por conseguinte, os produtos vitivinícolas aromatizados que respeitem os requisitos estabelecidos nesse regulamento, e nos atos adotados nos termos do mesmo, podem ser colocados no mercado como produtos vitivinícolas aromatizados biológicos.

(15) Ao aplicarem uma política de qualidade, e para que os produtos vitivinícolas aromatizados com indicação geográfica possam ter um nível de qualidade elevado, os Estados-Membros deverão poder adotar regras mais estritas do que as previstas no presente regulamento, no que respeita à produção, designação, apresentação e rotulagem dos produtos vitivinícolas aromatizados com indicação geográfica que são produzidos nos seus territórios desde que tais regras sejam compatíveis com o direito da União.

(16) Uma vez que o Regulamento (CE) n.° 110/2008 do Parlamento Europeu e do Conselho, o Regulamento (UE) n.° 1151/2012 do Parlamento Europeu e do Conselho e as disposições relativas às indicações geográficas estabelecidas no Regulamento (UE) n.° 1308/2013 do Parlamento Europeu e do Conselho não se aplicam aos produtos vitivinícolas aromatizados, torna-se necessário estabelecer regras especificamente aplicáveis à proteção das indicações geográficas destes produtos. Deverão ser utilizadas indicações geográficas para identificar produtos vitivinícolas aromatizados originários do território de um país, ou de uma região ou localidade desse território, se determinada qualidade, reputação ou outra característica de um produto vitivinícola aromatizado for essencialmente atribuível à origem geográfica do mesmo, procedendo a Comissão ao registo dessas indicações geográficas.

(17) O presente regulamento deverá prever um procedimento de registo, conformidade, alteração e eventual cancelamento de indicações geográficas de países terceiros e da União.

(18) As autoridades dos Estados-Membros deverão ser responsáveis pelo cumprimento do presente regulamento e deverão ser adotadas disposições para que a Comissão possa supervisionar e verificar esse cumprimento.

(19) A fim de completar ou alterar certos elementos não essenciais do presente regulamento, o poder de adotar atos nos termos do artigo 290.° do TFUE deverá ser

delegado na Comissão no que diz respeito à criação de processos de produção para a obtenção de produtos vitivinícolas aromatizados; aos critérios para a delimitação da área geográfica e as regras, restrições e derrogações relativas à produção nessas áreas, às condições em que o caderno de especificações do produto pode incluir requisitos adicionais; à determinação dos casos em que um produtor individual pode solicitar a proteção de uma indicação geográfica e as restrições aplicáveis ao tipo de requerente que pode solicitar a proteção de uma indicação geográfica; à definição das condições a observar relativamente aos pedidos de proteção de uma indicação geográfica, ao exame pela Comissão, ao procedimento de oposição e aos procedimentos de alteração e cancelamento de indicações geográfica; à definição das condições aplicáveis aos pedidos transfronteiriços; à fixação da data de apresentação dos pedidos; à data a partir da qual vigora a proteção e à data a partir da qual entra em vigor uma alteração à proteção; à definição das condições relativas às alterações ao caderno de especificações incluindo as condições segundo as quais uma alteração seja considerada menor e às condições relativas aos pedidos de alteração que não impliquem alterações ao documento único, e ao seu deferimento; às restrições respeitantes ao nome protegido; à natureza e ao tipo de informações a notificar no âmbito da troca de informações entre os Estados-Membros e a Comissão, aos métodos de notificação, às regras relativas aos direitos de acesso à informação ou aos sistemas de informação disponibilizados e aos meios de publicação das informações. É especialmente importante que a Comissão efetue consultas adequadas durante os trabalhos preparatórios, inclusive ao nível de peritos. A Comissão, quando preparar e redigir atos delegados, deverá assegurar a transmissão simultânea, atempada e adequada dos documentos relevantes ao Parlamento Europeu e ao Conselho.

(20) A fim de assegurar condições uniformes para a execução do presente regulamento no que diz respeito aos métodos de análise a utilizar para determinar a composição dos produtos vitivinícolas aromatizados; às decisões de concessão da proteção de indicações geográficas e de indeferimento dos pedidos dessa proteção; às decisões de cancelamento da proteção de indicações geográficas e das denominações geográficas existentes; às decisões de aprovação do pedido de alterações, no caso em que a alteração do caderno de especificações seja menor; às informações a indicar no caderno de especificações, no que respeita à definição das indicações geográficas, aos meios para disponibilizar ao público as decisões de proteção das indicações geográficas ou de indeferimento das mesmas; à apresentação de pedidos transfronteiriços; aos controlos e verificações a realizar pelos Estados-Membros; ao procedimento, incluindo a admissibilidade, de exame dos pedidos de proteção ou de aprovação de alterações de indicações geográficas, bem como no que respeita aos procedimentos, incluindo a admissibilidade, relativos aos pedidos de oposição, de cancelamento ou de conversão e à apresentação de informações relativas às denominações geográficas protegidas já existentes; aos controlos administrativos e físicos a efetuar pelos Estados-Membros; e às regras relativas à aplicação das disposições relativas ao fornecimento das informações necessárias para o pedido de troca de informações entre os Estados-Membros e a Comissão; às disposições relativas à gestão das informações a comunicar, bem como regras sobre o teor, a forma, o calendário, a periodicidade e os prazos das notificações; disposições relativas à transmissão ou disponibilização de informações e documentos aos Estados-Membros, às autoridades competentes de países terceiros e ao público, deverão ser atribuídas competências de execução à Comissão. Estas competências deverão ser exercidas nos termos do Regulamento (UE) n.º 182/2011 do Parlamento Europeu e do Conselho.

(21) Dada a natureza especial destes atos, a Comissão deverá, através de atos de execução e sem aplicar o Regulamento (UE) n.º 182/2011, publicar no *Jornal Oficial da União Europeia* o documento único, decidir se o pedido de proteção de uma indicação geográfica deve ser indeferido com fundamento na inadmissibilidade, e deverá criar e manter um registo das indicações geográficas protegidas ao abrigo do presente regulamento, incluindo a enumeração das denominações geográficas constantes desse registo ou a sua eliminação.

(22) A transição das regras previstas no Regulamento (CEE) n.º 1601/91 para as regras previstas no presente regulamento poderá criar dificuldades que não sejam obviadas pelo presente regulamento. Para o efeito, deverão ser delegados poderes à Comissão para adotar as medidas transitórias necessárias.

(23) Deverá prever-se um período de tempo suficiente e disposições adequadas a fim de facilitar uma transição suave das regras estabelecidas no Regulamento (CEE) n.º 1601/91 para as regras estabelecidas no presente regulamento. Em qualquer caso, deverá ser permitida a comercialização das existências após a aplicação do presente regulamento, até ao esgotamento das mesmas.

(24) Atendendo a que os objetivos do presente regulamento, a saber, estabelecer regras relativas à definição, descrição, apresentação e rotulagem dos produtos vitivinícolas aromatizados, bem como à proteção das indicações geográficas desses produtos, não podem ser suficientemente alcançados pelos Estados-Membros, mas podem, devido à sua dimensão e efeito ser mais bem alcançados ao nível da União, podendo a União tomar medidas, em conformidade com o princípio da subsidiariedade consagrado no artigo 5.º do Tratado da União Europeia. Em conformidade com o princípio da proporcionalidade consagrado no mesmo artigo, o presente regulamento não excede o necessário para alcançar esses objetivos,
ADOTARAM O PRESENTE REGULAMENTO:

CAPÍTULO I.- ÂMBITO DE APLICAÇÃO E DEFINIÇÕES

Artigo 1.º *Objeto e âmbito de aplicação*
1. O presente regulamento estabelece regras relativas à definição, descrição, apresentação e rotulagem dos produtos vitivinícolas aromatizados, bem como à proteção das indicações geográficas desses produtos.
2. O Regulamento (UE) n.º 1169/2011 aplica-se à apresentação e rotulagem dos produtos vitivinícolas aromatizados, salvo disposição em contrário prevista no presente regulamento.
3. O presente regulamento aplica-se aos produtos vitivinícolas aromatizados colocados no mercado na União, quer sejam produzidos em Estados-Membros ou em países terceiros, bem como aos produtos produzidos na União para exportação.

Artigo 2.º *Definições*
Para efeitos do presente regulamento, entende-se por:
1) «Denominação de venda» : nome de qualquer dos produtos vitivinícolas aromatizados previsto no presente regulamento;
2) «Descrição» : a lista de características específicas de um produto vitivinícola aromatizado;
3) «Indicação geográfica» : indicação que identifica um produto vitivinícola aromatizado como originário de uma região, de um local específico ou de um país caso uma determinada qualidade, reputação ou outra característica desse produto possa ser atribuída essencialmente à origem geográfica do mesmo.

CAPÍTULO II.- DEFINIÇÕES, DESCRIÇÃO APRESENTAÇÃO E ROTULAGEM DOS PRODUTOS VITIVINÍCOLAS AROMATIZADOS

Artigo 3.º *Definições e classificação dos produtos vitivinícolas aromatizados*
1. Os produtos vitivinícolas aromatizados são produtos obtidos a partir de produtos do setor vitivinícola referidos no Regulamento (UE) n.º 1308/2013 e que tenham sido aromatizados. Os produtos vitivinícolas aromatizados são classificados nas seguintes categorias:
a) Vinhos aromatizados;
b) Bebidas aromatizadas à base de vinho;
c) *Cocktails* aromatizados de produtos vitivinícolas.
2. Vinho aromatizado é uma bebida:
a) Obtida a partir de um ou mais dos produtos vitivinícolas definidos no Anexo II, parte IV, ponto 5, e no Anexo VII, parte II, pontos 1 e 3 a 9, do Regulamento (UE) n.º 1308/2013, com exceção do vinho Retsina;
b) Na qual os produtos vitivinícolas referidos na alínea a) representam, pelo menos, 75 % do volume total;
c) À qual foi eventualmente adicionado álcool;
d) À qual foram eventualmente adicionados corantes;
e) À qual foram eventualmente adicionados mosto de uvas, mosto de uvas parcialmente fermentado ou ambos;

f) Que pode ter sido eventualmente edulcorada;

g) Com título alcoométrico volúmico adquirido igual ou superior a 14,5 % vol e inferior a 22 % vol e título alcoométrico volúmico total igual ou superior a 17,5 % vol.

3. Bebida aromatizada à base de vinho é uma bebida:

a) Obtida a partir de um ou mais dos produtos vitivinícolas definidos no Anexo VII parte II, pontos 1, 2 e 4 a 9, do Regulamento (UE) n.º 1308/2013, com a exceção dos vinhos produzidos com adição de álcool e o vinho Retsina;

b) Na qual os produtos vitivinícolas referidos na alínea a) representam, pelo menos, 50 % do volume total;

c) À qual não foi adicionado álcool, salvo indicação em contrário constante do Anexo II;

d) À qual foram eventualmente adicionados corantes;

e) À qual foram eventualmente adicionados mosto de uvas, mosto de uvas parcialmente fermentado ou ambos;

f) Que pode ter sido eventualmente edulcorada;

g) Com título alcoométrico volúmico adquirido igual ou superior a 4,5 % vol e inferior a 14,5 % vol.

4. *Cocktail* aromatizado de produtos vitivinícolas é uma bebida:

a) Obtida a partir de um ou mais dos produtos vitivinícolas definidos no Anexo VII parte II, pontos 1, 2 e 4 a 11, do Regulamento (UE) n.º 1308/2013, com a exceção dos vinhos produzidos com adição de álcool e o vinho Retsina;

b) Na qual os produtos vitivinícolas referidos na alínea a) representam, pelo menos, 50 % do volume total;

c) À qual não foi adicionado álcool;

d) À qual foram eventualmente adicionados corantes;

e) Que pode ter sido eventualmente edulcorada;

f) Com título alcoométrico volúmico adquirido superior a 1,2 % vol e inferior a 10 % vol.

Artigo 4.º *Processos de produção e métodos de análise de produtos vitivinícolas aromatizados*

1. Os produtos vitivinícolas aromatizados devem ser produzidos em conformidade com os requisitos, restrições e designações estabelecidos nos Anexos I e II.

2. A Comissão fica habilitada a adotar atos delegados nos termos do artigo 33.º, no que diz respeito ao estabelecimento de processos de produção autorizados para a obtenção de produtos vitivinícolas aromatizados, atendendo às expectativas dos consumidores.

Ao estabelecer os processos de produção autorizados a que se refere o primeiro parágrafo, a Comissão deve ter em conta os processos de produção recomendados e publicados pela OIV.

3. Se for caso disso, a Comissão adota, por meio de atos de execução, os métodos de análise a utilizar para determinar a composição dos produtos vitivinícolas aromatizados. Esses métodos devem basear-se nos métodos pertinentes recomendados e publicados pela OIV, salvo se forem ineficazes ou inadequados tendo em conta o objetivo prosseguido. Os referidos atos de execução são adotados de acordo com o procedimento de exame a que se refere o artigo 34.º, n.º 2.

Na pendência da adoção de tais métodos pela Comissão, os métodos a utilizar são os autorizados pelo Estado-Membro em questão.

4. As práticas enológicas e as restrições estabelecidas nos termos do artigo 74.º, do artigo 75.º, n.º 4, e do artigo 80.º do Regulamento (UE) n.º 1308/2013 aplicam-se aos produtos vitivinícolas utilizados para a produção dos produtos vitivinícolas aromatizados.

Artigo 5.º *Denominações de venda*

1. As denominações de venda previstas no Anexo II são utilizadas para quaisquer produtos vitivinícolas aromatizados colocados no mercado da União, desde que cumpram os requisitos para a denominação de venda correspondente estabelecidos no mesmo anexo. As denominações de venda podem ser complementadas com a denominação corrente do produto na aceção do Regulamento (UE) n.º 1169/2011.

2. Caso um produto vitivinícola aromatizado satisfaça os requisitos de mais do que uma denominação de venda, apenas é autorizada a utilização de uma delas, salvo disposição em contrário constante do Anexo II.

3. As bebidas alcoólicas aromatizadas que não cumpram os requisitos previstos no presente regulamento não podem ser designadas, apresentadas ou rotuladas mediante a associação de termos como «género», «tipo», «estilo», «elaboração» ou «gosto», ou de qualquer outro termo semelhante, a qualquer denominação de venda.

4. As denominações de venda podem ser completadas ou substituídas por indicações geográficas protegidas ao abrigo do presente regulamento.

5. Sem prejuízo do disposto no artigo 26.º, as denominações de venda não são completadas por denominações de origem protegidas ou indicações geográficas protegidas autorizadas para produtos vitivinícolas.

Artigo 6.º *Menções complementares das denominações de venda*
1. As denominações de venda referidas no artigo 5.º também podem ser complementadas pelas seguintes menções relativas ao seu teor de açúcares dos vinhos aromatizados:

a) «Extra-seco» : para os produtos com teor de açúcares inferior a 30 gramas por litro e, no caso dos vinhos aromatizados e não obstante o artigo 3.º, n.º 2, alínea g), com título alcoométrico volúmico total igual ou superior a 15 % vol;

b) «Seco» : para produtos com teor de açúcares inferior a 50 gramas por litro e, no caso dos vinhos aromatizados e não obstante o artigo 3.º, n.º 2, alínea g), com título alcoométrico volúmico total igual ou superior a 16 % vol;

c) «Meio-seco» : para produtos com teor de açúcares igual ou superior a 50 gramas por litro e inferior a 90 gramas por litro;

d) «Meio-doce» : para produtos com teor de açúcares igual ou superior a 90 gramas por litro e inferior a 130 gramas por litro;

e) «Doce» : para produtos com teor de açúcares com 130 gramas ou mais por litro.
Os teores de açúcares indicados nas alíneas a) a e) do primeiro parágrafo são expressos em açúcar invertido.
As menções «meio-doce» e «doce» podem ser acompanhadas pela indicação do teor de açúcares, expresso em gramas por litro de açúcar invertido.

2. Se a denominação de venda for complementada pela menção «espumante» ou incluir esta menção, a quantidade de vinho espumante utilizada não pode ser inferior a 95 %.

3. As denominações de venda podem ser ainda complementadas por uma referência ao aroma principal utilizado.

Artigo 7.º *Indicação de proveniência*
Se for indicada a proveniência do produto vitivinícola aromatizado, esta deve corresponder ao local de produção do produto. A proveniência deve ser indicada pelos termos «produzido em [...]» ou por termos equivalentes, complementados pelo nome do Estado-Membro ou país terceiro em causa.

Artigo 8.º *Línguas utilizadas na apresentação e rotulagem de produtos vitivinícolas aromatizados*
1. As denominações de venda assinaladas em itálico no Anexo II não são traduzidas no rótulo nem na apresentação dos produtos vitivinícolas aromatizados.
As menções complementares previstas no presente regulamento devem, se forem expressas em texto, ser indicadas pelo menos numa língua oficial da União.

2. O nome de uma indicação geográfica protegida nos termos do presente regulamento deve figurar no rótulo na língua ou línguas em que esteja registado, mesmo que a indicação geográfica em causa substitua uma denominação de venda nos termos do artigo 5.º, n.º 4.
Caso o nome de uma indicação geográfica protegida nos termos do presente regulamento utilize um alfabeto não-Latino, o nome correspondente pode ser também indicado numa ou mais línguas oficiais da União.

Artigo 9.º *Regras mais estritas decididas pelos Estados-Membros*
Ao aplicarem uma política de qualidade a produtos vitivinícolas aromatizados com indicação geográfica protegida nos termos do presente regulamento que sejam produzidos no seu território, ou tendo em vista o estabelecimento de novas indicações geográficas, os Estados-Membros podem adotar regras relativas à produção e à descrição dos produtos mais estritas do que as referidas no artigo 4.º e nos Anexos I e II, desde que as regras em causa sejam compatíveis com o direito da União.

CAPÍTULO III.- INDICAÇÕES GEOGRÁFICAS

Artigo 10.° *Teor dos pedidos de proteção*
1. O pedido de proteção de um nome como indicação geográfica deve ser constituído por um processo técnico de que constem:
a) O nome a proteger;
b) O nome e o endereço do requerente;
c) O caderno de especificações referido no n.° 2; e
d) Um documento único de síntese do caderno de especificações referido no n.° 2.
2. Para poder beneficiar de uma indicação geográfica protegida ao abrigo do presente regulamento, o produto deve respeitar o caderno de especificações correspondente, do qual devem constar, pelo menos, os seguintes elementos:
a) O nome a proteger;
b) Uma descrição do produto, designadamente as suas principais características analíticas, bem como uma indicação das suas características organolépticas;
c) Se for caso disso, os processos de produção e especificações particulares, bem como as restrições aplicáveis na elaboração do produto;
d) A delimitação da área geográfica em causa;
e) Os elementos que sustentam a relação referida no artigo 2.°, n.° 3;
f) Os requisitos aplicáveis estabelecidos no direito da União ou no direito nacional ou, se o Estado-Membro assim o tiver previsto, estabelecidos pela organização gestora da indicação geográfica protegida em causa, desde que os requisitos em questão sejam objetivos, não-discriminatórios e compatíveis com o direito da União;
g) Uma indicação da matéria-prima principal a partir da qual o produto vitivinícola aromatizado é obtido;
h) O nome e o endereço das autoridades ou dos organismos a quem compete verificar o cumprimento das disposições do caderno de especificações, bem como as atribuições específicas dessas autoridades ou desses organismos.

Artigo 11.° *Pedido de proteção relativo a uma área geográfica situada num país terceiro*
1. Se o pedido de proteção se referir a uma área geográfica situada num país terceiro, para além dos elementos previstos no artigo 10.°, o pedido deve incluir uma prova de que o nome em questão é protegido no seu país de origem.
2. O pedido de proteção deve ser dirigido à Comissão, quer diretamente pelo requerente, quer através das autoridades do país terceiro em causa.
3. O pedido de proteção deve ser redigido numa das línguas oficiais da União ou ser acompanhado de uma tradução autenticada numa dessas línguas.

Artigo 12.° *Requerentes*
1. Qualquer agrupamento de produtores interessado – ou, em casos excecionais, um produtor individual – pode apresentar um pedido de proteção de uma indicação geográfica. Podem participar no pedido de proteção outras partes interessadas.
2. Os produtores apenas podem apresentar pedidos de proteção relativos a produtos vitivinícolas aromatizados que eles próprios produzam.
3. Se o nome em causa designar uma área geográfica transfronteiriça, pode ser apresentado um pedido de proteção conjunto.

Artigo 13.° *Procedimento nacional preliminar*
1. Os pedidos para proteção da indicação geográfica de um produto vitivinícola aromatizado originário da União devem ser sujeitos ao procedimento nacional preliminar nos termos dos n.°s2 a 7 do presente artigo.
2. O pedido de proteção deve ser apresentado no Estado-Membro a cujo território se encontra associada a indicação geográfica.
3. O Estado-Membro examina o pedido de proteção a fim de verificar se preenche as condições estabelecidas no presente capítulo.
O Estado-Membro, por meio de um procedimento nacional, assegura a publicação adequada do pedido de proteção e prevê um período de, pelo menos, dois meses, a contar da data da publicação, durante o qual qualquer pessoa singular ou coletiva com interesse legítimo e residente ou estabelecida no território do Estado-Membro pode opor-se à proteção proposta mediante a apresentação de uma declaração devidamente fundamentada ao Estado-Membro.
4. Se considerar que a indicação geográfica não cumpre os requisitos aplicáveis ou é incompatível com o direito da União em geral, o Estado-Membro indefere o pedido.

5. Se considerar que os requisitos aplicáveis são cumpridos, o Estado-Membro:
   a) Publica o documento único e o caderno de especificações, pelo menos, na Internet;
   b) Transmite à Comissão um pedido de proteção que contenha as seguintes informações:
   i) o nome e endereço do requerente,
   ii) o caderno de especificações referido no artigo 10.º, n.º 2,
   iii) o documento único a que se refere o artigo 10.º, n.º 1, alínea d),
   iv) a declaração do Estado-Membro em que este considera que o pedido apresentado pelo requerente preenche as condições exigidas,
   v) referência à publicação prevista na alínea a).
   As informações referidas no primeiro parágrafo, alínea b), devem ser transmitidas numa das línguas oficiais da União ou ser acompanhadas de uma tradução autenticada numa dessas línguas.
   6. Os Estados-Membros adotam, até 28 de março de 2015, as disposições legislativas, regulamentares ou administrativas necessárias para dar cumprimento ao presente artigo.
   7. Se não dispuser de legislação nacional relativa à proteção de indicações geográficas, um Estado-Membro pode, apenas a título transitório, conferir proteção a uma denominação, nos termos do disposto no presente capítulo, a nível nacional. Essa proteção deverá produzir efeitos a partir da data de apresentação do pedido à Comissão e deverá cessar na data em que for decidido deferir ou indeferir o registo nos termos do presente capítulo.

Artigo 14.º *Exame pela Comissão*
   1. A Comissão torna pública a data de apresentação dos pedidos de proteção.
   2. A Comissão examina se os pedidos de proteção a que se refere o artigo 13.º, n.º 5, preenchem as condições estabelecidas no presente capítulo.
   3. Se considerar que as condições estabelecidas no presente capítulo estão preenchidas, a Comissão, por meio de atos de execução adotados sem recurso ao procedimento a que se refere o artigo 34.º, n.º 2, publica no Jornal Oficial da União Europeia o documento único referido no artigo 10.º, n.º 1, alínea d), e a referência à publicação do caderno de especificações referida no artigo 13.º, n.º 5, alínea a).
   4. Se considerar que as condições estabelecidas no presente capítulo não estão preenchidas, a Comissão, por meio de um ato de execução, toma a decisão de indeferir o pedido. Os referidos atos de execução são adotados de acordo com o procedimento de exame a que se refere o artigo 34.º, n.º 2.

Artigo 15.º *Procedimento de oposição*
   No prazo de dois meses a contar da data de publicação prevista no artigo 14.º, n.º 3, qualquer Estado-Membro ou país terceiro, ou qualquer pessoa singular ou coletiva com interesse legítimo, residente ou estabelecida num Estado-Membro diferente daquele que requereu a proteção ou num país terceiro, pode opor-se à proteção proposta, mediante apresentação à Comissão de uma declaração devidamente fundamentada relativa às condições de elegibilidade estabelecidas no presente capítulo.
   No caso das pessoas singulares ou coletivas residentes ou estabelecidas num país terceiro, essa declaração deve ser apresentada quer diretamente, quer através das autoridades do país terceiro em causa, no prazo de dois meses referido no primeiro parágrafo.

Artigo 16.º *Decisão sobre a proteção*
   Com base nas informações de que disponha após a conclusão do procedimento de oposição referido no artigo 15.º, a Comissão decide, por meio de um ato de execução, ou conferir proteção à indicação geográfica, se esta cumprir as condições estabelecidas no presente capítulo e for compatível com o direito da União, ou indeferir o pedido, se essas condições não estiverem preenchidas. Os referidos atos de execução são adotados de acordo com o procedimento de exame a que se refere o artigo 34.º, n.º 2.

Artigo 17.º *Homonímia*
   1. Um nome, relativamente ao qual tenha sido apresentado um pedido de proteção, e que seja homónimo ou parcialmente homónimo de um nome já registado ao abrigo do presente regulamento, deve ser registado tendo na devida conta os usos locais e tradicionais e o risco de confusão.
   2. Não são registados nomes homónimos que induzam os consumidores em erro, levando-os a crer que os produtos são originários de outro território, ainda que os nomes

em causa sejam exatos no que se refere ao território, à região ou ao local de origem real dos produtos em questão.

3. A utilização de um nome homónimo registado só é autorizada se, na prática, o nome homónimo registado posteriormente for suficientemente diferenciado do nome já registado, tendo em conta a necessidade de garantir um tratamento equitativo dos produtores em causa e de não induzir os consumidores em erro.

Artigo 18.° *Motivos de recusa da proteção*
1. Não são protegidos como indicações geográficas nomes que se tornaram genéricos. Para efeitos do presente capítulo, entende-se por «nome que se tornou genérico» o nome de um produto vitivinícola aromatizado que, embora corresponda ao local ou à região onde esse produto era inicialmente produzido ou colocado no mercado, passou a ser o nome comum do produto vitivinícola aromatizado em causa na União.
Para determinar se um nome se tornou ou não genérico devem ser tidos em conta todos os fatores pertinentes, nomeadamente:
a) A situação existente na União, nomeadamente nas zonas de consumo;
b) A legislação da União ou nacional aplicável.
2. Não são protegidos como indicações geográficas os nomes cuja proteção, atendendo à reputação e à notoriedade de uma marca, seja suscetível de induzir os consumidores em erro quanto à verdadeira identidade do produto vitivinícola aromatizado em causa.

Artigo 19.° *Relação com marcas*
1. Se uma indicação geográfica for protegida ao abrigo do presente regulamento, deve ser indeferido o registo de qualquer marca cuja utilização seja abrangida pelo artigo 20.°, n.° 2, caso o pedido de registo da marca seja apresentado após a data de apresentação à Comissão do pedido de proteção da indicação geográfica em causa e esta última seja subsequentemente protegida.
As marcas registadas em violação do disposto no primeiro parágrafo são consideradas inválidas.
2. Sem prejuízo do artigo 17.°, n.° 2, uma marca cuja utilização seja abrangida pelo artigo 20.°, n.° 2, e que tenha sido objeto de um pedido de registo ou de registo ou, nos casos em que tal esteja previsto na legislação em causa, que tenha sido estabelecida pelo uso, no território da União, antes da data da apresentação à Comissão do pedido de proteção de uma determinada indicação geográfica, pode continuar a ser utilizada e a ser renovada, independentemente da proteção da indicação geográfica em causa, sempre que não incorra nas causas de invalidade ou de caducidade previstas na Diretiva 2008/95/CE do Parlamento Europeu e do Conselho e no Regulamento (CE) n.° 207/2009 do Conselho.
Nesses casos, é permitida a utilização da indicação geográfica em causa juntamente com a da marca em questão.

Artigo 20.° *Proteção*
1. As indicações geográficas protegidas ao abrigo presente regulamento podem ser utilizadas por qualquer operador que comercialize um produto vitivinícola aromatizado produzido de acordo com o caderno de especificações correspondente.
2. As indicações geográficas protegidas ao abrigo do presente regulamento e os produtos vitivinícolas aromatizados que utilizam esses nomes protegidos de acordo com o caderno de especificações são protegidos contra:
a) Qualquer utilização comercial direta ou indireta de um nome protegido:
i) por produtos comparáveis não conformes com o caderno de especificações do nome protegido, ou
ii) que procure tirar benefícios da reputação de uma indicação geográfica;
b) Qualquer usurpação, imitação ou evocação, ainda que a verdadeira origem do produto ou serviço seja indicada ou que o nome protegido seja traduzido, transcrito ou transliterado ou acompanhado por termos como «género», «tipo», «método», «estilo», «imitação», «sabor», «como» ou similares;
c) Qualquer outra indicação falsa ou falaciosa quanto às proveniências, origem, natureza ou qualidades essenciais do produto, que conste da embalagem ou do acondicionamento, da publicidade ou dos documentos relativos ao produto vitivinícola em causa, bem como contra o acondicionamento em recipientes suscetíveis de transmitir uma ideia errada sobre a origem do produto;

d) Qualquer outra prática suscetível de induzir o consumidor em erro quanto à verdadeira origem do produto.

3. As indicações geográficas protegidas ao abrigo do presente regulamento não podem tornar-se genéricas na União, na aceção do artigo 18.º, n.º 1.

4. Os Estados-Membros devem tomar as medidas administrativas e judiciais necessárias para impedir a utilização ilegal de indicações geográficas protegidas ao abrigo do presente regulamento a que se refere o n.º 2, ou para pôr cobro a essa utilização ilegal.

Artigo 21.º *Registo*
A Comissão, por meio de atos de execução, adotados sem recurso ao procedimento a que se refere o artigo 34.º, n.º 2, estabelece e mantém um registo eletrónico, acessível ao público, das indicações geográficas protegidas ao abrigo do presente regulamento de produtos vitivinícolas aromatizados.

Podem ser inscritas como indicações geográficas protegidas ao abrigo do presente regulamento, no registo referido no primeiro parágrafo, indicações geográficas relativas a produtos de países terceiros que sejam protegidas na União por força de acordos internacionais nos quais esta seja parte contratante.

Artigo 22.º *Designação da autoridade competente*
1. Os Estados-Membros designam a autoridade ou autoridades competentes responsáveis pelo controlo do cumprimento das obrigações impostas no presente capítulo, nos termos dos critérios enunciados no artigo 4.º do Regulamento (CE) n.º 882/2004 do Parlamento Europeu e do Conselho.
2. Os Estados-Membros asseguram que qualquer operador que cumpra o disposto no presente capítulo tenha direito a ser abrangido por um sistema de controlo.
3. Os Estados-Membros comunicam à Comissão a autoridade ou autoridades competentes referidas no n.º 1. A Comissão torna públicos os respetivos nomes e endereços e atualiza-os periodicamente.

Artigo 23.º *Verificação do cumprimento do caderno de especificações*
1. A verificação anual do cumprimento do caderno de especificações, no que respeita a indicações geográficas protegidas ao abrigo do presente regulamento relativas a áreas geográficas da União, durante a produção e durante ou após o acondicionamento do produto vitivinícola aromatizado, deve ser assegurada:
a) Pela autoridade ou autoridades competentes referidas no artigo 22.º; ou
b) Por um ou mais organismos de controlo responsáveis pela verificação, na aceção do artigo 2.º, segundo parágrafo, ponto 5, do Regulamento (CE) n.º 882/2004, que funcionem como organismos de certificação de produtos nos termos dos requisitos previstos no artigo 5.º desse regulamento.
Os custos dessa verificação são suportados pelos operadores a ela sujeitos.
2. A verificação anual do cumprimento do caderno de especificações, no que respeita a indicações geográficas protegidas ao abrigo do presente regulamento relativas a áreas geográficas de países terceiros, durante a produção e durante ou após o acondicionamento do produto vitivinícola aromatizado, deve ser assegurada:
a) Por uma ou mais autoridades públicas designadas pelo país terceiro; ou
b) Por um ou mais organismos de certificação.
3. Os organismos de certificação referidos no n.º 1, alínea b), e no n.º 2, alínea b), devem respeitar a norma EN ISO/IEC 17065:2012 (*Conformity assessments – Requirements for bodies certifying products process and services –* Avaliação de conformidade – requisitos gerais para organismos de certificação de produtos e de serviços) e ser acreditados de acordo com essa norma.
4. Caso a verificação do cumprimento do caderno de especificações esteja a cargo da autoridade ou autoridades referidas nos n.º 1, alínea a), e n.º 2, alínea a), estas devem oferecer garantias adequadas de objetividade e de imparcialidade e dispor do pessoal qualificado e dos recursos necessários para a realização das suas tarefas.

Artigo 24.º *Alterações ao caderno de especificações*
1. Qualquer requerente que satisfaça as condições previstas no artigo 12.º pode solicitar a aprovação de alterações ao caderno de especificações de uma indicação geográfica protegida ao abrigo do presente regulamento, nomeadamente a fim de ter em conta a evolução dos conhecimentos científicos e técnicos ou para rever a delimitação da

área geográfica referida no artigo 10.°, n.° 2, alínea d). Os pedidos devem descrever e fundamentar as alterações solicitadas.

2. Se a alteração proposta der origem a uma ou várias alterações do documento único referido no artigo 10.°, n.° 1, alínea d), os artigos 13.° a 16.° aplicam-se, com as necessárias adaptações, ao pedido de alteração. Todavia, se a alteração proposta for apenas menor, a Comissão decide, por meio de um ato de execução, sobre o deferimento ou indeferimento do pedido, sem seguir os procedimentos estabelecidos no artigo 14.°, n.° 2, e no artigo 15.°, e, em caso de deferimento, publica os elementos referidos no artigo 14.°, n.° 3. Os referidos atos de execução são adotados de acordo com o procedimento de exame a que se refere o artigo 34.°, n.° 2.

Artigo 25.° *Cancelamento*
A Comissão pode, por sua própria iniciativa ou a pedido, devidamente fundamentado, de um Estado-Membro, de um país terceiro ou de uma pessoa singular ou coletiva que tenha um interesse legítimo, decidir, por meio de atos de execução, cancelar a proteção de uma indicação geográfica, se já não estiver assegurado o cumprimento do caderno de especificações correspondente. Os referidos atos de execução são adotados de acordo com o procedimento de exame a que se refere o artigo 34.°, n.° 2.
Os artigos 13.° a 16.° aplicam-se com as necessárias adaptações.

Artigo 26.° *Denominações geográficas já existentes*
1. As denominações geográficas de produtos vitivinícolas aromatizados constantes do Anexo II do Regulamento (CEE) n.° 1601/91 e todas as denominações geográficas apresentadas a um Estado-Membro e aprovadas pelo mesmo até 27 de março de 2014 ficam automaticamente protegidas como indicações geográficas ao abrigo do presente regulamento. Por meio de atos de execução adotados sem recurso ao procedimento a que se refere o artigo 34.°, n.° 2, do presente regulamento, a Comissão inscreve-as no registo previsto no artigo 21.°.
2. Os Estados-Membros transmitem à Comissão, no que respeita às denominações geográficas já existentes a que se refere o n.° 1:
a) Os processos técnicos previstos no artigo 10.°, n.° 1;
b) As decisões nacionais de aprovação.
3. Perdem a proteção ao abrigo do presente regulamento as denominações geográficas já existentes a que se refere o n.° 1 relativamente às quais as informações referidas no n.° 2 não sejam apresentadas até 28 de março de 2017. A Comissão, por meio de atos de execução adotados sem recurso ao procedimento a que se refere o artigo 34.°, n.° 2, toma a iniciativa formal de retirar as referidas denominações do registo previsto no artigo 21.°.
4. O artigo 25.° não se aplica às denominações geográficas já existentes a que se refere o n.° 1 presente artigo.
Até 28 de março de 2018 a Comissão pode, por meio de atos de execução, por sua própria iniciativa, decidir cancelar a proteção das denominações geográficas já existentes a que se refere o n.° 1 do presente artigo que não cumprirem o disposto no artigo 2.°, n.° 3. Os referidos atos de execução são adotados de acordo com o procedimento de exame a que se refere o artigo 34.°, n.° 2.

Artigo 27.° *Taxas*
Os Estados-Membros podem exigir o pagamento de uma taxa destinada a cobrir as despesas por eles efetuadas, incluindo as decorrentes do exame dos pedidos de proteção, das declarações de oposição, dos pedidos de alteração e dos pedidos de cancelamento ao abrigo do presente capítulo.

Artigo 28.° *Delegação de poderes*
1. A fim de ter em conta as características específicas da produção na área geográfica delimitada, a Comissão fica habilitada a adotar os seguintes atos delegados nos termos do artigo 33.°, no que diz respeito a:
a) Critérios para a delimitação da área geográfica; e
b) Regras, restrições e derrogações relativas à produção na área geográfica delimitada.
2. A fim de assegurar a qualidade e rastreabilidade dos produtos, a Comissão fica habilitada a adotar os seguintes atos delegados nos termos do artigo 33.° a fim de definir as condições ao abrigo das quais o caderno de especificações do produto pode incluir requisitos adicionais, nos termos do artigo 10.°, n.° 2, alínea f).

3. A fim de salvaguardar os direitos ou os interesses legítimos dos produtores ou operadores, a Comissão fica habilitada a adotar os seguintes atos delegados nos termos do artigo 33.º a fim de:

a) Determinar os casos em que um produtor individual pode solicitar a proteção de uma indicação geográfica;

b) Determinar as restrições aplicáveis ao tipo de requerente que pode solicitar a proteção de uma indicação geográfica;

c) Estabelecer as condições a observar relativamente aos pedidos de proteção de uma indicação geográfica, ao exame pela Comissão, ao procedimento de oposição e aos procedimentos de alteração e cancelamento de indicações geográfica;

d) Estabelecer as condições aplicáveis aos pedidos transfronteiriços;

e) Fixar a data de apresentação das candidaturas ou dos pedidos;

f) Fixar a data a partir da qual vigora a proteção;

g) Estabelecer as condições segundo as quais uma alteração seja considerada menor, na aceção do artigo 24.º, n.º 2;

h) Fixar a data em que as alterações entram em vigor;

i) Estabelecer as condições relativas aos pedidos de alteração ao caderno de especificações de uma indicação geográfica protegida ao abrigo do presente regulamento, e do seu deferimento, caso tais alterações não impliquem a alteração do documento único referido no artigo 10.º, n.º 1, alínea d).

4. A fim de assegurar uma proteção adequada a Comissão fica habilitada a adotar atos delegados nos termos do artigo 33.º, no que diz respeito às restrições relativas ao nome protegido.

Artigo 29.º *Competências de execução*

1. A Comissão pode adotar, por meio de atos de execução, todas as medidas necessárias, relacionadas com o presente capítulo, no que respeita:

a) Às informações a indicar no caderno de especificações no que respeita à relação referida no artigo 2.º, n.º 3, entre a área geográfica e o produto final;

b) Aos meios de divulgação ao público das decisões de proteção ou de indeferimento referidas no artigo 16.º;

c) À apresentação de pedidos transfronteiriços;

d) Aos controlos e verificações a efetuar pelos Estados-Membros, incluindo exames.

Os referidos atos de execução são adotados de acordo com o procedimento de exame a que se refere o artigo 34.º, n.º 2.

2. A Comissão pode adotar, por meio de atos de execução, todas as medidas necessárias relacionadas com o presente capítulo, no que respeita ao procedimento, incluindo a admissibilidade, de exame dos pedidos de proteção ou de aprovação de alterações de indicações geográficas, bem como no que respeita aos procedimentos, incluindo a admissibilidade, relativos aos pedidos de oposição, de cancelamento ou de conversão e à apresentação de informações relativas às denominações geográficas protegidas já existentes, nomeadamente no que se refere:

a) Aos modelos dos documentos e aos modos de transmissão;

b) A prazos;

c) Às especificações relativas aos factos, provas e documentos de apoio a apresentar para fundamentar os pedidos.

Os referidos atos de execução são adotados de acordo com o procedimento de exame a que se refere o artigo 34.º, n.º 2.

Artigo 30.º *Candidatura ou Pedido não admissível*

Caso um pedido apresentado ao abrigo do presente capítulo seja considerado não admissível, a Comissão decide, por meio de atos de execução adotados sem recurso ao procedimento a que se refere o artigo 34.º, n.º 2, indeferi-lo por não admissibilidade.

CAPÍTULO IV.- DISPOSIÇÕES GERAIS, TRANSITÓRIAS E FINAIS

Artigo 31.º *Controlos e verificações dos produtos vitivinícolas aromatizados*

1. O controlo dos produtos vitivinícolas aromatizados é da responsabilidade dos Estados-Membros. Cabe-lhes tomar as medidas necessárias para assegurar o cumprimento do disposto no presente regulamento, nomeadamente designando a autoridade ou autoridades competentes responsáveis pelo controlo do cumprimento das obrigações estabelecidas no presente regulamento nos termos do Regulamento (CE) n.º 882/2004.

2. A Comissão adota, quando necessário, por meio de atos de execução, as regras dos controlos administrativos e físicos a efetuar pelos Estados-Membros com vista ao cumprimento das obrigações resultantes da aplicação do presente regulamento.
Os referidos atos de execução são adotados de acordo com o procedimento de exame a que se refere o artigo 34.º, n.º 2.

Artigo 32.º *Intercâmbio de informações*
1. Os Estados-Membros e a Comissão devem notificar-se reciprocamente no que respeita às informações necessárias para a aplicação do presente regulamento e o cumprimento das obrigações internacionais relativas aos produtos vitivinícolas aromatizados. Essas informações podem, se for caso disso, ser transmitidas às autoridades competentes de países terceiros ou ser postas à disposição dessas autoridades e podem ser tornadas públicas.
2. A fim de que as notificações referidas no n.º 1 sejam rápidas, eficientes, exatas e economicamente justificadas, a Comissão fica habilitada a adotar atos delegados adotados nos termos do artigo 33.º, a fim de estabelecer:
a) A natureza e o tipo de informações a comunicar;
b) Os métodos de notificação;
c) As regras relativas aos direitos de acesso à informação ou aos sistemas de informação disponibilizados;
d) As condições e os meios de publicação das informações.
3. A Comissão adota, por meio de atos de execução:
a) Regras relativas ao fornecimento das informações necessárias para a aplicação do presente artigo;
b) Disposições para a gestão das informações a notificar, bem como regras sobre o teor, a forma, o calendário, a periodicidade e os prazos das notificações;
c) Disposições relativas à transmissão ou disponibilização de informações e documentos aos Estados-Membros, às autoridades competentes de países terceiros e ao público.
Os referidos atos de execução são adotados de acordo com o procedimento de exame a que se refere o artigo 34.º, n.º 2.

Artigo 33.º *Exercício da delegação*
1. O poder de adotar atos delegados é conferido à Comissão nas condições estabelecidas no presente artigo.
2. O poder de adotar atos delegados referido nos artigos 4.º, n.º 2, 28.º, 32.º, n.º 2 e 36.º, n.º 1, é conferido à Comissão por um prazo de cinco anos a contar de 27 de março de 2014. A Comissão elabora um relatório relativo à delegação de poderes pelo menos nove meses antes do final do prazo de cinco anos. A delegação de poderes é tacitamente prorrogada por prazos de igual duração, salvo se o Parlamento Europeu ou o Conselho a tal se opuserem pelo menos três meses antes do final de cada prazo.
3. A delegação de poderes referida nos artigos 4.º, n.º 2, 28.º, 32.º, n.º 2, e 36.º, n.º 1, pode ser revogada em qualquer momento pelo Parlamento Europeu ou pelo Conselho. A decisão de revogação põe termo à delegação dos poderes nela especificados. A decisão de revogação produz efeitos a partir do dia seguinte ao da sua publicação no Jornal Oficial da União Europeia ou de data posterior nela especificada. A decisão de revogação não afeta a validade dos atos delegados já em vigor.
4. Assim que adotar um ato delegado, a Comissão notifica-o simultaneamente ao Parlamento Europeu e ao Conselho.
5. Os atos delegados adotados nos termos dos artigos 4.º, n.º 2, 28.º, 32.º, n.º 2 e 36.º, n.º 1, só podem entrar em vigor se não tiverem sido formuladas objeções pelo Parlamento Europeu ou pelo Conselho no prazo de dois meses a contar da notificação desse ato ao Parlamento Europeu e ao Conselho ou se, antes do termo desse prazo, o Parlamento Europeu e o Conselho tiverem informado a Comissão de que não têm objeções a formular. O referido prazo é prorrogado por dois meses por iniciativa do Parlamento Europeu ou do Conselho.

Artigo 34.º *Procedimento de comité*
1. A Comissão é assistida pelo Comité dos produtos vitivinícolas aromatizados. Este Comité deve ser entendido como comité na aceção do Regulamento (UE) n.º 182/2011.

2. Caso se faça referência ao presente número, aplica-se o disposto no artigo 5.° do Regulamento (UE) n.° 182/2011.

No caso dos atos de execução a que se referem o artigo 4.°, n.° 3, primeiro parágrafo, e o artigo 29.°, n.° 1, alínea b), na falta de parecer do comité, a Comissão não pode adotar o projeto de ato de execução, aplicando-se o artigo 5.°, n.° 4, terceiro parágrafo, do Regulamento (UE) n.° 182/2011.

Artigo 35.° *Revogação*
O Regulamento (CEE) n.° 1601/91 é revogado, com efeitos a partir de 28 de março de 2015.

As referências ao regulamento revogado devem entender-se como referências feitas ao presente regulamento e ser interpretadas de acordo com a tabela de correspondência constante do Anexo III do presente regulamento.

Artigo 36.° *Medidas transitórias*
1. A fim de facilitar a transição das regras previstas no Regulamento (CEE) n.° 1601/91 para as regras do presente regulamento, a Comissão fica habilitada a adotar, se for caso disso, atos delegados nos termos do artigo 33.° no que diz respeito à adoção de medidas de alteração ou de derrogação ao presente regulamento, que se mantêm em vigor até 28 de março de 2018.
2. Os produtos vitivinícolas aromatizados que não satisfaçam os requisitos do presente regulamento, mas que tenham sido produzidos em cumprimento do Regulamento (CEE) n.° 1601/91 antes de 28 de março de 2015 podem ser colocados no mercado até ao esgotamento das existências.
3. Os produtos vitivinícolas aromatizados que respeitem os artigos 1.° a 6.° e o artigo 9.° do presente regulamento e que tenham sido produzidos antes de 28 de março de 2015 podem ser colocados no mercado até ao esgotamento das existências, desde que cumpram com o disposto no Regulamento (CEE) n.° 1601/91 no que se refere aos elementos não abrangidos pelos artigos 1.° a 6.° e o artigo 9.° do presente regulamento.

Artigo 37.° *Entrada em vigor*
O presente regulamento entra em vigor no sétimo dia seguinte ao da sua publicação no Jornal Oficial da União Europeia.
O presente regulamento é aplicável a partir de 28 de março de 2015. No entanto, o artigo 36.°, n.os 1 e 3, é aplicável a partir de 27 de março de 2014.
O presente regulamento é obrigatório em todos os seus elementos e diretamente aplicável em todos os Estados Membros.

ANEXO I.-
Definições, requisitos e restrições técnicas

[Anexo não reproduzido na presente publicação]

ANEXO II.-
Denominações de venda e designações dos produtos vitivinícolas aromatizados

[Anexo não reproduzido na presente publicação]

ANEXO III.-
Quadro de correspondência

[Anexo não reproduzido na presente publicação]

Índice Analítico

Codex Alimentarius: Regulamentos 852/2004, 183/2005, 396/2005, 834/2007, Directiva 1999/2/CE

Comércio: Regulamento 178/2002
- Internacional: Regulamentos 178/2002, 1169/2011
- livre circulação: Regulamentos 178/2002, 1169/2011

Comité: Regulamentos 178/2002, 1169/2011
V. mediação

Comunicação: V. Risco

Conformidade (obrigação de): Directiva 2001/95, Regulamentos 178/2002

Consumidor: Regulamentos 178/2002, 1169/2011

Contaminantes: Regulamento 315/93
- alimento: Regulamento 178/2002
Controle
- alimentação animal: Regulamento 882/2004
- controlos veterinários
  • aquicultura: Directiva 2006/88/CE
  • os animais provenientes de países terceiros: Regulamento 282/2004
- inspeção: Regulamento 136/2004
- produtos de origem animal destinados ao consumo humano: Regulamento 854/2004
- produtos biológicos: Regulamento 834/2007, 889/2008*
- risco: V. Risco
- transporte e instalações de depósito e armazenagem: Directiva 93/5/CE
Regulamento 37/2005

Crianças: Regulamento 609/2013

Crise: Regulamento 178/2002

D

Declarações nutricionais e de saúde: Regulamento 1924/2006
- autorização (procedimentos) regulamentos 1924/2006, 353/2008

Denominação: Regulamento 1169/2011

Denominações de origem: Regulamentação 1151/2012, 1898/2006*

Dioxinas (controle): Regulamento 1883/2006

Distribuição: Regulamentos 178/2002, 1169/2011

E

Embalagem: Regulamentos 178/2002, 1169/2011

Emergência: Regulamentos 178/2002, 1169/2011

Empresa (definição): Regulamento 178/2002

Encefalopatias: Regulamento 999/2001

Enzimas: Regulamentos 1332/2008, 1169/2011
- autorização (procedimento): Regulamento 1331/2008

Especialidades tradicionais garantidas: Regulamentos 1151/2012, 668/2014

Excesso de peso: Regulamentos 1924/2006, 1169/2011

Expiração: Regulamento 1169/2011

F

Fabricação: Regulamento 178/2002

Farinhas: Regulamentos 1333/2008, 1169/2011

Fibras alimentares
- Definição: Regulamento 1169/2011
- alegações: Regulamento 1924/2006
- rotulagem: Regulamento 1169/2011

Fruto: Regulamento 178/2002

G

Glúten: V. intolerâncias alimentares

H

HACCP: V. controle

Higiene: Regulamento 852/2004
- alimentação animal: Regulamento 183/2005
- alimentos de origem animal: Regulamento 853/2004
V. controle

I

Importação: Regulamento 178/2002
- produtos biológicos: V. Biológicos
- produtos de países terceiros: 136/2004
Indicações geográficas
- Alimentos e produtos agrícolas (proteção): Regulamentos 1151/2012, 668/2014
- Bebidas espirituosas: V. Bebidas

Informações: Regulamento 1169/2011

Ingredientes
- rotulagem, embalagem: V. rotulagem, embalagem
- ionização: V. ionização
- lista: Regulamento 1169/2011
- novos (novel food): Regulamento 258/97
- aromas: V. aromas

Inspeções: V. controle

Intolerâncias alimentares
- alergias: Regulamento 1169/2011
- glúten: Regulamento 41/2009, 828/2014

Invenções: V. patente

Ionização: Directiva 1999/2/CE

J

Justo (práticas de comércio): Regulamento 178/2002

L

Lactentes: Regulamento 609/2013

Legislação alimentar (definição): Regulamento 178/2002

Leguminosas: Regulamento 178/2002

Língua: Regulamento 1169/2011

M

Manipulação (de produtos): Regulamento 178/2002

Materiais e objetos destinados a entrar em contacto com géneros alimentícios: Regulamentos 2023/2006, 450/2009, 10/2011

Mediação: Regulamento 178/2002

Minerais: Regulamento 1925/2006

Mulheres grávidas: Regulamentos 1169/2011, 609/2013

N

Nano tecnologias: Regulamentos 1333/2008, 1169/2011

Nitratos (controle): Regulamento 1882/2006 *

Normas internacionais: Regulamento 178/2002

Novos alimentos/ novos ingredientes (novel food): Regulamento 258/97

Nutrientes: Regulamento 1169/2011

O

Obesidade: Regulamentos 1924/2006, 1169/2011

Organismos geneticamente modificados (OGM): Regulamentos 1946/2003, 1829/2003, 65/2004

P

Patente: Directiva 98/44/CE

Perfil nutricional: Regulamento 1924/2006

Perigo (definição, componente de risco): Regulamento 178/2002

Pesticidas: Regulamento 178/2002
- Codex Alimentarius: Regulamento 396/2005
- controlos oficiais: V. controle
- Resíduos: Regulamento 396/2005

Práticas leais: Regulamentos 178/2002, 1169/2011

Princípios gerais: Regulamento 178/2002

Produção: Regulamento 178/2002
- produtos biológicos: V. Biológicos

Produtor
- Definição: Regulamento 178/2002
- responsabilidade: Regulamento 178/2002

Produtos da pesca: Regulamento 854/2004

Produtos fitofarmacêuticos: Regulamento 178/2002
V. pesticidas

Publicidade: Regulamentos 178/2002, 1169/2011

Q

Qualidade
- água: V. água
- saúde: Regulamentos 178/2002, 852/2004, 853/2004, 183/2005
- segurança geral dos produtos: Directiva 2001/95/CE

R

Rastreabilidade: Regulamento 178/2002

Regras sanitárias (transparência): V. controle

Resíduos: V. Pesticidas

Responsabilidade (aspetos gerais): Regulamento 178/2002

Riscos: Regulamento 178/2002

Rotulagem: Regulamentos 178/2002, 1169/2011
- água: V. água
- marca: Regulamento 1169/2011
- menções obrigatórias: Regulamento 1169/2011
- nutrição: Regulamento 1169/2011
- produtos biológicos: Regulamentos 834/2007, 889/2008*
- vinho: Regulamento 1266/2010 *

S

Salmonelas e agentes zoonóticos: Regulamento 2160/2003

Saúde animal: V. controle

Segurança
- alimento: Regulamento 178/2002
- geral de produtos: Directiva 2001/95

Solventes de extracção: Directiva 2009/32/CE

Suplementos alimentares: Directiva 2002/46/CE

T

Tradição: V. Especialidades tradicionais

Transformação: Regulamento 178/2002, 1169/2011

Transparência: Regulamento 178/2002

Transporte: Regulamento 37/2005

V. controle

V

Vitaminas: Regulamento 1925/2006

Foto-composição:
Instituto de Investigación en Derecho Alimentario S.A. (INIDA)

Depósito legal: Dezembro 2014

www.ingramcontent.com/pod-product-compliance
Lightning Source LLC
Chambersburg PA
CBHW061228220326
41599CB00028B/5368